대방광불화엄경 4

대방광불화엄경 4

발행일	2025년 3월 14일

번역	일지 이건표		
펴낸이	손형국		
펴낸곳	(주)북랩		
편집인	선일영	편집	김현아, 배진용, 김다빈, 김부경
디자인	이현수, 김민하, 임진형, 안유경	제작	박기성, 구성우, 이창영, 배상진
마케팅	김회란, 박진관		
출판등록	2004. 12. 1(제2012-000051호)		
주소	서울특별시 금천구 가산디지털 1로 168, 우림라이온스밸리 B동 B111호, B113~115호		
홈페이지	www.book.co.kr		
전화번호	(02)2026-5777	팩스	(02)3159-9637

ISBN 979-11-7224-541-2 04220 (종이책)   979-11-7224-542-9 05720 (전자책)
        979-11-7224-525-2 04220 (세트)

잘못된 책은 구입한 곳에서 교환해드립니다.
이 책은 저작권법에 따라 보호받는 저작물이므로 무단 전재와 복제를 금합니다.
이 책은 (주)북랩이 보유한 리코 장비로 인쇄되었습니다.

(주)북랩 성공출판의 파트너
북랩 홈페이지와 패밀리 사이트에서 다양한 출판 솔루션을 만나 보세요!
홈페이지 book.co.kr • **블로그** blog.naver.com/essaybook • **출판문의** text@book.co.kr

---

작가 연락처 문의 ▶ ask.book.co.kr
작가 연락처는 개인정보이므로 북랩에서 알려드릴 수 없습니다.

지혜의 정수이자 불교 경전의 꽃, 화엄경 탐구

대방광불화엄경 ❹

일지 이건표 번역
一智 李健杓

"지혜는 태양과 같아, 한순간에 온 세상을 밝히고 모든 존재를 비춘다."
수행을 시작하는 이들에게, 법계의 길을 안내하는 화엄경의 깊은 지혜.

차례

대방광불화엄경 제61권
39. 입법계품入法界品 (2)   12
  2) 근본법회   12
  3) 가지枝末 법회. 53선지식. 十信位善知識   30
    (1) 문수보살을 만나다

대방광불화엄경 제62권
39. 입법계품入法界品 (3)   40
  (2) 덕운 비구. 제1 發心住
     염불문念佛門
  (3) 해운 비구. 제2 治地住
     보안普眼 법문法門
  (4) 선주 비구. 제3 修行住
     마지막까지 막힘이나 걸림이 없음究竟無礙

대방광불화엄경 제63권
39. 입법계품入法界品 (4)   74
  (5) 미가 장자. 제4 生貴住
     음성 다라니
  (6) 해탈 장자. 제5 具足方便住
     여래의 막힘이나 걸림 없는 장엄 해탈문
  (7) 해당 비구. 제6 正心住
     반야바라밀般若波羅蜜 삼매三昧의 광명

대방광불화엄경 제64권
39. 입법계품入法界品 (5)   104
  (8) 휴사 우바이. 제7 不退住
     근심을 벗어난 편안한 당기離憂安隱幢 해탈
  (9) 비목 선인. 제8 童眞住
     이길 수 없는 당기 해탈無勝幢解脫
  (10) 승열 바라문. 제9 法王子住
     무진륜해탈(無盡輪解脫)의 문

대방광불화엄경 제65권
39. 입법계품入法界品 (6)   134

(11) 자행 동녀. 제10 灌頂住
   반야바라밀般若波羅蜜로 넓게 장엄하는 문
(12) 선견 비구. 제1 歡喜行
   거스르지 않고 따르는 등불의 해탈 문隨順燈解脫門
(13) 자재주 동자. 제2 饒益行
   섬세하고 능숙한 큰 신통의 지혜 광명 법의 문
(14) 구족 우바이. 제3 無違逆行.無瞋恨行
   다함이 없는 복덕의 장 해탈문
(15) 명지 거사. 제4 無屈撓行 無盡行
   뜻대로 복덕을 내어놓은 장 해탈문

대방광불화엄경 제66권
39. 입법계품入法界品 (7)   164

(16) 법보계 장자. 제5 無癡亂行 離癡亂行
   헤아릴 수 없는 복덕 보배장藏 해탈문
(17) 보안 장자. 제6 善現行
   중생이 모든 부처님을 두루 보게 하는 환희 법문
(18) 무염족 왕. 제7 無著行
   사람을 홀리는 허깨비와 같은 해탈
(19) 대광왕. 제8 難得行 尊重行
   큰 사랑(慈)을 으뜸으로 삼아 세간을 거스르지 않고 따르는 삼매의 문
(20) 부동 우바이. 제9 善法行
   모든 법을 구하였기에 싫어함이 없는 삼매의 광명

대방광불화엄경 제67권
39. 입법계품入法界品 (8)   202

(21) 변행 외도. 제10 眞實行
   일체 처에 이르는 보살의 행
(22) 육향 장자. 제1 救護一切衆生離衆生相廻向
   향을 조합하는 법
(23) 바시라 뱃사공. 不壞廻向
   크게 가엾이 여기는 당기의 행
(24) 무상승 장자. 等一切佛廻向
   수행하는 청정한 법문에 의지함이 없고 지음이 없는 신통한 힘
(25) 사자빈신 비구니. 제4 至一切處廻向
   모든 지혜를 성취하는 해탈

대방광불화엄경 제68권
39. 입법계품入法界品 (9)   232

(26) 바수밀다 여인. 無盡功德藏廻向
   보살의 탐욕을 벗어난 해탈

(27) 비슬지라 거사. 隨順堅固一切善根廻向 隨順平等善根廻向
　　　반열반의 경계에 들어가지 않는 해탈
(28) 관자재보살. 等隨順一切衆生廻向 隨順等觀衆生廻向
　　　크게 가엾이大悲 여기는 보살행의 문
(29) 정취보살. 眞如相廻向
　　　넓은 문 빠른 행普門速疾行의 해탈
(30) 큰 천신. 無縛無着解脫廻向 無縛解脫廻向
　　　구름 그물 해탈
(31) 안주 신. 法界無量廻向
　　　무너트릴 수 없는 지혜 장의 법문
(32) 바산바연저 주야신. 제1 歡喜地
　　　어둠을 깨트리는 법 광명의 해탈

대방광불화엄경 제69권
39. 입법계품入法界品 (10)　　　　　　　　　　274
(33) 보덕정광 주야신. 제2 離垢地
　　　적정寂靜 선정禪定의 즐거움으로 두루 즐겁게 노니는 해탈문
(34) 희목관찰 중생신. 第3 發光地
　　　대세력보희당(大勢力普喜幢) 보살 해탈문

대방광불화엄경 제70권
39. 입법계품入法界品 (11)　　　　　　　　　　312
(35) 보구중생묘덕주야신. 제4 焰慧地
　　　모든 세간에 두루 나타나 중생을 조복시키는 해탈

대방광불화엄경 제71권
39. 입법계품入法界品 (12)　　　　　　　　　　346
(36) 적정음해주야신. 제5 難勝地
　　　생각과 생각마다 광대한 기쁨으로 장엄하는 해탈
(37) 수호일체성주야신. 제6 現前地
　　　깊고 깊은 자재한 빼어난 음성의 해탈

대방광불화엄경 제72권
39. 입법계품入法界品 (13)　　　　　　　　　　386
(38) 개부일체수화주야신. 제7 遠行地
　　　보살의 광대한 기쁜 광명을 내는 해탈문

대방광불화엄경 제73권
39. 입법계품入法界品 (14)　　　　　　　　　　420
(39) 대원정진력구호중생주야신. 제8 不動地
　　　중생을 가르치고 바른길로 이끌어 선근을 내게 하는 해탈의 문

대방광불화엄경 제74권
39. 입법계품入法界品 (15)   452
(40) 묘덕원만주야신. 제9 善慧地
　　헤아릴 수 없는 겁을 두고 모든 처에 두루 하여 태어남을 나타내어 보이는 자재한 해탈

대방광불화엄경 제75권
39. 입법계품入法界品 (16)   476
(41) 석녀구파. 제10 法雲地
　　보살의 삼매 바다를 자세히 살펴서 들여다보는 해탈

대방광불화엄경 제76권
39. 입법계품入法界品 (17)   526
(42) 마야부인. 실상의 본바탕
　　중생 앞에 청정한 색신을 나타냄
(43) 천주광녀
　　무애념청정無礙念淸淨 해탈
(44) 동자 스승 변우
(45) 선지중예 동자
　　선지중예보살해탈善知衆藝菩薩解脫
(46) 현승 우바이
　　무의처도량해탈無依處道場解脫
(47) 견고해탈 장자
　　무착념청정장엄해탈無著念淨莊嚴解脫
(48) 묘월 장자
　　지광해탈智光解脫
(49) 무승군 장자
　　무진상해탈無盡相解脫
(50) 최적정 바라문
　　성어해탈誠語解脫

대방광불화엄경 제77권
39. 입법계품入法界品 (18)   560
(51) 덕생 동자와 유덕 동녀
(52) 미륵보살을 만남

대방광불화엄경 제78권
39. 입법계품入法界品 (19)   612

대방광불화엄경 제79권
39. 입법계품入法界品 (20)   652

대방광불화엄경 제80권
39. 입법계품入法界品 (21)　　　　　　　　　　678
　　(53) 문수보살을 만남
　　(54) 보현보살을 만남
　　　大方廣佛華嚴經 飜譯 刊行 誓願文

대방광불화엄경 번역 간행 서원문　　　　　　712

후기　　　　　　　　　　　　　　　　　　716

대방광불화엄경 제61권

39. 입법계품(2)
入法界品第三十九之二

2) 근본법회

이때 보현보살마하살이 모든 보살의 대중 모임을 두루 자세히 살펴서 들여다보고 법계와 가지런한 방편과 허공계(虛空界)와 가지런한 방편과 중생계와 가지런한 방편과 삼세와 가지런한 방편과 모든 겁과 가지런한 방편과 모든 중생의 업과 가지런한 방편과 모든 중생의 욕심과 가지런한 방편과 모든 중생의 이해와 가지런한 방편과 모든 중생의 근기와 가지런한 방편과 모든 중생의 성숙한 시기와 가지런한 방편과 모든 법의 빛 그림자와 가지런한 방편으로 모든 보살을 위해서 열 가지 법의 구절로 이 사자빈신삼매를 밝게 나타내어 널리 펴시니, 무엇이 열인가.

이른바 법계와 가지런한 모든 부처 세계의 티끌 수 가운데 모든 부처님이 나오시는 차례와 모든 세계가 이루어지고 무너지는 차례를 따라 나타내는 법의 구절을 능히 널리 펴서 나타내 보이며, 허공계와 가지런한 모든 부처 세계의 티끌 수 가운데 미래의 겁이 다하도록 여래의 공덕을 찬탄하는 음성의 법 구절을 능히 널리 펴서 나타내 보이며, 허공계와 가지런한 모든 부처 세계의 티끌 수 가운데 여래가 세상에 나오는 헤아릴 수 없고 끝없는 바른 깨우침을 이루는 문의 법 구절을 능히 널리 펴서 나타내 보이며, 허공계와 가지런한 모든 부처 세계의 티끌 수 가운데 부처님이 도량에 앉는 보살의 대중 모임의 법 구절을 능히 널리 펴서 나타내 보이며, 모든 털구멍에서 생각과 생각마다 삼세와 가지런한 모든 부처님의 변화한 몸을 나타내어 법계에 충만한 법 구절을 널리 펴서 나타내 보이며, 한 몸이 시방의 모든 세계 바다에 충만해서 가지런하게 법 구절을 널리 펴서 나타내며, 일체 모든 경계 가운데 삼세 모든 부처님의 신통 변화를 두루 나타내는 법 구절을 널리 펴서 나타내며, 모든 부처 세계의 티끌 수와 같은 부처님의 가지가지 신통 변화를 나타내어 헤아릴 수 없는 겁을 지내는 법 구절을 널리 펴서 나타내며, 모든 털구멍에 삼세 일체 모든 부처님의 큰 원의 바닷소리를 출생하여 미래 겁이 다하도록 모든 보살을 일으켜서 가르치고 바른길로 이끄는 법 구절을 널리 펴서 나타내며, 부처님 사자좌의 크기가 법계와 같으며, 보살의 대중 모임과 도량을 장엄하는 것이 가지런하고 차별이 없기에 미래 겁이 다하도록 가지가지의 섬세하고 빼어난 법륜을 굴리는 법 구절을 널리 펴서 나타내었다.

"불자여! 이 열 가지가 머리가 되어 말할 수 없는 부처 세계의 티끌 수와 같은 법의 구절이 있으니, 빠짐없이 다 여래의 지혜, 이 지혜의 경계이다."

爾時 普賢菩薩摩訶薩普觀一切菩薩衆會 以等法界方便 等虛空界方便 等三世 等一切劫 等一切衆生業 等一切衆生欲 等一切衆生解 等一切衆生根 等一切衆生成熟時 等一切法光影方便 爲諸菩薩 以十種法句開發 顯示 演說此師子頻申三昧 何等爲十 所謂 演說能示現等法界一切佛刹微塵中 諸佛出興次第 諸刹成壞次第法句 演說能示現等虛空界一切佛刹中 盡未來劫讚歎如來功德音聲法句 演說能示現等虛空界一切佛刹中 如來出世無量無邊成正覺門法句 演說能示現等虛空界一切佛刹中 佛坐道場菩薩衆會法句 演說於一切毛孔 念念出現等三世一切佛變化身充滿法界法句 演說能令一身充滿十方一切刹海 平等顯現法句 演說能令一切諸境界中 普現三世諸佛神變法句 演說能令一切佛刹微塵中 普現三世一切佛刹微塵數佛種種神變經無量劫法句 演說能令一切毛孔出生三世一切諸佛大願海音 盡未來劫開發化導一切菩薩法句 演說能令佛師子座量同法界 菩薩衆會道場莊嚴等無差別 盡未來劫轉於種種微妙法輪法句 佛子 此十爲首 有不可說佛刹微塵數法句 皆是如來智慧境界

이때 보현보살이 이러한 뜻을 널리 거듭 펴고자 부처님의 신력을 받들어 여래를 자세히 들여다보고 대중의 모임을 자세히 살펴서 들여다보고 모든 부처님의 생각으로는 헤아릴 수 없는 경계를 자세히 살펴서 들여다보고 모든 부처님의 끝없는 삼매를 자세히 살펴서 들여다보고 사람의 생각으로는 헤아려 알 수 없는 모든 세계 바다를 자세히 살펴서 들여다보고 생각으로 헤아려 알 수 없는 허깨비와 같은 법의 지혜를 자세히 살펴서 들여다보고 생각으로는 헤아려 알 수 없는 삼세 모든 부처님의 평등함을 자세히 살펴서 들여다보고 모든 헤아릴 수 없고 끝없는 모든 말의 법을 자세히 살펴서 들여다보고는 게송으로 말했다.

爾時 普賢菩薩欲重宣此義 承佛神力 觀察衆會 觀察諸佛難思境界 觀察諸佛無邊三昧 觀察不可思議諸世界海 觀察不可思議如幻法智 觀察不可思議三世諸佛悉皆平等 觀察一切無量無邊諸言辭法 而說頌言

一一毛孔中 하나하나의 털구멍 가운데
微塵數刹海 티끌 수의 세계 바다가 있고

悉有如來坐 남김없이 다 여래께서 앉아계시니
皆具菩薩衆 모든 보살 대중이 함께 다 한다네.

一一毛孔中 하나하나의 털구멍 가운데
無量諸刹海 헤아릴 수 없는 모든 세계 바다에
佛處菩提座 부처님이 보리의 자리에 앉아계시니
如是徧法界 이와 같음이 법계에 두루 하신다네.

一一毛孔中 하나하나의 털구멍 가운데
一切刹塵佛 모든 세계의 티끌 수와 같은 부처님을
菩薩衆圍遶 보살 대중이 둘러싸고는
爲說普賢行 보현의 행을 설하신다네.

佛坐一國土 부처님이 하나의 국토에 앉으시어
充滿十方界 시방의 세계에 충만하고
無量菩薩雲 헤아릴 수 없는 보살 구름이
咸來集其所 그곳에 다 와서 모인다네.

億劫微塵數 억겁의 티끌 수와 같은
菩薩功德海 보살의 공덕 바다가
俱從會中起 모임 가운데를 좇아 함께 일어나
徧滿十方界 시방의 경계에 두루 가득하다네.

悉住普賢行 남김없이 다 보현의 행에 머물고
皆遊法界海 빠짐없이 법계의 바다를 노닐며
普現一切刹 모든 세계를 두루 나타내면서
等入諸佛會 가지런하게 모든 부처님 모임에 들어간다네.

安坐一切刹 모든 세계에 편안히 앉아
聽聞一切法 일체 법을 들으면서
一一國土中 하나하나의 국토 가운데서

億劫修諸行 억겁을 두고 모든 행을 닦는다네.

菩薩所修行 보살이 닦은 행은
普明法海行 법 바다의 행을 두루 밝게 하는 것이니
入於大願海 큰 원의 바다에 들어가서
住佛境界地 부처님 경계의 자리에 머무는 것이라네.

了達普賢行 보현의 행을 분명하게 깨우쳐 통하고
出生諸佛法 모든 불법을 출생하며
具佛功德海 부처님의 공덕 바다를 갖추어
廣現神通事 신통한 일을 넓게 나타내는 것이라네.

身雲等塵數 몸의 구름이 티끌 수와 같기에
充徧一切刹 일체 세계를 두루 채우고
普雨甘露法 감로의 법을 두루 내려서
令衆住佛道 대중을 부처의 도에 머물게 한다네.

이때 세존이 모든 보살이 여래의 사자빈신 광대한 삼매에 편안히 머물게 하려는 까닭으로 미간의 백호상으로부터 큰 광명을 놓으셨다. 그 광명의 이름은 '삼세 법계의 문을 두루 비춤(普照三世法界門)'이며, 말로는 이를 수 없는 부처 세계의 티끌 수와 같은 광명을 권속으로 삼아 모든 세계 바다의 모든 부처님 국토를 두루 비추었다.

때맞추어 서다림에 있는 보살 대중이 보니, 일체 다함이 없는 법계와 허공계에 있는 모든 하나하나의 티끌 가운데 일체 부처 세계의 티끌 수와 같은 모든 부처님 국토가 있고 가지가지의 이름과 가지가지의 색과 가지가지의 청정과 가지가지의 머무는 곳과 가지가지의 형상이 있음을 본다. 이와 같은 일체 모든 국토 가운데 빠짐없이 큰 보살이 도량의 사자좌 위에 앉아서 등정각(等正覺)을 이루니, 보살 대중이 앞뒤로 둘러싸고 모든 세간의 주인들이 공양하였다. 또 늘 말할 수 없는 부처 세계의 양과 같은 큰 대중 모임 가운데서 빼어난 음성을 내보내어 법계에 충만하고 바른 법륜을 굴리고 언제나 하늘 궁전, 용의 궁전, 야차의 궁전, 건달바, 아수라, 가루라, 긴나라, 마후라가, 사람과 사람이 아닌 듯한 이들이 모든 궁전 가운데를 보고 언제나 인간의 마을과 도시와 왕의 도성 같은 큰 처에 있고 가지가지의 성씨와 가지가지의 이름과 가지가지의 몸과 가지가지의 모양이나 상태와 가지가지의 광명을 나타내고 가지가지의 위의에 머무르고 가지가지의 삼매에 들고 가지가지의 신통 변화를 나타내며, 언제나 때맞추어 스스로 가지가지의 말과 소리를 쓰고 늘 가지가지의 모든 보살 등으로 가지가지의 큰 대중 모임 가운데 있으면서 가지가지의 말씀씨로 가지가지의 법을 설하셨다.

爾時 世尊欲令諸菩薩安住如來師子頻申廣大三昧故 從眉間白毫相放大光明 其光明 普照三世法界門 以不可說佛刹微塵數光明而爲眷屬 普照十方一切世界海諸佛國土 時 逝多林菩薩大衆 悉見一切盡法界 虛空界一切佛刹一一微塵中 各有一切佛刹微塵數諸佛國土 種種名 種種色 種種淸淨 種種住處 種種形相 如是一切諸國土中 皆有大菩薩坐於道場師子座上成等正覺 菩薩大衆前後圍遶 諸世間主而爲供養 或見於不可說佛刹量大衆會中 出妙音聲充滿法界 轉正法輪 或見在天宮殿 龍宮殿 夜叉宮殿 乾闥婆 阿修羅 迦樓羅 緊那羅 摩睺羅伽 人 非人等諸宮殿中 或在人間村邑聚落 王都大處 現種種姓 種種名 種種身 種種相 種種光明 住種種威儀 入種種三昧 現種種神變 或時自以種種言音 或令種種諸菩薩等在於種種大衆會中種種言辭說種種法

이 모임 가운데의 보살 대중이 이와 같은 모든 부처님 여래의 깊은 삼매와 큰 신통의 힘을 보는 것과 같이, 이와 같은 다함이 없는 법계와 허공계의 동, 서, 남, 북, 사유, 상, 하의 일체 방처(方處) 바다 가운데 중생이 마음으로 생각하는 것을 따라 머무니, 비로소 이전의 경계를 좇아 지금 현재에 이르기까지 모든 국토의 몸이나 모든 중생의 몸이나 모든 허공의 도에 이르기까지 그 가운데 하나하나의 털끝만 한 곳마다 하나하나의 티끌 수와 같은 세계가 있고 가지가지의 업을 일으켜서 차례를 따라(復) 머물며, 그 세계마다 보살 대중이 모인 도량이 있다.

보살 대중이 빠짐없이 또한 이와 같은 부처님의 신력을 보고 삼세를 무너뜨리지 않고 세간을 무너뜨리지 않고 모든 중생의 마음 가운데 그 영상을 나타내고 모든 중생이 즐거워하는 마음을 따라 빼어난 말과 소리를 내고 모든 대중 가운데 들어감을 두루 보이고 모든 중생 앞에 두루 나타내는 색상은 다르지만, 지혜는 다르지 않고 그 응하는 바를 따라 부처님의 법을 열어 보이고 모든 중생을 가르치고 바른길로 이끌어 조복시키는 일을 쉬지 않았다.

이 부처님의 신통한 힘을 보는 자는 빠짐없이 다 비로자나 부처님이 지난 옛적에 선근으로 거두어 준 자들이며, 그와 같은 사섭으로 굳게 지켜주거나 그와 같이 보고 듣고 기억하여 생각하고 친근히 해서 성숙하게 하는 것이며, 그와 같이 그들을 옛적에 가르치고 바른길로 이끌어서 아뇩다라삼먁삼보리의 마음을 일으키게 하였거나 그와 같이 옛적에 모든 부처님의 처소에서 선근을 심었거나 그와 같이 과거에 모든 지혜의 섬세하고 능숙한 선근 방편으로 가르치고 바른길로 이끌어서 성숙하게 한 것이었다.

이러한 까닭으로 모두 다 여래의 가히 생각으로는 헤아려 알 수 없는 깊은 삼매와 모든 법계 허공계의 큰 신통한 힘에 들어갔으며, 그와 같은 법의 몸에 들어가고 그와 같은 색의 몸에 들어가고 그와 같이 옛적에 성취한 행에 들어가고 그와 같은 원만한 바라밀에 들어가고 그와 같은 청정한 행에 들어가고 그와 같은 보살의 자리에 들어가고 그와 같은 바른 깨우침의 힘이 이루어짐에 들어가고 그와 같은 부처님이 머무는 삼매와 차별이 없는 큰 신통 변화에 들어가고 그와 같은 여래의 십력과 두려움 없는 지혜에 들어가고 그와 같은 부처님의 막힘이나 걸림 없는 변재의 바다에 들어갔다.

如此會中 菩薩大衆見於如是諸佛如來甚深三昧大神通力 如是盡法界 虛空界 東西 南 北 四維上 下一切方海中 依於衆生心想而住 始從前際至今現在 一切國土身 一切衆生身 一切虛空道 其中一一毛端量處 一一各有微塵數刹種種業起次第而住 悉有道場菩薩衆會 皆亦如是見佛神力 不壞三世 不壞世間 於一切衆生心中現其影像 隨一切衆生心樂出妙言音 普入一切衆會中 普現一切衆生前 色相有別 智慧無異 隨其所應開示佛法 敎化調伏一切衆生未曾休息 其有見此佛神力者 皆是毘盧遮那如來於往昔時善根攝受 或曾以四攝所攝 或是見聞憶念親近之所成熟 或是往昔敎其令發阿耨多羅三藐三菩提心 或是往昔於諸佛所同種善根 或是過去以一切智善巧方便敎化成熟 是故皆得入於如來不可思議甚深三昧 盡法界 虛空界大神通力 或入法身 或入色身 或入往昔所成就行 或入圓滿諸波羅蜜 或入莊嚴淸淨行輪 或入菩薩諸地 或入成正覺力 或入佛所住三昧無差別大神變 或入如來力 無畏智 或入佛無礙辯才海

그 모든 보살은 가지가지의 이해와 가지가지의 도와 가지가지의 문과 가지가지의 들어감과 가지가지의 이치로 나아감과 가지가지의 거스르지 않고 따름과 가지가지의 지혜와 가지가지의 도를 돕는 것과 가지가지의 방편과 가지가지의 삼매로 이와 같은 등의 열 가지 말할 수 없는 부처 세계의 티끌 수와 같은 부처님이 신통 변화하는 바다의 방편 문에 들어갔다.

무엇을 두고 가지가지의 삼매라 하는가 하면, 이른바 법계를 두루 장엄하는 삼매, 모든 삼세를 두루 비추는 막힘이나 걸림 없는 삼매, 법계에 차별이 없는 지혜 광명 삼매, 여래 경계에 들어가는 움직이거나 구르지 않는 삼매, 끝없는 허공을 두루 비추는 삼매, 여래의 십력에 들어가는 삼매, 부처님의 두려움 없는 용맹을 떨쳐 드러내어 장엄하는 삼매, 모든 법계를 휘돌아 굴리는 장 삼매, 달과 같이 모든 법계에 두루 나타내어 막힘이나 걸림 없는 음성으로 크게 열고 널리 펴는 삼매, 두루 청정한 법 광명 삼매, 막힘이나 걸림 없는 머리에 비단으로 된 띠를 맨 법왕 당기 삼매, 하나하나의 경계 가운데 남김없이 다 일체 모든 부처님의 바다를 보는 삼매, 모든 세간에 남김없이 모든 몸을 나타내는 삼매, 여래의 차별 없는 몸의 경계에 들어가는 삼매, 모든 세간을 따라 크게 가엾이 여기는 장을 굴리는 삼매, 모든 법의 자취가 없음을 아는 삼매, 모든 법이 마지막에는 적멸함을 아는 삼매, 비록 얻을 것이 없으나 능히 변화하여 세간에 두루 나타내는 삼매, 모든 세계에 두루 들어가는 삼매, 모든 부처 세계를 장엄하고 바른 깨우침을 이루는 삼매, 모든 세간의 주인 색상을 차별하는 것을 자세히 들여다보는 삼매, 모든 중생의 경계를 자세히 들여다보지만 막힘이나 걸림 없는 삼매, 모든 여래를 출생하는 어머니 삼매, 수행하여 모든 부처님 공덕의 도에 들어가는 삼매, 하나하나의 경계 가운데 신통 변화를 나타내어 미래의 경계를 다 하는 삼매, 모든 여래의 근본이 되는 바다에 들어가는 삼매, 모든 여래의 종자 성품을 보호해 지니는 삼매, 결정하고 아는 힘으로 현재 시방 일체 부처 세계의 바다를 빠짐없이 다 청정하게 하는 삼매, 한 생각, 한순간에 모든 부처님이 머무는 바를 두루 비추는 삼매, 모든 경계에 막힘이나 걸림 없이 들어가는 삼매, 모든 세계가 하나의 부처 세계를 만드는 삼매, 모든 부처님의 변화하는 몸을 나오게 하는 삼매, 금강왕의 지혜로 일체 모든 근의 바다를 아는 삼매, 모든 여래와 같은 몸임을 아는 삼매, 모든 법계가 편안히 세워진 모든 것이 마음으로 생각하는 경계에 머무름을 아는 삼매, 모든 법계의 광대한 국토 가운데 열반을 나타내는 삼매, 최상의 처에 머무는 삼매, 모든 부처 세계에 가지가지로 중생을 차별한 몸을 나타내는 삼매, 모든 부처님의 지혜에 두루 들어가는 삼매, 모든 법성의 모양이나 상태를 아는 삼매, 한 생각, 한순간에 삼세의 법을 두루 아는 삼매, 생각과 생각마다 그 가운데 법계의 몸을 두루 나타내는 삼매, 사자의 용맹한 지혜로 모든 여래께서 나오시는 차례를 아는 삼매, 모든 법계의 경계를 지혜의 눈으로 원만하게 아는 삼매, 용맹하게 취해서 향하는 십력의 삼매, 모든 공덕의 원만한 광명을 놓아 세간을 두루 비추는 삼매, 흔들리지 않는 장 삼매, 하나의 법을 설하여 모든 법에 두루 들어가는 삼매, 하나의 법으로 모든 말과 소리의 차별과 가르치고 풀어쓰는 삼매, 모든 부처님의 둘이 없는 법을 널리 펴서 설하는 삼매, 삼세의 막힘이나 걸림 없는 경계를 아는 삼매, 모든 겁이란 차별이 없음을 아는 삼매, 십력의 미세한 방편으로 들어가는 삼매, 모든 겁에 일체 보살의 행을 성취하여 끊어짐이 없는 삼매, 시방에 몸을 두루 나타내는 삼매, 법계에서 자재하게 바른 깨우침을 이루는 삼매, 모든 것에 편안함과 위로받은 것을 내는 삼매, 모든 장엄 기물을 내놓아 허공계를 장엄하는 삼매, 생각과 생각마다 중생의 수와 동등한 변화의 몸 구름을 내놓은 삼매, 여래의 청정한 허공 달의 광명 삼매, 모든 여래가 늘 허공에 머무름을 보는 삼매, 모든 부처님의 장엄을 열어 보이는 삼매, 모든 법과 뜻과 등불로 밝게 비추는 삼매, 십력의 경계를 비추는 삼매, 삼세 일체 부처님의 당기 모양이나 상태의 삼매, 모든 부처님의 하나뿐인 비밀스러운 장 삼매, 생각과 생각마다 지은 것이 모두 구경인 삼매, 다함이 없는 복덕 장 삼매, 끝없는 부처님의 경계를 보는 삼매, 모든 법에 견고하게 머무는 삼매, 모든 여래의 변화를 나타내어 모두가 알고 보게 하는 삼매, 생각과 생각마다 부처님의 일상을 늘 내놓아 나타내는 삼매, 하루하루마다 남김없이 다 삼세에 있는 법을 아는 삼매, 소리로 모든 법의 성품이 적멸한 것임을 두루 널리 펴서 설하는 삼매, 모든 부처님의 자재력을 보는 삼매, 법계에 연꽃을 피우는 삼매, 모든 법이란 허공과 같이 머무를 처가 없음을 들여다보는 삼매, 시방의 바다로부터 하나의 방소에 들어가는 삼매, 모든 법계가 깊이가 없는 곳으로 들어가는 삼매, 모든 법 바다의 삼매, 적정의 몸으로 모든 광명을 넣은 삼매, 한 생각, 한순간에 모든 신통한 큰 원을 나타내는 삼매, 일체 시, 모든 곳에서 바른 깨우침을 이루는 삼매, 하나의 장엄으로 일체 법계에 들어가는 삼매, 일체 모든 부처님의 몸을 나타내는 삼매, 모든 중생이 광대하고 특히 뛰어남을 아는 신통한 지혜 삼매, 한 생각 한순간에 그 몸이 법계에 두루두루 한 삼매, 일승의 청정한 법계를 나타내는 삼매, 보문 법계에 들어가 큰 장엄을 나타내 보이는 삼매, 모든 부처님의 법륜을 지니고 머무는 삼매, 모든 법의 문으로 하나의 법문을 장엄하는 삼매, 인타라 그물의 원과 행으로 모든 중생계를 거두는 삼매, 모든 세계를 분별하는 삼매, 연꽃을 타고 자재하게 노닐며 거니는 삼매, 모두 중생의 가지가지 차별을 아는 신통 지혜의 삼매, 그 몸으로 항상 모든 중생 앞에 나타내는 삼매, 모든 중생이 차별하는 음성과 말솜씨의 바다를 아는 삼매, 모든 중생을 아는 차별 지혜 신통의 삼매, 크게 가엾이 여기는 평등의 장 삼매, 모든 부처님이 여래의 경계에 들어가는 삼매, 모든 여래의 해탈하는 처를 자세히 살펴서 들여다보는 사자빈신삼매이니, 보살이 이와 같은 등등의 가히 말할 수 없는 부처 세계의 티끌 수와 같은 삼매로 비로자나 여래의 생각과 생각마다 모든 법계에 충만한 삼매의 신통 변화하는 바다에 들어갔다.

彼諸菩薩以種種解 種種道 種種門 種種入 種種理趣 種種隨順 種種智慧 種種助道 種種方便 種種三昧 入如是等不可說佛刹微塵數佛神變海方便門 云何種種三昧 所謂 普莊嚴法界三昧 普照一切三世無礙境界三昧 法界無差別智光明三昧 入如來境界不動

轉三昧 普照無邊虛空三昧 入如來力三昧 佛無畏勇猛奮迅莊嚴三昧 一切法界旋轉藏三昧 如月普現一切法界以無礙音大開演三昧 普淸淨法光明三昧 無礙繒法王幢三昧 一一境界中悉見一切諸佛海三昧 於一切世間悉現身三昧 入如來無差別身境界三昧 隨一切世間轉大悲藏三昧 知一切法無有迹三昧 知一切法究竟寂滅三昧 雖無所得而能變化普現世間三昧 普入一切剎三昧 莊嚴一切佛刹成正覺三昧 觀一切世間主色相差別三昧 觀一切衆生境界無障礙三昧 能出生一切如來母三昧 能修行入一切佛海功德道三昧 一一境界中出現神變盡未來際三昧 入一切如來本事海三昧 盡未來際護持一切如來種性三昧 以決定解力令現在十方一切佛刹海皆淸淨三昧 一念中普照一切佛所住三昧 入一切境界無礙際三昧 令一切世界爲一佛刹三昧 炦一切佛變化身三昧 以金剛王智知一切諸根海三昧 知一切如來同一身三昧 知一切法界所安立悉住心念際三昧 於一切法界廣大國土中示現涅槃三昧 令住最上處三昧 於一切佛刹現種種衆生差別身三昧 普入一切佛智慧三昧 知一切法性相三昧 一念普知三世法三昧 念念中普現法界身三昧 以師子勇猛智知一切如來出興次第三昧 於一切法界境界慧眼圓滿三昧 勇猛趣向十力三昧 放一切功德圓滿光明普照世間三昧 不動藏三昧 說一法普入一切法三昧 於一法以一切言音差別訓釋三昧 演說一切佛無二法三昧 持三世無礙際三昧 知一切劫無差別三昧 入十力微細方便三昧 於一切劫成就一切菩薩行不斷絕三昧 十方普現身三昧 於法界自在成正覺三昧 生一切安隱受三昧 出一切莊嚴具莊嚴虛空界三昧 念念中出等衆生數變化身雲三昧 如來淨空月光明三昧 常見一切如來住虛空三昧 開示一切佛莊嚴三昧 照明一切法義燈三昧 照十力境界三昧 三世一切佛幢想三昧 一切佛一密藏三昧 念念中所作皆究竟三昧 無盡福德藏三昧 見無邊佛境界三昧 見住一切法三昧 現一切如來變化悉令知見三昧 念念中佛日常出現三昧 一日中悉知三世所有法三昧 普音演說一切法性寂滅三昧 見一切佛自在力三昧 法界開敷蓮華三昧 觀諸法如虛空無住處三昧 十方海普入一方三昧 入一切法界無源底三昧 一切法海三昧 以寂靜身放一切光明三昧 一念中現一切神通大願三昧 一切時一切處成正覺三昧 以一莊嚴入一切法界三昧 普現一切諸佛身三昧 知一切衆生廣大殊勝神通智三昧 一念中其身徧法界三昧 現一乘淨法界三昧 入普門法界示現大莊嚴三昧 住持一切佛法輪三昧 以一切法門莊嚴一法門三昧 以因陀羅網願行攝一切衆生界三昧 分別一切世界門三昧 乘蓮華自在遊步三昧 知一切衆生種種差別神通智三昧 令其身恒現一切衆生前三昧 知一切衆生差別音聲言辭海三昧 知一切衆生差別智神通三昧 大悲平等藏三昧 一切佛入如來際三昧 觀察一切如來解脫處師子頻申三昧 菩薩以如是等不可說佛刹微塵數三昧 入毘盧遮那如來念念充滿一切法界三昧神變海

그 모든 보살은 남김없이 다 큰 지혜와 신통을 온전하게 갖추었기에 밝고 예리함이 자재하여 모든 지위에 머물고 광대한 지혜로 모든 지혜의 종성을 좇아 두루 태어남을 자세히 들여다보고 일체 지혜의 지혜가 늘 앞에 나타나서 어리석음에 가려진 어둠을 벗어나 청정한 지혜의 눈을 얻었다.

모든 중생을 위해서 조어사를 지어서 부처님의 평등함에 머물며, 모든 법에 분별이 없으며, 경계를 분명하게 깨우쳐 통하였기에 세간의 성품이란 다 적멸하여 의지할 곳이 없음을 알며, 일체 모든 부처님의 국토에 두루 나아가지만, 집착하는 것이 없으며, 남김없이 일체 모든 법을 자세히 살펴서 들여다보지만, 머무는 바가 없으며, 모든 빼어난 궁전에 두루 들어가지만, 온 바가 없으며, 모든 세간을 가르치고 바른길로 이끌어 조복시키고 중생을 위하여 두루 편안하고 위로받는 처를 나타내며, 지혜의 해탈로 그 행하는 바로 삼으며, 늘 지혜의 몸으로 탐욕을 벗어난 경계에 머물며, 모든 있음의 바다를 초월하여 진실의 경계를 보이며, 지혜의 광명이 원만해서 모든 법을 두루 보며, 삼매에 머물면서 견고하게 움직이지 않으며, 모든 중생에게 늘 크게 가엾이 여기는 마음을 일으키며, 모든 법의 문이 남김없이 다 허깨비와 같고 모든 중생이 남김없이 다 꿈과 같고 모든 여래가 남김없이 다 그림자와 같고 모든 말과 소리가 남김없이 다 메아리와 같고 일체 모든 법이란 남김없이 다 변화와 같음을 알며, 선근으로 능히 특히 뛰어난 행과 원을 쌓기에 지혜가 원만하며, 청정하고 섬세하며 능숙한 선근으로 마음이 극히 적정하고 선근으로 일체 총지, 다라니의 경계에 들어가며, 삼매의 힘을 갖추었기에 용맹하고 겁이 없으며, 밝은 지혜의 눈을 얻었기에 법계의 경계에 머물며, 모든 법에 이르지만, 얻는 곳이 없으며, 끝없는 지혜의 바다를 닦고 익혀서 지혜 바라밀의 마지막인 저 언덕에 이르며, 반야바라밀을 거두어 지니며, 신통한 바라밀로 세간에 두루 들어가며, 삼매바라밀에 의지하여 마음의 자재함을 얻었다.

거꾸로 뒤바뀌지 않은 지혜로 모든 이치를 알고 섬세하고 능숙한 선근 분별의 지혜로 법장을 열어 보이며, 분명하게 깨달아 아는 지혜로 문장과 말을 가르쳐서 풀어내며, 큰 원력으로 법을 설함이 다함이 없으며, 두려울 것이 없는 대 사자 후로 항상 즐겁게 의지할 곳 없는 법을 자세히 살펴서 들여다보며, 청정한 법안으로 일체를 두루 자세히 살펴보며, 청정한 지혜의 달로 세간의 이루어지고 무너짐을 비추며, 지혜의 광명으로 진실의 경계를 비추며, 복덕과 지혜가 금강산과 같기에 모든 비유로도 미칠 수 없으며, 선근으로 모든 법을 자세히 살펴서 지혜의 뿌리를 더하고 키우며, 용맹하게 정진하여 많은 마군을 꺾고 항복 받으며, 헤아릴 수 없는 지혜의 위엄스러운 광명이 불같이 성하기에 그 몸이 모든 세간을 뛰어넘어 나가며, 모든 법의 막힘이나 걸림 없는 지혜를 얻으며, 선근으로 다함이 없는 이해, 다함이 없는 경계를 깨우쳐 알며, 두루 한 경계에 머물면서 진실한 경계에 들어가며, 모양이나 상태가 없음을 자세히 살펴보는 지혜가 늘 앞에 나타났다.

　섬세하고 능숙한 선근으로 모든 보살의 행을 성취하고 둘이 없는 지혜로 모든 경계를 알고 모든 세간의 모든 부류를 두루 보고 일체 모든 부처님 국토에 두루 가고 지혜의 등불이 원만하여 모든 법에 어둠으로 막힘이나 걸림이 없고 청정한 법의 광명을 놓아 시방의 경계를 비추고 모든 세간의 진실한 복 밭이 되어 그와 같이 보고 그와 같이 들음에 원하는 것을 다 만족하게 하고 복덕이 높고 크기에 모든 세간을 뛰어넘으며, 용맹하고 두려움이 없기에 모든 외도를 꺾어버리며, 섬세하고 빼어난 소리를 널리 펴서 설하고 모든 세계에 두루 하였다.

　모든 부처님을 보지만, 마음에 싫어하거나 만족함이 없으며, 부처님의 법신을 얻었기에 자재하며, 응하여 변하고 바뀌는 것을 따라 몸으로 나타내며, 하나의 몸이 모든 부처 세계에 가득 차 있으며, 자재하고 청정한 신통을 이미 얻었으며, 큰 지혜의 배를 타고 가는 일에 있어서 막힘이나 걸림이 없으며, 지혜가 원만하기에 법계에 두루두루 하니, 비유하면 해가 떠서 세간을 두루 비추는 것과 같으며, 중생의 마음을 따라 그 색상을 나타내며, 모든 중생의 근성과 하고자 하는 즐거움을 알며, 모든 법이 다툼이 없는 경계에 들어가며, 모든 법의 성품이란 생함도 없고 일어남도 없음을 알며, 작고 큰 것이 자재하게 서로 들어가게 하였다.

　부처님의 지위에 깊고 깊게 이른 곳을 결정하여 분명하게 깨우쳐 알며, 다함이 없는 글귀로 깊고 깊은 이치를 설하며, 하나의 글귀 가운데 모든 수다라의 바다를 널리 펴서 설하며, 큰 지혜의 다라니 몸을 얻어 받아 지닌 것들을 영원히 잊지 않으며, 한 생각 한순간에 헤아릴 수 없는 겁의 일을 기억하며, 한 생각 한순간에 삼세 일체 모든 중생의 지혜를 남김없이 다 알며, 늘 모든 다라니의 문으로 끝없는 모든 불법의 바다를 널리 펴서 설하며, 언제나 물러남이 없는 청정한 법륜을 굴려서 모든 중생이 다 지혜를 내게 하며, 부처님 경계의 지혜 광명을 얻어 선근으로 보는 깊고 깊은 삼매에 들어가며, 모든 법에 막힘이나 걸림 없는 경계에 들어가며, 모든 법에 뛰어난 지혜로 자재하며, 모든 경계를 청정하게 장엄하며, 시방의 모든 법계에 들어가서 그 방소를 따라 이르지 못하는 곳이 없었다.

　하나하나의 티끌 가운데 바른 깨우침 이루는 것을 나타내어 색의 성품이 없음을 두고 모든 색을 나타내며, 모든 방처로 하나의 방처를 향해 두루 들어가니, 그 모든 보살이 이와 같은 등의 끝없는 복과 지혜의 공덕장을 갖추어 늘 모든 부처님으로부터 칭찬을 받는다. 가지가지의 말로 그 공덕을 말해도 다할 수 없으며, 모두 서다림에 있으면서 여래의 깊은 공덕의 큰 바다에 들어가 부처님의 광명이 비추는 것을 남김없이 다 보았다.

其諸菩薩皆悉具足大智神通 明利自在 住於諸地 以廣大智普觀一切 從諸智慧種性而生 一切智智常現在前 得離瞖翳清淨智眼 爲諸衆生作調御師 住佛平等 於一切法無有分別 了達境界 知諸世間性皆寂滅無有依處 普詣一切諸佛國土而無所著 悉能觀察一切諸法而無所住 徧入一切妙法宮殿而無所來 教化調伏一切世間 普爲衆生現安隱處 智慧解脫 爲其所行 恒以智身 住離貪際 超諸有海 示眞實際 智光圓滿 普見諸法 住於三昧 堅固不動 於諸衆生恒起大悲 知諸法門悉皆如幻 一切衆生悉皆如夢 一切如來悉皆如影 一切言音悉皆如響 一切諸法悉皆如化 善能積集殊勝願行 智慧圓滿 清淨善巧 心極寂靜 善入一切摠持境界 具三昧力 勇猛無怯 獲明智眼 住法界際 到一切法無所得處 修習無涯智慧大海 到智波羅蜜究竟彼岸 爲般若波羅蜜之所攝持 以神通波羅蜜普入世間 依三昧波羅蜜得心自在 以不顚倒智知一切義 以巧分別智開示法藏 以現了智訓釋文辭 以大願力說法無盡 以無所畏大師子吼 常樂觀察無依處法 以淨法眼普觀一切 以淨智月照世成壞 以智慧光照眞實諦 福德智慧如金剛山 一切譬諭所不能及 善觀諸法 慧根增長 勇猛精進 摧伏衆魔 無量智慧 威光熾盛 其身超出一切世間 得一切法無礙智慧 善能悟解盡 無盡際 住於普際 入眞實際 無相觀智常現在前 善巧成就諸菩薩行 以無二智知諸境界 普見一切世間諸趣 徧往一切諸佛國土 智燈圓滿 於一切法無諸暗障 放淨法光照十方界 爲諸世間眞實福田 若見若聞所願皆滿 福德高大超諸世間 勇猛無畏摧諸外道 演微妙音徧一切刹 普見諸佛心無厭足 於佛法身已得自在 隨所應化而爲現身 一身充滿一切佛刹 已得自在清淨神通 乘大智舟 所往無礙 智慧圓滿周徧法界 譬如日出普照世間 隨衆生心現其色像 知諸衆生根性欲樂 入一切法無諍境界 知諸法性無生無起 能令小大自在相入 決了佛地甚深之趣 以無盡句說甚深義 於一句中演說一切修多羅海 獲大智慧陀羅尼身 凡所受持永無忘失 一念能憶無量劫事 一念悉知三世一切諸衆生智 恒以一切陀羅尼門 演說無邊諸佛法海 常轉不退淸淨法輪 令諸衆生皆生智慧 得佛境界智慧光明 入於善見甚深三昧 入一切法無障礙際 於一切法勝智自在 一切境界淸淨莊嚴 普入十方一切法界 隨其方所靡不咸至 一一塵中現成正覺 於無色性現一切色 以一切方普入一方 其諸菩薩具如是等無邊福智功德之藏 常爲諸佛之所偁歎 種種言辭說其功德不能令盡 靡不咸在逝多林中 深入如來功德大海 悉見於佛光明所照

이때 모든 보살이 생각으로 헤아려 알 수 없는 바른 법의 광명을 얻고는 마음으로 크게 환희하며, 각각 그 몸과 누각의 모든 장엄 기물과 아울러 앉아있는 사자좌와 두루 한 서다림의 모든 물건 가운데 가지가지 큰 장엄의 구름을 나타내어 일체 시방의 법계를 충만하게 하였다.

이른바 생각과 생각마다 큰 광명의 구름을 놓아 시방에 가득하기에 모든 중생이 깨우침을 깨달아 얻게 하고 모든 마니보배로 된 방울 구름을 내놓아 시방에 가득하며, 섬세하고 빼어난 소리를 내어 삼세 모든 부처님의 일체 공덕을 칭찬하고 찬탄하며, 모든 음악 구름을 내놓아 시방에 가득하며, 소리 가운데 모든 중생의 모든 업과 과보를 널리 펴서 설하며, 모든 보살의 가지가지 원과 행의 색상 구름을 내놓아 시방에 가득하며, 모든 보살의 큰 원을 설하였다.

모든 여래의 자재하고 변화하는 구름을 내놓아 시방에 가득하기에 일체 모든 부처님 여래의 언어와 음성을 널리 펴서 나아가며, 모든 보살의 보기 좋은 모양이나 상태로 장엄한 몸 구름을 내놓아 시방에 가득하기에 모든 여래가 일체 국토에 나오시는 차례를 설하며, 삼세 여래의 도량 구름을 내놓아 시방에 가득하기에 모든 여래가 등정각을 이루는 공덕 장엄을 나타내며, 모든 용왕의 구름을 내놓아 시방에 가득하기에 일체 모든 향을 비처럼 내리며, 모든 세간의 주인이 되는 몸의 구름을 내놓아 시방에 가득하기에 보현보살의 행을 널리 펴서 설하며, 일체 보배 장엄의 청정한 부처 세계의 구름을 내놓아 시방에 가득하기에 모든 여래가 바른 법륜 굴림을 나타내었다.

모든 보살이 생각으로는 헤아려 알 수 없는 법의 광명을 얻은 까닭으로 법이 응당 이와 같은 등의 말로 할 수 없는 부처 세계의 티끌 수와 같은 큰 신통 변화로 장엄하는 구름을 일으키는 것이었다.

爾時 諸菩薩得不思議正法光明 心大歡喜 各於其身及以樓閣 諸莊嚴具 幷其所坐師子之座 徧逝多林一切物中 化現種種大莊嚴雲 充滿一切十方法界 所謂 於念念中 放大光明雲 充滿十方 悉能開悟一切衆生 出一切摩尼寶鈴雲 充滿十方 出微妙音 俙揚讚歎三世諸佛一切功德 出一切音樂雲 充滿十方 音中演說一切衆生諸業果報 出一切菩薩種種願行色相雲 充滿十方 說諸菩薩所有大願 出一切如來自在變化雲 充滿十方 演出一切諸佛如來語言音聲 出一切菩薩相好莊嚴身雲 充滿十方 說諸如來於一切國土出興次第 出三世如來道場雲 充滿十方 現一切如來成等正覺功德莊嚴 出一切龍王雲 充滿十方 雨一切諸香 出一切世主身雲 充滿十方 演說普賢菩薩之行 出一切寶莊嚴淸淨佛刹雲 充滿十方 現一切如來轉正法輪 是諸菩薩以得不思議法光明故 法應如是 出興此等不可說佛刹微塵數大神變莊嚴雲

이때 문수사리보살이 부처님의 위신력을 받들어 서다림 가운데의 모든 신통 변화를 거듭 펼치고자 시방을 자세히 살펴서 들여다보고 게송으로 말했다.

爾時 文殊師利菩薩 承佛神力 欲重宣此逝多林中諸神變事 觀察十方而說頌言

汝應觀此逝多林 그대들은 응당 이 서다림을 자세히 보라.
以佛威神廣無際 부처님의 위신으로 인하여 넓고 경계가 없으며
一切莊嚴皆示現 모든 장엄을 빠짐없이 나타내어
十方法界悉充滿 시방 법계에 남김없이 다 가득하다네.

十方一切諸國土 시방의 일체 모든 국토에
無邊品類大莊嚴 끝없는 품류의 큰 장엄이
於其座等境界中 그 자리 등의 경계 가운데
色像分明皆顯現 색상을 분명하게 빠짐없이 다 나타낸다네.

從諸佛子毛孔出 모든 불자의 털구멍을 좇아 나와
種種莊嚴寶焰雲 가지가지로 장엄한 보배 불꽃 구름과
及發如來微妙音 여래가 섬세하고 빼어난 소리를 일으켜
徧滿十方一切刹 시방의 모든 세계에 두루 가득하다네.

寶樹華中現妙身 보배 나무 꽃 가운데서 빼어난 몸을 나타내고
其身色相等梵王 그 몸의 색상이 범왕과 같으며
從禪定起而游步 선정을 좇아 일으켜서 즐겁게 다니지만
進止威儀恒寂靜 나아가고 멈추는 몸가짐이 늘 적정하다네.

如來一一毛孔內 여래의 하나하나 털구멍 안에
常現難思變化身 늘 생각으로 헤아리기 어려운 변화하는 몸을 나타내지만
皆如普賢大菩薩 다 보현이라는 큰 보살과 같이
種種諸相爲嚴好 가지가지의 좋은 모든 모양이나 상태로 장엄한다네.

逝多林上虛空中 서다림 위 허공 가운데
所有莊嚴發妙音 가지고 있는 장엄의 빼어난 소리를 일으켜

普說三世諸菩薩 삼세 모든 보살이
成就一切功德海 성취한 모든 공덕의 바다를 두루 설한다네.

逝多林中諸寶樹 서다림 가운데 모든 보배 나무가
亦出無量妙音聲 또한 헤아릴 수 없는 빼어난 음성을 내어
演說一切諸群生 일체 모든 중생의
種種業海各差別 가지가지 업 바다를 각각 차별하고 널리 펴서 설한다네.

林中所有衆境界 숲 가운데 있는 많은 경계가
悉現三世諸如來 삼세 모든 여래를 남김없이 나타내어
一一皆起大神通 하나하나가 다 큰 신통을 일으키니
十方剎海微塵數 시방의 세계 바다는 티끌 수와 같다네.

十方所有諸國土 시방의 모든 국토에 있는
一切剎海微塵數 모든 세계 바다의 티끌 수는
悉入如來毛孔中 여래의 털구멍으로 남김없이 들어가고
次第莊嚴皆現睹 차례를 따라 장엄하는 것을 빠짐없이 나타내 보인다네.

所有莊嚴皆現佛 장엄한 모든 부처님을 빠짐없이 나타내니
數等衆生徧世間 수가 중생과 같고 세간에 두루 하며
一一咸放大光明 하나하나가 다 큰 광명을 놓아
種種隨宜化群品 마땅함을 따라 가지가지로 중생을 가르치고 이끈다네.

香焰衆華及寶藏 향 불꽃과 많은 꽃과 보배 장과
一切莊嚴殊妙雲 장엄한 모든 빼어난 구름이
靡不廣大等虛空 광대한 허공과 가지런하고
徧滿十方諸國土 시방의 모든 국토에 두루 가득하다네.

十方三世一切佛 시방 삼세 모든 부처님의
所有莊嚴妙道場 장엄한 빼어난 도량이
於此園林境界中 이 원림의 경계 가운데 있고

一一色像皆明現 하나하나의 색상이 빠짐없이 다 분명하게 나타난다네.

一切普賢諸佛子 모든 보현보살과 모든 불자와
百千劫海莊嚴刹 백천 겁의 바다를 장엄한 세계는
其數無量等衆生 그 수가 헤아릴 수 없는 중생과 같지만
莫不於此林中見 이 숲 가운데서 모두 본다네.

이때 그 모든 보살은 부처님의 삼매 광명이 비추는 까닭으로 곧바로 이와 같은 삼매에 들어감을 얻었으며, 하나하나가 빠짐없이 말로 할 수 없는 부처 세계의 티끌 수와 같은 대비의 문을 얻었기에 모든 중생에게 이익과 편안함과 즐거움을 주지만, 그 몸에 있는 하나하나의 털구멍마다 말로 할 수 없는 부처 세계의 티끌 수와 같은 광명을 내어놓으며, 하나하나의 광명이 말로 할 수 없는 부처 세계의 티끌 수와 같은 보살을 드러내어 나타내니, 그 몸의 형상이 세상의 모든 주인과 같으며, 모든 중생의 앞에 나타나서 시방 법계를 두루 돌아 가득하기에 가지가지의 방편으로 가르치고 바른길로 이끌어서 조복시켰다.

늘 말로 할 수 없는 부처 세계의 티끌 수와 같은 모든 하늘 궁전의 무상(無常)한 문을 나타내고 언제나 말로 할 수 없는 부처 세계의 티끌 수와 같은 모든 중생의 태어남을 받는 문을 나타내고 언제나 말로 할 수 없는 부처 세계의 티끌 수와 같은 모든 보살이 수행하는 문을 나타내고 늘 말로 할 수 없는 부처 세계의 티끌 수와 같은 꿈의 경계가 되는 문을 나타내고 언제나 말로 할 수 없는 부처 세계의 티끌 수와 같은 보살의 큰 소원의 문을 나타내고 늘 말로 할 수 없는 부처 세계의 티끌 수와 같은 세계를 진동시키는 문을 나타내고 늘 말로 할 수 없는 부처 세계의 티끌 수와 같은 세계를 분별하는 문을 나타내고 언제나 말로 할 수 없는 부처 세계의 티끌 수와 같은 생을 나타내는 세계의 문을 나타내었다.

늘 말로 할 수 없는 부처 세계의 티끌 수와 같은 단바라밀의 문을 나타내고 언제나 말로 할 수 없는 부처 세계의 티끌 수와 같은 모든 여래가 공덕을 닦고자 가지가지로 고행하는 시바라밀의 문을 나타내고 늘 말로 할 수 없는 부처 세계의 티끌 수와 같은 온몸을 잘라내는 찬제바라밀의 문을 나타내고 늘 말로 할 수 없는 부처 세계의 티끌 수와 같은 부지런하게 닦는 정진바라밀의 문을 나타내고 언제나 말로 할 수 없는 부처 세계의 티끌 수와 같은 모든 보살이 닦는 모든 삼매와 선정의 해탈 문을 나타내고 늘 말로 할 수 없는 부처 세계의 티끌 수와 같은 불도를 원만하게 하는 지혜의 광명 문을 나타내고 언제나 말로 할 수 없는 부처 세계의 티끌 수와 같이 부지런하게 불법을 구함에 한 문장과 한 글귀를 위하는 까닭으로 수 없는 몸과 목숨을 버리는 문을 나타내고 늘 말로 할 수 없는 부처 세계의 티끌 수와 같은 모든 부처님을 친근히 하여 모든 법을 묻지만, 마음에 피곤하거나 싫어함이 없는 문을 나타내고 늘 말로 할 수 없는 부처 세계의 티끌 수와 같은 모든 중생의 시절 욕심과 즐거움을 따라 그곳에 나아가서 방편으로 성숙하게 하며, 그들이 일체 지혜의 바다에 머물게 하는 광명의 몸을 나타내고 늘 말로 할 수 없는 부처 세계의 티끌 수와 같은 많은 마군을 항복 받으며, 모든 외도를 제압하는 보살의 복과 지혜의 힘을 드러내는 문을 나타내고 늘 말로 할 수 없는 부처 세계의 티끌 수와 같은 섬세하고 능숙한 모든 선근 방편을 아는 밝은 지혜의 문을 나타내고 언제나 말로 할 수 없는 부처 세계의 티끌 수와 같은 모든 중생의 차별을 아는 밝은 지혜의 문을 나타내고 늘 말로 할 수 없는 부처 세계의 티끌 수와 같은 모든 법의 차별을 아는 밝은 지혜의 문을 나타내고 늘 말로 할 수 없는 부처 세계의 티끌 수와 같은 모든 중생이 즐거워하는 마음의 차별을 아는 밝은 지혜의 문을 나타내고 언제나 말로 할 수 없는 부처 세계의 티끌 수와 같은 모든 중생의 근성과 행동과 번뇌와 슬기를 아는 밝은 지혜의 문을 나타내고 늘 말로 할 수 없는 부처 세계의 티끌 수와 같은 모든 중생의 가지가지 업을 아는 밝은 지혜의 문을 나타내고 늘 말로 할 수 없는 부처 세계의 티끌 수와 같은 모든 중생이 깨우침을 깨달아 아는 문을 나타내었다.

 이와 같은 등의 말할 수 없는 부처 세계의 티끌 수와 같은 방편의 문으로 모든 중생이 머무는 곳에 나아가 성숙하게 하니, 이른바 늘 천궁에 가고 언제나 용궁에 가고 야차, 건달바, 아수라, 가루라, 긴나라, 마후라가 궁에도 가며, 늘 범왕의 궁에 가며, 언제나 인왕의 궁에 가며, 언제나 염라왕궁에 가며, 늘 축생과 아귀와 지옥이 머무는 처소에 가는 것이었다.

 평등한 대비와 평등한 큰 원과 평등한 지혜와 평등한 방편으로 모든 중생을 거두니, 늘 보고 난 후에 조복시키는 자가 있으며, 늘 들은 후에 조복시키는 자가 있으며, 늘 기억하고 생각하여 조복시키는 자가 있으며, 늘 음성을 들은 후에 조복시키는 자가 있으며, 늘 이름을 들은 뒤에 조복시키는 자가 있으며, 늘 원만한 광명을 보고 난 뒤에 조복시키는 자가 있으며, 언제나 빛의 그물을 보고 조복시키는 자가 있었다. 모든 중생이 마음으로 즐거워함을 따라 빠짐없이 다 그 처소에 나아가 그들이 이익을 얻게 하는 것이었다.

　爾時 彼諸菩薩 以佛三昧光明照故 卽時得入如是三昧 一一皆得不可說佛刹微塵數大悲門 利益安樂一切衆生 於其身上一一毛孔 皆出不可說佛刹微塵數光明 一一光明 皆化現不可說佛刹微塵數菩薩 其身形相如世諸主 普現一切衆生之前 周帀徧滿

十方法界 種種方便敎化調伏 或現不可說佛刹微塵數諸天宮殿無常門 或現不可說佛刹微塵數一切衆生受生門 或現不可說佛刹微塵數一切菩薩修行門 或現不可說佛刹微塵數夢境門 或現不可說佛刹微塵數菩薩大願門 或現不可說佛刹微塵數震動世界門 或現不可說佛刹微塵數分別世界門 或現不可說佛刹微塵數現生世界門 或現不可說佛刹微塵數檀波羅蜜門 或現不可說佛刹微塵數一切如來修諸功德種種苦行尸波羅蜜門 或現不可說佛刹微塵數割截肢體羼提波羅蜜門 或現不可說佛刹微塵數勤修毘梨耶波羅蜜門 或現不可說佛刹微塵數一切菩薩修諸三昧禪定解脫門 或現不可說佛刹微塵數佛道圓滿智光明門 或現不可說佛刹微塵數勤求佛法爲一文一句故捨無數身命門 或現不可說佛刹微塵數親近一切佛諮問一切法心無疲厭門 或現不可說佛刹微塵數隨諸衆生時節欲樂往詣其所方便成熟令住一切智海光明門 或現不可說佛刹微塵數降伏衆魔制諸外道顯現菩薩福智力門 或現不可說佛刹微塵數知一切工巧明智門 或現不可說佛刹微塵數知一切衆生差別明智門 或現不可說佛刹微塵數知一切法差別明智門 或現不可說佛刹微塵數知一切衆生心樂差別明智門 或現不可說佛刹微塵數知一切衆生根行煩惱習氣明智門 或現不可說佛刹微塵數知一切衆生種種業明智門 或現不可說佛刹微塵數開悟一切衆生門 以如是等不可說佛刹微塵數方便門 往詣一切衆生住處而成熟之 所謂 或往天宮 或往龍宮 或往夜叉 乾闥婆 阿修羅 迦樓羅 緊那羅 摩睺羅伽宮 或往梵王宮 或往人王宮 或往閻羅王宮 或往畜生 餓鬼 地獄之所住處 以平等大悲 平等大願 平等智慧 平等方便攝諸衆生 或有見已而調伏者 或有聞已而調伏者 或有憶念而調伏者 或聞音聲而調伏者 或聞名號而調伏者 或見圓光而調伏者 或見光網而調伏者 隨諸衆生心之所樂 皆詣其所令其獲益

"불자여! 이 서다림에 있는 모든 보살은 모든 중생을 성숙하게 하려는 까닭으로 언제나 때맞춰 가지가지로 장엄하고 꾸민 모든 궁전에 거처하고 있음을 나타내며, 언제나 때맞추어 스스로 머무는 누각의 보배 사자좌를 나타내 보여서 도량에 모인 대중이 둘러싼 대로 시방에 두루 하고 빠짐없이 보게 하지만, 또한 서다림이라는 여래의 처소를 벗어나지 않는다."

"불자여! 이 모든 보살은 언제나 때맞추어 헤아릴 수 없이 드러낸 몸의 구름을 나타내 보이며, 늘 그 몸이 짝없는 혼자의 몸을 나타내니, 이른바 늘 사문의 몸을 나타내고 늘 바라문의 몸을 나타내고 늘 고행하는 몸을 나타내고 늘 크게 살이 찐 몸을 나타내고 언제나 의사의 몸을 나타내고 늘 상인의 주인이 되는 몸을 나타내고 늘 청정한 목숨의 몸을 나타내고 늘 음악을 하는 몸을 나타내고 늘 모든 천신을 받들어 섬기는 신을 나타내고 늘 섬세하고 능숙한 기술의 몸(復有.53位)을 나타내어서 모든 시골과 도시와 왕도와 취락 등 모든 중생의 처소에 나아가 그 응하는 것을 따라 가지가지의 형상과 가지가지의 위의와 가지가지의 음성과 가지가지의 말과 논리와 가지가지로 머무는 곳에서 모든 세간에 인다라의 그물과 같은 보살의 행을 행하고 언제나 모든 세간의 섬세하고 능숙한 사업을 설하고 늘 모든 지혜로 세간을 비추는 등불을 설하고 늘 모든 중생의 업력으로 장엄한 것을 설하고 늘 시방 국토에서 모든 승의 지위를 설하고 늘 지혜의 등불로 비추는 모든 법의 경계를 설하여 모든 중생을 가르치고 바른길로 이끌어서 성취하게 하면서도 또한 이 서다림이라는 여래의 처소를 벗어나지 않는다."

佛子 此逝多林一切菩薩 爲欲成熟諸衆生故 或時現處種種嚴飾諸宮殿中 或時示現住自樓閣寶師子座 道場衆會所共圍遶 周徧十方皆令得見 然亦不離此逝多林如來之所 佛子 此諸菩薩 或時示現無量化身雲 或現其身獨一無侶 所謂 或現沙門身 或現婆羅門身 或現苦行身 或現充盛身 或現醫王身 或現商主身 或現淨命身 或現妓樂身 或現奉事諸天身 或現工巧技術身 往詣一切村營城邑 王都聚落 諸衆生所 隨其所應 以種種形相 種種威儀 種種音聲 種種言論 種種住處 於一切世間猶如帝網行菩薩行 或說一切世間工巧事業 或說一切智慧照世明燈 或說一切衆生業力所莊嚴 或說十方國土建立諸乘位 或說智燈所照一切法境界 敎化成就一切衆生 而亦不離此逝多林如來之所

3) 가지枝末 법회. 53선지식. 十信位善知識

(1) 문수보살을 만나다

이때 문수사리 동자가 선근으로 머무는 누각으로부터 나와 더불어 동행하는 보살과 늘 따라서 모시고 호위하는 금강신(金剛神)과 두루 중생을 위하여 모든 부처님에게 공양하는 모든 신중신(身衆神)과 오래도록 견고한 서원을 일으켜서 늘 좇아 따르는 모든 족행신(足行神)과 빼어난 법을 즐겁게 듣는 주지신(主地神)과 항상 크게 가엾이 여김을 닦는 주수신(主水神)과 지혜의 광명으로 밝게 비추는 주화신(主火神)과 마니를 관으로 삼아 쓰는 주풍신(主風神)과 시방의 모든 격식을 갖춘 예식을 분명하게 단련시키는 주방신(主

方神)과 오로지 밝지 못한(無明) 어둠을 부지런히 제거해 없애는 주야신(主夜神)과 한마음으로 게으르지 않고 부처님의 밝은 해를 열어 밝히는 주주신(主晝神)과 법계의 모든 허공을 장엄하는 주공신(主空神)과 중생을 두루 건져서 모든 생사의 바다를 뛰어넘게 하는 주해신(主海神)과 늘 부지런하게 쌓아서 모든 지혜로 나아가 선근의 도를 도와서 높고 크기가 산과 같은 주산신(主山神)과 늘 모든 중생이 지닌 보살 마음의 성품을 지키고 부지런히 보호하는 주성신(主城神)과 항상 부지런하게 일체 지혜의 지혜와 위 없는 법의 성품을 지키고 보호하는 대용왕과 늘 부지런하게 모든 중생을 보호하고 지키는 모든 야차왕과 늘 중생들에게 기쁨과 즐거움을 더하고 늘리게 하는 건달바왕과 늘 부지런하게 모든 아귀의 부류들을 제거해 없애는 구반다왕과 늘 원으로 모든 중생을 빼내어 구제하고 모든 생사의 바다에서 나오게 하는 가루라왕과 원으로 모든 여래의 몸을 성취하고 세간으로부터 나오는 아수라왕과 부처님을 보고 환희하며, 몸을 굽혀 공경하는 마후라가왕과 항상 생사를 싫어하고 늘 즐겁게 부처님을 보는 모든 대천왕과 부처님을 존중하고 찬탄하면서 공양하는 대범왕과 함께 하였다.

문수사리가 이와 같은 등의 공덕으로 장엄한 모든 보살 대중과 더불어 스스로 머물던 곳에서 나와 부처님 처소에 이르러 세존을 오른쪽으로 헤아릴 수 없이 돌고 모든 공양 기물을 가지고 가지가지의 공양을 하며, 공양을 마친 후에는 물러나 남쪽으로 행하여 인간으로 향했다.

爾時 文殊師利童子從善住樓閣出 與無量同行菩薩 及常隨侍衛諸金剛神 普爲衆生供養諸佛諸身衆神 久發堅誓願常修從諸足行神 樂聞妙法主地神 常修大悲主水神 智光照耀主火神 摩尼爲冠主風神 明練十方一切儀式主方神 專勤除滅無明黑暗主夜神 一心匪懈闡明佛日主晝神 莊嚴法界一切虛空主空神 普度衆生超諸有海主海神 常勤積集趣一切智助道善根高大如山主山神 常勤守護一切衆生菩提心城主城神 常勤守護一切智智無上法城諸大龍神 常勤守護一切衆生諸夜叉王 常令衆生增長歡喜乾闥婆王 常勤除滅諸餓鬼趣鳩槃茶王 恒願拔濟一切衆生諸有海迦樓羅王 願得成就諸如來身高出世間阿修羅王 見佛歡喜曲躬恭敬摩睺羅伽王 常厭生死恒樂見佛諸大天王 尊重於佛讚歎供養諸大梵王 文殊師利與如是等功德藏嚴諸菩薩衆 出自住處 來詣佛所 右遶世尊 經無量帀 以諸供具種種供養 供養畢已 辭退南行 往於人間

이때 사리불 존자(尊者)가 부처님의 신력을 받든 문수사리 보살이 모든 보살과 모인 대중을 장엄하고 더불어 서다림에서 나와 남쪽으로 인간을 향해 가는 것을 보고는 이와 같은 생각을 했다.

"내가 지금 마땅히 문수사리와 더불어 남쪽으로 함께 가겠다."라고 하였다.

때맞추어 사리불 존자는 6천 비구에게 앞뒤로 둘러싸여 스스로 머문 곳에서 나와 부처님 처소에 나아가 부처님 발에 머리를 숙여 예를 올리고 묻기를 원하니, 세존께서 듣고 허락하기에 오른쪽으로 세 번 돌고 물러나서 문수사리에게 갔다. 이 6천 비구들은 사리불과 함께 머무는 이들이었다.

출가한 지가 오래되지 않았으니, 이른바 해각(海覺) 비구와 선생(善生) 비구와 복광(福光) 비구와 대동자(大童子) 비구와 전생(電生) 비구와 정행(淨行) 비구와 천덕(天德) 비구와 군혜(君慧) 비구와 범승(梵勝) 비구와 적혜(寂慧) 비구다. 이와 같은 등등의 그 수가 6천이었으며, 다들 일찍이 헤아릴 수 없는 모든 부처님에게 공양한 이들이며, 선근을 깊이 심었기에 이해하는 힘이 광대하고 믿음의 눈이 밝게 통하고 그 마음이 너그럽고 넓었으며, 부처님의 경계를 자세히 들여다보고 법의 본 성품을 분명하게 깨우쳐 알아 중생들에게 넉넉한 이익이 되고 늘 즐겁게 또 부지런하게 모든 부처님의 공덕을 구하니, 이는 다 문수사리가 법을 설하여 가르치고 성취한 이들이었다.

爾時 尊者舍利弗承佛神力 見文殊師利菩薩 與諸菩薩衆會莊嚴 出逝多林 往於南方 遊行人間 作如是念 我今當與文殊師利俱往南方 時 尊者舍利弗與六千比丘 前後圍遶 出自住處 來詣佛所 頂禮佛足 具白世尊 世尊聽許 右遶三帀 辭退而去 往文殊師利所 此六千比丘是舍利弗自所同住 出家未久 所謂 海覺比丘 善生比丘 福光比丘 大童子比丘 電生比丘 淨行比丘 天德比丘 君慧比丘 梵勝比丘 寂慧比丘 如是等 其數六千 悉曾供養無量諸佛 深植善根 解力廣大 信眼明徹 其心寬博 觀佛境界 了法本性 饒益衆生 常樂勤求 諸佛功德 皆是文殊師利說法敎化之所成就

이때 사리불 존자가 길을 가던 도중에 비구들을 살펴보고 해각에게 말했다.

"해각이여! 그대는 문수사리 보살의 청정한 몸은 좋은 모양이나 상태로 장엄하였기에 모든 하늘과 사람들이 생각으로 헤아려 알 수 없음을 자세히 살펴서 들여다보라. 그대는 문수사리의 둥근 광명이 환하게 비추어 헤아릴 수 없는 중생에게 환희심을 일으키게 하는 것을 자세히 살펴서 들여다보라. 그대는 문수사리의 광명 그물이 중생의 헤아릴 수 없는 괴로움을 제거하여 없애버리는 것을 자세히 살펴서 들여다보라. 그대는 문수사리의 대중이 온전하게 갖춤은 모든 보살이 옛적에 선근으로 거두어 준 것임을 자세히 살펴서 들여다보라. 그대는 문수사리가 다니는 길이 좌우로 여덟 걸음씩 평탄하게 장엄한 것을 자세히 살펴서 들여다보라."

"그대는 문수사리가 머무는 처소에서 두루 돌아 시방에 늘 있는 도량을 따라 굴리는 것을 자세히 살펴서 들여다보라. 그대는 문수사리가 행하는 길이 헤아릴 수 없는 복덕 장엄을 온전하게 갖추었기에 좌우로 양쪽 가장자리에 큰 복장이 있고 가지가지의 진귀한 보배가 자연스럽게 나오는 것을 자세히 살펴서 들여다보라. 그대는 문수사리가 일찍이 부처님께 공양한 선근으로 말미암아 곧바로 모든 나무 사이에 장엄의 장이 나오는 것을 자세히 살펴서 들여다보라. 그대는 문수사리에게 모든 세간의 주인이 공양 기물의 구름을 내리고 머리를 숙여 예를 올리며, 공경하고 공양하는 것을 자세히 살펴서 들여다보라. 그대는 문수사리가 시방의 모든 부처님 여래가 법을 말씀하려 할 때 미간의 백호상에서 광명을 내놓아 그 몸을 비추어 정수리 위를 좇아 들어가는 것을 자세히 살펴서 들여다보라."

爾時 尊者舍利弗在行道中觀諸比丘 告海覺言 海覺 汝可觀察文殊師利菩薩淸淨之身相好莊嚴 一切天人莫能思議 汝可觀察文殊師利圓光映徹 令無量衆生發歡喜心 汝可觀察文殊師利光網莊嚴 除滅衆生無量苦惱 汝可觀察文殊師利衆會具足 皆是菩薩往昔善根之所攝受 汝可觀察文殊師利所行之路 左右八步 平坦莊嚴 汝可觀察文殊師利所住之處 周迴十方常有道場隨逐而轉 汝可觀察文殊師利所行之路 具足無量福德莊嚴 左右兩邊有大伏藏 種種珍寶自然而出 汝可觀察文殊師利曾供養佛 善根所流一切樹間出莊嚴藏 汝可觀察文殊師利 諸世間主雨供具雲 頂禮恭敬以爲供養 汝可觀察文殊師利 十方一切諸佛如來將說法時 悉放眉間白毫相光來照其身 從頂上入

그때 사리불 존자가 모든 비구를 위해서 칭찬하고 찬탄하며, 문수사리 동자가 이와 같은 등의 헤아릴 수 없는 공덕을 온전하게 갖추고 장엄하고 있음을 열어서 보이고 널리 펴서 설했다.

모든 비구가 이 말을 듣고 난 뒤에 마음이 청정해지고 믿고 이해함이 견고해지며, 기쁨에 온몸으로 뛰고 형체가 부드러워지고 모든 근이 기쁨에 충만해지고 근심과 고통을 남김없이 제거하고 허물이나 잘못, 막힘이나 걸림을 다 하기에 늘 모든 부처님을 보고 바른 법을 구하며, 보살의 근기를 갖추고 보살의 힘을 얻으며, 대비와 대원을 빠짐없이 다 스스로 출생하며, 모든 바라밀의 깊고 깊은 경계에 들어가며, 시방 부처님의 바다가 늘 앞에 나타나 있으며, 모든 지혜에 깊은 믿음과 좋아함을 내었다.

그리고는 사리불 존자에게 말했다.

"원하건대 대사는 우리를 이끌어서 뛰어난 사람이 계신 곳에 나아가게 해주길 바랍니다."

때맞추어 사리불이 곧 그들과 함께 행하여 그곳에 이르러서는 공손하게 물었다.
"어진이시여! 이 모든 비구가 받들어 뵙기를 원합니다."

爾時 尊者舍利弗爲諸比丘俙揚讚歎 開示演說文殊師利童子有如是等無量功德具足莊嚴 彼諸比丘聞是說已 心意淸淨 信解堅固 喜不自持 擧身踊躍 形體柔軟 諸根悅豫 憂苦悉除 垢障咸盡 常見諸佛 深求正法 具菩薩根 得菩薩力 大悲大願皆自出生 入於諸度甚深境界 十方佛海常現在前 於一切智深生信樂 卽白尊者舍利弗言 唯願 大師將引我等 往詣於彼勝人之所 時 舍利弗卽與俱行 至其所已 白言 仁者 此諸比丘 願得奉覲

그때 문수사리 동자가 헤아릴 수 없는 자재한 보살들에게 둘러싸여 그 대중들과 함께 코끼리 왕이 온몸을 돌리는 것과 같이 모든 비구를 자세히 살펴보았다. 때맞추어 모든 비구가 그 발에 머리를 숙여 예를 올리고 합장하고 공손히 섬기면서 말했다.

"저희가 지금 받들어 섬기어 보고 절을 올려 예를 다하며, 나머지 가지고 있는 모든 선근을 오직 어지신 문수사리와 화상 사리불과 세존 석가모니가 남김없이 다 증명하여 아실 것이니, 어진 이가 가지고 있는 이와 같은 색신과 이와 같은 음성과 이와 같은 좋은 모양이나 상태와 이와 같은 자재함을 저희가 남김없이 모든 것을 갖추고 얻길 원합니다."

爾時 文殊師利童子 無量自在菩薩圍遶幷其大衆 如象王迴觀諸比丘 時 諸比丘頂禮其足 合掌恭敬 作如是言 我今奉見 恭敬禮拜 及餘所有一切善根 唯願仁者文殊師利 和尙舍利弗 世尊釋迦牟尼 皆悉證知 如仁所有如是色身 如是音聲 如是相好 如是自在 願我一切悉當具得

이때 문수사리 보살이 비구들에게 말했다.
"비구여! 그와 같은 선남자와 선여인이 열 가지 대승으로 나아가는 법을 성취하면 곧바로 여래의 지위에 들어갈 것이다. 하물며 보살의 지위일 뿐이겠는가."

"무엇이 열인가 하면, 이른바 모든 선근을 쌓고 모으는 일에 마음이 피로하거나 싫어함이 없으며, 모든 부처님을 뵙고 섬기고 공양하는 일에 마음이 피로하거나 싫어함이 없으며, 모든 부처의 법을 구하는 일에 마음이 피로하거나 싫어함이 없으며, 모든 바라밀을 행하는 일에 마음이 피로하거나 싫어함이 없으며, 모든 보살의 삼매를 성취하는 일에 마음이 피로하거나 싫어함이 없으며, 모든 삼세를 차례를 따라 들어가는 일에 마음이 피로하거나 싫어함이 없으며, 시방 부처님의 세계를 두루 장엄하여 청정히 하는 일에 마음이 피로하거나 싫어함이 없으며, 모든 중생을 가르치고 바른길로 이끌어 조복시키는 일에 마음이 피로하거나 싫어함이 없으며, 모든 세계의 겁 가운데 보살의 행을 성취하는 일에 마음이 피로하거나 싫어함이 없으며, 한 명의 중생을 성취하게 하려는 까닭으로 모든 부처 세계의 티끌 수와 같은 바라밀을 수행하여 여래의 십력을 성취하는 것이니, 이와 같은 차례를 따라 모든 중생계를 성숙하게 하며, 여래의 모든 힘을 성취하는 일에 마음이 피로하거나 싫어함이 없는 것이다."

爾時 文殊師利菩薩告諸比丘言 比丘 若善男子 善女人 成就十種趣大乘法 則能速入如來之地 況菩薩地 何者爲十 所謂 積集一切善根 心無疲厭 見一切佛承事供養 心無疲厭 求一切佛法 心無疲厭 行一切波羅蜜 心無疲厭 成就一切菩薩三昧 心無疲厭 次第入一切三世 心無疲厭 普嚴淨十方佛刹 心無疲厭 敎化調伏一切衆生 心無疲厭 於一切刹一切劫中成就菩薩行 心無疲厭 爲成熟一衆生故 修行一切佛刹微塵數波羅蜜 成就如來十力 如是次第 爲成熟一切衆生界 成就如來一切力 心無疲厭

"비구여! 그와 같은 선남자와 선여인이 깊은 믿음의 마음을 성취하고 이 열 가지 피로하거나 싫어함이 없는 마음을 일으키면, 곧 모든 선근을 기르고 키우며, 모든 생사의 부류에서 벗어나고 버리며, 모든 세간(五蘊)의 씨앗이 되는 성품을 뛰어넘고 초월하며, 성문과 벽지불의 처지에 떨어지지 않으며, 여래의 가문에 태어나며, 모든 보살의 원을 갖추며, 모든 여래의 공덕을 배우며, 모든 보살의 모든 행을 닦고 행하며, 여래의 힘을 얻어 많은 마군과 또한 모든 외도를 꺾어서 굴복시키며, 모든 번뇌를 제거하여 없애고 보살의 지위에 들어가 여래의 자리에 가까워진다."

比丘 若善男子 善女人 成就深信 發此十種無疲厭心 則能長養一切善根 捨離一切諸生死趣 超過一切世間種姓 不墮聲聞 辟支佛地 生一切如來家 具一切菩薩願 學習一切如來功德 修行一切菩薩諸行 得如來力 摧伏衆魔及諸外道 亦能除滅一切煩惱 入菩薩地 近如來地

때맞추어 모든 비구가 이 법문을 듣고 난 뒤에 곧바로 삼매를 얻으니, 이름이 '막힘이나 걸림 없는 눈을 가지고 모든 부처의 경계를 봄(無礙眼見一切佛境界)'이며, 이 삼매를 얻는 까닭으로 시방의 헤아릴 수 없고 끝이 없는 모든 세계의 부처님과 그 도량에 모인 대중들을 남김없이 다 보며, 또한 시방세계의 일체 모든 부류에 있는 중생들을 남김없이 다 보며, 또한 그 모든 세계를 가지가지로 차별하는 것도 남김없이 다 보며, 또한 그 모든 세계에 있는 티끌을 남김없이 다 보며, 또한 그 모든 세계 가운데 있는 모든 중생이 머무는 궁전이 가지가지의 보배로 장엄 된 것을 남김없이 다 보았다.

또 그 부처님 여래께서 가지가지의 말과 소리로 법을 널리 펴서 설하는 것을 듣고 문장에 나타난 말을 풀어서 남김없이 다 분명하게 깨우쳐 알고 또 그 세계 가운데 있는 모든 중생의 모든 근과 마음의 욕심을 자세히 살펴서 들여다보고 또 그 세계 가운데 있는 모든 중생이 앞뒤로 열 번 태어나던 일을 잊지 않고 단단히 기억하여 생각하고 또 그 세계 가운데 과거, 미래 각각 열 겁 동안의 일을 잊지 않고 단단히 기억하여 생각하고 또 그 모든 여래의 열 가지 본래 생의 일을 잊지 않고 단단히 기억하여 생각하고 열 번의 바른 깨우침을 이룸과 열 번의 법륜을 굴림과 열 가지의 신통과 열 가지의 법을 설함과 열 가지의 가르침과 열 가지의 변재를 잊지 않고 단단히 기억하여 생각하였다.

또 곧바로 십 천 가지의 삼매와 십 천 가지의 바라밀을 성취하여 남김없이 다 청정하게 하였으며, 큰 지혜를 얻어 광명을 원만하게 하였으며, 보살의 열 가지 신통을 얻어 부드럽고 섬세하며 빼어났으며, 보살의 마음에 머물고는 견고하고 흔들리지 않았다.

時 諸比丘聞此法已 則得三昧 名 無礙眼見一切佛境界 得此三昧故 悉見十方無量無邊一切世界諸佛如來 及其所有道場衆會 亦悉見彼十方世界一切諸趣所有衆生 亦悉見彼一切世界種種差別 亦悉見彼一切世界所有微塵 亦悉見彼諸世界中 一切衆生所住宮殿 以種種寶而爲莊嚴 及亦聞彼諸佛如來種種言音演說諸法文辭訓釋 悉皆解了 亦能觀察彼世界中一切衆生諸根心欲 亦能憶念彼世界中一切衆生前後十生 亦能憶念彼世界中過去 未來各十劫事亦 能憶念彼諸如來十本生事 十成正覺 十轉法輪 十種神通 十種說法 十種敎誡 十種辯才 又卽成就十千菩提心 十千三昧 十千波羅蜜 悉皆淸淨 得大智慧圓滿光明 得菩薩十神通 柔軟微妙 住菩提心 堅固不動

이때 문수사리 보살이 모든 비구에게 권하여 보현의 행에 머물게 하였고 보현의 행에 머문 후에는 큰 원의 바다에 들어가게 하고 큰 원의 바다에 들어간 후에는 큰 원의 바다를 성취하고 큰 원의 바다를 성취한 까닭으로 마음이 청정하고 마음이 청정한 까닭으로 몸이 가볍고 유익하며, 몸이 가볍고 유익한 까닭으로 큰 신통을 얻어 물러섬이 없고 이 신통을 얻은 까닭으로 문수사리의 발아래를 벗어나지 않고 시방의 모든 부처님 계신 곳에서 그 몸을 남김없이 나타내어 모든 부처님의 법을 온전하게 갖추고 성취하였다.

爾時 文殊師利菩薩勸諸比丘住普賢行 住普賢行已 入大願海 入大願海已 成就大願海 以成就大願海故 心淸淨 心淸淨故 身淸淨 身淸淨故 身輕利 身淸淨 輕利故 得大神通無有退轉 得此神通故 不離文殊師利足下 普於十方一切佛所悉現其身 具足成就一切佛法

대방광불화엄경 제62권

39. 입법계품(3)
　　入法界品第三十九之三

　이때 문수사리 보살이 모든 비구에게 권하여 아뇩다라삼먁삼보리심을 일으키게 하고는 점차 남쪽으로 가시면서 인간 세상을 지내시다가 복성의 동쪽에 이르러 장엄당사라 숲에 머물렀다. 이곳은 옛적에 모든 부처님이 머물러 계시면서 중생을 가르치고 바른길로 이끌던 큰 탑이 있는 곳이며, 역시 세존께서도 과거에 보살행을 닦으시며, 헤아릴 수 없이 많은 버리기 어려웠던 것을 버린 곳이다. 이러한 까닭으로 이 숲의 이름이 '헤아릴 수 없는 부처 세계를 두루 들음普聞無量佛刹'이며, 이곳은 언제나 하늘, 용, 야차, 건달바, 아수라, 가루라, 긴나라, 마후라가, 사람과 사람이 아닌 자들이 공양하는 곳이 되었다.
　爾時 文殊師利菩薩勸諸比丘發阿耨多羅三藐三菩提心已 漸次南行 經歷人間 至福城東 住莊嚴幢娑羅林中往昔諸佛曾所止住教化衆生大塔廟處 亦是世尊於往昔時修菩薩行能捨無量難捨之處 是故 此林名稱普聞無量佛刹 此處常爲天 龍 夜叉 乾闥婆 阿修羅 迦樓羅 緊那羅 摩睺羅伽 人與非人之所供養

　때맞춰 문수사리가 그 권속들과 더불어 이곳에 이르러서는 곧 그곳에서 법계를 두루 비추는 수다라를 설하시니, 백만 억 나유타 수다라가 권속이 되었다.
　이 경을 설할 때 큰 바다 가운데 헤아릴 수 없는 백천 억 용들이 이곳에 와서 법문을 듣고 난 후에는 용의 부류를 깊이 싫어하고 바르게 부처님의 도를 구하여 용의 몸을 다 버리고 천인 가운데 태어나 1만의 모든 용이 아뇩다라삼먁삼보리에서 물러서지 않게 되었고 차례를 따라(復有) 헤아릴 수 없고 수 없는 중생들이 삼승(三乘) 가운데 각각 조복시킴을 얻었다.
　時 文殊師利與其眷屬到此處已 卽於其處說普照法界修多羅 百萬億那由他修多羅以爲眷屬 說此經時 於大海中有無量百萬億諸龍而來其所 聞此法已 深厭龍趣 正求佛道 咸捨龍身 生天人中 一萬諸龍 於阿耨多羅三藐三菩提得不退轉 復有無量無數衆生 於三乘中各得調伏

때맞추어 복성 사람들이 문수사리 동자가 장엄당사라 숲 가운데 있는 큰 탑에 왔다는 말을 듣고 헤아릴 수 없는 대중이 성에서 나와 그 처소에 이르렀다.

그중에 우바새가 있으니, 이름이 '큰 지혜'이며, 오백의 권속과 더불어 하였으니, 이른바 수달다 우바새, 바수달다 우바새, 복덕광 우바새, 유명칭 우바새, 시명칭 우바새, 월덕 우바새, 선혜 우바새, 대혜 우바새, 현호 우바새, 현승 우바새들이다. 이와 같은 등의 오백 우바새와 함께 문수사리 동자의 처소에 이르러 그 발에 머리 숙여 예를 올리고는 오른쪽으로 세 번 돌고 한쪽으로 물러나 앉았다.

차례를 따라(復有) 5백 우바이가 있으니, 이른바 대혜 우바이, 선광 우바이, 묘신 우바이, 가락신 우바이, 현 우바이, 현덕 우바이, 현광 우바이, 당광 우바이, 덕광 우바이, 선목 우바이들이다. 이와 같은 등의 5백 우바이가 문수사리 동자의 처소에 이르러 그 발에 머리를 숙여 예를 올리고는 오른쪽으로 세 번 돌고 한쪽으로 물러나 앉았다.

차례를 따라(復有) 5백 동자가 있으니, 이른바 선재 동자, 선행 동자, 선계 동자, 선위의 동자, 선용맹 동자, 선사 동자, 선혜 동자, 선각 동자, 선안 동자, 선비 동자, 선광 동자들이다. 이와 같은 등의 5백 동자가 문수사리 동자의 처소에 이르러 그 발에 머리 숙여 예를 올리고는 오른쪽으로 세 번 돌고 한쪽으로 물러나 앉았다.

차례를 따라(復有) 5백 동녀가 있으니, 이른바 선현 동녀, 큰 지혜 거사의 딸 동녀, 현칭 동녀, 미안 동녀, 견혜 동녀, 현덕 동녀, 유덕 동녀, 범수 동녀, 덕광 동녀, 선광 동녀들이다. 이와 같은 등의 5백 동녀가 문수사리 동자의 처소에 이르러 그 발에 머리 숙여 예를 올리고는 오른쪽으로 세 번 돌고 한쪽으로 물러나 앉았다.

時 福城人聞文殊師利童子在莊嚴幢娑羅林中大塔廟處 無量大衆從其城出 來詣其所 時 有優婆塞 名曰 大智 與五百優婆塞眷屬俱 所謂 須達多優婆塞 婆須達多優婆塞 福德光優婆塞 有名稱優婆塞 施名稱優婆塞 月德優婆塞 善慧優婆塞 大慧優婆塞 賢護優婆塞 賢勝優婆塞 如是等五百優婆塞俱 來詣文殊師利童子所 頂禮其足 右遶三帀 退坐一面 復有五百優婆夷 所謂 大慧優婆夷 善光優婆夷 妙身優婆夷 可樂身優婆夷 賢優婆夷 賢德優婆夷 賢光優婆夷 幢光優婆夷 德光優婆夷 善目優婆夷 如是等五百優婆夷 來詣文殊師利童子所 頂禮其足 右遶三帀 退坐一面 復有五百童子 所謂 善財童子 善行童子 善戒童子 善威儀童子 善勇猛童子 善思童子 善慧童子 善覺童子 善眼童子 善臂童子 善光童子 如是等五百童子 來詣文殊師利童子所 頂禮其足 右遶三帀 退坐一面 復有五百童女 所謂 善賢童女 大智居士女童女 賢稱童女 美顔童女 堅慧童女 賢德童女 有德童女 梵授童女 德光童女 善光童女 如是等五百童女 來詣文殊師利童子所 頂禮其足 右遶三帀 退坐一面

이때 문수사리 동자가 복성 사람들이 모두 와서 모인 것을 알고는 그들이 마음으로 좋아하는 것을 따라 자재한 몸을 나타내시니, 감히 범하기 어려운 위엄과 권위가 크게 빛나기에 모든 대중을 가릴 정도이며, 자재한 큰 자비로 그들을 청량하게 하며, 가엾이 여기는 자재함으로 법을 설할 마음을 일으키며, 자재한 지혜로 그 마음이 좋아하는 것을 알고 광대한 변재로 법을 설하려 하였다.

차례를 따르려(復.53位) 할 때 선재가 무슨 인연으로 그 이름을 얻었는지 자세히 살펴서 들여다보니, 이 동자가 처음 태에 들어갈 때 그 집안에 자연스럽게 칠보의 누각이 생기고 누각 아래에는 일곱 개의 복장이 있고 그 복장 위의 땅이 스스로 갈라져 일곱 가지 보배가 싹을 생하니, 이른바 금, 은, 유리, 파려, 진주, 자거, 마노 등이다. 선재 동자가 태에 열 달 있다 탄생하니, 몸과 팔다리가 단정하고 온전하게 갖추어졌으며, 일곱 개의 큰 장이 있고 가로, 세로, 높이가 각각 7주씩 되는 것이 땅으로부터 솟아 나와 광명이 밝게 비쳐서 빛났다.

차례를 따라(復) 집 가운데 자연스럽게 5백 개의 보배 그릇이 있고 가지가지의 물건이 자연스럽게 가득 차 있으니, 이른바 금강 그릇에는 모든 향이 가득하고 향 그릇에는 가지가지의 옷이 가득하고 아름다운 옥 그릇에는 가지가지의 맛좋은 음식이 가득하며, 마니 그릇에는 가지가지의 제각기 다른 진귀한 보배가 가득하고 금 그릇에는 은이 가득하고 은그릇에는 금이 가득하고 금은 그릇에는 유리와 마니보배가 가득하고 파려 그릇에는 진주조개가 가득하고 진주조개 그릇에는 파려가 가득하고 마노 그릇에는 진주가 가득하고 진주 그릇에는 마노(花紋石)가 가득하며, 불마니 그릇에는 물 마니가 가득하고 물마니 그릇에는 불 마니가 가득하였다.

이와 같은 등의 5백의 보배 그릇이 자연스럽게 나와 나타나고 또 많은 보배와 모든 재물을 내려서 모든 창고에 남김없이 가득하였다. 이러한 일이 있는 까닭으로 부모와 친한 권속과 선근의 모양이나 상태로서 스승이 되는 이들이 이 아이를 이름 붙여 부르길 '선재'라 하고 또 이 동자가 일찍이 과거 모든 부처님께 공양하였으며, 선근의 씨앗을 깊이 심었고 믿고 이해하는 것이 광대하고 늘 즐겁게 모든 선지식을 친근히 하고 몸과 말과 뜻으로 지어가는 일들이 잘못이나 허물이 없으며, 보살의 도를 청정하게 하고 모든 지혜를 구하고 불법의 그릇을 이루었고 마음이 청정하기가 허공과 같고 보리에 회향하였기에 막힘이나 걸림이 없는 것을 알았다.

爾時 文殊師利童子知福城人悉已來集 隨其心樂現自在身 威光赫奕蔽諸大衆 以自在大慈令彼淸涼 以自在大悲起說法心 以自在智慧知其心樂 以廣大辯才將爲說法 復於是時 觀察善財以何因緣而有其名 知此童子初入胎時 於其宅內自然而出七寶樓

閣 其樓閣下有七伏藏 於其藏上 地自開裂 生七寶芽 所謂 金 銀 琉璃 玻瓈 眞珠 硨磲 碼瑙 善財童子處胎十月然後誕生 形體肢分端正具足 其七大藏 縱廣高下各滿七肘 從地涌出 光明照耀 復於宅中自然而有五百寶器 種種諸物自然盈滿 所謂 金剛器中盛一切香 於香器中盛種種衣 美玉器中盛滿種種上味飮食 摩尼器中盛滿種種殊異珍寶 金器盛銀 銀器盛金 金銀器中盛滿琉璃及摩尼寶 玻瓈器中盛滿硨磲 硨磲器中盛滿玻瓈 碼瑙器中盛滿眞珠 眞珠器中盛滿碼瑙 火摩尼器中盛滿水摩尼 水摩尼器中盛滿火摩尼 如是等五百寶器 自然出現 又雨衆寶及諸財物 一切庫藏悉令充滿 以此事故 父母親屬及善相師共呼此兒 名曰 善財 又知此童子 已曾供養過去諸佛 深種善根 信解廣大 常樂親近諸善知識 身 語 意業皆無過失 淨菩薩道 求一切智 成佛法器 其心淸淨猶如虛空 迴向菩提無所障礙

　이때 문수사리 보살이 이와 같은 선재 동자를 자세히 살펴서 들여다본 후에는 편안히 위로하고 비유를 들어 모든 부처님의 법을 널리 펴서 설하셨으니, 이른바 모든 부처님이 쌓고 모은 법을 설하고 모든 부처님의 법을 끊이지 않고 이어받음을 설하며, 모든 부처님의 차례를 따른 법을 설하고 모든 부처님의 대중 모임에서 청정한 법을 설하고 모든 부처님의 법륜으로 가르쳐서 바른길로 이끄는 법을 설하고 모든 부처님 색신의 좋은 모양이나 상태를 설하고 모든 부처님이 법신을 성취한 법을 설하고 모든 부처님이 말씀하시는 변재의 법을 설하고 모든 부처님이 광명으로 비추는 법을 설하고 모든 부처님이 평등하기에 둘이 없는 법을 설하셨다.

　그때 문수사리 동자가 선재 동자와 모든 대중을 위해 이러한 법을 설하시고는 은근하게 권하여 세력을 거듭 더하고 키우게 하며, 그들을 환희하게 하고 아뇩다라삼먁삼보리의 마음을 일으키게 하고 또 과거에 심은 선근을 단단히 기억하여 잊지 않고 생각하게 하였다. 이러한 일을 마치고는 곧바로 그 자리에서 중생을 위해서 차례를 좇아(復.53位) 마땅함을 따라 법을 설하신 후에 떠나셨다.

　爾時 文殊師利菩薩如是觀察善財童子已 安慰開諭 而爲演說一切佛法 所謂 說一切佛積集法 說一切佛相續法 說一切佛次第法 說一切佛衆會淸淨法 說一切佛法輪化導法 說一切佛色神相好法 說一切佛法身成就法 說一切佛言辭辯才法 說一切佛光明照耀法 說一切佛平等無二法 爾時 文殊師利童子爲善財童子及諸大衆說此法已 慇懃勸諭 增長勢力 令其歡喜 發阿耨多羅三藐三菩提心 又令憶念過去善根 作是事已 卽於其處 復爲衆生隨宜說法 然後而去

이때 선재 동자는 문수사리에게서 부처님의 이와 같은 가지가지의 공덕을 듣고 한결같은 마음으로 아뇩다라삼먁삼보리를 부지런히 구하고 문수사리를 따라 게송을 말했다.
爾時 善財童子從文殊師利所聞佛如是種種功德 一心勤求阿耨多羅三藐三菩提 隨文殊師利而說頌言

三有爲城郭 삼유(三界. 欲界. 色界. 無色界)는 성곽이 되고
憍慢爲垣牆 제 멋대로인 거만한 마음은 담장이 되며
諸趣爲門戶 모든 부류가 드나드는 문이 되고
愛水爲池塹 사랑하는 물은 성곽을 둘러 판 연못이 되었다네.

愚癡闇所覆 어리석은 어둠에 거꾸로 뒤바뀌어
貪恚火熾然 탐욕과 성냄이 불길같이 성하게 일어나고
魔王作君主 마왕은 군주가 되어
童蒙依止住 어린아이에게 의지해 머문다네.

貪愛爲徽纏 탐내는 마음과 애욕은 얽어놓은 실타래와 같고
諂誑爲轡勒 아첨하고 속이는 일은 소의 코뚜레가 되며
疑惑蔽其眼 의심으로 혹함은 그 눈을 가려서
趣入諸邪道 바르지 못한 모든 길로 이르게 한다네.

慳嫉憍盈故 인색함과 시기와 교만함이 가득한 까닭에
入於三惡處 삼악의 처에 들어가고
或墮諸趣中 늘 모든 부류 가운데
生老病死苦 나고 늙고 병들고 죽은 고통에 떨어진다네.

妙智淸淨日 빼어난 지혜의 청정한 태양과
大悲圓滿輪 가엾이 여기는 크고 원만한 바퀴가
能竭煩惱海 번뇌의 바다를 능히 마르게 하듯이
願賜少觀察 원하건대 적게나마 자세히 살펴서 들여다봐 주소서.

妙智淸淨月 빼어난 지혜의 청정한 달과

大慈無垢輪 큰 사랑의 허물이 없는 바퀴가
一切悉施安 모든 것을 남김없이 베풀어 편안하게 하듯이
願垂照察我 원하건대 저에게 비추어 살펴주소서.

一切法界王 모든 법계의 왕이
法寶爲先導 법의 보배로 앞선 인도자가 되어
遊空無所礙 막힘이나 걸림 없이 허공에 노닐듯이
願垂敎勅我 원하건대 저에게 경계를 주소서.

福智大商主 복과 지혜의 큰 상주가
勇猛求菩提 용맹하게 보리를 구하여
普利諸群生 모든 중생에게 두루 이익을 주듯이
願垂守護我 원하건대 저를 지키고 보호해주소서.

身被忍辱甲 몸은 욕됨을 참은 갑옷을 입고
手提智慧劍 손에는 지혜의 검을 들고
自在降魔軍 자재하게 마군을 항복 받듯이
願垂拔濟我 원하건대 저를 빼내어 구제해주소서.

住法須彌頂 수미산 정상의 법에 머물며
定女常恭侍 선정의 시녀들이 늘 공손히 섬기고
滅惑阿修羅 미혹함의 아수라를 없애듯이
帝釋願觀我 제석께서는 저를 살펴주소서.

三有凡愚宅 삼계라는 생사 범부의 어리석은 집과
惑業地趣因 미혹이라는 업의 땅에 이르는 까닭을
仁者悉調伏 어진 이가 남김없이 조복시키듯
如燈示我道 등불처럼 저에게 길을 비춰주소서.

捨離諸惡趣 모든 악의 부류를 벗어나 버리고
淸淨諸善道 모든 선근의 도를 청정하게 하여

超諸世間者 모든 세간을 초월한 분이듯
示我解脫門 저에게 해탈의 문을 보여주소서.

世間顚倒執 세간을 거꾸로 뒤바꾼 집착과
常樂我淨想 항상 하고 즐거우며 나이고 청정(常樂我淨)하다는 생각에서
智眼悉能離 지혜의 눈으로 남김없이 벗어나듯
開我解脫門 저에게 해탈의 문을 열어주소서.

善知邪正道 선근으로 삿되고 바른 도를 알고
分別心無怯 분별하는 마음에 두려움이 없으며
一切決了人 모든 것을 결정하여 분명하게 깨우쳐 아는 사람이듯
示我菩提路 저에게 보리의 길을 보여주소서.

住佛正見地 부처님의 바른 견해의 자리에 머물고
長佛功德樹 부처님의 공덕 나무를 기르며
雨佛妙法華 불법의 빼어난 꽃을 내리듯
示我菩提道 저에게 보리의 길을 보여주소서.

去來現在佛 과거, 미래, 현재의 부처님이
處處悉周徧 처처에 남김없이 두루두루 하시고
如日出世間 세간에 해가 뜨듯
爲我說其道 저를 위해 그 길을 설해주소서.

善知一切業 선근으로 모든 업을 알고
深達諸乘行 모든 승의 행함을 깊이 통달하여
智慧決定人 지혜로 결정한 사람이듯
示我摩訶衍 저에게 마하연을 보여주소서.

願輪大悲轂 소원의 바퀴와 대비의 바퀴통과
信軸堅忍鐕 믿음의 바퀴 축과 참고 인내하는 비녀장과
功德寶莊校 공덕의 보배로 장엄하고 가르치듯

令我載此乘 이 승법에 저를 태워주소서.

總持廣大箱 다 지닌 광대한 곳간과
慈愍莊嚴蓋 사랑하고 불쌍히 여김으로 장엄한 덮개와
辯才鈴震響 변재의 방울 소리가 진동하듯
使我載此乘 그 승법에 저를 태워주소서

梵行爲茵蓐 범행을 돗자리로 삼고
三昧爲采女 삼매를 채녀로 삼으며
法鼓震妙音 법의 북으로 빼어난 소리를 떨쳐내듯
願與我此乘 원하건대 이 승법이 함께 할 수 있도록 해주소서.

四攝無盡藏 네 가지 거두어주는 헤아릴 수 없는 장과
功德莊嚴寶 공덕으로 장엄한 보배와
慚愧爲羈靽 부끄러움을 굴레와 안장으로 삼듯
願與我此乘 원하건대 이 승법에 함께 할 수 있도록 해주소서.

常轉布施輪 늘 보시의 바퀴를 굴리고
恒塗淨戒香 항상 청정한 계의 향을 바르며
忍辱牢莊嚴 욕됨을 참은 것으로 우리를 장엄하듯
令我載此乘 저에게 이 승법에 탈 수 있도록 해주소서.

禪定三昧箱 선정과 삼매의 곳간과
智慧方便軛 지혜와 방편의 멍에가
調伏不退轉 물러서지 않도록 조복시키듯
令我載此乘 저에게 이 승법에 탈 수 있도록 해주소서.

大願淸淨輪 큰 원의 청정한 바퀴와
摠持堅固力 모든 것을 지니는 견고한 힘으로
智慧所成就 지혜를 성취하듯
令我載此乘 저에게 이 승법에 탈 수 있도록 해주소서.

普行爲周挍 넓게 행함을 두루 가르치고
悲心作徐轉 가엾이 여기는 마음을 천천히 굴려서
所向皆無怯 향하는 곳마다 두려워함이 없듯
令我載此乘 저에게 이 승법에 탈 수 있도록 해주소서.

堅固如金剛 견고하기가 금강과 같고
善巧如幻化 섬세하고 능숙한 선근은 허깨비가 바뀌는 것과 같기에
一切無障礙 모든 막힘이나 걸림이 없듯
令我載此乘 저에게 이 승법에 탈 수 있도록 해주소서.

廣大極淸淨 광대하고 극히 청정하며
普與衆生樂 중생들에게 즐거움을 주고
虛空法界等 허공과 법계가 평등하듯
令我載此乘 저에게 이 승법에 탈 수 있도록 해주소서.

淨諸業惑輪 모든 업과 의혹의 바퀴를 청정하게 하고
斷諸流轉苦 흘러서 헤매는 모든 고통을 끊어 버리며
摧魔及外道 마와 외도를 다 꺾어버리듯
令我載此乘 저에게 이 승법에 탈 수 있도록 해주소서.

智慧滿十方 지혜는 시방에 가득하고
莊嚴徧法界 장엄은 법계에 두루 하며
普洽衆生願 중생의 원을 두루 윤택하게 하듯
令我載此乘 저에게 이 승법에 탈 수 있도록 해주소서.

淸淨如虛空 청정하기는 허공과 같고
愛見悉除滅 사랑스럽게 보는 것을 남김없이 제거해서 없애며
利益一切衆 모든 중생에게 이익이 되게 하듯
令我載此乘 저에게 이 승법에 탈 수 있도록 해주소서.

願力速疾行 소원의 힘은 빠르게 지나가고

定心安隱住 선정의 마음으로 편안하게 머물며
普運諸含識 모든 중생의 운수를 두루 돌리듯
令我載此乘 저에게 이 승법에 탈 수 있도록 해주소서.

如地不傾動 땅과 같기에 움직이지 않고
如水普饒益 물과 같기에 이익을 두루 넉넉하게 하며
如是運衆生 이와 같은 중생의 운수를 돌리듯
令我載此乘 저에게 이 승법에 탈 수 있도록 해주소서.

四攝圓滿輪 네 가지로 거두어주는 원만한 바퀴와
總持淸淨光 총지의 청정한 광명과
如是智慧日 이와 같은 지혜의 태양을
願示我令見 원하건대 제가 볼 수 있게 해주소서.

已入法王城 법왕의 지위에 이미 드셨고
已著智王冠 지혜의 왕관을 이미 쓰셨고
已繫妙法繒 빼어난 법의 띠를 이미 매었으니
願能慈顧我 원하건대 자비로운 눈으로 저를 돌아다 봐주소서.

이때 문수사리 보살이 코끼리 왕이 돌 듯 선재 동자를 보고는 이와 같은 말을 했다.
"선구이로다 선구이로다 선남자여! 그대는 이미 아뇩다라삼먁삼보리의 마음을 일으켰고 차례를 따라(復.53位) 모든 선지식을 친근히 하여 보살의 행을 묻고 보살의 도(二乘)를 닦고자 하는구나."
"선남자여! 모든 선지식을 친근히 하고 공양하는 것은 모든 지혜를 갖추게 하는 첫 번째 인연이다. 이러한 까닭으로 피곤해하거나 싫어함을 내지 마라."
爾時 文殊師利菩薩如象王迴 觀善財童子 作如是言 善哉善哉 善男子 汝已發阿耨多羅三藐三菩提心 復欲親近諸善知識 問菩薩行 修菩薩道 善男子 親近供養諸善知識 是具一切智 最初因緣 是故於此勿生疲厭

선재가 물었다.

"오로지 원하는 바이니, 성자께서는 저를 위해 널리 설해주십시오. 보살은 어떻게 보살의 행을 배우는 것이며, 어떻게 보살의 행을 닦은 것이며, 어떻게 보살의 행에 나아가는 것이며, 어떻게 보살의 행을 행하는 것이며, 어떻게 보살의 행을 청정히 하는 것이며, 어떻게 보살의 행에 들어가는 것이며, 어떻게 보살의 행을 성취하는 것이며, 어떻게 보살의 행을 단단히 기억하여 생각하는 것이며, 어떻게 보살의 행을 거듭 더하고 넓히는 것이며, 어떻게 보살의 행을 빠르고 또 원만하게 하는 것입니까?"

善財白言 唯願聖者廣爲我說 菩薩應云何學菩薩行 應云何修菩薩行 應云何趣菩薩行 應云何行菩薩行 應云何淨菩薩行 應云何入菩薩行 應云何成就菩薩行 應云何隨順菩薩行 應云何憶念菩薩行 應云何增廣菩薩行 應云何令普賢行速得圓滿

그때 문수사리 보살이 선재 동자를 위해서 게송을 말했다.
爾時 文殊師利菩薩爲善財童子而說頌言

善哉功德藏 선근이로다. 공덕의 장이여
能來至我所 나의 처소에 이르러
發起大悲心 가엾이 여기는 큰마음을 새롭게 일으켜서
勤求無上覺 부지런하게 위 없는 깨우침을 구하고자 하는구나.

已發廣大願 이미 광대한 원을 일으키고
除滅衆生苦 중생의 고통을 제거하여 없애며
普爲諸世間 두루 모든 세간을 위해
修行菩薩行 보살의 행을 수행하는구나.

若有諸菩薩 그와 같은 모든 보살이
不厭生死苦 생사의 괴로움을 싫어하지 않으면 (不立五蘊)
則具普賢道 곧바로 보현(十信·十住·十行)의 도를 갖추어
一切無能壞 일체 무엇으로도 무너트릴 수 없을 것이라네.

福光福威力 복이라는 빛과 복의 위력과

福處福淨海 복의 처소와 복의 청정한 바다로(般若智海)
汝爲諸衆生 그대는 모든 중생을 위해
願修普賢行 보현의 행을 닦길 원하는구나.

汝見無邊際 그대는 끝닿은 경계가 없는
十方一切佛 시방의 모든 부처님을 보고
皆悉聽聞法 들은 법을 남김없이 다
受持不忘失 받아 지니고 잊지 않는구나.

汝於十方界 그대는 시방세계의
普見無量佛 헤아릴 수 없는 부처님을 두루 보고
成就諸願海 모든 원의 바다(如來智海)를 성취하여
具足菩薩行 보살의 행(十信·十住·十行·十廻向·十地)을 온전하게 갖출 것이라네.

若入方便海 그와 같은 방편의 바다에 들어가
安住佛菩提 부처의 보리에 편안히 머물면
能隨導師學 능히 도사를 따라 배우기에
當成一切智 당연히 모든 지혜를 이룰 것이라네.

汝徧一切刹 그대가 모든 세계에 두루 하여
微塵等諸劫 티끌 수와 같은 겁을 두고
修行普賢行 보현의 행(十信·十住·十行)을 수행하면
成就菩提道 보리의 도(二乘·寂滅·解脫·禪定·三昧·法界·涅槃·眞如·善根思惟)를 성취할 것이라네.

汝於無量刹 그대가 헤아릴 수 없는 세계의
無邊諸劫海 끝없는 모든 겁의 바다를 두고
修行普賢行 보현의 행을 수행하면
成滿諸大願 모든 큰 원을 가득 차게 이룰 것이라네.

此無量衆生 이러한 헤아릴 수 없는 중생들이
聞汝願歡喜 그대의 원을 듣고 환희하여

皆發菩提意 빠짐없이 보리에 뜻을 일으켜서
願學普賢乘 보현의 승법(十信·十住·十行 法)을 배우길 원할 것이라네.

이때 문수사리 보살이 이 게송을 말하고는 선재 동자에게 말했다.
爾時 文殊師利菩薩說此頌已 告善財童子言

"선근이로다. 선근이로다. 선남자여! 그대가 이미 아뇩다라삼먁삼보리의 마음(初發心.不立五蘊.出世間)을 일으키고 보살의 행을 구하는구나."
"선남자여! 그와 같이 중생은 아뇩다라삼먁삼보리의 마음을 내는 것이 매우 어려운 일이며, 마음을 일으키고 보살의 행을 구하는 것은 더더욱 어려운 일이다."
善哉善哉 善男子 汝已發阿耨多羅三藐三菩提心 求菩薩行 善男子 若有衆生能發阿耨多羅三藐三菩提心 是事爲難 能發心已 求菩薩行 倍更爲難

"선남자여! 그와 같은 일체 지혜의 지혜(阿耨多羅三藐三菩提)를 성취하고자 한다면, 결정할 참 선지식을 구해야 한다."
"선남자여! 선지식을 찾는 일에 고달프거나 게으른 생각을 내지 말고 선지식을 보면 만족하고 싫어하는 마음을 내지 말고 선지식의 가르침을 있는 그대로 빠짐없이 당연히 순하게 따르고 선지식의 섬세하고 능숙한 방편에서 잘못이나 허물을 보지 마라."
善男子 若欲成就一切智智 應決定求眞善知識 善男子 求善知識勿生疲懈 見善知識勿生厭足 於善知識所有敎誨皆應隨順 於善知識善巧方便勿見過失

"선남자여! 이곳에서 남쪽으로 가면 하나의 국토가 있으니, 이름이 '뛰어난 즐거움(勝樂)'이고 그 나라에 빼어난 봉우리(妙峰)라는 산이 있고 그 산중에 비구가 있으니, 이름을 '덕운德雲'이라 한다. 그대는 그에게 가서 보살이 어떻게 보살의 행을 배우며, 보살이 어떻게 보살의 행을 닦을 뿐만 아니라 보살이 어떻게 보현의 행을 빨리 또 원만하게 할 수 있느냐고 물어보라. 덕운 비구가 당연히 그대를 위해 말해줄 것이라네."
善男子 於此南方有一國土 名爲 勝樂 其國有山 名曰 妙峯 於彼山中 有一比丘 名

曰 德雲 汝可往問 菩薩云何學菩薩行 菩薩云何修菩薩行 乃至菩薩云何於普賢行疾得圓滿 德雲比丘當爲汝說

그때 선재 동자가 이 말을 듣고 기쁘게 뛰면서 문수보살의 발에 엎드려 절하고 주위를 수없이 돌며, 은근히 우러러보고 눈물을 흘렸다.
爾時 善財童子聞是語已 歡喜踊躍 頭頂禮足 遶無數帀 慇懃瞻仰 悲泣流淚

(2) 덕운 비구: 제1 發心住

선재 동자가 문수보살을 하직하고 승낙국을 향해 떠났다. 그리고는 묘봉산에 올라 그 산 위에서 동, 서, 남, 북과 네 간방과 상, 하를 자세히 살펴고 들여다보면서 찾고 구하고자 하는 덕운 비구를 목이 마르듯 보고자 하였다. 7일이 지난 후에 그 비구가 다른 산 위에서 거니는 것을 보고 그 앞에 나아가 그 발에 머리 숙여 예를 올리고 오른쪽으로 세 번 돌고 그 앞에 머물면서 이와 같음을 물었다.
"성자시여! 저는 이미 아뇩다라삼먁삼보리의 마음을 일으켰으나, 보살이 어떻게 보살의 행을 배우며, 어떻게 보살의 행을 닦을 뿐만 아니라 어떻게 해야 보살의 행을 빨리 얻고 또 원만하게 하는지 알지 못합니다. 제가 들은 바로는 성자께서 선근으로 가르쳐 주신다고 하니, 원하건대 자비로운 마음으로 설해주시길 바랍니다. 어찌해야 보살이 아뇩다라삼먁삼보리의 마음을 성취할 수 있습니까?"
辭退南行 向勝樂國 登妙峯山 於其山上東 西 南 北, 四維 上 下觀察求覓 渴仰欲見德雲比丘 經于七日 見彼比丘在別山上徐步經行 見已往詣 頂禮其足 右遶三帀 於前而住 作如是言 聖者 我已先發阿耨多羅三藐三菩提心 而未知菩薩云何學菩薩行 云何修菩薩行 乃至應云何於普賢行疾得圓滿 我聞聖者善能誘誨 唯願垂慈 爲我宣說 云何菩薩而得成就阿耨多羅三藐三菩提

때맞추어 덕운 비구가 선재 동자에게 가르침을 주고자 말했다.
時 德雲比丘告善財言

"선근이로다. 선근이로다. 선남자여! 그대가 이미 아뇩다라삼먁삼보리의 마음(初發心.不立五蘊.出世間)을 일으키고 차례를 좇아(復) 모든 보살행을 청하여 물으니, 이와 같은 일이란 어려운 가운데 정녕 어려운 일이다. 이른바 보살의 행을 구하고 보살의 경계를 구하고 보살의 벗어나는 도를 구하고 보살의 청정한 도를 구하고 보살의 청정하고 광대한 마음을 구하며, 보살이 성취한 신통을 구하고 보살이 나타내 보이는 해탈문을 구하고 보살이 세간에서 지어가는 업을 나타내 보이는 것을 구하고 보살이 중생의 마음을 거스르지 않고 따르는 것을 구하고 보살이 나고 죽으며 열반하는 문을 구하고 보살의 유위(有爲.五蘊)와 무위(無爲.不立五蘊)를 자세히 살펴서 들여다보지만, 마음에 집착하는 것이 없음을 구하는 것이다."

善哉善哉 善男子 汝已能發阿耨多羅三藐三菩提心 復能請問諸菩薩行 如是之事 難中之難 所謂 求菩薩行 求菩薩境界 求菩薩出離道 求菩薩淸淨道 求菩薩淸淨廣大心 求菩薩成就神通 求菩薩示現解脫門 求菩薩示現世間所作業 求菩薩隨順衆生心 求菩薩生死涅槃門 求菩薩觀察有爲 無爲心無所著

"선남자여! 나는 자재하게 결정하는 힘을 얻었기에 믿음의 눈이 청정하고 지혜의 빛으로 밝게 비추며, 경계를 자세히 살펴서 두루 들여다보며, 모든 막힘이나 걸림으로부터 벗어나는 섬세하고 능숙한 선근으로 자세히 들여다보는 것과 넓은 눈이 밝고 환하게 통하여 청정한 행을 온전하게 갖추었다."

"시방의 모든 국토에 행하면서 이르고 또 나아가 일체 모든 부처님을 공경하고 공양하며, 늘 일체 모든 부처님 여래를 생각하며, 일체 모든 부처님의 바른 법을 모두 받아 지니고 시방의 모든 부처님을 보니, 이른바 동방에서 한 분의 부처님, 두 분의 부처님, 열 분의 부처님, 백 분의 부처님, 천 분의 부처님, 백천 분의 부처님, 억 분의 부처님, 백억 분의 부처님, 천억 분의 부처님, 백천 억 분의 부처님, 나유타 억 분의 부처님, 백 나유타 억 분의 부처님, 천 나유타 억 분의 부처님, 백천 나유타 억 분의 부처님을 볼뿐만 아니라 수 없고 헤아릴 수 없고 끝이 없고 그 이상 더 할 수 없을 정도로 셀 수 없고 일컬을 수 없고 생각으로 헤아릴 수 없고 생각으로 헤아려 알 수 없고 말할 수 없고 말할 수 없이 말할 수 없는 부처님을 본다. 그리고 염부제의 티끌 수와 같은 부처님, 사천하의 티끌 수와 같은 부처님, 천 세계의 티끌 수와 같은 부처님, 이천 세계의 티끌 수와 같은 부처님, 삼천 세계의 티끌 수와 같은 부처님, 부처 세계의 티끌 수와 같은 부처님뿐만 아니라 말할 수 없이 말할 수 없는 부처 세계의 티끌 수와 같은 부처님을 본다."

"동방과 같이 남방, 서방, 북방과 네 간방과 상방, 하방에서도 역시 차례를 좇아(復) 이와 같으며, 그 하나하나의 방위 가운데 계시는 모든 부처님이 가지가지의 색상과 가지가지의 생긴 모양이나 상태와 가지가지의 신통과 가지가지의 즐거운 놀이와 가지가지로 모인 대중의 장엄 도량과 가지가지의 광명이 끝없이 밝게 비추는 일과 가지가지의 국토와 가지가지의 수명과 중생들이 좋아하는 가지가지의 마음을 따라 가지가지로 바른 깨우침을 이루는 문을 나타내 보이고 대중들 가운데서 사자 후를 한다."

善男子 我得自在決定解力 信眼淸淨 智光照曜 普觀境界 離一切障 善巧觀察 普眼明徹 具淸淨行 往詣十方一切國土 恭敬供養一切諸佛 常念一切諸佛如來 揔持一切諸佛正法 常見一切十方諸佛 所謂 見於東方一佛 二佛 十佛 百佛 千佛 百千佛 億佛 百億佛 千億佛 百千億佛 那由他億佛 百那由他億佛 千那由他億佛 百千那由他億佛 乃至見無數 無量 無邊 無等 不可數 不可稱 不可思 不可量 不可說 不可說不可說佛 乃至見閻浮提微塵數佛 四天下微塵數佛 千世界微塵數佛 二千世界微塵數佛 三千世界微塵數佛 佛剎微塵數佛 乃至不可說不可說佛剎微塵數佛 如東方 南 西 北方 四維 上 下 亦復如是 一一方中所有諸佛 種種色相 種種形貌 種種神通 種種遊戲 種種衆會莊嚴道場 種種光明無邊照耀 種種國土 種種壽命 隨諸衆生種種心樂 示現種種成正覺門 於大衆中而師子吼

염불문(念佛門)

"선남자여! 나는 일체 모든 부처님의 경계만을 단단히 기억하여 잊지 않고 생각하는 지혜의 광명으로 두루 보는 법의 문을 얻었을 뿐이다. 내 어찌 모든 큰 보살이 끝없는 지혜로 청정하게 수행하는 문을 알겠는가?"

"이른바 지혜의 빛으로 두루 비추는 염불문(念佛門)이니, 이는 모든 부처님 국토의 가지가지 궁전을 청정하게 장엄하는 것을 남김없이 보는 까닭이며, 모든 중생의 염불문이니, 이는 중생들이 좋아하는 마음을 따라 빠짐없이 부처님을 보게 하고 청정함을 얻게 하는 까닭이며, 힘에 편안히 머물게 하는 염불문이니, 이는 여래의 십력에 들게 하는 까닭이며, 법에 편안히 머물게 하는 염불문이니, 이는 헤아릴 수 없는 부처님을 보고 법을 듣는 까닭이며, 모든 방위를 밝게 비추는 염불문이니, 이는 일체 모든 세계 가운데 동등하고 차별이 없는 부처님의 바다를 남김없이 다 보는 까닭이며, 볼 수 없는 곳에 들어가는 염불문이니, 이는 모든 미세한 경계 가운데 모든 부처님의 자재하고 신통한 일을 남김없이 다 보는 까닭이다."

"모든 겁에 머무는 염불문이니, 이는 모든 겁을 두고 여래가 하시는 일들을 늘 보고 하나라도 버리지 않는 까닭이며, 모든 때와 시기에 머무는 염불문이니, 이는 모든 시절을 두고 여래를 늘 보면서 친근히 하고 함께 있으면서 잠시라도 벗어나거나 버리지 않는 까닭이며, 모든 세계에 머무는 염불문이니, 이는 모든 국토에서 다 함께 부처님 몸을 보지만 모든 것을 뛰어넘어 더불어 동등함이 없는 까닭이며, 모든 세간에 머무는 염불문이니, 이는 자신이 마음으로 좋아하는 것을 따라 삼세의 여래를 두루 보는 까닭이며, 모든 경계에 머무는 염불문이니, 이는 일체 모든 경계 가운데 모든 여래가 차례로 나타남을 보는 까닭이며, 적멸에 머무는 염불문이니, 이는 한 생각 가운데 모든 세계의 모든 부처님이 열반을 보이시는 것을 보는 까닭이다."

"멀리 벗어난 것에 머무는 염불문이니, 이는 하루 가운데 모든 부처님을 보고 머무시던 곳에서 떠나시는 것을 보는 까닭이며, 광대한 것에 머무는 염불문이니, 이는 마음으로 늘 한 분 한 분 부처님의 몸을 자세히 살펴서 들여다보고 일체 모든 법계에 가득하고 두루 하심을 보는 까닭이며, 미세한 것에 머무는 염불문이니, 이는 하나의 털끝에 말할 수 없는 여래가 나타나시지만, 그곳에 남김없이 다 가서 받들어 섬기는 까닭이며, 장엄한 것에 머무는 염불문(念佛門)이니, 이는 한순간에 모든 세계에서 부처님들이 등정각을 이루고 신통 변화를 나타내심을 보는 까닭이며, 능히 해낼 수 있는 일에 머무는 염불문이니, 이는 모든 부처님이 세간에 나오셔서 지혜의 광명을 놓고 법륜을 굴리시는 것을 보는 까닭이다."

"자재한 마음에 머무는 염불문이니, 이는 자신의 마음으로 좋아하는 것을 따라 또 하고자 하는 것을 따라 일체 모든 부처님이 형상을 나타내심을 아는 까닭이며, 자신의 업에 머무는 염불문이니, 이는 중생들이 쌓은 업을 따라 영상을 나타내어 깨우침을 알게 하는 까닭이며, 신통 변화에 머무는 염불문이니, 이는 부처님이 앉으신 큰 연꽃이 법계에 두루 핀 것을 보는 까닭이며, 허공에 머무는 염불문이니, 이는 여래가 소유하신 몸 구름이 법계와 허공계를 장엄하는 것을 자세히 들여다보는 까닭이다."

"내 이를 어찌 알고 능히 그 공덕의 행을 설할 수 있겠는가."

善男子 我唯得此憶念一切諸佛境界智慧光明普見法門 豈能了知諸大菩薩無邊智慧淸淨行門 所謂 智光普照念佛門 常見一切諸佛國土種種宮殿悉嚴淨故 令一切衆生念佛門 隨諸衆生心之所樂 皆令見佛得淸淨故 令安住力念佛門 令入如來十力中故 令安住法念佛門 見無量佛 聽聞法故 照耀諸方念佛門 悉見一切諸世界中等無差別諸佛海故 入不可見處念佛門 悉見一切微細境中諸佛自在神通事故 住於諸劫念佛

門 一切劫中常見如來諸所施爲無暫捨故 住一切時念佛門 於一切時常見如來 親近同住不捨離故 住一切刹念佛門 一切國土咸見佛身超過一切無與等故 住一切世念佛門 隨於自心之所欲樂普見三世諸如來故 住一切境念佛門 普於一切境界中見諸如來次第現故 住寂滅念佛門 於一念中見一切刹一切諸佛示涅槃故 住遠離念佛門 於一日中見一切佛從其所住而出去故 住廣大念佛門 心常觀察一一佛身充徧一切諸法界故 住微細念佛門 於一毛端有不可說如來出現 悉至其所而承事故 住莊嚴念佛門 於一念中見一切刹皆有諸佛成等正覺現神變故 住能事念佛門 見一切佛出現世間放智慧光轉法輪故 住自在心念佛門 知隨自心所有欲樂 一切諸佛現其像故 住自業念佛門 知隨衆生所積集業 現其影像令覺悟故 住神變念佛門 見佛所坐廣大蓮華周徧法界而開敷故 住虛空念佛門 觀察如來所有身雲莊嚴法界 虛空界故 而我云何能知能說彼功德行

"선남자여! 남방에 나라가 있으니, 이름이 '바다의 문(海門)'이며, 그곳에 비구가 있으니, 이름을 '해운(海雲)'이라 한다. 그대는 그에게 가서 보살은 어떻게 보살의 행을 배우며, 보살의 도를 닦는 것이냐고 물으라. 해운 비구가 능히 분별하여 설하고 광대한 선근의 인연을 일으킬 것이다."

"선남자여! 해운 비구가 곧 그대를 광대한 도를 돕(助道)는 자리에 들어가게 하고 그대가 광대한 선근의 힘을 내게 하고 그대에게 보리심을 일으키는 까닭을 설하고 그대가 곧 광대한 승법(如來地法)의 광명을 내게 하고 그대가 광대한 바라밀을 닦게 하고 그대를 광대한 수행의 바다에 들어가게 하고 그대의 광대한 서원의 바퀴를 원만하게 하고 그대가 광대하게 장엄하는 문을 청정하게 하고 그대에게 광대한 자비의 힘을 내게 할 것이다."

善男子 南方有國 名曰 海門 彼有比丘 名爲 海雲 汝往彼問 菩薩云何學菩薩行 修菩薩道 海雲比丘能分別說發起廣大善根因緣 善男子 海雲比丘當令汝入廣大助道位 當令汝生廣大善根力 當爲汝說發菩提心因 當令汝生廣大乘光明 當令汝修廣大波羅蜜 當令汝入廣大諸行海 當令汝滿廣大誓願輪 當令汝淨廣大莊嚴門 當令汝生廣大慈悲力

때맞추어 선재 동자가 덕운 비구의 발에 예를 올리고 오른쪽으로 돌면서 자세히 살펴보고 물러갔다.

時 善財童子禮德雲比丘足 右遶觀察 辭退而去

(3) 해운 비구. 제2 治地住

그때 선재 동자가 한결같은 마음으로 선지식의 가르침을 사유하면서 바른 생각으로 지혜의 광명 문을 자세히 살펴서 들여다보고 바른 생각으로 보살의 해탈문을 자세히 살펴서 들여다보고 바른 생각으로 보살의 삼매 문을 자세히 살펴서 들여다보고 바른 생각으로 보살의 큰 바다의 문을 자세히 살펴서 들여다보고 바른 생각으로 모든 부처님 앞에 나타나는 문을 자세히 살펴서 들여다보고 바른 생각으로 모든 부처님의 방위가 되는 문을 자세히 살펴서 들여다보고 바른 생각으로 모든 부처님의 법칙이 되는 문을 자세히 살펴서 들여다보고 바른 생각으로 모든 부처님이 허공계와 평등한 문을 자세히 살펴서 들여다보고 바른 생각으로 모든 부처님이 출현하는 차례의 문을 자세히 살펴서 들여다보고 바른 생각으로 모든 부처님이 들어간 방편의 문을 자세히 살펴서 들여다보았다.

爾時 善財童子一心思惟善知識敎 正念觀察智慧光明門 正念觀察菩薩解脫門 正念觀察菩薩三昧門 正念觀察菩薩大海門 正念觀察諸佛現前門 正念觀察諸佛方所門 正念觀察諸佛軌則門 正念觀察諸佛等虛空界門 正念觀察諸佛出現次第門 正念觀察諸佛所入方便門

점차 남쪽으로 움직여 해문(海門)이라는 나라에 이르렀다. 해운 비구의 처소에 가 엎드려 발에 절하고 오른쪽으로 돌아 마치고는 합장하고 이와 같음을 말했다.

"성자시여! 저는 이미 아뇩다라삼먁삼보리의 마음을 일으키고 위 없는 일체 지혜의 바다에 들고자 하지만, 아직 알지 못함이니, 보살은 어떻게 세속의 집을 버리고 여래의 집에 나는 것이며, 어떻게 생사의 바다를 건너서 부처님의 지혜 바다에 들어가는 것이며, 어떻게 범부의 처지를 벗어나 여래의 지위에 들어가는 것이며, 어떻게 생사의 흐름을 끊어 버리고 보살행의 흐름에 들어가는 것이며, 어떻게 생사의 바퀴를 부수고 보살 원의 바퀴를 이루는 것이며, 어떻게 마의 경계를 없애고 부처님의 경계를 드러내는 것이며, 어떻게 애욕의 바다를 말리고 크게 가엾이 여기는 바다를 키우는 것이며, 어떻게 그 많은 악취의 문을 닫아 버리고 큰 열반의 문을 여는 것이며, 어떻게 삼계의 성에서 나와 일체 지혜의 성에 들어가는 것이며, 어떻게 모든 보석 노리개를 버리고 모든 중생에게 이익이 되게 할 수 있습니까?"

漸次南行 至海門國 向海雲比丘所頂禮其足 右遶畢已 於前合掌 作如是言 聖者 我已先發阿耨多羅三藐三菩提心 欲入一切無上智海 而未知菩薩云何能捨世俗家 生如來家 云何能度生死海 入佛智海 云何能離凡夫地 入如來地 云何能斷生死流 入菩薩行流 云何能破生死輪 成菩薩願輪 云何能滅魔境界 顯佛境界 云何能竭愛欲海 長大悲海 云何能閉衆難惡趣門 開諸天涅槃門 云何能出三界城 入一切智城 云何能棄捨一切玩好之物 悉以饒益一切衆生

때맞추어 해운 비구가 선재 동자에게 가르침을 주고자 말했다.
"선남자여! 그대는 아뇩다라삼먁삼보리심을 일으켰는가?"
時 海雲比丘告善財言 善男子 汝已發阿耨多羅三藐三菩提心耶
선재 동자가 답했다.
"그렇습니다. 저는 이미 아뇩다라삼먁삼보리심을 일으켰습니다."
善財言 唯 我已先發阿耨多羅三藐三菩提心

해운 비구가 말했다.
"선남자여! 그와 같은 중생들이 선근을 심지 않고서는 아뇩다라삼먁삼보리심을 일으키지 못하는 것이니, 보문(普門)의 선근 광명을 얻어야 하며, 참된 도로서 삼매의 광명을 갖추어야 하며, 가지가지의 복 바다를 내야 하며, 희고 청정한 법을 자라게 하는 데 게으르고 쉼이 없어야 하며, 선지식을 섬기는 일에 피곤하고 싫은 생각을 내지 않아야 하며, 몸과 목숨을 돌보지 않고 쌓아 두는 일이 없어야 하며, 평등한 마음이 땅과 같고 높고 낮음이 없어야 하며, 항상 모든 중생을 사랑하고 불쌍히 여겨야 하며, 모든 있음의 부류를 늘 생각하고 버리지 말아야 하며, 여래의 경계를 자세히 살펴서 들여다보는 것을 늘 좋아해야 이와 같은 보리심을 능히 일으키게 되는 것이다."

海雲言 善男子 若諸衆生不種善根 則不能發阿耨多羅三藐三菩提心 要得普門善根光明 具眞實道三昧智光出 生種種廣大福海 長白淨法無有懈息 事善知識不生疲厭 不顧身命無所藏積 等心如知無有高下 性常慈愍一切衆生 於諸有趣專念不捨 恒樂觀察如來境 如是 乃能發菩提心

"보리심을 일으킨다는 것은 이른바 가엾이 여기는 큰마음을 일으키는 것이니, 이는 모든 중생을 두루 도와 구하고 보호하려는 까닭이며, 사랑하는 큰마음을 일으키니, 이는 모든 세간을 평등하게 도우려는 까닭이며, 편안하고 즐거운 마음을 일으키니, 이는 모든 중생의 모든 고통을 없애주려는 까닭이며, 넉넉하게 이익이 되는 마음을 일으키니, 이는 모든 중생을 악한 법에서 벗어나게 하려는 까닭이며, 불쌍히 여기고 가엾이 여기는 마음을 일으키니, 이는 두려움이 있는 자를 다 지키고 보호하려는 까닭이며, 막힘이나 걸림이 없는 마음을 일으키니, 이는 일체 모든 막힘이나 걸림을 버리고 벗어나게 하려는 까닭이며, 광대한 마음을 일으키니, 이는 모든 법계를 다 두루 원만하게 하려는 까닭이며, 끝없는 마음을 일으키니, 이는 허공계와 평등하여 가지 못할 곳을 없게 하려는 까닭이며, 너그럽고 넓은 마음을 일으키니, 이는 남김없이 다 일체 모든 여래를 보는 까닭이며, 청정한 마음을 일으키니, 이는 삼세의 법에 지혜가 어기는 일이 없게 하려는 까닭이며, 지혜의 마음을 일으키니, 이는 일체 지혜의 바다로 두루 들어가게 하려는 까닭이다."

發菩提心者 所謂 發大悲心 普救一切眾生故 發大慈心 等祐一切世間故 發安樂心 令一切眾生滅諸苦故 發饒益心 令一切眾生離惡法故 發哀愍心 有怖畏者咸守護故 發無礙心 捨離一切諸障礙故 發廣大心 一切法界咸徧滿故 發無邊心 等虛空界無不往故 發寬博心 悉見一切諸如來故 發淸淨心 於三世法智無違故 發智慧心 普入一切智慧海故

"선남자여! 내가 이 해문국에 머문 세월이 12년이며, 늘 큰 바다(二乘地.如來地)를 경계로 삼았다."

"이른바 큰 바다가 광대하고 헤아릴 수 없기에 사유하는 것이며, 큰 바다가 깊고 깊어서 측량할 수 없기에 사유하는 것이며, 큰 바다가 점점 깊어지고 넓어지기에 사유하는 것이며, 큰 바다에 헤아릴 수 없는 기이하고 빼어난 보물이 장엄하기에 사유하는 것이며, 큰 바다에 헤아릴 수 없는 물이 쌓이기에 사유하는 것이며, 큰 바다의 물빛이 같지 않고 헤아릴 수 없기에 사유하는 것이며, 큰 바다는 헤아릴 수 없는 중생이 머무는 처소이기에 사유하는 것이며, 큰 바다는 가지가지로 몸이 매우 큰 중생을 받아들이기에 사유하는 것이며, 큰 바다가 큰 구름에서 내리는 모든 비를 받아들이기에 사유하는 것이며, 큰 바다는 늘지도 않고 줄지도 않기에 사유하는 것이다."

善男子 我住此海門國十有二年 常以大海爲其境界 所謂 思惟大海廣大無量 思惟大海甚深難測 思惟大海漸次深廣 思惟大海無量衆寶奇妙莊嚴 思惟大海積無量水

思惟大海水色不同不可思議 思惟大海無量衆生之所住處 思惟大海容受種種大身衆生 思惟大海能受大雲所雨之雨 思惟大海無增無減

"선남자여! 내가 사유할 때 차례를 좇아(復) 이러한 생각을 하였다. 이 세상 가운데 이 바다보다 더 넓은 것이 있겠는가? 이 바다보다 헤아릴 수 없는 것이 더 있겠는가? 이 바다보다 더 깊은 것이 있겠는가? 이 바다보다 특히 뛰어나고 특이한 것이 있겠는가를 생각했다."

善男子 我思惟時 復作是念 世間之中 頗有廣博過此海不 頗有無量過此海不 頗有甚深過此海不 頗有殊特過此海不

"선남자여! 내가 사유할 때 이 바다 아래에서 큰 연꽃이 홀연히 솟아올라 나타났으니(阿耨多羅三藐三菩提 發現), 뛰어날 수밖에 없는 다라니 그물 보배가 줄기가 되고 태유리 보배가 연밥이 되고 염부단금이 잎이 되고 침수 향이 받침이 되고 마노가 꽃술이 되어 향기를 퍼트리면서 큰 바다를 가득히 덮었다.

백만 아수라왕이 연꽃 줄기를 잡고 백만 마니보배로 장엄한 그물이 그 위를 가득히 덮었고 백만 용왕이 향수를 내리고 백만 가루라 왕이 영락과 비단 띠를 둘러서 사방으로 드리우고 백만 나찰 왕은 자비로운 마음으로 자세히 살펴서 들여다보고 백만 야차 왕은 공경히 예를 올려 절하고 백만 건달바 왕은 가지가지의 음악으로 찬탄하고 공양하며, 백만 천왕은 모든 하늘의 꽃, 하늘 머리 장식, 하늘 향, 사르는 하늘 향, 바르는 하늘 향, 가루 하늘 향, 하늘 의복, 하늘의 당기, 번기, 일산을 내렸다."

"백만 범천왕은 머리를 숙여 예를 올리고 백만 정거천 왕은 합장하고 절하며, 백만 전륜왕은 각각 일곱 가지 보배로 장엄하여 공양하고 백만 바다의 신은 함께 한때에 나와 공경하고 예를 올리며, 백만 미광 마니보배는 광명으로 두루 비추고 백만 청정한 복 마니보배로 장엄하였고 백만 보광 마니보배는 청정한 장이 되고 백만 수승 마니보배는 그 빛이 밝게 빛나고 백만 빼어난 장 머나보배는 광명이 끝없이 비치고 백만 염부당 마니보배는 차례로 줄지었으며, 백만 금강사자 마니보배는 깨트릴 수 없게 청정히 장엄하였고 백만 일장 마니보배는 광대하게 청정하고 백만 가락 마니보배는 가지가지의 색을 갖추었고 백만 여의 마니보배는 장엄이 다함이 없고 광명을 찬란하게 비추었다."

"이 큰 연꽃은 여래가 세간에 나오시는 선근으로 일어난 것이기에 모든 보살이 다 믿고 좋아하며, 시방세계 앞 모든 곳에 나타나고 허깨비와 같은 법에서 났으며, 꿈과 같은 법에서 났으며, 청정한 업으로 생겼으며, 다툼이 없는 법문으로 장엄하여 무위의 인에 들어가며, 막힘이나 걸림 없는 문에 머물고 시방의 모든 국토에 충만하고 모든 부처님의 깊고 깊은 경계를 거스르지 않고 따르니, 수 없는 백천 겁을 두고 그 공덕을 찬탄하더라도 다할 수 없다."

善男子 我作是念時 此海之下 有大蓮華忽然出現 以無能勝因陀羅尼羅寶爲莖 吠琉璃寶爲藏 閻浮檀金爲葉 沈水爲臺 碼瑙爲鬚 芬敷布濩 百萬阿修羅王執持其莖 百萬摩尼寶莊嚴網彌覆其上 百萬龍王雨以香水 百萬迦樓羅王銜諸瓔珞及寶繒帶周帀垂下 百萬羅刹王慈心觀察 百萬夜叉王恭敬禮拜 百萬乾闥婆王種種音樂讚歎供養 百萬天王雨諸天華 天鬘 天香 天燒香 天塗香 天末香 天妙倚伏 天幢幡蓋 百萬梵王頭頂禮敬 百萬淨居天合掌作禮 百萬轉輪王各以七寶莊嚴供養 百萬海神俱時出現恭敬頂禮 百萬味光摩尼寶光明普照 百萬淨福摩尼寶以爲莊嚴 百萬普光摩尼寶爲淸淨藏 百萬殊勝摩尼寶其光赫奕 百萬妙藏摩尼寶光照無邊 百萬閻浮幢摩尼寶次第行列 百萬金剛師子摩尼寶不可破壞淸淨莊嚴 百萬日藏摩尼寶廣大淸淨 百萬可樂摩尼寶具種種色 百萬如意摩尼寶莊嚴無盡光明照耀 此大蓮華 如來出世善根所起 一切菩薩皆生信樂 十方世界無不現前 從如幻法生 如夢法生 淸淨業生 無諍法門之所莊嚴 入無爲印 住無礙門 充滿十方一切國土 隨順諸佛甚深境界 於無數百千劫歎其功德不可得盡

보안(普眼) 법문(法門)

"내가 때맞춰 그 연꽃 위를 보니, 한 분의 여래가 결가부좌하고 계셨다. 그 몸이 이 위로부터 형상 세계 정수리까지 이르렀으며, 보배 연꽃 자리가 사람의 생각(五蘊)으로 헤아려 알 수 없고 도량에 모인 대중도 사람의 생각(五蘊)으로 헤아려 알 수 없고 모든 모양이나 상태를 성취함도 사람의 생각(五蘊)으로 헤아려 알 수 없고 좋은 모습으로 원만함을 따름도 사람의 생각(五蘊)으로 헤아려 알 수 없고 신통 변화도 사람의 생각(五蘊)으로 헤아려 알 수 없고 색상의 청정함도 사람의 생각(五蘊)으로 헤아려 알 수 없고 정상의 모양이나 상태도 사람의 생각(五蘊)으로 헤아려 알 수 없고 넓고 긴 혀도 사람의 생각(五蘊)으로 헤아려 알 수 없고 섬세하고 능숙한 선근의 말씀도 사람의 생각(五蘊)으로 헤아려 알 수 없고 원만한 음성도 사람의 생각(五蘊)으로 헤아려 알 수 없고 끝이 없는 힘도 사람의 생각(五蘊)으로 헤아려 알 수 없고 두려움 없는 청정함도 사람의 생각(五蘊)으로 헤아려 알 수 없고 광대한 변재도 사람의 생각(五蘊)으로 헤아려 알 수 없고 또 그 부처님을 생각하고 옛적에 닦은 모든 행 또한 사람의 생각(五蘊)으로 헤아려 알 수 없고 자재하게 도를 이룸도 사람의 생각(五蘊)으로 헤아려 알 수 없고 빼어난 소리로 법을 널리 펴는 것도 사람의 생각(五蘊)으로 헤아려 알 수 없고 두루두루 한 문으로 가지가지의 장엄을 나타내 보이는 것도 사람의 생각(五蘊)으로 헤아려 알 수 없고 그 좌우를 따라 보면서 각각 차별하는 것도 사람의 생각(五蘊)으로 헤아려 알 수 없고 모든 이익이 다 원만해지는 것도 사람의 생각(五蘊)으로 헤아려 알 수가 없다."

　我時見彼蓮華之上 有一如來結跏趺坐 其身從此上至有頂 寶蓮華座不可思議 道場衆會不可思議 諸相成就不可思議 隨好圓滿不可思議 神通變化不可思議 色相淸淨不可思議 無見頂相不可思議 廣長舌相不可思議 善巧言說不可思議 圓滿音聲不可思議 無邊際力不可思議 淸淨無畏不可思議 廣大辯才不可思議 又念彼佛往修諸行不可思議 自在成道不可思議 妙音演法不可思議 普門示現種種莊嚴不可思議 隨其左右見各差別不可思議 一切利益皆令圓滿不可思議

"때맞춰 여래께서 오른손을 펴서 나의 정수리를 만지시고 나를 위해 보안(普眼) 법문(法門)을 널리 펴서 설하시니, 모든 여래의 경계를 열어 보이시고(阿耨多羅三藐三菩提 發現.如是如是.解脫.寂滅.寂靜.禪定.三昧.二乘地.如來地.涅槃.法界.般涅槃.善根思惟.眞如) 모든 보살이 일으킨 모든 행을 나타내시고 일체 모든 부처님의 빼어난 법을 열어서 밝히셨다. 모든 법의 바퀴가 남김없이 다 그 가운데 들었으며, 일체 모든 부처님의 국토를 청정하게 하며, 모든 외도와 바르지 못한 논리를 꺾어 부수고 모든 마의 군중을 없애서 중생들을 기쁘고 즐겁게 하며, 모두 중생의 마음과 행을 비추고 모두 중생의 모든 근기를 분명하게 깨우쳐 알게 하고 중생의 마음을 따라 모두 열어서 깨우침을 깨닫게 하셨다."

　時 此如來卽申右手而摩我頂 爲我演說普眼法門 開示一切如來境界 顯發一切菩薩諸行 闡明一切諸佛妙法 一切法輪悉入其中 能淨一切諸佛國土 能摧一切異道邪論 能滅一切諸魔軍衆 能令衆生皆生歡喜 能照一切衆生心行 能了一切衆生諸根 隨衆生心悉令開悟

"내가 여래의 처소를 따라가 이 법문을 듣고 받아 지녀서 읽고 외우고 단단히 기억하여 잊지 않고 자세히 살펴서 들여다보니, 가령 어떤 사람이 바닷물을 먹으로 삼고 수미산을 붓으로 삼아서 이 보안(普眼) 법문(法門) 하나의 품 가운데 하나의 문과 하나의 문 가운데 하나의 법과 하나의 법 가운데 하나의 이치와 하나의 이치 가운데 한 글귀를 쓴다 하더라도 조금이라도 얻을 수 없다. 하물며 어찌 다할 수 있겠는가."

 我從於彼如來之所聞此法門 受持讀誦 憶念觀察 假使有人 以大海量墨 須彌聚筆 書寫於此普眼法門 一品中一門 一門中一法 一法中一義 一義中一句 不得少分 何況能盡

"선남자여! 내가 그 부처님이 계신 곳에서 1천 2백 년 동안 이 보안 법문을 받아서 가지고 날마다 매일 듣고 지니는 다라니의 광명으로 셀 수 없는 품을 받아들였으며, 적정(寂靜)의 문 다라니의 광명으로 수 없는 품에 나아가 이르렀으며, 끝없이 돌아치는 다라니의 광명으로 수 없는 품에 두루 들어갔으며, 지위를 따라 자세히 들여다보는 다라니의 광명으로 수 없는 품을 분별하였으며, 위엄과 힘의 다라니 광명으로 수 없는 품을 널리 거두었으며, 연꽃 장엄 다라니의 광명으로 수 없는 품을 이끌어서 밝게 하였으며, 청정한 말과 소리의 다라니 광명으로 수 없는 품을 널리 펴서 설하였으며, 허공 장 다라니의 광명으로 수 없는 품을 나타내 보였으며, 광명을 모은 다라니의 광명으로 수 없는 품을 넓혔으며, 바다 장 다라니의 광명으로 수 없는 품을 이해하기 좋게 설명하였다."

"그와 같은 중생이 시방으로부터 좇아오고 그와 같은 하늘과 그와 같은 하늘의 왕과 그와 같은 용과 그와 같은 용왕과 그와 같은 야차와 그와 같은 야차 왕과 그와 같은 건달바와 그와 같은 건달바 왕과 그와 같은 아수라와 그와 같은 아수라왕과 그와 같은 가루라와 그와 같은 가루라 왕과 그와 같은 긴나라와 그와 같은 긴나라 왕과 그와 같은 마후라가와 그와 같은 마후라가 왕과 그와 같은 사람과 그와 같은 사람의 왕과 그와 같은 범과 그와 같은 범왕 등등 이와 같은 이들이 모두 나의 처소에 이르더라도 내가 그들을 위해 열어 보이고 이해하기 좋게 설명하고 칭찬하고 찬탄하여 모두가 사랑하고 좋아하게 하며, 이 모든 부처님의 보살행으로 광명이 되는 보안 법문에 들어가 편안히 머물게 하였다."

 善男子 我於彼佛所千二百歲 受持如是普眼法門 於日日中 以聞持陀羅尼光明 領受無數品 以寂靜問陀羅尼光明 趣入無數品 以無邊旋陀羅尼光明 普入無數品 以隨地觀察陀羅尼光明 分別無數品 以威力陀羅尼光明 普攝無數品 以蓮華莊嚴陀羅尼光明 引發無數品 以淸淨言音陀羅尼光明 開演無數品 以虛空藏陀羅尼光明 顯示無數品 以光聚陀羅尼光明 增廣無數品 以海藏陀羅尼光明 辨析無數品 若有衆生從十方來 若天 若天王 若龍 若龍王 若夜叉 若夜叉王 若乾闥婆 若乾闥婆王 若阿修羅

若阿修羅王 若迦樓羅 若迦樓羅王 若緊那羅 若緊那羅王 若摩睺羅伽 若摩睺羅伽王 若人 若人王 若梵 若梵王 如是一切來至我所 我悉爲其開示解釋 俯揚讚歎 咸令愛樂 趣入 安住次第佛菩薩行光明普眼法門

"선남자여! 나는 단지 이 보안 법문만 알고 있을 뿐이다. 모든 보살마하살은 모든 보살행의 바다에 깊이 들어가니, 이는 그 원력을 따라 수행하려는 까닭이며, 큰 원의 바다에 들어가니, 이는 헤아릴 수 없는 세월을 두고 세간에 머무르려는 까닭이며, 모든 중생의 바다에 들어가니, 이는 그 마음을 따라 널리 이익이 되게 하려는 까닭이며, 모든 중생의 마음 바다에 들어가니, 이는 십력과 막힘이나 걸림 없는 지혜의 광명을 내어놓으려는 까닭이며, 모든 중생의 근기 바다에 들어가니, 이는 때를 맞추어 가르치고 바른길로 이끌어서 남김없이 다 조복시키려는 까닭이다."

"모든 세계 바다에 들어가니 이는 본래의 서원을 성취하여 부처님 세계를 청정하게 장엄하려는 까닭이며, 모든 부처님의 바다에 들어가니, 이는 모든 여래께 늘 공양하기를 원하는 까닭이며, 모든 법 바다에 들어가니, 이는 지혜로 깨달아 들어가려는 까닭이며, 모든 공덕의 바다에 들어가니, 이는 하나하나 수행하여 온전하게 갖추려는 까닭이며, 모든 중생의 말씀 바다에 들어가니, 이는 모든 세계에서 바른 법륜을 굴리려는 까닭이다. 내가 어떻게 보살마하살의 그러한 공덕의 행을 알고 능히 말할 수 있겠는가."

善男子 我唯知此普眼法門 如諸菩薩摩訶薩深入一切菩薩行海 隨其願力而修行故 入大願海 於無量劫住世間故 入一切衆生海 隨其心樂廣利益故 入一切衆生心海 出生十力無礙智光故 入一切衆生根海 應時敎化悉令調伏故 入一切刹海 成滿本願嚴淨佛刹故 入一切佛海 願常供養諸如來故 入一切法海 能以智慧咸悟入故 入一切功德海 一一修行令具足故 入一切衆生言辭海 於一切刹轉正法輪故 而我云何能知能說彼功德行

"선남자여! 이곳에서 남쪽으로 60 유순 정도 가면 능가 도로 끝자락에 한 마을이 있으니, 이름이 '해안(海岸)'이며, 그곳에 비구가 있으니, 이름이 '선주(善住)'다."
"그대는 그에게 가서 보살은 어떻게 하여 보살의 행을 청정하게 하느냐고 물어라."

善男子 從此南行六十由旬 楞伽道邊有一聚落 名爲 海岸 彼有比丘 名曰 善住 汝詣彼問 菩薩云何淨菩薩行

때맞춰 선재 동자가 해운 비구의 발에 머리 숙여 예를 올리고 오른쪽으로 돌아 우러러 보면서 물러갔다.

時 善財童子禮海雲足 右遶瞻仰 辭退而去

(4) 선주 비구: 제3 修行住

그때 선재 동자가 오로지 선지식의 가르침만을 생각하면서 오로지 보안(普眼) 법문(法門)만을 생각하고 오로지 부처님의 신통한 힘만을 생각하고 오로지 법문의 글귀만을 지니고 오로지 법 바다의 문에 들어가고 오로지 법의 차별만을 생각하고 법의 깊은 소용돌이에 들어가며, 법의 허공에 두루 들어가며, 법에 막힘이나 걸림이 되는 것을 청정하게 하며, 법의 보배가 있는 곳을 자세히 살피고 들여다보았다.

爾時 善財童子專念善知識敎 專念普眼法門 專念佛神力 專持法句雲 專入法海門 專思法差別 深入法漩澓 普入法虛空 淨治法翳障 觀察法寶處

점차 남쪽으로 가다가 능가 도로의 끝자락에 있는 바다의 연안 마을에 이르렀고 시방을 자세히 살펴 가면서 선주 비구를 찾았다.

이 비구가 허공 가운데를 오고 가는 일에 있어서 행을 보니, 수 없는 모든 하늘이 공손히 섬기어 둘러싸고 모든 하늘의 꽃을 흩뿌리며, 하늘의 음악을 지어가고 번기와 당기와 비단 깃발이 각각 수 없기에 허공에 두루 가득하고 또 이를 공양으로 삼으며, 모든 큰 용왕이 허공 가운데 헤아릴 수 없는 침수 향의 구름을 일으켜서 벼락과 우레와 번개를 쳐서 이를 공양으로 삼고 긴나라 왕은 많은 악기를 연주하여 법과 함께 찬탄하면서 이를 공양으로 삼고 마후라가 왕은 생각으로 헤아릴 수 없는 극히 부드럽고 미세한 의복을 허공에 가득히 베풀어 마음에 환희를 생하게 하면서 이를 공양하고 아수라왕은 생각으로 헤아려 알 수 없는 마니보배 구름을 일으켜서 헤아릴 수 없는 광명의 가지가지 장엄으로 허공을 가득하게 하여 공양으로 삼고 가루라 왕은 동자의 모습을 지었고 헤아릴 수 없는 채녀들이 둘러쌌으며, 마침내 살해하고자 하는 마음이 없음을 성취하여 허공 가운데 합장하고 공양하며, 헤아릴 수 없는 수의 나찰 왕들은 헤아려 알 수 없는 나찰에게 둘러싸였으며, 그 형상이 장대하고 매우 두려움을 주게 생겼으나, 선주 비구를 보고 인자한 마음이 자재한 것을 보고 나찰이 몸을 굽혀 합장하면서 우러러보고 공양하며, 헤아릴 수 없는 수의 야차 왕은 각각 남김없이 자신의 대중이 둘러싸고 있기에 사면에 둘러서서 공경하고 수호하며, 생각으로 헤아려 알 수 없는 범천 왕들은 허공 가운데서 몸을 굽혀 합장하고 우러러보며 공양하고 인간의 법으로 칭송하고 찬탄하며, 헤아릴 수 없는 수의 모든 정거천들은 허공 가운데 궁전과 더불어 공손히 섬기어 합장하고 큰 서원을 일으키었다.

漸次南行 至楞伽道海岸聚落 觀察十方 求覓善住 見此比丘於虛空中來往經行 無數諸天恭敬圍遶 散諸天華 作天妓樂 幡幢繒綺悉各無數 徧滿虛空而爲供養 諸大龍王 於虛空中興不思議沈水香雲 震雷激電以爲供養 緊那羅王奏衆樂音 如法讚美以爲供養 阿睺羅伽王以不思議極微細衣 於虛空中周迴布設 心生歡喜 以爲供養 阿修羅王興不思議摩尼寶雲 無量光明種種莊嚴 徧滿虛空以爲供養 迦樓羅王作童子形 無量采女之所圍遶 究竟成就無殺害心 於虛空中合掌供養 不思議數諸羅刹王 無量羅刹之所圍遶 其形長大 甚可怖畏 見善住比丘慈心自在 曲躬合掌瞻仰供養 不思議數諸夜叉王 各各悉有自衆圍遶 四面周帀恭敬守護 不思議數諸梵天王 於虛空中曲躬合掌 以人間法俙揚讚歎 不思議數諸淨居天 於虛空中與宮殿俱 恭敬合掌發弘誓願

때맞춰 선재 동자는 이러한 일을 보고 난 뒤에 마음으로 환희하면서 합장하고 공손하게 인사를 올리고 이와 같음을 말했다.

"성자시여! 저는 이미 아뇩다라삼먁삼보리심을 일으켰으나, 보살이 어떻게 불법을 수행하며, 보살이 어떻게 불법을 쌓아 모으며, 어떻게 불법을 갖추며, 어떻게 불법을 배우고 익히며, 어떻게 불법을 거듭 더하고 기르며, 어떻게 불법을 모두 거두어들이며, 어떻게 불법을 끝까지 마치며, 어떻게 불법을 청정하게 다스리며, 어떻게 불법을 깊이 청정하게 하며, 어떻게 불법을 통달하는지 알지 못합니다. 제가 들은 바로는 성자께서 선근으로 능히 이끌고 가르치신다고 하니, 원하건대 사랑하고 불쌍히 여기는 마음으로 저에게 설해주십시오."

"보살이 어떻게 해야 부처님이 보는 것을 버리지 않고 늘 그곳에서 게으름 피우지 않고 쉬지 않으면서 힘써 닦을 수 있겠습니까? 보살이 어떻게 해야 보살을 버리지 않고 모든 보살과 더불어 선근이 같을 수 있겠습니까? 보살이 어떻게 해야 불법을 놓치지 않고 남김없이 지혜로 밝게 증득할 수 있겠습니까? 보살이 어떻게 해야 큰 원을 버리지 않고 모든 중생에게 이익이 되도록 할 수 있겠습니까? 보살이 어떻게 해야 중생의 행을 버리지 않고 모든 겁에 머물면서 마음에 피곤하거나 싫어함이 없겠습니까? 보살이 어떻게 해야 부처 세계를 버리지 않고 모든 세계를 남김없이 다 청정하게 할 수 있겠습니까? 보살이 어떻게 해야 부처님의 힘을 버리지 않고 여래의 자재함을 다 보고 알 수 있겠습니까? 보살이 어떻게 해야 유위(有爲)를 버리지도 않고 머물지도 않으면서 모든 생사의 길에서 변화하는 것처럼 생사를 받아들임을 보이면서 보살의 행을 닦을 수 있겠습니까? 보살이 어떻게 해야 법문 듣는 일을 벗어나지 않고 부처님들의 바른 깨우침을 남김없이 받을 수 있겠습니까? 보살이 어떻게 해야 지혜의 광명을 버리지 않고 삼세의 지혜로 행할 곳에 두루 들어갈 수 있겠습니까?"

時 善財童子見是事已 心生歡喜 合掌敬禮 作如是言 聖者 我已先發阿耨多羅三藐三菩提心 而未知菩薩云何修行佛法 云何積集佛法 云何比丘佛法 云何熏習佛法 云何增長佛法 云何揔攝佛法 云何究竟佛法 云何淨治佛法 云何深淨佛法 云何通達佛法 我聞聖者善能誘誨 唯願慈哀 爲我宣說 菩薩云何不捨見佛 常於其所精勤修習 菩薩云何不捨菩薩 與諸菩薩同一善根 菩薩云何不捨佛法 悉以智慧而得明證 菩薩云何不捨大願 能普利益一切衆生 菩薩云何不捨衆行 住一切劫心無疲厭 菩薩云何不捨佛刹 普能嚴淨一切世界 菩薩云何不捨佛力 悉能知見如來自在 菩薩云何不捨有爲亦復不住 普於一切諸有趣中猶如變化 示受生死 修菩薩行 菩薩云何不捨聞法 悉能領受諸佛正敎 菩薩云何不捨智光 普入三世智所行處

때맞춰 선주 비구가 선재 동자에게 가르침을 주고자 말했다.

"선근이로다. 선근이로다. 선남자여! 그대가 이미 아뇩다라삼먁삼보리심을 일으켰고 이제 차례를 좇아(復) 마음을 일으켜서 부처의 법과 모든 지혜의 법과 자연인의 법을 묻는구나."

時 善住比丘告善財言 善哉善哉 善男子 汝已能發阿耨多羅三藐三菩提心 今復發心求問佛法 一切智法 自然者法

"선남자여! 나는 이미 보살의 막힘이나 걸림 없는 해탈의 문을 성취하였기에 그와 같이 오고 그와 같이 가고 그와 같이 행하고 그와 같이 멈춤에 거스르지 않고 따라서 사유하며, 닦고 익히며, 자세히 살펴서 들여다보고 곧 때맞춰 지혜의 광명을 얻으니, 이름이 '**마지막까지 막힘이나 걸림이 없음(究竟無礙)**'이다."

"이 지혜의 광명을 얻는 까닭으로 모든 중생의 마음과 행을 아는 일에 막힘이나 걸림이 없고 모든 중생이 죽고 나는 것을 아는 일에 막힘이나 걸림이 없고 모든 중생의 지난 세상을 아는 일에 막힘이나 걸림이 없고 모든 중생이 오는 세상을 아는 일에 막힘이나 걸림이 없고 모든 중생의 지금 세상을 아는 일에 막힘이나 걸림이 없고 모든 중생의 말과 음성이 가지가지로 다름을 아는 일에 막힘이나 걸림이 없고 모든 중생이 가지고 있는 의문을 해결함에 막힘이나 걸림이 없고 모든 중생의 모든 근을 아는 일에 막힘이나 걸림이 없고 모든 중생이 응당 가르침을 받아 때를 따라서 남김없이 나아가는 일에 막힘이나 걸림이 없고 모든 찰나와 나파와 모호율다와 낮과 밤의 시간을 아는 일에 막힘이나 걸림이 없고 삼세 바다에 흐르고 굴려지는 차례를 아는 일에 막힘이나 걸림이 없고 이 몸으로 시방의 모든 부처 세계에 두루 이르는 일에 막힘이나 걸림이 없다. 무슨 까닭인가 하면, 머무름도 없고 지음도 없는 신통한 힘을 얻는 까닭이다."

善男子 我已成就菩薩無礙解脫門 若來若去 若行若止 隨順思惟 修習觀察 即時獲得智慧光明 名 究竟無礙 得此智慧光明故 知一切衆生心行無所障礙 知一切衆生歿生無所障礙 知一切衆生宿命無所障礙 知一切衆生未來劫事無所障礙 知一切衆生現在世事無所障礙 知一切衆生言語音聲種種差別無所障礙 決一切衆生所有疑問無所障礙 知一切衆生諸根無所障礙 隨一切衆生應受化時悉能往赴無所障礙 知一切刹那羅婆 牟呼栗多 日夜時分無所障礙 知三世海流轉次第無所障礙 能以其身徧往十方一切佛刹無所障礙 何以故 得無住無作神通力故

"선남자여! 나는 이 신통한 힘을 얻는 까닭에 허공 가운데 늘 행하고 늘 머물며, 늘 앉고 늘 눕고 늘 숨고 늘 나타내고 언제나 한 몸을 나타내고 언제나 많은 몸을 나타내며, 장벽을 뚫고 나가기를 마치 허공처럼 하고 허공 가운데 결가부좌하고 오고 감이 자재함을 비유하며 새가 날아다니는 것과 같고 땅속에 들어가기를 물처럼 하고 물을 밟고 가기를 땅처럼 하고 몸 아래와 위에서 연기와 불꽃이 일어남이 큰 불덩어리와 같고 언제나 때맞추어 땅을 진동시키고 언제나 때맞추어 손으로 해와 달을 만지고 늘 그 몸의 높이가 범천의 궁전까지 이르러 나타내고 늘 태우는 향 구름을 나타내며, 늘 보배 불꽃의 구름을 나타내며, 늘 변화하는 구름을 나타내며, 광명 그물을 나타내어 시방세계를 두루 덮기도 한다."

"늘 한 생각, 한순간에 동방의 한 세계를 지나가고 두 세계, 백 세계, 천 세계, 백천 세계, 헤아릴 수 없는 세계와 말할 수 없이 말로 할 수 없는 세계를 지나가며, 언제나 염부제의 티끌 수와 같은 세계를 지나가며, 말할 수 없이 말로 할 수 없는 세계의 티끌 수와 같은 세계를 지나가며, 그 일체 모든 부처님 국토의 부처님 세존 앞에서 법을 들으며, 한 분 한 분의 부처님 처소에서 헤아릴 수 없는 부처 세계의 티끌 수와 같은 차별된 몸을 나타내고 하나하나의 몸마다 헤아릴 수 없는 부처 세계의 티끌 수와 같은 공양 구름을 내린다."

"이른바 모든 꽃구름, 모든 향 구름, 모든 머리 장식 구름, 모든 가루 향 구름, 모든 바르는 향 구름, 모든 일산 구름, 모든 옷구름, 모든 당기 구름, 모든 번기 구름, 모든 휘장 구름, 모든 몸 구름을 공양으로 삼으며, 한 분 한 분의 여래께서 말씀하시는 법을 내가 다 받아 지니고 하나하나의 국토에 있는 장엄한 것을 내가 단단히 기억하여 잊지 않고 생각한다."

"동방에서 한 것처럼 남방, 서방, 북방, 네 간방과 상방, 하방도 역시 차례를 좇아(復) 이와 같다. 이와 같은 일체 모든 세계 가운데 있는 중생이 그와 같은 나의 형상을 보면 빠짐없이 다 아뇩다라삼먁삼보리를 결정하고 얻을 것이며, 모든 세계의 모든 중생을 내가 다 분명하게 보고 그들이 크고 작고 잘나고 못나고 괴롭고 즐거움을 따라 그 형상과 똑같이 보여서 가르치고 바른길로 이끌어서 성취하게 하며, 그와 같은 중생이 나를 친근히 하면 남김없이 다들 이와 같은 법의 문에 편안히 머물게 할 것이다."

善男子 我以得此神通力故 於虛空中或行 或住 或坐 或臥 或隱 或顯 或現一身 或現多身 穿度牆壁猶如虛空 於虛空中結跏趺坐 往來自在猶如飛鳥 入地如水 履水如地 徧身上下普出煙焰如大火聚 或時震動一切大地 或時以手摩觸日月 或現其身高至梵宮 或現燒香雲 或現寶焰雲 或現變化雲 或現光網雲 皆悉廣大彌覆十方 或一念中過於東方一世界 二世界 百世界 天世界 百千世界 乃至無量世界 乃至不可說不可說世界 或過閻浮提微塵數世界 或過不可說不可說佛刹微塵數世界 於彼一切諸佛國土佛世尊前聽聞說法 一一佛所現無量佛刹微塵數差別身 一一身雨無量佛刹微塵數供養雲 所謂 一切華雲 一切香雲 一切鬘雲 一切末香雲 一切塗香雲 一切蓋雲 一切衣雲 一切幢雲 一切幡雲 一切帳雲 以一切身雲而爲供養 一一如來所有宣說 我皆受持 一一國土所有莊嚴 我皆憶念 如東方 南 西 北方 四維 上 下 亦復如是 如是一切諸世界中所有衆生 若見我形 皆決定得阿耨多羅三藐三菩提 彼諸世界一切衆生 我皆明見 隨其大小 勝劣 苦樂 示同其形 敎化成就 若有衆生親近我者 悉令安住如是法門

"선남자여! 나는 단지 부처님께 공양하고 중생들을 빨리 성취하게 하는 막힘이나 걸림 없는 해탈의 문만을 알뿐이다. 모든 보살마하살은 크게 가엾이 여기는 계행(戒行), 바라밀의 계행, 대승의 계행, 보살의 도와 서로 응하는 계행, 막힘이나 걸림이 없는 계행, 물러서지 않는 계행, 보리심을 버리지 않는 계행, 늘 불법으로 인연 할 바로 삼는 계행, 모든 지혜에 늘 뜻을 두는 계행, 허공 같은 계행, 모든 세간에 의지하지 않는 계행, 잘못이나 허물이 없는 계행, 손해가 없는 계행, 모자라지 않는 계행, 섞이지 않는 계행, 흐리지 않는 계행, 뉘우침이 없는 계행, 청정한 계행, 티끌을 벗어난 계행, 더러움을 벗어난 계행을 가진다. 이와 같은 보살마하살의 공덕을 내가 어떻게 알며, 어찌 설할 수 있겠는가?"

善男子 我唯知此普速疾供養諸佛成就衆生無礙解脫門 如諸菩薩持大悲戒 波羅蜜戒 大乘戒 菩薩道相應戒 無障礙戒 不退墮戒 不捨菩提心戒 常以佛法爲所緣戒 於一切智常作意戒 如虛空戒 一切世間無所依戒 無失戒 無損戒 無缺戒 無雜戒 無濁戒 無悔戒 淸淨戒 離塵戒 離垢戒 如是功德 而我云何能知能說

"선남자여! 여기서 남방으로 한 나라가 있으니, 이름이 '달리비다(達里鼻茶)'이며, 그 나라에 자재(自在)라는 성이 있고 그 성 중에 사람이 있으니, 이름이 '미가(彌伽)'이다."

"그대는 그에게 가서 보살은 어떻게 보살의 행을 배우며, 보살의 도를 닦느냐고 물어라."

때맞추어 선재 동자는 그의 발에 몸을 굽혀 예를 올리고 오른쪽으로 돌아 우러러보면서 하직하고 물러났다.

善男子 從此南方有國 名 達里鼻茶 城名 自在 其中有人 名曰 彌伽 汝詣彼問 菩薩云何學菩薩行 修菩薩道 時 善財童子頂禮其足 右遶瞻仰 辭退而行

대방광불화엄경 제63권

39. 입법계품(4)
入法界品第三十九之四

(5) 미가장자. 제4 生貴住

이때 선재 동자가 일심으로, 한결같은 마음으로 법 광명의 법문을 바르게 생각하고 깊은 믿음으로 나아가 이르고 오로지 부처님만을 생각하면서 삼보를 끊어지지 않게 하고 욕심을 벗어난 성품을 찬탄하고 선지식만을 생각하며, 삼세를 두루 비추어 큰 서원을 단단히 기억하여 잊지 않으며, 중생을 두루 구제하지만, 유위(有爲.五蘊)에 집착하지 않고 마지막까지 모든 법의 스스로 성품을 사유하며, 남김없이 모든 세계를 청정하게 장엄하며, 모든 부처님의 대중이 모인 도량에 마음으로 집착하지 않으면서 점점 남쪽으로 행하여 자재성에 이르러 미가를 찾았고 그 사람을 보니, 시장 가운데 법을 설하는 사자좌에 앉아있고 십 천의 사람들에게 둘러싸여 바퀴 윤자(輪字) 장엄 법문을 널리 펴서 설하고 있었다.

爾時 善財童子一心正念法光明法門 深信趣入 專念於佛 不斷三寶 歎離欲性 念善知識 普照三世 憶諸大願 普救衆生 不著有爲 究竟思惟諸法自性 悉能嚴淨一切世界 於一切佛衆會道場 心無所著 漸次南行 至自在城 求覓彌伽 乃見其人 於市肆中 坐放說法師子之座 十千人衆所共圍遶 說輪字莊嚴法門

때맞춰 선재 동자가 그의 발아래 엎드려 절하고 헤아릴 수 없이 돌다 앞에서 합장하고 말했다.

"성자시여! 저는 이미 벌써 아뇩다라삼먁삼보리심을 일으켰습니다. 그러나 보살이 어떻게 보살의 행을 배우며, 어떻게 보살의 도를 닦으며, 어떻게 해야 모든 생사의 길에 헤매면서도 보리심을 늘 잃지 않으며, 어떻게 해야 평등한 뜻을 얻어서 견고하고 흔들리지 않으며, 어떻게 해야 청정한 마음을 얻어서 파괴할 자가 없을 것이며, 어떻게 해야 가엾이 여기는 힘을 내어서 항상 피곤하지 않으며, 어떻게 해야 다라니에 들어가서 두루 청정함을 얻으며, 어떻게 해야 광대한 광명을 내어 모든 법의 어두움에서 벗어나며, 어떻게 해야 막힘이나 걸림 없는 이해와 변재의 힘을 얻어 깊은 모든 이치의 장을 결정하며, 어떻게 해야 바르게 기억하는 힘을 얻어 모든 차별된 법륜을 기억하여 가지며, 어떻게 해야 길을 청정하게 하는 힘을 얻어 모든 부류에 두루 법을 널리 펴서 설하며, 어떻게 해야 지혜의 힘을 얻어 모든 법을 결정하고 이치를 분별하는지 알지 못합니다."

時 善財童子 頂禮其足 遶無量币 於前合掌 而作是言 聖者 我已先發阿耨多羅三藐三菩提心 而我未知菩薩云何學菩薩行 云何修菩薩道 云何流轉於諸有趣 常不忘失菩提之心 云何得平等意 堅固不動 云何獲清淨心 無能沮壞 云何生大悲力 恒不勞疲 云何入陀羅尼 普得淸淨 云何發生智慧廣大光明 於一切法 離諸暗障 云何具無礙解辯才之力 決了一切甚深義藏 云何得正念力 憶持一切差別法輪 云何得淨趣力 於一切趣 普演諸法 云何得智慧力 於一切法 悉能決定 分別其義

그때 미가 장자가 선재 동자에게 가르침을 주고자 말했다.
"선남자여! 그대는 이미 아뇩다라삼먁삼보리심을 일으켰는가?"
선재 동자가 말했다.
"그렇습니다. 저는 이미 아뇩다라삼먁삼보리심을 일으켰습니다."

爾時 彌伽告善財言 善男子 汝已發阿耨多羅三藐三菩提心耶 善財言 唯我已先發阿耨多羅三藐三菩提心

미가 장자가 곧바로 사자좌에서 내려와 선재의 처소에 오체를 투지하고 금은 꽃과 값을 매길 수 없는 많은 보배와 가장 좋은 가루 전단 향을 흩뿌리며, 헤아릴 수 없는 종류의 옷을 그 위에 덮고 차례를 좇아 헤아릴 수 없는 가지가지의 향과 꽃과 가지가지의 공양 기물을 흩뿌려서 공양하고 일어서서 칭찬의 말을 하였다.

"선근이로다. 선근이로다. 선남자여! 능히 아뇩다라삼먁삼보리심을 일으켰구나."

"선남자여! 그와 같이 아뇩다라삼먁삼보리심을 일으키는 이가 있으면 곧 모든 부처의 종자를 끊어지지 않게 하며, 곧 모든 부처의 세계를 장엄하여 청정하게 하며, 곧 모든 중생을 성숙하게 하며, 곧 모든 법의 성품을 통달하게 하며, 곧 모든 업의 종자를 깨우치게 하며, 곧 모든 행을 원만하게 하며, 곧 모든 큰 원을 끊어지지 않게 하며, 곧 탐욕을 벗어난 성품을 사실 그대로 이해하며, 곧 삼세를 차별한 것을 분명히 보며, 곧 믿는 지혜를 영원히 견고하게 한다."

"곧 모든 여래가 거두어주심이 되며, 모든 부처님이 생각하게 되며, 모든 보살과 평등하게 되며, 모든 성현의 찬탄함이 되며, 모든 범천 왕이 절하고 보는 일이 되며, 모든 천왕이 공양함이 되며, 모든 야차가 지키고 보호함이 되며, 모든 나찰의 호위를 받게 됨이며, 모든 용왕의 영접함이 되며, 모든 긴나라 왕이 노래하고 찬탄함이 되며, 모든 세상의 임금이 칭찬하고 경축함이 된다."

"일체 모든 중생계가 편안함을 얻게 하는 것이니, 이른바 나쁜 부류를 버리게 하는 까닭이며, 어려운 곳에서 나오게 하는 까닭이며, 모든 가난과 궁핍의 근본을 끊는 까닭이며, 모든 천인이 즐거워하는 까닭이며, 선지식을 만나 친근히 하는 까닭이며, 광대한 법을 듣고 받아 지니는 까닭이며, 보리심을 내는 까닭이며, 보리심을 청정하게 하는 까닭이며, 보살의 길을 비추는 까닭이며, 보살의 지혜에 들어가는 까닭이며, 보살의 지위에 머무는 까닭이다."

彌伽遽則下師子座 於善財所 五體投地 散金銀華無價寶珠 及以上妙碎末栴檀 無量種衣 以覆其上 復散無量種種香華 種種供具 以爲供養 然後起立 而俛歎言 善哉善哉 善男子 乃能發阿耨多羅三藐三菩提心 善男子 若有能發阿耨多羅三藐三菩提心 則爲不斷一切佛種 則爲嚴淨一切佛刹 則爲成熟一切衆生 則爲了達一切法性 則爲悟解一切業種 則爲圓滿一切諸行 則爲不斷一切大願 則如實解離貪種性 則能明見三世差別 則令信解永得堅固 則爲一切如來所持 則爲一切諸佛憶念 則與一切菩薩平等 則爲一切賢聖讚喜 則爲一切梵王禮覲 則爲一切天主供養 則爲一切夜叉守護 則爲一切羅刹侍衛 則爲一切龍王迎接 則爲一切緊那羅王歌詠讚歎 則爲一切諸世間主俛揚慶悅 則令一切諸衆生界 悉得安隱 所謂令捨惡趣故 令出難處故 斷一切貧窮根本故 生一切天人快樂故 遇善知識 親近故 聞廣大法 受持故 生菩提心故 淨菩提心故 照菩薩道故 入菩薩智故 住菩薩地故

음성 다라니

"선남자여! 보살이 지어가는 일이란 매우 어려운 것임을 알아야 한다. 나오기도 어렵고 만나기도 어려우며, 보살을 본다는 것은 그보다 더더욱 어려운 일이다."

"보살은 모든 중생이 믿고 의지하는 것이니, 이는 나서 자라고 성취하기 위한 까닭이며, 보살은 모든 중생을 건져 구제함이니, 이는 모든 어렵고 괴로움에서 빼내는 까닭이며, 보살은 모든 중생이 의지할 처이니, 이는 세간을 지키고 보호하는 까닭이며, 보살은 모든 중생을 구원하고 보호하니, 이는 두려움을 면하게 하는 까닭이며, 보살은 바람의 바퀴와 같으니, 이는 모든 세간을 유지해서 악한 부류에 떨어지지 않게 하는 까닭이며, 보살은 대지와 같으니, 이는 중생들의 선근을 거듭 더하고 기르는 까닭이며, 보살은 큰 바다와 같으니, 이는 복덕이 충만하여 다하지 않는 까닭이다."

"보살은 밝은 해와 같으니, 이는 지혜의 광명이 두루 비추는 까닭이며, 보살은 수미산과 같으니, 이는 선근이 높게 솟아 나오는 까닭이며, 보살은 밝은 달과 같으니, 이는 지혜의 광명이 출현하는 까닭이며, 보살은 용맹한 장수 같으니, 이는 마군을 꺾어서 항복 받는 까닭이며, 보살은 군주와 같으니, 이는 불법의 성 가운데서 자재함을 얻은 까닭이며, 보살은 맹렬한 불과 같으니, 이는 중생이 '나'라고 하는 물건을 사랑하고 집착하는 마음을 태우는 까닭이며, 보살은 큰 구름과 같으니, 이는 헤아릴 수 없이 많은 법 비를 내리는 까닭이며, 보살은 때맞춰 오는 비와 같으니, 이는 모든 믿음의 뿌리와 싹을 자라게 하는 까닭이며, 보살은 뱃사공과 같으니, 법 바다의 나루터와 구제할 처소를 보이고 이끄는 까닭이며, 보살은 강을 건너는 다리와 같으니, 이는 생사의 바다를 건너게 하는 까닭이다."

善男子 應知菩薩所作甚難 難出難値 見菩薩者 倍更難有 菩薩爲一切衆生悋怙 生長成就故 爲一切衆生拯濟 拔諸苦難故 爲一切衆生依處 守護世間故 爲一切衆生救護 令免怖畏故 菩薩如風輪 持諸世間 不令墮落惡趣故 如大地 增長衆生善根故 如大海 福德充滿無盡故 如淨日 智慧光明普照故 如須彌 善根高出故 如明月 智光出現故 如猛將 摧伏魔軍故 如君主 佛法城中 得自在故 如猛火 燒盡衆生我愛心故 如大雲 降霆無量妙法雨故 如時雨 增長一切信根芽故 如船師 示導法海津濟處故 如橋梁 令其得度生死海故

미가 장자가 이와 같음으로 선재 동자를 칭찬하고 모든 보살을 기쁘고 즐겁게 하고는 그 얼굴을 문으로 삼아서 가지가지의 광명을 놓아 삼천대천세계를 비추니, 그 가운데 있는 중생들이 이 광명을 만나고는 모든 용신 등뿐만 아니라 모든 범천이 남김없이 다 미가 장자의 처소로 모였다. 미가 대사가 곧 방편으로 바퀴 윤자(輪字) 품의 장엄 법문을 열어 널리 펴서 설하고 분별해서 알기 쉽게 보이니, 모든 중생이 이 법문을 듣고는 다 아뇩다라삼먁삼보리에서 물러서지 않게 되었다.

彌伽如是讚歎善財 令諸菩薩皆歡喜已 從其面門 出種種光 普照三千大千世界 其中衆生 遇斯光已 諸龍神等乃至梵天 悉皆來至彌伽之所 彌伽大士 卽以方便 爲開

示演說分別解釋輪字品莊嚴法門 彼諸衆生聞此法已 皆於阿耨多羅三藐三菩提 得不退轉

미가 대사가 본래의 자리에 올라앉아 선재 동자에게 말했다.
"선남자여! 내가 이미 빼어난 음성 다라니를 얻었기에 삼천대천세계 가운데 모든 하늘의 말과 모든 용, 야차, 건달바, 아수라, 긴나라, 마후라가 등과 사람과 사람이 아닌 이들과 모든 범천의 말을 능히 분별하여 안다. 이 삼천대천세계를 아는 것과 같이 시방의 수없는 세계뿐만 아니라 말할 수 없고 말로 이를 수 없는 세계도 남김없이 또한 이와 같다."
彌伽於是 還昇本座 告善財言 善男子 我已獲得妙音陀羅尼 能分別知三千大千世界中 諸天語言 諸龍 夜叉 乾闥婆 阿修羅 迦樓羅 緊那羅 摩睺羅伽 人與非因及諸梵天所有語言 如此三千大千世界 十方無數 乃至不可說不可說世界 悉亦如是

"선남자여! 나는 단지 보살의 빼어난 음성 다라니의 광명 법문만을 알뿐이다. 모든 보살마하살은 모든 중생이 가지는 가지가지의 생각(想) 바다와 가지가지의 시설 바다와 가지가지의 이름 바다와 가지가지의 말씀 바다에 두루 들어가며, 모든 것을 설한 깊고 비밀스러운 법 구절의 바다와 모든 것을 마지막까지 설한 법 구절의 바다와 속된 인연에 끌린 모든 것 가운데 일체 삼세의 인연을 말하는 법 구절의 바다와 가장 빼어남을 설하는 법 구절의 바다와 가장 빼어난 것보다 더욱 빼어남을 설하는 법 구절의 바다와 차별을 설하는 법 구절의 바다와 모든 차별을 설하는 법 구절의 바다에 두루 들어가며, 모든 세간의 주술 바다와 모든 음성으로 장엄한 바퀴와 차별한 모든 글자 바퀴의 경계에 두루 들어간다. 이와 같은 보살마하살의 공덕을 내가 어떻게 알겠으며, 어찌 설할 수 있겠는가."
善男子 我唯知此菩薩妙音陀羅尼光明法門 如諸菩薩摩訶薩 能普入一切衆生種種想海 種種施設海 種種名號海 種種語言海 能普入說一切深密法句海 說一切究竟法句海 說一所緣中有一切三世所緣法句海 說上法句海 說上上法句海 說差別法句海 說一切差別法句海 能普入一切世間呪術海 一切音聲莊嚴輪 一切差別字輪際 如是功德 我今云何能知能說

"선남자여! 여기서 남방으로 가면 한 마을이 있고 이름이 '주림(住林)'이며, 그곳에 장자가 있으니, 이름이 '해탈(解脫)'이다. 그대는 그에게 가서 보살은 어떻게 보살의 행을 닦은 것이며, 보살은 어떻게 보살의 행을 이루는 것이며, 보살은 어떻게 보살의 행을 모으는 것이며, 보살은 어떻게 보살행을 사유하느냐고 물어라."

善男子 從此南行 有一聚落 名曰 住林 彼有長者 名曰 解脫 汝詣彼問 菩薩云何修菩薩行 菩薩云何成菩薩行 菩薩云何集菩薩行 菩薩云何思菩薩行

이때 선재 동자는 선지식의 가르침으로 모든 지혜의 법에 대해 깊이 존중하는 마음을 내고 청정한 깊은 믿음을 심으며, 스스로 더더욱 이익을 더하고 미가 장자의 발에 절하고 예를 올리며, 눈물을 흘리고 헤아릴 수 없이 돌아 그리워하고 우러러보며 물러갔다.

爾時 善財童子以善知識故 於一切智法深生尊重 深植淨信 深自增益 禮彌伽足 涕泗悲泣 遶無量帀 戀慕瞻仰 辭退而行

(6) 해탈장자. 제5 具足方便住

이때 선재 동자가 모든 보살의 막힘이나 걸림 없는 지혜 다라니의 광명으로 장엄한 문을 사유하며, 모든 보살의 말씀 바다의 문에 깊이 들어가고 모든 보살이 모든 중생을 아는 미세한 방편의 문을 단단히 기억하여 잊지 않고 모든 보살의 청정한 마음의 문을 자세히 살펴서 들여다보고 모든 보살의 선근 광명 문을 성취하고 모든 보살이 중생을 가르치고 바른길로 이끄는 문을 청정하게 다스리고 모든 보살이 중생을 거두어주는 지혜의 문을 밝게 밝히고 모든 보살이 광대한 뜻으로 즐기는 문을 견고하게 하고 모든 보살이 특히 뛰어난 뜻으로 즐기는 문을 지니어 머물고 모든 보살이 가지가지로 믿고 이해하는 문을 청정하게 다스리고 모든 보살의 헤아릴 수 없는 선근의 마음, 이 마음의 문을 사유하였다.

이러한 사유(思惟)로 서원이 견고해지고 마음에 피곤하거나 싫어함이 없어지고 모든 갑옷과 투구를 가지고 스스로 장엄하며, 게으르지 않게 힘쓰는 깊은 마음으로 물러서지 않고 무너지지 않는 믿음을 갖추며, 그 마음이 견고하기가 금강과 나라연과 같기에 무너트릴 자가 없고 모든 선지식의 가르침을 지키고 지니기에 그 모든 경계로 무너지지 않는 지혜를 얻으며, 넓은 문이 청정하여 행하는 일에 막힘이나 걸림이 없고 지혜의 광명이 원만하여 모든 곳을 두루 비추며, 모든 지위의 총지 광명을 온전하게 갖추고 법계의 가지가지 차별을 깨달아 알며, 의지할 것도 없고 머무를 것도 없기에 평등하여 둘이 없으며, 스스로 성품이 청정하기에 두루 장엄하고 모든 행하는 바를 다 성취하기에 마지막까지 이르렀다.

 지혜가 청정하기에 모든 집착에서 벗어났으며, 시방의 차별 법을 알기에 지혜가 막힘이나 걸림이 없고 시방의 차별하는 곳에 가지만, 몸이 피곤하지 않고 시방의 차별하는 업을 분명하게 깨우쳐 알며, 시방의 차별한 부처님을 나타내 보이고 시방의 차별한 시기를 남김없이 다 깊이 들어갔고 청정하고 빼어난 법이 마음에 가득 차고 지혜 삼매의 두루 함으로 그 마음을 밝게 비추며, 마음이 늘 평등한 경계에 두루 들어가고 여래의 지혜가 비추어 접촉한 일이 되고 모든 지혜가 흘러서 계속 이어지고 끊어지지 않으며, 몸과 마음이 불법을 벗어나지 않고 일체 모든 부처님의 신력으로 도움을 받고 모든 여래의 광명으로 비추는 바가 되고 큰 원을 성취하기에 원의 몸이 모든 세계의 그물에 두루두루 하고 모든 법계가 그 몸에 두루 들어갔다.

 爾時 善財童子 思惟諸菩薩無礙解陀羅尼光明莊嚴門 深入諸菩薩語言海門 憶念諸菩薩知一切眾生微妙方便門 觀察諸菩薩淸淨心門 成就諸菩薩善根光明門 淨治諸菩薩教化眾生門 明利諸菩薩攝眾生智門 堅固諸菩薩廣大志樂門 住持諸菩薩殊勝志樂門 淨治諸菩薩種種信解門 思惟諸菩薩無量善心門 誓願堅固 心無疲厭 以諸甲冑 而自莊嚴 精進深心不可退轉 具不壞信 其心堅固 猶如金剛 及那羅延 無能壞者 守持一切善知識教 於諸境界 得不壞智 普門淸淨 所行無礙 智光圓滿 普照一切 具足諸地總持光明 了知法界種種差別 無依無住 平等無二 自性淸淨 而普莊嚴 於諸所行 皆得究竟 智慧淸淨 離諸執著 知十方差別法 智無障礙 往十方差別處 身不疲懈 於十方差別業 皆得明了 於十方差別佛 無不現見 於十方差別時 悉得深入淸淨妙法 充滿其心 普智三昧明照其心 心恒普入平等境界 如來智慧之所照觸 一切智流相續不斷 若身若心 不離佛法 一切諸佛神力所加 一切如來光明所照 成就大願 願身周徧一切刹 網一切法界 普入其身

 걷고 걸어서 12년을 돌아다니다가 주림성에 이르렀고 해탈 장자를 두루두루 찾고 구하다가 장자를 보고는 땅에 온몸으로 엎드려 절하고 일어서서는 합장하고 말했다.

 "성자시여! 제가 지금 선지식과 더불어 이곳에서 만났으니, 이는 제가 광대한 이익을 얻음입니다. 무슨 까닭인가 하면, 선지식은 보기도 어렵고 듣기도 어렵고 내놓아 나타내기도 어렵고 받들어 섬기기도 어렵고 가까이하기도 어렵고 받들어 접하기도 어렵고 만나기도 어렵고 함께 있기도 어렵고 기쁘게 하기도 어렵고 따라다니기를 얻기도 어렵지만, 제가 이제 이 모임에서 만났으니, 선근의 이익을 얻는 것이기 때문입니다."

漸次遊行 十有二年 至住林城 周徧推求解脫長者 卽得見已 五體投地 起立合掌 白言 聖者 我今得與善知識會 是我獲得廣大善利 何以故 善知識者 難可得見 難可得聞 難可出現 難得奉事 難得親近 難得承接 難可逢値 難得共居 難令喜悅 難得隨逐 我今會遇 爲得善利

"성자시여! 저는 이미 아뇩다라삼먁삼보리심을 일으켰으니, 이는 모든 부처님을 섬기고자 하는 까닭이며, 모든 부처님을 만나기 위한 까닭이며, 모든 부처님을 보기 위한 까닭이며, 모든 부처님을 자세히 살펴서 들여다보기 위한 까닭이며, 모든 부처님을 알기 위한 까닭이며, 모든 부처님의 평등함을 증득하기 위한 까닭이며, 모든 부처님의 큰 원을 원만하게 하기 위한 까닭이며, 모든 부처님의 지혜로운 광명을 온전하게 갖추기 위한 까닭이며, 모든 부처님의 많은 행을 이루기 위한 까닭이며, 모든 부처님의 신통을 얻기 위한 까닭이며, 모든 부처님의 모든 힘을 갖추기 위한 까닭이며, 모든 부처님의 두려움 없음을 얻기 위한 까닭입니다."

"모든 불법을 듣기 위한 까닭이며, 모든 불법을 받기 위한 까닭이며, 모든 불법을 지니기 위한 까닭이며, 모든 불법을 이해하기 위한 까닭이며, 모든 불법을 보호하기 위한 까닭이며, 모든 보살 대중과 같은 몸이고자 하는 까닭이며, 모든 보살의 선근과 다름이 없게 하려는 까닭이며, 모든 보살의 바라밀을 원만하게 하기 위한 까닭이며, 모든 보살의 수행을 성취하기 위한 까닭이며, 모든 보살의 청정한 원을 내기 위한 까닭이며, 일체 모든 불보살의 위신의 장을 얻기 위한 까닭입니다."

"모두 보살의 법장과 다함이 없는 지혜의 큰 광명을 얻기 위한 까닭이며, 모든 보살 삼매의 광대한 장을 얻기 위한 까닭이며, 모든 보살의 헤아릴 수 없고 수 없는 신통의 장을 성취하기 위한 까닭이며, 크게 가엾이 여기는 장으로 모든 중생을 가르치고 바른길로 이끌어서 조복시키고 모두 마지막 경계에 이르게 하기 위한 까닭이며, 신통 변화의 장을 나타내기 위한 까닭이며, 모든 자재한 장 가운데서 남김없이 자신의 마음으로 자재함을 얻기 위한 까닭이며, 청정한 장 가운데 들어가서 모든 모양이나 상태로 장엄하기 위한 까닭입니다."

聖者 我已先發阿耨多羅三藐三菩提心 爲欲事一切佛故 爲欲値一切佛故 爲欲見一切佛故 爲欲觀一切佛故 爲欲知一切佛故 爲欲證一切佛平等故 爲欲發一切佛大願故 爲欲滿一切佛大願故 爲欲具一切佛智光故 爲欲成一切佛衆行故 爲欲得一切佛

神通故 爲欲具一切佛諸力故 爲欲獲一切佛無畏故 爲欲聞一切佛法故 爲欲受一切佛法故 爲欲持一切佛法故 爲欲解一切佛法故 爲欲護一切佛法故 爲欲與一切諸菩薩衆同一體故 爲欲與一切菩薩善根等無異故 爲欲圓滿一切菩薩波羅蜜故 爲欲成就一切菩薩所修行故 爲欲出生一切菩薩淸淨願故 爲欲得一切諸菩佛薩威神藏故 爲欲得一切菩薩法藏無盡智慧大光明故 爲欲得一切菩薩三昧廣大藏故 爲欲成就一切菩薩無量無數神通藏故 爲欲以大悲藏 敎化調伏一切衆生 皆令究竟到邊際故 爲欲顯現神變藏故 爲於一切自在藏中 悉以自心得自在故 爲欲入於淸淨藏中 以一切相而莊嚴故

"성자시여! 저는 지금 이와 같은 마음, 이와 같은 뜻, 이와 같은 즐거움, 이와 같은 욕망, 이와 같은 희망, 이와 같은 사유, 이와 같은 존경, 이와 같은 방편, 이와 같은 마지막 경계, 이와 같은 겸손함으로 성자의 처소에 이르렀습니다."

"제가 들으니, 성자께서는 모든 보살 대중을 선근으로 가르치고 방편으로 얻는 바를 열어 밝히고 길을 보이고 나루터를 보이고 법문을 주어서 모든 막힘이나 걸림을 없애고 의심의 화살을 뽑아버리고 의혹의 그물을 찢고 마음의 숲을 비추고 마음의 더러운 허물을 씻어서 마음을 결백하게 하고 마음을 청정하게 하고 굽어진 마음을 바르게 하고 마음의 생사를 끊고 선근이 아닌 마음을 멈추게 하고 마음의 집착을 풀고 집착하는 곳에서 마음을 해탈하게 하고 물든 애욕에서 마음을 돌리게 하고 모든 지혜의 경계에 빨리 들어가게 하고 위 없는 법성(法城)에 빨리 이르게 하고 크게 가엾이 여김에 머물게 하고 큰 사랑에 머물게 하고 보살의 행에 들어가게 하고 삼매의 문을 닦게 하고 증득하는 지위에 들어가게 하고 법의 성품을 보게 하고 그 힘을 늘리고 키우게 하고 행을 익히게 하여 마음을 평등하게 하신다고 합니다."

"원하건대 성자시여! 보살은 어떻게 보살의 행을 배우며, 어떻게 보살의 도를 닦으며, 어떻게 닦아 익힌 것을 빨리 청정하게 하며, 어떻게 분명한 깨우침을 빨리 얻는지 저에게 말씀해주십시오."

聖者 我今以如是心 如是意 如是樂 如是欲 如是希求 如是思惟 如是尊重 如是方便 如是究竟 如是謙下至 聖者 所我聞 聖者善能誘誨諸菩薩衆 能以方便 闡明所得 示其道路 與其津梁 授其法門 令除迷倒障 拔猶豫箭 截疑惑網 照心稠林 澣心垢濁 令心潔白 使心淸涼 正心諂曲 絶心生死 止心不善 解心執著 令心解脫 於染愛處 使心動轉 令其速入一切智境 使其疾到無上法城 令住大悲 令住大慈 令入菩薩行 令修

三昧門 令入證位 令觀法性 令增長力 令修習行 普於一切 其心平等 唯願 聖者 爲我宣說 菩薩云何學菩薩行 修菩薩道 隨所修習 疾得淸淨 疾得明了

여래의 막힘이나 걸림 없는 장엄 해탈문

때맞추어 해탈 장자가 과거 선근의 힘과 부처님 위신의 힘과 문수사리 동자가 단단히 기억하여 잊지 않는 생각의 힘을 가지고 보살의 삼매 문에 들어가시니, 삼매의 이름이 '모든 부처 세계를 두루 거두는 무변선다라니(無邊旋陀羅尼)'이다. 이 삼매에 들어가서는 청정한 몸을 얻었고 그 몸 가운데 시방에 각각 십 부처 세계의 티끌 수와 같은 부처님과 부처님의 국토와 대중이 모인 도량과 가지가지의 광명으로 장엄한 것을 나타내고 또한 부처님이 옛적에 행하시던 신통 변화와 모든 서원과 도를 돕는 법과 벗어나는 모든 행과 청정한 장엄을 나타내며, 이와 같은 모든 것을 그 몸 가운데 남김없이 나타내지만, 조금이라도 막힘이나 걸림이 되지 않았다.

가지가지의 모양이나 상태와 가지가지의 차례가 본래의 것과 같이 머물면서 섞이거나 혼란하지 않으니, 이른바 가지가지의 국토와 가지가지의 모임 대중과 가지가지의 도량과 가지가지의 장엄이며, 그 가운데 모든 부처님이 가지가지의 신통한 힘을 나타내고 가지가지 승법(乘法)의 길을 세우고 가지가지의 서원 문을 보였다.

늘 한 세계의 도솔천 궁에 거처하면서 불사를 지어가고 늘 한 세계의 도솔천 궁에서 죽어서도 불사를 지어가고 이와 같음으로 늘 태중에 머물러 있으며, 늘 차례를 좇아 탄생하며, 늘 궁중에 자리 잡고 있으며, 늘 차례를 좇아 출가하며, 언제나 도량으로 향해 이르며, 늘 마군을 깨트리며, 언제나 모든 세간의 주인으로 설법을 청하며, 늘 법륜을 전하며, 늘 열반에 들며, 늘 사리를 나누어서 탑묘를 일으켰다.

그 모든 여래의 가지가지 대중의 모임과 가지가지의 세간과 가지가지로 태어나는 부류와 가지가지의 가족과 가지가지의 욕망과 가지가지의 업과 행과 가지가지의 말과 문자와 가지가지의 근성과 가지가지의 번뇌와 배워 익힌 것을 지닌 모든 중생 가운데 늘 미세한 도량에 있기도 하고 늘 광대한 도량에 있기도 하고 언제나 1 유순 되는 도량에 있기도 하고 10 유순 되는 도량에 있기도 하고 말할 수 없이 말로 할 수 없는 세계의 티끌 수와 같은 유순이 되는 도량에 있기도 하면서, 가지가지의 신통과 가지가지의 말과 가지가지의 음성과 가지가지의 법문과 가지가지의 총지문과 가지가지의 변재문으로 가지가지 성인의 진리 바다에서 가지가지의 두려움 없는 대 사자 후로 모든 중생의 가지가지 선근과 가지가지의 잊지 않고 생각하는 것들을 설하여 보살에게 가지가지의 수기를 주고 가지가지의 모든 불법을 설하였다.

　時 解脫長者 以過去善根力 佛威神力 文殊師利童子憶念力故 即入菩薩三昧門 名普攝一切佛刹無邊旋陀羅尼 入此三昧已 得淸淨身 於其身中 顯現十方各十佛刹微塵數佛 及佛國土 衆會道場 種種光明 諸莊嚴事 亦現彼佛往昔所行神通變化一切大願助道之法 諸出離行 淸淨莊嚴 亦見諸佛成等正覺 轉妙法輪 敎化衆生 如是一切於其身中 悉皆顯現 無所障礙 種種形相 種種次第 如本而住 不相雜亂 所謂種種國土 種種衆會 種種道場 種種嚴飾 其中諸佛現種種神力 立種種乘道 示種種願門 或於一世界 處兜率宮 而作佛事 或於一世界 沒兜率宮 而作佛事如是 或有住胎 或復誕生 或處宮中 或復出家 或詣道場 或破魔軍 或諸天 龍恭敬圍遶 或諸世主勸請說法 或轉法輪 或般涅槃 或分舍利 或起塔廟 彼諸如來 於種種衆會 種種世間 種種趣生 種種家族 種種欲樂 種種業行 種種語言 種種根性 種種煩惱 隨眠習氣 諸衆生中 或處微細道場 或處廣大道場 或處一由旬量道場 或處十由旬量道場 或處不可說不可說佛刹微塵數由旬量道場 以種種神通 種種言辭 種種音聲 種種法門 種種摠持門 種種辯才門 以種種聖諦海 種種無畏大師子吼 說諸衆生種種善根 種種憶念 授種種菩薩記 說種種諸佛法

　그 모든 여래의 말씀을 선재 동자가 남김없이 다 듣고 받았으며, 또한 모든 부처님과 모든 보살의 생각으로는 헤아릴 수 없는 삼매의 신통 변화를 보았다.

　彼諸如來 所有言說 善財童子悉能聽受 亦見諸佛及諸菩薩不可思議三昧神變

　이때 해탈 장자가 삼매에서 일어나 선재 동자에게 말했다.

　"선남자여! 나는 이미 여래의 막힘이나 걸림 없는 장엄 해탈문에 들어갔다 나왔다. 선남자여! 내가 이 해탈문에 들어갔다 나올 때 동방의 염부단금 광명 세계의 용 자재 왕 여래, 응공, 정등각을 도량에 모여있는 대중이 둘러쌌으며, 비로자나장 보살이 상수(上首)가 되었음을 보았다."

　"또 남방의 속질력(速迭力) 세계의 보향여래, 응공, 정등각을 도량에 모여있는 대중이 둘러쌌으며, 심왕 보살이 상수가 되었음을 보았다."

　"또 서방의 향광 세계의 수미등왕여래, 응공, 정등각을 도량에 모여있는 대중이 둘러쌌으며, 무애심(無礙心) 보살이 상수가 되었음을 보았다."

"또 북방의 가사당 세계의 불가괴금강여래, 응공, 정등각을 도량에 모여있는 대중이 둘러쌌으며, 금강보용맹(金剛步勇猛) 보살이 상수가 되었음을 보았다."

"또 동북방의 일체상묘보(一切上妙寶) 세계의 무소득경계안여래, 응공, 정등각을 도량에 모여있는 대중이 둘러쌌으며, 무소득선변화(無所得善變化) 보살이 상수가 되었음을 보았다."

"또 동남방의 향염광음 세계의 향등여래, 응공, 정등각을 도량에 모여있는 대중이 둘러쌌으며, 금강염혜(金剛焰慧) 보살이 상수가 되었음을 보았다."

"또 서남방의 지혜일보광명 세계의 법계윤당여래, 응공, 정등각을 도량에 모여있는 대중이 둘러쌌으며, 현일체변화당(現一切變化幢) 보살이 상수가 되었음을 보았다."

"또 서북방의 보청정 세계의 일체불보고승당여래, 응공, 정등각을 도량에 모여있는 대중이 둘러쌌으며, 법당왕(法幢王) 보살이 상수가 되었음을 보았다."

"또 상방의 불차제출현무진 세계의 무변지혜광원만당여래, 응공, 정등각을 도량에 모여있는 대중이 둘러쌌으며, 법계문당왕(法界門幢王) 보살이 상수가 되었음을 보았다."

"또 하방의 불광명 세계의 무애지당여래, 응공, 정등각을 도량에 모여있는 대중이 둘러쌌으며, 일체세간찰당왕(一切世間刹幢王) 보살이 상수가 되었음을 보았다."

爾時 解脫長者 從三昧起 告善財童子言 善男子 我已入出如來無礙莊嚴解脫門 善男子 我入出此解脫門時 即見東方閻浮檀金光明世界 龍自在王如來應正等覺 道場衆會之所圍遶 毘盧遮那藏菩薩 而爲上首 又見南方速疾力世界 普香如來應正等覺 道場衆會之所圍遶 心王菩薩 而爲上首 又見西方香光世界 須彌燈王如來應正等覺 道場衆會之所圍遶 無礙心菩薩 而爲上首 又見北方袈裟幢世界 不可壞金剛如來應正等覺 道場衆會之所圍遶 金剛步勇猛菩薩 而爲上首 又見東北方一切上妙寶世界 無所得境界眼如來應正等覺 道場衆會之所圍遶 無所得善變化菩薩 而爲上首 又見東南方香焰光音世界 香燈如來應正等覺 道場衆會之所圍遶 金剛焰慧菩薩 而爲上首 又見西南方智慧日普光明世界 法界輪幢如來應正等覺 道場衆會之所圍遶 現一切變化幢菩薩 而爲上首 又見西北方普淸淨世界 一切佛寶高勝幢如來應正等覺 道場衆會之所圍遶 法幢王菩薩 而爲上首 又見上方佛次第出現無盡世界 無邊智慧光圓滿幢如來應正等覺 道場衆會之所圍遶 法界門幢王菩薩 而爲上首 又見下方佛光明世界 無礙智幢如來應正等覺 道場衆會之所圍遶 一切世間刹幢王菩薩 而爲上首

"선남자여! 내가 이와 같은 등등의 시방에 각각 십 부처 세계의 티끌 수와 같은 여래를 보기는 하지만, 그 모든 여래가 이곳에 오시지도 않고 내가 그곳에 가지도 않는다. 내가 그와 같은 안락세계의 아미타여래를 보고자 한다면 뜻을 따라 곧 보게 되고 내가 전단 세계의 금강광명 여래와 묘향 세계의 보광명 여래와 연화세계의 보련화광명 여래와 묘금 세계의 적정광 여래와 묘희세계의 부동 여래와 선주 세계의 사자 여래나 경광명 세계의 월각 여래나 보사자장엄 세계의 비로자나 여래를 보고자 하면 이와 같은 일체를 남김없이 다 곧바로 보게 된다. 그러나 여래가 이곳에 오시지도 않고 나의 몸 또한 그곳에 가지도 않으니, 모든 부처님과 내 마음이란 남김없이 다 꿈과 같은 것임을 알며, 모든 부처님은 그림자와 같고 스스로 자기의 마음은 물과 같은 것임을 알며, 모든 부처님이 가진 색상과 스스로 자신의 마음은 남김없이 다 허깨비와 같음을 알며, 모든 부처님과 자기의 마음이 다 메아리와 같은 것임을 아니, 나는 이와 같음을 알며, 이와 같음을 단단하게 기억하여 생각하므로 보게 되는 모든 부처님은 다 자신의 마음으로 말미암은 것이다."

善男子 我見如是等十方各十佛刹微塵數如來 彼諸如來 不來至此 我不往彼 我若欲見安樂世界阿彌陀如來隨意卽見 我若欲見栴檀世界金剛光明如來 妙香世界寶光明如來 蓮華世界寶蓮華光明如來 妙金世界寂靜光如來 妙喜世界不動如來 善住世界師子如來 鏡光明世界月覺如來 寶師子莊嚴世界毘盧遮那如來 如是一切 悉皆卽見 然彼如來 不來至此 我身亦不往詣於彼 知一切佛及與我心 悉皆如夢 知一切佛猶如影像 自心如水 知一切佛所有色相 及以自心 悉皆如幻 知一切佛及以己心 悉皆如響 我如是知 如是憶念 所見諸佛 皆由自心

"선남자여! 바로 이렇게 알아야 한다. 보살들은 모든 불법을 닦아 모든 부처 세계를 청정하게 하며, 빼어난 행을 쌓고 모아서 중생을 조복시키며, 큰 서원을 일으켜서 일체 지혜에 들어가며, 사람의 생각으로 헤아려 알 수 없는 해탈문에 자재하게 즐겁게 노닐며, 부처님의 보리를 얻어 큰 신통을 나타내며, 모든 시방 법계에 두루 가며, 분간하기 어려울 정도로 아주 작은 지혜로 모든 겁에 두루 들어가니, 이와 같은 모든 것은 남김없이 다 자신의 마음으로 말미암는 것임을 알아야 한다."

善男子 當知菩薩修諸佛法 淨諸佛刹 積集妙行 調伏衆生 發大誓願 入一切智自在遊戲 不可思議解脫之門 得佛菩提 現大神通 徧往一切十方法界 以微細智 普入諸劫 如是一切 悉由自心

"이러한 까닭으로 선남자여! 응당 선근의 법으로 자기의 마음을 붙들어 도와야 하며, 응당 법의 물로 자기의 마음을 윤택하게 해야 하며, 응당 모든 경계에서 자기의 마음을 청정하게 다스려야 하며, 응당 부지런히 힘씀으로 자기의 마음을 견고하게 해야 하며, 응당 욕되는 것을 참음으로 자기의 마음을 평탄하게 해야 하며, 응당 지혜를 증득함으로 자기의 마음을 결백하게 해야 하며, 응당 지혜로 자기의 마음을 밝게 통하도록 해야 하며, 응당 부처님의 자재함으로 자기의 마음을 열어 일으켜야 하며, 응당 부처님으로 자기의 마음을 넓고 크게 해야 하며, 응당 부처님의 십력으로 자기의 마음을 비추어 살펴보아야 한다."

是故善男子 應以善法 扶照自心 應以法水 潤澤自心 應於境界 淨治自心 應以精進 堅固自心 應以忍辱 坦蕩自心 應以智證 潔白自心 應以智慧 明利自心 應以佛自在 開發自心 應以佛平等 廣大自心 應以佛十力 照察自心

"선남자여! 나는 단지 이 같은 여래의 막힘이나 걸림이 없는 장엄 해탈문에 들어가고 나오는 것만을 얻었을 뿐이다. 모든 보살마하살은 막힘이나 걸림 없는 지혜를 얻으며, 막힘이나 걸림 없는 행에 머물며, 모든 부처님을 늘 볼 수 있는 삼매를 얻으며, 열반의 경계에 머물지 않은 삼매를 얻으며, 삼매의 넓은 문의 경계를 분명하게 깨우쳐 통하며, 삼세의 법을 남김없이 다 평등하게 하며, 선근으로 몸을 나누어 모든 세계에 두루 이르며, 모든 부처님의 경계에 머물며, 시방의 경계가 남김없이 다 앞에 나타나며, 지혜로 자세히 살펴서 들여다보고 분명하게 깨우쳐 마치며, 그 몸 가운데 모든 세계가 이루어지고 무너짐을 남김없이 나타내지만, 자기의 몸과 모든 세계가 둘이라는 생각을 내지 않는다. 이와 같은 보살마하살의 빼어난 행을 내가 어떻게 능히 알고 능히 볼 수 있으며, 말할 수 있겠는가."

善男子 我唯於此如來無礙莊嚴解脫門 而得入出 如諸菩薩摩訶薩 得無礙智 住無礙行 得常見一切佛三昧 得不住涅槃際三昧 了達三昧普門境界 於三世法 悉皆平等 能善分身 徧一切刹 住於諸佛平等境界 十方境界 皆悉現前 智慧觀察 無不明了 於其身中 悉現一切世界成壞 而於己身及諸世界 不生二想 如是妙行 而我云何能知能見說

"선남자여! 이곳에서 남방으로 가면 염부제의 경계에 이르게 되고 나라가 하나 있으니, 이름이 '마리가라'이며, 그 나라에 비구가 있으니, 이름이 '해당(海幢)'이다. 그대는 그에게 가서 보살은 어떻게 보살의 행을 배우는 것이며, 어떻게 보살의 도를 닦는 것이냐고 물으라."
　善男子 從此南行 至閻浮提畔 有一國土 名 摩利伽螺 彼有比丘 名曰 海幢 汝詣彼問 菩薩云何學菩薩行修菩薩道

　때맞추어 선재 동자가 해탈 장자의 발에 예배하고 오른쪽으로 돌며, 자세히 살펴서 보고는 일컬어 찬탄하고 사유하고 그리워하면서 눈물을 흘리고 일심으로 선지식을 의지하고 선지식을 섬기고 선지식을 공경하고 선지식으로 말미암아 모든 지혜를 보고 선지식을 거스르거나 어기지 않고 선지식에게 아첨하거나 속이는 마음이 없고 선지식의 마음을 늘 순하게 따르고 선지식에 대해 자애로운 어머니의 생각을 일으키니, 이는 유익하지 않은 법을 벗어나 버리는 까닭이며, 선지식에 대해 자애로운 아버지의 생각을 일으켜서 모든 선근의 법을 출생하는 까닭이라 하고 단단히 기억하여 잊지 않고는 하직하고 물러났다.
　時 善財童子 頂禮解脫長者足 右遶觀察 俯揚讚歎 思惟戀仰 悲泣流淚 一心憶念 依善知識 事善知識 敬善知識 由善知識 見一切智 於善知識 不生違逆 於善知識 心無諂誑 於善知識 心常隨順 於善知識 起慈母想 捨離一切無益法故 於善知識 起慈父想 出生一切諸善法故 辭退而去

　이때 선재 동자가 한결같은 마음으로 해탈 장자의 가르침을 바르게 생각하고 장자의 가르침을 자세히 살펴서 들여다보고 생각으로 헤아려 알 수 없는 보살의 해탈문을 단단히 기억하여 잊지 않고 헤아려 알 수 없는 보살의 지혜 광명을 사유하고 생각으로 헤아려 알 수 없는 법계의 문에 들어가고 생각으로 헤아려 알 수 없는 보살이 두루 들어가는 문을 향해 나아가고 생각으로 헤아려 알 수 없는 여래의 신통 변화를 분명하게 보고 생각으로 헤아려 알 수 없는 넓은 부처의 세계에 들어가는 깨우침을 깨달아 알고 생각으로 헤아려 알 수 없는 부처의 힘으로 장엄하는 것을 분별하고 생각으로 헤아려 알 수 없는 보살의 삼매 해탈의 경계가 나누어지는 자리를 사유하고 생각으로 헤아려 알 수 없는 차별한 세계의 마지막까지 막힘이나 걸림이 없음을 깨우쳐 통달하고 생각으로 헤아려 알 수 없는 보살의 견고하고 깊은 마음을 닦아 행하고 생각으로 헤아려 알 수 없는 보살의 큰 서원과 업을 새롭게 일으켰다.
　爾時 善財童子一心正念彼長者敎 觀察彼長者敎 憶念彼不思議菩薩解脫門 思惟彼不思議菩薩智光明 深入彼不思議法界門 趣向彼不思議菩薩普入門 明見彼不思議如

來神變 解了彼不思議普入佛刹 分別彼不思議佛力莊嚴 思惟彼不思議菩薩三昧解脫境界分位 了達彼不思議差別世界究竟無礙 修行彼不思議菩薩堅固深心 發起彼不思議菩薩大願淨業

(7) 해당 비구. 제6 正心住

 점차 남방으로 가서 염부제 경계가 되는 마리가라 마을에 이르렀고 해당(海幢) 비구를 두루 찾다가 보니, 그가 사람들이 나다니는 도로 한쪽에 결가부좌하고 삼매에 들었으며, 숨 쉬는 일을 벗어나 생각함이 없기에 몸이 편안한지 움직이지 않았다.
 그 발바닥으로부터 수 없는 백천 억 장자와 거사와 바라문 대중이 나왔다. 모두가 가지가지의 모든 장엄 기물을 갖추고 그 몸을 장엄하였으며, 보배 관을 쓰고 정수리에 밝은 구슬을 매었으며, 시방의 모든 세계로 가서 모든 보배, 모든 구슬 목걸이, 모든 의복, 모든 음식, 법에 맞은 가장 좋은 맛의 모든 음식, 모든 꽃, 모든 머리 장식, 모든 향, 모든 바르는 향, 좋아하고 즐기고자 필요한 물건을 내고 일체 처에서 모든 빈궁한 중생을 구제하여 거두어주고 고통받는 모든 중생을 위로하며, 모두 환희하게 하고 마음과 뜻을 청정하게 하여 위 없는 보리의 도를 성취하게 하였다.
 漸次南行 至閻浮提畔 摩利聚落 周徧求覓海幢比丘 乃見其在經行地側 結跏趺坐 入于三昧 離出入息無別思覺 身安不動 從其足下 出無數百千億長者 居士 波羅門衆 皆以種種諸莊嚴具 莊嚴其身 悉著寶冠 頂繫明珠 普往十方一切世界 雨一切寶 一切瓔珞 一切衣服 一切飮食如法上味 一切華 一切鬘 一切香 一切塗香 一切欲樂資生之具 於一切處 救攝一切貧窮衆生 安慰一切苦惱衆生 皆令歡喜 心意淸淨 成就無上菩提之道

 양 무릎을 쫓아 수 없는 백천 억 찰제리와 바라문들이 나왔다. 모두 총명하고 슬기로우며, 가지가지의 색상과 가지가지의 생긴 모양과 가지가지의 의복으로 가장 빼어나게 장엄하고 시방의 모든 세계에 두루두루 하기에 사랑의 말과 일을 함께 하는 것으로 중생들을 거두어주니, 이른바 가난하여 생활이 어려운 자는 넉넉하게 해주고 병든 자는 낫게 하고 위태로워하는 자는 편안하게 해주고 두려워하는 자는 두려움을 멈추게 하고 근심과 고통이 있는 자는 기쁘고 즐겁게 하며, 차례를 따른(復) 방편으로 이를 권하고 이끌어서 모두 악을 버리고 선근의 법에 편안히 머물게 하였다.

　從其兩膝 出無數百千億刹帝利 波羅門衆 皆悉聰慧 種種色相 種種形貌 種種衣服 上妙莊嚴 普徧十方一切世界 愛語同事 攝諸衆生 所謂貧者令足 病者令愈 危者令安 怖者令止 有憂苦者咸使快樂 復以方便 而勸導之 皆令捨惡 安住善法

　허리의 틈으로는 중생의 수와 같은 헤아릴 수 없는 신선이 나왔으니, 늘 풀 옷을 입고 늘 나무껍질 옷을 입으며, 모두 물병을 가지고 몸가짐이 적정하고 시방세계에 두루두루 오가며, 허공 가운데서 부처의 빼어난 음성으로 여래를 칭찬하고 법을 널리 펴서 설했다.
　언제나 청정한 범행(梵行)의 도를 설하고 이를 닦아 익히게 하며, 모든 근을 조복시키고 늘 모든 법이란 자기의 성품이 없음을 설하여 자세히 살피고 들여다보게 하며, 늘 세간의 논란거리와 본받을만한 법칙을 설하며, 늘 차례를 좇아(復) 일체 지혜의 지혜로 벗어나는 방편을 열어 보여 차례를 따라 각각 업을 닦게 하였다.

　從其腰間 出等衆生無數量仙人 或服草衣 或樹皮衣 皆執澡瓶 威儀寂靜 周旋往返 十方世界 於虛空中 以佛妙音 偁讚如來 演說諸法 或說淸淨梵行之道 令其修習 調伏諸根 或說諸法皆無自性 使其觀察發生智慧 或說世間言論軌則 或復開示一切智智出要方便 令隨次第 各修其業

　옆구리 양쪽으로는 생각으로 헤아려 알 수 없는 용과 생각으로 헤아려 알 수 없는 용녀를 내어놓고 생각으로 헤아려 알 수 없는 용의 신통 변화를 나타내 보이니, 이른바 생각으로 헤아려 알 수 없는 향 구름, 생각으로 헤아려 알 수 없는 꽃구름, 생각으로 헤아려 알 수 없는 머리 장식 구름, 생각으로 헤아려 알 수 없는 보배 덮개 구름, 생각으로 헤아려 알 수 없는 보배 번기 구름, 생각으로 헤아려 알 수 없는 빼어난 보배 장엄 기물 구름, 생각으로 헤아려 알 수 없는 큰 마니보배 구름, 생각으로 헤아려 알 수 없는 보배 영락 구름, 생각으로 헤아려 알 수 없는 보배 자리 구름, 생각으로 헤아려 알 수 없는 보배 궁전 구름, 생각으로 헤아려 알 수 없는 보배 연꽃 구름, 생각으로 헤아려 알 수 없는 보배 관 구름, 생각으로 헤아려 알 수 없는 하늘 몸 구름, 생각으로 헤아려 알 수 없는 채녀의 구름을 내려서 허공을 두루 장엄하고 모든 시방세계의 부처님 도량에 가득하게 공양하며, 중생들이 기쁘고 즐거운 마음을 내게 하였다.

　從其兩脅 出不思議龍 不思議龍女 示現不思議諸龍神變 所謂雨不思議香雲 不思

議華雲 不思議鬘雲 不思議寶蓋雲 不思議寶幢雲 不思議妙寶莊嚴具雲 不思議大摩尼寶雲 不思議寶瓔珞雲 不思議寶座雲 不思議寶宮殿雲 不思議寶蓮華雲 不思議寶冠雲 不思議天身雲 不思議采女雲 悉徧虛空 而爲莊嚴 充滿一切十方世界諸佛道場 而爲供養 令諸衆生 皆生歡喜

　가슴의 만(卍)자 가운데서는 수 없는 백천 억 아수라왕을 내놓았으며, 사람의 생각으로는 헤아릴 수 없는 자재한 환력(幻力)을 남김없이 다 나타내 보여서 백천 세계를 강하게 움직여 흔드니, 모든 바닷물이 자연스럽게 용솟음치고 모든 산이 서로 부딪치고 하늘의 궁전은 모두 흔들리고 마의 광명은 다 숨어버리고 모든 마의 군사들을 꺾어서 항복 받고 중생들이 교만한 마음을 버리고 성내는 마음을 없애고 번뇌의 산을 깨트리고 많은 악한 법을 쉬게 하여 오래도록 투쟁이 없게 하고 영원히 함께 선근으로 화목하게 어울리고 차례를 따른(復) 환력으로 중생이 깨우침을 깨달아 죄악을 없애게 하고 생사를 두려워하게 하고 모든 부류에서 벗어나게 하고 물들어 집착하는 것에서 벗어나 위 없는 보리심에 머물게 하고 모든 보살의 행을 닦아 모든 바라밀에 머물게 하고 모든 보살의 지위에 들어가서 모든 섬세하고 빼어난 법의 문을 자세히 살펴서 들여다보게 하고 일체 모든 부처님의 방편을 알게 하여 이와 같음을 지어가는 일이 법계에 두루두루 하였다.
　從胸前卍字中 出無數百千億阿修羅王 皆悉示現不可思議自在幻力 令百世界 皆大震動 一切海水自然涌沸 一切山王互相衝擊 諸天宮殿無不動搖 諸魔光明無不隱蔽 諸魔兵衆無不摧伏 普令衆生 捨憍慢心 除怒害心 破煩惱山 息衆惡法 長無鬪諍 永共和善 復以幻力 開悟衆生 令滅罪惡 令怖生死 令出諸趣 令離染著 令住無上菩提之心 令修一切諸菩薩行 令住一切諸波羅蜜 令入一切諸菩薩地 令觀一切微妙法門 令知一切諸佛方便 如是所作 周徧法界

　그 등으로부터는 이승(二乘)으로 득도할 자들을 위해서 수 없는 백천 억 성문과 독각을 내놓으니, '나'에게 집착하는 자를 위해 내가 없음을 설하고 항상 집착하는 자를 위해서는 모든 행이란 남김없이 다 항상 함이 없음을 설하고 탐욕을 행하는 자를 위해서는 청정하지 않은 것을 자세히 보라 설하고 성냄을 행하는 자를 위해서는 인자함을 자세히 보라 설하고 어리석음을 행하는 자를 위해서는 원인과 결과를 자세히 보라 설하고 등분(等分)을 행하는 자를 위해서 지혜와 더불어 응하는 모양이나 상태, 이 경계의 법을 설하고 즐겁게 경계에 집착하는 자를 위해서는 법이란 없는 것임을 설하고 적정의 처에 집착하는 자를 위해서는 큰 서원을 일으켜 모든 중생에게 이익이 되는 법을 설하니, 이와 같음을 지어가는 것이 법계에 두루두루 하였다.

從其背上 爲應以二乘 而得度者 出無數百千億聲聞 獨覺 爲著我者 說無有我 爲執常者 說一切行皆悉無常 爲貪行者 說不淨觀 爲瞋行者 說慈心觀 爲癡行者 說緣起觀 爲等分行者 說與智慧相應境界法 爲樂著境界者 說無所有法 爲樂著寂靜處者 說發大誓願 普饒益一切衆生法 如是所作 周徧法界

두 어깨로부터 수 없는 백천 억 모든 야차와 나찰왕을 내놓으니, 가지가지의 생긴 모양과 가지가지의 색상 등이 늘 길고 늘 짧기도 한 것들이 다 두려운 것들이었으며, 헤아릴 수 없는 이러한 무서운 권속들이 스스로 둘러싸고 선근을 행하는 모든 중생과 아울러 모든 현인과 성자와 보살 대중이 그와 같이 바르게 머무르는 곳으로 향함과 바르게 머무는 자를 지키고 보호하며, 언제나 때맞추어 집금강신을 지어 나타내어 모든 부처님과 머무는 처를 지키고 보호하며, 늘 일체 세간을 두루 지키고 보호하며, 두려워하는 자에게는 편안함으로 위로를 받게 하며, 질병이 있는 자는 병을 제거하여 차도를 보이게 하며, 번뇌가 있는 자는 번뇌를 면하고 벗어나게 하며, 잘못이나 허물이 있는 자는 싫어하고 뉘우치게 하며, 재난과 횡액이 있는 자는 이를 없애게 하여 이와 같은 모든 중생에게 이익이 되게 하고 남김없이 다 생사윤회의 바퀴를 버리고 바른 법륜을 굴리게 하였다.

從其兩肩 出無數百千億諸夜叉 羅刹王 種種形貌 種種色相 或長或短 皆可怖畏 無量眷屬 而自圍遶 守護一切 行善衆生幷諸賢聖菩薩衆會 若向正住及正住者 或時現作執金剛神守護諸佛及佛住處 或徧守護一切世間 有怖畏者 令得安隱 有疾病者 令得除差 有苦惱者 令得免離 有過惡者 令其厭悔 有災橫者 令其息滅 如是利益一切衆生 皆悉令其捨生死輪 轉正法輪

배로부터 수 없는 백천 억 간나라왕을 내놓으며, 각각 수 없는 간나라 여인들이 앞뒤를 둘러싸고 또 수 없는 백천 억 건달바 왕을 내놓으며, 각각 수 없는 건달바 여인들이 앞뒤로 둘러싸고는 각각 수 없는 백천 가지의 하늘 음악을 풀어내고 모든 법의 참 성품을 노래하고 찬탄하며, 일체 모든 부처님을 노래하고 찬탄하며, 보리심 일으키는 것을 노래하고 찬탄하며, 보살행 닦는 것을 노래하고 찬탄하고며, 일체 모든 부처님이 바른 깨우침을 이루는 문,

이를 노래하고 찬탄하고며, 일체 모든 부처님이 법륜을 전하는 문, 이 문을 노래하고 찬탄하며, 모든 부처님이 신통 변화를 나타내는 문, 이 문을 노래하고 찬탄하였다.

일체 모든 부처님이 열반에 들어가는 문을 열어 보이고 널리 펴서 설하며, 일체 모든 부처님의 가르침을 수호하는 문, 이 문을 열어 보이고 널리 펴서 설하며, 모든 중생을 기쁘게 하는 문을 열어 보이고 찬탄하며, 일체 모든 부처의 세계를 문을 청정하게 장엄하는 문, 이 문을 열어 보이고 널리 펴서 설하며, 모든 섬세하고 빼어나 법을 나타내 보이는 문을 열어 보이고 널리 펴서 설하며, 일체 모든 막힘이나 걸림을 버리고 벗어나는 문을 열어 보이고 널리 펴서 설하며, 일체 모든 선근을 일으켜 내는 문을 열어 보이고 널리 펴서 설하면서 이와 같음이 시방 법계에 두루두루 하였다.

從其腹 出無數百千億緊那羅王 各有無數緊那羅女 前後圍遶 又出無數百千億乾闥婆王 各有無數乾闥婆女 前後圍遶 各奏無數百千天樂 歌詠讚歎諸法實性 歌詠讚歎一切諸佛 歌詠讚歎發菩提心 歌詠讚歎修菩薩行 歌詠讚歎一切諸佛成正覺門 歌詠讚歎一切諸佛轉法輪門 歌詠讚歎一切諸佛現神變門 開示演說一切諸佛般涅槃門 開示演說守護一切諸佛教門 開示演說令一切眾生皆歡喜門 開示演說嚴淨一切諸佛剎門 開示演說顯示一切微妙法門 開示演說捨離一切諸障礙門 開示演說發生一切諸善根門 如是周徧十方法界

그 얼굴에서 수 없는 백천 억 전륜성왕을 내놓으며, 칠보를 온전하게 갖추고 네 가지의 군사가 둘러싸면서 크고 평등한 광명을 놓으며, 헤아릴 수 없는 보배를 내려 모든 가난한 자들을 만족하게 하고 훔치는 행위를 영원히 끊게 하며, 수 없는 단정한 채녀들에게 남김없이 보시하지만, 마음에 집착이 없기에 바르지 못한 음란한 행을 영원히 끊게 하고 인자한 마음을 일으켜 생명을 끊지 않게 하며, 마지막까지 진실한 말을 하여 헛되고 거짓된 말을 하지 않게 하며, 타인의 말을 거두어 이간질하지 않게 하고 부드러운 말로 추악한 말이 없게 하며, 늘 깊고 깊은 결정과 분명한 뜻을 널리 펴서 설하고 뜻 없이 꾸미는 말을 하지 않게 하며, 적은 욕심을 말하여 남의 것은 탐내고 제 것을 아끼려는 마음을 제거하고 마음에 티끌을 없애게 하며, 크게 가엾이 여김을 말하여 분노를 제거하고 뜻을 청정하게 하며, 진실한 이치를 말해서 일체 모든 법을 자세히 살펴서 들여다보고 깊은 인연에 들어가 선근의 참 이치를 밝게 하여 바르지 못한 견해를 없애며, 의혹의 산을 깨트리고 모든 막힘이나 걸림을 남김없이 다 제거하고 없애서 이와 같음을 지어가는 것들이 법계를 충만하게 하였다.

從其面門 出無數百千億轉輪聖王 七寶具足 四兵圍遶 放大捨光 雨無量寶 諸貧乏者 悉使充足 令其永斷不與取行 端正采女無數百千 悉以捨施 心無所著 令其永斷邪婬之行 令生慈心 不斷生命 令其究竟 常眞實語 不作虛誑無益談說 令攝他語 不行離間 令柔軟語 無有麤惡 令常演說甚深決定明了之義 不作無義綺飾言辭 爲說少欲 令除貪愛 心無瑕垢 爲說大悲 令除忿怒 意得淸淨 爲說悉義 令其觀察一切諸法 深入因緣 善明諦理 拔邪見刺 破疑惑山 一切障礙 悉皆除滅 如是所作 充滿法界

두 눈에서 수 없는 백천 억의 해 바퀴를 내놓으며, 모든 큰 지옥과 모든 악취에 이르는 길을 두루 비추어 괴로움에서 벗어나게 하며, 또 모든 세계의 중간을 비추어 어둠을 제거하며, 또 모든 시방의 중생을 비추어 어리석음으로 인한 막힘이나 걸림을 다 없애게 하였다.

더럽고 흐린 국토에는 청정한 광명을 놓으며, 은빛 국토에는 황금빛 광명을 놓으며, 황금빛 국토에는 은빛 광명을 놓으며, 유리 국토에는 파려 빛 광명을 놓으며, 파려 국토에는 유리 빛 광명을 놓으며, 자거 국토에는 마노빛 광명을 놓으며, 마노 국토에는 자거 빛 광명을 놓으며, 제청 보배 국토에는 일장 마니왕 빛 광명을 놓으며, 일장 마니왕 국토에는 제청 보배 빛 광명을 놓으며, 적진주 국토에는 월광망장 마니왕 빛 광명을 놓으며, 월광망장 마니왕 국토에는 적진주 빛 광명을 놓았다.

하나의 보배로 이룬 국토에는 가지가지의 보배 빛 광명을 놓고 가지가지로 된 국토에는 하나의 보배 빛 광명을 놓고 모든 중생의 번뇌를 비추어 모든 중생이 헤아릴 수 없는 사업을 판단하여 분별하게 하고 모든 세간의 경계를 장엄해서 꾸미고 모든 중생의 마음을 청량하게 하고 또 기쁨을 내게 하니, 이와 같음을 지어가는 일이 법계에 충만하였다.

從其兩目 出無數百千億日輪 普照一切諸大地獄及諸惡趣 皆令離苦 又照一切世界中間 令除黑暗 又照一切十方衆生 皆令捨離愚癡翳障 於垢濁國土 放淸淨光 白銀國土 放黃金色光 黃金國土 放白銀色光 琉璃國土 放玻瓈色光 玻瓈國土 放琉璃色光 硨磲國土 放碼瑙色光 碼瑙國土 放硨磲色光 帝靑國土 放日藏摩尼王色光 日藏摩尼王國土 放帝靑色光 赤眞珠國土 放月光網藏摩尼王色光 月光網藏摩尼王國土 放赤眞珠色光 一寶所成國土 放種種寶色光 種種寶所成國土 放一寶色光 照諸衆生心之稠林 辨諸衆生無量事業 嚴飾一切世間境界 令諸衆生 心得淸涼 生大歡喜 如是所作 充滿法界

미간의 백호상 가운데서 수 없는 제석을 내놓으니, 모든 경계에 자재함을 얻었으며, 마니 구슬을 정수리에 매니, 광명이 모든 하늘 궁전을 비추고 모든 수미산 왕을 뒤흔들고 일체 모든 하늘 대중이 깨우침을 깨닫게 하고 복덕의 힘을 찬탄하고 지혜의 힘을 설하고 좋아하는 힘을 내게 하고 그 뜻의 힘을 가지고 생각하는 힘을 청정하게 하여 보리심을 일으키는 힘을 견고하게 하며, 즐겁게 부처님을 보고 찬탄하며, 세상의 욕심을 제거하게 하며, 즐겁게 법을 듣고 찬탄하면서 세상의 경계를 싫어하게 하며, 즐겁게 살펴서 들여다 보는 지혜를 찬탄하여 세상의 더러움을 끊게 하며, 아수라의 싸움을 그치게 하며, 번뇌로 인한 다툼을 끊게 하며, 죽음을 두려워하는 마음, 이 마음을 없애고 마군을 항복 받는 원을 일으키게 하며, 바른 법을 세우는 수미산 왕을 흥하게 하여 중생의 모든 사업을 판별해서 이루는 이와 같음을 지어가는 일들이 법계에 두루두루 하였다.

從其眉間白毫相中 出無數百千億帝釋 皆於境界 而得自在 摩尼寶珠繫其頂上 光照一切諸天宮殿 震動一切須彌山王 覺悟一切諸天大衆 歎福德力 說智慧力 生其樂力 持其志力 淨其念力 堅其所發菩提心力 讚樂見佛 令除世欲 讚樂聞法 令厭世境 讚樂觀智 令絶世染 止修羅戰 斷煩惱諍 滅怖死心 發降魔願 興立正法須彌山王 成辨衆生一切事業 如是所作 充滿法界

이마에서 수 없는 백천 억 범천을 내놓으니, 모습이 단정하고 세간에서는 비교할 것이 없으며, 엄숙하고 단정한 몸가짐은 적정(寂靜.五蘊淸淨한 妙覺을 降伏 받은 자리.不離證得)하고 말소리는 아름답고 빼어나며, 부처님께 권하여 법을 설하게 하며, 부처님의 공덕을 찬탄해서 보살들을 기쁘게 하며, 중생들이 헤아릴 수 없는 사업을 능히 판단 분별하여 모두 시방세계에 두루두루 하게 하였다

從其額上 出無數百千億梵天 色相端嚴 世間無比 威儀寂靜 言音美妙 勸佛說法 歎佛功德 令諸菩薩 悉皆歡喜 能辨衆生無量事業 普徧一切十方世界

머리 위에서 헤아릴 수 없는 부처 세계의 헤아릴 수 없는 티끌 수와 같은 보살 대중이 나오며, 남김없이 다 좋은 모습으로 장엄하고 끝이 없는 광명을 놓으며, 가지가지의 행을 설하니, 이른바 보시를 칭찬하면서 아끼고 탐하는 마음을 버리고 빼어난 보배를 얻어서 세계를 장엄하며, 계를 지니는 공덕을 칭찬하여 모든 중생이 모든 악을 영원히 끊게 하고 보살의 큰 자비의 계율에 머물게 하며, 일체 있는 것이 다 남김없이 꿈과 같음을 설하고

모든 하고자 하는 즐거움은 맛있는 음식이 아님을 설하여 중생들이 번뇌의 속박에서 벗어나게 하며, 욕됨을 참은 인욕을 설하여 모든 법에 자재한 마음을 얻게 하고 금색의 몸을 칭찬하여 모든 중생이 성내고 화를 내는 더러움에서 벗어나게 하며, 마주 대하여 일으키는 행을 다스려서 축생의 길을 끊게 하고 정진의 행을 칭찬하여 세간에서 제멋대로 행하는 것을 벗어나 헤아릴 수 없는 빼어난 법을 부지런히 닦게 하며, 또 선바라밀을 칭찬하여 모든 사람이 자재함을 얻게 하고 또 반야바라밀을 널리 펴서 설하여 바른 견해를 열어 보이고 이를 통해 모든 중생이 자재한 지혜를 좋아하고 나쁜 견해와 독한 견해를 뽑게 하였다.

또 세간을 거스르지 않고 따르는 가지가지로 지어가는 것을 널리 펴서 설하며, 모든 중생이 비록 생사를 벗어나지만, 모든 부류에 자재하게 태어남을 받게 하고 또 신통 변화를 보이며, 수명의 자재함을 설하고 모든 중생이 큰 서원을 일으키게 하며, 또 다라니를 성취하고 큰 원을 내어놓은 힘과 삼매를 청정하게 다스리는 힘과 자재하게 나는 힘을 설하며, 또 가지가지의 지혜를 널리 펴서 모두 설하니, 중생들의 모든 근을 아는 지혜, 모든 마음의 행을 두루 아는 지혜, 여래의 십력을 아는 지혜, 부처님의 자재함을 아는 지혜였다. 이와 같음을 지어가는 일들이 법계에 두루두루 하였다.

從其頭上 出無量佛刹微塵數諸菩薩衆 悉以相好 莊嚴其身 放無邊光 說種種行 所謂讚歎布施 令捨慳貪 得衆妙寶 莊嚴世界 俙揚讚歎持戒功德 令諸衆生 永斷諸惡 住於菩薩大慈悲戒 說一切有悉皆如夢 說諸欲樂無有滋味 令諸衆生 離煩惱縛 說忍辱力 令於諸法 心得自在 讚金色身 令諸衆生 離瞋恚垢 起對治行 絕畜生道 歎精進行 令其遠離世間放逸 皆悉勤修無量妙法 又爲讚歎禪波羅蜜 令其一切心得自在 又爲演說般若波羅蜜 開示正見 令諸衆生 樂自在智 拔諸見毒 又爲演說隨順世間 種種所作 令諸衆生 雖離生死 而於諸趣 自在受生 又爲示現神通變化 說壽命自在 令諸衆生 發大誓願 又爲演說成就摠持力 出生大願力 淨治三昧力 自在受生力 又爲演說種種諸智 所謂普知衆生諸根智 普知一切心行智 普知如來十力智 普知諸佛自在智 如是所作 周徧法界

정수리 위에서 수 없는 백천 억 여래의 몸을 내놓으니, 몸은 그 이상 더 할 수 없을 정도로 좋은 모양이나 상태를 따라 모두 청정하게 장엄하고 위엄의 빛이 찬란함은 진금산과 같고 헤아릴 수 없는 광명이 시방을 두루 비추고 빼어난 음성을 내어 법계에 충만하고 헤아릴 수 없는 큰 신통력을 나타내 보이고 모든 세간을 위해 법 비를 두루 내리니, 이른바 보리도량에 앉은 모든 보살을 위해 평등을 아는 법 비를 두루 내리고 정수리에 물 붓는 지위의 보살을 위해서는 넓은 문에 들어가는 법 비를 두루 내리고 법왕자 지위의 보살을 위해서는 두루 장엄하는 법 비를 내리고 동자의 지위에 있는 보살을 위해서는 견고한 산의 법 비를 두루 내리고 물러섬이 없는 지위의 보살을 위해서는 바다 장의 법 비를 두루 내리고 바른 마음을 성취한 보살을 위해서는 넓은 경계의 법 비를 두루 내리고 방편을 온전하게 갖춘 지위의 보살을 위해서는 자기의 성품이 되는 문의 법 비를 두루 내리고 귀한 집에 태어나는 지위의 보살을 위해서는 세간을 순하게 따르는 법 비를 두루 내리고 수행하는 지위의 보살을 위해서는 두루 가엾이 여기는 법 비를 내리고 새롭게 배우는 모든 보살을 위해서는 쌓아서 모으는 법 비를 두루 내리고 처음 마음을 일으킨 보살을 위해서는 중생을 거두는 법 비를 두루 내리고 믿고 이해하는 보살을 위해서 끝없는 경계가 앞에 나타나는 법 비를 두루 내리고 색계의 모든 중생을 위해서 넓은 문의 법 비를 두루 내렸다.

　모든 범천을 위해서 두루 넓은 장의 법 비를 내리고 모든 자재천을 위해서 힘을 내는 법 비를 두루 내리고 모든 마군의 무리를 위해서 마음의 당기 법 비를 두루 내리고 모든 화락천을 위해서 청정한 생각의 법 비를 두루 내리고 모든 도솔천을 위해서 뜻을 내게 하는 법 비를 두루 내리고 모든 야마천을 위해서 환희하게 하는 법 비를 두루 내리고 도리천을 위해서 빨리 허공계를 장엄하는 법 비를 두루 내리고 모든 야차왕을 위해서 즐겁고 기쁘게 하는 법 비를 두루 내리고 모든 건달바 왕을 위해서 금강 바퀴의 법 비를 두루 내리고 아수라왕을 위해서 큰 경계의 법 비를 두루 내리고 가루라 왕을 위해서 끝이 없는 광명의 법 비를 두루 내리고 모든 긴나라 왕을 위해서 모든 세간의 특히 뛰어난 지혜의 법 비를 두루 내리고 모든 사람의 왕을 위해서 즐겁게 집착할 것이 없는 법 비를 두루 내리고 모든 용왕을 위해서 환희 당기의 법 비를 두루 내리고 모든 마후라가 왕을 위해서 큰 휴식의 법 비를 두루 내리고 모든 지옥의 중생을 위해서 바른 생각으로 장엄하는 법 비를 두루 내리고 모든 축생을 위해서 지혜로운 장의 법 비를 두루 내리고 염라왕계의 중생을 위해서 두려움이 없는 법 비를 두루 내리고 모든 액난에 처한 중생을 위해서 두루 편안하게 위로받는 법 비를 내려서 남김없이 다 현인과 성인의 대중 모임에 들어감을 얻게 하였다. 이와 같음을 지어가는 일들이 법계에 충만하였다.

　　從其頂上 出無數百千億如來身 其身無等 諸相隨好 淸淨莊嚴 威光赫奕 如眞金山 無量光明普照十方 出妙音聲 充滿法界 示現無量大神通力 爲一切世間 普雨法雨 所謂爲坐菩提道場諸菩薩 雨普知平等法雨 爲灌頂位諸菩薩 雨入普門法雨 爲法王子位諸菩薩 雨普莊嚴法雨 爲童子位諸菩薩 雨堅固山法雨 爲不退位諸菩薩 雨海藏法

雨 爲成就正心位諸菩薩 雨普境界法雨 爲方便具足位諸菩薩 雨自性門法雨 爲生貴位諸菩薩 雨隨順世間法雨 爲修行位諸菩薩 雨普悲愍法雨 爲新學諸菩薩 雨積集藏法雨 爲初發心諸菩薩 雨攝衆生法雨 爲信解諸菩薩 雨無盡境界普現前法雨 爲色界諸衆生 雨普門法雨 爲諸梵天 雨普藏法雨 爲諸自在天 雨生力法雨 爲諸魔衆 雨心幢法雨 爲諸化樂天 雨淨念法雨 爲諸兜率天 雨生意法雨 爲諸夜摩天 雨歡喜法雨 爲諸忉利天 雨疾莊嚴虛空界法雨 爲諸夜叉王 雨歡喜法雨 爲諸乾闥婆王 雨金剛輪法雨 爲諸阿修羅王 雨大境界法雨 爲諸迦樓羅王 雨無邊光明法雨 爲諸緊那羅王 雨一切世間殊勝智法雨 爲諸人王 雨無樂著法雨 爲諸龍王 雨歡喜幢法雨 爲諸摩睺羅伽王 雨大休息法雨 爲諸地獄衆生 雨正念莊嚴法雨 爲諸畜生 雨智慧藏法雨 爲閻羅王界衆生 雨無畏法雨 爲諸厄難處衆生 雨普安慰法雨 悉令得入賢聖衆會 如是所作 充滿法界

해당 비구 몸에 있는 털구멍 하나하나마다 아승기 세계의 티끌 수와 같은 광명 그물을 내놓으니, 하나하나의 광명 그물이 아승기 색상과 아승기 장엄과 아승기 경계와 아승기 사업을 갖추고 시방의 법계를 가득하게 채웠다.
海幢比丘 又於其身一切毛孔 一一皆出阿僧祇佛刹微塵數光明網 一一光明網 具阿僧祇色相 阿僧祇莊嚴 阿僧祇世界 阿僧祇事業 充滿十方一切世界

이때 선재 동자는 한마음으로 해당 비구를 자세히 살펴서 들여다보면서 깊이 목마르게 동경하고 사모하는 마음을 내어 그 삼매 해탈을 단단히 기억하여 잊지 않고 생각하며, 생각으로 헤아릴 수 없는 보살의 삼매를 사유하며, 생각으로 헤아릴 수 없는 중생에게 이익을 주는 방편 바다를 사유하며, 생각으로 헤아릴 수 없고 작용이 없이 두루 장엄하는 문을 사유하며, 법계를 장엄하는 청정한 지혜를 사유하며, 부처님이 더하고 이끌어주는 지혜를 사유하며, 보살의 자재한 힘을 내어놓은 힘을 사유하며, 보살의 견고한 큰 원의 힘을 사유하며, 보살이 거듭 더하고 넓게 하는 모든 행의 힘을 사유하였다.
이와 같음에 머물러 서서 사유로 자세히 살펴서 들여다보기를 하룻낮과 하룻밤을 지날 뿐만 아니라 7일 낮과 7일 밤, 보름, 한 달, 여섯 달이 지나고 차례를 좇아 6일이 지났다. 이를 지내고 난 뒤에 해당 비구가 삼매에서 나왔다.
爾時 善財童子 一心觀察海幢比丘 深生渴仰 憶念彼三昧解脫 思惟彼不思議菩薩

三昧 思惟彼不思議利益衆生方便海 思惟彼不思議無作用普莊嚴門 思惟彼莊嚴法界淸淨智 思惟彼受佛加持智 思惟彼出生菩薩自在力 思惟彼堅固菩薩大願力 思惟彼增廣菩薩諸行力 如是住立 思惟觀察 經一日一夜 乃至經於七日七夜 半月一月 乃至六月 復經六日 過此已後 海幢比丘從三昧出

반야바라밀般若波羅蜜 삼매三昧의 광명

선재 동자가 찬탄하면서 말했다.

"성자여! 드무시고 기이하고 특이하십니다. 이와 같은 삼매는 가장 깊고 깊으며, 이와 같은 삼매는 가장 광대하며, 이와 같은 삼매의 경계는 헤아릴 수 없고 이와 같은 삼매의 신통한 힘은 사유하기 어려우며, 이와 같은 삼매의 광명은 그 이상 더 할 수 없으며, 이와 같은 삼매의 장엄은 수 없으며, 이와 같은 삼매의 위력적인 힘은 마음대로 하기 어려우며, 이와 같은 삼매의 경계는 평등하며, 이와 같은 삼매는 시방을 두루 비추며, 이와 같은 삼매의 이익은 수, 양, 시간, 공간 따위에 한계가 없기에 능히 모든 중생의 헤아릴 수 없는 괴로움을 제거합니다."

"이른바 모든 중생을 가난이라는 고통에서 벗어나게 하는 까닭이며, 지옥에서 나오게 하는 까닭이며, 축생을 면하게 하는 까닭이며, 모든 어려움의 문을 닫아 버리는 까닭이며, 사람과 하늘의 길을 여는 까닭이며, 하늘과 사람의 중생을 기쁘고 즐겁게 하는 까닭이며, 선정의 경계를 사랑하고 즐기는 까닭이며, 유위(有爲)의 즐거움을 거듭 더하고 키우는 까닭이며, 즐거움에서 나오는 것을 나타내 보이는 까닭이며, 보리심을 일으켜 끌어당기는 까닭이며, 복과 지혜의 행을 거듭 더하고 늘리는 까닭이며, 가엾이 여기는 큰마음을 거듭 더하고 키우는 까닭이며, 큰 서원의 힘을 일으켜 내는 까닭이며, 보살의 도를 분명하게 깨우쳐 알게 하는 까닭이며, 마지막까지 지혜를 장엄하는 까닭이며, 대승의 경계를 향해 이르는 까닭이며, 보현의 행을 비추어 분명하게 알게 하는 까닭이며, 모든 보살 지위의 지혜 광명을 증득하게 하는 까닭이며, 모든 보살의 원과 행을 성취하게 하는 까닭이며, 일체 지혜의 지혜 경계(阿耨多羅三藐三菩提 發現.二乘地)에 머물게 하는 까닭입니다."

"성자여! 이 삼매의 이름은 무엇입니까?"

善財童子讚言 聖者 希有奇特 如此三昧最爲甚深 如此三昧最爲廣大 如此三昧境界無量 如此三昧神力難思 如此三昧光明無等 如此三昧莊嚴無數 如此三昧威力難制 如此三昧境界平等 如此三昧普照十方 如此三昧利益無限 以能滅除一切衆生無

量苦故 所謂能令一切衆生 離貧苦故 出地獄故 免畜生故 閉諸難門故 開人天道故 令入天衆生喜樂故 令其愛樂禪境界故 能令增長有爲樂故 能爲顯示出有樂故 能爲引發菩提心故 能使增長福智行故 能令增長大悲心故 能令生起大願力故 能令明了菩薩道故 能使莊嚴究竟智故 能令趣入大乘境故 能令照了普賢行故 能令證得諸菩薩地智光明故 能令成就一切菩薩諸願行故 能令安住一切智智境界中故 聖者 此三昧者 名爲何等

　해당 비구가 말했다.
　"선남자여! 이 삼매의 이름은 '넓은 눈으로 보는 것을 버림(普眼捨得)'이라고 하며, '반야바라밀 경계의 청정한 광명(不立五蘊不離證得.中中妙圓.不生中不滅中.不垢中不淨中.不增中不減中)'이라고도 하며, 또 이름이 '두루 장엄한 청정한 문(普莊嚴淸淨門.五蘊淸淨妙覺)'이라고도 한다."
　"선남자여! 내가 반야바라밀을 닦고 익힌 까닭으로 이 보장엄청정 삼매 등등의 백만 아승기 삼매를 얻었다."
　海幢比丘言 善男子 此三昧名普眼捨得 又名般若波羅蜜境界淸淨光明 又名普莊嚴淸淨門 善男子 我以修習般若波羅蜜故 得此普莊嚴淸淨三昧等 百萬阿僧祇三昧

　선재 동자가 말했다.
　"성자여! 이 삼매의 경계는 마지막까지 오로지 이와 같을 뿐(如是.般若智)입니까?"
　善財童子言 聖者 此三昧境界 究竟唯如是耶

　해당 비구가 말했다.
　"선남자여! 이 삼매에 들 때는 모든 세계를 깨달아 아는 일에 막힘이나 걸림이 없고 모든 세계(如是如是.解脫.寂滅.禪定.三昧.二乘地.如來地.涅槃.法界.般涅槃.善根思惟.眞如)로 향에 나가는 일에 막힘이나 걸림이 없고 모든 세계를 초월해 지나가는 일에 막힘이나 걸림이 없고 모든 세계를 장엄하는 일에 막힘이나 걸림이 없고 모든 세계를 닦아서 다스리는 일에 막힘이나 걸림이 없고 모든 세계를 장엄하여 청정하게 하는 일에 막힘이나 걸림이 없고 모든 부처님을 보는 일에 막힘이나 걸림이 없고 모든 부처님의 광대한 위덕을 자세히 살펴보는 일에 막힘이나 걸림이 없고 모든 부처님의 자재한 신력을 아는 일에 막힘이나 걸림이 없고 모든 부처님의 모든 광대한 힘을 증득하는 일에 막힘이나 걸림이 없고 모든 부처님의 모든 공덕 바다로 들어가는 일에 막힘이나 걸림이 없고 모든 부처님의 헤아릴 수 없는 빼어난 법을 받은 일에 막힘이나 걸림이 없고 모든 불법 가운데 들어가 빼어난 행을 닦아 익히는 일에 막힘이나 걸림이 없고 모든 부처님의 법륜을 굴리는 평등한 지혜를 증득하는 일에 막힘이나 걸림이 없고 일체 모든 부처님의 대중이 모인 바다로 들어가는 일에 막힘이나 걸림이 없고 시방의 불법을 자세히 들여다보는 일에 막힘이 없고 가엾이 여기는 큰마음으로 시방의 중생들을 거두어주는 일에 막힘이나 걸림이 없고 늘 큰 사랑을 일으켜 시방을 충만하게 하는 일에 막힘이나 걸림이 없고 시방의 부처님을 보고 마음으로 싫어하고 만족함이 없는 일에 막힘이나 걸림이 없고 모든 중생의 바다로 들어가는 일에 막힘이나 걸림이 없고 모든 중생의 근 바다를 낳는 일에 막힘이나 걸림이 없고 모든 중생의 모든 근과 차별의 지혜를 아는 일에 막힘이나 걸림이 없다."

海幢言 善男子 入此三昧時 了知一切世界 無所障礙 往詣一切世界 無所障礙 超過一切世界 無所障礙 莊嚴一切世界 無所障礙 修治一切世界 無所障礙 嚴淨一切世界 無所障礙 見一切佛 無所障礙 觀一切佛廣大威德 無所障礙 知一切佛自在神力 無所障礙 證一切佛廣大力 無所障礙 入一切佛諸功德海 無所障礙 受一切佛無量妙法 無所障礙 入一切佛法中 修習妙行 無所障礙 證一切佛轉法輪平等智 無所障礙 入一切諸佛衆會道場海 無所障礙 觀十方佛法 無所障礙 大悲攝受十方衆生 無所障礙 常起大慈 充滿十方 無所障礙 見十方佛 心無厭足 無所障礙 入一切衆生海 無所障礙 知一切衆生根海 無所障礙 知一切衆生諸根差別智 無所障礙

"선남자여! 나는 오로지 이 한 가지 반야바라밀 삼매의 광명만을 알뿐이다. 모든 보살마하살은 지혜의 바다(如是如是.解脫.寂滅.禪定.三昧.二乘地.如來地.涅槃.法界.般涅槃.善根思惟.眞如)에 들어가 법계의 경계를 청정하게 하고 모든 부류의 이를 곳을 통달하여 헤아릴 수 없는 세계에 두루 하고 다라니에 자재하기에 삼매가 청정하고 신통이 광대하기에 변재가 다하지 않고 선근으로 모든 지위를 설할 수 있기에 중생에게 의지함이 된다. 내가 어떻게 보살마하살의 그 빼어난 행을 알겠으며, 그 공덕을 말할 수 있겠으며, 그 행하는 것을 분명하게 알겠으며, 그 경계를 밝게 할 수 있겠으며, 그 원의 힘을 마지막까지 성취할 수 있겠으며, 그 중요한 문에 들어갈 수 있겠으며, 그 증득한 것을 통달할 수 있겠으며, 그 도의 나눔을 설할 수 있겠으며, 그 삼매에 머물 수 있겠으며, 그 마음의 경계를 볼 수 있겠으며, 가지고 있는 그 평등한 지혜를 얻을 수 있겠는가."

　善男子 我唯知此一般若波羅蜜三昧光明 如諸菩薩 入智慧海 淨法界境 達一切趣 徧無量刹 摠持自在 三昧淸淨 神通廣大 辯才無盡 善說諸地 爲衆生依 而我何能知 其妙行 辨其功德 了其所行 明其境界 究其願力 入其要門 達其所證 說其道分 住其三昧 見其心境 得其所有平等智慧

"선남자여! 이곳에서 남쪽으로 가면 머물 곳이 한군데 있으니, 이름이 '해조(海潮)'이며, 동산이 있으니, 이름이 '보장엄(普莊嚴)'이다. 그 동산에 우바이가 있고 이름이 '휴사(休捨)'이다. 그대는 그에게 가서 보살은 어떻게 보살의 행을 배우는 것이며, 어떻게 보살의 도를 닦는 것이냐고 물으라."

　善男子 從此南行 有一住處 名曰海潮 彼有園林 名普莊嚴 於其園中 有優婆夷 名曰休捨 汝往彼問菩薩云何學菩薩行 修菩薩道

때맞추어 선재 동자는 해당 비구로부터 견고한 몸을 얻고 빼어난 법의 보배를 얻었으며, 깊은 경계에 들어가며, 지혜를 밝게 통하며, 삼매가 밝게 비쳐서 빛나며, 청정하게 이해함에 머물며, 깊은 법을 보았으며, 마음은 모든 청정한 문에 편안히 머물며, 지혜의 광명이 시방에 충만하기에 환희하는 마음으로 헤아릴 수 없이 뛰놀며, 오체를 땅에 던져서 절하고 헤아릴 수 없이 돌아보고 공경하고 우러러보며, 사유로서 자세히 살펴서 들여다보며, 애석함에 탄식하면서도 우러러보며, 그 이름을 지니고 그 몸가짐을 생각하며, 그 음성을 생각하며, 그 삼매와 큰 서원을 가지고 행하는 경계를 생각하며, 그 지혜의 청정한 광명을 받으면서 물러갔다.

　時 善財童子 於海幢比丘所 得堅固身 獲妙法財 入深境界 智慧明徹 三昧照耀 住淸淨解 見甚深法 其心安住諸淸淨門智慧光明 充滿十方 心生歡喜 踊躍無量 五體投地 頂禮其足 遶無量帀 恭敬瞻仰 思惟觀察 諮嗟戀慕 持其名號 想其容止 念其音聲 思其三昧及彼大願所行境界 受其智慧淸淨光明 辭退而行

대방광불화엄경 제64권

39. 입법계품(5)
　　入法界品第三十九之五

(8) 휴사 우바이. 제7 不退住

　이때 선재 동자가 선지식의 힘을 입고 선지식의 가르침을 의지하고 선지식의 말을 생각하고 선지식을 깊이 사랑하고 좋아하는 마음으로 이러한 생각을 하고는 말했다.
　"선지식으로 인하여 내가 부처님을 보게 되었고 선지식으로 인하여 내가 법을 듣게 되었다. 선지식은 나의 스승이니, 이는 나를 모든 부처님의 법으로 이끌어 보여 준 까닭이며, 선지식은 나의 안목이니, 이는 나에게 부처님이 허공과 같음을 보게 하는 까닭이며, 선지식은 나의 나루터이니, 나를 모든 부처님 여래의 연꽃 못에 들어가게 하는 까닭이다."
라고 하면서 점차 남쪽으로 가서 해조라는 곳에 이르렀다.
　爾時 善財童子蒙善知識力 依善知識敎 念善知識語 於善知識 深心愛樂 作是念言 因善知識 令我見佛 因善知識 令我聞法 善知識者 是我師傳 示導於我 諸佛法故 善知識者 是我眼目 令我見佛 如虛空故 善知識者 是我津濟 令我得入諸佛如來蓮華池故 漸漸南行 至海潮處

　두루 장엄한 동산을 보니, 많은 보배 담장이 두루두루 둘러쌓으며, 모든 보배 나무를 줄지어 장엄하고 모든 보배 꽃나무가 빼어난 많은 꽃을 내려 땅에 흩뜨리고 모든 보배 향나무는 향기를 자욱하게 시방에 두루 풍기고 모든 보배 머리 장식 나무는 큰 보배 머리 장식을 내려서 곳곳마다 아래로 드리우고 모든 보배 마니왕 나무는 큰 마니보배를 내려 널리 펴져서 가득하고 모든 보배 옷나무는 가지가지 색의 옷을 내려 응하는 바를 따라 두루 펴고 모든 음악 나무는 바람을 따라 움직이면서 내는 소리가 매우 빼어나고 아름답기가 하늘의 음악보다 좋으며, 모든 장엄을 갖춘 나무는 각각 진귀한 노리개와 빼어난 물건을 내려 곳곳에 널리 펴서 장엄하고 꾸몄다.
　그 땅은 청정하기에 높고 낮은 것이 없고 그 가운데 백만 궁전을 갖추고 큰 마니보배가 합해서 이루어졌고 백만 누각은 염부단금으로 그 위를 덮었고 백만 궁전은 비로자나 마니보배가 모든 사이사이를 장엄하였다.

1만의 목욕하는 연못은 많은 보배를 합해서 이루어졌으며, 칠보로 만들어진 난간이 두루 둘러쌓으며, 칠보로 된 계단이 사면으로 뻗어있으며, 맑은 팔 공덕수가 가득하며, 물의 향기가 하늘의 전단과 같고 금모래가 바닥에 깔려있고 물을 깨끗하게 하는 보배 구슬이 두루두루 사이사이를 장식했으며, 오리와 기러기와 공작과 구기라 새들이 그 안에서 놀며, 우아한 소리를 내었다.

보배 다라 나무가 두루 줄지어 둘러쌓으며, 보배 그물에 덮이고 금으로 만든 풍경을 달아서 실바람이라도 불라치면 아름다운 소리를 내고 큰 보배 휘장을 둘러치고 보배 나무가 둘러쌓으며, 수 없는 마니보배 당기를 세우고는 백천 유순까지 광명을 비추고 그 가운데 차례를 좇아(復) 백만 연못이 있으니, 검은 전단의 고운 흙이 밑에 엉겨 붙어 깔렸고 모든 빼어난 보배가 연꽃이 되어 물 위를 덮었으며, 큰 마니보배 꽃에서는 빛이 찬란하게 빛났다.

見普莊嚴園 衆寶垣牆 周帀圍遶 一切寶樹 行列莊嚴 一切寶華樹 雨衆妙華 布散其地 一切寶香樹 香氣氛氳 普熏十方 一切寶鬘樹 雨大寶鬘 處處垂下 一切摩尼寶王樹 雨大摩尼寶 徧布充滿 一切寶衣樹 雨種種色衣 隨其所應 周帀敷布 一切音樂樹 風動成音 其音美妙 過於天樂 一切莊嚴具樹 各雨珍玩奇妙之物 處處分布 以爲嚴飾 其地淸淨 無有高下 於中具有百萬殿堂 大摩尼寶之所合成 百萬樓閣 閻浮檀金 以覆其上 百萬宮殿 毘盧遮那摩尼寶 間錯莊嚴 一萬浴池衆寶合成 七寶欄楯周帀圍遶 七寶階道四面分布 八功德水湛然盈滿 其水香氣 如天栴檀 金沙布底 水淸寶珠周徧間錯 鳧鴈孔雀 俱枳羅鳥 遊戱其中 出和雅音 寶多羅樹周帀行列 覆以寶網 垂諸金鈴 微風徐搖 恒出美音 施大寶帳 寶樹圍遶 建立無數摩尼寶幢 光明普照百千由旬 其中復有百萬陂池 黑栴檀泥凝積其底 一切妙寶 以爲蓮華 敷布水上 大摩尼華光色照耀

동산에 차례를 따라(復有) 광대한 궁전이 있으니, 이름이 '장엄당'이며, 빼어난 바다의 장 보배로 땅이 되고 비유리 보배는 기둥이 되고 염부단금이 그 위를 덮었고 빛의 장마니로 장엄하였고 수 없는 보배의 왕이 불꽃의 빛으로 찬란하게 하고 누각과 대청까지 가지가지로 꾸몄고 아로나 향 왕과 깨우침을 깨달아 얻은 향에서는 빼어난 향기를 풍기면서 모든 곳으로 퍼졌다.

그 궁전 가운데 차례를 좇아(復有) 헤아릴 수 없는 보배 연꽃 자리가 두루 펴져 있으니,

이른바 시방을 환하게 비치는 마니보배 연꽃 자리, 비로자나 마니보배 연꽃 자리, 세간을 환하게 비추는 마니보배 연꽃 자리, 빼어난 장 마니보배 연꽃 자리, 사자장 마니보배 연꽃 자리, 허물을 벗어난 마니보배 연꽃 자리, 넓은 문 마니보배 연꽃 자리, 빛으로 장엄한 마니보배 연꽃 자리, 큰 바다가 머무는 장에 편안히 머무는 청정한 마니보배 연꽃 자리, 금강사자 마니보배 연꽃자리이다.

園中 復有廣大宮殿 名莊嚴幢 海藏妙寶 以爲其地 毘琉璃寶 以爲其株 閻浮檀金 以覆其上光藏摩尼 以爲莊嚴 無數寶王光焰熾然 重樓挾閣種種莊飾 阿盧那香王 覺悟香王 皆出妙香 普熏一切 其宮殿中 復有無量寶蓮華座 周迴布列 所謂照耀十方摩尼寶蓮華座 毘盧遮那摩尼寶蓮華座 照耀世間摩尼寶蓮華座 妙藏摩尼寶蓮華座 師子藏摩尼寶蓮華座 離垢藏摩尼寶蓮華座 普門摩尼寶蓮華座 光嚴摩尼寶蓮華座 安住大海藏淸淨摩尼寶蓮華座 金剛師子摩尼寶蓮華座

동산 가운데 차례를 좇아(復有) 백만 가지 휘장이 있으니, 이른바 옷 휘장, 머리 장식 휘장, 향 휘장, 꽃 휘장, 가지 휘장, 마니 휘장, 진금 휘장, 장엄 기물 휘장, 음악 휘장, 코끼리 왕 신통 변화 휘장, 말 신통 변화 휘장, 제석이 착용하는 마니보배 휘장이다.

이와 같은 등등의 그 수가 백만이며, 백만 가지 보배 그물이 그 위를 덮었으니, 이른바 보배 풍경 그물, 보배 일산 그물, 보배 몸 그물, 바다 장 진주 그물, 감색 유리 마니보배 그물, 사자 마니그물, 월광 마니그물, 가지가지 형상의 많은 향 그물, 보배 관 그물, 보배 영락 그물이다.

이와 같은 등등의 그 수가 백만이며, 백만 가지의 큰 광명을 비추었으니, 이른바 불꽃 빛 마니보배 광명, 해의 장 마니보배 광명, 달 당기의 마니보배 광명, 향 불꽃 마니보배 광명, 뛰어난 장 마니보배 광명, 연꽃 장 마니보배 광명, 불꽃 당기 마니보배 광명, 큰 등불 마니보배 광명, 두루 시방을 비추는 마니보배 광명, 향 빛 마니보배 광명이다.

이와 같은 등등의 그 수가 백만이며, 늘 백만 장엄 기물을 내리고 백만 흑전단 향이 빼어난 음성을 내놓고 백만의 모든 하늘보다 더 좋은 만다라 꽃을 흩뜨리고 백만의 모든 하늘보다 더 좋은 영락을 장엄으로 삼고 백만의 모든 하늘보다 더 좋은 빼어난 보배 머리 장식 띠를 처처에 드리우고 백만의 모든 하늘보다 더 좋은 많은 색의 빼어난 옷과 백만의 잡색 마니보배가 빼어난 빛을 두루 비추었다.

백만 천자들은 즐겁게 우러러 생각하며, 엎드려 절하고 백만 채녀들은 허공 가운데 그 몸을 던져 내려오고 백만 보살들은 친근히 하면서 법문 듣기를 늘 좋아하였다.

園中復有百萬種帳 所謂 衣帳 鬘帳 香帳 華帳 枝帳 摩尼帳 眞金帳 莊嚴具帳 音樂帳 象王神變帳 馬王神變帳 帝釋所著摩尼寶帳 如是等其數百萬 有百萬大寶網 彌覆其上 所謂 寶鈴網 寶蓋網 寶身網 海藏眞珠網 紺琉璃摩尼寶網 師子摩尼網 月光摩尼網 種種形像衆香網 寶冠網 寶瓔珞網 如是等其數百萬 有百萬大光明之所照耀 所謂 焰光摩尼寶光明 日藏摩尼寶光明 月幢摩尼寶光明 香焰摩尼寶光明 勝藏摩尼寶光明 蓮華藏摩尼寶光明 焰幢摩尼寶光明 大燈摩尼寶光明 普照十方摩尼寶光明 香光摩尼寶光明 如是等其數百萬 常雨百萬莊嚴具 百萬黑栴檀香出妙音聲 百萬出過諸天曼陀羅華而以散之 百萬出過諸天瓔珞 以爲莊嚴 百萬出過諸天妙寶鬘帶 處處垂下 百萬出過諸天衆色妙衣 百萬雜色摩尼寶妙光普照 百萬天子欣樂瞻仰 頭面作禮 百萬采女於虛空中 投身而下 百萬菩薩恭敬親近常樂聞法

때맞추어 휴사 우바이가 지금의 자리에 앉아 바다 장 진주 빼어난 그물 관을 능히 쓰고 모든 하늘보다 더 좋은 진금 보배 팔찌를 걸고 감청색 머리카락을 드리워 큰 마니 그물로 머리를 장엄하고 사자 입 마니보배로 귀고리를 하였고 여의 마니보배로 영락을 만들어 모든 보배 그물로 몸을 덮어 드리웠다.

백천 억 나유타 중생들이 허리를 굽혀 공손히 섬기고 동방에서 헤아릴 수 없는 중생이 모여 이곳에 이르니, 이른바 범천, 범중천, 대범천, 범보천, 자재천 뿐만 아니라 사람과 사람이 아닌 것에 이르기까지이며, 남방, 서방, 북방과 네 간방과 상방, 하방도 역시 이와 같았다.

이 우바이를 보는 자들은 모든 병이 남김없이 다 제거되어 없어지고 번뇌의 허물에서 벗어나고 바르지 못한 모든 견해의 가시를 뽑아내고 막힘이나 걸림이 되는 산을 꺾어버리고 막힘이나 걸림 없는 경계에 들어가고 모든 선근을 더욱 밝게 하고 모든 근을 기르고 키우며, 모든 지혜의 문으로 들어가고 모든 다라니의 문에 들어가서 모든 삼매의 문, 모든 서원의 문, 모든 빼어나고 섬세한 수행의 문, 모든 공덕의 문이 앞에 나타나고 마음이 광대하고 신통을 온전하게 갖추어 몸으로 인한 막힘이나 걸림이 없이 모든 처에 이르렀다.

時 休捨優婆夷 坐眞金座 戴海藏眞珠網冠 挂出過諸天 眞金寶釧 垂紺靑髮 大摩尼網莊嚴其首 師子口摩尼寶 以爲耳璫 如意摩尼寶王 以爲瓔珞 一切寶網垂覆其身 百千億那由他衆生 曲躬恭敬 東方有無量衆生 來詣其所 所謂 梵天 梵衆天 大梵天 梵輔天 自在天乃至一切人及非人 南西北方 四維上下 皆亦如是 其有見此優婆夷者

一切病苦悉得除滅 離煩惱垢 拔諸見刺 摧障礙山 入於無礙淸淨境界 增明一切所有善根 長養諸根 入一切智慧門 入一切摠持門 一切三昧門 一切大願門 一切妙行門 一切功德門 皆得現前 其心廣大 具足神通 身無障礙 至一切處

이때 선재 동자가 보장엄 동산에 들어가서 자세히 살펴서 두루 들여다보니, 휴사 우바이가 빼어난 자리에 앉아있음을 보고 그 처소에 나아가 발에 머리를 숙여 예를 갖추고 수 없이 돌고는 말했다.

"성자여! 저는 이미 아뇩다라삼먁삼보리심을 일으켰지만, 보살이 어떻게 보살의 행을 배우며, 어떻게 보살의 도를 닦는지 알지 못합니다. 제가 듣기에 성자께서 선근으로 가르침을 준다고 하니, 원하건대 저를 위해 설해주십시오."

爾時 善財童子入普莊嚴園 周徧觀察 見休捨優婆夷坐於妙座 往詣其所 頂禮具足 遶無數帀 白言 聖者 我已先發阿耨多羅三藐三菩提心 而未知菩薩云何學菩薩行 云何學菩薩道 我聞聖者善能誘誨 願爲我說

근심을 벗어난 편안한 당기(離憂安隱幢) 해탈

휴사가 가르침을 주기 위해 말했다.

"선남자여! 나는 오로지 보살의 한 가지 해탈문을 얻었을 뿐이다. 그와 같이 나를 보고 듣고 기억하여 잊지 않거니와 나와 함께 머물거나 나에게 이바지하는 이들은 모두 다 헛되지 않을 것이다."

"선남자여! 그와 같은 중생이 선근을 심지 못하고 선근의 벗이 거두어줌을 받지 못하고 모든 부처님으로부터 보호받음을 얻지 못하면 끝내 나를 보지 못한다."

"선남자여! 어떤 중생이든 나를 보기만 한다면 아뇩다라삼먁삼보리에서 물러서지 않을 것이다."

休捨告言 善男子 我唯得菩薩一解脫門 若有見聞 憶念於我 與我同住 供給我者 悉不唐捐 善男子 若有衆生 不種善根 不爲善友之所攝受 不爲諸佛之所護念 是人終不得見於我 善男子 其有衆生 得見我者 皆於阿耨多羅三藐三菩提 獲不退轉

"선남자여! 동방의 모든 부처님이 늘 이곳에 오셔서 보배 자리에 앉아 나를 위해 법을 설하시고 남방, 서방, 북방과 네 간방과 상방, 하방에 계시는 일체 모든 부처님도 다 이곳에 오셔서 보배 자리에 앉아 나에게 법을 설하신다."

"선남자여! 나는 늘 부처님을 보고 법을 들으며, 이를 벗어나지 않고 모든 보살과 더불어 머무른다."

"선남자여! 나와 이 대중이 8만 4천억 나유타이고 모두 이 동산에 있으면서 나와 더불어 수행하고 빠짐없이 다 아뇩다라삼먁삼보리에서 물러서지 않고 그 나머지 중생들 가운데 이 동산에 머무는 자 역시 빠짐없이 다 물러서지 않는 지위에 들어갔다."

善男子 東方諸佛 常來至此 處於寶座 爲我說法 南西北方 四維上下一切諸佛 悉來至此 處於寶座 爲我說法 善男子 我當不離見佛聞法 與諸菩薩 而共同住 善男子 我此大衆 有八萬四千億那由他 皆在此園 與我同行 悉於阿耨多羅三藐三菩提 得不退轉 其餘衆生 住此園者 亦皆普入不退轉位

선재 동자가 말했다.

"성자께서 아뇩다라삼먁삼보리심을 일으키신 지는 얼마나 오래되었습니까? 아니면 얼마나 가깝습니까?"

善財白言 聖者 發阿耨多羅三藐三菩提心 爲久近耶

휴사 우바이가 답했다.

"선남자여! 내가 잊지 않고 기억하기로는 과거 연등 부처님의 처소에서 청정한 행(梵行)을 닦고 공경하고 공양하면서 법문을 듣고 받아 지녔으며, 차례를 따라 그 전에는 허물을 벗어난 부처님(離垢佛)의 처소에서 출가해 도를 배우고 바른 법을 받아 지녔으며, 차례를 따라 그 전에는 빼어난 당기(妙幢) 부처님의 처소에서, 차례를 따라 그 전에는 뛰어난 수미부처님(勝須彌)의 처소에서, 차례를 따라 그 전에는 연화덕장 부처님의 처소에서, 차례를 따라 그 전에는 비로자나 부처님의 처소에서, 차례를 따라 그 전에는 보안 부처님의 처소에서, 차례를 따라 그 전에는 범수 부처님의 처소에서, 차례를 따라 그 전에는 금강제 부처님 처소에서, 차례를 따라 그 전에는 바루나천 부처님 처소에서 배웠던 것을 기억한다."

"선남자여! 내가 잊지 않고 생각해보니, 과거 헤아릴 수 없는 겁 동안, 헤아릴 수 없는 겁을 두고 태어나면서 이와 같음을 차례를 따라 36 항하사의 모래알 수와 같은 부처님이 계신 곳에서 남김없이 다 받들어 섬기고 이바지하며, 법을 듣고 받아 지니면서 청정한 행을 닦았지만, 그 이전의 지난 일은 부처님의 지혜로만 알 수 있을 뿐이고 나로서는 헤아릴 수 없다."

答言 善男子 我憶過去 於然燈佛所 修行梵行 恭敬供養 聞法受持 次前於離垢佛所 出家學道 受持正法 次前於妙幢佛所 次前於勝須彌佛所 次前於蓮華德藏佛所 次前於毘盧遮那佛所 次前於普眼佛所 次前於梵壽佛所 次前於金剛臍佛所 次前於婆樓那天佛所 善男子 我憶過去 於無量劫無量生中 如是次第三十六恒河沙佛所 皆悉承事 恭敬供養 聞法受持 淨修梵行 於此已往 佛智所知 非我能測

"선남자여! 보살이 처음으로 마음을 일으키는 것(初發心.不立五蘊不離證得)은 헤아릴 수 없으니, 이는 모든 법계에 가득 찬 까닭이며, 보살이 가엾이 여기는 큰마음의 문은 그 양을 헤아릴 수 없으니, 이는 모든 세간에 두루 들어가는 까닭이며, 보살의 큰 서원의 문은 양이 없으니, 이는 시방의 법계 마지막까지 이르는 까닭이며, 보살의 인자한 큰 문은 양이 없으니, 이는 모든 중생을 두루 덮어주는 까닭이며, 보살이 닦는 행의 양은 헤아릴 수 없으니, 이는 모든 세계에서 모든 겁을 닦는 까닭이다."

"보살 삼매의 힘은 양이 없으니, 이는 보살의 도는 물러섬이 없는 까닭이며, 보살이 지니는 모든 힘, 총지력은 양이 없으니, 이는 모든 세간을 능히 지니는 까닭이며, 보살의 지혜 광명의 힘은 양이 없으니, 이는 삼세를 능히 증득하고 들어가는 까닭이며, 보살의 신통한 힘은 양이 없으니, 이는 모든 세계에 두루 나타나는 까닭이며, 보살의 변재하는 힘은 양이 없으니, 이는 한 음성으로 모든 것을 남김없이 다 이해하게 하는 까닭이며, 보살의 청정한 몸은 양이 없으니, 이는 모든 부처 세계에 두루 한 까닭이다."

善男子 菩薩初發心無有量 充滿一切法界故 菩薩大悲門無有量 普入一切世間故 菩薩大願門無有量 究竟十方法界故 菩薩大慈門無有量 普覆一切衆生故 菩薩所修行無有量 於一切刹 一切劫中 修習故 菩薩三昧力無有量 令菩薩道不退故 菩薩摠持力無有量 能持一切世間故 菩薩智光力無有量 普能證入三世故 菩薩神通力無有量 普現一切刹網故 菩薩辯才力無有量 一音一切悉解故 菩薩淸淨身無有量 悉徧一切佛刹故

선재 동자가 말했다.

"성자여! 얼마쯤이면 아뇩다라삼먁삼보리를 얻을 수 있겠습니까?"

善財童子言 聖者 久如當得阿耨多羅三藐三菩提

휴사가 답했다.

"선남자여! 보살은 한 명의 중생을 가르쳐서 바른길로 이끌고 조복시키기 위해 보리심(阿耨多羅三藐三菩提心.初發心.不立五蘊不離證得)을 내지 않으며, 백 명의 중생을 가르쳐서 바른길로 이끌고 조복시키기 위해 보리심을 내지 않을 뿐만 아니라 말할 수 없고 말로 이를 수 없는 중생을 가르쳐서 바른길로 이끌고 조복시키기 위해 보리심을 내지 않으며, 한 세계의 중생을 가르쳐서 바른길로 이끌기 위한 까닭으로 보리심을 일으키지 않으며, 염부제의 티끌 수와 같은 세계의 중생을 가르쳐서 바른길로 이끌기 위한 까닭으로 보리심을 일으키지 않으며, 삼천대천세계의 티끌 수와 같은 세계, 이 세계의 중생을 가르쳐서 바른길로 이끌기 위한 까닭으로 보리심을 일으키지 않을 뿐만 아니라 말할 수 없고 말로 이를 수 없는 삼천대천세계의 티끌 수와 같은 세계, 이 세계의 중생을 가르쳐서 바른길로 이끌기 위한 까닭으로 보리심을 일으키지 않는다."

"한 분의 여래를 공양하기 위한 까닭으로 보리심(阿耨多羅三藐三菩提心.初發心.不立五蘊不離證得)을 일으키는 것이 아닐 뿐만 아니라 말할 수 없고 말로 이를 수 없는 여래를 공양하기 위한 까닭으로 보리심을 일으키는 것이 아니며, 하나의 세계 가운데 차례를 따라(復) 세상에 나오시는 모든 여래를 공양하기 위한 까닭으로 보리심을 일으키는 것이 아닐 뿐만 아니라 말할 수 없고 말로 이를 수 없는 세계 가운데 차례를 따라(復) 세상에 나오시는 모든 여래를 공양하기 위한 까닭으로 보리심을 일으키는 것이 아니며, 하나의 삼천대천세계의 티끌 수와 같은 세계 가운데 차례를 따라(復) 세상에 나오시는 모든 여래를 공양하기 위한 까닭으로 보리심을 일으키는 것이 아닐 뿐만 아니라 말할 수 없고 말로 이를 수 없는 부처 세계의 티끌 수와 같은 세계 가운데 차례를 따라(復) 세상에 나오시는 모든 여래를 공양하기 위한 까닭으로 보리심을 일으키는 것이 아니다."

"하나의 세계를 장엄하여 청정하게 하기 위한 까닭으로 보리심(阿耨多羅三藐三菩提心.初發心.不立五蘊不離證得)을 일으키지 않을 뿐만 아니라 말할 수 없고 말로 이를 수 없는 세계를 장엄하여 청정하게 하기 위한 까닭으로 보리심을 일으키지 않으며, 하나의 삼천대천세계의 티끌 수와 같은 세계를 장엄하여 청정하게 하기 위한 까닭으로 보리심을 일으키지 않을 뿐만 아니라 말할 수 없고 말로 이를 수 없는 삼천대천 세계의 티끌 수와 같은 세계를 장엄하여 청정하게 하기 위한 까닭으로 보리심을 일으키지 않는다."

"한 분의 여래가 남기신 법을 머물러 유지하기 위한 까닭으로 보리심(阿耨多羅三藐三菩提心.初發心.不立五蘊不離證得)을 일으키는 것이 아닐 뿐만 아니라 말할 수 없고 말로 이를 수 없는 여래가 남기신 법을 머물러 유지하기 위한 까닭으로 보리심을 일으키는 것이 아니며, 하나의 세계에 계신 여래가 남기신 법을 머물러 유지하기 위한 까닭으로 보리심을 일으키는 것이 아닐 뿐만 아니라 말할 수 없고 말로 이를 수 없는 세계에 계신 여래가 남기신 법을 머물러 유지하기 위한 까닭으로 보리심을 일으키는 것이 아니며, 하나의 염부제의 티끌 수와 같은 세계의 여래가 남기신 법을 머물러 유지하기 위한 까닭으로 보리심을 일으키는 것이 아닐 뿐만 아니라 말할 수 없고 말로 이를 수 없는 부처 세계의 티끌 수와 같은 세계의 여래가 남기신 법을 머물러 유지하기 위한 까닭으로 보리심을 일으키는 것이 아니다."

"이와 같음을 간략하게 설하면 한 부처님의 서원만을 만족하게 하려는 까닭이 아니며, 한 부처님의 국토에만 들어가기 위한 까닭이 아니며, 한 부처님의 대중 모임에만 들어가기 위한 까닭이 아니며, 한 부처님의 법안(法眼)을 가지기 위한 까닭이 아니며, 한 부처님의 법륜을 굴리기만을 위한 까닭이 아니며, 한 세계 가운데 모든 겁의 차례를 알기 위한 까닭이 아니며, 한 중생(自身)의 마음 바다만을 알기 위한 까닭이 아니며, 한 중생(自身)의 근 바다만을 알기 위한 까닭이 아니며, 한 중생(自身)의 수행 바다만을 알기 위한 까닭이 아니며, 한 중생(自身)의 번뇌 바다만을 알기 위한 까닭이 아니며, 한 중생(自身)의 번뇌 습기만을 알기 위한 까닭이 아닐 뿐만 아니라 말할 수 없고 말로 이를 수 없는 부처 세계의 티끌 수(二乘地)와 같은 중생의 번뇌와 습기만을 알기 위한 까닭으로 보리심을 일으키지 않는다."

答言 善男子 菩薩不爲敎化調伏衆生故 發菩提心 不爲敎化調伏百衆生故 發菩提心 乃至不爲敎化調伏不可說不可說轉衆生故 發菩提心 不爲敎化調伏一切世界衆生故 發菩提心 乃至不爲敎化不可說不可說轉世界衆生故 發菩提心 不爲敎化閻浮提微塵數世界衆生故 發菩提心 不爲敎化三千大千世界微塵數世界衆生故 發菩提心 乃至不爲敎化不可說不可說轉三千大千世界微塵數世界衆生故 發菩提心 不爲供養一如來故 發菩提心 乃至不爲供養不可說不可說轉如來故 發菩提心 不爲供養一世界中 次第興世諸如來故 發菩提心 乃至不爲供養不可說不可說轉世界中 次第興世諸如來故 發菩提心 不爲供養一三千大千世界微塵數世界中 次第興世諸如來故 發菩提心 乃至不爲供養不可說不可說轉佛刹微塵數世界中 次第興世諸如來故 發菩提心 不爲嚴淨一世界故 發菩提心 乃至不爲嚴淨不可說不可說轉世界故 發菩提心 不

爲嚴淨一三千大千世界微塵數世界故 發菩提心 乃至不爲嚴淨不可說不可說轉三千大千世界微塵數世界故 發菩提心 不爲住持一如來遺法故 發菩提心 乃至不爲住持不可說不可說轉如來遺法故 發菩提心 不爲住持一世界如來遺法故 發菩提心 乃至不爲住持不可說不可說轉世界如來遺法故 發菩提心 不爲住持一閻浮提微塵數世界如來遺法故 發菩提心 乃至不爲住持不可說不可說轉佛刹微塵數世界如來遺法故 發菩提心 如是略說 不爲滿一佛誓願故 不爲往一佛國土故 不爲入一佛衆會故 不爲持一佛法眼故 不爲轉一佛法輪故 不爲知一世界中諸劫次第故 不爲知一衆生心海故 不爲知一衆生根海故 不爲知一衆生業海故 不爲知一衆生行海故 不爲知一衆生煩惱海故 不爲知一衆生煩惱習海故 乃至不爲知不可說不可說轉佛刹微塵數衆生煩惱習海故 發菩提心

"모든 중생을 가르치고 바른길로 이끌어 조복시켜서 남음이 없게 하고자 하는 까닭으로 보리심을 일으키며(阿耨多羅三藐三菩提心 發現), 일체 모든 부처님을 받들어 섬기고 공양하여 남음이 없게 하고자 하는 까닭으로 보리심을 일으키며, 일체 모든 부처님의 국토를 장엄하고 청정히 하여 남음이 없게 하고자 하는 까닭으로 보리심을 일으키며, 일체 모든 부처님의 가르침을 다 지키고 지니고자 하는 까닭으로 보리심을 일으키며, 모든 여래의 서원을 원만하게 이루어 남음이 없게 하고자 하는 까닭으로 보리심을 일으키며, 일체 모든 부처님 국토에 들어가서 다하고 남음이 없게 하고자 하는 까닭으로 보리심을 일으키며, 일체 모든 부처님의 대중 모임에 들어가서 다하고 남음이 없게 하고자 하는 까닭으로 보리심을 일으키며, 모든 세계 가운데 모든 겁의 차례를 알아서 다하고 남음이 없게 하고자 하는 까닭으로 보리심을 일으키며, 모든 중생의 마음 바다를 알아서 다하고 남음이 없게 하고자 하는 까닭으로 보리심을 일으키며, 모든 중생의 근 바다를 알아서 다하고 남음이 없게 하고자 하는 까닭으로 보리심을 일으키며, 모든 중생의 업 바다를 알아서 다하고 남음이 없게 하고자 하는 까닭으로 보리심을 일으키며, 모든 중생 행의 바다를 알아서 다하고 남음이 없게 하고자 하는 까닭으로 보리심을 일으키며, 모든 중생의 모든 번뇌의 바다를 없애서 다하고 남음이 없게 하고자 하는 까닭으로 보리심을 일으키며, 모든 중생의 번뇌와 습기의 바다를 뽑아내어 다하고 남음이 없게 하고자 하는 까닭으로 보리심을 일으킨다."

"선남자여! 중요한 점을 말하면 보살은 이와 같은 등등의 백만 아승기 방편의 행(如來地行)을 하기 위한 까닭으로 보리심을 일으킨다."

欲敎化調伏一切衆生 悉無餘故 發菩提心 欲承事供養一切諸佛 悉無餘故 發菩提心 欲嚴淨一切諸佛國土 悉無餘故 發菩提心 欲護持一切諸佛正敎 悉無餘故 發菩提心 欲成滿一切如來誓願 悉無餘故 發菩提心 欲往一切諸佛國土 悉無餘故 發菩提心 欲入一切諸佛衆會 悉無餘故 發菩提心 欲知一切世界中諸劫次第 悉無餘故 發菩提心 欲知一切衆生心海 悉無餘故 發菩提心 欲知一切衆生根海 悉無餘故 發菩提心 欲知一切衆生業海 悉無餘故 發菩提心 欲知一切衆生行海 悉無餘故 發菩提心 欲滅一切衆生諸煩惱海 悉無餘故 發菩提心 欲拔一切衆生煩惱習海 悉無餘故 發菩提心 善男子 取要言之 菩薩以如是等百萬阿僧祇方便行故 發菩提心

"선남자여! 보살의 행은 모든 법에 두루 들어가서 빠짐없이 증득하기 위한 까닭이며, 모든 세계에 두루 들어가서 남김없이 장엄하고 청정하게 하려는 까닭이다."

"이러한 까닭으로 선남자여! 모든 세계를 장엄하여 청정히 하고 다하면 나의 원도 다하게 되고 모든 중생의 번뇌와 배워 익힌 기운을 뽑아내어 다하면 나의 원도 만족할 것이다."

善男子 菩薩行普入一切法 皆證得故 普入一切刹悉嚴淨故 是故善男子 嚴淨一切世界盡 我願乃滿

선재 동자가 물었다.
"성자여! 이 해탈의 이름은 무엇이라 합니까?"
善財童子言 聖者 此解脫名爲何等

휴사 우바이가 답했다.
"선남자여! 이 해탈의 이름은 '근심을 벗어난 편안한 당기(離憂安隱幢)'라고 한다."
"선남자여! 나는 단지 이 하나의 해탈문만을 알고 있다. 보살마하살들의 마음은 바다와 같기에 모든 부처님의 법을 받아들이며, 수미산과 같이 뜻이 견고하기에 그 어떤 힘으로도 움직일 수 없으며, 선근으로 보는 약과 같기에 중생들의 번뇌라는 병을 치료하며, 밝고 청정한 해와 같기에 중생들의 어두운 무명을 깨트리며, 마치 큰 땅과 같기에 모든 중생이 의지할 곳을 지어가며, 마치 좋은 바람과 같기에 모든 중생의 이익이 됨을 지으며, 마치 밝은 등불과 같기에 중생을 위해 지혜로운 광명을 내며, 마치 큰 구름과 같기에 중생을 위해 적멸의 법을 내리며, 마치 청정한 달과 같기에 중생을 위해 복덕의 광명을 놓으며, 마치 제석이 모든 중생을 지키고 보호한다. 이러한 보살마하살의 일을 내가 어떻게 능히 알고 능히 그 공덕의 행을 설할 수 있겠는가."

答言 善男子 此解脫名離憂安隱幢 善男子 我唯知此一解脫門 如諸菩薩摩訶薩 其心如海 悉能容受一切佛法 如須彌山 志意堅固 不可動搖 如善見藥 能除衆生煩惱重病 如明淨日 能破衆生無明闇障 猶如大地 能作一切衆生依處 猶如好風 能作一切衆生義利 猶如明燈 能爲衆生 生智慧光 猶如大雲 能爲衆生 雨寂滅法 猶如淨月 能爲衆生 放福德光 猶如帝釋 悉能守護一切衆生 而我云何能知能說彼功德行

"선남자여! 이곳에서 남방으로 가면 바다 근처에 한 국토가 있으니, 이름이 '나라소(那羅素)'이고 그곳에 선인이 있으니, 이름이 '비목구사(毘目瞿沙)'다. 그대는 그에게 가서 보살은 어떻게 보살의 행을 배우고 어떻게 보살의 도를 닦는 것이냐고 물으라."

善男子 於此南方海潮之處 有一國土 名那羅素 中有仙人 名毘目瞿沙 汝詣彼 問菩薩云何學菩薩行 修菩薩道

때맞춰 선재 동자가 그 발에 머리를 숙여 절하고 수없이 돌아 은근하게 우러러 사모하면서 눈물을 흘리며, 이 같은 사유를 하였다.

"보리(阿耨多羅三藐三菩提心.初發心.不立五蘊不離證得)는 얻기 어렵고 선지식은 가까이 하기 어렵고 선지식은 만나기 어렵고 보살의 모든 근은 얻기 어렵고 보살의 모든 근을 청정하게 하기 어렵고 함께 수행할 선지식은 만나기 어렵고 이치와 같이 자세히 살펴서 들여다보기 어렵고 가르침에 의지하여 수행하기 어렵고 선근의 마음을 내는 방편을 만나기 어렵고 모든 지혜를 거듭 더하고 키우는 법의 광명을 만나기가 어렵구나."라고 생각을 하고는 하직하였다.

時 善財童子頂禮其足 遶無數帀 慇懃瞻仰 悲泣流淚 作是思惟 得菩提難 近善知識難 遇善知識難 得菩薩諸根難 淨菩薩諸根難 値同行善知識難 如理觀察難 依敎修行難 値遇出生善心方便難 値遇增長一切智法光明難 作是念已 辭退而行

(9) 비목 선인. 제8 童眞住

이때 선재 동자가 보살의 바른 가르침을 거스르지 않고 따라 사유하고 보살의 청정한 행을 거스르지 않고 따라 사유하여 보살의 복력을 거듭 더하고 늘리려는 마음을 내고 일체 모든 부처님을 분명하게 보려는 마음을 내고 일체 모든 부처님을 내려는 마음을 내고 모든 큰 원을 거듭 더하고 늘리려는 마음을 내고 시방의 모든 법을 두루 보려는 마음을 내고 모든 법의 참된 성품을 밝게 보려는 마음을 내고 모든 막힘이나 걸림을 두루 없애려는 마음을 내고 법계를 자세히 살펴서 들여다보고 어둠을 없애려는 마음을 내고 모든 마를 항복 받으려는 마음을 내면서 이곳저곳을 다니다가 나라소 국토에 이르러 비목구사를 두루두루 찾았다.

爾時 善財童子隨順思惟菩薩正敎 隨順思惟菩薩淨行 生增長菩薩福力心 生明見一切諸佛心 生出生一切諸佛心 生增長一切大願心 生普見十方諸法心 生明照諸法實性心 生普散一切障礙心 生觀察法界無闇心 生淸淨意寶莊嚴心 生摧伏一切衆魔心 漸漸遊行 至那羅素國 周徧推求毘目瞿沙

하나의 큰 숲이 아승기 나무로 장엄된 것을 보니, 이른바 가지가지의 나뭇잎이 자연스럽게 어우러져 펼쳐지고 가지가지의 꽃나무는 곱게 활짝 피었고 가지가지의 과실나무는 끊이지 않고 익어가며, 가지가지의 보배 나무는 마니열매를 비처럼 내리며, 큰 전단 나무는 곳곳에 줄지어 서 있고 모든 침수향 나무는 늘 좋은 향기를 풍기고 기쁨에 들뜬 향나무는 빼어난 향으로 장엄하고 파타라 나무는 사면을 둘러 쌓았고 니구율 나무는 밑뿌리가 높이 솟았고 염부단 나무에서는 단 과실이 늘 떨어지고 우발라 꽃, 파두마 꽃으로 연못을 장엄하였다.

見一大林 阿僧祇樹 以爲莊嚴 所謂種種葉樹枎疏布濩 種種華樹開敷鮮榮 種種果樹相續成熟 種種寶樹雨摩尼果 大栴檀樹處處行列 諸沈水樹常出好香 悅意香樹妙香莊嚴 波咤羅樹四面圍遶 尼拘律樹其身聳擢 閻浮檀樹常雨甘果 優鉢羅華 波頭摩華以嚴池沼

때맞추어 선재 동자가 그 선인이 전단 나무 아래 풀잎을 깔고 앉아 1만의 무리를 거느리고 있으며, 늘 그렇듯 사슴 가죽을 입었고 나무껍질을 입었고 풀을 겹쳐 엮어서 의복으로 삼았고 상투를 틀고 수염을 드리우고는 앞뒤로 둘러 모시고 있는 것을 보았다.

선재 동자가 이러한 것을 보고 난 후에 그 앞에 나아가 엎드려 절하고 이와 같은 말을 하였다.

"제가 이제 참 선지식을 만났습니다. 선지식은 곧 모든 지혜의 문으로 나아가게 하니, 이는 제가 진실한 도에 들게 하고 얻게 하려는 까닭이며, 선지식은 곧 모든 지혜의 승법에 나아가게 하는 것이니, 이는 여래의 지위에 이르게 하고 얻게 하려는 까닭이며, 선지식은 곧 모든 지혜의 배로 나아가게 하는 것이니, 이는 지혜의 보배 언덕에 이르게 하고 얻게 하려는 까닭이며, 선지식은 곧 모든 지혜의 횃불로 나아가게 하는 것이니, 이는 십력의 광명을 내게 하고 얻게 하려는 까닭이며, 선지식은 곧 모든 지혜의 도에 나아가게 하는 것이니, 이는 내가 열반의 성에 들어가게 하려는 까닭입니다."

"선지식은 곧 모든 지혜의 등불로 나아가게 하는 것이니, 이는 제가 평탄하고 험한 길을 보게 하고 얻게 하려는 까닭이며, 선지식은 곧 모든 지혜의 다리로 나아가게 하는 것이니, 이는 제가 험악한 곳을 건너게 하려는 까닭이며, 선지식은 곧 모든 지혜의 머리 장식으로 쓰는 것이니, 이는 저에게 인자한 큰마음의 시원한 그늘을 내게 하려는 까닭이며, 선지식은 곧 모든 지혜의 눈으로 나아가게 하는 것이니, 이는 저에게 법의 성품이 되는 문을 보고 얻게 하려는 까닭이며, 선지식은 곧 모든 지혜에 들고 나감으로 나아가게 하는 것이니, 이는 저에게 가엾이 여기는 큰마음의 물을 만족하게 하려는 까닭입니다."

時 善財童子 見彼仙人在栴檀樹下 敷草而坐 領徒一萬 或著鹿皮 或著樹皮 或復編草 以爲衣服 髻環垂鬢 前後圍遶 善財見已 往詣其所 五體投地 作如是言 我今得遇眞善知識 善知識者 則是趣向一切智門 令我得入眞實道故 善知識者 則是趣向一切智乘 令我得至如來地故 善知識者 則是趣向一切智船 令我得至智寶洲故 善知識者 則是趣向一切智炬 令我得生十力光故 善知識者 則是趣向一切智道 令我得入涅槃城故 善知識者 則是趣向一切智燈 令我得見夷險道故 善知識者 則是趣向一切智橋 令我得度險惡處故 善知識者 則是趣向一切智蓋 令我得生大慈涼故 善知識者 則是趣向一切智眼 令我得見法性門故 善知識者 則是趣向一切智潮 令我滿足大悲水故

이같이 말하고는 땅에서 일어나 헤아릴 없이 돌고 난 후에 합장하고 그 앞에 머물러 서서 말했다.

"성자여! 저는 이미 아뇩다라삼먁삼보리심을 일으켰지만, 보살이 어떻게 보살의 행을 배우고 어떻게 보살의 도를 닦는지 알지 못합니다. 제가 듣기로는 성자께서 선근으로 가르쳐 주신다고 하니, 바라건대 저에게 설해주십시오."

作是語已 從地而起 遶無量帀 合掌前住白言 聖者 我已先發阿耨多羅三藐三菩提心 而未知菩薩云何學菩薩行 云何修菩薩道 我聞聖者善能誘誨 願爲我說

이길 수 없는 당기 해탈無勝幢解脫

때맞추어 비목구사가 모여 있는 대중을 돌아보고는 이렇게 말했다.
"선남자들이여! 이 동자는 이미 아뇩다라삼먁삼보리심을 일으켰다."
"선남자들이여! 이 동자는 모든 중생에게 두려움 없음을 두루 보시하고 이 동자는 모든 중생에게 두루 이익을 주고 이 동자는 모든 부처의 바다를 자세히 살펴서 두루 들여다보고 이 동자는 모든 감로의 법 비를 두루 마시고자 하고 이 동자는 광대한 모든 법의 바다를 두루 헤아리고자 하고 이 동자는 중생들을 지혜의 바다 가운데 두루 머물게 하고자 하고 이 동자는 광대한 자비의 구름을 두루 일으키고자 하고 이 동자는 광대한 법 비를 두루 내리고자 하고 이 동자는 지혜의 달로 세간을 두루 비추고자 하고 이 동자는 세간의 지독한 번뇌를 두루 없애고자 하고 이 동자는 중생들의 모든 선근을 두루 기르고자 한다."

時 毘目瞿沙顧其徒衆 而作是言 善男子 此童子已發阿耨多羅三藐三菩提心 善男子 此童子普施一切衆生無畏 此童子普興一切衆生利益 此童子常觀一切諸佛智海 此童子欲飮一切甘露法雨 此童子欲測一切廣大法海 此童子欲令衆生住智海中 此童子欲普發廣大悲雲 此童子欲普雨於廣大法雨 此童子欲以智月 普照世間 此童子欲滅世間煩惱毒熱 此童子欲長含識一切善根

때맞춰 모든 신선의 대중이 이 말을 듣고 난 후 가지가지의 가장 빼어난 꽃으로 선재동자에게 흩뜨리고 절하면서 두루 돌면서 몸을 던져 예를 올리고는 둘러싸고 이와 같은 말을 했다.
"이제 이 동자는 반드시 모든 중생을 구하고 보호할 것이며, 반드시 모든 지옥의 고통을 없앨 것이며, 반드시 모든 축생의 길을 끊을 것이며, 반드시 염라왕 계를 굴러서 떠나게 할 것이며, 반드시 모든 험난한 문을 닫아 단절시킬 것이며, 반드시 애욕의 바다를 말릴 것이며, 반드시 중생들의 영원한 고통인 오온(五蘊)을 없앨 것이며, 반드시 영원한 무명의 어둡고 어두움을 깨트릴 것이며, 반드시 탐애로 얽히고 얽힘을 끊어낼 것이며, 반드시 복덕의 큰 철위산으로 세간을 둘러쌀 것이며, 반드시 지혜의 큰 보배 수미산을 세간에 드러낼 것이며, 반드시 청정한 지혜의 해를 뜨게 할 것이며, 반드시 선근의 법장을 열어 보일 것이며, 반드시 세간의 식(識)이 험한 것을 바꾸어 밝게 할 것이다."

時 諸仙衆聞是語已 各以種種上妙香華 散善財上 投身作禮 圍遶恭敬 作如是言 今此童子 必當救護一切衆生 必當除滅諸地獄苦 必當永斷諸畜生道 必當轉去閻羅王界 必當關閉諸難處門 必當乾竭諸愛欲海 必令衆生永滅苦蘊 必當永破無明黑闇 必當永斷貪愛繫縛 必以福德大輪 圍山圍遶世間 必以智慧大寶 須彌顯示世間 必當出現淸淨智日 必當開示善根法藏 必使世間明識險易

때맞추어 비목구사가 많은 신선에게 가르침을 주기 위해 말했다.
"선남자들이여! 그와 같은 어떤 이가 아뇩다라삼먁삼보리심을 일으키면 반드시 모든 지혜의 도를 성취할 것이니, 이 선남자, 선재 동자는 이미 아뇩다라삼먁삼보리심을 일으켰기에 곧 모든 부처님의 공덕의 땅을 청정하게 할 것이다."

時 毘目瞿沙告群仙言 善男子 若有能發阿耨多羅三藐三菩提心 必當成就一切智道 此善男子已發阿耨多羅三藐三菩提心 當淨一切佛功德地

때맞춰 비목구사가 선재 동자에게 가르침을 주기 위해 말했다.
"선남자여! 나는 보살의 '이길 수 없는 당기 해탈無勝幢解脫'을 얻었다."
선재 동자가 물었다.
"성자여! 무승당해탈의 경계는 어떠합니까?"

時 毘目瞿沙告善財童子言 善男子 我得菩薩無勝幢解脫 善財白言 聖者 無勝幢解脫境界云何

때맞춰 비복구사 선인이 오른손을 펴서 선재 동자의 이마를 만지며, 선재 동자의 손을 잡았다. 곧 때를 따라 선재 동자가 자기의 몸을 보니, 시방의 열 부처 세계의 티끌 수와 같은 세계 가운데로 가서 열 부처 세계의 티끌 수와 같은 부처님 처소에 이르는 것을 보았고 그 부처 세계와 또 모인 대중과 모든 부처님의 좋은 모양이나 상태와 가지가지로 장엄함을 보았고 또한 부처님들이 모든 중생이 좋아하는 마음을 순하게 따라서 법을 널리 펴고 설하심을 들으며, 하나의 글자, 하나의 구절을 남김없이 다 통달하고 각각 다르게 받아들여도 어지럽게 섞이지 않았으며, 또한 그 부처님들이 가지가지로 아는 일로서 모든 원을 청정하게 다스리는 것도 알고 또한 그 부처님들이 청정한 원으로 모든 힘을 성취함도 알고 또한 그 부처님들이 중생들의 마음을 따라 나타내는 색상을 보고 또한 그 부처님의 큰 광명의 그물이 가지가지의 색으로 모든 것이 청정하고 원만함도 보고 또한 그 부처님들의 막힘이나 걸림 없는 지혜의 큰 광명의 힘도 알았다.

또 스스로 몸이 그 부처님들의 처소에서 하룻낮과 밤을 지내고 그와 같이 일주일을 지내고 그와 같이 한 달, 일 년, 십 년, 백 년, 천 년, 억 년을 지내기도 하고 그와 같이 아유다 억 년, 나유타 억 년, 그와 같이 반 겁, 한 겁, 백 겁, 천 겁, 백천 억겁뿐만 아니라 말할 수 없이 말로 이를 수 없는 세계의 티끌 수와도 같은 겁을 지내는 것도 보았다.

時 毘目瞿沙卽申右手 摩善財頂 執善財手 卽時 善財自見其身 往十方十佛刹微塵數世界中 到十佛刹微塵數諸佛所 見彼佛刹及其衆會諸佛相好 種種莊嚴 亦聞彼佛隨諸衆生心之所樂 而演說法 一文一句 皆悉通達 各別受持 無有雜亂 亦知彼佛以種種解 淨治諸願 亦知彼佛以淸淨願 成就諸力 亦見彼佛隨衆生心 所現色相 亦見彼佛大光明網 種種諸色淸淨圓滿 亦知彼佛無礙智慧 大光明力 又自見身 於諸佛所 經一日夜 或七日夜 半月一月 一年十年 百年千年 或經億年 或阿庾多億年 或那由他億年 或經半劫 或經一劫百劫千劫 或百千億乃至不可說不可說佛刹微塵數劫

그때 선재 동자는 보살의 무승당해탈의 지혜 광명이 비추는 까닭으로 비로자나장 삼매의 광명을 얻었으며, 다함이 없는 지혜의 해탈 삼매 광명이 비추는 까닭으로 모든 방위를 두루 거두는 다라니 광명을 얻었으며, 금강륜 다라니 문의 광명이 비추는 까닭으로 극히 청정한 지혜의 마음 삼매 광명을 얻었으며, 보문 장엄장 반야바라밀의 광명이 비추는 까닭으로 불허공장륜 삼매의 광명을 얻었으며, 일체 불법륜 삼매의 광명이 비추는 까닭으로 삼세의 다함이 없는 삼매 광명을 얻었다.

爾時 善財童子 爲菩薩無勝幢解脫智光明照故 得毘盧遮那藏三昧光明 爲無盡智解脫三昧光明照故 得普攝諸方陀羅尼光明 爲金剛輪陀羅尼門光明照故 得極淸淨智慧心三昧光明 爲普門莊嚴藏般若波羅蜜光明照故 得佛虛空藏輪三昧光明 爲一切佛法輪三昧光明照故 得三世無盡智三昧光明

때맞추어 비목 선인이 선재 동자의 손을 놓으니, 선재 동자는 자기의 몸이 본래의 처소에 있음을 보았다.

그때 비목 선인이 선재에게 말했다.

"선남자여! 그대가 잊지 않고 생각하는 것이었던가?"

선재 동자가 답했다.

"그렇습니다. 오로지 이는 성자이신 선지식의 힘입니다."

時 彼仙人放善財手善財童子卽自見身還在本處 時 仙人告善財言 善男子 汝憶念耶 善財言 唯此是聖者善知識力

비목 선인이 말했다.

"선남자여! 나는 단지 보살의 '무승당 해탈'만을 알 뿐이다. 보살마하살은 특히 뛰어난 모든 삼매를 성취하여 모든 시간에 자재함을 얻고 한 생각 중에 곧 한순간에 모든 부처님의 헤아릴 수 없는 지혜를 내놓으며, 부처의 지혜 등불로 장엄하여 세간을 두루 비추고 한 생각, 한순간에 삼세의 경계에 두루 들어가며, 형상을 나누어 두루 시방의 국토에 가고 지혜의 몸으로 모든 법계에 두루 들어가고 중생의 마음을 따라서 그 앞에 두루 나타나며, 그 근의 행을 자세히 살펴보고 이익이 되게 하고 청정한 광명을 놓아 깊이 사랑하며 좋아한다. 보살마하살의 이러한 것을 내가 어떻게 알고 공덕의 행과 특히 뛰어난 서원과 장엄한 세계와 지혜의 경계와 삼매로 행하는 곳과 신통 변화와 해탈의 유희와 보살마하살의 몸이 각각 차별되는 것과 음성이 청정함과 지혜의 광명을 말할 수 있겠는가."

仙人言 善男子 我唯知此菩薩無勝幢解脫 如諸菩薩摩訶薩 成就一切殊勝三昧 於一切時 而得自在 於一念頃 出生諸佛無量智慧 以佛智燈 而爲莊嚴 普照世間 一念普入三世境界 分形徧往十方國土 智身普入一切法界 隨衆生心 普現其前 觀其根行 而爲利益 放淨光明 甚可愛樂 而我云何能知能說彼功德行 彼殊勝願 彼莊嚴刹 彼智境界 彼三昧所行 彼神通變化 彼解脫遊戲 彼身相差別 彼音聲淸淨 彼智慧光明

"선남자여! 이곳에서 남쪽으로 마을이 하나 있으니, 이름이 '이사나(伊沙那)'며, 그곳에 바라문이 있으니, 이름이 '승열(勝熱)'이다. 그대는 그에게 가서 보살은 어떻게 보살의 행을 배우고 어떻게 보살의 도를 닦는 것이냐고 물어라."

때맞춰 선재 동자가 기쁘고 즐거움에 뛰놀면서 비목의 발에 절하고 수없이 돌며, 은근하게 우러러 사모하면서 하직하고 남쪽으로 떠났다.

　善男子 於此南方 有一聚落 名 伊沙那 有婆羅門 名曰 勝熱 汝詣彼 問菩薩云何學菩薩行 修菩薩道 時 善財童子歡喜踊躍 頂禮其足 遶無數帀 慇懃瞻仰 辭退南行

(10) 승열 바라문. 제9 法王子住

　이때 선재 동자가 무승당 해탈의 비춤을 받는 까닭에 생각으로는 헤아려 알 수 없는 모든 부처님의 신통한 힘에 머물며, 생각으로 헤아려 알 수 없는 보살의 해탈과 신통한 지혜를 증득하며, 생각으로 헤아려 알 수 없는 보살 삼매의 지혜 광명을 얻으며, 일체 시에 닦고 익히는 삼매의 지혜 광명을 얻으며, 모든 경계를 깨달아 알고 다 생각을 의지하여 머무는 것임을 아는 삼매의 지혜 광명을 얻으며, 모든 세간에서 가장 뛰어난 지혜 광명을 얻었다.

　모든 곳에 남김없이 그 몸을 나타내어 마지막까지 지혜로 둘이 없고 분별이 없는 평등한 법을 설하고 밝고 청정한 지혜로 경계를 두루 비추고 들은 법을 다 받아들여 청정하게 믿고 이해하며, 법 자신의 성품을 결정하여 분명하게 깨우쳐 알고 마음으로는 늘 보살의 빼어난 행을 버리지 않았고 모든 지혜를 구하여 영원히 물러섬이 없고 십력과 지혜의 광명을 확실하게 얻었으며, 빼어난 법을 부지런히 구하여 싫어하는 생각이 없고 바른 수행으로 부처님의 경계에 들어갔다.

　보살의 헤아릴 수 없는 장엄을 내어놓고 끝없는 큰 원을 남김없이 다 청정하게 하였고 다함이 없는 지혜로 끝없는 세계의 그물을 알며, 겁내고 약하지 않은 마음으로 헤아릴 수 없는 중생 바다를 제도하고 끝이 없는 보살의 모든 행의 경계를 깨우쳐 알며, 끝이 없는 세계의 가지가지 차별을 보고 끝이 없는 세계의 가지가지 장엄을 보고 끝이 없는 세계의 미세한 경계에 들어가고 끝이 없는 세계의 가지가지 이름을 알고 끝없는 세계의 가지가지 말을 알며, 끝없는 중생이 가지가지로 아는 것을 알고 끝없는 중생의 가지가지 행을 보고 끝없는 중생의 성숙한 행을 보고 끝없는 중생이 차별하는 생각을 보았다.

　爾時 善財童子爲菩薩無勝幢解脫所照故 住諸佛不思議神力 證菩薩不思議解脫神通智 得菩薩不思議三昧智光明 得一切時熏修三昧智光明 得了知一切境界皆依想所住三昧智光明 得一切世間殊勝智光明 於一切處 悉現其身 以究竟智 說無二無分別平等法 以明淨智 普照境界 凡所聞法 皆能忍受 淸淨信解 於法自性 決定明了 心恒不捨菩薩妙行 求一切智 永無退轉 獲得十力智慧光明 勤求妙法 常無厭足 以正修行

入佛境界 出生菩薩無量莊嚴 無邊大願 悉已淸淨 以無窮盡智 知無邊世界網 以無怯弱心 度無量衆生海 了無邊菩薩諸行境界 見無邊世界種種差別 見無邊世界種種莊嚴 入無邊世界微細境界 知無邊世界種種名號 知無邊世界種種言說 知無邊衆生種種解 見無邊衆生種種行 見無邊衆生成熟行 見無邊衆生差別想

선지식을 생각하면서 여유롭게 가다가 이사나 마을에 이르렀고 승열 바라문이 모든 고행을 닦으면서 모든 지혜를 구하는 것을 보니, 사면의 불덩어리가 마치 큰 산과 같고 그 가운데 칼산이 있으며, 높고 가파르기가 끝이 없어 보였다. 승열 바라문이 그 산 위에 올라가서 몸을 던져 불에 들어가는 것을 보았다.
念善知識 漸次遊行 至伊沙那聚落 見彼勝熱 修諸苦行 求一切智 四面火聚 猶如大山 中有刀山高崚無極 登彼山上 投身入火

그때 선재 동자가 그의 발에 머리 숙여 예를 갖추고 합장하고 서서 말했다.
"성자여! 저는 이미 아뇩다라삼먁삼보리심을 일으켰지만, 보살이 어떻게 보살의 행을 닦으며, 어떻게 보살의 도를 닦는 것인지 알지 못합니다. 제가 듣기로는 성자께서 선근으로 능히 가르친다 하니, 원하건대 저를 위해 설해주십시오."
時 善財童子頂禮其足 合掌而立 作如是言 聖者 我已先發阿耨多羅三藐三菩提心 而未知菩薩云何學菩薩行 云何修菩薩道 我聞聖者善能誘誨 願爲我說

무진륜해탈(無盡輪解脫)의 문

승열 바라문이 말했다.
"선남자여! 그대가 지금 그와 같이 이 칼산 위에 올라가서 몸을 불구덩이에 던지면(不立五蘊) 모든 보살행(不離證得)이 남김없이 다 청정해질 것이다."
婆羅門言 善男子 汝今若能上此刀山 投身火聚 諸菩薩行悉得淸淨

이때를 맞춰 선재 동자가 이와 같은 생각을 했다.

"사람의 몸이란 얻기 어려우며, 모든 어려움을 벗어나기란 어렵고 어려움이 없어지는 것을 얻기가 어렵고 청정한 법을 받기란 어렵고 부처를 만나기 어렵고 모든 근을 갖추기는 어렵고 불법을 얻기란 어렵고 선지식을 만나기란 어렵고 이치와 같은 바른 가르침을 받기 어렵고 바른 생활하기 어렵고 법을 따라 행하기 어렵다고 하더니, 이것은 장차 마가 되는 것이 아닌가. 또 마가 시키는 것이 아닌가. 장차 마의 험악한 무리가 거짓으로 보살인 듯 선지식의 모양이나 상태로 꾸미고 나에게 선근의 어려움을 만들어 내가 수행하는 모든 지혜의 도에 막힘이나 걸림이 되고 나를 나쁜 길로 이끌어 들어가게 하고 나의 법문을 막고 나의 불법을 막는 것은 아닌가?"

時 善財童子作如是念 得人身難 離諸難難 得無難難 得淨法難 得值佛難 具諸根難 聞佛法難 遇善人難 逢眞善知識難 受如理正敎難 得正命難 隨法行難 此將非魔魔所使耶 將非是魔險惡徒黨 詐現菩薩善知識相 而欲爲我作善根難 作壽命難 障我修行一切智道 牽我令入諸惡道中 欲障我法門 障我佛法

이러한 생각을 하고 있을 때, 십 천의 범천이 허공을 통해 이와 같음을 말했다.

"선남자여! 그런 생각을 하지 마라. 그런 생각을 하지 마라. 이 성자는 '금강불꽃 삼매(金剛焰三昧)'의 광명을 얻었으며, 큰 정진을 일으켜서 모든 중생을 제도하면서 마음이 물러섬이 없고 모든 사랑에 대한 집착의 바다를 마르게 하고자 하고 바르지 못한 모든 견해의 그물을 끊어내고자 하고 모든 번뇌의 잡초를 태우고자 하고 모든 번뇌의 빽빽한 숲을 밝게 비추고자 하고 모든 생사의 공포를 끊고자 하고 모든 삼세의 막힘이나 걸림을 무너트리고자 하고 모든 법의 광명을 놓고자 한다."

作是念時 十千梵天在虛空中 作如是言 善男子 莫作是念 莫作是念 今此聖者 得金剛焰三昧光明 發大精進 度諸衆生 心無退轉 欲竭一切貪愛海 欲截一切邪見網 欲燒一切煩惱薪 欲照一切惑稠林 欲斷一切老死怖 欲壞一切三世障 欲放一切法光明

"선남자여! 우리 모든 범천은 바르지 못한 견해에 많이 집착하여 다들 스스로 이르길 '우리는 자재하고 능히 지어가는 자이며, 세간 가운데 내가 가장 뛰어난 자들'이라고 하였더니, 승열 바라문이 다섯 군데의 몸을 뜨겁게 굽은 것(苦行.不立五蘊)을 보고는 즐거운 마음으로 자신의 궁전에 집착함이 없으며, 모든 선정에서 즐거움(滋味)을 얻지 못하고 함께 바라문의 처소에 이르렀다."

"이때 바라문이 신통한 힘으로 큰 고행을 보이고 우리에게 법을 설하여 모든 견해를 없애 주고 모든 교만함을 제거해 주고 크게 사랑하는 마음에 머물게 하고 가엾이 여기는 큰마음을 행하게 하고 광대한 마음을 내어 보리의 생각과 뜻을 일으키게 하였기에 늘 모든 부처님을 보고 늘 빼어난 법을 듣고는 마음이 모든 곳에 막힘이나 걸림이 되지 않게 되었다."

善男子 我諸梵天 多著邪見 皆悉自謂 是自在者 是能作者 於世間中 我是最勝 見婆羅門五熱炙身 於自宮殿 心不樂著 於諸禪定 不得滋味 皆共來詣婆羅門所 時 婆羅門以神通力 示大苦行 爲我說法 能令我等 滅一切見 除一切慢 住於大慈 行於大悲 起廣大心 發菩提意 常見諸佛 恒聞妙法 於一切處 心無所礙

차례를 따라(復有) 십 천의 마가 허공 가운데서 하늘 마니보배를 흩뿌리고 선재 동자에게 말했다.

"선남자여! 바라문이 다섯 가지의 뜨거움으로 몸을 구울 때(苦行.不立五蘊) 그 불의 광명이 내 궁전의 장엄 기물을 가려서 어둡게 하기에 나는 궁전에 집착하지 않고 권속들과 함께 그의 처소에 이르니, 바라문이 나를 위해 법을 설했고 나뿐만 아니라 헤아릴 수 없는 천자와 모든 천녀들도 아뇩다라삼먁삼보리에서 물러서지 않음을 얻게 하였습니다."

復有十千諸魔 在虛空中 以天摩尼寶 散婆羅門上 告善財言 此婆羅門 五熱炙身時 其火光明 映奪於我所有宮殿諸莊嚴具 皆如聚墨 令我於中 不生樂著 我與眷屬 來詣幾所 此婆羅門爲我說法 令我及餘無量天子 諸天女等 皆於阿耨多羅三藐三菩提 得不退轉

차례를 따라(復有) 십 천의 자재천왕이 허공 가운데 각각 하늘의 꽃을 흩뿌리고 이와 같음을 말했다.

"선남자여! 바라문이 다섯 군데의 몸을 뜨겁게 구울 때(苦行.不立五蘊) 그 불의 광명이 저희 궁전의 빛을 빼앗아 장엄 기물을 가리고 어둡게 하기에 나는 그 가운데 애착하지 않고 곧바로 권속들과 더불어 바라문의 처소에 이르니, 바라문이 나에게 법을 설하여 마음의 자재(自在)함을 얻게 하고 번뇌에도 자재하게 하고 태어나는 일에도 자재하게 하고 모든 업장에도 자재하게 하고 모든 삼매에도 자재하게 하고 모든 장엄 기물에도 자재하게 하고 수명 가운데 자재함을 얻게 할 뿐만 아니라 모든 불법에 자재함을 얻게 하였습니다."

復有十千自在天王 於虛空中 各散天華 作如是言 善男子 此婆羅門 五熱炙身時 其

火光明 映奪我等所有宮殿諸莊嚴具 皆如聚墨 令我於中 不生愛著 卽與眷屬 此婆羅門爲我說法 令我於心 而得自在 於煩惱中 而得自在 於受生中 而得自在 於諸業障 而得自在 於諸三昧 而得自在 於莊嚴具 而得自在 於壽命中 而得自在 乃至能於一切佛法 而得自在

차례를 따라(復有) 십 천의 화락천왕이 허공 가운데서 하늘의 음악을 지어 공손히 섬기어 공양하고 이와 같음을 말했다.

"선남자여! 바라문이 다섯 군데의 몸을 뜨겁게 구울 때(苦行,不立五蘊) 그 불의 광명이 저희 궁전의 장엄 기물과 채녀들에게 비추기에 하고자 하는 즐거움을 내지 않고 하고자 하는 즐거움을 구하지도 않고 몸과 마음이 부드럽고 편해져서 곧바로 대중과 함께 바라문의 처소에 이르니, 바라문이 나에게 법을 설하여 청정한 마음을 얻게 하고 맑고 깨끗한 마음을 얻게 하고 순수한 선근의 마음을 얻게 하고 부드럽고 편안한 마음을 얻게 하고 기쁘고 즐거운 마음을 내게 할 뿐만 아니라 청정한 십력과 청정한 몸을 얻게 하여 헤아릴 수 없는 몸을 낳게 하고 뿐만 아니라 부처의 몸, 부처의 말, 부처의 음성, 부처의 마음을 얻게 하고 모든 지혜의 지혜를 온전하게 갖추고 성취하게 하였습니다."

復有十千化樂天王 於虛空中 作天音樂 恭敬供養 作如是言 善男子 此婆羅門 五熱炙身時 其火光明 照我宮殿諸莊嚴具 及諸采女 能令我等 不受欲樂 不求欲樂 身心柔軟 卽與衆俱 來詣其所 時 婆羅門爲我說法 能令我等 心得淸淨 心得明潔 心得純善 心得柔軟 心生歡喜 乃至令得淸淨十力淸淨之身 生無量身 乃至令得佛身 佛語 佛聲 佛心 具足成就一切智智

차례를 따라(復有) 십 천의 도솔천 왕과 천자와 천녀의 헤아릴 수 없는 권속들이 허공 가운데 빼어난 향을 흩뿌리고 공손히 섬기어 절하고 이와 같음을 말했다.

"선남자여! 바라문이 다섯 군데의 몸을 뜨겁게 구울 때 우리 등 모든 하늘과 권속은 자기의 궁전에 즐거이 집착하지 않고 다 함께 바라문의 처소에 이르러 바라문의 설법을 듣고는 우리는 경계를 탐하지 않고 적은 것으로 만족함을 알고 마음으로 환희를 내고 마음이 가득히 차는 것을 얻고 모든 선근을 내어 보리심을 일으켰을 뿐만 아니라 모든 불법을 원만하게 하였습니다."

復有十千兜率天王 天子 天女 無量眷屬 於虛空中 雨衆妙香 恭敬頂禮 作如是言

善男子 此婆羅門 五熱炙身時 令我等諸天 不生樂著 共詣其所 聞其說法 能令我等 不貪境界 少欲知足 心生歡喜 心得充滿 生諸善根 發菩提心 乃至圓滿一切佛法

차례를 따라(復有) 십 천의 삼십 삼천과 아울러 그 권속과 천자, 천녀가 앞뒤로 둘러싸고 허공 가운데 만타라 꽃을 하늘에서 내려 공손히 섬기어 공양하고 이와 같음을 말했다.

"선남자여! 바라문이 다섯 군데의 몸을 뜨겁게 구울 때 우리 등 모든 하늘은 하늘의 음악을 즐기고자 집착하지 않고 다 함께 바라문의 처소에 이르니, 때맞춰 바라문이 우리를 위해 일체 모든 법이란 항상 함이 없고 부서지고 무너지는 것임을 설하여 모든 하고자 하는 즐거움을 버리고 벗어나게 하며, 교만함과 제멋대로인 것을 끊어 제거하고 위 없는 보리를 즐거이 사랑하게 하였습니다."

"또 선남자여! 내가 바라문을 볼 때 수미산 정상이 여섯 가지로 진동하는 것을 보고 무서움에 다들 보리심을 일으켰지만, 견고하여 움직이지 않았다."

復有十千三十三天幷其眷屬天子 天女 前後圍遶 於虛空中 雨天曼陀羅華 恭敬供養 作如是言 善男子 此婆羅門 五熱炙身時 令我等諸天 於天音樂 不生樂著 共詣其所 時 婆羅門爲我等 說一切諸法 無常敗壞 令我捨離一切欲樂 令我斷除憍慢放逸 令我愛樂無上菩提 又善男子 我當見此婆羅門時 須彌山頂 六種震動 我等恐怖 皆發菩提心 堅固不動

차례를 따라(復有) 십 천의 용왕이 있으니, 이른바 이나발라 용왕, 난타, 우파난타 용왕들이었다. 이들이 허공에서 검은 전단을 내리고 헤아릴 수 없는 용녀들이 하늘의 음악을 들려주고 하늘 꽃과 하늘 향수를 내려서 공손히 섬기어 공양하고 이와 같음을 말했다.

"선남자여! 바라문이 다섯 군데의 몸을 뜨겁게 구울 때 그 불의 광명이 모든 용의 궁전을 비추어 모든 용의 대중이 뜨거운 모래의 두려움과 금시조의 두려움을 벗어나고 성냄을 제거하고 몸이 청량해졌으며, 마음에 허물과 흐림이 없어 법을 들어 믿고 이해했으며, 악한 용의 부류를 싫어하여 극히 정성스러운 마음으로 업장을 뉘우치고 제거하며, 아뇩다라삼먁삼보리심의 뜻을 일으켜 모든 지혜에 머물렀다."

復有十千龍王 所謂 伊那跋羅龍王 難陀優波難陀龍王等 於虛空中 雨黑栴檀 無量龍女奏天音樂 雨天妙華及天香水 恭敬供養 作如是言 善男子 此婆羅門 五熱炙身時 其火光明 普照一切諸龍宮殿 令諸龍衆 離熱沙怖 金翅鳥怖 滅除瞋恚 身得清涼 心

無垢濁 聞法信解 厭惡龍趣 以至誠心 悔諸業障 乃至發阿耨多羅三藐三菩提意 住一切智

　　차례를 따라(復有) 십 천의 야차왕이 허공 중에서 가지가지의 공양 기물로 바라문과 선재 동자에게 공손히 섬기면서 공양하고는 이와 같음을 말했다.
　　"선남자여! 바라문이 다섯 군데의 몸을 뜨겁게 구울 때 저와 권속들은 중생에게 가엾이 여기는 마음을 내었고 모든 나찰과 구반다들도 또한 사랑하는 마음을 내었으며, 사랑하는 마음을 쓰는 까닭으로 모든 중생을 괴롭게 하고 해치는 일이 없고 해치는 일이 없기에 나에게로 왔습니다. 나와 이들은 자기의 궁전에 즐거이 집착함을 내지 않고 곧바로 다 함께 바라문의 처소로 나아가니, 때맞춰 바라문이 우리에게 응하여 법을 설하였으며, 모두 몸과 마음이 즐거워지고 편안해졌으며, 헤아릴 수 없는 나찰과 구반다들도 위 없는 보리심을 일으키게 하였습니다."
　　復有十千夜叉王 於虛空中 以種種供具 恭敬供養 此婆羅門及以善財 作如是言 善男子 此婆羅門 五熱炙身時 我及眷屬 悉於衆生 發慈愍心 一切羅刹鳩槃茶等 亦生慈心 以慈心故 於諸衆生 無所惱害 而來見我 我及彼等 於自宮殿 不生樂著 卽與共俱 來詣其所 時 婆羅門卽爲我等 如應說法 一切皆得 身心安樂 又令無量夜叉 羅刹 鳩槃茶等 發於無上菩提之心

　　차례를 따라(復有) 십 천의 건달바 왕이 허공 중에서 이와 같음을 말했다.
　　"선남자여! 바라문이 다섯 군데의 몸을 뜨겁게 구울 때 그 광명이 나의 궁전에 비치어 우리에게 생각으로는 알 수 없고 헤아릴 수 없는 상쾌한 즐거움을 받게 하였습니다. 이러한 까닭으로 우리가 바라문의 처소에 이르니, 바라문이 우리에게 법을 설하여 아뇩다라삼먁삼보리에서 물러서지 않게 하였습니다."
　　復有十千乾闥婆王 於虛空中 作如是言 善男子 此婆羅門 五熱炙身時 其火光明 照我宮殿 悉令我等 受不思議無量快樂 是故我等 來詣其所 此婆羅門 爲我說法 能令我等 於阿耨多羅三藐三菩提 得不退轉

　　차례를 따라(復有) 십 천의 아수라왕이 큰 바다에서 나와 허공에 머물면서 오른무릎을 펴 합장하고 절하여 예를 올리고는 이와 같음을 말했다.

"선남자여! 바라문이 다섯 군데의 몸을 뜨겁게 구울 때 우리 아수라에 있는 궁전과 큰 바다와 큰 땅이 다 진동하여 우리에게 교만함과 제멋대로 놀아남을 버리게 하였습니다. 이러한 까닭으로 우리가 바라문의 처소에 가서 그의 법문을 듣고 아첨과 속임수를 벗어나 버리고 참아내는 자리에 편안히 머물면서 견고하게 움직이지 않으며, 십력을 원만하게 하였습니다."

復有十千阿修羅王 從大海出 住在虛空 舒右膝輪 合掌前禮 作如是言 善男子 此婆羅門 五熱炙身時 我阿修羅所有宮殿 大海 大地悉皆震動 令我等捨憍慢放逸 是故我等 來詣其所 從其聞法 捨離諂誑 安住忍地 堅固不動 圓滿十力

차례를 따라(復有) 십 천의 가루라 왕이 용맹을 갖춘 왕의 우두머리가 되어 외도(外道)의 동자 모습으로 변하여 허공 중에서 이와 같은 말을 소리높여 말했다.

"선남자여! 바라문이 다섯 군데의 몸을 뜨겁게 구울 때 그 불의 광명이 우리 궁전에 비치어 모든 것이 진동하고 또 다들 무서워하였습니다. 이러한 까닭으로 바라문의 처소에 이르렀고 바라문이 우리에게 응하여 법을 설하였기에 큰 사랑을 닦고 익혔으며, 크게 가엾이 여김을 칭찬하고 생사의 바다를 건너고 탐욕의 수렁에 빠진 중생을 빼내어 구제하고 보리심을 찬탄하고 방편의 지혜를 일으키며, 마땅한 바를 따라 중생을 조복시켰습니다."

復有十千迦樓羅王 勇力持王 而爲上首 化作外道童子之形 於虛空中 唱如是言 善男子 此婆羅門 五熱炙身時 其火光明 照我宮殿 一切震動 皆悉恐怖 是故我等 來詣其所 時 婆羅門卽爲我等 如應說法 令修習大慈 俛讚大悲 度生死海 於欲泥中 拔濟衆生 歡菩提心 起方便智 隨其所宜 調伏衆生

차례를 따라(復有) 십 천의 긴나라 왕이 허공 가운데서 이와 같음을 소리높여 말했다.

"선남자여! 바라문이 다섯 군데의 몸을 뜨겁게 구울 때 우리가 머무는 궁전의 모든 다라 나무, 모든 보배 풍경 그물, 모든 보배 비단 띠, 모든 음악의 나무, 모든 빼어난 보배 나무와 모든 악기에서 자연스럽게 부처의 소리, 법의 소리, 물러섬이 없는 보살과 승의 소리, 위 없는 보리를 구하는 소리를 내어 말했습니다. '어느 곳, 어느 나라의 아무개 보살이 보리심을 일으키며, 어느 곳, 어느 나라의 아무개 보살이 고행을 수행하여 버리기 어려운 것을 버리며, 어느 곳, 어느 나라의 아무개 보살이 도량에 나아갔을 뿐만 아니라 어느 곳, 어느 나라의 아무개 여래가 불사를 마치고 열반에 들었다.'라고 하였습니다."

　復有十千緊那羅王 於虛空中 唱如是言 善男子 此婆羅門 五熱炙身時 我等所住宮殿 諸多羅樹 諸寶鈴網 諸寶繒帶 諸音樂樹 諸妙寶樹及諸樂器 自然而出佛聲 法聲 及不退轉菩薩僧聲 願求無上菩提之聲 云 某方某國 有某菩薩 發菩提心 某方某國 有某菩薩 修行苦行 難捨能捨 乃至淸淨一切智行 某方某國 有某菩薩 往詣道場 乃至某方某國 有某如來 作佛事已 而般涅槃

"선남자여! 가령 어떤 사람이 염부제의 모든 초목을 가루로 만들어 아주 작은 티끌로 만들면 이 티끌의 수는 그 끝의 경계를 알 수 있지만, 나의 궁전에 있는 보배 다라 나무뿐만 아니라 악기로 말하는 보살의 명호와 여래의 명호와 일으킨 큰 원을 닦는 행 등등은 그 끝이 되는 경계를 얻을 수 없습니다."

"선남자여! 우리 등은 부처의 소리, 법의 소리, 보살 승법의 소리를 듣고 매우 기쁘기에 바라문의 처소에 이르고 때맞춰 바라문이 우리 등에게 응하여 법을 설하고 나와 또한 헤아릴 수 없는 중생들이 아뇩다라삼먁삼보리에서 물러서지 않음을 얻게 하였습니다."

　善男子 假使有人 以閻羅提一切草木 末爲微塵 此微塵數可知邊際 我宮殿中 寶多羅樹乃至樂器所說菩薩名 如來名 所發大願 所修行等 無有能得知其邊際 善男子 我等以聞佛聲 法聲 菩薩僧聲 生大歡喜 來詣其所 時 婆羅門卽爲我等 如應說法 令我及餘無量衆生 於阿耨多羅三藐三菩提 得不退轉

차례를 따라(復有) 욕계의 모든 하늘 가운데서 빼어난 공양 기물로 공손히 섬기어 공양하고 이와 같음을 소리높여 말했다.

"선남자여! 바라문이 다섯 군데의 몸을 뜨겁게 구울 때(苦行.不立五蘊) 그 불의 광명이 아비지옥 등 모든 지옥에 비치어 고통을 받던 일에서 모두 쉬게 되었고 우리 등은 이 불의 광명을 보는 까닭으로 마음으로부터 청정한 믿음을 내고 믿음의 마음을 낸 까닭으로 이곳에서 죽어 하늘에 태어났으며, 은혜를 아는 까닭으로 바라문의 처소에 와서 공손히 섬기고 우러르고 싫어하고 만족함이 없으며, 바라문이 우리에게 법을 설하여 헤아릴 수 없는 중생들이 보리심을 일으켰습니다."

　復有無量欲界諸天 於虛空中 以妙供具 恭敬供養 唱如是言 善男子 此婆羅門 五熱炙身時 其火光明 照阿鼻等一切地獄 諸所受苦 悉令休息 我等見此火光明故 心生淨

信 以信心故 從彼命終 生於天中 爲知恩故 而來其所 恭敬瞻仰 無有厭足 時 婆羅門 爲我說法 令無量衆生 發菩提心

그때 선재 동자가 이와 같은 법을 듣고는 매우 기뻐하면서 바라문에 대해 진실한 선지식이라는 마음을 일으키고 엎드려 절하고 이와 같음을 말했다.
 "제가 큰 성인의 선지식 처소에서 선근의 마음을 내지 못했습니다. 원하건대 성자여! 저의 잘못과 허물에 대한 뉘우침을 받아 주십시오."
 爾時 善財童子 聞如是法 心大歡喜 於婆羅門所 發起眞實善知識心 頭頂禮敬 唱如是言 我於大聖善知識所 生不善心 唯願聖者 容我悔過

때맞추어 바라문이 곧바로 선재 동자에게 게송을 말했다.
時 婆羅門卽爲善財 而說頌言

若有諸菩薩 그와 같은 모든 보살이
順善知識敎 선지식의 가르침을 선근으로 거스르지 않고 따르면
一切無礙懼 모든 두려움으로 인한 막힘이나 걸림이 없고
安住心不動 편안히 머물며 움직이지 않는다네.

當知如是人 이와 같은 사람은 당연히
必獲廣大利 반드시 광대한 이익을 얻을 것이니
坐菩提樹下 보리수 아래에 앉아
成於無上覺 위 없는 깨우침을 이룰 것이라네.

그때 선재 동자가 곧바로 칼산에 올라가 몸을 불 구덩이에 던졌고 끝에 이르기도 전에 '보살의 선근에 머무는 삼매(善住三昧)'를 얻었으며, 몸이 불꽃에 닿자마자 보살의 '적정의 즐거운 신통 삼매(寂靜樂神通三昧)'를 얻었다. 그리고는 선재 동자가 물었다.
 "매우 뛰어나십니다. 성자여! 이와 같은 칼산과 불구덩이의 불꽃에 몸이 닿을 때 제 몸이 편안하고 상쾌하고 좋았습니다."

爾時 善財童子 卽登刀山 自投火聚 未至中間 卽得菩薩善住三昧 纔觸火焰 又得菩薩寂靜樂神通三昧 善財白言 甚奇 聖者 如是刀山及大火聚 我身觸時 安隱快樂

이때 바라문이 선재 동자에게 말했다.
"선남자여! 나는 단지 보살의 무진륜해탈(無盡輪解脫)의 문을 얻었을 뿐이다. 보살마하살은 큰 공덕의 불꽃으로 모든 중생의 견해로 인한 의심을 태워서 남은 것이 없게 하고 반드시 물러섬이 없게 하며, 다함이 없는 마음, 게으름을 피우지 않는 마음, 겁내고 약함이 없는 마음, 금강장 나라연 같은 마음과 빨리 수행하여 더디고 늦지 않는 마음을 일으켜 바람의 바퀴처럼 모든 큰 정진의 서원을 두루 가지고 모든 것을 다 물러섬이 없게 한다. 이를 내가 어떻게 능히 알겠으며, 또 보살마하살의 공덕행을 말할 수 있겠는가."

時 婆羅門告善財言 善男子 我唯得此菩薩無盡輪解脫 如諸菩薩摩訶薩大功德焰 能燒一切衆生見惑 令無有餘 必不退轉 無窮盡心 無懈怠心 無怯弱心 發如金剛藏那羅延心 疾修諸行 無遲緩心 願如風輪普持一切 精進大誓 皆無退轉 而我云何能知能說彼功德行

"선남자여! 이곳에서 남방으로 가면 성이 있으니, 이름이 '사자분신(師子奮迅)'이며, 그 성에 동녀(童女)가 있으니, 이름이 '자행(慈行)'이다. 그대는 그에게 가서 보살은 어떻게 보살의 행을 닦으며, 어떻게 보살의 도를 닦는 것이냐고 물어라."
그때 선재 동자는 그의 발에 엎드려 절하고 수없이 돌다가 하직하였다.

善男子 於此南方 有城 名 師子奮迅 中有童女 名曰 慈行 汝詣彼 問菩薩云何學菩薩行 修菩薩道 時 善財童子 頂禮其足 遶無數帀 辭退而去

대방광불화엄경 제65권

39. 입법계품(6)
   入法界品第三十九之六

(11) 자행 동녀. 제10 灌頂住

그때 선재 동자는 선지식에 대한 최고의 지극한 존중의 마음을 일으키고 광대하고 청정한 이해를 내어 늘 대승을 생각하고 오로지 부처님의 지혜를 구하여 모든 부처님 보기를 원하고 법의 경계를 자세히 살펴보았다.

막힘이나 걸림이 없는 지혜가 늘 앞에 나타나기에 모든 법의 실질적 경계와 늘 머무는 경계와 모든 삼세의 모든 찰나의 경계와 허공과 같은 경계와 둘이 없는 경계와 모든 법에 분별이 없는 경계와 모든 뜻에 막힘이나 걸림 없는 경계와 모든 겁에 무너짐이 없는 경계와 모든 여래의 끝없는 경계의 경계를 결정하여 알고 모든 부처님 마음에 분별이 없으며, 많은 생각의 그물을 깨트리고 모든 집착에서 벗어나고 모든 부처님의 대중이 모인 도량을 취하지 않고 또한 부처님의 청정한 국토도 취하지 않고 모든 중생이 다 '내(我)'가 없음을 알고 모든 소리가 남김없이 다 메아리와 같음을 알고 모든 색이란 남김없이 다 그림자와 같음을 알았다.

爾時 善財童子 於善知識所 起最極尊重心 生廣大淸淨解 常念大乘 專求佛智 願見諸佛 觀法境界 無障礙智常現在前 決定了知諸法實際 常住際 一切三世諸刹那際 如虛空際 無二際 一切法無分別際 一切義無障礙際 一切劫無失壞際 一切如來無際之際 於一切佛 心無分別 破衆想網 離諸執著 不取諸佛衆會道場 亦不取佛淸淨國土 知諸衆生皆無有我 知一切聲悉皆如響 知一切色悉皆如影

점점 남쪽으로 향하다가 사자분신(師子奮迅) 성에 도착하여 이곳저곳으로 자행(慈行) 동녀를 찾아다녔다. 이 동녀는 사자당 왕의 딸이며, 5백의 동녀가 시종으로 따르고 비로자나 궁전에 있으면서 용승전단이 발이 되고 금실로 짠 그물을 둘렀으며, 하늘의 옷을 깔아놓은 자리에 앉아 빼어난 법을 널리 펴서 설한다는 말을 들었다.

이러한 말을 듣고 선재 동자가 왕궁에 이르러 자행 동녀를 찾았고 헤아릴 수 없는 사람들이 궁중으로 들어가는 것을 보고는 선재 동자가 물었다.

"모든 사람이 지금 어디로 가는 것인지요?"

다들 답했다.

"우리는 자행 동녀에게서 빼어난 법을 들으려고 간다."

선재 동자가 곧바로 이 같은 생각을 했다.

"이 왕궁의 문은 막은 일이 없으니 나 또한 당연히 들어갈 것이다."

들어가자마자 비로자나장 궁전을 보았다.

漸次南行 至師子奮迅城 周徧推求慈行童女 聞此童女 是師子幢王女 五百童女 以爲侍從 住毘盧遮那藏殿 於龍勝栴檀足金線網天衣座上 而說妙法 善財聞已 詣王宮門 求見彼女 見無量衆來入宮中 善財問言 諸人今者 何所往詣 咸報之言 我等欲詣慈行童女 聽受妙法 善財童子卽作是念 此王宮門 旣無限礙 我亦應入 善財入已 見毘盧遮那藏殿

파려로 땅이 되고 유리로 기둥을 만들고 금강은 벽이 되었고 염부단금으로 담을 쌓았고 백천의 광명은 창호가 되고 아승기 보배로 꾸몄고 보배 장 마니 거울로 장엄하고 세간에서 가장 좋은 마니보배로 장식했으며, 이 장식이 수 없는 보배 그물 위에 덮였고 백천의 황금 풍경에서는 아름다운 소리를 내었다.

이와 같은 등등의 생각으로 헤아려 알 수 없는 보배로 장엄하고 꾸몄으며, 자행 동녀의 살갗은 금빛이고 눈은 자주빛이고 머리카락은 검푸르고 범천(梵天.淸淨)의 음성으로 법을 널리 펴서 설했다

玻瓈爲地 琉璃爲柱 金剛爲壁 閻浮檀金 以爲垣牆 百千光明而爲窓牖 阿僧祇摩尼寶 而莊校之 寶藏摩尼鏡 周帀莊嚴 以世間最上摩尼寶 而爲莊飾 無數寶網 羅覆其上 百千金鈴 出妙音聲 有如是等不可思議衆寶嚴飾 其慈行童女 皮膚金色 眼紺紫色 髮紺靑色 以梵音聲 而演說法

선재 동자가 앞으로 나아가 발에 엎드려 절하고 수없이 돌고 난 후에 합장하고 서서 말했다.

"성자여! 저는 이미 아뇩다라삼먁삼보리심을 일으켰으나, 보살이 어떻게 보살의 행을

닦으며, 어떻게 보살의 도를 닦는지 알지 못합니다. 제가 듣기로 성자께서 선근으로 가르친다 하니, 바라건대 저를 위해 설해주십시오."

善財見已 頂禮其足 遶無數帀 合掌前住 作如是言 聖者 我已先發阿耨多羅三藐三菩提心 而未知菩薩云何學菩薩行 云何修菩薩道 我聞聖者善能誘誨 願爲我說

때에 자행 동녀가 선재 동자에게 가르침을 주고자 말했다.
"선남자여! 그대는 나의 궁전에 장엄한 것을 자세히 살펴서 보라."
時 慈行童女告善財言 善男子 汝應觀我宮殿莊嚴

선재 동자가 머리를 숙여 예를 올리고는 자세히 살펴서 두루 들여다보았다.
하나하나의 벽과 하나하나의 기둥과 하나하나의 거울과 하나하나의 모양이나 상태와 하나하나의 형상과 하나하나의 마니보배와 하나하나의 장엄 기물과 하나하나의 금령과 하나하나의 보배 나무와 하나하나의 보배 형상과 하나하나의 보배 영락 가운데 법계의 모든 여래가 남김없이 다 마음을 일으킴으로 보살행을 닦아서 큰 원을 원만하게 이루고 공덕을 온전하게 갖추었으며, 등정각을 이루고 빼어난 법륜을 굴릴 뿐만 아니라 열반에 들어가는 것을 나타내 보였다.
이와 같은 영상이 빠짐없이 다 나타나니, 청정한 물 가운데 허공과 해, 달, 별 등 있는 모든 형상을 두루 보는 것과 같았으며, 이러한 것은 다 자행 동녀의 과거세 중 선근의 힘이었다.

善財頂禮 周編觀察 見一一壁中 一一柱中 一一鏡中 一一相中 一一形中 一一摩尼寶中 一一莊嚴具中 一一金鈴中 一一寶樹中 一一寶形像中 一一寶瓔珞中 悉見法界一切如來 從初發心 修菩薩行 成滿大願 具足功德 成等正覺 轉妙法輪 乃至示現入於涅槃 如是影像 靡不皆現 如淨水中 普見虛空日月星宿所有衆像 如此皆是 慈行童女過去世中 善根之力

이때 선재 동자가 모든 부처님의 모양이나 상태를 잊지 않고 기억하여 생각하고는 합장하고 자행 동녀를 우러르며 보았다.
爾時 善財童子 憶念所見諸佛之相 合掌瞻仰 慈行童女

반야바라밀(般若波羅蜜)로 넓게 장엄하는 문

그때 자행 동녀가 선재 동자에게 가르침을 주고자 말했다.
"선남자여! 이는 반야바라밀로 두루 장엄하는 문이니, 내가 36 항하의 모래알과 같은 부처님이 계신 곳에서 이 법을 구해 얻었으며, 그 모든 여래가 각각 다른 문으로 나에게 반야바라밀로 두루 장엄하는 문에 들어가게 하였으며, 한 부처님이 설하신 것은 다른 부처님이 다시 말하지 않았다."
爾時 童女告善財言 善男子 此是般若波羅蜜普莊嚴門 我於三十六恒河沙佛所 求得此法 彼諸如來 各以異門 令我入此般若波羅蜜普莊嚴門 一佛所演 餘不重說

선재 동자가 물었다.
"성자여! 반야바라밀로 두루 장엄한 문의 경계는 어떠합니까?"
善財白言 聖者 此般若波羅蜜普莊嚴門境界云何

자행 동녀가 답했다.
"내가 반야바라밀로 두루 장엄하는 문에 들어가 순하게 따라 나아가면서 생각하고 자세히 살펴서 들여다보고 기억하고 분별할 때 보문 다라니를 얻으니, 백만 아승기 다라니 문이 앞에 나타났다."
"이른바 부처 세계의 다라니 문과 부처의 다라니 문과 법의 다라니 문과 중생의 다라니 문과 과거의 다라니 문과 미래의 다라니 문과 현재의 다라니 문과 늘 머무는 경계의 다라니 문과 복덕의 다라니 문과 복덕에 도움이 되는 도구 다라니 문과 지혜의 다라니 문과 지혜에 도움이 되는 도구 다라니 문과 모든 원의 다라니 문과 모든 원을 분별하는 다라니 문과 모든 행을 모으는 다라니 문과 청정한 다라니 문과 원만한 행의 다라니 문과 업의 다라니 문과 업을 잃거나 무너트리지 않은 다라니 문과 업을 따라 머무는 다라니 문과 업으로 지는 다라니 문과 악업을 버리고 벗어나는 다라니 문과 바른 업을 닦고 익히는 다라니 문과 업에 자재한 다라니 문과 선근의 행 다라니 문과 선근의 행을 지니는 다라니 문과 삼매 다라니 문과 삼매를 거스르지 않고 따르는 다라니 문과 삼매를 자세히 살펴서 들여다보는 다라니 문과 삼매 경계의 다라니 문과 삼매를 좇아 일어나는 다라니 문과 신통 다라니 문과 마음 바다의 다라니 문과 가지가지의 마음 다라니 문과 곧은 마음의 다라니 문과 번뇌를 비추는 다라니 문과 마음을 두루 청정하게 하는 다라니 문과 중생을 좇아 생하는 것을 아는 다라니 문과 중생의 번뇌 행을 아는 다라니 문과 배워 익힌 것을 아는 다라니 문과 번뇌의 방편을 아는 다라니 문과 중생이 아는 것을 아는 다라니 문과 중생의 행을 아는 다라니 문과 중생의 행이 같지 않음을 아는 다라니 문과 중생의 성품을 아는 다라니 문과 중생이 하고자 하는 것을 아는 다라니 문과 중생의 생각을 아는 다라니 문과 시방을 두루 보는 다라니 문과 법을 설하는 다라니 문과 크게 가엾이 여기는 다라니 문과 크게 사랑하는 다라니 문과 적정의 다라니 문과 말하는 도의 다라니 문과 방편과 방편이 아닌 다라니 문과 거스르지 않고 따르는 다라니 문과 차별하는 다라니 문과 두루 들어가는 다라니 문과 막힘이나 걸림 없는 경계의 다라니 문과 널리 두루 하는 다라니 문과 불법의 다라니 문과 보살 법의 다라니 문과 성문법의 다라니 문과 독각법의 다라니 문과 세간 법의 다라니 문과 세계가 이루어지는 다라니 문과 세계가 무너지는 다라니 문과 세계가 머무는 다라니 문과 청정한 세계의 다라니 문과 더러운 세계의 다라니 문과 더러운 세계에 청정함을 나타내는 다라니 문과 순수하게 더러운 세계의 다라니 문과 순수하게 청정한 세계의 다라니 문과 평탄한 세계의 다라니 문과 평탄하지 않은 세계의 다라니 문과 뒤집어 놓은 세계의 다라니 문과 인타라망 세계의 다라니 문과 세계가 전하는 다라니 문과 생각에 의지하여 머무는 것을 아는 다라니 문과 미세한 것이 거친 것에 들어가는 다라니 문과 거친 것이 미세한 것에 들어가는 다라니 문과 모든 부처님을 보는 다라니 문과 부처님의 몸을 분별하는 다라니 문과 부처님의 광명으로 장엄하는 그물 다라니 문과 부처님의 소리가 원만한 다라니 문과 불법의 바퀴 다라니 문과 불법의 바퀴를 성취하는 다라니 문과 차별하는 불법 바퀴의 다라니 문과 차별이 없는 불법 바퀴의 다라니 문과 불법의 바퀴를 해석하는 다라니 문과 불법의 바퀴를 굴리는 다라니 문과 능히 불사를 짓은 다라니 문과 부처님의 모인 대중을 분별하는 다라니 문과 부처님의 모인 대중이 바다에 들어가는 다라니 문과 부처님의 힘을 두루 비추는 다라니 문과 모든 부처님의 삼매 다라니 문과 모든 부처 삼매의 자재한 쓰임새의 다라니 문과 모든 부처님이 머무는 것의 다라니 문과 모든 부처님이 가진 것의 다라니 문과 부처님이 중생 마음의 행을 아는 다라니 문과 모든 부처님의 신통한 변화로 나타나는 다라니 문과 도솔천 궁에 머물고 또 나타내 보이면서 열반에 들어가는 다라니 문과 헤아릴 수 없는 중생들에게 이익을 주는 다라니 문과 깊고 깊은 법에 들어가는 다라니 문과 섬세하고 빼어난 법에 들어가는 다라니 문과 보리심의 다라니 문과 보리심을 일으키는 다라니 문과 보리심을 도와주는 다라니 문과 모든 원 다라니 문과 모든 행의 다라니 문과 신통한 다라니 문과 벗어나 나아가는 다라니 문과 총지하는 청정한 다라니 문과 지혜의 바퀴가 청정한 다라니 문과 지혜가 청정한 다라니 문과 보리로 헤아릴 수 없는 다라니 문과 자기의 마음이 청정한 다라니 문이다."

童女答言 善男子 我入此般若波羅蜜普莊嚴門 隨順趣向 思惟觀察 憶持分別 時得普門陀羅尼 百萬阿僧祇陀羅尼門 皆悉現前 所謂佛刹陀羅尼門 佛陀羅尼門 法陀羅尼門 衆生陀羅尼門 過去陀羅尼門 未來陀羅尼門 現在陀羅尼門 常住際陀羅尼門 福德陀羅尼門 福德助道具陀羅尼門 智慧陀羅尼門 智慧助道具陀羅尼門 諸願陀羅尼門 分別諸願陀羅尼門 集諸行陀羅尼門 淸淨行陀羅尼門 圓滿行陀羅尼門 業陀羅尼門 業不失壞陀羅尼門 業流注陀羅尼門 業所作陀羅尼門 捨離惡業陀羅尼門 修習正業陀羅尼門 業自在陀羅尼門 善行陀羅尼門 持善行陀羅尼門 三昧陀羅尼門 隨順三昧陀羅尼門 觀察三昧陀羅尼門 三昧境界陀羅尼門 從三昧起陀羅尼門 神通陀羅尼門 心海陀羅尼門 種種心陀羅尼門 直心陀羅尼門 照心稠林陀羅尼門 調心淸淨陀羅尼門 知衆生所從生陀羅尼門 知衆生煩惱行陀羅尼門 知煩惱習氣陀羅尼門 知煩惱方便陀羅尼門 知衆生解陀羅尼門 知衆生行陀羅尼門 知衆生行不同陀羅尼門 知衆生性陀羅尼門 知衆生欲陀羅尼門 知衆生想陀羅尼門 普見十方陀羅尼門 說法陀羅尼門 大悲陀羅尼門 大慈陀羅尼門 寂靜陀羅尼門 言語道陀羅尼門 方便非方便陀羅尼門 隨順陀羅尼門 差別陀羅尼門 普入陀羅尼門 無礙際陀羅尼門 普徧陀羅尼門 佛法陀羅尼門 菩薩法陀羅尼門 聲聞法陀羅尼門 獨覺法陀羅尼門 世間法陀羅尼門 世界成陀羅尼門 世界壞陀羅尼門 世界住陀羅尼門 淨世界陀羅尼門 垢世界陀羅尼門 於垢世界現淨陀羅尼門 於淨世界現垢陀羅尼門 純垢世界陀羅尼門 純淨世界陀羅尼門 平坦世界陀羅尼門 不平坦世界陀羅尼門 覆世界陀羅尼門 因陀羅網世界陀羅尼門 世界轉陀羅尼門 知依想住陀羅尼門 細入麁陀羅尼門 麁入細陀羅尼門 見諸佛陀羅尼門 分別佛身陀羅尼門 佛光明莊嚴網陀羅尼門 佛圓滿音陀羅尼門 佛法輪陀羅尼門 成就佛法輪陀羅尼門 差別佛法輪陀羅尼門 無差別佛法輪陀羅尼門 解釋佛法輪陀羅尼門 轉佛法輪陀羅尼門 能作佛事陀羅尼門 分別佛衆會陀羅尼門 入佛衆會海陀羅尼門 普照佛力陀羅尼門 諸佛三昧陀羅尼門 諸佛三昧自在用陀羅尼門 諸佛所住陀羅尼門 諸佛所持陀羅尼門 諸佛變化陀羅尼門 佛知衆生心行陀羅尼門 諸佛神通變現陀羅尼門 住兜率天宮乃至示現入于涅槃陀羅尼門 利益無量衆生陀羅尼門 入甚深法陀羅尼門 入微妙法陀羅尼門 菩提心陀羅尼門 起菩提心陀羅尼門 助菩提心陀羅尼門 諸願陀羅尼門 諸行陀羅尼門 神通陀羅尼門 出離陀羅尼門 摠持淸淨陀羅尼門 智輪淸淨陀羅尼門 智慧淸淨陀羅尼門 菩提無量陀羅尼門 自心淸淨陀羅尼門

"선남자여! 나는 단지 반야바라밀로 넓게 장엄하는 문만 알뿐이다."
"보살마하살은 그 마음이 광대하기에 허공계와 평등하고 법계에 들어가 복덕을 원만하게 이루고 출세의 법에 머물면서 세간의 행과는 멀고, 지혜의 눈이 막힘이나 걸림이 없기에 법계를 널리 두루 자세히 살피고 사리를 밝게 분별하는 지혜가 광대하니, 비유하면 허공과 같고 모든 경계를 남김없이 다 보고 막힘이나 걸림 없는 지위의 큰 광명의 장을 얻고 선근으로 능히 모든 법의 바른 이치를 분별하고 세상에 행함을 행하지만, 세상의 법에 물들지 않고 세상에 이익이 되지만, 세간을 무너트리지 않고 모든 세간이 의지할 것을 두루 지어가고 모든 중생이 마음으로 행하는 것을 두루 알고 그 응하는 것을 따라 법을 설하고 모든 시기, 시간, 때에 맞춰 자재함을 얻게 한다. 내 어떻게 보살마하살의 이러한 것을 알 수 있겠으며, 그 공덕의 행을 말할 수 있겠는가."

善男子 我唯知此般若波羅蜜普莊嚴門 如諸菩薩摩訶薩 其心廣大 等虛空界 入於法界 福德成滿 住出世法 遠世間行 智眼無瞖 普觀法界慧 心廣大猶如虛空 一切境界 悉皆明見 獲無礙地大光明藏 善能分別一切法義 行於世行 不染世法 能益於世 非世所壞 普作一切世間依止 普知一切衆生心行 隨其所應 而爲說法 於一切時 恒得自在 而我云何能知能說彼功德行

"선남자여! 이곳에서 남방으로 나라가 하나 있으니, 이름이 '삼안(三眼)'이며, 그곳에 비구가 있으니, 이름이 '선견(善見)'이다. 그대는 그에게 가서 보살은 어떻게 보살의 행을 배우며, 어떻게 보살의 도를 닦는 것이냐고 물어라."

善男子 於此南方 有一國土 名爲三眼 彼有比丘 名曰 善見 汝詣彼 問菩薩云何學菩薩行 修菩薩道

그때 선재 동자가 머리를 숙여 그 발에 예를 갖추어 절하고 수없이 돌아 우러르며, 물러났다.

時 善財童子頂禮其足 遶無數帀 戀慕瞻仰 辭退而行

(12) 선견 비구. 제1 歡喜行

이때 선재 동자는 보살이 머물러 있는 행이 깊고 깊음을 사유하고 보살이 증득한 법이 깊고 깊음을 사유하고 보살이 들어간 곳이 깊고 깊음을 사유하고 중생의 미세한 지혜가 깊고 깊음을 사유하고 세간의 생각에 의지하고 있음이 깊고 깊음을 사유하고 중생이 지어가는 행이 깊고 깊음을 사유하고 중생의 마음 흐름이 깊고 깊음을 사유하고 중생의 빛 그림자가 깊고 깊음을 사유하고 중생의 이름이 깊고 깊음을 사유하고 중생의 말들이 깊고 깊음을 사유하고 장엄한 법계가 깊고 깊음을 사유하고 가지가지의 업과 행을 심음이 깊고 깊음을 사유하고 업으로 세간을 장식하는 것이 깊고 깊음을 사유하면서 남쪽으로 향해 갔다.

爾時 善財童子 思惟菩薩所住行甚深 思惟菩薩所證法甚深 思惟菩薩所入處甚深 思惟衆生微細智甚深 思惟世間依想住甚深 思惟衆生所作行甚深 思惟衆生心流注甚深 思惟衆生如光影甚深 思惟衆生名號甚深 思惟衆生言說甚深 思惟莊嚴法界甚深 思惟種植業行甚深 思惟業莊飾世間甚深 漸次遊行

삼안국(三眼國)에 이르러 성읍과 취락 마을의 골목과 저잣거리와 냇가와 평원과 산골짜기 등을 두루 돌아다니며, 선견 비구를 찾다가, 선견 비구가 숲속에서 노닐며, 왔다 갔다 하는 것을 보았다.

至三眼國 於城邑 聚落 村鄰 市肆 川原山谷 一切諸處 周徧求覓善見比丘見 在林中 經行往返

장년의 나이에 용모가 단정하고 보기에 좋으며, 검푸른 머리카락이 오른쪽으로 돌아 감아 어지럽지 않고 정수리에 살갗 같은 상투가 있고 피부는 금빛이며, 목에 세 줄의 무늬가 있고 이마는 넓고 반듯하고 눈은 길고 넓음이 청련화 같고 입술은 붉고 깨끗하여 빈바 나무와 같고 가슴에 만(卍)자가 있고 일곱 군데가 평평하고 원만하며, 팔은 가늘고 길어 그 손가락은 그물막이 있고 손과 발바닥에는 금강 같은 바퀴의 선이 있고 몸은 유난히 뛰어나고 빼어남이 정거천과 같으며, 위아래가 곧고 단정함이 니구타 나무와 같고 모든 모양이나 상태가 좋아하는 것을 따르고 남김없이 다 원만하기에 설산과 같이 가지가지로 꾸몄으며, 눈은 깜짝이지 않고 둥근 광명이 한 가지로 나아갔다.

지혜의 넓고 넓음이 비유하면 큰 바다와 같고 모든 경계에 마음이 움직이지 않으며, 그와 같이 잠기듯 그와 같이 오르고 그와 같은 지혜와 지혜가 아닌 것으로 장난 거리의 논란을 남김없이 다 쉬게 하고 부처님이 행하신 것으로 평등한 경계를 얻으며, 가엾이 여기는 큰마음으로 모든 중생을 가르치고 바른길로 이끌어서 마음에 잠깐이라도 버리는 일이 없으며, 모든 중생을 이롭고 편안하게 하고자 하며, 여래의 법안을 열어 보이고자 하고 여래가 행하신 도를 밟고자 하여 더디지도 않고 빠르지도 않게 자세히 살펴서 조심스럽게 지나가는 것이었다.

壯年美貌 端正可喜 其髮紺靑 右旋不亂 頂有肉髻 皮膚金色 頸文三道 額廣平正 眼目脩廣 如靑蓮華 脣口丹潔 如頻婆果 胸標卍字 七處平滿 其臂纖長 其指網縵 手足掌中 有金剛輪 其身殊妙 如淨居天 上下端直 如尼拘陀樹 諸相隨好 悉皆圓滿 如雪山王 種種嚴飾 目視不瞬 圓光一尋 智慧廣博 猶如大海 於諸境界 心無所動 若沈若擧 若智非智 動轉戲論 一切皆息 得佛所行平等境界 大悲敎化一切衆生 心無暫捨 爲欲利樂一切衆生 爲欲開示如來法眼 爲踐如來所行之道 不遲不速 審諦經行

헤아릴 수 없는 하늘, 용, 야차, 건달바, 아수라, 가루라, 긴나라, 마후라가, 제석, 범천왕, 사천왕, 사람, 사람 아닌 이들이 앞뒤로 둘러쌓으며, 방위의 주인으로 신이 방위를 따라 회전하면서 그 앞에서 인도하고 발로 행하는 모든 신은 보배 연꽃을 가지고 그 발을 받치고 다함이 없는 광명의 신은 빛을 발하여 어둠을 깨트리며, 염부제 숲을 맡은 신은 많은 꽃을 내리고 움직이지 않는 장 땅을 맡은 신은 보배 장을 나타내고 보광명 허공신은 허공을 장엄하고 덕을 성취한 바다를 맡은 신은 마니보배를 비처럼 내리고 허물이 없는 장 수미산의 신은 머리를 숙여 예를 올리고 허리를 굽혀서 합장하며, 막힘이나 걸림 없는 힘으로 바람을 이끄는 신은 빼어난 향과 꽃을 내리고 봄날의 화한 주야신은 그 몸을 장엄하고 온몸을 땅에 던지며, 늘 깨어있는 주주신은 널리 모든 방위를 비추는 마니당기를 잡고 머물면서 허공에 큰 광명을 놓았다.

無量天 龍 夜叉 乾闥婆 阿修羅 迦樓羅 緊那羅 摩睺羅伽 釋 梵 護世 人與非人 前後圍遶 主方之神 隨方迴轉 引導其前 足行諸神 持寶蓮華 以承其足 無盡光神 舒光破闇 閻浮幢林神 雨衆雜華 不動藏地神 現諸寶藏 普光明虛空神 莊嚴虛空 成就德海神 雨摩尼寶 無垢藏須彌山神 頭頂禮敬 曲躬合掌 無礙力風神 雨妙香華 春和主夜神 莊嚴其身 擧體投地 常覺主晝神 執普照諸方摩尼幢 住在虛空 放大光明

때맞춰 선재 동자가 비구의 처소에 나아가 그 발에 머리 숙여 예를 올리고 몸을 구부려 합장하고는 말했다.

"성자여! 저는 이미 아뇩다라삼먁삼보리심을 일으켰지만, 보살의 행을 구하고 있습니다. 듣기로는 성자께서 보살의 도를 선근으로 열어 보이신다고 들었으니, 바라건대 보살은 어떻게 보살의 행을 배우는 것이며, 어떻게 보살의 도를 닦는 것인지 말해주십시오."

時 善財童子 詣比丘所 頂禮其足 曲躬合掌 白言 聖者 我已先發阿耨多羅三藐三菩提心 求菩薩行 我聞聖者善能開示諸菩薩道 願爲我說 菩薩云何學菩薩行 云何修菩薩道

거스르지 않고 따르는 등불의 해탈 문(隨順燈解脫門)

선견 비구가 답했다.

"선남자여! 나는 나이도 젊고 출가한 지도 오래되지 않았다. 나의 일생 가운데 38 항하의 모래 수와 같은 부처님 처소에서 청정하게 범행을 닦았으니, 그와 같은 부처님의 처소에서 하루 낮, 하룻밤 동안 범행을 닦았고 그와 같은 부처님 처소에서 7일 낮 7일 밤 동안 범행을 닦았고 그와 같은 부처님 처소에서 반달, 한 달, 일 년, 백 년, 만 년, 억 년, 나유타 년뿐만 아니라 말할 수 없이 말로는 이를 수 없는 해, 한 소겁, 대의 반 겁, 한 대 겁, 백 대 겁뿐만 아니라 말할 수 없이 말할 수 없는 대 겁을 지냈다."

"그동안 빼어난 법을 청하여 듣고 그 가르침을 받아 행하며, 모든 원을 장엄하고 증득한 곳에 들어가며, 모든 행을 청정하게 닦아서 여섯 가지 바라밀의 바다로 만족하고 또한 부처님의 도를 이루고 법을 설함에 있어서 각각 차별됨을 보지만, 섞이거나 혼란스러운 것이 없고 남기신 가르침을 지니어 머물고 열반하는 데까지 이르는 것을 보았으며, 또 부처님이 본래 일으킨 원과 삼매의 원력으로 모든 부처의 국토를 장엄하여 청정하게 함을 알았고 모든 행의 삼매력에 들어감으로 일체 모든 보살행을 청정하게 닦았으며, 보현의 승법, 곧 십신, 십주, 십행을 벗어나 나아가는 힘으로 모든 부처님의 바라밀을 청정하게 하시는 것을 알았다."

善見答言 善男子 我年旣少出家 又近我此生中 於三十八恒河沙佛所 淨修梵行 或有佛所 一日一夜淨修梵行 或有佛所 七日七夜淨修梵行 或有佛所 半月一月 一歲百歲 萬歲億歲 那由他歲 乃至不可說不可說歲 或一小劫 或半大劫 或一大劫 或百大劫 乃至不可說不可說大劫 聽聞妙法 受行其教 莊嚴諸願 入所證處 淨修諸行 滿足

六種波羅蜜海 亦見彼佛成道說法 各各差別 無有雜亂 住持遺敎 乃至滅盡 亦知彼佛 本所興願 以三昧願力 嚴淨一切諸佛國土 以入一切行三昧力 淨修一切諸菩薩行 以普賢乘出離力 淸淨一切佛波羅蜜

"또 선남자여! 내가 가볍게 움직일 때 한 생각, 한순간에 모든 시방이 앞에 남김없이 다 나타나니, 이는 지혜가 청정한 까닭이며, 한 생각 중에 모든 세계가 남김없이 다 앞에 나타나니, 이는 말할 수 없이 말할 수 없는 세계를 지낸 까닭이며, 한순간에 말할 수 없이 말할 수 없는 부처 세계를 남김없이 다 청정하게 장엄하니, 이는 큰 서원을 성취한 까닭이며, 한 생각 중에 말할 수 없이 말할 수 없는 중생의 차별 행이 남김없이 다 앞에 나타나니, 이는 십력의 지혜를 만족한 까닭이며, 한순간에 말할 수 없이 말할 수 없는 부처님들의 청정한 몸이 앞에 나타나니, 이는 보현의 행과 원을 성취한 까닭이다."

"한 생각 중에 말할 수 없이 말할 수 없는 부처 세계의 티끌 수와 같은 여래를 공손히 섬기어 공양하니, 이는 순하고 화평한 마음을 성취하여 여래를 공양하는 원력인 까닭이며, 한 생각 가운데 말할 수 없이 말할 수 없는 여래의 법을 받으니, 이는 아승기의 차별법을 증득하여 법륜을 유지하는 다라니의 힘을 얻은 까닭이며, 한순간에 말할 수 없이 말할 수 없는 보살의 수행 바다가 남김없이 다 앞에 나타나니, 이는 모든 행을 청정하게 하는 인타라 그물과 같은 원력을 얻은 까닭이며, 한 생각 중에 말할 수 없이 말할 수 없는 모든 삼매 바다가 남김없이 다 앞에 나타나니, 이는 하나의 삼매 문을 얻기에 모든 삼매의 문에 들어가서 원의 힘을 청정하게 하는 까닭이다."

"한 생각 중에 말할 수 없이 말할 수 없는 모든 근의 바다가 남김없이 다 앞에 나타나니, 이는 모든 근의 경계를 분명하게 깨우쳐 알고 얻어서 한 근기 가운데 일체 근기를 보는 원력을 얻은 까닭이며, 한순간에 말할 수 없이 말할 수 없는 부처 세계의 티끌 수와 같은 시간이 남김없이 다 앞에 나타나니, 이는 일체 시에 법륜을 굴려서 얻은 까닭이며, 중생계가 다함을 얻으니, 이는 법륜의 원력을 다하는 까닭이며, 한 생각 중에 말할 수 없이 말할 수 없는 일체 삼세의 바다가 남김없이 다 앞에 나타나니, 이는 모든 세계 가운데 일체 삼세의 나눈 자리를 분명하게 깨달아 아는 지혜 광명의 원력을 얻은 까닭이다."

又善男子 我經行時 一念中 一切十方 皆悉現前 智慧淸淨故 一念中 一切世界 皆悉現前 經過不可說不可說世界故 一念中 不可說不可說佛刹 皆悉嚴淨 成就大願力故 一念中 不可說不可說衆生差別行 皆悉現前 滿足十方智力 一念中 不可說不可說諸佛淸淨身 皆悉現前 成就普賢行願力故 一念中 恭敬供養不可說不可說佛刹微塵

數如來 成就柔軟心 供養如來願力故 一念中 領不可說不可說如來法 得證阿僧祇差別法 住持法輪陀羅尼力故 一念中 不可說不可說菩薩行海 皆悉現前 得能淨一切行 如因陀羅網願力故 一念中 不可說不可說諸三昧海 皆悉現前 得於一三昧門 入一切三昧門 皆令淸淨願力故 一念中 不可說不可說諸根海 皆悉現前 得了知諸根際 於一根中 見一切根願力故 一念中 不可說不可說佛刹微塵數時 皆悉現前 得於一切時 轉法輪 衆生界盡 法輪無盡願力故 一念中 不可說不可說一切三世海 皆悉現前 得了知一切世界中一切三世分位 智光明願力故

"선남자여! 나는 단지 보살의 '거스르지 않고 따르는 등불의 해탈 문(隨順燈解脫門)'을 알 뿐이다."

"보살마하살은 금강의 등불과 같기에 여래의 가문에 진정으로 태어나 죽지 않은 목숨의 근을 온전하게 갖추어 성취하며, 늘 지혜의 등불을 밝혀서 없어지지 않으며, 그 몸이 견고하여 무너짐이 없으며, 허깨비와 같은 색상의 몸을 나타내지만, 원인과 결과에 따르는 법을 헤아릴 수 없이 차별하는 것과 같으며, 중생의 마음을 따라 각각 나타내어 보이지만, 생긴 모양과 색상이 세상에 짝할 수 있는 것이 없으며, 독한 칼로도 불에 태워도 해치지 못할 것이며, 금강산과 같기에 무너트릴 자가 없으며, 일체 모든 마와 외도를 항복받으며, 몸이 빼어나고 좋은 것이 진금의 산과 같아서 천인 가운데 가장 특출나며, 명칭이 광대하기에 듣거나 보지 못하는 자가 없으며, 세간을 자세히 보지만, 눈앞에 있는 듯이 하며, 깊은 법장을 널리 펴서 설함이 바다와 같이 다함이 없으며, 큰 광명을 놓아 시방을 두루 비추어 그와 같이 보는 자가 있으면 반드시 모든 막힘이나 걸림이 되는 큰 산을 깨트리며, 반드시 선근이 아닌 모든 것을 빼내며, 반드시 광대한 선근의 종자를 심으니, 이와 같은 사람은 얻거나 보기 어려우며, 세상에 나오기가 어렵다. 그러니 내가 어떻게 능히 알 수 있겠으며, 보살마하살의 공덕행을 능히 설할 수 있겠는가."

善男子 我唯知此菩薩隨順燈解脫門 如諸菩薩摩訶薩 如金剛燈 於如來家 眞正受生 具足成就 不死命根 常然智燈 無有盡滅 其身堅固 不可沮壞 現於如幻色相之身 如緣起法無量差別 隨衆生心 各各示現形貌色相 世無倫匹 毒刃火災 所不能害 如金剛山 無能壞者 降伏一切諸魔 外道 其身妙好 如眞金山 於天人中 最爲殊特 名稱廣大 靡不聞知 觀諸世間 咸對目前 演深法藏 如海無盡 放大光明 普照十方 若有見者 必破一切障礙大山 必拔一切不善根本 必令種種廣大善根 如是之人 難可得見 難可出世 而我云何能知能說彼功德行

"선남자여! 여기서 남쪽으로 가면 나라가 하나 있으니, 이름이 '명문(名聞)'이며, 물가에 한 명의 동자가 있으니, 이름이 '자재주(自在主)'다. 그대는 그에게 가서 보살이 어떻게 보살의 행을 배우며, 어떻게 보살의 도를 닦는 것이냐고 물어라."

善男子 於此南方 有一國土 名曰 名聞 於河渚中 有一童子 名 自在主 汝詣彼 問菩薩云何學菩薩行 修菩薩道

때맞춰 선재 동자가 보살의 용맹하고 청정한 행을 마지막까지 하고자 하며, 보살의 큰 힘과 광명을 얻고자 하고 보살의 이길 수 없고 다할 수 없는 모든 공덕의 행을 닦고자 하며, 보살의 견고한 큰 원을 원만하게 하고자 하고 보살의 광대하고 깊은 마음을 이루고자 하고 보살의 헤아릴 수 없는 뛰어난 행을 지니고자 하고 보살의 법에 마음으로 싫어하고 만족함이 없으며, 원으로 모든 보살의 공덕에 들어가고 늘 모든 중생을 거두어 바른 길로 이끌며, 생사라는 번뇌와 황량한 광야를 초월하여 선지식을 늘 즐겁게 보고 듣고 공경하게 받들어 모시고 공양하지만, 싫어하고 게으름이 없고자 하기에 그 발에 머리 숙여 예를 올리고 헤아릴 수 없이 돌다가 우러러보고 물러났다.

時 善財童子 爲欲究竟菩薩勇猛淸淨之行 欲得菩薩大力光明 欲修菩薩無勝無盡諸功德行 欲滿菩薩堅固大願 欲成菩薩廣大深心 欲持菩薩無量勝行 於菩薩法 心無厭足 願入一切菩薩功德 欲常攝御一切衆生 欲超生死稠林曠野 於善知識 常樂見聞 承事供養 無有厭倦 頂禮其足 遶無量帀 慇懃瞻仰 辭退而去

(13) 자재주 동자. 제2 饒益行

이때 선재 동자가 선견 비구의 가르침을 받아 지니고 잊지 않고 기억하여 외우며, 생각하고 익혀서 분명하게 결정했으며, 그 법의 문에 깨우쳐 들어가고 하늘, 용, 야차, 건달바 무리에게 앞뒤로 둘러싸여 명문국으로 가면서 자재주 동자를 두루 찾았다.

爾時 善財童子 受善見比丘敎已 憶念誦持 思惟修習 明了決定 於彼法門 而得悟入 天 龍 夜叉 乾闥婆衆前後圍遶 向名聞國 周徧求覓自在主童子

때맞춰 하늘, 용, 건달바 등이 허공 가운데서 선재에게 말했다.

"선남자여! 자재주 동자가 지금 물가에 있습니다."

그때 선재 동자가 곧바로 그곳에 이르러 자재주 동자를 보니, 십 천의 동자에게 둘러싸여 모래 장난을 하며 놀고 있었다. 선재 동자가 그 발에 머리를 숙여 예를 올리고 헤아릴 수 없이 돌고는 합장하고 공경히 섬기면서 한편에 서서 말했다.

"성자여! 저는 이미 아뇩다라삼먁삼보리심을 일으켰으나, 보살이 어떻게 보살의 행을 배우는 것이며, 어떻게 보살의 도를 닦는지를 알지 못합니다. 원하건대 저를 위해 알기 쉽게 풀어서 말해주십시오."

時 有天 龍 乾闥婆等 於虛空中 告善財言 善男子 今此童子 在河渚上 爾時 善財卽詣其所 見此童子 十千童子所共圍遶 聚沙爲戲 善財見已 頂禮其足 遶無量帀 合掌恭敬 卻住一面 白言 聖者 我已先發阿耨多羅三藐三菩提心 而未知菩薩云何學菩薩行 云何修菩薩道 願爲解說

섬세하고 능숙한 큰 신통의 지혜 광명 법의 문

자재주 동자가 말했다.

"선남자여! 나는 옛적에 문수사리 동자에게 서법, 산수법, 인가법 등의 법을 배워서 섬세하고 능숙한 신통과 지혜에 들어갔다."

"선남자여! 나는 이 법문으로 인하여 세간의 서법과 산수법과 인법과 계, 처 등의 법을 알았으며, 또한 풍병, 소수, 귀매에 따라붙은 이와 같은 모든 병을 치료하고 다스리며, 또한 성읍, 마을, 동산, 누각, 궁전, 가옥 등 가지가지의 모든 처소를 지었으며, 가지가지의 좋은 약을 만들었고 또한 농업과 상업과 일체 모든 업을 관리하고 운용하며, 짓고 버리고 나아가고 물러서는 일에 다 마땅함을 따라 했으며, 또 중생의 모습을 선근으로 분별하여 선을 지어가고 악을 지어감에 착한 부류에 태어나고 악한 부류에 태어날 것을 알고 이 사람은 응당 성문의 법을 얻으며, 이 사람은 응당 연각의 법을 얻으며, 이 사람은 응당 모든 지혜의 지위에 들어가는 일들을 분별하여 알고 이와 같은 등의 일을 능히 알며, 또한 중생들이 이러한 법을 배우고 익히게 해서 결정하고 거듭 더하고 늘려서 원만하게 하고 마지막까지 청정하게 하였다."

自在主言 善男子 我昔曾於文殊師利童子所 修學書數筭印等法 卽得悟入一切工巧神通智法門 善男子 我因此法門故 得知世間書數筭印界處等法 亦能療治風癎消瘦鬼魅所著 如是所有 一切諸病 亦能造立城邑 聚落 園林 臺觀 宮殿 屋宅 種種諸處

亦善調鍊種種仙藥 亦善營理田農 商估 一切諸業 取捨進退 咸得其所 又善別知衆生 身相作善作惡 當生善趣 當生惡趣 此人應得聲聞乘道 此人應得緣覺乘道 此人應入 一切智地 如是等事 皆悉能知 亦令衆生 學習此法 增長決定 究竟淸淨

"선남자여! 나는 또한 보살이 계산하는 법을 아니, 이른바 일 백락차가 일구지가 되고 구지 구지가 일 아유다가 되고 아유다 아유다가 일 나유타가 되고 나유터 니유타가 일 빈바라가 되고 빈바라 빈바라가 일 긍갈라가 되고 크게 말하면 우발라 우발라가 일 파두 마가 되고 파두마 파두마가 일 승기가 되고 승기 승기가 일 취가 되고 취 취가 일 유가 되고 유 유가 일 무수가 되고 무수 무수가 일 무수전이 되고 무수전 무수전이 일 무량이 되고 무량 무량이 일 무량전이 되고 무량전 무량전이 일 무변이 되고 무변 무변이 일 무변전이 되고 무변전 무변전이 일 무등이 되고 무등 무등이 일 무등전이 되고 무등전 무등전이 일 불가수가 되고 불가수 불가수가 일 불가수전이 되고 불가수전 불가수전이 일 불가칭이 되고 불가칭 불가칭이 일 불가칭전이 되고 불가칭전 불가칭전이 일 불가사가 되고 불가사 불가사가 일 불가사전이 되고 불가사전 불가사전이 일 불가량이 되고 불가량 불가량이 일 불가량전이 되고 불가령전 불가량전이 일 불가설이 되고 불가설 불가설이 일 불가설전이 되고 불가설전 불가설전이 일 불가설 불가설이 되고 이를 또 불가설 불가설 이 일 불가설불가설 불가설전이 된다."

善男子 我亦能知菩薩筭法 所謂一百洛叉 爲一俱胝 俱胝俱胝 爲一阿庾多 阿庾多 阿庾多 爲一那由他 那由他那由他 爲一頻婆羅 頻婆羅頻婆羅 爲一矜羯羅 廣說乃至 優鉢羅優鉢羅 爲一波頭摩 波頭摩波頭摩 爲一僧祇 僧祇僧祇 爲一趣 趣趣 爲一諭 諭諭 爲一無數 無數無數 爲一無數轉 無數轉無數轉 爲一無量 無量無量 爲一無量 轉 無量轉無量轉 爲一無邊 無邊無邊 爲一無邊轉 無邊轉無邊轉 爲一無等 無等無 等 爲一無等轉 無等轉無等轉 爲一不可數 不可數不可數 爲一不可數轉 不可數轉不 可數轉 爲一不可稱 不可稱不可稱 爲一不可稱轉 不可稱轉不可稱轉 爲一不可思 不 可思不可思 爲一不可思轉 不可思轉不可思轉 爲一不可量 不可量不可量 爲一不可 量轉 不可量轉不可量轉 爲一不可說 不可說不可說 爲一不可說轉 不可說轉不可說 轉 爲一不可說不可說 此又不可說不可說 爲一不可說不可說轉

"선남자여! 내가 보살의 산수 법으로 헤아릴 수 없는 유순의 광대한 모래 무더기를 계산하여 그 안에 있는 알갱이의 많고 적음을 남김없이 다 알고 또한 능히 세어서 동방에 있는 모든 세계의 가지가지 차별과 차례를 따라(復) 편안히 머무는 것을 알고 남서, 북방과 사유, 상하도 역시 차례를 좇아(復) 이와 같으며, 또한 능히 세어서 시방에 있는 것으로 모든 세계의 넓고 좁고 크고 작은 것의 이름, 그 가운데 있는 것으로 모든 겁의 이름과 모든 부처님의 이름과 모든 법의 이름과 모든 중생의 이름과 모든 업의 이름과 모든 보살의 이름과 일체 모든 법의 이름을 남김없이 다 깨달아 안다."

善男子 我以此菩薩筭法 筭無量由旬廣大沙聚 悉知其內顆粒多少 亦能筭知東方所有一切世界 種種差別 次第安住 南西北方 四維上下 亦復如是 亦能筭知十方所有一切世界 廣狹大小 及以名字 其中所有一切劫名 一切佛名 一切法名 一切衆生名 一切業名 一切菩薩名 一切諦名 皆悉了知

"선남자여! 나는 단지 모든 섬세하고 능숙한 큰 신통의 지혜 광명 법문을 알 뿐이다. 모든 보살마하살은 일체 모든 중생의 수를 알고 일체 모든 법의 종류와 수를 알고 일체 모든 법의 차별 수를 알고 모든 삼세의 수를 알고 모든 중생의 이름 수를 알고 일체 모든 법의 이름 수를 알고 일체 모든 여래의 수를 알고 일체 모든 부처님의 이름 수를 알고 일체 모든 보살의 수를 알고 모든 보살의 이름 수를 아니, 내 어찌 그 공덕을 설할 수 있겠으며, 그 행한 바를 보일 수 있겠으며, 그 경계를 나타낼 수 있겠으며, 그 뛰어난 힘을 찬탄할 수 있겠으며, 그 하고자 하는 바의 즐거움을 말할 수 있겠으며, 어찌 도를 돕고자 할 수 있겠으며, 그 큰 원을 나타낼 수 있겠으며, 그 빼어난 행을 찬탄할 수 있겠으며, 그 모든 바라밀을 열어서 밝힐 수 있겠으며, 그 청정함을 말할 수 있겠으며, 특히 뛰어난 지혜 광명을 일으킬 수 있겠는가."

善男子 我唯知此一切工巧大神通智光明法門 如諸菩薩摩訶薩 能知一切諸衆生數 能知一切諸法品類數 能知一切諸法差別數 能知一切三世數 能知一切衆生名數 能知一切諸法名數 能知一切諸如來數 能知一切諸佛名數 能知一切諸菩薩數 能知一切菩薩名數 而我何能說其功德 示其所行 顯其境界 讚其勝力 辨其樂欲 宣其助道 彰其大願 歎其妙行 闡其諸度 演其淸淨 發其殊勝智慧光明

"선남자여! 이곳에서 남방으로 큰 성이 하나 있으니, 이름이 '해주(海住)'며, 그곳에 우바이가 있으니, 이름이 '구족(具足)'이다. 그대는 그에게 가서 보살이 어떻게 보살행을 배우는 것이며, 어떻게 보살의 도를 닦는 것이냐고 물어라."
　善男子 於此南方 有一大城 名曰 海住 有優婆夷 名爲具足 汝詣彼 問菩薩云何學菩薩行 修菩薩道

　때맞추어 선재 동자가 이 말을 듣고는 온몸에 털이 곤두설 정도로 기쁘고 즐거움에 뛰놀며, 매우 드문 믿음의 즐거움과 보배 마음을 얻었으며, 광대한 중생에게 두루 이익이 되게 하는 마음을 성취하였으며, 일체 모든 부처님이 나오시는 차례를 남김없이 분명하게 보고, 깊고 깊은 지혜의 청정한 법륜을 남김없이 다 통달하였으며, 모든 부류에 따라 빠짐없이 몸을 나타내고 삼세의 평등한 경계를 분명하게 깨달아 알고 다함이 없는 공덕의 큰 바다를 출생하고 삼유의 성에 있는 빗장을 열고는 그의 발에 머리 숙여 예를 올리고는 헤아릴 수 없이 돌고 은근히 우러러보며 물러났다.
　時 善財童子 聞是語已 擧身毛豎 歡喜踊躍 獲得希有信樂寶心 成就廣大利衆生心 悉能明見一切諸佛出興次第 悉能通達甚深智慧淸淨法輪 於一切趣 皆隨現身 了知三世平等境界 出生無盡功德大海 放大智慧自在光明 開三有城所有關鑰 頂禮其足 遶無量帀 慇懃瞻仰 辭退而去

(14) 구족 우바이. 제3 無違逆行.無瞋恨行

　이때 선재 동자는 선지식의 가르침이 마치 큰 바다와 같아서 큰 구름의 비를 받아들여도 싫어하거나 만족함이 없음을 자세히 살펴서 들여다보고 사유하면서 이 같은 생각을 하였다.
　"선지식의 가르침은 마치 봄의 햇살과 같기에 모든 선근 법의 뿌리와 싹을 낳고 가르며, 선지식의 가르침은 마치 보름달과 같기에 비치는 곳마다 빠짐없이 다 청량하게 하며, 선지식의 가르침은 여름의 설산과 같기에 일체 모든 목마름을 제거하며, 선지식의 가르침은 꽃을 피우는 연못의 해와 같기에 모든 선근의 마음에 연꽃을 피우며, 선지식의 가르침은 큰 보배와 같은 대륙(寶洲)과 같기에 가지가지 법의 보배가 그 마음에 충만하며, 선지식의 가르침은 염부의 나무와 같기에 모든 복과 지혜의 꽃과 열매를 모아 쌓으며, 선지식의 가르침은 큰 용왕과 같기에 허공 가운데 자재하게 즐거이 노닐며, 선지식의 가르침은 수미산과 같기에 헤아릴 수 없는 선근의 법으로 삼십 삼천이 그 가운데 머무르며, 선지식의 가르침은 마치 제석과 같기에 모인 대중이 둘러싸도 가릴 수 없고 또 외도와 아수라의 군중을 항복 받는다."

爾時 善財童子 觀察思惟善知識敎 猶如巨海受大雲雨 無有厭足 作是念言 善知識敎 猶如春日 生長一切善法根苗 善知識敎 猶如春月 凡所照及皆使淸涼 善知識敎 如夏雪山 能除一切諸獸熱渴 善知識敎 如芳池日 能開一切善心蓮華 善知識敎 如大寶洲 種種法寶充滿其心 善知識敎 如閻浮樹 積集一切福智華果 善知識敎 如大龍王 於虛空中 遊戲自在 善知識敎 如須彌山 無量善法三十三天於中止住 善知識敎 猶如帝釋衆會圍遶 無能映蔽 能伏異道修羅軍衆

이와 같은 사유를 하면서 점차로 나아가 해주성에 이르러 곳곳으로 다니면서 구족 우바이를 찾았다. 때맞춰 그 많은 사람이 함께 말했다.
"선남자여! 그 우바이는 지금 이 성 중에 있는 그의 집에 있다."
선재 동자가 이 말을 듣고는 그의 집 문 앞에 이르러 합장하고 섰다.

如是思惟 漸次遊行 至海住城 處處尋覓此優婆夷 時 彼衆人咸告之言 善男子 此優婆夷 在此城中 所住宅內 善財聞已 卽詣其門 合掌而立

그 집은 크고 넓으며, 가지가지로 장엄하였고 보배로 담을 쌓아 둘렀고 사면에는 보배로 장엄한 문이 있었다.

선재 동자가 들어가서 보니, 구족 우바이가 보배 자리에 앉아있고 젊은 나이에 단정하고 검수한 옷차림에 머리카락을 드리우고 몸에는 영락이 없지만, 그 몸의 색상은 위덕과 광명이 있으니, 불, 보살을 제외하고는 미칠 수가 없으며, 그 집안에 십억의 자리를 폈지만, 인간과 하늘이 가지고 있는 모든 것을 뛰어넘으니, 이는 다 보살의 업력으로 성취한 것이며, 집안에 의복과 음식과 또 남아 있는 살림 도구가 없고 단지 그 앞에 작은 그릇 하나가 놓여있었다.

차례를 따라(復有) 1만의 동녀가 둘러싸서 모셨으니, 위엄과 엄숙한 몸가짐은 천상의 채녀들과 같고 빼어난 보배 장엄 기물로 몸을 단장하였으며, 말과 소리가 아름답고 빼어나 듣는 자들이 기뻐하고 늘 좌우에 있으면서 친근하게 우러러보고 사유하며, 자세히 살펴서 들여다보고 몸을 굽혀서 머리를 낮추고 그 가르침에 응하며, 그 모든 동녀가 몸에서 빼어난 향을 내어 모든 곳에 두루 풍기니, 그와 같은 어떤 중생이 이 향기를 맡으면 물러나지 않고 성내는 마음도 없고 원수로 얽어매는 마음이 없으며, 아끼고 탐하며, 질투의 마음이 없으며, 아첨하고 속이는 마음이 없으며, 험하고 구부러진 마음이 없으며, 미워하고 사랑하는 마음이 없으며, 노여움과 분노가 없으며, 못나고 천한 마음이 없으며, 높이거나 교만한 마음이 없으며, 평등한 마음을 내고 크게 사랑하는 마음을 일으키고 이익을 주려는 마음을 일으키고 법과 예의에 머무르며, 탐내어 구하는 마음을 벗어남이니, 그 말을 들은 자들은 기뻐하고 즐거워하면서 뛰고 그 모습을 보는 자들은 남김없이 다 탐내고 물드는 일에서 벗어났다.

其宅廣博 種種莊嚴 衆寶垣牆 周帀圍遶 四面皆有寶莊嚴門 善財入已 見優婆夷 處於寶座 盛年好色 端正可喜 素服垂髮 身無瓔珞 其身色相 威德光明 除佛菩薩 餘無能及 於其宅內 敷十億座 超出人天一切所有 皆是菩薩業力成就 宅中無有衣服 飲食及餘一切資生之物 但於其前 置一小器 復有一萬童女圍遶 威儀色相 如天采女 妙寶嚴具 莊飾其身 言音美妙 聞者喜悅 常在左右 親近瞻仰 思惟觀察 曲躬低首 應其敎命 彼諸童女 身出妙香 普熏一切 若有衆生 遇斯香者 皆不退轉 無怒害心 無怨結心 無慳嫉心 無諂誑心 無險曲心 無憎愛心 無瞋恚心 無下劣心 無高慢心 生平等心 起大慈心 發利益心 住律儀心 離貪求心 聞其音者 歡喜踊躍 見其身者 悉離貪染

이때 선재 동자가 구족 우바이를 보고 그 발에 절하고 공손히 섬기면서 두루 돌아 합장하고 서서 말했다.

"성자여! 저는 이미 아뇩다라삼먁삼보리심을 일으켰으나, 보살이 어떻게 보살의 행을 닦는 것이며, 어떻게 보살의 도를 닦는 것인지 알지 못합니다. 제가 듣기로는 성자께서 선근으로 가르친다 하시니, 바라건대 저를 위해 설해주십시오."

爾時 善財旣見具足優婆夷已 頂禮其足 恭敬圍遶 合掌而立 白言 聖者 我已先發阿耨多羅三藐三菩提心 而未知菩薩云何學菩薩行 云何修菩薩道 我聞聖者善能誘誨 願爲我說

다함이 없는 복덕의 장 해탈문

구족 우바이가 곧바로 말했다.

"선남자여! 나는 보살의 다함이 없는 복덕의 장 해탈문을 얻었기에 이와 같은 작은 그릇 하나에 중생들의 가지가지 하고자 하는 즐거움을 따라 가지가지의 맛좋은 음식을 내어 남김없이 다 충만하게 하니, 가령 백 중생과 천 중생과 백천 중생과 억 중생과 백억 중생과 천억 중생과 백천 억 나유타 중생뿐만 아니라 말할 수 없이 말할 수 없는 중생과 가령 염부제의 티끌 수와 같은 중생과 한 사천하의 티끌 수와 같은 중생과 소천 세계, 중천 세계, 대천세계뿐만 아니라 말할 수 없이 말할 수 없는 부처 세계의 티끌 수와 같은 중생과 가령 시방세계의 모든 중생을 그들이 하고자 하는 즐거움을 따라 충만하게 하지만, 그 음식은 다함이 없고 또한 줄지도 않는다."

"음식이 이와 같듯이 가지가지의 가장 좋은 맛과 가지가지의 평상 자리와 가지가지의 의복과 가지가지의 침구와 가지가지의 탈 것과 가지가지의 꽃과 가지가지의 머리 장식과 가지가지의 바르는 향과 가지가지의 태우는 향과 가지가지의 진귀한 보배와 가지가지의 가루 향과 가지가지의 당기와 가지가지의 번기와 가지가지의 덮개와 가지가지의 가장 빼어난 살림 도구로서 좋아하는 것을 따라 남김없이 다 만족함으로 가득 차게 한다."

彼卽告言 善男子 我得菩薩無盡福德藏解脫門 能於如是一小器中 隨諸衆生 種種欲樂 出生種種美味飮食 悉令充滿 假使百衆生 千衆生 百千衆生 億衆生 百億衆生 千億衆生 百千億那由他衆生乃至不可說不可說衆生 假使閻浮提微塵數衆生 一四天下微塵數衆生 小千世界 中千世界 大千世界乃至不可說不可說佛刹微塵數衆生 假使十方世界一切衆生 隨其欲樂 悉令充滿 而其飮食 無有窮盡 亦不減少 如飮食 如是種種上味 種種牀座 種種衣服 種種臥具 種種車乘 種種華 種種鬘 種種香 種種塗香 種種燒香 種種末香 種種珍寶 種種瓔珞 種種幢 種種幡 種種蓋 種種上妙 資生之具 隨意所樂 悉令充足

"또 선남자여! 가령 동방의 한 세계 가운데 있는 성문이나 독각이 나의 음식을 먹으면, 모두 성문이나 벽지불의 과를 증득하여 맨 마지막까지 몸에 머물며, 한 세계에서 그런 것처럼 백 세계, 천 세계, 백천 세계, 억 세계, 백억 세계, 천억 세계, 백천 억 세계, 백천 억 나유타 세계와 염부제의 티끌 수와 같은 세계, 한 사천하의 티끌 수와 같은 세계, 소천 국토의 티끌 수와 같은 세계, 중천 국토의 티끌 수와 같은 세계, 삼천대천 국토의 티끌 수와 같은 세계뿐만 아니라 말할 수 없이 말할 수 없는 부처 세계의 티끌 수와 같은 세계에 있는 모든 성문과 연각이 내 음식을 먹으면 모두 성문이나 벽지불 과를 증득하여 맨 마지막까지 몸에 머문다."

"동방에서 그런 것과 같이 남방, 서방, 북방과 네 간방과 상방, 하방도 역시 차례를 좇아

(復) 이와 같다."

又善男子 假使東方一世界中聲聞 獨覺 食我食已 皆證聲聞 辟支佛果 住最後身 如一世界中 如是百世界 千世界 百千世界 億世界 百億世界 千億世界 百千億世界 百千億那由他世界 閻浮提微塵數世界 一四天下微塵數世界 小千國土微塵數世界中千國土微塵數世界 三千大千國土微塵數世界乃至不可說不可說佛刹微塵數世界中 所有一切聲聞 獨覺 食我食已 皆證聲聞 辟支佛果 住最後身 如於東方 南西北方 四維上下 亦復如是

"또 선남자여! 동방의 한 세계뿐만 아니라 말할 수 없이 말할 수 없는 부처 세계의 티끌 수와 같은 세계에 있는 일생을 보내는 보살이 나의 음식을 먹으면 모두 보리수 아래 도량에 앉아서 마군을 항복 받고 아뇩다라삼먁삼보리를 이루며, 동방에서 그런 것과 같이 남방, 서방, 북방과 네 간방과 상방, 하방도 역시 차례를 좇아(復) 이와 같다."

又善男子 東方一世界乃至不可說不可說佛刹微塵數世界中 所有一生所繫菩薩 食我食已 皆菩提樹下 坐於道場 降伏魔軍 成阿耨多羅三藐三菩提 如東方 南西北方 四維上下 亦復如是

"선남자여! 그대는 나의 곁에 있는 십 천 동녀의 권속을 보고 있는가?"
선재 동자가 답했다.
"보고 있습니다."
善男子 汝見我此十千童女眷屬以不 答言 已見

구족 우바이가 말했다.
"선남자여! 이 십천 동녀가 우두머리가 되는 것처럼, 이와 같은 백만 아승기의 권속들이 모두 나와 더불어 행이 같고 원이 같으며, 선근이 같고 벗어나 나아가는 도가 같으며, 청정하게 이해하는 것이 같고 청정한 생각이 같으며, 청정하게 나아가는 것이 같고 헤아릴 수 없는 깨달음이 같으며, 모든 근을 얻은 것이 같고 광대한 마음이 같으며, 행하는 경계가 같고 이치가 같으며, 뜻이 같고 법을 밝게 깨우쳐 아는 것이 같으며, 청정한 색의 모양이나 상태가 같고 헤아릴 수 없는 힘이 같으며, 최고로 정진하는 것이 같고 바른 법의 소리가 같으며, 청정한 제일의 소리가 같고 헤아릴 수 없는 청정한 공덕을 찬탄하는 것이 같으며, 청정한 업이 같고 청정한 과보가 같다."

"큰 사랑으로 두루두루 일체를 구하고 보호하는 것이 같으며, 가엾이 여기는 큰마음이 두루두루 하여 중생들을 성숙하게 하는 것이 같고 청정한 몸의 업으로 인연을 따라 모아서 일어나고 보는 이들을 기쁘게 하는 것이 같으며, 청정한 입의 업으로 세상의 말을 따라서 법으로 가르치고 바른길로 이끄는 것이 같으며, 일체 모든 부처님의 대중이 모인 도량에 나아가는 것이 같고 모든 부처 세계에 나가 모든 부처님께 공양하는 것이 같으며, 모든 법의 문을 나타내어 보이는 것이 같고 보살의 청정한 행의 자리에 머무는 것이 같다."

優婆夷言 善男子 此十千童女 而爲上首 如是眷屬 百萬阿僧祇 皆悉與我同行 同願 同善根 同出離道 同淸淨解 同淸淨念 同淸淨趣 同無量覺 同得諸根 同廣大心 同所行境 同理 同義 同明了法 同淨色相 同無量力 同最精進 同正法音 同隨類音 同淸淨第一音 同讚無量淸淨功德 同淸淨業 同淸淨報 同大慈周普救護一切 同大悲周普成熟衆生 同淸淨身業隨緣集起令見者欣悅 同淸淨口業隨世語言宣布法化 同往詣一切諸佛衆會道場 同往詣一切佛刹供養諸佛 同能現見一切法門 同住菩薩淸淨行地

"선남자여! 십 천의 동녀들은 이 그릇에 가장 좋은 음식을 담아서 한순간에 시방에 두루 가서 모든 후신 보살과 성문과 독각들에게 공양할 뿐만 아니라 모든 아귀의 부류에 이르기까지 두루 다 충족하게 한다."

"선남자여! 이 십 천의 동녀들은 나의 그릇을 가지고 하늘에 가면 하늘을 음식으로 가득 채울 뿐만 아니라 사람에게 가면 사람들에게 음식을 가득 채워준다."

"선남자여! 잠시만 기다려 보라. 그대가 당연히 스스로 볼 것이다."

善男子 是十千童女 能於此器 取上飮食 一刹那頃 徧至十方 供養一切後身菩薩 聲聞 獨覺 乃至徧及諸餓鬼趣 皆令充足 善男子 此十千女 以我此器 能於天中 充足天食 乃至人中 充足人食 善男子 且待須臾 汝當自見

이러한 말을 할 때 선재가 보니, 헤아릴 수 없는 중생들이 네 곳의 문으로 들어오며, 모두 구족 우바이가 본래 소원으로 청한 이들이었으며, 오는 대로 모여서 자리를 펴고 앉으면 그들이 달라는 대로 음식을 주어 다들 남김없이 충족하게 하였다.

說是語時 善財則見無量衆生 從四門入 皆優婆夷本願所請 旣來集已 敷座令坐 隨

其所須 給施飮食 悉使充足

  선재 동자에게 가르침을 주기 위해 구족 우바이가 말했다.
  "선남자여! 나는 다만 다함이 없는 복덕의 장 해탈문을 알 뿐이다. 보살마하살의 모든 공덕은 마치 큰 바다와 같기에 깊고 깊어서 다함이 없으며, 마치 허공과 같기에 광대하기가 끝이 없으며, 여의주와 같기에 중생의 모든 원을 만족하게 하며, 큰 취락과 같기에 구하는 바를 모두 얻으며, 수미산과 같기에 모든 보배가 두루 모이며, 마치 깊은 창고와 같기에 늘 법이라는 재물을 쌓아 두며, 마치 밝은 등불과 같기에 모든 어둠을 깨트리며, 마치 높은 덮개와 같기에 중생을 두루 그늘로 드리우니, 이러한 보살마하살의 일을 내가 어떻게 알겠으며, 그 공덕의 행을 설할 수 있겠는가."
  告善財言 善男子 我唯知此無盡 福德藏解脫門 如諸菩薩摩訶薩 一切功德 猶如大海 甚深無盡 猶如虛空 廣大無際 如如意珠 滿衆生願 如大聚落 所求皆得 如須彌山 普集衆寶 猶如奧藏 常貯法財 猶如明燈 破諸黑闇 猶如高蓋 普蔭群生 而我云何能知能說彼功德行

  "선남자여! 남쪽에 성이 있으니, 이름이 '대흥(大興)'이며, 그곳에 거사가 있으니, 이름이 '명지(明智)'다. 그대는 그에게 가서 보살은 어떻게 보살의 행을 배우는 것이며, 어떻게 보살의 도를 닦는 것이냐고 물어라."
  때맞춰 선재 동자가 그 발에 머리 숙여 예를 갖추고 헤아릴 수 없이 돌다 우러러보고 물러났다.
  善男子 南方有城 名曰大興 彼有居士 名曰明智 汝詣彼 問菩薩云何學菩薩行 修菩薩道 時 善財童子 頂禮其足 遶無量帀 瞻仰無厭 辭退而去

(15) 명지 거사. 제4 無屈撓行 無盡行

  이때 선재 동자는 '다함이 없이 장엄하는 복덕 장 해탈의 광명(無盡莊嚴福德藏解脫光明)'을 얻고 그 복덕의 큰 바다를 사유하고 그 복덕의 허공을 자세히 살펴서 들여다보고 그 복덕의 마을에 나아가고 그 복덕의 산에 오르고 그 복덕의 장을 거두고 그 복덕의 연못에 들어가고 그 복덕의 연못에서 노닐고 그 복덕의 바퀴를 청정하게 하고 그 복덕의 장을 보고 그 복덕의 문에 들어가고 그 복덕의 도를 행하고 그 복덕의 종자를 닦으면서 점점 걸어서 대흥성에 이르고 명지 장자를 두루 찾았다.

爾時 善財童子 得無盡莊嚴福德藏解脫光明已 思惟彼福德大海 觀察彼福德虛空 趣彼福德聚 登彼福德山 攝彼福德藏 入彼福德淵 游彼福德池 淨彼福德輪 見彼福德藏 入彼福德門 行彼福德道 修彼福德種 漸次而行 至大興城 周徧推求明智長者

선지식을 목마르게 동경하고 사모하는 마음을 내고 선지식으로 그 마음을 닦고 선지식으로 뜻이 견고해지고 방편으로 선지식을 구하는 마음에서 물러서지 않고 선지식을 섬기려는 마음이 게으르지 않고 선지식을 의지하는 까닭으로 많은 선근을 원만하게 하고 선지식을 의지하는 까닭으로 많은 복이 나는 것을 알고 선지식을 의지하는 까닭으로 많은 행이 더해지고 커지는 것을 알고 선지식을 의지하는 까닭으로 다른 이의 가르침을 인하지 않고도 스스로 모든 선근의 벗을 섬기게 됨을 알았다.

이와 같음을 사유할 때 그 선근이 더해지고 커지며, 그 깊은 마음이 청정해지며, 그 근과 성품을 넉넉하게 하며, 그 덕의 바탕이 보태지며, 그 큰 원을 더하며, 가엾이 여기는 그 큰마음을 넓히며, 모든 지혜에 가까워지며, 보현의 도를 갖추며, 일체 모든 부처님의 바른 법을 비추고 밝히며, 여래 십력의 광명을 더하고 늘렸다.

於善知識 心生渴仰 以善知識 熏習其心 於善知識 志欲堅固 方便求見諸善知識 心不退轉 願得承事諸善知識 心無懈倦 知由依止善知識故 能滿衆善 知由依止善知識故 能生衆福 知由依止善知識故 能長衆行 知由依止善知識故 不由他敎 自能承事一切善友 如是思惟 時 長其善根 淨其深心 增其根性 益其德本 加其大願 廣其大悲 近一切智 具普賢道 照明一切諸佛正法 增長如來十力光明

그때 선재 동자는 명지 거사가 그 성의 사거리에 있는 칠보대 위에 수 없는 보배로 장엄한 자리에 앉아 있는 것을 보았다. 그 자리가 빼어나게 좋아서 청정한 마니로 그 몸이 되고 금강제청으로 그 다리가 되고 보배 끈으로 두루 얽어매어 5백 가지 보배로 장식했으며, 하늘의 보배 옷을 펴고 하늘의 당기와 번기를 세우고 큰 보배 그물로 덮었으며, 보배 휘장을 쳤다. 염부단금을 일산으로 삼고 비유리 보배를 써서 일산의 대로 삼고 사람이 잡게 하여 그 위를 덮고 있었다.

청정한 거위의 깃털로 부채를 만들고 빼어난 많은 향을 풍기고 많은 하늘의 꽃을 내리며, 좌우에서 5백 가지의 음악이 들리니, 그 소리의 아름답기가 하늘의 그 어느 것보다 뛰어나기에 듣는 중생들이 기뻐하고 십 천의 권속이 앞뒤로 둘러섰으며, 다들 모습이 단정하여 사람들이 보기를 좋아하고 하늘의 장엄 기물을 써서 장엄하여 보기 좋게 꾸몄으니, 천인 가운데 가장 뛰어나서 비할 데가 없고 보살의 뜻으로 하고자 함을 성취하였고 명지 거사와 더불어 옛날의 선근이 같은 이들이었다. 그러므로 모시고 서서 그 가르침을 공손히 섬기고 모셨다.

爾時 善財見彼居士在其城內 市四衢道 七寶臺上 處無數寶莊嚴之座 其座妙好 淸淨摩尼 以爲其身 金剛帝靑 以爲其足 寶繩交絡 五百妙寶 而爲校飾 敷天寶衣 建天幢幡 張大寶網 施大寶帳 閻浮檀金 以爲其蓋 毘琉璃寶 以爲其竿 令人執持 以覆其上 鵝王羽翮淸淨嚴潔 以爲其扇 熏衆妙香 左右常奏五百樂音 其音美妙 過於天樂 衆生聞者 無不悅豫 十千眷屬 前後圍遶 色相端嚴 人所喜見 天莊嚴具 以爲嚴飾 於天人中 最勝無比 悉已成就菩薩志欲 皆與居士 同昔善根 侍立瞻對 承其敎命

그때 선재 동자가 그 발 앞에 엎드려 절하고 헤아릴 수 없이 돌고 합장하고 서서 말했다.
"성자여! 제가 모든 중생에게 이익이 되게 하려는 까닭으로, 모든 중생이 모든 고난에서 나오게 하려는 까닭으로, 모든 중생이 마지막까지 편안하게 하려는 까닭으로, 모든 중생을 생사의 바다에서 나오게 하려는 까닭으로, 모든 중생이 법의 보배 섬에 머물게 하려는 까닭으로, 모든 중생이 애욕의 강을 말리게 하려는 까닭으로, 모든 중생이 큰 자비를 일으키게 하려는 까닭으로, 모든 중생이 사랑하고자 하는 욕망을 버리고 벗어나게 하려는 까닭으로, 모든 중생이 부처님의 지혜를 목마르듯 찾게 하려는 까닭으로, 모든 중생이 생사의 광야에서 나오게 하려는 까닭으로, 모든 중생이 모든 부처님의 공덕을 즐기게 하려는 까닭으로, 모든 중생이 삼계의 성에서 나오게 하려는 까닭으로, 모든 중생에 일체 지혜의 성에 들어가게 하려는 까닭으로 아뇩다라삼먁삼보리심을 일으켰지만, 알지 못합니다. 보살이 어떻게 보살의 행을 배우는 것이며, 어떻게 보살의 도를 닦아서 모든 중생이 의지할 수 있는 처를 지을 수 있습니까?"

爾時 善財頂禮其足 遶無量帀 合掌而立 白言 我爲利益一切衆生故 爲令一切衆生 出諸苦難故 爲令一切衆生 究竟安樂故 爲令一切衆生 出生死海故 爲令一切衆生 住法寶洲故 爲令一切衆生 枯竭愛河故 爲令一切衆生 起大慈悲故 爲令一切衆生 捨離欲愛故 爲令一切衆生 渴仰佛智故 爲令一切衆生 出生死曠野故 爲令一切衆生 樂諸

佛功德故 爲令一切衆生 出三界城故 爲令一切衆生 入一切智城故 發阿耨多羅三藐三菩提心 而未知菩薩云何學菩薩行 云何修菩薩道 能爲一切衆生 作依止處

뜻대로 복덕을 내어놓은 장 해탈문

명지 거사가 말했다.
"선근이로다. 선근이구나. 그대가 능히 아뇩다라삼먁삼보리심을 일으켰구나."
長者告言 善哉 善哉 善男子 汝乃能發阿耨多羅三藐三菩提心

"선남자여! 아뇩다라삼먁삼보리심을 일으킨 그러한 사람은 만나기가 어렵다. 그와 같은 마음을 일으키면 이 사람은 곧바로 보살의 행을 구할 것이니, 선지식을 만나는 일에 막힘이나 걸림이 없을 것이며, 선지식을 친근히 하는 일에 게으름이 없을 것이며, 선지식을 공양하는 일에 고달프지 않을 것이며, 선지식을 시중드는 일에 근심 걱정을 내지 않을 것이며, 선지식을 구하고 마침내 물러서지 않을 것이며, 선지식을 생각하는 그 마음을 놓거나 버리지 않을 것이며, 선지식을 섬기는 일에 쉬지 않을 것이며, 선지식을 우러러보는 일에 쉬거나 멈춤이 없을 것이며, 선지식의 가르침을 행하면서 게으른 생각을 하지 않을 것이며, 선지식의 마음을 내려받음에 그릇되거나 실수가 없을 것이다."
善男子 發阿耨多羅三藐三菩提心 是人難得 若能發心 是人則能求菩薩行 値遇善知識 恒無厭足 親近善知識 恒無勞倦 供養善知識 恒不疲懈 給侍善知識 不生憂慼 求覓善知識 終不退轉 愛念善知識 終不放捨 承事善知識 無暫休息 瞻仰善知識 無時憩止 行善知識敎 未曾怠惰 稟善知識心 無有誤失

"선남자여! 그대는 이곳에 모인 대중을 보는가? 못 보는가?"
선재 동자가 답했다.
"예. 보고 있습니다."
善男子 汝見我此衆會人不 善財答言 唯然 已見

명지 거사가 말했다.

"선남자여! 내가 이미 그들에게 아뇩다라삼먁삼보리심을 일으키게 하였더니, 여래의 가문에 태어나 흰 법을 거듭 더하고 늘리며, 헤아릴 수 없는 모든 바라밀에 편안히 머물고 부처님의 십력을 배워 세간의 종자에서 벗어나고 여래의 종성에 머물면서 생사의 바퀴를 버리고 바른 법의 바퀴를 굴리며, 삼악취를 없애고 바른 법에 머물면서 보살들과 함께 모든 중생을 구원한다."

居士言 善男子 我已令其 發阿耨多羅三藐三菩提心 生如來家 增長白法 安住無量 諸波羅蜜 學佛十力 離世間種 住如來種 棄生死輪 轉正法輪 滅三惡趣 住正法趣 如諸菩薩 悉能救護一切衆生

"선남자여! 나는 내 뜻에 따라 내어놓는 복덕의 장 해탈문을 얻었기에 필요한 것이 있으면 원하는 대로 되니, 이른바 의복, 영락과 코끼리, 말, 수레와 꽃, 향, 당기, 덮개와 음식, 탕약과 방, 집과 평상, 등불과 노비, 소, 양과 또한 모든 시중을 드는 사람들이다. 이와 같은 모든 살림살이의 물건을 구하는 대로 가득 찰 뿐만 아니라 진실하고 빼어난 법까지 설한다."

"선남자여! 잠시만 기다려 보라. 그대가 스스로 볼 것이다."

善男子 我得隨意出生福德藏解脫門 凡有所須 悉滿其願 所謂衣服 瓔珞 象馬 車乘 華香 幢蓋 飮食 湯藥 房舍 屋宅 牀座 燈炬 奴婢 牛羊 及諸侍使 如是一切資生之物 諸有所須 悉令充滿 乃至爲說眞實妙法 善男子 且待須臾 汝當自見

이러한 말을 설하고 있을 때 헤아릴 수 없는 중생이 가지가지의 방위, 가지가지의 세계, 가지가지의 국토, 가지가지의 도시로부터 오고 형상의 종류가 각각 다르며, 욕망이 같지 않지만 다 보살의 옛적 원력으로 끝없는 중생들이 와서는 각각 바라는 것을 따라 청하고 구하였다.

說是語時 無量衆生 從種種方所 種種世界 種種國土 種種城邑 形類各別 愛欲不同 皆以菩薩往昔願力 其數無邊 俱來集會 各隨所欲 而有求請

그때 명지 거사가 대중이 모인 것을 알고 잠시 생각에 잠겨 허공을 우러러보니, 그들이 바라는 것들이 남김없이 다 허공을 좇아 내려와 모든 대중의 뜻을 두루 만족하게 한 후에 차례를 좇아(復) 가지가지의 법을 설했다.

이른바 맛있는 음식을 얻어 충분하게 만족해하는 자를 위해서는 가지가지의 복과 덕을 모으는 행과 빈궁함을 벗어나는 행과 모든 법을 아는 행과 법으로 기뻐하고 선정으로 좋은 음식을 성취하는 행과 모든 좋은 모양이나 상태를 닦고 익혀서 온전하게 갖추는 행과 굴복시키기 어려운 것을 거듭 더하고 늘려서 성취하는 행과 위 없는 음식을 선근으로 통달하는 행과 끝없는 큰 위엄과 덕의 힘을 성취하여 마와 원수를 항복 받는 행을 설했다.

좋은 음식을 얻어 만족하는 자에게는 법을 설하여 나고 죽은 일에 애착함을 벗어나 버리고 부처의 법 맛에 들어가게 하며, 가지가지의 가장 좋은 맛을 얻는 자에게는 법을 설하여 다들 모든 부처님 여래의 가장 좋은 맛의 모양이나 상태를 얻게 하고 수레를 얻어 만족을 얻은 자에게는 가지가지의 법문을 설하여 마하연의 수레를 타게 하고 의복을 얻어 만족해하는 자에게는 법을 설하여 청정한 부끄러움의 옷뿐만 아니라 여래의 청정한 빼어난 색을 얻게 하였으며, 이와 같은 모든 것을 풍족하게 만들어 준 후에 다 같이 응함을 따라 법을 설하니, 법을 듣고는 본처로 돌아갔다.

爾時 居士知衆普集 須臾繫念 仰視虛空 如其所須 悉從空下 一切衆會普皆滿足 然後復爲說種種法 所謂爲得美食 而充足者 與說種種集福德行 離貧窮行 知諸法行 成就法喜禪悅食行 修習具足諸相好行 增長成就難屈伏行 善能了達無上食行 成就無盡大威德力降魔怨行 爲得好飮 而充足者 與其說法 令於生死 捨離愛著 入佛法味 爲得種種諸上味者 與其說法 皆令獲得諸佛如來上味之相 爲得車乘 而充足者 與其宣說種種法門 皆令得載摩訶衍乘 爲得衣服 而充足者 與其說法 令得淸淨慚愧之衣 乃至如來淸淨妙色 如是一切靡不周贍 然後悉爲如應說法 旣聞法已 還歸本處

이때 명지 거사가 선재 동자를 위해 사람의 생각으로는 미루어 헤아릴 수 없는 보살의 해탈 경계를 나타내 보이고 말했다.

"선남자여! 나는 단지 뜻대로 복덕을 내어놓은 장 해탈문을 알 뿐이다. 보살마하살은 보배의 손을 성취하여 모든 시방의 국토를 두루 덮고 자재한 힘으로 모든 살림살이의 도구를 내리니, 이른바 가지가지 색의 보배, 가지가지의 영락, 가지가지의 보배 관, 가지가지의 의복, 가지가지의 음악, 가지가지의 꽃, 가지가지의 향, 가지가지의 가루 향, 가지가지의 사르는 향, 가지가지의 보배 일산, 가지가지의 당기와 번기를 비처럼 내려 모든 중생이 있는 곳과 여래의 대중이 모인 도량에 가득하고 모든 중생을 성숙하게 하며, 모든 부처님께 공양을 올린다. 내가 이를 어떻게 알겠으며, 그 공덕의 자재함과 신통의 힘을 말할 수 있겠는가."

爾時 居士爲善財童子 示現菩薩不可思議解脫境界已 告言 善男子 我唯知此隨意出生福德藏解脫門 如諸菩薩摩訶薩 成就寶手 徧覆一切十方國土 以自在力 普雨一切資生之具 所謂 雨種種色寶 種種色瓔珞 種種色寶冠 種種色衣服 種種色音樂 種種色華 種種色香 種種色末香 種種色燒香 種種色寶蓋 種種色幢幡 徧滿一切衆生住處及諸如來衆會道場 或以成熟一切衆生 或以供養一切諸佛 而我云何能知能說彼諸功德自在神力

"선남자여! 이곳 남쪽에 큰 성이 하나 있으니, 이름은 '사자궁'이며, 그곳에 장자가 있으니, 이름이 '법보계'이다. 그대는 그에게 가서 보살이 어떻게 보살의 행을 배우는 것이며, 어떻게 보살의 도를 닦는 것이냐고 물어라."

善男子 於此南方 有一大城 名師子宮 彼有長者 名法寶髻 汝可往問菩薩云何學菩薩行 修菩薩道

때맞춰 선재 동자가 기쁨과 즐거움에 뛰놀며 공손하게 섬기며, 존중하고 제자로서의 예를 극진히 올리면서 이와 같은 생각을 하였다.

"이 거사가 나를 깊이 생각함으로 인하여 내가 모든 지혜의 길을 보게 되었으니, 선지식을 사랑하는 생각과 견해를 끊지 않고 선지식을 존중하는 마음을 무너뜨리지 않고 선지식의 가르침을 늘 따르고 선지식의 말씀을 결정하여 믿고 늘 깊은 마음을 일으켜 선지식을 섬기는 마음을 항상 낼 것이다."

그의 발에 머리를 숙여 절하고 헤아릴 수 없이 돌면서 은근하게 우러러보며 물러났다.

時 善財童子 歡喜踊躍 恭敬尊重 如弟子禮 作如是念 由此居士護念於我 令我得見一切智道 不斷愛念善知識見 不壞尊重善知識心 常能隨順善知識敎 決定深信善知識語 恒發深心 事善知識 頂禮其足 遶無量帀 慇懃瞻仰 辭退而去

대방광불화엄경 제66권

39. 입법계품(7)
入法界品第三十九之七

(16) 법보계 장자. 제5 無癡亂行 離癡亂行

이때 선재 동자가 명지 거사에게 이 해탈문을 듣고는 그 복덕의 바다에서 헤엄치고 그 복덕의 밭을 다스리며, 그 복덕의 산을 우러러보고 그 복덕의 언덕에 나아가며, 그 복덕의 장을 열고 그 복덕의 법을 자세히 살펴보며, 그 복덕의 바퀴를 청정하게 하고 그 복덕이 모여있음을 맛보며, 그 복덕의 힘을 내고 그 복덕의 세력을 거듭 더하고 점차 향해 나아갔고 사자성에 도착하여 법보계 장자를 두루두루 찾았다.

爾時 善財童子 於明智居士所 聞此解脫已 游彼福德海 治彼福德田 仰彼福德山 趣彼福德津 開彼福德藏 觀彼福德法 淨彼福德輪 味彼福德聚 生彼福德力 增彼福德勢 漸次而行 向師子城 周徧推求寶髻長者

법보계 장자가 시장 가운데 있음을 보고는 곧 앞으로 급히 나아가 발에 엎드려 절하고 수없이 돌고는 합장하고 서서 말했다.

"성자여! 저는 이미 아뇩다라삼먁삼보리심을 일으켰으나, 보살이 어떻게 보살의 행을 배우는 것이며, 어떻게 보살의 도를 닦는지 알지 못합니다."

"선근의 성자여! 원하건대 저를 위해 모든 보살의 도를 설해주십시오. 제가 이 도를 타고 일체 지혜로 나아가겠습니다."

見此長者在於市中 遽卽往詣 頂禮其足 遶無數帀 合掌而立 白言 聖者 我已先發阿耨多羅三藐三菩提心 而未知菩薩云何學菩薩行 云何修菩薩道 善哉 聖者 願爲我 說諸菩薩道 我乘此道 趣一切智

헤아릴 수 없는 복덕 보배장藏 해탈문

이때 법보계 장자가 선재 동자의 손을 잡고 거처하던 곳으로 이끌어 그 집을 보여주고는 이와 같은 말을 했다.
"선남자여! 내 집을 자세히 보라."
爾時 長者執善財手 將詣所居 示其舍宅 作如是言 善男子 且觀我家

그때 선재 동자가 그 집을 보니, 청정한 광명의 진금으로 이루어졌고 백은을 담장으로 치고 파려로 전각을 만들고 감유리 보배를 누각으로 삼았으며, 자거 보배로 그 기둥을 만들고 백천 가지 보배로 두루두루 장엄하였다.
붉은 구슬 마니로 사자좌를 만들고 마니는 휘장이 되고 진주는 그물이 되어 그 위를 가득히 덮었고 마노 보배의 연못에 향수가 가득 찼으며, 헤아릴 수 없는 보배 나무가 두루두루 줄지어 서 있고 그 집이 넓고 넓어서 십 층에 문이 여덟 개였다.
爾時 善財見其舍宅 淸淨光明 眞金所成 白銀爲牆 玻瓈爲殿 紺琉璃寶 以爲樓閣 硨磲妙寶 而作其柱 百千種寶 周徧莊嚴 赤珠摩尼 爲師子座 摩尼爲帳 眞珠爲網 彌覆其上 碼瑙寶池 香水盈滿 無量寶樹 周徧行列 其宅廣博 十層八門

선재 동자가 들어가 차례로 자세히 살펴서 들여다보았다. 가장 아래층을 보니, 모든 음식을 보시하고 제2층을 보니, 모든 보배 옷을 보시하고 제3층을 보니, 모든 보배 장엄 기물을 보시하고 제4층을 보니, 모든 채녀와 아울러 가장 빼어난 진귀한 모든 보배를 보시하고 제5층을 보니, 5 지의 보살(五地菩薩.難勝地)이 구름처럼 모여서 모든 법을 널리 펴고 설하고는 세간에 이익이 되게 하고 모든 다라니 문과 모든 삼매의 인가와 모든 삼매의 행과 지혜의 광명을 성취하는 것을 보았다.
제6층을 보니, 모든 보살이 빠짐없이 다 깊고 깊은 지혜를 성취하여 모든 법의 성품을 분명하게 깨우쳐 통달하고 광대한 총지 삼매의 막힘이나 걸림 없는 문을 성취하였기에 두 가지 법에 머물지 않으며, 가히 말할 수 없이 빼어난 도량 가운데 있기에 함께 모여 반야바라밀(般若波羅蜜) 문을 분별하고 나타내 보이시니, 이른바 모든 중생의 지혜를 선근 분별하는 반야바라밀의 문과 움직이지 않는 반야바라밀의 문과 욕심을 벗어난 광명의 반야바라밀의 문과 항복 받을 수 없는 장의 반야바라밀의 문과 중생을 비추는 반야바라밀의 문과 바다의 장 반야바라밀의 문과 넓은 눈으로 버림을 얻은 반야바라밀의 문과 다함이 없는 장에 들어가는 반야바라밀의 문과 일체 방편 바다의 반야바라밀의 문과 모든 세간 바다에 들어가는 반야바라밀의 문과 막힘이나 걸림 없는 변재 반야바라밀의 문과 중생을 순하게 따라주는 반야바라밀의 문과 막힘이나 걸림 없는 광명 반야바라밀의 문과 늘 옛적의 인연을 자세히 보지만 법이 구름을 펴는 것과 같은 반야바라밀의 문이다. 이와 같은 등등의 백만 아승기 반야바라밀의 문을 설했다.

제7층을 보니, 모든 보살이 여향인(如響忍 華嚴 10忍品)을 얻어서 방편 지혜로 분별하며, 자세히 살펴서 들여다보고 벗어남을 얻고는 모든 부처님의 바른 법을 듣고 지니며, 제8층을 보니, 헤아릴 수 없는 보살이 그 가운데 모였으며, 다들 신통을 얻었기에 물러서지 않고 한 음성으로 시방세계에 두루 하며, 모든 도량에 몸을 두루 나타내어 모든 법계에 두루 하지 않은 곳이 없고 부처의 경계에 두루 들어가서 부처님의 몸을 보며, 모든 부처님이 모인 대중 가운데서 우두머리가 되어 법을 널리 펴고 설하였다.

제9층을 보니, 일생을 매어놓은(一生補處) 모든 보살 대중이 모여있고 제10층을 보니, 모든 여래가 그 가운데 충만하시니, 처음 마음을 일으킴을 좇아 보살행을 닦으며, 생사를 초월하여 큰 서원과 신통력을 이루어 원만하게 하고 부처님의 국토를 청정하게 하며, 도량에 모인 대중에게 바른 법륜을 굴리고 중생을 조복시키는 등등의 이와 같은 일체를 남김없이 다 분명하게 보였다.

善財入已 次第觀察 見最下層 施諸飲食 見第二層 施諸寶衣 見第三層 布施一切寶莊嚴具 見第四層 施諸采女幷及一切上妙珍寶 見第五層 乃至五地菩薩雲集 演說諸法 利益世間 成就一切陀羅尼門 諸三昧印 諸三昧行 智慧光明 見第六層 有諸菩薩 皆已成就甚深智慧 於諸法性 明了通達 成就廣大摠持三昧無障礙門 所行無礙 不住二法 在不可說妙莊嚴道場中 而共集會 分別顯示般若波羅蜜門 所謂寂靜藏般若波羅蜜門 善分別諸衆生智般若波羅蜜門 不可動轉般若波羅蜜門 離欲光明般若波羅蜜門 不可降伏藏般若波羅蜜門 照衆生輪般若波羅蜜門 海藏般若波羅蜜門 普眼捨得般若波羅蜜門 入無盡藏般若波羅蜜門 一切方便海般若波羅蜜門 入一切世間海般若波羅蜜門 無礙辯才般若波羅蜜門 隨順衆生般若波羅蜜門 無礙光明般若波羅蜜門 常觀宿緣而布法雲般若波羅蜜門 說如是等百萬阿僧祇般若波羅蜜門 見第七層 有諸菩薩 得如響忍 以方便智 分別觀察 而得出離 悉能聞持諸佛正法 見第八層 無量菩薩 共集其中 皆得神通 無有退墮 能以一音 徧十方刹 其身普現一切道場 盡于法界 靡不周徧 普入佛境 普見佛身 普於一切佛衆會中 而爲上首 演說於法 見第九層 一生所繫諸菩薩衆 於中集會 見第十層 一切如來充滿其中 從初發心 修菩薩行 超出生

死 成滿大願及神通力 淨佛國土道場衆會 轉正法輪 調伏衆生 如是一切 悉使明見

이때 선재 동자가 이러한 일을 보고 묻고자 말했다.
"성자여! 무슨 인연으로 청정한 대중이 이렇게 모인 것이며, 무슨 선근을 심었기에 이와 같은 갚음을 받은 것입니까?"
爾時 善財見是事已 白言 聖者 何緣致此淸淨衆會 種何善根 猶如是報

법보계 장자가 가르침을 주고자 말했다.
"선남자여! 내가 생각해보니, 과거 부처 세계의 티끌 수와 같은 겁 이전에 세계가 있었으니, 이름은 '원만 장엄(圓滿莊嚴)'이었고 부처님 이름은 '무변광명법계보장엄(無邊光明法界普莊嚴)왕 여래' 응공, 정등각이었으며, 열 가지 이름과 호가 원만하였다."
"그 부처님이 성에 들어오실 때 내가 그 앞에서 악기를 연주하였고 한 개의 향을 피워 공양하였으며, 그 공덕으로 세 곳에 회향하였으니, 이른바 모든 생활의 어려움과 구차함에서 영원히 벗어났으며, 모든 부처님과 또한 선지식을 늘 보며, 바른 법을 항상 들었기에 이러한 까닭으로 갚음을 얻었다."
長者告言 善男子 我念過去 過佛刹微塵數劫 有世界 名圓滿莊嚴 佛號無邊光明法界普莊嚴王如來應正等覺 十號圓滿 彼佛入城 我奏樂音 幷燒一丸香 而以供養 以此功德 迴向三處 謂永離一切貧窮困苦 常見諸佛及善知識 恒聞正法 故獲斯報

"선남자여! 나는 단지 보살의 헤아릴 수 없는 복덕 보배장 해탈문을 알 뿐이다. 보살마하살들은 생각으로 헤아려 알 수 없는 공덕의 보배 장을 얻고 분별없는 여래의 몸 바다에 들어가며, 분별없는 가장 높은 법의 구름을 받으며, 분별없는 공덕의 도구를 닦고 분별없는 보현의 수행 그물을 일으키고 분별없는 삼매의 경계에 들어가고 분별없는 보살의 선근과 평등하고 분별없는 여래의 머무는 곳에 머물고 분별없는 삼세의 평등함을 증득하고 분별없는 넓은 눈의 경계에 머물며, 모든 겁에 머물면서도 고달프고 싫어함 없다. 내가 어떻게 이러한 것을 알겠으며, 어떻게 그러한 공덕의 행을 말할 수 있겠는가."
善男子 我唯知此菩薩無量福德寶藏解脫門 如諸菩薩摩訶薩 得不思議功德寶藏 入無分別如來身海 受無分別無上法雲 修無分別功德道 具起無分別普賢行網 入無分

別三昧境界 等無分別菩薩善根 住無分別如來所住 證無分別三世平等 住無分別普眼境界 住一切劫 無有疲厭 而我云何能知能說彼功德行

"선남자여! 이곳에서 남쪽으로 나라가 하나 있으니, 이름은 '등뿌리(藤根)'며, 그 나라에 성이 있고 이름은 '보문(普門)'이며, 그곳에 장자가 있으니, 이름이 '보안(普眼)'이다. 그대는 그에게 가서 보살은 어떻게 보살의 행을 배우는 것이며, 어떻게 보살의 도를 닦는 것이냐고 물어라."

善男子 於此南方 有一國土 名曰藤根 其土有城 名曰普門 中有長者 名爲普眼 汝詣彼 問菩薩云何學菩薩行 修菩薩道

때맞추어 선재 동자가 그의 발에 머리를 숙여 예를 올리고 수 없이 돌면서 은근히 우러러보며, 거처에서 물러났다.

時 善財童子 頂禮其足 遶無數帀 慇懃瞻仰 辭退而居

(17) 보안 장자. 제6 善現行

이때 선재 동자는 법보계 장자로부터 이 해탈문을 듣고는 모든 부처님이 헤아릴 수 없이 알고 보는 곳에 깊이 들어가고 보살의 헤아릴 수 없는 뛰어난 행에 편안히 머물며, 보살의 헤아릴 수 없는 방편을 통달하고 보살의 헤아릴 수 없는 법문을 바라고 구하며, 보살의 헤아릴 수 없는 믿음과 이해를 청정하게 하고 보살의 헤아릴 수 없는 모든 근을 밝고 이롭게 하며, 보살의 헤아릴 수 없는 욕망을 성취하고 보살의 헤아릴 수 없는 행의 문을 통달하고 보살의 헤아릴 수 없는 서원의 힘을 거듭 더하고 늘리며, 보살의 이길 자가 없는 당기를 세우고 보살의 지혜를 일으켜 보살의 법을 비추어 점점 나아갔다.

爾時 善財童子 於寶髻長者所 聞此解脫已 心入諸佛無量知見 安住菩薩無量勝行 了達菩薩無量方便 希求菩薩無量法門 淸淨菩薩無量信解 明利菩薩無量諸根 成就菩薩無量欲樂 通達菩薩無量行門 增長菩薩無量願力 建立菩薩無能勝幢 起菩薩智照菩薩法 漸次而行

등 뿌리 나라에 이르고 보문성 있는 곳을 물어 찾았다. 비록 어려운 일을 당하더라도 수고로움을 생각하지 않고 오로지 선지식의 가르침만을 바르게 생각하면서 늘 가까이 모시고 섬기면서 공양하기를 원하기에 모든 근을 두루 채찍질하고 거리낌 없이 제멋대로 인 것에서 벗어났다.

그런 뒤에 보문성에 이르렀고 백천의 마을이 둘러있고 담장이 높고 도로가 넓고 평평했다.

보안 장자가 있는 곳을 보고는 그 앞으로 나아가 엎드려 절하고 합장하고 서서는 말했다.

"성자여! 제가 이미 아뇩다라삼먁삼보리심을 일으켰지만, 보살이 어떻게 보살행을 배우는 것이며, 어떻게 보살의 도를 닦는 것인지를 알지 못합니다."

至藤根國 推問求覓彼城所在雖歷艱難不憚勞苦但唯正念善知識教願常 親近承事 供養徧策 諸根離衆放逸然後 乃得見普 門城百千 聚落周币圍遶雉堞 崇峻衢路 寬平 見彼 長者往詣 其所於前 丁隷合掌而立白言 聖者 我已先發阿耨多羅三藐三菩提心 而未知菩薩云何學菩薩行 云何修菩薩道

중생이 모든 부처님을 두루 보게 하는 환희 법문

보안 장자가 가르침을 주기 위해 말했다.

"선근이로다. 선근이구나. 그대가 아뇩다라삼먁삼보리심을 일으켰구나. 나는 모든 중생의 병을 아니, 풍병, 황달병, 해소 열병, 귀매, 해충, 독과 물에 빠지고 불에 상한 것과 이와 같음이 생기는 모든 질병을 방편으로 남김없이 치료한다."

長者告言 善哉 善哉 善男子 汝已能發阿耨多羅三藐三菩提心 善男子 我知一切 衆生諸病 風黃痰熱 鬼魅 蠱毒乃至水火之所傷害 如是一切所生諸病 我悉能以方便救療

"선남자여! 시방의 중생 가운데 병이 있는 자들은 모두 나의 처소에 와서 나에게 치료를 받는다. 나는 그들의 병을 쾌차하게 하며, 차례를 좇아(復) 향 탕으로 그 몸을 씻기고 향, 꽃, 영락, 좋은 의복 등 가지가지로 장엄하고 모든 음식과 재물을 보시하여 조금도 모자람이 없게 한다.

그러한 뒤에 각각 응하는 것을 따라 법을 설하니, 탐욕이 많은 자에게는 청정하게 보는 것을 가르치고 미워하고 성내는 일이 많은 자에게는 자비로 보는 것을 가르치고 어리석음이 많은 자에게는 가지가지 법의 모양이나 상태를 분별하도록 가르치고 같은 것을 나누어(等分) 행하는 자들에게는 특히 뛰어난 법문을 나타내 보인다."

"그들로 하여 보리심을 일으키게 하려고 모든 부처님의 공덕을 찬탄하고 크게 가엾이 여기는 뜻을 일으키게 하려고 나고 죽은 헤아릴 수 없는 고통을 나타내 보이고 공덕을 더하고 늘리게 하려는 까닭으로 헤아릴 수 없는 복과 지혜를 모으는 것을 찬탄하고 큰 서원을 일으키도록 모든 중생을 조복시키는 것을 칭찬하고 보현의 행을 닦게 하려고 모든 보살이 그 모든 세계와 모든 겁에 머물면서 모든 수행의 그물을 닦는 것을 설한다."

"그들로 하여 부처님의 좋은 모양이나 상태를 갖추게 하려고 단바라밀을 칭찬하고 찬탄하며, 부처님의 청정한 몸으로 남김없이 일체 처에 이름을 얻게 하려는 까닭으로 시바라밀을 칭찬하고 찬탄하며, 부처님의 청정하고 생각으로 헤아려 알 수 없는 몸을 얻게 하려고 인바라밀을 칭찬하고 찬탄하며, 여래의 뛰어난 몸을 얻게 하려고 정진바라밀을 칭찬하고 찬탄하며, 청정하고 더불어 평등한 몸을 얻게 하려고 선바라밀을 칭찬하고 찬탄하며, 여래의 청정한 법의 몸을 드러내려고 반야바라밀을 칭찬하고 찬탄한다."

"그들로 하여 불, 세존의 청정한 색신을 나타내게 하려고 방편바라밀을 칭찬하고 찬탄하며, 중생들을 모든 겁에 머물게 하려고 원바라밀을 칭찬하고 찬탄하며, 청정한 몸을 나타내어 모든 부처님의 세계 국토를 남김없이 다 뛰어넘게 하려고 역바라밀을 칭찬하고 찬탄하며, 청정한 몸을 나타내어 중생들의 마음을 따라 남김없이 다 기쁘게 하려고 지바라밀을 칭찬하고 찬탄하며, 마지막까지 청정하고 빼어난 몸을 얻게 하려고 선근의 법이 아닌 모든 바르지 못한 것에서 영원히 벗어나는 것을 칭찬하고 찬탄한다. 이와 같음을 보시하고는 각각 돌아가게 한다."

善男子 十方衆生諸有病者 咸來我所 我皆療治 令其得差 復以香湯 沐浴其身 香華瓔珞 名衣 上服 種種莊嚴 施諸飮食 及以財寶 悉令充足 無所乏短 然後各爲如應說法 爲貪慾多者 敎不淨觀 瞋恚多者 敎慈悲觀 愚癡多者 敎其分別種種法相 等分行者 爲其顯示殊勝法門 爲欲令其發菩提心 俙揚一切諸佛功德 爲欲令其起大悲意 顯示生死無量苦惱 爲欲令其增長功德 讚歎修集無量福智 爲欲令其發大誓願 俙讚調伏一切衆生 爲欲令其修普賢行 說諸菩薩於一切刹 一切劫住 修諸行網 爲欲令其具佛相好 俙揚讚歎檀波羅蜜 爲欲令其得佛淨身悉能徧至一切處故 俙揚讚歎尸波羅蜜 爲欲令其得佛淸淨不思議身 俙揚讚歎忍波羅蜜 爲欲令其獲於如來無能勝身 俙揚讚歎精進波羅蜜 爲欲令其得於淸淨無與等身 俙揚讚歎禪波羅蜜 爲欲令其顯現如來淸淨法身 俙揚讚歎般若波羅蜜 爲欲令其現佛世尊淸淨色身 俙揚讚歎方便波羅蜜 爲

欲令其爲諸衆生住一切劫 俻揚讚歎願波羅密 爲欲令其現淸淨身 悉過一切諸佛刹土 俻揚讚歎力波羅密 爲欲令其現淸淨身 隨衆生心 悉使歡喜 俻揚讚歎智波羅密 爲欲令其獲於究竟淨妙之身 俻揚讚歎永離一切諸不善法 如是施已 各令還去

"선남자여! 나는 또 일체 모든 향을 선근으로 바꾸어 합하는 중요한 법을 아니, 이른바 그 이상 더 할 수 없는 향, 신두파라 향, 뛰어난 향, 깨우침을 깨닫게 하는 향, 아로나발지 향, 견고한 전단 향, 오락가 전단 향, 침수 향, 모든 근이 흔들리지 않는 향이니, 이와 같은 등등의 향을 조합하여 만드는 법을 남김없이 안다."

善男子 我又善知和合一切諸香要法 所謂無等香 辛頭波羅香 無勝香 覺悟香 阿盧那跋底香 堅黑栴檀香 烏洛迦栴檀香 沈水香 不動諸根香 如是等香 悉知調理和合之法

"또 선남자여! 나는 이 향을 가지고 공양하고 모든 부처님을 보고 원을 만족하게 이루었으니, 이른바 모든 중생을 구하고 보호하는 원과 모든 부처 세계를 장엄하여 청정하게 하는 원과 모든 여래께 공양하는 원이다."

又善男子 我持此香 以爲供養普見諸佛 所願皆滿 所謂救護一切衆生願 嚴淨一切佛刹願 供養一切如來願

"또 선남자여! 이 향을 올릴 때 하나하나의 향에서 헤아릴 수 없는 향기가 나와 시방의 모든 법계와 모든 부처님의 도량에 이르게 하니, 그와 같이 향의 궁전이 되고 그와 같이 향의 전각이 되고 이와 같은 향 난간, 향 담, 향 망루, 향 창호, 향 누각, 향 반월, 향 일산, 향 당기, 향 번기, 향 휘장, 향 그물, 향 형상, 향 장엄 기물, 향 광명, 향 구름 비가 곳곳에 가득 차도록 장엄한다."

又善男子 然此香時 一一香中 出無量香 徧至十方一切法界 一切諸佛衆會道場 或爲香宮 或爲香殿 如是香欄檻 香垣牆 香卻敵 香戶牖 香重閣 香半月 香蓋 香幢 香幡 香帳 香羅網 香形像 香莊嚴具 香光明 香雲雨 處處充滿 以爲莊嚴

"선남자여! 나는 단지 모든 중생이 모든 부처님을 두루 보게 하는 환희 법문을 알 뿐이다. 모든 보살마하살은 큰 약왕과 같기에 그와 같이 보고 그와 같이 듣고 그와 같이 잊지 않고 생각하며, 그와 같이 함께 머물고 그와 같이 행을 따르고 그와 같이 이름을 일컬은 것이 다 이익을 얻게 하여 헛되게 지내는 이가 없게 한다, 그와 같이 중생을 잠시 만나더라도 반드시 모든 번뇌를 없애주고 부처님 법에 들어가 모든 괴로움에서 벗어나게 하며, 모든 생사의 두려움으로부터 영원히 쉬게 하며, 두려움이 없는 모든 지혜에 이르게 하고 모든 늙고 죽은 큰 산을 꺾어서 무너트리고 평등한 적멸의 즐거움에 머물게 한다. 내가 이를 어떻게 알 것이며, 그 공덕의 행을 말할 수 있겠는가."

善男子 我唯知此令一切衆生普見諸佛歡喜法門 如諸菩薩摩訶薩 如大藥王 若見若聞 若憶念 若同住 若隨行住 若稱名號 皆獲利益 無空過者 若有衆生 暫得値遇 必令銷滅一切煩惱 入於佛法 離諸苦蘊 永息一切生死怖畏 到無所畏一切智處 摧壞一切老死大山 安住平等寂滅之樂 而我云何能知能說彼功德行

"선남자여! 이곳에서 남쪽으로 큰 성이 하나 있으니, 이름이 '다라당(多羅幢)'이며, 그곳에 왕이 있으니, 이름이 '무염족(無厭足)'이다. 그대는 그에게 가서 보살이 어떻게 보살의 행을 배우는 것이며, 어떻게 보살의 도를 닦는 것인지 물어라."

善男子 於此南行 有一大城 名多羅幢 彼中有王 名無厭足 汝詣彼 問菩薩云何學菩薩行 修菩薩道

때맞춰 선재 동자가 보안 장자의 발에 예를 올리고 수 없이 돌다가 은근히 우러러보면서 물러났다.

時 善財童子 禮普眼足 遶無數帀 慇懃瞻仰 辭退而居

(18) 무염족 왕. 제7 無著行

이때 선재 동자는 선지식의 가르침을 잊지 않고 사유하며, 선지식이 나를 거두어주고 나를 보호해 주고 내가 아뇩다라삼먁삼보리에서 물러서지 않게 해주리라 생각하였다. 이와 같은 사유를 하며, 환희하는 마음과 청정한 믿음의 마음과 광대한 마음과 기쁨에 환한 마음과 좋아서 뛰는 마음과 기쁨에 축하하는 마음과 뛰어나고 빼어난 마음과 적정의 마음과 장엄하는 마음과 집착이 없는 마음과 막힘이나 걸림 없는 마음과 평등한 마음과 자재한 마음과 법에 머무는 마음과 부처 세계에 두루 가는 마음과 부처님의 장엄을 보는 마음과 십력을 버리지 않는 마음을 내었다.

爾時 善財童子 憶念思惟善知識敎 念善知識能攝受我 能守護我 令我於阿耨多羅三藐三菩提 無有退轉 如是思惟 生歡喜心 淨信心 怡暢心 踊躍心 欣慶心 寂靜心 莊嚴心 無著心 無礙心 平等心 自在心 住法心 徧往佛刹心 見佛莊嚴心 不捨十力心

점차 남쪽으로 가면서 국토와 도시와 마을을 지나서 다라당 성에 이르고 무염족 왕이 있는 곳을 물으니, 사람들이 이렇게 답했다.

"왕은 지금 정전의 사자좌에 앉아 법으로 중생을 가르치고 바른길로 이끌면서 다스릴 만한 자는 다스리고 거두어줄 만한 자는 거두어주며, 죄를 지는 자에게는 벌을 주고 소송을 통한 다툼을 결정하고 외롭고 나약한 자들은 어루만져 주어서 죽이고 훔치고 삿된 음란한 행들을 영원히 끊게 하고 거짓말, 이간질, 욕설, 속이는 말을 하지 못하게 하고 또 탐내고 성내는 일과 바르지 못한 견해에서 벗어나게 합니다."

때에 선재 동자는 대중의 말에 의지하여 그곳에 이르고자 찾아 나섰다.

漸次遊行 經歷國土 村邑 聚落 至多羅幢城 問無厭足王所在之處 諸人答言 此王今者 在於正殿 坐師子座 宣布法化 調御衆生 可治者治 可攝者攝 罰其罪惡 決其諍訟 撫其孤弱 皆令永斷殺盜邪婬 亦令禁止妄言 兩舌 惡口 綺語 又使遠離貪瞋邪見 時 善財童子 依衆人語 尋卽往詣

멀리서 보니, 그 왕이 나라연 금강 자리에 앉아 있고 아승기 보배가 평상의 다리가 되고 헤아릴 수 없는 보배 형상으로 장엄하였으며, 황금 실로 그물을 떠서 위를 덮었으며, 여의주로 관을 만들어 머리에 장엄하였고 염부단금으로 반월을 만들어 이마에 장엄하였으며, 제청 마니로 귀고리를 만들어 쌍으로 드리웠고 값을 매길 수 없는 보배마니로 영락을 만들어 목에 장엄하였으며, 하늘의 빼어난 마니로 팔찌를 만들어 그 팔을 단장하였다.

염부단금으로 일산을 만들어 많은 보배로 사이사이를 장식하여 일산의 살로 삼고 큰 유리 보배로 일산의 대로 삼고 빛이 좋은 마니가 그 일산의 중심이 되고 여러 가지 보배로 풍경을 만들어 아름다운 소리를 내고 큰 광명을 놓아 시방에 두루두루 한 이와 같은 보배 덮개로 그 위를 덮었다.

遙見彼王坐那羅延金剛之座 阿僧祇寶 以爲其足 無量寶像 以爲莊嚴 金繩爲網 彌覆其上 如意摩尼 以爲寶冠 莊嚴其首 閻浮檀金 以爲半月 莊嚴其額 帝靑摩尼 以爲耳璫 相對垂下 無價摩尼 以爲瓔珞 莊嚴其頸 天妙摩尼 以爲印釧莊嚴其臂閻浮檀金 以爲其蓋衆寶間錯以爲輪輻 大琉璃寶 以爲其竿 光味摩尼 以爲其臍 雜寶爲鈴 恒出妙音 放大光明 周徧十方 如是寶蓋 而覆其上

그 아래 앉은 아나라 왕이 큰 세력이 있기에 다른 무리의 대중을 조복시켜서 적이 없으며, 청정한 비단 띠를 정수리에 매었으며, 십 천의 대신들이 앞뒤로 둘러 모시고 나랏일을 함께 다스리며, 그 앞에 차례를 좇아 십만의 군졸이 있으니, 형상이 추악하고 의복이 누추하며, 무기를 손에 들고 눈을 부릅뜨고 팔을 흔들어서 보는 사람들이 모두 두려워했다.

헤아릴 수 없는 중생들이 왕의 법령을 범하길, 남의 물건을 훔치고 남의 목숨을 빼앗고 유부녀를 간통하고 삿된 견해를 내고 성내어 원한을 일으키고 탐욕과 질투를 품은 이와 같은 등의 가지가지 악한 업을 지으면 몸에 오랏줄을 지어 왕의 앞에 끌려오고 범한 죄를 따라 벌을 주는 것이다.

손발을 끊기도 하고 귀와 코를 베기도 하고 그 눈을 후비고 그 머리를 자르고 피부를 벗기고 몸을 도려내고 끓는 물에 삶기도 하고 불에 태우고 높은 산에 오르게 하고는 밀어서 떨어지게 하는 이와 같은 등등의 고통이 헤아릴 수 없으니, 부르짖고 통곡하는 형상을 비유하면 많은 큰 지옥을 합한 것과 같았다.

阿那羅王有大力勢 能伏他衆 無能與敵 以離垢繒 而繫其頂 十千大臣 前後圍遶 共理王事 其前復有十萬猛卒 形貌醜惡 衣服襤褸 執持器仗 攘臂瞋目 衆生見者 無不恐怖 無量衆生 犯王敎勅 或盜他物 或害他命 或侵他妻 或生邪見 或起瞋恨 或懷貪嫉 作如是等 種種惡業 身被五縛 將詣王所 隨其所犯 而治罰之 或斷手足 或截耳鼻 或挑其目 或斬其首 或剝其皮 或解其體 或以湯煮 或以火災 或驅上高山 推令墮落 有如是等無量楚毒 發聲號叫 譬如衆合大地獄中

선재 동자가 이러함을 보고 이와 같은 생각을 했다.

"나는 모든 중생에게 이익이 되고자 보살의 행을 구하고 보살의 도를 닦는다고 하지만, 지금 이 왕은 모든 선근의 법을 없애고 큰 죄의 업을 지으면서 중생을 핍박하고 생명을 빼앗을 뿐만 아니라 악한 도를 두려워하지 않고 돌아보지도 않으니, 이곳에서 무슨 법을 구하고자 할 것이며, 가엾이 여기는 큰마음을 일으켜서 중생을 구할 수 있겠는가."

善財見已 作如是念 我爲利益一切衆生 求菩薩行 修菩薩道 今者此王 滅諸善法 作大罪業 逼惱衆生 乃至斷命 曾不顧懼未來惡道 云何於此 而欲求法 發大悲心 救護衆生

이러한 생각을 하고 있을 때 공(空) 가운데 하늘이 말했다.
"선남자여! 그대는 선지식 보안 장자의 가르침을 잊지 말고 기억하여 생각하라."
선재 동자가 우러러보면서 말했다.
"저는 늘 잊지 않고 기억해서 생각하고 처음부터 감히 잊은 적이 없습니다."

作是念時 空中有天 而告之言 善男子 汝當憶念普眼長者善知識教 善財仰視 而白之曰 我常憶念 初不敢忘

하늘이 말했다.
"선남자여! 그대는 선지식의 말을 싫어하거나 벗어나지 말라. 선지식은 그대를 인도하여 험난하지 않은 편안한 곳에 이르게 한다."
"선남자여! 보살의 섬세하고 능숙한 선근 방편은 사람의 생각으로 헤아려 알 수 없으며, 중생을 거두어주는 지혜는 사람의 생각으로 헤아려 알 수 없으며, 중생을 보호하려는 생각의 지혜는 사람의 생각으로 헤아려 알 수 없으며, 중생을 성숙하게 하는 지혜는 사람의 생각으로 헤아려 알 수 없으며, 중생을 지키고 보호하려는 지혜는 사람의 생각으로 헤아려 알 수 없으며, 중생을 이끌어 해탈하게 하는 지혜는 사람의 생각으로 헤아려 알 수 없으며, 중생을 조복시키는 지혜는 사람의 생각으로 헤아려 알 수 없다."

天曰 善男子 汝莫厭離善知識語 善知識者 能引導汝 至無險難安隱之處 善男子 菩薩善巧方便智 不可思議 攝受衆生智 不可思議 護念衆生智 不可思議 成熟衆生智 不可思議 守護衆生智 不可思議 度脫衆生智 不可思議 調伏衆生智 不可思議

이때 선재 동자가 이 말을 듣고 곧바로 왕의 처소에 나아가 그 발에 머리를 숙여 예를 갖추고 말했다.

"성자여! 저는 이미 아뇩다라삼먁삼보리심을 일으켰지만, 보살이 어떻게 보살행을 배우는 것이며, 어떻게 보살의 도를 닦는 것인지를 알지 못합니다. 제가 들은 바로는 성자께서 선근으로 가르친다고 하니, 원하건대 저를 위해 설해주십시오."

時 善財童子 聞此語已 卽詣王所 頂禮其足 白言 聖者 我已先發阿耨多羅三藐三菩提心 而未知菩薩云何學菩薩行 云何修菩薩道 我聞聖者善能敎誨 願爲我說

사람을 홀리는 허깨비와 같은 해탈

때맞춰 아나라 왕이 왕으로서의 일을 마치고 선재의 손을 잡고는 궁중으로 들어가 함께 앉으면서 말했다.
"선남자여! 그대는 내가 머무는 궁전을 자세히 살펴서 보라."

時 阿那羅王 理王事已 執善財手 將入宮中 命之同坐 告言 善男子 汝應觀我所住宮殿

선재가 왕의 말대로 곧바로 두루 자세히 살펴서 보았다. 그 궁전을 보니, 광대하여 비교할 것이 없으며, 모두 빼어난 보배를 합해서 이룬 것이며, 칠보로 담을 쌓아 주위를 둘렀으며, 백천 가지 보배를 누각으로 삼고 가지가지의 장엄으로 남김없이 다 빼어나게 좋으며, 생각으로 헤아릴 수 없는 마니보배로 짠 그물이 그 위를 덮었으며, 십억의 시녀들이 단정하고 특히 뛰어나고 몸가짐새가 엄숙하고 나가고 멈춤이 빠짐없이 다 볼 만하며, 행하여지는 모든 일이 능숙하고 빼어나며, 먼저 일어나고 뒤에 누우며, 뜻을 받들어 부드럽게 섬기었다.

善財如語 卽徧觀察 見其宮殿 廣大無比 皆以妙寶之所合成 七寶爲牆 周帀圍遶 百千衆寶 以爲樓閣 種種莊嚴 悉皆妙好 不思議摩尼寶網 羅覆其上 十億侍女 端正殊絶 威儀進止 皆悉可觀 凡所施爲 無非巧妙 先起後臥 軟意承旨

때에 아나라 왕이 선재 동자에게 가르침을 주고자 말했다.
"선남자여! 어떻게 생각하는가? 내가 참으로 그와 같은 악한 업을 짓는다면, 어떻게 이와 같은 과보와 이와 같은 색신과 이와 같은 권속과 이와 같은 부의 넉넉함과 이와 같은 자재함을 얻을 수 있겠는가."

時 阿那羅王 告善財言 善男子 於意云何 我若實作如是惡業 云何而得如是果報 如是色身 如是眷屬 如是富贍 如是自在

"선남자여! 나는 보살의 허깨비와 같은 해탈을 얻었다."
"선남자여! 나의 국토에 있는 중생들이 살생하고 훔치는 일뿐만 아니라 삿된 견해에 이르는 자가 많기에 나머지 다른 방편으로는 그들이 악업을 버리고 벗어나게 할 수 없다."
"선남자여! 나는 그러한 중생들을 조복시키기 위한 까닭으로 악한 사람으로 바뀌어 모든 죄업을 짓고 가지가지의 고통을 받는 것이니, 악한 짓을 하는 중생들이 나를 보고는 두려운 마음을 내고 싫어하는 마음을 내고 겁나고 약한 마음을 내게 하여 자기가 짓는 모든 악한 업을 끊고 아뇩다라삼먁삼보리의 뜻을 일으키게 하려는 것이다."
"선남자여! 나는 이와 같은 섬세하고 능숙한 방편을 쓰는 까닭으로 모든 중생이 열 가지 악한 업을 버리고 열 가지 선근의 도에 머물면서 마지막까지 상쾌하고 즐거우며, 마지막까지 편안하고 마지막까지 모든 지혜의 지위에 머물게 하려는 것이다."
"선남자여! 내가 몸과 말과 뜻으로 지어가는 업으로 지금까지 한 명의 중생도 괴롭게 하거나 해치지 않았다."
"선남자여! 내 마음과 같은 자라면 차라리 미래 세상 무간지옥에 들어가 고통을 받을지언정, 한순간이라도 모기 한 마리, 개미 한 마리를 괴롭히려는 생각을 내지 않는다. 하물며 차례를 좇은(復.53位) 사람이겠는가. 사람은 복 밭이니, 일체 모든 선근의 법을 능히 내는 까닭이다."

善男子 我得菩薩如幻解脫 善男子 我此國土所有衆生 多行殺盜 乃至邪見 作餘方便 不能令其捨離惡業 善男子 我爲調伏彼衆生故 化作惡人 造諸罪業 受種種苦 令其一切作惡衆生 見是事已 心生惶怖 心生厭離 心生怯弱 斷其所作一切惡業 發阿耨多羅三藐三菩提意 善男子 我以如是巧方便故 令諸衆生 捨十惡業 住十善道 究竟快樂 究竟安隱 究竟住於一切智地 善男子 我身 語 意 未曾惱害於一衆生 善男子 如我心者 寧於未來 受無間苦 終不發生一念之意 與一蚊一蟻 而作苦事 況復人耶 人是福田 能生一切諸善法故

"선남자여! 나는 단지 사람을 홀리는 허깨비와 같은 해탈을 얻었을 뿐이다. 보살마하살은 생함이 없는 법을 결정하는 지혜(般若智)를 얻었기에 모든 중생의 세계가 남김없이 다 사람을 홀리는 허깨비와 같은 것임을 알고 보살의 모든 행은 남김없이 다 만물을 생육하는 작용과 같은 것임을 알고 모든 세간은 남김없이 다 그림자와 같은 것임을 알고 일체 모든 법이 남김없이 다 꿈과 같은 것임을 알아서 실상의 본바탕이 되는 모양이나 상태의 막힘이나 걸림이 없는 법의 문에 들어가게 하며, 제석천왕의 그물 같은 일체 모든 행을 닦게 하며, 막힘이나 걸림이 없는 지혜를 경계로 행하게 하며, 평등한 모든 삼매에 들어가 다라니의 자재함을 얻게 한다. 내가 이를 어떻게 알며, 보살마하살의 그러한 공덕을 어떻게 능히 설할 수 있겠는가."

善男子 我唯得此如幻解脫 如諸菩薩摩訶薩 得無生忍 知諸有趣 悉皆如幻 菩薩諸行 悉皆如化 一切世間 悉皆如影 一切諸法 悉皆如夢 入眞實相無礙法門 修行帝網 一切諸行 以無礙智 行於境界 普入一切平等三昧 於陀羅尼 已得自在 而我云何能知 能說彼功德行

"선남자여! 이곳에서 남방으로 성이 있으니, 이름이 '묘광(妙光)'이며, 그곳에 왕이 있으니, 아름이 '대광(大光)'이다. 그대는 그에게 가서 보살은 어떻게 보살의 행을 배우는 것이며, 어떻게 보살의 도를 닦는 것이냐고 물어라."

善男子 於此南方 有城名妙光 王名大光 汝詣彼 問菩薩云何學菩薩行 修菩薩道

때맞춰 선재 동자가 왕의 발에 머리를 숙여 예를 올리고는 수 없이 돌고는 하직하고 물러났다.

時 善財童子 頂禮王足 遶無數帀 辭退而去

(19) 대광왕. 제8 難得行 尊重行

이때 선재 동자가 한결같은 마음으로 왕이 얻었다는 사람을 홀리는 허깨비와 같은 법의 문을 바르게 생각하면서 그 왕의 사람을 홀리는 허깨비와 같은 해탈을 사유하고 그 왕의 사람을 홀리는 허깨비와 같은 법의 성품을 자세히 살펴서 들여다보고 사람을 홀리는 허깨비와 같은 원을 일으키게 하는 것인지, 사람을 홀리는 허깨비와 같은 법을 청정하게 하는 것인지, 모든 삼세에 사람을 홀리는 허깨비와 같은 것이 두루 하고 가지가지의 사람을 홀리는 허깨비와 같은 변화를 일으키는 것은 아닌지, 이와 같은 사유를 하면서 점차 남쪽으로 향했다.

爾時 善財童子 一心正念彼王所得幻智法門 思惟彼王如幻解脫 觀察彼王如幻法性 發如幻願 淨如幻法 普於一切如幻三世 起於種種如幻變化 如是思惟 漸次遊行

인간의 성읍과 취락에 이르고 거친 벌판과 험난한 산골짜기를 지나면서도 고달프다는 생각도 하지 않고 게으름도 피우지 않고 쉬지도 않았다. 그런 뒤에 묘광 큰 성에 이르러 사람들에게 물었다.

"묘광 큰 성이 어느 곳에 있습니까?"

사람들이 다 함께 말했다.

"이 성이 묘광 성이고 대광 왕이 머무는 곳입니다."

或至人間城邑 聚落 或經曠野 巖谷險難 無有疲懈 未曾休息 然後乃至妙光大城 而問人言 妙光大城在於何所 人咸報言 妙光城者 今此城是 是大光王之所住處

이때 선재 동자가 기쁘고 즐거움에 뛰며, 이와 같은 생각을 하였다.

"나의 선지식이 이 성에 있으니, 내 이제 반드시 친히 보고 보살들이 행하는 바의 행을 들을 것이며, 모든 보살이 나아가는 중요한 문을 들을 것이며, 모든 보살이 증득하는 법을 들을 것이며, 모든 보살의 생각으로는 헤아려 알 수 없는 공덕을 들을 것이며, 모든 보살의 생각으로는 헤아려 알 수 없는 자재함을 들을 것이며, 모든 보살의 생각으로는 헤아려 알 수 없는 평등함을 들을 것이며, 모든 보살의 생각으로는 헤아려 알 수 없는 용맹함을 들을 것이며, 모든 보살의 생각으로는 헤아려 알 수 없는 경계가 광대하고 청정한 것임을 들을 것이다."

時 善財童子 歡喜踊躍 作如是念 我善知識 在此城中 我今必當親得奉見 聞諸菩薩所行之行 聞諸菩薩出要之門 聞諸菩薩所證之法 聞諸菩薩不思議功德 聞諸菩薩不思議自在 聞諸菩薩不思議平等 聞諸菩薩不思議勇猛 聞諸菩薩不思議境界廣大清淨

이러한 생각을 하면서 묘광 성에 들어가 이 큰 성을 둘러 보니, 금, 은, 유리, 파려, 진주, 자거, 마노의 칠보로 이루어졌고 칠보로 된 해자가 일곱 겹으로 둘러싸여 있으며, 팔공덕수가 그 가운데 가득 차 있고 바닥에는 금모래가 깔려있으며, 우발라 꽃, 파두마 꽃, 구물두 꽃, 분타리 꽃들이 위를 덮었으며, 보배 다라 나무가 일곱 겹으로 줄지어 서 있고 일곱 가지의 금강을 담장으로 삼아 각각 둘러쌓았다.

이른바 사자 광명 금강 담, 뛰어넘을 수 없는 금강 담, 무너트리고 헐 수 없는 금강 담, 견고하고 막힘이나 걸림 없는 금강 담, 뛰어나고 빼어난 그물 장의 금강 담, 티끌을 벗어난 청정한 금강 담, 수 없는 마니의 빼어난 보배로 사이사이를 장엄하고 가지가지의 보배로 성 위에 낮게 담을 쌓았다.

성의 가로와 세로의 크기는 10 유순이며, 8방으로 둘렀고 각 면에 8개의 문을 내었으며, 모두 칠보로 두루 장엄하였으며, 비유리 보배가 땅이 되고 가지가지의 장엄이 찬란하고 좋으며, 그 성안에 십억 개의 사거리가 있고 하나하나의 길 사이에 헤아릴 수 없는 만억의 중생이 그 가운데 머물러 살고 있으며, 수 없는 염부단금 누각에는 비유리 마니 그물이 그 위를 덮었으며, 수 없는 은 누각이 붉은 진주 마니그물이 그 위를 덮었고 수 없는 비유리 누각에는 빼어난 장 마니 그물이 그 위를 덮었고 수 없는 파려 누각에는 청정한 장 마니왕 그물이 그 위를 덮었다.

수 없는 광명으로 세간을 비추는 마니 보배 누각에는 햇빛 장 마니 왕 그물이 그 위를 덮었고 수 없는 제청마니 누각에는 빼어난 마니 왕 그물이 그 위를 덮었고 수 없는 중생 바다의 마니 왕 누각에는 불꽃 광명 마니왕 그물이 그 위를 덮었고 수 없는 금강 보배 누각에는 뛰어난 당기 마니왕 그물이 그 위를 덮었고 수 없는 검은 전단 누각에는 하늘의 만다라 꽃 그물이 그 위를 덮었고 수 없는 무등 향 왕 누각에는 가지가지의 꽃 그물이 그 위를 덮었다.

作是念已 入妙光城 見此大城 以金 銀 琉璃 玻瓈 眞珠 硨磲 碼瑙七寶所成 七寶深塹 七重圍遶 八功德水盈滿其中底布金沙優鉢羅華波頭摩華拘物頭華 芬陀利華 徧布其上 寶多羅樹七重行列 七種金剛 以爲其垣 各各圍遶 所謂師子光明金剛垣 無能超勝金剛垣 不可沮壞金剛垣 不可毀缺金剛垣 堅固無礙金剛垣 勝妙網藏金剛垣 離塵淸淨金剛垣 悉以無數摩尼妙寶 間錯莊嚴 種種衆寶 而爲埤堄 其城縱廣 一十由旬 周迴八方 面開八門 皆以七寶 周徧嚴飾 毘琉璃寶 以爲其地 種種莊嚴 甚可愛樂 其城之內 十億衢道 一一道間 皆有無量萬億衆生 於中止住 有無數閻浮檀金樓閣 毘琉璃摩尼網 羅覆其上 無數銀樓閣 赤眞珠摩尼網 羅覆其上 無數毘琉璃樓閣妙藏摩尼網 羅覆其上 無數玻瓈樓閣無垢藏摩尼王網 羅覆其上 無數光照世間摩尼寶樓閣 日藏摩尼王網 羅覆其上 無數帝靑摩尼寶樓閣 妙光摩尼王網 羅覆其上 無數衆生海摩

尼寶樓閣 焰光明摩尼王網 羅覆其上 無數金剛寶樓閣 無能勝幢摩尼王網 羅覆其上 無數黑栴檀樓閣 天曼陀羅華網 羅覆其上 無數無等香王樓閣 種種華網 羅覆其上

그 성에 차례를 좇아(復有) 수 없는 마니 그물이 있으니, 수 없는 보배 풍경 그물, 수 없는 하늘의 향 그물, 수 없는 하늘의 꽃 그물, 수 없는 보배 형상의 그물, 수 없는 보배 옷 휘장, 수 없는 보배 일산 휘장, 수 없는 보배 누각 휘장, 수 없는 보배 꽃 머리 장식 휘장이 덮였으며, 가는 곳곳마다 보배 일산과 당기와 번기를 세웠다.

其城復有無數摩尼網 無數寶鈴網 無數天香網 無數天華網 無數寶形像網 無數寶衣帳 無數寶蓋帳 無數寶樓閣帳 無數寶華鬘帳之所彌覆 處處建立寶蓋幢幡

이 성 가운데 누각이 있으니, 이름이 '바른 법의 장(正法藏)'이며, 아승기 보배로 장엄하였으며, 광명이 찬란하게 빛나고 그 빛이 가장 뛰어나기에 비할 데가 없으며, 보는 중생들이 마음으로 싫어함이 없고 그 대광 왕이 그 가운데 있었다.

이때 선재 동자는 이 모든 진귀한 보배와 빼어난 물건뿐만 아니라 남녀의 육진(六塵) 경계에 조금이라도 애착이 없고 다만 법의 마지막까지 바르게 사유하고 한마음으로 선지식 만나기만을 원하면서 즐거이 보고자 하였다.

이곳저곳 다니다가 대광 왕을 보니, 머무는 누각으로부터 그리 멀지 않은 사거리에 여의주 마니 보배로 만든 연꽃 장 광대 장엄 사자좌에 앉아 있는 것을 보았다.

當此城中 有一樓閣 名正法藏 阿僧祇寶 以爲莊嚴 光明赫奕 最勝無比 衆生見者 心無厭足 彼大光王 常處其中 爾時 善財童子 於此一切珍寶妙物乃至男女 六塵境界 皆無愛著 但正思惟究竟之法 一心願樂見善知識 漸次遊行 見大光王 去於所住樓閣 不遠 四衢道中 坐如意摩尼寶蓮華藏廣大莊嚴師子之座

감청색 유리 보배로 사자좌 다리를 만들고 황금 비단으로 휘장을 만들고 많은 보배로 그물을 만들어 가장 빼어난 하늘의 옷을 가지고 자리의 깔개를 만들었다. 그 위에 대광 왕이 결가부좌하고 28종 대인의 모양이나 상태와 80가지의 좋은 모습으로 몸을 장엄하였으니, 진금의 산과 같이 빛 색이 불길 같이 성하게 일어나고 청정한 허공에 뜬 해와 같이 위엄스러운 빛으로 찬란하게 빛나고 보름달과 같이 보는 자들을 맑고 시원하게 하며,

범천 왕이 범천의 무리 가운데 처하는 것과 같으며, 또한 큰 바다와 같기에 공덕의 법 보배가 끝닿은 경계가 없으며, 또한 설산과 같기에 모양이 좋은 나무와 수풀로 장엄하여 꾸몄으며, 또한 큰 구름과 같기에 능히 법의 뇌우로 진동시켜서 많은 무리를 깨우치고 또한 허공과 같기에 가지가지 법문의 별들을 나타내고 수미산과 같기에 네 가지 색으로 중생의 마음 바다에 두루 나타내며, 또한 보배 섬과 같기에 가지가지의 지혜로운 보배가 그 가운데 충만했다.

紺琉璃寶 以爲其足 金繒爲帳 衆寶爲網 上妙天衣 以爲茵蓐 其王於上 結跏趺坐 二十八種大人之相 八十隨好 而爲嚴身 如眞金山 光色燒盛 如淨空日 威光赫奕 如盛滿月 見者淸凉 如梵天王 處於梵衆 亦如大海 功德法寶無有邊際 亦如雪山 相好樹林 以爲嚴飾 亦如大雲 能震法雷 啓悟群品 亦如虛空 顯現種種法門星象 如須彌山四色 普現衆生心海 亦如寶洲 種種智寶充滿其中

왕이 앉은 평상 앞에는 금, 은, 유리, 마니, 진주, 산호, 호박, 보패, 구슬 등의 모든 보배와 의복과 영락과 모든 음식이 헤아릴 수 없을 정도로 끝없이 가지가지로 가득 찼다.

차례를 좇아(復) 보니, 백천 만억 가장 빼어난 수레와 백천 만억 모든 하늘의 악기와 백천 만억 하늘의 빼어난 향과 백천 만억 질병에 따르는 약과 생활필수품이 되는 도구 등, 이 모든 것들이 다 보배처럼 좋으며, 헤아릴 수 없는 젖소의 발톱은 금색이고 헤아릴 수 없는 천억의 단정한 여인들은 가장 빼어난 전단 향을 그 몸에 바르고 하늘의 옷과 영락을 가지고 가지가지로 장엄하였으며, 64종의 능함을 닦아서 지켜야 할 도리와 법칙을 남김없이 다 선근으로 이해하고 알았다.

於王座前 有金 銀 琉璃 摩尼 眞珠 珊瑚 琥珀 珂貝 璧玉 諸珍寶聚 衣服瓔珞及諸飮食無量無邊 種種充滿 復見無量百千萬億 上妙寶車 百千萬億 諸天妓樂 百千萬億 天諸妙香 百千萬億 病緣湯藥 資生之具 如是一切 悉皆珍好 無量乳牛 蹄角金色 無量千億端正女人 上妙栴檀 以塗其體 天衣瓔珞 種種莊嚴 六十四能靡不該練 世情禮則悉皆善解

중생의 마음을 따라 보시하면서도 성읍과 취락의 사거리 길가에 일체 모든 생활 도구를 쌓아 두었고 하나하나의 길가에 빠짐없이 20억 보살이 있기에 이 모든 물건을 중생에게 보시하였으니, 중생들을 두루 거두고자 하는 까닭이며, 중생들을 기쁘게 하기 위한 까닭이며, 중생들을 기쁘게 해서 뛰놀게 하려는 까닭이며, 중생들의 마음을 청정하게 하기 위한 까닭이며, 중생들을 청량하게 하기 위한 까닭이며, 중생들의 번뇌를 없애주기 위한 까닭이며, 중생들이 모든 이치를 알게 하기 위한 까닭이며, 중생들이 모든 지혜의 도에 들어가게 하기 위한 까닭이며, 중생들이 원수로 적대하는 마음을 버리게 하기 위한 까닭이며, 중생들이 몸과 말과 뜻으로 짓는 악에서 벗어나게 하기 위한 까닭이며, 중생들의 모든 삿된 견해를 뽑아내기 위한 까닭이며, 중생들의 모든 업을 청정하게 하기 위한 까닭이었다.

隨衆生心 而以給施 城邑聚落四衢道側 悉置一切資生之具 一一道傍 皆有二十億菩薩 以此諸物 給施衆生 爲欲普攝衆生故 爲令衆生歡喜故 爲令衆生踊躍故 爲令衆生心淨故 爲令衆生淸涼故 爲令衆生煩惱故 爲令衆生知一切義理故 爲令衆生入一切智道故 爲令衆生捨怨敵心故 爲令衆生離身語惡故 爲令衆生拔諸邪見故 爲令衆生淨諸業道故

때맞춰 선재 동자가 땅에 엎드려 그의 발에 예를 갖추고 공손히 섬기면서 오른쪽으로 헤아릴 수 없이 돌고 합장하고는 머물러 서서는 말했다.

"성자여! 저는 이미 아뇩다라삼먁삼보리심을 일으켰으나, 보살이 어떻게 보살의 행을 배우는 것이며, 어떻게 보살의 도를 닦는 것인지 알지 못합니다. 제가 듣기로는 성자께서 선근으로 가르쳐 주신다고 하니, 원하건대 저를 위해 설해주십시오."

時 善財童子 五體投地 頂禮其足 恭敬右遶 經無量帀 合掌而住 白言 聖者 我已先發阿耨多羅三藐三菩提心 而未知菩薩云何學菩薩行 云何修菩薩道 我聞聖者善能誘誨 願爲我說

큰 사랑(慈)을 으뜸으로 삼아 세간을 거스르지 않고 따르는 삼매의 문

때맞춰 대광 왕이 말했다.

"선남자여! 나는 보살의 크게 사랑하는 당기의 행을 청정하게 닦았으며, 나는 보살의 가엾이 여기는 큰마음의 당기 행을 만족하였다."

"선남자여! 나는 헤아릴 수 없는 백천 만억뿐만 아니라 말할 수 없이 말할 수 없는 부처님의 처소에서 이 어려운 법을 묻고 사유하고 자세히 살펴서 들여다보고 닦고 익혀서 장엄하였다."

　時 王告言 善男子 我淨修菩薩大慈幢行 我滿足菩薩大慈幢行 善男子 我於無量百千萬億 乃至不可說不可說佛所 問難此法 思惟觀察 修習莊嚴

"선남자여! 나는 이 법으로 왕이 되었고 이 법으로 경계를 가르치며, 이 법으로 거두어 주고 이 법으로 세간을 따르고 이 법으로 중생을 가르쳐 이끌고 이 법으로 중생들이 수행하게 하고 이 법으로 중생들이 나아가고 들어가게 하였으며, 이 법으로 중생에게 방편을 주었고 이 법으로 중생이 익힘을 숙달이 되도록 하였고 이 법으로 중생이 행을 일으키게 하였고 이 법으로 중생이 편안히 머물면서 모든 법의 자성을 사유하게 하였고 이 법으로 중생들이 사랑하는 마음에 편안히 머물게 하여 사랑을 주인으로 삼아 사랑하는 힘을 온전하게 갖추게 하였고 이와 같은 이익이 되는 마음과 편안하고 즐거운 마음과 거두어주는 마음과 지키고 보호하여 버리고 벗어나지 않은 마음에 머물게 하고 중생의 고통을 뽑아내는 일에 휴식을 취하는 마음이 없으며, 내가 이 법으로 모든 중생을 마침내는 상쾌하고 즐겁게 하여 늘 스스로 기쁘게 하고 몸은 모든 고통이 없으며, 마음은 청량함을 얻고 생사에 대한 애착을 끊고 바른 법의 즐거움을 즐기고 번뇌의 더러움을 씻고 악업의 막힘이나 걸림을 깨트리고 생사의 흐름을 끊어서 참된 법의 바다에 들어가고 모든 부류, 중생의 길을 끊고 모든 지혜를 구하며, 모든 마음의 바다를 청정하게 하고 무너지지 않는 믿음을 내게 하였다."

"선남자여! 나는 이미 이 큰 사랑의 당기 행에 머무르면서 능히 바른 법으로 세간을 가르치고 바른길로 이끌고 있다."

　善男子 我以此法 爲王 以此法 敎勅 以此法 攝受 以此法 隨逐世間 以此法 引導衆生 以此法 令衆生修行 以此法 令衆生趣入 以此法 令衆生方便 以此法 令衆生熏習 以此法 令衆生起行 以此法 令衆生安住思惟諸法自性 以此法 令衆生安住慈心 以慈爲主 具足慈力 如是令住利益心 安樂心 哀愍心 攝受心 守護衆生不捨離心 拔衆生苦無休息心 我以此法 令一切衆生 畢竟快樂 恒自悅豫 身無諸苦 心得淸涼 斷生死愛 樂正法樂 滌煩惱垢 破惡業障 絕生死流 入眞法海 斷諸有趣 求一切智 淨諸心海 生不壞信 善男子 我已住此大慈幢行 能以正法 敎化世間

"선남자여! 나의 국토 가운데 모든 중생은 모두 나에 대한 무서움과 두려움이 없다."

"선남자여! 그와 같은 중생이 빈궁하고 궁핍해서 나에게 구걸하면, 나는 창고의 문을 열어 놓고 그가 취하는 것을 마음껏 가져가게 하면서 말한다. 모든 악한 짓을 만들지 말고 중생을 해치지 말고 모든 견해를 일으키지 말고 집착을 내지 마라. 그대들이 가난하고 궁핍하여 그와 같이 바라는 것이 있을 때, 나의 처소와 또 사거리에 와서 일체 모든 물건이 가지가지로 갖추어져 있는 것을 마음대로 가져가고 조금이라도 의심하고 어려워하지 마라."

善男子 我國土中一切衆生 皆於我所 無有恐怖 善男子 若有衆生 貧窮困乏 來至我所 而有求索 我開庫藏 恣其所取 而語之言 莫造諸惡 莫害衆生 莫起諸見 莫生執著 汝等貧乏 若有所須 當來我所及四衢道 一切諸物種種具足 隨意而取 勿生疑難

"선남자여! 이 묘광 성에 머무는 중생들은 모두 보살로서 대승의 뜻을 내었고 마음이 하고자 하는 것을 따라 보는 것이 같지 않다. 이 성을 볼 때, 누구는 이 성을 좁게 보고 또 누구는 이 성을 넓고 크게 보며, 땅이 흙과 자갈로 된 것임을 보고 많은 보배로 장엄한 것을 보고 흙을 모아 담장이 된 것을 보고 보배로 담장이 되어 두루두루 둘러싼 것을 보고 그 땅의 모든 곳에 자갈이 많아서 높고 낮음이 평탄하지 않은 것을 보고 헤아릴 수 없는 큰 마니보배로 사이사이를 장엄하여 평탄함이 손바닥과 같음을 보고 집이 흙과 나무로 된 것임을 보고 궁전, 누각, 계단, 창호, 난간, 문 등이 이와 같이 모두 빼어난 보배인 것을 본다."

善男子 此妙光城 所住衆生 皆是菩薩 發大乘意 隨心所欲 所見不同 或見此城其量狹小 或見此城其量廣大 或見土沙以爲其地 或見衆寶而以莊嚴 或見聚土以爲垣牆 或見寶牆周帀圍遶 或見其地多諸瓦石高下不平 或見無量大摩尼寶間錯莊嚴平坦如掌 或見屋宅土木所成 或見殿堂及諸樓閣 階墀 窗闥 軒檻 戶牖 如是一切無非妙寶

"선남자여! 그와 같은 중생이 일찍이 마음에 청정한 선근을 심었고 모든 부처님께 공양하고 마음을 일으켜 일체 지혜의 도를 향해 이르러 일체 지혜를 마지막 처로 삼고 또한 내가 옛적에 보살행을 닦을 때 거두어준 이라면, 이 성이 많은 보배로 장엄하여 청정한 것임을 보지만, 나머지 모든 이는 더러운 것으로 본다."

善男子 若有衆生 其心淸淨 曾種善根 供養諸佛 發心趣向一切智道 以一切智 爲究竟處 及我昔時 修菩薩行 曾所攝受 則見此城衆寶嚴淨 餘皆見穢

"선남자여! 이 국토에 있는 모든 중생이 다섯 가지로 흐려진 세상에서 모든 악을 지어 즐기었기에 내가 가엾이 여기는 마음으로 구하고 보호하고자 보살의 큰 사랑에 들어가는 것을 으뜸으로 삼아서 세간(五蘊)의 삼매 문(不立五蘊)을 거스르지 않고 따르니, 이 삼매에 들어갈 때는 모든 중생이 가지고 있던 두려워하는 마음과 해롭게 하려는 마음과 원수로 생각하는 마음과 다투는 마음 등, 이와 같은 모든 마음이 남김없이 다 스스로 없어지니, 무슨 까닭인가 하면, 보살이 앞서서 사랑하는 마음을 으뜸으로 삼아 세간을 거스르지 않고 따라주는 삼매의 법이 이와 같은 까닭이다."

"선남자여! 잠시만 기다려 보라. 당연히 스스로 나타내어 보게 할 것이다."

善男子 此國土中一切衆生 五濁世時 樂作諸惡 我心哀愍 而欲救護 入於菩薩大慈 爲首 隨順世間三昧之門 入此三昧時 彼諸衆生 所有怖畏心 惱害心 怨敵心 諍論心 如是諸心 悉自消滅 何以故 入於菩薩大慈爲首 順世三昧法 如是故 善男子 且待須臾 自當現見

때맞추어 대광 왕이 곧바로 이 삼매에 들어가니, 그 성안과 밖이 여섯 가지로 흔들려 움직이고 모든 보배 땅, 보배 담장, 보배 강당, 보배 궁전, 누각과 계단과 창문과 이와 같은 일체 모든 것이 빼어난 소리를 내면서 왕을 향해 몸을 굽혀 공손히 예를 올리고 묘광성 내에 사는 사람들이 한꺼번에 환희하고 뛰놀면서 왕이 있는 곳을 향해 온 몸을 던지고 촌락과 군영과 성읍의 일체 많은 사람이 다 와서 왕을 보고 환희하고 공손히 섬기어 예를 올리며, 왕의 처소에 가까이 머물고 있던 새와 짐승의 무리가 서로 쳐다보고 자비로운 마음을 일으키며, 모두 왕을 향해 공손하게 예를 올려 절했고 모든 산과 들과 모든 풀과 나무도 두루 돌면서 왕을 향해 예를 올리고 연못과 물과 샘과 강과 바다가 모두 남김없이 흘러넘쳐서 왕 앞으로 흘렀다.

時 大光王卽入此定 其城內外六種震動 諸寶地 寶牆 寶堂 寶殿 臺觀 樓閣 階砌 戶牖 如是一切咸出妙音 悉向於王 曲躬敬禮 妙光城內所有居人 靡不同時 歡喜踊躍 俱向王所 擧身投地 村營城邑一切人衆 咸來見王 歡喜敬禮 近王所住 鳥獸之屬 互相瞻視 起慈悲心 咸向王前 恭敬禮拜 一切山原及諸草樹 莫不迴轉 向王敬禮 陂池泉井及以河海 悉皆騰溢 流注王前

십 천의 용왕이 큰 향기 구름을 일으켜서 번개를 치고 천둥을 울려서 미세한 비를 내리고 십 천의 천왕이 있으니, 이른바, 도리천 왕, 야마천 왕, 도솔타천 왕, 선변화천 왕, 타화자재천 왕, 이와 같은 등이 상수가 되어 허공 가운데 악기 소리를 지어가고 수 없는 천녀들이 노래하고 찬탄하면서 수 없는 꽃구름, 수 없는 향 구름, 수 없는 보배 머리 장식 구름, 수 없는 보배 옷 구름, 수 없는 보배 일산 구름, 수 없는 보배 당기 구름, 수 없는 보배 번기 구름을 비로 내리며, 허공 가운데 장엄을 하여 왕에게 공양했다.

이라바나 큰 코끼리는 자재한 힘으로 허공 가운데 수 없는 큰 보배 연꽃을 펼치고 수 없는 보배 영락, 수 없는 보배 띠, 수 없는 보배 꽃 머리 장식, 수 없는 보배 장엄 기물, 수 없는 보배 꽃, 수 없는 보배 향 등등의 가지가지 기이하고 빼어난 것으로 장엄하여 꾸몄고 수 없는 채녀가 가지가지의 노래로 찬탄하였다.

十千龍王 起大香雲 激電震雷 注微細雨 有十千天王 所爲忉利天王 夜摩天王 兜率陀天王 善變化天王 他化自在天王 如是等而爲上首 於虛空中 作衆妓樂 無數天女 歌詠讚歎 雨無數華雲 無數香雲 無數寶鬘雲 無數寶衣雲 無數寶蓋雲 無數寶幢雲 無數寶幡雲 於虛空中 而爲莊嚴 供養其王 伊羅婆拏大象王 以自在力 於虛空中 敷布無數大寶蓮華 수無數寶瓔珞 無數寶繒帶 無數寶鬘 無數寶嚴具 無數寶華 無數寶香 種種奇妙 以爲嚴飾 無數采女 種種歌讚

염부제 안에 차례를 좇아(復有) 헤아릴 수 없는 백천 만억 나찰 왕, 야차 왕, 구반다 왕, 비사차 왕들이 있으며, 늘 큰 바다에 머물며, 늘 육지에 살기도 하면서 피를 마시고 고기를 먹기에 중생을 해치다가 모두 자비로운 마음을 일으키고 이익이 되는 일을 원으로 삼아 행하면서 뒤의 세상을 분명하게 인식하고 나쁜 업을 짓지 않으며, 공손히 섬기어 왕에게 예를 올려 절했다

염부제와 같은 나머지 세 천하뿐만 아니라 삼천대천세계와 시방의 백천 만억 나유타 세계에 있는 모든 악독한 중생들도 남김없이 역시 이와 같았다.

閻浮提內 復有無量百千萬億諸羅刹王 諸夜叉王 鳩槃茶王 毘舍闍王 或住大海 或居陵地 飮血噉肉 殘害衆生 皆起慈心 願行利益 明識後世 不造諸惡 恭敬合掌 頂禮於王 如閻浮提餘三天下 乃至三千大千世界乃至十方百千萬億那由他世界中 所有一切毒惡衆生 悉亦如是

때맞추어 대광 왕이 삼매에서 일어나 선재 동자에게 말했다.

"선남자여! 나는 단지 보살의 큰 사랑을 으뜸으로 삼아 세간을 거스르지 않고 따르는 삼매의 문을 알 뿐이다. 그 모든 보살마하살은 높은 일산이 되어주니, 이는 모든 중생을 두루 덮어주는 까닭이며, 행을 닦게 해줌이니, 이는 하, 중, 상품의 행을 남김없이 다 평등하게 행하는 까닭이며, 대지가 되어주니, 이는 사랑하는 마음으로 능히 일체 모든 중생을 맡아 지니는 까닭이며, 둥근 보름달이 되어주니, 이는 복덕의 광명으로 세간 가운데 평등하게 나타나는 까닭이며, 청정한 해가 되어주니, 이는 지혜의 광명으로 일체 아는 것의 경계를 비추어 빛나게 하는 까닭이며, 밝은 등불이 되어주니, 이는 모든 중생의 마음 가운데 모든 어둠을 깨트리는 까닭이며, 청정한 물이 되어주니, 이는 모든 중생의 마음 가운데 속이고 아첨하는 탁함을 청정하게 하는 까닭이며, 여의 보배가 되어주니, 이는 모든 중생의 마음이 원하는 것을 만족하게 하는 까닭이며, 큰바람이 되어주니, 이는 중생들이 빠르게 삼매를 닦고 익혀서 일체 지혜의 큰 성에 들어가게 하는 까닭이다."

"내가 어떻게 그 행을 알겠으며, 그 덕을 설할 수 있겠으며, 그 복덕의 큰 산을 헤아릴 수 있겠으며, 그 공덕의 많은 별을 우러러볼 수 있겠으며, 그 큰 원의 바람 바퀴를 자세히 살펴서 들여다볼 수 있겠으며, 그 깊은 법문에 들어갈 수 있겠으며, 그 장엄한 큰 바다를 보이고 그 보현의 행하는 문을 밝힐 수 있겠으며, 그 삼매의 굴을 열어 보일 수 있겠으며, 그 대자비한 구름을 찬탄이나 할 수 있겠는가."

時 大光王從三昧起 告善財言 善男子 我唯知此菩薩大慈爲首隨順世間三昧門 如諸菩薩摩訶薩 爲高蓋 慈心普蔭諸衆生故 爲修行下中上行 悉等行故 爲大地 能以慈心 任持一切諸衆生故 爲滿月福德光明 於世間中 平等現故 爲淨日 以智光明 照耀一切所知境故 爲明燈 能破一切衆生心中諸黑闇故 爲水淸珠 能淸一切衆生心中諂濁故 爲如意寶 悉能滿足一切衆生心所願故 爲大風 速令衆生修習三昧 入一切智大城中故 而我云何能知其行 能說其德 能稱量彼福德大山 能瞻仰彼功德衆星 能觀察彼大願風輪 能趣入彼甚深法門 能顯示彼莊嚴大海 能闡明彼普賢行門 能開示彼諸三昧窟 能讚歎彼大慈悲雲

"선남자여! 이곳에서 남쪽으로 왕의 도시가 하나 있으니, 이름이 '안주(安住)'이며, 그곳에 우바이가 있으니, 이름이 '부동(不動)'이다. 그대는 그에게 가서 보살은 어떻게 보살의 행을 배우는 것이며, 보살의 도를 닦는 것이냐고 물어라."

善男子 於此南方 有一王都 名曰安住 有優婆夷 名曰不動 汝詣彼 問菩薩云何學菩薩行 修菩薩道

때맞추어 선재 동자가 그의 발에 머리를 숙여 예를 올리고 수 없이 돌면서 은근하게 우러러보면서 하직하고 물러갔다.

時 善財童子 頂禮其足 遶無數帀 慇懃瞻仰 辭退而去

(20) 부동 우바이. 제9 善法行

이때 선재 동자가 묘광 성에서 나와 길을 가면서 바른 생각으로 대광 왕의 가르침을 사유하고 보살의 큰 사랑의 당기 행 문을 기억하여 잊지 않고 보살이 세간을 거스르지 않고 따르는 삼매의 광명 문(不立五蘊不離證得.般若波羅密)을 사유하고 사람의 생각으로 헤아려 알 수 없는 원과 복덕과 자재의 힘을 더하고 늘리며, 사람의 생각으로 헤아려 알 수 없는 중생을 성숙시키는 지혜를 견고하게 하고 사람의 생각으로 헤아려 알 수 없고 함께 받아들일 수 없는 큰 위덕을 자세히 살펴서 들여다보고 사람의 생각으로 헤아려 알 수 없는 차별의 모양이나 상태를 기억하여 잊지 않고 사람의 생각으로 헤아려 알 수 없는 청정한 권속을 사유하고 사람의 생각으로 헤아려 알 수 없는 지은 업을 사유하며, 환희의 마음을 내고 청정한 믿음의 마음을 내고 맹렬하고 날카로운 마음을 내고 기뻐하고 기뻐하는 마음을 내고 뛰어노는 마음을 내고 경사스럽고 다행으로 여기는 마음을 내고 흐려지지 않은 마음을 내고 청정한 마음을 내고 견고한 마음을 내고 광대한 마음을 내고 다함이 없는 마음을 내었다.

이와 같음을 슬피 울며, 눈물을 흘리면서 사유했다.

"선지식은 실로 드무니, 모든 공덕을 내어놓은 곳이며, 일체 모든 보살행을 내어놓으며, 모든 보살의 청정한 생각을 내어놓으며, 모든 다라니 바퀴를 내어놓으며, 모든 삼매의 광명을 내어놓으며, 일체 모든 부처님이 알고 보는 것을 내어놓으며, 모든 부처님의 법 비를 두루 내리며, 모든 보살이 서원하는 문을 나타내 보이며, 생각하기 어려운 지혜의 광명을 내어놓으며, 모든 보살의 뿌리와 싹을 거듭 더하고 키운다."

또 생각했다.

"선지식은 능히 모든 악한 도를 구원하고 보호하며, 모든 평등한 법을 두루 널리 펴서 능히 설하고 모든 평탄하고 험한 길을 나타내 보이고 대승의 깊은 모든 이치를 두루 열며, 보현의 모든 행(十信.十住.十行)을 권하여 두루 일으키며, 모든 지혜의 성으로 이끌어 두루 이르게 하며, 법계의 큰 바다에 두루 널리 들어가게 하며, 삼세의 법 바다를 두루 널리 보게 하며, 많은 성인의 도량을 두루 주며, 모든 흰 법(不立五蘊不離證得한 五蘊淸

淨한 妙覺)을 거듭 더하고 키운다."

爾時 善財童子 出妙光城 遊行道路 正念思惟大光王敎 憶念菩薩大慈幢行門 思惟菩薩隨順世間三昧光明門 增長彼不思議願福德自在力 堅固彼不思議成熟衆生智 觀察彼不思議不共受用大威德 憶念彼不思議差別相 思惟彼不思議淸淨眷屬 思惟彼不思議所作業 生歡喜心 生淨信心 生猛利心 生欣悅心 生踊躍心 生慶幸心 生無濁心 生淸淨心 生堅固心 生廣大心 生無盡心 如是思惟 悲泣流淚 念 善知識 實爲希有 出生一切諸功德處 出生一切諸菩薩行 出生一切菩薩淨念 出生一切陀羅尼輪 出生一切三昧光明 出生一切諸佛知見 普雨一切諸佛法雨 顯示一切菩薩願門 出生難思智慧光明 增長一切菩薩根芽 又作是念 善知識者 能普救護一切惡道 能普演說諸平等法 能普顯示諸夷險道 能普開闡大乘奧義 能普勸發普賢諸行 能普引到一切智城 能普令入法界大海 能普令見三世法海 能普授與衆聖道場 能普增長一切白法

 선재 동자가 이와 같음을 슬퍼하고 서러운 생각을 있을 때 늘 따라다니면서 보살을 깨우쳐주고자 여래의 심부름을 하는 사천(使天)이 허공 가운데서 말했다.
 "선남자여! 선지식의 가르침대로 수행하면 모든 부처님, 세존이 다 환희하시며, 선지식의 말을 거스르지 않고 따르면 모든 지혜의 지위에 가까워지며, 선지식의 말에 의심이 없으면 곧 모든 선근의 벗을 늘 만나서 그 원하는 마음을 일으킬 것이며, 늘 선지식을 벗어나지 않으면 곧 모든 이치를 온전하게 갖추게 될 것이다."
 "선남자여! 그대는 편안히 머물 수 있는 왕도에 가라. 당연히 부동 우바이 큰 선지식을 만나게 될 것이다."

善財童子 如是悲哀思念之時 彼常隨逐覺悟菩薩 如來使天 於虛空中 而告之言 善男子 其有修行善知識敎 諸佛世尊 悉皆歡喜 其有隨順善知識語 則得近於一切智地 其有能於善知識語 無疑惑者 則常値遇一切善友 其有發心願 常不離善知識者 則得具足一切義利 善男子 汝可往詣安住王都 卽當得見不動優婆夷大善知識

 때맞추어 선재 동자가 삼매의 지혜 광명에서 일어나 점차로 가다가 안주라는 도시에 이르렀고 두루두루 부동 우바이가 어느 곳에 있는지 묻고 물으니, 헤아릴 수 없이 많은 사람이 말했다.
 "선남자여! 부동 우바이는 몸이 동녀로 집에서 부모의 보호를 받으면서 스스로 그의 친족들과 헤아릴 수 없는 대중과 더불어 그들에게 빼어난 법을 널리 펴서 설합니다."

선재 동자가 이 말을 듣고 기쁘고 즐겁기가 부모를 보는 것과 같기에 곧바로 부동 우바이 집으로 향했다.

時 善財童子 從彼三昧智光明起 漸次遊行 至安住城 周徧推求 不動優婆夷 今在何所 無量人衆咸告之言 善男子 不動優婆夷 身是童女 在其家內 父母守護 與自親屬 無量人衆 演說妙法 善財童子聞是語已 其心歡喜 如見父母 卽詣不動優婆夷舍

그 집안에 들어가서 보니, 금색 광명이 빠짐없이 두루 다 비추었고 이 광명을 만나는 자는 몸과 의식이 청량해졌다. 선재 동자의 몸에 광염이 닿자마자 곧 5백의 삼매 문을 얻으니, 이른바 매우 희유한 모양이나 상태를 분명하게 깨우쳐 아는 삼매의 문과 적정에 들어가는 삼매의 문과 모든 세간을 벗어나는 삼매의 문과 넓은 눈으로 모두 버리는 삼매의 문과 여래의 장 삼매 문이다.

이와 같은 등의 5백의 삼매 문을 얻은 까닭으로 몸과 마음이 부드럽기가 7일 된 아이를 밴 것과 같으며, 또 빼어난 향기를 맡으니, 모든 하늘, 용, 건달바 등 사람과 사람이 아닌 자에게서 나는 향이었다.

入其宅內 見彼堂宇 金色光明普皆照耀 遇斯光者 身意淸涼 善財童子光明觸身 卽時 獲得五百三昧門 所謂了一切希有相三昧門 入寂靜三昧門 遠離一切世間三昧門 普眼捨得三昧門 如來藏三昧門 得如是等五百三昧門 以此三昧門故 身心柔軟 如七日胎 又聞妙香 非諸天龍 乾闥婆等 人與非人之所能有

선재 동자가 그의 처소에 나아가 공손히 섬기며, 합장하고 한마음으로 자세히 살펴서 들여다보았다. 용모는 단정하고 뛰어나고 빼어나며, 시방세계의 모든 여인이 미칠 수 없으니, 하물며 그를 뛰어넘을 수 있는 이가 있겠는가. 다만 여래와 머리에 물을 부은 모든 보살은 제외한다. 입에서 빼어난 향을 내놓는 일이란, 궁전의 장엄과 아울러 그 권속들 단 한 명도 부동 우바이와 같지 않았다. 하물며 어찌 차례를 좇아(復) 부동 우바이를 뛰어넘을 수 있겠는가.

시방세계의 모든 중생은 이 우바이 처소에서 물들고 집착하는 마음을 일으키는 자가 없으며, 그와 같이 잠깐 보기만 해도 모든 번뇌가 남김없이 다 스스로 없어지니, 비유하면 백만 대 범천왕이 욕계의 번뇌를 내지 않음을 결정한 것과 같기에 이 부동 우바이를 보는 이들이 가지고 있는 번뇌 또한 그러하며, 시방의 중생들이 이 여인을 보고는 싫어하는 생각이 없으나, 다만 큰 지혜를 온전하게 갖춘 이들은 제외할 것이다.

善財童子 前詣其所 恭敬合掌 一心觀察 見其形色 端正殊妙 十方世界一切女人 無有能及 況其過者 唯除如來及以一切灌頂菩薩 口出妙香 宮殿莊嚴 幷其眷屬 悉無與等 況復過者 十方世界一切衆生 無有於此優婆夷所 起染著心 若得暫見 所有煩惱 悉自消滅 譬如百萬大梵天王 決定不生欲界煩惱 其有見此優婆夷者 所有煩惱 應知亦然 十方衆生觀此女人 皆無厭足 唯除具足大智慧者

이때 선재 동자가 합장하고 허리를 굽히면서 바른 생각으로 자세히 살펴서 들여다보았다. 이 여인의 몸이 자재함이란 사람의 생각으로는 헤아려 알 수 없으며, 색상과 용모는 세상에는 더불어 같은 이가 없고 광명이 깊고 환하게 꿰뚫어서 막힘이나 걸림이 되는 물건이 없으며, 중생들을 위해 이익을 두루 지으며, 털구멍에서는 늘 빼어난 향기가 나오고 권속이 끝이 없고 궁전이 제일이며, 공덕이 깊고 넓기에 그 끝닿은 경계를 알 수 없기에 환희의 마음을 내어 게송으로 찬탄하며 말했다.

청정한 계를 지키고 보호하며
광대한 인욕을 수행하면서
힘써 노력하고 물러서지 않으니
광명이 세간을 밝게 비춘다네.

爾時 善財童子 曲躬合掌 正念觀察 見此女人 其身自在 不可思議 色相顏容世無與等 光明洞徹 物無能障普爲 衆生而作 利益其身 毛孔恒出 妙香 眷屬無邊 宮殿第一 功德深廣 莫知涯際 心生歡喜 以頌讚曰

守護淸淨戒
修行廣大忍
精進不退轉
光明照世間

선재 동자가 게송을 마치고 말했다.
"성자여! 저는 이미 아뇩다라삼먁삼보리심을 일으켰으나, 보살이 어떻게 보살의 행을 배우는 것이며, 보살의 도를 닦는 것인지 알지 못합니다. 제가 듣기로는 성자께서 선근으로 가르쳐 주신다고 하니, 원하건대 저를 위해 설해주십시오."

爾時 善財童子 說此頌已 白言 聖者 我已先發阿耨多羅三藐三菩提心 而未知菩薩 云何學菩薩行 云何修菩薩道 我聞聖者善能誘誨 願爲我說

모든 법을 구하였기에 싫어함이 없는 삼매의 광명

때맞추어 부동 우바이가 보살의 부드러운 말과 기쁘게 하는 말로 선재 동자를 위로하면서 말했다.
"선근이로다. 선근이구나. 그대는 이미 아뇩다라삼먁삼보리심을 일으켰다."
"선남자여! 나는 꺾어서 굴복시킬 수 없는 보살의 지혜 장 해탈문을 얻었으며, 나는 견고하게 받아 지니는 보살의 수행문을 얻었으며, 나는 모든 법의 평등한 지위로서 보살의 총지문을 얻었으며, 나는 모든 법을 밝히는 보살의 변재문을 얻었으며, 나는 모든 법을 구하여 고달프고 싫어함이 없는 보살의 삼매 문을 얻었다."

時 不動優婆夷 以菩薩柔軟語 悅意語 慰諭善財 而告之言 善哉 善哉 善男子 汝已能發阿耨多羅三藐三菩提心 善男子 我得菩薩難摧伏智慧藏解脫門 我得菩薩堅固受持行門 我得菩薩一切法平等地摠持門 我得菩薩照明一切法辯才門 我得菩薩求一切法無疲厭三昧門

선재 동자가 말했다.
"성자여! 꺾어서 굴복시킬 수 없는 보살의 지혜 장 해탈문뿐만 아니라 모든 법을 구하여 고달프고 싫어함이 없는 삼매 문의 경계는 어떠합니까?"

善財童子言 聖者 菩薩難摧伏智慧藏解脫門 乃至求一切法無疲厭三昧門境界云何

부동 우바이가 말했다.
"선남자여! 그곳은 알기 어렵다."

童女言 善男子 此處難知

선재 동자가 말했다.

"원하건대 성자께서는 부처님의 위신력을 받들어 오직 저를 위해 베풀어 설해주십시오. 제가 선지식으로 말미암아 능히 믿고 능히 받아 지니며, 능히 알고 능히 깨우쳐서 이르는 곳에 들어가고 자세히 살펴서 들여다보며, 배우고 익히며, 거스르지 않고 따라 모든 분별을 벗어나 마지막까지 평등하게 하겠습니다."

善財白言 唯願聖者 承佛神力 爲我宣說 我當因善知識 能信能受 能知能了 趣入觀察 修習隨順 離諸分別 究竟平等

부동 우바이가 말했다.

"선남자여! 과거, 지난 세상 가운데 겁이 있으니, 이름이 '이구(離垢)'며, 부처님의 명호는 '수비(脩臂)'였고 그때 국왕이 있으니 이름이 '전수(電授)'며, 왕에게 딸이 한 명 있었으니, 곧 나의 몸이 이것이다. 내가 한밤중 음악 소리가 멈추고 부모와 형제가 모두 잠들고 5백의 동녀들도 자고 있을 때 나는 누각 위에서 별을 보고 있었다. 허공 가운데 여래를 보게 되었고 그 여래가 보배산 왕과 같고 헤아릴 수 없고 끝없는 하늘, 용 등등의 팔부신장과 보살 대중들이 둘러싸고 모셨으며, 부처님의 몸에서 큰 광명의 그물을 두루 놓으시니, 시방에 두루두루 하기에 막힘이나 걸림이 되는 것이 없고 부처님의 몸, 털구멍에서 빠짐없이 빼어난 향을 내놓음을 보고 또 내가 이 향기를 맡고 몸이 부드러워지고 마음에 기쁘고 즐거움을 내었다."

"나는 누각에서 내려와 땅에 이르고 열 손가락을 모아 합하고 부처님께 머리를 숙여 예를 올리고 또 부처님을 자세히 살펴보았으나 정수리는 볼 수 없었으며, 좌우를 자세히 살펴보았으나 끝닿은 경계를 알 수 없었고 부처님의 모든 좋은 모양이나 상태를 따르면서 사유하였지만, 싫어하는 것이 없기에 내가 몰래 생각을 했다. 부처님 세존께서는 어떠한 업을 지었기에 이와 같은 가장 빼어난 몸을 얻은 것이며, 원만하고 가장 좋은 모양이나 상태의 광명을 온전하게 갖춘 것이며, 권속을 많이 두고 궁전을 장엄하는 것이며, 복덕과 지혜가 남김없이 다 청정하고 총지 삼매가 사람의 생각으로는 헤아려 알 수 없는 것이며, 신통이 자재하고 변재가 막힘이나 걸림이 없는 것인가."

優婆夷言 善男子 過去世中有劫 名離垢 佛號脩臂 時 有國王 名曰電授 唯有一女 卽我身是 我於夜分 廢音樂時 父母兄弟悉已眠寢 五百童女 亦皆昏寐 我於樓上 仰觀星宿 於虛空中 見彼如來如寶山王 無量無邊天龍八部 諸菩薩衆 所共圍遶 佛身普放大光明網 周徧十方 無所障礙 佛身毛孔 皆出妙香 我聞是香 身體柔軟 心生歡喜

便從樓下 至於地上 合十指爪 頂禮於佛 又觀彼佛 不見頂相 觀身左右 莫知邊際 思惟彼佛諸相隨好 無有厭足 竊自念言 此佛世尊 作何等業 獲於如是上妙之身 相好圓滿 光明具足 眷屬成就 宮殿嚴好 福德智慧悉皆淸淨 摠持三昧不可思議 神通自在 辯才無礙

"선남자여! 이때 여래께서 내 마음속의 생각을 아시고 말씀하셨다."
"너는 당연히 무너트릴 수 없는 마음을 일으켜 모든 번뇌를 없애고 당연히 이길 수 없는 마음을 일으켜 모든 취하는 것과 집착하는 것을 부수고 당연히 두려운 마음에 물러서지 않는 마음을 일으켜 깊은 법의 문에 들어가고 당연히 참고 견디는 마음을 일으켜 악한 중생을 구원하고 당연히 의심하고 혹함이 없는 마음을 일으켜 일체 모든 부류의 생을 두루 받아들이고 당연히 싫어하거나 만족함이 없는 마음을 일으켜 모든 부처님을 보려는 그 마음을 쉬지 않으며, 당연히 만족함이 없음을 알고 마음을 일으켜 모든 여래의 법 비를 남김없이 다 받아들이고 당연히 바른 사유의 마음을 일으켜 모든 불법의 광명을 두루 내고 당연히 크게 머물러 지니는 마음을 일으켜 일체 모든 부처님의 법륜을 굴리고 당연히 막힘이나 걸림이 없이 흐르는 마음을 일으켜 중생이 하고자 하는 것을 따라 법의 보배를 보시하라."

善男子 爾時 如來知我心念 卽告我言 汝應發不可壞心 滅諸煩惱 應發無能勝心 破諸取著 應發無退怯心 入深法門 應發能堪耐心 救惡衆生 應發無迷惑心 普於一切諸趣受生 應發無厭足心 求見諸佛無有休息 應發無知足心 悉受一切如來法雨 應發正思惟心 普生一切佛法光明 應發大住持心 普轉一切諸佛法輪 應發廣流通心 隨衆生欲施其法寶

"선남자여! 나는 부처님이 계신 곳에서 이와 같은 법을 듣고 모든 지혜를 구하며, 부처님의 십력을 구하며, 부처님의 변재를 구하며, 부처님의 광명을 구하며, 부처님의 색신을 구하며, 부처님의 좋은 모양이나 상태를 구하며, 부처님의 대중 모임을 구하며, 부처님의 국토를 구하며, 부처님의 위의를 구하며, 부처님의 수명을 구한다. 이러한 마음을 일으키기에 그 마음이 견고하고 마치 금강과 같아서 모든 번뇌 및 이승(二乘)으로는 단 하나라도 무너트릴 수 없다."

善男子 我於彼佛所 聞如是法 求一切智 求佛十力 求佛辯才 求佛光明 求佛色身

求佛相好 求佛衆會 求佛國土 求佛威儀 求佛壽命 發是心已 其心堅固 猶如金剛 一切煩惱及以二乘 悉不能壞

"선남자여! 내가 이러한 마음을 일으킨 후에는 염부제의 티끌 수와 같은 겁이 지나도록 오히려 하고자 하는 생각으로 마음을 내지 않았거늘, 하물며 그러한 일을 행하겠는가. 이러한 겁 동안에 친한 내 권속에게도 성내는 마음을 일으키지 않았거늘, 하물며 다른 중생에게 성내는 마음을 일으켰겠는가. 이러한 겁 가운데 나의 몸을 두고 내 것이라는 견해를 갖지 않았거늘, 하물며 많은 물건을 내 것이라는 생각을 하겠는가. 이러한 겁을 동안에 죽을 때와 날 때와 태에 들 때 미혹함에 단 한 번이라도 중생이라는 생각이나 또 기억이 없는 마음을 일으키지 않았거늘 하물며 나머지 때이겠는가. 이러한 겁 동안뿐만 아니라 꿈속에서 본 부처님을 잊지 않았거늘, 하물며 보살의 열 가지 눈으로 본 것뿐이겠는가."

"이러한 겁 동안에 받아 지닌 모든 여래의 바른 법 한 글자 한 구절도 잊지 않았을 뿐만 아니라 세속의 말까지도 잊지 않았거늘, 하물며 여래의 금쪽같은 입으로 말씀하신 것뿐이겠는가." "이러한 겁 동안에 받아 지닌 모든 여래의 법 바다에서 하나의 글과 하나의 구절도 사유하지 않는 것이 없고 자세하게 살펴서 들여다보지 않는 것이 없을 뿐만 아니라 세속의 법 역시 차례를 좇아(復) 이와 같으며, 이러한 겁 동안에 이와 같은 모든 법의 바다를 받아 지니고 일찍이 하나의 법 가운데 삼매를 얻지 못함이 없을 뿐만 아니라 세간의 기술적인 법도 하나하나의 법 가운데 또한 남김없이 이와 같다."

"이러한 겁 동안에 모든 여래의 법륜을 머물러 지녔으며, 지닌 곳을 따라 곳곳마다 한 글자, 한 구절도 버린 적이 없을 뿐만 아니라 일찍이 한 번도 세상의 지혜를 내지 않았고 오로지 중생을 위한 것은 제외한다."

"이러한 겁 가운데 모든 부처의 바다를 보았기에 일찍이 한 부처님 계신 곳에서도 청정한 큰 원을 성취하였을 뿐만 아니라 여러 화신 부처님이 계신 곳에서도 역시 남김없이 다 이와 같았으며, 이러한 겁 동안에 모든 보살의 수행과 빼어난 행을 보고 단 하나의 행이라도 내가 성취하지 못하는 것이 없었다."

"이러한 겁 동안 눈에 보이는 중생들 한 명도 빼놓지 않고 내가 아뇩다라삼먁삼보리심을 일으키길 권했으며, 일찍이 한 명의 중생에게라도 성문이나 벽지불의 뜻을 일으키도록 권한 일이 없으며, 이러한 겁 동안에 모든 불법뿐만 아니라 한 글자, 한 구절이라도 의혹을 내지 않았으며, 두 가지 생각을 내지 않았고 분별하는 생각을 내지 않고 가지가지의 생각을 내지 않고 집착하는 생각을 내지 않고 뛰어났다거나 못났다는 생각을 내지 않고 사랑하고 미워하는 생각을 내지 않았다."

善男子 我發是心已來 經閻浮提微塵數劫 尙不生於念欲之心 況行其事 爾所劫中 於自親屬 不起瞋心 況他衆生 爾所劫中 於其自身 不生我見 況於衆具 而計我所 爾所劫中 死時生時 及住胎藏 未曾迷惑 起衆生想 及無記心 況於餘時 爾所劫中 乃至夢中 隨見一佛 未曾忘失 何況菩薩十眼所見 爾所劫中 受持一切如來正法 未曾忘失 一文一句 乃至世俗所有言辭 尙不忘失 何況如來金口所說 爾所劫中 受持一切如來法海 一文一句無不思惟 無不觀察 乃至一切世俗之法 亦復如是 爾所劫中 受持如是一切法海 未曾於一法中 不得三昧 乃至世間技術之法 一一法中 悉亦如是 爾所劫中 住持一切如來法輪 隨所住持 未曾廢捨一文一句 乃至不曾生於世智 唯除爲欲調衆生故 爾所劫中 見諸佛海 未曾於一佛所 不得成就淸淨大願 乃至於諸化佛之所 悉亦如是 爾所劫中 見諸菩薩修行妙行 無有一行我不成就 爾所劫中 所見衆生 無一衆生 我不勸發阿耨多羅三藐三菩提心 未曾勸一衆生 發於聲聞 辟支佛意 爾所劫中 於一切佛法 乃至一文一句 不生疑惑 不生二想 不生分別想 不生種種想 不生執著想 不生勝劣想 不生愛憎想

"선남자여! 나는 그때부터 늘 모든 부처님을 보고 늘 보살을 보고 항상 진실한 선지식을 보았으며, 늘 부처님의 서원을 듣고 보살의 행을 듣고 늘 바라밀의 문을 들으며, 항상 보살 지위의 지혜 광명의 문을 들으며, 늘 보살의 다함이 없는 장의 문을 들으며, 끝이 없는 세계의 그물로 들어가는 문을 들으며, 늘 끝없는 중생계를 내는 원인의 문을 들었으며, 항상 청정한 지혜의 광명으로 모든 중생의 번뇌를 없애고 늘 지혜로 모든 중생의 선근을 낳고 기르며, 늘 모든 중생이 좋아하는 것을 따라 몸을 나타내고 항상 청정하고 훌륭한 말로 법계의 모든 중생을 깨우치게 하였다."

善男子 我從是來 常見諸佛 常見菩薩 常見眞實善知識 常聞諸佛願 常聞菩薩行 常聞菩薩波羅蜜門 常聞菩薩地智光明門 常聞菩薩無盡藏門 常聞入無邊世界網門 常聞出生無邊衆生界因門 常以淸淨智慧光明除滅一切衆生煩惱 常以智慧 生長一切衆生善根 常隨一切衆生所樂 示現其身 常以淸淨上妙言音 開悟法界一切衆生

"선남자여! 나는 보살이 모든 법을 구하여 싫어하지 않는 장엄 문을 얻었고 내가 모든 법이 평등한 지위의 총지문을 얻었기에 헤아릴 수 없는 자재한 신통 변화를 나타내니, 그대는 보고자 하는가?"

선재 동자가 말했다.

"저는 진심으로 보기를 원합니다."

善男子 我得菩薩求一切法 無厭足莊嚴門 我得一切法平等地摠持門 現不思議自在神變 汝欲見不 善財言 有我心願見

이때 부동 우바이가 용장 사자좌에 앉아 모든 법을 구하고 싫어함이 없는 장엄 삼매의 문과 공(空)하지 않은 바퀴 장엄 삼매의 문과 십력의 지혜 바퀴가 앞에 나타나는 삼매의 문과 부처의 씨앗이 다함이 없는 장 삼매의 문에 들어갔으며, 이 삼매의 문에 들어갈 때 시방에 각각 말할 수 없는 부처 세계의 티끌 수와 같은 세계가 여섯 가지로 진동하고 남김없이 다 청정한 유리로 이루어졌다.

하나하나의 세계 가운데 백억 사천하와 백억 여래가 있으니, 늘 도솔천에 머물기도 하실 뿐만 아니라 그와 같이 열반에 드시며, 한 분 한 분의 여래께서 광명의 그물을 놓아 법계에 두루두루 하시니, 도량에 모인 대중이 청정하게 둘러쌓으며, 빼어난 법 바퀴를 굴려서 중생들을 깨우치게 하였다.

爾時 不動優婆夷坐於龍藏師子之座 入求一切法無厭足莊嚴三昧門 不空輪莊嚴三昧門 十力智輪現前三昧門 佛種無盡藏三昧門 入如是等一萬三昧門 入此三昧門時 十方各有不可說佛刹微塵數世界 六種震動 皆悉淸淨 琉璃所成 一一世界中 有百億四天下 百億如來 或住兜率天乃至般涅槃 一一如來放光明網 周徧法界 道場衆會淸淨圍遶 轉妙法輪 開悟群生

때맞추어 부동 우바이가 삼매에서 일어나 선재에게 가르침을 주고자 말했다.

"선남자여! 그대는 이것을 보고 있는가?"

선재 동자가 말했다.

"네. 제가 이미 남김없이 다 보았습니다."

時 不動優婆夷 從三昧起 告善財言 善男子 汝見此不 善財言 唯我皆已見

부동 우바이가 말했다.

"선남자여! 나는 단지 모든 법을 구하였기에 싫어함이 없는 삼매의 광명을 얻어 모든 중생에게 빼어난 법을 말하여 기쁘게 할 뿐이다. 보살마하살들은 가루라처럼 허공으로 다니면서 막힘이나 걸림이 없이 모든 중생의 바다에 들어가 선근이 성숙한 중생들을 보면 곧 번쩍 들어다가 열반의 저 언덕에 두며, 또 상인처럼 큰 보배 섬에 들어가 여래의 십력과 지혜의 보배를 구하며, 또 고기를 잡는 사람처럼 바른 법의 그물을 가지고 생사의 바다에 들어가서 애욕의 물 가운데서 모든 중생을 건져내며, 아수라왕처럼 요동치는 삼유, 곧 욕계, 색계, 무색계의 큰 성과 번뇌의 바다에 두루두루 하며, 또 해의 바퀴가 허공에 떠서 애욕의 진흙을 비추어 마르게 하며, 또 보름달이 허공에 출현하여 가르치고 이끌어주는 자들의 마음에 꽃을 피우게 하며, 또 대지와 같이 두루 평평하고 두루 평등하게 하여 헤아릴 수 없는 중생이 그 가운데 머물면서 모든 선근 법의 뿌리와 싹을 거듭 더하고 키우게 하며, 또 큰 바람과 같이 향하는 곳에 막힘이나 걸림이 없듯이 일체 모든 삿된 견해의 큰 나무를 뽑아버리며, 또 전륜왕과 같이 세간에 두루 다니면서 네 가지로 거두어주는 일로 모든 중생을 거두어주신다. 내가 어떻게 이를 알 것이며, 그 공덕행을 설할 수 있겠는가."

優婆夷言 善男子 我唯得此求一切法 無厭足三昧光明 爲一切衆生 說微妙法 皆令歡喜 如諸菩薩摩訶薩 如金翅鳥 遊行虛空 無所障礙 能入一切衆生大海 見有善根已成熟者 便卽執取置菩提岸 又如商客入大寶洲 探求如來十力智寶 又如漁師 持正法網 入生死海 於愛水中 漉諸衆生 如阿修羅王 能徧撓動三有大城諸煩惱海 又如日輪出現虛空 照愛水泥 令其乾竭 又如滿月出現虛空 令可化者心華開敷 又如大地 普皆平等 無量衆生於中止住 增長一切善法根芽 又如大風 所向無礙 能拔一切諸見大樹 如轉輪王遊行世間 以四攝事 攝諸衆生 而我云何能知能說彼功德行

"선남자여! 이곳에서 남쪽으로 큰 성이 하나 있으니, 이름이 '헤아릴 수 없는 도살라(都薩羅)'이며, 그곳에 출가한 외도가 있으니, 이름이 '변행(徧行)'이다. 그대는 그에게 가서 보살이 어떻게 보살의 행을 배우는 것이며, 어떻게 보살의 도를 닦는 것이냐고 물어라."

善男子 於此南方 有一大城 名無量都薩羅 其中有一出家外道 名曰徧行 汝往彼問菩薩云何學菩薩行 修菩薩道 時 善財童子 頂禮其足 遶無量帀 慇懃瞻仰 辭退而去

대방광불화엄경 제67권

39. 입법계품(8)
入法界品第三十九之八

(21) 변행 외도. 제10 眞實行

 이때 선재 동자는 부동 우바이에게 들은 법을 잊지 않고 한결같은 마음으로 기억하여 가르친 것을 모두 믿고 남김없이 받아서 사유하고 자세히 살펴서 들여다보았다. 그러면서 점차 나아가 나라와 읍을 지나 도살라성에 이르렀다. 해가 질 무렵 성안에 들어가 골목과 사거리 곳곳을 다니면서 변행(徧行) 외도를 찾았다.
 爾時 善財童子 於不動優婆夷所 得聞法已 專心憶念所有敎誨 皆悉信受 思惟觀察 漸漸遊行 經歷國邑 至都薩羅城 於日沒時 入彼城中 廛店鄰里 四衢道側 處處尋覓 徧行外道

 도살라성 동쪽에 산이 있으니, 이름이 '선득'이며, 선재 동자가 한밤중에 산 정상을 보니, 풀과 나무와 바위에 광명이 환하게 비추어 그 빛남이 마치 해가 처음 뜨는 것과 같음을 보고는 크게 환희하면서 이러한 생각을 했다.
 "내가 이곳에서 선지식을 반드시 보게 되는구나."
 성에서 나와 산으로 올라갔으며, 변행 외도가 산 위의 평탄한 곳에서 천천히 가볍게 거니는 것을 보니, 색상이 원만하고 위엄스러운 광채가 찬란하게 빛나는 것이 대 범천왕도 미칠 수가 없었으며, 십 천의 범천들이 둘러싸고 있었다.
 선재 동자가 그 앞에 이르러 엎드려 절하고는 헤아릴 수 없이 돌고 합장하고 서서는 말했다.
 "성자여! 저는 이미 아뇩다라삼먁삼보리심을 일으켰으나, 보살이 어떻게 보살의 행을 배우는 것인지, 어떻게 보살의 도를 닦는 것인지 알지 못합니다. 제가 듣기로는 성자께서 선근으로 가르치신다고 하니, 바라건대 저를 위해 설해주십시오."
 城東有山 名曰善得 善財童子 於中夜時 見此山頂 草樹巖巘 如日初出 見此事已

生大歡喜 作是念言 我必於此 見善知識 便從城出 而登彼山 見此外道 於其山上 平坦之處 徐步經行 色相圓滿 威光照耀 大梵天王所不能及 十千梵衆之所圍遶 往詣其所 頭頂禮足 遶無量帀 於前合掌 而作是言 聖者 我已先發阿耨多羅三藐三菩提心 而我未知菩薩云何學菩薩行 云何修菩薩道 我聞聖者善能敎誨 願爲我說

일체 처에 이르는 보살의 행

변행 외도가 대답했다.

"선근이로다. 선근이로다. 나는 이미 일체 처에 이르는 보살행에 편안히 머물며, 이미 세간을 두루 자세히 살펴보는 삼매의 문(廻向)을 성취하였으며, 이미 의지하는 바가 없고 지음이 없는 신통을 성취하였고 넓은 문의 반야바라밀(如來智.二乘地門)을 성취하였다."

"선남자여! 나는 세간의 가지가지 방소와 가지가지의 생긴 모양과 가지가지로 행하고 이해하는 것과 가지가지로 죽고 사는 일체 모든 것에 다다른 것이니, 이른바 하늘에 다다르고 용에 다다르고 야차에 다다르고 건달바에 다다르고 아수라에 다다르고 가루라에 다다르고 긴나라에 다다르고 마후라가에 다다르고 지옥과 축생에 다다르고 염라왕 세계와 사람과 사람이 아닌 모든 것에 다다랐다."

"늘 모든 견해에 머물며, 늘 이승을 믿으며, 늘 차례를 좇아(復) 대승의 도를 즐겁게 믿는 이와 같은 모든 중생 가운데 내가 가지가지의 방편과 가지가지 지혜의 문으로 이익이 되게 한다. 늘 모든 세간의 가지가지 기술과 재주를 널리 베풀고 설하여 그들이 모든 섬세하고 능숙한 기술 다라니의 지혜를 온전하게 갖추게 하며, 네 가지로 거두어주는 사섭의 방편을 널리 펴서 설하여 그들이 일체 지혜의 두를 온전하게 갖추도록 하며, 늘 그들을 위해 모든 바라밀을 널리 펴고 설하여 그들이 일체 지위로 회향하게 하며, 늘 그들을 위해 큰 보리심을 칭찬하여 그들이 위 없는 도의 뜻을 잃지 않게 하며, 늘 그들을 위해 모든 보살의 행을 칭찬하여 그들이 청정한 불국토를 만족하게 하고 중생의 원을 바르게 이끌어 제도하였다."

"늘 그들을 위해 모든 악행을 지으면 지옥 따위에 빠져 가지가지의 고통을 받게 됨을 말하여 악한 업을 깊이 싫어하고 벗어나게 하며, 항상 그들을 위해 모든 부처님에게 공양하고 모든 선근을 심어서 모든 지혜의 과를 획득하고 결정하는 것을 널리 설하여 그들이 환희하는 마음을 일으키게 하며, 항상 그들을 위해 모든 여래, 응공, 정등각의 있는 공덕을 찬탄하고 설하여 부처님의 몸을 좋아하고 모든 지혜를 구하게 하며, 늘 그들을 위해 부처님의 위엄과 공덕을 찬탄하여 부처님의 무너지지 않는 몸을 좋아하게 하며, 늘 그들을 위해 부처님의 자재한 몸을 찬탄하여 여래의 가릴 수 없는 큰 위덕의 몸을 구하게 하였다."

　徧行答言 善哉 善哉 善男子 我已安住至一切處菩薩行 已成就普觀世間三昧門已成就無依無作神通力 已成就普門般若波羅蜜 善男子 我普於世間種種方所 種種形貌 種種行解 種種殁生一切諸趣 所謂天趣 龍趣 夜叉趣 乾闥婆 阿修羅 迦樓羅 緊那羅 摩睺羅伽 地獄 畜生 閻羅王界 人 非人等一切諸趣 或住諸見 或信二乘 或復信樂大乘之道 如是一切 諸衆生中 我以種種方便 種種智門 而爲利益 所謂或爲演說一切世間種種技藝 令得具足一切巧術陀羅尼智 或爲演說四攝方便 令得具足一切智道 或爲演說諸波羅蜜 令其迴向一切智位 或爲偁讚大菩提心 令其不失無上道意 或爲偁讚諸菩薩行 令其滿足淨佛國土度衆生願 或爲演說造諸惡行受地獄等種種苦報 令於惡業深生厭離 或爲演說供養諸佛 種諸善根 決定獲得一切智果 令其發起歡喜之心 或爲讚說一切如來應正等覺所有功德 令樂佛身求一切智 或爲讚說諸佛威德 令其願樂佛不壞身 或爲讚說佛自在身 令求如來無能映蔽大威德體

"또 선남자여! 이 도살라 성 가운데 모든 방소와 모든 일가붙이의 그와 같은 남자와 그와 같은 여자와 모든 사람 가운데 내가 다 방편으로 그들의 형상과 같이 나타내고 그 응하는 바를 따라 법을 설하지만, 그 모든 중생은 다 남김없이 내가 어떤 사람이며, 어디서 왔는지 알지도 못하고 오직 듣는 자들이 사실대로 수행하게 할 뿐이다."

"선남자여! 이 성에서 중생들에게 이익이 되도록 하는 것처럼 염부제의 성과 읍과 취락에 있는 사람들이 머무는 곳에서도 또한 이와 같음으로 이익이 되게 한다."

　又善男子 此都薩羅城中 一切方所 一切族類 若男若女 諸人衆中 我皆以方便 示同其形 隨其所應 而爲說法 諸衆生等 悉不能知 我是何人 從何而至唯令聞者 如實修行 善男子 如於此城利益衆生 於閻浮提城邑 聚落所有人衆住止之處 悉亦如是 而爲利益

"선남자여! 염부제 내에 있는 96의 무리가 각각 다른 의견을 일으키고 집착을 하기에 내가 그 가운데 방편으로 남김없이 조복시키고 그들이 가지고 있는 모든 견해를 버리고 벗어나게 하며, 염부제에서 한 것과 같이 나머지 사천하도 역시 차례를 좇아(復) 이와 같게 하며, 사천하에서 한 것과 같이 삼천대천세계에서도 역시 차례를 좇아(復) 역시 이와 같게 하며, 삼천대천세계에서 한 것과 같이 이와 같은 시방의 헤아릴 수 없는 세계의 모든 중생 바다에서도 내가 그 가운데 남김없이 다 중생이 마음으로 좋아하는 것을 따라서 가지가지의 방편과 가지가지의 법문과 가지가지의 색신을 나타내며, 가지가지의 말로서 그들을 위해 법을 설하여 그들이 이익을 얻게 하였다."

善男子 閻浮提內 九十六衆 各起異見 而生執著 我悉於中 方便調伏 令其捨離所有諸見 如閻浮提 餘四天下 亦復如是 如四天下 三千大千世界 亦復如是 如三千大千世界 如是十方無量世界諸衆生海 我悉於中 隨諸衆生心之所樂 以種種方便 種種法門 現種種色身 以種種言音 而爲說法 令得利益

"선남자여! 나는 단지 이 일체 처(二乘地處.如是如是.解脫.寂滅.禪定.三昧.如來地.涅槃.法界.般涅槃.眞如.善根思惟)에 이르는 보살의 행만을 알 뿐이다. 보살마하살의 몸은 모든 중생 수와 더불어 평등하기에 중생과 더불어 차별이 없는 몸을 얻게 하며, 변화하는 몸으로 모든 부류에 두루 들어가 일체 처에 빠짐없이 생 받음을 나타내어주며, 모든 중생 앞에 두루 나타나 청정한 광명으로 세간을 두루 비추어주며, 막힘이나 걸림이 없는 원으로 일체 겁에 머물면서 제석의 그물과 같이 그 이상 더 할 수 없는 모든 행을 얻게 하며, 모든 중생에게 늘 이익이 되게 해주고 항상 같이 거주하더라도 집착함이 없으며, 삼세에 두루 평등하기에 내가 없는 지혜(不立五蘊不離證得)로 두루 비추어주면서 크게 가엾이 여기는 장으로 일체를 자세히 살펴서 들여다본다. 보살마하살의 이러함을 내가 어떻게 이를 알겠으며, 이러한 공덕의 행을 말할 수 있겠는가."

善男子 我唯知此至一切處菩薩行 如諸菩薩摩訶薩 身與一切衆生數等 得與衆生無差別身 以變化身 普入諸趣 於一切處 皆現受生 普現一切衆生之前 淸淨光明 徧照世間 以無礙願 住一切劫 得如帝網諸無等行 常勤利益一切衆生 恒與共居 而無所著 普於三世 悉皆平等 以無我智 周徧照耀 以大悲藏 一切觀察 而我云何能知能說彼功德行

"선남자여! 이곳에서 남쪽으로 구토가 하나 있으니, 이름이 '광대'이며, 그곳에 향을 파는 장자가 있으니, 이름은 '우발라 꽃'이다. 그대는 그에게 가서 보살이 어떻게 보살의 행을 배우는 것이며, 어떻게 보살의 도를 닦는 것이냐고 물어라."

善男子 於此南方 有一國土 名爲廣大 有鬻香長者 名優鉢羅華 汝詣彼 問菩薩云何 學菩薩行 修菩薩道

때맞추어 선재 동자가 변행 외도의 발에 엎드려 절하고 헤아릴 수 없이 돌아 은근하게 우러러보면서 하직하고 물러갔다.
時 善財童子 頂禮其足 遶無量帀 慇懃瞻仰 辭退而去

(22) 육향 장자. 제1 救護一切衆生離衆生相廻向

이때 선재 동자가 선지식의 가르침으로 인하여 몸과 목숨을 돌보지도 않고 재물과 보배에도 집착하지 않고 많은 사람을 즐겁게 하지도 않고 오욕을 즐기지도 않고 권속에 연연하지도 않고 왕의 지위를 소중하게 여기지도 않았다.
오로지 모든 중생을 가르쳐서 바른길로 이끌길 원하고 오로지 모든 부처님의 국토를 장엄하여 청정하게 하길 원하고 오로지 일체 모든 부처님을 공양하길 원하고, 오로지 모든 법의 실상인 본바탕을 증득하여 알기를 원하고 오로지 모든 보살의 큰 공덕의 바다를 닦아서 모으길 원하고, 오로지 모든 공덕을 수행하여 마침내 물러섬이 없기를 원하고 오로지 늘 모든 겁 가운데 큰 원의 힘으로 보살행 닦기를 원하며, 오로지 일체 모든 부처님의 대중이 모인 도량에 두루 들어가길 원하며, 오로지 하나의 삼매 문에 들어가서 모든 삼매 문의 자재한 신력을 두루 나타내길 원하며, 오로지 부처님 하나의 털구멍 가운데서 모든 부처님을 보아도 만족함이 없기를 원하며, 오로지 모든 법의 지혜 광명을 얻어 일체 모든 부처님의 법장을 지니길 원하며, 오로지 이와 평등한 일체 모든 부처님, 보살의 공덕을 구하면서 점차 여행하면서 광대국(廣大國)에 이르렀다.
爾時 善財童子 因善知識敎 不顧身命 不著財寶 不樂人衆 不耽五欲 不戀眷屬 不重王位 唯願化度一切衆生 唯願嚴淨諸佛國土 唯願供養一切諸佛 唯願證知諸法實性 唯願修集一切菩薩大功德海 唯願修行一切功德 終無退轉 唯願恒於一切劫中 以大願力 修菩薩行 唯願普入一切諸佛衆會道場 唯願入一三昧門 普現一切三昧門自在神力 唯願於佛一毛孔中 見一切佛 心無厭足 唯願得一切法智慧光明 能持一切諸佛法藏 專求此等一切諸佛菩薩功德 漸次遊行 至廣大國

육향 장자 앞에 나아가서 그 발에 머리 숙여 예를 올리고 헤아릴 수 없이 돌고는 합장하고 서서 물어 말했다.

"성자여! 저는 이미 아뇩다라삼먁삼보리심을 일으켜, 모든 부처님의 평등한 지혜를 구하고자 하며, 모든 부처님의 헤아릴 수 없는 큰 원을 원만하게 하고자 하며, 모든 부처님 최상의 색신을 청정하게 하고자 하며, 모든 부처님의 청정한 법신을 보고자 하며, 모든 부처님의 광대한 지혜의 몸을 보고자 하며, 모든 보살의 모든 행을 청정하게 다스리고자 하며, 모든 보살의 삼매를 비추어 밝히고자 하며, 모든 보살의 총지에 편안히 머물고자 하며, 모든 있는 것의 막힘이나 걸림을 제거하여 없애고자 하며, 모든 시방세계에 여행하며 다니고자 하지만, 보살이 어떻게 보살행을 배우는 것이며, 어떻게 보살의 도를 닦아서 모든 지혜의 지혜(阿耨多羅三藐三菩提心)를 출생하는지 알지 못합니다."

詣長者所 頂禮其足 遶無量帀 合掌而立 白言 聖者 我已先發阿耨多羅三藐三菩提心 欲求一切佛平等智慧 欲滿一切佛無量大願 欲淨一切佛最上色身 欲見一切佛淸淨法身 欲知一切佛廣大智身 欲淨治一切菩薩諸行 欲照明一切菩薩三昧 欲安住一切菩薩摠持 欲除滅一切所有障礙 欲遊行一切十方世界 而未知菩薩云何學菩薩行 云何修菩薩道 而能出生一切智智

향을 조합하는 법

육향 장자가 가르침을 주기 위해 말했다.
"선근이로다. 선근이구나. 그대가 능히 아뇩다라삼먁삼보리심을 일으키는구나."
"선남자여! 나는 선근으로 일체 모든 향을 분별해서 알며, 또한 모든 향을 조합하는 법을 아니, 이른바 모든 향, 모든 사르는 향, 모든 바르는 향, 모든 가루 향과 또한 이와 같은 향 왕이 나오는 곳도 안다."
"또 하늘의 향과 용의 향과 야차의 향과, 건달바, 아수라, 가루라, 긴나라, 마후라가와 사람과 사람이 아닌 등등의 선근 향을 깨달아 알며, 또 모든 병을 치료하는 향과 모든 악을 끊는 향과 환희를 내게 하는 향과 번뇌를 늘게 하는 향과 번뇌를 없애는 향과 유위에 즐겁게 집착을 내는 향과 유위의 법에 싫은 생각을 내게 하는 향과 모든 교만과 방일함을 버리게 하는 향과 마음을 내어 염불하게 하는 향과 성인이 받아 쓰는 향과 모든 보살이 차별하는 향과 모든 보살 지위의 향을 선근으로 분별하여 안다."
"이와 같은 향의 모양이나 상태가 일어나 생기는 일과 나타나고 성취하는 것과 청정하고 편안함과 방편과 경계와 위덕과 작용과 또한 근본이 되는 이와 같은 모든 것을 내가 빠짐없이 다 분명하게 깨우쳐 통달하였다."

長者告言 善哉 善哉 善男子 汝乃能發阿耨多羅三藐三菩提心 善男子 我善別知一切諸香 亦知調合一切香法 所謂一切香 一切燒香 一切塗香 一切末香 亦知如是一切香王所出之處 又善了知天香 龍香 夜叉香 乾闥婆 阿修羅 迦樓羅 緊那羅 摩睺羅伽 人 非人等 所有諸香 又善別知治諸病香 斷諸惡香 生歡喜香 增煩惱香 滅煩惱香 令於有爲生樂著香 令於有爲生厭離香 捨諸憍逸香 發心念佛香 證解法門香 聖所受用香 一切菩薩差別香 一切菩薩地位香 如是等香形相 生起 出現 成就 淸淨 安隱 方便 境界 威德 業用及以根本 如是一切 我皆了達

"선남자여! 인간에게 향이 있으니, 이름이 '상장(象藏)'이며, 용의 싸움으로 인하여 생긴 것이니, 그와 같은 환을 하나라도 사르면 곧 큰 향 구름이 일어나 왕도를 가득하게 덮고 7일 동안 미세한 향 비가 내리며, 그와 같이 몸에 붙으면 몸이 금빛이 되고 의복이나 궁전이나 누각에 붙어도 금빛으로 변하고 바람이 불어 궁전 안에 들어가 그 향기를 맡은 중생은 7일 동안 밤낮으로 환희하고 몸과 마음이 상쾌하고 즐거우며, 모든 병이 침입하지 못하고 모든 근심과 걱정에서 벗어나 놀라지도 않고 두렵지도 않으며, 혼란스럽지도 않고 성내지도 않으며, 사랑하는 마음으로 서로를 향한 뜻과 생각이 청정해지니, 내가 이를 알고 법을 설하여 그들이 아뇩다라삼먁삼보리심을 일으키고 결정하게 한다."

善男子 人間有香 名曰象藏 因龍鬪生 若燒一丸 卽起大香雲 彌覆王都 於七日中 雨細香雨 若著身者身則金色 若著衣服宮殿樓閣亦皆金色 若因風吹 入宮殿中 衆生嗅者 七日七夜 歡喜充滿 身心快樂 無有諸病 不相侵害 離諸憂苦 不驚不怖 不亂不恚 慈心相向 志意淸淨 我知是已 而爲說法 令其決定 發阿耨多羅三藐三菩提心

"선남자여! 마라야 산에서 전단 향이 나오니, 이름이 '우두(牛頭)'이며, 몸에 바르면 불구덩이에 들어가도 타지 않는다."

"선남자여! 바다 가운데 향이 있으니, 이름이 '무능승(無能勝)'이며, 북이나 소라에 바르면 그 소리가 날 때 모든 적군이 빠짐없이 다 흩어져 물러간다."

"선남자여! 아나바달다 연못가에서 침수 향이 나오니, 이름은 '연화장(蓮華藏)'이며, 그 향 하나의 환이 삼씨의 큰 것과 같으며, 이것을 태우면 향기가 염부제에 두루 풍기며, 중생이 맡으면 모든 죄를 벗어나고 계행이 청정해진다."

"선남자여! 설산에 향이 있으니, 이름은 '아로나(阿盧那)'이며, 중생이 이 향을 맡으면 그 마음을 결정하고 모든 물드는 집착에서 벗어나며, 내가 그를 위해 법을 설하여 빠짐없이 허물을 벗어난 삼매를 얻게 한다."

"선남자여! 나찰 세계에 향이 있으니, 이름이 '해장'이며, 이 향은 오직 전륜왕만이 사용하며, 한 개만 피워 향기를 풍기게 하면 전륜왕과 사군(四軍)이 모두 허공에 오른다."

"선남자여! 선근 법의 하늘에 향이 있으니, 이름이 '청정한 장엄(淨莊嚴)'이며, 한 개만 피워서 풍기게 하여도 모든 하늘이 부처님을 생각하게 한다."

"선남자여! 수야마천에 향이 있으니, 이름은 '정장(淨藏)'이며, 하나의 환만 태워서 향기를 풍기면 야마천 대중이 천왕의 처소에 구름처럼 모여 함께 법을 듣는다."

"선남자여! 도솔천에 향이 있으니, 이름이 '선타바(先陀婆)'이며, 일생을 보살에 매인 이들의 앞에 하나만 태우더라도 큰 향 구름을 일으켜서 법계를 뒤덮고 일체 모든 공양 기물을 내려서 일체 모든 부처님, 보살에게 공양한다."

"선남자여! 선변화천에 향이 있으니, 이름이 '탈의(奪意)'이며, 하나를 피우면 7일 동안 일체 모든 장엄 기물을 두루 내린다."

善男子 摩羅耶山 出栴檀香 名曰牛頭 若以塗身 設入火阬 火不能燒 善男子 海中有香 名無能勝 若以塗鼓及諸螺貝 其聲發時 一切敵軍 皆自退散 善男子 阿那婆達多池邊 出沈水香 名蓮華藏 其香一丸如麻子大 若以燒之 香氣普熏閻浮提界 衆生聞者 離一切罪 戒品淸淨 善男子 雪山有香 名阿盧那 若有衆生 嗅此香者 其心決定 離諸染著 我爲說法 莫不皆得 離垢三昧 善男子 羅刹界中有香 名海藏 其香但爲轉輪王用 若燒一丸 而以熏之 王及四軍皆騰虛空 善男子 善法天中有香 名淨莊嚴 若燒一丸 而以熏之 普使諸天 心念於佛 善男子 須夜摩天有香 名淨藏 若燒一丸 而以熏之 夜摩天衆 莫不雲集彼天王所 而共聽法 善男子 兜率天中有香 名先陀婆 於一生所 繫菩薩座前 燒其一丸 興大香雲 徧覆法界 普雨一切諸供養具 供養一切諸佛菩薩 善男子 善變化天有香 名曰奪意 若燒一丸 於七日中 普雨一切諸莊嚴具

"선남자여! 나는 단지 이 향의 조합하는 법만을 알고 있을 뿐이다. 모든 보살마하살은 모든 악한 업을 멀리 벗어나 세간의 욕심에 물들지 않고 번뇌와 많은 마의 올무 끈을 영원히 끊었기에 모든 있음의 부류를 뛰어넘으며, 지혜의 향으로 스스로 장엄하여 모든 세간에 물들거나 집착이 없으며, 집착할 것이 없는 모든 계행을 성취하여 집착이 없는 지혜를 청정하게 하며, 집착이 없는 경계를 행하며, 모든 곳에 남김없이 다 집착이 없기에 그 마음이 평등하고 집착도 없으며, 의지하는 것도 없다."

"내 어찌 보살마하살의 빼어난 그 행을 알겠으며, 그 공덕을 설할 수 있겠으며, 그 청정한 계율의 문을 나타낼 수 있을 것이며, 그 지어가는 모든 일에 잘못이나 허물이 없는 업을 볼 수 있을 것이며, 그 더러움을 벗어난 몸, 말, 뜻의 행을 판단할 수 있겠는가."

善男子 我唯知此調和香法 如諸菩薩摩訶薩 遠離一切諸惡習氣 不染世欲 永斷煩惱 衆魔羂索 超諸有趣 以智慧香 而自莊嚴 於諸世間 皆無染著 具足成就無所著戒 淨無著智 行無著境 於一切處 悉無有著 其心平等 無著無依 而我何能知其妙行 說其功德 顯其所有淸淨戒門 示其所作無過失業 辨其離染身 語 意行

"선남자여! 이곳에서 남방으로 큰 성이 하나 있으니, 이름이 '누각(樓閣)'이며, 그곳에 뱃사공이 있으니, 이름은 '바시라(婆施羅)'다. 그대는 그에게 가서 보살은 어떻게 보살의 행을 배우는 것이며, 어떻게 보살의 도를 닦는 것이냐고 물어라."

善男子 於此南方 有一大城 名曰樓閣 中有船師 名婆施羅 汝詣彼 問菩薩云何學菩薩行 修菩薩道

때맞추어 선재 동자가 육향 장자의 발에 엎드려 절하고 헤아릴 수 없이 돌며 은근하게 우러러보면서 물러나 갔다.

時 善財童子 頂禮其足 遶無量帀 慇懃瞻仰 辭退而去

(23) 바시라 뱃사공. 제2 不壞廻向

이때 선재 동자가 노각이라는 성을 향해 가면서 길을 자세히 살펴서 들여다보니, 길이 높고 낮은 것을 보았고 평탄하고 험한 것도 보았으며, 깨끗하고 더러움도 보았으며, 길이 구부러지고 곧은 것을 보았다.

爾時 善財童子 向樓閣城 觀察道路 所謂觀道高卑 觀道夷險 觀道淨穢 觀道曲直

이러한 길을 따라 걸어가면서 이러한 사유를 하였다.

"나는 당연히 선지식과 친근히 할 것이니, 선지식은 모든 보살의 도를 수행하여 성취하게 하는 까닭이며, 바라밀의 도를 수행하여 성취하게 하는 까닭이며, 중생을 거두어주는 도를 수행하여 성취하게 하는 까닭이며, 법계에 두루 들어가지만, 막힘이나 걸림 없는 도를 수행하여 성취하게 하는 까닭이며, 모든 중생이 악하고 교활함을 제거하고 도를 수행하여 성취하게 하는 까닭이며, 모든 중생에게 교만을 벗어나게 하는 도를 수행하여 성취하게 하는 까닭이며, 모든 중생의 번뇌를 없애게 하는 도를 수행하여 성취하게 하는 까닭이며, 모든 중생에게 모든 견해를 버리는 도를 수행하여 성취하게 하는 까닭이며, 모든 중생이 모든 악의 가시를 뽑아내는 도를 수행하여 성취하게 하는 까닭이며, 모든 중생이 모든 지혜의 성에 이르는 도를 수행하여 성취하게 하는 까닭이다."

"왜 그런가 하면, 선지식의 처에서 모든 선근의 법을 얻는 까닭이며, 선지식의 힘을 의지하여 모든 지혜의 도를 얻는 까닭이니, 선지식은 보기도 어렵고 만나기도 어렵기 때문이다."

漸次遊行 作是思惟 我當親近彼善知識 善知識者 是成就修行諸菩薩道因 是成就修行波羅蜜道因 是成就修行攝衆生道因 是成就修行普入法界無障礙道因 是成就修行令一切衆生 除惡慧道因 是成就修行令一切衆生 離憍慢道因 是成就修行令一切衆生 滅煩惱道因 是成就修行令一切衆生 捨諸見道因 是成就修行令一切衆生 拔一切惡刺道因 是成就修行令一切衆生 至一切智城道因 何以故 於善知識處 得一切善法故 依善知識力 得一切智道故 善知識者 難見難遇

이와 같은 사유를 하면서 이곳저곳을 다니다가 누각이라는 성에 이르렀다. 바시라 뱃사공이 성문 밖 바닷가 언덕 위에 머물러 있는 것을 보니, 백천의 상인과 또 상인 외에 헤아릴 수 없는 대중에게 둘러싸여서 바다의 법을 설하고 방편으로 부처님의 공덕을 열어 보였다. 선재 동자가 이를 보고 그 처소에 나아가 머리를 숙여 예를 올리고 헤아릴 수 없이 돌고 그 앞에 합장하고 서서 말했다.

"성자여! 저는 이미 아뇩다라삼먁삼보리심을 일으켰으나, 보살이 어떻게 보살의 행을 배우는 것이며, 어떻게 보살의 도를 닦는 것인지 알지 못합니다. 듣기로는 성자께서 선근으로 가르쳐 주신다고 하니, 원하건대 저를 위해 설해주십시오."

如是思惟 漸次遊行 旣至彼城 見其船師 在城門外海岸上住 百千商人及餘無量大衆圍遶 說大海法 方便開示佛功德海 善財見已 往詣其所 頂禮其足 遶無量帀 於前

合掌 而作是言 聖者 我已先發阿耨多羅三藐三菩提心 而未知菩薩云何學菩薩行 云何修菩薩道 我聞聖者善能敎誨 願爲我說

크게 가엾이 여기는 당기의 행

바시라 뱃사공이 가르침을 주고자 말했다.

"선근이로다. 선근이구나. 선남자여! 그대는 이미 아뇩다라삼먁삼보리심을 일으키고 지금 차례를 좇아(復) 큰 지혜가 발생하는 근원과 모든 생사의 괴로움을 제거하여 끊어내는 일이 발생하는 근원과 모든 지혜의 큰 보배 섬으로 가는 일이 발생하는 근원과 무너짐이 없는 마하연을 성취하는 일이 발생하는 근원과 이승(二乘)이 생사의 두려움을 영원히 벗어나 모든 적정의 삼매로 되돌아오게 하여 머물게 하는 일이 발생하는 근원과 큰 원의 수레를 타고 일체 처에 두루 하여 보살의 행을 수행하지만, 막힘이나 걸림 없는 청정한 도로 말미암아 보살의 행으로 일체를 장엄하고 무너지지 않은 지혜의 청정한 도로 말미암아 일체 시방의 모든 법을 두루 자세히 살펴서 들여다보고 모든 막힘이나 걸림 없는 청정한 도가 발생하는 근원과 모든 지혜의 바다에 나아가 빨리 들어가는 청정한 도가 발생하는 근원을 묻는구나."

船師告言 善哉 善哉 善男子 汝已能發阿耨多羅三藐三菩提心 今復能問生大智因 斷除一切生死苦因 往一切智大寶洲因 成就不壞摩訶衍因 遠離二乘怖畏生死住諸寂靜三昧旋因 乘大願車 徧一切處 行菩薩行 無有障礙淸淨道因 以菩薩行 莊嚴一切 無能壞智淸淨道因 普觀一切十方諸法 皆無障礙淸淨道因 速能趣入一切智海淸淨道因

"선남자여! 나는 이 성의 바닷가 언덕에 있으면서 청정한 보살이 크게 가엾이 여기는 당기의 행을 닦았다."

"선남자여! 내가 염부제에 있는 가난하고 생활이 어려운 중생을 보고 넉넉하게 이익이 되고자 하는 까닭으로 모든 고행을 닦아서 그들이 원하는 것을 따라 만족하게 하면서 먼저 세상의 물건으로 그 마음을 채워주고 차례를 좇아(復) 법의 재물을 베풀어 그들을 환희하게 하며, 복이 되는 행을 닦게 하고 지혜의 도를 내게 하고 선근의 힘을 더하게 하고 보리심을 일으키게 하고 보리의 원을 청정하게 하고 크게 가엾이 여기는 힘을 견고하게 하고 능히 생사를 없애는 도를 닦게 하고 모든 중생의 바다를 거두고 모든 공덕의 바다를 닦고 일체 모든 법의 바다를 비추고 일체 모든 부처님의 바다를 보게 하고 모든 지혜의 지혜 바다에 들어가게 한다."

"선남자여! 나는 이곳에 머물면서 이와 같은 사유를 하고 이와 같은 뜻을 짓고 이와 같은 모든 중생에게 이익이 되게 한다."

善男子 我在此城海岸路中 淨修菩薩大悲幢行 善男子 我觀閻浮提內貧窮衆生 爲饒益故 修諸苦行 隨其所願 悉令滿足 先以世物 充滿其意 復施法財 令其歡喜 令修福行 令生智道 令增善根力 令起菩提心 令淨菩提願 令堅大悲力 令修能滅生死道 令生不厭生死行 令攝一切衆生海 令修一切功德海 令照一切諸法海 令見一切諸佛海 令入一切智智海 善男子 我住於此 如是思惟 如是作意 如是利益一切衆生

"선남자여! 나는 바다에 있는 모든 보배 섬과 모든 보배가 있는 곳과 모든 보배의 종류와 모든 보배의 종자를 알며, 내가 모든 보배를 청정하게 하고 모든 보배를 잘라냄과 모든 보배가 나오는 것과 모든 보배를 만드는 것을 알며, 나는 모든 보배 그릇과 모든 보배의 쓰임과 모든 보배의 경계와 모든 보배의 광명을 알며, 나는 모든 용궁 처와 모든 야차궁 처와 모든 부다궁 처를 알기에 빠짐없이 선근으로 회향하여 그 모든 어려움을 면한다."

"모두 돌아 흐르면서 얕고 깊음과 파도가 멀고 가까움과 물색이 좋고 나쁨과 가지가지가 같지 않음을 선근으로 분별해서 알고 모든 일월성신이 운행하는 도수(度數·별자리의 운행각도)와 낮과 밤과 새벽과 해가 질 무렵과 그림자에 따른 시간(해시계)과 물이 늦고 빠름(물시계)을 분별해서 알며, 모든 배의 철물과 나무가 단단하고 부드러운 것을 갖고 배가 만들어지는 것과 물이 큰 것과 작은 것과 바람의 순풍과 역풍을 알아서 이와 같은 모든 편안하고 위험한 모양이나 상태를 분명하게 깨우쳐 알기에 행할 만하면 곧 행하고 그칠 만하면 곧 멈춘다"

"선남자여! 나는 이와 같은 지혜를 성취하여 늘 모든 중생에게 이익이 되게 한다."

善男子 我知海中一切寶洲 一切寶處 一切寶類 一切寶種 我知淨一切寶 鑽一切寶 出一切寶 作一切寶 我知一切寶器 一切寶用 一切寶境界 一切寶光明 我知一切龍宮處 一切夜叉宮處 一切部多宮處 皆善迴避 免其諸難 亦善別知漩澓淺深 波濤遠近 水色好惡 種種不同 亦善別知日月星宿運行度數 晝夜晨晡 晷漏延促 亦知其船鐵木堅脆 機關澁滑 水之大小 風之逆順 如是一切安危之相 無不明了 可行則行 可止則止 善男子 我以成就如是智慧 常能利益一切衆生

"선남자여! 나는 좋은 배로 모든 장사꾼의 무리를 태우고 편안한 길을 가게 하며, 차례를 좇아(復) 이들을 위해 법을 설하여 환희하게 하며, 보배 섬으로 인도해서 이르게 하며, 모든 진귀한 보배를 주어 다들 충족하게 한 후에 다 거느리고 염부제에 돌아온다."

"선남자여! 나는 큰 배를 가지고 이와 같은 왕래를 하지만, 단 한 번도 손해를 끼치거나 무너지게 하는 일이 없었으며, 그와 같은 중생이 내 몸을 보거나 내 법을 들은 이는 생사의 바다를 영원히 두려워하지 않게 하여 반드시 모든 지혜의 바다에 들어가게 하며, 반드시 모든 애욕의 바다를 말리고 능히 지혜의 광명으로 삼세의 바다를 비추며, 능히 모든 중생의 고통스러운 바다를 다하게 하고 모든 중생의 마음 바다를 청정하게 하며, 빠르게 모든 세계 바다를 장엄하여 청정하게 하며, 능히 시방의 큰 바다에 두루 나아가며, 모든 중생의 근 바다를 두루 알며, 모든 중생의 행 바다를 두루 분명하게 깨우쳐 통달하며, 모든 중생의 마음 바다를 거스르지 않고 따르게 한다."

善男子 我以好船 運諸商衆 行安隱道 復爲說法 令其歡喜 引至寶洲 與諸珍寶 咸使充足 然後將領還閻浮提 善男子 我將大船 如是往來 未始令其一有損壞 若有衆生 得見我身 聞我法者 令其永不怖生死海 必得入於一切智海 必能消竭諸愛欲海 能以智光 照三世海 能盡一切衆生苦海 能淨一切衆生心海 速能嚴淨一切刹海 普能往詣十方大海 普知一切衆生根海 普了一切衆生行海 普順一切衆生心海

"선남자여! 나는 단지 크게 가엾이 여기는 당기의 행을 얻었을 뿐이니, 그와 같이 나를 보고 그와 같이 나를 듣고 그와 같이 나를 생각하는 이는 단 하나도 헛되지 않을 것이다. 모든 보살마하살은 생사의 큰 바다를 선근으로 노닐고 다니면서도 모든 번뇌의 바다에 물들지 않고 모든 망령된 견해의 바다를 버리고 모든 법성의 바다를 자세히 보고 사섭으로 중생의 바다를 거두고 이미 모든 지혜의 바다에 선근으로 편안히 머물기에 능히 모든 중생이 집착하는 바다를 없애게 하고 모든 시간의 바다에 평등하게 머물기에 능히 신통으로 중생의 바다를 건너게 하고 능히 때를 놓치지 않고 중생의 바다를 조복시킨다. 이러한 보살마하살의 일을 내가 어떻게 알 것이며, 그 공덕의 행을 말할 수 있겠는가."

善男子 我唯得此大悲幢行 若有見我及以聞我 與我同住 憶念我者 皆悉不空 如諸菩薩摩訶薩 善能遊涉生死大海 不染一切諸煩惱海 能捨一切諸妄見海 能觀一切諸法性海 能以四攝 攝衆生海已 善安住一切智海 能滅一切衆生著海 能平等住一切時海 能以神通 度衆生海 能以其時調衆生海 而我云何能知能說彼功德行

"선남자여! 이곳에서 남쪽으로 성이 하나 있으니, 이름이 '가락(可樂)'이며, 그곳에 장자가 있으니, 이름이 '무상승(無上勝)'이다. 그대는 그에게 가서 보살은 어떻게 보살의 행을 닦는 것이며, 어떻게 보살의 도를 닦는 것이냐고 물어라."
善男子 於此南方 有城名可樂 中有長者 名無上勝 汝詣彼 問菩薩云何學菩薩行 修菩薩道

때맞춰 선재 동자가 바시라 뱃사공의 발에 엎드려 예를 갖추고는 헤아릴 수 없이 돌면서 은근하게 우러러보다가 슬프게 울면서 선지식을 구하는 마음이 싫어하거나 만족함 없이 물러나 갔다.
時 善財童子 頂禮其足 遶無量帀 慇懃瞻仰 悲泣流淚 求善知識 心無厭足 辭退而去

(24) 무상승 장자. 제3 等一切佛廻向

이때 선재 동자는 크게 사랑하는 마음을 일으킴으로 두루두루 한 마음과 가엾이 여기는 윤택한 큰마음을 일으켜서 계속 이어지게 하고 끊어지지 않게 하며, 복덕과 지혜, 이 두 가지의 장엄과 모든 번뇌의 티끌과 허물을 버리고 벗어나 평등한 법을 증득하였기에 마음이 높고 낮지 않으며, 선근이 아닌 것을 뽑아내어 모든 막힘이나 걸림을 없애고 견고하게 정진하는 것을 담과 해자로 삼으며, 깊고 깊은 삼매로 동산을 만들고 지혜의 햇빛으로 어둠을 깨트리고 방편의 바람으로 지혜의 꽃을 피우고 막힘이나 걸림 없는 원으로 법계에 가득하며, 마음은 늘 모든 지혜의 성에 들어감을 나타내어 이와 같은 보살이 도를 구하면서 다니다가 그 성안에 이르렀다.
爾時 善財童子 起大慈周徧心 大悲潤澤心 相續不斷 福德 智慧二種莊嚴 捨離一切煩惱塵垢 證法平等 心無高下 拔不善刺 滅一切障 堅固精進 以爲牆塹 甚深三昧 而作園苑 以慧日光 破無明暗 以方便風 開智慧華 以無礙願 充滿法界 心常現入一切智城 如是而求菩薩之道 漸次經歷 到彼城內

선재 동자가 보니 무상승 장자가 그 성의 동쪽에 크게 장엄한 당기의 근심 없는 숲속에 있었다. 헤아릴 수 없이 많은 장사꾼과 백천의 거사들이 둘러쌓으며, 인간의 가지가지 일을 이치대로 결단하여 처리하고 이들을 위해 법을 설하여 자신의 모든 오만함을 영원히 뽑아버리고 '나'와 '내 것'을 벗어나게 하며, 쌓아 둔 것을 버리고 아끼고 탐함과 질투의 허물을 없애게 하며, 마음의 청정함을 얻어 모든 더럽고 탁함을 없게 하며, 청정한 믿음의 힘을 얻어 늘 즐거이 부처님을 보게 하며, 부처님 법을 받아 지니며, 보살의 힘을 내어 보살행을 일으키게 하며, 보살의 삼매에 들어가 보살의 지혜를 얻게 하며, 보살의 바른 생각에 머물면서 보살이 하고자 하는 즐거움을 더해 주었다.

見無上勝 在其城東大莊嚴幢無憂林中 無量商人 百千居士之所圍遶 理斷人間種種事務 因爲說法 令其永拔一切我慢 離我我所 捨所積聚 滅慳嫉垢 心得淸淨 無諸穢濁 獲淨信力 常樂見佛 受持佛法 生菩薩力 起菩薩行 入菩薩三昧 得菩薩智慧 住菩薩正念 增菩薩樂欲

이때 선재 동자는 무상승 장자가 대중에게 법을 설하고 마치는 것을 보고는 그 앞에 나아가 몸을 땅에 던지고 그의 발에 절하면서 한참이나 있다가 일어나 말했다.

"나는 선재입니다. 나는 선재입니다. 나는 오로지 보살의 깊은 행을 찾고 구하는 것이니, 보살이 어떻게 보살의 행을 배우는 것이며, 보살이 어떻게 보살의 도를 닦는 것입니까? 닦고 배움을 따를 때 모든 중생을 늘 가르치고 바른길로 이끌어 깨우치게 하는 것이며, 늘 일체 모든 부처님이 나타남을 보는 것이며, 늘 모든 불법을 듣는 것이며, 늘 모든 불법을 지니고 머무는 것이며, 늘 모든 법문에 들어가 이르는 것이며, 모든 세계에 들어가는 것이며, 보살행을 배우는 것이며, 모든 겁에 머무는 것이며, 보살의 도를 닦은 것이며, 모든 여래의 보호를 받은 것이며, 모든 여래의 지혜를 얻는 것입니까?"

爾時 善財童子 觀彼長者 爲眾說法已 以身投地 頂禮其足 良久乃起 白言 聖者 我是善財 我是善財 我專尋求菩薩之行 菩薩云何學菩薩行 菩薩云何修菩薩道 隨修學時 常能化度一切衆生 常能現見一切諸佛 常得聽聞一切佛法 常能住持一切佛法 常能趣入一切法門 入一切刹 學菩薩行 住一切劫 修菩薩道 能知一切如來神力 能受一切如來護念 能得一切如來智慧

수행하는 청정한 법문에 의지함이 없고 지음이 없는 신통한 힘

때맞추어 무상승 장자가 선재 동자에게 말했다.

"선근이로다. 선근이로다. 선남자여! 그대는 아뇩다라삼먁삼보리심을 이미 일으켰구나."

"선남자여! 나는 일체 처에 이르는 보살이 행하는 문과 의지할 것도 없고 지음도 없는 신통의 힘을 성취하였다."

"선남자여! 어떠한 것이 일체 처에 이르게 하는 보살이 행하는 문이라 하겠는가?"

"선남자여! 나는 삼천대천세계 욕계의 일체 모든 중생 가운데, 이른바 모든 삼십 삼천과 모든 수야마천과 모든 도솔타천과 모든 선변화천과 모든 타화자재천과 모든 마의 하늘과 또한 그 외 모든 하늘, 용, 야차, 나찰, 구반다, 건달바, 아수라, 가루라, 긴나라, 마후라가 등 사람과 사람이 아님과 마을과 성중과 도시의 모든 곳에 머무는 중생들 가운데서 법을 설한다."

"법을 설하여 이들이 법 아닌 것을 버리게 하고 왈가불가 다툼을 쉬게 하고 전쟁과 싸움을 제거하게 하고 분노로 인한 다툼을 멈추게 하고 원수로 맺힌 것을 깨트리게 하고 얽히고 얽힌 것을 풀게 하고 뇌옥에서 나오게 하고 두려움을 면하게 하며, 살생을 끊게 할 뿐만 아니라 바르지 못한 견해로 모든 악한 업을 짓는 일이 없게 하면서 빠짐없이 금하게 하고 이들이 모든 선근의 법을 거스르지 않고 행하게 하고 이들이 선근의 모든 기술과 재주를 닦고 배우게 하고 모든 세간에 이익을 짓게 하고 이들을 위해 가지가지의 모든 이치를 헤아려 분별하고 환희를 내게 하고 이들을 점점 성숙하게 하고 외도를 거스름 없이 따라 이들을 위해 뛰어난 지혜를 설하게 하고 모든 견해를 끊게 하고 이들이 불법에 들어가게 할 뿐만 아니라 색계의 모든 범천도 내가 또한 그들을 위해 뛰어난 법을 일으켜 설한다."

"이 삼천대천세계와 같이 시방의 열 배에 이르며, 말할 수 없이 말할 수 없는 백천 억 나유타 부처 세계의 티끌 수와 같은 세계 가운데 내가 빠짐없이 다 불법과 보살의 법과 성문법과 독각법을 설하고 지옥을 설하고 지옥의 중생을 설하고 지옥으로 향하는 길을 설하고 축생을 설하고 축생의 차별을 설하고 축생이 고통받은 것을 설하고 축생으로 향하는 길을 설하고 염라 왕의 세간을 설하고 염라 왕 세간의 고통을 설하고 염라 왕 세간으로 향하는 길을 설하고 하늘의 세간을 설하고 하늘 세간의 즐거움을 설하고 하늘이 세간으로 향하는 길을 설하고 사람의 세간을 설하고 사람 세간의 고통과 즐거움을 설하고 사람이 세간으로 향하는 길을 설하였다."

"보살의 공덕을 열어서 나타내고자 하고 이들을 위해 생사의 걱정과 근심에서 벗어나게 하며, 이들을 위해 모든 지혜를 지닌 사람의 모든 빼어난 공덕을 알고 보게 하며, 모든 있는 부류 가운데 미혹함으로 고통받음을 알게 하고자 하며, 막힘이나 걸림 없는 법을 알고 보게 하며, 모든 세간이 일어나 생기는 까닭을 나타내 보이고자 하며, 모든 세간에 적멸을 즐거움으로 삼는 것을 나타내어 보이고자 하며, 중생들이 모든 모양이나 상태에 집착함을 버리게 하며, 부처님에게 의지함이 없는 법을 증득하게 하며, 이들이 모든 번뇌의 윤회를 영원히 없애게 하며, 이들을 위해 여래의 법륜을 굴리는 것이니, 내가 중생을 위해 이와 같은 법을 설한다."

時 彼長者告善財言 善哉 善哉 善男子 汝已能發阿耨多羅三藐三菩提心 善男子 我成就至一切處菩薩行門 無依無作神通之力 善男子 云何爲至一切處菩薩行門 善男子 我於此三千大千世界 欲界一切諸衆生中 所謂一切三十三天 一切須夜摩天 一切兜率陀天 一切善變化天 一切他化自在天 一切魔天 及餘一切天 龍 夜叉 羅刹娑 鳩槃茶 乾闥婆 阿修羅 迦樓羅 緊那羅 摩睺羅伽 人與非人 村營城邑 一切住處 諸衆生中 而爲說法 令捨非法 令息諍論 令除鬪戰 令止忿競 令破怨結 令解繫縛 令出牢獄 令免怖畏 令斷殺生乃至邪見 一切惡業不可作事 皆令禁止 令其順行一切善法 令其修學一切技藝 於諸世間 而作利益 爲其分別種種諸論 令生歡喜 令漸成熟 隨順外道 爲說勝智 令斷諸見 令入佛法 乃至色界一切梵天 我亦爲其 說超勝法 如於此三千大千世界 乃至十方十不可說百千億那由他佛刹微塵數世界中 我皆爲說佛法 菩薩法 聲聞法 獨覺法 說地獄 說地獄衆生 說向地獄道 說畜生 說畜生差別 說畜生受苦 說向畜生道 說閻羅王世間 說閻羅王世間苦 說向閻羅王世間道 說天世間 說天世間樂 說向天世間道 說人世間 說人世間苦樂 說向人世間道 爲欲開顯菩薩功德 爲令捨離生死過患 爲令知見一切智人諸妙功德 爲欲令知諸有趣中迷惑受苦 爲令知見無障礙法 爲欲顯示一切世間生起所因 爲欲顯示一切世間寂滅爲樂 爲令衆生捨諸想著 爲令證得佛無依法 爲令永滅諸煩惱輪 爲令能轉如來法輪 我爲衆生 說如是法

"선남자여! 나는 다만 이 모든 곳에 이르는 것으로 보살이 수행하는 청정한 법문에 의지함이 없고 지음이 없는 신통한 힘만을 알 뿐이다. 보살마하살들은 모든 자재한 신통을 온전하게 갖추어 모든 부처 세계에 두루 가서 넓은 눈의 지위(普眼地)를 얻고 모든 음성과 말을 들으며, 모든 법에 두루 들어가서 지혜가 자재하고 다투는 일이 없고 용맹하기가 짝이 없으며, 넓고 큰 혀로 평등한 음성을 내고 그 몸이 빼어나게 좋기에 모든 보살과 같으며, 모든 여래와 더불어 마지막까지 둘이 없고 차별이 없으며, 지혜의 몸이 광대하기에 삼세에 두루 들어가며, 경계가 그 끝이 없기에 허공과 같다. 보살마하살의 이와 같음을 내가 어떻게 알 것이며, 어떻게 그와 같은 공덕의 행을 말할 수 있겠는가."

善男子 我唯知此至一切處 修菩薩行淸淨法門 無依無作神通之力 如諸菩薩摩訶薩 具足一切自在神通 悉能徧往一切佛刹 得普眼地 悉聞一切音聲言說 普入諸法 智慧自在 無有乖諍 勇健無比 以廣長舌 出平等音 其身妙好 同諸菩薩 與諸如來究竟無

二 無有差別 智身廣大 普入三世 境界無際 同於虛空 而我云何能知能說彼功德行

"선남자여! 이곳에서 남쪽으로 하나의 국토가 있으니, 이름이 '수나(輸那)'이며, 그 나라에 성이 있으니, 이름이 '가릉가림(迦陵迦林)'이며, 그곳에 비구니가 있으니, 이름이 '사자빈신(師子頻申)'이다. 그대는 그에게 가서 물어라. 보살은 어떻게 보살의 행을 배우는 것이며, 어떻게 보살의 도를 배우는 것이냐고 물어라."
　善男子 於此南方 有一國土 名曰輸那 其國有城 名迦陵迦林 有比丘尼 名師子頻申 汝詣彼 問菩薩云何學菩薩行 修菩薩道

때맞추어 선재 동자가 무상승 장자의 발에 머리 숙여 절하고 헤아릴 수 없이 돌면서 은근하게 우러러보며 하직하고 물러갔다.
　時 善財童子 頂禮其足 遶無量帀 慇懃瞻仰 辭退而去

(25) 사자빈신 비구니. 제4 至一切處廻向

그때 선재 동자가 이곳저곳을 다니다가 수나국에 이르렀고 사자빈신 비구니를 두루두루 찾아다니니, 헤아릴 수 없이 많은 사람이 말했다.
"선남자여! 그 비구니는 승광왕이 보시한 햇빛 동산에서 법을 설하여 헤아릴 수 없는 중생에게 이익을 주고 있습니다."
때맞추어 선재 동자가 곧 그 동산에 나아가 두루두루 자세히 살펴보았다.
　爾時 善財童子 漸次遊行 至彼國城 周徧推求此比丘尼 有無量人 咸告之言 善男子 此比丘尼 在勝光王之所捨施 日光園中說法 利益無量衆生 時 善財童子 卽詣彼園 周徧觀察

그 동산에 큰 나무 한 그루가 있으니, 이름이 '만월(滿月)'이며, 형상은 누각과 같으며, 큰 광명을 놓아서 일 유순을 비추었다. 나뭇잎 하나를 보니, 이름이 '두루 덮음(普覆)'이며, 그 형상이 덮개와 같고 비유리 감청 광명을 놓으며, 꽃나무 하나를 보니, 이름이 '화장(華藏)'이며, 그 모양이 높고 크기가 설산왕과 같으며, 빼어난 많은 꽃을 내리니, 다함이 없는 것이 마치 도리천 가운데 파리질다라 나무와 같았다.

　차례를 좇아(復) 감로 과일나무 하나가 있음을 보니, 형상은 금산과 같고 늘 광명을 놓아서 가지가지의 많은 과일이 하나 빠짐없이 온전하게 갖추어져 있으며, 차례를 좇아(復) 마니보배 나무가 하나 있음을 보니, 이름은 '비로자나(毘盧遮那) 장'이며, 그 형상은 아주 뛰어나서 비할 데가 없으며, 심왕 마니보배가 그 위에 있고 아승기 색상 마니보배로 두루 장엄하였다.

　차례를 좇아(復) 옷 나무가 있으니, 이름이 '청정(淸淨)'이며, 가지가지 색의 옷을 두루 드리워서 장엄하고 꾸몄으며, 차례를 따라(復) 음악 나무가 있으니, 이름이 '환희(歡喜)'이며, 늘 아름답고 빼어난 소리가 하늘의 음악을 뛰어넘으며, 차례를 좇아(復) 향나무가 있으니, 이름은 '보장엄(普莊嚴)'이며, 항상 빼어난 향을 내어서 시방에 두루 풍기며, 막힘이나 걸림이 없었다.

　見其園中 有一大樹 名爲滿月 形如樓閣 放大光明 照一由旬 見一葉樹 名爲普覆 其形如蓋 放毘琉璃紺靑光明 見一華樹 名曰華藏 其形高大如雪山王 雨衆妙華 無有窮盡 如忉利天中 波利質多羅樹 復見有一甘露果樹 形如金山 常放光明 種種衆果 悉皆具足 復見有一摩尼寶樹 名毘盧遮那藏 其形無比 心王摩尼寶最在其上 阿僧祇 色相摩尼寶 周徧莊嚴 復有衣樹 名爲淸淨種種色衣 垂布嚴飾 復有音樂樹 名爲歡喜 其音美妙 過諸天樂 復有香樹 名普莊嚴 恒出妙香 普熏十方 無所障礙

　동산 가운데 차례를 좇아(復有) 물이 솟아나는 연못이 있으니, 모두 다 칠보로 장엄하였고 검은 전단 흙이 가운데 쌓여있으며, 가장 질이 좋은 금모래가 그 밑에 깔렸으며, 팔공덕수가 가득 차 있고 우발라 꽃, 파두마 꽃, 구물두 꽃, 분타리 꽃들이 그 위를 덮었다.

　헤아릴 수 없는 보배 나무가 두루두루 줄지어 서 있고 모든 보배 나무 아래에는 사자좌를 펴고 가지가지의 빼어난 보배로 장엄하였으며, 하늘의 옷을 펴고 모든 빼어난 향기를 풍기며, 모든 보배비단을 드리우고 모든 보배 휘장을 쳤으며, 염부단금 그물로 그 위를 가득히 덮었으며, 풍경은 바람에 서서히 흔들리며 아름다운 소리를 내었다.

　늘 나무 아래에는 연화장 사자좌를 놓았으며, 늘 나무 아래에는 향왕 마니장 사자좌를 놓았으며, 늘 나무 아래에는 용장엄마니왕장 사자좌를 놓았으며, 늘 나무 아래에는 보사자취마니왕장 사자좌를 놓았으며, 늘 나무 아래에는 비로자나마니왕장 사자좌를 놓았으며, 늘 나무 아래에는 시방 비로자나마니왕장 사자좌를 놓았으며, 그 하나하나의 자리마다 각각 십만 보배 사자좌가 두루두루 둘러싸았고 하나하나 빠짐없이 다 헤아릴 수 없는 장엄을 갖추었다.

園中復有泉流陂池 一切皆以七寶莊嚴 黑栴檀泥 凝積其中上妙金沙 彌布其底 八功德水 具足盈滿 優鉢羅華 波頭摩華 拘物頭華 芬陀利華 徧覆其上 無量寶樹 周徧行列 諸寶樹下 敷師子座 種種妙寶 以爲莊嚴 布以天衣 熏諸妙香 垂諸寶繒 施諸寶帳 閻浮金網 彌覆其上 寶鐸徐搖 出妙音聲 或有樹下敷蓮華藏師子之座 或有樹下敷香王摩尼藏師子之座 或有樹下敷龍莊嚴摩尼王藏師子之座 或有樹下敷寶師子聚摩尼王藏師子之座 或有樹下敷毘盧遮那摩尼王藏師子之座 或有樹下敷十方毘盧遮那摩尼王藏師子之座 其一一座 各有十萬寶師子座 周帀圍遶 一一皆具無量莊嚴

이 큰 동산 가운데 많은 보배가 두루 가득하게 찼으니, 비유하면 큰 바다 가운데 우뚝 솟은 보배 섬과 같았으며, 가린타 옷으로 그 땅을 덮었기에 부드럽고 빼어나게 좋아서 발이 편안한 것이 밟으면 들어가고 발을 들면 나오며, 헤아릴 수 없는 새들이 즐거운 소리를 내고 보배 전단 숲을 가장 빼어나게 장엄하니, 가지가지의 빼어난 꽃이 항상 내려서 다함이 없으며, 비유하면 제석천 왕의 꽃동산 같으며, 비할 데 없는 향 왕이 모든 곳에 두루 풍기니, 제석천 왕의 선근 법당(善法之堂)과 같았다.

모든 음악 나무와 보배 다라니 나무와 많은 보배 풍경이 빼어난 소리를 내는 것이 자재천의 선근을 가진 입 천녀(善口天女)가 노래하는 것과 같았으며, 모든 여의 나무는 가지가지의 빼어난 옷을 드리워서 장엄하니, 비유하면 큰 바다에 헤아릴 수 없는 색이 있는 것과 같으며, 백천 누각은 많은 보배로 장엄한 것이 도리천 궁의 선근으로 보는 큰 성(善見大城)과 같았으며, 보배 일산을 넓게 펴니, 수미산의 봉우리 같고 광명으로 널리 비추는 것이 범왕천의 궁전과 같았다.

此大園中 衆寶徧滿 猶如大海寶洲之上 迦鄰陀衣 以布其地 柔軟妙好 能生樂觸 蹈則沒足 擧則還復 無量諸鳥 出和雅音 寶栴檀林 上妙莊嚴種種妙華 常雨無盡 猶如帝釋雜華之園 無比香王 普熏一切 猶如帝釋善法之堂 諸音樂樹 寶多羅樹 衆寶鈴網 出妙音聲 如自在天善口天女所出歌音 諸如意樹 種種妙衣垂布莊嚴 猶如大海有無量色 百千樓閣 衆寶莊嚴 如忉利天宮善見大城 寶蓋遐張如須彌峯 光明普照如梵王宮

이때 선재 동자가 이 큰 동산을 보니, 헤아릴 수 없는 공덕과 가지가지의 장엄이 모두 보살의 업보로 성취한 것이며, 세상으로 나아가는 선근 때문에 일어나 생긴 것이며, 모든 부처님께 공양한 공덕으로 흐르는 것이기에 모든 세간과 더불어 같은 것이 없었다. 이와 같음은 빠짐없이 다 사자빈신 비구니가 법이란 허깨비와 같음을 분명하게 깨우쳐 알며, 광대하고 청정한 복덕을 모은 선근의 업으로 성취한 것이었으며, 삼천대천세계의 하늘과 용의 팔부신중과 헤아릴 수 없는 중생이 다 이 동산에 모여도 좁지 않았다. 무슨 까닭인가 하면, 사람의 생각으로는 헤아려 알 수 없는 이 비구니의 위엄과 신통으로 인한 것이었다.

爾時 善財童子 見此大園無量功德 種種莊嚴 皆是菩薩業報成就 出世善根之所 生起供養諸佛功德所流 一切世間無與等者 如是皆從師子頻申比丘尼了法如幻 集廣大淸淨福德 善業之所成就 三千大千世界天龍八部 無量衆生 皆入此園 而不迫窄 何以故 此比丘尼 不可思議 威神力故

이때 선재 동자는 사자빈신 비구니가 일체 모든 보배 나무 아래에 놓인 큰 사자좌에 앉아 있는 것을 보았다. 몸의 모양이나 상태가 단정하고 엄정하며, 예법에 맞은 몸가짐이 적정하고 모든 근이 균형 잡혀있고 순함은 큰 코끼리 왕과 같으며, 허물과 탁함이 없는 마음은 청정한 연못과 같고 구하는 것을 두루 구해주는 것은 여의 보배와 같으며, 세간의 법에 물들지 않음은 마치 연꽃과 같으며, 마음에 두려움이 없기는 사자 왕과 같고 청정한 계율을 보호하여 가볍게 움직이지 않음은 수미산과 같으며, 보는 자들이 마음에 청량함을 얻게 하는 것은 빼어난 향 왕과 같으며, 모든 번뇌의 뜨거움을 제거하여 없애는 것은 설산 가운데 빼어난 전단 향과 같으며, 중생들 가운데 보는 자가 모든 공(空)하지 않은 것은 선근 약왕과 같으며, 보는 자마다 헛되지 않은 것은 파루나천(소원을 채워주는 하늘)과 같으며, 모든 선근의 싹을 길러주는 것은 기름진 밭과 같으며, 하나하나의 자리에 있는 모인 대중이 같지 않기에 설하는 법문도 또한 각각 차별하였다.

언제나 늘 자리에 처한 것을 보니, 정거천의 대중이 함께 둘러싼 곳에서 대자재천 천자가 상수가 되고 이 사자빈신 비구니가 이들을 위해 법문을 설하니, 이름이 '다함이 없는 해탈(無盡解脫)'이었다.

언제나 늘 자리에 처한 것을 보니, 모든 범천의 대중이 함께 둘러싼 곳에서 애락범왕이 상수가 되고 이 사자빈신 비구니가 이들을 위해 법문을 설하니, 이름이 '넓은 문으로 차별한 청정한 음성바퀴(普門差別淸淨言音輪)'였다.

언제나 늘 자리에 처한 것을 보니, 타화자재천 천자와 천녀가 함께 둘러싼 곳에서 자재천왕이 상수가 되고 이 사자빈신 비구니가 이들을 위해 법문을 설하니, 이름이 '보살의 청정한 마음(菩薩淸淨心)'이다.

　언제나 늘 자리에 처한 것을 보니, 선변화천의 천자와 천녀가 함께 둘러싼 곳에서 선화천왕이 상수가 되고 이 사자빈신 비구니가 이들을 위해 법문을 설하니, 이름이 '모든 법은 선근 장엄(一切法善莊嚴)'이다.

　언제나 늘 자리에 처한 것을 보니, 도솔타천의 천자와 천녀가 함께 둘러싼 곳에서 도솔천 왕이 상수가 되고 이 사자빈신 비구니가 이들을 위해 법문을 설하니, 이름이 '심장선(心藏旋)'이다.

　언제나 늘 자리에 처한 것을 보니, 수야마천의 천자 천녀가 함께 둘러싼 곳에서 야마천왕이 상수가 되고 이 사자빈신 비구니가 이들을 위해 법문을 설하니, 이름이 '무변장엄(無邊莊嚴)'이다.

　언제나 늘 자리에 처한 것을 보니, 삼십 삼천의 천자와 천녀가 함께 둘러싼 곳에서 석제환인이 상수가 되고 이 사자빈신 비구니가 이들을 위해 법문을 설하니, 이름이 '염리문(厭離門)'이다

　언제나 늘 자리에 처한 것을 보니, 백광명 용왕과 난타 용왕과 우퍼난타 용왕과 이라발난타 용왕과 아나파달다 용왕 등과 용자용녀가 함께 둘러싼 곳에서는 사가라 용왕이 상수가 되고 이 사자빈신 비구니가 이들을 위해 법문을 설하니, 이름이 '부처님 신통 경계의 광명장엄(佛神通境界光明莊嚴)'이다.

　언제나 늘 자리에 처한 것을 보니, 모든 야차 대중이 함께 둘러싼 곳에서 비사문천왕이 상수가 되고 이 사자빈신 비구니가 이들을 위해 법문을 설하니, 이름이 '구호중생장(救護衆生藏)'이다.

　언제나 늘 자리에 처한 것을 보니, 건달바 대중이 함께 둘러싼 곳에서 지국건달바왕이 상수가 되고 이 사자빈신 비구니가 이들을 위해 법문을 설하니, 이름이 '무진희(無盡喜)'다.

　언제나 늘 자리에 처한 것을 보니, 아수라 대중이 함께 둘러싼 곳에서 라후아수라왕이 상수가 되고 이 사자빈신 비구니가 이들을 위해 법문을 설하니, 이름이 '속질장엄 법계지문(速疾莊嚴法界智門)'이다.

　언제나 늘 자리에 처한 것을 보니, 가루라 대중이 함께 둘러싼 곳에서 첩지가루라왕이 상수가 되고 이 사자빈신 비구니가 이들을 위해 법문을 설하니, 이름이 '포동제유해(怖動諸有海)'이다.

언제나 늘 자리에 처한 것을 보니, 긴나라 대중이 함께 둘러싼 곳에서 대수긴나라왕이 상수가 되고 이 사자빈신 비구니가 이들을 위해 법문을 설하니, 이름이 '불행광명(佛行光明)'이다.

언제나 늘 자리에 처한 것을 보니, 마후라가 대중이 함께 둘러싼 곳에서 암라림 마후라가왕이 상수가 되고 이 사자빈신 비구니가 이들을 위해 법문을 설하니, 이름이 '생불환희심(生佛歡喜心)'이다.

헤아릴 수 없는 백천의 남자와 여인이 함께 둘러싼 곳에서 이 사자빈신 비구니가 이들을 위해 법문을 설하니, 이름이 '특히 뛰어난 행(殊勝行)'이다.

언제나 늘 자리에 처한 것을 보니, 모든 나찰 대중이 함께 둘러싼 곳에서 항상 정기를 뺏는 대수나찰왕이 상수가 되고 이 사자빈신 비구니가 이들을 위해 법문을 설하니, 이름이 '발생비민심(發生悲愍心)'이다.

언제나 늘 자리에 처한 것을 보니, 성문승을 믿고 즐거워하는 중생이 함께 둘러싼 곳에서 이 사자빈신 비구니가 이들을 위해 법문을 설하니, 이름이 '승지광명(勝智光明)'이다.

언제나 늘 자리에 처한 것을 보니, 연각승을 믿고 즐거워하는 중생이 함께 둘러싼 곳에서 이 사자빈신 비구니가 이들을 위해 법문을 설하니, 이름이 '불공덕광대광명(佛功德廣大光明)'이다.

언제나 늘 자리에 처한 것을 보니, 대승을 믿어 즐거워하는 중생이 함께 둘러싼 곳에서 이 사자빈신 비구니가 이들을 위해 법문을 설하니, 이름이 '보문 삼매지 광명문(普門三昧智光明門)'이다.

언제나 늘 자리에 처한 것을 보니, 초발심의 모든 보살이 함께 둘러싼 곳에서 이 사자빈신 비구니가 이들을 위해 법문을 설하니, 이름이 '일체불원취(一切佛願聚)'이다.

언제나 늘 자리에 처한 것을 보니, 제2지의 모든 보살이 함께 둘러싼 곳에서 이 사자빈신 비구니가 이들을 위해 법문을 설하니, 이름이 '이구륜(離垢輪)'이다.

언제나 늘 자리에 처한 것을 보니, 제3지의 모든 보살이 함께 둘러싼 곳에서 이 사자빈신 비구니가 이들을 위해 법문을 설하니, 이름이 '적정 장엄(寂靜莊嚴)'이다.

언제나 늘 자리에 처한 것을 보니, 제4지의 모든 보살이 함께 둘러싼 곳에서 이 사자빈신 비구니가 이들을 위해 법문을 설하니, 이름이 '생일체지 경계(生一切智境界)'이다.

언제나 늘 자리에 처한 것을 보니, 제5지의 모든 보살이 함께 둘러싼 곳에서 이 사자빈신 비구니가 이들을 위해 법문을 설하니, 이름이 '묘화장(妙華藏)'이다.

언제나 늘 자리에 처한 것을 보니, 제6지의 모든 보살이 함께 둘러싼 곳에서 이 사자빈신 비구니가 이들을 위해 법문을 설하니, 이름이 '비로자나장(毘盧遮那藏)'이다.

언제나 늘 자리에 처한 것을 보니, 제7지의 모든 보살이 함께 둘러싼 곳에서 이 사자빈신 비구니가 이들을 위해 법문을 설하니, 이름이 '보장엄지(普莊嚴地)'이다.

언제나 늘 자리에 처한 것을 보니, 제8지의 모든 보살이 함께 둘러싼 곳에서 이 사자빈신 비구니가 이들을 위해 법문을 설하니, 이름이 '변법계 경계신(徧法界境界身)'이다.

언제나 늘 자리에 처한 것을 보니, 제9지의 모든 보살이 함께 둘러싼 곳에서 이 사자빈신 비구니가 이들을 위해 법문을 설하니, 이름이 '무소득역장엄(無所得力莊嚴)'이다.

언제나 늘 자리에 처한 것을 보니, 제10지의 모든 보살이 함께 둘러싼 곳에서 이 사자빈신 비구니가 이들을 위해 법문을 설하니, 이름이 '무애륜(無礙輪)'이다.

언제나 늘 자리에 처한 것을 보니, 집금강신이 함께 둘러싼 곳에서 이 사자빈신 비구니가 이들을 위해 법문을 설하니, 이름이 '금강지 나라연장엄(金剛智那羅延莊嚴)'이다.

爾時 善財見師子頻申比丘尼 徧坐一切諸寶樹下大師子座 身相端嚴 威儀寂靜 諸根調順 如大象王 心無垢濁 如淸淨池 普濟所求 如如意寶 不染世法 猶如蓮華 心無所畏 如師子王 護持淨戒 不可傾動 如須彌山 能令見者 心得淸涼 如妙香王 能除衆生諸煩惱熱 如雪山中妙栴檀香 衆生見者 諸苦消滅 如善見藥王 見者不空 如婆樓那天 能長一切衆善根芽 如良沃田 在一一座 衆會不同 所說法門 亦各差別 或見處座 淨居天衆 所共圍遶 大自在天子 而爲上首 此比丘尼爲說法門 名無盡解脫 或見處座 諸梵天衆 所共圍遶 愛樂梵王 而爲上首 此比丘尼爲說法門 名普門差別淸淨言音輪 或見處座 他化自在天天子天女 所共圍遶 自在天王 而爲上首 此比丘尼爲說法門 名菩薩淸淨心 或見處座 善變化天天子天女 所共圍遶 善化天王 而爲上首 此比丘尼爲說法門 名一切法善莊嚴 或見處座 兜率陀天天子天女 所共圍遶 兜率天王 而爲上首 此比丘尼爲說法門 名心藏旋 或見處座 須夜摩天天子天女 所共圍遶 夜摩天王 而爲上首 此比丘尼爲說法門 名無邊莊嚴 或見處座 三十三天天子天女 所共圍遶 釋提桓因 而爲上首 此比丘尼爲說法門 名厭離門 或見處座 百光明龍王 難陀龍王 優波難陀龍王 摩那斯龍王 伊羅跋難陀龍王 阿那婆達多龍王等 龍子龍女 所共圍遶 娑伽羅龍王 而爲上首 此比丘尼爲說法門 名佛神通境界光明莊嚴 或見處座 諸夜叉衆 所共圍遶 毘沙門天王 而爲上首 此比丘尼爲說法門 名救護衆生藏 或見處座 乾闥婆衆 所共圍遶 持國乾闥婆王 而爲上首 此比丘尼爲說法門 名無盡喜 或見處座 阿修羅衆 所共圍遶 羅睺阿修羅王 而爲上首 此比丘尼爲說法門 名速疾莊嚴法界智門 或見處座 迦樓羅衆 所共圍遶 捷持迦樓羅王 而爲上首 此比丘尼爲說法門 名怖動諸有海 或見處座 緊那羅衆 所共圍遶 大樹緊那羅王 而爲上首 此比丘尼爲說法門 名佛行光明 或見處座 摩睺羅伽衆 所共圍遶 菴羅林摩睺羅伽王 而爲上首 此比丘尼爲說法門

名生佛歡喜心 或見處座 無量百千男子女人 所共圍遶 此比丘尼爲說法門 名殊勝行 或見處座 諸羅刹衆 所共圍遶 常奪精氣大樹羅刹王 而爲上首 此比丘尼爲說法門 名發生悲愍心 或見處座 信樂聲聞乘衆生 所共圍遶 此比丘尼爲說法門 名勝智光明 或見處座 信樂緣覺乘衆生 所共圍遶 此比丘尼爲說法門 名佛功德廣大光明 或見處座 信樂大乘衆生 所共圍遶 此比丘尼爲說法門 名普門三昧智光明門 或見處座 初發心諸菩薩 所共圍遶 此比丘尼爲說法門 名一切佛願聚 或見處座 第二地諸菩薩 所共圍遶 此比丘尼爲說法門 名離垢輪 或見處座 諸三地諸菩薩 所共圍遶 此比丘尼爲說法門 名寂靜莊嚴 或見處座 諸四地諸菩薩 所共圍遶 此比丘尼爲說法門 名生一切智境界 或見處座 諸五地諸菩薩 所共圍遶 此比丘尼爲說法門 名妙華藏 或見處座 諸六地諸菩薩 所共圍遶 此比丘尼爲說法門 名毘盧遮那藏 或見處座 諸七地諸菩薩 所共圍遶 此比丘尼爲說法門 名普莊嚴地 或見處座 諸八地諸菩薩 所共圍遶 此比丘尼爲說法門 名徧法界境界身 或見處座 諸九地諸菩薩 所共圍遶 此比丘尼爲說法門 名無所得力莊嚴 或見處座 諸十地諸菩薩 所共圍遶 此比丘尼爲說法門 名無礙輪 或見處座 執金剛神 所共圍遶 此比丘尼爲說法門 名金剛智那羅延莊嚴

선재 동자가 이와 같은 등의 일체 모든 부류를 가지고 있는 중생을 보니, 이미 성숙한 자와 이미 조복시킨 자와 그래도 법 그릇이 될만한 자들이 모두 이 동산에 들어와 자리 아래에 제각기 둘러앉아 있고 사자빈신 비구니가 그들이 이해하고자 하는 뛰어남과 그렇지 못한 차별을 따라 법을 설하여 이들이 아뇩다라삼먁삼보리에서 물러서지 않음을 얻게 하였다.

무슨 까닭인가 하면, 이 사자빈신 비구니가 넓은 눈으로 모두 버리는 반야바라밀(般若波羅蜜)의 문과 모든 불법을 말하는 반야바라밀의 문과 법계를 차별하는 반야바라밀 문과 모든 막힘이나 걸림을 흩어서 무너트리는 반야바라밀의 문과 모든 중생의 선근 마음을 내는 반야바라밀의 문과 특히 뛰어나게 장엄하는 반야바라밀의 문과 막힘이나 걸림 없는 진실한 장의 반야바라밀의 문과 법계에 원만한 반야바라밀의 문과 마음의 장인 반야바라밀의 문과 두루 출생하는 장이 되는 반야바라밀의 문에 들어가서 이 열 가지 반야바라밀 문을 으뜸으로 삼아 이와 같은 등 수 없는 백만의 반야바라밀의 문에 들어갔다.

이 햇빛 동산 가운데 있는 보살과 모든 중생은 모두 사자빈신 비구니가 처음으로 권하여 마음을 일으키게 되었고 바른 법을 받아 지니고 사유하면서 닦고 익히고 아뇩다라삼먁삼보리에서 물러서지 않게 한 이들이다.

善財童子 見如是等一切諸趣所有衆生 已成熟者 已調伏者 堪爲法器 皆入此園 各於座下 圍遶而坐 師子頻申比丘尼 隨其欲解勝劣差別 而爲說法 令於阿耨多羅三藐三菩提 得不退轉 何以故 此比丘尼 入普眼捨得般若波羅蜜門 說一切佛法般若波羅蜜門 法界差別般若波羅蜜門 散壞一切障礙輪般若波羅蜜門 生一切衆生善心般若波羅蜜門 殊勝莊嚴般若波羅蜜門 無礙眞實藏般若波羅蜜門 法界圓滿般若波羅蜜門 心藏般若波羅蜜門 普出生藏般若波羅蜜門 此十般若波羅蜜門爲首 入如是等無數百萬般若波羅蜜門 此日光園中 所有菩薩及諸衆生 皆是師子頻申比丘尼 初勸發心 受持正法 思惟修習 於阿耨多羅三藐三菩提 得不退轉

때맞추어 선재 동자는 사자빈신 비구니의 이와 같은 동산의 숲과 이와 같은 사자좌와 이와 같은 가벼운 발걸음과 이와 같은 모임의 대중과 이와 같은 신통의 힘과 이와 같은 변재를 보았으며, 차례를 좇아 사람의 생각으로는 헤아려 알 수 없는 법문을 듣고 광대한 법 구름이 그 마음을 윤택하게 하였고 문득 이러한 생각을 했다.
"내가 마땅히 오른쪽으로 헤아릴 수 없는 백천 바퀴를 돌 것이다."
時 善財童子 見師子頻申比丘尼 如是園林 如是牀座 如是經行 如是衆會 如是神力 如是辯才 得聞不可思議法門 廣大法雲 潤澤其心 便生是念 我當右遶無量百千帀

때맞춰 사자빈신 비구니가 큰 광명을 놓아 그 동산과 모임의 대중이 장엄한 것을 비추니, 선재 동자가 자기의 몸과 동산 가운데 있는 많은 나무가 남김없이 다 오른쪽으로 이 비구니를 도는 것을 보았다. 헤아릴 수 없는 백천 만 바퀴를 돌고는 선재 동자가 합장하고 서서 물어 말했다.
"성자여! 저는 이미 아뇩다라삼먁삼보리심을 일으켰으나, 보살이 어떻게 보살의 행을 배우며, 어떻게 보살의 도를 닦는 것인지 알지 못합니다. 들기로는 성자께서 선근으로 가르친다고 하니, 원하건대 저를 위해 설해주십시오."
時 比丘尼放大光明 普照其園 衆會莊嚴 善財童子 卽自見身及園林中 所有衆樹 皆悉右遶 此比丘尼 經於無量百千萬帀圍遶畢已 善財童子 合掌而住 白言 聖者 我已先發阿耨多羅三藐三菩提心 而未知菩薩云何學菩薩行 云何修菩薩道 我聞聖者善能誘誨 願爲我說

모든 지혜를 성취하는 해탈

사자빈신 비구니가 말했다.
"선남자여! 내가 해탈을 얻었으니, 이름이 '일체 지혜를 성취'함이다."
선재 동자가 말했다.
"무슨 까닭으로 일체 지혜를 성취하였다 합니까?"
사자빈신 비구니가 말했다.
"선남자여! 이 지혜의 광명은 한 생각, 한순간에 삼세 일체의 모든 법을 두루 비춘다."
선재 동자가 물어 말했다.
"성자여! 이 지혜 광명의 경계는 무엇입니까?"

比丘尼言 善男子 我得解脫 名成就一切智 善財言 聖者 何故 名爲成就一切智 比丘尼言 善男子 此智光明 於一念中 普照三世一切諸法 善財白言 聖者 此智光明境界云何

사자빈신 비구니가 말했다.
"선남자여! 나는 이 지혜의 광명문에 들어가서 모든 법을 출생하는 삼매 왕을 얻었으며, 이 삼매로 인하여 뜻한 대로 태어나는 몸을 얻게 되어, 시방 모든 세계의 도솔천 궁에 있는 일생보처(一生補處) 보살이 계신 곳에 나아가 한 분 한 분의 보살 앞에 말할 수 없는 부처 세계의 티끌 수와 같은 몸을 나타내고 하나하나의 몸으로 말할 수 없는 부처 세계의 티끌 수와 같은 공양을 하였으니, 이른바 천왕의 몸뿐만 아니라 인간 왕의 몸으로 꽃구름을 잡아 보존하며, 머리 장식 구름을 잡아 보존하며, 사르는 향, 바르는 향, 가루 향, 의복, 영락, 당기, 번기, 비단, 일산, 보배 그물, 보배 휘장, 보배 장, 보배 등불 등등의 모든 장엄 기물을 받들어 공양하였다."

"도솔궁 보살의 처소에 머무는 것과 같이, 이와 같음으로 태에 머물고 태에서 태어나며, 집에 있다가 출가하며, 도량에 나아가 바른 깨우침을 이루고 바른 법륜을 굴리고 열반에 들며, 이와 같은 중간에 늘 천궁에 머물며, 늘 용궁에 머물 뿐만 아니라 늘 차례를 좇아(復) 사람의 궁전에 머무는 그 하나하나의 모든 여래의 처소에 내가 다 이와 같음을 공양하였다."

"그와 같은 중생이나 내가 이와 같음으로 부처님께 공양하는 것을 아는 자는 모두 아뇩다라삼먁삼보리에서 물러서지 않음을 얻으며, 그와 같은 중생이 나에게 오면 곧 그를 위해 반야바라밀을 설해주었다."

比丘尼言 善男子 我入此智光明門 得出生一切法三昧王 以此三昧故 得意生身 往十方一切世界兜率天宮一生所繫菩薩所 一一菩薩前 現不可說佛刹微塵數身 一一身作不可說佛刹微塵數供養 所謂現天王身乃至人王身 執持華雲 執持鬘雲 燒香 塗香 及以末香 衣服瓔珞 幢幡繒蓋 寶網寶帳 寶藏寶燈 如是一切諸莊嚴具 我皆執持 而以供養 如於住兜率宮菩薩所 如是於住胎 出胎 在家 出家 往詣道場 成等正覺 轉正法輪 入於涅槃 如是中間 或住天宮 或住龍宮 乃至或復住於人宮 於彼一一諸如來所 我皆如是 而爲供養 若有衆生 知我如是供養佛者 皆於阿耨多羅三藐三菩提 得不退轉 若有衆生 來至我所 我卽爲說般若波羅蜜

"선남자여! 나는 모든 중생을 보더라도 중생이라는 모양이나 상태를 분별하지 않으니, 이는 지혜의 눈으로 밝게 보는 까닭이며, 모든 말을 듣더라도 말이라는 모양이나 상태를 분별하지 않으니, 이는 마음에 집착이 없는 까닭이며, 모든 여래를 보더라도 여래라는 모양이나 상태를 분별하지 않으니, 이는 법의 몸을 분명하게 깨우쳐 아는 까닭이며, 모든 법륜을 지니고 머물면서도 법륜이라는 모양이나 상태를 분별하지 않으니, 이는 법의 자기 성품을 깨우친 까닭이며, 한 생각에 모든 법을 두루 알면서도 모든 법이라는 모양이나 상태를 분별하지 않으니, 이는 법이란 허깨비와 같음을 아는 까닭이다."

善男子 我見一切衆生 不分別衆生相 智眼明見故 聽一切語言 不分別語言相 心無所著故 見一切如來 不分別如來相 了達法身故 住持一切法輪 不分別法輪相 悟法自性故 一念徧知一切法 不分別諸法相 知法如幻故

"선남자여! 나는 단지 모든 지혜를 성취하는 해탈만을 알 뿐이다. 모든 보살마하살은 분별하는 마음이 없기에 모든 법을 두루 알며, 단정히 앉은 한 몸이 법계에 충만하며, 스스로 몸 가운데 모든 세계를 나타내며, 한 생각, 한순간에 남김없이 다 부처님 처소에 나아가며, 몸 안에 스스로 모든 부처님의 신통한 힘을 두루 나타내며, 한 가닥의 털로 말할 수 없는 모든 부처님의 세계를 두루 들며, 말할 수 없는 세계가 그 자신 하나의 털구멍 가운데서 이루어지고 무너짐을 나타내며, 한 생각, 한순간 가운데 말할 수 없이 말할 수 없는 중생들과 함께 더불어 머물며, 한 생각, 한순간 가운데 말할 수 없이 말할 수 없는 일체 모든 겁에 들어간다. 보살마하살의 이러한 것을 내가 어떻게 알 것이며, 그러한 공덕의 행을 설할 수 있겠는가."

　善男子 我唯知此成就一切智解脫如諸菩薩摩訶薩心無分別 普知諸法 一身端坐 充滿法界 於自身中 現一切刹 一念悉詣一切佛所 於自身內 普現一切諸佛神力 一毛徧擧不可言說諸佛世界 於其自身一毛孔中 現不可說世界成壞 於一念中 與不可說不可說衆生同住 於一念中 入不可說不可說一切諸劫 而我云何能知能說彼功德行

"선남자여! 이곳에서 남쪽으로 나라가 하나 있으니, 이름이 '험난'이며, 그 나라에 보배 장엄이라는 성이 있고 그 성안에 여인이 있으니, 이름이 '바수밀다'이다. 그대는 그에게 가서 보살이 어떻게 보살의 행을 배우는 것이며, 어떻게 보살의 도를 닦는 것이냐고 물어라."

　善男子 於此南方 有一國土 名曰險難 此國有城 名寶莊嚴 中有女人 名婆須密多 汝詣彼問 菩薩云何學菩薩行 修菩薩道 時 善財童子 頂禮其足 遶無數帀 慇懃瞻仰 辭退而去

대방광불화엄경 제68권

39. 입법계품(9)
入法界品第三十九之九

(26) 바수밀다 여인. 제5 無盡功德藏廻向

그때 선재 동자가 큰 지혜의 광명으로 비추어 마음을 열고 사유하며, 자세히 살펴서 법의 성품을 들여다보고 모든 음성 다라니의 문을 깨달아 알고 모든 말과 소리의 다라니 문을 얻었으며, 모든 법륜을 받아 지니는 다라니의 문을 얻었으며, 모든 중생이 돌아가 더불어 몸을 의지할 만한 크게 가엾이 여기는 힘을 얻었으며, 모든 법의 바른 이치를 자세하게 살펴서 들여다보는 광명의 문을 얻었으며, 법계에 가득한 청정한 원을 얻었으며, 시방의 모든 법을 두루 비추는 지혜 광명을 얻었으며, 모든 세계를 두루 장엄하는 자재의 힘을 얻었으며, 모든 보살의 업을 두루 새롭게 일으키는 원만한 원을 얻고 천천히 가다가 험난국의 보배로 장엄한 성에 이르렀고 곳곳으로 다니면서 바수밀다 여인을 찾았다.

爾時 善財童子 大智光明 照啓其心 思惟觀察 見諸法性 得了知一切言音陀羅尼門 得受持一切法輪陀羅尼門 得與一切衆生作所歸依大悲力 得觀察一切法義理光明門 得充滿法界淸淨願 得普照十方一切法智光明 得徧莊嚴一切世界自在力 得普發起一切菩薩業圓滿願 漸次遊行 至險難國寶莊嚴城 處處尋覓婆須蜜多女

성 가운데 어떤 사람은 바수밀다라는 여인의 공덕과 지혜를 모르고 이렇게 생각했다. "이 동자는 지금 모든 근이 적정하고 지혜가 밝고 환하며, 미혹하지도 않고 혼란스럽지도 않으며, 진실을 살펴보는 일에 있어서 한 생각이며, 피로하고 게으름이 없으며, 눈을 깜박이지도 않고 마음이 흔들리지도 않고 깊고 깊으며, 넓고 큰 것이 마치 큰 바다와 같으니, 이 바수밀다 여인에 대한 탐내고 사랑하는 마음이나 거꾸로 뒤바뀐 마음이 없을 것이며, 깨끗하다는 생각을 내거나 욕심을 내지 않을 것이다. 당연히 이 여자의 색에 이끌리지 않을 것이며, 이 동자는 악한 행을 행하지도 않고 악의 경계에 들어가지도 않고 욕심이라는 진흙탕에 빠지지 않을 것이며, 악으로 속박을 받지도 않을 것이고 응당 지어야 할 곳에 이미 지어가는 일이 없다. 그런데 무슨 뜻으로 이 여인을 찾고 있는 것인가?"
　　城中有人 不知此女功德智慧 作如是念 今此童子 諸根寂靜 智慧明了 不迷不亂 諦視一尋 無有疲懈 無所取著 目視不瞬 心無所動 甚深寬廣 猶如大海 不應於此婆須蜜女 有貪愛心 有顚倒心 生於淨想 生於欲想 不應爲此女色所攝 此童子者 不行魔行 不入魔境 不沒欲泥 不被魔縛 不應作處 已能不作 有何等意 而求此女

　그 사람들 가운데 이 여인의 선근을 아는 이가 선재 동자에게 말했다.
　"선근이로다. 선근이구나. 선남자여! 그대가 이제 바수밀다 여인을 찾으니, 그대는 이미 광대한 선근의 이로움을 얻었다."
　"선남자여! 그대는 부처의 과위를 결정하고 구하게 될 것이며, 모든 중생을 위해 결정하고 믿고 의지할 바가 될 것이며, 모든 중생이 가지고 있는 탐내고 집착하는 독화살을 뽑아낼 것이며, 모든 중생이 여자의 색에 대해 가지고 있는 청정하다는 생각을 깨트려 결정할 것이다."
　"선남자여! 바수밀다 여인은 이 성 가운데 저잣거리 북쪽에 있는 자기의 집에 머물고 있다."
　　其中有人 先知此女有智慧者 告善財言 善哉 善哉 善男子 汝今乃能推求尋覓婆須蜜女 汝已獲得廣大善利 善男子 汝應決定 求佛果位 決定欲爲一切衆生 作所依怙 決定欲拔一切衆生貪愛毒箭 決定欲破一切衆生於女色中所有淨想 善男子 婆須蜜女 於此城內 市廛之北 自宅中住

　때맞추어 선재 동자가 이 말을 듣고 기뻐 뛰면서 그 문 앞에 이르렀다. 그가 머무는 집을 살펴보니, 넓고 크며, 곱게 꾸며졌고 보배 담장과 보배 나무와 보배 해자가 각각 열 겹으로 둘러쌓으며, 그 해자에는 향수가 가득하고 금 모래가 깔렸으며, 모든 하늘의 꽃과 우발라 꽃과 파두마 꽃과 구물두 꽃과 분타리 꽃이 두루두루 물 위를 덮어 피었다.
　궁전과 누각이 곳곳에 있고 문과 창문이 서로 마주 보고 연이어져 있고 모두 그물처럼 펼치고 풍경을 달았으며, 남김없이 번기와 당기를 두고 헤아릴 수 없는 진귀한 보배로 장엄하고 꾸몄다.
　유리는 땅이 되어 많은 보배로 그 사이사이를 장식하고 모든 침수 향을 피우고 전단향을 발랐으며, 많은 보배 풍경을 달아서 바람이 불면 소리를 내고 하늘의 꽃을 흩뜨려서 그 땅에 두루 펴고 가지가지로 장엄하니, 말로서는 일컬을 수 없고 모든 보배 창고는 그 수가 백천이고 열 가지 큰 동산으로 장엄하였다.

　時 善財童子 聞是語已 歡喜踊躍 往詣其門 見其住宅 廣博嚴麗 寶牆寶樹及以寶塹 一一皆有十種圍遶 其寶塹中 香水盈滿 金沙布地 諸天寶華 優鉢羅華 波頭摩華 拘物頭華 芬陀利華 徧覆水上 宮殿樓閣 處處分布 門闥窓牖 相望間列 咸施網鐸 悉置幡幢 無量珍奇 以爲嚴飾 琉璃爲地 衆寶間錯 燒諸沈水 塗以栴檀 懸衆寶鈴 風動成音 散諸天華 徧布其地 種種嚴麗 不可稱說 諸珍寶藏 其數百千 十大園林 以爲莊嚴

그때 선재 동자가 이 여인을 보니, 용모가 단정하고 모습이 원만하며, 피부는 금색이며, 눈과 머리카락은 검푸르고 길지도 짧지도 않으면서 굵지도 가늘지도 않고 욕계의 사람과 하늘로는 비교할 수 없었다.

음성이 아름답고 빼어나 모든 범천의 세상을 뛰어넘고 모든 중생의 차별된 문자와 소리를 남김없이 다 온전하게 갖추었기에 이해하고 깨우치지 못하는 것이 없으며, 글자 뜻을 깊이 통하였기에 섬세하고 능숙한 선근으로 도리를 말하며, 허깨비와 같은 지혜를 얻어 방편의 문에 들어갔으며, 많은 보배 영락과 모든 장엄 기물로 그 몸을 장엄하였으며, 여의 마니로 보배 관으로 삼아 그 머리에 썼다.

차례를 좇아(復有) 헤아릴 수 없는 권속이 둘러쌓으니, 모두 선근이 같은 행과 원이며, 복덕의 큰 장을 온전하게 갖추어서 다함이 없었고 때맞추어 바수밀다 여인이 몸에서 광대한 광명을 놓아 그 집의 모든 궁전을 비추니, 이 광명을 만나는 자는 몸이 맑고 시원해졌다.

　爾時 善財見此女人 顏貌端嚴 色相圓滿 皮膚金色 目髮紺靑 不長不短 不麤不細 欲界人天 無能與比 音聲美妙 超諸梵世 一切衆生差別言音 悉皆具足 無不解了 深達字義 善巧談說 得如幻智 入方便門 衆寶瓔珞及諸嚴具 莊嚴其身 如意摩尼 以爲寶冠 而冠其首 復有無量眷屬圍遶 皆共善根 同一行願 福德大藏 具足無盡 時 婆須蜜多女 從其身出廣大光明 普照宅中一切宮殿 遇斯光者 身得淸涼

그때 선재 동자가 그 앞에 나아가 그 발에 엎드려 예를 갖추고 합장하고 서서 물어 말했다.

"성자여! 저는 이미 아뇩다라삼먁삼보리심을 일으켰으나 보살이 어떻게 보살의 행을 배우는 것이며, 어떻게 보살의 도를 닦는 것인지 알지 못합니다. 제가 들으니, 성자께서 선근으로 능히 가르치신다고 하니, 원하건대 저에게 설해주십시오."

爾時 善財前詣其所 頂禮其足 合掌而住 白言 聖者 我已先發阿耨多羅三藐三菩提心 而我未知菩薩云何學菩薩行 云何修菩薩道 我聞聖者善能教誨 願爲我說

보살의 탐욕을 벗어난 해탈

바수밀다 여인이 말했다.

"선남자여! 나는 보살의 해탈을 얻었으니, 이름이 '탐내고 하고자 하려는 경계를 벗어남(離貪欲際)'이며, 그 하고자 하는 즐거움을 따라 몸을 나타낸다. 그와 같이 하늘이 나를 볼 때는 내가 천녀가 되어 생긴 모양과 광명이 특히 뛰어나 비할 데가 없으며, 이와 같을 뿐만 아니라 사람이나 사람이 아닌 등등이 볼 때도 내가 이들을 위해 사람이나 사람이 아닌 여인의 모습을 나타내어 그들이 하고자 하는 즐거움을 따라 나를 보게 한다."

彼卽告言 善男子 我得菩薩解脫 名離貪欲際 隨其欲樂 而爲現身 若天見我 我爲天女 形貌光明殊勝無比 如是乃至人非人等 而見我者 我卽爲現人非人女 隨其樂欲 皆令得見

"그와 같은 중생이 하고자 하는 욕망에 얽혀 나의 처소에 이르면, 내가 그를 위해 법을 설하여 그가 법을 듣고는 곧바로 탐욕을 벗어나고 보살의 '집착이 없는 경계 삼매'를 얻는다."

"그와 같은 중생이 잠시라도 나를 보면 곧 탐욕을 벗어나 보살의 '환희 삼매'를 얻으며, 그와 같은 중생이 잠시 나와 더불어 말을 나누면 곧 탐욕을 벗어나 보살의 '막힘이나 걸림 없는 음성 삼매'를 얻으며, 그와 같은 중생이 잠시라도 내 손목을 잡으면 탐욕이 없어지고 모든 '부처 세계로 가는 삼매'를 두루 얻으며, 그와 같은 중생이 잠시라도 내 자리에 올라오면 탐욕이 없어지고 보살의 '해탈한 광명'을 얻는다."

"그와 같은 중생이 잠시라도 나를 살펴보면 탐욕이 없어지고 보살의 '적정 장엄 삼매'를 얻으며, 그와 같은 중생이 나의 빈신을 보면 곧 '탐욕을 벗어나 외도를 굴복시키는 보살의 삼매'를 얻으며, 그와 같은 중생이 내가 눈을 깜박이는 것만 보아도 곧 탐욕을 벗어나 보살로서 '부처님 경계의 삼매'를 얻으며, 그와 같은 중생이 나를 끌어안으면 곧 탐욕을 벗어나 보살의 모든 '중생을 거두어주고 떠나지 않는 항상 한 삼매'를 얻으며, 그와 같은 중생이 이 나의 입술에 한 번만 닿아도 곧 탐욕을 벗어나 보살의 '모든 중생의 복덕 장을 늘게 하는 삼매'를 얻는다."

"중생들이 모두 나와 친근히 하면 모든 탐욕에서 벗어나는 경계에 머무르기에 보살의 모든 지혜가 앞에 나타나 '막힘이나 걸림 없는 해탈'에 들어간다."

若有衆生 欲意所纏 來詣我所 我爲說法 彼聞法已 則離貪欲 得菩薩無著境界三昧 若有衆生 暫見於我 則離貪欲 得菩薩歡喜三昧 若有衆生 暫與我語 則離貪欲 得菩薩無礙音聲三昧 若有衆生 暫執我手 則離貪欲 得菩薩徧往一切佛刹三昧 若有衆生 暫昇我座 則離貪欲 得菩薩解脫光明三昧 若有衆生 暫觀於我 則離貪欲 得菩薩寂靜莊嚴三昧 若有衆生 見我頻申 則離貪欲 得菩薩摧伏外道三昧 若有衆生 見我目瞬 則離貪欲 得菩薩佛境界光明三昧 若有衆生 抱持於我 則離貪欲 得菩薩攝一切衆生恒不捨離三昧 若有衆生 口我脣吻 則離貪欲 得菩薩增長一切衆生福德藏三昧 凡有衆生 親近於我 一切皆得住離貪際 入菩薩一切智地 現前無礙解脫

선재 동자가 물었다.
"성자께서는 어떠한 선근을 심고 어떠한 복의 업을 닦았기에 이와 같은 자재함을 성취하였습니까?"

善財白言 聖者 種何善根 修何福業 而得成就如是自在

바수밀다 여인이 대답했다.
"선남자여! 내가 생각하니, 지난 세상에 부처님이 나셨고 이름이 '높은 행(高行)'이었으며, 그 나라 왕도의 성 이름은 '빼어난 문(妙門)'이었다."

"선남자여! 고행(高行) 여래께서 중생을 불쌍하게 여기시고 왕도의 성에 들어갈 때 문턱을 밟으니, 그 성 모두가 남김없이 다 진동하고 갑자기 넓어지고 많은 보배로 장엄이 되며, 헤아릴 수 없는 광명이 서로서로 비추어 밝게 통하며, 가지가지의 보배 꽃이 땅에 흩뿌려지고 하늘의 음악이 동시에 울리며, 일체 모든 하늘이 허공에 가득하였다."

"선남자여! 내가 그때 장자의 부인이 되었고 이름이 '선근 지혜(善慧)'였으며, 부처님의 신통한 힘을 보고 마음의 깨우침에 대한 깨달음을 내어 곧 남편과 함께 부처님 처소에 나아가 보배 화폐로 공양하였다. 그때 문수사리 동자가 부처님의 시자였으며, 나에게 법을 설하여 아뇩다라삼먁삼보리심을 일으키게 하였다."

答言 善男子 我念過去 有佛出世 名爲高行 其王都城 名曰妙門 善男子 彼高行如來 哀愍衆生 入於王城 蹈彼門閫 其城一切 悉皆震動 忽然廣博 衆寶莊嚴無量光明 遞相映徹 種種寶華 散布其地 諸天音樂 同時俱奏 一切諸天 充滿虛空 善男子 我於彼時 爲長者妻 名曰善慧 見佛神力 心生覺悟 則與其夫 往詣佛所 以一寶錢 而爲供養 是時 文殊師利童子 爲佛侍者 爲我說法 令發阿耨多羅三藐三菩提心

"선남자여! 나는 단지 보살의 탐욕을 벗어난 해탈을 얻었을 뿐이다. 보살마하살들은 끝이 없는 섬세하고 능숙한 방편 지혜를 성취하여 그 장이 광대하기에 경계가 비할 데 없다. 내가 이를 어떻게 알 것이며, 그 공덕의 행을 어떻게 말할 수 있겠는가."

善男子 我唯知此菩薩離貪際解脫 如諸菩薩摩訶薩 成就無邊巧方便智 其藏廣大 境界無比 而我云何能知能說彼功德行

"선남자여! 여기서 남쪽으로 성이 있으니, 이름이 '선도(善度)'이며, 그 성에 거사가 있으니, 이름이 '비슬지라(鞞瑟胝羅)'이다. 그는 항상 전단 좌 부처님 탑에 공양하였다. 그대는 그에게 가서 보살은 어떻게 보살의 행을 배우며, 어떻게 보살의 도를 닦느냐고 물어라."

善男子 於此南方 有城名善度 中有居士 名鞞瑟胝羅 彼常供養栴檀座佛塔 汝詣彼問菩薩云何學菩薩行 修菩薩道

때맞추어 선재 동자가 그의 발에 머리를 수여 절하고 헤아릴 수 없이 돌고는 은근하게 우러러보다가 물러갔다.

時 善財童子 頂禮其足 遶無量匝 慇懃瞻仰 辭退而去

(27) 비슬지라 거사. 제6 隨順堅固一切善根廻向 隨順平等善根廻向

그때 선재 동자가 점차 행하여 나아가다 선도성에 이르렀고 거사의 집 앞에 나아가 머리를 숙여 예를 올리고는 합장하고 서서 물어 말했다.

"성자여! 저는 이미 아뇩다라삼먁삼보리심을 일으켰지만, 보살이 어떻게 보살의 행을 배우는 것이며, 보살이 어떻게 보살의 도를 닦는 것인지 알지 못합니다. 성자께서 선근으로 가르치신다고 하니, 원하건대 저를 위해 설해주십시오."

爾時 善財童子 漸次遊行 至善度城 詣居士宅 頂禮其足 合掌而立 白言 聖者 我已先發阿耨多羅三藐三菩提心 而未知菩薩云何學菩薩行 云何修菩薩道 我聞聖者善能誘誨 願爲我說

반열반의 경계에 들어가지 않는 해탈

비슬지라 거사가 깨우침을 주기 위해 말했다.
"선남자여! 나는 보살의 해탈을 얻었으니, 이름이 '반열반의 경계(般涅槃際)에 들지 않음'이다."
"선남자여! 나는 이와 같음으로 여래가 이미 반열반에 들어갔으며, 이와 같음으로 여래가 지금 반열반에 든다거나 이와 같음으로 앞으로 반열반에 들 것이라는 생각을 내지 않는다. 나는 시방세계의 모든 부처님, 여래들이 결국에는 반열반에 들어감이 없음을 안다. 단지 중생을 조복시키기 위해서 반열반을 나타내 보인 일은 제외한다."
"선남자여! 내가 전단좌 여래 탑 문을 열 때 삼매를 얻었으니, 이름이 '부처의 종자가 다함이 없음(佛種無盡)'이다."
"선남자여! 나는 생각과 생각마다 이 삼매에 들고 생각과 생각마다 일체 헤아릴 수 없는 특히 뛰어난 일들을 알고 얻는다."

居士告言 善男子 我得菩薩解脫 名不般涅槃際 善男子 我不生心言如是如來已般涅槃 如是如來現般涅槃 如是如來當般涅槃 我知十方一切世界 諸佛如來 畢竟無有般涅槃者 唯除爲欲調伏衆生 而示現耳 善男子 我開栴檀座 如來塔門時 得三昧 名佛種無盡 善男子 我念念中 入此三昧 念念得知一切無量殊勝之事

선재 동자가 물었다.
"이 삼매의 경계는 어떠합니까?"
善財白言 此三昧者境界云何

비슬지라 거사가 답했다.

"선남자여! 내가 이 삼매에 들고는 차례를 따라 이 세계의 일체 모든 부처님을 보니, 이른바 가섭불, 구나함모니불, 구류손불, 시기불, 비바시불, 제사불, 불사불, 무상승불, 무상연화불이니, 이와 같은 등의 분이 상수가 되고 한 생각 사이, 한순간에 백 부처님을 보고 천 부처님을 보고 백천 부처님을 보고 억 부처님, 천억 부처님, 백천 억 부처님, 아유다 억 부처님, 나유타 억 부처님뿐만 아니라 말할 수 없이 말할 수 없는 세계의 티끌 수와 같은 부처님을 보고 이와 같은 모든 것을 차례를 따라 다 본다."

"또 그 부처님들이 처음 비로소 마음(初發心)을 일으켜 모든 선근을 심고 뛰어난 신통을 얻고 큰 원을 성취하고 빼어난 행을 닦고 바라밀을 온전하게 갖추며, 보살의 지위에 들어가 청정한 지혜를 결정하여 도장 찍고 마군을 항복 받으며, 정등각을 이루어 국토가 청정하고 모인 대중이 둘러싸고 있는 것을 본다."

"큰 광명을 놓고 빼어난 법륜을 전하며, 신통 변화와 가지가지의 차별을 보며, 내가 남김없이 다 지니고 내가 남김없이 다 기억하고 남김없이 자세히 살펴서 들여다보고 분별하여 나타내어 보인다. 미래의 미륵불 등 일체 모든 부처님과 현재의 비로자나 부처님 등 일체 모든 부처님도 남김없이 다 또한 이와 같음이니, 이 세계에서처럼 시방세계에 계시는 삼세 일체 모든 부처님과 성문과 독각과 모든 보살 대중들도 남김없이 다 또한 이와 같다."

居士答言 善男子 我入此三昧 隨其次第 見此世界一切諸佛 所謂迦葉佛 拘那含牟尼佛 拘留孫佛 尸棄佛 毘婆尸佛 提舍佛 弗沙佛 無上勝佛 無上蓮華佛 如是等 而爲上首 於一念頃 得見百佛 得見千佛 得見百千佛 得見億佛 千億佛 百千億佛 阿庾多億佛 那由他億佛乃至不可說不可說世界微塵數佛 如是一切 次第皆見 亦見彼佛初始發心 種諸善根 獲勝神通 成就大願 修行妙行 具波羅蜜 入菩薩地 得淸淨忍 摧伏魔軍 成正等覺 國土淸淨 衆會圍遶 放大光明 轉妙法輪 神通變現 種種差別 我悉皆持 我悉能憶 悉能觀察 分別顯示 未來彌勒佛等一切諸佛 現在毘盧遮那佛等一切諸佛 悉亦如是 如此世界 十方世界所有 三世一切諸佛 聲聞 獨覺 諸菩薩衆 悉亦如是

"선남자여! 나는 단지 보살들이 얻는 반열반의 경계에 들어가지 않는 해탈을 얻었을 뿐이다. 보살마하살들은 한 생각, 한순간의 지혜로 삼세를 두루 알고 한 생각, 한순간에 모든 삼매에 두루 들어가고 여래의 태양과 같은 지혜가 늘 마음에 비치어 모든 법에 분별이 없고 모든 부처님의 평등함을 남김없이 다 분명하게 깨우쳐 알고 여래와 나와 모든 중생이 평등하여 둘이 없음을 알고 모든 법의 자성이 청정하여 사려도 없고 움직이는 것도 없음을 알지만, 모든 세간에 두루 들어가고 모든 분별을 벗어나고 부처님 법에 도장을 찍고 머물면서 법계의 중생들이 남김없이 다 지혜를 얻고 깨우침을 깨닫게 한다. 보살마하살의 이러한 일을 내가 어떻게 알 것이며, 그러한 공덕의 행을 설할 수 있겠는가."

善男子 我唯得此菩薩所得 不般涅槃際解脫 如諸菩薩摩訶薩 以一念智 普知三世 一念徧入一切三昧 如來智日 恒照其心 於一切法 無有分別 了一切佛 悉皆平等 如來及我一切衆生 等無有二 知一切法自性淸淨 無有思慮 無有動轉 而能普入一切世間 離諸分別 住佛法印 悉能開悟法界衆生 而我云何能知能說彼功德行

"선남자여! 이곳에서 남쪽으로 가다 보면 '보달락가(補怛洛迦)'라는 이름의 산이 있고 그곳에 보살이 있으니, 이름이 '관자재(觀自在)'이다. 그대는 그에게 가서 보살은 어떻게 보살의 행을 배우는 것이며, 어떻게 보살의 도를 닦는 것이냐고 물어라."

그리고 게송을 말했다.

善男子 於此南方 有山名補怛洛迦 彼有菩薩 名觀自在 汝詣彼 問菩薩云何學菩薩行 修菩薩道 卽說頌言

海上有山多聖賢 바다 위에 산이 있고 성현이 많으며
衆寶所成極淸淨 많은 보배로 이루어졌기에 극히 청정하고
華果樹林皆徧滿 꽃과 과일과 나무숲이 빠짐없이 가득하고
泉流池沼悉具足 샘과 흐르는 연못을 온전하게 갖추었다네.

勇猛丈夫觀自在 용맹하고 장부이신 관자재보살이
爲利衆生住此山 중생들에게 이익을 주기 위하여 그곳에 계시니
汝應往問諸功德 그대는 가서 모든 공덕을 물어라.
彼當示汝大方便 그대에게 당연히 큰 방편을 보일 것이라네.

때맞추어 선재 동자가 비슬지라 거사의 발에 머리 숙여 예를 올리고 헤아릴 수 없이 돌고는 은근하게 우러러보면서 물러갔다.

時 善財童子 頂禮其足 遶無量帀已 慇懃瞻仰 辭退而去

(28) 관자재보살. 제7 等隨順一切衆生廻向 隨順等觀衆生廻向

이때 선재 동자는 한마음으로 비슬지라 거사의 가르침을 사유하며, 그 보살의 해탈 장에 들어가 그 보살을 잊지 않고 기억하여 생각하는 힘을 얻었으며, 그 모든 부처님이 출현하는 차례를 기억하며, 그 모든 부처님이 끊이지 않고 계속 이어지는 차례를 기억하며, 그 모든 부처님의 명호를 차례를 따라 지니며, 그 모든 부처님이 설하신 빼어난 법을 자세히 보며, 그 모든 부처님이 온전하게 갖추신 장엄을 보며, 그 모든 부처님이 정등각 이루는 것을 보며, 그 모든 부처님이 헤아려 알 수 없는 업을 분명하게 깨우쳐 알고는 점차로 움직여 가다가 그 산에 이르러서는 곳곳에서 관자재 큰 보살을 찾아다녔다.

爾時 善財童子 一心思惟彼居士敎 入彼菩薩解脫之藏 得彼菩薩能隨念力 憶彼諸佛出現次第 念彼諸佛相續次第 持彼諸佛名號次第 觀彼諸佛所說妙法 知彼諸佛具足莊嚴 見彼諸佛成正等覺 了彼諸佛不思議業 漸次遊行 至於彼山 處處求覓此大菩薩

가파른 서쪽 골짜기를 보니, 땅속에서 솟은 물이 흐르고 숲은 우거지고 향기로운 풀이 오른쪽으로 돌아 깔려있으며, 관자재보살이 금강 보배로 만들어진 돌 위에 결가부좌 하셨고 헤아릴 수 없는 보살들이 보배로 된 돌 위에 앉아서 공손히 섬기어 둘러쌓으며, 관자재보살이 대자와 대비의 법을 베풀어 설하고 그 보살들이 모든 중생을 거두어주게 하였다.

見其西面巖谷之中 泉流縈映 樹林蓊鬱 香草柔軟 右旋布地 觀自在菩薩 於金剛寶石上 結跏趺坐 無量菩薩 皆坐寶石 恭敬圍遶 而爲宣說大慈悲法 令其攝受一切衆生

선재 동자가 이를 보고는 기쁘고 즐거운 마음에 좋아 뛰면서 합장하고 깨우침의 실상을 자세히 보면서 눈 한번 깜짝이지 않고 이와 같은 생각을 했다.

"선지식은 곧 여래이며, 선지식은 곧 모든 법의 구름이며, 선지식은 모든 공덕의 장이며, 선지식은 만나기 어려우며, 선지식은 보배인 십력을 이루는 근본이며, 선지식은 다함이 없는 지혜의 횃불이며, 선지식은 복덕의 뿌리와 싹이며, 선지식은 모든 지혜의 문이며, 선지식은 지혜의 바다로 인도하는 스승이며, 선지식은 모든 지혜에 이르는 길을 도와주는 도구다."

그리고는 곧바로 관자재보살이 계신 곳으로 나아가 이르렀다.

善財見已 歡喜踊躍 合掌諦觀 目不暫瞬 作如是念 善知識者 則是如來 善知識者 一切法雲 善知識者 諸功德藏 善知識者 難可值遇 善知識者 十力寶因 善知識者 無盡智炬 善知識者 福德根芽 善知識者 一切智門 善知識者 智海導師 善知識者 至一切智助道之具便 卽往詣大菩薩所

그때 관자재보살이 멀리서 오는 선재 동자를 보고는 가까이 이르자 말했다.

"선근으로 오는구나. 그대가 대승의 뜻을 일으켜 중생을 두루 거두고 바르고 곧은 마음을 일으켜 오로지 부처님 법만을 구하며, 가엾이 여기는 마음이 깊고 무거워 일체를 구하고 보호하며, 보현의 빼어난 행을 끊지 않고 앞에 나타나며, 큰 원의 깊은 마음이 원만하고 청정하며, 부처님 법을 부지런히 구하여 모두 받아 지니면서 선근을 쌓으면서도 만족함을 모르며, 선지식을 거스르지 않고 따르면서 가르침을 어기지 않으며, 문수사리의 공덕과 지혜의 바다에서 태어나기에 그 마음이 성숙하며, 부처님의 세력을 얻었으며, 광대한 삼매의 광명을 얻었기에 오로지 깊고 빼어난 법을 바라고 또 구하며, 늘 모든 부처님을 보고 크게 환희하며, 청정한 지혜가 마치 허공과 같기에 스스로 분명하게 깨달아 알고 차례를 좇아(復) 다른 이를 위해 설하여 여래의 지혜로운 광명에 편안히 머물게 하는구나."

爾時 觀自在菩薩 遙見善財 告言 善來 汝發大乘意 普攝衆生 起正直心 專求佛法 大悲深重 救護一切 普賢妙行 相續現前 大願深心圓滿淸淨 勤求佛法 悉能領受 積集善根 恒無厭足 順善知識 不違其敎 從文殊師利功德智慧大海所生 其心成熟 得佛勢力 已獲廣大三昧光明 專意希求甚深妙法 常見諸佛 生大歡喜 智慧淸淨 猶如虛空 旣自明了 復爲他說 安住如來智慧光明

이때 선재 동자가 관자재보살의 발에 머리 숙여 절하고 수없이 돌고는 합장하고 서서 물어 말했다.

"성자여! 저는 이미 아뇩다라삼먁삼보리심을 일으켰으나, 보살이 어떻게 보살의 행을 배우는 것이며, 어떻게 보살의 도를 닦는 것인지 알지 못합니다. 제가 듣기로는 성자께서 선근으로 가르치신다고 하니, 원하건대 저를 위해 설해주십시오."

爾時 善財童子 頂禮觀自在菩薩足 遶無數帀 合掌而住 白言 聖者 我已先發阿耨多

羅三藐三菩提心 而未知菩薩云何學菩薩行 云何修菩薩道 我聞聖者善能敎誨 願爲我說

크게 가엾이 여기는 보살행의 문

관자재보살이 가르침을 주기 위해 말했다.
"선근이로다. 선근이구나. 그대는 이미 아뇩다라삼먁삼보리심을 일으켰다."
"선남자여! 나는 이미 크게 가엾이 여기는 보살행의 해탈문을 성취하였다."
"선남자여! 나는 크게 가엾이 여기는 보살행의 문으로 모든 중생을 평등하게 가르치고 바른길로 이끌어서 끊어지지 않게 한다."
"선남자여! 나는 크게 가엾이 여기는 행의 문에 머물고 항상 일체 모든 여래가 계신 곳에 있으며, 모든 중생의 앞에 나타나서 그와 같이 보시로 중생을 거두어주며, 그와 같이 사랑의 말을 하며, 그와 같이 이로운 행을 하며, 그와 같이 함께 모든 일을 하면서 중생을 거두어주며, 그와 같이 색신을 나타내어 중생을 거두어주며, 그와 같이 가지가지의 헤아려 알 수 없는 색과 청정한 광명 그물을 나타내어 중생을 거두어주며, 그와 같이 음성으로 거두어주며, 그와 같이 위의로 거두어주며, 그와 같이 법을 설하여 거두어주며, 그와 같은 신통 변화를 나타내어 마음을 깨닫게 하고 성숙하게 하며, 그와 같은 형상으로 변화하여 더불어 살면서 성숙하게 한다."
"선남자여! 나는 크게 가엾이 여기는 이 문을 수행하여 늘 모든 중생 가운데 어려움에 있는 이들을 구하고 보호하기를 원하니, 모든 중생이 험난한 길의 공포에서 벗어나길 원하며, 뜨거운 번뇌의 공포에서 벗어나길 원하며, 미혹함의 공포에서 벗어나길 원하며, 속박이라는 공포에서 벗어나길 원하며, 죽임을 당한다는 공포에서 벗어나길 원하며, 가난함의 어려운 공포에서 벗어나길 원하며, 나쁜 이름의 공포에서 벗어나길 원하며, 죽음의 공포에서 벗어나길 원하며, 대중 앞에서의 공포에서 벗어나길 원하며, 악한 부류에 이르는 공포에서 벗어나길 원하며, 어둠의 공포에서 벗어나길 원하며, 옮기며 떠도는 공포에서 벗어나길 원하며, 사랑과 이별의 공포에서 벗어나길 원하며, 원수를 만나는 공포에서 벗어나길 원하며, 몸을 핍박하는 공포에서 벗어나길 원하며, 마음을 핍박하는 공포에서 벗어나길 원하며, 근심과 슬픔의 공포에서 벗어나길 원하고 차례를 좇아(復) 이와 같음을 원하는 것이니, 모든 중생이 그와 같이 나를 생각하거나 그와 같이 나의 이름을 부르거나 그와 같이 나의 몸을 보면 모든 일체의 공포를 면하고 벗어나게 한다."

"선남자여! 내가 이러한 방편으로 모든 중생이 두려움에서 벗어나게 하고는 차례를 좇아(復) 가르쳐서 아뇩다라삼먁삼보리심을 일으키게 하여 영원히 물러섬이 없게 한다."

"선남자여! 나는 단지 크게 가엾이 여기는 보살행의 문을 얻었을 뿐이다. 보살마하살들은 보현의 모든 원을 청정히 하며, 보현의 모든 행에 머무르며, 늘 일체 모든 선근의 법을 행하며, 항상 일체 모든 삼매에 들어가며, 항상 끝이 없는 모든 겁에 머물며, 늘 삼세의 법을 알며, 늘 끝없는 모든 세계로 나가 이르며, 늘 모든 중생의 악을 쉬게 하며, 항상 모든 중생의 선근을 더하고 늘게 하며, 늘 중생의 생사 흐름을 끊어준다. 이러한 보살마하살의 일을 내가 어떻게 알 것이며, 그 공덕의 행을 말할 수 있겠는가."

菩薩告言 善哉 善哉 善男子 汝已發阿耨多羅三藐三菩提心 善男子 我已成就菩薩大悲行解脫門 善男子 我以此菩薩大悲行門 平等教化一切衆生 相續不斷 善男子 我住此大悲行門 常住一切諸如來所 普現一切衆生之前 或以布施 攝取衆生 或以愛語 或以利行 或以同事 攝取衆生 或以色身 攝取衆生 或現種種不思議色淨光明網 攝取衆生 或以音聲 或以威儀 或以說法 或現神變 令其心悟 而得成熟 或爲化現同類之形 與其共居 而成熟之 善男子 我修行此大悲行門 願常救護一切衆生 願一切衆生離險道怖 離熱惱怖 離迷惑怖 離繫縛怖 離殺害怖 離貧窮怖 離不活怖 離惡名怖 離於死怖 離大衆怖 離惡趣怖 離黑闇怖 離遷移怖 離愛別怖 離怨會怖 離逼迫身怖 離逼迫心怖 離憂悲怖 復作是願 願諸衆生若念於我 若稱我名 若見我身 皆得免離一切怖畏 善男子 我以此方便 令諸衆生 離怖畏已 復敎令發阿耨多羅三藐三菩提心 永不退轉 善男子 我唯得此菩薩大悲行門 如諸菩薩摩訶薩 已淨普賢一切願 已住普賢一切行 常行一切諸善法 常入一切諸三昧 常住一切無邊劫 常知一切三世法 常詣一切無邊刹 常息一切衆生惡 常長一切衆生善 常絕衆生生死流 而我云何能知能說彼功德行

그때 동방에 한 보살이 있으니, 이름은 '정취(正趣)'이며, 공중으로부터 좇아 나와 이 사바세계의 철위산 정상에 이르러 발로 땅을 누르니, 사바세계가 여섯 가지로 진동하고 일체 모든 것을 가지가지의 많은 보배로 장엄하였다.

정취 보살이 몸에 광명을 놓아 해와 달과 별과 번개의 빛을 가려버리니, 하늘과 용들의 팔부와 제석, 범천, 사천왕의 광명이 다 어둠을 뭉쳐놓는 것과 같았다. 정취 보살의 광명이 모든 지옥, 축생, 아귀, 염라 왕의 세계를 두루 비추어 모든 악한 부류에 이르는 고통을 없애고 번뇌가 일어나지 않게 하였으며, 남김없이 다 근심과 슬픔에서 벗어나게 하였다.

또 일체 모든 부처님 국토에서 모든 꽃과 향과 영락과 의복과 당기와 번기를 내리고 이와 같은 가지고 있는 모든 장엄 기물로 부처님께 공양하였다.

차례를 좇아(復) 중생이 마음으로 좋아하는 것을 따라 일체 모든 궁전 가운데 두루 그 몸을 나타내어 보는 자들을 환희하게 하고는 관자재보살이 계신 곳에 이르러 나아가셨다.

爾時 東方有一菩薩 名曰正趣 從空中來 至娑婆世界輪圍山頂 以足按地 其娑婆世界 六種震動 一切皆以衆寶 莊嚴 正趣菩薩 放身光明 映蔽一切日月星電 天龍八部 釋梵護世所有光明 皆如聚墨 其光普照一切地獄 畜生 餓鬼 閻羅王處 令諸惡趣 衆苦皆滅 煩惱不起 憂悲悉離 又於一切諸佛國土 普雨一切華香 瓔珞 衣服 幢蓋 如是所有諸莊嚴具 供養於佛 復隨衆生心之所樂 普於一切諸宮殿中 而現其身 令其見者 皆悉歡喜 然後來詣觀自在所

때맞추어 관자재보살이 선재 동자에게 가르침을 주고자 말했다.

"선남자여! 그대는 여기에 오는 정취 보살을 보고 있는가?"

선재 동자가 말했다.

"보고 있습니다."

관자재보살이 말했다.

"선남자여! 그대는 정취 보살에게 가서 보살은 어떻게 보살의 행을 배우는 것이며, 어떻게 보살의 도를 닦는 것이냐고 물어라."

時 觀自在菩薩告善財言 善男子 汝見正趣菩薩來此會不 白言 已見 告言 善男子 汝可往問菩薩云何學菩薩行 修菩薩道

(29) 정취보살. 제8 眞如相廻向

이때 선재 동자가 관자재보살의 가르침을 받들고 곧바로 정취 보살이 계신 곳으로 나아가 그의 발에 머리 숙여 예를 올리고 합장하고 서서 물어 말했다.

"성자여! 저는 이미 아뇩다라삼먁삼보리심을 일으켰으나, 보살이 어떻게 보살의 행을 배우는 것이며, 어떻게 보살의 도를 닦는 것인지 알지 못합니다. 제가 듣기로는 성자께서 선근으로 가르치신다고 하니, 원하건대 저를 위해 설해주십시오."

爾時 善財童子 敬承其教 遽卽往詣彼菩薩所 頂禮其足 合掌而立 白言 聖者 我已

先發阿耨多羅三藐三菩提心 而未知菩薩云何學菩薩行 云何修菩薩道 我聞聖者善能 敎誨 願爲我說

넓은 문 빠른 행(普門速疾行)의 해탈

정취 보살이 말했다.
"나는 보살의 해탈을 얻었으니, 이름이 '보문속질행'이다."
선재 동자가 물어 말했다.
"성자여! 어느 부처님 처소에서 이 법문을 얻었으며, 좇아 나온 세계는 여기서 얼마나 되며, 떠나 오신지는 얼마나 오래되었습니까?"
正趣菩薩言 善男子 我得菩薩解脫 名普門速疾行 善財言 聖者 於何佛所 得此法門 所從來刹 去此幾何 發來久如

정취 보살이 말했다.
"선남자여! 이 일은 알기 어렵다. 모든 세간의 하늘, 사람, 아수라, 사문, 바라문들이 분명하게 알지 못하고 오직 용맹하게 정진하면서 물러섬이 없고 겁이 없으며, 모든 보살 대중이 모든 선근의 친한 벗으로 거두어주고 모든 부처님이 생각하시고 선근을 온전하게 갖추어 청정하며, 보살의 근을 얻어 지혜의 눈이 있어야 능히 듣고 지니고 알고 능히 말할 수 있다."
선재 동자가 말했다.
"성자시여! 제가 부처님의 신통한 힘과 선지식의 힘을 받들어서 능히 믿고 받겠으니, 원하건대 저를 위해 설해주십시오."
告言 善男子 此事難知 一切世間天 人 阿修羅 沙門 婆羅門等 所不能了 唯勇猛精進 無退無怯 諸菩薩衆 已爲一切善友所攝 諸佛所念 善根具足 志樂淸淨 得菩薩根 有智慧眼 能聞能持 能解能說 善財言 聖者 我承佛神力 善知識力 能信趣菩薩能受 願爲我說

정취 보살이 말했다.

"선남자여! 나는 동방의 빼어난 장 세계에 계신 보승생 부처님에게서 이 국토에 왔으며, 그 부처님 계신 곳에서 이 법문을 얻었으며, 그곳에서 떠나 온 세월은 말할 수 없이 말할 수 없는 부처 세계의 티끌 수와 같은 겁을 지냈다. 하나하나의 생각마다 말할 수 없이 말할 수 없는 부처 세계의 티끌 수와 같은 걸음을 걸었고 하나하나의 걸음마다 말할 수 없이 말할 수 없는 부처 세계의 티끌 수와 같은 겁을 지나서 왔으며, 하나하나의 부처 세계를 내가 다 두루 들어가서 그 부처님들 처소에 이르고 빼어난 공양 기물로 공양하였으며, 그 모든 공양 기물들은 다 위 없는 마음으로 이룬 것이며, 모든 여래께서 인가한 것이며, 모든 보살이 찬탄한 것들이었다."

"선남자여! 나는 또 그 세계 가운데 모든 중생을 보고 그 마음을 남김없이 다 알고 그들이 하고자 하는 것과 이해하는 것을 따라서 몸을 나타내어 법을 설하고 그와 같은 광명을 놓기도 하고 그와 같은 재물과 보배를 보시하면서 가지가지의 방편으로 가르치고 바른길로 이끌어 조복시키면서 잠시도 쉬지 않았다."

"동방에서 한 것과 같이 남방, 서방, 북방, 네 간방과 상방, 하방에서도 역시 차례를 좇(復)아 이와 같았다."

正言 善男子 我從東方妙藏世界普勝生佛所 而來此土 於彼佛所 得此法門 從彼發來已 經不可說不可說佛刹微塵數劫 一一念中 舉不可說不可說佛刹微塵數步 一一步 過不可說不可說世界微塵數佛刹 一一佛刹 我皆徧入 至其佛所 以妙供具 而爲供養 此諸供具 皆是無上心所成 無作法所印 諸如來所忍 諸菩薩所歎 善男子 我又普見彼世界中 一切衆生 悉知其心 悉知其根 隨其欲解 現身說法 或放光明 或施財寶 種種方便 敎化調伏 無有休息 如從東方 南西北方 四維上下 亦復如是

"선남자여! 나는 단지 보살의 '넓은 문 빠른 행(普門速疾行)의 해탈'을 얻었기에 빨리 움직여 일체 처에 이를 뿐이다. 보살마하살들은 시방에 두루 하기에 가지 못하는 곳이 없으며, 지혜의 경계가 평등하기에 차별이 없으며, 선근으로 그 몸을 펴서 법계에 남김없이 두루 하며, 모든 길에 이르며, 모든 세계에 들어가며, 모든 법을 알며, 모든 세계에 이르러 평등하게 모든 법문을 널리 펴서 설하며, 동시에 모든 중생을 비추며, 모든 부처님 계신 곳에 분별을 내지 않으며, 일체 모든 곳에 걸림이나 막힘이 없다. 이러한 보살마하살의 일을 내가 어떻게 알 것이며, 그 공덕의 행을 어떻게 말할 수 있겠는가."

善男子 我唯得此菩薩普疾行解脫 能疾周徧 到一切處 如諸菩薩摩訶薩 普於十方 無所不至 智慧境界 等無差別 善布其身 悉徧法界 至一切道 入一切刹 知一切法 到

一切世 平等演說一切法門 同時 照耀一切衆生 於諸佛所 不生分別 於一切處 無有 障礙 而我云何能知能說彼功德行

"선남자여! 이곳에서 남방으로 성이 있으니, 이름이 '타라발저'이며, 그곳에 신이 있으니, 이름은 '큰 하늘(大天)'이다. 그대는 그에게 가서 보살이 어떻게 보살의 행을 닦는 것이며, 어떻게 보살의 도를 닦는 것이냐고 물어라."
 善男子 於此南方 有城名墮羅鉢底 其中有神 名曰大天 汝詣彼 問菩薩云何學菩薩行 修菩薩道

때맞춰 선재 동자가 정취 보살의 발에 머리 숙여 예를 올리고 수없이 돌고는 은근하게 우러러보면서 하직하고 물러갔다.
 時 善財童子 頂禮其足 遶無數帀 慇懃瞻仰 辭退而去

(30) 큰 천신. 제9 無縛無着解脫廻向 無縛解脫廻向

이때 선재 동자는 보살의 광대한 행에 들어가서 보살의 지혜 경계를 구하고 보살의 신통한 일을 보고 보살의 뛰어난 공덕을 생각하고 보살에 대한 큰 환희를 내고 보살의 견고한 정진을 일으키고 보살의 생각으로 헤아려 알 수 없는 자재 해탈에 들어가고 보살의 공덕의 지위를 행하고 보살의 삼매 지위를 자세히 보고 보살의 총지 지위에 머물고 보살의 큰 원의 지위에 들어가고 보살의 변재 지위를 얻고 보살의 모든 힘의 지위를 이루고 두루 다니다가 타라발저 성에 이르고 큰 천신이 지금 어디에 있느냐고 물었다.
 사람들이 답했다.
"이 성안에 있고 광대한 몸을 나타내어 대중들에게 법을 설하십니다."
 爾時 善財童子 入菩薩廣大行 求菩薩智慧境 見菩薩神通事 念菩薩勝功德 生菩薩大歡喜 起菩薩堅精進 入菩薩不思議自在解脫 行菩薩功德地 觀菩薩三昧地 住菩薩摠持地 入菩薩大願地 得菩薩辯才地 成菩薩諸力地 漸次遊行 至於彼城 推問大天今在何所 人咸告言 在此城內 現廣大身 爲衆說法

그때 선재 동자가 대천신이 계신 곳에 이르러 그의 발에 머리 숙여 예를 올리고 앞에서 합장하고 물어 말했다.

"성자여! 저는 이미 아뇩다라삼먁삼보리심을 일으켰으나, 보살이 어떻게 보살의 행을 배우는 것이며, 어떻게 보살의 도를 닦는 것인지 알지 못합니다. 제가 듣기로는 성자께서 선근으로 가르치신다고 하니, 원하건대 저를 위해 설해주십시오."

爾時 善財至大天所 頂禮其足 於前合掌 而作是言 聖者 我已先發阿耨多羅三藐三菩提心 而未知菩薩云何學菩薩行 云何修菩薩道 我聞聖者善能教誨 願爲我說

구름 그물 해탈

그때 대천이 네 개의 긴 손을 펴서 큰 바다 네 개의 물을 취해서 얼굴을 씻고 모든 금꽃을 가지고 선재에게 흩뿌리고는 말했다.

"선남자여! 모든 보살은 보기 어렵고 듣기 어려우며, 세간에 나오는 일도 매우 드물기에 중생들 가운데 가장 제일이 되며, 이 모든 사람 가운데 분타리 꽃이며, 중생들의 귀의처가 되며, 중생을 구원하고 모든 세간을 위해서 큰 광명이 되고 미혹한 자들에게 편안하고 위로받는 처가 되며, 대 도사가 되어 모든 중생을 이끌어 부처님의 법문에 들어가게 하고 큰 법의 대장이 되어 선근으로 모든 지혜의 성을 지키고 보호한다."

"보살은 이와 같음으로 만나기 어렵지만, 오직 몸과 말과 뜻에 잘못이나 허물이 없는 사람이어야 그 형상을 볼 수 있고 변재를 들을 수 있으며, 일체 시에 항상 앞에 나타나 있다."

爾時 大天長舒四手 取四大海水 自洗其面 持諸金華 以散善財 而告之言 善男子 一切菩薩難可得見 難可得聞 希出世間 於衆生中 最爲第一 是諸人中芬陀利華 爲衆生歸 爲衆生救 爲諸世間 作安隱處 爲諸世間 作大光明 示迷惑者 安隱正道 爲大導師 引諸衆生 入佛法門 爲大法將 善能守護一切智城 菩薩如是 難可値遇 唯身語意 無過失者 然後乃得見其形像 聞其辯才 於一切時 常現在前

"선남자여! 나는 이미 보살의 해탈을 성취하였으니, 이름이 '구름 그물'이다."

선재 동자가 말했다.

"성자시여! 구름 그물이라는 해탈의 경계는 어떠합니까?"

善男子 我已成就菩薩解脫 名爲雲網 善財言 聖者 雲網解脫境界云何

그때 대천이 선재 동자 앞에 수북이 쌓인 금 무더기, 수북이 쌓여있는 은 무더기, 수북이 쌓인 유리 무더기, 수북이 쌓인 파려 무더기, 수북이 쌓인 자거 무더기, 수북이 쌓인 마노 무더기, 수북이 쌓인 큰 불꽃 보배 무더기, 수북이 쌓인 허물을 벗어난 장 무더기, 수북이 쌓인 큰 광명 보배 무더기, 수북이 쌓인 시방에 두루 나타나는 보배 무더기, 수북이 쌓인 머리에 쓰는 관 보배 무더기, 수북이 쌓인 도장 찍은 보배 무더기, 수북이 쌓인 보배 영락 무더기, 수북이 쌓인 보배 귀고리 무더기, 수북이 쌓인 보배 팔찌 무더기, 수북이 쌓인 보배 쇠사슬 무더기, 수북이 쌓인 진주 그물 무더기, 수북이 쌓인 가지가지의 마니보배 무더기, 수북이 쌓인 모든 장엄 기물 무더기, 수북이 쌓인 여의주 무더기를 큰 산과 같이 나타내었다.

또 차례를 좇아(復) 모든 꽃, 모든 머리 장식 꽃, 모든 향, 모든 사르는 향, 모든 바르는 향, 모든 의복, 모든 당기 번기, 모든 음악, 모든 하고자 하는 다섯 가지 오락 기구를 산더미처럼 쌓아서 나타내 보이며, 덧붙여 수 없는 백천 만억 모든 동녀를 나타내었다.

대천이 선재 동자에게 말했다.

"선남자여! 이러한 물건을 가져다가 여래께 공양하고 모든 복덕을 닦으며, 아울러 모든 중생을 거두어주고 취하여 그들이 보시 바라밀을 닦고 배워서 버리기 어려운 것을 버리게 한다."

"선남자여! 내가 자네를 위해 이러한 물건을 나타내 보이고 자네에게 보시하게 하는 것과 같이 모든 중생을 위해 남김없이 다 역시 이와 같게 하고 이러한 선근을 능숙하게 익히고 삼보와 선지식에게 공양하고 공경하면서 선근의 법을 더하고 키우며, 위 없는 보리의 마음을 일으키게 한다."

爾時 大天於善財前 示現金聚 銀聚 琉璃聚 玻瓈聚 硨磲聚 碼瑙聚 大焰寶聚 離垢藏寶聚 大光明寶聚 普現十方寶聚 寶冠聚 寶印聚 寶瓔珞聚 寶璫聚 寶釧聚 寶鎖聚 珠網聚 種種摩尼寶聚 一切莊嚴具聚 如意摩尼聚 皆如大山 又復示現一切華 一切鬘 一切香 一切燒香 一切塗香 一切衣服 一切幢幡 一切音樂 一切五欲娛樂之具 皆如山積 及現無數百千萬億諸童女中 而彼大天告善財言 善男子 可取此物 供養如來 修諸福德 幷施一切 攝取眾生 令其修學檀波羅蜜 能捨難捨 善男子 如我爲汝 示現此物 敎汝行施 爲一切眾生 悉亦如是 皆令以此善根 薰習 於三寶所 善知識所 恭敬供養 增長善法 發於無上菩提之意

"선남자여! 그와 같은 중생이 다섯 가지로 하고자 하는 것을 탐하고 집착하면서 스스로 제멋대로 하는 자가 있으면 그를 위해 청정하지 못한 경계를 나타내 보이며, 그와 같은 중생이 자기 뜻에 따르지 않고 어그러짐에 화를 내고 오만하게 제멋대로 하며, 많은 언쟁으로 다툼이 있으면 그를 위해 극히 두려운 형상을 나타내 보인다. 곧 나찰 등이 피를 마시고 살을 씹는 것을 보여서 놀라고 두렵게 하며, 마음과 뜻을 부드럽게 하여 원통하게 맺힌 것을 벗어나고 버리게 하며, 그와 같은 중생이 어리석음에서 헤어나오지 못하고 게으르면 그를 위해 왕의 도적과 물로 인한 재앙과 불로 인한 재앙과 무거운 모든 질병 등을 나타내 보여서 두려운 마음을 내게 하고 근심과 고통이 있음을 알게 하고 스스로 힘쓰게 한다."

"이와 같은 등 가지가지의 방편으로 선근이 아닌 일체 모든 행을 버리게 하고 선근의 법을 수행하게 하며, 모든 바라밀의 막힘이나 걸림을 제거해 버리고 바라밀을 온전하게 갖추게 하며, 험하고 어려운 모든 길을 벗어나서 막힘이나 걸림이 없는 곳에 이르게 한다."

善男子 若有衆生 貪著五欲 自放逸者 爲其示現不淨境界 若有衆生 瞋恚憍慢 多諍競者 爲其示現極可怖形 如羅刹等 飮血噉肉 令其見已 驚恐惶懼 心意調柔 捨離怨結 若有衆生 惛沈懶惰 爲其示現王賊 水火及諸重疾 令其見已 心生惶怖 知有憂苦 而自勉策 以如是等種種方便 令捨一切諸不善行 修行善法 令除一切波羅蜜障 具波羅蜜 令超一切障礙險道 到無障處

"선남자여! 나는 단지 이 구름 그물 해탈만을 알 뿐이다. 보살마하살들은 마치 제석천왕과 같이 모든 번뇌의 아수라 군대를 꺾어서 항복 받으며, 마치 큰물과 같이 모든 중생의 모든 번뇌의 불을 널리 없애 버리며, 마치 맹렬한 불과 같이 모든 중생이 모든 애욕의 물을 말리며, 마치 큰 바람과 같이 모든 중생의 모든 생각으로 취하는 견해의 당기를 꺾어버리며, 마치 금강과 같이 모든 중생의 모든 '나'라고 하는 견해의 산을 부수어 버린다(不立五蘊) 보살마하살의 이러한 일을 내가 어떻게 알 것이며, 그 공덕의 행을 어떻게 설할 수 있겠는가."

善男子 我唯知此雲網解脫 如諸菩薩摩訶薩 猶如帝釋 已能摧伏一切煩惱阿修羅軍 猶如大水 普能消滅一切衆生諸煩惱火 猶如猛火 普能乾竭一切衆生諸愛欲水 猶如大風 普能吹倒一切衆生諸見取幢 猶如金剛 悉能摧破一切衆生諸我見山 而我云何能知能說彼功德行

"선남자여! 이 염부제 마갈제국의 보리도량 가운데 머무는 땅 신이 있으니, 이름이 '편안히 머무름(安住)'이다. 그대는 그에게 가서 보살은 어떻게 보살의 행을 배우는 것이며, 어떻게 보살의 도를 닦는 것이냐고 물어라."
　善男子 此閻浮提摩竭提國菩提場中有主地神 其名安住 汝詣彼 問菩薩云何學菩薩行 修菩薩道

때맞추어 선재 동자는 대천의 발에 머리 숙여 예를 올리고 수없이 돌다가 하직하고 물러갔다.
　時 善財童子 禮大天足 遶無數帀 辭退而去

(31) 안주(安住) 신. 제10 法界無量廻向

그때 선재 동자는 점차로 노닐며 걷다가 마갈제국 보리도량에 계신 안주 신의 처소에 이르렀다. 백만의 땅 신들이 그 가운데 함께 있으면서 서로가 일러 말했다.
"이곳에 오는 동자는 곧 부처의 장이니, 반드시 모든 중생을 위해서 의지할 처를 두루 지을 것이며, 반드시 모든 중생의 무명이라는 장을 헐어버릴 것이다. 이 사람, 선재 동자는 이미 법왕의 문중에 태어났으니, 마땅히 더러움을 벗어나 막힘이나 걸림 없는 법 비단을 머리에 쓸 것이며, 마땅히 지혜의 큰 보배 장(如是如是.解脫.寂滅.寂靜.禪定.三昧.二乘地.如來地.涅槃.法界.般涅槃.善根思惟.眞如의 發現인 阿耨多羅三藐三菩提)을 열어서 모든 삿된 이론과 다른 도를 꺾어서 조복시킬 것이다."
　爾時 善財童子 漸次遊行 趣摩竭國菩提道場內安住神所 百萬地神同在其中 更相謂言 此來童子 卽是佛藏 必當普爲一切衆生 作所依處 必當普壞一切衆生無明殼藏 此人已生法王種中 當以離垢無礙法繒 而冠其首 當開智慧大珍寶藏 摧伏一切邪論異道

때맞추어 안주 땅의 신 등 백만의 땅 신들이 큰 광명을 놓아 삼천대천세계를 두루 비추고 대지를 동시에 두루 진동시켜서 울리게 하고 가지가지의 보물로 곳곳을 장엄하며, 그림자가 청정하고 흐르는 빛이 서로를 환하게 비추었으며, 모든 잎나무는 한꺼번에 나고 자라며, 모든 꽃나무는 함께 한꺼번에 꽃을 피우며, 모든 과실나무는 다 성숙해지며, 모든 흐르는 강물이 서로가 서로에게 흐르며, 모든 연못은 남김없이 다 물이 넘치며, 가늘고 향기로운 비가 내려 땅을 적시며, 바람은 꽃을 가져와 그 위를 덮으며, 수 없는 음악이 일시에 울리며, 하늘의 장엄 기물은 하나같이 다 아름다운 소리를 내며, 소의 왕과 코끼리의 왕과 사자의 왕 등이 모두 환희를 내고 즐겁게 뛰놀며 부르짖었다. 마치 큰 산이 서로 부딪쳐서 나는 소리와 같았으며, 백천의 숨겨져 있던 장(如是如是.解脫.寂滅.寂靜.禪定.三昧.二乘地.如來地.涅槃.法界.般涅槃.善根思惟.眞如의 發現인 阿耨多羅三藐三菩提)이 자연스럽게 솟아 나타났다.

時 安住等百萬地神 放大光明 徧照三千大千世界 普令大地 同時震吼 種種寶物 處處莊嚴 影潔光流 遞相鑑徹 一切葉樹 俱時生長 一切華樹 咸共開敷 一切果樹 靡不成熟 一切河流 遞相灌注 一切池沼 悉皆盈滿 雨細香雨 徧灑其地 風來吹華 普散其上 無數音樂 一時俱秦 天莊嚴具 咸出美音 牛王 象王 師子王等 皆生歡喜踊躍 哮吼 猶如大山相擊出聲 百千伏藏自然踊現

무너트릴 수 없는 지혜 장의 법문

때맞추어 안주 땅 신이 선재 동자에게 가르침을 주고자 말했다.
"선근으로 왔구나. 동자여! 그대는 일찍이 이 땅에 선근을 심었다. 내가 너를 위해 나타낼 것이니, 그대는 보고자 하는가?"
이때 선재 동자가 안주 땅 신의 발에 머리를 숙여 예를 올리고 수 없이 돌다가 합장하고 서서 말했다.
"성자여! 보고자 합니다."

時 安住地神告善財言 善來 童子 汝於此地 曾種善根 我爲汝現 汝欲見不 爾時 善財禮地神足 遶無數帀 合掌而立 白言 聖者 唯然欲見

때맞춰 안주 땅 신이 발로 땅을 눌러서 백천 억 아승기의 보배 장을 자연스럽게 솟아오르게 하고는 말했다.
"선남자여! 이 보배 장(如是如是.解脫.寂滅.寂靜.禪定.三昧.二乘地.如來地.涅槃.法界.般涅槃.善根思惟.眞如의 發現인 阿耨多羅三藐三菩提)은 이제 그대를 따를 것이니, 이는 그대가

옛적에 심은 선근의 과보이며, 그대의 복과 덕의 힘으로 거두어 받아들인 것이니, 그대의 뜻대로 사용해라."

 時 安住地神 以足接地 百千億阿僧祇寶藏 自然踊出 告言 善男子 今此寶藏 隨逐於汝 是汝往昔善根果報 是汝福力之所攝受 汝應隨意 自在受用

"선남자여! 나는 보살의 해탈을 얻었으니, 이름이 '무너지지 않는 지혜의 장'이며, 늘 이 법으로 중생들이 성취한다."

"선남자여! 내가 잊지 않고 생각해보니, 연등 부처님 때로부터 항상 보살을 따라 공손히 섬기며, 지키고 보호하였으며, 보살이 가지고 있는 마음의 행과 지혜의 경계와 모든 서원과 모든 청정한 행과 모든 삼매와 광대한 신통과 대 자재의 힘과 무너트릴 수 없는 법을 자세히 살펴서 들여다보았으며, 일체 모든 부처님의 국토에 두루 가서 모든 여래의 수기를 받고 일체 모든 부처님의 법륜을 굴리고 닦아야 할 모든 다라니 문을 광대하게 설하며, 큰 법의 광명으로 두루 비추어 모든 중생을 가르치고 바른길로 이끌어서 조복시키며, 일체 모든 부처님이 나타내는 신통 변화를 내가 남김없이 다 받아 지니고 모두 기억하고 있다."

 善男子 我得菩薩解脫 名不可壞智慧藏 常以此法 成就衆生 善男子 我憶自從然燈佛來 常隨菩薩 恭敬守護 觀察菩薩所有心行 智慧境界 一切誓願 諸淸淨行 一切三昧 廣大神通 大自在力 無能壞法 徧往一切諸佛國土 普授一切諸如來記 轉於一切諸佛法輪 廣說一切修多羅門 大法光明 普皆照耀 敎化調伏一切衆生 示現一切諸佛神變 我皆能領受 皆能憶持

"선남자여! 지난 옛적 수미산의 티끌 수와 같은 겁을 지나서 겁이 있으니, 이름이 '장엄겁'이며, 세계 이름은 '달의 당기'이며, 부처님의 명호는 '빼어난 눈'이다. 그 부처님이 계신 곳에서 이 법문을 얻었다."

"선남자여! 나는 이 법문에 들고 나면서 닦고 익히며, 거듭 더하고 키웠으며, 항상 모든 부처님을 보면서 벗어나거나 버리지 않았으며, 이 법문을 처음 얻고부터 현겁(賢劫)에 이르기까지 그동안 말할 수 없이 말할 수 없는 부처 세계의 티끌 수와 같은 여래, 응공, 정등각을 만나서 남김없이 다 받들어 섬기고 공경 공양하였으며, 또한 그 부처님이 보리 좌에 나아가 큰 신통을 나타내는 것을 보았으며, 또한 그 부처님들이 가지고 있는 모든 공덕의 선근을 보았다."

善男子 乃往古世 過須彌山微塵數劫 有劫名莊嚴 世界名月幢 佛號妙眼 於彼佛所 得此法門 善男子 我於此法門 若入若出 修習增長 常見諸佛 未曾捨離 始從初得 乃 至賢劫 於其中間 值遇不可說不可說佛刹微塵數如來應正等覺 悉皆承事 恭敬供養 亦見彼佛詣菩提座 現大神力 亦見彼佛所有一切功德善根

"선남자여! 나는 단지 무너트릴 수 없는 지혜 장의 법문을 알 뿐이다. 보살마하살들은 늘 모든 부처님을 따라 다니면서 일체 모든 부처님이 설한 바를 능히 지니며, 모든 부처님의 깊고 깊은 지혜에 들어가며, 생각과 생각마다 모든 법계에 충분하게 두루 가득하며, 여래의 몸과 평등한 모든 부처의 마음을 내며, 모든 부처님의 법을 갖추며, 모든 부처님의 일을 지어간다. 보살마하살의 이러한 일을 내가 어떻게 알겠으며, 그러한 공덕의 행을 설할 수 있겠는가."

善男子 我唯知此不可壞智慧藏法門 如諸菩薩摩訶薩 常隨諸佛 能持一切諸佛所說 入一切佛甚深智慧 念念充徧一切法界 等如來身 生諸佛心 具諸佛法 作諸佛事 而我 云何能知能說彼功德行

"선남자여! 이 염부제 마갈제국의 가비라성에 주야신主夜神이 있으니, 이름이 '바산바연지'이다. 그대는 그에게 가서 보살은 어떻게 보살의 행을 닦는 것이며, 어떻게 보살의 도를 닦는 것이냐고 물어라."

善男子 此閻浮提摩竭提國迦毘羅城 有主夜神 名婆珊婆演底 汝詣彼 問菩薩云何 學菩薩行 修菩薩道

때맞추어 선재 동자가 안 주 땅 신의 발에 머리 숙여 예를 올리고는 수없이 돌고는 은근히 우러러보면서 작별을 고하고 물러갔다.

時 善財童子 禮地神足 遶無數帀 慇懃瞻仰 辭退而去

(32) 바산바연저 주야신. 제1 歡喜地

이때 선재 동자는 한마음으로 안주 땅 신의 가르침을 사유하면서 보살의 무너트릴 수 없는 지혜의 장(如是如是.解脫.寂滅.寂靜.禪定.三昧.二乘地.如來地.涅槃.法界.般涅槃.善根思惟.眞如의 發現인 阿耨多羅三藐三菩提) 해탈을 기억해 지니며, 그 삼매를 닦고 그 궤칙을 배우며, 그 즐거운 행을 자세히 살피고 그 섬세하고 빼어남에 들어가며, 그 지혜를 얻고 그 평등함을 통달하며, 그 끝이 없음을 알고 그 깊고 깊음을 헤아리면서 점차 움직여 가비라성에 이르렀다.

爾時 善財童子 一心思惟安住神敎 憶持菩薩不可沮壞 智藏解脫 修其三昧 學其軌則 觀其遊戱 入其微妙 得其智慧 達其平等 知其無邊 測其甚深 漸次遊行 至於彼城

동문에 들어가서 잠시 서 있는 동안에 해가 넘어가고 마음으로 모든 보살의 가르침을 거스르지 않고 따르면서 목이 마르도록 주야신을 보고자 하였으며, 선지식은 여래와 같다는 생각을 하고 차례를 좇아(復) 이러한 생각을 했다.

"선지식으로 말미암아 두루두루 보는 눈을 얻어 시방의 경계를 밝게 볼 것이며, 선지식으로 말미암아 광대하게 이해함을 얻어 모든 인연한 바를 분명하게 깨우쳐 두루 통달할 것이며, 선지식으로 말미암아 삼매의 눈을 얻어 모든 법문을 자세히 살펴서 두루 들여다 볼 것이며, 선지식으로 말미암아 지혜의 눈을 얻어 시방세계의 바다를 밝게 비출 것이다."

從東門入 佇立未久 便見日沒 心念隨順諸菩薩敎 渴仰欲見彼主夜神 於善知識 生如來想 復作是念 由善知識 得周徧眼 普能明見十方境界 由善知識 得廣大解 普能了達一切所緣 由善知識 得三昧眼 普能觀察一切法門 由善知識 得智慧眼 普能明照十方刹海

이런저런 생각을 하다가 바산바연저 주야신이 허공에 있는 보배 누각의 향 연화 좌에 앉아 있는 것을 보았다. 몸은 진금색이고 눈과 머리는 검푸르며, 용모는 단정하고 엄숙하기에 보는 자들이 즐거워하며, 많은 보배 영락으로 몸을 장엄하여 꾸몄고 몸에는 붉은 옷을 입고 머리에는 범천의 관을 썼으며, 모든 별이 몸에서 빛나고 하나하나의 털구멍마다 헤아릴 수 없고 수 없는 악한 길의 중생들을 가르치고 바른길로 이끌어서 나타내니, 중생들이 험난한 형상을 면하게 하고 벗어나게 하였다. 모든 중생이 늘 사람 가운데 나며, 언제나 천상에 나며, 늘 이승의 보리로 향해 이르며, 늘 모든 지혜의 도를 수행하며, 또 그 하나하나의 털구멍 가운데서 가지가지로 가르치고 변화시키는 방편을 나타내 보였다.

늘 몸을 나타내며, 언제나 법을 설하며, 늘 성문의 도를 나타내 보이며, 늘 독각승의 도를 나타내 보이며, 언제나 모든 보살의 행과 보살의 용맹과 보살의 삼매와 보살의 자재와 보살이 머무는 처와 보살의 관찰과 보살의 사자빈신과 보살의 해탈과 유희를 나타내 보이면서 이와 같이 가지가지로 중생을 성숙하게 하였다.

作是念時 見彼夜神 於虛空中 處寶樓閣香蓮華藏師子之座 身眞金色 目髮紺青 形貌端嚴 見者歡喜 衆寶瓔珞 以爲嚴飾 身服朱衣 首戴梵冠 一切星宿 炳然在體 於其身上一一毛孔 皆現化度無量無數惡道衆生 令其免離險難之像 是諸衆生 或生人中 或生天上 或有趣向 二乘菩提 或有修行一切智道 又彼一一諸毛孔中 示現種種敎化方便 或爲現身 或爲說法 或爲示現聲聞乘道 或爲示現獨覺乘道 或爲示現諸菩薩行 菩薩勇猛 菩薩三昧 菩薩自在 菩薩住處 菩薩觀察 菩薩師子頻申 菩薩解脫遊戲 如是種種成熟衆生

선재 동자가 이를 보고 듣고는 매우 기쁘고 즐거워하면서 몸을 던져 주야신의 발에 예를 올리고 수 없이 돌다가 합장하고 물어 말했다.

"성자여! 저는 이미 아뇩다라삼먁삼보심을 일으켰습니다. 제가 마음으로 바라는 것은 선지식을 의지하여 모든 여래의 공덕과 법장을 보호하고자 하는 것이니, 원하건대 저에게 모든 지혜에 이르는 도를 보여주십시오. 저는 그 길로 행하여 십력의 지위에 이르고자 합니다."

善財童子 見聞此已 心大歡喜 以身投地 禮夜神足 遶無數匝 於前合掌 而作是言 聖者 我已先發阿耨多羅三藐三菩提心 我心冀望依善知識 獲諸如來功德法藏 唯願示我一切智道 我行於中 至十力地

어둠을 깨트리는 법 광명의 해탈

때맞추어 바산바연저 주야신이 선재 동자에게 깨우침을 주고자 말했다.

"선근이로다. 선근이로다. 선남자여! 그대는 깊은 마음으로 선지식을 공경하여 그 말을 즐거이 듣고 그 가르침 대로 수행한다. 그와 같이 수행하는 까닭으로 당연히 아뇩다라삼막삼보리를 얻을 것이다."

"선남자여! 나는 보살이 '모든 중생의 어리석은 어둠을 깨트리는 법 광명의 해탈'을 얻었다."

"선남자여! 나는 악한 지혜를 가진 중생에게는 크게 인자한 마음을 일으키고 선근의 업이 없는 중생에게는 크게 가엾이 여기는 마음을 일으키고 선근의 업을 지어가는 중생에게는 기쁜 마음을 일으키고 선근의 업과 악한 업, 이 두 가지를 행하는 중생에게는 둘이 아닌 마음을 일으키고 섞이고 물든 중생에게는 청정함을 내게 하는 마음을 일으키고 삿된 길로 가는 중생에게는 바른 행을 내게 하는 마음을 일으키고 적은 이해심을 가진 중생에게는 큰 이해를 내게 하는 마음을 일으키고 생사를 즐기는 중생에게는 돌고 도는 바퀴를 버리게 하는 마음을 일으키고 이승(二乘)의 도에 머무는 중생에게는 모든 지혜에 머물게 하는 마음을 일으킨다."

"선남자여! 나는 이 해탈을 얻는 까닭에 늘 이와 같은 마음과 더불어 한가지로 서로 응한다."

"선남자여! 나는 밤이 어둡고 사람이 고요하여 귀신과 도둑과 모든 악한 중생이 돌아다니는 때와 구름이 끼고 안개가 자욱하며, 태풍이 불고 강한 바람과 폭우로 해와 달과 별빛이 어두워 지척을 분별하지 못할 때와 모든 중생이 그와 같은 바다에 들어가고 그와 같이 육지에 다니고 산림이나 광야의 모든 험난한 곳에서 도적을 만나고 그와 같이 양식이 부족하고 그와 같이 방향을 잃고 헤매며, 그와 같이 길을 잃고 두려움과 근심에서 벗어나지 못함을 보면 내가 때맞춰 가지가지의 방편으로 구제한다."

時 彼夜神告善財言 善哉 善哉 善男子 汝能深心 敬善知識 樂聞其語 修行其敎 以修行故 決定當得阿耨多羅三藐三菩提 善男子 我得菩薩破一切衆生癡暗法光明解脫 善男子 我於惡慧衆生 起大慈心 於不善業衆生 起大悲心 於作善業衆生 起於喜心 於善惡二行衆生 起不二心 於雜染衆生 起令生淸淨心 於邪道衆生 起令生正行心 於劣解衆生 起令興大解心 於樂生死衆生 起令捨輪轉心 於住二乘道衆生 起令住一切智心 善男子 我以得此解脫故 常與如是 心共相應 善男子 我於夜闇人靜 鬼神 盜賊 諸惡衆生 所有行時 密雲 重霧 惡風 暴雨 日月 星宿竝皆昏蔽 不見色時 見諸衆生若入於海 若行於陸 山林 曠野 諸險難處 或遭盜賊 或乏資糧 或迷惑方隅 或忘失道路 惶惶憂怖 不能自出 我時卽以種種方便 而救濟之

"바다에서 어려움을 만난 자들에게는 뱃사공과 고기 왕, 말 왕, 코끼리 왕, 아수라왕과 또한 바다의 신을 지어 만들어 중생들을 위해 폭풍우를 그치게 하고 큰 파도를 가라앉게 하고 길을 인도하여 섬과 언덕을 보여주어 남김없이 다 편안하게 한다. 차례를 좇아 (復) 생각하길 '이러한 선근으로 중생에게 회향하고 베풀어서 원하건대 그들이 일체 모든 고통에서 벗어나게 할 것이다.'라고 한다."

爲海難者 示作船師 魚王 馬王 龜王 象王 阿修羅王及以海神 爲彼衆生 止惡風雨 息大波浪 引其道路 示其洲岸 令免怖畏 悉得安隱 復作是念 以此善根 迴施衆生 願令捨離 一切諸苦

"육지에 있는 모든 중생이 어두운 밤중에 두려운 일을 당할 때는 해와 달과 또한 모든 별과 새벽 놀과 저녁 번개로 가지가지의 광명이 되며, 그와 같은 집을 지어가며, 그와 같은 많은 사람이 되어 공포와 액난을 면하게 한다. 차례를 좇아 생각하길 '이러한 선근으로 중생에게 회향해서 모든 번뇌의 어둠을 없애며, 모든 중생이 목숨을 아끼고 명예를 사랑하고 재물을 탐하고 벼슬만을 소중하게 여기고 이성에 애착하고 처첩을 그리워하고 구하는 것을 구하지 못해 많은 근심과 두려움을 내면, 내가 모두 구제하여 그들이 괴로움에서 벗어나게 할 것이다.'라고 한다."

爲在陸地 一切衆生 於夜暗中 遭恐怖者 現作日月及諸星宿 晨霞夕電 種種光明 或作屋宅 或爲人衆 令其得免恐怖之厄 復作是念 以此善根 迴施衆生 悉令除滅諸煩惱暗 一切衆生 有惜壽命 有愛名聞 有貪財寶 有重官位 有著男女 有戀妻妾 未稱所求 多生憂怖 我皆救濟 令其離苦

"험한 산을 다닐 때 어려움을 만나게 되면, 그들을 위해 선근의 신장이 되어 친근히 하고 좋은 새가 되어 소리를 지어 위로하고 신령한 약초가 되어 빛으로 비춰주고 과실나무를 보여주고 그들에게 맑은 샘을 보여주고 바른길을 보이며, 평탄한 곳을 보여주어 모든 근심과 액난을 면하고 벗어나게 할 것이다."

爲行山險 而留難者 爲作善神 現形親近 爲作好鳥 發音慰悅 爲作靈藥 舒光照耀 示其果樹 示其泉井 示正直道 示平坦地 令其免離一切憂厄

"거친 벌판과 빽빽한 숲의 험한 길을 가다가 넝쿨에 얽히거나 안개에 싸인 어둠으로 두려워하는 자들에게는 바른길로 인도하여 벗어나게 하며, 생각 지어 말하길 '원하건대 모든 중생이 빽빽한 숲의 견해를 베어내고 애착의 그물을 끊어내고 생사의 광야에서 벗어나 번뇌의 어둠을 없애며, 모든 지혜의 평탄한 길에 들어서서 두려움이 없는 곳에 이르고 마침내는 편안하고 즐겁게 할 것이다.'라고 한다."

爲行曠野 稠林 險道 藤蘿所羂 雲霧所暗 而恐怖者 示其正道 令得出離 作是念言 願一切衆生 伐見稠林 截愛羅網 出生死野 滅煩惱暗 入一切智平坦正道 到無畏處 畢竟安樂

"선남자여! 그와 같은 중생이 국토에 애착하고 근심하면서 고통스러워하는 자에게는 내가 방편으로 싫어하고 벗어나게 하며, 이와 같은 생각을 한다. '원하건대 모든 중생이 모든 온(五蘊)에 집착하지 말고(不立五蘊) 모든 부처님의 살바야 경지(二乘地.如來地.眞如.如是如是.阿耨多羅三藐三菩提 發現地)에 머물게 할 것이다.'라고 한다."

善男子 若有衆生 樂著國土 而憂苦者 我以方便 令生厭離 作是念言 願一切衆生 不著諸蘊 住一切佛薩婆若境

"선남자여! 그와 같은 중생이 고향 마을을 좋아하고 집착하며, 집을 사랑하고 탐냄으로 항상 어둠에 처하여 괴로움을 받는 자에게는 내가 이들을 위해 법을 설하여 싫증을 내게 하고 법에 만족하게 하고 법을 의지해서 머물게 하고 이 같은 생각을 한다. '원하건대 모든 중생이 육처(六處)의 마을을 탐내지 말고 집착하지 말고 생사의 경지에서 빨리 벗어나 끝까지 모든 지혜의 성에 머물게 할 것이다.'라고 한다."

善男子 若有衆生 樂著聚落 貪愛宅舍 常處黑暗 受諸苦者 我爲說法 令生厭離 令法滿足 令依法住 作是念言 願一切衆生 悉不貪樂六處聚落 速得出離生死境界 究竟安住一切智城

"선남자여! 그와 같은 중생이 어두운 밤길을 가다가 방향을 잘못 들어서, 평탄한 길에서 험난한 생각을 내고 험난한 길에서 평탄한 생각을 내고 높은 곳을 낮다 하고 낮은 곳을 높다 하면서 그 마음이 미혹해지고 큰 괴로움과 번뇌를 내면, 나는 좋은 방편으로 광명을 비추어서 그와 같이 나가고자 하려는 자에게는 그 드나드는 문을 보여주고 그와 같이 행하고자 하는 자에게는 그 도로를 보여주고 흐르는 물을 건너려고 하는 자에게는 다리를 보여주고 강과 바다를 건너고자 하는 자에게는 배와 뗏목을 주고 방향을 살펴보고자 하는 자에게는 험한 곳을 바꾸어 편안한 곳을 보여주고 쉬고자 하는 자에게는 성읍과 물과 나무숲을 보여주고 이러한 생각을 한다. '내가 어두운 밤을 비추어 없애고 밝혀 주어 세상의 모든 일을 남김없이 편하게 할 것이다. 또 원하건대 모든 중생에게 생사의 긴 어두운 밤과 무명이라는 어둠의 처에 지혜의 광명을 두루 비추어 모두 분명하게 깨달아 알게 할 것이다.'라고 한다."

"모든 중생이 지혜의 눈이 없기에 생각하는 마음과 견해가 거꾸로 뒤바뀌어 엎어지고 덮여서 항상 함이 없음을 항상 함으로 보고 생각하며, 즐거움이 없음을 즐거움으로 보고 생각하며, 내가 아닌 것을 나라고 보고 생각하며, 청정하지 않은 것을 청정한 것으로 보고 생각하며, 나다. 사람이다. 중생이다. 라는 것과 오온, 십팔계, 십이처라는 법에 집착하기에 원인과 결과에 미혹하고 선악을 알지 못하고 중생을 살해할 뿐만 아니라 잘못된 소견을 가지며, 부모에게 불효하고 사문과 바라문을 공경하지 않고 나쁜 사람을 알지 못하고 착한 사람을 알지 못하고 나쁜 짓을 탐하고 집착하면서 삿된 법에 머물고 여래를 훼방하고 바른 법륜을 무너트리고 모든 보살을 욕하고 때리고 헐뜯으며, 대승의 도를 가볍게 여기면서 보리심을 끊고 은혜가 있는 사람을 도리어 살해를 가하고 은혜가 없는 곳에 늘 원한을 품고서 현인과 성인을 비방하고 나쁜 사람만을 친근히 하고 절이나 탑의 물건을 훔치고 다섯 가지 거스르는 죄를 짓고 오래지 않아 당연히 삼악도에 떨어질 이들을 위해 원하건대 내가 지혜의 광명으로 중생의 깜깜한 무명을 깨트리고 그들이 빨리 아뇩다라삼먁삼보리심을 일으키게 한다."

"마음을 일으킨 뒤에는 보현의 승법(乘法.十信.十住.十行)을 보여주고 십력의 도를 열게 하고 또한 여래 법왕의 경계를 보이고 또한 모든 부처님의 일체 지혜이 성과 모든 부처님이 행한 바와 모든 부처님의 자재와 모든 부처님의 성취와 모든 부처님의 총지, 다라니와 모든 부처님의 한결같은 몸과 일체 모든 부처님의 평등한 처를 보여서 그들을 편안히 머물게 한다."

善男子 若有衆生 行暗夜中 迷惑十方 於平坦路 生險難想 於險難道 起平坦想 以高爲下 以下爲高 其心迷惑 生大苦惱 我以方便 舒光照及 若欲出者 示其門戶 若欲行者 示其道路 欲度溝洫 示其橋梁 欲涉河海 與其船筏 樂觀方者 示其險易安危之處 欲休息者 示其城邑 水樹之所 作是念言 如我於此 照除夜暗 令諸世事 悉得宣敍 願我普於一切衆生 生死長夜 無明暗處 以智慧光 普皆照了 是諸衆生 無有智眼 想心見倒之所覆翳 無常常想 無樂樂想 無我我想 不淨淨想 堅固執著我人 衆生 蘊界

處法 迷惑因果 不識善惡 殺害衆生 乃至邪見 不孝父母 不敬沙門及波羅門 不知惡人 不識善人 貪著惡事 安住邪法 毁謗如來 壞正法輪 於諸菩薩 呰辱傷害 輕大乘道 斷菩提心 於有恩人 反加殺害 於無恩處 常懷怨結 毁謗賢聖 親近惡伴 盜塔寺物 作五逆罪 不久當墮三惡道處 願我速以大智光明 破彼衆生無明黑暗 令其疾發阿耨多羅三藐三菩提心 旣發心已 示普賢乘 開十力道 亦示如來法王境界 亦示諸佛一切智城 諸佛所行 諸佛自在 諸佛成就 諸佛揔持 一切諸佛共同一身 一切諸佛平等之處 令其安住

"선남자여! 모든 중생은 늘 병에 얽히고설키며, 늘 늙음이 따라붙고 늘 생활의 어려움에 괴롭고 언제나 재앙과 환난을 만나고 늘 왕법을 범하고 형벌을 받을 때 믿을 곳 없고 의지할 곳 없어 두려워하는 자들을 내가 구제하여 편안함을 얻게 한다. 그리고는 차례를 따라 이 같은 생각을 한다. '내가 법으로 중생들을 두루 거두어 그들이 모든 번뇌와 나고 늙고 병들고 죽은 일과 근심과 걱정, 고통에서 해탈하게 할 것이며, 선지식을 가까이 모시고 항상 법 보시를 하게 하고 부지런히 선근의 업을 행하고 여래의 청정한 법의 몸을 얻어 마지막까지 변하거나 바뀌지 않는 자리에 머물게 할 것이다.'라고 한다."

善男子 一切衆生或病所纏 或老所侵 或苦貧窮 或遭禍難 或犯王法 臨當受刑 無所依怙 生大怖畏 我皆救濟 使得安隱 復作是念 願我以法 普攝衆生 令其解脫一切煩惱 生老病死 憂悲苦患 近善知識 常行法施 勤行善業 速得如來淸淨法身 住於究竟無變易處

"선남자여! 모든 중생이 생각이나 의견의 빽빽한 숲에 들어가 삿된 길에 머물며, 모든 경계에서 삿된 분별을 일으키며, 늘 선근이 아닌 몸, 말, 뜻의 업을 행하며, 망령되게 가지가지의 모든 삿된 고행을 지어가며, 바른 깨우침이 아닌 것을 바른 깨우침이라 하고 바른 깨우침을 바른 깨우침이 아니라는 생각을 하며, 악한 지식을 거두어 받아들임으로 악한 소견을 일으키고 장차 악한 길에 떨어지게 되는 것을 내가 가지가지의 모든 방편 문으로 구제하고 보호하여 그들이 바른 견해에 머물게 하고 사람이나 천상에 나게 한다."

"그리고 차례를 좇아(復) 이 같은 생각을 한다. '내가 장차 악한 도에 떨어지는 모든 중생 등을 구하는 것과 같이 원하건대 내가 모든 중생을 두루 구하여 남김없이 다 일체 모든 고통에서 해탈하게 하며, 바라밀의 세상에서 벗어나 성인의 도에 머물며, 모든 지혜에서 물러섬이 없음을 얻게 하고 보현의 원을 갖추어 모든 지혜에 가까워지고 보살의 행을 버리지 않고 항상 부지런하게 모든 중생을 가르치고 바른길로 이끌 것이다.'라고 한다."

　善男子 一切衆生入見稠林 住於邪道 於諸境界 起邪分別 常行不善身 語 意業 妄作種種諸邪苦行 於非正覺 生正覺想 於正覺所 非正覺想 爲惡知識之所攝受 以起惡見 將墮惡道 我以種種諸方便門 而爲救護 令住正見 生人天中 復作是念 如我救此將墜惡道 諸衆生等 願我普救一切衆生 悉令解脫一切諸苦 住波羅蜜 出世聖道 於一切智 得不退轉 具普賢願 近一切智 而不捨離諸菩薩行 常勤敎化一切衆生

　이때 바산바연저 주야신이 이 해탈의 이치를 거듭 펴려고 부처님의 힘을 받들어 시방을 자세히 살펴서 두루 들여다보고는 선재 동자에게 게송을 말했다.

　爾時 婆珊婆演底主夜神 欲重宣此解脫義 承佛神力 觀察十方 爲善財童子 而說頌言

　　我此解脫門 나의 이 해탈 문은
　　生淨法光明 청정한 법의 광명을 내어
　　能破愚癡暗 능히 어리석은 어둠을 깨트리고
　　待時而演說 때를 기다려 널리 펴고 설한다네.

　　我昔無邊劫 내가 옛날 끝없는 겁을 두고
　　勤行廣大慈 광대한 인자함을 부지런히 행하여
　　普霽諸世間 모든 세간을 두루 덮었으니
　　佛子應修學 불자는 당연히 닦고 배워야 한다네.

　　寂靜大悲海 적정의 가엾이 여기는 큰마음의 바다는
　　出生三世佛 삼세 부처님을 출생하여
　　能滅衆生苦 능히 중생의 고통을 없애니
　　汝應入此門 그대는 당연히 이 문으로 들어가라.

　　能生世間樂 세간의 즐거움을 능히 나게 하고
　　亦生出世樂 또한 출세간(不立五蘊.初發心)의 즐거움도 나게 하며

令我心歡喜 내 마음을 환희하게 하니
汝應入此門 그대는 당연히 이 문으로 들어가라.

旣捨有爲患 이미 유위라는 근심을 버리고
亦遠聲聞果 또한 성문의 과도 멀리 벗어났으며
淨修諸佛力 모든 부처님의 힘을 청정하게 닦으니
汝應入此門 그대는 당연히 이 문으로 들어가라.

我目甚淸淨 나의 눈은 매우 청정하기에
普見十方刹 시방세계를 두루 보고
亦見其中佛 또한 그 가운데 부처님들이
菩提樹下坐 보리수 아래 앉아 계심을 본다네.

相好莊嚴身 좋은 모양이나 상태로 몸을 장엄하고
無量衆圍遶 헤아릴 수 없는 대중이 둘러싸며
一一毛孔內 하나하나의 털구멍 속에서
種種光明出 가지가지의 광명을 낸다네.

見諸群生類 모든 중생의 무리가
死此而生彼 여기서 죽어 저기서 나는 것을 보니
輪迴五趣中 오취 가운데를 윤회하면서
常受無量苦 늘 헤아릴 수 없는 고통을 받는다네.

我耳甚淸淨 나의 귀는 매우 청정하기에
聽之無不及 듣지 못하는 것이 없으며
一切語言海 모든 언어의 바다를
悉聞能憶持 남김없이 듣고 능히 기억하여 지닌다네.

諸佛轉法輪 모든 부처님이 법륜을 굴리시고
其聲妙無比 그 음성은 아주 빼어나 비할 데가 없으며
所有諸文字 가지고 있는 모든 문자로

悉皆能憶持 남김없이 다 기억하여 지닌다네.

我鼻甚淸淨 나의 코는 매우 청정하기에
於法無所礙 법에 막힘이나 걸림이 없고
一切皆自在 모든 것에 다 자재하니
汝應入此門 그대는 당연히 이 문으로 들어가라.

我舌甚廣大 나의 혀는 매우 광대하기에
淨好能言說 능히 청정하고 말을 좋게 하며
隨應演妙法 응함을 따라 빼어난 법을 널리 펴니
汝應入此門 그대는 당연히 이 문으로 들어가라.

我身甚淸淨 나의 몸은 매우 청정하기에
三世等如如 삼세가 진여와 평등하고
隨諸衆生心 모든 중생의 마음을 따라서
一切悉皆現 남김없이 모든 것을 다 나타낸다네.

我心淨無礙 나의 마음은 청정하고 막힘이나 걸림이 없기에
如空含萬像 공이 만상을 머금은 것 같고
普念諸如來 모든 여래를 두루 생각하지만
而亦不分別 역시 분별하지 않는다네.

了知無量刹 헤아릴 수 없는 세계와
一切諸心海 일체 모든 마음의 바다와
諸根及欲樂 모든 근 및 즐기고자 하는 것을 깨달아 알지만
而亦不分別 역시 분별하지 않는다네.

我以大神通 나의 큰 신통으로
震動無量刹 헤아릴 수 없는 세계를 진동시키고
其身悉徧往 그 몸으로 남김없이 두루 가서
調彼難調衆 조복시키기 어려운 중생을 조복시킨다네.

我福甚廣大 나의 복은 매우 광대하기에
如空無有盡 빈 것과 같이 다함이 없으며
供養諸如來 모든 여래를 공양하고
饒益一切衆 모든 중생에게 이익을 더한다네.

我智廣淸淨 나의 지혜는 넓고 청정하기에
了知諸法海 모든 법의 바다를 깨달아 알고
除滅衆生惑 중생의 의혹을 제거하여 없애니
汝應入此門 그대는 당연히 이 문으로 들어가라.

我知三世佛 나는 삼세 부처님과
及以一切法 모든 법을 알고
亦了彼方便 또한 그 방편까지 분명하게 깨우쳐 알기에
此門徧無等 이 문은 그 이상 더할 수 없을 정도로 두루 하다네.

一一塵中見 하나하나의 티끌 가운데서
三世一切刹 삼세의 모든 세계를 보고
亦見彼諸佛 또한 그 모든 부처님을 보니
此是普門力 이는 넓은 문의 힘이라네.

十方刹塵內 시방세계의 티끌 속에
悉見盧舍那 노사나 부처님이
菩提樹下坐 보리수 아래 앉으시어
成道演妙法 도를 이루시고 빼어난 법을 널리 펴심을 남김없이 본다네.

이때 선재 동자가 바산바연저 주야신에게 물어 말했다.
"당신께서는 아뇩다라삼먁삼보리심을 일으키신 지는 얼마나 되었으며, 이 해탈을 얻은 지 얼마나 오래되었기에 이와 같음으로 중생에게 이익이 되도록 하고 더하는 것입니까?"
爾時 善財童子白夜神言 汝發阿耨多羅三藐三菩提心 爲幾時耶 得此解脫 其已久如 乃能如是饒益衆生

주야신이 답했다.

"선남자여! 지나간 옛적 세상에 수미산의 티끌 수와 같은 겁을 지나서 겁이 있으니, 이름이 '적정광(寂靜光)'이며, 세계 이름은 '출생묘보(出生妙寶)'이다. 5억의 부처님이 그 세계에 출현하셨고 그 세계 가운데 사천하가 있으니, 이름이 '보월등광(寶月燈光)'이며, 성의 이름은 '연화광(蓮華光)'이며, 왕의 이름은 '선법도(善法度)'이다. 법을 가르치고 바른길로 이끌어서 일곱 보배를 성취하였고 사천하의 왕이 되었으며, 왕에게 부인이 있으니, 이름이 '법혜월(法慧月)'이며, 깊은 밤 오래도록 잠들어있었다."

"때맞춰 성의 동쪽에 큰 숲이 하나 있고 이름은 '적주(寂住)'이며, 그 숲 가운데 큰 보리수가 있으니, 이름이 '일체광마니왕장엄신(一切光摩尼王莊嚴身)'이며, 그 나무에서 모든 부처님의 신통한 힘으로 광명이 출생하였고 일체법뇌음왕(一切法雷音王) 부처님이 그 보리수 아래서 등정각을 이루시고 헤아릴 수 없는 색의 광대한 광명을 두루 놓아서 빼어난 보배를 출생하는 세계에 두루두루 비추었다."

其神答言 善男子 乃往古世 過如須彌山微塵數劫 有劫名寂靜光 世界名出生妙寶 有五億佛 於中出現 彼世界中 有四天下 名寶月燈光 有城名蓮華光 王名善法度 以法施化 成就七寶 王四天下 王有夫人 名法慧月 夜久眠寐時 彼城東有一大林 名爲寂住 林中有一大菩堤樹 名一切光摩尼王莊嚴身 出生一切佛神力光明 爾時 有佛名一切法雷音王 於此樹下 成等正覺 放無量色廣大光明 徧照出生妙寶世界

연화광 성에 주야신이 있으니, 이름이 '정월(淨月)'이며, 왕의 부인인 법혜월의 처소에 나아가 몸에 있는 영락을 흔들어 부인을 깨우고 말했다.

"부인이여! 일체법뇌음왕 여래가 적주 숲에서 위 없는 깨달음을 이루시고 모든 부처님의 공덕과 자재한 신통의 힘과 보현보살의 행과 원을 광대하게 설하고 계십니다."

왕의 부인이 아뇩다라삼먁삼보리의 뜻을 일으키고 그 부처님과 모든 보살과 성문과 승의 대중에게 공양하였다.

蓮華光城內 有主夜神 名爲淨月 詣王夫人法慧月所動身瓔珞 以覺夫人 而告之言 夫人 當知一切法雷音王如來 於寂住林 成無上覺 及廣爲說諸佛功德 自在神力 普賢菩薩所有行願 今王夫人 發阿耨多羅三藐三菩提意 供養 彼佛及諸菩薩 聲聞僧衆

"선남자여! 그때 왕의 부인 법혜월은 다른 사람이 아니고 나의 몸이었다. 내가 그 부처님이 계신 곳에서 보리심을 일으켜 선근을 심은 까닭으로 수미산의 티끌 수와 같은 겁 동안 지옥, 아귀, 축생의 악한 부류에 태어나지 않고 또한 미천한 집에도 태어나지 않았으며, 모든 근을 온전하게 갖추고도 고통이 없으며, 천상과 인간 가운데서 복덕이 특히 뛰어나 악한 세상에 나지 않았으며, 늘 부처님과 모든 보살과 큰 선지식을 벗어나지 않고 항상 그들이 계신 곳에서 선근을 심었으며, 80 수미산의 티끌 수와 같은 겁을 지내면서 편안함과 즐거움을 받았지만, 보살의 모든 근의 힘을 만족하게 하지는 못하였다."

善男子 時 王夫人法慧月者 豈異人乎 我身是也 我於彼佛所 發菩提心 種善根故 於須彌山微塵數劫 不生地獄 餓鬼 畜生 諸惡趣中 亦不生於下賤之家 諸根具足 無有衆苦 於天人中 福德殊勝 不生惡世 恒不離佛及諸菩薩 大善知識 常於其所 種植善根 經八十須彌山微塵數劫 常受安樂 而未滿足菩薩諸根

"이러한 겁을 지내고 차례를 좇아(復) 1만 겁을 지낸 후에 이 현겁 이전에 겁이 있으니, 이름이 '근심 없이 두루 비춤(無憂徧照)'이며, 그 세계의 이름은 '허물을 벗어난 빼어난 빛(離垢妙光)'이다. 그 세계는 깨끗하고 더러움이 서로 섞여 있으며, 5백 부처님이 그 가운데 출현하시니, 그 제일의 부처님 이름이 '수미당적정묘안(須彌幢寂靜妙眼) 여래', 응공, 정등각이며, 나는 명칭 장자의 딸이 되었으니, 이름이 '묘혜광명(妙慧光明)'이고 단정하고 빼어나게 생겼었다. 정월야신(淨月夜神)의 원력으로 허물을 벗어난 세계의 한 사천하 묘당왕성 가운데 주인이 되니, 이름이 '청정안(淸淨眼)'이었다."

"내가 부모님 곁에서 깊은 잠을 자고 있을 때, 그 청정안이 내가 있는 곳에 와서 집을 흔들어 큰 광명을 놓고 그 몸을 나타내고는 부처님의 공덕을 찬탄하였다. 묘안 여래가 보리의 좌에 앉아서 비로소 정각을 이루셨다고 말하고는 나와 부모와 또한 권속들에게 권하여 빨리 가서 부처님을 보라고 하였으며, 스스로 앞서 나아가 부처님 처소에 이르렀고 크게 공양을 올렸다."

過此劫已 復過萬劫 於賢劫前 有劫名無憂徧照 世界名離垢妙光 其世界中 淨穢相雜 有五百佛 於中出現 其第一佛 名須彌幢寂靜妙眼如來應正等覺 我爲名稱長者女 名妙慧光明 端正殊妙 彼淨月夜神 以願力故 於離垢世界 一四天下妙幢王城中生 作主夜神 名淸淨眼 我於一時 在父母邊夜久眠息 彼淸淨眼 來詣我所 震動我宅 放大光明 出現其身 讚佛功德言 妙眼如來 坐菩提座 始成正覺 觀諭於我及以父母幷諸眷屬 令速見佛 自爲前導 引至佛所 廣興供養

"나는 겨우 부처님을 뵙고 곧 삼매를 얻었으니, 이름이 '태어나 부처님을 보고 중생을 조복시키는 삼세 지혜의 광명 바퀴(出生見佛調伏衆生三世智光明輪)'이며, 이 삼매를 얻고는 수미산의 티끌 수와 같은 겁을 기억하고 그 겁 동안 부처님들이 나시는 것을 보았으며, 그 부처님들이 빼어난 법을 설함을 들었으며, 법을 들은 까닭에 곧바로 모든 중생의 어둠을 깨트리는 법 광명의 해탈을 얻었다. 이 해탈을 얻고는 나의 몸이 부처 세계의 티끌 수와 같은 세계에 이르는 것을 보았으며, 그 세계에 있는 모든 부처님도 보았고 또 나의 몸이 그 부처님 처소에 있음을 보았으며, 또 그 세계의 모든 중생을 보고 그들의 말을 알고 그 근성을 알며, 지난 옛적에 선근의 벗, 선지식이 거두어주었음을 알았으며, 그들이 즐거워하는 것을 따라 몸을 나타내어 그들을 기쁘게 하였다."

我纔見佛 卽得三昧 名出生見佛調伏衆生三世智光明輪 獲此三昧故 能憶念須彌山微塵數劫 亦見其中 諸佛出現 於彼佛所 聽聞妙法 以聞法故 卽得此破一切衆生暗法光明解脫 得此解脫已 卽見其身 徧往佛刹微塵數世界 亦見彼世界所有諸佛 又見自身在其佛所 亦見彼世界一切衆生 解其言音 識其根性 知其往昔 曾爲善友之所攝受 隨其所樂 而爲現身 令生歡喜

"나는 그때 그곳에서 얻은 해탈이 생각과 생각마다 더해지고 자랐으며, 이 마음이 끊어짐이 없었고 또 내 몸을 보니, 백 부처 세계의 티끌 수와 같은 세계에 두루 가서 이 마음이 끊어짐이 없었으며, 또 내 몸을 보니, 천 부처 세계의 티끌 수와 같은 세계에 두루 가서 이 마음이 끊어짐이 없었으며, 또 내 몸을 보니, 백천 부처 세계의 티끌 수와 같은 세계와 이와 같은 생각과 생각할 때뿐만 아니라 말할 수 없이 말할 수 없는 부처 세계의 티끌 수와 같은 세계에 가고 또한 그 세계 가운데 모든 여래를 보며, 또한 자신이 몸이 그 부처님의 처소에 있기에 빼어난 법을 듣고 받아 지니며, 잊지 않고 기억하여 생각하고 자세히 살펴서 들여다보고는 분명하게 결정하고 마치는 것을 보았다."

"또 그 부처님들의 모든 본래 일로서의 바다와 모든 큰 서원의 바다를 알았으며, 그 모든 여래께서 부처 세계를 청정하게 장엄하였고 나도 또한 청정하게 장엄하였으며, 또한 그 세계의 모든 중생을 보고 그들에게 응하는 바를 따라 몸을 나타내어 가르치고 바른 길로 이끌어서 조복시켰으니, 이 해탈 문이 생각과 생각마다 더해지고 자라서 이와 같을 뿐만 아니라 법계를 가득하게 채웠다."

我時 於彼所得解脫 念念增長 此心無間 又見自身徧往百佛刹微塵數世界 此心無間 又見自身徧往千佛刹微塵數世界 此心無間 又見自身徧往百千佛刹微塵數世界

如是念念 乃至不可說不可說佛剎微塵數世界 亦見彼世界中一切如來 亦自見身在彼佛所 聽聞妙法 受持憶念 觀察決了 亦知彼佛諸本事海 諸大願海 彼諸如來 嚴淨佛剎 我亦嚴淨 亦見彼世界一切衆生 隨其所應 而爲現身 敎化調伏 此解脫門 念念增長 如是乃至充滿法界

"선남자여! 나는 단지 보살이 모든 중생의 어둠을 깨트리는 법 광명의 해탈만을 알 뿐이다. 그 모든 보살마하살은 보현의 끝없는 행과 원을 성취하고 일체 모든 법계 바다에 두루 들어가고 모든 보살이 금강 지혜 당기 자재한 삼매를 얻기에 큰 서원을 내고 부처님의 종자에 머물러 있으며, 생각과 생각 가운데 모든 공덕의 큰 바다를 이루어 원만하게 하고 모든 광대한 세계를 장엄하여 청정하게 하고 자재한 지혜로 모든 중생을 가르치고 바른길로 이끌어 성숙하게 하고 지혜의 태양으로 모든 세간의 어두운 막힘이나 걸림을 제거해 없애고 용맹한 지혜로 모든 중생의 깊은 잠을 깨우고 지혜의 달로 모든 중생이 의혹을 분명하게 결정해서 마치고 청정한 음성으로 모든 중생이 생사에 대한 집착을 끊어 제거하게 하고 그 모든 법계의 하나하나 티끌 가운데 모든 자재한 신력을 나타내 보이고 지혜의 눈이 밝고 청정하기에 평등하게 삼세를 본다. 이러한 보살마하살의 그 빼어난 행을 내가 어떻게 알 것이며, 그 공덕을 말할 수 있겠으며, 그 경계에 들어가서 그 자재함을 볼 수 있겠는가."

善男子 我唯知此菩薩破一切衆生暗法光明解脫 如諸菩薩摩訶薩 成就普賢無邊行願 普入一切諸法界海 得諸菩薩金剛智幢自在三昧 出生大願 住持佛種 於念念中 成滿一切大功德海 嚴淨一切廣大世界 以自在智 敎化成熟一切衆生 以智慧日 滅除一切世間暗障 以勇猛智 覺悟一切衆生惛睡 以智慧月 決了一切衆生疑惑 以淸淨音 斷除一切諸有執著 於一切法界一一塵中 示現一切自在神力 智眼明淨 等見三世 而我何能知其妙行 說其功德 入其境界 示其自在

"선남자여! 이 염부제 마갈제국 보리도량에 주야신이 있으니, 이름이 '보덕정광(普德淨光)'이다. 나는 본래 그분을 좇아서 아뇩다라삼먁삼보리심을 내었고 그가 늘 빼어난 법으로 나를 깨우쳐주었다. 그대는 그에게 가서 보살이 어떻게 보살의 행을 배우는 것이며, 어떻게 보살의 도를 닦는 것이냐고 물어라."

善男子 此閻浮提摩竭提國菩提場內 有主夜神 名普德淨光 我本從其 發阿耨多羅

三藐三菩提心 常以妙法 開悟於我 汝詣彼 問菩薩云何學菩薩行 修菩薩道

그때 선재 동자가 바산바연저 주야신을 향해 게송을 말했다.
爾時 善財童子 向婆珊婆演底神 而說頌曰

見汝淸淨身 당신의 청정한 몸을 보니
相好超世間 좋은 모양이나 상태가 세간을 뛰어넘어
如文殊師利 문수사리 보살과 같고
亦如寶山王 또한 보배산의 왕과 같습니다.

汝法身淸淨 당신의 청정한 법의 몸이
三世悉平等 삼세에 남김없이 다 평등하고
世界悉入中 세계가 가운데로 모두 들어가
成壞無所礙 이루어지고 무너짐에 막힘이나 걸림이 없습니다.

我觀一切趣 내가 이르고자 하는 모든 보는 곳에서
悉見汝形像 당신의 형상을 남김없이 다 보았고
一一毛孔中 하나하나의 털구멍 가운데
星月各分布 별과 달이 각각 나뉘어 널리 퍼져있습니다.

汝心極廣大 당신의 마음은 극히 광대하기에
如空徧十方 비어있는 것과 같이 시방에 두루 하고
諸佛悉入中 모든 부처님이 남김없이 그 가운데 들어가도
淸淨無分別 청정하고 분별이 없습니다.

一一毛孔內 하나하나의 털구멍 속에
悉放無數光 남김없이 수 없는 광명을 놓고
十方諸佛所 시방의 모든 부처님이 계신 곳에
普雨莊嚴具 장엄 기물의 비를 두루 내립니다.

一一毛孔內 하나하나의 털구멍 속에
各現無數身 각각 수 없는 몸을 나타내고
十方諸國土 시방의 모든 국토에
方便度衆生 방편으로 중생을 제도합니다.

一一毛孔內 하나하나의 털구멍 속에
示現無量刹 헤아릴 수 없는 세계를 나타내 보이고
隨諸衆生欲 모든 중생이 하고자 하는 바를 따라서
種種令淸淨 가지가지를 청정하게 합니다.

若有諸衆生 그와 같은 모든 중생이
聞名及見身 이름을 듣거나 몸을 보게 되면
悉獲功德利 남김없이 다 공덕의 이익을 얻어서
成就菩提道 보리의 도를 성취합니다.

多劫在惡趣 많은 겁을 두고 악한 부류에 있었더라도
始得見聞汝 비로소 당신을 보고 들으면
亦應歡喜受 역시 응하여 환희함을 받으니
以滅煩惱故 이는 번뇌를 없애버리는 까닭입니다.

千刹微塵劫 일천 세계의 티끌 수와 같은 겁에
歎汝一毛德 당신의 공덕을 한 털끝만치만 찬탄하더라도
劫數猶可窮 겁의 수는 끝남이 있지만
功德終無盡 공덕은 끝내 다 할 수 없습니다.

때맞추어 선재 동자는 이 게송을 마치고 그의 발에 머리 숙여 예를 올리고 헤아릴 수 없이 돌다가 은근하게 우러러보면서 하직하고 물러갔다.
 時 善財童子 說此頌已 頂禮其足 遶無量帀 慇懃瞻仰 辭退而去

대방광불화엄경 제69권

39. 입법계품(10)
　　入法界品第三十九之十

(33) 보덕정광 주야신. 제2 離垢地

　그때 선재 동자가 바산바연저 주야신이 처음 보리심을 일으킨 일과 보살의 장을 낳던 일과 보살이 원을 세우던 일과 청정한 보살바라밀과 보살의 지위에 들어가던 일과 보살의 행을 닦던 일과 보살이 벗어나는 길을 행하던 일과 모든 지혜의 광명 바다와 중생을 구하는 두루 한 마음과 가엾이 여기는 큰 구름의 두루 함과 모든 부처의 미래 경계가 다하도록 늘 출생하는 보현의 행과 원을 분명하게 알았다.
　爾時 善財童子 了知彼婆珊婆演底夜神 初發菩提心 所生菩薩藏 所發菩薩願 所淨菩薩度 所入菩薩地 所修菩薩行 所行出離道 一切智光海 普救衆生心 普徧大悲雲 於一切佛刹 盡未來際 常能出生普賢行願

　그리고는 점차 나아가 보덕정광야신에게 이르러 그의 발에 머리 숙여 예를 올리고 수없이 돌고는 합장하고 서서 말했다.
　"성자여! 저는 이미 아뇩다라삼먁삼보리심을 일으켰으나, 보살이 어떻게 보살의 지위를 수행하며, 어떻게 보살의 지위를 내는 것이며, 어떻게 보살의 지위를 성취하는지 알지 못합니다."
　漸次遊行 至普德淨光夜神所 頂禮其足 遶無數帀 於前合掌 而作是言 聖者 我已先發阿耨多羅三藐三菩提心 而我未知菩薩云何修行菩薩地 云何出生菩薩地 云何成就菩薩地

적정寂靜 선정禪定의 즐거움으로 두루 즐겁게 노니는 해탈문

　보덕정광야신이 말했다.

"선근이로다. 선근이로다. 선남자여! 그대는 이미 아뇩다라삼먁삼보리심을 일으키고 지금 차례를 좇아(復) 보살의 지위를 수행함과 또 성취를 묻는구나."

夜神答言 善哉 善哉 善男子 汝已能發阿耨多羅三藐三菩提心 今復問於菩薩地 修行出生 及以成就

"선남자여! 보살은 열 가지 법을 성취하여 능히 보살의 행을 원만하게 한다. 무엇이 열인가 하면, 1은 청정한 삼매를 얻어 모든 부처님을 늘 보는 것이며, 2는 청정한 눈을 얻어 늘 모든 부처님이 좋은 모양이나 상태로 장엄하는 것을 보는 것이며, 3은 모든 여래의 헤아릴 수 없고 끝이 없는 큰 공덕의 바다를 아는 것이며, 4는 법계와 평등한 헤아릴 수 없는 모든 부처님의 법 광명의 바다를 아는 것이며, 5는 모든 여래의 하나하나 털구멍마다 중생 수와 같은 큰 광명 바다를 놓아 헤아릴 수 없는 모든 중생에게 이익이 되게 하는 것이며, 6은 모든 여래의 하나하나 털구멍마다 모든 보배 빛 광명 불꽃 바다를 내어놓음을 보는 것이며, 7은 생각과 생각마다 모든 부처님의 변화 바다를 내놓아 법계에 가득 차게 하고 일체 모든 부처님의 경계를 마지막까지 이르러 중생을 조복시키는 것이며, 8은 부처님의 음성과 동일한 모든 중생의 말과 소리 바다를 얻어 삼세 모든 부처님의 법륜을 굴리는 것이며, 9는 모든 부처님의 끝없는 명호 바다를 아는 것이며, 10은 모든 부처님이 중생을 조복시키는 헤아릴 수 없는 자재력을 아는 것이다."

"선남자여! 보살이 이 열 가지 법을 성취하면 곧 보살의 모든 행을 원만하게 한다."

善男子 菩薩成就十法 能圓滿菩薩行 何者爲十 一者得淸淨三昧 常見一切佛 二者得淸淨眼 常觀一切佛相好莊嚴 三者知一切如來無量無邊功德大海 四者知等法界無量諸佛法光明海 五者知一切如來一一毛孔放等衆生數大光明海 利益無量一切衆生 六者見一切如來一一毛孔 出一切寶色光明焰海 七者於念念中 出現一切佛變化海 充滿法界 究竟一切諸佛境界 調伏衆生 八者得佛音聲同一切衆生言音海 轉三世一切佛法輪 九者知一切佛無邊名號海 十者知一切佛調伏衆生 不思議自在力 善男子 菩薩成就此十種法 則能圓滿菩薩諸行

"선남자여! 나는 보살의 해탈을 얻었으니, 이름이 '적정 선정(寂靜禪定)의 즐거움으로 두루 다님'이다. 삼세 일체 모든 부처님을 두루 보고 또한 부처님의 청정한 국토와 도량의 대중 모임과 신통과 명호와 법을 설함과 수명과 말과 소리와 몸의 모양이나 상태가 가지가지로 같지 않음을 남김없이 다 보고는 있지만, 집착함이 없다. 왜냐하면, 모든 여래는 가는 것이 아니니, 이는 세상에 나아감을 영원히 없앤 까닭이며, 오는 것이 아니니, 이는 체와 성이 생함이 없는 까닭이며, 생하는 것이 아니니, 이는 법의 몸이 평등한 까닭이며, 없어지는 것이 아니니, 이는 생하는 모양이나 상태가 없는 까닭이며, 실상의 본바탕이 아니니, 이는 허깨비와 같은 법에 머무는 까닭이며, 허망한 것이 아니니, 이는 중생에게 이익이 되는 까닭이며, 옮기는 것이 아니니, 이는 생사를 뛰어넘은 까닭이며, 무너지는 것이 아니니, 이는 성품은 늘 변함이 없는 까닭이며, 하나의 모양이나 상태이니, 이는 모든 말에서 남김없이 다 벗어난 까닭이며, 모양이나 상태가 없으니, 이는 성품과 모양이나 상태는 본래 공한 까닭이다."

善男子 我得菩薩解脫 名寂靜禪定樂普遊步 普見三世一切諸佛 亦見彼佛淸淨國土 道場衆會 神通 名號 說法 壽命 言音 身相種種不同 悉皆明睹 而無取著 何以故 知諸如來非去 世趣永滅故 非來 體性無生故 非生 法身平等故 非滅 無有生相故 非實 住如幻法故 非妄 利益衆生故 非遷 超過生死故 非壞 性常不變故 一相 言於悉離故 無相 性相本空故

"선남자여! 내가 이와 같은 모든 여래를 깨우쳐 알 때, 보살의 적정 선정의 즐거움으로 두루 노니는 해탈의 문을 분명하게 알고 통하였기에 성취하고 거듭 더하여 기르고 사유하면서 자세히 살펴서 들여다보고 견고하게 장엄하며, 모든 허망한 생각과 분별을 일으키지 않으며, 가엾이 여기는 큰마음으로 모든 중생을 도와주고 보호하며, 한결같은 마음이 흔들리지 않고 처음의 선을 닦고 익혔으며, 뜻으로 짓는 모든 업을 쉬고 모든 중생을 거두어주며, 지혜의 힘이 용맹하고 기쁜 마음이 더욱 즐거워지기에 제2 선을 닦았으며, 모든 중생의 성품을 사유하면서 생사를 벗어나 제3 선을 닦았으며, 모든 중생의 많은 고통과 번뇌를 모두 없애고 제4 선을 닦았다. 그러기에 모든 지혜와 원을 거듭 더하고 늘리며, 원만하게 하고 일체 모든 삼매 바다를 출생하고 모든 보살의 해탈 바다의 문에 들어가며, 모든 신통에 즐겁게 노닐며, 일체 변화를 성취하여 청정한 지혜로 법계에 두루 들어간다."

善男子 我如是了知一切如來時 於菩薩寂靜禪定樂普遊步解脫門 分明了達 成就增長 思惟觀察 堅固莊嚴 不起一切妄想分別 大悲救護一切衆生 一心不動 修習初禪 息一切意業 攝一切衆生 智力勇猛 喜心悅豫 修第二禪 思惟一切衆生自性 厭離生死 修第三禪 悉能息滅一切衆生衆苦熱惱 修第四禪 增長圓滿一切智願 出生一切諸三

昧海 入諸菩薩解脫海門 遊戱一切神通 成就一切變化 以淸淨智 普入法界

"선남자여! 내가 이 해탈을 닦을 때 가지가지의 방편으로 중생을 성취하게 하였으니, 이른바 집에 있으면서 제멋대로 하는 중생에게는 청정하지 못한 생각, 싫어하는 생각, 고달프다는 생각, 핍박받는다는 생각, 묶이고 얽히고설킨 생각, 나찰이라는 생각, 항상 함이 없다는 생각, 고통스러운 생각, 내가 없다는 생각, 공하다는 생각, 자유롭지 못한 생각, 늙고 병들어 죽은 다는 생각을 내게 하며, 스스로 다섯 가지 욕락에 집착을 내지 않게 하며, 또한 중생에게 권하여 욕락에 집착하지 않게 하고 오직 법의 즐거움에 머물게 하며, 집을 벗어나 집 아닌 곳에 들게 하였다. 그와 같은 중생이 공한 곳에 머물면 나는 모든 악한 소리를 쉬게 하고 고요한 밤 깊은 법을 말하여 행함의 인연을 거스르지 않고 따르게 하고 출가하는 문을 열어서 바른길을 보이며, 광명이 되어 어둠으로 인한 막힘이나 걸림을 제거해서 공포를 없애며, 출가의 업을 찬탄하고 불, 법, 승과 선지식을 찬탄하여 공덕을 갖추게 하고 또한 선지식을 친근히 하는 행을 찬탄하였다."

善男子 我修此解脫時 以種種方便 成就衆生 所謂於在家放逸衆生 今生不淨想 可厭想 疲勞想 逼迫想 繫縛想 羅刹想 無常想 苦想 無我想 空想 無生想 不自在想 老病死想 自於五欲 不生樂著 亦勸衆生 不著欲樂 唯住法樂 出離於家 入於非家 若有衆生 住於空閑 我爲止息諸惡音聲 於靜夜時 爲說深法 與順行緣 皆出家門 示正道路 爲作光明 除其闇障 滅其怖畏 讚出家業 歎佛 法 僧及善知識具諸功德 亦歎親近善知識行

"차례를 좇아(復) 선남자여! 내가 해탈을 닦을 때, 중생들이 법답지 못한 탐욕을 내지 않게 하고 삿된 분별을 일으키지 않게 하고 모든 죄업을 짓지 않게 하고 그와 같이 지은 것들은 모두 쉬게 하였다. 그와 같이 선근의 법을 내지 않고 바라밀의 행을 닦지 않고 모든 지혜를 구하지 않고 큰 자비를 일으키지 않고 사람과 하늘의 업을 짓지 않으면, 빠짐없이 그들을 나게 하고 그와 같이 이미 난 자들은 거듭 더하고 자라게 하여 이와 같음의 도를 거스르지 않고 따르는 인연을 줄 뿐만 아니라 모든 지혜의 지혜를 이루게 하였다."

復次 善男子 我修解脫時 令諸衆生 不生非法貪 不起邪分別 不作諸罪業 若已作者 皆令止息 若未生善法 未修波羅蜜行 未求一切智 未起大慈悲 未造人天業 皆令其生 若已生者 令其增長 我與如是順道因緣 乃至令成一切智智

"선남자여! 나는 단지 보살의 적정 선정의 즐거움으로 두루 즐겁게 노니는 해탈문만을 얻었을 뿐이다. 저 보살마하살들은 보현이 가지고 있는 행과 원을 온전하게 갖추게 하고 끝이 없는 모든 법계를 통달하며, 늘 모든 선근을 더하고 기르며, 모든 여래의 십력을 비추어 보며, 모든 여래의 경계에 머물면서 생사 가운데 있으면서도 막힘이나 걸림이 없으며, 모든 지혜와 원을 빠르게 만족하며, 모든 세계에 두루 나아가 모든 부처님을 두루 보게 하고 모든 부처님의 법을 다 듣고 모든 중생의 어리석음을 두루 깨트리며, 생사의 큰 어둠 가운데 모든 지혜의 광명을 내어놓는다. 보살마하살의 이러한 일을 내가 어떻게 알 것이며, 그 공덕의 행을 설할 수 있겠는가?"

善男子 我唯得此菩薩寂靜禪定樂普遊步解脫門 如諸菩薩摩訶薩 具足普賢所有行願 了達一切無邊法界 常能增長一切善根 照見一切如來十力 住於一切如來境界 恒處生死 心無障礙 疾能滿足一切智願 普能往詣一切世界 悉能觀見一切諸佛 徧能聽受一切佛法 能破一切眾生癡闇 能於生死大夜之中 出生一切智慧光明 而我云何能知能說彼功德行

"선남자여! 이곳에서 멀지 않은 보리도량의 오른쪽에 한 야신이 있으니, 이름이 '기쁜 눈으로 중생을 보는 이'이다. 그대는 그에게 가서 어떻게 보살의 행을 닦는 것이며, 보살의 도는 어떻게 닦는 것이냐고 물어라."

善男子 去此不遠 於菩提場右邊 有一夜神 名喜目觀察眾生 汝詣彼 問菩薩云何學菩薩行 修菩薩道

이때 보덕정광야신이 이 해탈의 뜻을 거듭 펴려고 선재 동자에게 게송을 말했다.
爾時 普德淨光夜神 欲重宣此解脫義 爲善財童子 而說頌言

若有信解心 그와 같은 믿음과 이해하는 마음이 있으면
盡見三世佛 삼세의 부처님을 다 보고
彼人眼淸淨 그 사람의 눈이 청정하기에
能入諸佛海 능히 모든 부처의 바다에 들어간다네.

汝觀諸佛身 그대는 모든 부처님의 몸을 자세히 보라.

淸淨相莊嚴 청정한 모양이나 상태로 장엄하고
一念神通力 한 생각, 한순간의 신통한 힘으로
法界悉充滿 법계를 남김없이 다 가득하게 채운다네.

盧舍那如來 노사나 여래께서
道場成正覺 도량에서 바른 깨우침을 이루시고
一切法界中 모든 법계 가운데
轉於淨法輪 청정한 법륜을 굴리신다네.

如來知法性 여래는 법의 성품이
寂滅無有二 적멸하기에 둘이 아님을 아시고
淸淨相嚴身 청정한 모양이나 상태로 장엄한 몸을
徧示諸世間 모든 세간에 두루 보이신다네.

佛身不思議 부처님의 몸은 생각으로 헤아려 알 수 없기에
法界悉充滿 법계에 남김없이 충만하고
普現一切刹 모든 세계에 두루 나타나시며
一切無不見 모두가 빠짐없이 다 본다네.

佛身常光明 부처님 몸의 항상 한 광명은
一切刹塵等 모든 세계의 티끌 수와 평등하고
種種淸淨色 가지가지의 청정한 색으로
念念徧法界 생각과 생각마다 법계에 두루 하다네.

如來一毛孔 여래의 하나하나 털구멍에서
放不思議光 생각으로 헤아려 알 수 없는 빛을 놓아
普照諸群生 모든 중생을 두루 비추어
令其煩惱滅 그들이 번뇌를 없애게 한다네.

如來一毛孔 여래의 하나하나 털구멍에서
出生無盡化 끝없이 화신을 내보내어

充徧於法界 법계에 가득하게 하시고
除滅衆生苦 중생의 고통을 제거해 없앤다네.

佛演一妙音 부처님이 빼어난 음성 하나를 널리 펴서
隨類皆令解 온갖 것을 따라 빠짐없이 깨우쳐 알게 하고
普雨廣大法 광대한 법 비를 두루 내려
使發菩提意 보리의 뜻을 일으키게 한다네.

佛昔修諸行 부처님이 옛적에 모든 행을 닦으시며
已曾攝受我 일찍이 나를 거두어주셨기에
故得見如來 이러한 까닭으로 여래가
普現一切刹 모든 세계에 두루 나타나심을 볼 수 있다네.

諸佛出世間 모든 부처님이 세간에 나오심은
量等衆生數 중생의 수와 같으며
種種解脫境 가지가지의 해탈 경계는
非我所能知 나로서는 알 수가 없는 일이라네.

一切諸菩薩 일체 모든 보살은
入佛一毛孔 부처님의 한 털구멍에 들어가니
如是妙解脫 이와 같은 빼어난 해탈을
非我所能知 나로서는 알 수가 없다네.

此近有夜神 이 근처에 야신이 있으니
名喜目觀察 이름이 기쁨의 눈으로 자세히 살펴봄이며
汝應往詣彼 그대는 그에게 가서
問修菩薩行 보살행 닦음을 물어라.

때맞추어 선재 동자는 그의 발에 머리 숙여 예를 올리고 수 없이 돌다가 은근히 우러러 보면서 모든 것을 마치고 물러갔다.

時 善財童子 頂禮其足 遶無數帀 慇懃瞻仰 辭退而去

(34) 희목관찰 중생신. 第3 發光地

이때 선재 동자는 선지식의 가르침을 공경하고 선지식의 말을 행하면서 이와 같은 생각을 하였다.

"선지식은 보기 어렵고 만나기도 어렵지만, 선지식을 보면 마음이 산란하지가 않고 선지식을 보면 막힘이나 걸림이 되는 산을 깨트리며, 선지식을 보면 가엾이 여기는 큰 바다에 들어가 중생을 구하고 보호하며, 선지식을 보면 지혜의 빛을 얻어 법계를 두루 비추며, 선지식을 보면 능히 모든 지혜의 도를 수행하며, 선지식을 보면 시방의 부처 바다를 두루 보고 선지식을 보면 모든 부처님이 법륜 굴리는 것을 보고는 잊지 않고 기억할 것이다."

이 같은 생각을 지어가며 희목관찰중생신에게 가고자 하는 마음을 일으켰다.

爾時 善財童子 敬善知識敎 行善知識語 作如是念 善知識者 難見難遇 見善知識 令心不散亂 見善知識 破障礙山 見善知識 入大悲海 救護衆生 見善知識 得智慧光 普照法界 見善知識 悉能修行一切智道 見善知識 普能睹見十方佛海 見善知識 得見諸佛轉於法輪 憶持不忘 作是念已 發意欲詣喜目觀察衆生夜神所

대세력보희당(大勢力普喜幢) 보살 해탈문

때맞추어 희목신(喜目神)이 선재 동자에게 힘을 주어 돕고 지켜주면서 선지식을 친근히 하면 능히 선근을 내어 거듭 더해지고 커지며, 성숙해짐을 알게 하였다. 이른바 선지식을 친근히 하면 도를 닦음에 도움이 되는 것을 알게 하고 선지식을 친근히 하면 용맹한 마음을 일으키게 하는 것을 알게 하고 선지식을 친근히 하면 깨트릴 수 없는 업이 지어짐을 알게 하고 선지식을 친근히 하면 굴복하기 어려운 힘을 얻게 하는 것을 알게 하고 선지식을 친근히 하면 끝없는 힘에 들어감을 알게 하고 선지식을 친근히 하면 오랜 세월 동안 수행함을 알게 하고 선지식을 친근히 하면 끝없는 업을 갖추는 것을 알게 하고 선지식을 친근히 하면 헤아릴 수 없는 도를 행하는 것을 알게 하고 선지식을 친근히 하면 빠르게 이루는 힘을 얻어 모든 세계로 향해 나아감을 알게 하며, 선지식을 친근히 하면 본래 있던 곳을 벗어나지 않고도 시방세계의 이름을 두루 알게 하였다.

時 喜目神加善財童子 令知親近善知識 能生諸善根 增長成熟 所謂令知親近善知識 能修助道具令知親近善知識 能起勇猛心 令知親近善知識 能作難壞業 令知親近善知識 能得難伏力 令知親近善知識 能入無邊方 令知親近善知識 能久遠修行 令知親近善知識 能辨無邊業 令知親近善知識 能行無量道 令知親近善知識 能得速疾力 普詣諸刹 令知親近善知識 能不離本處 徧至十方

때맞추어 선재 동자가 이러한 생각을 일으켰다.

"선지식을 친근히 하는 까닭으로 용맹하고 부지런하게 모든 지혜의 도를 닦고 선지식을 친근히 하는 까닭으로 모든 서원의 큰 바다를 빨리 출생하고 선지식을 친근히 하는 까닭으로 모든 중생을 위해서 오는 세월이 다하도록 끝없는 고통을 받고 선지식을 친근히 하는 까닭으로 능히 대 정진의 갑옷을 입고 하나의 티끌 가운데 법을 설하는 소리가 법계에 두루 하고 선지식을 친근히 하는 까닭으로 빠르게 모든 방위의 바다에 나아가고 선지식을 친근히 하는 까닭으로 한 털끝에서 미래의 겁이 다하도록 보살행을 닦으며, 선지식을 친근히 하는 까닭으로 생각과 생각마다 보살행을 행하여 마지막까지 모든 지혜의 지위에 편안히 머물고 선지식을 친근히 하는 까닭으로 삼세 모든 여래의 자재 신력, 이 모든 장엄의 도에 들어가고 선지식을 친근히 하는 까닭으로 항상 모든 법계의 문에 두루 들어가며, 선지식을 친근히 하는 까닭으로 법계와 항상 인연을 두면서도 조금도 동하거나 나섬이 없이 능히 시방 국토에 갈 것이다."

時 善財童子 遽發是念 由親近善知識 能勇猛勤修一切智道 由親近善知識 能速疾出生諸大願海 由親近善知識 能爲一切衆生 盡未來劫 受無邊故 由親近善知識 能被大精進甲 於一微塵中 說法聲徧法界 由親近善知識 能速往詣一切方海 由親近善知識 於一毛道 盡未來劫 修菩薩行 由親近善知識 於念念中 行菩薩行 究竟安住一切智地 由親近善知識 能入三世一切如來自在神力 諸莊嚴道 由親近善知識 能常徧入諸法界門 由親近善知識 常緣法界 未曾動出 而能徧往十方國土

이때 선재 동자가 이러한 생각을 하면서 곧 희목관찰중생신의 처소에 나아가니, 그 야신은 여래의 대중이 모인 도량에서 연화장 사자좌에 앉아 큰 세력으로 두루 기쁘게 하는 당기 해탈에 들어갔다. 그 몸에 있는 하나하나의 털구멍마다 헤아릴 수 없는 종류의 변화하는 몸 구름을 내면서 그 응하는 바를 따라 빼어난 음성으로 법을 말하여 헤아릴 수 없는 중생들을 두루 거두어주고 그들이 환희하고 또 이익을 얻게 하였다.

이른바 헤아릴 수 없이 변하여 바뀌는 몸 구름을 내놓아 시방의 모든 세계를 가득 채우고 모든 보살이 보시바라밀(檀波羅蜜)을 행하여 모든 일에 미련이 없으며, 모든 중생에게 두루 보시해주며, 마음이 평등하고 가볍게 움직이거나 업신여김이 없으며, 안팎을 남김없이 보시하지만, 버리기 어려운 것을 버리게 하였다.

爾時 善財童子 發是念已 卽詣喜目觀察衆生夜神所見彼夜神 在於如來衆會道場 坐蓮華藏師子之座 入大勢力普喜幢解脫 於其身上一一毛孔 出無量種變化身雲 隨其所應 以妙言音 而爲說法 普攝無量一切衆生 皆令歡喜 而得利益 所謂出無量化身雲 充滿十方一切世界 說諸菩薩行檀波羅蜜 於一切事 皆無戀著 於一切衆生 普皆施與 其心平等 無有輕慢 內外悉施 難捨能捨

또 중생의 수와 같이 헤아릴 수 없는 변화한 몸 구름을 내어서 법계에 가득하게 하고 모든 중생의 앞에 나타내어 청정한 계행을 지니길 말하고 이지러지거나 범함이 없으며, 모든 고행을 닦아서 남김없이 다 온전하게 갖추고 모든 세간에 의지하지 않고 모든 경계에 애착이 없으며, 생사를 두고 윤회하면서 오고 가는 것을 말하며, 모든 사람과 하늘의 성하고 쇠하며, 괴롭고 즐거움을 설하며, 모든 경계가 다 청정하지 않음을 설하며, 모든 법이 다 항상 함이 없음을 설하며, 모든 행이 남김없이 다 괴로움이기에 맛이 없음을 설하며, 모든 세간이 거꾸로 뒤바뀐 것을 버리고 벗어나게 하며, 모든 부처의 경계에 머물면서 여래의 계율을 지니게 하며, 이와 같은 가지가지의 계행을 널리 펴서 설하여 계의 향기가 널리 풍기어 모든 중생이 다 남김없이 성숙함을 얻게 하였다.

又出等衆生數無量化身雲 充滿法界 普現一切衆生之前 說持淨戒 無有缺犯 修諸苦行 皆悉具足 於諸世間 無有所依 於諸境界 無所愛著 說在生死 輪迴往返 說諸人天盛衰苦樂 說諸境界皆是不淨 說一切法皆是無常 說一切行悉苦無味 令諸世間 捨離顚倒 住諸佛境 持如來戒 如是演說種種戒行 戒香普熏 令諸衆生 悉得成熟

또 중생의 수와 같은 가지가지의 몸 구름을 내놓아 많은 모든 괴로움을 참고 또 받으라 말하니, 이른바 베어내고 오려내고 몽둥이로 때리고 꾸짖고 욕하고 속이고 욕을 보이더라도 그 마음을 태연히 가지고 움직이지 말며, 산란하게 하지도 말고 모든 행을 행함에 낮지도 않고 높지도 않으며, 모든 중생에게 교만한 마음을 내지 말고 모든 법의 성품에 편안히 머물면서 참고 받으며, 보리심을 설하지만 다함이 없으니, 마음이 다함이 없는 까닭으로 지혜도 또한 다함이 없기에 모든 중생의 번뇌를 끊게 하며, 모든 중생의 비천과 추루와 온전하게 갖추지 못한 몸을 설하여 그들이 싫어하는 마음을 내게 하고 모든 여래의 청정하고 빼어난 색의 위 없는 몸을 칭찬하여 즐거움을 내게 하였으며, 이와 같은 방편으로 중생을 성숙하게 하였다.

又出等衆生數種種身雲 說能忍受一切衆故 所謂割截 捶楚 訶罵 欺辱 其心泰然 不動不亂 於一切行 不卑不高 於諸衆生 不起我慢 於諸法性 安住忍受 說菩提心 無有窮盡 心無盡故 智亦無盡 普斷一切衆生煩惱 說諸衆生卑賤 醜陋 不具足身 令生厭離 讚諸如來淸淨妙色無上之身 令生欣樂 如是方便 成熟衆生

또 중생의 수와 같은 가지가지의 몸 구름을 내놓아 모든 중생이 마음으로 즐거워하는 것을 따라 용맹하게 정진하여 모든 지혜의 도를 도와주는 법을 닦으라고 설하며, 용맹하게 정진하여 마와 원수를 항복 받으며, 용맹하게 정진하여 보리심을 일으키고 흔들리지 않고 물러서지 않으며, 용맹하게 정진하여 모든 중생을 제도하고 생사의 바다에서 나오게 하며, 용맹하게 정진하여 모든 악한 길의 모든 어려움을 제거해 없애며, 용맹하게 정진하여 지혜롭지 못한 산을 무너뜨리고 용맹하게 정진하여 모든 부처님 여래에게 공양하지만, 싫어함을 내지 않고 용맹하게 정진하여 모든 부처님의 법륜을 받아 지니며, 용맹하게 정진하여 모든 막힘이나 걸림이 되는 산을 무너트리며, 용맹하게 정진하여 모든 중생을 가르치고 바른길로 이끌고 성숙하게 하며, 용맹하게 정진하여 모든 부처님의 국토를 청정하게 장엄하였으며, 이와 같은 방편으로 중생을 성숙하게 하였다.

又出等衆生界種種身雲 隨諸衆生心之所樂 說勇猛精進 修一切智助道之法 勇猛精進 降伏魔怨 勇猛精進 發菩提心 不動不退 勇猛精進 度一切衆生 出生死海 勇猛精進 除滅一切惡道諸難 勇猛精進 壞無智山 勇猛精進 供養一切佛如來 不生疲厭 勇猛精進 受持一切諸佛法輪 勇猛精進 壞散一切諸障礙山 勇猛精進 敎化成熟一切衆生 勇猛精進 嚴淨一切諸佛國土 如是方便 成熟衆生

또 가지가지의 헤아릴 수 없는 몸 구름을 내놓아 가지가지의 방편으로 중생들의 마음을 기쁘게 하여 악한 뜻을 버리고 벗어나게 하며, 모든 욕망을 싫어하고 부끄러움을 설하여 모든 중생이 모든 근을 감추고 보호하게 하며, 이들을 위해 위 없는 청정한 행을 설하고 욕심의 세계는 마의 경계임을 설하여 두려움을 가지게 하며, 세간의 욕락을 즐기지 말라 설하여 법의 즐거움에 머물게 하며, 차례를 따라 모든 선정과 모든 삼매의 즐거움에 들어가서 사유하고 자세히 들여다보게 하며, 모든 번뇌를 제거하여 없애게 하며, 또한 모든 보살의 모든 삼매의 바다와 신력의 힘으로 변화하여 나타냄과 자재하게 노닐며, 모든 중생이 환희하고 기쁘게 하며, 모든 근심과 두려움에서 벗어나게 하며, 그 마음이 청정하고 모든 근이 용맹하고 날카로우며, 법을 소중하게 여기고 닦고 익혀서 거듭 더하게 하고 키우게 하였다.

又出種種無量身雲 以種種方便 令諸衆生 心生歡喜 捨離惡意 厭一切欲 爲說慚愧 令諸衆生 藏護諸根 爲說無上淸淨梵行 爲說欲界是魔境界 令生恐怖 爲現不樂世間欲樂 住於法樂 隨其次第 入諸禪定 諸三昧樂 令思惟觀察 除滅一切所有煩惱 又爲演說一切菩薩諸三昧海 神力變現 自在遊戱 令諸衆生 歡喜適悅 離諸憂怖 其心淸淨 諸根猛利 愛重於法 修習增長

또 중생 세계의 수와 같은 가지가지의 몸 구름을 내어서 그들을 위해 시방 국토에 나아가 설하여 모든 부처님과 또 스승과 선지식에게 공양하고 일체 모든 부처님의 법륜을 받아 지니고 부지런히 정진하며, 게으르지 않으며, 또 모든 여래의 바다를 칭찬하고 일체 모든 법문의 바다를 자세히 살펴서 들여다보고 일체 모든 법성의 모양이나 상태를 나타내 보이며, 일체 모든 삼매의 문을 열고 지혜의 경계를 열어서 모든 중생의 의심 바다를 말리고 금강 지혜를 보여서 모든 중생의 소견이 된 산을 무너트리고 지혜의 해가 떠올라 중생들의 어리석은 어둠을 깨트리고 다들 환희하게 하며, 모든 지혜를 이루게 하였다.

又出等衆生界種種身雲 爲說往詣十方國土 供養諸佛及以師長 眞善知識 受持一切諸佛法輪 精勤不懈 又爲演說俙讚一切諸如來海 觀察一切諸法門海 顯示一切諸法性相 開闡一切諸三昧門 開智慧境界 竭一切衆生疑海 示智慧金剛 壞一切衆生見山 昇智慧日輪 破一切衆生癡暗 皆令歡喜 成一切智

또 중생 세계와 같은 가지가지의 몸 구름을 내놓아 모든 중생의 앞에 나아가 그들이 응하는 것을 따라 가지가지의 말로 법을 설하지만, 늘 세간의 신통과 복의 힘을 설하고 늘 삼계가 모두 두려운 것이라고 설하며, 세간의 업을 짓지 말라고 설하며, 삼계의 처를 벗어나 소견의 빽빽한 숲에서 나오게 하며, 언제나 모든 지혜의 도를 칭찬하여 그들이 이승의 지위를 뛰어넘게 하며, 늘 생사에 머물지 말고 열반에도 머물지 말라고 설하여 유위(有爲)나 무위(無爲)에 집착하지 않게 하고 늘 천궁에 머물라고 할 뿐만 아니라 도량에 머물라고 설하여 그들을 기쁘게 하고 보리에 뜻을 일으켜 이와 같은 방편으로 중생을 가르치고 바른길로 이끌어서 마지막까지 원만한 모든 지혜를 얻게 하였다.

又出等眾生界種種身雲 普詣一切眾生之前 隨其所應 以種種言辭 而為說法 或說世間神通福力 或說三界 皆是可怖 令其不作世間業行 離三界處 出見稠林 或為稱讚一切智道 令其超越二乘之地 或為演說不住生死 不住涅槃 令其不著有為無為 或為演說住於天宮 乃至道場 令其欣樂發菩提意 如是方便 教化眾生 皆令究竟得一切智

또 모든 세계의 티끌 수와 같은 몸의 구름을 내어서 모든 중생 앞에 두루 나아가 생각과 생각 가운데 보현보살의 모든 행과 원을 보이고 생각과 생각 가운데 청정한 큰 원이 법계에 가득함을 보이고 생각과 생각 가운데 모든 세계 바다를 장엄하여 청정함을 보이고 생각과 생각 가운데 모든 여래 바다에 공양함을 보이고 생각과 생각 가운데 모든 법문 바다에 들어감을 보이고 생각과 생각 가운데 모든 세계 바다의 티끌 수와 같은 세계 바다에 들어감을 보이고 생각과 생각 가운데 모든 세계의 미래 겁이 다하도록 청정하게 수행하는 모든 지혜의 도를 보이고 생각과 생각 가운데 여래의 힘에 들어감을 보이고 생각과 생각 가운데 모든 삼세의 방편 바다에 들어감을 보이고 생각과 생각 가운데 모든 세계에 가서 가지가지의 신통 변화를 나타냄을 보이고 생각과 생각 가운데 모든 보살의 모든 행과 원을 보여서 모든 중생이 모든 지혜에 머물게 하여, 이와 같은 지어가는 일을 쉬지 않았다.

又出一切世界微塵數身雲 普詣一切眾生之前 念念中 示普賢菩薩一切行願 念念中 示清淨大願 充滿法界 念念中 示嚴淨一切世界海 念念中 示供養一切如來海 念念中 示入一切法門海 念念中 示入一切世界海 微塵數世界海 念念中 示於一切剎盡未來劫 清淨修行一切智道 念念中 示入如來力 念念中 示入一切三世方便海 念念中 示往一切剎 現種種神通變化 念念中 示諸菩薩一切行願 令一切眾生 住一切智 如是所作 恒無休息

또 모든 중생의 마음 수와 같은 몸 구름을 내어서 모든 중생 앞에 나아가 모든 보살이 모든 지혜를 모으는 일에 도움이 되는 법을 설하며, 끝없는 힘과 모든 지혜를 구함에 깨트릴 수 없는 힘과 다하고 다함이 없는 힘과 위 없는 행을 닦아서 물러서지 않는 힘과 중간에 끊어지지 않는 힘과 나고 죽은 법에 물들거나 집착하지 않는 힘과 일체 모든 마의 군중을 깨트리는 힘과 모든 번뇌의 더러움을 멀리 벗어나는 힘과 모든 업장의 산을 깨트리는 힘과 모든 겁에 머물며 크게 가엾이 여기는 행을 닦음에 게으름이 없는 힘과 일체 모든 부처님의 국토를 진동시켜서 모든 중생이 환희하게 하는 힘과 모든 외도를 깨트리는 힘과 넓은 세간에서 법륜을 굴리는 힘을 설하였다. 이와 같은 방편 등으로 성숙하게 하여 모든 중생이 모든 지혜에 이르게 하였다.

又出等一切衆生心數身雲 普詣一切衆生之前 說諸菩薩集一切智助道之法 無邊際力 求一切智 不破壞力 無窮盡力 修無上行不退轉力 無間斷力 於生死法無染著力 能破一切諸魔衆力 遠離一切煩惱垢力 能破一切業障山力 住一切劫 修大悲行 無疲倦力 震動一切諸佛國土 令一切衆生 生歡喜力 能破一切諸外道力 普於世間 轉法輪力 以如是等方便成熟令諸衆生 至一切智

또 모든 중생의 마음 수와 같은 헤아릴 수 없이 변화하는 몸 구름을 내어서 시방의 헤아릴 수 없는 세계에 나가며, 중생의 마음을 따라 모든 보살의 지혜와 행을 설하시니, 이른바 모든 중생계 바다에 들어가는 지혜를 설하고 모든 중생의 마음 바다에 들어가는 지혜를 설하고 모든 중생의 근 바다에 들어가는 지혜를 설하고 모든 중생의 행 바다에 들어가는 지혜를 설하고 모든 중생을 가르쳐 이끄는 일에 일찍이 때를 잃지 않는 지혜를 설하고 모든 법계에 음성을 내놓은 지혜를 설하고 생각과 생각마다 모든 법계 바다에 두루 하는 지혜를 설하고 생각과 생각마다 모든 세계 바다가 무너짐을 아는 지혜를 설하고 생각과 생각마다 모든 세계 바다가 이루어지고 머물면서 장엄이 차별됨을 아는 지혜를 설하고 생각과 생각마다 자재하게 모든 여래를 친근히 공양하여 법륜을 듣고 받아들이는 지혜를 설하셨다.

이와 같은 지혜 바라밀을 보이시고 모든 중생을 기쁘게 하고 고르게 통하도록 하고 그 마음이 청정하기에 결정할 수 있는 깨우침을 내고 모든 지혜를 구해서 물러섬이 없게 하였다. 보살의 모든 바라밀을 설하여 중생을 성숙하게 하듯이, 이와 같은 모든 보살이 가지가지로 행하는 법을 말로 풀어서 이익이 되게 하였다.

又出等一切衆生心數無量變化色身雲 普詣十方無量世界 隨衆生心 演說一切菩薩智行 所謂說入一切衆生界海智 說入一切衆生心海智 說入一切衆生根海智 說入一切衆生行海智 說度一切衆生 未曾失時智 說出一切法界音聲智 說念念徧一切法界

海智 說念念知一切世界海壞智 說念念知一切世界海成住 莊嚴差別智 說念念自在 親近 供養一切如來 聽受法輪智 示現如是智波羅蜜 令諸衆生 皆大歡喜 調暢適悅 其心清淨 生決定解 求一切智 無有退轉 如說菩薩諸波羅蜜 成熟衆生 如是宣說一切 菩薩種種行法 而爲利益

　차례를 좇아(復) 하나하나의 모든 털구멍에서 헤아릴 수 없는 종류의 중생, 이 중생들의 몸 구름을 내어놓으니, 이른바 색구경천, 선현천, 선견천, 무열천, 무번천과 비슷한 몸 구름을 내고 소광천, 광과천, 복생천, 무운천과 비슷한 몸 구름을 내고 변정천, 무량정천, 소정천과 비슷한 몸 구름을 내고 광음천, 무량광천, 소광천과 비슷한 몸 구름을 내고 대범천, 범보천, 범중천과 비슷한 몸 구름을 내고 자재천, 화락천, 도솔타천, 수야마천, 도리천과 그 채녀와 모든 천자의 대중과 비슷한 몸 구름을 내었다.
　제두뢰타 건달바왕, 건달바 아들, 건달바 딸과 비슷한 몸 구름을 내고 비루륵차 구반다왕, 구바다 아들, 구반다 딸과 비슷한 몸 구름을 내고 비루박차 용왕, 용의 아들, 용의 딸과 비슷한 몸 구름을 내고 비사문 야차왕, 야차의 아들, 야차의 딸과 비슷한 몸 구름을 내고 대수 긴나라왕, 선혜 마후라가왕, 대속질력 가루라왕, 라후 아수라왕, 염라법왕과 그 아들딸과 비슷한 몸 구름을 내었다.
　모든 사람의 왕과 그 아들딸과 비슷한 몸 구름을 내었다.
　성문과 독각과 부처님들과 비슷한 몸 구름을 내고 땅의 신, 물의 신, 불의 신, 바람의 신, 강의 신, 바다의 신, 산의 신, 나무의 신뿐만 아니라 낮과 밤의 신, 방위의 신들과 비슷한 몸 구름을 내어 시방에 두루 하고 법계에 가득하였다.

復於一一諸毛孔中 出無量種衆生身雲 所謂出與色究竟天 善現天 善見天 無熱天 無煩天相似身雲 出少廣 廣果 福生 無雲天相似身雲 出徧淨 無量淨 少淨天相似身雲 出光音 無量光 少光天相似身雲 出大梵 梵輔 梵衆天相似身雲 出自在天 化樂天 兜率陀天 須夜摩天 忉利天及其采女 諸天子衆相似身雲 出提頭賴咤乾闥婆王 乾闥婆子 乾闥婆女相似身雲 出毘樓勒叉鳩槃茶王 鳩槃茶子 鳩槃茶女相似身雲 出毘樓博叉龍王 龍子 龍女相似身雲 出毘沙門夜叉王 夜叉子 夜叉女相似身雲 出大樹緊那羅王 善慧摩睺羅伽王 大速疾力迦樓羅王 羅睺阿修羅王 閻羅法王及其子 其女相似身雲 出諸人主其子 其女相似身雲 出聲聞 獨覺及諸佛衆相似身雲 出地神 水神 火神 風神 河神 海神 山神 樹神乃至晝夜主方神等相似身雲 周徧十方 充滿法界

그 모든 중생 앞에서 가지가지의 소리를 나타내시니, 이른바 바람의 바퀴 소리, 물의 바퀴 소리, 불꽃의 바퀴 소리, 바다의 조수 소리, 땅이 진동하는 소리, 큰 산이 부딪치는 소리, 하늘의 높은 성이 진동하는 소리, 마니 구슬이 부딪치는 소리, 천왕의 소리, 용왕의 소리, 야차왕의 소리, 건달바왕의 소리, 아수라왕의 소리, 가루라왕의 소리, 긴나라왕의 소리, 마후라가왕의 소리, 사람 왕의 소리, 범왕의 소리, 천녀들의 노래하는 소리, 하늘의 음악 소리, 마니보배왕의 소리였다.

이와 같은 등등의 가지가지 음성으로 희목관찰중생야신이 처음 마음을 일으킬 때부터 모아 온 공덕을 설하시니, 이른바 일체 모든 선지식을 받들어 섬기고 모든 부처님을 친근히 하여 선근의 법을 수행함에 단 바라밀을 행하여 버리기 어려운 것을 버리고 시 바라밀을 행하여 왕의 지위와 궁전과 권속을 버리고 추가해서 도를 배우고 찬제(忍辱)바라밀을 행하여 세간의 모든 괴로움과 보살이 닦는 고행을 참으며, 가지고 있는 바른 법을 남김없이 다 견고하게 하여 그 마음을 움직이지 않게 하고 또한 모든 중생이 내 몸과 마음에 나쁜 짓을 하고 나쁜 말 하는 것을 능히 참고 받아들이며, 모든 업을 참아서 잃거나 무너트리지 않고 모든 법을 참아서 결정하는 깨우침을 내고 모든 법의 성품을 참아서 진실하게 사유하게 하셨다.

정진 바라밀을 행하여 모든 지혜의 행을 일으키고 모든 불법을 이루며, 선 바라밀을 행하여 그 선 바라밀이 가지고 있는 갖추어진 도구와 가지고 있는 닦고 익힘과 가지고 있는 성취와 가지고 있는 청정과 가지고 있는 일어난 삼매 신통과 가지고 있는 삼매 바다에 들어가는 문을 남김없이 나타내 보이고 반야바라밀을 행하여 그 반야바라밀이 가지고 있는 갖추어진 도구와 가지고 있는 청정과 큰 지혜의 태양과 큰 지혜의 구름과 큰 지혜의 장과 큰 지혜의 문을 남김없이 다 나타내 보였다.

방편 바라밀을 행하여 그 방편 바라밀이 가지고 있는 갖추어진 도구와 가지고 있는 수행과 가지고 있는 체성과 가지고 있는 이치로 향함과 가지고 있는 청정과 가지고 있는 모양이나 상태와 응하는 일을 남김없이 다 드러내 보이고 원 바라밀을 행하여 그 원 바라밀이 가지고 있는 체성과 가지고 있는 성취와 가지고 있는 닦고 익힘과 가지고 있는 모양이나 상태와 응하는 일을 남김없이 다 드러내 보이고 힘 바라밀을 행하여 그 힘 바라밀이 가지고 있는 갖추어진 도구와 가지고 있는 인연과 가지고 있는 이치로 향함과 가지고 있는 널리 펴서 설함과 가지고 있는 모양이나 상태와 응하는 일을 남김없이 다 드러내 보이고 지혜 바라밀을 행하여 가지고 있는 갖추어진 도구와 가지고 있는 체성과 가지고 있는 성취와 가지고 있는 청정과 가지고 있는 처소와 가지고 있는 거듭 더하고 커짐과 가지고 있는 깊이 들어감과 가지고 있는 광명과 가지고 있는 드러내어 보이는 것과 가지고 있는 이치에 향함과 가지고 있는 모양이나 상태의 일에 응하는 일과 가지고 있는 여럿 중에 골라냄과 가지고 있는 모양이나 상태의 행함과 가지고 있는 모양이나 상태에 응하는 법과 가지고 있는 거두어주는 법과 아는 법과 아는 업과 아는 세계와 아는 겁과 아는 세간과 아는 부처님의 출현과 아는 부처님과 아는 보살과 아는 보살의 마음과 보살의 지위와 보살의 갖추어진 도구와 보살이 일으켜 향하는 것과 보살의 회향과 보살의 큰 원과 보살의 법륜과 보살의 여럿 중에 골라내는 법과 보살의 법 바다와 보살의 법문 바다와 보살 법이 휘돌아 흐르는 것과 보살 법의 이치로 향하는 이와 같은 등등이 지혜 바라밀과 서로 응하는 경계를 남김없이 다 드러내 보여서 중생을 성숙하게 하였다.

於彼一切衆生之前 現種種聲 所謂風輪聲 水輪聲 火焰聲 海潮聲 地震聲 大山相擊聲 天城震動聲 摩尼相擊聲 天王聲 龍王聲 夜叉王聲 乾闥婆王聲 阿修羅王聲 迦樓羅王聲 緊那羅王聲 摩睺羅伽王聲 人王聲 梵王聲 天女歌詠聲 諸天音樂聲 摩尼寶王聲 以如是等種種音聲 說喜目觀察衆生夜神 從初發心所集功德 所謂承事一切諸善知識 親近諸佛 修行善法 行檀波羅蜜 難捨能捨 行尸波羅蜜 棄捨王位宮殿眷屬 出家學道 行羼提波羅蜜 能忍世間一切苦事 及以菩薩所修苦行 所持正法 皆悉堅固 其心不動 亦能忍受一切衆生 於己身心 惡作惡說 忍一切業 皆不失壞 忍一切法 生決定解 忍諸法性 能諦思惟 行精進波羅蜜 起一切智行 成一切佛法 行禪波羅蜜 其禪波羅蜜所有資具 所有修習 所有成就 所有淸淨 所有起三昧神通 所有入三昧海門 皆悉顯示 行般若波羅蜜 其般若波羅蜜所有資具 所有淸淨 大智慧日 大智慧雲 大智慧藏 大智慧門 皆悉顯示 行方便波羅蜜 其方便波羅蜜所有資具 所有修行 所有體性 所有理趣 所有淸淨 所有相應事 皆悉顯示 行願波羅蜜 其願波羅蜜所有體性 所有成就 所有修習 所有相應事 皆悉顯示 行力波羅蜜 其力波羅蜜所有資具 所有因緣 所有理趣 所有演說 所有相應事 皆悉顯示 行智波羅蜜 其智波羅蜜所有資具 所有體性 所有成就 所有淸淨 所有處所 所有增長 所有深入 所有光明 所有顯示 所有理趣 所有相應事 所有揀擇 所有行相 所有相應法 所有所攝法 所知法 所知業 所知刹 所知劫 所知世 所知佛出現 所知佛 所知菩薩 所知菩薩心 菩薩位 菩薩資具 菩薩發趣 菩薩迴向 菩薩大願 菩薩法輪 菩薩揀擇法 菩薩法海 菩薩法門海 菩薩法旋流 菩薩法理趣 如是等智波羅蜜相應境界 皆悉顯示 成熟衆生

또 희목관찰중생신이 처음 마음을 일으킬 때부터 모아 온 공덕이 계속 이어지는 차례와 모아 온 선근이 계속 이어지는 차례와 모아 온 헤아릴 수 없는 모든 바라밀이 계속 이어지는 차례와 이곳에서 죽어 저곳에서 나며, 그 이름이 계속 이어지는 차례와 선지식을 친근히 하고 모든 부처님을 받들어 섬기며, 바른 법을 받아 지니고 보살의 행을 닦아서 모든 삼매에 들어가고 삼매의 힘으로 모든 부처님을 두루 보고 모든 세계를 두루 보고 모든 법을 두루 알고 법계에 깊이 들어가 중생을 자세히 살펴서 들여다보고 법계의 바다에 들어가서 모든 중생이 이곳에서 죽고 저곳에서 나는 것을 알고 청정한 하늘의 귀를 얻어 모든 소리를 듣고 청정한 하늘의 눈을 얻어 모든 색을 보고 타인의 마음을 아는 지혜를 얻어 중생의 마음을 알고 전생에 머무는 지혜를 얻어 이전 경계의 일을 알고 의지하는 것도 없고 지음도 없는 신족의 지혜를 통하여 자재하게 나다니면서 시방세계에 두루 하고 이와 같음을 가지고 있으면서 계속 이어지는 차례와 보살의 해탈을 얻고 보살의 해탈 바다에 들어가며, 보살의 자재함을 얻고 보살의 용맹을 얻으며, 보살의 여유 있는 걸음걸이를 얻고 보살의 생각에 머물고 보살 도에 들어가는 이와 같은 모든 공덕이 계속 이어지는 차례를 남김없이 다 널리 펴서 설하고 분별하고 드러내 보여서 중생을 성숙하게 하였다.

又說此神從初發心 所集功德 相續次第 所習善根 相續次第 所修無量諸波羅蜜 相續次第 死此生彼 及其名號 相續次第 親近善友 承事諸佛 受持正法 修菩薩行 入諸三昧 以三昧力 普見諸佛 普見諸刹 普知諸劫 深入法界 觀察衆生 入法界海 知諸衆生死此生彼 得淨天耳 聞一切聲 得淨天眼 見一切色 得他心智 知衆生心 得宿住智 知前際事 得無依無作 神足智通 自在遊行 徧十方刹 如是所有 相續次第 得菩薩解脫 入菩薩解脫海 得菩薩自在 得菩薩勇猛 得菩薩遊步 住菩薩想 入菩薩道 如是一切所有功德 相續次第 皆悉演說 分別顯示 成熟衆生

이와 같음을 설할 때 생각과 생각 가운데 시방에 각각 말할 수 없이 말할 수 없는 모든 부처님 국토를 장엄하여 청정히 하고 헤아릴 수 없는 중생을 악취에서 벗어나게 하고 헤아릴 수 없는 중생들이 하늘과 사람 가운데 태어나 부귀하고 자재하게 하며, 헤아릴 수 없는 중생을 생사의 바다에서 나오게 하고 헤아릴 수 없는 중생을 성문이나 벽지불의 지위에 머물게 하고 헤아릴 수 없는 중생을 여래의 지위에 머물게 하였다.

如是說時 於念念中 十方各嚴淨不可說不可說諸佛國土 度脫無量惡趣衆生 令無量衆生 生天人中 富貴自在 令無量衆生 出生死海 令無量衆生 安住聲聞 辟支佛地 令無量衆生 住如來地

이때 선재 동자가 위에 나타난 일체 모든 보기 드문 일들을 보고 또 듣고는 생각마다 자세히 살펴서 들여다보고 사유하면서 분명하게 깨우침을 깨달아 알고 깊이 들어가 편안하게 머물렀으며, 부처님의 위신의 힘과 해탈의 힘을 받들어서 사람의 생각으로는 헤아려 알 수 없는 보살의 큰 세력인 보희당 자재력 해탈(普喜幢自在力解脫)을 얻었다. 왜 그러한가 하면, 희목야신과 더불어 옛적에 함께 수행하던 까닭이며, 여래의 신통한 힘으로 도움을 받는 까닭이며, 생각으로 헤아려 알 수 없는 선근으로 도움을 받는 까닭이며, 보살의 모든 근을 얻은 까닭이며, 선지식의 힘으로 거두어주는 까닭이며, 여래로부터 보호받고 생각함을 얻은 까닭이며, 비로자나 여래께서 일찍이 가르치고 바른길로 이끈 까닭이며, 그러한 선근이 이미 성숙한 까닭이며, 보현보살의 행을 닦고 견딘 까닭이다.

爾時 善財童子 見聞如上所現 一切諸希有事 念念觀察 思惟解了 深入安住 承佛威力 及解脫力 則得菩薩不思議大勢力 普喜幢自在力解脫 何以故 與喜目夜神 於往昔時 同修行故 如來神力所加持故 不思議善根所祐助故 得菩薩諸根故 生如來種中故 得善友力所攝受故 受諸如來所護念故 毘盧遮那如來曾所化故 彼分善根已成熟故 堪修普賢菩薩行故

그때 선재 동자는 이 해탈을 얻고 마음이 기쁘고 즐거움에 차올라 합장하고 희목관찰중생야신을 향해 게송으로 찬탄했다.

爾時 善財童子 得此解脫已 心生歡喜 合掌向喜目觀察衆生夜神 以偈讚曰

無量無數劫 헤아릴 수 없고 수 없는 겁 동안
學佛甚深法 부처님의 깊고 깊은 법을 배우고
隨其所應化 응하여 가르치고 이끄는 바를 따라
顯現妙色身 빼어난 빛의 몸을 드러내어 나타내신다네.

了知諸衆生 모든 중생이
沈迷嬰妄想 갓난아이처럼 망령된 생각에 빠진 것을 깨달아 아시고
種種身皆現 가지가지의 몸을 빠짐없이 나타내어
隨應悉調伏 응함을 따라 남김없이 다 조복시킨다네.

法身恒寂靜 법의 몸은 언제나 적정하고

淸淨無二相 청정하기에 둘이라는 모양이나 상태가 없지만
爲化衆生故 중생들을 가르치고 바른길로 이끌기 위해
示現種種形 가지가지의 몸을 나타내 보인다네.

於諸蘊界處 모든 온, 계, 처에
未曾有所著 일찍이 집착하는 것이 없지만
示行及色身 행과 몸을 보여서
調伏一切衆 모든 중생을 조복시킨다네.

不著內外法 안과 밖의 모든 법에 집착하지 않고
已度生死海 이미 생사의 바다를 건넜지만
而現種種身 가지가지의 몸을 나타내어
住於諸有界 모든 세계에 머문다네.

遠離諸分別 모든 분별에서 멀리 벗어나고
戱論所不動 말장난에 움직이지 않으며
爲著妄想者 망령된 생각에 집착하는 자를 위해
弘宣十力法 십력의 법을 널리 편다네.

一心住三昧 한결같은 마음으로 삼매에 머물고
無量劫不動 헤아릴 수 없는 겁 동안 움직이지 않지만
毛孔出化雲 털구멍으로 변화하는 구름을 내어
供養十方佛 시방의 부처님을 공양한다네.

得佛方便力 부처님의 방편, 이 방편의 힘을 얻어
念念無邊際 생각마다 끝없는 경계에
示現種種身 가지가지의 몸을 나타내 보여서
普攝諸群生 모든 중생을 두루 거두어준다네.

了知諸有海 모든 유위의 바다를 깨달아 알고
種種業莊嚴 가지가지의 업으로 장엄하며

爲說無礙法 막힘이나 걸림 없는 법을 설하여
令其悉淸淨 남김없이 다 청정하게 한다네.

色身妙無比 색신의 빼어남은 아주 뛰어나서 비할 데가 없고
淸淨如普賢 청정함은 보현보살과 같지만
隨諸衆生心 모든 중생의 마음을 따라
示現世間相 세간의 모양이나 상태를 나타내 보인다네.

이때 선재 동자가 이 게송을 마치고는 희목관찰중생야신에게 물어 말했다.
"천신이여! 당신은 아뇩다라삼먁삼보리심을 일으킨 것은 어느 때이며, 이 해탈을 얻은 지는 얼마나 오래되었습니까?"
  爾時 善財童子 說此頌已 白言 天神 汝發阿耨多羅三藐三菩提心 爲幾時耶 得此解脫 其已久如

그때 희목관찰중생주야신이 게송으로 답했다.
  爾時 喜目觀察衆生主夜神 以頌答曰

我念過去世 내가 생각해보니 과거의 세상
過於刹塵劫 그 세계의 티끌 같은 겁을 지나서
刹號摩尼光 마니의 광명이라 부르는 세계가 있었고
劫名寂靜音 겁의 이름은 '적정의 소리'였다네.

百萬那由他 백만 나유타
俱胝四天下 구지 사천하가 있었고
其王數亦爾 그 왕의 수 또한 그와 같았으며
各各自臨馭 각각 다스리고 있었다네.

中有一王都 그 가운데 한 왕도가 있으니

號曰香幢寶 향 당기 보배라 불렸으며
莊嚴最殊妙 장엄이 가장 특이하고 빼어나서
見者皆欣悅 보는 자마다 빠짐없이 기뻐하였다네.

中有轉輪王 그중에 전륜왕이 있으니
其身甚微妙 그 몸이 매우 뛰어나고 빼어나며
三十二種相 32종류의 모양이나 상태가
隨好以莊嚴 좋아하는 것만을 따라 장엄하였다네.

蓮華中化生 연꽃 가운데서 홀연히 태어나서
金色光明身 밝게 빛나는 금빛의 몸으로
騰空照遠近 텅 빈 곳으로 올라 멀고 가까움을 비추고
普及閻浮界 염부제에 두루 미친다네.

其王有千子 그 왕에게 천 명의 아들이 있으니
勇猛身端正 용맹하고 몸이 단정하며
臣佐滿一億 도움을 주는 신하가 억으로 가득하고
智慧善方便 선근 방편으로 지혜롭다네.

嬪御有十億 아내는 십억이 있으니
顏容狀天女 용모는 천녀와 같고
利益調柔意 이롭고 조화로우며 부드러운 뜻과
慈心給侍王 사랑하는 마음으로 왕을 귀하게 모신다네.

其王以法化 그 왕이 법의 바른 가르침으로
普及四天下 사천하에 두루 미치니
輪圍大地中 법륜으로 둘러싼 대지 가운데
一切皆豐盛 일체가 다 빠짐없이 풍성하다네.

我時爲寶女 나는 그때 보배 여자가 되어
具足梵音聲 범천의 음성을 온전하게 갖추었으며

身出金色光 몸에서 나는 금색의 광명이
照及千由旬 천 유순에 이르도록 비추었다네.

日光旣已沒 해는 이미 넘어가고
音樂咸寂然 음악도 다 고요하며
大王及侍御 대왕과 모시는 이들이
一切皆安寢 모두 빠짐없이 잠들었다네.

彼時德海佛 그때 덕해 부처님이
出興於世間 세간에 즐겁게 나오시어
顯現神通力 신통한 힘을 드러내어 나타내며
充滿十方界 시방세계에 가득하셨다네.

放大光明海 큰 광명의 바다를 놓으시니
一切刹塵數 모든 세계의 티끌 수와 같은
種種自在身 가지가지의 자재한 몸을
徧滿於十方 시방에 가득하게 채우신다네.

地震出妙音 땅이 진동하면서 빼어난 소리로
普告佛興世 부처님이 세상에 나셨다고 알려주니
天人龍神衆 하늘, 사람, 용과 귀신들이
一切皆歡喜 모두 빠짐없이 다 기뻐하고 즐거워하였다네.

一一毛孔中 하나하나의 털구멍 가운데서
出佛化身海 부처님의 변화한 몸을 내어
十方皆徧滿 시방에 빠짐없이 가득하고
隨應說妙法 응함을 따라 빼어난 법을 설하신다네.

我時於夢中 내가 그때 꿈 가운데서
見佛諸神變 부처님의 모든 신통 변화를 보고
亦聞深妙法 또한 깊고 빼어난 법을 들으며

心生大歡喜 크게 기뻐하고 즐거워하는 마음을 내었다네.

一萬主夜神 일만의 희목관찰야신이
共在空中住 함께 텅 빈 가운데 머물며
讚歎佛興世 부처님이 세상에 나오심을 찬탄하고
同時覺悟我 동시에 내가 깨우침을 깨닫게 하였다네.

賢慧汝應起 지혜로운 그대는 응하여 일어나라.
佛已現汝國 부처님은 이미 그대의 나라에 나타나시고
劫海難値遇 겁의 바다를 두고도 만나기 어렵지만
見者得淸淨 보는 자들은 청정함을 얻는다네.

我時便寐寤 나는 그때 문득 꿈에서 깨어나
卽睹淸淨光 곧바로 청정한 광명을 보고
觀此從何來 이 빛이 어디서 오는 것인가 자세히 살펴보니
見佛樹王下 보리수 아래에 계신 부처님을 보았다네.

諸相莊嚴體 모든 모양이나 상태로 장엄한 몸은
猶如寶山王 마치 보배산 왕과 같고
一切毛孔中 모든 털 구멍 가운데서
放大光明海 큰 광명의 바다를 놓으셨다네.

見已心歡喜 이를 보고 마음으로 기뻐하고 즐거워하며
便生此念言 이러한 생각을 낸다네.
願我得如佛 '원하건대 나도 부처님처럼
廣大神通力 광대한 신통의 힘을 얻을 것이다.'

我時尋覺寤 내가 때를 맞추어
大王幷眷屬 대왕과 아울러 권속들이 깨우침을 깨달아
令見佛光明 부처님의 광명을 보게 하니
一切皆欣慶 모두가 다 기뻐하고 축하하였다네.

我時與大王 내가 때맞추어 대왕과
騎從千萬億 말을 탄 군사 천만 억과
衆生亦無量 또한 헤아릴 수 없는 중생과
俱行詣佛所 함께 부처님 처소에 나아갔다네.

我於二萬歲 내가 이만 년이 되도록
供養彼如來 그 여래께 공양하고
七寶四天下 칠보와 사천하로
一切皆奉施 모든 것을 빠짐없이 받들어 보시하였다네.

時彼如來說 때에 그 여래께서
功德普雲經 공덕보운경을 설하여
普應群生心 중생의 마음에 두루 응하고
莊嚴諸願海 모든 소원의 바다를 장엄하였다네.

夜神覺悟我 희목관찰야신은 나에게 깨우침을 깨달아
令我得利益 내게 이익을 얻게 하였고
我願作是身 내가 이러한 원의 몸을 지어서
覺諸放逸者 모든 방일한 자들을 깨우치게 한다네.

我從此初發 내가 이것을 좇아 처음으로
最上菩提願 가장 위의 보리의 원을 일으켜
往來諸有中 모든 유위에 왕래하면서도
其心無忘失 그 마음을 잃거나 잊지 않았다네.

從此後供養 이후로
十億那由佛 십억 나유타 부처님을 공양하고
恒受人天樂 언제나 사람과 하늘의 즐거움을 받아
饒益諸群生 모든 중생에게 이익을 넉넉하게 하였다네.

初佛功德海 첫 부처님은 공덕의 바다이며

第二功德燈 둘째 부처님은 공덕의 등불이며
第三妙寶幢 셋째 부처님은 빼어난 보배 당기이며
第四虛空智 넷째 부처님은 허공의 지혜이며
第五蓮華藏 다섯째 부처님은 연꽃의 장이며
第六無礙慧 여섯째 부처님은 막힘이나 걸림 없는 총명함이며
第七法月王 일곱째 부처님은 법의 달 왕이며
第八智燈輪 여덟째 부처님은 지혜의 등불 바퀴이며
第九兩足尊 아홉째 부처님은 양족존으로
寶焰山燈王 보배 불꽃 산 등불 왕이며
第十調御師 열 번째 부처님은
三世華光音 삼세의 꽃 빛 소리라네.

如是等諸佛 이와 같은 등의 모든 부처님을
我悉曾供養 내가 남김없이 다 일찍이 공양하였으나
然未得慧眼 지혜의 눈을 얻지 못하여
入於解脫海 해탈의 바다에 들지 못했었다네.

從此次第有 이러함을 좇아 차례로
一切寶光刹 일체 보배 광명 세계가 있으니
其劫名天勝 겁에 이름은 하늘보다 뛰어남이며
五百佛興世 오백 부처님이 세상에 나셨다네.

最初月光輪 가장 처음 부처님의 이름은 월광륜이며
第二名日燈 둘째 부처님의 이름은 해 등불이며
第三名光幢 셋째 부처님의 이름은 빛 당기이며
第四寶須彌 넷째 부처님의 이름은 보배 수미산이며
第五名華焰 다섯째는 꽃 불꽃 부처님이며
第六號燈海 여섯째 부처님의 이름은 등불 바다이며
第七熾然佛 일곱째는 성한 불길 부처님이며
第八天藏佛 여덟째는 하늘 장 부처님이며
九光明王幢 아홉 번째 부처님 이름은 광명왕 당기이며

十普智光王 열 번째 부처님 이름은 광명이 두루 한 왕이었다네.
如是等諸佛 이와 같은 등의 모든 부처님을
我悉曾供養 내가 남김없이 다 일찍이 공양하였지만
尙於諸法中 오히려 모든 법 가운데
無而計爲有 없는 것을 있다고 헤아렸다네.

從此復有劫 이 차례를 따라 겁이 있으니
名曰梵光明 이름이 청정한 광명이며
世界蓮華燈 세계의 이름은 연꽃 등이고
莊嚴極殊妙 장엄이 극히 뛰어나고 빼어났다네.

彼有無量佛 그 헤아릴 수 없는 부처님이 계시니
一一無量衆 한 분 한 분마다 헤아릴 수 없는 대중이 따른다네.

我悉曾供養 내가 남김없이 다 공양하면서
尊重聽聞法 존중하고 법을 들었으니
初寶須彌佛 처음은 보배 수미산 부처님이며
二功德海佛 둘째는 공덕 바다 부처님이며
三法界音佛 셋째는 법계 음 부처님이며
四法震雷佛 넷째는 법 진뢰 부처님이며
五名法幢佛 다섯째는 이름이 법 당기 부처님이며
六名地光佛 여섯째는 이름이 지 광명 부처님이며
七名法力光 일곱째는 이름이 법력 광 부처님이며
八名虛空覺 여덟째는 이름이 허공 각 부처님이며
第九須彌光 아홉째는 수미 광 부처님이며
第十功德雲 열 번째는 공덕 구름 부처님이라네.

如是等如來 이와 같은 등의 여래께
我悉曾供養 내가 남김없이 다 일찍이 공양했지만
未能明了法 법을 분명하게 깨우쳐 알지 못했기에
而入諸佛海 모든 부처님의 바다에 들지 못하였다네.

次後復有劫 뒤를 이어 후에 차례를 좇아 겁이 있으니
名爲功德月 이름이 '공덕의 달'이며
爾時有世界 이때 세계가 있으니
其名功德幢 그 이름이 '공덕 당기'라네.

彼中有諸佛 그 가운데 모든 부처님이 계시니
八十那由他 팔십 나유타이며
我皆以妙供 내가 빼어난 공양 기물로 빠짐없이 다
深心而敬奉 깊은 마음으로 공손하게 받들었다네.

初乾闥婆王 첫째 부처님은 건달바왕이며
二名大樹王 둘째 부처님은 대수왕이며
三功德須彌 셋째는 공덕 수미 부처님이며
第四寶眼佛 넷째는 보배 눈 부처님이며
第五盧舍那 다섯째는 노사나 부처님이며
第六光莊嚴 여섯째는 광 장엄 부처님이며
第七法海佛 일곱째는 법 바다 부처님이며
第八光勝佛 여덟째는 광명이 뛰어난 부처님이며
九名賢勝佛 아홉째는 현승 부처님이며
第十法王佛 열째는 법왕 부처님이었다네.
如是等諸佛 이와 같은 등의 모든 부처님을
我悉曾供養 내가 일찍이 남김없이 다 공양했지만
然未得深智 깊은 지혜를 얻지 못했기에
入於諸法海 모든 법 바다에 들지 못했다네.

此後復有劫 이 뒤에 차례를 따라 겁이 있으니
名爲寂靜慧 이름이 '적정혜'이며
刹號金剛寶 세계 이름은 '금강 보배'이고
莊嚴悉殊妙 장엄한 것이 남김없이 다 특히 빼어났다네.

於中有千佛 그 겁 가운데 천 부처님이

次第而出興 차례를 따라 세상에 나오시니
衆生少煩惱 중생들의 번뇌는 적어지고
衆會悉淸淨 대중의 모임은 남김없이 다 청정하였다네.

初金剛臍佛 제1은 금강제 부처님이며
二無礙力佛 제2는 막힘이나 걸림 없는 힘 부처님이며
三名法界影 제3은 이름이 법계의 그림자 부처님이며
四號十方燈 제4는 시방의 등불 부처님이며
第五名悲光 제5는 가엾이 여기는 광명 부처님이며
第六名戒海 제6은 이름이 계의 바다 부처님이며
第七忍燈輪 제7은 인등륜 부처님이며
第八法輪光 제8은 법륜 광명 부처님이며
九名光莊嚴 제9는 이름이 광명 장엄 부처님이며
十名寂靜光 제10은 이름이 정정 광명 부처님이라네.

如是等諸佛 이와 같은 등의 모든 부처님을
我悉曾供養 내 일찍이 남김없이 다 공양하였지만
猶未能深悟 오히려 텅 빈 것과 같은 청정한 법을
如空淸淨法 깊이 깨우치지 못했다네.

遊行一切刹 모든 세계를 다니면서
於彼修諸行 그 모든 행을 닦았으며
次第復有劫 다음을 이어 차례를 따라 겁이 있으니
名爲善出現 이름이 '선근이 출현함'이라네.

刹號香燈雲 세계의 이름은 '향 등불 구름'이며
淨穢所共成 청정한 국토와 더러운 국토가 함께 이루어졌으며
億佛於中現 억 부처님이 가운데 나타나시어
莊嚴刹及劫 세계와 겁을 장엄하였다네.

所說種種法 가지가지로 설하신 법을

我皆能憶持 내가 빠짐없이 다 기억하고 지녔다네.
初名廣稱佛 처음 이름은 광대하게 일컬은 부처님이며
次名法海佛 다음 이름은 법 바다 부처님이며
三名自在王 세 번째 이름은 자재왕 부처님이며
四名功德雲 네 번째 이름은 공덕 구름 부처님이며
第五法勝佛 다섯째는 법이 뛰어난 부처님이며
第六天冠佛 여섯째는 천관 부처님이며
第七智焰佛 일곱째는 지혜 불꽃 부처님이며
第八虛空音 여덟째는 허공 소리 부처님이며
第九兩足尊 아홉째는 양족존 부처님이며
名普生殊勝 이름이 보생수승 부처님이며
第十無上士 열 번째는 무상사 부처님이며
眉間勝光明 이름이 미간승광명 부처님이라네.

如是一切佛 이와 같은 모든 부처님을
我悉曾供養 내 일찍이 남김없이 다 공양하였지만
然猶未能淨 오히려 청정하게 하지 못하고
離諸障礙道 모든 막힘이나 걸림의 되는 도를 벗어나지 못했다네.

次第復有劫 뒤를 이어 차례를 따라 겁이 있으니
名集堅固王 이름이 '집견고왕'이며
刹號寶幢王 세계 이름은 '보배 당기 왕'이고
一切善分布 모든 선근을 널리 벌려 놓았다네.

有五百諸佛 오백의 모든 부처님이
於中而出現 그 가운데 출현하시니
我恭敬供養 내가 공손하게 섬기어 공양해서
求無礙解脫 막힘이나 걸림 없는 해탈을 구했다네.

最初功德輪 가장 처음의 부처님은 공덕륜이며
其次寂靜音 그리고 다음은 적정음 부처님이며

次名功德海 다음 이름은 공덕 바다 부처님이며
次名日光王 다음 이름은 일광왕 부처님이며
第五功德王 제5는 공덕왕 부처님이며
第六須彌相 제6은 수미상 부처님이며
次名法自在 다음 이름은 법 자재 부처님이며
次佛功德王 다음 부처님은 공덕왕이며
第九福須彌 제9는 복수미 부처님이며
第十光明王 제10은 광명왕 부처님이라네.

如是等諸佛 이와 같은 등의 모든 부처님을
我悉曾供養 내 일찍이 남김없이 다 공양하였지만
所有淸淨道 가지고 있는 청정한 도에
普入盡無餘 두루 들어가 다함이 없이 하였으나
然於所入門 들어가야 할 문에서
未能成就忍 능히 인가함을 성취하지 못하였다네.

次第復有劫 뒤를 이어 차례를 따라 겁이 있으니
名爲妙勝主 이름이 '빼어나고 뛰어난 주인'이며
刹號寂靜音 세계 이름은 '적정 음'이니
衆生煩惱薄 중생으로서의 번뇌가 적었다네.

於中有佛現 그 가운데 부처님이 나타나시니
八十那由他 팔십 나유타이며
我悉曾供養 내 일찍이 남김없이 다 공양하였으며
修行最勝道 가장 뛰어난 도를 수행하였다네.

初佛名華聚 처음 부처님의 이름은 화취이며
次佛名海藏 다음 부처님의 이름은 바다 장이며
次名功德王 다음 부처님 이름은 공덕왕이며
次號天王髻 다음 이름은 하늘 왕 상투 부처님이며
第五魔尼藏 제5는 마니 장 부처님이며

第六眞金山 제6은 진금산 부처님이며
第七寶聚尊 제7은 보배 무리 존귀한 부처님이며
第八法幢佛 제8은 법 당기 부처님이며
第九名勝財 제9는 이름이 뛰어난 보배 부처님이며
第十名智慧 제10은 이름이 지혜 부처님이라네.
此十爲上首 이 열 분을 상수로 하여
供養無不盡 공양하길 다함이 없이 했다네.

次第復有劫 뒤를 이어 차례를 따라 겁이 있으니
名曰千功德 이름이 '천 공덕'이며
爾時有世界 그때 세계가 있으니
號善化幢燈 이름이 '선근으로 변화한 당기 등불'이라네.

六十億那由 육십 억 나유타
諸佛興於世 모든 부처님이 세계에 나셨으며
最初寂靜幢 가장 첫 부처님이 적정 당기이며
其次奢摩他 다음은 사마타 부처님이며
第三百燈王 제3은 백등왕 부처님이며
第四寂靜光 제4는 적정광 부처님이며
第五雲密陰 제5는 운밀음 부처님이며
第六日大明 제6은 일대명 부처님이며
七號法燈光 제7 이름은 법 등불 광명 부처님이며
八名殊勝焰 제8 이름은 특히 뛰어난 불꽃 부처님이며
九名天勝藏 제9 이름은 하늘의 뛰어난 장 부처님이며
十名大吼音 제10 이름은 큰 사자 후 소리 부처님이라네.

如是等諸佛 이와 같은 등의 모든 부처님을
我悉常供養 내가 남김없이 다 언제나 공양했으나
未得淸淨忍 청정한 인가를 얻지 못했기에
深入諸法海 모든 법의 깊은 바다에 들지 못했다네.

次第復有劫 뒤를 이어 차례를 따라 겁이 있으니
名無著莊嚴 이름이 '집착이 없는 장엄'이며
爾時有世界 그때 세계가 있었으니
名曰無邊光 이름이 '끝없는 광명'이라고 불렸다네.

中有三十六 그 가운데 삼십육
那由他佛現 나유타 부처님이 나타나시니
初功德須彌 처음은 공덕수미 부처님이며
第二虛空心 제2는 허공심 부처님이며
第三具莊嚴 제3은 장엄을 갖춘 부처님이며
第四法雷音 제4는 법뢰음 부처님이며
第五法界聲 제5는 법계 소리 부처님이며
第六妙音雲 제6은 빼어난 음성 구름 부처님이며
第七照十方 제7은 시방을 비추는 부처님이며
第八法海音 제8은 법 바다의 소리 부처님이며
第九功德海 제9는 공덕 바다 부처님이며
第十功德幢 제10은 공덕 당기 부처님이라네.
如是等諸佛 이와 같은 등의 모든 부처님을
我悉曾供養 내 일찍이 남김없이 다 공양하였다네.

次有佛出現 다음에 출현하신 부처님이 계시니
名爲功德幢 이름이 '공덕 당기'이며
我爲月面天 나는 그때 월면천이 되어
供養人中主 사람 가운데 주인으로 공양하였다네.

時佛爲我說 그때 부처님이 나를 위해
無依妙法門 의지할 것이 없는 빼어난 법문을 설하셨으니
我聞專念持 내가 듣고 오로지 생각하여 지니고
出生諸願海 모든 원의 바다를 냈다네.

我得淸淨眼 나는 청정한 눈과

寂滅定摠持 적멸 선정의 총지를 얻어
能於念念中 생각과 생각마다
悉見諸佛海 모든 부처의 바다를 남김없이 보았다네.

我得大悲藏 나는 크게 가엾이 여기는 장과
普明方便眼 두루 밝은 방편의 눈을 얻었기에
增長菩提心 보리심을 거듭 더하고 자라게 하며
成就如來力 여래의 힘을 성취하였다네.

見衆生顚倒 중생들이 거꾸로 뒤바뀐 견해로
執常樂我淨 상, 락, 아, 정에 집착하기에
愚癡暗所覆 어리석음의 어둠에 덮이어
妄想起煩惱 망령된 생각으로 번뇌를 일으킴을 보았다네.

行止見稠林 행하고 멈추는 번뇌를 보고
往來貪欲海 탐욕의 바다를 왕래하면서
集於諸惡趣 모든 악취와
無量種種業 헤아릴 수 없는 가지가지의 업을 모으는 걸 보았다네

一切諸趣中 일체 모든 곳에 이르고자 하는 가운데
隨業而受身 업을 따라 몸을 받아서
生老死衆患 나고 늙고 주는 많은 근심과
無量苦逼迫 헤아릴 수 없는 고통에 핍박을 받는 걸 보았다네.

爲彼衆生故 그러한 중생을 보는 까닭에
我發無上心 내가 위 없는 마음을 일으켜서
願得如十方 원하건대 시방의
一切十力尊 모든 십력이신 세존과 같이 얻을 것이라네.

緣佛及衆生 부처님과 중생들의 인연으로
起於大願雲 큰 원의 구름을 일으키니

從是修功德 이를 따라 공덕을 닦아서
趣入方便道 방편의 길로 들어간다네.

願雲悉彌覆 원의 구름이 남김없이 다 덮고
普入一切道 모든 도에 두루 들어가
具足波羅蜜 바라밀을 온전하게 갖추고
充滿於法界 법계에 가득하다네.

速入於諸地 모든 지위와
三世方便海 삼세의 방편 바다에 빨리 들어가
一念修諸佛 일념으로 모든 부처님의
一切無礙行 일체 막힘이나 걸림 없는 행을 닦는다네.

佛子我爾時 불자여! 나는 그때
得入普賢道 보현의 도에 들어가서
了知十法界 열 가지 법계의
一切差別門 모든 차별한 문을 깨우쳐 알았다네.

"선남자여! 그대의 뜻은 어떠한가? 그때 전륜성왕의 이름은 '시방의 주인'이며, 능히 부처님의 종자를 이어 풍성하고 크게 한 자가 어찌 다른 사람이겠는가" 문수사리 동자가 이 분이며, 그때 나를 깨우쳐 준 희목관찰야신은 보현보살이 변화한 것이다. 나는 그때 왕의 딸로 희목야신에게서 깨우침을 깨달아 받고 부처님을 보고 아뇩다라삼먁삼보리심을 일으켰으며, 그로부터 부처 세계의 티끌 수와 같은 겁이 지나도록 악한 부류에 떨어지지 않고 늘 인간과 천상에 나고 모든 처에서 늘 모든 부처님을 볼뿐만 아니라 묘등공덕당 부처님 처소에 이르러 큰 세력으로 두루 기쁘게 하는 당기보살 해탈을 얻었으며, 이 해탈로 이와 같은 모든 중생에게 이익이 되게 하였다.

善男子 於汝意云何 彼時轉輪聖王 名十方主 能紹隆佛種者 豈異人乎 文殊師利童子是也 爾時 夜神覺悟我者 普賢菩薩之所化耳 我於爾時 爲王寶女 蒙彼夜神覺悟於我 令我見佛 發阿耨多羅三藐三菩提心 自從是來 經佛剎微塵數劫 不墮惡趣 常生人天 於一切處 常見諸佛 乃至於妙燈功德幢佛所 得此大勢力普喜幢菩薩解脫 以此解

脫 如是利益一切衆生

"선남자여! 나는 단지 대세력보희당 보살 해탈문만을 얻었을 뿐이다. 모든 보살마하살들은 생각과 생각 가운데 모든 여래의 처소에 두루 나아가 모든 지혜의 바다에 빨리 들어가고 생각과 생각 가운데 향하여 나아가는 문으로 일체 모든 큰 원의 바다에 들어가고 생각과 생각 가운데 원의 바다 문으로 미래의 겁을 다하고 생각과 생각마다 일체 모든 행을 내어놓고 하나하나의 행함 가운데 모든 세계의 티끌 수와 같은 몸을 내어놓고 하나하나의 몸이 모든 법계의 문에 두루 들어가고 하나하나 법계 문에 모든 부처 세계 가운데 모든 중생의 마음을 따라 모든 빼어난 행을 설하고 모든 세계 하나하나의 티끌 가운데 끝없는 모든 여래 바다를 남김없이 다 보고 하나하나 여래의 처소마다 법계에 두루 한 모든 부처님의 신통을 남김없이 다 보고 하나하나 여래의 처소마다 지나간 겁에 닦던 보살의 행을 남김없이 보고 하나하나 여래의 처소마다 가지고 있는 법륜을 받아 지녀 지키고 보호하며, 하나하나 여래의 처소마다 삼세 모든 여래의 모든 신통 변화의 바다를 본다. 이러한 보살마하살의 일을 내가 어떻게 알 것이며, 그 공덕의 행을 어떻게 말할 수 있겠는가."

善男子 我唯得此大勢力普喜幢菩薩解脫門 如諸菩薩摩訶薩 於念念中 普詣一切諸如來所 疾能趣入一切智海 於念念中 以發趣門 入於一切諸大願海 於念念中 以願海門 盡未來劫 念念出生一切諸行 一一行中 出生一切刹微塵數身 一一身 普入一切法界門 一一法界門 一切佛刹中 隨衆生心 說諸妙行 一切刹一一塵中 悉見無邊諸如來海 一一如來所 悉見徧法界諸佛神通 一一如來所 悉見往劫修菩薩行 一一如來所 受持守護所有法輪 一一如來所 悉見三世一切如來諸神變海 而我云何能知能說彼功德行

"선남자여! 여기 모인 대중 가운데 야신이 한 명 있으니, 이름이 '중생을 두루 구제하는 빼어난 덕(普救衆生妙德)'이다. 그대는 그에게 가서 보살은 어떻게 보살의 행에 들어가는 것이며, 어떻게 보살의 행을 청정하게 하는 것인가를 물어라."

이때 선재 동자는 희목관찰야신의 발에 머리 숙여 예를 올리고 수 없이 돌다가 은근하게 우러러보면서 모든 걸 마치고 떠났다.

善男子 此衆會中 有一夜神 名普救衆生妙德 汝詣彼 問菩薩云何入菩薩行 淨菩薩道 時 善財童子 頂禮其足 遶無數帀 慇懃瞻仰 辭退而去

대방광불화엄경 제70권

39. 입법계품(11)
入法界品第三十九之十一

(35) 보구중생묘덕주야신. 제4 焰慧地

이때 선재 동자가 희목관찰중생야신의 처소에서 보희당 해탈문을 듣고는 믿고 이해하면서 나아가 깨달아 알고 거스르지 않고 따르며, 사유하고 닦고 익히면서 선지식의 가르침을 생각하고 잠시라도 벗어나지 않으며, 모든 근을 흩어지지 않게 하고 일심으로 선지식을 보길 원하기에 시방으로 두루 구하면서 게으르지 않으며, 원하건대 늘 친근히 하여 모든 공덕을 내고 선지식과 더불어 선근이 같으며, 선지식의 섬세하고 능숙한 방편의 행을 얻고 선지식을 의지하여 정진의 바다에 들어가고 헤아릴 수 없는 겁을 두고 늘 멀리 벗어나지 않으며, 이 원을 지어 마치고는 보구중생묘덕야신의 처소로 나아갔다.

爾時 善財童子 於喜目觀察衆生夜神所 聞普喜幢解脫門 信解趣入 了知隨順 思惟修習 念善知識所有敎誨 心無暫捨 諸根不散 一心願得見善知識 普於十方 勤求匪懈 願常親近生諸功德 與善知識 同一善根 得善知識巧方便行 依善知識 入精進海 於無量劫 常不遠離 作是願已 往詣普救衆生妙德夜神所

때맞추어 보구중생묘덕야신이 선재 동자를 위해서 보살이 중생을 조복시키는 해탈의 신통한 힘을 나타내 보이고 매우 좋은 모든 모양이나 상태로 그 몸을 장엄하고 양미간으로 광명을 놓으니, 이름이 '지혜의 등불이 두루 비추는 청정한 당기'이며, 헤아릴 수 없는 광명을 권속으로 삼았고 그 광명이 모든 세간을 비추고 세간을 비추고는 선재 동자의 정수리로 들어가서 그 몸에 가득하였다.

선재 동자가 그때 곧바로 '구경 청정륜 삼매(五蘊淸淨한 妙覺을 降伏 받는 般若智三昧)'를 얻었다.

時 彼夜神爲善財童子 示現菩薩調伏衆生解脫神力 以諸相好 莊嚴其身 於兩眉間 放大光明 名智燈普照淸淨幢 無量光明 以爲眷屬 其光普照一切世間 照世間已 入善

財頂 充滿其身 善財爾時 卽得究竟淸淨輪三昧

　이 삼매를 얻고는 두 신의 양쪽 처 중간에 모든 땅의 티끌과 물의 티끌과 불의 티끌과 금강 마니보배의 많은 티끌과 꽃과 향과 영락의 모든 장엄 기물들이 가지고 있는 티끌들을 보았으며, 하나하나의 티끌 속에서 각각 부처 세계의 티끌 수와 같은 세계가 이루어지고 무너짐을 보았으며, 또한 모든 지, 수, 화, 풍이 모두 크게 쌓아지고 모여지는 것을 보았으며, 또한 모든 세계가 서로 이어지고 잇닿아 있음이 모두 땅의 바퀴에 맡기듯 지니어 머무는 가지가지의 산과 바다와 가지가지의 강과 연못과 가지가지의 나무와 숲과 가지가지의 궁전을 보았으니, 이른바 하늘의 궁전, 용의 궁전, 야차의 궁전, 마후라가의 궁전, 사람과 사람이 아닌 듯한 이들의 궁전과 집, 그리고 지옥, 아귀, 축생, 염라왕 세계 따위 등의 모든 머무는 곳과 모든 부류에 생사윤회하고 업을 지어가며, 과보를 받는 것이 각각 차별되는 것을 남김없이 다 보았다.

　得此三昧已 悉見二神兩處中間 所有一切地塵 水塵及以火塵 金剛摩尼衆寶微塵 華香 瓔珞 諸莊嚴具 如是一切所有微塵 一一塵中 各見佛刹微塵數世界成壞 及見一切地 水 火 風諸大積聚 亦見一切世界接連 皆以地輪 任持而住 種種山海 種種河池 種種樹林 種種宮殿 所謂天宮殿 龍宮殿 夜叉宮殿乃至摩睺羅伽 人 非人等宮殿屋宅 地獄 畜生 閻羅王界 一切住處 諸趣輪轉 生死往來 隨業受報 各各差別 靡不悉見

　또 모든 세계의 차별을 보니, 이른바 어떤 세계는 늘 잡스럽고 더러우며, 어떤 세계는 늘 청정하고 어떤 세계는 늘 더러운 곳으로 나아가고 어떤 세계는 늘 청정한 곳으로 나아가고 어떤 세계는 늘 더러우면서 청정하고 어떤 세계는 늘 청정하면서 더럽고 어떤 세계는 늘 한 가지로 청정하기만 하고 어떤 세계는 늘 그 모양이 평평하고 바르며, 어떤 세계는 늘 엎어져 머무름이 있고 어떤 세계는 늘 곁으로 머무름이 있다. 이와 같은 등의 모든 세계와 모든 부류 가운데 보구중생야신이 남김없이 모든 때와 모든 곳에 모든 중생의 형상과 말과 행을 이해하는 차별을 따라서 방편의 힘으로 그들 앞에 두루 나타나 가르치고 바른길로 이끄는 것을 보았다.

　지옥 중생들은 모든 고통과 독을 면하게 하고 축생 중생들은 서로서로 잡아먹지 않게 하고 아귀 중생들은 배고픔과 목마름이 없게 하고 모든 용은 모든 두려움에서 벗어나게 하고 욕계 중생들은 욕계의 고통에서 벗어나게 하고 사람 부류의 중생들은 캄캄한 밤중에 대한 두려움과 훼손당하는 구차한 두려움과 악명의 두려움과 대중에 대한 두려움과 살아갈 수 없다는 두려움과 죽음에 대한 두려움과 악도에 태어나는 것에 대한 두려움과 선근이 끊어지는 것에 대한 두려움과 보리심에서 물러서는 것에 대한 두려움과 나쁜 벗을 만나게 되는 것에 대한 두려움과 선지식을 벗어난다는 것에 대한 두려움과 이승의 지위에 떨어질 것에 대한 두려움과 가지가지 생사에 대한 두려움과 종류가 다른 중생과 머물러야 한다는 두려움과 악할 때 생을 받는 것에 대한 두려움과 악업을 짓게 되는 것에 대한 두려움과 업과 번뇌에 막힘이나 걸림이 되는 것에 대한 두려움과 모든 생각에 집착하면서 얽히고 얽히는 두려움 등에서 벗어나게 하며, 이와 같은 등의 두려움을 남김없이 다 버리고 벗어나게 하였다.

又見一切世界差別 所謂或有世界雜穢 或有世界淸淨 或有世界趣雜穢 或有世界趣淸淨 或有世界雜穢淸淨 或有世界淸淨雜穢 或有世界一向淸淨 或有世界其形平正 或有覆住 或有側住 如是等一切世界一切趣中悉見此普救衆生夜神於一切時一切處 隨諸衆生形貌 言辭 行解差別 以方便力 普現其前 隨宜化度令地獄衆生 免諸苦毒 令畜生衆生 不相食噉 令餓鬼衆生 無有飢渴 令諸龍等 離一切怖 令欲界衆生 離欲界苦 令人趣衆生 離暗夜怖 毁呰怖 惡名怖 大衆怖 不活怖 死怖 惡道怖 斷善根怖 退菩提心怖 遇惡知識怖 離善知識怖 墮二乘地怖 種種生死怖 異類衆生同住怖 惡時受生怖 惡種族中受生怖 造惡業怖 業煩惱障怖 執著諸想繫縛怖 如是等怖 悉令捨離

또 모든 중생의 난생, 태생, 습생, 화생, 유색, 무색, 유상, 무상, 비유상, 비무상을 보고 그 앞에 두루 나타나 늘 부지런하게 구제하고 보호하는 것을 보았다. 이는 보살의 큰 원의 힘을 성취하기 위한 까닭이며, 보살의 삼매 힘에 깊이 들어가기 위한 까닭이며, 보살의 신통한 힘을 견고하게 하기 위한 까닭이며, 보현의 행과 원의 힘을 출생하려는 까닭이며, 보살의 크게 가엾이 여기는 바다를 더하고 광대하게 하려는 까닭이며, 중생을 두루 덮어주는 막힘이나 걸림 없는 큰 인자함을 얻으려는 까닭이며, 중생에게 헤아릴 수 없는 즐거움을 주려는 까닭이며, 모든 중생을 두루 거두어주는 지혜와 방편을 얻으려는 까닭이며, 보살의 광대한 해탈과 자재한 신통을 얻으려는 까닭이며, 모든 부처 세계를 청정하게 장엄하려는 까닭이며, 일체 모든 법을 분명하게 깨우치고 깨닫기 위한 까닭이며, 모든 부처님께 공양하려는 까닭이며, 모든 부처님의 가르침을 받아 지니려는 까닭이며, 모든 선근을 모으고 모든 빼어난 행을 닦으려는 까닭이며, 모든 중생의 마음 바다에 들어가는 일에 있어 막힘이나 걸림이 없게 하려는 까닭이며, 모든 중생의 모든 근을 알아서 가르치고 바른길로 이끌어서 성숙시키려는 까닭이며, 모든 중생이 믿고 이해하는 것을 청정하게 하고 악한 막힘이나 걸림을 제거하기 위한 까닭이며, 모든 중생의 무지한 어둠을 깨트리려는 까닭이며, 모든 지혜의 청정한 광명을 얻게 하려는 까닭이다.

又見一切衆生卵生 胎生 濕生 化生 有色 無色 有想 無想 非有想 非無想 普現其前 常勤救護 爲成就菩薩大願力故 深入菩薩三昧力故 堅固菩薩神通力故 出生普賢行願力故 增廣菩薩大悲海故 得普覆衆生 無礙大慈故 得普與衆生 無量喜樂故 得普攝一切衆生 智慧方便故 得菩薩廣大解脫自在神通故 嚴淨一切佛刹故 覺了一切諸法故 供養一切諸佛故 受持一切佛敎故 積集一切善根 修一切妙行故 入一切衆生心海而無障礙故 知一切衆生諸根 敎化成熟故 淨一切衆生信解 除其惡障故 破一切衆生無知黑闇故 令得一切智淸淨光明故

때맞추어 선재 동자는 보구중생묘덕야신의 이와 같은 신통한 힘과 사람의 생각으로는 헤아려 알 수 없는 깊고 깊은 경계와 두루 나타나 모든 중생을 조복시키는 보살의 해탈을 보고는 헤아릴 수 없이 기뻐서 엎드려 예를 올리고 일심으로 우러러보았다.

때맞춰 보구중생묘덕야신이 장엄한 모양이나 상태를 곧바로 버리고 본래의 형상으로 되돌리면서도 자재한 신통의 힘은 버리지 않았다.

時 善財童子 見此夜神如是神力不可思議甚深境界 普現調伏一切衆生 菩薩解脫已 歡喜無量 頭面作禮 一心瞻仰 時 彼夜神卽捨菩薩藏嚴之相 還復本形 而不捨其自在神力

그때 선재 동자는 공손히 섬기어 합장하고 한편으로 물러서서 게송으로 찬탄하였다.
爾時 善財童子 恭敬合掌 却住一面 以偈讚曰

我善財得見 나 선재는
如是大神力 이와 같은 큰 신통한 힘을 보고
其心生歡喜 마음이 즐겁고 기쁨에 차서
說偈而讚歎 게송으로 찬탄합니다.

我見尊妙身 존귀하고 빼어난 몸을

衆相以莊嚴 많은 모양이나 상태로 장엄하는 것을 내가 보니
譬如空中星 비유하면 텅 빈 가운데 많은 별이
一切悉嚴淨 일체를 남김없이 다 장엄하여 청정하게 하는 것입니다.

所放殊勝光 놓고 있는 특히 뛰어난 광명이
無量刹塵數 헤아릴 수 없는 세계의 티끌 수와 같은
種種微妙色 가지가지의 섬세하고 빼어난 빛으로
普照於十方 시방을 두루 비춥니다.

一一毛孔放 하나하나의 털구멍에서
衆生心數光 중생의 마음 수와 같은 광명을 놓으니
一一光明端 하나하나의 광명 끝에서
皆出寶蓮華 빠짐없이 다 보배 연꽃이 나옵니다.

華中出化身 꽃 가운데 변화하는 몸이 나와
能滅衆生苦 능히 중생의 고통을 없애고
光中出妙香 광명 가운데서 빼어난 향기를 내어
普熏於衆生 중생에게 두루 풍깁니다.

復雨種種華 차례를 좇아 가지가지의 꽃을 내려
供養一切佛 모든 부처님께 공양하고
兩眉放妙光 양미간에 빼어난 빛을 놓으니
量與須彌等 그 빛의 양이 수미산과 같습니다.

普觸諸含識 모든 함식(含識.識見의 무리)에 두루 닿아서
令滅愚癡闇 어리석은 어두움을 없애고
口放淸淨光 입에서 청정한 빛을 놓으니
譬如無量日 비유하면 헤아릴 수 없는 해와 같아서
普照於廣大 광대하게 두루 비추니
毘盧舍那境 비로자나의 경계입니다.

眼放淸淨光 눈으로 놓은 청정한 빛은
譬如無量月 비유하면 헤아릴 수 없는 달과 같기에
普照十方刹 시방의 세계를 두루 비추어
悉滅世癡翳 세간의 어리석음을 남김없이 다 없앱니다.

現化種種身 가지가지의 몸을 변화하여 나타내니
相狀等衆生 모양이나 상태가 중생과 같고
充滿十方界 시방의 경계에 충만하기에
度脫三有海 삼계의 바다를 벗어나게 합니다.

妙身徧十方 빼어난 몸이 시방에 두루 하고
普現衆生前 중생들 앞에 널리 나타나니
滅除水火賊 물과 불과 도적과
王等一切怖 왕 등의 모든 두려움을 제거하고 없앱니다.

我承喜目教 나는 희목야신의 가르침을 받들어
今得詣尊所 지금 귀하신 분의 처소에 이르니
見尊眉間相 귀하신 분의 미간으로
放大淸淨光 크고 청정한 빛을 놓은 것을 봅니다.

普照十方海 시방의 바다를 두루 비추어서
悉滅一切闇 모든 어둠을 남김없이 다 없애고
顯現神通力 신통한 힘을 드러내어 나타내며
而來入我身 나의 몸에 들어오는 것을 봅니다.

我遇圓滿光 내가 원만한 광명을 만나
心生大歡喜 마음에 큰 즐거움과 기쁨을 내고
得摠持三昧 총지 삼매를 얻었기에
普見十方佛 시방의 부처님을 두루 봅니다.

我於所經處 내가 지나는 곳마다

悉見諸微塵 모든 섬세한 티끌을 남김없이 다 보고
一一微塵中 하나하나의 섬세한 티끌 가운데
各見塵數刹 각각 티끌 수와 같은 세계를 봅니다.

或有無量刹 헤아릴 수 없는 어떤 세계는 늘
一切咸濁穢 모든 것이 다 탁하고 더러우며
衆生受諸苦 중생들이 모든 고통을 받기에
常悲歎號泣 항상 울부짖습니다.

或有染淨刹 물들고도 청정한 어떤 세계는 늘
少樂多憂苦 즐거움은 적고 근심과 고통은 많기에
示現三乘像 삼승의 형상을 나타내 보이고
往彼而救度 그곳에 가서 구제하고 벗어나게 합니다.

或有淨染刹 청정하고도 물든 어떤 세계는 늘
衆生所樂見 중생들이 즐겁게 보니
菩薩常充滿 보살이 언제나 충만하고
住持諸佛法 모든 부처님 법을 가지고 머뭅니다.

一一微塵中 하나하나의 섬세한 티끌 가운데
無量淨刹海 헤아릴 수 없는 청정한 세계 바다가 있으니
毘盧遮那佛 비로자나 부처님이
往劫所嚴淨 지난 겁 동안 청정하게 장엄한 것입니다.

佛於一切刹 부처님이 모든 세계의
悉坐菩提樹 보리수에 남김없이 다 앉아서
成道轉法輪 도를 이루고 법륜을 굴려
度脫諸群生 모든 중생을 제도하여 벗어나게 합니다.

我見普救天 내가 보니 보구중생묘덕야신은
於彼無量刹 그 헤아릴 수 없는 세계의

一切諸佛所 일체 모든 부처님의 처소에
普皆往供養 빠짐없이 다 두루 가서 공양합니다.

이때 선재 동자가 게송을 마치고 보구중생묘덕야신에게 물어 말했다.
"천신이여! 지금 이 해탈은 매우 깊고 드뭅니다. 이름은 무엇이며, 이 해탈을 얻은 지는 얼마나 오래되었으며, 어떠한 행을 닦아서 청정함을 얻었습니까?"
爾時 善財童子 說此頌已 白普救衆生妙德夜神言 天神 今此解脫 甚深希有 其名何等 得此解脫 其已久如 修何等行 而得淸淨

모든 세간에 두루 나타나 중생을 조복시키는 해탈

보구중생묘덕야신이 말했다.
"선남자여! 이곳은 알기 어렵다. 모든 하늘이나 사람이나 모든 이승(二乘.如是如是.眞如.解脫.寂滅.寂靜.禪定.三昧.如來地.涅槃.法界.般涅槃.善根思惟)은 헤아리지 못한다. 무슨 까닭인가 하면, 이곳은 보현보살의 행에 머무른 자의 경계가 되는 까닭이며, 크게 가엾이 여기는 장에 머무른 자의 경계가 되는 까닭이며, 모든 중생을 구제하고 보호하는 자의 경계가 되는 까닭이며, 모든 삼악 팔난을 청정하게 한 자의 경계가 되는 까닭이며, 모든 부처 세계 가운데 부처의 종자를 풍성하고 두텁게 하여 끊어지지 않게 하는 자의 경계가 되는 까닭이며, 모든 불법을 지니고 머무는 자의 경계가 되는 까닭이며, 모든 겁을 두고 보살행을 닦아서 큰 원의 바다를 이루고 가득 채운 자의 경계가 되는 까닭이며, 모든 법계의 바다에 청정한 지혜의 광명으로 무명의 어두운 막힘이나 걸림을 없앤 자의 경계가 되는 까닭이며, 한결같은 지혜 광명으로 모든 삼세 방편의 바다를 두루 비추는 자의 경계가 되는 까닭이다."
"내 이제 부처님의 힘을 받들어 그대에게 설할 것이다."
夜神言 善男子 是處難知 諸天及人 一切二乘 所不能測 何以故 此是住普賢菩薩行者境界故 住大悲藏者境界故 救護一切衆生者境界故 能淨一切三惡八難者境界故 能於一切佛刹中 紹隆佛種不斷者境界故 能住持一切佛法者境界故 能於一切劫 修菩薩行 成滿大願海者境界故 能於一切法界海 以淸淨智光 滅無明闇障者境界故 能以一念智光明 普照一切三世方便海者境界故 我承佛力 今爲汝說

"선남자여! 지난 옛적 부처 세계의 티끌 수와 같은 겁을 지나 그때 겁이 있으니, 이름이 '원만 청정'이며, 세계의 이름은 '비로자나 대위덕'이다. 그때 수미산의 티끌 수와 같은 여래가 그 세계에 출현하셨다."

"그 부처님의 세계는 모두 향 왕 마니보배를 체로 삼고 많은 보배로 장엄하여 허물이 없는 광명 마니왕 바다 위에 머물렀고 그 형상이 바르고 둥글며, 청정하고 더러운 것이 합하여 이루어졌으며, 모든 장엄 기물로 꾸민 구름이 위를 덮었고 일체 장엄 마니륜 산이 천 겹으로 둘러쌓으며, 십만 억 나유타 사천하가 있었고 빠짐없이 다 빼어나게 장엄하였다. 어떤 사천하에는 악업 중생이 그 가운데 머물고 어떤 사천하에는 선근을 심은 중생들이 머물고 어떤 사천하에는 한결같이 청정한 모든 큰 보살들이 머물고 있었다."

善男子 乃往古世 過佛剎微塵數劫 爾時 有劫名圓滿淸淨 世界名毘盧遮那大威德 有須彌山微塵數如來 於中出現 其佛世界 以一切香王摩尼寶 爲體 衆寶莊嚴 住無垢光明摩尼王海上 其形正圓 淨穢合成 一切嚴具帳雲 而覆其上 一切莊嚴摩尼輪山 千帀圍遶 有十萬億那由他四天下 皆妙莊嚴 或有四天下 惡業衆生 於中止住 或有四天下 雜業衆生 於中止住 或有四天下 善根衆生 於中止住 或有四天下 一向淸淨諸大菩薩之所止住

"이 세계의 동쪽 경계 윤위산 옆에 사천하가 있으니, 이름이 '보배 등불 꽃 당기'이며, 국토의 경계가 청정하고 음식이 풍족하기에 밭 갈고 씨를 뿌리지 않아도 곡식이 나며, 궁전과 누각이 모두 기이하고 빼어나며, 모든 여의 나무가 처처에 줄지어 서 있고 가지가지의 향나무가 늘 향기 구름을 내놓고 가지가지의 머리 장식 나무는 늘 머리 장식의 구름을 내놓고 가지가지의 꽃나무는 늘 빼어난 꽃을 내리고 가지가지의 보배 나무는 모든 기이한 보배를 내놓아 헤아릴 수 없는 색의 광명을 두루 비추고 모든 음악 나무는 모든 음악을 내며, 바람을 따라 움직이면서 빼어난 소리를 널리 펴고 일월 광명 마니보배는 모든 곳을 두루 비추어 밤낮으로 받은 즐거움이 잠시라도 끊이지 않았다."

此界東際輪圍山側 有四天下 名寶燈華幢 國界淸淨 飮食豊足 不藉耕耘 而生稻粱 宮殿樓閣 悉皆奇妙 諸如意樹 處處行列 種種香樹 恒出香雲 種種鬘樹 恒出鬘雲 種種華樹 常雨妙華 種種寶樹 出諸奇寶 無量色光 周帀照耀 諸音樂樹 出諸音樂 隨風吹動 演妙音聲 日月光明摩尼寶王 普照一切 晝夜受樂 無時間斷

"이 사천하에 백만 억 나유타 제왕의 국토가 있으니, 하나하나의 국토에 천 개의 큰 강이 둘러싸고 흐르며, 하나하나의 강마다 빼어난 꽃이 위를 덮고 물이 흐르는 대로 따라 흐르면서 하늘의 소리를 내고 모든 보배 나무가 강 언덕에 줄지어 섰고 가지가지의 진귀한 보배로 꾸몄으며, 오고 가는 배들이 정겨웠으며, 강 사이마다 백만 억 도성이 있고 각각의 도성마다 백만 억 나유타 마을이 있으며, 이와 같은 도성과 마을에는 각각 헤아릴 수 없는 나유타 궁전과 숲 동산이 주위를 둘러싸고 있었다."

此四天下 有百萬億那由他諸王國土 一一國土 有千大河 周帀圍遶 一一皆以妙華覆上 隨流漂動 出天樂音 一切寶樹 列植其岸 種種珍奇 以爲嚴飾 舟船來往 稱情戲樂 一一河間 有百萬億城 一一城 有百萬億那由他聚落 如是一切城邑 聚落 各有無量百千億那由他宮殿 園林 周帀圍遶

"이 사천하 염부제 내에 나라가 하나 있으니, 이름이 '보배 꽃 등불'이며, 편안하게 위로하고 풍족하며, 백성이 번성했으며, 그 가운데 중생들은 열 가지 선근의 행을 갖추었다. 그 가운데 전륜왕이 출현하니, 이름이 '비로자나 빼어난 보배 연꽃 상투'이며, 연꽃 가운데서 홀연히 변화하여 나서는 32가지 모양이나 상태로 좋게 장엄하고 칠보를 온전하게 갖추었으며, 사천하의 왕이 되어 늘 바른 법으로 중생을 가르치고 이끌었다."

"왕에게 천 명의 아들이 있었고 다들 단정하고 용맹하였기에 큰 적군을 항복 받고 백만 억 나유타 궁인과 채녀들이 있으니, 남김없이 다들 왕과 함께 선근을 심었고 모든 행을 함께 닦았으며, 모두 동시에 탄생하니, 단정하고 아름답고 빼어난 것이 마치 천녀와 같았고 몸은 금빛이고 늘 광명을 놓으며, 모든 털구멍 가운데서 늘 빼어난 향기를 풍겼다."

"어진 신하와 용맹한 장군이 십억이나 되고 왕의 부인은 이름이 '원만한 얼굴'이며, 왕이 좋은 아내로서 단정하고 매우 특별하며, 피부는 금색이고 눈과 머리카락은 검푸르고 말하는 음성은 범음의 음성과 같으며, 몸에서는 하늘의 향기를 풍기고 늘 광명을 놓아 일천 유순을 비추었다. 그 딸의 이름은 '넓은 지혜 불꽃 빼어난 덕의 눈'이며, 형체가 단정하고 장엄한 색의 모양이나 상태가 특히 뛰어나게 아름다우며, 보는 중생들이 마음에 싫어함이 없었다."

"그때 중생들의 수명은 헤아릴 수 없었지만, 늘 일정하지 않았기에 중간에 죽은 자도 있었으며, 가지가지의 형상과 빛깔과 가지가지의 음성과 가지가지의 널리 알려진 이름과 가지가지의 성씨와 어리석고 지혜로우며, 비겁하고 가난하고 부자이고 괴롭고 즐거운 이들의 종류가 헤아릴 수 없었으며, 때맞추어 늘 어떤 사람은 다른 사람에게 내 몸은 단정하고 너에 형체는 비루하다고 말한다. 이렇게 나무라면서 서로 헐뜯고 욕하면서 선근의 업이 아닌 것을 쌓으며, 이러한 업을 짓는 까닭으로 수명과 혈색과 기운 등 모든 좋은 일들을 남김없이 다 잃고 상하게 하였다."

此四天下閻浮提內 有一國土 名寶華燈 安隱豊樂 人民熾盛 其中衆生 具行十善 有轉輪王 於中出現 名毘盧遮那妙寶蓮華髻 於蓮華中 忽然化生 三十二相 以爲嚴好 七寶具足 王四天下 恒以正法 敎導群生 王有千子 端正勇健 能伏怨敵 百萬億那由他宮人采女 皆悉與王 同種善根 同修諸行 同時誕生 端正姝妙 猶如天女 身眞金色 常放光明 諸毛孔中 恒出妙香 良臣 猛將 具足十億 王有正妃 名圓滿面 是王女寶 端正殊特 皮膚金色 目髮紺靑 言同梵音 身有天香 常放光明 照千由旬 其有一女 名普智焰妙德眼 形體端嚴 色相殊美 衆生見者 情無厭足 爾時 衆生壽命無量 或有不定而中夭者 種種形色 種種音聲 種種名字 種種族姓 愚智勇怯 貧富苦樂 無量品類 皆悉不同 時 或有人語餘人言 我身端正 汝形鄙陋 作是語已 遞相毀辱 集不善業 以是業故 壽命色力 一切樂事 悉皆損減

"그 시절에 성의 북쪽에 보리수가 있으니, 이름이 '넓은 빛 법 구름 음성 당기'이며, 생각마다 모든 여래의 도량에 나타나 견고하게 장엄하니, 마니 왕으로 뿌리가 되고 모든 마니로 줄기가 되고 빼어난 보배가 많은 잎이 되어 차례를 따라 널리 펴고 서로 어울려 늘어서 있고 사방과 상하를 원만하게 장엄하고 보배 광명을 놓아 빼어난 음성을 내어 모든 여래의 깊은 경계를 설하고 그 보리수 앞에 향기가 나는 연못이 있으니, 이름이 보배 꽃 광명으로 법을 펴는 우레이며, 빼어난 보배로 언덕이 되고 백만 억 나유타 보배 나무가 둘러쌓으며, 하나하나의 나무 형상이 보리수와 같고 많은 보배 영락을 두루 드리워 내렸고 헤아릴 수 없는 누각이 빠짐없이 다 보배로 이루어졌고 도량에 두루 하기에 이를 써서 장엄하고 꾸몄으며, 그 향 연못에 큰 연꽃이 솟아 나오니, 이름이 '삼세 모든 여래의 장엄한 경계를 두루 나타내는 구름'이었다."

"수미산의 티끌 수와 같은 부처님이 그 가운데 출현하시니, 첫 부처님의 이름은 '지혜의 두루 한 보배 불꽃의 빼어난 덕 당기'이며, 이 연꽃 위에서 최초로 아뇩다라삼먁삼보리를 얻었고 헤아릴 수 없는 천 년 동안 바른 법을 널리 펴서 설하여 중생들을 성숙하게 하였다."

時 彼城北 有菩提樹 名普光法雲音幢 以念念出現 一切如來道場莊嚴 堅固摩尼王 而爲其根 一切摩尼 以爲其幹 衆雜妙寶 以爲其葉 次第分布 竝相稱可 四方上下 圓滿莊嚴 放寶光明 出妙音聲 說一切如來甚深境界 於彼樹前 有一香池 名寶華光明演

法雷音 妙寶爲岸 百萬億那由他寶樹圍遶 一一樹形 如菩提樹 衆寶瓔珞 周帀垂下 無量樓閣 皆寶所成 周徧道場 以爲嚴飾 彼香池內 出大蓮華 名普現三世一切如來莊嚴境界雲 須彌山微塵數佛 於中出現 其第一佛 名普智寶焰妙德幢 於此華上 最初得阿耨多羅三藐三菩提 無量千歲 演說正法 成熟衆生

"그 여래가 부처를 이루길 10천 년 전에 이 큰 연꽃이 큰 광명을 놓으니, 이름이 '모든 신통을 나타내어 중생을 성숙하게 함'이었고 그와 같은 중생으로 이 광명을 만나는 자는 마음을 열어 깨우침을 깨달아 분명하게 알아서 마치고 10천 년 후에 부처님이 출현하실 것을 알았다."

"9천 년 전에 청정한 광명을 놓았으니, 이름은 '모든 중생이 허물을 벗어난 등불'이며, 그와 같은 중생으로 이 광명을 만나는 자는 청정한 눈을 얻어 모든 색을 보았으며, 9천 년 후에 부처님이 출현하실 것을 알았다."

"8천 년 전에 큰 광명을 놓았으니, 이름은 '모든 중생이 업을 짓고 과보를 받는 음성'이며, 그와 같은 중생으로 이 광명을 만나는 자는 모든 업으로 인한 과보를 모두 알았으며, 8천 년 후에 부처님이 출현하실 것을 알았다."

"7천 년 전에 큰 광명을 놓았으니, 이름은 '모든 선근을 내는 음성'이며, 그와 같은 중생으로 이 광명을 만나는 자는 모든 근이 원만함을 얻으며, 7천 년 후에 부처님이 출현하실 것을 알았다."

"6천 년 전에 큰 광명을 놓았으니, 이름은 '부처님의 생각으로 헤아려 알 수 없는 경계의 음성'이었으며, 그와 같은 중생으로 이 광명을 만나는 자는 마음이 광대해지기에 자재함을 두루 얻었으며, 6천 년 뒤에 부처님이 출현하실 것을 알았다."

"5천 년 전에 큰 광명을 놓았으니, 이름은 '모든 부처의 세계를 청정하게 장엄하는 음성'이며, 그와 같은 중생으로 이 광명을 만나는 자는 모든 부처님의 청정한 국토를 보았으며, 5천 년 뒤에 부처님이 출현하실 것을 알았다."

"4천 년 전에 큰 광명을 놓았으니, 이름은 '모든 여래의 경계가 차별 없는 등불'이었으며, 그와 같은 중생으로 이 광명을 만나는 자는 능히 가서 일체 모든 부처님을 남김없이 보았으며, 4천 년 후에 부처님이 출현하실 것을 알았다."

"3천 년 전에 큰 광명을 놓았으니, 이름은 '삼세의 밝은 등불'이었으며, 그와 같은 중생으로 이 광명을 만나는 자는 모든 여래의 모든 본래의 일 바다를 남김없이 다 보았으며, 3천 년 후에 부처님이 출현하실 것을 알았다."

"2천 년 전에 큰 광명을 놓았으니, 이름은 '여래의 가림막을 벗어난 지혜의 등불'이었으며, 그와 같은 중생으로 이 광명을 만나는 자는 곧 넓은 눈을 얻어 모든 여래의 신통 변화와 일체 모든 부처님의 국토와 모든 세계의 중생을 보았으며, 2천 년 후에 부처님이 출현하실 것을 알았다."

"1천 년 전에 큰 광명을 놓았으니, 이름은 '모든 중생이 부처님을 보고 모든 선근을 모음'이었고 그와 같은 중생으로 이 광명을 만나는 자는 곧 성취하여 부처님의 삼매를 보았으며, 1천 년 뒤에 부처님이 출현하실 것을 알았다."

"뒤를 이어 7일 전에 큰 광명을 놓았으니, 이름은 '모든 중생이 환희하는 음성'이었으며, 그와 같은 중생으로 이 광명을 만나는 자는 모든 부처님을 보았고 크게 환희심을 내었으며, 7일 뒤에 부처님이 출현하실 것을 알았다."

"7일이 찬 후에 모든 세계가 남김없이 다 진동하며, 순수하게 청정하고 더러움이 없으며, 생각과 생각마다 시방의 일체 청정한 부처 세계를 두루 나타내었으며, 또 저 세계의 가지가지 장엄도 나타내었고 그와 같은 중생으로 근성이 흠뻑 성숙하여 부처님을 보는 일에 응할 수 있는 자는 다 도량에 이르렀다."

其彼如來 未成佛時 十千年前 此大蓮華 放淨光明 名現諸神通成熟衆生 若有衆生 遇斯光者 心者開悟 無所不了知十千年後 佛當出現 九千年前 放淨光明 名一切衆生離垢燈 若有衆生 遇斯光者 得淸淨眼 見一切色 知九千年後 佛當出現 八千年前 放大光明 名一切衆生業果音 若有衆生 遇斯光者 悉得自知諸業果報 知八千年後 佛當出現 七千年前 放大光明 名生一切善根音 若有衆生 遇斯光者 一切諸根 悉得圓滿 知七千年後 佛當出現 六千年前 放大光明 名佛不思議境界音 若有衆生 遇斯光者 其心廣大 普得自在 知六千年後 佛當出現 五千年前 放大光明 名嚴淨一切佛剎音 若有衆生 遇斯光者 悉見一切淸淨佛土 知五千年後 佛當出現 四千年前 放大光明 名一切如來境界無差別等 若有衆生 遇斯光者 悉能往勤一切諸佛 知四千年後 佛當出現 三千年前 放大光明 名三世明燈 若有衆生 遇斯光者 悉能現見一切如來諸本事海 知三千年後 佛當出現 二千年前 放大光明 名如來離翳智慧燈 若有衆生 遇斯光者 則得普眼 見一切如來神變 一切諸佛國土 一切世界衆生 知二千年後 佛當出現 一千年前 放大光明 名令一切衆生見佛集諸善根 若有衆生 遇斯光者 則得成就 見佛三昧 知一千年後 佛當出現 次七日前 放大光明 名一切衆生 歡喜音若 有衆生遇 斯光者得 普見諸佛 生大歡喜 知七日後 佛當出現 滿七日已 一切世界 悉皆震動 純淨無染 念念普現十方一切淸淨佛剎 亦現彼剎種種莊嚴 若有衆生 根性淳熟 應見佛者 咸詣道場

이때 그 세계 가운데 모든 윤위산, 모든 수미산, 일체 모든 산, 모든 큰 바다, 모든 땅, 모든 성, 모든 담장, 모든 궁전, 모든 음악, 모든 말들이 빠짐없이 다 음성을 내어 일체 모든 부처님 여래의 신통한 경계를 찬탄하며 설했다.

또 모든 향 구름, 모든 사르는 향 구름, 모든 가루 향 구름, 모든 향 마니 형상의 구름, 모든 보배 불꽃 구름, 모든 불꽃장 구름, 모든 마니옷 구름 모든 영락 구름, 모든 빼어난 꽃구름, 모든 여래의 광명 구름, 모든 여래의 원만한 광명 구름, 모든 음악 구름, 모든 여래의 소원 음성 구름, 모든 여래의 말과 음성의 바다 구름, 모든 여래의 좋은 모양이나 상태의 구름을 내어서 여래가 출현하는 세간의 생각으로 헤아려 알 수 없는 모양이나 상태를 나타내 보였다.

爾時 彼世界中一切輪圍 一切須彌 一切諸山 一切大海 一切地 一切城 一切垣牆 一切宮殿 一切音樂 一切語言 皆出音聲 讚說一切諸佛如來神力境界 又出一切香雲 一切燒香雲 一切末香雲 一切香摩尼形像雲 一切寶焰雲 一切焰藏雲 一切摩尼衣雲 一切瓔珞雲 一切妙華雲 一切如來光明雲 一切如來圓光雲 一切音樂雲 一切如來願聲雲 一切如來言音海雲 一切如來相好雲 顯示如來出現世間 不思議相

"선남자여! 삼세 모든 여래의 장엄한 경계를 두루 비추는 큰 보배 연꽃 왕에 열 부처 세계의 티끌 수와 같은 연꽃이 두루 둘러싸고 모든 연꽃 안에 남김없이 다 마니보배장 사자좌가 있고 그 사자좌마다 빠짐없이 다 보살이 결가부좌하고 앉았다."

善男子 此普照三世 一切如來莊嚴境界 大寶蓮華王 有十佛刹微塵數蓮華 周帀圍遶 諸蓮華內 悉有摩尼寶藏師子之座 一一座上 皆有菩薩結跏趺坐

"선남자여! 두루 한 지혜의 보배 불꽃 빼어난 덕 당기 왕 여래가 여기서 아뇩다라삼먁삼보리를 이룰 때 곧바로 시방의 모든 세계에서 아뇩다라삼먁삼보리를 이루었다."

"중생의 마음을 따라 그 앞에 남김없이 다 나타내어 법륜을 굴리고 하나하나의 세계에 있는 헤아릴 수 없는 중생들이 악도의 고통에서 벗어나게 하고 헤아릴 수 없는 중생을 천상에 나게 하고 헤아릴 수 없는 중생을 성문이나 벽지불의 지위에 머물게 하였다."

"헤아릴 수 없는 중생에게 벗어나 나가는 보리의 행을 성취하게 하고 헤아릴 수 없는 중생에게 용맹한 당기 보리 행을 성취하게 하고 헤아릴 수 없는 중생에게 법 광명 보리의 행을 성취하게 하고 헤아릴 수 없는 중생에게 청정한 근 보리의 행을 성취하게 하고 헤아릴 수 없는 중생에게 평등한 힘으로서 보리의 행을 성취하게 하고 헤아릴 수 없는 중생에게 법성에 들어가는 보리의 행을 성취하게 하고 헤아릴 수 없는 중생에게 모든 처에 두루 이르는 무너짐 없는 신통한 힘 보리의 행을 성취하게 하고 헤아릴 수 없는 중생에게 넓은 문 방편 도에 들어가는 보리의 행을 성취하게 하고 헤아릴 수 없는 중생에게 삼매 문에 머무는 보리의 행을 성취하게 하고 헤아릴 수 없는 중생에게 모든 청정한 경계에 인연하는 보리의 행을 성취하게 하였다."

"헤아릴 수 없는 중생에게 보리심을 일으키게 하고 헤아릴 수 없는 중생을 보살의 도에 머물게 하고 헤아릴 수 없는 중생을 청정한 바라밀의 도에 머물게 하고 헤아릴 수 없는 중생을 처음의 자리에 머물게 하고 헤아릴 수 없는 중생을 보살의 두 번째 지위뿐만 아니라 십지에 머물게 하고 헤아릴 수 없는 중생을 보살의 특히 뛰어난 행과 원에 들어가게 하고 헤아릴 수 없는 중생을 보현의 청정한 행과 원에 머물게 하였다."

善男子 彼普智寶焰妙德幢王如來 於此成阿耨多羅三藐三菩提時 卽於十方一切世界中 成阿耨多羅三藐三菩提 隨衆生心 悉現其前 爲轉法輪 於一一世界 令無量衆生 離惡道苦 令無量衆生 得生天中 令無量衆生 住於聲聞 辟支佛地 令無量衆生 成就出離菩提之行 令無量衆生 成就勇猛幢菩提之行 令無量衆生 成就法光明菩提之行 令無量衆生 成就淸淨根菩提之行 令無量衆生 成就平等力菩提之行 令無量衆生 成就入法城菩提之行 令無量衆生 成就徧至一切處 不可壞神通力菩提之行 令無量衆生 入普門方便道菩提之行 令無量衆生 安住三昧門菩提之行 令無量衆生 成就緣一切淸淨境界菩提之行 令無量衆生 發菩提心 令無量衆生 住菩薩道 令無量衆生 安住淸淨波羅蜜道 令無量衆生 住菩薩初地 令無量衆生 住菩薩二地乃至十地 令無量衆生 入於菩薩殊勝行願 令無量衆生 安住普賢淸淨行願

"선남자여! 그 두루 한 지혜의 보배 불꽃 빼어난 덕 당기 여래(普智寶焰妙德幢如來)가 이와 같은 생각으로 헤아려 알 수 없는 자재한 신력을 나타내어 법륜을 굴릴 때, 그 하나하나의 모든 세계에서 그 응하는 바를 따라 생각과 생각마다 헤아릴 수 없는 중생을 조복시켰다."

善男子 彼普智寶焰妙德幢如來 現如是不思議自在神力 轉法輪時 於彼一一諸世界中 隨其所應 念念調伏無量衆生

이때 보현보살이 보화등왕성에 있는 중생이 잘생긴 모습과 모든 경계를 믿고 교만한 마음을 내어 다른 사람을 업신여겨 깔보는 것을 알고는 빼어난 몸으로 변화하여 그 성 가운데 나아가서 큰 광명으로 일체를 두루 비추었다. 그 전륜성왕과 모든 빼어난 보배와 일, 월, 성신과 중생의 몸 등을 일체 광명으로 남김없이 다 나타나지 못하게 하였다. 비유하면 태양이 뜨면 모든 별이 빛을 빼앗기는 것과 같았으며, 또한 검은 덩어리로 염부금을 대하는 것과 같기에 이때 모든 중생이 다 이런 말을 했다.

"이는 누구의 일일까? 하늘이 하는 일일까? 범천의 짓일까? 이 광명을 놓아 우리의 몸이 가지고 있는 광색이 다 나타나지 못하는구나. 가지가지로 사유하지만 분명하게 깨우쳐 알 수가 없구나."

時 普賢菩薩 知寶華燈王城中衆生 自恃色貌及諸境界 而生憍慢 陵蔑他人 化現妙身 端正殊特 往詣彼城 放大光明 普照一切 令彼聖王及諸妙寶 日月星宿 衆生身等 一切光明 悉皆不現 譬如日出 衆景奪曜 亦如聚墨對閻浮金 時 諸衆生咸作是言 此爲是誰 爲天爲梵 今放此光 令我等身所有光色 皆不顯現 種種思惟 無能解了

이때 보현보살이 전륜왕의 보배 궁전 위 허공 가운데 머물면서 가르침을 주기 위해 이렇게 말했다.

"대왕이여! 지금 그대의 나라에 부처님이 나시어 넓은 광명 법 구름 음성의 당기 보리수 아래에 계심을 알아야 합니다."

이때 전륜성왕의 여인인 연화 묘안은 보현보살이 나타낸 색신의 광명이 자재한 것을 보고 또 몸 위 장엄 기물에서 나는 빼어난 소리를 듣고는 환희하는 마음을 내어 이렇게 생각했다

"원하건대 내가 가지고 있는 모든 선근의 힘으로 이와 같은 몸과 이와 같은 장엄과 이와 같은 좋은 모양이나 상태와 이와 같은 위의와 이와 같은 자재를 얻게 해주십시오. 지금 이 큰 성인께서 중생들이 나고 죽은 캄캄한 긴 밤 가운데 광명을 놓으면서 여래가 세상에 나심을 열어 보여주시니, 원하건대 나도 또한 이와 같음을 얻어 모든 중생을 위해 지혜 광명을 짓고 가지고 있는 무명의 어둠을 깨트리게 해주십시오. 원하건대 내가 태어나는 곳마다 늘 이 선지식에게서 떠나지 않게 해주십시오."

爾時 普賢菩薩 在彼輪王寶宮殿上虛空中住 而告之言 大王 當知今汝國中 有佛興世 在普光明法雲音幢菩提樹下 時 聖王女蓮華妙眼 見普賢菩薩所現色身光明自在 及聞身上諸莊嚴具所出妙音 心生歡喜 作如是念 願我所有一切善根 得如是身 如是

莊嚴 如是相好 如是威儀 如是自在 今此大聖 能於衆生生死長夜黑闇之中 放大光明 開示如來出興於世 願令於我 亦得如是 爲諸衆生 作智光明 破彼所有無知黑闇 願我所在受生之處 常得不離此善知識

"선남자여! 그때 전륜왕이 귀한 딸과 천 명의 아들과 권속과 신하들과 네 종류의 병사와 헤아릴 수 없는 성중의 백성들이 앞뒤로 둘러쌓으며, 왕의 신통한 힘으로 다들 허공에 오르니, 높이가 일 유순이었다. 올라가서는 큰 광명을 놓아서 사천하를 비추어 일체가 두루 우러러보게 하고 중생과 함께 나아가 부처님을 보게 하였다. 그리고는 게송으로 찬탄하였다."

善男子 時 轉輪王與其寶女 千子 眷屬 大臣輔佐 四種兵衆及其城內無量人民 前後圍遶 以王神力 俱昇虛空 高一由旬 放大光明 照四天下 普使一切 咸得瞻仰 欲令衆生 得往見佛 以偈讚曰

如來出世間 여래가 세간에 나오시어
普救諸群生 모든 중생을 두루 구제하시니
汝等應速起 그대 등은 당연히 속히 일어나
往詣導師所 부처님의 처소로 나아가라.

無量無數劫 헤아릴 수 없고 수 없는 겁에
乃有佛興世 부처님이 세간에 나오시어
演說深妙法 깊고 빼어난 법을 널리 펴서 설하시니
饒益一切衆 모든 중생의 이익을 넉넉하게 더한다네.

佛觀諸世間 부처님이 모든 세간에서
顚倒常癡惑 거꾸로 뒤바뀌어 늘 어리석고 의심하며
輪迴生死苦 생사의 고통에서 윤회함을 보시고는
而起大悲心 가엾이 여기는 큰마음을 일으키셨다네.

無數億千劫 수 없는 억천 겁을 두고
修習菩提行 보리의 행을 닦고 익히는 것은

爲欲度衆生 많은 중생을 제도하고자 하는 것이니
斯由大悲力 이는 가엾이 여기는 힘으로 말미암은 것이라네.

頭目手足等 머리와 눈과 손과 발 등
一切悉能捨 모든 것을 남김없이 버리시니
爲求菩提故 보리를 구하려는 까닭이며
如是無量劫 이와 같음이 헤아릴 수 없는 겁이라네.

無量億千劫 헤아릴 수 없는 억천 겁을 보내더라도
導師難可遇 도사를 만나기란 어려운 일이니
見聞若承事 보고 듣고 그와 같이 받들어 섬긴다면
一切無空過 모든 일이 헛되지 않을 것이라네.

今當共汝等 당연히 지금 그대와 함께
往觀調御尊 부처님이 계신 곳에 가서 보자.
坐於如來座 여래 좌에 앉아 계시면서
降魔成正覺 마를 항복 받고 바른 깨우침 이루셨다네.

瞻仰如來身 여래의 몸을 우러러보니
放演無量光 헤아릴 수 없는 광명을 널리 놓아
種種微妙色 가지가지의 섬세하고 빼어난 색이
除滅一切暗 모든 어둠을 제거하여 없앤다네

一一毛孔中 하나하나의 털구멍마다
放光不思議 생각으로 헤아려 알 수 없는 광명을 놓아
普照諸群生 모든 중생을 두루 비추니
咸令大歡喜 다 함께 크게 환희한다네.

汝等咸應發 그대들은 당연히
廣大精進心 광대하게 정진하는 마음을 일으켜
詣彼如來所 저 여래의 처소에 이르러

恭敬而供養 공손하게 섬기고 공양해라.

　이때 전륜성왕이 게송을 설하여 부처님을 찬탄하고 모든 중생이 깨우침을 깨닫게 하고 전륜왕의 선근에서 십 천 가지의 큰 공양 구름을 내며, 도량으로 나아가 여래가 계신 곳으로 향했다. 이른바 모든 보배 일산 구름, 모든 꽃 휘장 구름, 모든 보배 옷구름, 모든 보배 방울 구름, 모든 향기 바다 구름, 모든 보배 자리 구름, 모든 보배 당기 구름, 모든 궁전 구름, 모든 빼어난 꽃구름, 모든 장엄 기물 구름이 허공을 가득하게 장식했다.
　도량에 이르러서는 두루 한 지혜의 보배 불꽃 빼어난 덕 당기 왕 여래의 발에 머리 숙여 예를 올리고는 헤아릴 수 없이 백천 겹을 돌다가 부처님 앞에서 시방을 두루 비추는 보배 연꽃 자리에 앉았다.

　爾時 轉輪聖王 說偈讚佛 開悟一切衆生已 從輪王善根 出十千種大供養雲 往詣道場 向如來所 所謂一切寶蓋雲 一切華帳雲 一切寶衣雲 一切寶鈴網雲 一切香海雲 一切寶座雲 一切寶幢雲 一切宮殿雲 一切妙華雲 一切諸莊嚴具雲 於虛空中 周徧嚴飾 到已 頂禮普智寶焰妙德幢王如來足 遶無量百千帀 卽於佛前 坐普照十方寶蓮華座

　이때 전륜왕의 딸로서 넓은 지혜 불꽃 빼어난 공덕의 눈이 곧 몸 위의 모든 장엄 기물을 풀어서 부처님께 흩뿌리니, 그 장엄 기물이 허공 가운데서 변하여 빼어난 일산을 이루고 보배 그물을 드리워 내렸으며, 용왕이 잡아서 지니고 있었다. 모든 궁전이 그 가운데 벌려있고 열 개의 보배 일산이 두루두루 덮고 있으니, 그 형상이 누각과 같으며, 안과 밖이 청정하였고 모든 영락 구름과 또한 모든 보배 나무와 향기 바다 마니로 장엄하였다. 이 보배 일산 안에 보리수가 있으니, 가지와 잎이 무성하여 법계를 두루 덮었으며, 생각과 생각마다 헤아릴 수 없는 장엄을 나타내었다.
　비로자나 여래께서 이 나무 아래 앉으셨고 말할 수 없는 부처 세계의 티끌 수와 같은 보살들이 앞뒤로 둘러싸고 모셨으니, 모든 보현보살의 행과 원으로부터 출생하여 모든 보살의 차별이 없는 머무름에 머물렀다.
　또 일체 모든 세간의 주인을 보며, 또한 여래의 자재한 신통의 힘을 보며, 모든 겁의 차례와 세계가 이루어지고 무너짐을 보며, 또한 역시 그 모든 세계에 일체 모든 부처님이 나오시는 차례를 보며, 또한 그 모든 세계 하나하나가 다 보현보살이 부처님께 공양하고 중생을 조시키는 것을 보며, 또한 역시 그 모든 보살이 다 보현의 몸 가운데 있음을 보며, 또한 자신이 그 몸 안에 있음을 보며, 또 그 몸이 모든 여래의 앞과 모든 보현의 앞과 모든 보살의 앞과 모든 중생의 앞에 있음을 본다.

역시 또한 그 모든 세계 하나하나에 각각 부처 세계의 티끌 수와 같은 세계의 가지가지 경계선과 가지가지의 맡아서 지님과 가지가지의 형상과 가지가지의 체성과 가지가지의 편안함으로 퍼짐과 가지가지의 장엄과 가지가지의 청정과 가지가지의 장엄 구름이 그 위를 덮었으며, 가지가지 겁의 이름과 가지가지의 부처님이 나오심과 가지가지의 삼세와 가지가지의 방위와 처, 가지가지로 법계에 머무름과 가지가지로 법계에 들어가는 것과 가지가지로 허공에 머무는 것과 가지가지 여래의 보리 장과 가지가지 여래의 신통한 힘과 가지가지 여래의 사자좌와 가지가지 여래의 대중 바다와 가지가지 여래 대중의 차별과 가지가지 여래의 능숙하고 섬세한 방편과 가지가지 여래의 법륜을 굴림과 가지가지 여래의 빼어난 음성과 가지가지 여래의 말씀 바다와 가지가지 여래와 맺은 경전의 구름이 있음을 본다.

이러한 것을 보고는 그 마음이 청정해지기에 크게 환희하였다.

두루 한 지혜의 보배 불꽃 빼어난 덕 당기 왕 여래(普智寶焰妙德幢王如來)께서 수다라(修多羅.經)를 설하시니, 이름이 '일체 여래의 법륜 전'이며, 열 부처 세계의 티끌 수와 같은 수다라를 권속으로 삼았다.

時 轉輪聖王女普智焰妙德眼 卽解身上諸莊嚴具 持以散佛 時 莊嚴具 於虛空中 變成寶蓋 寶網垂下 龍王執持 一切宮殿 於中間列 十種寶蓋 周帀圍遶 形如樓閣 內外淸淨 諸瓔珞雲及諸寶樹 香海摩尼 以爲莊嚴 於此蓋中 有菩提樹 枝葉榮茂 普覆法界 念念示現無量莊嚴 毘盧遮那如來 坐此樹下 有不可說佛刹微塵數菩薩 前後圍遶 皆從普賢行願 出生 住諸菩薩無差別住 亦見有一切諸世間主 亦見如來自在神力 又見一切諸劫次第 世界成壞 又亦見彼一切世界 一切諸佛出興次第 又亦見彼一切世界一一皆有普賢菩薩 供養於佛 調伏衆生 又亦見彼一切菩薩 莫不皆在普賢身中 亦見自身在其身內 亦見其身在一切如來前 一切普賢前 一切菩薩前 一切衆生前 又亦見彼一切世界一一各有佛刹微塵數世界種種際畔 種種任持 種種形狀 種種體性 種種安布 種種莊嚴 種種淸淨 種種莊嚴雲 而覆其上 種種劫名 種種佛興 種種三世 種種方處 種種住法界 種種入法界 種種住虛空 種種如來菩提場 種種如來神通力 種種如來獅子座 種種如來大衆海 種種如來巧方便 種種如來轉法輪 種種如來妙音聲 種種如來言說海 種種如來契經雲 卽見是已 其心淸淨 生大歡喜 普智寶焰妙德幢王如來 爲說修多羅 名一切如來轉法輪 十佛刹微塵數修多羅 而爲眷屬

때맞춰 전륜왕의 딸로서 넓은 지혜 불꽃 빼어난 공덕의 눈(普智焰妙德眼)이 이 경을 듣고는 십 천 가지의 삼매 문을 성취하니, 그 마음이 부드럽고 억세지 않은 것이 마치 태 속에 처음으로 든 것과 같고 처음으로 태어난 것과 같고 사라 나무의 싹이 처음으로 나는 것과 같이 그 삼매의 마음도 역시 차례를 좇아(復) 이와 같으니, 이른바 모든 부처님의 나타남을 보는 삼매, 모든 세계를 두루 비추는 삼매, 모든 삼세의 문에 들어가는 삼매, 모든 부처님의 법륜을 설하는 삼매, 모든 부처님의 원 바다를 아는 삼매, 모든 중생이 깨우침을 깨달아 생사의 고통에서 나오게 하는 삼매, 언제나 원으로 모든 중생의 어둠을 깨트리는 삼매, 늘 원으로 모든 중생의 고통을 없애는 삼매, 언제나 원으로 모든 중생이 즐거움을 내게 하는 삼매, 모든 중생을 가르치고 바른길로 이끌지만, 피곤하고 싫어함을 내지 않게 하는 삼매, 모든 보살의 막힘이나 걸림 없는 당기 삼매, 모든 청정한 부처 세계에 두루 나아가는 삼매들이다.

時 彼女人聞此經已 則得成就十千三昧門 其心柔軟 無有麤獷 如初受胎 如始誕生 如娑羅樹初始生芽 彼三昧心 亦復如是 所謂現見一切佛三昧 普照一切刹三昧 入一切三世門三昧 說一切佛法輪三昧 知一切佛願海三昧 開悟一切衆生令出生死苦三昧 常願破一切衆生闇三昧 常願滅一切衆生苦三昧 常願生一切衆生樂三昧 敎化一切衆生不生疲厭三昧 一切菩薩無障礙幢三昧 普詣一切淸淨佛刹三昧

이와 같은 등의 십 천 삼매를 얻어 마치고는 차례를 좇아(復) 빼어난 선정의 마음, 흔들리지 않은 마음, 환희하는 마음, 편안히 위로하는 마음, 광대한 마음, 거스르지 않고 선지식을 따르는 마음, 깊고 깊은 일체 지혜에 인연이 되는 마음, 광대한 방편 바다에 머무는 마음, 모든 집착을 버리고 벗어나는 마음, 모든 세간의 경계에 머물지 않는 마음, 여래의 경계에 들어가는 마음, 모든 색의 바다를 두루 비추는 마음, 괴롭게 하거나 해치지 않는 마음, 거만함이 없는 마음, 지치고 피로하지 않는 마음, 물러섬이 없는 마음, 게으름이 없는 마음, 모든 법의 자성을 사유하는 마음, 모든 법문의 바다에 편안히 머무는 마음, 모든 법문의 바다를 자세히 들여다보는 마음, 모든 중생의 바다를 분명하게 깨우쳐 아는 마음, 모든 중생의 바다를 구제하고 보호하는 마음, 모든 세계 바다를 비추는 마음, 모든 부처님의 원 바다를 두루 내는 마음, 모든 막힘이나 걸림이 되는 산을 남김없이 다 깨트리는 마음, 복덕과 조도의 마음을 쌓아서 모으는 마음, 모든 부처님의 십력을 나타내어 보게 하는 마음, 보살의 경계를 두루 비추는 마음, 보살의 도를 돕는 것을 거듭 더하고 늘리는 마음, 모든 방편의 바다와 두루 인연을 맺은 마음을 얻었다.

得如是等十千三昧已 復得妙定心 不動心 歡喜心 安慰心 廣大心 順善知識心 緣甚深一切智心 住廣大方便海心 捨離一切執著心 不住一切世間境界心 入如來境界心 普照一切色海心 無惱害心 無高倨心 無疲倦心 無退轉心 無懈怠心 思惟諸法自性心 安住一切法門海心 觀察一切法門海心 了知一切衆生海心 救護一切衆生海心 普照一切世界海心 普生一切佛願海心 悉破一切障山心 積集福德助道心 現見諸佛十力心 普照菩薩境界心 增長菩薩助道心 徧緣一切方海心

한결같은 마음으로 보현의 큰 원을 사유하며, 모든 여래의 열 부처 세계의 티끌 수와 같은 원의 바다를 일으켰으니, 모든 부처님의 국토를 장엄하여 청정하게 하길 원하며, 모든 중생을 조복시키길 원하며, 모든 법계를 두루 알길 원하며, 모든 법계의 바다에 두루 들어가길 원하며, 모든 부처 세계에 미래의 경계, 겁이 다하도록 보살의 행을 닦길 원하며, 미래의 경계, 겁이 다하도록 모든 보살의 행을 버리지 않길 원하며, 모든 여래와 친근하길 원하며, 모든 선근의 벗을 받들어 섬김을 얻길 원하며, 일체 모든 부처님께 공양함을 얻길 원하며, 생각과 생각마다 보살의 행을 닦아서 모든 지혜를 거듭 더하고 늘리며, 끊어짐이 없길 원하였다.

이와 같은 등의 열 부처 세계의 티끌 수와 같은 원의 바다를 일으켜 보현보살이 가지고 있는 큰 원을 성취하였다.

一心思惟普賢大願 發一切如來十佛刹微塵數願海 願嚴淨一切佛國 願調伏一切衆生 願徧知一切法界 願普入一切法界海 願於一切佛刹 盡未來際劫 修菩薩行 願盡未來際劫 不捨一切菩薩行 願得親近一切如來 願得承事一切善友 願得供養一切諸佛 願於念念中 修菩薩行 增一切智 無有間斷 發如是等十佛刹微塵數願海 成就普賢所有大願

때맞춰 그 여래께서 전륜왕의 딸인 넓은 지혜 불꽃 빼어난 공덕의 눈(普智焰妙德眼)을 위해서 차례를 좇아(復) 마음을 일으킨 후부터 모은 선근과 닦아 온 빼어난 행과 얻은 큰 결과를 열어 보이시고 널리 펴서 설하고 그들이 깨우침을 깨닫고 여래가 가지고 있는 원의 바다를 성취하여 한결같은 마음으로 일체 지혜의 자리로 향해 나아가도록 하였다.

時 彼如來復爲其女 開示演說 發心已來所集善根 所修妙行 所得大果 令其開悟 成就如來所有願海 一心趣向一切智位

"선남자여! 차례를 좇아(復) 이전의 십 대겁을 지나 세계가 있으니, 이름이 '일륜광마니'이며, 부처님 명호는 '인타라당묘상'이었다. 전륜왕의 딸인 넓은 지혜 불꽃 빼어난 공덕의 눈(普智焰妙德眼)이 여래가 남기신 법 가운데 보현보살이 그녀에게 권하여 연화 좌 위에 있는 옛적의 무너진 불상을 보수하라 하기에 보수하였다. 보수하고는 채색을 하고 채색을 해서 마친 후에 차례를 좇아(復) 보배로 장엄하고 아뇩다라삼먁삼보리심을 일으켰다."

善男子 復於此前 過十大劫 有世界 名日輪光摩尼 佛號因陀羅幢妙相 此妙眼女 於彼如來遺法之中 普賢菩薩勸其 修補蓮華座上 故壞佛像 旣修補已 而復彩畫 旣彩畫已 復寶莊嚴 發阿耨多羅三藐三菩提心

"선남자여! 내가 생각해보니, 과거에 보현보살이 선지식을 만난 까닭으로 이러한 선근을 심었으며, 이로부터 악한 부류에 떨어지지 않고 늘 모든 천왕과 인왕의 종족 가운데 태어나 단정하고 부드럽고 좋은 모습이 원만하기에 보는 자들이 기뻐하였으며, 늘 부처님을 보고 늘 보현보살과 친근하였으며, 지금에 이르기까지도 나를 이끌어 깨우치고 성숙하게 하면서 환희심을 나게 하신다."

善男子 我念過去 由普賢菩薩善知識故 種此善根 從是已來 不墮惡趣 常於一切天王 人王種族中生 端正可喜 衆相圓滿 令入樂見 常見於佛 常得親近 普賢菩薩 乃至於今 示導開悟 成熟於我 令生歡喜

"선남자여! 어떻게 생각하는가?"
"그때의 비로자나장 묘보연화계 전륜성왕은 다른 분이 아니라 지금의 미륵보살이시며, 그때 원만면 왕비는 적정음해야신이니, 이분이 머무는 곳은 여기서 멀지 않다."
"그때 넓은 지혜 불꽃 빼어난 공덕의 눈(普智焰妙德眼)의 동녀는 곧 나의 몸이니, 내가 그때 동녀로서 보현보살의 권함을 받고 연꽃 자리 위에 있는 불상을 보수한 것이 위 없는 보리와 인연이 되어 아뇩다라삼먁삼보리심을 일으키게 되었다. 나는 그때 처음으로 비로소 마음을 일으킨 것이다."
"다음에 차례를 좇아(復) 가르쳐 이끎을 따라 빼어난 덕 당기 부처님을 보게 하였고 몸의 영락을 풀어서 부처님께 흩뿌려 공양하고 부처님의 신통한 힘을 보고 부처님이 설하시는 법을 듣고 곧바로 보살이 모든 세계에 두루 나타나서 중생을 조복시키는 해탈문을 얻었기에 생각과 생각마다 수미산의 티끌 수와 같은 부처님을 보며, 또한 그 부처님의 도량에 모인 대중들과 청정한 국토를 보며, 내가 모두 존중하고 공경하며, 설하는 법을 듣고 가르침을 의지하여 수행하였다."

善男子 於意云何 爾時 毘盧遮那藏妙寶蓮華髻轉輪聖王者 豈異人乎 今彌勒菩薩是 時 王妃圓滿面者 寂靜音海夜神是 今所住處 去此不遠 時 妙德眼童女者 卽我身是 我於彼時 身爲童女 普賢菩薩勸我 修補蓮華座像 以爲無上菩提因緣 令我發於阿耨多羅三藐三菩提心 我於彼時 初始發心 次復引導 令我得見妙德幢佛 解身瓔珞 散佛供養 見佛神力 聞佛說法 卽得菩薩普現一切世間調伏衆生解脫門 於念念中 見須彌山微塵數佛 亦見彼佛道場衆會 淸淨國土 我皆尊重 恭敬供養 聽聞說法 依敎修行

"선남자여! 그 비로자나 대위덕 세계의 원만하고 청정한 겁을 지나서 다음 세계가 있었으니, 이름이 '보배 바퀴 빼어난 장엄'이며, 겁의 이름은 '큰 광명'이며, 5백 부처님이 그 가운데서 출현하시기에 내가 모두 받들어 섬기며, 공경하고 공양하였다."

"맨 처음의 부처님은 이름이 '크게 가엾이 여기는 당기'이시며, 처음 출가하실 때 내가 야신(夜神)이 되어 공손히 받들어 공양하였다."

"다음에 나오신 부처님은 이름이 '금강나라연당(金剛那羅延幢)'이시며, 내가 전륜왕이 되어 공손히 받들어 공양하였으며, 그 부처님이 나에게 수다라를 설하셨고 이름은 '일체불출현(一切佛出現)'이며, 열 부처 세계의 티끌 수와 같은 수다라를 권속으로 삼으셨다."

"다음에 나오신 부처님은 이름이 '금강무애덕(金剛無礙德)'이시며, 나는 그때 전륜왕이 되어 공손히 받들어 공양하였으며, 그 부처님이 나에게 수다라를 설하셨고 이름은 '보조일체중생근(普照一切衆生根)'이었으며, 수미산 티끌 수와 같은 수다라를 권속으로 삼으셨고 내가 모두 받아 지녔다."

"다음에 나오신 부처님은 이름이 '화염산묘장엄(火焰山妙莊嚴)'이시며, 나는 그때 장자의 딸이었으며, 그 부처님이 나에게 수다라를 설하셨고 이름은 '보조삼세장(普照三世藏)'이었으며, 염부제의 티끌 수와 같은 수다라를 권속으로 삼으셨고 내가 모두 듣고 법대로 받아 지녔다."

"다음에 나오신 부처님은 이름이 '일체법해고승왕(一切法海高勝王)'이시며, 나는 아수라왕이 되어 공손히 받들어 공양하였으며, 그 부처님이 나에게 수다라를 설하셨고 이름은 '분별일체법계(分別一切法界)'였으며, 오백 수다라를 권속으로 삼으셨고 내가 모두 듣고 법대로 받아 지녔다."

"다음에 나오신 부처님은 이름이 '해악법광명(海嶽法光明)'이시며, 나는 용왕의 딸이 되어 여의 마니보배 구름을 내려 공양하였으며, 그 부처님이 나에게 수다라를 설하셨고 이름은 '증장환희해(增長歡喜海)'였으며, 백만 억 수다라를 권속으로 삼으셨고 내가 모두 듣고 법대로 받아 지녔다."

"다음에 나오신 부처님은 이름이 '보염산등(寶焰山燈)'이시며, 나는 바다의 신이 되어 보배 연꽃 구름을 내려서 공손히 받들어 공양하였으며, 그 부처님이 나에게 수다라를 설하셨고 이름이 '법계방편해광명(法界方便海光明)'이었으며, 부처 세계의 티끌 수와 같은 수다라를 권속으로 삼으셨고 내가 모두 듣고 법대로 받아 지녔다."

"다음에 나오신 부처님은 이름이 '공덕해광명륜(功德海光明輪)'이시며, 나는 그때 오통선인이 되어 큰 신통을 나타내고 6만의 신선들이 앞뒤로 둘러쌓았고 나는 향 꽃구름을 내려 공양하였으며, 그 부처님이 나에게 수다라를 설하셨고 이름이 '무착법등(無著法燈)'이었으며, 6만 수다라를 권속으로 삼으셨고 내가 모두 듣고 법대로 받아 지녔다."

"다음에 나오신 부처님은 이름이 '비로자나공덕장(毘盧遮那功德藏)'이시며, 나는 그때 주지신이 되었고 이름이 '출생평등의(出生平等義)'였으며, 헤아릴 수 없는 지신과 더불어 모든 보배 나무와 모든 마니장과 모든 보배 영락 구름을 내려 공양하였으며, 그 부처님이 수다라를 설하셨고 이름이 '출생일체여래지장(出生一切如來智藏)'이었으며, 헤아릴 수 없는 수다라를 권속으로 삼으셨고 내가 모두 듣고 법대로 받아 지녔다."

"선남자여! 이와 같은 차례를 따라 최후에 나오신 부처님은 이름이 '충만허공법계묘덕등(充滿虛空法界妙德燈)'이시며, 나는 기생이 되어 미안(美顏)이란 이름으로 불렸으며, 부처님이 성안으로 들어오심을 보고 노래와 춤으로 공양하였으며, 부처님의 신통을 받들어 공중에 솟아올라 일천 게송으로 부처님을 찬탄하였고 그 부처님이 나를 위해 미간으로 광명을 놓으니, 이름이 '장엄법계대광명(莊嚴法界大光明)'이었으며, 내 몸을 두루 비추었고 나는 그 광명을 받아 곧바로 해탈문을 얻었으니, 이름이 '법계방편불퇴장(法界方便不退藏)'이었다."

善男子 過彼毘盧遮那大威德世界 圓滿淸淨劫已 次有世界 名寶輪妙莊嚴 劫名大光 有五百佛 於中出現 我皆承事 恭敬供養 其最初佛 名大悲幢 初出家時 我爲夜神 恭敬供養 次有佛出 名金剛那羅延幢 我爲轉輪王 恭敬供養 其佛爲我 說修多羅 名一切佛出現 十佛刹微塵數修多羅 以爲眷屬 次有佛出 名金剛無礙德 我於彼時 爲轉輪王 恭敬供養 其佛爲我 說修多羅 名普照一切衆生根 須彌山微塵數修多羅 而爲眷屬 我皆受持 次有佛出 名火焰山妙莊嚴 我於彼時 爲長者女 其佛爲我 說修多羅 名普照三世藏 閻浮提微塵數修多羅 而爲眷屬 我皆聽聞 如法受持 次有佛出 名一切法海高勝王 我爲阿修羅王 恭敬供養 其佛爲我 說修多羅 名分別一切法界 五百修多羅

而爲眷屬 我皆聽聞 如法受持 次有佛出 名海嶽法光明 我爲龍王女 雨如意摩尼寶雲 而爲供養 其佛爲我 說修多羅 名增長歡喜海 百萬億修多羅 而爲眷屬 我皆聽聞 如法受持 次有佛出 名寶焰山燈 我爲海神 雨寶蓮華雲 恭敬供養 其佛爲我 說修多羅 名法界方便海光明 佛刹微塵數修多羅 而爲眷屬 我皆聽聞 如法受持 次有佛出 名功德海光明輪 我於彼時 爲五通仙 現大神通 六萬諸仙前後圍遶 雨香華雲 而爲供養 其佛爲我 說修多羅 名無著法燈 六萬修多羅 而爲眷屬 我皆聽聞 如法受持 次有佛出 名毘盧遮那功德藏 我於彼時 爲主地神 名出生平等義 與無量地神俱 雨一切寶樹 一切摩尼藏 一切寶瓔珞雲 而爲供養 其佛爲我 說修多羅 名出生一切如來智藏 無量修多羅 而爲眷屬 我皆聽聞 受持不忘 善男子 如是次第 其最後佛 名充滿虛空法界妙德燈 我爲妓女 名曰美顔 見佛入城 歌舞供養 承佛神力 踊在空中 以千偈頌 讚歎於佛 佛爲於我 放眉間光 名莊嚴法界大光明 徧觸我身 我蒙光已 卽得解脫門 名法界方便不退藏

"선남자여! 이 세계 가운데 이와 같은 등등 부처 세계의 티끌 수와 같은 겁이 있었으며, 모든 여래가 그 가운데 나시는 것을 내가 모두 공손히 받들어 섬기면서 공경하고 공양하였으며, 그 모든 여래께서 설하신 바른 법을 내가 잊지 않고 기억할 뿐만 아니라 한 문장 한 구절도 잊지 않았으며, 그 하나하나의 모든 여래가 계신 곳에서 모든 불법을 칭찬하고 찬탄하면서 헤아릴 수 없는 중생에게 이익을 지었으며, 그 모든 여래의 처소에서 모든 지혜의 광명을 얻고 삼세 법계의 바다에 나타나 모든 보현의 행에 들어갔다."

善男子 此世界中 有如是等 佛刹微塵數劫 一切如來 於中出現 我皆承事 恭敬供養 彼諸如來 所說正法 我皆憶念 乃至不忘一文 一句 於彼一一諸如來所 偁揚讚歎 一切佛法 爲無量衆生 廣作利益 於彼一一諸如來所 得一切智光明 現三世法界海 入一切普賢行

"선남자여! 나는 모든 지혜의 광명을 의지한 까닭으로 생각과 생각마다 헤아릴 수 없는 부처님을 볼 수 있으며, 부처님을 본 후에는 이전에 얻지 못하고 이전에 보지 못하던 보현의 모든 행을 남김없이 다 원만하게 이룬다. 왜 그런가 하면, 모든 지혜의 광명을 얻은 까닭이다."

이때 보구중생야신이 거듭 이 해탈의 뜻을 분명하게 하고자 하여 부처님의 신통을 받들어 선재 동자에게 게송을 말했다.

　善男子 我依一切智光明故 於念念中 見無量佛 旣見佛已 先所未得 先所未見 普賢諸行 悉得成滿 何以故 以得一切智光明故 爾時 普救衆生夜神 欲重明此解脫義 承佛神力 爲善財童子 而說頌言

　善財聽我說 선재여! 내가 설하는 것을 들어라.
　甚深難見法 매우 깊고 보기 어려운 법이
　普照於三世 삼세의
　一切差別門 모든 차별문을 두루 비춘다네.

　如我初發心 내가 처음 마음을 일으키고
　專求佛功德 오로지 부처님의 공덕을 구하여
　所入諸解脫 들어간 모든 해탈을
　汝今應諦聽 그대는 당연히 자세하게 들어라.

　我念過去世 내가 생각해보니 지나간 옛적
　過刹微塵劫 세계의 티끌 수와 같은 겁을 지나서
　次前有一劫 그 이전에 겁이 있으니
　名圓滿淸淨 이름이 '원만하고 청정함'이라네.

　是時有世界 이때 세계가 있으니
　名爲徧照燈 이름이 '두루 비추는 등불'이며
　須彌塵數佛 수미산 티끌 수와 같은 부처님이
　於中出興世 세상 가운데 나셨다네.

　初佛名智焰 처음 부처님의 이름은 지혜의 불꽃이며
　次佛名法幢 다음 이름은 법 당기 부처님이며
　第三法須彌 제3은 법수미이며
　第四德師子 제4는 덕사자이며
　第五寂靜王 제5는 정정왕이며
　第六滅諸見 제6은 멸제견이며

第七高名稱 제7은 고명칭이며
第八大功德 제8은 대공덕이며
第九名勝日 제9는 이름이 승일 부처님이며
第十名月面 제10은 이름이 월면 부처님이라네.
於此十佛所 이 열 부처님이 계신 곳에서
最初悟法門 맨 처음으로 법문을 깨우쳐 체득하였다네. 初地 十佛. 歡喜地

從此後次第 이후에 뒤를 이어
復有十佛出 차례를 좇아 열 부처님이 나시니
初名虛空處 처음의 이름은 허공처 부처님이며
第二名普光 제2의 이름은 보광 부처님이며
三名住諸方 3의 이름은 주제방 부처님이며
四名正念海 4의 이름은 정념해 부처님이며
五名高勝光 5의 이름은 고승광 부처님이며
六名須彌雲 6의 이름은 수미운 부처님이며
七名法焰佛 7의 이름은 법염 부처님이며
八名山勝佛 8의 이름은 산승 부처님이며
九名大悲華 9의 이름은 대비화 부처님이며
十名法界華 10의 이름은 법계화 부처님이다.
此十出現時 이 열 분이 출현할 때
第二悟法門 두 번째 법문을 깨우쳐 체득하였다네. 二地 十佛. 離垢地

從此後次第 이후에 뒤를 이어
復有十佛出 차례를 좇아 열 부처님이 나시니
第一光幢佛 제1은 광당 부처님이며
第二智慧佛 제2는 지혜 부처님이며
第三心義佛 제3은 심의 부처님이며
第四德主佛 제4는 덕주 부처님이며
第五天慧佛 제5는 천혜 부처님이며
第六慧王佛 제6은 혜왕 부처님이며
第七勝智佛 제7은 승지 부처님이며

第八光王佛 제8은 광왕 부처님이며
諸九勇猛佛 제9는 용맹 부처님이며
第十蓮華佛 제10은 연화 부처님이다.
於此十佛所 이 열 부처님이 계신 곳에서
第三悟法門 세 번째 법문을 깨우쳐 체득하였다네. 三地 十佛. 發光地

從此後次第 이후에 뒤를 이어
復有十佛出 차례를 좇아 열 부처님이 나시니
第一寶焰山 제1은 보염산 부처님이며
第二功德海 제2는 공덕해 부처님이며
第三法光明 제3은 법광명 부처님이며
第四蓮華藏 제4는 연화장 부처님이며
第五衆生眼 제5는 중생안 부처님이며
第六香光寶 제6은 향광보 부처님이며
七須彌功德 7은 수미공덕 부처님이며
八乾闥婆王 8은 건달바왕 부처님이며
第九摩尼藏 제9는 마니장 부처님이며
第十寂靜色 제10은 적정색 부처님이다. 四地 十佛. 焰慧地

從此後次第 이후에 뒤를 이어
復有十佛出 차례를 좇아 열 부처님이 나시니
初佛廣大智 처음 부처님은 광대지이며
次佛寶光明 다음 부처님은 보광명이며
第三虛空雲 제3은 허공운 부처님이며
第四殊勝相 제4는 수승상 부처님이며
第五圓滿戒 제5는 원만계 부처님이며
第六那羅延 제6은 나라연 부처님이며
第七須彌德 제7은 수미덕 부처님이며
第八功德輪 제8은 공덕륜 부처님이며
第九無勝幢 제9는 무승당 부처님이며
第十大樹山 제10은 대수산 부처님이시다. 五地 十佛. 難勝地

從此後次第 이후에 뒤를 이어
復有十佛出 차례를 좇아 열 부처님이 나시니
第一娑羅藏 제1은 사라장 부처님이며
第二世主身 제2는 세주신 부처님이며
第三高顯光 제3은 고현광 부처님이며
第四金剛照 제4는 금강조 부처님이며
第五地威力 제5는 지위력 부처님이며
第六甚深法 제6은 심심법 부처님이며
第七法慧音 제7은 법혜음 부처님이며
第八須彌幢 제8은 수미당 부처님이며
第九勝光明 제9는 승광명 부처님이며
第十妙寶光 제10은 묘보광 부처님이시다. 六地 十佛. 現前地

從此後次第 이후에 뒤를 이어
復有十佛出 차례를 좇아 열 부처님이 나시니
第一梵光明 제1은 범광명 부처님이며
第二虛空音 제2는 허공음 부처님이며
第三法界身 제3은 법계신 부처님이며
第四光明輪 제4는 광명륜 부처님이며
第五智慧幢 제5는 법혜당 부처님이며
第六虛空燈 제6은 허공등 부처님이며
第七微妙德 제7은 미묘덕 부처님이며
第八徧照光 제8은 변조광 부처님이며
第九勝福光 제9는 승복광 부처님이며
第十大悲雲 제10은 대비운 부처님이시다. 七地 十佛. 遠行地

從此後次第 이후에 뒤를 이어
復有十佛出 차례를 좇아 열 부처님이 나시니
第一力光慧 제1은 역광혜 부처님이며
第二普現前 제2는 보현전 부처님이며
第三高顯光 제3은 고현광 부처님이며

第四光明身 제4는 광명신 부처님이며
第五法起佛 제5는 법기불 부처님이며
第六寶相佛 제6은 보상불 부처님이며
第七速疾風 제7은 속질풍 부처님이며
第八勇猛幢 제8은 용맹당 부처님이며
第九妙寶盖 제9는 묘보개 부처님이며
第十照三世 제10은 조삼세 부처님이시다. 八地 十佛. 不動地

從此後次第 이후에 뒤를 이어
復有十佛出 차례를 좇아 열 부처님이 나시니
第一願海光 제1은 원해광 부처님이며
第二金剛身 제2는 금강신 부처님이며
第三須彌德 제3은 수미덕 부처님이며
第四念幢王 제4는 염당왕 부처님이며
第五功德慧 제5는 공덕혜 부처님이며
第六智慧燈 제6은 지혜등 부처님이며
第七光明幢 제7는 광명당 부처님이며
第八廣大智 제8은 광대지 부처님이며
第九法界智 제9는 법계지 부처님이며
第十法海智 제10은 법해지 부처님이시다. 九地 十佛. 善慧地

從此後次第 이후에 뒤를 이어
復有十佛出 차례를 좇아 열 부처님이 나시니
初名布施法 처음 이름은 보시법 부처님이며
次名功德輪 다음 이름은 공덕륜 부처님이며
三名勝妙雲 세 번째 이름은 승묘운 부처님이며
四名忍智燈 네 번째 이름은 인지등 부처님이며
五名寂靜音 다섯 번째 이름은 적정음 부처님이며
六名寂靜幢 여섯 번째 이름은 적정당 부처님이며
七名世間燈 일곱 번째 이름은 세간등 부처님이며
八名深大願 여덟 번째 이름은 심대원 부처님이며

九名無勝幢 아홉 번째 이름은 무승당 부처님이며
十名智焰海 열 번째 이름은 지염해 부처님이시다. 十地 十佛. 法雲地

從此後次第 이후에 뒤를 이어
復有十佛出 차례를 좇아 열 부처님이 나시니
初佛法自在 처음 부처님은 법자재이며
二佛無礙慧 둘째 부처님은 무애혜이며
三名意海慧 세 번째 이름은 의해혜 부처님이며
四名衆妙音 네 번째 이름은 중묘음 부처님이며
五名自在施 다섯 번째 이름은 자재시 부처님이며
六名普現前 여섯 번째 이름은 보현전 부처님이며
七名隨樂身 일곱 번째 이름은 수락신 부처님이며
八名住勝德 여덟 번째 이름은 주승덕 부처님이며
第九本性佛 제9는 본성 부처님이며
第十賢德佛 제10은 현덕 부처님이시다. 等覺 十佛

須彌塵數劫 수미산 티끌 수와 같은 겁 동안에
此中所有佛 이 가운데 계신 부처님은
普作世間燈 세간의 등불을 두루 켜시고
我悉曾供養 나는 일찍이 남김없이 다 공양하였다네.

佛刹微塵劫 부처 세계의 티끌 수와 같은 겁 동안
所有佛出現 부처님이 출현하시는 대로
我皆曾供養 내 일찍이 모두 공양하고
入此解脫門 이 해탈문에 들어갔다네.

我於無量劫 나는 헤아릴 수 없는 겁 동안
修行得此道 행을 닦고 이 도를 얻었으니
汝若能修行 그대가 그와 같이 행을 닦으면
不久亦當得 오래지 않아 당연히 얻을 것이라네.

"선남자여! 나는 단지 보살이 모든 세간에 두루 나타나 중생을 조복시키는 해탈만을 알 뿐이다. 모든 보살마하살은 끝없는 행을 모으며, 가지가지의 깨우침을 내며, 가지가지의 몸을 나타내며, 가지가지의 근을 갖추며, 가지가지의 원을 원만하게 하며, 가지가지의 삼매에 들어가며, 가지가지의 신통 변화를 일으키며, 가지가지의 법을 자세히 살펴서 들여다보며, 가지가지 지혜의 문에 들어가며, 가지가지 법의 광명을 얻는다. 이러한 보살마하살의 일들을 내가 어떻게 알 것이며, 어떻게 그 공덕의 행을 설할 수 있겠는가."

善男子 我唯知此菩薩普現一切世間調伏衆生解脫 如諸菩薩摩訶薩 集無邊行 生種種解 現種種身 具種種根 滿種種願 入種種三昧 起種種神變 能種種觀察法 入種種智慧門 得種種法光明 而我云何能知能說彼功德行

"선남자여! 이곳에서 멀지 않는 곳에 주야신이 있으니, 이름이 '적정한 소리 바다'이며, 마니 광명 당기로 장엄한 연꽃 자리에 앉았으며, 백만 아승기 주야신들이 앞뒤로 둘러 쌓았다. 그대는 그에게 가서 보살이 어떻게 보살의 행을 배우는 것이며, 보살의 도를 닦는 것이냐고 물어라."

때맞춰 선재 동자는 그의 발에 머리 숙여 예를 갖추고 수 없이 돌다가 은근하게 우러러보면서 모든 일을 마치고 물러갔다.

善男子 去此不遠 有主夜神 名寂靜音海 坐摩尼光幢莊嚴蓮華座 百萬阿僧祇主夜神 前後圍遶 汝詣彼 問菩薩云何學菩薩行 修菩薩道

時 善財童子 頂禮其足 遶無數帀 慇懃瞻仰 辭退而去

대방광불화엄경 제71권

39. 입법계품(12)
　　入法界品第三十九之十二

(36) 적정음해주야신. 제5 難勝地

　그때 선재 동자는 보구중생묘덕야신에게서 보살이 모든 세간에 나타나 중생을 조복시키는 해탈문을 듣고 깨달아 알아서 믿고 이해하며, 자재하게 편안히 머물면서 적정음해야신의 처소로 나아가 그의 발에 머리 숙여 예를 올리고 수 없이 돌다가 앞에 서서 합장하고는 물어 말했다.

　"성자여! 저는 이미 아뇩다라삼먁삼보리심을 일으켰습니다. 나는 선지식을 의지하여 보살의 행을 배우고자 하며, 보살의 행에 들어가고자 하며, 보살의 행을 닦고자 하며, 보살의 행에 머물고자 합니다. 오직 한 가지 원하건대 자비하신 마음으로 가엾이 여기시고 저를 위해 보살이 어떻게 보살의 행을 배우며, 어떻게 보살의 도를 닦는 것인지를 말씀해 주십시오."

　爾時 善財童子 於普救衆生妙德夜神所 聞菩薩普現一切世間調伏衆生解脫門 了知信解 自在安住 而往寂靜音海夜神所 頂禮其足 遶無數帀 於前合掌 而作是言 聖者 我已先發阿耨多羅三藐三菩提心 我欲依善知識 學菩薩行 入菩薩行 修菩薩行 住菩薩行 唯願慈哀 爲我宣說 菩薩云何學菩薩行 云何修菩薩道

　때맞춰 적정음해주야신이 선재 동자에게 말했다.
　"선근이로다. 선근이구나. 선남자여! 그대는 선지식을 의지하여 보살의 행을 구하려고 하는구나."
　"선남자여! 나는 생각과 생각마다 광대한 기쁨을 출생하는 장엄 해탈문을 얻었다."
　선재 동자가 물었다.
　"대성이여! 이 해탈문은 무슨 일의 업으로 지어가는 것이며, 어떠한 경계를 행하고 어떠한 방편을 일으키며, 무엇을 자세히 살펴서 들여다보아야 합니까?"

時 彼夜神告善財言 善哉 善哉 善男子 汝能依善知識 求菩薩行 善男子 我得菩薩念念出生廣大喜 莊嚴解脫門 善財言 大聖 此解脫門 爲何事業 行何境界 起何方便 作何觀察

생각과 생각마다 광대한 기쁨으로 장엄하는 해탈

적정음해야신이 답했다.

"선남자여! 나는 청정하고 평등하며, 즐겁게 하고자 하는 마음을 새롭게 일으킨다. 나는 모든 세간의 허물과 티끌을 벗어나 청정하고 견고하게 장엄하여 무너트릴 수 없게끔, 이를 즐겁게 하고자 마음을 새롭게 일으킨다. 나는 속된 인연의 이끌림에 물러서지 않으며, 오히려 영원히 물러서지 않은 마음을 새롭게 일으키고 나는 공덕 보배의 산을 장엄하여 흔들리지 않은 마음을 새롭게 일으키며, 나는 머무는 곳이 없는 마음을 새롭게 일으키며, 나는 모든 중생의 앞에 두루 나타나서 구제하고 보호하는 마음을 새롭게 일으키며, 나는 모든 부처님의 바다를 보고 싫어하지 않는 마음을 새롭게 일으키며, 나는 모든 보살의 청정한 원력을 구하는 마음을 새롭게 일으키며, 나는 큰 지혜 광명의 바다에 머무는 마음을 새롭게 일으킨다."

"나는 모든 중생이 근심과 번뇌의 광야를 뛰어넘은 마음을 새롭게 일으키며, 나는 모든 중생이 근심과 괴로움을 버리고 벗어나게 하려는 마음을 새롭게 일으키며, 나는 모든 중생이 뜻에 맞지 않는 색, 성, 향, 미, 촉, 법을 버리고 벗어나게 하려는 마음을 새롭게 일으키며, 나는 모든 중생이 사랑하는 사람과 이별하는 괴로움과 원수를 만나 미워하고 괴로워하는 마음을 버리고 벗어나게 하려는 마음을 새롭게 일으키며, 나는 모든 중생이 나쁜 인연과 어리석은 고통 등을 버리고 벗어나게 하려는 마음을 새롭게 일으키며, 나는 모든 험난한 중생들이 더불어 의지할 수 있는 마음을 새롭게 일으키며, 나는 모든 중생이 생사의 괴로움에서 나오게 하려는 마음을 새롭게 일으키며, 나는 모든 중생이 생, 노, 병, 사의 고통을 버리고 벗어나게 하려는 마음을 새롭게 일으키며, 나는 모든 중생이 여래의 위 없는 법의 즐거움을 성취하게 하려는 마음을 새롭게 일으키며, 나는 모든 중생이 빠짐없이 다 기쁨과 즐거움을 받게 하려는 마음을 새롭게 일으킨다."

夜神言 善男子 我發起淸淨平等樂欲心 我發起離一切世間塵垢淸淨 堅固莊嚴 不可壞樂欲心 我發起攀緣 不退轉位 永不退轉心 我發起莊嚴功德寶山不動心 我發起無住處心 我發起普現一切衆生前救護心 我發起見一切佛海 無厭足心 我發起求一

切菩薩淸淨願力心 我發起住大智光明海心 我發起令一切衆生 超過憂惱曠野心 我發起令一切衆生 捨離愁憂苦惱心 我發起令一切衆生 捨離不可意色 聲香味觸法心 我發起令一切衆生 捨離愛別離苦 怨憎會苦心 我發起令一切衆生 捨離惡緣愚癡等苦心 我發起與一切險難衆生 作依怙心 我發起令一切衆生 出生死苦處心 我發起令一切衆生 捨離生老病死等苦心 我發起令一切衆生 成就如來無上法樂心 我發起令一切衆生 皆受喜樂心

"이러한 마음을 일으키고는 차례를 좇아(復) 법을 설하고 그들이 점차로 모든 지혜의 지위에 이르게 하니, 이른바 그와 같은 중생이 머무는 궁전이나 가옥에 즐겁게 집착하는 것을 보면, 나는 그들에게 법을 설하여 모든 법의 성품을 분명하게 깨우쳐 알고 통달하여 모든 집착에서 벗어나게 하며, 그와 같은 중생이 부모나 형제, 자매를 그리워하고 집착하는 것을 보면, 나는 그들에게 법을 설하여 모든 부처님과 보살, 청정한 대중 모임에 참석하여 어울리게 하며, 그와 같은 중생이 처자를 그리워하고 집착하는 것을 보면, 나는 그들에게 법을 설하여 생사에 대한 애착을 버리고 벗어나 가엾이 여기는 큰마음을 일으켜서 모든 중생에게 둘이 없는 평등함을 얻게 하며, 그와 같은 중생이 왕궁에 머물면서 채녀들이 받들어 모시는 것을 보면, 나는 그들에게 법을 설하여 그들이 많은 성인과 더불어 모여서 여래의 가르침에 들어가게 하며, 그와 같은 중생이 경계에 물이 들고 집착하는 것을 보면, 나는 그들에게 법을 설하여 여래의 경계에 들어가게 한다."

"그와 같은 중생이 성내는 일이 많은 것을 보면, 나는 그들에게 법을 설하여 여래의 인욕 바라밀에 머물게 하며, 그와 같은 중생의 마음에 게으름을 보면, 나는 그들에게 법을 설하여 청정한 정진 바라밀을 얻게 하며, 그와 같은 중생의 마음이 산란함을 보면, 나는 그들에게 법을 설하여 여래의 선정 바라밀을 얻게 하며, 그와 같은 중생이 소견이라는 숲이나 무명이라는 캄캄한 곳에 들어가는 것을 보면, 나는 그들에게 법을 설하여 어둡고 빽빽한 숲에서 벗어남을 얻게 하며, 그와 같은 중생이 지혜가 없는 것을 보면, 나는 그들에게 법을 설하여 반야바라밀을 얻게 한다."

"그와 같은 중생이 삼계에 물들고 집착하는 것을 보면, 나는 그들에게 법을 설하여 생사에서 벗어나게 하며, 그와 같은 중생의 뜻이 용렬해짐을 보면, 나는 그들에게 법을 설하여 부처님의 보리에 대한 원을 원만하게 하며, 그와 같은 중생이 자신만을 이롭게 하는 행에 머무는 것을 보면, 나는 그들에게 법을 설하여 일체 모든 중생에게 이익이 되는 원을 새롭게 일으키게 하며, 그와 같은 중생의 뜻과 힘이 작고 약한 것을 보면, 나는 그들에게 법을 설하여 보살의 힘 바라밀을 얻게 하며, 그와 같은 중생이 어리석은 마음에 캄캄한 것을 보면, 나는 그들에게 법을 설하여 보살의 지혜 바라밀을 얻게 한다."

"그와 같은 중생이 색의 모양이나 상태를 갖추지 못한 것을 보면, 나는 그들에게 법을 설하여 여래의 청정한 색신을 얻게 하며, 그와 같은 중생의 생긴 모양이 못나고 천해 보이면 나는 그들에게 법을 설하여 위가 없는 청정한 법신을 얻게 하며, 그와 같은 중생의 색상이 추하고 나쁜 것을 보면, 나는 그들에게 법을 설하여 여래의 섬세하고 빼어난 색신을 얻게 하며, 그와 같은 중생이 정으로 인하여 근심하고 괴로워하는 것을 보면, 나를 그들에게 법을 설하여 마지막까지 여래의 편안하고 즐거움을 얻게 하며, 그와 같은 중생이 가난에 쪼들리면서 괴로워하는 것을 보면, 나는 그들에게 법을 설하여 보살의 공덕 보배장을 얻게 하며, 그와 같은 중생이 동산에 머무는 것을 보면, 나는 그들에게 법을 설하여 부지런히 불법 인연을 구하게 한다."

"그와 같은 중생이 도로에 행하는 것을 보면, 나는 그들에게 법을 설하여 모든 지혜의 길로 향하게 하며, 그와 같은 중생이 마을 가운데 있는 것을 보면, 나는 그에게 법을 설하여 삼계에서 나오게 하며, 그와 같은 중생이 인간에 머무는 것을 보면, 나는 그에게 법을 설하여 이승(二乘)의 도를 초월하여 여래의 지위에 머물게 하며, 그와 같은 중생이 성곽에 살아가고 있는 것을 보면, 나는 그에게 법을 설하여 법왕의 성 가운데 머무름을 얻게 하며, 그와 같은 중생이 네 모퉁이, 간방에 머무는 것을 보면, 나는 그에게 법을 설하여, 삼세의 평등한 지혜를 얻게 하며, 그와 같은 중생이 모든 방위에 있는 것을 보면, 나는 그에게 법을 설하여 지혜를 얻은 일체 법을 보게 한다."

"그와 같은 중생이 탐내는 행을 많이 하는 것를 보면, 나는 그에게 청정하지 않게 보는 문을 설하여 생사에 대한 사랑과 물드는 것을 버리고 벗어나게 하며, 그와 같은 중생이 성내는 일이 많음을 보면, 나는 그에게 자비하게 보는 큰 문을 설하여 그가 들어감을 얻어 부지런히 닦고 익히게 거듭 더하며, 그와 같은 중생이 어리석은 행을 많이 하는 것을 보면, 나는 그에게 법을 설하여 밝은 지혜를 얻어 모든 법의 바다를 자세히 들여다보게 하며, 그와 같은 중생이 등분행을 하는 것을 보면, 나는 그에게 법을 설하여 모든 승이원 바다에 들어가는 것을 얻게 하며, 그와 같은 중생이 생사를 좋아하는 것을 보면, 나는 그에게 법을 설하여 생사를 싫어하고 벗어나게 하며, 그와 같은 중생이 생사의 괴로움을 싫어하고 여래의 가르침을 받으며, 구제할 바가 될만함을 보면, 나는 그에게 법을 설하여 방편으로 태어남을 나타내 보이며, 그와 같은 중생이 오온을 사랑하고 집착하는 것을 보면, 나는 그에게 법을 설하여 의지할 것이 없는 경계에 머물게 한다."

"그와 같은 중생의 마음이 용렬한 것을 보면, 나는 그를 위해 특히 뛰어나게 장엄한 도를 나타내 보이며, 그와 같은 중생의 마음이 교만함을 내는 것을 보면, 나는 그에게 평등한 법의 인가, 도장 찍기를 설하며, 그와 같은 중생의 마음이 구부러진 것을 보면, 나는 그에게 보살의 곧은 마음을 설한다."

"선남자여! 나는 이렇게 헤아릴 수 없는 법 보시로 모든 중생을 거두어주지만, 가지가지의 방편으로 가르치고 이끌어서 조복시키며, 그들이 악한 길을 벗어나 사람과 하늘의 즐거움을 받아 삼계에 얽힌 것을 벗어나 모든 지혜에 머물게 한다. 내가 그때 광대한 환희의 법 광명의 바다를 얻고 마음이 기뻐지고 편안해지는 희열에 이르렀다."

發是心已 復爲說法 令其漸至一切智地 所謂若見衆生 樂著所住宮殿屋宅 我爲說法 令其了達諸法自性 離諸執著 若見衆生 戀著父母兄弟姊妹 我爲說法 令其得預諸佛菩薩淸淨衆會 若見衆生 戀著妻子 我爲說法 令其捨離生死愛染 起大悲心 於一切衆生 平等無二 若見衆生 住於王宮 采女侍奉 我爲說法 令其得與衆聖集會 入如來敎 若見衆生 染著境界 我爲說法 令其得入如來境界 若見衆生 多瞋恚者 我爲說法 令住如來忍波羅蜜 若見衆生 其心懈怠 我爲說法 令得淸淨精進波羅蜜 若見衆生 其心散亂 我爲說法 令得如來禪波羅蜜 若見衆生 入見稠林無明暗障 我爲說法 令得出離稠林黑暗 若見衆生 無智慧者 我爲說法 令得般若波羅蜜 若見衆生 染著三界 我爲說法 令出生死 若見衆生 志意下劣 我爲說法 令其圓滿佛菩提願 若見衆生 住自利行 我爲說法 令其發起利益一切諸衆生願 若見衆生 志力微弱 我爲說法 令得菩薩力波羅蜜 若見衆生 愚癡闇心 我爲說法 令得菩薩智波羅蜜 若見衆生 色相不具 我爲說法 令得如來淸淨色身 若見衆生 形容醜陋 我爲說法 令得無上淸淨法身 若見衆生 色相麤惡 我爲說法 令得如來微妙色身 若見衆生 情多憂惱 我爲說法 令得如來畢竟安樂 若見衆生 貧窮所苦 我爲說法 令得菩薩功德寶藏 若見衆生 住止園林 我爲說法 令彼勤求佛法因緣 若見衆生 行於道路 我爲說法 令其趣向一切智道 若見衆生在聚落中 我爲說法 令出三界 若見衆生 住止人間 我爲說法 令其超越二乘之道 住如來地 若見衆生 居住城郭 我爲說法 令其得住法王城中 若見衆生 住於四隅 我爲說法 令得三世平等智慧 若見衆生 住於諸方 我爲說法 令得智慧 見一切法 若見衆生 貪行多者 我爲說法 說不淨觀門 令其捨離生死愛染 若見衆生 瞋行多者 我爲彼 說大慈觀門 令其得入勤加修習 若見衆生 癡行多者 我爲說法 令得明智觀諸法海 若見衆生 等分行者 我爲說法 令其得入諸乘願海 若見衆生 樂生死樂 我爲說法 令其厭離 若見衆生 厭生死苦 應爲如來所化度者 我爲說法 令能方便 示現受生 若見衆生 愛著五蘊 我爲說法 令其得住無依境界 若見衆生 其心下劣 我爲顯示勝莊嚴道 若見衆生 心生憍慢 我爲其說平等法忍 若見衆生 其心諂曲 我爲其說 菩薩直心 善

男子 我以此等無量法施 攝諸衆生 種種方便 敎化調伏 令離惡道 受人天樂 脫三界縛 住一切智 我時 便得廣大歡喜法光明海 其心怡暢 安隱適悅

"차례를 따라(復) 선남자여! 나는 모든 도량에 모인 보살 대중을 늘 자세히 살펴서 들여다보며, 가지가지의 원과 행을 닦으며, 가지가지의 청정한 몸을 나타내며, 가지가지의 항상 한 광명이 있기에 가지가지로 광명을 놓으며, 가지가지의 방편으로 일체 지혜의 문에 들어가며, 가지가지의 삼매에 들어가며, 가지가지의 신통 변화를 나타내며, 가지가지의 음성 바다를 내놓으며, 가지가지의 장엄한 몸을 갖추며, 가지가지의 여래 문에 들어가며, 가지가지의 국토 바다에 나아가며, 가지가지의 모든 부처님 바다를 보며, 가지가지의 변재 바다를 얻는다."

"가지가지의 해탈 경계를 비추며, 가지가지의 지혜 광명 바다를 얻으며, 가지가지의 삼매 바다에 들어가며, 가지가지의 해탈문에 즐겁게 노닐며, 가지가지의 문으로 일체 지혜로 나아가며, 가지가지의 허공 법계를 장엄하며, 가지가지의 장엄 구름으로 허공을 두루 덮으며, 가지가지 도량의 대중 모임을 자세히 살펴서 들여다보며, 가지가지의 세계를 모으며, 가지가지의 부처 세계에 들어가며, 가지가지의 방위 바다에 나아가며, 가지가지 여래의 명을 받아 가지며, 가지가지 여래의 처소에서 가지가지의 보살과 더불어 하며, 가지가지의 장엄 구름을 내리며, 여래의 가지가지 법 바다를 보며, 가지가지의 지혜 바다에 들어가며, 여래의 가지가지 방편에 들어가며, 여래가 가지가지로 장엄한 자리에 앉아 계심을 안다."

"선남자여! 나는 이 도량에 모인 대중을 자세히 살펴서 들여다보고는 부처님의 신통한 힘이 헤아릴 수 없고 끝이 없음을 알았기에 큰 환희를 낸다."

復次 善男子 我常觀察一切菩薩道場衆會 修種種願行 現種種淨身 有種種常光 放種種光明 以種種方便 入一切智門 入種種三昧 現種種神變 出種種音聲海 具種種莊嚴身 入種種如來門 詣種種國土海 見種種諸佛海 得種種辯才海 照種種解脫境 得種種智光海 入種種三昧海 遊戲種種諸解脫門 以種種門 趣一切智 種種莊嚴虛空法界 以種種莊嚴雲 徧覆虛空 觀察種種道場衆會 集種種世界 入種種佛刹 詣種種方海 受種種如來命 如種種菩薩俱 雨種種莊嚴雲 入如來種種方便 觀如來種種法海 入種種智慧海 坐種種莊嚴座 善男子 我觀察此道場衆會 知佛神力無量無邊 生大歡喜

"선남자여! 나는 비로자나 여래께서 생각과 생각마다 사람의 생각으로는 헤아려 알 수 없는 청정한 색신을 나타내 보이는 것을 알고 이미 이를 보아서 큰 환희를 낸다."

"또 여래께서 생각과 생각마다 큰 광명을 놓아 법계에 가득한 것을 자세히 살펴서 들여다보고 이미 이를 보고는 큰 환희를 낸다."

"또 여래께서 하나하나의 털구멍에서 생각과 생각마다 헤아릴 수 없는 부처 세계의 티끌 수와 같은 광명의 바다를 나타내 보임을 보며, 하나하나의 광명이 헤아릴 수 없는 부처 세계의 티끌 수와 같은 광명을 권속으로 삼고 하나하나의 모든 법계에 두루두루 한 모든 중생의 괴로움을 소멸시키는 것을 자세히 살펴서 들여다보고 이미 이를 보고 큰 환희를 낸다."

"또 선남자여! 나는 여래의 정수리와 두 어깨에 생각과 생각마다 모든 부처 세계의 티끌 수와 같은 보배 불꽃 산 구름을 나타내어 시방의 모든 법계에 가득 찬 것을 자세히 보고 이것을 보고는 큰 환희를 낸다."

"또 선남자여! 나는 여래의 하나하나 털구멍에 생각과 생각 가운데 모든 부처 세계의 티끌 수와 같은 향기 광명 구름을 내어 시방의 모든 부처 세계에 가득함을 자세히 보니, 이것을 보고는 큰 환희를 낸다."

"또 선남자여! 나는 여래의 하나하나 모양이나 상태에서 생각과 생각마다 모든 부처 세계의 티끌 수와 같은 모든 모양이나 상태를 장엄한 여래의 몸 구름을 내어 시방의 모든 세계에 두루두루 가는 것을 자세히 들여다보니, 이미 이를 보아 큰 환희를 낸다."

"또 선남자여! 나는 여래의 하나하나 털구멍마다 생각과 생각마다 말할 수 없는 부처 세계의 티끌 수와 같은 변화의 구름을 내어, 여래가 처음 마음을 일으켜 바라밀을 닦음으로부터 장엄한 도를 갖추어 보살의 지위에 들어가는 것에 이르기까지 자세히 살펴서 들여다보기에 이를 보고 큰 환희를 낸다."

"또 선남자여! 나는 여래의 하나하나 털구멍에서 생각과 생각마다 말할 수 없이 말할 수 없는 부처 세계의 티끌 수와 같은 천왕의 몸 구름을 나타내며, 또 천왕의 자재한 신통 변화를 나타내어 모든 시방의 법계에 가득하기에 당연히 천왕의 몸으로 제도하여 이끌 수 있는 그들 앞에 나타나 법을 설하는 것을 자세히 살펴서 들여다보기에 이를 보고는 큰 환희를 낸다."

"천왕의 몸 구름과 같이 용왕, 야차 왕, 건달바 왕, 아수라왕, 가루라 왕, 긴나라왕, 마후라가 왕, 사람 왕, 범천왕의 몸 구름을 빠짐없이 하나하나의 털구멍마다 이와 같음을 나타내어 이와 같은 법을 설하니, 나는 이것을 보고는 생각과 생각마다 큰 환희를 내고 큰 믿음과 즐거움을 내었으니, 그 양이 법계의 살바야와 더불어 평등하다."

"예전에 얻지 못하던 것들을 비로소 지금 얻었으며, 예전에 증득하지 못한 것을 지금 비로소 증득하며, 예전에 들어가지 못한 곳을 지금 비로소 들어가며, 예전에 만족하지 못하던 것을 지금 비로소 만족하며, 예전에 보지 못하던 것을 지금 비로소 보며, 예전에 듣지 못하던 것을 지금 비로소 듣는다."

"무슨 까닭인가 하면, 법계의 모양이나 상태를 분명하게 깨달아 아는 까닭이며, 모든 법이란 오직 하나의 모양이나 상태임을 아는 까닭이며, 삼세의 도에 평등하게 들어간 까닭이며, 일체 끝없는 법을 설하는 까닭이다."

善男子 我觀毘盧遮那如來 念念出現不可思議 淸淨色身 旣見是已 生大歡喜 又觀如來於念念中 放大光明 充滿法界 旣見是已 生大歡喜 又見如來――毛孔 念念出現無量佛刹微塵數光明海 ――光明 以無量佛刹微塵數光明 而爲眷屬 ――周徧一切法界 消滅一切諸衆生苦 旣見是已 生大歡喜 又善男子 我觀如來頂及兩肩 念念出現一切佛刹微塵數寶焰山雲 充滿十方一切法界 旣見是已 生大歡喜 又善男子 我觀如來――毛孔 於念念中 出一切佛刹微塵數香光明雲 充滿十方一切佛刹 旣見是已 生大歡喜 又善男子 我觀如來――相 念念出一切佛刹微塵數諸相莊嚴 如來身雲 徧往十方一切世界 旣見是已 生大歡喜 又善男子 我觀如來――毛孔 於念念中 出不可說佛刹微塵數佛變化雲 示現如來從初發心 修波羅蜜 具莊嚴道 入菩薩地 旣見是已 生大歡喜 又善男子 我觀如來――毛孔 念念出現不可說不可說佛刹微塵數 天王身雲 及以天王自在神變 充徧一切十方法界 應以天王身 而得度者 卽現其前 而爲說法 旣見是已 生大歡喜 如天王身雲 其龍王 夜叉王 乾闥婆王 阿修羅王 緊那羅王 摩睺羅伽王 人王 梵王身雲 莫不皆於――毛孔 如是出現 如是說法 我見是已 於念念中 生大歡喜 生大信樂 量與法界薩婆若等 昔所未得 而今始得 昔所未證 而今始證 昔所未入 而今始入 昔所未滿 而今始滿 昔所未見 而今始見 昔所未聞 而今始聞 何以故 以能了知法界相故 知一切法唯一相故 能平等入三世道故 能說一切無邊法故

"선남자여! 나는 이 보살이 생각과 생각마다 광대하게 기뻐하는 장엄을 내는 해탈의 광명 바다에 들어갔다."

"또 선남자여! 이 해탈은 끝이 없으니, 이는 모든 법계의 문에 두루 들어가는 까닭이며, 이 해탈은 다 함이 없으니, 이는 모든 지혜의 성품으로 평등한 마음을 일으키는 까닭이며, 이 해탈은 경계가 없으니, 이는 경계선이 없는 모든 중생의 마음과 생각 가운데로 들어가는 까닭이며, 이 해탈은 깊고 깊으니, 이는 적정의 지혜로 알 수 있는 경계인 까닭이며, 이 해탈은 광대하니, 이는 모든 여래의 경계에 두루두루 한 까닭이며, 이 해탈은 무너짐이 없으니, 이는 보살이 지혜의 눈으로 아는 까닭이며, 이 해탈은 바닥이 없으니, 이는 법계의 밑바닥까지 다한 까닭이며, 이 해탈한 자는 곧 이 넓은 문이니, 이는 한 가지 일에서 모든 신통 변화를 두루 보는 까닭이며, 이 해탈한 자는 끝끝내 취할 수 없으니, 이는 모든 법신과 평등하여 둘이 없는 까닭이며, 이 해탈한 자는 마침내 나지 않는 것이니, 이는 허깨비와 같은 법을 분명하게 깨달아 아는 까닭이다."

"이 해탈한 자는 마치 그림자와 같으니, 이는 모든 지혜와 원이 광명에서 생기는 까닭이며, 이 해탈한 자는 마치 변화와 같은 것이니, 이는 보살의 모든 뛰어난 행을 변화하여 내는 까닭이며, 이 해탈한 자는 마치 큰 땅과 같으니, 이는 모든 중생이 의지할 곳이 되는 까닭이며, 이 해탈한 자는 마치 물과 같으니, 크게 가엾이 여김으로 모든 것을 윤택하게 적시는 까닭이며, 이 해탈한 자는 마치 큰 불과 같으니, 이는 중생들의 탐내고 사랑하는 물을 말리는 까닭이며, 이 해탈한 자는 마치 큰 바람과 같으니, 이는 모든 중생이 빠르게 일체 지혜로 나아가게 하는 까닭이며, 이 해탈한 자는 마치 큰 바다와 같으니, 이는 가지가지의 공덕으로 일체 모든 중생을 장엄하는 까닭이다."

"이 해탈한 자는 수미산과 같으니, 이는 모든 지혜의 법 보배 바다를 내는 까닭이며, 이 해탈한 자는 큰 성곽과 같으니, 이는 모든 섬세하고 빼어난 법으로 장엄한 까닭이며, 이 해탈한 자는 마치 허공과 같으니, 이는 삼세 부처님의 신통한 힘을 두루 용납하는 까닭이며, 이 해탈한 자는 마치 큰 구름과 같으니, 이는 중생을 위해 법 비를 두루 내리는 까닭이며, 이 해탈한 자는 마치 청정한 해와 같으니, 이는 중생들의 무지한 어둠을 깨트리는 까닭이며, 이 해탈한 자는 마치 보름달과 같으니, 이는 광대한 복덕의 바다를 만족하게 하는 까닭이다."

"이 해탈한 자는 마치 진여와 같으니, 이는 일체 처에 남김없이 두루두루 한 까닭이며, 이 해탈한 자는 마치 자신의 그림자와 같으니, 이는 자신의 선근 업을 좇아서 변화하여 나온 까닭이며, 이 해탈한 자는 마치 부르는 메아리와 같으니, 이는 그 응하는 바를 따라 법을 설하는 까닭이며, 이 해탈한 자는 마치 그림자의 형상과 같으니, 이는 중생의 마음을 따라 비추어 나타내는 까닭이며, 이 해탈한 자는 큰 나무의 왕과 같으니, 이는 모든 신통한 꽃을 피우는 까닭이며, 이 해탈한 자는 마치 금강과 같으니, 이는 본래부터 깨트릴 수 없는 까닭이며, 이 해탈한 자는 여의주와 같으니, 이는 헤아릴 수 없는 자재한 힘을 출생하는 까닭이며, 이 해탈한 자는 더러움을 벗어난 마니보배와 같으니, 이는 모든 삼세 여래의 모든 신통한 힘을 나타내어 보이는 까닭이며, 이 해탈한 자는 기쁜 당기 보배 마니와 같으니, 이는 일체 모든 부처님의 법륜 소리를 평등하게 내는 까닭이다."

"선남자여! 내가 그대를 위해 이러한 비유를 말했으니, 그대는 당연히 사유하고 거스르지 않고 깨우침을 깨달아 들어가라."

善男子 我入此菩薩念念 出生廣大喜莊嚴 解脫光明海 又善男子 此解脫無邊 普入一切法界門故 此解脫無盡 等發一切智性心故 此解脫無際 入無際畔一切衆生心想中故 此解脫甚深 寂靜智慧所知境故 此解脫廣大 周徧一切如來境故 此解脫無壞 菩薩智眼之所知故 此解脫無底 盡於法界之源底故 此解脫者 卽是普門 於一事中 普見一切諸神變故 此解脫者 終不可取 一切法身等無二故 此解脫者 終無有生 以能了知如幻法故 此解脫者 猶如影像 一切智願光所生故 此解脫者 猶如變化 化生菩薩諸勝行故 此解脫者 猶如大地 爲一切衆生所依處故 此解脫者 猶如大水 能以大悲潤一切故 此解脫者 猶如大火 乾竭衆生貪愛水故 此解脫者 猶如大風 令諸衆生 速疾趣於一切智故 此解脫者 猶如大海 種種功德 莊嚴一切諸衆生故 此解脫者 如須彌山 出一切智法寶海故 此解脫者 如大城郭 一切妙法所莊嚴故 此解脫者 猶如虛空 普容三世佛神力故 此解脫者 猶如大雲 普爲衆生雨法雨故 此解脫者 猶如淨日 能破衆生無知暗故 此解脫者 猶如滿月 滿足廣大福德海故 此解脫者 猶如眞如 悉能周徧一切處故 此解脫者 猶如自影 從自善業 所化出故 此解脫者 猶如呼響 隨其所應 爲說法故 此解脫者 猶如影像 隨衆生心 而照現故 此解脫者 如大樹王 開敷一切神通華故 此解脫者 猶如金剛 從本已來 不可壞故 此解脫者 如如意珠 出生無量自在力故 此解脫者 如離垢藏摩尼寶王 示現一切三世如來諸神力故 此解脫者 如喜幢摩尼寶 能平等出一切諸佛法輪聲故 善男子 我今爲汝 說此譬諭 汝應思惟 隨順悟入

이때 선재 동자가 적정음해야신에게 물어 말했다.
"대성인이여! 어떻게 수행하셨기에 이 해탈을 얻었습니까?"
爾時 善財童子白寂靜音海夜神言 大聖 云何修行 得此解脫

적정음해야신이 말했다.
"선남자여! 보살의 열 가지 큰 법장을 닦고 행하면 이 해탈을 얻는다. 무엇이 열인가 하면.?"
"1은 보시하는 광대한 법장을 닦아서 중생의 마음을 따라 남김없이 만족하게 하는 것이며, 2는 청정한 계의 광대한 법장을 닦아서 모든 부처님의 공덕 바다에 두루 들어가는 것이며, 3은 참고 견디는 광대한 법장을 닦아서 모든 법의 성품을 두루 사유하는 것이며, 4는 정진의 광대한 법장을 닦아서 일체 지혜에 나아가 늘 물러섬이 없는 것이며, 5는 선정의 광대한 법장을 닦아서 모든 중생의 뜨거운 번뇌를 없애는 것이며, 6은 반야의 광대한 법장을 닦아서 모든 법의 바다를 두루 깨달아 아는 것이며, 7은 방편의 광대한 법장을 닦아서 모든 중생의 바다를 두루 성숙하게 하는 것이며, 8은 모든 원의 광대한 법장을 닦아서 모든 부처 세계와 모든 중생의 바다를 미래의 겁이 다하도록 보살행을 두루 닦는 것이며, 9는 모든 힘의 광대한 법장을 닦아서 생각과 생각마다 모든 법계의 바다와 모든 부처님 국토에 평등하게 바른 깨우침 이루는 것을 나타내어 늘 휴식이 없는 것이며, 10은 청정한 지혜의 광대한 법장을 닦아서 여래 지혜를 얻어 삼세 일체 모든 법에 막힘이나 걸림이 없음을 알게 하는 것이다."

"선남자여! 그와 같은 모든 보살이 이와 같은 열 가지 큰 법장에 편안히 머물면 곧바로 이와 같은 해탈을 얻고서 청정함을 거듭 더하고 키우며, 쌓고 모으는 것이 견고하고 편안하게 머무는 것이 원만하게 될 것이다."

夜神言 善男子 菩薩修行十大法藏 得此解脫 何等爲十 一修布施廣大法藏 隨衆生心悉令滿足 二修淨戒廣大法藏 普入一切佛功德海 三修堪忍廣大法藏 能徧思惟一切法性 四修精進廣大法藏 趣一切智恒不退轉 五修禪定廣大法藏 能滅一切衆生熱惱 六修般若廣大法藏 能徧了知一切法海 七修方便廣大法藏 能徧成熟諸衆生海 八修諸願廣大法藏 徧一切佛刹一切諸衆生海 盡未來劫 修菩薩行 九修諸力廣大法藏 念念現於一切法界海 一切佛國土 成等正覺 常不休息 十修淨智廣大法藏 得如來智 徧知三世一切諸法 無有障礙 善男子 若諸菩薩 安住如是十大法藏 則能獲得如是解脫 淸淨增長 積集堅固 安住圓滿

선재 동자가 말했다.
"성자여! 당신은 아뇩다라삼먁삼보리심을 일으키신 지는 얼마나 오래되었습니까?"
善財童子言 聖者 汝發阿耨多羅三藐三菩提心 其已久如

적정음해주야신이 말했다.
"선남자여! 이 화장장엄세계 바다의 동쪽으로 열 세계 바다를 지나서 세계 바다가 있으니, 이름이 '모든 청정한 광명 보배(一切淨光寶)'이며, 이 세계 바다 가운데 세계종이 있으니, 이름이 '일체여래원광명음(一切如來願光明音)'이며, 그 가운데 세계가 있으니, 이름이 '청정광금장엄(淸淨光金莊嚴)'이다. 일체 향 금강 마니왕을 체로 삼았고 형상은 누각과 같으며, 빼어난 많은 보배 구름은 그 경계가 되고 모든 보배 영락의 바다에 머물며, 빼어난 궁전의 구름이 그 위를 덮어서 청정하고 더러운 것이 섞였다."

夜神言 善男子 此華藏莊嚴世界海東 過十世界海 有世界海 名一切淨光寶 此世界海中 有世界種 名一切如來願光明音 中有世界 名淸淨光金莊嚴 一切香金剛摩尼王爲體 形如樓閣 衆妙寶雲 以爲其際 住於一切寶瓔珞海 妙宮殿雲 而覆其上 淨穢相雜

"이 세계 중에 옛적에 겁이 있었으니, 이름이 '넓은 광명 당기'이며, 나라 이름은 '두루두루 가득한 빼어난 장'이며, 도량의 이름은 '모든 보배 장 빼어난 달 광명'이었고 부처님이 계시니, 이름이 '불퇴전법계음(不退轉法界音)'이고 이 도량에서 아뇩다라삼먁삼보리를 이루셨다."

"나는 그때 보리수 신이 되었으니, 이름이 '복덕을 온전하게 갖춘 등불 광명 당기'였으며, 도량을 지키고 보호하다가 이 부처님이 등정각을 이루어 신통한 힘을 나타내 보이는 것을 보고는 아뇩다라삼먁삼보리심을 일으켰고 곧바로 삼매를 얻었으니, 이름이 '여래의 공덕 바다를 두루 비춤'이었다."

"이 도량에서 뒤를 이어 여래가 세상에 나셨으니, 이름이 '법수위덕산(法樹威德山)'이었으며, 나는 그때 목숨을 마치고 다시 이 가운데 태어나 이 도량의 주야신이 되었으니, 이름이 '특히 빼어난 복과 지혜의 광명'이었다. 그 여래께서 바른 법륜을 굴리시면서 큰 신통을 내시는 것을 보고는 삼매를 얻었으니, 이름이 '모든 탐욕을 벗어난 경계를 두루 비춤'이었다."

"뒤를 이어 여래가 세상에 나셨으니, 이름이 '모든 법 바다의 음성 왕'이었으며, 나는 그때 주야신이 되어 부처님을 뵙고 받들어 섬기며 공양하고 삼매를 얻었으니, 이름이 '모든 선근의 법을 내어 자라게 하는 지위'였다."

"뒤를 이어 여래가 세상에 나시었으니, 이름이 '보배 광명 등불 당기 왕'이며, 나는 그때 주야신의 몸이 되어 부처님을 뵙고 받들어 섬기며, 공양하고 삼매를 얻었으니, 이름이 '신통한 광명 구름을 두루 나타냄'이었다."

"뒤를 이어 여래가 세상에 나시었으니, 이름이 '공덕 수미산 광명'이었으며, 나는 그때 주야신이 되어 부처님을 뵙고 받들어 섬기며 공양하고 삼매를 얻었으니, 이름이 '모든 부처의 바다를 두루 비춤'이었다."

"뒤를 이어 여래가 세상에 나시었으니, 이름이 '법 구름 음성 왕'이었으며, 나는 그때 주야신이 되어 부처님을 뵙고 받들어 섬기며 공양하고 삼매를 얻었으니, 이름이 '모든 법 바다의 등불'이었다."

"뒤를 이어 여래가 세상에 나시었으니, 이름이 '지혜 등불을 찬란하게 비추는 왕'이었으며, 나는 그때 몸이 주야신이 되어 부처님을 뵙고 받들어 섬기며 공양하고 곧바로 삼매를 얻었으니, 이름이 '모든 중생의 고통을 없앤 청정한 광명 등불'이었다."

"뒤를 이어 여래가 세상에 나시었으니, 이름이 '법의 용맹한 빼어난 덕 당기'였으며, 나는 그때 주야신이 되어 부처님을 뵙고 받들어 섬기며 공양하고 삼매를 얻었으니, 이름이 '삼세 여래의 광명 장'이었다."

"뒤를 이어 여래가 세상에 나시었으니, 이름이 '사자의 용맹한 법 지혜 등불'이었으며, 나는 그때 주야신이 되어 부처님을 뵙고 받들어 섬기며, 공양하고 삼매를 얻었으니, 이름이 '모든 세간에 막힘이나 걸림 없는 지혜의 바퀴'였다."

"뒤를 이어 여래가 세상에 나시었으니, 이름이 '지혜의 힘 산왕'이었으며, 나는 그때 주야신이 되어 부처님을 뵙고 받들어 섬기며 공양하고 삼매를 얻었으니, 이름이 '삼세 중생들의 모든 근과 행을 두루 비춤'이었다."

此世界中 乃往古世有劫 名普光幢 國名普滿妙藏 道場名一切寶藏妙月光明 有佛名不退轉法界音 於此成阿耨多羅三藐三菩提 我於爾時 作菩提樹神 名具足福德燈光明幢 守護道場 我見彼佛 成等正覺 示現神力 發阿耨多羅三藐三菩提心 卽於此時 獲得三昧 名普照如來功德海 此道場中 次有如來 出興於世 名法樹威德山 我時命終 還生此中 爲道場主夜神 名殊妙福智光 見彼如來轉正法輪 現大神通 卽得三昧 名普照一切離貪境界 次有如來 出興於世 名一切法海音聲王 我於彼時 身爲夜身 因得見佛 承事供養 卽獲三昧 名生長一切善法地 次有如來 出興於世 名寶光明燈幢王 我於彼時 身爲夜身 因得見佛 承事供養 卽獲三昧 名普現神通光明雲 次有如來 出興於世 名功德須彌光 我於彼時 身爲夜身 因得見佛 承事供養 卽獲三昧 名普照諸佛海 次有如來 出興於世 名法雲音聲王 我於彼時 身爲夜身 因得見佛 承事供養 卽獲三昧 名一切法海燈 次有如來 出興於世 皿智燈照耀王 我於彼時 身爲夜身 因得見佛 承事供養 卽獲三昧 名滅一切衆生苦淸淨光明燈 次有如來 出興於世 名法勇妙德幢 我於彼時 身爲夜身 因得見佛 承事供養 卽獲三昧 名三世如來光明藏 次有如來 出興於世 名師子勇猛法智燈 我於彼時 身爲夜身 因得見佛 承事供養 卽獲三昧 名一切世間無障礙智慧輪 次有如來 出興於世 名智力山王 我於彼時 身爲夜身 因得見

佛 承事供養 卽獲三昧 名普照三世衆生諸根行

"선남자여! 청정한 광명 금 장엄 세계의 넓은 광명 당기의 겁 가운데 이와 같은 부처 세계의 티끌 수와 같은 여래가 세상에 나셨다. 나는 그때마다 늘 천왕이 되기도 하고 늘 용왕이 되기도 하고 늘 야차왕이 되기도 하고 늘 건달바왕이 되기도 하고 늘 아수라왕이 되기도 하고 늘 가루라왕이 되기도 하고 늘 긴나라왕이 되기도 하고 늘 마후라가왕이 되기도 하고 늘 사람의 왕이 되기도 하고 늘 범왕이 되기도 하고 늘 천신이 되기도 하고 늘 사람의 몸이 되기도 하고 늘 남자의 몸이 되기도 하고 늘 여인의 몸이 되기도 하고 늘 어린 남자아이가 되기도 하고 늘 어린 여자아이가 되어 남김없이 다 가지가지의 공양 기물로 모든 여래께 공양하고 또한 그 부처님이 설한 모든 법을 들었다."

"이곳에서 목숨을 마치고 또 이 세계 가운데 태어나서 부처 세계의 티끌 수와 같은 겁을 지내면서 보살행을 닦았고 그런 뒤에 또 목숨을 마치고는 이 화장장엄세계 바다의 사바세계에 태어나 가라구손다 여래를 만나 받들어 섬기고 공양하면서 삼매를 얻었으니, 이름이 '모든 허물과 더러움을 벗어난 광명'이었다."

"뒤를 이어 구나함모니 여래를 만나 받들어 섬기고 공양하면서 삼매를 얻었으니, 이름이 '일체 모든 세계 바다를 두루 나타냄'이었다."

"뒤를 이어 가섭 여래를 만나 받들어 섬기고 공양하면서 삼매를 얻었으니, 이름이 '모든 중생의 언어 바다를 널리 폄'이었다."

"뒤를 이어 비로자나 여래를 만났으니, 이 도량에서 바른 깨우침을 이루시고 생각과 생각마다 큰 신통한 힘을 나타내 보이셨다. 나는 그때 뵙고는 생각과 생각마다 광대한 기쁨을 내고 장엄하는 해탈을 얻었다."

善男子 淸淨光金莊嚴世界普光明幢劫中 有如是等佛刹微塵數如來 出興於世 我於彼時 或爲天王 或爲龍王 或爲夜叉王 或爲乾闥婆王 或爲阿修羅王 或爲迦樓羅王 或爲緊那羅王 或爲摩睺羅伽王 或爲人王 或爲梵王 或爲天身 或爲人身 或爲男子身 或爲女人身 或爲童男身 或爲童女身 悉以種種諸供養具 供養於彼一切如來 亦聞其佛所說諸法 從此命終還 卽於此世界中 生經佛刹微塵數劫 修菩薩行 然後命終 生此華藏莊嚴世界海娑婆世界 値迦羅鳩孫馱如來 承事供養 得三昧 名離一切塵垢光明 次值拘那含牟尼如來 承事供養 得三昧 名普現一切諸刹海 次值迦葉如來 承事供養 得三昧 名演一切衆生言音海 次值毘盧遮那如來 於此道場 成正等覺 念念示現大神通力 我時得見 卽獲此念念 出生廣大喜莊嚴解脫

"이 해탈을 얻고는 열 곱절 말할 수 없이 말할 수 없는 부처 세계의 티끌 수와 같은 법계의 편안한 바다에 들어갔으며, 그 모든 법계의 편안한 바다와 모든 부처 세계가 가지고 있는 티끌을 보며, 하나하나의 티끌 가운데 열 곱절 말할 수 없이 말할 수 없는 부처 세계의 티끌 수와 같은 부처님 국토가 있고 하나하나의 부처님 국토에 비로자나 여래께서 도량에 앉아 생각과 생각마다 정들각을 이루시고 모든 신통 변화를 나타내며, 그 신통 변화 하나하나가 모든 법계 바다에 두루 하고 또 자신이 일체 모든 여래의 처소에 있음을 보며, 또한 그 설하는 빼어난 법을 들었다."

"또 역시 그 일체 모든 부처님이 하나하나의 털구멍마다 변화의 바다를 내놓으며, 신통한 힘을 나타내어 모든 법계의 바다와 모든 세계 바다와 모든 세계 종과 모든 세계 가운데 중생의 마음을 따라 바른 법륜을 굴리시는 것을 보고 나는 빠르게 다라니의 힘을 얻었으며, 모든 글과 뜻을 받아 지녀서 사유하고 분명하게 깨우쳐 아는 지혜로 모든 청정한 법장에 두루 들어가고 자재한 지혜로 모든 깊은 법 바다에 노닐고 두루두루 한 지혜로 삼세의 모든 광대한 뜻을 널리 알고 평등한 지혜로 모든 부처님의 차별 없는 법을 두루 통달하여 이와 같은 모든 법문에 대한 깨우침을 깨달아 알아서 하나하나의 법문 가운데 모든 수다라의 구름에 대한 깨우침을 깨달아 알고 하나하나의 수다라 구름 가운데 모든 법 바다에 대한 깨우침을 깨달아 알고 하나하나의 법 바다 가운데 모든 법의 품위에 대한 깨우침을 깨달아 알고 하나하나의 법의 품위 가운데 모든 법 구름에 대한 깨우침을 깨달아 알고 하나하나의 법 구름 가운데 모든 법의 흐름에 대한 깨우침을 깨달아 알고 하나하나의 법의 흐름 가운데 모든 큰 기쁨의 바다를 출생하고 하나하나의 큰 기쁨의 바다에서 모든 지위를 출생하고 하나하나의 지위에서 모든 삼매 바다를 출생하고 하나하나의 삼매 바다에서 모든 부처님을 보는 바다를 얻고 하나하나의 부처님을 뵙는 바다에서 모든 지혜의 광명 바다를 얻었다."

得此解脫已 能入十不可說不可說佛刹微塵數法界安立海 見彼一切法界安立海 一切佛刹所有微塵 ――塵中 有十不可說不可說佛刹微塵數佛國土 ――佛土 皆有毘盧遮那如來 坐於道場 於念念中 成正等覺 現諸神變 所現神變 ――皆徧一切法界海 亦見自身在彼一切諸如來所 又亦聞其所說妙法 又亦見彼一切諸佛 ――毛孔 出變化海 現神通力 於一切法界海 一切世界海 一切世界種一切世界中 隨眾生心 轉正法輪 我得速疾陀羅尼力 受持思惟 一切文義 以明了智 普入一切清淨法藏 以自在智 普遊一切甚深法海 以周徧智 普知三世諸廣大義 以平等智 普達諸佛無差別法 如是 悟解一切法門 ――法門中 悟解一切修多羅雲 ――修多羅雲中 悟解一切法海 ――法海中 悟解一切法品 ――法品中 悟解一切法雲 ――法雲中 悟解一切法流 ――法

流中 出生一切大喜海 ——大喜海 出生一切地 ——地 出生一切三昧海 ——三昧海 得一切見佛海 ——見佛海 得一切智光海

"하나하나의 지혜 광명 바다가 삼세를 두루 비추고 시방에 두루 들어가서 헤아릴 수 없는 여래의 옛적 모든 행의 바다를 알고 헤아릴 수 없는 여래가 가지고 있는 본사의 바다를 알고 헤아릴 수 없는 여래의 버리기 어려운 것을 능히 버린 보시의 바다를 알고 헤아릴 수 없는 여래의 청정한 계의 바퀴를 알고 헤아릴 수 없는 여래의 청정한 인욕의 바다를 알고 헤아릴 수 없는 여래의 광대한 정진의 바다를 알고 헤아릴 수 없는 여래의 깊고 깊은 선정의 바다를 알고 헤아릴 수 없는 여래의 반야바라밀의 바다를 알고 헤아릴 수 없는 여래의 방편 바라밀의 바다를 알고 헤아릴 수 없는 여래의 힘 바라밀의 바다를 알고 헤아릴 수 없는 여래의 지혜 바라밀의 바다를 알았다."

"헤아릴 수 없는 여래가 옛적 보살의 지위에 머무는 것을 알고 헤아릴 수 없는 겁 바다를 두고 신통한 힘을 나타냄을 알고 헤아릴 수 없는 여래가 옛적 보살의 지위에 들어감을 알고 헤아릴 수 없는 여래가 옛적 보살의 지위를 닦는 것을 알고 헤아릴 수 없는 여래가 옛적 보살의 지위를 다스리는 것을 알고 헤아릴 수 없는 여래가 옛적 보살의 지위를 자세히 들여다보는 것을 알았다."

"헤아릴 수 없는 여래가 옛적 보살일 때 늘 부처님 보는 것을 알고 헤아릴 수 없는 여래가 옛적 보살일 때 모든 부처님의 바다를 보고 겁 바다에 함께 머무는 것을 알며, 헤아릴 수 없는 여래가 옛적 보살일 때 헤아릴 수 없는 몸으로 세계 바다에 두루 태어남을 알고 헤아릴 수 없는 여래가 옛적 보살일 때 법계에 두루 하여 광대한 행을 닦는 것을 알고 헤아릴 수 없는 여래가 옛적 보살일 때 가지가지의 모든 방편문을 나타내 보여 모든 중생을 조복시키고 성숙하게 하는 것을 알았다."

"헤아릴 수 없는 여래가 큰 광명을 놓아 시방의 모든 세계 바다에 두루 비추는 것을 알고 헤아릴 수 없는 여래가 큰 신통한 힘을 나타내어 일체 모든 중생 앞에 두루 나타냄을 알고 헤아릴 수 없는 여래의 광대한 지혜의 지위를 알고 헤아릴 수 없는 여래가 바른 법의 바퀴를 굴리는 것을 알고 헤아릴 수 없는 여래가 나타내 보이는 모양이나 상태의 바다를 알고 헤아릴 수 없는 여래가 나타내 보이는 몸의 바다를 알고 헤아릴 수 없는 여래의 광대한 힘 바다를 알아서 모든 여래가 처음 마음을 일으켰을 때뿐만 아니라 법이 없어지는데 이르기까지 내가 생각과 생각마다 남김없이 다 보고 알았다."

——智光海 普照三世 徧入十方 知無量如來往昔諸行海 知無量如來所有本事海

知無量如來離捨能施海 知無量如來淸淨戒輪海 知無量如來淸淨堪忍海 知無量如來廣大精進海 知無量如來甚深禪定海 知無量如來般若波羅蜜解 知無量如來方便波羅蜜解 知無量如來願波羅蜜解 知無量如來力波羅蜜解 知無量如來智波羅蜜解 知無量如來往昔超菩薩地 知無量如來往昔住菩薩地 無量劫海現神通力 知無量如來往昔入菩薩地 知無量如來往昔修菩薩地 知無量如來往昔治菩薩地 知無量如來往昔觀菩薩地 知無量如來昔爲菩薩時 常見諸佛 知無量如來昔爲菩薩時 盡見佛海 劫海同住 知無量如來昔爲菩薩時 以無量身 徧生刹海 知無量如來昔爲菩薩時 周徧法界 修廣大行 知無量如來昔爲菩薩時 示現種種諸方便門 調伏成熟一切衆生 知無量如來放大光明 普照十方一切刹海 知無量如來現大神力 普現一切諸衆生前 知無量如來廣大智地 知無量如來轉正法輪 知無量如來示現相海 知無量如來示現身海 知無量如來廣大力海 彼諸如來從初發心 乃至法滅 我於念念 悉得知見

"선남자여! 그대는 나에게 마음을 일으킨 지가 얼마나 오래되었는가를 물었다."
"선남자여! 나는 지난 옛적 두 부처 세계의 티끌 수와 같은 겁 이전에 위에서 말한 대로 청정한 광명 금 장엄 세계에서 보리수 신이 되어 불퇴전법계음 여래의 설하는 법을 듣고 아뇩다라삼먁삼보리심을 일으켰고 두 부처 세계의 티끌 수와 같은 겁을 두고 보살의 행을 닦았으며, 그런 후에 이 사바세계의 현겁(賢劫) 가운데 태어나 가라구손다 부처님으로부터 석가모니 부처님에 이르기까지 또 이 겁 가운데 미래에 오실 일체 모든 부처님을 내가 이와 같이 다 친근히 하고 공양하였으며, 이 세계의 현겁(賢劫.善根劫)에서 오는 세상의 일체 모든 부처님을 남김없이 다 이와 같이 친근히 하고 공양한다."
"선남자여! 저 청정 광명 금 장엄 세계에서는 지금도 모든 부처님이 태어나시면서 계속하여 이어지고 끊어지지 않으니, 그대는 한결같은 마음으로 이 보살의 크고 용맹한 문을 닦고 익혀라."

善男子 汝問我言 汝發心來其已久如 善男子 我於往昔過二佛刹微塵數劫 如上所說 於淸淨光金莊嚴世界中爲菩提樹神 聞不退轉法界音如來說法 發阿耨多羅三藐三菩提心 於二佛刹微塵數劫中 修菩薩行 然後乃至此娑婆世界賢劫之中 從迦羅鳩孫䭾佛 至釋迦牟尼佛 及此劫中未來所有一切諸佛 我皆如是 親近供養 如於此世界賢劫之中 供養未來一切諸佛 一切世界一切劫中所有未來一切諸佛 悉亦如是親近供養 善男子 彼淸淨光金莊嚴世界今猶現在 諸佛出現 相續不斷 汝當一心 修此菩薩大勇猛門

이때 적정음해주야신이 이 해탈의 뜻을 거듭 펴고자 선재 동자에게 게송으로 말했다.
爾時 寂靜音海主夜神 欲重宣此解脫義 爲善財童子 而說頌言

善財聽我說 선재여! 내가 말하는
淸淨解脫門 청정한 해탈문을 자세하게 들어라.
聞已生歡喜 듣고는 즐겁고 기쁜 마음을 내고
勤修令究竟 부지런히 닦아서 마지막까지 이르라.

我昔於劫海 나는 지난 옛날 겁의 바다에서
生大信樂心 크게 믿고 즐거워하는 마음을 내었으니
淸淨如虛空 청정하기가 허공과 같기에
常觀一切智 늘 모든 지혜를 자세히 들여다보았다네.

我於三世佛 나는 삼세 부처님들에게
皆生信樂心 빠짐없이 믿음과 좋아하는 마음을 내었고
幷及其衆會 그 대중의 모임과 아울러
悉願常親近 남김없이 다 항상 친근하기를 원했다네.

我昔曾見佛 나는 지난 옛날 일찍이 부처님을 보고
爲衆生供養 중생을 위해 공양하였으며
得聞淸淨法 청정한 법을 듣고
其心大歡喜 그 마음이 크게 즐겁고 기뻤다네

常尊重父母 늘 부모를 존중하고
恭敬而供養 공손히 섬기고 공양하면서
如是無休懈 이와 같게 쉬거나 게으름이 없었기에
入此解脫門 이 해탈 문에 들었다네

老病貧窮人 늙고 병들고 가난하고 궁색한 사람과
諸根不具足 모든 근을 온전하게 갖추지 못한 자를
一切皆愍濟 일체 모든 이를 불쌍히 여겨 구제하고

令其得安隱 그들이 평안함을 얻게 하였다네.

水火及王賊 물의 재앙, 불의 재앙, 또 도둑과
海中諸恐怖 바다 가운데의 모든 두려움을
我昔修諸行 나는 지난 옛날 모든 행을 닦아서
爲救彼衆生 그 중생들을 구원했다네.

煩惱恒熾然 번뇌로 항상 불같이 거세게 타오르고
業障所纏覆 업장에 얽매이고 덮이고
墮於諸險道 모든 험한 길에 떨어진 이들을
我救彼衆生 그 중생들을 나는 늘 구원한다네.

一切諸惡趣 일체 모든 악의 부류와
無量楚毒苦 헤아릴 수 없는 가시나무 독의 고통과
生老病死等 나고 늙고 병들고 죽음 등을
我當悉除滅 내가 당연히 남김없이 다 제거하고 없앨 것이라네.

願盡未來劫 원하건대 미래의 겁이 다하도록
普爲諸群生 모든 중생을 위하여
滅除生死苦 생사의 괴로움을 제거해 없애고
得佛究竟樂 마지막까지 부처님의 즐거움을 얻게 할 것이라네.

"선남자여! 나는 단지 생각과 생각마다 광대한 기쁨으로 장엄하는 해탈만을 알 뿐이다. 모든 보살마하살들은 모든 법계에 깊이 들어가 모든 겁의 수를 남김없이 다 알고 모든 세계가 이루어지고 무너지는 것을 본다. 이러한 보살마하살의 일을 내 어찌 알겠으며, 그 공덕의 행을 말할 수 있겠는가."
"선남자여! 이 보리도량의 여래 모임 가운데 주야신이 있으니 이름이 '수호일체성증장위력'이다. 그대는 그에게 가서 보살이 어떻게 보살의 행을 배우며, 보살의 도를 닦는 것이냐고 물어라."
善男子 我唯知此念念生廣大喜莊嚴解脫 如諸菩薩摩訶薩 深入一切法界海 悉知一

切諸劫數 普見一切刹成壞 而我云何能知能說彼功德行 善男子 此菩提場如來會中 有主夜神 名守護一切城增長威力 汝詣彼 問菩薩云何學菩薩行 修菩薩道

이때 선재 동자는 한결같은 마음으로 적정음바다 주야신을 자세히 들여다보면서 게송을 말했다.
爾時 善財童子一心觀察寂靜音海主夜神身 而說頌言

我因善友教 나는 선근의 벗으로 말미암아
來詣天神所 천신이 있는 곳에 이르러
見神處寶座 보배 자리에 앉은 신을 보니
身量無有邊 몸의 크기가 헤아릴 수 없고 끝이 없다네.

非是著色相 색의 모양이나 상태의 잘잘못에 집착하고
計有於諸法 모든 법이 있다고 헤아리며
劣智淺識人 지혜가 적고 아는 것이 얕은 사람은
能知尊境界 높으신 경계를 알지 못한다네.

世上天及人 세상의 하늘과 사람이
無量劫觀察 헤아릴 수 없는 겁을 두고 자세히 들여다보아도
亦不能測度 역시 그 누구도 헤아릴 수 없으니
色相無濟故 색의 모양이나 상태가 끝이 없는 까닭이라네

遠離於五蘊 오온에서 멀리 벗어나고
亦不住於處 또 곳에도 머무르지 않으며
永斷世間疑 세간의 의심을 영원히 끊어서
顯現自在力 자재한 힘을 나타낸다네.

不取內外法 안팎의 법을 취하지 않고
無動無所礙 흔들림도 없고 막힘이나 걸림도 없기에
淸淨智慧眼 청정한 지혜의 눈으로

見佛神通力 부처님의 신통한 힘을 본다네.

身爲正法藏 몸은 바른 법의 장이고
心是無礙智 마음은 막힘이나 걸림 없는 지혜이며
旣得智光照 이미 지혜의 광명이 비춤을 얻었기에
復照諸群生 차례를 좇아 모든 중생에게 비춘다네.

心集無邊業 마음에 끝없는 업을 모아
莊嚴諸世間 모든 세간을 장엄하고
了世皆是心 세상이 모두 마음인 것을 분명히 알면
現身等衆生 중생과 같이 몸을 나타낸다네.

知世悉如夢 세상은 남김없이 다 꿈과 같고
一切佛如影 모든 부처님은 그림자와 같고
諸法皆如響 모든 법은 다 메아리와 같음을 알아
令衆無所著 중생들이 집착할 것이 없게 한다네.

爲三世衆生 삼세의 중생을 위해
念念示現身 생각과 생각마다 몸을 나타내 보이지만
而心無所住 마음은 머무는 곳이 없기에
十方徧說法 시방에 두루 하게 법을 설한다네.

無邊諸刹海 끝없는 모든 세계의 바다와
佛海衆生海 부처의 바다와 중생의 바다를
悉在一塵中 남김없이 다 하나의 티끌 가운데 두니
此尊解脫力 이는 높은 분의 해탈하신 힘이라네.

   때맞춰 선재 동자는 이 게송을 말하고는 그의 발에 머리 숙여 예를 올리고 헤아릴 수 없이 돌다가 은근하게 우러러보면서 모든 일을 마치고는 물러갔다.
   時 善財童子說此偈已 頂禮其足 遶無量帀 慇懃瞻仰 辭退而去

(37) 수호일체성주야신. 제6 現前地

이때 선재 동자는 적정음바다 주야신의 가르침을 따라 설한 법문을 사유하고 자세히 살펴서 들여다보면서 하나하나의 문장과 구절을 잃거나 잊지 않고 헤아릴 수 없는 깊은 마음과 헤아릴 수 없는 법의 성품과 모든 방편과 신통 지혜를 잊지 않고 기억하여 생각하고 가려내면서 계속하고 끊이지 않게 하며, 그 마음을 광대하게 하고 확실하게 알리고 들어가 편안하게 머물며, 수호일체성야신의 처소로 나아갔다.

爾時 善財童子 隨順寂靜音海夜神敎 思惟觀察所說法門 一一文句 皆無忘失 於無量深心 無量法性 一切方便 神通智慧 憶念思擇 相續不斷 其心廣大 證入安住 行詣守護一切城夜神所

그 수호일체성야신이 모든 보배 광명 마니왕으로 된 사자좌에 앉아 있는 것을 보니, 수없는 야신이 둘러싸 모셨고 모든 중생의 색상인 몸을 나타내고 모든 중생을 두루 대하는 몸을 나타내고 모든 세간에 물들지 않는 몸을 나타내고 모든 중생의 몸 수와 같은 몸을 나타내고 모든 세간을 뛰어넘은 몸을 나타내고 모든 중생을 성숙시키는 몸을 나타내고 모든 시방에 빨리 가는 몸을 나타내고 모든 시방을 두루 거두는 몸을 나타내고 마지막까지 여래의 체와 성이 되는 몸을 나타내고 마지막까지 중생을 조복시키는 몸을 나타내는 것을 보았다.

見彼夜神坐一切寶光明摩尼王師子之座 無數夜神 所共圍遶 現一切衆生色相身 現普對一切衆生身 現不染一切世間身 現一切衆生身數身 現超過一切世間身 現成熟一切衆生身 現速往一切十方身 現徧攝一切十方身 現究竟如來體性身 現究竟調伏衆生身

선재 동자가 이를 보고는 즐겁고 기쁨에 뛰면서 그의 발에 머리 숙여 예를 올리고는 헤아릴 수 없이 돌다가 앞에 서서 합장하고 물어 말했다.

"성자여! 저는 이미 아뇩다라삼먁삼보리심을 일으켰으나, 보살들이 보살의 행을 닦을 때 어떻게 중생에게 이익이 되게 하며, 어떻게 위 없이 거두어주는 일로 중생을 거두어주는 것이며, 어떻게 모든 부처님의 가르침을 거스르지 않고 따르는 것이며, 어떻게 법왕의 지위에 가까워지는 것인지 알지 못합니다. 오직 원하는 것이니, 인자한 마음으로 저에게 설해주십시오."

善財見已 歡喜踊躍 頂禮其足 遶無量帀 於前合掌 而作是言 聖者 我已先發阿耨多羅三藐三菩提心 而未知菩薩修菩薩行時 云何饒益眾生 云何以無上攝而攝眾生 云何順諸佛敎 云何近法王位 唯願慈哀 爲我宣說

깊고 깊은 자재한 빼어난 음성의 해탈

때맞추어 수호일체성야신이 선재 동자에게 말했다.
"선남자여! 그대가 모든 중생을 구하고 보호하기 위한 까닭이며, 그대가 모든 부처 세계를 청정하게 장엄하기 위한 까닭이며, 그대가 모든 겁에 있으면서 중생을 구하고 보호하기 위한 까닭이며, 그대가 모든 부처님의 성품을 지키고 보호하기 위한 까닭이며, 그대가 시방에 두루 들어가 모든 행을 닦고자 하는 까닭이며, 그대가 모든 법문의 바다에 두루 들어가고자 하는 까닭이며, 그대가 평등한 마음으로 모든 곳에 두루 하고자 하는 까닭이며, 그대가 모든 부처님의 법륜을 두루 받고자 하는 까닭이며, 그대가 모든 중생의 마음이 즐거워하는 것을 따라 두루 법의 비를 내리고자 하는 까닭으로 모든 보살이 닦는 행의 문을 그대가 묻는구나."

時 彼夜神告善財言 善男子 汝爲救護一切眾生故 汝爲嚴淨一切佛刹故 汝爲供養一切如來故 汝欲住一切劫救眾生故 汝欲守護一切佛種性故 汝欲普入十方修諸行故 汝欲普入一切法門海故 汝欲以平等心徧一切故 汝欲普受一切佛法輪故 汝欲普隨一切眾生心之所樂 雨法雨故 問諸菩薩所修行門

"선남자여! 나는 보살의 깊고 깊으면서 자재한 빼어난 음성 해탈을 얻었으며, 큰 법사가 되어 막힘이나 걸림이 없으니, 이는 모든 부처님의 법장을 선근으로 능히 열어 보인 까닭이며, 큰 서원과 큰 자비의 힘을 갖추었으니, 이는 모든 중생을 보리심에 머물게 하려는 까닭이며, 모든 중생에게 이익이 되는 일을 지으니, 이는 선근을 쌓으면서 쉬지 않는 까닭이며, 모든 중생을 인도하는 스승이 되었으니, 이는 모든 중생이 살바야의 도에 머물게 하려는 까닭이며, 모든 세간의 청정한 법 태양이 되니, 이는 세간을 두루 비추어 선근을 내게 하려는 까닭이며, 모든 세간에 마음이 평등하니, 이는 모든 중생이 선근의 법을 거듭 더하고 키우게 하려는 까닭이며, 모든 경계에 그 마음이 청정하니, 이는 모든 선근의 업이 아닌 것을 없애려는 까닭이며, 모든 중생에게 이익이 되게 하려고 서원하니, 이는 몸이 항상 모든 국토에 두루 나타나게 하려는 까닭이며, 모든 본사(本事)의 인연을 나타내니, 이는 모든 중생이 선근의 행에 머물게 하려는 까닭이며, 모든 선지식을 섬기니, 이는 중생들이 부처님의 가르침에 편안히 머물게 하려는 까닭이다."

　善男子 我得菩薩甚深自在妙音解脫 爲大法師 無所罣礙 善能開示 諸佛法藏故 具大誓願大慈悲力 令一切衆生 住菩提心故 能作一切利衆生事 積集善根 無有休息故 爲一切衆生調御之師 令一切衆生 住薩婆若道故 爲一切世間淸淨法日 普照世間 令生善根故 於一切世間 其心平等 普令衆生 增長善法故 於諸境界其心淸淨 除滅一切諸不善業故 誓願利益一切衆生身 恒普現一切國土故 示現一切本事因緣 令諸衆生安住善行故 恒事一切諸善知識 爲令衆生安住佛敎故

"불자여! 내가 이러한 등등의 법으로 중생에게 베푸는 것은 선근의 법을 내고 지혜를 구하게 하는 것이며, 마음이 견고한 것이 마치 금강 나라연의 장과 같기에 부처의 힘과 마의 힘을 선근의 힘으로 자세히 살펴서 들여다보며, 늘 선지식을 친근히 하고 모든 업과 번뇌의 막힘이나 걸림이 되는 산을 깨트리며, 모든 지혜의 조도 법을 모아서 마음에 항상 모든 지혜의 지위를 버리지 않게 하려는 것이다."

　佛子 我以此等法 施衆生 今生白法 求一切智 其心堅固 猶如金剛那羅延藏 善能觀察佛力 魔力 常得親近諸善知識 摧破一切業惑障山 集一切智助道之法 心恒不捨一切智地

"선남자여! 나는 이와 같은 청정한 법의 광명으로 모든 중생에게 이익을 더하고 선근과 조도의 법을 모을 때 열 가지를 가지고 법계를 자세히 들여다보니, 무엇이 열인가 하면, 이른바 나는 헤아릴 수 없음을 아니, 이는 광대한 지혜의 광명을 손에 쥔 까닭이며, 나는 법계가 끝이 없음을 아니, 이는 모든 부처님이 알고 보시는 것을 아는 까닭이며, 나는 법계가 수, 양, 공간, 시간 따위에 제한이나 한계가 없음을 아니, 이는 일체 모든 부처님의 국토에 두루 들어가 모든 여래를 공손히 섬기어 공양하는 까닭이며, 나는 법계가 경계 없음을 아니, 이는 모든 법계의 바다 가운데 보살의 행을 나타내어 보이는 까닭이며, 나는 법계가 끊어짐이 없음을 아니, 이는 여래의 끊어지지 않는 지혜에 들어가는 까닭이며, 나는 법계가 하나의 성품임을 아니, 이는 여래의 한 음성에 모든 중생을 분명하게 깨우쳐 알게 하는 까닭이며, 나는 법계의 성품이 청정한 것임을 아니, 이는 여래의 원을 깨달아 알고 모든 중생을 두루 이끄는 까닭이며, 나는 법계에 두루 한 중생을 아니, 이는 보현의 빼어난 행이 두루두루 한 까닭이며, 나는 법계가 하나의 장엄인 것을 아니, 보현의 빼어난 행으로 선근을 장엄하는 까닭이며, 나는 법계가 무너지지 않음을 아니, 이는 일체 지혜의 선근이 법계에 가득하여 무너지지 않는 까닭이다."

"선남자여! 나는 이 열 가지로 법계를 자세히 살펴서 들여다보고는 선근을 모으며, 조도 법을 힘써 갖추고 부처님들의 광대한 위덕을 깨우쳐 알고 여래의 사유하기 어려운 경계에 들어간다."

善男子 我以如是淨法光明 饒益一切衆生 集善根助道法 時 作十種觀察法界 何者爲十 所謂我知法界無量 獲得廣大智光明故 我知法界無邊 見一切佛所知見故 我知法界無限 普入一切諸佛國土 恭敬供養諸如來故 我知法界無畔 普於一切法界海中示現修行菩薩行故 我知法界無斷 入於如來不斷智故 我知法界一性 如來一音一切衆生無不了故 我知法界性淨 了知來願普度一切諸衆生故 我知法界徧衆生 普賢妙行悉周徧故 我知法界一莊嚴 普賢妙行善莊嚴故 我知法界不可壞 一切智善根充滿法界 不可壞故 善男子 我作此十種觀察法界 集諸善根 辨助道法 了知諸佛廣大威德 深入如來難思境界

"또 선남자여! 나는 이와 같은 바른 생각으로 사유하고 여래의 열 가지 큰 위덕 다라니 바퀴를 얻었으니, 무엇이 열인가 하면, 이른바 모든 법에 두루 들어가는 다라니 바퀴, 모든 법을 두루 가지는 다라니 바퀴, 모든 법을 설하는 다라니 바퀴, 시방의 모든 부처님을 두루 생각하는 다라니 바퀴, 모든 부처님의 명호를 두루 설하는 다라니 바퀴, 삼세 모든 부처님의 원 바다에 두루 들어가는 다라니 바퀴, 모든 승의 바다에 두루 들어가는 다라니 바퀴, 모든 중생의 바다에 두루 들어가는 다라니 바퀴, 빠르게 모든 업을 굴리는 다라니 바퀴, 빠르게 모든 지혜를 내는 다라니 바퀴이다."

"선남자여! 열 가지 다라니 바퀴는 십 천 다라니 바퀴를 권속으로 삼고 늘 중생에게 빼어난 법을 널리 펴서 설한다."

又善男子 我如是正念思惟 得如來十種大威德陀羅尼輪 何者爲十 所謂普入一切法陀羅尼輪 普持一切法陀羅尼輪 普說一切法陀羅尼輪 普念一切佛陀羅尼輪 普說一切佛名號陀羅尼輪 普入三世諸佛願海陀羅尼輪 普入一切諸乘海陀羅尼輪 普入一切衆生業海陀羅尼輪 疾轉一切業陀羅尼輪 疾生一切智陀羅尼輪 善男子 此十陀羅尼

輪 以十千陀羅尼輪 而爲眷屬 恒爲衆生 演說妙法

"선남자여! 나는 늘 중생을 위해 듣는 지혜의 법을 설하고 늘 중생을 위해 사유하는 지혜의 법을 설하고 늘 중생을 위해 닦는 지혜의 법을 설하고 늘 중생을 위해 한 가지 있는 법을 설하고 늘 중생을 위해 모든 있는 법을 설하고 언제나 그들을 위해 한 여래의 이름 바다 법을 설하고 언제나 그들을 위해 모든 여래의 명호 바다의 법을 설하고 언제나 그들을 위해 한 세계 바다의 법을 설하고 언제나 그들을 위해 모든 세계 바다의 법을 설하고 늘 그들을 위해 한 부처님의 수기 바다를 설하고 늘 그들을 위해 모든 부처님의 수기 바다 법을 설하고 늘 그들을 위해 한 여래 대중이 모인 도량의 바다 법을 설하고 늘 그들을 위해 모든 여래의 대중이 모인 도량 바다의 법을 설하고 늘 그들을 위해 한 여래 법륜 바다의 법을 설하고 늘 그들을 위해 모든 여래 법륜 바다의 법을 설하고 늘 그들을 위해 한 여래의 수다라 법을 설하고 늘 그들을 위해 모든 여래의 수다라 법을 설하고 언제나 그들을 위해 한 여래의 집회법을 설하고 언제나 그들을 위해 모든 여래의 집회법을 설한다."

"늘 그들을 위해 일체 살바야 마음 바다의 법을 설하고 늘 그들을 위해 일승(一乘)에서 벗어나 나아가는 법을 설하고 늘 그들을 위해 모든 승(乘.如來地.二乘地)에서 벗어나 나아가는 법을 설한다."

"선남자여! 이와 같은 등등의 말할 수 없는 법문으로 중생을 위해 설한다."

善男子 我或爲衆生 說聞慧法 或爲衆生 說思慧法 或爲衆生 說修慧法 或爲衆生 說一有法 或爲衆生 說一切有法 或爲說一如來名海法 或爲說一切如來名海法 或爲說一世界海法 或爲說一切世界海法 或爲說一佛授記海法 或爲說一切佛授記海法 或爲說一如來衆會道場海法 或爲說一切如來衆會道場海法 或爲說一如來法輪海法 或爲說一切如來法輪海法 或爲說一如來修多羅法 或爲說一切如來修多羅法 或爲說一如來集會法 或爲說一切如來集會法 或爲說一薩婆若心海法 或爲說一切薩婆若心海法 或爲說一乘出離法 或爲說一切乘出離法 善男子 我以如是等不可說法門 爲衆生說

"선남자여! 나는 여래의 차별 없는 법계의 문 바다에 들어가 위 없는 법을 설하여 중생들을 두루 거두어 미래의 겁이 다하도록 보현의 행에 머물게 한다."

"선남자여! 나는 깊고 깊은 자재한 빼어난 음성 해탈을 성취하였기에 생각과 생각마다 일체 모든 해탈문을 거듭 더하고 늘리며, 생각과 생각마다 모든 법계에 충만하다."

善男子 我入如來無差別法界門海 說無上法 普攝衆生 盡未來劫 住普賢行 善男子 我成就此甚深自在妙音解脫 於念念中 增長一切諸解脫門 念念充滿一切法界

때맞추어 선재 동자가 수호일체성야신에게 물어 말했다.
"뛰어나십니다. 천신이여! 이 해탈문이 이와 같이 희유합니다. 성자께서는 이 해탈을 얻는지는 얼마나 오래되었습니까?"

時 善財童子白夜神言 奇哉 天神 此解脫門如是希有 聖者證得 其已久如

수호일체성야신이 말했다.
"선남자여! 지난 옛적 세상 이전에 세계의 티끌 수와 같은 겁을 지나 겁이 있었으니, 이름이 '허물을 벗어난 광명'이며, 세계가 있으니, 이름이 '법계의 공덕 구름'이다. 모든 중생의 업을 나타내는 마니 왕 바다를 체로 삼고 형상은 연꽃과 같으며, 사천하의 티끌 수와 같은 향마니 수미산 그물 속에 있고 모든 여래의 본원음을 내는 연화로 장엄하고 수미산의 티끌 수와 같은 연꽃을 권속으로 삼고 수미산의 티끌 수와 같은 향 마니로 사이사이를 장식하였으며, 수미산의 티끌 수와 같은 사천하가 있고 하나하나의 사천하에 백천 억 나유타 말할 수 없이 말할 수 없는 성이 있었다."

夜神言 善男子 乃往古世過世界轉微塵數劫 有劫名離垢光明 有世界名法界功德雲 以現一切衆生業 摩尼王海 爲體 形如蓮華 住四天下微塵數香摩尼須彌山網中 以出 一切如來本願音蓮華 而爲莊嚴 須彌山微塵數蓮華 而爲眷屬 須彌山微塵數香摩尼 以爲間錯 有須彌山微塵數四天下 一一四天下 有百千億那由他不可說不可說城

"선남자여! 그 세계 가운데 사천하가 있으니, 이름이 '빼어난 당기'이며, 그 가운데 왕도가 있으니, 이름이 '넓은 보배 꽃 광명'이었다. 여기서 멀지 않은 곳에 보리도량이 있으니, 이름이 '법왕의 궁전을 두루 나타냄'이며, 수미산 티끌 수와 같은 여래가 그 가운데 출현하셨다."

"그 처음 부처님은 이름이 '법 바다의 뇌성 광명 왕'이며, 그 부처님 처소에서 모든 법 바다의 선수다라(旋修多羅)를 받아 지녔다가 부처님이 열반하신 후에 그 왕이 출가하여 바른 법을 보호하고 지녔으며, 법이 없어지려 할 때 천부(千部)의 다른 대중이 천 가지로 법을 설하였다."

"겁이 가까워지면서는 번뇌의 업이 두텁고 무거운 모든 악한 비구들이 많기에 서로 다툼도 많고 경계에만 집착하면서 공덕을 구하지 않으며, 왕에 대한 왈가왈부, 도둑에 대한 왈가왈부, 여인에 대한 왈가왈부, 나라에 대한 왈가왈부, 바다에 대한 왈가왈부, 모든 세간에 대한 왈가왈부로 말하기만 좋아하였다."

善男子 彼世界中 有四天下 名爲妙幢 中有王都 名普寶華光 去此不遠 有菩提場 名普顯現法王宮殿 須彌山微塵數如來 於中出現 其最初佛 名法海雷音光明王 彼佛出時 有轉輪王 名淸淨日光明面 於其佛所 受持一切法海旋修多羅 佛涅槃後 其王出家 護持正法 法欲滅時 有千部異 千種說法 近於末劫 業惑障重 諸惡比丘多 有鬪諍樂著境界 不求功德 樂說王論 賊論 女論 國論 海論及以一切世間之論

때맞추어 전륜왕 비구가 말했다.

"기이하고 괴롭다. 부처님이 헤아릴 수 없는 모든 큰 겁 바다에서 이 법의 횃불을 모으셨다. 어찌 그대들은 함께 헐어버리고 없애려 하는가?"

이 말을 마치고는 허공으로 오르시니, 높이가 일곱 다라수이며, 몸으로 헤아릴 수 없는 모든 색의 불꽃 구름을 내며, 가지가지의 색 큰 광명의 그물을 놓아 헤아릴 수 없는 중생의 뜨거운 번뇌를 제거하게 하며, 헤아릴 수 없는 중생들이 보리심을 일으키게 하였다. 이 인연으로 그 여래의 가르침이 차례를 좇아(復) 6만 5천 년 동안 흥하고 성할 수 있음을 얻었다.

時 王比丘而語之言 奇哉 苦哉 佛於無量諸大劫海 集此法炬 云何汝等而共毁滅 作是說已 上昇虛空 高七多羅樹身 出無量諸色焰雲 放種種色大光明網 令無量衆生 除煩惱熱 令無量衆生 發菩提心 以是因緣 彼如來教復於六萬五千歲中 而得興盛

그때 비구니가 있었으니, 이름이 '법륜화광'이었으며, 이 분은 왕녀, 전륜왕의 딸로서 백천 비구니를 권속으로 삼았고 부왕의 말을 들으며, 또 신통한 힘을 보고 보리심을 일으켜 영원히 물러서지 않고 삼매를 얻으니, 이름이 '모든 불교의 등불'이며, 또 깊고 깊은 자재한 빼어난 음성 해탈을 얻었다. 삼매를 얻고는 몸과 마음이 부드러워졌으며, 법해뇌음광명왕 여래가 모든 신통한 힘을 나타내는 것을 보고 곧바로 이 힘을 얻었다.

時 有比丘尼 名法輪化光 是此王女 百千比丘尼 而爲眷屬 聞父王語 及見神力 發菩提心 永不退轉 得三昧名一切佛敎燈 又得此甚深自在妙音解脫得已身心柔軟 卽得現見法海雷音光明王如來一切神力

"선남자여! 어떻게 생각하는가? 그때 전륜성왕으로 여래를 따라 바른 법륜을 굴리고 부처님이 열반하신 후 말법시(末法時)에 흥하고 성하게 한 자가 어찌 다른 사람이겠는가? 지금의 보현보살이 그 사람이며, 법륜화광 비구니는 곧 나의 몸이다."

"나는 그때 불법을 지키고 보호하여 십만의 비구니들이 아뇩다라삼먁삼보리에서 물러서지 않게 하였고 또 모든 부처님의 삼매가 나타나는 것을 보게 하였고 또 모든 부처님의 법륜과 금강광명 다라니를 얻게 하였고 또 모든 법문 바다에 두루 들어가는 반야바라밀을 얻게 하였다."

善男子 於汝意云何 彼時轉輪聖王 隨於如來 轉正法輪 佛涅槃後 興隆末法者 豈異人乎 今普賢菩薩是 其法輪化光比丘尼 卽我身是 我於彼時 守護佛法 令十萬比丘尼 於阿耨多羅三藐三菩提 得不退轉 又令得現見一切佛三昧 又令得一切佛法輪金剛光明陀羅尼 又令得普入一切法門海 般若波羅蜜

"뒤를 이어 부처님이 나셨으니, 이름은 '허물을 벗어난 법 광명'이며, 뒤를 이어 부처님이 나셨으니, 이름은 '법륜광명계'이며, 뒤를 이어 부처님이 나셨으니, 이름은 '법일공덕운'이며, 뒤를 이어 부처님이 나셨으니, 이름은 '법해묘음왕'이며 뒤를 이어 부처님이 나셨으니, 이름은 '법일지혜등'이며, 뒤를 이어 부처님이 나셨으니, 이름은 '법화당운'이며, 뒤를 이어 부처님이 나셨으니, 이름은 '법염산당왕'이며, 뒤를 이어 부처님이 나셨으니, 이름은 '심심법공덕월'이며, 뒤를 이어 부처님이 나셨으니, 이름은 '법지보광장'이며, 뒤를 이어 부처님이 나셨으니, 이름은 '개시보지장'이며, 뒤를 이어 부처님이 나셨으니, 이름은 '공덕장산왕'이며, 뒤를 이어 부처님이 나셨으니, 이름은 '보문수미현'이며, 뒤를 이어 부처님이 나셨으니, 이름은 '일체법정진당'이며, 뒤를 이어 부처님이 나셨으니, 이름은 '법보화공덕운'이며, 뒤를 이어 부처님이 나셨으니, 이름은 '적정광명계'이며, 뒤를 이어 부처님이 나셨으니, 이름은 '법광명자비월'이며, 뒤를 이어 부처님이 나셨으니, 이름은 '공덕염해'이며, 뒤를 이어 부처님이 나셨으니, 이름은 '지일보광명'이며, 뒤를 이어 부처님이 나셨으니, 이름은 '보현원만지'이며, 뒤를 이어 부처님이 나셨으니, 이름은 '신통지광왕'이며, 뒤를 이어 부처님이 나셨으니, 이름은 '복덕화광등'이며, 뒤를 이어 부처님이 나셨으니, 이름은 '지사자당왕'이며, 뒤를 이어 부처님이 나셨으니, 이름은 '일광보종향'이며, 뒤를 이어 부처님이 나셨으니, 이름은 '수미보장엄상'이며, 뒤를 이어 부처님이 나셨으니, 이름은 '일광보조'이며, 뒤를 이어 부처님이 나셨으니, 이름은 '법왕공덕월'이며, 뒤를 이어 부처님이 나셨으니, 이름은 '개부연화묘음운'이며, 뒤를 이어 부처님이 나셨으니, 이름은 '일광명상'이며, 뒤를 이어 부처님이 나셨으니, 이름은 '보광명묘법음'이며, 뒤를 이어 부처님이 나셨으니, 이름은 '사자금강나라연무외'이며, 뒤를 이어 부처님이 나셨으니, 이름은 '보지용맹당'이며, 뒤를 이어 부처님이 나셨으니, 이름은 '보개법연화신'이며, 뒤를 이어 부처님이 나셨으니, 이름은 '공덕묘화해'이며, 뒤를 이어 부처님이 나셨으니, 이름은 '도량공덕월'이며, 뒤를 이어 부처님이 나셨으니, 이름은 '법거치연월'이며, 뒤를 이어 부처님이 나셨으니, 이름은 '보광명계'이며, 뒤를 이어 부처님이 나셨으니, 이름은 '법당등'이며, 뒤를 이어 부처님이 나셨으니, 이름은 '금강해당운'이며, 뒤를 이어 부처님이 나셨으니, 이름은 '명칭산공덕운'이며, 뒤를 이어 부처님이 나셨으니, 이름은 '전단묘월'이며, 뒤를 이어 부처님이 나셨으니, 이름은 '보묘광명화'이며, 뒤를 이어 부처님이 나셨으니, 이름은 '조일체중생광명왕'이며, 뒤를 이어 부처님이 나셨으니, 이름은 '공덕연화장'이며, 뒤를 이어 부처님이 나셨으니, 이름은 '향염광명왕'이며, 뒤를 이어 부처님이 나셨으니, 이름은 '파두마화인'이며, 뒤를 이어 부처님이 나셨으니, 이름은 '중상산보광명'이며, 뒤를 이어 부처님이 나셨으니, 이름은 '보명칭당'이며, 뒤를 이어 부처님이 나셨으니, 이름은 '수미보문광'이며, 뒤를 이어 부처님이 나셨으니, 이름은 '공덕법성광'이며, 뒤를 이어 부처님이 나셨으니, 이름은 '대수산광명'이며, 뒤를 이어 부처님이 나셨으니, 이름은 '보덕광명당'이며, 뒤를 이어 부처님이 나셨으니, 이름은 '공덕길상상'이며, 뒤를 이어 부처님이 나셨으니, 이름은 '용맹법력당'이며, 뒤를 이어 부처님이 나셨으니, 이름은 '법륜광명음'이며, 뒤를 이어 부처님이 나셨으니, 이름은 '공덕산지혜광'이며, 뒤를 이어 부처님이 나셨으니, 이름은 '무상묘법월'이며, 뒤를 이어 부처님이 나셨으니, 이름은 '법련화정광당'이며, 뒤를 이어 부처님이 나셨으니, 이름은 '보련화광명장'이며, 뒤를 이어 부처님이 나셨으니, 이름은 '광염운산등'이며, 뒤를 이어 부처님이 나셨으니, 이름은 '보각화'이며, 뒤를 이어 부처님이 나셨으니, 이름은 '종종공덕염수미장'이며, 뒤를 이어 부처님이 나셨으니, 이름은 '원만광산왕'이며, 뒤를 이어 부처님이 나셨으니, 이름은 '복덕운장엄'이며, 뒤를 이어 부처님이 나셨으니, 이름은 '법산운당'이며, 뒤를 이어 부처님이 나셨으니, 이름은 '공덕산광명'이며, 뒤를 이어 부처님이 나셨으니, 이름은 '법일운등왕'이며, 뒤를 이어 부처님이 나셨으니, 이름은 '법운명칭왕'이며, 뒤를 이어 부처님이 나셨으니, 이름은 '법륜운'이며, 뒤를 이어 부처님이 나셨으니, 이름은 '개오보리지광당'이며, 뒤를 이어 부처님이 나셨으니, 이름은 '보조법륜월'이며, 뒤를 이어 부처님이 나셨으니, 이름은 '보산위덕현'이며, 뒤를 이어 부처님이 나셨으니, 이름은 '현덕광대광'이며, 뒤를 이어 부처님이 나셨으니, 이름은 '보지운'이며, 뒤를 이어 부처님이 나셨으니, 이름은 '법력공덕산'이며, 뒤를 이어 부처님이 나셨으니, 이름은 '공덕향염왕'이며, 뒤를 이어 부처님이 나셨으니, 이름은 '금색마니산묘음성'이며, 뒤를 이어 부처님이 나셨으니, 이름은 '정계출일체법광명운'이며, 뒤를 이어 부처님이 나셨으니, 이름은 '법륜치성광'이며, 뒤를 이어 부처님이 나셨으니, 이름은 '무상공덕산'이며, 뒤를 이어 부처님이 나셨으니, 이름은 '정진거광명운'이며, 뒤를 이어 부처님이 나셨으니, 이름은 '삼매인광대광명관'이며, 뒤를 이어 부처님이 나셨으니, 이름은 '보광명공덕왕'이며, 뒤를 이어 부처님이 나셨으니, 이름은 '법거보개음'이며, 뒤를 이어 부처님이 나셨으니, 이름은 '보조허공계무외법광명'이며, 뒤를 이어 부처님이 나셨으니, 이름은 '월상장엄당'이며, 뒤를 이어 부처님이 나셨으니, 이름은 '광명염산운'이며, 뒤를 이어 부처님이 나셨으니, 이름은 '조무장애법허공'이며, 뒤를 이어 부처님이 나셨으니, 이름은 '개현지광신'이며, 뒤를 이어 부처님이 나셨으니, 이름은 '세주덕광명음'이며, 뒤를 이어 부처님이 나셨으니, 이름은 '일체법삼매광명음'이며, 뒤를 이어 부처님이 나셨으니, 이름은 '법음공덕장'이며, 뒤를 이어 부처님이 나셨으니, 이름은 '치연염법해운'이며, 뒤를 이어 부처님이 나셨으니, 이름은 '보조삼세상대광명'이며, 뒤를 이어 부처님이 나셨으니, 이름은 '보조법륜산'이며, 뒤를 이어 부처님이 나셨으니, 이름은 '법계사자광'이며, 뒤를 이어 부처님이 나셨으니, 이름은 '수미화광명'이며, 뒤를 이어 부처님이 나셨으니, 이름은 '일체삼매해사자염'이며, 뒤를 이어 부처님이 나셨으니, 이름은 '보지광명등'이다."

次有佛興 名離垢法光明 次有佛興 名法輪光明髻 次有佛興 名法日功德雲 次有佛興 名法海妙音王 次有佛興 名法日智慧燈 次有佛興 名法華幢雲 次有佛興 名法焰山幢王 次有佛興 名甚深法功德月 次有佛興 名法智普光藏 次有佛興 名開示普智藏 次有佛興 名功德藏山王 次有佛興 名普門須彌賢 次有佛興 名一切法精進幢 次有佛興 名法寶華功德雲 次有佛興 名寂靜光明髻 次有佛興 名法光明慈悲月 次有佛興 名功德焰海 次有佛興 名智日普光明 次有佛興 名普賢圓滿智 次有佛興 名神通智光王 次有佛興 名福德華光燈 次有佛興 名智師子幢王 次有佛興 名日光普照王 次有佛興 名須彌寶莊嚴相 次有佛興 名日光普照 次有佛興 名法王功德月 次有佛興 名開敷蓮華妙音雲 次有佛興 名日光明相 次有佛興 名普光明妙法音 次有佛興 名師子金剛那羅延無畏 次有佛興 名普智勇猛幢 次有佛興 名普開法蓮華身 次有佛興 名功德妙華海 次有佛興 名道場功德月 次有佛興 名法炬熾然月 次有佛興 名普光明髻 次有佛興 名法幢等 次有佛興 名金剛海幢雲 次有佛興 名名稱山功德雲 次有佛興

名栴檀妙月 次有佛興 名普妙光明華 次有佛興 名照一切衆生光明王 次有佛興 名功德蓮華藏 次有佛興 名香焰光明王 次有佛興 名波頭摩華因 次有佛興 名衆相山普光明 次有佛興 名普名稱幢 次有佛興 名須彌普門光 次有佛興 名功德法城光 次有佛興 名大樹山光明 次有佛興 名普德光明幢 次有佛興 名功德吉祥相 次有佛興 名勇猛法力幢 次有佛興 名法輪光明音 次有佛興 名功德山智慧光 次有佛興 名無上妙法月 次有佛興 名法蓮華淨光幢 次有佛興 名寶蓮華光明藏 次有佛興 名光焰雲山燈 次有佛興 名普覺華 次有佛興 名種種功德焰須彌藏 次有佛興 名圓滿光山王 次有佛興 名福德雲莊嚴 次有佛興 名法山雲當 次有佛興 名功德山光明 次有佛興 名法日雲燈王 次有佛興 名法雲名稱王 次有佛興 名法輪雲 次有佛興 名開悟菩提智光幢 次有佛興 名普照法輪月 次有佛興 名寶山威德賢 次有佛興 名賢德廣大光 次有佛興 名普智雲 次有佛興 名法力功德山 次有佛興 名功德香焰王 次有佛興 名金色摩尼山妙音聲 次有佛興 名頂髻出一切法光明雲 次有佛興 名法輪熾盛光 次有佛興 名無上功德山 次有佛興 名精進炬光明雲 次有佛興 名三昧印廣大光明冠 次有佛興 名寶光明功德王 次有佛興 名法炬寶盖音 次有佛興 名普照虛空界無畏法光明 次有佛興 名月相莊嚴幢 次有佛興 名光明焰山雲 次有佛興 名照無障礙法虛空 次有佛興 名開顯智光身 次有佛興 名世主德光明音 次有佛興 名一切法三昧光明音 次有佛興 名法音功德藏 次有佛興 名熾然焰法海雲 次有佛興 名普照三世相大光明 次有佛興 名普照法輪山 次有佛興 名法界師子光 次有佛興 名須彌華光明 次有佛興 名一切三昧海師子焰 次有佛興 名普智光明燈

"선남자여! 이와 같은 등등이 수미산 티끌 수와 같은 여래의 마지막 부처님의 이름은 '법계성지혜등'이며, 모든 허물을 벗어난 광명의 겁 가운데 태어나셨고 내가 다 존중하고 친근히 하여 공양하였으며, 설하신 빼어난 법을 듣고 받아 지녔으며, 또 일체 모든 여래의 처소에서 출가하여 도를 배웠고 가르침의 법을 보호해 지니며, 보살의 깊고 깊은 자재한 빼어난 음성 해탈에 들어가 가지가지의 방편으로 헤아릴 수 없는 중생들을 가르치고 바른길로 이끌어서 성숙하게 하였다."

"그 후로 부처 세계의 티끌 수와 같은 겁 동안에 모든 부처님이 세상에 나셨으며, 나는 빠짐없이 다 공양하고 그 법을 수행하였다."

善男子 如是等須彌山微塵數如來 其最後佛 名法界城智慧燈 竝於離垢光明劫中 出興于世 我皆尊重 親近供養 聽聞受持所說妙法 亦於彼一切諸如來所 出家學道 護

持法教 入此菩薩甚深自在妙音解脫種種方便 敎化成熟無量衆生 從是已來 於佛刹微塵數劫 所有諸佛出興於世 我皆供養 修行其法

"선남자여! 나는 그 이후로 생사의 어두운 무명 속에서 헤어나지 못하는 모든 중생 가운데 홀로 깨우침을 깨달아 알고 모든 중생의 마음성을 지키고 보호하며, 삼계의 성을 버리게 하고 모든 지혜의 위 없는 법의 성에 머물게 하였다."
善男子 我從是來 於生死夜無明昏寐諸衆生中 而獨覺悟 令諸衆生 守護心城 捨三界城 住一切智無上法城

"선남자여! 나는 단지 이 깊고 깊은 자재한 빼어난 음성의 해탈만을 알기에 모든 세간의 말장난에서 벗어나게 하고 두 가지 말을 하지 않게 하며, 늘 진실하게 말하고 청정한 말을 하게 할 뿐이다."
"모든 보살마하살들은 모든 말의 자성을 알아 생각과 생각마다 모든 중생을 자재하게 깨우치도록 하며, 모든 중생의 음성 바다에 들어가 모든 말을 남김없이 다 분명하게 판단하고 깨우쳐 알게 하며, 일체 모든 법문 바다를 분명히 보고 모든 법 다라니를 두루 거둠에 이미 자재함을 얻으며, 모든 중생의 마음에 의심하는 것을 따라 그들을 위해 법을 설하여 원만하게 모든 중생을 조복시키며, 모든 중생을 거두어주고 보살의 위 없는 업을 섬세하고 능숙하게 닦으며, 보살의 작고 섬세한 지혜에 깊이 들어가 보살들의 법장을 선근으로 자세히 살펴서 들여다보며, 모든 보살의 법을 능히 자재하게 설하니, 이는 모든 법륜의 다라니를 이미 성취한 까닭이다. 이러한 보살마하살의 일을 내가 어떻게 알겠으며, 그 공덕의 행을 말할 수 있겠는가."
善男子 我唯知此甚深自在妙音解脫 令諸世間 離戲論語 不作二語 常眞實語 恒淸淨語 如諸菩薩摩訶薩 能知一切語言自性 於念念中 自在開悟一切衆生 入一切衆生言音海 於一切言辭 悉皆辨了 明見一切諸法門海 於普攝一切法陀羅尼 已得自在 隨諸衆生心之所疑 而爲說法 究竟調伏一切衆生 能普攝受一切衆生 巧修菩薩諸無上業 深入菩薩諸微細智 能善觀察諸菩薩藏 能自在說諸菩薩法 何以故 已得成就一切法輪陀羅尼故 而我云何能知能說彼功德行

"선남자여! 이 부처님의 모임 가운데 주야신이 있으니, 이름이 개부일체수화이다. 그대는 그에게 가서 보살이 어떻게 모든 지혜를 배우는 것이며, 어떻게 모든 중생을 편안히 있게 하는 것이며, 어떻게 모든 지혜에 머물게 하는 것이냐고 물어라."
善男子 此佛會中 有主夜神 名開敷一切樹華 汝詣彼問 菩薩云何學一切智 云何安立一切衆生 住一切智

그때 수호일체성주야신이 이 해탈의 이치를 거듭 밝히고자 선재 동자에게 게송으로 말했다.
爾時 守護一切城主夜神 欲重宣此解脫義 爲善財童子 而說頌言

菩薩解脫深難見 보살의 해탈은 깊어서 보기가 어렵고
虛空如如平等相 허공과 진여는 평등한 모양이나 상태이며
普見無邊法界內 끝없는 법계 안에 두루 하기에
一切三世諸如來 모든 삼세의 여래를 본다네.

出生無量勝功德 헤아릴 수 없는 뛰어난 공덕을 출생하고
證入難思眞法性 생각으로는 어려운 진실한 법성을 증득해 들어가며
增長一切自在智 모든 자재한 지혜를 거듭 더하고 키우니
開通三世解脫道 삼세의 해탈 도가 열리어 통한다네.

過於刹轉微塵劫 세계의 티끌 수와 같은 겁 이전을 지나서
爾時有劫名淨光 그때 이름이 '정광'이라는 겁이 있었고
世界名爲法焰雲 세계의 이름은 '법 불꽃 구름'이며
其城號曰寶華光 그 성의 이름은 '보배 꽃 광명'이라 불렸다.

其中諸佛興於世 그 가운데 모든 부처님이 세상에 나오셨으니
量與須彌塵數等 그분들이 수미산 티끌 수와 같았으며
有佛名爲法海音 이름이 '법 바다의 음성'이라 불리시는 부처님이
於此劫中先出現 이 겁에 가장 먼저 출현하셨다네.

乃至其中最後佛 뿐만 아니라 가장 나중의 부처님은
名爲法界焰燈王 이름이 '법계의 불꽃 등불 왕'이며
如是一切諸如來 이와 같은 모든 여래를
我皆供養聽受法 내가 빠짐없이 공양하고 법을 듣고 받아들였다네.

我見法海雷音佛 법 바다 천둥소리 부처님을 보니
其身普作眞金色 그 몸은 진금색으로 지어졌으며
諸相莊嚴如寶山 모든 모양이나 상태의 장엄이 보배산과 같기에
發心願得成如來 여래를 이루기 위한 마음의 원을 일으켰다네.

我暫見彼如來身 내가 잠시 그 여래의 몸을 보고
卽發菩提廣大心 곧바로 보리의 광대한 마음을 일으켜
誓願勤求一切智 서원으로 부지런히 일체 지혜를 구하니
性與法界虛空等 성품과 더불어 법계가 허공과 같다네.

由斯普見三世佛 이로 말미암아 삼세 부처님과
及以一切菩薩衆 모든 보살 대중을 두루 보고
亦見國土衆生海 또한 국토와 중생 바다를 보며
而普攀緣起大悲 세간의 인연에 끌려 크게 가엾이 여김을 두루 일으킨다네.

隨諸衆生心所樂 중생들이 좋아하는 모든 마음을 따라
示現種種無量身 가지가지의 헤아릴 수 없는 몸을 나타내 보이며
普徧十方諸國土 시방의 모든 국토에 두루두루 하고
動地舒光悟含識 땅을 흔들고 광명을 열어서 중생을 깨우친다네.

見第二佛而親近 제2 부처님을 보고 친근히 하며
亦見十方刹海佛 또한 시방의 세계 바다 부처님과
乃至最後佛出興 뿐만 아니라 맨 마지막 부처님이 나오심을 보니
如是須彌塵數等 이와 같음이 수미산의 티끌 수와 같다네.

於諸刹轉微塵劫 모든 세계 이전의 티끌 수와 같은 겁 동안

所有如來照世燈 여래께서 가지고 있던 세상을 비추는 등불을
我皆親近而瞻奉 내가 빠짐없이 친근히 하고 우러러 받들며
令此解脫得淸淨 이 해탈을 청정하게 얻었다네.

이때 선재 동자는 보살의 깊고 깊은 자재한 빼어난 음성 해탈에 들어갔기에 끝이 없는 삼매에 들어가고 광대한 총지(總持.陀羅尼) 바다에 들어가서 보살의 큰 신통과 보살의 큰 변재를 얻고는 마음으로 크게 환희하면서 수호일체성주야신을 자세히 살펴서 들여다보고 게송으로 찬탄하였다.
爾時 善財童子得入此菩薩甚深自在妙音解脫故 入無邊三昧海 入廣大摠持海 得菩薩大神通 獲菩薩大辯才 心大歡喜 觀察守護一切城主夜神 以偈讚曰

已行廣大妙慧海 광대하고 빼어난 지혜의 바다를 이미 행하고
已度無邊諸有海 끝이 없는 모든 바다를 이미 건넜기에 (諸有海:중생의 바다)
長壽無患智藏身 오래 살고 근심 없는 지혜의 장이 되는 몸이
威德光明住此衆 위덕과 광명으로 이 대중에 머무신다네.

了達法性如虛空 법성이 허공과 같음을 분명하게 깨우쳐 통하고
普入三世皆無礙 삼세에 두루 들어가도 하나 막힘이나 걸림이 없으며
念念攀緣一切境 생각과 생각마다 모든 경계에 인연이 되더라도
心心永斷諸分別 마음이란 마음은 영원히 모든 분별을 끊는다네

了達衆生無有性 중생의 성품이 없음을 분명하게 깨우쳐 통하고도
而於衆生起大悲 중생에게 크게 가엾이 여기는 마음을 일으키며
深入如來解脫門 여래의 해탈문에 깊이 들어가
廣度群迷無量衆 헤매는 무리를 제도한 대중이 헤아릴 수 없다네.

觀察思惟一切法 모든 법을 자세히 살펴서 들여다보고 사유하여
了知證入諸法性 모든 법성을 깨달아 알고 증득하여 들어가
如是修行佛智慧 이와 같은 부처님의 지혜를 수행하고

普化衆生令解脫 중생을 두루 가르치고 이끌어 해탈하게 한다네.

天是衆生調御師 하늘은 중생의 부처님이고
開示如來智慧道 여래의 지혜 길을 열어 보이며
普爲法界諸含識 두루 한 법계의 모든 중생을 위해
說離世間衆怖行 세간의 많은 두려운 행에서 벗어나기를 설한다네.

已住如來諸願道 여래의 모든 서원의 도에 이미 머물렀고
已受菩提廣大敎 보리의 광대한 가르침을 이미 받았으며
已修一切徧行力 모든 것에 두루 행하는 힘을 이미 닦았기에
已見十方佛自在 시방에 자재하신 부처님을 이미 뵈었다네.

天神心淨如虛空 하늘의 마음은 청정하기가 허공과 같기에
普離一切諸煩惱 일체 모든 번뇌로부터 두루 벗어나고
了知三世無量刹 삼세의 헤아릴 수 없는 세계의
諸佛菩薩及衆生 모든 부처님, 보살, 중생을 깨우쳐 안다네.

天神一念悉了知 천신은 한 생각에
晝夜日月年劫海 낮과 밤 해와 달 년과 겁의 바다를 남김없이 깨우쳐 알고
亦知一切衆生類 또한 모든 중생 무리의
種種名相各差別 가지가지 이름과 모양이나 상태를 각각 차별해서 안다네.

十方衆生生死處 시방의 중생이 나고 죽은 곳과
有色無色想無想 유색, 무색, 유상, 무상이란
隨順世俗悉了知 세속을 거스르지 않고 따름을 남김없이 깨달아 알고
引導使入菩提路 잡아 이끌어서 보리의 길로 들게 한다네.

已生如來誓願家 여래의 서원 집에 이미 나서
已入諸佛功德海 모든 부처님의 공덕 바다에 이미 들어가
法身淸淨心無礙 법신은 청정하고 마음은 막힘이나 걸림이 없기에
隨衆生樂現衆色 중생이 좋아하는 것을 따라 많은 색을 나타낸다네. (衆色: 五蘊)

이때 선재 동자가 게송을 말하고는 수호일체성주야신의 발에 머리 숙여 예를 올리고 수 없이 돌다가 은근하게 우러러보고는 일을 마치고 물러갔다.
時 善財童子說此頌已 禮夜神足 遶無量帀 慇懃瞻仰 辭退而去

대방광불화엄경 제72권

39. 입법계품(13)
入法界品第三十九之十三

(38) 개부일체수화주야신. 제7 遠行地

이때 선재 동자는 보살의 깊고 깊으며, 자재하고 빼어난 음성 해탈문에 들어서서 수행이 거듭 더해지고 나아가 개부일체수화야신의 처소에 이르러서 보니, 그 신의 몸이 많은 보배 향나무로 지은 누각 안에 빼어난 보배로 만든 사자좌에 앉아 계시고 백만의 야신이 함께 둘러싸고 있음을 보았다.

선재 동자는 그의 발에 머리 숙여 예를 올리고 앞에 서서 합장하고 물어 말했다.

"성자여! 저는 이미 아뇩다라삼먁삼보리심을 일으켰으나, 보살이 어떻게 보살의 행을 배우며, 어떻게 일체 지혜를 얻는지 알지 못합니다. 원하건대 자비를 드리워 저에게 설해 주십시오."

爾時 善財童子入菩薩甚深自在妙音解脫門 修行增進 往詣開敷一切樹華夜神所 見其身 在衆寶香樹樓閣之內妙寶所成師子座上 百萬夜神 所共圍遶 時 善財童子 頂禮其足 於前合掌 而作是言 聖者 我已先發阿耨多羅三藐三菩提心 而未知菩薩云何學菩薩行 云何得一切智 唯願垂慈 爲我宣說

보살의 광대한 기쁜 광명을 내는 해탈문

개부일체수화야신이 말했다.

"선남자여! 나는 이 사바세계에서 해가 지고 연꽃이 합해지고 모든 사람 등이 구경하던 놀이를 마칠 때, 일체 그와 같은 산과 그와 같은 물과 그와 같은 성과 그와 같은 들판의 이와 같은 등등의 곳에 있던 가지가지의 중생이 남김없이 다 마음을 일으켜 머물던 곳으로 돌아가고자 하는 것을 보면, 나는 은밀하게 보호하여 바른길을 찾게 하고 처소에 도착하여 편안한 밤을 보내도록 하였다."

夜神言 善男子 我於此娑婆世界日光已沒 蓮華覆合 諸人衆等 罷遊觀時 見其一切 若山若水 若城若野 如是等處種種衆生 咸悉發心 欲還所住 我皆密護 令得正道 達其處所 宿夜安樂

"선남자여! 그와 같은 중생이 나이가 차서 색을 좋아하고 교만하고 제멋대로 하면서 오욕을 즐기면 나는 그를 위해 늙고 병들고 죽은 모양이나 상태를 나타내 보여서 두려운 생각을 내게 하고 모든 악을 버리고 벗어나 차례를 좇아(복) 가지가지의 선근을 칭찬하면서 닦고 익히게 하였다. 매우 인색한 자에게는 보시를 찬탄하고 계를 깨트리는 자에게는 청정한 계율을 칭찬하고 화내는 자에게는 가르쳐서 인자함에 머물게 하고 괴롭히고 해침을 품은 자에게는 인욕을 행하게 하고 게으른 자에게는 정진을 일으키게 하고 산란한 자에게는 선정을 닦게 하고 악하고 간교함에 머무는 자는 반야를 배우게 하고 소승을 좋아하는 자에게는 대승에 머물게 하고 삼계의 모든 부류에 집착하는 자에게는 보살의 원 바라밀에 머물게 하고 그와 같은 중생이 복과 지혜가 매우 적어서 번뇌와 업으로부터 핍박이나 걸림이 많은 자에게는 보살의 힘 바라밀에 머물게 하고 그와 같은 중생이 마음이 어두워 지혜가 없으면 보살의 지혜 바라밀에 머물게 하였다."

善男子 若有衆生 盛年好色 憍慢放逸 五欲自恣 我爲示現老病死相 令生恐怖 捨離諸惡 復爲俙歎種種善根 使其修習 爲慳吝者 讚歎布施 爲破戒者 俙揚淨戒 有瞋恚者 敎住大慈 懷惱害者 令行忍辱 若懈怠者 令起精進 若散亂者 令修禪定 住惡慧者 令學般若 樂小乘者 令住大乘 樂著三界諸趣中者 令住菩薩願波羅蜜 若有衆生 福智微劣 爲諸結業之所 逼迫多留礙者 令住菩薩力波羅蜜 若有衆生 其心暗昧 無有智慧 令住菩薩智波羅蜜

"선남자여! 나는 이미 보살의 큰 기쁨을 내는 광명 해탈문을 성취하였다."
선재 동자가 말했다.
"성자여! 이 해탈문의 경계는 어떠합니까?"
善男子 我已成就菩薩出生廣大喜光明解脫門 善財言 大聖 此解脫門境界云何

개부일체수화야신이 말했다.

"선남자여! 이 해탈에 들어가면 여래께서 중생들을 두루 거두어주는 섬세하고도 능숙한 방편 지혜를 알게 된다. 어떠한 것이 두루 거두어주는 것이냐 하면 이렇다"

"선남자여! 모든 중생이 받는 모든 즐거움은 다 여래의 위덕력인 까닭이며, 여래의 가르침을 거스르지 않고 따른 까닭이며, 여래의 말씀을 행하는 까닭이며, 여래의 행을 배운 까닭이며, 여래로부터 도움을 받고 보호하는 힘을 얻은 까닭이며, 여래가 인가하는 도를 닦는 까닭이며, 여래가 행하는 일로서 선근을 심은 까닭이며, 여래가 말씀하신 법에 의지하는 까닭이며, 여래가 지혜의 햇빛으로 비추는 까닭이며, 여래의 성품으로 청정한 업의 힘을 거두는 까닭이다. 어떻게 그러한 줄을 아는가 하면 이렇다"

"선남자여! 내가 이 광대한 기쁨을 내는 광명 해탈에 들어가서 비로자나 여래, 응공, 정등각께서 옛적에 닦으시던 보살의 수행 바다를 잊지 않고 기억하여 남김없이 다 분명하게 보았기 때문이다."

夜神言 善男子 入此解脫 能知如來普攝衆生巧方便智 云何普攝 善男子 一切衆生所受諸樂 皆是如來威德力故 順如來敎故 行如來語故 學如來行故 得如來所護力故 修如來所印道故 種如來所行善故 依如來所說法故 如來智慧日光之所照故 如來性淨業力之所攝故 云何知然 善男子 我入此出生廣大喜光明解脫 憶念毘盧遮那如來應正等覺 往昔所修菩薩行海 悉皆明見

"선남자여! 세존께서 옛적에 보살로 계실 때 모든 중생이 '나'와 '내 것'이라는 것에 집착하여 무명이라는 어두운 방에 머물고 모든 소견의 빽빽한 숲에 들어가 남의 것은 탐내고 제 것은 무척 아끼면서 얽매이고 분노로 무너지고 어리석음에 혼란스럽고 인색함과 질투에 얽혀서 생사에 윤회하고 가난하여 생활이 어렵고 괴롭기에 모든 부처님과 보살을 만나지 못하는 것을 보았다."

"이와 같음을 이미 보시고는 가엾이 여기는 마음을 일으켜 중생들에게 이익을 주었으니, 모든 빼어난 보배와 같은 생활 도구를 얻어 중생의 마음을 거두며, 모든 중생이 남김없이 다 생활에 필요한 물품을 온전하게 갖추게 하여 모자람이 없게 하며, 모든 많은 일에 집착하는 마음에서 벗어나게 하며, 모든 경계에 물들고 탐내는 마음을 없게 하며, 모든 가지고 있는 것에 아끼는 마음을 없게 하며, 모든 과보에 희망하는 마음을 없게 하며, 모든 인연에 미혹하는 마음을 없게 하셨다."

"진실한 법성을 자세히 들여다보는 마음을 일으키시고 모든 중생을 구하고 보호하려는 마음을 내시고 소용돌이치는 모든 법에 들어가는 마음을 내시고 모든 중생이 평등한 큰 사랑에 머물게 하려는 마음을 내시고 큰 법의 덮개가 되어 중생을 두루 덮은 마음을 일으키시며, 큰 지혜의 금강저로 모든 중생의 번뇌로 된 막힘이나 걸림이 되는 산을 깨트리는 마음을 내시고 모든 중생의 기쁨을 더욱 더하고 늘리려는 마음을 내시고 모든 중생을 마지막까지 편안하고 즐겁게 하려는 마음을 내시고 중생이 하고자 하는 것을 따라 모든 재보를 내리는 마음을 일으키시고 평등한 방편으로 모든 중생을 성숙하게 하려는 마음을 일으키시고 모든 중생이 성인의 재물로 만족하게 하려는 마음을 내시고 모든 중생이 마지막에는 모두 십력의 지혜, 이 지혜의 열매를 얻게 하려는 마음을 일으키셨다."

善男子 世尊往昔爲菩薩時 見一切衆生 著我我所 住無明闇室 入諸見稠林 爲貪愛所縛 忿怒所壞 愚癡所亂 慳嫉所纏 生死輪迴 貧窮困苦 不得値遇諸佛菩薩 見如是已 起大悲心 利益衆生 所謂起願得一切妙寶資具 攝衆生心 願一切衆生皆悉具足資生之物 無所乏心 於一切衆事 離執著心 於一切境界 無貪染心 於一切所有 無慳吝心 於一切果報 無希望心 於一切榮好 無羨慕心 於一切因緣 無迷惑心 起觀察眞實法性心 起救護一切衆生心 起深入一切法漩澓心 起於一切衆生住平等大慈心 起於一切衆生行方便大悲心 起爲大法蓋普覆衆生心 起以大智金剛杵 破一切衆生煩惱障山心 起令一切衆生 增長喜樂心 起願一切衆生究竟安樂心 起隨衆生所欲 雨一切財寶心 起以平等方便 成熟一切衆生心 起令一切衆生 滿足聖財心 起願一切衆生究竟 皆得十力智果心

"이와 같은 마음을 내고는 마침내 보살의 힘을 얻어서 큰 신통 변화를 나타내어 법계와 허공계에 두루 하고 모든 중생 앞에 모든 생활 물품을 내려서 그들이 하고자 하는 것을 따라 만족하게 하며, 다들 환희하게 하고 후회도 없고 인색함도 없게 하여 사이도 없고 끊어짐도 없게 하였다. 이러한 방편으로 중생을 두루 거두어 가르치고 바른길로 이끌어 성숙하게 하고 생사의 고통에서 벗어나게 하면서도 그에 대한 보답을 구하지 않으며, 모든 중생의 마음 보배를 청정하게 다스려서 그들이 부처님과 같은 선근을 일으키게 하여 모든 지혜와 복덕의 큰 바다를 거듭 더하셨다."

起如是心已 得菩薩力 現大神變 徧法界虛空界 於一切衆生前 普雨一切資生之物 隨其所欲 悉滿其意 皆令歡喜 不悔不吝 無間無斷 以是方便 普攝衆生 敎化成熟 皆令得出生死苦難 不求其報 淨治一切衆生心寶 令其生起一切諸佛同一善根增一切智福德大海

"보살이 이와 같은 생각과 생각마다 모든 중생을 성숙하게 하고 생각과 생각마다 모든 부처님의 세계를 청정하게 하고 생각과 생각마다 모든 법계에 두루 들어가게 하고 생각과 생각마다 허공계에 두루두루 하게 하고 생각과 생각마다 모든 삼세에 두루 들어가게 하고 생각과 생각마다 모든 중생을 조복시키는 지혜를 성취하게 하고 생각과 생각마다 늘 모든 법륜을 굴리고 생각과 생각마다 늘 일체의 도로서 중생에게 이익이 되게 하고 생각과 생각마다 저 일체 모든 세계의 가지가지로 차별한 모든 중생 앞에 미래의 겁이 다하도록 모든 부처가 등정각 이룸을 두루 나타내고 생각과 생각마다 모든 세계와 일체 모든 겁에 보살행을 두루 닦아서 두 가지 생각을 내지 않게 하시니, 이른바 모든 광대한 세계바다와 모든 세계의 종 가운데 가지가지 경계의 모든 세계와 가지가지로 장엄한 모든 세계와 가지가지 체성의 모든 세계와 가지가지 형상의 모든 세계와 가지가지로 널려있는 모든 세계에 두루 들어가는 것을 이른다."

"어떤 세계는 늘 더럽고 더불어 청정하며, 어떤 세계는 늘 청정하면서 더러우며, 어떤 세계는 늘 한결같이 더러우며, 어떤 세계는 늘 한결같이 청정하며, 늘 작기도 하고 늘 크기도 하고 늘 거칠고 늘 미세하고 늘 바르고 늘 기울어지고 늘 덮고 늘 우러르는 이와 같은 일체 모든 세계 가운데 들어가서 생각과 생각마다 보살의 행을 행하고 보살의 지위에 들어가고 보살의 힘을 나타내고 또한 삼세 모든 부처님의 몸을 나타내어 중생의 마음을 따라서 그들이 두루 알고 보게 하신다."

菩薩如是念念 成熟一切衆生 念念嚴淨一切佛刹 念念普入一切法界 念念悉皆徧虛空界 念念普入一切三世 念念成熟調伏一切諸衆生智 念念恒轉一切法輪 念念恒以一切智道 利益衆生 念念普於一切世界種種差別諸衆生前 盡未來劫 現一切佛成等正覺 念念普於一切世界一切諸劫 修菩薩行 不生二想 所謂普入一切廣大世界海一切世界種中 種種際畔諸世界 種種莊嚴諸世界 種種體性諸世界 種種形狀諸世界 種種分布諸世界 或有世界穢而兼淨 或有世界淨而兼穢 或有世界一向雜穢 或有世界一向淸淨 或小 或大 或麤或細 或正或側 或覆或仰 如是一切諸世界中 念念修行諸菩薩行 入菩薩位 現菩薩力 示現三世一切佛身 隨衆生心 普使知見

"선남자여! 비로자나 여래께서 지나 과거 세상에 이와 같은 보살의 행을 닦을 때, 모든 중생이 공덕은 닦지 않고 지혜도 없기에 '나'와 '내 것'에 집착하고 무명에 막힘이나 걸림이 되어 바르게 사유하지 못하고 삿된 견해에 들어가고 원인과 결과도 알지 못하면서 번뇌의 업을 따르다가 생사의 험난한 구덩이에 떨어져 가지가지의 헤아릴 수 없는 괴로움을 받는 것을 보셨다. 이러함을 보고는 크게 가엾이 여기는 마음을 내어 모든 바라밀 행을 갖추어 닦으며, 모든 중생을 위해 견고한 선근을 일컬어 찬탄하고 그들을 편안하게 머물게 하여 생사와 가난의 어려움에서 멀리 벗어나고 복과 지혜의 도를 돕는 법을 부지런하게 닦게 하였으며, 그들을 위해 가지가지의 모든 원인과 결과의 문을 설하고 업과 과보가 서로 어기지 않음을 설하고 법을 증명하고 들어가는 곳을 설하고 모든 중생의 욕망과 깨우침을 설하고 또 태어날 모든 국토를 설하고 그들이 모든 부처님의 종자를 끊어지지 않게 하고 모든 부처님의 가르침을 지키고 보호하며, 모든 악을 버리고 벗어나게 하며, 또 모든 지혜에 나아가는 도를 돕는 법을 칭찬하고 모든 중생이 마음에 환희를 내게 하고 법 보시를 하여 모든 것을 두루 거두게 하고 모든 지혜의 행을 일으키게 하고 모든 보살의 바라밀 도를 닦아 배우게 하고 그들이 모든 지혜를 이루는 모든 선근 바다를 거듭 더하고 키우게 하며, 모든 성인의 재물을 만족하게 하고 부처님의 자재한 문에 들어가게 하고 헤아릴 수 없는 방편을 거두어 지니게 하고 여래의 위엄과 공덕을 자세히 살펴서 보게 하고 그들이 보살의 지혜에 편안히 머물게 하신다."

善男子 毘盧遮那如來於過去世 如是修行菩薩行時 見諸衆生不修功德 無有智慧 著我我所 無明翳障 不正思惟 入諸邪見 不識因果 順煩惱業 墮於生死險難深坑 具受種種無量諸苦 起大悲心 具修一切波羅蜜行 爲諸衆生 俙揚讚歎 堅固善根 令其安住 遠離生死貧窮之苦 勤修福智助道之法 爲說種種諸因果門 爲說業報不相違反 爲說於法證入之處 爲說一切衆生欲解 及說一切受生國土 令其不斷一切佛種 令其守護一切佛教 令其捨離一切諸惡 又爲俙讚趣一切智助道之法 令諸衆生 心生歡喜 令行法施 普攝一切 令其發起一切智行 令其修學諸大菩薩波羅蜜道 令其增長成一切智諸善根海 令其滿足一切聖財 令其得入佛自在門 令其攝取無量方便 令其觀見如來威德 令其安住菩薩智慧

선재 동자가 물어 말했다.
"성자여! 아뇩다라삼먁삼보리심을 일으킨 지는 얼마나 오래되었습니까?"
善財童子言 聖者 發阿耨多羅三藐三菩提心 其已久如

개부일체수화야신이 말했다.
"선남자여! 이곳은 믿기 어렵고 알기 어렵고 깨우치기 어렵고 들어가기 어렵고 말하기 어려우며, 모든 세간에서나 이승(二乘)들도 모두 알지 못한다. 오직 모든 부처님의 신통한 힘으로부터 도움을 받고 선지식들이 거두어 준 자들은 제외하니, 뛰어난 공덕을 모아 즐기고자 함을 청정하게 하여 못난 마음이 없고 물드는 마음이 없고 아첨으로 왜곡된 마음이 없고 두루 비추는 지혜의 광명한 마음을 얻고 중생들에게 두루 이익을 주려는 마음과 모든 번뇌와 모든 마가 무너트릴 수 없는 마음을 일으키고 반드시 모든 지혜를 성취하려는 마음과 모든 생사의 즐거움을 좋아하지 않는 마음을 일으키고 일체 모든 부처님의 빼어난 즐거움을 구하고 모든 중생의 괴로움을 없애주고 모든 부처님 공덕의 바다를 닦으며, 일체 모든 법의 참된 성품을 자세히 살펴서 들여다보고 청정한 모든 믿음과 이해를 갖추고 모든 생사의 폭류를 뛰어넘어 모든 여래의 지혜 바다에 들어가고 위 없는 법의 성에 결정하고 들어가며, 여래의 경계에 용맹하게 들어가고 모든 부처님의 지위에 빨리 나아가며, 모든 지혜의 힘을 능히 성취하고 능히 십력을 마지막까지 얻은 이와 같은 사람이어야 이것을 능히 지니고 능히 들어가고 능히 깨우쳐 알 것이다. 왜 그러한가 하면, 이것은 여래의 지혜 경계(阿耨多羅三藐三菩提)이기에 모든 보살도 능히 알 수가 없다. 하물며 중생이겠는가?"

"그러나 내가 지금 부처님의 위신력으로 거스르지 않고 따르게 하고자 가르쳐서 바른 길로 이끌만한 중생의 뜻, 생각을 빨리 청정하게 하고 선근을 닦고 익히는 중생이 마음의 자재함을 얻게 하고자 하기에 그대의 물음을 따라 그대를 위해 설하는 것이다."

夜神言 善男子 此處難信難知難解難入難說 一切世間及以二乘 皆不能知 唯除諸佛神力所護 善友所攝 集勝功德 欲樂淸淨 無下劣心 無雜染心 無諂曲心 得普照耀智光明心 發普饒益諸衆生心 一切煩惱及以衆魔無能壞心 起必成就一切智心 不樂一切生死樂心 能求一切諸佛妙樂 能滅一切衆生苦惱 能修一切佛功德海 能觀一切諸法實性 能具一切淸淨信解 能超一切生死暴流 能入一切如來智海 能決定到無上法城 能勇猛入如來境界 能速疾趣諸佛地位 能卽成就一切智力 能於十方已得究竟 如是之人 於此能持 能入能了 何以故 此是如來智慧境界 一切菩薩尚不能知 況餘衆生 然我今者 以佛威力 欲令調順可化衆生 意速淸淨 欲令修習善根衆生 心得自在 隨汝所問 爲汝宣說

이때 개부일체수화야신이 이 뜻을 거듭 밝히고자 하여 삼세 여래의 경계를 자세히 살펴서 들여다보고는 게송을 말했다.

爾時 開敷一切樹華夜神 欲重明其義 觀察三世如來境界 而說頌言

佛子汝所問 불자여! 그대가 묻고자 하는 것은
甚深佛境界 깊고 깊은 부처님의 경계이기에
難思刹塵劫 생각하기 어려운 세계의 티끌과 같은 겁 동안
說之不可盡 말해도 다 할 수 없는 것이라네.

非是貪恚癡 탐냄, 성냄, 어리석음과
憍慢惑所覆 교만과 의심에 덮인
如是衆生等 이와 같은 중생 등은
能知佛妙法 부처님의 빼어난 법을 옳으니 그르니 말다툼으로 안다네.

非是住慳嫉 인색함과 질투의 시비
諂誑諸濁意 아첨과 속이는 모든 탁한 뜻에 머물며
煩惱業所覆 번뇌의 업으로 거꾸로 뒤바뀌면
能知佛境界 부처님의 경계를 옳으니 그르니 말다툼으로 안다네.

非著蘊界處 오온, 십이처, 십팔계에 집착하고
及計於有身 또 몸이 있다고 헤아리면서
見倒想倒人 보는 것이 거꾸로 뒤바뀌고 생각이 거꾸로 뒤바뀐 사람은
能知佛所覺 부처님의 깨우침을 아는 것이 아니라네.

佛境界寂靜 부처님의 경계는 적정하며
性淨離分別 성품이 청정하기에 분별을 벗어나고
非著諸有者 모든 있음에 집착하지 않는 자는
能知此法性 이 법의 성품을 알 것이라네.

生於諸佛家 부처님의 모든 가문에 태어나
爲佛所守護 부처님의 지킴과 보호를 받으면서
持佛法藏者 부처님의 법장(二乘地.寂滅.禪定.三昧.善根思惟)을 유지하는 자이어야
智眼之境界 지혜의 눈으로 보는 경계라네.

親近善知識 선지식을 친근히 하고

愛樂白淨法 백정법을 사랑하고 좋아하며 (白淨法:不立五蘊中不離證得中.般若智法)
勤求諸佛力 모든 부처님의 힘을 부지런히 구하는 자는
聞此法歡喜 이 법을 듣고 환희할 것이라네.

心淨無分別 마음이 청정하고 분별이 없기에
猶如大虛空 마치 큰 허공과 같으며
慧燈破諸闇 지혜의 등불로 모든 어둠을 깨트리는 것은
是彼之境界 저 경계라네. (彼:如來智方便海.二乘.眞如.寂滅.般涅槃.三昧.法界.解脫.阿耨多羅三藐
　　　　　　三菩提發現)

以大慈悲意 큰 자비의 뜻으로
普覆諸世間 모든 세간을 두루 덮고
一切皆平等 일체를 빠짐없이 다 평등하게 하는 것은
是彼之境界 저 경계라네.

歡喜心無著 기뻐하는 마음에 집착이 없고
一切皆能捨 모든 것을 빠짐없이 다 버리며
平等施衆生 중생들에게 평등하게 보시하면
是彼之境界 저 경계라네.

心淨離諸惡 마음이 청정하여 모든 악에서 벗어나고
究竟無所悔 마지막까지 후회함이 없으며 (悔:五蘊淸淨 調伏)
順行諸佛敎 모든 부처님의 가르침을 거스르지 않고 행하면
是彼之境界 저 경계라네.

了知法自性 법의 자성과 (法:般若智法)
及以諸業種 모든 업의 종자를 깨우쳐 알고 (諸業:如來智方便海 種:善根)
其心無動亂 그 마음이 흔들리지 않으면
是彼之境界 저 경계라네.

勇猛勤精進 용맹하고 부지런하게 정진하고

安住心不退 편안한 마음에 머물면서 물러서지 않으며
勤修一切智 부지런히 일체 지혜를 닦으면
是彼之境界 저 경계라네.

其心寂靜住三昧 그 마음이 적정하여 삼매에 머물고
究竟淸涼無熱惱 마지막까지 청량하여 번뇌가 없으며
已修一切智海因 일체 지혜 바다의 원인을 닦으면
此證悟者之解脫 이는 깨우침을 깨달아 증득한 자의 해탈이라네.

善知一切眞實相 모든 진실한 모양이나 상태의 선근을 알고
深入無邊法界門 깊고도 끝이 없는 법계의 문에 들어가
普度群生靡有餘 중생을 두루 제도하여 남음이 없으면
此慧燈者之解脫 이는 지혜의 등불을 가진 자의 해탈이라네.

了達衆生眞實性 중생의 진실한 성품을 깨우쳐 통하고
不著一切諸有海 일체 모든 것이 있다는 바다에 집착하지 않으며
如影普現心水中 그림자처럼 마음을 물 가운데 두루 나타내면
此正道者之解脫 이는 바른길을 걷는 자의 해탈이라네.

從於一切三世佛 삼세 모든 부처님과
方便願種而出生 방편과 서원의 힘을 좇아 출생하여
盡諸劫刹勤修行 모든 겁의 세계가 다하도록 부지런히 수행하면
此普賢者之解脫 이는 보현의 해탈이라네.

普入一切法界門 모든 법계의 문에 두루 들어가
悉見十方諸刹海 시방의 모든 세계 바다를 남김없이 다 보고
亦見其中劫成壞 또한 그 가운데 이루어지고 무너지는 겁을 보아도
而心畢竟無分別 끝까지 분별하는 마음이 없다네.

法界所有微塵中 법계에 있는 미세한 티끌 가운데
悉見如來坐道樹 여래가 도 나무 아래에 앉아

成就菩提化群品 보리를 성취하고 중생 가르침을 남김없이 본다면
此無礙眼之解脫 이는 막힘이나 걸림 없는 눈의 해탈이라네.

汝於無量大劫海 그대는 헤아릴 수 없는 겁 바다에서
親近供養善知識 선지식을 친근히 하고 공양하였으며
爲利群生求正法 중생에게 이익이 될 바른 법을 구하는 것이니
聞已憶念無遺忘 듣고는 반드시 기억하고 잊지 말아야 한다네.

毘盧遮那廣大境 비로자나의 광대한 경계는
無量無邊不可思 헤아릴 수 없고 끝없으며 생각으로 알 수 없지만
我承佛力爲汝說 내가 부처님의 힘을 받들어 그대에게 설하는 것이니
令汝深心轉淸淨 그대는 깊은 마음으로 청정하게 굴려라.

"선남자여! 지나간 옛적 세계 바다의 티끌 수와 같은 겁을 지나 세계 바다가 있으니, 이름이 '보광명 진금마니산'이며, 그 세계 바다 가운데 부처님이 나셨으니, 이름이 '보조법계지혜산적정위덕왕'이셨다."

"선남자여! 그 부처님이 옛적에 보살행을 닦으실 적에 그 세계 바다를 청정하게 하셨고 그 세계 바다 가운데 세계의 티끌 수와 같은 세계종이 있고 그 하나하나의 세계 종에 세계의 티끌 수와 같은 세계가 있고 그 하나하나의 세계에 빠짐없이 여래가 세상에 나셨다. 한 분 한 분의 여래께서 세계 바다의 티끌 수와 같은 수다라를 설하고 하나하나의 수다라에 부처 세계의 티끌 수와 같은 보살에게 수기를 주고 가지가지의 신통한 힘을 나타내며, 가지가지의 법문을 설하여 헤아릴 수 없는 중생을 제도하셨다."

善男子 乃往古世過世界海微塵數劫 有世界海 名普光明眞金摩尼山 其世界海中 有佛出現 名普照法界智慧山寂靜威德王 善男子 其佛往修菩薩行時 淨彼世界海 其世界海中 有世界微塵數世界種 ——世界種 有世界微塵數世界 ——世界 皆有如來出興於世 ——如來說 世界海微塵數修多羅 ——修多羅 授佛刹微塵數諸菩薩記 現種種神力 說種種法門 度無量衆生

"선남자여! 저 보광명진금마니산 세계 바다 가운데 세계종이 있으니, 이름이 '보장엄당'

이며, 그 세계 종 가운데 세계가 있으니, 이름이 '일체보색보광명'이다. 모든 화신불의 그림자를 나타내는 마니왕을 체로 삼고 형상은 하늘의 성과 같고 모든 여래 도량의 그림자 모습을 나타내는 마니왕이 그 바닥이 되어 모든 보배 꽃 바다 위에 머무르니, 청정함과 더러움이 서로 섞여 있다."

"이 세계에 수미산의 티끌 수와 같은 사천하가 있고 하나의 사천하가 그 중심에 있으니, 이름이 '일체보산당'이며, 그 사천하 하나의 가로 세로의 길이가 10만 유순이며, 하나하나의 사천하 마다 1만의 큰 성이 있고 그 염부제 가운데 왕도가 하나 있으니, 이름이 '견고묘보장엄운등'이며, 1만의 큰 성이 두루 둘러쌓았다. 염부제 사람의 수명이 1만 세 때이며, 왕이 있었으니, 이름이 '일체법음 원만개'이고 5백 명의 대신과 6만 명의 궁녀와 7백 명의 왕자가 있었으며, 왕자들이 모두 용모가 단정하고 용맹하며, 큰 위덕이 있었다. 그 왕의 위덕이 염부제에 널리 퍼져서 원수와 적이 없었다."

善男子 彼普光明眞金摩尼山世界海中 有世界種 名普莊嚴幢 此世界種中 有世界 名一切寶色普光明 以現一切化佛影摩尼王 爲體 形如天城 以現一切如來道場影像 摩尼王 爲其下際 住一切寶華海上 淨穢相雜 此世界中 有須彌山微塵數四天下 有 一四天下 最處其中 名一切寶山幢 其四天下一一縱廣十萬由旬 一一各有一萬大城 其閻浮提中 有一王都 名堅固妙寶莊嚴雲燈 日萬大城周帀圍遶 閻浮提人壽萬歲時 其中有王 名一切法音圓滿蓋 有五百大臣 六萬采女 七百王子 其諸王子 皆端正勇健 有大威力 爾時 彼王威德 普被閻浮提內 無有怨敵

때맞춰 저 세계의 겁이 다하려 할 적에 오탁(五濁)이 일어나 모든 사람의 수명이 짧아지고 재물과 생활 도구가 적어지고 행색은 더럽고 추해지며, 고통은 많아지고 즐거움은 적어지며, 열 가지 선근은 닦지 않고 나쁜 업만 지으면서 서로 다투고 서로 헐뜯으며, 다른 이의 권속을 이간질해서 떠나게 하고 다른 사람의 부귀함을 질투하며, 정에 치우쳐 견해를 일으키고 법답지 않게 탐하는 마음을 구했다.

이러한 인연으로 바람과 비가 때를 맞추지 못해 곡식의 싹이 나오지 않고 동산의 풀과 나무가 모두 마르고 백성이 궁핍해지고 가난해지며, 질병이 많아져서 사방으로 퍼지고 흩어지지만 의지할 곳이 없었다. 모두가 왕도의 큰 성으로 와서 백천 만억 겹으로 사면을 둘러싸고 사방에서 높은 소리로 울부짖으며, 손을 들고 손을 합하기도 하고 머리로 땅에 치고 손으로 가슴을 치며, 무릎을 꿇고 길게 부르짖으며, 날뛰고 울부짖었다. 머리를 풀어헤쳤고 옷들은 남루하면서 피부는 터지고 눈에는 빛이 없는 이들이 왕을 향해 하소연하였다.

"대왕이시여! 우리는 지금 가난하고 외롭고 목마르며, 굶주리고 헐벗어 병들고 쇠약하기에 많은 고통에 시달리고 있습니다. 목숨이 장차 오래지 않을 것이나, 의지할 곳도 없고 구해줄 사람도 없고 하소연할 곳도 없습니다. 우리가 이제 와 대왕에게 의지합니다. 우리가 보기에 대왕은 인자하고 지혜롭다고 하니, 저희는 편안함과 즐거움을 얻을 수 있다는 생각을 내고 사랑을 받을 것이라는 생각을 내고 살려줄 것이라는 생각을 내고 거두어주실 것이란 생각을 내고 보배 장을 얻었다는 생각을 내고 나루를 만났다는 생각을 내고 바른길을 찾았다는 생각을 내고 배와 뗏목을 만났다는 생각을 하고 보물섬을 보았다는 생각을 내고 금은보화를 얻을 것이라는 생각을 내고 천궁에 오를 것이라는 생각을 냅니다."

時 彼世界劫欲盡時 有五濁起 一切人衆壽命短促 資財乏少 形色鄙陋 多苦少樂 不修十善 專作惡業 更相念諍 互相毀辱 離他眷屬 妒他榮好 任情起見 非法貪求 以是因緣 風雨不時 苗稼不登 園林草樹一切枯槁 人民匱乏 多諸疫病 馳走四方 靡所依怙 咸來共遶王都大城 無量無邊百千萬億 四面周帀 高聲大呼 或擧其手 或合其掌 或以頭扣地 或以手搥胸 或屈膝長號 或踊身大叫 頭髮蓬亂 衣裳弊惡 皮膚皺裂 面目無光 而向王言 大王 大王 我等今者 貧窮孤露 飢渴寒凍 疾病衰羸 衆苦所逼 命將不久 無依無救 無所控告 我等今者 來歸大王 我觀大王仁慈智慧 於大王所 生得安樂想 得所愛想 得活命想 得攝受想 得寶藏想 遇津梁想 逢道路想 値船筏想 見寶洲想 獲財利想 昇天宮想

이때 대왕이 이 말을 듣고는 백만 아승기 가엾이 여기는 문을 얻어 한결같이 사유하며, 열 가지 가엾이 여기는 말을 하였다.

무엇이 열인가? 이른바 이렇다.

"슬프다. 중생이여! 바닥을 알 수 없는 생사의 큰 구덩이에 빠졌으니, 내가 어떻게 해서든 빨리 건져내어 지혜의 지위에 머물게 할 것이다."

"슬프다. 중생이여! 모든 번뇌로부터 핍박을 받으니, 내가 어떻게 해서든 구제하여 보호하고 모든 선근의 업에 머물게 할 것이다."

"슬프다. 중생이여! 생, 노, 병, 사의 두려움에 떨고 있으니, 내가 어떻게 해서든 돌아가 의지할 곳이 되어 몸과 마음이 편안함을 영원히 얻게 할 것이다."

"슬프다. 중생이여! 늘 세간의 많은 두려움으로부터 핍박을 받으니, 내가 어떻게 해서든 도와주어 모든 지혜의 길에 머물게 할 것이다."

"슬프다 중생이여! 지혜의 눈이 없기에 늘 내 몸이라는 소견에 덮여있으니, 내가 어떻게 해서든 방편을 지어 의혹의 소견과 눈을 가린 막을 없앨 것이다."

"슬프다. 중생이여! 늘 어리석음에 정신을 차리지 못하니, 내가 어떻게 해서든 밝은 횃불이 되어 모든 지혜의 성을 비추어 보게 할 것이다."

"슬프다. 중생이여! 늘 인색하고 질투하고 아첨하고 속이는 일에 혼탁하니, 내가 어떻게 해서든 열어서 밝히고 청정한 법신을 증득하게 할 것이다."

"슬프다. 중생이여! 생사의 바다에 오랫동안 빠져있으니, 내가 어떻게 해서든 두루 건져내어 보리의 저 언덕에 오르게 할 것이다."

"슬프다. 중생이여! 모든 근이 억세고 고집스러워 조복시키기 어려우니, 내가 어떻게 해서든 이끌어서 모든 부처님의 신통한 힘을 온전하게 갖추도록 할 것이다."

"슬프다. 중생이여! 마치 눈멀고 귀먹은 것과 같아 길을 보지 못하니, 내가 어떻게 해서든 가르쳐 이끌어서 모든 지혜의 문에 들어가게 할 것이다."

爾時 大王聞此語已 得百萬阿僧祇大悲門 一心思惟 發十種大悲語 其十者何 所謂 哀哉 衆生墮於無底生死大阬 我當云何而速勉濟 令其得住一切智地 哀哉 衆生爲諸煩惱之所逼迫 我當云何而作救護 令其安住一切善業 哀哉 衆生生老病死之所恐怖 我當云何爲作歸依 令其永得身心安隱 哀哉 衆生常爲世間衆怖所逼 我當云何而爲祐助 令其得住一切智道 哀哉 衆生無有智眼 常爲身見疑惑所覆 我當云何爲作方便 令其得決疑見翳膜 哀哉 衆生常爲癡闇之所迷惑 我當云何爲作明炬 令其照見一切智城 哀哉 衆生常爲慳嫉諂誑所濁 我當云何而爲開曉 令其證得淸淨法身 哀哉 衆生長時 漂沒生死大海 我當云何而普運度 令其得上菩提彼岸 哀哉 衆生諸根剛彊 難可調伏 我當云何而爲調御 令其具足諸佛神力 哀哉 衆生猶如盲聾 不見道路 我當云何而爲引導 令其得入一切智門

이 말을 마치고는 북을 쳐서 영을 내렸다.

"내가 지금 모든 중생에게 두루 보시할 것이니, 필요한 것을 따라 충분히 만족하게 하라."

곧바로 염부제에 있는 크고 작은 모든 성과 모든 취락의 모든 창고를 열고 가지가지의 물건을 내어 사거리에 쌓아두니, 금, 은, 유리, 마니, 등의 보배와 의복과 음식, 꽃, 향, 영락, 궁전, 집, 평상, 방석들이 있고 큰 광명 마니보배의 당기를 세우니, 그 빛이 몸에 닿으면서 모두 편안해졌다.

또 모든 병에 필요한 탕약과 가지가지의 보배 그릇에 많은 보배를 담았으니, 금강 그릇에는 가지가지의 향을 담도 보배 향 그릇에는 가지가지의 옥을 담았으며, 수레와 가마와 당기와 번기와 비단 덮개를 담아서 이와 같은 모든 일상용품과 살림살이에 필요한 것들을 모든 창고를 열어 넉넉하게 보시하였다.

또 모든 촌락과 성읍과 동산과 숲과 처자, 권속과 왕의 지위와 머리, 눈, 귀, 코, 입술, 혀, 치아, 손과 발, 가죽, 살, 염통, 콩팥, 간, 허파 따위의 몸속과 밖에 있는 것들을 남김없이 다 베풀어 주었다.

作是語已 擊鼓宣令 我今普施一切衆生 隨有所須 悉令充足 卽時頒下閻浮提內大小諸城及諸聚落 悉開庫藏 出種種物 置四衢道 所謂金 銀 瑠璃 摩尼等寶 衣服 飮食 華香 瓔珞 宮殿 屋宅 牀榻 敷具 建大光明摩尼寶幢 其光觸身 悉使安隱 亦施一切病緣湯藥 種種寶器 盛衆雜寶 金剛器中 盛種種香 寶香器中 盛種種衣 輦輿 車乘 幢幡 繒蓋如是一切資生之物 悉開庫藏 而以給施 亦施一切村營 城邑 山澤 林藪 妻子 眷屬及以王位 頭目 耳鼻 脣舌 牙齒 手足 皮肉 心腎 肝肺 內外所有 悉皆能捨

견고묘보장엄운등성 동쪽에 문이 있으니, 이름이 '마니산광명'이며, 그 문밖에 보시하는 장소가 있으니, 땅이 넓고 크며, 청정하고 평탄하며, 모든 구덩이나 가시덤불이나 자갈 따위는 없고 모두 다 배어난 보배로 이루어졌으며, 많은 보배 꽃을 흩뿌리고 모든 빼어난 향을 태우며, 모든 빼어난 등불을 밝히고 모든 향 구름이 허공에 가득하고 헤아릴 수 없는 보배 나무가 차례를 따라 줄지어 섰으며, 헤아릴 수 없는 꽃 그물과 헤아릴 수 없는 향 그물이 그 위를 가득히 덮었고 헤아릴 수 없는 백천 억 나유타의 모든 악기에서 늘 빼어난 소리를 내었다. 이와 같은 빼어난 보배를 다 장엄으로 삼으니, 모든 것이 보살의 청정한 업으로 인한 과보였다.

其堅固妙寶莊嚴雲燈城東面有門 名摩尼山光明 於其門外 有施會處 其地廣博 淸淨平坦 無諸阬坎 荊棘 沙礫 一切皆以妙寶所成 散衆寶華 熏諸妙香 然諸寶燈 一切香雲充滿虛空 無量寶樹次第行列 無量華網 無量香網彌覆其上 無量百千億那由他諸音樂器 恒出妙音 如是一切 皆以妙寶 而爲莊嚴 悉是菩薩淨業果報

저 모임 가운데 사자좌를 두니, 열 가지 보배가 땅이 되고 열 가지 보배 난간으로 되었으며, 열 가지 보배 나무가 두루두루 둘러쌓고 금강 보배 바퀴가 그 밑을 받쳤으며, 모든 보배로 용과 신의 형상을 만들어 함께 받들어 지녔으며, 가지가지의 보물로 장엄하여 꾸몄고 당기와 번기를 사이사이에 벌려 놓았으며, 많은 그물로 위를 덮고 헤아릴 수 없는 보배 향이 늘 향 구름을 내고 가지가지의 보배 옷이 곳곳에 널려있으며, 백천 가지 아름다운 음악이 늘 들리게 하고 차례를 좇아 그 위에 보배 덮개를 넓게 펴서 늘 헤아릴 수 없는 보배 불꽃 광명을 놓아 염부금처럼 찬란하고 청정하며, 보배 그물로 덮고 영락을 드리우고 마니보배로 된 띠를 두루 벌렸으며, 가지가지의 풍경에서는 늘 빼어난 소리를 내어 중생들에게 선근의 업을 닦으라고 권하였다.

때맞추어 대왕이 사자좌에 앉으니, 모습이 단정하고 사람의 모양이나 상태를 온전하게 갖추었고 빛이 빼어난 보배로 관을 만들어 썼으며, 나라연의 몸은 무너트릴 수 없고 팔다리가 남김없이 다 원만하며, 성품이 너그럽고 어질기에 왕족으로 태어났으며, 재물과 법에 남김없이 다 자재하고 변재가 막힘이나 걸림이 없으며, 지혜를 통달하여 나라를 다스리니 명을 어기는 자가 없었다.

　於彼會中 置師子座 十寶爲地 十寶欄楯 十種寶樹周帀圍遶 金剛寶輪 以承其下 以一切寶 爲龍神像 而共捧持種種寶物 以爲嚴飾 幢幡間列 衆網覆上 無量寶香常出香雲 種種寶衣處處分布 百千種樂恒奏美音復於其上張施寶蓋常放無量寶焰光明 如閻浮金熾然淸淨 覆以寶網 垂諸瓔珞 摩尼寶帶周迴間列 種種寶鈴恒出妙音 勸諸衆生修行善業 時 彼大王處師子座 形容端正 人相具足 光明妙寶 以爲其冠 那羅延身不可沮壞 一一肢分悉皆圓滿 性普賢善 王種中生 於財及法 悉得自在 辯才無礙 智慧明達 以政治國 無違命者

그때 염부제에 헤아릴 수 없고 수 없는 백천 만억 나유타 중생이 가지가지의 국토와 가지가지의 종족과 가지가지의 생긴 모양과 가지가지의 의복과 가지가지의 말과 가지가지의 욕망에 대한 즐거움을 가진 자들이 모임에 와서 왕을 자세히 살펴서 들여다보고는 함께 말했다.

"이 왕은 큰 지혜가 있는 분이며, 복이 수미산과 같은 공덕월이다. 보살의 원에 머물며 광대한 보시를 하시는 분이다."

이때 왕은 그 모든 이들이 와서 구걸하는 것을 보고는 가엾이 여기는 마음을 내고 환희하는 마음을 내고 존중하는 마음을 내고 선근의 벗이라 마음을 내고 광대한 마음을 내고 계속하여 이어가는 마음을 내고 정진하는 마음을 내고 물러서지 않는 마음을 내고 버리고 보시하는 마음을 내고 두루두루 한 마음을 내었다.

爾時 閻浮提無量無數百千萬億那由他衆生 種種國土 種種族類 種種形貌 種種衣服 種種言辭 種種欲樂 俱來此會 觀察彼王 咸言 此王是大智人 是福須彌 是功德月 住菩薩願 行廣大施 時 王見彼諸來乞者 生悲愍心 生歡喜心 生尊重心 生善友心 生廣大心 生相續心 生精進心 生不退心 生捨施心 生周徧心

"선남자여! 그때 왕이 구걸하는 이들을 보고는 크게 환희하는 마음을 내는 것은 잠시뿐이지만, 가령 도리천 왕과 야마천 왕과 도솔타천 왕이 백천 억 나유타 겁 동안 받은 쾌락이라도 능히 미칠 수 없는 환희이며, 선화천 왕이 수 없는 겁 동안 받은 쾌락으로도 미칠 수 없는 쾌락이며, 자재천 왕이 헤아릴 수 없는 겁 동안 받은 쾌락으로도 미칠 수 없는 쾌락이며, 대범천왕이 끝없는 겁 동안 받은 쾌락으로도 미칠 수 없는 더러움 없는 즐거움이며, 광음천 왕이 생각으로 헤아릴 수 없는 겁 동안 받은 하늘의 즐거움으로도 미칠 수 없는 환희이며, 변정천 왕이 다함이 없는 겁을 두고 받은 하늘의 즐거움으로도 미칠 수 없는 환희이며, 말할 수 없는 겁에 머무는 적정의 즐거움에 머물더라도 미칠 수 없다."

善男子 爾時 彼王見諸乞者 心大歡喜 經須臾頃 假使忉利天王 夜摩天王 兜率陀天王盡百千億那由他劫 所受快樂 亦不能及 善化天王於無數劫 所受快樂 自在天王於無量劫 所受快樂大梵天王於無邊劫 所受梵樂光音天王於難思劫 所受快樂 徧淨天王於無盡劫 所受天樂 淨居天王不可說劫 住寂靜樂 悉不能及

"선남자여! 비유하면 어질고 인자하고 효도하고 공손한 어떤 사람이 난리를 만나 부모, 처자, 자매와 멀리 떨어져 헤어졌다가 홀연히 광야의 도로에서 서로 만나면 반겨 안고 어루만지면서 어쩔 줄 몰라 하듯이 와서 구걸하는 이들을 보고 그 대왕이 기뻐하는 것도 역시 차례를 좇아(復) 이와 같았다."

善男子 譬如有人仁 慈 孝 友 遭逢世難 父母妻息 兄弟姊妹 竝皆散失 忽於曠野道路之間 而相値遇 瞻奉撫對 情無厭足 時 彼大王見來求者 心生歡喜 亦復如是

"선남자여! 그 왕이 그때 선지식으로 인하여 부처님의 보리에 대해 이해하고자 하는 마음이 더욱 더해지고 커지며, 모든 근을 성취하고, 믿은 마음이 청정하며, 즐겁고 기쁜 마음이 원만하니, 무슨 까닭인가 하면 이렇다"

"이 보살은 모든 행을 부지런히 닦아 모든 지혜를 구하고 모든 중생에게 이익이 되기를 원하고 보리의 헤아릴 수 없는 즐거움을 얻길 원하고 선근이 아닌 모든 마음을 버리고 항상 모든 선근을 모으길 좋아하고 늘 모든 중생을 구하고 보호하길 원하고 늘 즐거이 살바야의 도를 자세히 살펴서 들여다보길 좋아하고 늘 모든 지혜의 법을 즐겁게 수행하고 모든 중생이 원하는 것을 만족하게 하고 모든 부처님 공덕의 큰 바다에 들어가고 모든 마업의 막힘이나 걸림의 산을 깨트리고 모든 여래가 가르치는 행을 거스르지 않고 따르고 모든 지혜의 막힘이나 걸림 없는 도를 행한다."

"이미 모든 지혜의 흐름과 모든 법의 흐름에 깊이 들어갔으며, 늘 앞에 나타나 큰 원이 다함이 없는 대장부가 되었으며, 대인의 법에 머물며, 모든 넓은 문의 선근 장을 쌓고 모으며, 모든 집착을 벗어나 모든 세간의 경계에 물들지 않으며, 모든 법의 성품이 마치 허공과 같음을 알기에 와서 구걸하는 이들을 외아들과 같은 생각을 내고 부모라는 생각을 내고 복 밭이라는 생각을 내고 얻기 어렵다는 생각을 내고 은혜롭고 넉넉한 생각을 내고 견고하다는 생각을 내고 스승이라는 생각을 내고 부처님이라는 생각을 내었다."

"그래서 방처를 가리지 않았고 종류도 선택하지 않고 형상도 가리지 않고 오는 자마다 인자한 마음으로 그들의 욕망을 따라 모든 것을 평등하게 막힘이나 걸림 없이 보시하고 만족하게 하였으며, 음식을 구하는 자에게는 음식을 베풀고 옷을 구하는 자에게는 옷을 베풀고 향과 꽃을 구하는 자에게는 향과 꽃을 베풀고 꽃 머리 장식과 일산을 구하는 자에게는 머리 장식과 덮개를 베풀고 당기, 번기, 영락, 궁전, 동산, 정원, 코끼리, 말, 수레, 평상, 침구, 금, 은, 마니, 보물과 창고에 쌓아둔 것과 또 모든 권속과 성읍, 취락을 남김없이 다 이와 같은 중생들에게 두루 베풀어 주었다."

"이 모임 가운데 장자의 딸이 있었으니, 이름이 '보배 광명'이며, 60명의 동녀와 함께 있었다. 다정하고 특히 빼어나게 이뻐서 사람들이 기쁘게 보았으니, 피부는 금빛이고 눈가 머리카락은 검푸르고 몸에서는 빼어난 향이 풍기고 입으로는 범음을 널리 펴서 설하며, 가장 좋은 보배 옷으로 장엄하였고 늘 수줍은 모습에 바른 생각으로 산란하지 않고 위의를 온전하게 갖추고 스승과 어른을 공경하며 늘 생각을 깊이 하여 빼어난 행을 따르고 한번 들은 법은 늘 기억하면서 잊지 않고 전생에 심은 선근으로 마음을 윤택하게 하여 청정하고 광대하기가 허공과 같기에 중생을 평등하게 편안함을 주고 늘 모든 부처님을 보고는 일체 지혜를 구하였다."

善男子 其王爾時 因善知識 於佛菩提解欲增長 諸根成就 信心淸淨 歡喜圓滿 何以故 此菩薩勤修諸行 求一切智 願得利益一切衆生 願獲菩提無量妙樂 捨離一切諸不善心 常樂積集一切善根 常願救護一切衆生 常樂觀察薩婆若道 常樂修行一切智法

滿足一切衆生所願 入一切佛功德大海 破一切魔業惑障山 隨順一切如來敎行 行一切智無障礙道 已能深入一切智流 一切法流常現在前 大願無盡 爲大丈夫 住大人法 積集一切普門善藏 離一切著 不染一切世間境界 知諸法性 猶如虛空 於來乞者 生一子想 生父母想 生福田想 生難得想 生恩益想 生堅固想 師想 佛想 不揀方處 不擇族類 不選形貌 隨有來至 如其所欲 以大慈心 平等無礙 一切普施 皆令滿足 求飮食者 施與飮食 求衣服者 施與衣服 求香華者 施與香華 求鬘蓋者 施與鬘蓋 幢幡 瓔珞 宮殿 園苑 象馬 車乘 牀座 被褥 金銀 摩尼 諸珍寶物 一切庫藏及諸眷屬 城邑 聚落 皆悉如是普施衆生 時 此會中有長者女 名寶光明 與六十童女俱 端正妹妙 人所喜見 皮膚金色 目髮紺靑 身出妙香 口演梵音 上妙寶衣 以爲莊嚴 常懷慚愧 正念不亂 具足威儀 恭敬師長 常念順行甚深妙行 所聞之法憶持不忘宿世善根流潤其心淸淨廣大猶如虛空 等安衆生 常見諸佛 求一切智

그때 보광명녀가 왕으로부터 멀지 않은 곳에서 합장하고 생각했다.
"나는 선근의 이익을 얻었고 내가 선근의 이익을 얻었다. 나는 지금 대 선지식을 보았다."
저 왕의 처소에서 큰 스승이라는 생각과 선지식이라는 생각과 자비를 온전하게 갖추는 생각과 능히 거두어줄 것이라는 생각을 내고는 마음이 정직하기에 환희심을 내고 몸에 걸었던 영락을 벗어서 왕을 받들며 이렇게 원했다.
"지금 대왕께서는 헤아릴 수 없고 수 없는 무명 중생을 위하여 의지할 곳이 되었으며, 저도 또한 미래에서 역시 차례를 좇아(復) 이와 같기를 원하며, 대왕이 아는 법과 타는 수레와 닦으신 도와 갖추신 모습과 가진 재산과 거두어 준 대중 모임이 끝없고 다함이 없으며, 이기기 어렵고 무너트릴 수 없으니, 저도 미래에 남김없이 다 이와 같을 것이며, 태어나는 곳을 따라 모두 따라서 태어날 것입니다"
이때 대왕이 동녀가 이와 같은 마음을 일으킴을 알고는 말했다.
"동녀여! 네가 하고자 하는 것을 따라 내가 모두 너에게 줄 것이다. 내게 있는 모든 것을 다 버려서 모든 중생이 두루 만족함을 얻게 할 것이다."
時 寶光明女去王不遠 合掌頂禮 作如是念 我獲善利 我獲善利 我今得見大善知識 於彼王所 生大師想 善知識想 具慈悲想 能攝受想 其心正直 生大歡喜 脫身瓔珞 持奉彼王 作是願言 今此大王爲無量無邊無明衆生 作所依處 願我未來 亦復如是 如彼大王所知之法 所載之乘 所修之道 所具色相 所有財産 所攝衆會 無邊無盡 難勝難壞 願我未來 悉得如是 隨所生處 皆隨往生 爾時 大王知此童女發如是心 而告之言

童女 隨汝所欲 我皆與汝 我今所有一切皆捨 令諸衆生 普得滿足

때맞추어 보광명녀는 믿음의 마음이 청정해지고 매우 환희하면서 게송으로 대왕을 찬탄했다.
時 寶光明女信心淸淨 生大歡喜 卽以偈頌 而讚王言

往昔此城邑 지난 옛날 이 성읍에
大王未出時 대왕이 나오시기 전에
一切不可樂 즐거움은 하나도 없고
猶如餓鬼處 마치 아귀가 사는 곳과 같았다네.

衆生相殺害 중생들은 서로가 살해하고
竊盜縱婬佚 훔치고 간음하며
兩舌不實語 이간질에 거짓만 말하고
無義麤惡言 뜻 없는 추악한 말만 하였다네.

貪愛他財物 남의 재물을 탐내어 집착하고
瞋恚懷毒心 성내고 화내면서 독한 마음을 품으며
邪見不善行 삿된 견해로 선근이 아닌 행을 하면서
命終墮惡道 목숨이 마침내는 악도에 떨어진다네.

以是等衆生 이러한 중생들이
愚癡所覆蔽 어리석음에 뒤집혀서 가려지고
住於顚倒見 거꾸로 뒤바뀐 소견에 머무니
天旱不降澤 하늘이 마르고 비는 내리지 않는다네.

以無時雨故 때 없이 내리는 까닭으로
百穀悉不生 백곡이 남김없이 다 나지 않고
草木皆枯槁 풀과 나무는 남김없이 다 말라버리고
泉流亦乾竭 연못과 흐르는 물도 또한 말라버린다네.

大王未興世 대왕이 세상에 나기 전에는
津池悉枯涸 나루터와 연못이 남김없이 다 마르고
園苑多骸骨 동산에는 해골이 많아
望之如曠野 멀리 내다보면 거친 광야와 같았다네.

大王昇寶位 대왕이 보위에 올라
廣濟諸群生 모든 중생을 구원해 이끄니
油雲被八方 피어오르는 구름이 팔방에 퍼져
普雨皆充洽 빠짐없이 두루 내려 넉넉하게 적신다네.

大王臨庶品 대왕이 나라에 임하면서
普斷諸暴虐 모든 거칠고 사나움을 두루 끊어내어
刑獄皆止措 감옥에 잡아둔 죄인이 없으며
惸獨悉安隱 홀로 외롭지만 모두 편안하다네.

往昔諸衆生 지난 옛날 모든 중생이
各各相殘害 각각 서로가 심하게 해치고
飮血而噉肉 피를 마시며 살을 씹더니
今悉起慈心 지금은 남김없이 인자한 마음을 일으킨다네.

往昔諸衆生 지난 옛날 모든 중생은
貧窮少衣服 가난에 생활이 어렵고 의복이 적어
以草自遮蔽 풀잎으로 몸을 가리고
飢羸如餓鬼 굶주려서 아귀와 같았다네.

大王旣興世 대왕이 세상에 나오시니
秔米自然生 메벼의 싹이 자연스럽게 나고
樹中出妙衣 나무 가운데서 빼어난 옷을 내놓아
男女皆嚴飾 남녀가 모두 새 옷을 입는다네.

昔日競微利 옛날에는 아주 작은 잇속으로 다투고

非法相陵奪 법 아닌 것으로 서로 빼앗고 빼앗더니
今時竝豊足 지금은 모든 것이 풍족하여
如遊帝釋園 제석의 동산에서 노니는 것과 같다네.

昔時人作惡 옛날에는 사람이 악을 지어가면서
非分生貪染 분수에 맞지 않게 탐욕을 내고
他妻及童女 다른 사람의 처와 동녀를
種種相侵逼 가지가지로 침범하고 위협하였다네.

今見他婦人 지금은 타인의 부인을 보고도
端正妙嚴飾 단정하고 빼어나게 장엄하여 꾸미고
而心無染著 마음이 물들어 집착이 없음이
猶如知足天 마치 지족천과 같다네.

昔日諸衆生 옛날에 모든 중생은
妄言不眞實 거짓말에 진실하지 않아
非法無利益 법도 아니고 이익이 됨이 없이
諂曲取人意 아첨으로 사람의 뜻을 취하려 했었다네.

今日群生類 요즘에는 중생의 무리가
悉離諸惡言 모든 나쁜 말로부터 남김없이 다 벗어나
其心旣柔軟 ㄱ 마음이 이미 부드럽ㄱ 순하며
發語亦調順 하는 말 또한 조화롭고 순하게 일으킨다네.

昔日諸衆生 옛날의 모든 중생은
種種行邪法 가지가지의 삿된 법을 행하여
合掌恭敬禮 합장 공경하며 예를
牛羊犬豚類 소, 양, 개, 돼지의 무리에 올렸다네.

今聞王正法 이제 왕의 바른 법을 듣고는
悟解除邪見 깨우침을 깨달아 삿된 견해를 제거하고

了知苦樂報 괴로움과 즐거움의 과보가
悉從因緣起 남김없이 인연을 좇아 일어남을 깨달아 알았다네.

大王演妙音 대왕이 빼어난 음성을 널리 펴시니
聞者皆欣樂 듣는 자들이 다 기뻐하고 즐거워하니
梵釋音聲等 제석과 범천의 음성으로는
一切無能及 일체 미칠 수 없다네.

大王衆寶蓋 대왕의 많은 보배 덮개가
逈處處空中 텅 빈 처처의 먼 가운데로 향하니
擎以瑠璃幹 받침은 유리가 대가 되고
覆以摩尼網 마니 그물로 덮었다네.

金鈴自然出 황금 풍경은 자연스럽게
如來和雅音 여래의 우아한 소리를 내어
宣揚微妙法 섬세하고 빼어난 법을 드러내어 세상에 널리 펴고
除滅衆生惑 중생의 미혹함을 제거해 없앤다네.

次復廣演說 뒤이어 차례를 좇아
十方諸佛刹 시방의 모든 부처 세계와
一切諸劫中 일체 모든 겁 가운데
如來幷眷屬 여래와 아울러 권속이 널리 펴서 설한다네.

又復次第說 또 차례를 좇아 차례로
過去十方刹 과거 시방의 세계와
及彼國土中 저 국토 가운데
一切諸如來 일체 모든 여래를 설한다네.

又出微妙音 또 섬세하고 빼어난 소릴 내어
普徧閻浮界 염부계에 두루 퍼져서
廣說人天等 사람과 하늘 등

種種業差別 가지가지의 업 차별을 광대하게 설한다네.

衆生聽聞已 중생들이 듣고 난 뒤에는
自知諸業藏 모든 업의 장을 스스로 알고
離惡勤修行 부지런히 수행하여 악에서 벗어나며
迴向佛菩提 부처님의 보리로 회향한다네.

王父淨光明 왕의 아버지는 청정한 광명이고
王母蓮華光 왕의 어머니는 연화 빛이며
五濁出現時 다섯 가지의 탁함이 나타날 때
處位治天下 왕의 자리에서 천하를 다스린다네.

時有廣大園 때에 맞춰 광대한 동산이 있고
園有七百池 동산에 7백 개의 연못이 있으며
一一千樹遶 하나하나의 연못에 천 개의 나무가 둘러싸고
各各華彌覆 각각의 연못을 꽃으로 가득히 덮었다네.

於其池岸上 연못의 그 언덕에
建立千柱堂 집을 지으니 기둥이 1천 개이고
欄楯等莊嚴 난간 등 모든 장엄을
一切無不備 모두 갖추었다네.

末世惡法起 말세에 악한 법이 일어나
積年不降雨 여러 해 동안 비가 내리지 않아
池流悉乾竭 연못의 흐름이 남김없이 다 마르고
草樹皆枯槁 초목이 모두 말라 죽는다네.

王生七日前 왕이 태어나기 7일 전에
先現靈瑞相 영험한 상서로운 모양이나 상태가 먼저 나타나
見者咸心念 보는 자마다 마음으로 생각하기를
救世今當出 세상을 구할 이가 나오시나 한다네.

爾時於中夜 그때 한밤중에
大地六種動 대지가 여섯 종류로 진동하고
有一寶華池 보배 꽃 하나가 연못에 있으니
光明猶日現 광명이 마치 해가 나타난 것과 같다네.

七百諸池內 7백 개의 연못 속에는
功德水充滿 공덕의 물이 가득히 차고
枯樹悉生枝 마른 나무에서는 남김없이 다 가지가 나며
華葉皆榮茂 꽃과 잎이 모두 무성해진다네.

池水旣盈滿 연못의 물은 이미 가득하고
流演一切處 일체 처에 흐르며
普及閻浮地 널리 염부의 땅까지 이르러
靡不皆霑洽 빠짐없이 흡족하게 적시었다네.

藥草及諸樹 약초 및 모든 나무와
百穀苗稼等 백 가지 곡식의 이삭과
枝葉華果實 가지와 잎과 꽃과 열매가
一切皆繁盛 모든 것이 다 번성한다네.

溝阬及堆阜 구덩이와 도랑과 언덕과
種種高下處 가지가지로 높고 낮은 곳
如是一切地 이와 같은 모든 땅이
莫不皆平坦 빠짐없이 다 평탄해진다네.

荊棘沙礫等 가지 덤불과 자갈밭 등
所有諸雜穢 가지고 있는 모든 잡스럽고 더러운 것들이
皆於一念中 모두 한순간에
變成衆寶玉 변하여 많은 보배 옥을 이룬다네.

衆生見是已 중생들이 이를 보고는

歡喜而讚歎 환희하고 찬탄하면서
咸言得善利 다 함께 말하기를 선근 이익을 얻은 것이
如渴飮美水 목마를 때 물을 마신 것과 같다고 한다네.

時彼光明王 때맞춰 정광명왕은
眷屬無量衆 헤아릴 수 없는 많은 권속과
儉然備法駕 그렇듯 법 수레를 갖추고
遊觀諸園苑 모든 숲 동산에 놀러 가신다네.

七百諸池內 7백 개의 모든 연못 속에
有池名慶喜 경희라 이름하는 못이 있고
池上有法堂 그 못 위에 법당이 있으니
父王於此住 부왕이 이곳에 머무신다네.

先王語夫人 선왕이 부인께 말하기를
我念七夜前 내 생각에 7일 밤 전에
中宵地震動 한밤중에 땅이 진동하고
此中有光現 이 중간에 광명이 나타났다네.

時彼華池內 그때 저 꽃 연못 속에
千葉蓮華出 잎이 천 개인 연꽃이 나오니
光如千日照 광명이 천 개의 해가 비추는 것과 같아
上徹須彌頂 위로 수미산 정상까지 통하였다네.

金剛以爲莖 금강은 줄기가 되고
閻浮金爲臺 염부의 금은 꽃대가 되며
衆寶爲華葉 많은 보배는 꽃과 잎이 되고
妙香作鬚蕊 빼어난 향은 꽃술이 되었다네.

王生彼華上 왕이 저 꽃 위에 태어나
端身結跏坐 단정한 몸으로 결가부좌 하시니

相好以莊嚴 좋은 모양이나 상태로 장엄하여
天神所恭敬 천신이 공손히 섬기었다네.

先王大歡喜 선왕이 크게 환희하면서
入池自撫掬 연못에 들어가 스스로 얼싸안고
持以授夫人 가지고 와 부인에게 들려주고는
汝子應欣慶 그대의 아들이니 당연히 경사라 한다네.

寶藏皆涌出 보배 장이 빠짐없이 다 솟아 나오고
寶樹生妙衣 보배 나무에는 빼어난 옷이 나며
天樂奏美聲 하늘의 즐거운 소리는 아름답고
充滿虛空中 허공 가운데 충만하다네.

一切諸衆生 일체 모든 중생은
皆生大歡喜 다들 크게 환희하고
合掌稱希有 합장하고 희유하다 일컬으니
善哉救護世 선근이구나. 세상을 구원하고 보호할 이여!

王時放身光 왕이 때맞춰 몸으로 광명을 놓아
普照於一切 일체를 두루 비추어
能令四天下 사천하의
暗盡病除滅 어둠과 병을 제거하여 없애고 다한다네.

夜叉毘舍闍 야차와 비사사와
毒蟲諸惡獸 독충과 모든 험악한 짐승과
所欲害人者 사람을 해치고자 하는 것들은
一切自藏匿 모두 다 깊이 숨어버린다네.

惡名失善利 악한 이름으로 선근의 이익을 잃고
橫事病所持 뜻밖의 재앙으로 죽은 일과 병을 가지는 일 등
如是衆苦滅 이와 같은 많은 괴로움이 없어지니

一切皆歡喜 일체가 다 환희라네.

凡是衆生類 모든 중생의 무리가
相視如父母 서로 살펴볼 때 부모를 보듯 하고
離惡起慈心 악을 벗어나 인자한 마음을 일으켜
專求一切智 오로지 일체 지혜를 구한다네.

關閉諸惡趣 악함으로 치닫는 모든 것을 빗장으로 잠그고
開示人天路 인간과 천상길을 열어 보이며
宣揚薩婆若 살바야를 드러내어 세상에 널리 펴고
度脫諸群生 모든 중생을 제도하여 해탈하게 한다네.

我等見大王 우리는 대왕을 보고
普獲於善利 선근의 이익을 두루 얻었으며
無歸無導者 돌아감도 없고 이끌 자도 없으니
一切悉安樂 모두가 남김없이 편안함과 즐거움을 얻는다네.

이때 보광명 동녀가 게송으로 모든 법의 음성이 원만한 일산 왕을 찬탄하고 헤아릴 수 없이 돌다가 합장하고 엎드려 절하고는 몸을 구부려 공손히 섬기며 물러나 한편에 머물렀다.

그때 대왕이 동녀에게 말했다.

"선근이구나. 동녀여! 네가 다른 사람의 공덕을 믿으니, 이는 희유한 일이다."

"동녀여! 모든 중생은 타인의 공덕을 믿지 못하고 알지 못한다."

"동녀여! 모든 중생은 은혜를 갚을 줄 알지 못하고 지혜가 없으며, 마음이 흐리고 어지러우며, 성품을 분명하게 깨우쳐 알지 못하기에 본래의 뜻에 힘이 없고 또 수행에서 물러서니, 이와 같은 사람들은 보살과 여래가 가지고 있는 공덕과 신통한 지혜를 믿지도 않고 알지도 못한다."

"동녀여! 네가 이제 결정하고 보리에 나아가기에 보살의 이와 같은 공덕을 아는 것이며, 네가 염부제에 태어나 용맹한 마음을 일으켜 중생을 거두어주는 일이 헛되지 않을 것이며, 또한 당연히 이와 같은 공덕을 성취할 것이다."

왕이 동녀를 칭찬하고는 값으로 매길 수 없는 보배 옷을 가져와 보광명 동녀와 그 권속들에게 주고는 한 명 한 명에게 이 옷을 입으라고 말했다. 그때 모든 동녀가 두 무릎을 굽혀 땅에 대고 두 손으로 옷을 받들어 머리 위에 올려놓았다가 입었다. 옷을 입고는 오른쪽으로 왕을 도니, 모든 보배 옷에서 모든 별빛과 같은 광명이 나오는 것을 많은 사람이 보고 다들 이 같은 말을 했다.

"이 모든 동녀 등이 남김없이 다 단정함은 별빛이 청정한 밤하늘을 장엄한 것과 같다."

爾時 寶光明童女以偈 讚歎一切法音圓滿蓋王已 遶無量帀 合掌頂禮 曲躬恭敬 却住一面 時 彼大王告童女言 善哉 童女 汝能信知他人功德 是爲希有 童女 一切衆生不能信知他人功德 童女 一切衆生不知報恩 無有智慧 其心濁亂 性不明了 本無志力 又退修行 如是之人 不信不知菩薩如來所有功德 神通 智慧 童女 汝今決定 求趣菩提 能知菩薩如是功德 汝今生此閻浮提中 發勇猛心 普攝衆生 功不唐捐 亦當成就如是功德 王讚女已 以無價寶衣 手自授與寶光童女幷其眷屬 一一告言 汝著此衣 時諸童女雙膝著地 兩手承捧 置於頂上 然後而著 旣著衣已 右遶於王 諸寶衣中 普出一切星宿光明 衆人見之 咸作是言 此諸女等 皆悉端正 如淨夜天星宿莊嚴

"선남자여! 그때 모든 법의 음성이 원만한 일산 왕은 다른 사람이 아니라 지금의 비로자나 여래, 응공, 정등각이며, 정광명왕은 지금의 정반왕이시고 연꽃 광명 부인은 마야 부인이며, 보광명 동녀는 내 몸이었다. 그 왕이 그때 사섭법으로 거둔 중생은 곧 이 모임 가운데 모든 보살이니, 모두 아뇩다라삼먁삼보리에서 물러서지 않음을 얻었으며, 초지에도 있을 뿐만 아니라 십지에도 머무르면서 가지가지의 큰 원을 갖추고 가지가지의 도를 돕는 법을 모으고 가지가지의 빼어난 행을 닦으며, 가지가지의 장엄을 갖추고 가지가지의 신통을 얻으며, 가지가지의 해탈에 머물면서 이 모임 가운데 가지가지 빼어난 법의 궁전에 거처하신다."

善男子 爾時一切法音圓滿蓋王者 豈異人乎 今毘盧遮那如來應正等覺是也 光明王者 淨飯王是 蓮華光夫人者 摩耶夫人是 寶光童女者 卽我身是 其王爾時 以四攝法所攝衆生 卽此會中一切菩薩是 皆於阿耨多羅三藐三菩提 得不退轉或住初地乃至十地具種種大願集種種助道 受種種妙行 備種種莊嚴 得種種神通 住種種解脫 於此會中 處於種種妙法宮殿

이때 개부일체수화주야신이 선재 동자에게 이 해탈의 뜻을 거듭 펴고자 게송을 말했다.
爾時 開敷一切樹華主夜神 爲善財童子 欲重宣此解脫義 而說頌言

我有廣大眼 나에게는 광대한 눈이 있기에
普見於十方 시방의
一切刹海中 모든 세계 바다 가운데
五趣輪迴者 오온의 부류에 윤회하는 자를 두루 본다네.

亦見彼諸佛 또한 저 모든 부처님이
菩提樹下坐 보리수 아래 앉으시어
神通徧十方 신통으로 시방에 두루 하시고
說法度衆生 법을 설하여 중생을 제도함을 본다네.

我有淸淨耳 나에게는 청정한 귀가 있기에
普聞一切聲 모든 소리를 두루 듣고
亦聞佛說法 또한 부처님이 설하시는 법을 들으면
歡喜而信受 환희하고 믿음으로 받아들인다네.

我有他心智 나는 타인의 마음을 아는 지혜가 있기에
無二無所礙 둘이 없고 막힘이나 걸림도 없으며
能於一念中 한 생각에
悉了諸心海 남김없이 다 모든 마음 바다를 깨우쳐 안다네

我得宿命智 나는 전생의 일을 아는 지혜가 있기에
能知一切劫 모든 겁 동안에 있었던
自身及他人 나의 일과 다른 사람의 일을
分別悉明了 분별하여 남김없이 다 분명하게 깨우쳐 안다네.

我於一念知 나는 한 생각에
刹海微塵劫 세계 바다의 티끌 수와 같은 겁 동안의
諸佛及菩薩 모든 부처님과 보살과

五道衆生類 다섯 가지 부류의 중생 무리를 안다네. (五道:五趣)

憶知彼諸佛 저 모든 부처님께서
始發菩提願 비로소 보리의 원을 일으키실
乃至修諸行 뿐만 아니라 모든 행을 닦아서
一一悉圓滿 하나하나 남김없이 다 원만하게 함을 잊지 않고 기억해 안다네.

亦知彼諸佛 또한 저 모든 부처님께서
成就菩提道 보리의 도를 성취하시고
以種種方便 가지가지의 방편으로
爲衆轉法輪 중생을 위해 법륜 굴리심을 안다네.

亦知彼諸佛 또한 저 모든 부처님께서
所有諸乘海 가지신 모든 승의 바다와
正法住久近 바른 법에 오래 머물고 가까이 머무름과
衆生度多少 제도하는 중생이 많고 적음을 안다네.

我於無量劫 나는 헤아릴 수 없는 겁 동안
修習此法門 닦고 익힌 이 법문을
我今爲汝說 내가 지금 그대에게 설하니
佛子汝應學 불자여! 그대는 당연히 배워야 한다네.

"선남자여! 나는 단지 이 보살의 광대한 기쁜 광명을 내는 해탈문만을 알 뿐이다. 모든 보살마하살은 일체 모든 부처님을 가까이 모시고 공양하며, 모든 지혜의 큰 원의 바다에 들어가며, 모든 부처님의 모든 원의 바다를 원만하게 하고 용맹한 지혜를 얻어 한 보살의 지위에서 모든 보살의 지위 바다에 들어가고 청정한 원을 얻어 한 보살의 행에서 모든 보살의 수행 바다에 들어가고 자재한 힘을 얻어 한 보살의 해탈문에서 모든 보살의 해탈문 바다에 들어간다. 이러한 보살마하살의 일을 내가 어떻게 알겠으며, 그 공덕의 행을 말할 수 있겠는가."
　善男子 我唯知此菩薩出生廣大喜光明解脫門 如諸菩薩摩訶薩 親近供養一切諸佛

入一切智大願海 滿一切佛諸願海 得勇猛智 於一菩薩地 普入一切菩薩地海 得淸淨願 於一菩薩行 普入一切菩薩行海 得自在力 於一菩薩解脫門 普入一切菩薩解脫門海 而我云何能知能說彼功德行

"선남자여! 이 도량에 야신이 한 명 있으니, 이름이 '대원정진력구호일체중생'이다. 그대는 그에게 가서 보살이 어떻게 중생을 가르치고 이끌어서 아뇩다라삼먁삼보리에 나아가게 하는 것이며, 어떻게 모든 부처님 세계를 청정하게 장엄하는 것이며, 어떻게 모든 여래를 받들어 섬기는 것이며, 어떻게 모든 부처님의 법을 닦는 것이냐고 물어라."

때맞춰 선재 동자가 그의 발에 머리 숙여 예를 올리고 수 없이 돌다가 은근하게 우러러보면서 일을 마치고는 물러갔다.

善男子 此道場中 有一夜神 名大願精進力救護一切眾生 汝詣彼 問菩薩云何敎化眾生 令趣阿耨多羅三藐三菩提 云何嚴淨一切佛刹 云何承事一切如來 云何修行一切佛法 時 善財童子 頂禮其足 遶無數帀 慇懃瞻仰 辭退而去

대방광불화엄경 제73권

39. 입법계품(14)
入法界品第三十九之十四

(39) 대원정진력구호중생주야신. 제8 不動地

그때 선재 동자가 대원정진력구호일체중생주야신의 처소로 나아가 야신이 대중 가운데 계심을 보니, 모든 궁전을 두루 나타내는 마니왕 사자좌에 앉았으며, 법계의 국토를 두루 나타내는 마니 보배 그물이 그 위를 가득하게 덮었고 해, 달, 별의 그림자로 몸을 나타내시며, 모든 중생의 마음을 따라 두루 볼 수 있는 몸을 나타내시고 모든 중생과 평등한 형상의 몸을 나타내시며, 끝이 없는 광대한 색상 바다의 몸을 나타내시고 모든 위의의 몸을 두루 나타내시고 시방에 두루 나타내 보이는 몸을 나타내시고 모든 중생을 두루 조복시키는 몸을 나타내시고 빠른 신통을 두루 부리는 몸을 나타내시고 중생들의 이익을 위해 끊이지 않는 몸을 나타내시고 늘 허공을 다니면서 이익이 되게 하는 몸을 나타내시고 모든 부처님 처소에서 예를 올리는 몸을 나타내시고 모든 선근을 닦는 몸을 나타내시고 부처님 법을 받아 지니고 잊지 않는 몸을 나타내시고 보살의 큰 원을 이루는 몸을 나타내시고 시방에 광명이 가득한 몸을 나타내시고 법의 등불로 세상의 어둠을 없애는 몸을 나타내시고 법이 허깨비와 같음을 깨우쳐 아는 청정한 지혜의 몸을 나타내시고 티끌 같은 어둠에서 멀리 벗어나는 법성의 몸을 나타내시고 넓은 지혜로 법을 비추어 분명하게 깨우쳐 아는 몸을 나타내시고 마지막까지 근심이 없고 열이 없는 몸을 나타내시고 무너짐이 없는 견고한 몸을 나타내시고 머무는 바가 없는 부처님 힘의 몸을 나타내시고 분별이 없으며, 물이 드는 일을 벗어나는 몸을 나타내시고 본래 청정한 법성의 몸을 나타내었다.

爾時 善財童子 往大願精進力救護一切衆生夜神所 見彼夜神 在大衆中 坐普現一切宮殿摩尼王藏師子之座 普現法界國土 摩尼寶網 彌覆其上 現日月星宿影像身 現隨衆生心 普令得見身 現等一切衆生形相身 現無邊廣大色相海身 現普現一切威儀身 現普於十方示現身 現普調一切衆生身 現廣運速疾神通身 現利益衆生不絶身 現常遊虛空利益身 現一切佛所頂禮身 現修習一切善根身 現受持佛法不忘身 現成就菩薩大願身 現光明充滿十方身 現法燈普滅世暗身 現了法如幻淨智身 現遠離塵暗

法性身 現普智照法明了身 現究竟無患無熱身 現不可沮壞堅固身 現無所住佛力身 現無分別離染身 現本淸淨法性身

　때맞추어 선재 동자가 이와 같은 부처 세계의 티끌 수와 같은 차별한 몸을 보고 일심으로 엎드려 절하면서 몸을 땅에 던졌다가 얼마간 있다 일어나서 합장하고 우러러보며, 선지식에게 열 가지 마음을 내니, 무엇이 열인가 하면, 이른바 선지식에게 나와 같다는 마음을 내니, 이는 내가 부지런히 노력하여 모든 지혜의 도를 돕는 법을 갖추려는 까닭이며, 선지식에게 자신의 업과 과보를 청정하게 하는 마음을 내니, 이는 내가 가까이 모시고 공양하여 선근을 내려는 까닭이며, 선지식에게 보살의 행으로 장엄하는 마음을 내니, 이는 내가 모든 보살의 행을 빨리 장엄하려는 까닭이다.

　선지식에게 모든 부처님의 법을 성취하는 마음을 내니, 이는 나를 가르치고 바른길로 이끌어서 도를 닦게 하려는 까닭이며, 선지식에게 능히 생하는 마음을 내니, 이는 내가 위 없는 법을 내려는 까닭이며, 선지식에게 벗어나 나아가는 마음을 내니, 이는 내가 보현보살이 가지고 있는 행과 원을 수행하여 벗어나려는 까닭이며, 선지식에게 모든 복과 지혜의 바다를 갖추는 마음을 내니, 이는 내가 모든 백법(白法)을 모으고 쌓으려는 까닭이었다.

　선지식에게 거듭 더하고 키우는 마음을 내니, 이는 내가 모든 지혜를 더하고 키우려는 까닭이며, 선지식에게 모든 선근을 온전하게 갖추는 마음을 내니, 이는 내가 뜻과 원의 원만함을 얻으려는 까닭이며, 선지식에게 갖추어 이루고 크게 이익이 되는 넉넉한 마음을 내니, 이는 내가 자재하게 모든 보살의 법에 편안히 머물려는 까닭이며, 모든 지혜의 도를 이루려는 까닭이며, 모든 부처님의 법을 얻으려는 까닭이니, 이것이 열이다.

　時 善財童子 見如是等佛刹微塵數差別身 一心頂禮 擧體投地 良久乃起 合掌瞻仰 於善知識生十種心 何等爲十 所謂於善知識生同己心 令我精勤 辦一切智助道法故 於善知識生淸淨自業果心 親近供養 生善根故 於善知識生莊嚴菩薩行心 令我速能莊嚴一切菩薩行故 於善知識生成就一切佛法心 誘誨於我 令修道故 於善知識生能生心 能生於我無上法故 於善知識生出離心 令我修行普賢菩薩所有行願 而出離故 於善知識生具一切福智海心 令我積集諸白法故 於善知識生增長心 令我增長一切智故 於善知識生具一切善根心 令我志願得圓滿故 於善知識生能成辦大利益心 令我自在安住一切菩薩法 成一切智道故 得一切佛法故 是爲十

이러한 마음을 일으키고는 대원정진력구호일체중생주야신과 모든 보살의 부처 세계의 티끌 수와 같은 행을 얻으니, 이른바 생각하는 것이 같으니, 이는 늘 시방의 삼세 모든 부처님을 생각하는 까닭이며, 사리를 밝게 분별하는 지혜와 같으니, 이는 모든 법 바다의 차별한 문을 분별하여 결정하는 까닭이며, 나아감이 같으니, 이는 일체 모든 부처님 여래의 빼어난 법륜을 굴리는 까닭이며, 깨달음이 같으니, 이는 허공과 같은 지혜로 모든 삼세 간에 두루 들어가는 까닭이며, 근이 같으니, 이는 청정한 광명 지혜의 근을 성취한 까닭이며, 마음이 같으니, 이는 막힘이나 걸림 없는 선근을 닦아 모든 보살의 도를 장엄하는 까닭이며, 경계가 같으니, 이는 모든 부처님이 행하시는 경계를 두루 비추는 까닭이며, 증명함이 같으니, 모든 지혜로 실상의 본바탕이 되는 바다를 비추는 청정한 광명을 얻는 까닭이며, 이치가 같으니, 이는 지혜로 모든 법의 진실한 성품을 깨우쳐 아는 까닭이며, 용맹함이 같으니, 이는 모든 막힘이나 걸림이 되는 산을 무너뜨린 까닭이며, 색신이 같으니, 이는 중생의 마음을 따라 몸을 나타내는 까닭이며, 힘이 같으니, 이는 모든 지혜를 구함에 물러나지 않는 까닭이며, 두려움 없음이 같으니, 그 마음이 청정하기가 허공과 같은 까닭이며, 정진이 같으니, 이는 헤아릴 수 없는 겁을 두고 보살의 행을 게으르지 않게 하는 까닭이다.

　변재가 같으니, 이는 법에 막힘이나 걸림 없는 지혜의 광명을 얻는 까닭이며, 그 이상 더 할 수 없을 정도로 같으니, 이는 몸의 모양이나 상태가 청정하여 세간을 뛰어넘는 까닭이며, 사랑의 말이 같으니, 이는 모든 중생이 빠짐없이 다 환희하는 까닭이며, 빼어난 음성이 같으니, 이는 모든 법문의 바다를 두루 널리 펴는 까닭이며, 넉넉한 음성이 같으니, 이는 모든 중생이 무리를 따라 이해하는 까닭이며, 청정한 덕이 같으니, 이는 여래의 청정한 공덕을 닦고 익히는 까닭이며, 지혜의 지위가 같으니, 이는 모든 부처님의 처소에서 법륜을 받는 까닭이며, 청정한 행이 같으니, 이는 모든 부처님의 경계에 편안히 머무는 까닭이다.

　크게 사랑함이 같으니, 이는 생각과 생각마다 모든 국토의 중생 바다를 두루 덮는 까닭이며, 크게 가엾이 여기는 마음이 같으니, 이는 법 비를 내려 일체 모든 중생을 두루 윤택하게 하는 까닭이며, 몸으로 짓은 업이 같으니, 이는 방편으로 일체 모든 중생을 가르치고 바른길로 이끄는 까닭이며, 말로 짓은 업이 같으니, 이는 무리를 따르는 음성으로 일체 모든 법문을 널리 펴서 설하는 까닭이며, 뜻과 생각으로 짓은 업이 같으니, 이는 중생들을 두루 거두어 모든 지혜의 경계 가운데 두는 까닭이며, 장엄함이 같으니, 이는 일체 모든 부처 세계를 장엄하여 청정하게 하는 까닭이며, 친근함이 같으니, 이는 부처님이 세상에 나오시면 모두 친근히 하는 까닭이다.

법문을 권하고 청함이 같으니, 이는 모든 부처님을 청하여 법륜을 굴리게 하는 까닭이며, 공양이 같으니, 이는 늘 모든 부처님에게 즐겁게 공양하는 까닭이며, 가르치고 바른 길로 이끄는 일이 같으니, 이는 일체 모든 중생을 조복시키는 까닭이며, 광명이 같으니, 이는 일체 모든 문을 비추어 깨우쳐 알고 마치는 까닭이며, 삼매가 같으니, 모든 중생의 마음을 두루 아는 까닭이며, 두루 가득함이 같으니, 이는 자재한 힘으로 일체 모든 부처 세계의 바다를 충만하게 하는 모든 행을 닦는 까닭이며, 머무는 곳이 같으니, 이는 모든 보살의 큰 신통에 머무는 까닭이며, 권속이 같으니, 이는 모든 보살과 함께 머무르는 까닭이다.

　들어가는 곳이 같으니, 이는 세계의 미세한 곳까지 두루 들어가는 까닭이며, 마음으로 걱정함이 같으니, 이는 일체 모든 부처 세계를 두루 아는 까닭이며, 나아가 이르는 곳이 같으니, 이는 모든 부처의 세계 바다에 두루 들어가는 까닭이며, 방편이 같으니, 이는 남김없이 다 일체 모든 부처 세계를 나타내는 까닭이며, 뛰어나게 초월함이 같으니, 이는 모든 부처 세계에서 비할 데가 없는 까닭이며, 물러서지 않음이 같으니, 이는 시방에 두루 들어가지만, 막힘이나 걸림이 없는 까닭이었다.

　어둠을 깨트림이 같으니, 이는 모든 부처님의 보리 지혜를 이루어서 큰 광명을 얻는 까닭이며, 무생인과 같으니, 이는 모든 부처님의 대중 모임, 이 모임의 바다에 들어가는 까닭이며, 두루 함이 같으니, 이는 일체 모든 부처 세계의 그물에서 말할 수 없는 세계의 모든 여래에게 공손히 섬기어 공양하는 까닭이며, 지혜로 증득함이 같으니, 이는 그들의 법문 바다를 깨달아 아는 까닭이며, 수행이 같으니, 이는 일체 모든 법문을 거스르지 않고 행하는 까닭이며, 바라고 구함이 같으니, 이는 청정한 법이 깊고 즐겁게 하는 까닭이며, 청정함이 같으니, 이는 부처님의 공덕을 모아 몸과 입과 뜻을 장엄하는 까닭이며, 빼어난 뜻이 같으니, 이는 모든 법을 지혜로 분명하게 깨우쳐 아는 까닭이며, 정진이 같으니, 이는 일체 모든 선근이 두루 한 까닭이며, 청정한 행이 같으니, 이는 모든 보살의 행을 넉넉하게 이루는 까닭이며, 막힘이나 걸림 없음이 같으니, 이는 모든 법이 다 모양이나 상태가 없음을 깨우쳐 아는 까닭이며, 섬세하고 능숙한 선근이 같으니, 이는 모든 법 가운데 지혜가 자재한 까닭이며, 따라서 즐거워함이 같으니, 이는 중생의 마음을 따라 경계를 나타내는 까닭이며, 방편이 같으니, 이는 모든 응하는 것을 익힘에 선근으로 익히는 까닭이며, 보호하려는 생각이 같으니, 이는 모든 부처님으로부터 보호받음을 얻는 까닭이다.

　지위에 들어감이 같으니, 이는 모든 보살의 지위에 들어감을 얻는 까닭이며, 머무는 곳이 같으니, 이는 모든 보살의 지위에 편안히 머무는 까닭이며, 수기함이 같으니, 이는 모든 부처님께서 수기를 주는 까닭이며, 삼매가 같으니, 이는 한 찰나 가운데 모든 삼매의 문에 두루 들어가는 까닭이며, 만들어 세우는 것이 같으니, 이는 가지가지 모든 부처님의 일을 나타내 보이는 까닭이며, 바르게 생각함이 같으니, 이는 모든 경계의 문을 바르게 생각하는 까닭이며, 수행함이 같으니, 이는 미래의 겁이 다하도록 모든 보살행을 수행하는 까닭이며, 청정한 믿음이 같으니, 이는 모든 여래의 헤아릴 수 없는 지혜를 무척이나 좋아하는 까닭이며, 버리고 벗어남이 같으니, 이는 일체 모든 막힘이나 걸림을 없애고 제거하는 까닭이며, 물러서지 않는 지혜가 같으니, 이는 모든 여래와 더불어 지혜가 동등한 까닭이며, 태어남을 받는 것이 같으니, 이는 당연히 모든 중생이 성숙함을 나타내는 까닭이다.

　머무는 바가 같으니, 이는 모든 지혜의 방편 문에 머무는 까닭이며, 경계가 같으니, 이는 법계의 경계에 자재함을 얻는 까닭이며, 의지할 곳 없음이 같으니, 이는 의지하려는 모든 마음을 영원히 끊어버린 까닭이며, 법을 설함이 같으니, 이는 모든 법의 평등함에 들어간 까닭이며, 부지런하게 닦음이 같으니, 이는 늘 모든 부처님으로부터 보호와 염려함을 입는 까닭이며, 신통이 같으니, 이는 시방의 세계 바다에 들어가는 까닭이며, 다라니가 같으니, 이는 모든 총지 바다를 두루 비추는 까닭이며, 비밀 한 법이 같으니, 이는 모든 수다라 가운데 빼어난 법문을 깨달아 아는 까닭이며, 깊고 깊은 법이 같으니, 이는 모든 법이 허공과 같음을 이해한 까닭이며, 광명이 같으니, 이는 일체 모든 세계를 두루 비추는 까닭이며, 기뻐서 즐거워함이 같으니, 이는 중생의 마음을 따라 열어 보여서 다들 환희하게 하는 까닭이며, 진동이 같으니, 이는 모든 중생을 위해 신통한 힘을 나타내어 시방의 모든 세계를 두루 진동시키는 까닭이며, 헛되지 않음이 같으니, 이는 보고 듣고 기억하여 그들의 모든 마음을 조복시키는 까닭이며, 벗어남이 같으니, 이는 일체 모든 원의 바다를 만족하게 하고 여래 십력의 지혜를 성취한 까닭이다.

　發是心已 得彼夜神與諸菩薩佛刹微塵數同行 所謂同念 心常憶念十方三世一切佛故 同慧 分別決了一切法海差別門故 同趣 能轉一切諸佛如來妙法輪故 同覺 以等空智 普入一切三世間故 同根 成就菩薩淸淨光明智慧根故 同心 善能修習無礙功德 莊嚴一切菩薩道故 同境 普照諸佛所行境故 同證 得一切智照實相海淨光明故 同義 能以智慧 了一切法眞實性故 同勇猛 能壞一切障礙山故 同色身 隨衆生心 示現身故 同力 求一切智 不退轉故 同無畏 其心淸淨 如虛空故 同精進 於無量劫 行菩薩行 無懈倦故 同辯才 得法無礙智光明故 同無等 身相淸淨 超世間故 同愛語 令一切衆生 皆歡喜故 同妙音 普演一切法門海故 同滿音 一切衆生隨類解故 同淨德 修習如來淨功德故 同智地 一切佛所受法輪故 同梵行 安住一切佛境界故 同大慈 念念普覆一切國土衆生海故 同大悲 普雨法雨 潤澤一切諸衆生故 同身業 以方便行 敎化一切諸衆

生故 同語業 以隨類音 演說一切諸法門故 同意業 普攝衆生 置一切智境界中故 同莊嚴 嚴淨一切諸佛刹故 同親近 有佛出世 皆親近故 同勸請 請一切佛轉法輪故 同供養 常樂供養一切佛故 同敎化 調伏一切諸衆生故 同光明 照了一切諸法門故 同三昧 普知一切衆生心故 同充徧 以自在力 充滿一切諸佛刹海 修諸行故 同住處 住諸菩薩大神通故 同眷屬 一切菩薩共止住故 同入處 普入世界微細處故 同心慮 普知一切諸佛刹故 同往詣 普入一切佛刹海故 同方便 悉現一切諸佛刹故 同超勝 於諸佛刹 皆無比故 同不退 普入十方無障礙故 同破闇 得一切佛 成菩提智大光明故 同無生忍 入一切佛衆會海故 同徧 一切諸佛刹網 恭敬供養不可說刹諸如來故 同智證 了知彼彼法門海故 同修行 順行一切諸法門故 同希求 於淸淨法深樂欲故 同淸淨 集佛功德 而以莊嚴身 口 意故 同妙意 於一切法智明了故 同精進 普集一切諸善根故 同淨行 成滿一切菩薩行故 同無礙 了一切法皆無相故 同善巧 於諸法中智自在故 同隨樂 隨衆生心 現境界故 同方便 善習一切所應習故 同護念 得一切佛所護念故 同入地 得入一切菩薩地故 同所住 安住一切菩薩位故 同記別 一切諸佛授其記故 同三昧 一刹那中普入一切三昧門故 同建立 示現種種諸佛事故 同正念 正念一切境界門故 同修行 盡未來劫 修行一切菩薩行故 同淨信 於諸如來無量智慧 極欣樂故 同捨離 滅除一切諸障礙故 同不退智 與諸如來智慧等故 同受生 應現成熟諸衆生故 同所住 住一切智方便門故 同境界 於法界境 得自在故 同無依 永斷一切所依心故 同說法 已入諸法平等智故 同勤修 常蒙諸佛所護念故 同神通 開悟衆生 令修一切菩薩行故 同神力 能入十方世界海故 同陀羅尼 普照一切摠持海故 同秘密法 了知一切修多羅中妙法門故 同甚深法 解一切法如虛空故 同光明 普照一切諸世界故 同欣樂 隨衆生心 而爲開示 令歡喜故 同震動 爲諸衆生 現神通力 普動十方一切刹故 同不虛 見聞憶念 皆悉令其心調伏故 同出離 滿足一切諸大願海 成就如來十力智故

때맞춰 선재 동자는 대원정진력구호일체중생주야신을 자세히 살펴서 들여다보고 열 가지 청정한 마음을 일으켜 이와 같은 등의 부처 세계의 티끌 수와 같은 보살과 같은 행을 얻었다. 이미 이를 얻고는 마음이 더욱 청정해지기에 오른쪽 어깨를 드러내고 그의 발에 머리 숙여 예를 올리고는 일심으로 합장하고 게송을 말했다.

時 善財童子 觀察大願精進力救護一切衆生夜神 起十種淸淨心 獲如是等佛刹微塵數同菩薩行 旣獲此已 心轉淸淨 徧袒右肩 頂禮其足 一心合掌 以偈讚曰

我發堅固意 나는 견고한 뜻을 일으켜
志求無上覺 마음으로 위 없는 깨우침을 구하려고
今於善知識 지금 선지식에게
而起自己心 자기의 마음을 일으켰다네.

以見善知識 선지식을 보기에
集無盡白法 다함이 없는 백법(不立五蘊不離證得.般若智)을 모으고
滅除衆罪垢 많은 죄와 허물을 제거하여 없애며
成就菩提果 보리의 과를 성취한다네.

我見善知識 나는 선지식을 보기에
功德莊嚴心 공덕으로 마음을 장엄하고
盡未來刹劫 미래 세계의 겁이 다하도록
勤修所行道 부지런히 닦아야 할 도를 행한다네.

我念善知識 내가 선지식을 생각하니
攝受饒益我 나를 거두고 받아들여 넉넉하게 이익을 더하고
爲我悉示現 나를 위해
正敎眞實法 바른 가르침과 진실한 법을 남김없이 다 나타내어 보이신다네.

關閉諸惡趣 모든 악한 부류에 대한 빗장을 닫아버리고
顯示人天路 사람과 하늘의 길을 나타내 보이며
亦示諸如來 또한 모든 여래께서
成一切智道 이룬 모든 지혜의 도를 보이신다네.

我念善知識 내가 선지식을 생각하니
是佛功德藏 부처님의 공덕 장이며
念念能出生 생각과 생각마다
虛空功德海 허공과 같은 공덕 바다를 내놓으신다네.

與我波羅蜜 나에게 바라밀을 주시고

增我難思福 나에게 헤아리기 어려운 복을 더하며
長我淨功德 나의 청정한 공덕을 자라게 하여
令我冠佛繒 내가 부처님의 비단 띠 관을 쓰게 한다네.

我念善知識 내가 선지식을 생각하니
能滿佛智道 부처님 지혜의 도를 가득하게 하고
誓願常依止 서원에 항상 의지하여
圓滿白淨法 백정 법(不立五蘊不離證得.般若智)을 원만하게 하신다네.

我以此等故 내가 이러한 것으로 말미암아
功德悉具足 공덕을 남김없이 다 온전하게 갖추고
普爲諸衆生 모든 중생을 위해 두루
說一切智道 모든 지혜의 도를 설한다네.

聖者爲我師 성자시여! 나의 스승이 되어
與我無上法 위 없는 법을 나에게 주시니
無量無數劫 헤아릴 수 없고 수 없는 겁을 두고도
不能報其恩 그 은혜를 갚을 수가 없습니다.

그때 선재 동자가 이 게송을 마치고 물어 말했다.
"대성이시여! 원하건대 저를 위해 설해주십시오. 이 해탈문의 이름은 무엇이며, 마음을 일으킨 후로 시간은 얼마나 되었으며, 얼마나 오래전에 아뇩다라삼먁삼보리를 얻었습니까?"
爾時 善財說此偈已 白言 大聖 願爲我說 此解脫門名爲何等 發心已來 爲幾時耶 久如當得阿耨多羅三藐三菩提

중생을 가르치고 바른길로 이끌어 선근을 내게 하는 해탈의 문

대원정진력구호일체중생주야신이 말했다.
"선남자여! 이 해탈문의 이름은 '교화중생령생선근'이며, 나는 이 해탈을 성취하였기에

모든 법의 성품이 평등한 것임을 깨달았으며, 모든 법의 진실한 성품에 들어가 의지할 것이 없는 법을 증득하였으며, 세간을 버리고 벗어났으면서도 모든 법의 색과 모양이나 상태가 차별됨을 알며, 또한 푸르고 누르고 붉고 흰 것의 성품이 모두 실답지 않고 차별이 없음을 분명하게 깨우쳐 통하였다."

"그러면서 헤아릴 수 없는 모양이나 상태의 몸을 나타내니, 이른바 가지가지의 색신(色身)과 하나가 아닌 색신과 끝이 없는 색신과 청정한 색신과 모든 것으로 장엄하는 색신과 두루 보는 색신과 모든 중생과 평등한 색신과 모든 중생 앞에 두루 나타내는 색신과 광명으로 두루 비추는 색신과 보기에 싫지 않은 색신과 좋은 모습의 색신과 청정한 색신과 많은 악에서 벗어나는 색신과 큰 용맹을 나타내 보이는 색신과 매우 얻기 어려운 색신과 모든 세간이 함께 칭찬해도 다함이 없는 색신과 생각과 생각마다 항상 자세히 살펴보는 색신과 가지가지의 구름을 나타내 보이는 색신과 가지가지 형상의 색을 나타내는 색신과 헤아릴 수 없는 자재한 힘을 나타내는 색신과 빼어난 광명의 색신과 일체 청정하고 빼어나게 장엄하는 색신과 거스르지 않고 따라서 모든 중생을 성숙하게 하는 색신과 그 마음의 즐거워함을 따라 눈앞에 나타나 조복시키는 색신과 막힘이나 걸림 없는 두루 한 광명의 색신과 청정하기에 탁하고 더러움이 없는 색신과 장엄을 온전하게 갖추어 무너트릴 수 없는 색신과 생각으로 헤아려 알 수 없는 법 방편의 광명 색신과 모든 것을 빼앗을 수 없는 색신과 모든 어둠을 깨트려 일체 어둠이 없는 색신과 모든 백정법을 모으는 색신과 큰 세력의 공덕 바다 색신과 과거에 공경으로 말미암아 좇아 나온 색신과 허공과 같은 청정한 마음으로 나온 색신과 가장 뛰어나고 광대한 색신과 끊어짐도 없고 다함도 없는 색신과 광명의 바다 색신과 일체 세간에 의지할 곳이 없는 평등한 색신과 시방에 두루 하여 막힘이나 걸림이 없는 색신과 생각과 생각마다 가지가지의 색상 바다를 나타내는 색신과 모든 중생의 환희심을 더하고 늘리게 하는 색신과 모든 중생의 바다를 거두어 취하는 색신과 하나하나의 털구멍 가운데서 모든 부처님의 공덕 바다를 설하는 색신과 모든 중생이 이해하고자 하는 바다를 청정하게 하는 색신과 모든 법과 뜻을 결정하여 깨우쳐 아는 색신과 막힘이나 걸림이 없이 두루 비추어 빛나게 하는 색신과 허공과 같은 청정한 광명의 색신과 광대하고 청정한 광명을 놓은 색신과 허물이 없는 법을 비추어 나타내는 색신과 아주 뛰어나서 비할 데 없는 색신과 차별하여 장엄하는 색신과 시방을 두루 비추는 색신과 때를 따라 나타내 보임으로 중생에게 응하는 색신과 적정한 색신으로 모든 번뇌를 없애는 색신과 모든 중생의 복 밭인 색신과 모든 중생이 보지만 헛되지 않은 색신과 큰 지혜의 용맹한 힘 색신과 막힘이나 걸림 없이 널리 두루 한 색신과 빼어난 몸의 구름으로 세간에 두루 나타나 모두 이익이 되도록 하는 색신과 큰 사랑의 바다를 온전하게 갖추는 색신과 큰 복덕 보배산 왕의 색신과 광명을 놓아 세간의 모든 부류를 비추는 색신이다."

"큰 지혜의 청정한 색신과 중생에게 바른 생각과 마음을 내게 하는 색신과 모든 보배 광명 색신과 광명이 두루 한 장 색신과 세간에 가지가지 청정한 모양이나 상태를 나타내는 색신과 모든 지혜의 처소를 구하는 색신과 미소를 나타내어 중생들이 청정한 믿음을 내게 하는 색신과 모든 보배 장엄 광명 색신과 모든 중생을 취하지도 않고 버리지도 않는 색신과 결정도 없고 마지막도 없는 색신과 자재하게 도움을 받아 나타내는 색신과 모든 신통 변화를 나타내는 색신과 여래의 집에 태어나는 색신과 많은 악에서 멀리 벗어나 법계에 두루 하는 색신과 모든 여래의 도량에 모인 모임에 두루 나타내는 색신과 가지가지 많은 색의 바다를 갖추는 색신과 선근의 행을 좇아 흐르는 색신과 응화 할 바를 따라 나타내 보이는 색신과 모든 세간을 보지만 물들지 않은 색신과 가지가지 청정한 광명의 색신과 모든 삼세의 바다를 나타내는 색신과 모든 광명의 바다를 놓은 색신과 헤아릴 수 없이 차별한 광명 바다를 나타내는 색신과 모든 세간에 일체 향 광명을 일으키는 색신과 말할 수 없는 태양 구름을 나타내는 색신과 광대한 달 구름을 나타내는 색신과 헤아릴 수 없는 수미산 빼어난 꽃구름을 나타내는 색신과 가지가지의 머리 장식 구름을 내놓은 색신과 모든 보배 연꽃 구름을 나타내는 색신과 모든 사르는 향 구름을 일으켜서 법계에 두루두루 한 색신과 모든 가루 향장 구름을 흩뿌리는 색신과 모든 여래의 큰 원이 되는 몸을 나타내는 색신과 모든 언어 음성으로 법 바다를 널리 펴서 설하여 나타내는 색신과 보현보살의 상을 나타내는 색신이다."

夜神告言 善男子 此解脫門名敎化衆生 令生善根 我以成就此解脫故 悟一切法自性平等 入於諸法眞實之性 證無依法 捨離世間 悉知諸法色相差別 亦能了達靑黃赤白性 皆不實無有差別 而恒示現無量色相 所謂種種色身 非一色身 無邊色身 淸淨色身 一切莊嚴色身 普見色身 等一切衆生色身 普現一切衆生前色身 光明普照色身 見無厭足色身 相好淸淨色身 離衆惡光明色身 示現大勇猛色身 甚難得色身 一切世間無能映蔽色身 一切世間共俙歎無盡色身 念念常觀察色身 示現種種雲色身 種種形顯色色身 現無量自在力色身 妙光明色身 一切淨妙莊嚴色身 隨順成熟一切衆生色身 隨其心樂現前調伏色身 無障礙普光明色身 淸淨無濁穢色身 具足莊嚴不可壞色身 不思議法方便光明色身 無能奪奪一切色身 無諸闇破一切闇色身 集一切白淨法色身 大勢力功德海色身 從過去恭敬因所生色身 如虛空淸淨心所生色身 最勝廣大色身 無斷無盡色身 光明海色身 於一切世間無所依平等色身 徧十方無所礙色身 念念現種種色相海色身 增長一切衆生歡喜心色身 攝取一切衆生海色身 一一毛孔中說

一切佛功德海色身 淨一切衆生欲解海色身 決了一切法義色身 無障礙普照耀色身 等虛空淨光明色身 放廣大淨光明色身 照現無垢法色身 無比色身 差別莊嚴色身 普照十方色身 隨時示現應衆生色身 寂靜色身 滅一切煩惱色身 一切衆生福田色身 一切衆生見不虛色身 大智慧勇猛力色身 無障礙普周徧色身 妙身雲普現世間皆蒙益色身 具足大慈海色身 大福德寶山王色身 放光明普照世間一切趣色身 大智慧淸淨色身 生衆生正念心色身 一切寶光明色身 普光藏色身 現世間種種淸淨相色身 求一切智處色身 現微笑令衆生生淨信色身 一切寶莊嚴光明色身 不取不捨一切衆生色身 無決定無究竟色身 現自在加持力色身 現一切神通變化色身 生如來家色身 遠離衆惡徧法界海色身 普現一切如來道場衆會色身 具種種衆色海色身 從善行所流色身 隨所應化示現色身 一切世間見無厭足色身 種種淨光明色身 現一切三世海色身 放一切光明海色身 現無量差別光明海色身 超諸世間一切香光明色身 現不可說日輪雲色身 現廣大月輪雲色身 放無量須彌山妙華雲色身 出種種鬘雲色身 現一切寶蓮華雲色身 興一切燒香雲徧法界色身 散一切末香藏雲色身 現一切如來大願身色身 現一切語言音聲演法海色身 現普賢菩薩像色身

"생각과 생각 가운데 이와 같은 색상의 몸을 나타내어 시방에 충만하기에 중생들이 늘 보게 하고 늘 생각하게 하고 늘 법을 설하면 듣게 하고 늘 이로 말미암아 친근하게 하고 늘 깨우침을 깨달아 얻게 하고 늘 신통을 보게 하고 늘 변화를 보게 하여 남김없이 다 마음의 즐거움을 따라 응하고 조복시켜서 선근의 업이 아니면 버리고 선근의 행에 머물게 하였다."

"선남자여! 이는 당연히 큰 원력으로 말미암은 까닭이며, 모든 지혜의 힘으로 말미암은 까닭이며, 보살의 해탈한 힘으로 말미암은 까닭이며, 크게 가엾이 여기는 힘으로 말미암은 까닭으로 이와 같은 일을 지은 것이다."

念念中現如是等色相身 充滿十方 令諸衆生 或見或念 或聞說法 或因親近 或得開悟 或見神通 或睹變化 悉隨心樂 應時調伏 捨不善業 住於善行 善男子 當知此由大願力故 一切智力故 菩薩解脫力故 大悲力故 大慈力故 作如是事

"선남여! 나는 이 해탈에 들어가 법의 성품이란 차별이 없는 것임을 알면서도 헤아릴 수 없는 색신을 나타내 보여서 하나하나의 몸마다 헤아릴 수 없는 색의 모양이나 상태의 바다를 나타내고 하나하나의 모양이나 상태에서 헤아릴 수 없는 광명 구름을 놓고 하나하나의 광명에서 헤아릴 수 없는 부처님이 나심을 나타내고 한 분 한 분의 부처님이 헤아릴 수 없는 신통한 힘을 나타내어 중생들이 지난 세상에서 지은 선근을 열고 일으켜서 종자가 없는 자는 심게 하고 이미 심은 자는 더욱 더하여 키우게 하고 이미 더하고 키운 자는 성숙하게 하여 생각과 생각마다 헤아릴 수 없는 중생들이 아뇩다라삼먁삼보리에서 물러섬이 없음을 얻게 하였다."

善男子 我入此解脫 了知法性 無有差別 而能示現無量色身 一一身現無量色相海 一一相放無量光明雲 一一光現無量佛國土 一一土現無量佛興世 一一佛現無量神通力 開發衆生宿世善根 未種者令種 已種者令增長 已增長者令成熟 念念中令無量衆生 於阿耨多羅三藐三菩提 得不退轉

"선남자여! 그대가 물은 것과 같이 언제 보리심을 내었고 보살의 행을 닦았는지, 이와 같은 이치를 부처님의 신통한 힘을 받들어 당연히 그대를 위해 설할 것이다."

善男子 如汝所問 從幾時來 發菩提心 修菩薩行 如是之義 承佛神力 當爲汝說

"선남자여! 보살의 지혜 바퀴는 분별하는 모든 경계를 멀리 벗어났기에 생사 중에 길고 짧으며, 물들고 청정하며, 넓고 좁으며, 많고 적은 이와 같은 모든 겁으로 분별하여 나타내 보일 수 없다. 무슨 까닭인가 하면, 보살의 지혜 바퀴는 본래부터 성품이 청정하기에 모든 분별의 그물을 벗어나 모든 막힘이나 걸림의 산을 뛰어넘었지만, 당연히 응하여 가르치고 바른길로 이끌만함을 따라 두루 비추기 때문이다."

善男子 菩薩智輪遠離一切分別境界 不可以生死中長短 染淨 廣狹 多少 如是諸劫 分別顯示 何以故 菩薩智輪本性淸淨 離一切分別網 超一切障礙山 隨所應化 而普照故

"선남자여! 비유하면 해 바퀴가 낮과 밤이 없지만, 해가 뜨면 낮이라 하고 해가 지면 밤이라 하니, 보살의 지혜 바퀴도 역시 차례를 좇아(復) 이와 같기에 분별이 없고 또한 삼세가 없지만, 단지 마음을 따라 나타내어 중생을 가르치고 바른길로 이끄는 것이니, 그치고 머무는 것을 두고 앞의 겁, 뒤의 겁이라 말한다."

善男子 譬如日輪無有晝夜 但出時名晝 沒時名夜 菩薩智輪 亦復如是 無有分別 亦無三世 但隨心現 敎化衆生 言其止住 前劫 後劫

"선남자여! 비유하면 해 바퀴가 염부제 텅 빈 곳에 뜨면 그 그림자가 모든 보물과 또한 강과 바다의 청정한 물 가운데 남김없이 다 나타나는 것을 모든 중생이 눈으로 보지만, 저 청정한 해가 이곳에 오는 것이 아닌 것과 같다. 보살의 지혜 바퀴도 역시 차례를 좇아(復) 이와 같기에 모든 있음의 바다에서 나오고 부처님의 실질적 본바탕이 되는 법에 머물러 적정의 텅 빈 곳 가운데 의지할 곳이 없지만, 모든 중생을 가르치고 바른길로 이끌기 위한 까닭으로 모든 부류의 무리를 따라 태어난다. 그러나 실제로는 나고 죽음이 없으며, 물들고 집착하지 않으며, 길고 짧다는 겁이라는 생각의 분별이 없다."

"무슨 까닭인가 하면, 보살은 모든 뒤바뀐 마음의 생각과 소견을 마지막까지 벗어나고 진실한 견해를 얻어 법의 실상으로서 성품을 보았기에 모든 세간이 꿈과 같고 허깨비와 같아서 중생이 없음을 알지만, 큰 자비와 원력으로 중생 앞에 나타나 가르치고 바른길로 이끌고 조복시키는 것이다."

善男子 譬如日輪住閻浮空 其影悉現一切寶物及以河海諸淨水中 一切衆生莫不目見 而彼淨日不來至此 菩薩智輪 亦復如是 出諸有海 住佛實法寂靜空中 無有所依 爲欲化度諸衆生故 而於諸趣 隨類受生 實不生死 無所染著 無長短劫諸想分別 何以故 菩薩究竟 離心想見一切顚倒 得眞實見 見法實性 知一切世間如夢如幻 無有衆生 但以大悲 大願力故 現衆生前 敎化調伏

"불자여! 비유하면 뱃사공이 늘 큰 배를 타고 강물이 흐르는 가운데 있으면서도 이 언덕을 의지하지 않고 저 언덕에 도착하지도 않고 그렇다고 중간의 흐름에 머물지도 않으면서 중생을 건네주는 일을 쉬지 않는 것과 같다. 보살마하살도 역시 차례를 좇아(復) 이와 같은 바라밀의 배를 가지고 생사의 흐름 가운데 이 언덕을 의지하지 않고 저 언덕에도 도착하지 않으며, 가운데 머물지도 않으면서 중생을 가르치고 바른길로 이끄는 일을 쉬지 않으니, 비록 헤아릴 수 없는 겁 동안 보살행을 닦지만, 일찍이 겁을 두고 길다거나 짧다는 분별을 하지 않는다."

佛子 譬如船師常以大船 於河流中 不依此岸 不著彼岸 不住中流 而度衆生 無有休息 菩薩摩訶薩 亦復如是 以波羅蜜船 於生死流中 不依此岸 不著彼岸 不住中流 而

度衆生 無有休息 雖無量劫 修菩薩行 未曾分別劫數長短

"불자여! 비유하면 큰 허공의 모든 세계가 그 가운데서 이루어지고 무너지지만, 본 성품은 청정하기에 물들지도 않고 어지럽지도 않고 막힘이나 걸림도 없고 만족함도 없으며, 길지도 않고 짧지도 않지만, 미래의 겁이 다하도록 모든 세계를 가지고 있는 것과 같다. 보살마하살도 역시 차례를 좇아(復) 이와 같은 허공계와 같고 광대하고 깊은 마음으로 큰 원의 바람 바퀴를 일으켜 모든 중생을 거두어 악한 길에서는 벗어나고 선근의 부류에 나게 하여 모든 지혜의 지위에 편안히 머물게 하며, 모든 번뇌 생사의 괴로운 속박을 없애지만, 근심하거나 기뻐하거나 피로하거나 싫어하는 마음이 없다."

佛子 如大虛空一切世界 於中成壞 而無分別 本性淸淨 無染無亂 無礙無厭 非長非短 盡未來劫 持一切刹 菩薩摩訶薩 亦復如是 以等虛空界廣大深心 起大願風輪 攝諸衆生 令離惡道 生諸善趣 悉令安住一切智地 滅諸煩惱生死苦縛 而無憂喜疲厭之心

"선남자여! 허깨비 같은 사람이 몸과 팔다리는 비록 갖추었지만, 숨을 들이쉬고 내쉬고 차고 덥고 굶주리고 목마르고 근심하고 기뻐하고 나고 죽는 열 가지의 일이 없는 것과 같다. 보살마하살도 역시 차례를 좇아(復) 이와 같기에 허깨비와 같은 지혜의 평등한 법신으로 많은 색상을 나타내어 모든 중생의 세계에 헤아릴 수 없는 겁을 머물며, 중생을 가르치고 바른길로 이끌지만, 죽고 사는 모든 경계에 대해 기쁨도 없고 싫음도 없으며, 사랑도 없고 성냄도 없으며, 괴로움도 없고 즐거움도 없으며, 가지는 것도 없고 버리는 것도 없으며, 편안함도 없고 두려움도 없다."

善男子 如幻化人肢體雖具 而無入息及以出息 寒熱 飢渴 憂喜 生死十種之事 菩薩摩訶薩 亦復如是 以如幻智平等法身 現衆色相 於諸有趣 住無量劫 敎化衆生 於生死中一切境界 無欣無厭 無愛無恚 無苦無樂 無取無捨 無安無怖

"불자여! 보살의 지혜가 비록 차례를 좇아(復) 이와 같기에 깊고 깊어서 헤아리기 어렵지만 내가 부처님의 위신을 받들어 그대에게 설하여 미래 세상의 모든 보살이 큰 원을 만족하게 하고 모든 힘을 성취하게 할 것이다."

佛子 菩薩智慧 雖復如是 甚深難測 我當承佛威神之力 爲汝解說 令未來世諸菩薩 等 滿足大願 成就諸力

"불자여! 오래 지난 옛적 세상에 세계 바다의 티끌 수와 같은 겁을 지나 겁이 있었으니, 이름이 '선근 광명'이며, 세계의 이름은 '보배 광명'이었다. 그 겁 동안에 1만 부처님이 세상에 나셨으니, 그 첫 부처님의 이름은 '법륜음허공등왕 여래, 응공, 정등각'이며, 십호가 원만하셨다. 그 염부제에 한 왕도가 있으니, 이름이 '보배 장엄'이며, 그 동쪽으로 멀지 않는 곳에 큰 숲이 있으니, 이름이 빼어난 빛이며, 그 숲속에 도량이 있으니, 이름이 '보배 꽃'이며, 그 도량에 보광명마니연화장 사자좌가 있고 그 부처님이 이 사자좌에서 아뇩다라삼먁삼보리를 이루시고 1백 년 동안 이 도량에 앉아 모든 보살과 모든 하늘과 사람과 염부제에서 선근을 심고 성숙한 이들을 위해 바른 법을 널리 펴서 설하셨다."

佛子 乃往古世過世界海微塵數劫 有劫名善光 世界名寶光 於其劫中 有一萬佛 出興于世 其最初佛 號法輪音虛空燈王如來應正等覺 十號圓滿 彼閻浮提 有一王都 名寶莊嚴 其東不遠 有一大林 名曰妙光 中有道場 名爲寶華 彼道場中 有普光明摩尼蓮華藏師子之座 時 彼如來於此座上 成阿耨多羅三藐三菩提 滿一百年 坐於道場 爲諸菩薩 諸天 世人及閻浮提 宿植善根 已成熟者 演說正法

이때 국왕의 이름이 '뛰어난 광명'이며, 사람들의 목숨은 1만 살이고 그 가운데 사람을 죽이고 훔치고 음란하고 방탕하고 거짓말하고 속이는 말을 하고 이간질하고 욕설을 하고 탐욕 많고 성내고 나쁜 견해를 가지고 부모에게 불효하고 사문과 바라문을 공경하지 않는 자가 많았기에 때맞추어 국왕이 그들을 조복시키고자 하는 까닭으로 감옥을 만들고 칼과 고랑과 수갑 등을 만들어 막아버리니, 헤아릴 수 없는 중생이 그 가운데서 고생하고 있었다.

是時 國王名曰勝光 時 世人民壽一萬歲 其中多有殺 盜 婬佚 妄語 綺語 兩舌 惡口 貪 瞋 邪見 不孝父母 不敬沙門 波羅門等 時 王爲欲調伏彼故 造立囹圄 枷鎖禁閉 無量衆生於中受苦

왕에게 태자가 있었으니, 이름이 '선복'이며, 단정하고 수수하여 사람들이 보기 좋아하고 28가지 대인의 상을 갖추었다. 궁중에 있으면서 감옥에 갇힌 사람들의 울부짖은 소리를 듣고 가엾이 여기는 마음을 이기지 못하고 궁전에서 나와 감옥으로 달려가 보니, 모든 죄수가 손과 발이 고랑으로 묶여 지고 채워지고 칼에 씌워져 쇠사슬에 서로 묶여 어둠 속에 갇혀있었다. 늘 불에 지져지고 늘 연기를 맞으며, 늘 곤장을 맞고 코를 베이고 발가 벗겨지고 머리카락은 헝클어지고 기갈은 극심하고 몸은 수척해지고 근육은 터지고 뼈가 드러나 지독한 고통에 울부짖고 있었다.

태자가 보고는 가엾고 불쌍히 여기는 마음을 내어 두려움이 없는 음성으로 위로하며 말했다.

"그대들은 걱정하지 말고 두려워하지 마라. 내가 그대들을 이 고통에서 벗어나게 할 것이다."

곧바로 왕의 처소에 나아가 왕에게 말했다.

"감옥에 갇힌 죄인들의 고통이 매우 심하니, 원하건대 너그러움을 베풀어 주십시오."

王有太子 名爲善伏 端正殊特 人所喜見 具二十八大人之相 在宮殿中 遙聞獄因楚毒音聲 心懷傷愍 從宮殿出 入牢獄中 見諸罪人 杻械枷鎖 遼相連繫 置幽闇處 或以火炙 或以煙熏 或被搒笞 或遭膾割 裸形亂髮 飢渴羸瘦 筋斷骨現 號叫苦劇 太子見已 心生悲愍 以無畏聲 安慰之言 如莫憂惱 汝勿愁怖 我當令汝悉得解脫 便詣王所 而白王言 獄中罪人 苦毒難處 願垂寬宥

때맞추어 왕이 곧바로 5백 명의 대신을 모아 이 일을 물으니, 대신들이 답했다.

"그 죄인들은 사사로이 관청의 물건을 훔치고 왕의 자리를 뺏으려 하고 궁중에 침입했으니, 열 번을 죽여야 마땅하며, 불쌍히 여기고 구하려는 자도 또한 죽음을 받아야 합니다."

時 王卽集五百大臣 而問之言 是事云何 諸臣答言 彼罪人者私竊官物 謀奪王位 盜入宮闈 罪應刑戮 有哀救者 罪亦至死

이때 태자는 슬픔과 더욱 간절해진 마음으로 대신들에게 말했다.

"그대들이 말한 것과 다르지 않지만, 저 사람들은 놓아주고 거기에 응한 형벌로 나를 다스려라. 내가 그들을 위해 모든 고통을 남김없이 다 받을 것이며, 몸이 부서지고 죽는다 하더라도 아끼지 않을 것이며, 단지 저 죄인들의 고통을 면하게 할 것이다. 무슨 까닭인가 하면, 내가 만일 이 중생들을 구원하지 못한다면, 어떻게 삼계의 감옥에서 고통을 받는 중생들을 구원할 수 있겠는가. 모든 중생이 삼계 가운데 있으면서 탐냄과 사랑에 얽히고 어리석음에 덮이고 공덕이 없어 가난하고 모든 악한 부류에 떨어져 몸의 형상이 추하고 미천하며, 모든 근이 제멋대로이고 그 마음이 미혹하기에 벗어날 길을 구하지 못하며, 지혜의 빛을 잃어 삼계를 좋아하며, 모든 복과 덕을 끊어버리고 지혜를 없앴으며, 가지가지의 번뇌로 마음을 어지럽게 하고 고통이라는 감옥에 갇히고 악마의 그물에 들어가 나고 늙고 병들고 죽음과 근심하고 슬퍼하고 시끄럽고 해치면서 이러한 고통에 늘 괴롭힘을 당하고 있으니, 내가 어찌해야 그들을 해탈하게 할 수 있겠는가. 마땅히 내 몸과 목숨을 버려 그들을 구제할 것이다."

時 彼太子悲心轉切 語大臣言 如汝所說 但放此人 隨其所應 可以治我 我爲彼故 一切苦事 悉皆能受 粉身沒命 無所顧惜 要令罪人 皆得免苦 何以故 我若不救此衆生者 云何能救三界牢獄諸苦衆生 一切衆生在三界中 貪愛所縛 愚癡所蔽 貧無功德 墮諸惡趣 身形鄙陋 諸根放逸 其心迷惑 不求出道 失智慧光 樂著三有 斷諸福德 滅諸智慧 種種煩惱濁亂其心 住苦牢獄 入魔羂網 生老病死 憂悲惱害如是諸苦 常所逼迫 我當云何令彼解脫 應捨身命 而拔濟之

이때 모든 대신이 왕에게 나아가 남김없이 다들 손을 들고는 목소리를 높여 말했다.
"대왕이시여! 태자의 생각은 국법을 훼손하고 무너트리며, 만민에게 재앙을 미치게 합니다. 대왕께서 태자를 사랑하는 마음으로 꾸짖어 다스리지 않으면, 왕의 자리도 오래도록 보존하지 못할 것입니다."
왕이 이 말을 듣고는 크게 노하여 태자와 모든 죄인을 사형시키려고 하였다.

時 諸大臣共詣王所 悉擧其手 高聲唱言 大王 當知如太子意 毀壞王法 禍及萬人 若王愛念 不責治者 王之寶祚 亦不久立 王聞此言 赫然大怒 令誅太子及諸罪人

왕후가 이 일을 듣고는 근심으로 통곡하며, 초라한 모습과 훼손된 의복으로 1천 채녀와 함께 왕에게 나아가 몸을 땅에 던져 왕의 발에 엎드려 절하고 이렇게 말했다.
"원하건대 대왕이시여! 태자의 목숨을 용서하소서."
왕이 태자를 돌아보고 말했다.
"죄인들을 구하려고 하지 마라. 만일 죄인들을 구하려 한다면 너를 죽일 것이다."
그때 태자는 오로지 모든 지혜를 구하고자 하는 까닭과 모든 중생에게 이익이 되게 하고자 하는 까닭과 크게 가엾이 여기어 널리 거두어 구원해주기 위한 까닭으로 마음이 견고해지고 물러서거나 겁나는 일이 없기에 차례를 좇아 왕에게 말(復白王言)했다.

"원하건대 저들의 죄를 용서하시면 제가 사형을 받겠습니다."

왕이 말했다.

"네 뜻대로 하리라."

이때 왕후가 왕에게 말했다.

"대왕이시여! 태자가 보름 동안 보시를 하여 뜻대로 복을 지은 후에 죄를 받아들이도록 허락해주십시오."

왕이 듣고 곧 허락하였다.

王后聞之 愁憂號哭 毀形降服 與千采女 馳詣王所 舉身投地 頂禮王足 俱作是言 唯願大王 赦太子命 王卽迴顧 語太子言 莫救罪人 若救罪人 必當殺汝 爾時 太子爲欲專求一切智故 爲欲利益諸衆生故 爲以大悲普救攝故 其心堅固 無有退怯 復白王言 願怒彼罪 我當受戮 王言 隨意 爾時 王后白言 大王 願聽太子 半月行施 恣意修福 然後治罪 王卽聽許

그때 도성의 북쪽에 큰 동산이 하나 있으니, 이름이 '일광'이며, 이곳은 옛적 보시를 하던 장소였고 태자가 그곳에 가서 크게 보시하는 모임을 열고 음식과 의복과 꽃 머리 장식과 영락, 바르는 향, 가루 향, 당기, 번기, 보배 일산과 모든 장엄 거리를 사람들이 원하는 대로 모두 내주었다. 이렇게 보름이 지나 마지막 날이 되자, 왕과 대신과 장자와 거사와 성안의 백성과 여러 외도가 남김없이 다 모여들었다.

時 都城北有一大園 名曰日光 是昔施場 太子往彼 設大施會 飲食 衣服 華鬘 瓔珞 塗香 末香 幢幡 寶蓋諸莊嚴具 隨有所求 靡不周給 經半月已 於最後日 國王 大臣 長者 居士城邑人民及諸外道 悉來集會

이때 법륜음허공등왕 여래께서 모든 중생을 조복시킬 때가 되었음을 아시고 대중들과 함께 이 동산으로 오셨다. 천왕들은 둘러싸고 용왕은 공양하고 야차왕은 지키고 보호하며, 건달바왕은 찬탄하고 아수라왕은 허리 굽혀 절하고 가루라왕은 청정한 마음으로 보배 꽃을 흩뿌리고 긴나라왕은 환희하면서 권하고 마후라가왕은 일심으로 우러러보면서 그 모임 가운데로 들어왔다.

時 法輪音虛空燈王如來 知諸衆生調伏時至 與大衆俱 天王圍遶 龍王供養 夜叉王守護 乾闥婆王讚歎 阿修羅王曲躬頂禮 迦樓羅王以淸淨心 散諸寶華 緊那羅王歡喜勸請 摩睺羅伽王一心瞻仰 來入彼會

이때 태자 및 모든 대중은 부처님이 멀리서 오시는 것을 보았다. 단정하시고 존엄하고 특별하시고 모든 근의 적정(寂定)하심이 거스르지 않고 조화로운 코끼리와 같고 마음에 허물이나 더러움이 없는 것이 청정한 연못과 같으며, 큰 신통을 나타내시고 크게 자재함을 보이시고 큰 위덕을 나타내시며, 가지가지의 좋은 모양이나 상태로 몸을 장엄하였으며, 큰 광명을 놓아 세계를 두루 비추며, 모든 털구멍으로 향기 불꽃 구름을 내어서 시방의 헤아릴 수 없는 세계를 진동시키며, 이르는 곳마다 일체 모든 장엄 기물을 두루 내리시니, 부처님의 위의와 부처님의 공덕으로 보는 중생들의 마음을 청정하게 하고 환희하게 하며, 번뇌를 없애주었다.

爾時 太子及諸大衆 遙見佛來 端嚴殊特 諸根寂定 如調順象 心無垢濁 如淸淨池 現大神通 示大自在 顯大威德 種種相好 莊嚴其身 放大光明 普照世界 一切毛孔 出香焰雲 震動十方無量佛刹 隨所至處 普雨一切諸莊嚴具 以佛威儀 以佛功德 衆生見者 心淨歡喜 煩惱銷滅

이때 태자 및 모든 대중은 온 몸을 던져 부처님 발에 절하고 평상을 놓아 앉게 하고 합장하고는 말했다.
"선근으로 오신 세존이시여! 선근으로 오시고 선근으로 가시는 분이시여! 원하건대 저희를 가엾이 여기어 저희를 거두어주시고 이 자리에 앉으십시오."
부처님의 위신으로 정거천의 모든 하늘 사람들이 곧 자리를 변화시켜 향마니 연꽃 자리를 만들어 부처님이 그 자리에 앉으시게 하고 모든 보살 대중도 또한 자리에 나아가 두루 둘러싸고 앉았다. 그때 모임에 있던 모든 중생은 여래를 친히 봄으로 인하여 괴로움이 없어지고 막힘이나 걸림이 없어지기에 성인의 법을 들을 만하게 되었다.

爾時 太子及諸大衆 五體投地 頂禮其足 安施牀座 合掌白言 善來 世尊 善來 善逝 唯願哀愍 攝受於我 處于此座 以佛神力 淨居諸天卽變此座 爲香摩尼蓮華之座 佛坐其上 諸菩薩衆 亦皆就座 周帀圍遶 時 彼會中一切衆生因見如來 苦滅障除 堪受聖法

이때 여래께서 가르치고 바른길로 이끌 때임을 아시고 원만한 음성으로 수다라를 설하시니, 이름이 '까닭을 두루 비추는 바퀴'이며, 모든 중생이 무리를 따라 각각 알게 하셨다.

그 모임에 있던 80 나유타 중생들은 티끌을 멀리하고 더러움을 벗어나기에 청정한 법의 눈을 얻었으며, 헤아릴 수 없는 나유타 중생들은 그 이상 배울 것 없는 지위를 얻었으며, 10 천의 중생들은 대승의 도에 머물면서 보현의 행에 들어가 큰 원을 원만하게 이루었다.

이때 시방으로 각각 백 세계의 티끌 수와 같은 중생들이 대승의 법 가운데서 마음을 조복시키고 헤아릴 수 없는 세계의 모든 중생은 나쁜 길을 벗어나 천상에 태어났고 선복태자가 곧바로 보살이 중생을 가르치고 바른길로 이끌어 선근을 내게 하는 해탈문을 얻었다.

爾時 如來知其可化 以圓滿音 說修多羅 名普照因輪 令諸衆生 隨類各解 時 彼會中八十那由他衆生 遠塵離垢 得法眼淨 無量那由他衆生 得無學地 十千衆生住大乘道 入普賢行 成滿大願 當爾之時 十方各百佛刹微塵數衆生 於大乘中心得調伏 無量世界一切衆生 免離惡趣 生於天上 善伏太子卽於此時 得菩薩敎化衆生 令生善根解脫門

"선남자여! 그때의 태자는 다른 사람이 아니고 곧 나의 몸이었으며, 나는 옛적에 일으킨 크게 가엾이 여기는 마음을 냄으로 인하여 몸과 목숨과 재물을 버려서 고통받는 중생들을 구제하였고 크게 보시하는 문을 열고 부처님께 공양하였기에 이 해탈을 얻었다."

"불자여! 나는 그때 단지 모든 중생에게 이익이 되게 하려고 했을 뿐이며, 삼계에 집착하지 않고 과보를 구하지도 않으며, 이름을 탐하지도 않았으며, 스스로 칭찬하고자 한 것도 아니며, 남을 헐뜯고 가볍게 여기지 않았으며, 모든 경계를 탐하거나 물이 들지도 않았으며, 두려워하는 것도 없었고 오직 대승으로 나아가는 긴요한 길을 장엄하였고 늘 이 일체 지혜의 문을 자세히 살펴서 들여다보고 고행을 닦아서 이 해탈문을 얻었다."

善男子 爾時太子 豈異人乎 我身是也 我因往昔起大悲心 捨身命財 救苦衆生 開門大施 供養於佛 得此解脫 佛子 當知我於爾時 但爲利益一切衆生 不著三界 不求果報 不貪名稱 不欲自讚 輕毀於他 於諸境界 無所貪染 無所怖畏 但莊嚴大乘出要之道 常樂觀察一切智門 修行苦行 得此解脫

"불자여! 그대의 생각은 어떠한가?"

"그때 나를 해하려던 5백 대신이 어찌 다른 사람이겠는가. 지금의 제바달다로서 5백 명의 무리이니, 이 사람들도 부처님의 가르침을 받고 빠짐없이 다 아뇩다라삼먁삼보리를 얻을 사람들이다. 미래 세상에 수미산의 티끌 수와 같은 겁을 지나 그때 겁이 있으니, 이름이 '선근의 광명'이며, 세계의 이름은 '보배 광명'이다. 그 가운데 5백 부처님이 차례를 따라 세상에 나오실 것이다."

"첫째 여래는 이름이 '대비(大悲)'이고 둘째 부처님 이름은 '요익세간(饒益世間)'이며, 셋째 부처님 이름은 '대비사자(大悲師子)'이고 넷째 부처님 이름은 '구호중생(救護衆生)'이며, 마지막 부처님은 '의왕(醫王)'이라 부른다. 비록 모든 부처님의 대비는 평등하지만, 그 국토의 종족과 부모, 생을 받아 탄생함과 출가하여 도를 배움과 도량에 나아가 바른 법륜을 굴림과 수다라를 설하는 언어 음성과 광명의 대중 모임과 수명과 법이 머무는 일과 그 명호는 각각 다르다."

佛子 於汝意云何 彼時五百大臣欲害我者 豈異人乎 今提婆達多等五百徒黨是也 是諸人等 蒙佛敎化 皆當得阿耨多羅三藐三菩提 於未來世 過須彌山微塵數劫 爾時有劫名善光 世界名寶光 於中成佛 其五百佛次第興世 最初如來名曰大悲 第二名饒益世間 第三名大悲師子 第四名救護衆生乃至最後名曰醫王 雖彼諸佛大悲平等 然其國土 種族父母 受生誕生 出家學道 往詣道場 轉正法輪 說修多羅 語言音聲 光明衆會 壽命法住及其名號各各差別

"불자여! 내가 구원한 그 모든 죄인은 곧 구류손 부처님 등 현겁(賢劫)의 1천 부처님과 백만 아승기 큰 보살들로 무량정진력명칭공덕혜 여래에게서 아뇩다라삼먁삼보리심을 일으켰고 지금 시방의 국토에서 보살의 도를 행하며, 이 보살들이 중생을 가르치고 바른길로 이끌어서 선근을 내게 하고는 닦고 익혀서 거듭 더하고 늘리는 이들이다."

"이때 승광왕은 살차니건자 대논사이며, 그 왕궁에 있던 이들과 권속들은 6만 제자로서 스승과 함께 와서 크게 이치를 논하는 당기를 세우고 부처님과 논의를 하다가 항복하고 아뇩다라삼먁삼보리의 수기를 받은 이들이다. 이들도 장래에 부처를 이룰 것이며, 그 국토의 장엄과 겁의 수와 명호는 각각 다르다."

佛子 彼諸罪人我所救者 卽拘留孫等賢劫千佛及百萬阿僧祇諸大菩薩 於無量精進力名稱功德慧如來所 發阿耨多羅三藐三菩提心 今於十方國土 行菩薩道 修習增長 此菩薩敎化衆生 令生善根解脫者是 時勝光王 今薩遮尼乾子大論師是 時 王宮人及

諸眷屬 卽彼尼乾六萬弟子 與師俱來 建大論幢 共佛論議 悉降伏之 授阿耨多羅三藐三菩提記者是 此諸人等皆當作佛 國土莊嚴劫數 名號各各有異

"불자여! 나는 그때 죄인들을 구원하고는 부모의 허락을 받아 국토와 처자와 재물을 버리고 법륜음허공등왕 부처님이 계신 곳에서 출가하여 도를 배우고 5백 년 동안 범행, 곧 청정한 행을 닦아서 백만 다라니와 백만 신통과 백만 법의 장을 성취하고 백만의 모든 지혜를 구하기 위해 용맹정진하고 백만 참고 감내하는 문을 청정하게 다스리고 백만 생각하는 마음을 늘게 하고 백만 보살의 힘을 성취하고 백만 보살 지혜의 문에 들어가 백만의 반야바라밀 문을 얻었다."

"시방의 백만 모든 부처님을 뵙고 백만 보살의 큰 원을 냈으며, 생각과 생각마다 시방에 각각 백만 부처 세계를 비추어 보고 생각과 생각마다 시방세계 이전 경계의 겁과 이후 경계의 겁에 백만 모든 부처님을 잊지 않고 기억하며, 생각과 생각마다 시방세계 백만 모든 부처님 변화의 바다를 알고 생각과 생각마다 시방 백만 세계에 있는 중생의 가지가지 모든 부류에 따르는 업으로 받은 태어나는 때와 죽은 때, 선근으로 향함과 악으로 향함과 좋은 색과 나쁜 색을 보고 그 모든 중생의 가지가지 마음의 행과 가지가지의 욕망과 가지가지의 근성과 가지가지의 익힌 업과 가지가지의 성취를 남김없이 다 분명하게 깨우쳐 안다."

佛子 我於爾時 救罪人已 父母聽我 捨離國土 妻子 財寶 於法輪音虛空燈王佛所 出家學道 五百歲中淨修梵行 卽得成就百萬陀羅尼 百萬神通 百萬法藏 百萬求一切智 勇猛精進 淨治百萬堪忍門 增長百萬思惟心 成就百萬菩薩力 入百萬菩薩智門 得百萬般若波羅蜜門 見十方百萬諸佛 生百萬菩薩大願 念念中十方 各照百萬佛刹 念念中憶念十方世界前後際劫百萬諸佛 念念中知十方世界百萬諸佛變化海 念念中見十方百萬世界所有衆生種種諸趣 隨業所受 生時 死時 善趣惡趣 好色惡色 其諸衆生種種心行 種種欲樂 種種根性 種種業習 種種成就 皆悉明了

"불자여! 나는 그때 목숨을 마친 뒤에 차례를 따라(復) 이를 뒤돌려 그 왕가에 태어나 전륜왕이 되었고 법륜음허공등왕 여래가 열반한 뒤를 이어 곧 법공양 여래를 만나 받들어 모시고 공양하였으며, 뒤를 이어 제석이 되어 곧 이 도량의 천왕장 여래를 만나 친근히 공양하였으며, 뒤를 이어 야마천왕이 되어 곧 이 세계의 대지위력산 여래를 만나서 친근히 공양하였으며, 뒤를 이어 도솔천왕이 되어 이 세계의 법륜광음성 여래를 만나서 친근히 공양하였으며, 뒤를 이어 화락천왕이 되어 곧 이 세계의 허공지왕 여래를 만나 친근히 공양하였으며, 뒤를 이어 타화자재천왕이 되어 곧 이 세계의 무능괴당 여래를 만나 친근히 공양하였으며, 뒤를 이어 아수라왕이 되어 곧 이 세계의 일체법뢰음왕 여래를 만나 친근히 공양하였으며, 뒤를 이어 범왕이 되어 곧 이 세계의 보연화연법음 여래를 만나 친근히 공양하였다."

佛子 我於爾時 命終之後 還復於彼王家 受生作轉輪王 彼法輪音虛空燈王如來滅後 次卽於此 値法空王如來 承事供養 次爲帝釋 卽此道場 値天王藏如來 親近供養 次爲夜摩天王 卽於此世界 値大地城威力山如來 親近供養 次爲兜率天王 卽於此世界 値法輪光音聲王如來 親近供養 次爲化樂天王 卽於此世界 値虛空智王如來 親近供養 次爲他化自在天王 卽於此世界 値無能壞幢如來 親近供養 次爲阿修羅王 卽於此世界 値一切法雷音王如來 親近供養 次爲梵王 卽於此世界 値普現化演法音如來 親近供養

"불자여! 이 보배 광명 세계의 선근 광명 겁 가운데서 1만 부처님이 세상에 나오셨으니, 내가 친근히 받들어 모시고 공양하였다."

"뒤를 이어 차례를 좇아(復) 겁이 있으니, 이름을 '일광'이라 부르며, 60억 부처님이 세상에 나오셨으니, 맨 처음 부처님의 이름은 '묘상산'이시고 나는 그때 왕이 되어 이름을 '대혜'라 하였고 부처님을 받들어 모시며 공양하였다. 뒤를 이어 부처님이 나오셨으니, 이름이 '원만견'이시고 나는 거사가 되어 친근히 공양하였으며, 뒤를 이어 부처님이 나오셨으니, 이름이 '이구동자'이시고 내가 대신이 되어 친근히 공양하였으며, 뒤를 이어 부처님이 나오셨으니, 이름이 '용맹지'이시고 내가 아수라왕이 되어 친근히 공양하였으며, 뒤를 이어 부처님이 나오셨으니, 이름은 '수미상'이시고 내가 나무가 되어 친근히 공양하였으며, 뒤를 이어 부처님이 나오셨으니, 이름은 '이구비'이시고 나는 상주가 되어 친근히 공양하였으며, 뒤를 이어 부처님이 나오셨으니, 이름은 '사자유보'이시고 나는 성을 지키는 신이 되어 친근히 공양하였으며, 뒤를 이어 부처님이 나오셨으니, 이름은 '보계'이시고 나는 비사문천왕이 되어 친근히 공양하였으며, 뒤를 이어 부처님이 나오셨으니, 이름은 '최상법칭'이시고 나는 건달바왕이 되어 친근히 공양하였으며, 뒤를 이어 부처님이 나오셨으니, 이름은 '광명관'이시고 나는 구반다왕이 되어 친근히 공양하였다."

佛子 此寶光世界善光劫中 有一萬佛 出興于世 我皆親近 承事供養 次復有劫 名曰日光 有六十億佛 出興於世 最初如來名妙相山 我時爲王 名曰大慧 於彼佛所 承事

供養 次有佛出 名圓滿肩 我爲居士 親近供養 次有佛出 名離垢童子 我爲大臣 親近供養 次有佛出 名勇猛持 我爲阿修羅王 親近供養 次有佛出 名須彌相 我爲樹神 親近供養 次有佛出 名離垢臂 我爲商主 親近供養 次有佛出 名師子遊步 我爲城神 親近供養 次有佛出 名爲寶髻 我爲毘沙門天王 親近供養 次有佛出 名最上法稱 我爲乾闥婆王 親近供養 次有佛出 名光明冠 我爲鳩槃茶王 親近供養

"그 겁 가운데 이와 같은 차례를 따라 6십억 여래가 나오셨으니, 나는 항상 이곳에서 가지가지의 몸을 받아 부처님이 계시는 곳에서 가지가지의 삼매 문과 가지가지의 다라니 문과 가지가지의 신통 문과 가지가지의 변재 문과 가지가지의 일체 지혜 문과 가지가지의 법이 밝은 문과 가지가지의 지혜 문을 얻어서 가지가지의 시방 바다를 비추고 가지가지의 부처 세계 바다에 들어가고 가지가지의 모든 부처 바다를 보고 청정하게 성취하여 거듭 더하고 키우며, 광대하게 하였다."

"이 겁 가운데서 모든 부처님을 친근히 공양한 것과 같이 모든 곳, 일체 세계 바다의 티끌 수와 같은 겁에 모든 부처님이 세상에 나오실 적마다 친근히 공양하고 설하시는 법을 듣고 받아 지니면서 보호하는 것도 역시 차례를 좇아(復) 이와 같기에 이와 같은 일체 모든 여래의 처소에서 남김없이 다 이 해탈문을 닦고 익혔으며, 차례를 좇아(復) 헤아릴 수 없는 해탈 방편을 얻었다."

於彼劫中 如是次第 有六十億如來 出興於世 我常於此 受種種身 一一佛所 親近供養 敎化成就無量衆生 於一一佛所 得種種三昧門 種種陀羅尼門 種種神通門 種種辯才門 種種一切智門 種種法明門 種種智慧門 照種種十方海 入種種佛刹海 見種種諸佛海 淸淨成就 增長廣大 如於此劫中 親近供養爾所諸佛 於一切處一切世界海微塵數劫 所有諸佛出興于世 親近供養 聽聞說法 信受護持 亦復如是 如是一切諸如來所 皆悉修習此解脫門 復得無量解脫方便

이때 구호일체중생주야신이 이 해탈의 뜻을 거듭 펴고자 선재 동자에게 게송으로 말했다.

爾時 救護一切衆生主夜神 欲重宣此解脫義 卽爲善財 而說頌言

汝以歡喜信樂心 그대가 환희하고 믿으며, 즐거워하는 마음으로

問此難思解脫法 생각하기 어려운 이 해탈의 법을 물으니
我承如來護念力 여래께서 늘 잊지 않고 보살펴주는 힘을 받들어
爲汝宣說應聽受 그대를 위해 설할 것이니, 당연히 자세히 들어라.

過去無邊廣大劫 과거에 끝없고 광대한 겁이
過於刹海微塵數 세계 바다의 티끌 수와 같음을 초월하니
時有世界名寶光 그때 세계 이름이 '보광'이며
其中有劫號善光 그 가운데 겁이 있으니, '선근 광명'이라 부른다네.

於此善光大劫中 선근 광명의 큰 겁 가운데
一萬如來出興世 1만의 여래가 세상에 나오셨으니
我皆親近而供養 내가 빠짐없이 친근히 하고 공양하였으며
從其修學此解脫 그분들을 따라 배우고 닦아서 이렇듯 해탈하였다네.

時有王都名喜嚴 그때 왕도가 있으니, 이름이 '희엄'이며
縱廣寬平極殊麗 사방으로 반듯하고 특히나 화려하고
雜業衆生所居住 자질구레한 업을 지닌 중생들이 살고 있었으니
或心淸淨或作惡 마음이 청정하기도 하고 악을 짓기도 한다네.

爾時有王名勝光 그때 왕이 있었으니, 이름이 '승광'이며
恒以正法御群生 늘 바른 법으로 중생을 다스렸고
其王太子名善伏 그 왕에게 태자가 있으니 이름이 '선복'이며
形體端正備衆相 형상이 단정하고 준비된 많은 모양이나 상태를 갖추었다네.

時有無量諸罪人 그때 헤아릴 수 없는 모든 죄인이
繫身牢獄當受戮 몸이 묶여 감옥에서 죽임을 당하게 되었고
太子見已生悲愍 태자가 이를 보고 가엾고 불쌍히 여기는 마음으로
上啓於王請寬宥 왕에게 너그럽게 용서하길 청하였다네.

爾時諸臣共白王 이때 신하들이 왕에게 말하길
今此太子危王國 지금 태자의 이러한 말은 나라를 위험하게 하는 것이니

如是罪人應受戮 이와 같은 죄인은 당연히 죽여야 하는 것을
如何悉救令除免 어찌 죄인들에게 다 면죄부를 주려고 하는가 하였다네.

時勝光王語太子 이때 승광왕이 태자에게 말하길
汝救彼罪自當受 네가 저 죄인들을 구하면 네가 죽을 것이라 하니
太子哀念情轉深 태자가 불쌍히 여기는 마음의 정이 더욱 깊어져
誓救衆生無退怯 중생을 구하고자 하는 맹세에 겁이 없고 물러섬이 없었다네.

時王夫人采女等 그때 왕의 부인이 채녀들과
俱來王所白王言 함께 왕 앞에 나아가 말하기를
願放太子半月中 원하기를 태자가 보름 동안만
布施衆生作功德 중생에게 보시하는 공덕을 짓게 하고자 하였다네.

時王聞已卽聽許 왕이 이 말을 듣고 허락하였고
設大施會濟貧乏 큰 보시 모임을 베풀어 가난함을 구제하니
一切衆生靡不臻 모든 중생이 모여들었고
隨有所求咸給與 구하는 것을 따라 모든 것을 내주었다네.

如是半月日云滿 이와 같은 보시를 하며 보름이 지나고
太子就戮時將至 태자가 죽임을 당할 시간에 이르자
大衆百千萬億人 대중 백천 만억의 사람이 몰려와
同時瞻仰俱號泣 동시에 우러러보고 부르짖으며 울었다네

彼佛知衆根將熟 부처님이 중생들의 근성이 지극함에 이른 것을 아시고
而來此會化群生 이 모임에 와서 가르치고 이끌기 위해
顯現神變大莊嚴 신통 변화를 나타내어 크게 장엄하시니
靡不親近而恭敬 모두 친근히 하고 공손히 섬기었다네.

佛以一音方便說 부처님이 한 번의 음성으로
法燈普照修多羅 법의 등불로 두루 비추어 수다라를 설하시니
無量衆生意柔軟 헤아릴 수 없는 중생들의 생각이 부드러워지고

悉蒙與授菩提記 남김없이 다 아뇩다라의 수기를 받았다네.

善伏太子生歡喜 선복 태자가 환희하고
發興無上正覺心 위 없는 바른 깨우침의 마음을 일으키며
誓願承事於如來 여래를 받들어 섬기려는 서원을 내고
普爲衆生作依處 중생들이 두루 의지할 곳이 되었다네.

便卽出家依佛住 곧바로 부처님을 의지해 출가해서 머물고
修行一切種智道 모든 지혜의 도를 수행하며
爾時便得此解脫 이때 이 해탈을 얻어
大悲廣濟諸群生 큰 자비로 모든 중생을 널리 구제하였다네.

於中止住經劫海 그 가운데 머물면서 겁의 바다를 지내고
諦觀諸法眞實性 모든 법의 진실한 성품을 자세히 들여다보며
常於苦海救衆生 늘 고통의 바다에서 중생을 구원하고
如是修習菩提道 이와 같은 보리의 도를 닦고 익혔다네.

劫中所有諸佛現 겁 가운데 계시는 모든 부처님이 나타나시는 대로
悉皆承事無有餘 남김없이 다 받들어 섬기어 남음이 없게 하고
咸以淸淨信解心 청정하게 믿고 이해하는 마음으로
聽聞持護所說法 설하시는 법을 듣고 지니어 보호하였다네.

次於佛刹微塵數 뒤를 이어 부처 세계의 티끌 수와 같은
無量無邊諸劫海 헤아릴 수 없고 끝이 없는 겁 바다에
所有諸佛現世間 계시는 모든 부처님이 세간에 나타나시니
一一供養皆如是 한 분 한 분께 공양하기를 다 이와 같게 하였다네.

我念往昔爲太子 내가 지난 옛날 태자로 있을 때를 생각하니
見諸衆生在牢獄 감옥에 갇힌 모든 중생을 보고
誓願捨身而救護 서원으로 몸을 버리면서까지 구원했으며
因其證此解脫門 이로 인하여 이 해탈의 문을 증득하였다네.

經於佛刹微塵數 부처 세계의 티끌 수와 같은
廣大劫海常修習 광대한 겁 바다를 지나며 늘 닦고 익혔으며
念念令其得增長 생각과 생각마다 선근이 거듭 더해지고 커짐을 얻어
復獲無邊巧方便 차례를 좇아 섬세하고 능숙한 끝없는 방편을 얻었다네.

彼中所有諸如來 그 가운데 계시는 모든 여래를
我悉得見蒙開悟 내가 남김없이 모두 뵙고 깨우침을 깨달아 얻음을 입어
令我增明此解脫 내가 얻은 이 해탈의 문을 더욱 밝게 하고
及以種種方便力 가지가지 방편의 힘도 다 함께 늘었다네.

我於無量千億劫 내가 헤아릴 수 없는 1천억 겁 동안
學此難思解脫門 생각하기 어려운 이 해탈의 문을 배웠고
諸佛法海無有邊 모든 부처님의 법 바다가 끝이 없지만
我悉一時能普飮 내가 일시에 남김없이 다 마셔버렸다네.

十方所有一切刹 시방에 있는 모든 세계에
其身普入無所礙 이 몸이 두루 들어가 막힘이나 걸림이 없고
三世種種國土名 삼세의 가지가지 국토의 이름을
念念了知皆悉盡 생각과 생각마다 남김없이 모두 깨달아 알고 다 한다네.

三世所有諸佛海 삼세에 있는 모든 부처님 바다
一一明見盡無餘 하나하나 분명하게 보아서 남음이 없이 다하고
亦能示現其身相 또한 그 몸의 모양이나 상태를 나타내 보여
普詣於彼如來所 여래가 계신 모든 곳에 두루 나아간다네.

又於十方一切刹 또 시방의 모든 세계에
一切諸佛導師前 일체 모든 부처님 도사 앞에
普雨一切莊嚴雲 모든 장엄 구름을 두루 내려
供養一切無上覺 모든 무상각께 공양한다네.

又以無邊大問海 또 끝이 없는 큰 물음의 바다로

啓請一切諸世尊 일체 모든 세존께 청하여 인도하고
彼佛所雨妙法雲 저 부처님이 내린 빼어난 법 구름을
皆悉受持無忘失 남김없이 다 받아 지니어 잃지 않고 잊지 않는다네.

又於十方無量刹 또 시방의 헤아릴 수 없는 세계와
一切如來衆會前 모든 여래의 대중 모임 앞에서
坐於衆妙莊嚴座 빼어나게 장엄한 많은 자리에 앉아
示現種種神通力 가지가지의 신통한 힘을 나타내 보인다네.

又於十方無量刹 또 시방의 헤아릴 수 없는 세계에
示現種種諸神變 가지가지의 신통 변화를 나타내 보이니
一身示現無量身 하나의 몸으로 헤아릴 수 없는 몸을 나타내 보이며
無量身中現一身 헤아릴 수 없는 몸 가운데 하나의 몸을 나타낸다네.

又於一一毛孔中 또 하나하나의 털구멍 가운데
悉放無數大光明 남김없이 다 끝없는 큰 광명을 놓고
各以種種巧方便 각각 가지가지의 섬세하고 능숙한 방편으로
除滅衆生煩惱火 중생의 번뇌 불을 제거해 없앤다네.

又於一一毛孔中 또 하나하나의 털구멍 가운데
出現無量化身雲 헤아릴 수 없는 화신 구름을 나타내 보여서
充滿十方諸世界 시방의 모든 세계에 충만하게 하고
普雨法雨濟群品 법 비를 두루 내려 중생을 제도한다네.

十方一切諸佛子 시방의 일체 모든 불자는
入此難思解脫門 생각하기 어려운 이 해탈 문에 들어가
悉盡未來無量劫 미래의 헤아릴 수 없는 겁이 남김없이 다하도록
安住修行菩薩行 편안히 머물며 보살행을 수행하라.

隨其心樂爲說法 그 마음이 좋아하는 것을 따라 법을 설하여
令彼皆除邪見網 저 모든 삿된 견해의 그물을 제거하고

示以天道及二乘 천도 및 이승
乃至如來一切智 뿐만 아니라 여래의 모든 지혜를 보이신다네.

一切衆生受生處 모든 중생이 태어남을 받은 곳에
示現無邊種種身 끝없는 가지가지의 몸을 나타내 보이며
悉同其類現衆像 남김없이 같은 무리의 많은 형상을 나타내어
普應其心而說法 그 마음에 응하여 두루 법을 설한다네.

若有得此解脫門 그와 같이 이 해탈의 문을 얻으면
則住無邊功德海 곧 끝없는 공덕의 바다에 머무니
譬如刹海微塵數 비유하면 세계 바다의 티끌 수와 같이
不可思議無有量 사람의 생각으로는 헤아려 알 수 없는 것이라네.

"선남자여! 나는 단지 중생을 가르치고 바른길로 이끌어 선근을 내게 하는 해탈의 문을 알 뿐이다. 저 모든 보살마하살은 모든 세간을 뛰어넘어 모든 부류의 몸을 나타내며, 속된 인연에 이끌려 머물지 않기에 막힘이나 걸림이 없으며, 일체 모든 법의 자성을 분명하게 깨우쳐 통하고 선근으로 일체 모든 법을 자세히 살펴서 들여다보고 나 없음의 지혜를 얻고 나 없음의 법을 증득하여 모든 중생을 가르쳐서 바른길로 이끌어 조복시키며, 늘 휴식이 없고 마음은 언제나 둘이 없는 법의 문에 편안히 머물고 일체 모든 언사(言辭)의 바다(如是如是.解脫.寂滅.寂靜.禪定.三昧.二乘地.如來地.涅槃.法界.般涅槃.眞如.善根思惟)에 두루 들어가다 이 같은 보살마하살의 일들을 내 어떻게 알 것이며, 저 공덕 바다와 그 용맹한 지혜와 그 마음으로 행하는 곳과 그 삼매의 경계와 그 해탈의 힘을 어떻게 알 것이며, 그 해탈의 힘을 어떻게 설할 수 있겠는가."

善男子 我唯知此教化衆生 令生善根解脫門 如諸菩薩摩訶薩 超諸世間 現諸趣身 不住攀緣 無有障礙 了達一切諸法自性 善能觀察一切諸法 得無我智 證無我法 教化調伏一切衆生 恒無休息 心常安住無二法門 普入一切諸言辭海 我今云何能知能說 彼功德海 彼勇猛智 彼心行處 彼三昧境 彼解脫力

"선남자여! 이 염부제에 숲 동산이 하나 있으니, 이름이 '람비니'이며, 그 숲에 신이 있으

니, 이름이 '묘덕원만'이다. 그대는 그에게 가서 보살은 어떻게 보살의 행을 닦아 여래의 집안에 태어나는 것이며, 세상의 광명이 되어 미래의 겁이 다하도록 싫어하거나 게으름이 없는 것이냐고 물어라."

때맞춰 선재 동자는 그의 발에 머리 숙여 예를 올리고 헤아릴 수 없이 돌다가 합장하고 우러러보고는 일을 마치고 물러갔다.

善男子 此閻浮提 有一園林 名嵐毘尼 彼園有神 名妙德圓滿 汝詣彼 問菩薩云何修菩薩行 生如來家 爲世光明 盡未來劫 而無厭倦

時 善財童子 頂禮其足 遶無量帀 合掌瞻仰 辭退而去

대방광불화엄경 제74권

39. 입법계품(15)
　　入法界品第三十九之十五

(40) 묘덕원만주야신. 제9 善慧地

　이때 선재 동자는 대원정진력구호일체중생주야신의 처소에서 보살의 해탈을 얻고는 기억해 잊지 않고 생각하며, 닦고 익히며, 분명하게 깨우쳐 통하고 거듭 더하여 키우고 점차 움직여 나아가다 람비니 숲에 이르러 묘덕원만주야신을 두루 찾았다.
　爾時 善財童子 於大願精進力救護一切衆生夜神所 得菩薩解脫已 憶念修習 了達增長 漸次遊行 至嵐毘尼林 周徧尋覓彼妙德神

　모든 보배 나무로 장엄한 누각 가운데 보배 연꽃 사자좌에 묘덕원만주야신이 앉아 있음을 보았다. 20억 나유타 모든 하늘이 둘러싸고 공손히 모시며, 늘 그들을 위해 보살이 태어나는 바다의 경전을 설하여 여래의 가문에 태어나 보살의 큰 공덕 바다를 더욱 늘리고 키우고 있었다.
　선재 동자가 이를 보고는 그의 발에 머리 숙여 예를 올리고는 합장하고 서서 물어 말했다.
　"대성이시여! 저는 이미 아뇩다라삼먁삼보리심을 일으켰으나, 보살이 어떻게 보살의 행을 닦아서 여래의 가문에 태어나며, 세상의 큰 광명이 되는지 알지 못합니다."
　見在一切寶樹莊嚴樓閣中 坐寶蓮華師子之座 二十億那由他諸天 恭敬圍遶 爲說菩薩受生海經 令其皆得生如來家 增長菩薩大功德海 善財見已 頂禮其足 合掌前立 白言 大聖 我已先發阿耨多羅三藐三菩提心 而未能知菩薩云何修菩薩行 生如來家 爲世大明

헤아릴 수 없는 겁을 두고 모든 처에 두루 하여 태어남을 나타내어 보이는 자재한 해탈

묘덕원만주야신이 대답했다.

"선남자여! 보살에게는 열 가지 태어남을 받는 장이 있으니, 그와 같은 보살이 이 법을 성취하면 곧바로 여래의 집안에 태어나 생각과 생각마다 보살의 선근을 거듭 더하고 늘리기에 피곤하지 않고 게으르지 않으며, 싫어하지 않고 물러서지 않으며, 끊어지는 것도 없고 잃은 것도 없으며, 모든 미혹을 벗어나 겁에 질리거나 못나며, 괴로워하거나 후회하는 마음을 내지 않고 모든 지혜에 나아가 법계의 문에 들어가고 광대한 마음을 일으켜 모든 바라밀을 늘리고 키우며, 모든 부처님의 위 없는 보리를 성취하고 세간으로 향하는 길을 버리고 여래의 지위에 들어가 뛰어난 신통을 얻어 모든 부처님의 법이 늘 나타나 눈앞에 있으며, 모든 지혜와 진실한 경계를 거스르지 않고 따르게 된다."

彼神答言 善男子 菩薩有十種受生藏 若菩薩成就此法 則生如來家 念念增長菩薩善根 不疲不懈 不厭不退 無斷無失 離諸迷惑 不生怯劣惱悔之心 趣一切智 入法界門 發廣大心 增長諸度 成就諸佛無上菩提 捨世間趣 入如來地 獲勝神通 諸佛之法 常現在前 順一切智眞實義境

"무엇이 열 가지 태어남을 받는 장인가 하면, 1은 일체 모든 부처님께 늘 공양하기를 원하여 태어남을 받는 장이며, 2는 보리심을 일으키기를 원하여 태어남을 받는 장이며, 3은 모든 법의 문을 자세히 살펴서 들여다보고 행을 부지런하게 닦기를 원하여 태어남을 받는 장이며, 4는 깊고 청정한 마음으로 삼세를 비추길 원하여 태어남을 받는 장이며, 5는 평등한 광명을 원하여 태어남을 받는 장이며, 6은 여래 집안에 나게 되길 원하여 태어남을 받는 장이며, 7은 부처님의 광명을 원하여 태어남을 받는 장이며, 8은 지혜의 문을 널리 자세히 들여다보길 원하여 태어남을 받는 장이며, 9는 장엄을 널리 나타내길 원하여 태어남을 받는 장이며, 10은 여래의 지위에 들어가 태어나길 원하여 태어남을 받는 장이다."

何等爲十 一者願常供養一切諸佛受生藏 二者發菩提心受生藏 三者觀諸法門 勤修行受生藏 四者以深淨心 普照三世受生藏 五者平等光明受生藏 六者生如來家受生藏 七者佛力光明受生藏 八者觀普智門受生藏 九者普現莊嚴受生藏 十者入如來地受生藏

"선남자여! 무슨 까닭으로 이름이 '모든 부처님께 늘 공양하기를 원하여 태어남을 받는 장'이라 하는가?"

"선남자여! 보살이 처음 마음을 일으킬 때 이와 같은 원을 짓는다. '나는 마땅히 모든 부처님을 존중하고 공경하고 공양하며, 부처님을 뵙지만 싫어함이 없으며, 모든 부처님을 늘 사랑하고 좋아하며, 늘 깊은 믿음을 일으켜 모든 공덕을 닦아 늘 쉬지 않을 것이다.' 이것이 보살로서 모든 지혜를 위하여 비로소 선근을 모으기 위한 태어남을 받는 장이다."

善男子 云何名願常供養一切諸佛受生藏 善男子 菩薩初發心時 作如是願 我當尊重恭敬 供養一切諸佛 見佛無厭 於諸佛所 常生愛樂 常起深信 修諸功德 恒無休息 是爲菩薩爲一切智 始集善根受生藏

"무슨 까닭으로 이름이 '보리심을 일으키기를 원하여 태어남을 받는 장'이라 하는가? 이 보살이 아뇩다라삼먁삼보리심을 일으키니, 이른바 가엾이 여기는 큰마음을 일으키는 것이다. 이는 모든 중생을 구하고 보호하려는 까닭이며, 부처님께 공양하려는 마음을 일으키니, 이는 마지막까지 받들어 섬기려는 까닭이며, 바른 법을 널리 구하려는 마음을 일으키니, 이는 모든 것을 아끼지 않는 까닭이며, 광대하게 향하여 나아가려는 마음을 일으키니, 이는 모든 지혜를 구하려는 까닭이며, 헤아릴 수 없는 사랑의 마음을 일으키니, 이는 중생을 두루 거두어주려는 까닭이며, 모든 중생을 버리지 않으려는 마음을 일으키니, 이는 모든 지혜를 구하는 견고한 서원의 갑옷을 입으려는 까닭이며, 속임이 없는 마음을 일으키니, 이는 실상의 본바탕과 같은 지혜를 얻으려는 까닭이며, 설한 것과 같이 행하는 마음을 일으키니, 이는 보살의 도를 닦는 까닭이며, 모든 부처님을 속이지 않은 마음을 일으키니, 이는 모든 부처님의 큰 서원을 지키고 보호하려는 까닭이며, 모든 지혜와 원의 마음을 일으키니, 이는 미래가 다하도록 중생을 가르치고 바른길로 이끄는 일에 쉬지 않으려는 까닭이다."

"보살이 이와 같은 등 부처 세계의 티끌 수와 같은 보리심의 공덕으로 여래의 가문에 태어남을 얻은 까닭이며, 이것이 보살의 두 번째 태어남을 받는 장이다."

云何名發菩提心受生藏 善男子 此菩薩發阿耨多羅三藐三菩提心 所謂起大悲心 救護一切衆生故 起供養佛心 究竟承事故 起普求正法心 一切無吝故 起廣大趣向心 求一切智故 起慈無量心 普攝衆生故 起不捨一切衆生心 被求一切智堅誓甲故 起無諂誑心 得如實智故 起如說行心 修菩薩道故 起不誑諸佛心 守護一切佛大誓願故 起一切智願心 盡未來化衆生 不休息故 菩薩以如是等佛刹微塵數菩提心功德故 得生如

來家 是爲菩薩第二受生藏

"무슨 까닭으로 이름이 '모든 법문을 자세히 살펴서 들여다보고 행을 부지런하게 닦기를 원하여 태어남을 받는 장'이라 하는가?"

"선남자여! 이 보살마하살은 모든 법문 바다를 자세히 살펴서 들여다보려는 마음을 일으키고 모든 지혜로 회향하여 원만하게 하려는 도의 마음을 일으키고 바른 생각으로 잘못이나 허물이 없는 업을 없애려는 마음을 일으키고 모든 보살 삼매 바다를 청정하게 하려는 마음을 일으키고 모든 보살의 공덕을 닦아 이루려는 마음을 일으키고 모든 보살의 도를 장엄하려는 마음을 일으키고 모든 지혜로 크게 정진하여 모든 공덕을 닦지만, 겁의 불덩이가 솟아올라도 쉬지 않음을 구하려는 마음을 일으키고 보현의 행을 닦아서 모든 중생을 가르치고 바른길로 이끌려는 마음을 일으키고 선근의 위의를 배워서 보살의 공덕을 닦고 모든 있는 것을 버리고 벗어나 있는 것이 없음에 머무는 진실한 마음을 일으킨다."

"이것이 보살의 제3 태어남을 받는 장이다."

云何名觀諸法門 勤修行受生藏 善男子 此菩薩摩訶薩 起觀一切法門海心 起迴向一切智圓滿道心 起正念無過失業心 起一切菩薩三昧海淸淨心 起修成一切菩薩功德心 起莊嚴一切菩薩道心 起求一切智大精進 修行諸功德 如劫火熾 然無休息心 起修普賢行 敎化一切衆生心 起善學一切威儀 修菩薩功德 捨離一切所有 住無所有眞實心 是爲菩薩第三受生藏

"무슨 까닭으로 이름이 '깊고 청정한 마음으로 삼세를 비추길 원하여 태어남을 받는 장'이라 하는가?"

"선남자여! 이 보살이 거듭 더하여 위로 향하여 나아가는 청정한 마음을 갖추어 여래의 광명을 얻고 보살의 방편 바다에 들어가며, 그 마음이 견고하기가 비유하면 금강과 같고 일체 모든 생사의 부류를 등지고 버리며, 모든 부처님의 자재한 힘을 성취하고 특히 뛰어난 행을 닦아서 보살의 근을 갖추며, 그 마음이 밝고 깨끗하여 원의 힘이 움직이지 않고 늘 모든 부처님으로부터 보호와 도움을 받으면서 일체 모든 막힘이나 걸림이 되는 산을 깨트리고 무너트리며, 중생을 위해 의지할 처를 지어가니, 이것이 보살의 제4 태어남을 받는 장이다."

云何名以深淨心普照三世受生藏 善男子 此菩薩具淸淨增上心 得如來菩提光 入菩薩方便海 其心堅固 猶若金剛 背捨一切諸有趣生 成就一切佛自在力 修殊勝行 具菩薩根 其心明潔 願力不動 常爲諸佛之所護念 破壞一切諸障礙山 普爲衆生 作所依處 是爲菩薩第四受生藏

"무슨 까닭으로 이름이 '평등한 광명을 원하여 태어남을 받는 장'이라 하는가?"
"선남자여! 이 보살이 많은 행을 온전하게 갖추고 중생을 두루 가르치고 바른길로 이끌지만, 가지고 있는 모든 것을 남김없이 다 버리고 부처님의 원만하면서 청정한 계율의 경계에 머물며, 참은 법을 온전하게 갖추어 모든 부처님 법인의 광명을 성취하고 큰 정진으로 모든 지혜에 나아가 저 언덕에 이르며, 모든 선정을 닦고 익혀서 보문(普門) 삼매(三昧: 普賢菩薩行願 十信.十住.十行)를 얻고 청정한 지혜가 원만하며, 지혜의 해로 모든 법을 밝게 비추고 막힘이나 걸림 없는 눈을 얻어서 모든 부처님의 바다를 보며, 모든 진실한 법의 성품을 깨달아 들어가고 모든 세간의 보는 자들이 환희하며, 선근으로 실상의 본바탕이 되는 법의 문을 닦고 익히는 것이니, 이것이 보살의 제5 태어남을 받는 장이다."

云何名平等光明受生藏 善男子 此菩薩具足衆行 普化衆生 一切所有 悉皆能捨 住佛究竟淨戒境界 具足忍法 成就諸佛法忍光明 以大精進 趣一切智 到於彼岸 修習諸禪 得普門定 淨智圓滿 以智慧日 明照諸法 得無礙眼 見諸佛海 悟入一切眞實法性 一切世間見者歡喜 善能修習如實法門 是爲菩薩第五受生藏

"무슨 까닭으로 이름이 '여래 집안에 나게 되길 원하여 태어남을 받는 장'이라 하는가?"
"선남자여! 이 보살이 여래의 집안에 태어나 모든 부처님을 따라 머물며, 깊고 깊은 모든 법문을 성취하여 삼세 부처님의 청정한 큰 원을 온전하게 갖추고 모든 부처님과 같은 동일한 선근을 얻어서 모든 여래와 더불어 체성이 하나이며, 세상에서 벗어나는 희고 청정한 선근의 법을 갖추어 광대한 공덕 법문에 편안하게 머물고 모든 삼매에 들어가 부처님의 신력을 보고 당연히 가르치고 바른길로 이끌어야 함을 따라 모든 중생을 청정하게 하며, 물음과 같이 대답해서 변재가 다함이 없는 것이니, 이것이 보살의 제6 태어남을 받는 장이다."

云何名生如來家受生藏 善男子 此菩薩生如來家 隨諸佛住 成就一切甚深法門 具三世佛淸淨大願 得一切佛同一善根 與諸如來 共一體性 具出世行白淨善法 安住廣

大功德法門 入諸三昧 見佛神力 隨所應化 淨諸衆生 如問而對 辯才無盡 是爲菩薩第六受生藏

"무슨 까닭으로 이름이 '부처님의 광명을 원하여 태어남을 받는 장'이라 하는가?"

"선남자여! 이 보살이 부처님의 힘에 깊이 들어가 모든 부처 세계에 노닐더라도 물러서려는 마음이 없으며, 보살의 대중 모임을 공양하고 받들어 섬겨도 피곤해하거나 싫어하지 않으며, 모든 법이 빠짐없이 다 허깨비처럼 일어남을 분명하게 깨우쳐 알고 모든 세간이 꿈에서 본 것과 같음을 알며, 모든 색상이란 비유하면 빛의 그림자와 같고 신통으로 지은 것은 모두 변화와 같으며, 태어남을 받는 모든 것이 그림자와 같고 모든 부처님이 설하시는 법이 빠짐없이 다 골짜기의 메아리와 같으며, 법계를 열어 보여 다 마지막까지 이르게 하니, 이것이 보살의 제7 태어남을 받는 장이다."

云何名佛力光明受生藏 善男子 此菩薩深入佛力 遊諸佛刹 心無退轉 供養承事菩薩衆會 無有疲厭 了一切法 皆如幻起 知諸世間如夢所見 一切色相猶如光影 神通所作皆如變化 一切受生悉皆如影 諸佛說法皆如谷響 開示法界 咸令究竟 是爲菩薩第七受生藏

"무슨 까닭으로 이름이 '지혜의 문을 널리 자세히 들여다보길 원하여 태어남을 받는 장'이라 하는가?"

"선남자여! 이 보살이 동진의 지위에 머물러 있으면서 모든 지혜와 하나하나 지혜의 문을 자세히 들여다보면서 헤아릴 수 없는 겁이 다하도록 보살의 모든 행을 널리 펴서 설하고 저 모든 보살의 깊고 깊은 삼매에 마음이 자재해지고 생각과 생각마다 시방세계 모든 여래의 처소에 태어나며, 차별이 있는 경계에서 차별이 없는 삼매에 들어가고 차별이 없는 법으로 차별이 있는 지혜를 나타내며, 헤아릴 수 없는 경계에서 경계가 없음을 알고 아주 적은 경계에서 헤아릴 수 없는 경계에 들어가며, 법의 성품이 광대하기에 경계가 없음을 통달하고 모든 세간이 남김없이 다 거짓으로 시설된 것이며, 모든 것이 다 이 식심(識心)으로 일어난 것임을 아니, 이것이 보살의 제8 태어남을 받는 장이다."

云何名觀普智門受生藏 善男子 此菩薩住童眞位 觀一切智 一一智門 盡無量劫 開演一切菩薩所行 於諸菩薩甚深三昧 心得自在 念念生於十方世界諸如來所 於有差別境 入無差別定 於無差別法 現有差別智 於無量境 知無境界 於少境界 入無量境

通達法性廣大無際 知諸世間悉假施設 一切皆是識心所起 是爲菩薩第八受生藏

"무슨 까닭으로 이름이 '장엄을 널리 나타내길 원하여 태어남을 받는 장'이라 하는가?"
"선남자여! 이 보살이 가지가지로 헤아릴 수 없는 부처 세계를 장엄하고 모든 중생과 또한 모든 부처님의 몸을 두루 변화시켜 나타내어도 두려움이 없으며, 청정한 법을 널리 펴서 설하고 법계에 두루 흘러도 막힘이나 걸림이 없으며, 그 마음의 즐거워함을 따라 아는 대로 보고 알게 하며, 가지가지의 보리 행 이루는 것을 나타내 보여서 막힘이나 걸림 없는 지혜의 도를 나게 하고 이와 같은 지어가는 것들이 때를 잃지 않고 늘 삼매와 비로자나 지혜의 장에 있으니, 이것이 보살의 제9 태어남을 받는 장이다."

云何名普現莊嚴受生藏 善男子 此菩薩能種種莊嚴無量佛刹 普能化現一切衆生及諸佛身 得無所畏 演淸淨法 周流法界 無所障礙 隨其心樂 普使知見 示現種種成菩提行 令生無礙一切智道 如是所作 不失其時 而常在三昧毘盧遮那智慧之藏 是爲菩薩第九受生藏

"무슨 까닭으로 이름이 '여래의 지위에 들어가 태어나길 원하여 태어남을 받는 장'이라 하는가?"
"선남자여! 이 보살이 남김없이 다 삼세의 모든 여래 처소에서 관정법을 받아 모든 경계의 차례를 두루 아니, 이른바 모든 중생의 전 경계, 후 경계에서 죽고 나는 차례와 모든 보살이 수행하는 차례와 모든 중생이 마음으로 생각하는 차례와 삼세 여래가 부처를 이루는 차례와 섬세하고 능숙한 선근 방편으로 법을 설하는 차례를 알고 또한 모든 처음과 중간과 뒤의 경계에 있는 모든 겁이 이루어지고 무너지는 이름의 차례도 알기에 가르침과 바른길을 받을 만한 중생을 따라 도를 이루는 공덕과 장엄을 나타내며, 신통으로 법을 설하고 방편으로 조복시키니, 이것이 보살의 제10 태어남을 받는 장이다."

云何名入如來地受生藏 善男子 此菩薩悉於三世諸如來所 受灌頂法 普知一切境界次第 所謂知一切衆生前際後際歿生次第 一切菩薩修行次第 一切衆生心念次第 三世如來成佛次第 善巧方便說法次第 亦知一切初 中 後際所有諸劫 若成若壞名號次第 隨諸衆生所應化度 爲現成道 功德莊嚴 神通說法 方便調伏 是爲菩薩第十受生藏

"불자여! 그와 같은 보살이 이 열 가지 법을 닦아서 익히고 거듭 더해서 늘리며, 원만하게 성취하면, 능히 한 가지 장엄 가운데서 가지가지의 장엄을 나타내어 이와 같은 모든 국토를 장엄하며, 모든 중생을 깨우침으로 인도하여 깨달음을 열어 보이고 미래의 겁이 다하도록 쉬지 않고 일체 모든 부처님의 법 바다와 가지가지의 경계와 가지가지의 성숙함과 헤아릴 수 없는 모든 법을 반복하여 전하면서 널리 설하고 헤아릴 수 없는 부처님의 자재함을 나타내어 모든 허공 법계에 가득하고 중생이 마음으로 행하는 바다 가운데 법륜을 굴리며, 모든 세계에서 부처 이루는 것을 나타내 보이지만, 항상 끊이지 않으며, 말할 수 없는 청정한 음성으로 모든 법을 설하여 헤아릴 수 없는 처에 머물러 막힘이나 걸림이 없음을 통달하고 모든 법으로 도량을 장엄하고 모든 중생의 욕망과 이해하는 차별을 따라서 부처 이루는 것을 나타내고 헤아릴 수 없이 깊은 법장을 열어 모든 세간을 가르치고 바른길로 이끌어서 성취하게 한다."

佛子 若菩薩摩訶薩於此十法 修習增長圓滿成就 則能於一莊嚴中 現種種莊嚴 如是莊嚴一切國土 開導示悟一切衆生 盡未來劫 無有休息 演說一切諸佛法海 種種境界 種種成熟 展轉傳來無量諸法 現不思議佛自在力 充滿一切虛空法界 於諸衆生心行海中 而轉法輪 於一切世界 示現成佛 恒無間斷 以不可說清淨言音 說一切法 住無量處 通達無礙 以一切法 莊嚴道場 隨諸衆生欲解差別 而現成佛 開示無量甚深法藏 教化成就一切世間

이때 람비니 숲의 신이 이 뜻을 거듭 펼치고자 부처님의 신통한 힘으로 시방을 자세하게 두루 살펴보고는 게송으로 말했다.

爾時 嵐毘尼林神 欲重明其義 以佛神力 普觀十方 而說頌言

最上離垢淸淨心 가장 높고 허물이 없는 청정한 마음은
見一切佛無厭足 모든 부처님을 보고도 싫어하지 않으며
願盡未來常供養 미래의 세상이 다하도록 늘 공양하기를 원하기에
此明慧者受生藏 지혜가 밝은 자로 태어남을 받는다네.

一切三世國土中 모든 삼세 국토 가운데
所有衆生及諸佛 있는 중생들과 해탈하신 모든 부처님을
悉願度脫恒瞻奉 남김없이 다 항상 우러러 받들길 원하니

此難思者受生藏 생각으로는 어려운 자들이 태어남을 받는 장이라네.

聞法無厭樂觀察 법을 듣고 싫어하지 않으며 자세히 들여다보기를 좋아하고
普於三世無所礙 삼세에 두루 하여 막힘이나 걸림이 없고
身心淸淨如虛空 몸과 마음이 청정하기가 허공과 같으니
此名稱者受生藏 이는 이름있는 자들이 태어남을 받는 장이라네.

其心恒住大悲海 그 마음은 늘 크게 가엾이 여기는 바다에 머물고
堅如金剛及寶山 견고하기로는 금강 및 보배산과 같으며
了達一切種智門 일체 종지의 문을 분명하게 깨우쳐 통하니
此最勝者受生藏 이는 가장 뛰어난 자가 태어남을 받는 장이라네.

大慈普覆於一切 큰 사랑으로 모든 것을 두루 덮고
妙行常增諸度海 빼어난 행으로 늘 모든 여래지 바다를 거듭 더하며
以法光明照群品 법의 광명으로 중생을 비추니
此雄猛者受生藏 이는 용맹한 자가 태어남을 받는 장이라네.

了達法性心無礙 법의 성품을 분명하게 깨우쳐 통하고 마음에 막힘이나 걸림이 없으며
生於三世諸佛家 삼세 모든 부처님의 집안에 태어나
普入十方法界海 시방 법계의 바다에 두루 들어가니
此明智者受生藏 이는 지혜에 밝은 자가 태어남을 받는 장이라네.

法身淸淨心無礙 법의 몸이 청정하여 마음에 막힘이나 걸림이 없어
普詣十方諸國土 시방의 모든 국토에 두루 나아가 이르고
一切佛力靡不成 모든 부처님의 힘을 다 이루니
此不思議受生藏 이는 생각으로는 헤아릴 수 없는 자가 태어남을 받는 장이라네.

入深智慧已自在 깊은 지혜에 들어가 이미 자재하고
於諸三昧亦究竟 모든 삼매 또한 마지막까지 하여
觀一切智如實門 모든 지혜로 실상의 본바탕이 되는 문을 자세히 들여다보니
此眞身者受生藏 이는 참된 몸을 가진 자가 태어남을 받는 장이라네.

淨治一切諸國土 일체 모든 부처님의 국토를 청정하게 다스리고
勤修普化衆生法 중생을 가르치고 바른길로 이끄는 법을 닦으며
顯現如來自在力 여래의 자재한 힘을 나타내니
此大名者受生藏 이는 큰 이름을 가진 자가 태어남을 받는 장이라네.

久已修行薩婆若 이미 오래도록 살바야를 수행하고
疾能趣入如來位 여래의 지위에 빠르게 향해 들어가
了知法界皆無礙 법계를 빠짐없이 깨달아 알고 막힘이나 걸림이 없으니
此諸佛子受生藏 이는 모든 불자가 태어남을 받는 장이라네.

"선남자여! 이 열 가지의 법을 갖추고 여래의 집안에 태어나면 모든 세간의 청정한 광명이 된다."
"선남자여! 내가 헤아릴 수 없는 겁으로부터 이렇듯 자재하게 태어나는 해탈의 문을 얻었다."
善男子 菩薩具此十法 生如來家 爲一切世間淸淨光明 善男子 我從無量劫來 得是自在受生解脫門

선재 동자가 말했다.
"성자시여! 이 해탈문의 경계는 어떠합니까?"
묘덕원만주야신이 답했다.
"선남자여! 나은 먼저 원을 일으키기를 모든 보살이 태어남을 보일 때마다 빠짐없이 친근함을 얻고자 원하며, 비로자나 여래의 헤아릴 없이 태어남을 받는 바다에 들어가기를 원한다. 이러한 옛적 원의 힘으로 이 세계 염부제에 있는 람비니 숲 동산에 태어나 오로지 보살이 언제 내려오실까 생각한다."
善財白言 聖者 此解脫門境界云何 答言 善男子 我先發願 願一切菩薩示受生時 皆得親近 願入毘盧遮那如來無量受生海 以昔願力 生此世界閻浮提中嵐毘尼園 專念菩薩何時下生

"백 년이 지난 뒤에 세존이 도솔타천에서 내려와 태어나시며, 그때 이 숲에서 열 가지 모양이나 상태를 나타내니, 무엇이 열이 되는가 하면, 첫째는 이 동산의 땅이 홀연히 평탄해지고 구덩이나 높은 언덕이 모두 나타나지 않았다. 둘째는 땅이 금강으로 되고 많은 보배로 장엄하고 자갈과 가시덤불과 나무 말뚝들이 없어졌다. 셋째는 보배로 된 다라 나무가 두루 줄지어 서고 그 뿌리가 깊이 들어가 물의 경계에 이르렀다. 넷째는 모든 향의 싹이 나고 많은 향 장을 나타내며, 보배 향나무가 무성하기에 그늘을 만들고 모든 향기가 하늘의 향기보다 좋았다. 다섯째는 빼어난 모든 꽃 머리 장식과 보배 장엄 기물이 줄지어 펴져서 곳곳마다 가득하였다."

"여섯째는 동산 안에 있는 일체 모든 나무에서 자연스럽게 마니보배 꽃이 피어났다. 일곱째는 연못 가운데서 자연스럽게 꽃이 나오며, 땅속에서 솟아올라 물 위에 두루 덮였다. 여덟째는 이 숲 가운데 사바세계의 욕계와 색계에 머무는 하늘, 용, 야차, 건달바, 아수라, 가루라, 긴나라, 마후라가의 일체 모든 왕이 와서 합장하고는 머물렀다. 아홉째는 이 세계에 있는 천녀 뿐만 아니라 마후라가의 여자들이 모두 환희하면서 가지가지의 모든 공양 기물을 받들어 지니고 필락차 나무 앞을 향해 공경하게 서 있었다. 열째는 시방의 모든 부처님 배꼽에서 '보살이 태어나는 자재한 등불의 광명을 놓아 이 숲을 비추니, 하나하나의 광명 가운데 남김없이 다 부처님이 태어나고 탄생하는 신통 변화와 또한 모든 보살이 태어남을 받는 공덕을 나타내었고 또 모든 부처님의 가지가지 음성을 내었다. 이것이 숲 가운데 열 가지 상서로운 모양이나 상태다."

"이 상서로움이 나타날 때 모든 천왕은 보살이 내려오심을 아니, 나는 이 상서로움을 보고 헤아릴 수 없이 기뻐하였다."

經於百年 世尊果從兜率陀天而來生 此時 此林中 現十種相 何等爲十 一者此園中 地忽自平坦 阬坎堆阜悉皆不現 二者 金剛爲地 衆寶莊嚴 無有瓦礫 荊棘 株杌 三者 寶多羅樹周帀行列 其根深植 至於水際 四者生衆香芽 現衆香藏 寶香爲樹 枝疏蔭映 其諸香氣皆逾天香 五者諸妙華鬘寶莊嚴具 行列分布 處處充滿 六者園中所有一切 諸樹 皆自然開摩尼寶華 七者諸池沼中 皆自生華 從地涌出 周布水上 八者時 此林 中娑婆世界欲 色所住天 龍 夜叉 乾闥婆 阿修羅 迦樓羅 緊那羅 摩睺羅伽 一切諸王 莫不來集合掌而住 九者此世界中 所有天女乃至摩睺羅伽女 皆生歡喜 各各捧持諸 供養具 向畢洛叉樹前 恭敬而立 十者十方一切諸佛臍中 皆放光明 名菩薩受生自在 燈 普照此林 一一光中 悉現諸佛受生誕生所有神變及一切菩薩受生功德 又出諸佛 種種言音 是爲林中十種瑞相 此相現時 諸天王等 卽知當有菩薩下生 我見此瑞 歡喜 無量

"선남자여! 마야부인이 가비라성에서 나와 이 숲에 들어올 때 차례를 좇아(復) 열 가지 광명의 상서로운 모양이나 상태를 나타내어 모든 중생이 법 광명을 얻게 하셨다."

"무엇이 열이 되는가 하면, 이른바 모든 보배 꽃 장의 광명과 보배 향 장의 광명과 보배 연꽃이 피어 진실하고 빼어난 음성을 내는 광명과 시방의 보살이 처음으로 마음을 일으키는 광명과 모든 보살이 모든 지위에 들어가 신통 변화를 나타내는 광명과 모든 보살이 바라밀의 원만한 지혜를 닦는 광명과 모든 보살이 중생을 가르치고 바른길로 이끄는 방편 지혜의 광명과 모든 보살이 법계를 증득하는 진실한 지혜의 광명과 모든 보살이 부처님의 자재함을 얻어 태어남을 받고 태어나고 출가하여 바른 깨우침을 이루는 광명이다. 이 열 가지 광명이 헤아릴 수 없는 중생들의 마음을 두루 비춘다."

善男子 摩耶夫人出迦毘羅城 入此林時 復現十種光明瑞相 令諸衆生得法光明 何等爲十 所謂一切寶華藏光 寶香藏光 寶蓮華開 演出眞實妙音聲光 十方菩薩初發心光 一切菩薩得入諸地 現神變光 一切菩薩修波羅蜜 圓滿智光 一切菩薩大願智光 一切菩薩敎化衆生 方便智光 一切菩薩證於法界 眞實智光 一切菩薩得佛自在受生 出家成正覺光 此十光明 普照無量諸衆生心

"선남자여! 마야부인이 필락차 나무 아래 앉았을 때 차례를 좇아(復) 보살이 탄생하려는 열 가지 신통 변화를 나타내었다."

"무엇이 열인가 하면, 선남자여! 보살이 탄생하려고 할 때는 욕계의 모든 하늘의 천자, 천녀와 색계 모든 하늘의 용, 야차, 건달바, 아수라, 가루라, 긴나라, 마후라가와 그 권속들이 공양하기 위해 구름같이 모여들었고 마야부인은 위엄과 덕이 특히 뛰어나기에 몸의 모든 털구멍에서 두루 광명을 놓아 삼천대천세계를 두루 비추고 막힘이나 걸림이 없었으며, 다른 광명은 모두 나타나지 못하였고 모든 중생의 번뇌와 고통을 제거해 없애버리니, 이것이 보살이 탄생하려는 제1 신통 변화다."

善男子 摩耶夫人於畢洛叉樹下坐時 復現菩薩將欲誕生 十種神變 何等爲十 善男子 菩薩將欲誕生之時 欲界諸天 天子 天女及以色界一切諸天 諸龍 夜叉 乾闥婆 阿修羅 迦樓羅 緊那羅 摩睺羅伽 幷其眷屬 爲供養故 悉皆雲集 摩耶夫人威德殊勝 身諸毛孔 咸放光明 普照三千大千世界 無所障礙 一切光明悉皆不現 除滅一切衆生煩惱及惡道苦 是爲菩薩將欲誕生 第一神變

"또 선남자여! 그때 마야부인의 복 중에 삼천세계의 일체 형상을 남김없이 나타내니, 백억 염부제 안에 각각 도읍이 있고 각각 숲 동산이 있으며, 이름이 같지 않았다. 그 가운데 마야부인이 머물러 계셨고 하늘의 대중이 둘러싸 모셨으니, 이는 보살이 탄생하려는 제2 신통 변화이다."

又善男子 當爾之時 摩耶夫人腹中 悉現三千世界一切形像 其百億閻浮提內 各有都邑 各有園林 各號不同 皆有摩耶夫人 於中止住 天衆圍遶 悉爲顯現菩薩將生 不可思議神變之相 是爲菩薩將欲誕生 第二神變

"또 선남자여! 마야부인의 모든 털구멍마다 여래께서 옛날 보살의 도를 수행할 때 모든 부처님께 공경하고 공양하던 일과 부처님이 법을 설하시는 음성을 듣던 일을 나타내었다. 비유하면 거울이나 물에 허공과 해와 달과 별과 구름과 우레의 모양을 나타내듯이, 마야부인의 모든 털구멍 또한 역시 차례를 좇아(復) 이와 같기에 능히 여래의 옛적 인연을 나타내니, 이는 보살이 탄생하려는 제3 신통 변화이다."

又善男子 摩耶夫人一切毛孔 皆現如來往昔 修行菩薩道時 恭敬供養一切諸佛 及聞諸佛說法音聲 譬如明鏡 及以水中 能現虛空日月 星宿 雲雷等像 摩耶夫人身諸毛孔 亦復如是 能現如來往昔因緣 是爲菩薩將欲誕生 第三神變

"또 선남자여! 마야부인의 몸 모든 털구멍 하나하나에서 여래가 옛적 보살의 행을 닦을 때 머물렀던 세계와 성읍과 취락과 산림과 숲과 강과 바다와 중생과 같은 겁의 수를 나타냈으며, 부처님이 세상에 나시는 일과 청정한 국토에 들어가 태어남을 받는 일과 이를 따라 수명의 길고 짧음과 선지식에 의지하여 선근 법을 닦던 일과 모든 세계에 태어날 때마다 마야부인이 어머니가 되시던 이와 같은 모든 일이 털구멍 가운데 빠짐없이 다 나타나니, 이는 보살이 탄생하려는 제4 신통 변화이다."

又善男子 摩耶夫人身諸毛孔 一一皆現如來往昔 修菩薩行時 所住世界城邑 聚落 山林 河海 衆生劫數 値佛出世 入淨國土 隨所受生 壽命長短 依善知識 修行善法 於一切刹在在生處 摩耶夫人常爲其母 如是一切於毛孔中 靡不皆現 是爲菩薩將欲誕生 第四神變

"또 선남자여! 마야부인 하나하나의 털구멍마다 여래께서 옛적 보살행을 수행할 때 나셨던 곳과 색상과 형상이 나타났으며, 의복과 음식과 괴롭고 즐거움 등의 일이 하나하나 나타나 분명하게 가려서 깨우쳐 알게 하니, 이는 보살이 탄생하려는 제5 신통 변화이다."

又善男子 摩耶夫人――毛孔 顯現如來往昔 修行菩薩行時 隨所生處 色相形貌 衣服 飮食 苦樂等事 ――普現 分明辯了 是爲菩薩將欲誕生 第五神變

"또 선남자여! 마야부인의 몸 모든 털구멍 하나하나가 세존께서 옛적 보시행을 닦을 때 버리기 어려운 머리, 눈, 귀, 코, 입술, 혀, 치아, 몸, 손, 발, 피, 살, 힘줄, 뼈와 아들, 딸, 아내, 첩, 도시, 궁전, 의복, 영락, 금, 은, 보화 등 이와 같은 모든 것을 안팎으로 버리던 일을 나타내었고 또한 받는 자의 생긴 모양과 음성 및 그 처소까지 보이니, 이는 보살이 탄생하려는 제6 신통 변화이다."

又善男子 摩耶夫人身諸毛孔 ――皆現世尊往昔 修施行時 捨所難捨頭目 耳鼻 脣舌 牙齒 身體 手足 血肉 筋骨 男女 妻妾 城邑 宮殿 衣服 瓔珞 金銀 寶貨 如是一切 內外諸物 亦見受者形貌 音聲及其處所 是爲菩薩將欲誕生 第六神變

"또 선남자여! 마야부인이 이 동산에 들어올 때 이 숲에는 지난 세상 모든 부처님이 모태에 들어갈 때의 국토, 동상과 의복과 꽃 머리 장식과 바르는 향, 가루 향, 번기, 당기, 깃발, 일산과 보배로 장엄하는 모든 것을 나타내었고 놀이와 노래와 가장 빼어난 음성을 모든 중생이 다 듣고 보게 되었으니, 이는 보살이 탄생하려는 제7 신통 변화이다."

又善男子 摩耶夫人 入此園時 其林普現過去所有一切諸佛入母胎時 國土 園林 衣服 華鬘 塗香 末香 幡繒 幢蓋一切衆寶莊嚴之事 妓樂 歌詠上妙音聲 令諸衆生 普得見聞 是爲菩薩將欲誕生 第七神變

"또 선남자여! 마야부인이 이 동산에 들어올 때 그 몸으로부터 보살이 머무는 마니보배로 된 궁전과 누각이 모든 하늘의, 용, 야차, 건달바, 아수라, 가루라, 긴나라, 마후라가나 모든 사람의 왕이 거주하는 곳보다 뛰어났으며, 보배 그물로 위를 덮고 빼어난 향을 두루 풍기며, 많은 보배로 장엄하여 안팎이 청정하고 각각 차별이 있지만 서로 섞이지 않고 람비니 동산에 두루 가득하니, 이는 보살이 탄생하려는 제8 신통 변화이다."

又善男子 摩耶夫人入此園時 從其身 出菩薩所住摩尼寶王宮殿樓閣 超過一切天龍 夜叉 乾闥婆 阿修羅 迦樓羅 緊那羅 摩睺羅伽及諸人王之所住者 寶網覆上 妙香普熏 衆寶莊嚴 內外淸淨 各各差別 不相雜亂 周帀徧滿嵐毘尼園 是爲菩薩將欲誕生 第八神變

"또 선남자여! 마야부인이 이 동산에 들어올 때 그 몸에서 열 가지 말할 수 없는 백천억 나유타 부처 세계의 티끌 수와 같은 보살이 나오시니, 그 모든 보살의 형상과 용모와 좋은 모양이나 상태의 광명과 나아가고 멈추는 위의와 신통과 권속들이 모두 비로자나 보살과 다르지 않았고 남김없이 다 한 가지로 한꺼번에 여래를 찬탄하니, 이는 보살이 탄생하려는 제9 신통 변화이다."

又善男子 摩耶夫人入此園時 從其身 出十不可說百千億那由他佛刹微塵數菩薩 其諸菩薩身形容貌 相好光明 進止威儀神通眷屬 皆與毘盧遮那菩薩等 無有異 悉共同時 讚歎如來 是爲菩薩將欲誕生 第九神變

"또 선남자여! 마야부인이 보살을 탄생시키려고 할 때 문득 그 앞에 금강의 경계로부터 큰 연꽃이 솟아났으니, 이름이 '모든 보배로 장엄한 장'이며, 금강으로 줄기가 되고 많은 보배로 수술이 되고 여의 보배 왕이 그 꽃받침이 되었다. 열 세계의 티끌 수와 같은 잎은 모두 마니로 되어있고 보배 그물과 보배 일산이 그 위를 덮었으며, 모든 천왕이 함께 받들어 지녔으며, 모든 용왕은 향 비를 내리고 모든 야차왕은 공경하며 둘러싸고 하늘에 꽃을 흩뿌리며, 모든 건달바왕은 섬세하고 빼어난 음성으로 보살이 옛적에 부처님께 공양하던 공덕을 찬탄하고 모든 아수라왕은 교만한 마음을 버리고 머리를 숙여 공경하게 예를 올리고 모든 가루라왕은 보배 번기 비단 띠를 드리워 허공에 가득하게 하고 모든 긴나라왕은 환희하며, 우러러보고 보살의 공덕을 노래하고 찬탄하며, 모든 마후라가왕은 빠짐없이 다 환희를 내고 노래로 찬탄하며, 모든 보배 장엄 구름을 두루 내리니, 이는 보살이 탄생하려는 제10 신통 변화이다."

又善男子 摩耶夫人將欲誕生菩薩之時 忽於其前 從金剛際 出大蓮華 名爲一切寶莊嚴藏 金剛爲莖 衆寶爲鬚 如意寶王 以爲其臺 有十佛刹 微塵數葉 一切皆以摩尼所成 寶網寶蓋 以覆其上 一切天王所共執持 一切龍王降注香雨 一切夜叉王恭敬圍遶 散諸天華 一切乾闥婆王出微妙音 歌讚菩薩往昔 供養諸佛功德 一切阿修羅王捨

憍慢心 稽首敬禮 一切迦樓羅王垂寶繒幡 徧滿虛空 一切緊那羅王歡喜瞻仰 歌詠讚歎菩薩功德 一切摩睺羅伽王皆生歡喜 歌詠讚歎 普雨一切寶莊嚴雲 是爲菩薩將欲誕生 第十神變

"선남자여! 람비니 동산에서 이와 같은 열 가지 상서로움을 나타내고 마친 뒤에 보살의 몸이 탄생하니, 허공 가운데 청정한 해가 뜨는 것과 같으며, 높은 산 위에서 경사스러운 구름이 일어나는 듯이 하고 빽빽한 구름 가운데서 번개가 치는 듯이 하고 어두운 밤 횃불을 밝히는 것과 같아서 그때 보살이 어머니의 옆구리로 탄생하는 몸의 광명도 역시 차례를 좇아(復) 이와 같았다."

"선남자여! 보살이 그때 비록 처음으로 태어남을 나타내었지만, 일체 모든 법은 꿈과 같고 허깨비와 같으며, 그림자와 같고 형상과 같고 오는 것도 가는 것도 없고 나지도 없어짐도 없음을 남김없이 다 분명하게 깨우쳐 통하였다."

善男子 嵐毘尼園 示現如是十種相已 然後菩薩其身誕生 如虛空中 現淨日輪 如高山頂 出於慶雲 如密雲中 而耀電光 如夜暗中 而然大炬 爾時 菩薩從母脅生 身相光明 亦復如是 善男子 菩薩爾時 雖現初生 悉已了達一切諸法如夢如幻 如影如像 無來無去 不生不滅

"선남자여! 부처님이 이 사천하 염부제에 있는 람비니 동산에서 처음으로 탄생하시면서 가지가지의 신통 변화가 나타나는 것을 내가 당연히 보는 것과 같이 여래께서 삼천대천세계의 백억 사천하 염부제에 있는 람비니 동산에서 처음으로 탄생하시면서 가지가지의 신통 변화를 나타내는 것도 보았다. 또 삼천대천세계 하나하나의 티끌 가운데 헤아릴 수 없는 부처 세계를 보았고 또한 백 부처님 세계와 천 부처님 세계뿐만 아니라 시방 모든 세계의 하나하나 티끌 가운데서 헤아릴 수 없는 부처 세계를 보았으며, 이와 같은 일체 모든 부처 세계 가운데 모두 여래가 있기에 태어남을 받는 가지가지의 신통 변화 나타내는 것을 보여서 이와 같음이 생각과 생각마다 그 사이가 늘 끊어지지 않았다."

善男子 當我見佛 於此四天下閻浮提內嵐毘尼園 示現初生種種神變時 亦見如來 於三千大千世界百億四天下閻浮提內嵐毘尼園中 示現初生種種神變 亦見三千大千世界一一塵中 無量佛刹 亦見百佛世界 千佛世界乃至十方一切世界一一塵中 無量佛刹 如是一切諸佛刹中 皆有如來 示現受生種種神變 如是念念 常無間斷

때맞추어 선재 동자가 묘덕원만주야신에게 물어 말했다.

"큰 천신께서는 이 해탈을 얻는지 얼마나 오래되었습니까?"

時 善財童子白彼神言 大天 得此解脫 其已久如

묘덕원만주야신이 답했다.

"선남자여! 지나간 옛적 1억 부처 세계의 티끌 수와 같은 겁을 지나 차례를 좇아(復) 이 같은 수를 지나서 그때 세계가 있었으니, 이름이 '두루 한 보배'이며, 겁의 이름은 '즐거움'이었으며, 80 나유타 부처님이 그 속에서 나오셨다. 첫 부처님의 이름은 '자재공덕당'으로 열 가지 부름을 온전하게 갖추었으며, 그 세계에 빼어난 광명 장엄이라는 사천하가 있었다."

"그 사천하의 염부제에 한 나라가 있으니, 이름이 '수미장엄당'이며, 그 나라 왕의 이름은 '보배 불꽃 눈'이며, 그 왕의 부인은 이름이 '기쁜 빛'이었다."

"선남자여! 이 세계에서는 마야부인이 비로자나 여래의 어머니가 되는 것처럼 저 세계에서는 기쁜 빛 부인이 첫 부처님의 어머니가 되는 것도 역시 차례를 좇아(復) 이와 같았다."

答言 善男子 乃往古世過億佛刹微塵數劫 復過是數時 有世界 名爲普寶 劫名悅樂 八十那由他佛於中出現 其第一佛名自在功德幢 十號具足 彼世界中 有四天下 名妙光莊嚴 其四天下閻浮提中 有一王都 名須彌莊嚴幢 其中有王 名寶焰眼 其王夫人 名曰喜光 善男子 如此世界摩耶夫人爲毘盧遮那如來之母 彼世界中喜光夫人爲初佛母 亦復如是

"선남자여! 기쁜 빛 부인이 보살을 탄생시키려고 할 때는 20억 나유타 채녀들과 함께 금 꽃 산에 나아가 이르니, 동산 가운데 누각이 있고 누각의 이름은 '빼어난 보배 봉우리'이며, 그 곁에 나무가 있으니, 이름이 '일체 보시'이며, 기쁜 빛 부인이 그 나뭇가지를 잡고 보살을 탄생하니, 모든 천왕 대중이 각각 향수를 가지고 함께 목욕을 시켰다. 그때 유모가 있었으니, 이름이 '청정한 빛'이다."

"그 옆에 유모가 서 있고 천왕들이 목욕을 시키고는 유모에게 건네었고 유모가 공경히 받아 큰 환희를 내면서 보살의 넓은 눈 삼매를 얻었다. 이 삼매를 얻고는 시방의 헤아릴 수 없는 모든 부처님을 보고 차례를 좇아(復) 유모 보살이 모든 곳에서 태어남을 받는 자재한 해탈을 얻었다. 그리고 처음 태를 받는 식(識)이 빠르고 막힘이나 걸림이 없기에 이 해탈을 얻는 까닭으로 모든 부처님이 본래 서원의 힘으로 자재하게 태어남을 보는 것도 역시 차례를 좇아(復) 이와 같게 하였다."

"선남자여! 그대의 생각은 어떠한가? 그 유모는 다른 이가 아니라 내 몸이었다."

"나는 그때 생각과 생각마다 늘 비로자나 부처님이 나타내 보이는 보살이 태어남을 받는 바다와 중생을 조복시키는 자재한 신력을 보았고 비로자나 부처님이 본래 서원한 힘으로 생각과 생각마다 삼천대천세계뿐만 아니라 시방 모든 세계의 티끌 수와 같은 보살이 태어나면서 신통 변화를 나타냄을 보는 것과 같이 모든 부처님을 보는 일도 남김없이 다 역시 이와 같았으며, 내가 모두 공경히 받들어 섬기고 공양하여 설하는 법을 듣고 설함과 같이 수행하였다."

善男子 其喜光夫人將 欲誕生菩薩之時 與二十億那由他采女 詣金華園 園中有樓 名妙寶峯 其邊有樹 名一切施 喜光夫人攀彼樹枝 而生菩薩 諸天王衆各持香水 共以洗沐 時 有乳母 名爲淨光 侍立其側 旣洗沐已 諸天王衆授與乳母 乳母敬受 生大歡喜 卽得菩薩普眼三昧 得此三昧已 普見十方無量諸佛 復得菩薩於一切處 示現受生自在解脫 如初受胎識 速疾無礙 得此解脫故 見一切佛乘本願力 受生自在 亦復如是 善男子 於汝意云何 彼乳母者 豈異人乎 我身是也 我從是來 念念常見毘盧遮那佛 示現菩薩受生海 調伏衆生 自在神力 如見毘盧遮那佛乘本願力 念念於此三千大千 乃至十方一切世界微塵之內 皆現菩薩受生神變 見一切佛 悉亦如是 我皆恭敬 承事供養 聽所說法 如說修行

때맞춰 람비니 숲 신이 거듭 이 해탈의 뜻을 펴고자 부처님의 신력을 받들어 시방을 자세히 살펴서 두루 들여다보고는 게송으로 말했다.

時 嵐毘尼林神欲重宣此解脫義 承佛神力 普觀十方 而說頌言

佛子汝所問 불자여! 그대가 묻고자 한
諸佛甚深境 모든 부처님의 깊고 깊은 경계를
汝今應聽受 그대는 지금 당연히 듣고 받아들여라.
我說其因緣 내 이제 그 인연을 설할 것이다.

過億刹塵劫 1억 세계의 티끌 수와 같은

有劫名悅樂 이름이 '즐거움'이라는 겁이 있으니
八十那由他 80 나유타 여래께서
如來出興世 그 세상에 나시었다네.

最初如來號 처음 여래의 본명은
自在功德幢 자재공덕당이시며
我在金華園 나는 금꽃 동산에서
見彼初生日 처음 탄생하심을 보았다네.

我時爲乳母 나는 그때 유모가 되어
智慧極聰利 지혜가 있고 매우 총명하였기에
諸天授與我 모든 하늘이 나에게
菩薩金色身 보살의 금빛 몸을 건네주었다네.

我時疾捧持 나는 그때 재빠르게 받아 지녀서
諦觀不見頂 자세히 보았지만, 정수리는 보지 못하고
身相皆圓滿 몸의 모양이나 상태가 빠짐없이 원만하여
一一無邊際 하나하나의 경계가 끝이 없었다네.

離垢淸淨身 허물을 벗어난 청정한 몸은
相好以莊嚴 좋은 모양이나 상태로 장엄하고
譬如妙寶像 비유하면 빼어난 보배의 모양이나 상태와 같으며
見已自欣慶 본 뒤에는 스스로 즐겁고 기뻐한다네.

思惟彼功德 저 공덕을 사유하고
疾增衆福海 많은 복 바다를 빠르게 더하며
見此神通事 이 신통한 일을 보고
發大菩提心 큰 보리심을 일으켰다네.

專求佛功德 오로지 부처님의 공덕을 구하고
增廣諸大願 모든 큰 원을 더하여 넓혔으며

嚴淨一切刹 모든 세계를 청정하게 장엄하여
滅除三惡道 삼악도를 제거해 없앴다네.

普於十方土 시방의 두루 한 국토에서
供養無數佛 수 없는 부처님을 공양하고
修行本誓願 본래의 서원을 수행하는 것은
救脫衆生故 괴로운 중생들을 해탈시키려는 까닭이라네.

我於彼佛所 내가 저 부처님의 처소에서
聞法得解脫 법을 듣고 해탈을 얻어
億刹微塵數 1억 세계의 티끌 수와 같은
無量劫修行 헤아릴 수 없는 겁을 두고 수행하였다네.

劫中所有佛 겁 가운데 계신 부처님을
我悉曾供養 내가 남김없이 일찍이 다 공양하였고
護持其正法 그 바른 법을 보호해 지녔으며
淨此解脫海 이 해탈 바다를 청정하게 하였다네.

億刹微塵數 1억 세계의 티끌 수와 같은
過去十力尊 과거의 십력 존(佛)이
盡持其法輪 그 법륜을 다 가지고
增明此解脫 이 해탈을 더욱 분명하게 하셨다네.

我於一念頃 내가 한 생각, 한순간에
見此刹塵中 이 세계의 티끌 가운데
一一有如來 한 분 한 분의 여래가
所淨諸刹海 모든 세계 바다를 청정하게 함을 본다네.

刹內悉有佛 세계 속에 남김없이 다 부처님이 계시고
園中示誕生 동산에서 태어남을 보이시니
各現不思議 각각 생각으로 헤아려 알 수 없는

廣大神通力 광대한 신통의 힘을 나타낸다네.

或見不思議 늘 생각으로 헤아려 알 수 없는
億刹諸菩薩 1억 세계의 모든 보살은
住於天宮上 천궁의 위에 머물며
將證佛菩提 장차 부처의 보리를 증득하려 한다네.

無量刹海中 헤아릴 수 없는 세계 바다 가운데
諸佛現受生 모든 부처님이 태어남을 나타내고
說法衆圍遶 법을 설하시니, 대중이 둘러싸는 것을
於此我皆見 이곳에서 내가 빠짐없이 다 본다네.

一念見億刹 한 생각에 1억 세계의
微塵數菩薩 티끌 수와 같은 보살을 보고
出家趣道場 출가하여 도량으로 향하며
示現佛境界 부처님의 경계를 나타내 보인다네.

我見刹塵內 내가 티끌 수 안에
無量佛成道 헤아릴 수 없는 부처님이 도를 이루시고
各現諸方便 각각 모든 방편을 나타내어
度脫苦衆生 중생을 고통에서 벗어나게 함을 본다네.

一一微塵中 하나하나의 티끌 가운데
諸佛轉法輪 모든 부처님의 법륜을 굴리고
悉以無盡音 모든 다함이 없는 음성으로
普雨甘露法 감로의 법을 두루 내린다네.

億刹微塵數 1억 세계의 티끌 수와
一一刹塵內 그 하나하나 세계의 티끌 속에서
悉見於如來 여래가
示現般涅槃 반열반에 드심을 남김없이 다 나타내 보임을 본다네.

如是無量刹 이와 같은 헤아릴 수 없는 세계에
如來示誕生 여래께서 탄생하심을 보이니
而我悉分身 나는 몸을 나누어 남김없이
現前興供養 눈앞에서 공양한다네.

不思議刹海 생각으로 헤아려 알 수 없는 세계 바다의
無量趣差別 헤아릴 수 없는 부류의 차별에
我悉現其前 내가 남김없이 다 그 앞에 나타나
雨於大法雨 큰 법 비를 내렸다네.

佛子我知此 불자여! 나는
難思解脫門 생각하기 어려운 해탈문을
無量億劫中 헤아릴 수 없는 억겁을 두고 헤아린다 하더라도
稱揚不可盡 드러내어 다할 수 없음을 안다네.

"선남자여! 나는 단지 보살이 헤아릴 수 없는 겁을 두고 모든 처에 두루 하여 태어남을 나타내어 보이는 자재한 해탈만을 알 뿐이다. 모든 보살마하살은 일순간에 모든 겁에 따른 장의 모든 법을 자세히 들여다보고 선근 방편으로 태어남을 나타내어 일체 모든 부처님께 두루두루 공양하며, 모든 부처님 법을 마지막까지 통달하고 모든 부류에 태어남을 빠짐없이 다 나타내고 모든 부처님 앞의 연꽃 자리에 앉으며, 모든 중생을 제도할 때를 당연히 알아 그들을 위해서 태어남을 나타내어 방편으로 주복시킨다. 모든 세계에 모든 신통 변화를 나타내는 것과 같다. 이러한 보살마하살의 일을 어떻게 알 것이며, 어떻게 그 공덕의 행을 말할 수 있겠는가."

　善男子 我唯知此菩薩於無量劫 徧一切處示現受生 自在解脫 如諸菩薩摩訶薩 能以一念 爲諸劫藏 觀一切法 以善方便 而現受生 周徧供養一切諸佛 究竟通達一切佛法 於一切趣 皆現受生 一切佛前 坐蓮華座 知諸衆生應可度時 爲現受生 方便調伏 於一切刹 現諸神變 猶如影像 悉現其前 我當云何能知能說彼功德行

"선남자여! 이 가비라성에 석가 여자가 있으니, 이름은 '구파'이다. 그대는 그에게 가서

보살이 어떻게 나고 죽은 가운데서 중생을 가르치고 바른길로 이끄는 것이냐고 물어라"
 때맞추어 선재 동자는 그의 발에 엎드려 절하고 수없이 돌다가 은근하게 우러러보고는 일을 마치고 물러갔다.

 善男子 此迦毘羅城 有釋種女 名曰瞿波 汝詣彼 問菩薩云何於生死中 敎化衆生
 時 善財童子 頂禮其足 遶無數帀 慇懃瞻仰 辭退而去

대방광불화엄경 제75권

39. 입법계품(16)
入法界品第三十九之十六

(41) 석녀구파. 제10 法雲地

이때 선재 동자는 가비라성으로 향하면서 태어남을 받는 해탈을 사유하면서 배워 익히고 거듭 더하여 늘리고 광대하게 하면서 잊지 않고 기억하며, 생각하여 버리지 않고 점점 움직여 나아가 보살들이 모여있는 법계를 널리 나타내는 법계의 광명 강당에 이르렀다.

爾時 善財童子向迦毘羅城 思惟修習受生解脫 增長廣大 憶念不捨 漸次遊行 至菩薩集會普現法界光明講堂

그 가운데 신이 있으니, 이름이 '근심이 없는 덕'이며, 궁전을 맡은 1만 신과 더불어 와서 함께 선재 동자를 맞으면서 이와 같은 말을 하였다.

"선근으로 오신 장부여! 큰 지혜가 있으며, 큰 용맹이 있기에 생각으로 헤아려 알 수 없는 보살의 자재한 해탈을 닦으며, 마음으로는 광대한 서원을 늘 버리지 않고 모든 법의 경계를 선근으로 자세히 살펴서 들여다보고 법의 성품에 편안하게 머물고 헤아릴 수 없는 모든 방편의 문에 들어가 여래의 큰 공덕 바다를 성취하였고 빼어난 변재를 얻어 선근으로 중생을 조복시키며, 성인의 지혜로운 몸을 얻어 늘 거스르지 않고 따라 수행하고 모든 중생의 마음과 행이 차별됨을 알아 그들이 환희하면서 부처님의 길로 향해 나아가게 한다."

其中有神 號無憂德 與一萬主宮殿神俱 來迎善財 作如是言 善來 丈夫 有大智慧 有大勇猛 能修菩薩不可思議自在解脫 心恒不捨廣大誓願 善能觀察諸法境界 安住法城 入於無量諸方便門 成就如來功德大海 得妙辯才 善調衆生 獲聖智身 恒順修行 知諸衆生心行差別 令其歡喜 趣向佛道

"내가 어진 그대를 자세히 들여다보면, 그대는 모든 빼어난 행을 닦지만, 마음에 잠깐이라도 게으름을 피우지 않고 태도나 몸가짐과 행하는 모든 것이 다 청정하니, 그대는 당연히 오래지 않아 모든 여래의 청정으로 장엄한 위 없는 삼업을 얻을 것이며, 좋은 모든 모양이나 상태로 그 몸을 장엄하고 십력의 지혜로 그 마음을 밝게 꾸며서 모든 세간에 다닐 것이다."

"또 어진 그대를 자세히 들여다보니, 용맹하게 정진함이 비할 데가 없으니, 오래지 않아 당연히 삼세 일체 모든 부처님을 두루 볼 것이며, 그 법을 듣고 받아 지니고 오래지 않아 당연히 모든 보살의 선정 해탈과 모든 삼매의 즐거움을 얻을 것이며, 오래지 않아 당연히 모든 부처님 여래의 깊고 깊은 해탈에 들어갈 것이니, 무슨 까닭인가 하면, 선지식을 보면 친근히 공양하고 그 가르침을 받고는 잊지 않고 기억해 생각하며, 수행하여 게으르지 않고 물러서지 않으며, 근심이나 후회함이 없고 막힘이나 걸림이 없으며, 마와 마의 백성들이 어렵게 하지 못하고 오래지 않아 당연히 위 없는 과를 이룰 것이다."

我觀仁者 修諸妙行 心無暫懈 威儀所行 悉皆清淨 汝當不久 得諸如來淸淨莊嚴無上三業 以諸相好 莊嚴其身 以十力智 瑩飾其心 遊諸世間 我觀仁者 勇猛精進 而無有比 不久當得普見三世一切諸佛 聽受其法 不久當得一切菩薩禪定解脫 諸三昧樂 不久當入諸佛如來甚深解脫 何以故 見善知識 親近供養 聽受其敎 憶念修行 不懈不退 無憂無悔 無有障礙 魔及魔民 不能爲難 不久當成無上果故

선재 동자가 말했다.

"성자여! 말씀하신 모든 것을 내가 다 얻길 원합니다."

"성자여! 모든 중생이 번뇌를 쉬고 모든 악업에서 벗어나고 편안하고 즐거운 곳에 태어나 모든 청정한 행을 닦길 원합니다."

"성자여! 모든 중생이 번뇌를 일으키면서 모든 악업을 지으며, 모든 악의 부류에 떨어지고 그 몸과 마음이 늘 가시밭길의 고통을 받기에 보살이 이를 보고 마음으로 걱정하고 괴로워하는 마음을 냅니다."

"성자여! 비유하면 어떤 사람이 한 아들만이 있어서 사랑, 정이 지극하다가 갑자기 아들의 몸이 할퀴고 찢기는 것을 보면 그 마음의 아픔이 극에 달해 편안할 수가 없는 것과 같은 것이니, 보살마하살도 역시 차례를 좇아(復) 이와 같음으로 모든 중생이 번뇌의 업으로 삼악의 부류에 떨어져 가지가지의 괴로움 받는 것을 보고 마음으로 크게 걱정하고 근심하는 것이며, 그와 같은 중생들이 몸과 말과 뜻, 이 세 가지 선근의 씨앗으로 업을 일으켜서 천상이나 인간의 부류에 나서 몸과 마음이 즐거움을 받는 것을 보면 보살이 이때 큰 환희를 낼 것입니다."

"무슨 까닭인가 하면, 보살은 자기를 위한 까닭으로 모든 지혜를 구하는 것이 아니며, 나고 죽은 일과 모든 욕망의 즐거움을 탐하지 않으며, 뒤바뀐 생각과 뒤바뀐 소견과 뒤바뀐 마음과 모든 번뇌의 얽매임과 잠자는 것을 따르는 번뇌와 사랑하고 보는 힘을 따라 굴러가지 않고 중생들의 가지가지 즐거운 생각을 일으키지 않으며, 모든 선정의 즐거움에 맛을 들이지도 않고 막힘이나 걸림이 되거나 고달프더라도 물러서서 생사에 머물지도 않습니다."

"단지 중생들이 모든 있음 가운데서 헤아릴 수 없는 괴로움을 받는 것을 보고 크게 가엾이 여기는 마음을 일으켜서 큰 원의 힘으로 두루 거두어 취하며, 자비와 성원의 힘으로 보살의 행을 닦습니다. 이는 모든 중생의 번뇌를 끊기 위한 것이며, 여래의 모든 지혜의 지혜를 구하기 위한 것이며, 일체 모든 부처님 여래에게 공양하기 위한 것이며, 모든 광대한 국토를 장엄하여 청정하게 하기 위한 것이며, 모든 중생의 욕망과 즐거움과 또 가지고 있는 몸과 마음의 모든 행을 청정하게 다스려 생사 가운데서 고통과 피로함이 없게 하려는 것입니다."

善財童子言 聖者 如向所說 願我皆得 聖者 我願一切衆生 息諸熱惱 離諸惡業 生諸安樂 修諸淨行 聖者 一切衆生起諸煩惱 造諸惡業 墮諸惡趣 若身若心 恒受楚毒 菩薩見已 心生憂惱 聖者 譬如有人唯有一子 愛念情至 忽見彼人割截肢體 其心痛切 不能自安 菩薩摩訶薩 亦復如是 見諸衆生以煩惱業 墮三惡趣 受種種苦 心大憂惱 若見衆生起身 語 意三種善業 生天 人趣 受身心樂 菩薩爾時 生大歡喜 何以故 菩薩 不自爲故 求一切智 不貪生死諸欲快樂 不隨想倒 見倒 心倒諸結 隨眠愛見力轉 不起衆生種種樂想 亦不味著諸禪定樂 非有障礙 疲厭 退轉 住於生死 但見衆生於諸有中 具受無量種種諸苦 起大悲心 以大願力 而普攝取 悲願力故 修菩薩行 爲斷一切衆生煩惱 爲求如來一切智智 爲供養一切諸佛如來 爲嚴淨一切廣大國土 爲淨治一切衆生樂欲及其所有身心諸行 於生死中 無有疲厭

"성자여! 모든 보살마하살은 모든 중생에게 장엄이 되니, 이는 인간과 천상에서 부귀의 즐거움을 내게 하려는 까닭이며, 부모가 되니, 이는 그들을 위해 보리심을 편안하게 세우게 하려는 까닭이며, 보살피고 자라게 함이니, 이는 그들이 보살의 도를 성취하게 하려는 까닭이며, 지키고 보호함이니, 이는 그들이 삼악도를 벗어나게 하려는 까닭이며, 배의 선장이 되니, 이는 그들이 생사의 바다를 건너게 하려는 까닭이며, 돌아와 의지할 곳이 되니, 이는 그들이 모든 마의 두려움을 버리게 하려는 까닭이며, 마지막이 됨이니, 이는 그들이 청량한 즐거움을 영원히 얻게 하려는 까닭이며, 나루터가 되니, 이는 그들이 모든 부처님의 바다에 들어가게 하려는 까닭입니다."

"인도하는 스승이 되니, 이는 그들이 모든 법의 보배 섬에 이르게 하려는 까닭이며, 빼어난 꽃이 되니, 이는 그들이 모든 부처님의 공덕 마음을 열어 펴게 하려는 까닭이며, 장엄 기물이 되니, 이는 그들이 늘 복덕의 지혜를 놓게 하려는 까닭이며, 즐거움이 되니, 이는 하는 모든 일을 단정하게 하려는 까닭이며, 존중함이 되니, 이는 일체 모든 악업에서 멀리 벗어나게 하려는 까닭이며, 보현보살이 되니, 이는 모든 단정하고 엄숙한 몸을 갖추게 하려는 까닭이며, 큰 밝음이 되니, 이는 항상 지혜의 청정한 광명을 놓으려는 까닭이며, 큰 구름이 되니, 이는 모든 감로의 법을 내리게 하려는 까닭입니다."

"성자여! 보살이 이와 같은 모든 행을 닦을 때 모든 중생이 사랑하고 좋아하는 마음을 내어 법의 즐거움을 온전하게 갖출 수 있게 합니다."

聖者 菩薩摩訶薩 於諸衆生 爲莊嚴 令生人 天富貴樂故 爲父母 爲起安立菩提心故 爲養育 令其成就菩薩道故 爲衛護 令起遠離三惡道故 爲船師 令其得度生死海故 爲歸依 令捨諸魔煩惱怖故 爲究竟 令其永得淸涼樂故 爲津濟 令入一切諸佛海故 爲導師 令至一切法寶洲故 爲妙華 開敷諸佛功德心故 爲嚴具 常放福德智慧光故 爲可樂 凡所有作悉端嚴故 爲可尊 遠離一切諸惡業故 爲普賢 具足一切端嚴身故 爲大明 常放智慧淨光明故 爲大雲 常雨一切甘露法故 聖者 菩薩如是修諸行時 令一切衆生 皆生愛樂 具足法樂

이때 선재 동자가 법당에 오르려고 하니, 근심이 없는 덕과 모든 신의 대중이 천상의 것보다 더 좋은 꽃 머리 장식과 바르는 향과 가루 향과 가지가지의 보배 장엄 기물을 선재에게 흩뿌리고는 게송을 말했다.

爾時 善財童子將昇法堂 其無憂德及諸神衆 以出過諸天 上妙華鬘 塗香 末香及以種種寶莊嚴具 散善財上 而說頌言

汝今出世間 그대는 지금 세간에서 나와
爲世大明燈 세상의 큰 등불이 되고
普爲諸衆生 모든 중생을 두루 위하여

勤求無上覺 위 없는 깨우침을 부지런히 구한다네.

無量億千劫 헤아릴 수 없는 억천 겁에
難可得見汝 그대를 보기가 어려우니
功德日今出 공덕의 태양이 이제야 나와
滅除諸世闇 모든 세간의 어둠을 제거하고 없앤다네.

汝見諸衆生 그대는 모든 중생이
顚倒惑所覆 거꾸로 뒤바뀐 번뇌에 덮인 것을 보고
而興大悲意 크게 가엾이 여기는 생각을 일으켜서
求證無師道 스승이 없는 도를 증득하고 구하고자 한다네.

汝以清淨心 그대는 청정한 마음으로
尋求佛菩提 부처님의 보리를 찾아 구하고
承事善知識 선지식을 받들어 모시며
不自惜身命 자신의 목숨을 아끼지 않는다네.

汝於諸世間 그대는 모든 세간에
無依無所著 의지함도 없고 집착하는 것도 없기에
其心普無礙 그 마음이 막힘이나 걸림이 없이 두루 하고
清淨如虛空 청정하기가 허공과 같다네.

汝修菩提行 그대는 보리의 행을 닦아서
功德悉圓滿 공덕이 남김없이 다 원만하고
放大智慧光 큰 지혜의 광명을 놓아
普照一切世 모든 세간을 두루 비춘다네.

汝不離世間 그대는 세간을 떠나지 않고
亦不著於世 또한 세간에 집착하지도 않으며
行世無障礙 세간을 행함에 막힘이나 걸림이 없음이
如風遊虛空 바람이 허공에 노니는 것과 같다네.

譬如火災起 비유하면 불의 재앙이 일어나면
一切無能滅 무엇으로도 없애지 못하는 것과 같이
汝修菩提行 그대가 보리의 행을 닦음에
精進火亦然 정진의 불도 역시 그러하다네.

勇猛大精進 용맹하고 크게 정진하기에
堅固不可動 견고하여 움직일 수 없고
金剛慧師子 금강 같은 지혜의 사자가
遊行無所畏 그 어디를 다녀도 두려움이 없는 것과 같다네.

一切法界中 모든 법계 가운데
所有諸刹海 모든 세계 바다가 있고
汝悉能往詣 그대는 남김없이 다 가서 이르고는
親近善知識 선지식을 친근히 한다네.

그때 근심이 없는 덕의 신이 이 게송을 말하고 법을 좋아하는 까닭에 선재 동자를 따라다니며 늘 떠나지를 않았다.
爾時 無憂德神 說此頌已 爲愛樂法故 隨逐善財 恒不捨離

이때 선재 동자는 법계를 널리 나타내는 광명 강당에 들어가서 두루두루 석녀 구파를 찾아 구하다가 강당 안 보배 연꽃 사자좌에 앉아 있는 것을 보았다.

자세히 보니, 8만 4천의 채녀가 둘러싸고 모셨으며, 그 채녀들 또한 모두 왕의 가문에서 태어난 이들이었으며, 남김없이 다 과거에 보살행을 닦아서 선근을 함께 심고 보시와 사랑의 말로 중생을 두루 거두어주고 이미 모든 지혜의 경계를 분명하게 보았고 부처님의 보리행을 닦았으며, 바른 선정에 항상 머물고 항상 크게 가엾이 여기는 마음에 노닐며, 중생을 두루 거두어주기를 외아들처럼 하고 인자한 마음을 온전하게 갖추고 권속들이 청정하기에 지난 세상 보살의 헤아릴 수 없는 섬세하고 능숙한 선근 방편을 성취하여 아뇩다라삼먁삼보리에서 물러서지 않음을 얻었다.

보살이 모든 바라밀을 온전하게 갖추고 거두어 집착하는 모든 것을 벗어나 생사를 즐기지 않으며, 비록 모든 있음에 행하지만, 마음이 항상 청정하고 늘 부지런하게 모든 지혜의 도를 자세히 살펴서 들여다보고 막힘이나 걸림이 되는 덮개와 그물에서 벗어나 모든 집착하는 곳을 초월하여 법신의 몸으로 화신을 보이고 보현의 행을 내어 보리의 힘을 기르고 지혜의 태양과 슬기의 등불이 남김없이 다 이미 원만하였다.

爾時 善財童子 入普現法界光明講堂 周徧推求彼釋氏女 見在堂內 坐寶蓮華師子之座 八萬四千采女所共圍遶 是諸采女 靡不皆從王種中生 悉於過去 修菩薩行 同種善根 布施愛語 普攝衆生已 能明見一切智境已 共修集佛菩提行 恒住正定 常遊大悲 普攝衆生 猶如一子 慈心具足 眷屬淸淨 已於過去 成就菩薩不可思議善巧方便 皆於阿耨多羅三藐三菩提 得不退轉 具足菩薩諸波羅蜜 離諸取著 不樂生死 雖行諸有 心常淸淨 恒勤觀察一切智道 離障蓋網 超諸著處 從於法身 而示化形 生普賢行 長菩薩力 智日慧燈 悉已圓滿

이때 선재 동자는 석녀 구파의 자리에 나아가 그 발에 머리 숙여 예를 올리고 합장하고는 이와 같음을 말했다.

"성자여! 저는 이미 아뇩다라삼먁삼보리심을 일으켰으나, 보살이 어떻게 생사 가운데서 생사의 근심 걱정에 물들지 않고 법이 본래 가지고 있는 성품을 분명하게 깨우쳐 알아 성문이나 벽지불의 지위에 머물지 않고 부처님의 법을 온전하게 갖추고도 보살의 행을 닦고 보살의 지위에 머물면서 부처님의 경계에 들어가고 세간을 초월하여 세상에 태어남을 받고 법신을 성취하지만 끝없는 가지가지의 색신을 나타내 보이고 모양이나 상태가 없는 법을 증득하지만, 중생을 위하여 모든 모양이나 상태를 나타내 보이고 법은 설할 것이 없음을 알지만, 중생을 위하여 법을 널리 펴서 설하고 중생이 텅 빈 것임을 알지만 항상 중생을 가르치고 바른길로 이끄는 모든 것을 버리지 않고 비록 모든 부처님은 나지도 않고 없어지지도 않음을 알지만, 부지런히 공양하고 물러감이 없고 비록 모든 법이란 업도 없고 과보도 없는 것임을 알지만 모든 선근의 행을 닦으면서 늘 쉬지 않고 멈추지 않는 것을 알지 못합니다."

爾時 善財童子 詣彼釋女瞿波之所 頂禮其足 合掌而住 作如是言 聖者 我已先發阿耨多羅三藐三菩提心 而未知菩薩云何於生死中 而不爲生死過患所染 了法自性 而不住聲聞 辟支佛地 具足佛法 而修菩薩行 住菩薩地 而入佛境界 超過世間 而於世受生 成就法身 而示現無邊種種色身 證無相法 而爲衆生 示現諸相 知法無說 而廣

爲衆生 演說諸法 知衆生空 而恒不捨化衆生事 雖知諸佛不生不滅 而勤供養 無有退轉 雖知諸法無業無報 而修諸善行 恒不止息

보살의 삼매 바다를 자세히 살펴서 들여다보는 해탈

때맞춰 구파녀가 선재 동자에게 가르침을 주고자 말했다.
"선근이로다. 선근이로다. 선남자여! 그대는 이제 보살마하살의 이와 같은 행의 법을 물으니, 이는 보현의 모든 행과 원을 닦는 자여야만 능히 이와 같음을 물을 수 있다. 자세히 듣고 자세히 들어서 선근으로 생각하고 생각해야 할 것이다. 내 당연히 부처님의 신통한 힘을 받들어 그대에게 말할 것이다."

"선남자여! 그와 같은 보살들이 열 가지 법을 성취하면 곧 인타라 그물의 두루 원만한 지혜 광명으로서 보살행을 원만하게 한다. 무엇이 열인가 하면, 이른바 선지식을 의지하는 까닭으로 원만해지며, 광대하고 뛰어나게 이해를 하는 까닭으로 원만해지며, 청정한 욕락을 얻은 까닭으로 원만해지며, 모든 복과 지혜를 모으는 까닭으로 원만해지며, 모든 부처님이 계시는 곳에서 법을 듣는 까닭으로 원만해지며, 마음에 항상 삼세 부처님을 버리지 않는 까닭으로 원만해지며, 모든 보살의 행과 같은 까닭으로 원만해지며, 모든 여래께서 보호하고 염려하는 까닭으로 원만해지며, 큰 자비와 빼어난 서원이 모두 청정한 까닭으로 원만해지며, 지혜의 힘으로 모든 생사를 두루 끊어내는 까닭으로 원만해지는 이것이 열 가지다. 그와 같은 보살들이 이 법을 성취하면, 곧 인타라 그물의 두루 원만한 지혜 광명으로서 보살행을 능히 원만하게 한다."

時 瞿波女告善財言 善哉 善哉 善男子 汝今能問菩薩摩訶薩如是行法 修習普賢諸行願者 能如是問 諦聽諦聽 善思念之 我當承佛神力 爲汝宣說 善男子 若諸菩薩成就十法 則能圓滿因陀羅網普智光明菩薩之行 何等爲十 所謂依善知識故 得廣大勝解故 得淸淨欲樂故 集一切福智故 於諸佛所聽聞法故 心恒不捨三世佛故 同於一切菩薩行故 一切如來所護念故 大悲妙願皆淸淨故 能以智力普斷一切諸生死故 是爲十 若諸菩薩成就此法 則能圓滿因陀羅網普智光明菩薩之行

"불자여! 그와 같은 보살이 선지식을 친근히 하면 곧 정진하고 물러서지 않으며, 다함이 없는 부처의 법을 닦아 익혀서 내어놓는다. 보살은 열 가지의 법으로 선지식을 받들어 섬기니, 무엇이 열인가 하면, 이른바 자기의 몸과 목숨을 돌아보거나 아끼지 않고 받들어 섬기며, 세상의 즐거움을 따르는 도구를 탐내어 구하지 않고 받들어 섬기며, 모든 법의 성품이 평등한 것임을 알고 받들어 섬기며, 모든 지혜와 원에서 물러서거나 버리지 않고 받들어 섬기며, 모든 법계의 실상이 되는 모양이나 상태를 자세히 살펴서 들여다보고 받들어 섬기며, 마음으로 항상 모든 중생 바다를 버리고 벗어나 받들어 섬기며, 법이 텅 빈 것과 같음을 알고 마음에 의지함이 없이 받들어 섬기며, 모든 보살의 큰 원을 성취하고 받들어 섬기며, 늘 모든 세계 바다를 나타내 보이면서 받들어 섬기고 보살의 막힘이나 걸림 없는 청정한 지혜를 닦으면서 받들어 섬긴다."

"불자여! 마땅히 이러한 법으로 일체 모든 선지식을 받들어 섬기며, 어김이 없어야 할 것이다."

佛子 若菩薩親近善知識 則能精進不退 修習出生無盡佛法 佛子 菩薩以十種法 承事善知識 何等爲十 所謂於自身命無所顧惜 於世樂具心不貪求 知一切法性皆平等 永不退捨一切智願 觀察一切法界實相 心恒捨離一切有海 知法如空心無所依 成就一切菩薩大願 常能示現一切刹海 淨修菩薩無礙智輪 佛子 應以此法 承事一切諸善知識 無所違逆

이때 석가 구파녀는 이러한 뜻을 거듭 펼치고자 부처님의 신통한 힘을 받들어 시방을 자세히 살펴서 들여다보고 게송으로 말했다.

爾時 釋迦瞿波女 欲重明此義 承佛神力 觀察十方 而說頌言

菩薩爲利諸群生 보살이 모든 중생에게 이익이 되게 하려고
正念親承善知識 바른 생각으로 선지식을 친근히 섬기며
敬之如佛心無怠 공경하기를 부처님께 하듯 하고 마음에 게으름이 없으니
此行於世帝網行 이 행은 세상의 인타라 그물 행이라네.

勝解廣大如虛空 뛰어난 깨침이 광대한 허공과 같기에
一切三世悉入中 일체 삼세에 남김없이 다 들어가고
國土衆生佛皆爾 국토와 중생과 부처님이 모두 그러하니
此是普智光明行 이것이 지혜로운 광명의 두루 한 행이라네.

志樂如空無有際 즐거운 마음은 허공과 같이 경계가 없고
永斷煩惱離諸垢 번뇌를 영원히 끊고 모든 허물을 벗어나며
一切佛所修功德 모든 부처님이 계신 곳에서 공덕을 닦으니
此行於世身雲行 이 행은 세상 몸 구름의 행이라네. (世身雲行:二乘地 如來地行)

菩薩修習一切智 보살이 일체 지혜와
不可思議功德海 사람의 생각으로는 헤아려 알 수 없는 공덕 바다를 닦아 익히고
淨諸福德智慧身 모든 복덕과 지혜의 몸을 청정하게 하니
此行於世不染行 세상에 물들지 않는 행이라네.

一切諸佛如來所 일체 모든 부처님 여래의 처소에서
聽受其法無厭足 그 법문을 듣고 받아들이는 일에 싫어함이 없기에
能生實相智慧燈 실상의 본바탕이 되는 모양이나 상태의 등불을 능히 내니
此行於世普照行 이러한 행은 세상을 두루 비추는 행이라네.

十方諸佛無有量 시방의 모든 부처님은 헤아릴 수 없기에
一念一切悉能入 한 생각에 남김없이 모든 것에 들어가지만
心恒不捨諸如來 마음은 항상 모든 여래를 버리지 않으니
此向菩提大願行 이는 보리를 향한 큰 원의 행이라네.

能入諸佛大衆會 부처님의 대중 모임과
一切菩薩三昧海 모든 보살의 삼매 바다와
願海及以方便海 원의 바다 및 방편 바다에 능히 들어가니
此行於世帝網行 이 행은 세상의 인타라 그물 행이라네.

一切諸佛所加持 일체 모든 부처님으로부터 함께 하는 힘을 입어
盡未來際無邊劫 미래 경계의 끝없는 겁이 다하도록
處處修行普賢道 곳곳마다 보현의 도를 닦아 행하니
此是菩薩分身行 이는 보살들이 중생 제도를 위해 가지가지의 몸을 나타내는 행이라네.

見諸衆生受大苦 모든 중생이 큰 고통 받은 것을 보고

起大慈悲現世間 큰 자비를 일으켜 세간에 나타내어
演法光明除暗冥 법의 광명을 널리 펴 설하고 어둠을 제거하니
此是菩薩智日行 이는 보살의 지혜로운 밝은 행이라네.

見諸衆生在諸趣 모든 중생이 모든 부류에 있음을 보고
爲集無邊妙法輪 이들을 위해 끝없는 빼어난 법륜을 모아서
令其永斷生死流 그들의 생사 흐름을 영원히 끊어버리니
此是修行普賢行 이는 보현의 행을 닦고 행하는 것이라네.

菩薩修行此方便 보살이 이 방편을 닦고 행하며
隨衆生心而現身 중생의 마음을 따라 몸을 나타내어
普於一切諸趣中 일체 모든 부류 가운데 두루 하니
化度無量諸含識 헤아릴 수 없는 모든 중생을 가르치고 바른길로 이끄는 것이라네.

以大慈悲方便力 큰 자비와 방편의 힘으로
普徧世間而現身 세간에 두루두루 몸을 나타내어
隨其解欲爲說法 그 깨침과 하고자 함을 따라 법을 설하기에
皆令趣向菩提道 빠짐없이 다 보리의 도로 향하고 이르고자 하는 것이라네.

때맞추어 석가 구파녀가 이 게송을 설하고는 선재 동자에게 말했다.
"선남자여! 나는 이미 모든 보살의 삼매 바다 해탈문을 자세히 살펴서 들여다보는 해탈문을 성취하였다."
선재 동자가 물어 말했다.
"대성이시여! 이 해탈문의 경계는 어떠합니까?"
時 釋迦瞿波說此頌已 告善財童子言 善男子 我已成就觀察一切菩薩三昧海解脫門 善財言 大聖 此解脫門境界云何

석가 구파녀가 답했다.
"선남자여! 내가 이 해탈문에 들고는 이 사바세계에 부처 세계의 티끌 수와 같은 겁 동

안에 있는 모든 중생이 모든 부류 가운데 헤매면서 이곳에서 죽어 저곳에서 나는 일과 선을 짓고 악을 지음과 모든 과보를 받은 것과 벗어나 나아감을 구하지 않음과 정정(正定)과 사정(邪定)과 또 부정(不定)과 번뇌가 있는 선근과 번뇌가 없는 선근과 온전하게 갖춘 선근과 온전하게 갖추지 못한 선근과 선근이 아닌 것을 거두어들이는 선근과 선근이 거두어들인 선근이 아닌 것과 이와 같음을 모은 선근과 선근이 아닌 법을 내가 빠짐없이 다 알고 본다."

"또 저 겁 동안에 계시던 모든 부처님의 이름과 차례를 내가 남김없이 다 깨달아 알고 저 부처님 세존께서 처음 마음을 일으킴과 또 방편으로 모든 지혜를 구하는 일체 모든 큰 원의 바다를 내고 모든 부처님께 공양하는 것과 보살의 행을 닦는 것과 등정각을 이루고 빼어난 법륜을 굴리는 것과 큰 신통을 나타내어 중생들을 가르치고 바른길로 이끌던 일을 내가 남김없이 다 깨달아 안다."

"또 저 부처님의 대중 모임이 차별됨을 알고 그 대중의 모임 가운데 있는 모든 중생이 성문승을 의지하여 벗어나 나아감을 얻음과 그 성문의 대중이 과거에 모든 선근을 닦던 일과 또한 그들이 얻은 가지가지의 지혜를 내가 남김없이 다 깨달아 안다."

"모든 중생이 독각승을 의지하여 벗어나 나아감을 얻은 일과 그 모든 독각이 가지고 있는 선근과 얻은 보리와 적멸과 해탈과 신통 변화로 중생을 성숙하게 하고 열반에 들게 하는 것을 내가 남김없이 다 깨달아 안다."

"또 저 부처님의 모든 보살 대중과 그 보살들이 처음 마음을 일으켜서 선근을 닦아 익히는 일과 헤아릴 수 없는 큰 원과 행을 내어놓음과 모든 바라밀을 만족하게 성취하는 것과 가지가지 보살의 도로 장엄하는 일과 자재한 힘으로 보살의 지위에 들어가 보살의 지위에 머물고 보살의 지위를 자세히 살펴서 들여다보고 보살의 지위를 청정하게 하는 일과 보살 지위의 모양이나 상태와 보살 지위의 지혜와 보살이 거두어들이는 지혜와 보살이 중생을 가르치고 바른길로 이끄는 지혜와 보살이 일으켜 세우는 지혜와 보살의 광대한 행의 경계와 보살의 신통한 행과 보살의 삼매 바다와 보살의 방편과 보살이 생각과 생각마다 들어가는 삼매의 바다와 얻은 모든 지혜의 광명과 얻은 모든 지혜의 번개 빛 구름과 얻은 실상의 본바탕이 되는 인과 통달한 모든 지혜와 머무는 세계 바다와 들어간 법의 바다와 알고 있는 중생의 바다와 머무는 방편과 일으킨 서원과 나타내는 신통을 내가 남김없이 다 깨달아 안다."

答言 善男子 我入此解脫知此娑婆世界佛刹微塵數劫所有衆生 於諸趣中 死此生彼 作善作惡 受諸果報 有求出離 不求出離 正定 邪定及以不定 有煩惱善根 無煩惱善根 具足善根 不具足善根 不善根所攝善根 善根所攝不善根 如是所集 善不善法 我

皆知見 又彼劫中所有諸佛名號次第 我悉了知 彼佛世尊從初發心 及以方便 求一切智 出生一切諸大願海 供養諸佛 修菩薩行 成等正覺 轉妙法輪 現大神通 化度衆生 我悉了知 亦知彼佛衆會差別 其衆會中 有諸衆生 依聲聞乘 而得出離 其聲聞衆過去修習 一切善根及其所得種種智慧 我悉了知 有諸衆生依獨覺乘 而得出離 其諸獨覺所有善根 所得菩提 寂滅 解脫 神通變化 成熟衆生 入於涅槃 我悉了知 亦知彼佛諸菩薩衆 其諸菩薩從初發心 修習善根 出生無量諸大願行 成就滿足諸波羅蜜 種種莊嚴菩薩之道 以自在力 入菩薩地 住菩薩地 觀菩薩地 淨菩薩地 菩薩地相 菩薩地智 菩薩攝智 菩薩敎化衆生智 菩薩建立智 菩薩廣大行境界 菩薩神通行 菩薩三昧海 菩薩方便 菩薩於念念中 所入三昧海 所得一切智光明 所獲一切智電光雲 所得實相忍 所通達一切智 所住刹海 所入法海 所知衆生海 所住方便 所發誓願 所現神通 我悉了知

"선남자여! 이 사바세계의 미래 경계가 다 할 때까지 겁 바다가 계속 이어져 끊어지지 않음을 내가 빠짐없이 다 깨달아 안다. 이 사바세계를 아는 것과 같이 또한 사바세계 안에 티끌 수와 같은 세계를 알고 또한 사바세계 안 모든 세계를 알고 또한 사바세계 티끌 수 안에 있는 세계를 알고 또한 사바세계 밖의 시방에 틈 없이 머무는 세계도 알고 또한 사바세계의 세계 종을 거두어들인 세계도 알고 또한 비로자나 세존의 화장세계 가운데 시방의 헤아릴 수 없는 모든 세계 종 무리를 거두어들인 세계를 안다."

"이른바 세계의 크고 넓음과 세계의 편안한 세움과 세계의 바퀴와 세계의 도량과 세계의 차별과 세계의 굴림과 세계의 연꽃과 세계의 수미산과 세계의 이름과 이 세계 바다의 모든 세계가 비로자나 세존의 본래 원력으로 말미암은 것임을 내가 남김없이 다 알고 또한 잊지 않고 기억하여 생각한다."

善男子 此娑婆世界盡未來際所有劫海 展轉不斷 我皆了知 如知娑婆世界 亦知娑婆世界內微塵數世界 亦知娑婆世界內一切世界 亦知娑婆世界微塵內所有世界 亦知娑婆世界外十方無間所住世界 亦知娑婆世界世界種所攝世界 亦知毘盧遮那世尊此華藏世界海中 十方無量諸世界種所攝世界 所謂世界廣博 世界安立 世界輪 世界場 世界差別 世界轉 世界蓮華 世界須彌 世界名號 盡此世界海 一切世界 由毘盧遮那世尊本願力故 我悉能知 亦能憶念

"또 생각해보니, 여래가 옛적에 있던 모든 인연의 바다를 생각한다. 이른바 일체 모든 승(乘)의 방편과 헤아릴 수 없는 겁 동안 보살의 행에 머무름과 부처님의 국토를 청정히 함과 중생을 가르치고 바른길로 이끌며, 모든 부처님을 받들어 섬기고 머무는 곳을 지어 세우며, 설하는 법을 듣고 거두어들여서 모든 삼매를 확실하게 잡고 모든 자재함을 얻으며, 단바라밀을 닦아서 부처님의 공덕 바다에 들어가고 계를 지니는 고행과 모든 인욕을 온전하게 갖추고 용맹하게 정진하며, 선정을 모두 성취하고 지혜를 원만하게 하며, 모든 곳에 태어남을 나타내 보이며, 보현의 행과 원을 모두 청정하게 하며, 모든 세계에 두루 들어가 부처님 국토를 청정하게 하며, 모든 여래의 지혜 바다에 두루 들어가며, 두루 거두어들인 일체 모든 부처님의 보리와 여래의 큰 지혜 광명을 얻음과 모든 부처님의 모든 지혜의 성품을 증득함과 등정각을 이루고 빼어난 법륜을 굴림과 또한 도량에 모여있는 대중과 그 모인 대중 가운데 모든 중생의 옛적 세상부터 심은 선근과 처음 마음을 일으킴을 좇아 성숙하게 한 중생과 수행하는 방편이 생각과 생각마다 거듭 더해지고 커지며, 모든 삼매와 신통과 해탈을 얻으니, 이와 같은 모든 것을 내가 남김없이 깨달아 안다."

"무슨 까닭인가 하면, 나의 이 해탈은 모든 중생의 마음과 행과 모든 중생이 닦아 행하는 선근과 모든 중생의 물들고 청정함과 모든 중생의 가지가지 차별을 능히 알고 모든 성문의 모든 삼매 문과 모든 연각의 적정 삼매와 신통과 해탈과 모든 보살의 일체 여래 해탈 광명을 빠짐없이 다 깨달아 아는 까닭이다."

亦念如來往昔所有諸因緣海 所謂修集一切諸乘方便 無量劫中 住菩薩行 淨佛國土 敎化衆生 承事諸佛 造立住處 聽受說法 獲諸三昧 得諸自在 修檀波羅蜜 入佛功德海 持戒苦行 具足諸忍 勇猛精進 成就諸禪 圓滿淨慧 於一切處 示現受生 普賢行願 悉皆淸淨 普入諸刹 普淨佛土 普入一切如來智海 普攝一切諸佛菩提 得於如來大智光明 證於諸佛一切智性 成等正覺 轉妙法輪 及其所有道場衆會 其衆會中一切衆生 往世已來 所種善根 從初發心 成熟衆生 修行方便 念念增長 獲諸三昧 神通 解脫 如是一切 我悉了知 何以故 我此解脫能知一切衆生心行 一切衆生修行善根 一切衆生雜染淸淨 一切衆生種種差別 一切聲聞諸三昧門 一切緣覺寂靜三昧 神通 解脫 一切菩薩 一切如來解脫光明 皆了知故

이때 선재 동자가 석가 구파녀에게 물었다.
"성자여! 이 해탈을 얻은 지 얼마나 오래되었습니까?"
爾時 善財童子白瞿波言 聖者 得此解脫 其已久如

구파녀가 답했다.

"선남자여! 내가 지난 옛적 부처 세계의 티끌 수와 같은 겁을 지나 겁이 있으니, 이름이 '뛰어난 행(勝行)'이며, 세계의 이름은 '두려움이 없음(無畏)'이고 그 세계에 안은(安隱)이라는 사천하가 있으며, 그 사천하에 도성이 하나 있으니, 이름이 '고승수(高勝樹)'이다. 80개의 도성 가운데 가장 첫째이며, 그 나라의 왕은 재물의 주인이다. 그 왕에게 6만의 시녀와 5백의 대신과 6백의 왕자가 있으며, 그 왕자들이 모두 용맹하고 건장하기에 능히 원한이 있는 대적을 항복 받았다."

"그 왕태자의 이름은 '위덕주(威德主)'이며, 단정하고 특히 뛰어나며, 사람이 보기 좋아하고 발바닥은 평평하고 수레바퀴 모양을 온전하게 갖추었고 발등은 위로 솟았고 손가락과 발가락 사이에는 그물과 같은 막이 있고 발꿈치는 가지런하고 손발은 부드럽고 이니야 사슴의 장딴지와 같고 몸 일곱 군데가 원만하고 음장은 은밀하고 몸의 윗부분은 사자왕 같고 양어깨는 평평하고 원만하며, 양팔은 팔꿈치가 길고 몸은 바르고 곧으며, 목에는 세 개의 주름이 있고 뺨은 사자와 같고 40개의 치아를 갖추어 가지런하고 빽빽하며, 어금니 4개가 선명한 흰색이며, 혀는 길고 넓으며, 범천의 음성을 내고 눈은 감청색이고 속눈썹은 우왕과 같고 미간에 흰털과 정수리에 육 상투가 있고 피부가 부드럽고 연하여 진금색과 같고 몸의 털은 위로 쏠려있고 머리카락은 검푸른 청색의 구슬과 같고 그 몸이 단단하고 가득함은 니구타 나무와 같았다."

答言 善男子 我於往世過佛刹微塵數劫 有劫名勝行 世界名無畏 彼世界中 有四天下 名爲安隱 其四天下閻浮提中 有一王城 名高勝樹 於八十王城中 最爲上首 彼時有王 名曰財主 其王具有六萬采女 五百大臣 五百王子 其諸王子 皆悉勇健 能伏怨敵 其王太子 名威德主 端正殊特 人所樂見 足下平滿 輪相備具 足趺隆起 手足指間 皆有網縵 足跟齊正 手足柔軟 伊尼耶鹿王腨 七處圓滿 陰藏隱密 其身上分如師子王 兩肩平滿 雙臂傭長 身相端直 頸文三道 頰如師子 具四十齒 悉皆齊密 四牙鮮白 其舌長廣 出梵音聲 眼目紺青 睫如牛王 眉間毫相 頂上肉髻 皮膚細軟 如眞金色 身毛上靡 髮帝青色 其身洪滿 如尼拘陀樹

그때 태자가 부왕의 가르침을 받고 10 천의 채녀와 함께 향아원에 나아가 구경하면서 즐겁게 놀았다. 태자가 이때 빼어난 보배 수레를 타니, 수레는 가지가지의 장엄을 갖추었고 큰 마니 사자좌를 놓고 그 위에 앉았으며, 5백 시녀가 각각 보배 줄을 잡고 갔다. 나아가고 멈춤에 법도가 있어서 빠르지도 더디지도 않았으며, 백천만의 사람 모두가 보배 일산을 가지고 백천만의 사람이 보배 당기를 들고 백천만의 사람이 보배 번기를 들고 백천만의 사람이 모든 악기를 연주하고 백천만의 사람이 이름난 향을 태우고 백천만의 사람이 모든 빼어난 꽃을 흩뿌리면서 앞뒤로 둘러싸고 따라갔다.

길은 평탄하여 높고 낮음이 없었으며, 많은 보배와 여러 가지 꽃으로 그 위를 깔았으며, 보배 나무는 줄지어 서 있고 보배 그물이 가득히 덮였으며, 가지가지의 누각이 사이마다 줄지어 있으며, 그 누각 가운데 늘 가지가지의 보물을 쌓아두고 모든 장엄 기물을 벌여 놓았고 늘 가지가지의 음식을 공양하기 위해서 갖추어 놓았으며, 늘 가지가지의 의복을 걸어 놓았으며, 모든 생활에 필요한 물품이 있고 늘 차례를 따라 단정한 여인과 또 헤아릴 수 없는 동복과 시종을 두어 구하는 것을 따라 남김없이 다 보시하였다.

爾時 太子受父王敎 與十千采女 詣香芽園 遊觀戲樂 太子是時 乘妙寶車 其車具有 種種嚴飾 置大摩尼師子之座 而坐其上 五百采女各執寶繩 牽馭而行 進止有度 不遲不速 百千萬人持諸寶蓋 百千萬人持諸寶幢 百千萬人持諸寶幡 百千萬人作諸妓樂 百千萬人燒諸名香 百千萬人散諸妙華 前後圍遶 而爲翊從 道路平正 無有高下 衆寶雜華 散布其上 寶樹行列 寶網彌覆 種種樓閣延袤其間 其樓閣中 或有積聚種種珍寶 或有陳列諸莊嚴具 或有供設種種飮食 或有懸布種種衣服 或有備擬諸資生物 或復安置端正女人及以無量僮僕 侍從 隨有所須 悉皆施與

그 시절에 어머니가 있으니, 이름이 '선현(善現)'이며, 딸이 있으니, 이름이 '구족묘덕(具足妙德)'이었다. 얼굴이 단정하고 색상이 점잖고 깨끗하며, 키가 알맞고 눈과 머리카락은 검푸르며, 음성은 범천과 같고 섬세하고 능숙하게 선근을 통달하고 변론에 능하고 공손하고 부지런하면서 게으르지 않고 인자함과 가엾이 여기어 남을 해치지 않고 부끄러움을 밝게 알고 갖추었으며, 온화하고 정직하고 검소하며, 어리석음에서 벗어나 욕심이 적고 모든 아첨과 속임이 없었다.

빼어난 보배 수레를 타고 시녀들이 둘러싸고 어머니와 함께 도성에 나와 태자보다 앞서서 가다가 태자의 음성과 예의 있는 모습을 보고 사랑하는 마음이 일어나 어머니에게 말했다.

"저는 마음으로 이 사람을 공경하게 받들기를 원합니다. 만일 제 원이 이루어지지 않으면 스스로 죽겠습니다."

어머니가 말했다.

"그러한 생각을 하지 마라. 무슨 까닭인가 하면, 이는 매우 어려운 일이다. 저 태자는 전륜왕의 모든 모양이나 상태를 온전하게 갖추었기에 훗날 마땅히 지위를 이어서 전륜왕이 될 것이며, 보배 여자가 나와 허공을 날아 자재할 것이다. 우리는 미천하여 그의 배필이 될 수 없다. 이 일은 얻기 어려운 것이니, 너는 그러한 생각을 내지 마라."

時 有母人 名爲善現 將一童女 名具足妙德 顔容端正 色相嚴潔 洪纖得所 修短合度 目髮紺靑 聲如梵音 善達工巧 精通辯論 恭勤匪懈 慈愍不害 具足慚愧 柔和質直 離癡寡欲 無諸諂誑 乘妙寶車 采女圍遶 及與其母從王城出 先太子行 見其太子言辭 諷詠 心生愛染 而白母言 我心願得敬事此人 若不遂情 當自殞滅 母告女言 莫生此念 何以故 此甚難得 此人具足輪王諸相 後當嗣位 作轉輪王 有寶女出 騰空自在 我等卑賤 非其匹偶 此處難得 勿生是念

저 향아원 옆에 법 구름 광명이라는 도량이 하나 있었고 그 도량에 부처님이 계셨으니, 이름이 '승일신(勝日身)'이며, 십호를 온전하게 갖추었고 세상에 나신 지는 칠 일이 되었다. 그때 동녀가 잠시 자다가 꿈에서 그 부처님을 보고 꿈을 좇아 깨어나니, 공중에서 어떤 천인이 말했다.

"승일신 여래가 법 구름 광명 도량에서 등정각을 이루신 지 7일이 지났다. 모든 보살 대중이 앞뒤로 둘러싸고 모셨으며, 하늘, 용, 야차, 건달바, 아수라, 가루라, 긴나라, 마후라가와 범천뿐만 아니라 색구경천과 모든 지신, 풍신, 불의 신, 물의 신, 강의 신, 바다의 신, 산의 신, 나무의 신, 동산의 신, 약의 신, 땅의 신들이 부처님을 보기 위해 모여들었다."

彼香芽園側 有一道場 名法雲光明 時 有如來 名勝日身 十號具足 於中出現已 經七日 時 彼童女暫時假寐 夢見其佛 從夢覺已 空中有天 而告之言 勝日身如來 於法雲光明道場 成等正覺已 經七日 諸菩薩衆前後圍遶 天 龍 夜叉 乾闥婆 阿修羅 迦樓羅 緊那羅 摩睺羅伽 梵天乃至色究竟天 諸地神 風神 火神 水神 河神 海神 山神 樹神 園神 藥神 主城神等 爲見佛故 皆來集會

때맞추어 묘덕 동녀가 꿈에 여래를 본 까닭과 부처님의 공덕을 들은 까닭으로 그 마음이 편안해지고 두려움이 없기에 태자 앞에서 게송을 말했다.

時 妙德童女 夢睹如來故 聞佛功德故 其心安隱 無有怖畏 於太子前 而說頌言

我身最端正 내 몸은 가장 단정하기에

名聞徧十方 이름이 시방에서 두루 들리고
智慧無等倫 지혜는 그 이상 더 할 수 없을 정도로 짝이 없으며
善達諸工巧 모든 섬세하고 능숙한 선근을 통달하였다네.

無量百千衆 헤아릴 수 없는 백천의 대중이
見我皆貪染 나를 보고 빠짐없이 다 탐내어 물들지만
我心不於彼 내 마음은 그들에게
而生少愛欲 조금이라도 사랑하고자 함을 내지 않는다네.

無瞋亦無恨 성냄도 없고 또한 원망도 없으며
無嫌亦無喜 싫어함도 없고 또한 기뻐함도 없으며
但發廣大心 단지 광대한 마음을 일으켜
利益諸衆生 모든 중생에게 이익이 되게 한다네.

我今見太子 내가 지금 태자를 보니
具諸功德相 모든 공덕의 모양이나 상태를 갖추고
其心大欣慶 그 마음은 크게 기뻐하며
諸根咸悅樂 모든 근이 다 기뻐하고 즐거워한다네.

色如光明寶 색은 보배의 광명과 같고
髮美而右旋 머리카락은 아름답게 오른쪽으로 돌며
額廣眉纖曲 넓은 이마에 눈썹은 바달처럼 걸려 있으니
我心願事汝 내 마음은 그대를 섬기길 원한다네.

我觀太子身 내가 태자의 몸을 자세히 보니
譬若眞金像 비유하면 진금의 형상과 같으며
亦如大寶山 또한 큰 보배산과 같고
相好有光明 좋은 모양이나 상태는 밝고 환하다네.

目廣紺靑色 눈은 넓고 검푸른 색이며
月面師子頰 얼굴은 보름달에 사자의 뺨이고

喜顔美妙音 이마는 환하고 이쁘며 음성은 빼어나니
願垂哀納我 불쌍히 여겨 나의 원을 받아 주소서.

舌相廣長妙 혀의 모양이나 상태는 넓고 길어 빼어나며
猶如赤銅色 마치 적동색과 같고
梵音緊那聲 범천의 음성에 긴나라의 소리이니
聞者皆歡喜 듣는 모든 이들이 다 환희한다네.

口方不褰縮 입은 반듯하고 들어 올리지 않았으며
齒白悉齊密 치아는 희고 모두 가지런하며
發言現笑時 말하거나 미소를 지을 때
見者心歡喜 보는 이들이 마음으로 환희한다네.

離垢清淨身 허물을 벗어난 청정한 몸은
具相三十二 모양이나 상태를 32가지로 갖추었으니
必當於此界 반드시 이 세계에서
而作轉輪位 전륜왕의 자리를 지어갈 것이라네.

이때 태자가 그 묘덕 동녀에게 말했다.
"그대는 누구의 여식이며, 누구의 지킴과 보호를 받는가? 먼저 사람에게 속하다면 나는 사랑하는 마음을 일으키지 않을 것이다."
이때 태자는 게송으로 물어 말했다.
 爾時 太子告彼女言 汝是誰女 爲誰守護 若先屬人 我則不應起愛染心 爾時 太子以頌問言

汝身極清淨 그대의 몸은 더할 수 없이 청정하고
功德相具足 공덕의 모양이나 상태를 온전하게 갖추었기에
我今問於汝 내 지금 그대에게 물으니
汝於誰所住 그대는 누구와 살고 있는가.

誰爲汝父母 그대의 부모는 누구이며
汝今繫屬誰 그대는 지금 누구에게 매여 속해 있고
若已屬於人 그와 같이 사람에게 속해 있다면
彼人攝受汝 그 사람이 그대를 살피고 보호할 것이라네.

汝不盜他物 그대는 남의 물건을 훔치지 않고
汝不有害心 그대는 해치려는 마음이 없으며
汝不作邪婬 그대는 마음이 사악하고 음탕하지 않으니
汝依何語住 그대는 어떤 말을 의지하여 살고 있는가.

不說他人惡 다른 사람의 악함을 말하지 않고
不壞他所親 다른 사람의 친한 이들을 무너트리지 않으며
不侵他境界 다른 사람의 경계를 침범하지 않고
不於他恚怒 다른 사람에게 성내고 화내지 않는다네.

不生邪險見 삿되고 험한 견해를 내지 않고
不作相違業 서로 어기는 업을 짓지 않으며
不以諂曲力 아첨하거나 바르지 않은 마음의 힘과
方便誑世間 방편으로 세간을 속이지 않는다네.

尊重父母不 부모를 존중하지 않는가?
敬善知識不 선지식을 공경하지 않는가?
見諸貧窮人 모든 빈궁한 사람을 보고
能生攝心不 거두어주는 마음을 내지 않는가?

若有善知識 그와 같은 선지식이
誨示於汝法 그대에게 법을 가르쳐 주면
能生堅固心 능히 견고한 마음을 내어서
究竟尊重不 마지막까지 존중하지 않는가?

愛樂於佛不 부처님을 사랑하고 좋아하는가?

了知菩薩不 보살을 깨달아 아는가?
衆僧功德海 많은 승가의 공덕 바다를
汝能恭敬不 그대는 공경하는가?

汝能知法不 그대는 법을 아는가?
能淨衆生不 중생을 청정하게 하는가?
爲住於法中 법 가운데서 살겠는가.
爲住於非法 법이 아닌 것에서 살겠는가.

見諸孤獨者 모든 외로운 자들을 보면
能起慈心不 인자한 마음을 일으키겠는가?
見惡道衆生 악한 도에 있는 중생을 보면
能生大悲不 크게 가엾이 여기는 마음을 내겠는가?

見他得榮樂 다른 사람이 잘 되는 것을 보고
能生歡喜不 능히 환희하는 마음을 내겠는가?
他來逼迫汝 다른 사람이 그대를 핍박해도
汝無瞋惱不 그대는 성내고 괴로워하지 않겠는가?

汝發菩提意 그대는 보리의 마음을 일으켜
開悟衆生不 중생에게 깨우침을 열어주겠는가?
無邊劫修行 끝없는 겁을 두고 수행하여도
能無疲倦不 게으른 생각이 없겠는가?

이때 묘덕 동녀의 어머니가 태자에게 게송을 말했다.
爾時 女母 爲其太子 而說頌言

太子汝應聽 태자 그대는 응당 들어야 하니
我今說此女 내가 지금 묘덕 동녀가
初生及成長 처음 태어나고 성장해 온

一切諸因緣 일체 모든 인연을 말할 것이라네.

太子始生日 태자가 비로소 태어나는 날에
卽從蓮華生 곧 연꽃을 좇아 태어났으며
其目淨脩廣 그 눈은 청정하고 길며 넓었으며
肢節悉具足 사지를 온전하게 다 갖추었다네

我曾於春月 내 일찍이 봄철에
遊觀娑羅園 사라원에 구경을 갔을 때
普見諸藥草 모든 약초 꽃을 두루 보니
種種皆榮茂 가지가지로 무성하였다네.

奇樹發妙華 뛰어난 나무와 빼어난 꽃을 발하여
望之如慶雲 멀리서 바라보니 경사스러운 구름과 같고
好鳥相和鳴 이쁜 새들이 서로 응하여 울며
林間共歡樂 숲속에서 함께 기뻐하고 즐거워한다네.

同遊八百女 함께 노니는 8백의 여인이
端正奪人心 단정하고 사람의 마음을 빼앗으며
被服皆嚴麗 입은 의복은 모두 화려하고 고우며
歌詠悉殊美 노랫소리는 남김없이 다 뛰어나고 아름답다네.

彼園有浴池 저 동산에 몸을 씻는 연못이 있으니
名曰蓮華幢 이름을 '연꽃 당기'라 부르고
我於池岸坐 나는 연못가에 앉아 있고
采女衆圍遶 채녀들이 둘러싸고 있었다네.

於彼蓮池內 저 연꽃 못 속에
忽生千葉華 홀연히 천 개의 꽃잎을 피우고
寶葉瑠璃莖 보배는 잎이 되고 유리는 줄기가 되고
閻浮金爲臺 염부금은 꽃받침이 되었다네.

爾時夜分盡 온 밤을 다하고
日光初出現 햇빛이 처음 나타나 나오니
其蓮正開剖 그 연꽃이 바로 활짝 피어
放大淸淨光 청정한 빛을 크게 놓는다네.

其光極熾盛 그 빛은 불길 같이 매우 성하게 일어나는 것이
譬如日初出 비유하면 해가 처음 떠오를 때와 같고
普照閻浮提 염부제에 두루 비추니
衆歎未曾有 모두 찬탄하길 일찍이 있지 않던 일이 일어났다 한다네.

時見此玉女 그때 묘덕 동녀가
從彼蓮華生 그 연꽃을 좇아 태어나니
其身甚淸淨 그 몸이 매우 청정하며
肢分皆圓滿 팔다리가 모두 원만하다네.

此是人間寶 이는 인간의 보배이기에
從於淨業生 청정한 업을 좇아 나는 것이니
宿因無失壞 전세로 말미암아 잃거나 무너짐이 없어서
今受此果報 이제 이 좋은 열매를 받는 것이라네.

紺髮靑蓮眼 검은 머릿결에 청련화의 눈
梵聲金色光 범천의 음성과 금색의 광명
華鬘衆寶髻 꽃 머리 장식과 보배 상투가
淸淨無諸垢 청정하여 모든 허물이 없다네.

肢節悉具足 팔다리의 마디는 빠짐없이 다 온전하게 갖추고
其身無缺減 그 몸은 흠이나 상한 것이 없으니
譬如眞金像 비유하면 진금의 형상이
安處寶華中 보배 꽃 가운데 편안하게 처함이라네.

毛孔栴檀香 털구멍에서는 전단 향이 나와

普熏於一切 모든 곳에 두루 풍기고
口出靑蓮香 입에서는 푸른 빛 연꽃 향기가 나와
常演梵音聲 늘 범천의 음성을 널리 편다네.

此女所住處 묘덕 동녀가 머무는 곳에서는
常有天音樂 늘 하늘의 음악이 있으니
不應下劣人 용렬한 사람은 (下劣人:五蘊을 벗어나지 못한 사람)
而當如是偶 당연히 이와 같음을 짝하여 응할 수 없다네.

世間無有人 세간의 어떠한 사람도
堪與此爲夫 묘덕 동녀의 지아비가 될 수 없고
唯汝相嚴身 오직 그대의 장엄한 몸이 좋으니
願垂見納受 원하건대 보고 거두어줌을 베푸소서.

非長亦非短 길지도 않고 또한 짧지도 않으며
非麤亦非細 거칠지도 않고 세밀하지도 않으며
種種悉端嚴 가지가지로 남김없이 단정하게 치장하였으니
願垂見納受 원하건대 보고 거두어줌을 베푸소서.

文字筭數法 문장이나 글자 셈하는 법이나
工巧諸技藝 섬세하고 능숙한 모든 기술이나 재주
一切皆涌達 모든 것을 빠짐없이 통달하였으니
願垂見納受 원하건대 보고 거두어줌을 베푸소서.

善了諸兵法 선근으로 모든 병법을 깨우쳐 알고
巧斷衆諍訟 많은 시비 곡절을 능숙하게 끊어내며
能調難可調 화목하게 어울리기 어려운 일을 화목하게 어울리게 하니
願垂見納受 원하건대 보고 거두어줌을 베푸소서.

其身甚淸淨 그 몸이 매우 청결하기에
見者無厭足 보는 자들이 싫어할 줄 모르고

功德自莊嚴 몸소 공덕으로 장엄을 하니
汝應垂納受 그대는 소원을 들어주소서.

衆生所有患 중생이 가지고 있는 근심에 대해
善達彼緣起 선근으로 인연과 결과를 통달하고
應病而與藥 병에 응하여 약을 주어
一切能消滅 모든 근심을 없애준다네.

閻浮語言法 염부제의 말과 문자의 법은
此別無量種 차별된 헤아릴 수 없는 종류와
乃至妓樂音 뿐만 아니라 악기의 소리까지
靡不皆通達 빠짐없이 통달하였다네.

婦人之所能 부인으로서 능히 할 수 있는 것을
此女一切知 이 묘덕 동녀가 모두 알고
而無女人過 여인으로서 허물이 없으니
願垂速納受 원하건대 빨리 거두어주소서.

不嫉亦不慳 질투하지 않고 또한 인색하지도 않으며
無貪亦無恚 탐냄도 없고 성냄도 없으며
質直性柔軟 성질이 곧고 바르며 부드럽기에
離諸麤獷惡 모든 거칠고 사나운 악을 벗어났다네.

恭敬於尊者 존자를 공경하고
奉事無違逆 받들어 섬기는 일에 어긋남이 없으며
樂修諸善行 모든 선근의 행을 즐겁게 닦으니
此能隨順汝 그대의 뜻을 거스름 없이 따를 것이라네.

若見於老病 그와 같이 늙고 병들며
貧窮在苦難 가난으로 어렵고 고통과 근심을 하면서
無救無所依 구함도 없고 의지함도 없음을 보면

常生大慈愍 늘 가엾이 여기고 불쌍히 여기는 마음을 낸다네.

常觀第一義 항상 제일 의를 자세히 살펴서 들여다보고
不求自利樂 자기의 이익이나 좋아하는 것은 구하지 않고
但願益衆生 단지 중생의 이익만을 원하며
以此莊嚴心 이러함으로 마음을 장엄하였다네.

行住與坐臥 행하고 머물며 앉고 눕는 일에
一切無放逸 일체 멋대로 하는 것이 없으며
言說及默然 말을 하거나 말을 하지 않거나
見者咸欣樂 보는 자들이 다 기뻐하고 좋아한다네.

雖於一切處 비록 모든 처에
皆無染著心 물들거나 집착하는 마음이 단 하나도 없지만
見有功德人 공덕이 있는 사람을 보면
樂觀無厭足 즐거이 바라보고 싫어함이 없다네.

尊重善知識 선지식을 높이어 귀중하게 여기고
樂見離惡人 악을 벗어난 사람을 보기 좋아하며
其心不躁動 그 마음이 성급하게 움직이지 않기에
先思後作業 먼저 생각하고 후에 일을 지어간다네.

福智所莊嚴 복과 지혜로 장엄하였고
一切無怨恨 모든 것에 원한이 없어
女人中最上 여인 중에 최상이니
宜應事太子 마땅히 태자를 받드는 일에 응할 것이라네.

이때 태자가 향아원에 들어가 묘덕 동녀와 게송을 말한 여인에게 말했다.
"선근의 여인이여! 나는 아뇩다라삼먁삼보리를 구하려 향하기에 미래의 경계가 다 하는 헤아릴 수 없는 겁 동안에 일체 지혜를 돕는 법을 모으며, 끝없는 보살행을 닦으며, 모든 바라밀을 청정하게 하며, 일체 모든 여래께 공양하며, 일체 모든 부처님의 가르침을 보호해 지니며, 모든 부처님 국토를 장엄하여 청정하게 하며, 당연히 모든 여래의 씨앗이 되는 성품을 끊어지지 않게 하며, 당연히 모든 중생의 씨앗이 되는 성품을 따라 두루 성숙하게 하며, 당연히 모든 중생의 생사에 따른 고통을 없애고 마지막까지 편안하며 즐거운 곳에 두며, 당연히 모든 중생의 지혜로운 눈을 청정하게 다스리며, 당연히 모든 보살이 수행할 바를 닦고 익히며, 당연히 모든 보살의 평등한 마음에 편안히 머물며, 당연히 모든 중생을 두루 환희하게 하며, 모든 물건을 버려서 미래의 경계가 다 하도록 보시바라밀을 행하여 모든 중생이 두루 만족함을 얻게 하며, 의복, 음식, 처, 첩, 아들, 딸과 머리, 눈, 손, 발 등 이와 같은 모든 안과 밖에 있는 것들을 보시하고 베풀어서 아끼는 것이 없다."

"이러할 때 그대는 나의 일에 막힘이나 걸림이 되어 재물을 보시할 때 아까워하고 아들과 딸을 보시할 때 괴로워하며, 사지를 베어낼 때 마음으로 근심하고 번민하며, 그대를 버리고 출가할 때 그대는 후회하고 한탄하지 않겠는가."

爾時 太子入香芽園已 告其妙德及善現言 善女 我趣求阿耨多羅三藐三菩提 當於盡未來際無量劫 集一切智助道之法 修無邊菩薩行 淨一切波羅蜜 供養一切諸如來 護持一切諸佛敎 嚴淨一切佛國土 當令一切如來種性不斷 當隨一切眾生種性 而普成熟 當滅一切眾生生死苦 置於究竟安樂處 當淨治一切眾生智慧眼 當修習一切菩薩所修行 當安住一切菩薩平等心 當成就一切菩薩所行地 當令一切眾生 普歡喜 當捨一切物 盡未來際 行檀波羅蜜 令一切眾生 普得滿足 衣服 飮食 妻妾 男女 頭目 手足 如是一切內外所有 悉當捨施 無所吝惜 當於爾時 汝或於我 而作障難 施財物時 汝心吝惜 施男女時 汝心痛惱 割肢體時 汝心憂悶 捨汝出家 汝心悔恨

이때 태자는 곧 묘덕 동녀를 위해 게송으로 말했다.
爾時 太子卽爲妙德 而說頌言

哀愍衆生故 중생을 불쌍하고 가엾이 여기는 까닭으로
我發菩提心 나는 보리심을 일으켰으니
當於無量劫 당연히 헤아릴 수 없는 겁을 두고
習行一切智 모든 지혜를 닦고 행할 것이라네.

無量大劫中 헤아릴 수 없는 큰 겁 가운데

淨修諸願海 모든 원의 바다를 청정하게 닦고
入地及治障 지위에 들어가 막힘이나 걸림을 다스려
悉經無量劫 헤아릴 수 없는 겁을 남김없이 다 보낼 것이라네.

三世諸佛所 삼세 모든 부처님의 처소에서
學六波羅蜜 육바라밀을 배우고
具足方便行 방편의 행을 온전하게 갖추어
成就菩提道 보리의 도를 성취할 것이라네.

十方垢穢刹 시방의 티끌과 더러운 세상을
我當悉嚴淨 내 당연히 남김없이 다 장엄하여 청정히 하고
一切惡道難 모든 악도의 어려움에서
我當令永出 내가 영원히 나오게 할 것이라네.

我當以方便 나는 마땅한 방편으로
廣度諸群生 모든 중생을 두루 넓게 제도하고
令滅愚癡暗 어리석은 어둠을 없애어
住於佛智道 부처님의 지혜로운 도에 머물게 할 것이라네.

當供一切佛 마땅히 모든 부처님을 공양하고
當淨一切地 당연히 모든 지위를 청정하게 하며
起大慈悲心 큰 자비의 마음을 일으켜서
悉捨內外物 안과 밖의 물건을 남김없이 다 버릴 것이라네.

汝見來乞者 그대는 구걸하는 자를 보면
或生慳吝心 인색한 마음을 내겠는가?
我心常樂施 나는 마음으로 항상 즐겁게 보시하니
汝勿違於我 그대는 나의 뜻을 어기지 마라.

若見餓施頭 그와 같이 내가 머리를 보시하는 것을 보고
愼勿生憂惱 행여 근심 걱정을 하지 마라.

我今先語汝 내가 지금 그대에게 말하여
令汝心堅固 그대의 마음을 견고하게 할 것이라네.

乃至截手足 뿐만 아니라 손발을 끊어내더라도
汝勿嫌乞者 그대는 구걸하는 자를 싫어하지 마라.
汝今聞我語 그대는 내가 하는 말을 듣고
應可諦思惟 응당 자세하게 사유해야 할 것이라네.

男女所愛物 아들과 딸 사랑하는 물건 등
一切我皆捨 모든 것을 내 빠짐없이 다 버릴 것이니
汝能順我心 그대가 내 마음을 거스르지 않고 따르면
我當成汝意 내 당연히 그대의 뜻을 이루게 할 것이라네.

이때 묘덕 동녀가 태자에게 말했다.
"가르침대로 공경하게 받들겠습니다."
그리고는 곧 게송을 말했다.
爾時 童女白太子言 敬奉來敎 卽說頌言

無量劫海中 헤아릴 수 없는 겁 바다 가운데
地獄火焚身 지옥 불이 몸을 태우더라도
若能眷納我 그와 같이 나를 은혜롭게 받아들이면
甘心受此苦 그러한 고통쯤은 달게 받을 것입니다.

無量受生處 헤아릴 수 없이 태어남을 받는 곳에
碎身如微塵 몸을 부수어 티끌같이 되더라도
若能眷納我 그와 같이 나를 은혜롭게 받아들이면
甘心受此苦 그러한 고통쯤은 달게 받을 것입니다.

無量劫頂戴 헤아릴 수 없는 겁을 두고
廣大金剛山 광대한 금강산을 머리에 진다 하더라도

若能眷納我 그와 같이 나를 은혜롭게 받아들이면
甘心受此苦 그러한 고통쯤은 달게 받을 것입니다.

無量生死海 헤아릴 수 없는 생사의 바다에
以我身肉施 내 몸과 살을 보시하더라도
汝得法王處 그대가 법의 왕이 되는 곳을 얻으면
願令我亦然 원하건대 나 또한 그렇게 해주십시오.

若能眷納我 그와 같이 나를 은혜롭게 받아들여
與我爲主者 나와 더불어 주인이 되고
生生行施處 세세생생 보시를 하는 곳에서
願常以我施 늘 나와 함께 보시하길 원합니다.

爲愍衆生苦 중생의 괴로움을 불쌍히 여겨
而發菩提心 보리심을 일으켜서
旣已攝衆生 이미 중생을 거두어주시니
亦當攝受我 또한 당연히 나를 거두어주십시오.

我不求豪富 나는 귀인도 부도 구하지 않고
不貪五欲樂 오욕의 즐거움을 탐내지 않으며
但爲共行法 단지 법을 함께 행하기 위해서
願以仁爲主 어진 주인을 원하는 것입니다

紺青脩廣眼 짙고 산뜻하며 길고 큰 눈과
慈愍觀世間 사랑과 불쌍히 여기는 마음으로 세간을 자세히 살피더라도
不起染著心 물들거나 집착하는 마음을 일으키지 않고
必成菩薩道 반드시 보리의 도를 이루겠습니다.

太子所行處 태자가 행하는 모든 곳
地出衆寶華 땅에서 많은 보배 연꽃이 나와
必作轉輪王 반드시 전륜왕이 되실 것이니

願能眷納我 원하건대 나를 은혜롭게 받아 주십시오.

我曾夢見此 내가 일찍이 꿈에서
妙法菩提場 빼어난 법 보리도량에
如來樹下坐 여래가 나무 아래 앉아
無量衆圍遶 헤아릴 수 없는 대중에게 둘러싸여 있는 것을 보았습니다.

我夢彼如來 나는 그 여래가
身如眞金山 진금산과 같은 몸에 손으로
以手摩我頂 나의 정수리를 어루만져 주는 꿈을 꾸다가
寤已心歡喜 잠에서 깨고는 마음으로 환희했습니다.

往昔眷屬天 옛적 하늘의 권속으로
名曰喜光明 이름이 '희광명'이라 불리는 분과
彼天爲我說 그 하늘이 나를 위해 설하시니
道場佛興世 도량에서 부처님이 나오셨다 하였습니다.

我曾生是念 내가 일찍이 생각하기를
願見太子身 태자의 몸을 보길 원하였고
彼天報我言 그 하늘이 나에게 말하길
汝今當得見 그대는 당연히 지금 볼 것이라고 하였습니다.

我昔所志願 내가 옛날에 가지고 있던 원을
於今悉成滿 지금 남김없이 다 이루고 넉넉하니
唯願俱往詣 오직 함께 향해 나아가
供養彼如來 저 여래께 공양하기를 원합니다.

 이때 태자는 승일신 여래의 이름을 듣고는 매우 기쁜 마음이 일어나 그 부처님을 뵙고자 묘덕 동녀 머리 위로 5백 마니보배를 흩뿌리고 묘장광명보배관을 씌우고 불꽃 마니보배 옷을 입혔다. 묘덕 동녀는 마음이 흔들리지도 않고 기쁜 내색도 하지 않으면서 단지 합장 공경하고 태자를 우러러보면서 잠깐도 흔들리지 않았다.

묘덕 동녀의 어머니인 선현이 태자의 앞에서 게송으로 말했다.

爾時 太子聞勝日身如來名 生大歡喜 願見彼佛 以五百摩尼寶 散其女上冠 以妙藏光明寶冠 被以火焰摩尼寶衣 其女爾時 心不動搖 亦無喜相 但合掌恭敬 瞻仰太子 目不暫捨 其母善現於太子前 而說頌言

此女極端正 묘덕은 더할 수 없이 단정하고
功德莊嚴身 공덕으로 몸을 장엄하였으며
昔願奉太子 옛적의 원으로 태자를 받들길 원하더니
今意已滿足 이제 원을 만족하게 이루었습니다.

持戒有智慧 계를 지니고 지혜가 있으며
具足諸功德 모든 공덕을 온전하게 갖추었으니
普於一切世 모든 세간을 두루 둘러보아도
最勝無倫匹 가장 뛰어나 짝할만한 사람이 없습니다.

此女蓮華生 묘덕 동녀는 연꽃에서 태어나
種姓無譏醜 씨앗이 되(家門)는 성품이 나무랄 것이 없고
太子同行業 태자와 행과 업이 같아서
遠離一切過 모든 허물로부터 멀리 벗어났습니다.

此女身柔軟 묘덕 동녀는 몸의 부드러움이
猶如天繒纊 마치 하늘의 비단결 같으며
其手所觸摩 그 손을 만지면
衆患悉除滅 많은 근심을 남김없이 다 제거하고 없앱니다.

毛孔出妙香 털구멍에서 나오는 빼어난 향기는
芬馨最無比 향기로서 비할 데 없이 최고이며
衆生若聞者 중생이 그와 같은 향기를 맡은 자라면
悉住於淨戒 남김없이 다 청정한 계에 머물 것입니다.

身色如眞金 몸의 색은 진금과 같고
端坐華臺上 꽃받침 위에 단정히 앉으니
衆生若見者 중생이 그와 같이 보기만 하더라도
離害具慈心 해침을 벗어나 인자한 마음을 갖춥니다.

言音極柔軟 음성은 더할 수 없이 부드럽고
聽之無不喜 듣는 이들은 모두 기뻐하니
衆生若得聞 중생이 그와 같이 듣기만 하더라고
悉離諸惡業 모든 악업으로부터 남김없이 다 벗어납니다.

心淨無瑕垢 마음은 청정하여 허물이라 할만한 것이 없고
遠離諸諂曲 모든 아첨과 사악함에서 멀리 벗어났으니
稱心而發言 마음으로 칭찬하는 말을 일으키는 것이기에
聞者皆歡喜 듣는 자들이 모두 환희합니다.

調柔具慚愧 화합하고 부드러우며 부끄러워함을 갖추어
恭敬於尊宿 높은 어른들을 공경하고
無貪亦無誑 탐욕도 없으며 또한 속임이 없기에
憐愍諸衆生 모든 중생을 불쌍하고 가련히 여긴답니다.

此女心不恃 묘덕 동녀의 마음은
色相及眷屬 색상 및 권속을 의지하지 않고
但以淸淨心 단지 청정한 마음으로
恭敬一切佛 모든 부처님을 공경한답니다.

이때 태자가 묘덕 동녀와 함께 10천의 채녀와 더불어 향아원에서 나와 법운광명도량으로 향했다. 도량에 이르러서는 수레에서 내려 여래의 처소로 나아가 부처님의 몸을 보니, 몸의 모양이나 상태가 단정하고 적정하며, 모든 근이 조화롭고 거슬리는 것이 없으며, 안과 밖이 청정하고 큰 용이 있는 연못과 같기에 모든 허물과 탁한 것이 없고 빠짐없이 다 청정한 믿음을 내어 기쁨에 뛰면서 환희하고 부처님 발에 머리 숙여 예를 올리고는 헤아릴 수 없이 돌았다.

때맞추어 태자와 묘덕 동녀가 각각 5백의 빼어난 보배 연꽃을 부처님께 공양하면서 흩뿌리고 태자는 5백의 정사를 지으니, 하나하나가 다 향나무로 지었으며, 많은 보배로 장엄하고 5백의 마니보배로 사이사이를 꾸몄다.

이때 부처님은 그들을 위해서 보안등문 수다라를 설하셨고 이 법문을 듣고는 일체 법 가운데 삼매의 바다를 얻었으니, 이른바 모든 부처님의 소원 바다를 비추는 삼매, 삼세의 장을 두루 비추는 삼매, 모든 부처님의 도량을 나타내 보이는 삼매, 모든 중생을 두루 비추는 삼매, 모든 세간을 두루 비추는 지혜 등불의 삼매, 모든 중생의 근을 두루 비추는 지혜 등불의 삼매, 모든 중생을 구원하고 보호하는 광명의 구름 삼매, 모든 중생을 두루 비추는 큰 광명의 등불 삼매, 모든 부처님의 법륜을 널리 펴는 삼매, 보현의 청정한 행을 온전하게 갖추는 삼매였다.

이때 묘덕 동녀도 삼매를 얻으니, 이름이 '난승해장'이며, 아뇩다라삼먁삼보리심에서 영원히 물러나지 않았다.

爾時 太子與妙德女及十千采女幷其眷屬 出香芽園 詣法雲光明道場 至已下車 步進詣如來所見佛身相端嚴寂靜諸根調順內外淸淨 如大龍池無著垢濁 皆生淨信 踊躍歡喜 頂禮佛足 遶無數帀 于時 太子及妙德女 各持五百妙寶蓮華 供散彼佛 太子爲佛 造五百精舍 一一皆以香木所成 衆寶莊嚴 五百摩尼 以爲間錯 時 佛爲說普眼燈門修多羅 聞是經已 於一切法中 得三昧海 所謂得普照一切佛願海三昧 普照三世藏三昧 現見一切佛道場三昧 普照一切衆生三昧 普照一切世間智燈三昧 普照一切衆生根智燈三昧 救護一切衆生光明雲三昧 普照一切衆生大明燈三昧 演一切佛法輪三昧 具足普賢淸淨行三昧 時 妙德女得三昧 名難勝海藏 於阿耨多羅三藐三菩提 永不退轉

이때 태자는 묘덕 동녀와 권속들과 더불어 부처님의 발에 머리 숙여 예를 올리고는 수없이 돌다가 물러나 궁중으로 돌아가 부왕의 처소에 나아가 무릎 꿇고 절하고는 물어 말했다.

"대왕이시여! 아실 일이 있으니, 승일신 여래께서 세상에 나오셨습니다. 이 나라 법운광명보리도량에서 등정각을 이루신 지 오래지 않았습니다."

그때 대왕이 태자에게 말했다.

"누가 너에게 이와 같은 일을 말했는가? 하늘이더냐? 사람이더냐?"

태자가 말했다.

"이 말을 한 이는 빼어난 덕을 온전하게 갖춘 여인입니다."

왕이 이 말을 듣고는 환희가 헤아릴 수 없이 밀려왔다. 비유하면 가난한 사람이 큰 복장(伏藏)을 얻은 것과 같았으며, 이와 같은 생각을 하였다.

"부처님은 위 없는 보배와 같아서 만나기 어렵다. 그와 같은 부처님을 만나 뵙게 되면 모든 악도의 공포를 끊어낼 것이며, 부처님은 의왕과 같기에 모든 번뇌로 인한 병을 다스리고 능히 모든 생사의 고통으로부터 구원해주실 것이며, 부처님은 인도해 이끌어주는 도사와 같기에 능히 중생들을 마지막 편안하게 머무는 곳까지 이르게 할 것이다."

이렇게 생각하고는 모든 작은 왕과 군신, 권속과 찰리와 바라문 등 모든 대중을 모아놓고는 왕의 지위를 태자에게 물려주면서 정수리에 물 붓는 의식을 마치고 1만의 사람들과 더불어 부처님 처소에 나아가 부처님 발에 머리 숙여 예를 올리고는 수 없이 돌다가 권속들과 함께 물러나 앉았다.

時 彼太子與妙德女幷其眷屬 頂禮佛足 遶無數帀 辭退還宮 詣父王所 拜跪畢已 奉白王言 大王 當知勝日身如來出興於世 於此國內法雲光明菩提道場 成等正覺 于今未久 爾時 大王語太子言 是誰爲汝 說如是事 天耶 人耶 太子白言 是此具足妙德女說 時 王聞已 歡喜無量 譬如貧人得大伏藏 作如是念 佛無上寶 難可値遇 若得見佛 永斷一切惡道怖畏 佛如醫王 能治一切諸煩惱病 能救一切生死大苦 佛如導師 能令衆生 至於究竟安隱住處 作是念已 集諸少王 群臣 眷屬及以刹利 波羅門等一切大衆 便捨王位 授與太子 灌頂訖已 與萬人俱 往詣佛所 到已禮足 遶無數帀 幷其眷屬 悉皆退坐

이때 여래가 그 왕과 모든 대중을 자세히 살펴서 들여다보고는 미간의 흰 털로 큰 광명을 놓으시니, 이름이 '모든 세간의 마음 등불'이며, 시방의 헤아릴 수 없는 세계를 두루 비추고 모든 세간의 주인 앞에 머물게 하여 사람의 생각으로는 헤아려 알 수 없는 여래의 큰 신통력을 나타내고 가르침을 받아 바른길로 이끌만한 중생들의 마음을 청정하게 하였다.

이때 여래가 생각으로 헤아려 알 수 없는 자재한 신통의 힘으로 몸을 나타내어 모든 세간을 뛰어넘어 원만한 음성으로 대중을 위해 다라니를 두루 설하시니, 이름이 '모든 법과 뜻의 어둠을 벗어난 등불'이며, 부처 세계의 티끌 수와 같은 다라니를 권속으로 삼았다.

왕은 이를 듣고는 곧바로 큰 지혜의 광명을 얻었으며, 모인 대중 가운데 있는 염부제의 티끌 수와 같은 보살들이 이 다라니를 함께 증득하고 6십만 나유타 사람들은 모든 번뇌가 다 하여 마음의 해탈을 얻었으며, 10 천의 중생이 티끌을 멀리하고 허물을 벗어나 법의 눈이 청정하게 되었으며, 헤아릴 수 없는 중생은 보리심을 내었다.

때맞추어 부처님이 또 생각으로 헤아려 알 수 없는 힘으로 신통 변화를 두루 나타내어 시방의 헤아릴 수 없는 세계에 삼승(三乘.聲聞乘.緣覺乘.菩薩乘)의 법을 설하시어 중생을 바른길로 이끄셨다.

爾時 如來觀察彼王及諸大衆 白毫相中 放大光明 名一切世間心燈 普照十方無量世界 住於一切世主之前 示現如來不可思議大神通力 普令一切應受化者 心得淸淨 爾時 如來以不思議自在神力 現身超出一切世間 以圓滿音 普爲大衆 說陀羅尼 名一切法義離闇燈 佛刹微塵數陀羅尼 而爲眷屬 彼王聞已 卽是獲得大智光明 其衆會中 有閻浮提微塵數菩薩 俱時 證得此陀羅尼 六十萬那由他人盡諸有漏 心得解脫 十千衆生遠塵離垢 得法眼淨 無量衆生發菩提心 時 佛又以不思議力 廣現神變 普於十方無量世界 演三乘法 化度衆生

이때 그 부왕이 이와 같은 생각을 하였다.

"내가 만일 집에 있었으면 이와 같은 빼어난 법을 증득하지 못했겠지만, 그와 같이 부처님께 출가하여 도를 배우면 곧 성취할 것이다."

그리고는 부처님께 말했다.

"부처님을 따라 출가하여 도를 배우길 원합니다."

부처님이 말씀하셨다.

"뜻을 따르지만 마땅한 시기를 스스로 알아야 한다."

이때 재주 왕이 10 천의 사람과 함께 부처님에게 동시에 출가하였으며, 오래지 않아 모든 법과 뜻이 어둠을 벗어난 등불 다라니를 성취하였으며, 또한 위에서와 같은 삼매 문을 얻었으며, 또 보살의 열 가지 신통 문을 얻었으며, 또 보살의 끝이 없는 변재를 얻었으며, 또 보살의 막힘이나 걸림 없는 청정한 몸을 얻었으며, 시방의 모든 여래의 처소에 나아가 법문을 듣고 큰 법사가 되어 빼어난 법을 널리 펴서 설하고 차례를 좇아(復) 신력으로 시방의 세계에 두루 하여 중생의 마음을 따라 몸을 나타내고 부처님의 나타나심을 찬탄하여 부처님이 본래 행하시던 일을 설하며, 부처님의 본래 인연을 보이며, 여래의 자재하신 신통의 힘을 칭찬하며, 부처님이 말씀하신 가르침의 법을 보호해 지녔다.

時 彼父王作如是念 我若在家 不能證得如是妙法 若於佛所 出家學道 卽當成就 作

是念已 前白佛言 願得從佛 出家修學 佛言 隨意 宜自知時 時 財主王與十千人 皆於佛所 同時出家 未久之間 悉得成就一切法義離闇燈陀羅尼 亦得如上諸三昧門 又得菩薩十神通門 又得菩薩無邊辯才 又得菩薩無礙淨身 往詣十方諸如來所 聽受其法 爲大法師 演說妙法 復以神力 徧十方刹 隨衆生心 而爲現身 讚佛出現 說佛本行 示佛本緣 儞揚如來自在神力 護持於佛所說教法

　이때 태자는 15일 동안 바른 궁전 위에 있으니, 채녀가 둘러싸고 칠보가 스스로 이르렀다. 1은 바퀴 보배이니, 이름이 막힘이나 걸림 없는 행이며, 2는 코끼리 보배이니, 이름이 금강의 몸이며, 3은 말 보배이니, 이름이 빠르고 신속한 바람이며, 4는 진주 보배이니, 이름이 햇빛 장이며, 5는 여자 보배이니, 이름이 빼어난 덕을 갖춤이며, 6은 장을 섬기는 보배이니, 이름이 큰 재물을 위함이며, 7은 군사의 주인 보배이니, 이름이 허물을 벗어난 눈이다. 일곱의 보배를 온전하게 갖추고 전륜왕이 되어 염부제의 왕으로서 바른 법을 가지고 세상을 다스리니, 백성들이 즐거워하고 좋아했다.

　왕에게 1천 명의 아들이 있으니, 단정하고 용맹하고 건강하며, 능히 원한이 있는 적을 항복 받으며, 그 염부제에 80의 왕성이 있고 왕의 성마다 5백의 절이 있으며, 절 마다 탑을 세웠다. 탑이 높고 크고 많은 빼어난 보배로 꾸미고 가꾸었으며, 왕성마다 여래를 청하여 생각으로 헤아려 알 수 없는 빼어난 공양 기물로 공양을 하려 하고 부처님이 왕성에 들어오실 때 신통한 큰 힘을 나타내어 헤아릴 수 없는 중생들이 선근을 심게 하였다.

　헤아릴 수 없는 중생들의 마음이 청정함을 얻게 하여 부처님을 보고는 환희하고 보리의 뜻을 일으키게 하며, 가엾이 여기는 마음으로 중생에게 이익이 되게 하며, 부처님의 법을 부지런히 닦아 진실한 이치에 들어가고 법의 성품에 머물러 법이 평등한 것임을 분명하게 깨우쳐 알고 삼세의 지혜를 얻어 평등하게 삼세를 자세히 살펴보며, 모든 부처님이 나시는 차례를 알며, 가지가지의 법을 설하여 중생을 거두어 의지하게 하며, 보살의 원을 일으켜 보살의 도에 들어가며, 여래의 법을 알아서 법의 바다를 성취하며, 능히 몸을 두루 나타내어 모든 세계에 두루두루 하며, 중생들의 근과 성품과 욕망을 알고 그들이 일체 지혜의 원을 일으키고 원하게 하였다.

爾時 太子於十五日 在正殿上 采女圍遶 七寶自至 一者輪寶 名無礙行 二者象寶 名金剛身 三者馬寶 名迅疾風 四者珠寶 名日光藏 五者女寶 名具妙德 六藏臣寶 名爲大財 七者兵寶 名離垢眼 七寶具足 爲轉輪王 王閻浮提 正法治世 人民快樂 王有千子 端正勇健 能伏怨敵 其閻浮提中 有八十王城 一一城中 有五百僧坊 立佛支提

皆悉高廣 以衆妙寶 而爲校飾 一一王城 皆請如來 以不思議衆妙供具 而爲供養 佛入城時 現大神力 令無量衆生 種諸善根 無量衆生心得淸淨 見佛歡喜 發菩提意 起大悲心 利益衆生 勤修佛法 入眞實義 住於法性 了法平等 獲三世智 等觀三世 知一切佛出興次第 說種種法 攝取衆生 發菩薩願 入菩薩道 知如來法 成就法海 能普現身 徧一切刹 知衆生根及其性欲 令其發起一切智願

"불자여! 어떻게 생각하느냐? 그때 왕자의 몸으로 전륜왕이 되어 부처님께 공양한 자는 지금의 석가모니 부처님이며, 재물의 주인이 되는 왕은 보화 부처님이다. 보화 부처님은 지금 동방에 계신다. 세계 바다의 티끌 수와 같은 세계를 지나서 하나의 세계가 있으니, 이름이 '현법계허공영상운'이며, 그 가운데 세계종이 있으니, 이름이 '보현삼세영마니왕'이다. 그 세계 종 가운데 하나의 세계가 있으니, 이름이 '원만광'이며, 그 가운데 하나의 도량이 있으니, 이름이 '현일체세주신'이고 보화 여래가 그곳에서 아뇩다라삼먁삼보리를 이루었으며, 말할 수 없는 부처 세계의 티끌 수와 같은 보살들이 앞뒤로 둘러쌓으며, 법을 설하신다.

보화 여래가 옛적에 보살의 도를 수행할 때 이 세계 바다를 청정하게 하시니, 그 세계 바다 가운데 과거, 미래, 현재의 부처님으로 나시는 분들은 모든 분이 이 보화 여래가 보살이었을 때 가르치고 바른길로 이끌어서 아뇩다라삼먁삼보리심을 일으키게 한 분들이다.

그때 묘덕 동녀의 어머니인 선현은 지금 나의 어머니로 선목이시며, 그 왕의 권속들은 지금 여래에게 모인 대중이니, 모두 보현의 모든 행을 갖추고 닦아서 큰 원을 이루었으며, 비록 이 대중이 모인 도량에 늘 있지만, 모든 세간에 두루 나타나며, 모든 보살의 평등 삼매에 머물지만, 늘 일체 모든 부처님을 나타내어 보이며, 모든 여래께서 허공과 평등한 음성 구름으로 바른 법륜을 널리 펴는 것을 남김없이 다 듣고 받아들이며, 모든 법에 자재함을 얻어 이름을 모든 부처님의 국토에서 들을 수 있으며, 모든 도량의 처소에 두루 나아가며, 모든 중생 앞에 두루 나타나며, 그 응하는 바를 따라 가르치고 바른길로 이끌어서 조복시키며, 미래의 겁이 다하도록 보살의 도를 닦아 항상 끊어짐이 없으며, 보현의 광대한 서원을 넉넉하게 이룬다."

佛子 於汝意云何 彼時太子 得轉王位 供養佛者 豈異人乎 今釋迦牟尼佛是也 財主王者 寶華佛是 其寶華佛現在東方 過世界海微塵數佛刹 有世界海 名現法界虛空影像雲 中有世界種 名普現三世影摩尼王 彼世界種中 有世界 名圓滿光 中有道場 名現一切世主身 寶華如來於此 成阿耨多羅三藐三菩提 不可說佛刹微塵數諸菩薩衆

前後圍遶 而爲說法 寶華如來往昔 修行菩薩道時 淨此世界海 其世界海中去來今佛 出興世者 皆是寶華如來爲菩薩時 敎化令阿耨多羅三藐三菩提心 彼時女母善現者 今我母善目是 其王眷屬今如來所衆會是也 皆具修行普賢諸行 成滿大願 雖恒在此 衆會道場 以能普現一切世間 住諸菩薩平等三昧 常得現見一切諸佛 一切如來以等 虛空 妙音聲雲 演正法輪 悉能聽受 於一切法 悉得自在 名稱普聞諸佛國土 普詣一 切道場之所 普現一切衆生之前 隨其所應 敎化調伏 盡未來劫 修菩薩道 恒無間斷 成滿普賢廣大誓願

"불자여! 묘덕 동녀와 위덕주 전륜성왕으로 더불어 네 가지 일로 공양한 자는 내 몸이었다."

"그 부처님이 열반한 뒤에 그 세계 가운데 60억 백천 나유타 부처님이 세상에 나오시니, 내가 왕과 더불어 받들어 섬기고 공양하였다."

"그 첫 부처님은 이름이 '청정신'이며, 다음 이름은 '일체지월광명신'이며, 다음 이름은 '염부단금광염왕'이며, 다음 이름은 '제상장엄신'이며, 다음 이름은 '묘월광'이며, 다음 이름은 '지관당'이며, 다음 이름은 '대지광'이며, 다음 이름은 '금강나라연정진'이며, 다음 이름은 '지력무능승'이며, 다음 이름은 '보안상지'이며, 다음 이름은 '이구승지운'이며, 다음 이름은 '사자지광명'이며, 다음 이름은 '광명계'이며, 다음 이름은 '공덕광명당'이며, 다음 이름은 '지일당'이며, 다음 이름은 '보련화개부신'이며, 다음 이름은 '복덕엄정광'이며, 다음 이름은 '지염운'이며, 다음 이름은 '보조월'이며, 다음 이름은 '장엄개묘음성'이며, 다음 이름은 '사자용맹지광명'이며, 다음 이름은 '법계월'이며, 다음 이름은 '현허공영상개오중생심'이며, 다음 이름은 '항후적멸향'이며, 다음 이름은 '보진적정음'이며, 다음 이름은 '감로산'이며, 다음 이름은 '법해음'이며, 다음 이름은 '견고망'이며, 다음 이름은 '불영계'이며, 다음 이름은 '월광호'이며, 다음 이름은 '변재구'이며 다음 이름은 '각화지'이며, 다음 이름은 '보염산'이며, 다음 이름은 '공덕성'이며, 다음 이름은 '보월당'이며, 다음 이름은 '삼매신'이며, 다음 이름은 '보광왕'이며, 다음 이름은 '보지행'이며, 다음 이름은 '염해등'이며, 다음 이름은 '이구법음왕'이며, 다음 이름은 '무비덕명칭당'이며, 다음 이름은 '수비'이며, 다음 이름은 '본원청정월'이며, 다음 이름은 '조의등'이며, 다음 이름은 '심원음'이며, 다음 이름은 '비로자나승장왕'이며, 다음 이름은 '제승당'이며, 다음 이름은 '법해묘련화'이다."

"불자여! 저 겁 가운데 이와 같은 등등의 6십억 백천 나유타 부처님이 세상에 나시니, 내가 빠짐없이 모든 분을 친근히 받들어 공양하였다."

佛子 其妙德女與威德主轉輪聖王 以四事 供養勝日身如來者 我身是也 彼佛滅後 其世界中 六十億百千那由他佛出興於世 我皆與王 承事供養 其第一佛 名淸淨身 次名一切智月光明身 次名閻浮檀金光明王 次名諸相莊嚴身 次名妙月光 次名智觀幢 次名大智光 次名金剛那羅延精進 次名智力無能勝 次名普安詳智 次名離垢勝智雲 次名師子智光明 次名光明髻 次名功德光明幢 次名智日幢 次名寶蓮華開敷身 次名福德嚴淨光 次名智焰雲 次名普照月 次名莊嚴蓋妙音聲 次名師子勇猛智光明 次名法界月 次名現虛空影像開悟衆生心 次名恒嗅寂滅香 次名普震寂靜音 次名甘露山 次名法海音 次名堅固網 次名佛影髻 次名月光毫 次名辯才口 次名覺華智 次名寶焰山 次名功德星 次名寶月幢 次名三昧身 次名寶光王 次名寶智行 次名焰海燈 次名離垢法音王 次名無比德名稱幢 次名脩臂 次名本願淸淨月 次名照義燈 次名深遠音 次名毘盧遮那勝藏王 次名諸乘幢 次名法海妙蓮華 佛子 彼劫中 有如是等六十億百千那由他佛出興于世 我皆親近承事供養

"마지막 부처님 이름이 '광대해'이니, 그 부처님 계신 곳에서 청정한 지혜로운 눈을 얻었고 그때 그 부처님이 도성에 들어와 가르치고 바른길로 이끄실 때 나는 왕비가 되어 왕과 더불어 예를 갖추어 뵙고 빼어난 많은 물건으로 공양하였고 그 부처님이 계신 곳에서 모든 여래가 내어놓는 등불이 되는 법문을 설하시는 것을 듣고 곧바로 모든 보살의 삼매 바다의 경계를 자세히 들여다보는 해탈을 얻었다."

"불자여! 나는 이 해탈을 얻고 보살과 더불어 부처 세계의 티끌 수와 같은 겁 동안 부지런히 닦고 익힘을 거듭 더하고 부처 세계의 티끌 수와 같은 겁 가운데 헤아릴 수 없는 부처님을 받들어 모시고 공양하니, 그와 같이 한 겁에 한 부처님을 섬기기도 하고 그와 같이 두 부처님, 그와 같이 세 부처님을 섬기기도 하고 그와 같은 부처 세계의 티끌 수와 같은 부처님을 만나 남김없이 다 친근히 받들어 섬기어 공양하였지만, 보살의 몸과 형상과 크기와 모양과 그 몸으로 짓는 업과 마음으로 행하는 것과 지혜로운 삼매의 경계는 알지 못한다."

其最後佛 名廣大解 於彼佛所 得淨智眼 爾時 彼佛入城敎化 我爲王妃 與王禮覲 以衆妙物 而爲供養 於其佛所 聞說出生一切如來燈法門 卽時 獲得觀察一切菩薩三昧海境界解脫 佛子 我得此解脫已 與菩薩於佛刹微塵數劫 勤加修習 於佛刹微塵數劫中 承事供養無量諸佛 或於一劫 承事一佛 或二 或三 或値佛刹微塵數佛 悉皆親近承事供養 而未能知菩薩之身形量 色貌及其身業 心行 智慧三昧境界

"불자여! 그와 같은 중생이 보살을 보고 보살의 행을 닦으면서 의심을 하거나 믿거나 보살은 세간과 출세간의 모든 가지가지 방편으로 이들을 거두어주고 의지하게 하여 권속으로 삼아 아뇩다라삼먁삼보리심에서 물러서지 않게 한다."

"불자여! 내가 부처님을 뵙고 이 해탈을 얻고는 보살과 더불어 백 부처 세계의 티끌 수와 같은 겁 가운데 함께 닦아 익히면서 그 겁 동안 세상에 나시는 부처님을 내가 모두 친근히 받들어 섬기어 공양하고 설하는 법을 듣고 외워서 받아 지니고 일체 모든 여래로부터 이 해탈과 가지가지의 법문을 얻어서 가지가지의 삼세를 알고 가지가지의 세계 바다에 들어가 가지가지의 정각을 이루는 것을 보고 가지가지 부처님의 대중 모임에 들어가 보살의 가지가지 큰 원을 일으키며, 보살의 가지가지 빼어난 행을 닦아서 보살의 가지가지 해탈을 얻었으나, 보살이 얻는 보현의 해탈문은 알지 못한다."

"무슨 까닭인가 하면, 보살의 보현(普賢) 해탈문은 큰 허공과 같고 중생의 이름과 같고 삼세의 바다와 같고 시방의 바다와 같고 법계의 바다와 같기에 헤아릴 수 없고 끝이 없기 때문이다."

"불자여! 보살의 보현 해탈문은 여래의 경계와 같다."

佛子 若有眾生 得見菩薩修菩提行 若疑若信 菩薩皆以世 出世間種種方便 而攝取之 以爲眷屬 令於阿耨多羅三藐三菩提 得不退轉 佛子 我見彼佛 得此解脫已 與菩薩於百佛刹微塵數劫 而共修習 於其劫中 所有諸佛出興于世 悉皆親近承事供養 聽所說法 讀誦受持 於彼一切諸如來所 得此解脫種種法門 知種種三世入種種刹海 見種種成正覺 入種種佛眾會發菩薩種種大願 修菩薩種種妙行 得菩薩種種解脫 然未能知菩薩所得 普賢解脫門 何以故 菩薩普賢解脫門如太虛空 如眾生名 如三世海 如十方海 如法界海 無量無邊 佛子 菩薩普賢解脫門 與如來境界等

"불자여! 나는 부처 세계의 티끌 수와 같은 겁 동안에 보살의 몸을 보아도 만족함이 없었으니, 욕심이 많은 남녀가 모이면서 서로가 사랑한다는 생각에 헤아릴 수 없는 망령된 생각으로 사유라는 깨우침을 일으키는 것과 같이 나도 또한 이와 같은 보살 몸 하나하나의 털구멍에서 생각과 생각마다 헤아릴 수 없고 끝없는 광대한 세계가 가지가지로 편안히 머물고 가지가지로 장엄함과 가지가지의 형상과 가지가지의 산과 가지가지의 땅과 가지가지의 구름과 가지가지의 이름과 가지가지로 부처님이 나심과 가지가지의 도량과 가지가지의 대중 모임과 가지가지의 수다라를 널리 펴서 설함과 가지가지의 정수리에 물 붓은 일을 설함과 가지가지의 승과 가지가지의 방편과 가지가지의 청정함을 보았다."

"또 보살의 하나하나 털구멍에서 생각과 생각마다 끝이 없는 부처님의 바다를 항상 보면서 가지가지의 도량에 앉아서 가지가지의 신통 변화를 나타내고 가지가지의 법륜을 굴리고 가지가지의 수다라를 설하여 항상 끊이지 않음을 본다."

"또 보살의 하나하나 털구멍에서 끝없는 중생 바다를 보면서 가지가지의 머무는 곳과 가지가지의 생긴 모양과 가지가지로 업을 지음과 가지가지의 모든 근을 본다."

"또 보살의 하나하나 털구멍에서 삼세 보살들의 끝없이 행하는 문을 보았으니, 이른바 끝없는 광대한 서원과 끝없는 차별된 지위와 끝없는 바라밀과 끝없는 옛적 일과 끝없는 큰 사랑의 문과 끝없이 가엾게 여기는 구름과 끝없이 크게 기뻐하는 마음과 끝없이 중생을 거두어 의지하게 하는 방편을 본다."

佛子 我於佛刹微塵數劫 觀菩薩身 無有厭足 如多欲人男女集會 遞相愛染 起於無量妄想思覺 我亦如是 觀菩薩身 一一毛孔 念念見無量無邊廣大世界 種種安住 種種莊嚴 種種形狀 有種種山 種種地 種種雲 種種名 種種佛興 種種道場 種種衆會 演種種修多羅 說種種灌頂 種種諸乘 種種方便 種種淸淨 又於菩薩一一毛孔 念念常見無邊佛海 坐種種道場 現種種神變 轉種種法輪 說種種修多羅 恒不斷絶 又於菩薩一一毛孔 見無邊衆生海 種種住處 種種形貌 種種作業 種種諸根 又於菩薩一一毛孔 見三世諸菩薩無邊行門 所謂無邊廣大願 無邊差別地 無邊波羅蜜 無邊往昔事 無邊大慈門 無邊大悲雲 無邊大喜心 無邊攝取衆生方便

"불자여! 나는 부처 세계의 티끌 수와 같은 겁에서 생각과 생각마다 이와 같은 보살의 하나하나 털구멍을 자세히 살펴보아서 이미 가본 곳에는 가지 않고 한 번 본 것은 거듭 보지 않으며, 그 끝이 되는 경계를 구하려 해도 끝내는 얻을 수 없을 뿐만 아니라 싯달 태자가 궁에 머무실 적에 채녀들이 둘러싸고 있음을 보니, 나는 해탈의 힘으로 보살의 하나하나 털구멍을 자세히 살펴서 들여다보고는 삼세 법계의 모든 일을 남김없이 다 본다."

佛子 我於佛刹微塵數劫 念念如是觀於菩薩 一一毛孔 已所至處 而不重至 已所見處 而不重見 求其邊際 竟不可得 乃至見彼悉達太子 住於宮中 采女圍遶 我以解脫力 觀於菩薩 一一毛孔 悉見三世法界中事

"불자여! 나는 단지 보살의 삼매 바다를 자세히 살펴서 들여다보는 해탈만을 얻었을 뿐이다. 보살마하살들은 헤아릴 수 없는 방편 바다로 모든 중생을 위해 마지막까지 종류를 따라 몸을 나타내며, 모든 중생을 위하여 즐거워하는 것을 따르는 행을 설하며, 하나하나의 털구멍으로 끝없는 색상의 바다를 나타내며, 모든 법이란 성품이 없음을 성품으로 삼은 것을 알고 중생의 성품이란 허공의 모양이나 상태와 같기에 분별할 것이 없음을 알고 부처님의 신통한 힘은 여여와 같음을 알아서 일체 모든 곳에 두루 하기에 끝없는 해탈의 경계를 나타내 보이며, 한 생각, 한순간에 광대한 법계에 들어가 일체 모든 지위의 법문에 노닌다. 보살마하살의 이러한 일을 내가 어떻게 알겠으며, 그 공덕의 행을 말할 수 있겠는가."

佛子 我唯得此觀察菩薩三昧海解脫 如諸菩薩摩訶薩 究竟無量諸方便海 爲一切衆生 現隨類身 爲一切衆生說隨樂行 於一一毛孔 現無邊色相海 知諸法性無性爲性 知衆生性同虛空相無有分別 知佛神力同於如如 徧一切處 示現無邊解脫境界 於一念中 能自在入廣大法界 遊戱一切諸地法門 而我云何能知能說彼功德行

"선남자여! 이 세계 가운데 부처님의 어머니이신 마야가 있으시니, 그대는 그분에게 가서 보살은 어떻게 보살의 행을 닦는 것이며, 모든 세간에 어떻게 물들지 않으며, 부처님들께 늘 공양하기를 어떻게 쉬지 않는 것이며, 보살의 업을 지어서 어떻게 물러서지 않는 것이며, 모든 막힘이나 걸림을 벗어나 보살의 해탈에 어떻게 들어가는 것이며, 어떻게 다른 이를 말미암지 않는 것이며, 모든 보살의 도에 어떻게 머무는 것이며, 모든 여래의 처소에 어떻게 나아가는 것이며, 모든 중생계를 어떻게 거두는 것이며, 미래의 경계가 다 하도록 어떻게 보살행을 닦는 것이며, 대승의 원을 어떻게 일으키는 것이며, 중생이 선근을 거듭 더하고 키우기를 어떻게 쉬지 않는 것이냐고 물어라."

善男子 此世界中 有佛母摩耶 汝詣彼 問菩薩云何修菩薩行 於諸世間 無所染著 供養諸佛 恒無休息 作菩薩業 永不退轉 離一切障礙 入菩薩解脫 不由於他 住一切菩薩道 詣一切如來所 攝一切衆生界 盡未來劫 修菩薩行 發大乘願 增長一切衆生善根 常無休息

이때 석가 구파녀가 이 해탈의 뜻을 거듭해서 밝히고자 부처님의 신통한 힘을 받들어 게송으로 말했다.

爾時 釋迦瞿波女 欲重明此解脫義 承佛神力 卽說頌言

若有見菩薩 그와 같은 어떤 보살이
修行種種行 수행하는 가지가지의 행을 보고
起善不善心 선근과 선근이 아닌 마음을 일으키는 것을 보면
菩薩皆攝取 보살이 빠짐없이 다 거두어 의지하게 한다네.

乃往久遠世 멀고 먼 오래전 세상에
過百刹塵劫 백 세계의 티끌 수와 같은 겁을 지나서
有劫名淸淨 겁이 있으니, 이름이 '청정'이었으며
世界名光明 세계 이름은 '광명'이었다네.

此劫佛興世 이 겁에 나신 부처님은
六十千萬億 60 천만 억이며
最後天人主 마지막에 하늘의 주인은
號曰法幢燈 이름을 '법당등'이라 불렀다네.

彼佛涅槃後 그 부처님이 열반한 후에
有王名智山 왕이 있었으니 이름이 '지산'이며
統領閻浮提 염부제를 거느리고 다스렸으며
一切無怨敵 원수나 적이 모두 없었다네.

王有五百子 왕에게 5백의 아들이 있고
端正能勇健 바르고 단정하고 용맹하며 튼튼하고
其身悉淸淨 그 몸이 남김없이 다 청정하기에
見者皆歡喜 보는 이들이 모두 환희하였다네.

彼王及王子 그 왕과 왕자는
信心供養佛 믿음의 마음으로 부처님께 공양하고
護持其法藏 그 법장을 보호해 지니며
亦樂勤修法 또한 부지런히 법을 닦았다네.

太子名善光 태자의 이름은 '선광'이며

離垢多方便 허물을 벗어난 방편이 많고
諸相皆圓滿 모든 모양이나 상태가 빠짐없이 원만하기에
見者無厭足 보는 이들이 싫어하지 않는다네.

五百億人俱 5백억이라는 사람이 다 함께
出家行學道 출가하여 도를 행하고 배우며
勇猛堅精進 용맹하고 견고하게 정진하며
護持其佛法 부처님의 법을 보호해 지닌다네.

王都名智樹 왕도의 이름은 '지혜로운 나무'이며
千億城圍遶 1천억의 성이 둘러싸고
有林名靜德 숲이 있으니 이름이 '정덕'이며
衆寶所莊嚴 많은 보배로 장엄하였다네.

善光住彼林 선광 태자는 그 숲에 머무르면서
廣宣佛正法 부처님의 바른 법을 널리 펴고
辯才智慧力 변재와 지혜의 힘으로
令衆悉淸淨 대중들을 남김없이 다 청정하게 한다네.

有時因乞食 어느 때인가 걸식으로 말미암아
入彼王都城 그 왕도의 성에 들어가는 길에
行止極安詳 행동거지를 극히 편안하게 두루 갖추고
正知心不亂 바른 마음을 알아 어지럽지가 않다네.

城中有居士 그 성에 거사가 있으니
號曰善名稱 이름이 '선명칭'이라 부르고
我時爲彼女 내가 그때 거사의 딸로
名爲淨日光 이름이 '정일광'이었다네.

時我於城中 나는 그때 성에 있었고
遇見善光明 선광명을 만나 보고는

諸相極端嚴 모든 모양이나 상태가 극히 단정하고 바르기에
其心生染著 마음에 들어 집착을 내었다네.

次乞至我門 차례를 따라 내 집에 걸식할 때
我心增愛染 거듭 더하는 사랑의 마음에 물들어
卽解身瓔珞 곧바로 몸에 걸치고 있던 영락과
幷珠置鉢中 구슬을 풀어 발우에 두었다네.

雖以愛染心 비록 사랑에 물든 마음으로
供養彼佛子 그 불자에게 공양했지만
二百五十劫 2백5십 겁 동안
不墮三惡趣 삼악취에 떨어지지 않았다네.

或生天王家 늘 천왕의 집에 태어나
或作人王女 늘 사람의 왕 딸이 되어
恒見善光明 항상 선근 광명의
妙相莊嚴身 빼어난 모양이나 상태의 장엄한 몸을 본다네.

此後所經劫 이후 지나온 겁이
二百有五十 2백에 5십이며
生於善現家 선현 보살의 집안에 태어나
名爲具妙德 이름이 '빼어난 덕을 갖춤'이 되었다네.

時我見太子 나는 그때 태자를 보고
而生尊重心 존중하는 마음이 일어나
願得備瞻侍 우러러 모시길 원했으며
幸蒙哀納受 다행히 불쌍히 여기어 받아 주심을 입었다네.

我時與太子 나는 그때 태자와 더불어
觀佛勝日身 승일신 부처님을 뵙고
恭敬供養畢 공손히 섬기어 공경함을 마치고

卽發菩提意 곧바로 보리의 마음을 일으켰다네.

於彼一劫中 그 하나의 겁 가운데
六十億如來 60억 여래가 나셨고
最後佛世尊 마지막에 나신 부처님 세존은
名爲廣大解 이름이 '광대해'라네.

於彼得淨眼 그 부처님에게 청정한 눈을 얻어
了知諸法相 모든 법의 모양이나 상태를 깨달아 알고
普見受生處 태어남을 받는 곳을 두루 보았기에
永除顚倒心 거꾸로 뒤바뀌는 마음을 영원히 제거한다네.

我得觀菩薩 나는 보살의
三昧境解脫 삼매와 해탈의 경계를 자세히 살펴서 들여다보고
一念入十方 한 생각에 시방의
不思議刹海 헤아려 알 수 없는 세계 바다에 들어간다네.

我見諸世界 나는 모든 세계의
淨穢種種別 깨끗하고 더러운 것이 가지가지로 다른 것을 보고
於淨不貪樂 청정함을 좋아해 탐내지 않았으며
於穢不憎惡 더러움도 싫어하지 않았다네.

普見諸世界 모든 세계에
如來坐道場 여래가 앉으신 도량을 두루 보니
皆於一念中 빠짐없이 다 한 생각 중에
悉放無量光 모두 분이 헤아릴 수 없는 광명을 놓는다네.

一念能普入 한 생각, 한순간에
不可說衆會 말할 수 없는 대중의 모임에 두루 들어가며
亦知彼一切 또한 그 모든 것을 알고
所得三昧門 삼매의 문을 얻는다네.

一念能悉知 한 생각, 한순간에 남김없이 다 아니
彼諸廣大行 그 모든 광대한 행을 알고
無量地方便 헤아릴 수 없는 지위와 방편을 알고
及以諸願海 또 모든 원의 바다를 안다네.

我觀菩薩身 내가 자세히 보살의 몸을 살펴보니
無邊劫修行 끝없는 겁의 수행 동안
一一毛孔量 하나하나 털구멍의 수량을
求之不可得 구하려 했지만 얻을 수 없는 것이라네.

一一毛孔刹 하나하나 털구멍의 세계는
無數不可說 수가 없고 말할 수 없으며
地水火風輪 지, 수, 화, 풍륜이
靡不在其中 하나의 털구멍에 있다네.

種種諸建立 가지가지로 세워진 모든 것과
種種諸形狀 가지가지의 모든 생긴 모양이나 상태와
種種體名號 가지가지의 체와 이름은
無邊種莊嚴 끝없는 가지가지의 장엄일 뿐이라네.

我見諸刹海 내가 모든 세계 바다의
不可說世界 말로 할 수 없는 세계를 보고
及見其中佛 또 그 안에 계신 부처님이 법을 설하여
說法化衆生 중생을 가르치고 바른길로 이끄시는 것을 본다네.

不了菩薩身 보살의 몸과
及彼身諸業 또 그 몸의 모든 업을 분명하게 깨우쳐 알지 못하고
亦不知心智 또한 지혜의 마음과
諸劫所行道 모든 겁 동안 행한 도를 알지 못한다네.

이때 선재 동자가 머리 숙여 그의 발에 예를 올리고 수 없이 돌다가 일을 마치고 물러 갔다.

爾時 善財童子 頂禮其足 遶無數帀 辭退而去

대방광불화엄경 제76권

39. 입법계품(17)
入法界品第三十九之十七

(42) 마야부인. 實相의 본바탕

이때 선재 동자가 일심으로 오로지 마야부인의 처소에 이르고자 하였으며, 곧바로 때를 맞추어 부처님의 경계를 자세히 들여다보는 지혜를 얻었다. 그리고는 이와 같은 생각을 하였다.

"이 선지식은 세간을 멀리 벗어났기에 머물 것이 없는 것에 머물며, 육처(色聲香味觸法)를 뛰어넘어 모든 집착에서 벗어나 막힘이나 걸림이 없는 도를 알기에 청정한 법신을 갖추었고 허깨비와 같은 업으로 화신을 나타내며, 허깨비와 같은 지혜로 세간을 자세히 들여다보고 허깨비와 같은 원으로 부처님의 몸을 유지하니, 뜻을 따라 나는 몸과 나고 없어짐이 없는 몸과 오고 감이 없는 몸과 헛되고 진실하지 않은 몸과 변하여 무너지지 않는 몸과 일어나고 다함이 없는 몸과 있는 모든 모양이나 상태가 다 하나의 모양이나 상태인 몸과 두 개의 가장자리를 벗어난 몸과 의지할 곳이 없는 몸과 다하고도 다함이 없는 몸과 모든 분별을 벗어났으나, 그림자와 같이 나타내는 몸과 그림자와 같음을 분명하게 깨우친 몸과 청정한 해와 같은 몸과 시방에 두루 변하여 나타내는 몸과 삼세에 머물지만 변하거나 다름이 없는 몸과 몸도 마음도 아닌 몸이 마치 허공과 같기에 행하지만, 막힘이나 걸림이 없어서 모든 세간의 눈을 뛰어넘었으며, 오직 보현의 청정한 눈이어야 볼 수 있을 것이다."

"이와 같은 사람을 내가 어떻게 친근히 받들어 섬기고 공양하며, 그와 함께 머물며, 그 생긴 모양을 자세히 보며, 그 음성을 들으며, 그 언어를 사유하며, 그 가르침을 받을 수 있겠는가."

爾時 善財童子 一心欲詣摩耶夫人所 卽時 獲得觀佛境界智 作如是念 是善知識遠離世間 住無所住 超過六處 離一切著 知無礙道 具淨法身 以如幻業 而現化身 以如幻智 而觀世間 以如幻願 而持佛身 隨意生身 無生滅身 無來去身 非虛實身 不變壞身 無起盡身 所有諸相皆一相身 離二邊身 無依處身 無窮盡身 離諸分別 如影現身

知如夢身 了如像身 如淨日身 普於十方 而化現身 住於三世 無變異身 非身心身 猶如虛空 所行無礙 超諸世眼 唯是普賢淨目所見 如是之人 我今云何而得親近 承事供養 與其同住 觀其狀貌 聽其音聲 思其語言 受其教誨

이 같은 생각을 하고 있을 때 주성신이 있으니, 이름을 '보안'이라 부르며, 권속에 둘러싸여 허공으로 몸을 나타내어 가지가지의 빼어난 물건으로 장엄하고 꾸몄으며, 헤아릴 수 없이 많은 꽃을 손에 들고 선재에게 흩뿌리면서 이와 같은 말을 하였다.

"선남자여! 당연히 마음의 성을 지키고 보호해야 할 것이니, 이른바 모든 생사의 경계를 탐하지 말아야 한다. 당연히 마음의 성을 장엄해야 할 것이니, 이른바 오로지 여래의 십력을 구함에 뜻을 다해야 한다. 당연히 마음의 성을 청정하게 다스려야 할 것이니, 이른바 마지막까지 탐내고 인색하게 굴며, 질투하고 아첨하고 속이는 일을 끊어내야 한다. 당연히 마음의 성을 청량하게 해야 할 것이니, 이른바 일체 모든 법의 참된 성품을 사유해야 한다. 당연히 마음의 성을 거듭 더하고 키워야 할 것이니, 이른바 모든 도를 돕는 법을 힘써 갖추어야 한다. 당연히 마음의 성을 단정하게 꾸며야 할 것이니, 이른바 모든 선정과 해탈의 궁전을 지어서 세워야 한다. 당연히 마음의 성을 비추어 빛나게 해야 할 것이니, 이른바 일체 모든 부처님의 도량에 두루 들어가서 반야바라밀의 법을 듣고 받아들여야 한다."

"당연히 마음의 성을 거듭 더하여 쌓아야 할 것이니, 이른바 모든 부처님의 방편 도를 두루 굳건하게 유지하기 위함이며, 당연히 마음의 성을 견고히 해야 할 것이니, 이른바 항상 보현의 행과 원을 부지런하게 닦고 익히기 위함이며, 당연히 마음의 성을 막아 두둔하고 보호해야 할 것이니, 이른바 오로지 악한 벗과 마군을 막기 위함이며, 당연히 마음의 성을 크게 통하도록 해야 할 것이니, 이른바 모든 부처님의 지혜 광명을 열어 인도하기 위함이며, 당연히 선근으로 마음의 성을 보수해야 할 것이니, 이른바 모든 부처님이 설하신 법을 듣고 받아들이기 위함이며, 당연히 마음의 성을 붙들어 도와야 할 것이니, 이른바 모든 부처님의 공덕 바다를 깊게 믿기 위함이다."

"당연히 마음의 성을 광대하게 하여야 할 것이니, 이른바 큰 사랑이 세간에 미치게 하기 위함이며, 당연히 마음의 성을 선근으로 덮어서 보호해야 할 것이니, 이른바 많은 선근의 법을 모아서 그 위를 덮기 위함이며, 당연히 마음의 성을 크고 너그럽게 해야 할 것이니, 이른바 크게 가엾이 여기는 마음으로 모든 중생을 불쌍히 여기고 가엾이 여기기 위함이며, 당연히 마음의 성을 열어 놓아야 할 것이니, 이른바 있는 모든 것을 다 버려서 응함을 따라 베풀어 주기 위함이며, 당연히 마음의 성을 세밀하게 보호해야 할 것이니, 이른바 모든 악한 욕심을 막아서 들어오지 못하게 하기 위함이며, 당연히 마음의 성을 장엄하여 엄숙하게 하여야 할 것이니, 이른바 모든 악한 법을 쫓아버리고 머물지 못하게 하기 위함이며, 당연히 마음의 성을 결정해야 할 것이니, 이른바 모든 지혜로 도를 돕는 법을 모아서 늘 물러섬이 없게 하기 위함이며, 당연히 마음의 성을 편안하게 세워야 할 것이니, 이른바 삼세 일체 여래가 가지고 있는 경계를 바르게 생각하기 위함이다."

"당연히 마음의 성을 아주 밝게 뚫어서 환하게 해야 할 것이니, 이른바 모든 부처님의 바른 법륜과 수다라에 있는 법문과 가지가지의 인연과 결과를 밝게 통달하기 위함이며, 당연히 마음의 성을 나누어 하나로 해야 할 것이니, 이른바 모든 중생에게 밝게 보이고 모두가 살바야의 도를 얻어 보게 하기 위함이며, 당연히 마음의 성을 머물게 하고 유지해야 할 것이니, 이른바 일체 삼세 여래의 모든 큰 원의 바다를 일으키게 하기 위함이며, 당연히 마음의 성을 넉넉하고 실상의 본바탕으로 가득 차게 해야 할 것이니, 이른바 모든 주변 법계의 복과 덕의 무리를 모으기 위함이며, 당연히 마음의 성을 분명하게 깨우쳐 알아야 할 것이니, 이른바 중생의 근과 욕심 등의 법을 두루 알기 위함이며, 당연히 마음의 성을 자재하게 해야 할 것이니, 이른바 모든 시방의 법계를 두루 거두기 위함이며, 당연히 마음의 성을 청정하게 해야 할 것이니, 이른바 일체 모든 부처님 여래를 바르게 생각하기 위함이며, 당연히 마음의 성, 이 성의 성품을 알아야 할 것이니, 이른바 모든 법이 다 성품이 없는 것을 알기 위함이며, 당연히 마음의 성이 허깨비와 같음을 알아야 할 것이니, 이른바 모든 지혜로 모든 법의 성품을 분명하게 깨우쳐 알기 위함이다."

作是念已 有主城神 名曰寶眼 眷屬圍遶 於虛空中 而現其身 種種妙物 以爲嚴飾 手持無量衆色寶華 以散善財 作如是言 善男子 應守護心城 謂不貪一切生死境界 應莊嚴心城 謂專意趣求如來十力 應淨治心城 謂畢竟斷除慳嫉諂誑 應淸涼心城 謂思惟一切諸法實性 應增長心城 謂成辨一切助道之法 應嚴飾心城 謂造立諸禪解脫宮殿 應照耀心城 謂普入一切諸佛道場 聽受般若波羅蜜法 應增益心城 謂普攝一切佛方便道 應堅固心城 謂恒勤修習普賢行願 應防護心城 謂常專禦扞惡友魔軍 應廓徹心城 謂開引一切佛智光明 應善補心城 謂聽受一切佛所說法 應扶助心城 謂深信一切佛功德海 應廣大心城 謂大慈普及一切世間 應善覆心城 謂集衆善法 以覆其上 應寬廣心城 謂大悲哀愍一切衆生 應開心城門謂悉捨所有隨 應給施應密護心城 謂防諸惡欲 不令得入 應嚴肅心城 謂逐諸惡法 不令其住 應決定心城 謂集一切智助道之法 恒無退轉 應安立心城 謂正念三世一切如來所有境界 應瑩徹心城 謂明達一切佛正法輪修多羅中所有法門種種緣起 應部分心城 謂普曉示一切衆生 皆令得見薩婆若

道 應住持心城 謂發一切三世如來諸大願海 應富實心城 謂集一切周徧法界 大福德聚 應令心城明了 謂普知衆生根欲等法 應令心城自在 謂普攝一切十方法界 應令心城淸淨 謂正念一切諸佛如來 應知心城自性 謂知一切法皆無有性 應知心城如幻 謂以一切智了諸法性

"불자여! 보살마하살이 이와 같은 마음의 성을 청정하게 닦으면 모든 선근의 법을 쌓아 모으는 것이다. 무슨 까닭인가 하면, 일체 모든 막힘이나 걸림과 어려운 일을 제거하는 것이니, 이른바 부처님을 보는 일에 막힘이나 걸림이 되는 것과 법을 듣는 일에 막힘이나 걸림이 되는 것과 여래께 공양하는 일에 막힘이나 걸림이 되는 것과 모든 중생을 거두는 일에 막힘이나 걸림이 되는 것과 부처님 국토를 청정하게 하는 일에 막힘이나 걸림이 되는 것을 제거하는 것이다."

"선남자여! 보살마하살은 이와 같은 모든 막힘이나 걸림에서 벗어나는 까닭으로 그와 같이 선지식을 구하려는 마음을 일으키면 공들이고 애쓰지 않더라도 곧바로 보는 일을 얻을 뿐만 아니라 마지막에는 반드시 부처를 이루게 된다."

佛子 菩薩摩訶薩 若能如是淨修心城 則能積集一切善法 何以故 蠲除一切諸障難故 所謂見佛障 聞法障 供養如來障 攝諸衆生障 淨佛國土障 善男子 菩薩摩訶薩 以離如是諸障難故 若發希求善知識心 不用功力 則便得見 乃至究竟 必當成佛

이때 신중신이 있으니, 이름이 '연화법덕'과 또 '묘화광명'이며, 헤아릴 수 없는 모든 신이 앞뒤로 둘러싸고 도량을 좇아 나아 허공 중에 머물고 선재 동자 앞에서 빼어난 음성으로 마야부인을 가지가지로 칭찬하고 그 귀걸이에서 헤아릴 수 없는 색상의 광명을 놓으니, 끝없는 모든 부처님의 세계를 두루 비추어 선재 동자가 시방 국토의 일체 모든 부처님을 보게 하였다. 그 광명의 그물이 세간을 오른쪽으로 돌고는 곧 돌아와 선재 동자의 정수리에 들어갈 뿐만 아니라 몸에 있는 모든 털구멍으로 들어갔다.

선재 동자가 곧바로 청정한 광명의 눈을 얻는 것이니, 이는 모든 어리석은 어둠에서 영원히 벗어나는 까닭이며, 가리개를 벗는 눈을 얻는 것이니, 이는 모든 법의 성품, 이 성품의 문을 능히 자세히 들여다보는 까닭이며, 청정한 지혜의 눈을 얻는 것이니, 이는 모든 부처님의 국토를 능히 자세하게 들여다보는 까닭이며, 비로자나의 눈을 얻는 것이니, 이는 부처님의 법신을 보는 까닭이며, 넓은 광명의 눈을 얻는 것이니, 이는 부처님의 평등하고 생각으로 헤아려 알 수 없는 몸을 보는 까닭이며, 막힘이나 걸림 없는 빛의 눈을 얻는 것이니, 이는 모든 세계 바다가 이루어지고 무너짐을 자세히 살펴서 들여다보는 까닭이며, 두루 비추는 눈을 얻는 것이니, 이는 시방의 부처님이 일으킨 큰 방편으로 바른 법륜을 굴리는 것을 보는 까닭이며, 넓고 두루 한 경계의 눈을 얻는 것이니, 이는 헤아릴 수 없는 부처님이 자재력으로 중생을 조복시킴을 보는 까닭이며, 두루 보는 눈을 얻는 것이니, 이는 모든 세계에서 모든 부처님이 나오심을 보는 까닭이었다.

爾時 有身衆神 名蓮華法德及妙華光明無量諸神 前後圍遶 從道場出 住虛空中 於善財前 以妙音聲 種種偁歎摩耶夫人 從其耳璫 放無量色相光明網 普照無邊諸佛世界 令善財見十方國土一切諸佛 其光明網右遶世間 經一帀已 然後還來 入善財頂 乃至徧入身諸毛孔 善財卽得淨光明眼 永離一切愚癡闇故 得離翳眼 能了一切衆生性故 得離垢眼 能觀一切法性門故 得淨慧眼 能觀一切佛國性故 得毘盧遮那眼 見佛法身故 得普光明眼 見佛平等不思議身故 得無礙光眼 觀察一切刹海成壞故 得普照眼 見十方佛 起大方便 轉正法輪故 得普境界眼 見無量佛以自在力 調伏衆生故 得普見眼 睹一切刹諸佛出興故

이 시기에 보살의 법당을 지키고 보호하는 나찰 귀왕이 있으니, 이름이 '선안', 곧 '선근의 눈'이라 불렀다. 권속 1만 나찰과 더불어 허공 중에서 빼어난 많은 꽃을 선재 동자 위에 흩뿌리면서 이와 같은 말을 했다.

"선남자여! 보살이 열 가지 법을 성취하면 선지식과 친근하게 되니, 무엇이 열인가 하면, 이른바 마음이 청정하여 모든 아첨이나 속임에서 벗어나며, 크게 가엾이 여기는 마음이 평등하여 중생을 두루 거두어주며, 모든 중생이란 진실로 없음을 알고 모든 지혜로 나아가는 마음이 물러섬이 없으며, 믿고 이해하는 힘으로 일체 모든 부처님 도량에 두루 들어가며, 청정한 지혜의 눈을 얻어 모든 법의 성품을 분명하게 깨우쳐 알며, 큰 사랑의 평등으로 중생을 두루 덮어서 지혜 광명으로 모든 망령된 경계를 환하게 하며, 감로의 비로 생사라는 뜨거운 번뇌를 씻어내고 모든 법을 광대한 눈으로 철저하게 들여다보며, 마음이 항상 선지식을 거스르지 않고 따르는 이것이 열이다."

時 有守護菩薩法堂 羅刹鬼王 名曰善眼 與其眷屬萬羅刹俱 於虛空中 以衆妙華 散善財上 作如是言 善男子 菩薩成就十法 則得親近諸善知識 何等爲十 所謂其心淸淨 離諸諂誑 大悲平等 普攝衆生 知諸衆生無有眞實 趣一切智心不退轉 以信解力 普入一切諸佛道場 得淨慧眼 了諸法性 大慈平等 普覆衆生 以智光明 廓諸妄境 滌生死

熱 以廣大眼 徹鑑諸法 心常隨順諸善知識 是爲十

"차례를 따라(復次) 불자여! 보살이 열 가지 삼매의 문을 성취하면 곧 모든 선지식이 항상 나타남을 보게 되니, 무엇이 열인가 하면, 이른바 법이 텅 빈 청정한 바퀴의 삼매와 시방의 바다를 자세히 살펴서 들여다보는 삼매와 모든 경계를 버리거나 벗어나지 않고 흠이 되거나 모자라지 않은 삼매와 모든 부처님이 나오심을 두루 보는 삼매와 모든 공덕의 장을 모으는 삼매와 마음에 늘 선지식을 벗어나지 않는 삼매와 늘 모든 선지식을 보아서 모든 부처님에 대한 공덕을 내는 삼매와 늘 모든 선지식을 벗어나지 않는 삼매와 항상 모든 선지식에게 공양하는 삼매와 항상 모든 선지식의 처소에서 잘못이나 허물이 없는 삼매다."

"불자여! 보살이 열 가지 삼매의 문을 성취하면 모든 선지식을 늘 친근히 하게 되고 또 선지식이 모든 부처님의 법륜을 굴리는 삼매을 얻고 이 삼매를 얻고는 모든 부처님의 체와 성이 평등한 것임을 알아 처처 가는 곳마다 모든 선지식을 만난다."

復次 佛子 菩薩成就十種三昧門 則常現見諸善知識 何等爲十 所謂法空淸淨輪三昧 觀察十方海三昧 於一切境界 不捨離不缺減三昧 普見一切佛出興三昧 集一切功德藏三昧 心恒不捨善知識三昧 常見一切善知識 生諸佛功德三昧 常不離一切善知識三昧 常供養一切善知識三昧 常於一切善知識 所無過失三昧 佛子 菩薩成就此十三昧門 常得親近諸善知識 又得善知識轉一切佛法輪三昧 得此三昧已 悉知諸佛體性平等 處處値遇諸善知識

이러한 말을 설하고 있을 때 선재 동자가 공중을 우러러보고 답했다.

"선근이십니다. 선근이십니다. 그대는 나를 가엾이 여기고 거두어주기 위한 까닭으로 방편으로 나를 가르쳐 선지식을 보게 하니, 나에게 설해주길 원합니다. 어떻게 선지식의 처소에 나아갈 수 있는 것이며, 어느 방처의 성읍이나 마을에서 선지식을 구해야만 합니까?"

說是語時 善財童子 仰視空中 而答之言 善哉 善哉 汝爲哀愍攝受我故 方便敎我見善知識 願爲我說 云何往詣善知識所 於何方處城邑聚落 求善知識

나찰이 답했다.

"선남자여! 그대는 당연히 시방에 두루 예를 올려 선지식을 구하고 바른 생각으로 모든 경계를 사유하여 선지식을 구하고 용맹하고 자재하게 시방에 두루 노닐면서 선지식을 구하고 몸과 마음이 꿈과 같고 그림자와 같은 것임을 자세히 살펴서 들여다보고 선지식을 구하여야 할 것이다."

羅刹答言 善男子 汝應普禮十方 求善知識 正念思惟一切境界 求善知識 勇猛自在 徧遊十方 求善知識 觀身觀心 如夢如影 求善知識

그때 선재 동자가 그 가르침을 받아 행하면서 곧바로 큰 보배 연꽃이 땅에서 솟아나는 것을 보았으니, 금강으로 줄기가 되고 빼어난 보배로 장이 되고 마니로는 잎이 되고 광명 보배 왕으로 꽃받침이 되고 많은 보배 색의 향은 꽃술이 되었으며, 수 없는 보배 그물이 그 위를 가득히 덮었다.

그 꽃받침 위에 전망대 하나가 있으니, 이름이 '보납시방법계장'이며, 기이하고 빼어난 장엄으로 꾸몄으며 금강으로 땅이 되고 1천의 기둥이 열을 지어 서 있으며, 모든 것이 다 마니보배로 이루어졌으며, 염부단금으로 벽을 만들고 많은 보배 영락이 사면으로 드리워져 계단과 난간을 두루두루 장엄하였다.

이 전망대 가운데 여의 보배 연꽃 자리가 있으니, 가지가지의 보배로 장엄하여 꾸몄고 빼어난 보배 난간에 보배 옷을 사이사이에 벌여 놓았고 보배 휘장, 보배 그물이 그 위를 덮었고 많은 보배 비단 띠 깃발이 두루두루 드리워 내려서 작은 바람에 찬찬히 움직이고 빛이 흘러내리고 메아리를 일으키며, 보배 꽃 당기 가운데서 많은 빼어난 꽃이 비처럼 내리며, 보배 풍경에서는 아름다운 소리를 내고 보배 창에는 영락을 드리우고 마니의 몸에서는 향수가 흘러나오고 보배 코끼리 입에서는 연꽃 그물이 나오고 보배 사자의 입에서는 빼어난 향기 구름을 토해내고 범천 형상의 보배 바퀴에서는 악기를 따라 소리를 내고 금강으로 된 방울에서는 모든 보살이 큰 원의 소리를 내고 보배 달 당기에서는 부처님이 나타내는 몸의 형상을 내었다.

정장보왕은 삼세 부처님이 태어나는 차례를 나타내고 일장마니는 큰 광명을 놓아 시방의 모든 부처 세계를 두루 비추며, 마니보배 왕은 모든 부처님의 원만한 광명을 놓고 비로자나 마니보배 왕은 공양 구름을 일으켜서 일체 모든 부처님 여래께 공양하고 여의주 왕은 생각과 생각마다 보현보살의 신통한 변화를 나타내 보여 법계에 충만하고 수미 보배 왕은 하늘 궁전의 모든 채녀가 가지가지의 빼어난 음성을 내어 헤아릴 수 없는 여래의 섬세하고도 빼어난 공덕을 노래로 찬탄하였다.

爾時 善財受行其敎 卽時 睹見大寶蓮華 從地涌出 金剛爲莖 妙寶爲藏 摩尼爲葉 光明寶王 以爲其臺 衆寶色香 以爲其鬚 無數寶網 彌覆其上於其臺上 有一樓觀 名 普納十方法界藏 奇妙嚴飾 金剛爲地 千柱行列 一切皆以摩尼寶成 閻浮檀金 以爲其 壁 衆寶瓔珞四面垂下 階陛欄楯周帀莊嚴 其樓觀中 有如意寶蓮華之座 種種衆寶 以 爲嚴飾 妙寶欄楯寶衣間列 寶帳 寶網 以覆其上 衆寶繒幡周帀垂下 微風徐動 光流 響發 寶華幢中 雨衆妙華 寶鈴鐸中 出美音聲 寶戶牖間 垂諸瓔珞 摩尼身中 流出香 水 寶象口中 出蓮華網 寶師子口 吐妙香雲 梵形寶輪 出隨樂音 金剛寶鈴 出諸菩薩 大願之音 寶月幢中 出佛化形 淨藏寶王現三世佛受生次第 日藏摩尼放大光明 徧照 十方一切佛刹 摩尼寶王放一切佛圓滿光明 毘盧遮那摩尼寶王興供養雲 供養一切諸 佛如來 如意珠王念念示現普賢神變 充滿法界 須彌寶王出天宮殿天諸采女 種種妙 音 歌讚如來不可思議微妙功德

중생 앞에 청정한 색신을 나타냄

이때 선재 동자가 이와 같은 자리를 보고 있을 때 차례를 좇아(復) 헤아릴 수 없는 많은 윗자리가 둘러쌓으며, 마야부인이 그 자리에 앉아 모든 중생 앞에 청정한 색신을 나타내었다.

이른바 삼계를 초월한 색신(色身)이니, 이는 이미 일체 모든 있음의 부류에서 나온 까닭이며, 마음이 즐거워함을 따르는 색신이니, 이는 모든 세간에 집착하는 것이 하나도 없는 까닭이며, 널리 두루 하고 두루 한 색신이니, 이는 모든 중생의 수와 평등한 까닭이며, 평등하기에 비할 데가 없는 색신이니, 이는 모든 중생이 거꾸로 뒤바뀐 소견을 없앤 까닭이며, 헤아릴 수 없는 종류의 색신이니, 이는 중생의 마음을 따라 가지가지로 나타내는 까닭이며, 끝없는 모양이나 상태의 색신이니, 이는 가지가지의 모든 형상을 두루 나타내는 까닭이다.

마주 대하여 두루 나타내는 색신이니, 이는 크게 자재함을 나타내 보이는 까닭이며, 모든 것을 바꾸어 나타내는 색신이니, 이는 그 응하는 것을 따라서 앞에 나타내는 까닭이며, 항상 나타내 보이는 색신이니, 이는 중생계를 다하지만 다함이 없는 까닭이며, 가는 일이 없는 색신이니, 이는 모든 부류에서 없어지지 않는 까닭이며, 오는 일이 없는 색신이니, 이는 모든 세상의 물음에 나올 것이 없는 까닭이며, 생함이 없는 색신이니, 이는 생함이 없이 일어나는 까닭이며, 없어지지 않는 색신이니, 이는 언어를 벗어난 까닭이며, 참되지 않은 색신이니, 이는 여여(二乘地.如來地.寂滅.解脫.禪定.善根思惟.涅槃)의 참됨을 얻는 까닭이며, 헛되지 않은 색신이니, 이는 세상을 따라 나타내는 까닭이다.

움직임이 없는 색신이니, 이는 생과 멸(不生不滅)을 영원히 벗어난 까닭이며, 무너지지 않은 색신이니, 이는 법의 성품이 무너짐이 없는 까닭이며, 모양이나 상태가 없는 색신이니, 이는 언어의 도가 끊어진 까닭이며, 하나의 모양이나 상태의 색신이니, 이는 모양이나 상태가 없음을 모양이나 상태로 삼는 까닭이며, 형상과 같은 색신이니, 이는 마음을 따라 응하여 나타내는 까닭이며, 허깨비와 같은 색신이니, 이는 허깨비와 같은 지혜로 생한 까닭이며, 불꽃과 같은 색신이니, 이는 단지 생각으로만 가진 까닭이며, 그림자와 같은 색신이니, 이는 원을 따라 생을 나타내는 까닭이다.

꿈과 같은 색신이니, 이는 마음을 따라 나타내는 까닭이며, 법계의 색신이니, 이는 성품이 청정하여 텅 빈 것과 같은 까닭이며, 크게 가엾이 여기는 색신이니, 이는 항상 중생을 보호하는 까닭이며, 막힘이나 걸림 없는 색신이니, 이는 생각과 생각마다 법계에 두루두루 한 까닭이며, 끝없는 색신이니, 이는 모든 중생을 두루 청정하게 하는 까닭이며, 헤아릴 수 없는 색신이니, 이는 모든 언어를 뛰어넘어 나아간 까닭이며, 머무름이 없는 색신이니, 이는 원으로 모든 세간을 제도하는 까닭이며, 처소가 없는 색신이니, 이는 항상 중생을 가르치고 바른길로 이끌어 끊어짐이 없는 까닭이며, 생이 없는 색신이니, 이는 허깨비와 같은 원으로 이루어진 까닭이며, 뛰어남이 없는 색신이니, 이는 모든 세간을 초월한 까닭이며, 실상의 본바탕과 같은 색신이니, 이는 삼매의 마음으로 나타내는 까닭이며, 생함이 없는 색신이니, 이는 중생의 업을 따라 출현하는 까닭이며, 여의주 같은 색신이니, 이는 모든 중생이 원하는 것을 두루 만족하게 하는 까닭이며, 분별이 없는 색신이니, 이는 단지 중생의 분별을 따라서 일어나는 까닭이다.

분별을 벗어난 색신이니, 이는 모든 중생이 능히 알 수 없는 까닭이며, 다함이 없는 색신이니, 이는 모든 중생의 생사 경계를 다 하는 까닭이며, 청정한 색신이니, 이는 여래와 같이 분별이 없는 까닭이다.

이와 같은 몸은 색이 아니니, 이는 가지고 있는 색의 모양이나 상태가 형상을 따른 그림자와 같은 까닭이며, 받아들임이 아니니, 이는 세간의 고통은 마지막에 없어지는 까닭이며, 생각이 아니니, 이는 단지 중생의 생각을 따라 나타내는 까닭이며, 행이 아니니, 이는 허깨비와 같은 업을 의지하여 성취한 까닭이며, 식을 벗어난 것이니, 이는 보살의 원과 지혜가 텅 비어 성품이 없는 까닭이며, 모든 중생의 언어가 끊어진 까닭이며, 이미 적멸의 몸을 성취한 까닭이다.

爾時 善財見如是座 復有無量衆座圍遶 摩耶夫人在彼座上 於一切衆生前 現淨色

身 所謂超三界色身已出一切諸有趣故 隨心樂色身 於一切世間 無所著故 普周徧色身 等於一切眾生數故 無等比色身 令一切眾生 滅倒見故 無量種色身 隨眾生心 種種現故 無邊相色身 普現種種諸形相故 普對現色身 以大自在 而示現故 化一切色身 隨其所應 而現前故 恒示現色身 盡眾生界 而無盡故 無去色身 於一切趣 無所滅故 無來色身 於諸世間 無所出故 不生色身 無生起故 不滅色身 離語言故 非實色身 得如實故 非虛色身 隨世現故 無動色身 生滅永離故 不壞色身 法性不壞故 無相色身 言語道斷故 一相色身 無相爲相故 如像色身 隨心應現故 如幻色身 幻智所生故 如焰色身 但想所持故 如影色身 隨願現生故 如夢色身 隨心而現故 法界色身 性淨如空故 大悲色身 常護眾生故 無礙色身 念念周徧法界故 無邊色身 普淨一切眾生故 無量色身 超出一切語言故 無住色身 願度一切世間故 無處色身 恒化眾生不斷故 無生色身 幻願所成故 無勝色身 超諸世間故 如實色身 定心所現故 不生色身 隨眾生業 而出現故 如意珠色身 普滿一切眾生願故 無分別色身 但隨眾生分別起故 離分別色身 一切眾生不能知故 無盡色身 盡諸眾生 生死際故 淸淨色身 同於如來 無分別故 如是身者 非色 所有色相 如影像故 非受 世間苦受究竟滅故 非想 但隨眾生 想所現故 非行 依如幻業 而成就故 離識菩薩願智 空無性故 一切眾生語言斷故 已得成就寂滅身故

　이때 선재 동자가 마야부인을 보니, 모든 중생이 마음으로 즐거워하는 것을 따르면서 모든 세간을 뛰어넘은 색신을 나타내니, 이른바 늘 타화자재천녀를 뛰어넘는 몸을 나타낼 뿐만 아니라 사대천왕천녀의 몸을 뛰어넘고 늘 용녀의 몸을 뛰어넘을 뿐만 아니라 여인의 몸을 뛰어넘어 나타내었다.

　이와 같은 헤아릴 수 없는 색신을 나타내어 중생에게 이익을 더하고 모든 지혜와 도를 돕는 법을 모으며, 평등한 보시 바라밀을 행하여 크게 가엾이 여기는 마음으로 모든 세간을 두루 덮으며, 여래의 헤아릴 수 없는 공덕을 내어놓으며, 닦고 익혀서 모든 지혜의 마음을 거듭 더하고 키우며, 모든 법의 실상, 실상의 본바탕을 자세히 살펴서 들여다보고 사유하여 깊은 인욕의 바다를 얻으며, 많은 삼매의 문을 갖추어 평등한 삼매 경계에 머물고 여래의 삼매를 얻어 광명을 원만하게 하고 중생의 번뇌, 이 번뇌의 큰 바다를 마르게 하며, 마음이 항상 바르게 정정하여 어지럽게 흔들리지 않으며, 항상 청정하고 물러남이 없는 법륜을 굴려서 선근으로 모든 부처님의 법을 분명하게 깨우쳐 알고 항상 지혜로 법의 진실한 모양이나 상태를 자세히 들여다보고 모든 여래를 보면서 마음에 싫어함이 없으며, 삼세 부처님이 세간에 나오시는 차례를 알았다.

부처님의 삼매가 늘 앞에 있음을 보고 여래가 세간에 출현하는 헤아릴 수 없고 수 없는 모든 청정한 도를 분명하게 깨우쳐 알고 모든 부처님의 허공 경계를 행하고 중생을 두루 거두어주어 각각 그 마음을 따라서 가르치고 바른길로 이끌어서 성취하고 부처님의 헤아릴 수 없는 청정 법신에 들어가게 하며, 큰 원을 성취하여 모든 부처 세계를 청정하게 하고 마지막까지 중생을 조복시키며, 마음으로 모든 부처의 경계에 항상 두루 들어가 보살의 자재한 신통의 힘을 내놓으며, 이미 청정하고 물들지 않은 법신을 얻었어도 항상 헤아릴 수 없는 색신을 나타내 보이며, 모든 마의 힘을 꺾어서 큰 선근의 힘을 이루게 하고 바른 법의 힘을 내어 모든 부처님의 힘을 온전하게 갖추고 모든 보살의 자재한 힘을 얻어 모든 지혜의 힘을 빠르게 거듭 더하고 늘리게 한다.

부처님의 지혜 광명을 얻어 모든 것을 두루 비추어 헤아릴 수 없는 중생의 마음 바다와 근과 성과 욕과 이해가 가지가지로 차별됨을 알고 그 몸이 시방의 세계 바다에 두루 하여 남김없이 다 모든 세계가 무너지고 이루어지는 모양이나 상태를 알고 광대한 눈으로 시방의 바다를 보고 두루두루 한 지혜로 삼세의 바다를 알고 몸으로 모든 부처님의 바다를 두루 받들어 섬기고 마음으로 항상 모든 법의 바다를 받아들이고 모든 여래의 공덕을 닦고 익히며, 모든 보살의 지혜를 출생하고 늘 모든 보살이 처음 일으킨 마음을 즐겁게 좇을 뿐만 아니라 행한 도를 성취하는 것을 늘 자세히 살펴서 들여다보고 부지런히 모든 중생을 늘 지키고 보호하며, 모든 부처님의 공덕을 늘 즐겁게 칭찬하고 원으로 모든 보살의 어머니가 되기를 원했다.

爾時 善財童子 又見摩耶夫人 隨諸衆生心之所樂 現超過一切世間色身 所謂或現超過他化自在天女身乃至超過四大天王 天女身 或現超過龍女身 乃至超過人女身 現如是等無量色身 饒益衆生 集一切智助道之法 行於平等檀波羅蜜 大悲普覆一切世間 出生如來無量功德 修習增長一切智心 觀察思惟諸法實性 獲深忍海 具衆定門 住於平等三昧境界 得如來定 圓滿光明銷竭衆生煩惱巨海 心常正定 未嘗動亂 恒轉淸淨不退法輪 善能了知一切佛法 恒以智慧 觀法實相 見諸如來 心無厭足 知三世佛出興次第 見佛三昧常現在前 了達如來出現於世 無量無數諸淸淨道 行於諸佛虛空境界 普攝衆生 各隨其心 敎化成就 入佛無量淸淨法身 成就大願 淨諸佛刹 究竟調伏一切衆生 心恒徧入諸佛境界 出生菩薩自在神力 已得法身 淸淨無染 而恒示現無量色身 摧一切魔力 成大善根力 出生正法力 具足諸佛力 得諸菩薩自在之力 速疾增長一切智力 得佛智光 普照一切 悉知無量衆生心海 根性 欲解種種差別 其身普徧十方刹海 悉知諸刹成壞之相 以廣大眼 見十方海 以周徧智 知三世海 身普承事一切佛海 心恒

納受一切法海 修習一切如來功德 出生一切菩薩智慧 常樂觀察一切菩薩從初發心 乃至成就所行之道 常勤守護一切衆生 常樂偁揚諸佛功德 願爲一切菩薩之母

이때 선재 동자는 마야부인이 이와 같은 염부제의 티끌 수와 같은 모든 방편의 문을 나타내는 것을 보았다. 이를 보고는 마야부인이 나타낸 몸의 수와 같이 선재 동자 또한 그러한 몸을 나타내고는 일체 모든 곳의 마야부인 앞에서 공손하게 섬기어 예를 올리고 곧바로 헤아릴 수 없으며, 끝없는 모든 삼매의 문을 증득하여 분별하고 자세히 살펴서 들여다보며, 수행하고 증득하여 들어가고 삼매에서 일어나서는 마야부인과 아울러 권속을 오른쪽으로 돌고 합장을 하고 서서 물어 말했다.

"대성이시여! 문수사리보살이 저에게 아뇩다라삼먁삼보리심을 일으키게 하고 선지식을 찾아가 친근하게 공양하라 하였습니다. 저는 하나하나 선지식의 처소에 다 가서 받들어 섬기고 헛되이 보내지 않았습니다. 그러면서 점차 이곳에 이르렀으니, 원하건대 저를 위해 설해주십시오. 보살은 어떻게 보살의 행을 배워서 성취합니까?"

爾時 善財童子 見摩耶夫人現如是等 閻浮提微塵數諸方便門 旣見是已 如摩耶夫人所現身數 善財亦現作爾許身 於一切處摩耶之前 恭敬禮拜 卽時 證得無量無數諸三昧門 分別觀察 修行證入 從三昧起 右遶摩耶幷其眷屬 合掌而立 白言 大聖 文殊師利菩薩 敎我發阿耨多羅三藐三菩提心 求善知識 親近供養 我於一一善知識所 皆往承事 無空過者 漸來至此 願爲我說菩薩云何學菩薩行 而得成就

마야부인이 답했다.
"불자여! 나는 이미 보살의 큰 원과 지혜가 허깨비와 같은 해탈문임을 성취한 까닭으로 늘 모든 보살의 어머니가 되었다."
"불자여! 내가 이 염부제 가운데 가비라성 정반왕가에서 오른 옆구리로 실달 태자를 나으니, 생각으로 헤아려 알 수 없는 자재한 신통 변화를 나타냈을 뿐만 아니라 이와 같음이 이 세계 바다에 있는 모든 비로자나 여래가 모두 나의 몸에 들어와 탄생하는 자재한 신통 변화를 나타내어 보인다."

答言 佛子 我已成就菩薩大願智幻解脫門 是故常爲諸菩薩母 佛子 如我於此閻浮提中迦毘羅城淨飯王家 右脅而生悉達太子 現不思議自在神變 如是乃至盡此世界海 所有一切毘盧遮那如來 皆入我身 示現誕生自在神變

"또 선남자여! 내가 정반왕궁에서 보살이 탄생하려 할 때, 보살의 몸을 보니, 하나하나의 털구멍에서 다 광명을 놓았다. 이름이 '일체여래수생공덕륜'이며, 하나하나의 털구멍에서 말할 수 없이 말로 할 수 없는 부처 세계의 티끌 수와 같은 보살이 태어나는 장엄을 나타내었고 그 모든 광명이 남김없이 다 모든 세계를 두루 비추고 세계를 비추고는 돌아와서 나의 정수리뿐만 아니라 일체 모든 털구멍으로 들어갔다."

"또 광명 가운데서 모든 보살의 이름과 태어남을 받는 신통 변화와 궁전과 권속과 오욕으로 즐기는 일들을 나타내었으며, 또 출가와 도량에 나아가는 일과 등정각을 이루는 것과 사자좌에 앉는 일과 보살이 둘러싸고 모든 왕이 공양하는 일과 모든 대중을 위해 바른 법륜을 굴리는 것을 보았다."

"또 여래께서 옛적에 보살의 도를 수행할 때 모든 부처님의 처소에서 공손히 섬기어 공양하고 보리심을 내어 부처님 국토를 청정하게 하고 생각과 생각마다 헤아릴 수 없는 화신을 나타내어 보여서 시방의 모든 세계에 두루 가득함을 보았을 뿐만 아니라 최후에 반열반에 드는 이와 같은 등의 모든 일을 빠짐없이 다 보았다."

又善男子 我於淨飯王宮 菩薩將欲下生之時 見菩薩身 一一毛孔 咸放光明 名一切如來受生功德輪 一一毛孔 皆現不可說不可說佛刹微塵數菩薩受生莊嚴 彼諸光明 皆悉普照一切世界 照世界已 來入我頂乃至一切諸毛孔中 又彼光中 普現一切菩薩名號 受生 神變 宮殿 眷屬 五欲自娛 又見出家 往詣道場 成等正覺 坐師子座 菩薩圍遶 諸王供養 爲諸大衆 轉正法輪 又見如來往昔 修行菩薩道時 於諸佛所 恭敬供養 發菩提心 淨佛國土 念念示現無量化身 充徧十方一切世界 乃至最後入般涅槃 如是等事 靡不皆見

"또 선남자여! 그 빼어난 광명이 내 몸에 들어올 때, 내 몸의 형상과 크기는 비록 본래보다 크게 다르지 않았지만, 실은 이미 모든 세간을 초월하였다. 무슨 까닭인가 하면, 내 몸의 양이 그때 허공과 같았기에 시방 보살이 태어남을 받는 장엄과 모든 궁전의 상황을 받아들일 수 있었던 까닭이었다."

"그때 보살이 도솔천에서 내려오려고 할 때, 열 부처 세계의 티끌 수와 같은 보살이 있었으니, 모든 보살이 다 이 보살과 더불어 원이 같고 행이 같고 선근이 같고 장엄이 같고 해탈이 같고 지혜가 같고 모든 지위와 모든 힘과 법신과 색신 뿐만 아니라 보현의 신통과 행과 원이 남김없이 다 동등하였다. 이와 같은 보살들이 앞뒤로 둘러싸고 또 8만의 용왕 등 모든 세간의 주인이 그 궁전에 올라 함께 와서 공양하였다."

"보살이 그때 신통한 힘으로 모든 보살과 더불어 모든 도솔천궁에 두루 나타났으며, 하나하나의 궁 가운데 남김없이 다 시방 일체 세계 염부제 안에 태어나는 형상의 그림자를 나타내며, 방편으로 헤아릴 수 없는 중생을 가르치고 바른길로 이끌어서 모든 보살이 모든 게으름에서 벗어나게 하고 집착함이 없게 하였다."

"또 신통한 힘으로 큰 광명을 놓아 세간을 두루 비추어 모든 깜깜한 어둠을 깨트리고 모든 고통과 번뇌를 없애고 모든 중생이 빠짐없이 다 과거에 있었던 업의 행을 알아서 악도에서 영원히 나오게 하였으며, 또 모든 중생을 구원하고 보호하기 위해 그 앞에 두루 나타나 모든 신통 변화를 지었다. 이와 같은 등 모든 기특한 일을 나타내어 권속과 더불어 와서는 내 몸에 들어가고 그 보살들은 나의 뱃속에서 자재하게 돌아다니면서 늘 삼천대천세계를 한 걸음 삼고 늘 말할 수 없이 말로 할 수 없는 부처 세계의 티끌 수와 같은 세계를 한 걸음 삼았다."

"또 생각과 생각마다 그 가운데 시방의 말할 수 없이 말로 할 수 없는 모든 세계 모든 여래의 처소에 모인 보살 대중과 또 사천왕천과 삼십 삼천뿐만 아니라 색계의 모든 범천왕이 보살이 태에 드시는 신통 변화를 보고 공손히 섬기어 공양하고 바른 법을 듣고 받아들여 빠짐없이 다 내 몸에 들어오니, 비록 나의 복(腹) 중에 이와 같은 대중 모임을 남김없이 다 받아들이지만, 몸은 광대해지지 않으며, 또한 좁지도 않기에 그 모든 보살이 각각 스스로 대중이 모인 도량에 처하면서 청정하게 장엄하고 꾸미는 것을 보았다."

又善男子 彼妙光明入我身時 我身形量雖不逾本 然其實已超諸世間 所以者何 我身爾時 量同虛空 悉能容受十方菩薩受生莊嚴 諸宮殿故 爾時 菩薩從兜率天 將降神時 有十佛刹微塵數諸菩薩 皆與菩薩同願 同行同善根 同莊嚴同解脫 同智慧諸地 諸力 法身 色身乃至普賢神通行願 悉皆同等 如是菩薩前後圍遶 又有八萬諸龍王等 一切世主乘其宮殿 俱來供養 菩薩爾時 以神通力 與諸菩薩 普現一切兜率天宮 一一宮中 悉現十方一切世界閻浮提內受生影像 方便敎化無量衆生 令諸菩薩 離諸懈怠 無所執著 又以神力 放大光明 普照世間 破諸黑闇 滅諸苦惱 令諸衆生 皆識宿世所有業行 永出惡道 又爲救護一切衆生 普現其前 作諸神變 現如是等諸奇特事 與眷屬俱來入我身 彼諸菩薩 於我腹中 遊行自在 或以三千大千世界 而爲一步 或以不可說不可說佛刹微塵數世界 而爲一步 又念念中 十方不可說不可說一切世界諸如來所菩薩衆會及四天王天 三十三天乃至色界諸梵天王 欲見菩薩處胎神變 恭敬供養 聽受正法 皆入我身 雖我腹中 悉能容受 如是衆會 而身不廣大 亦不迫窄 其諸菩薩 各見自處衆會道場 淸淨嚴飾

"선남자여! 이 사천하 염부제 가운데서 보살이 태어나실 때, 내가 어머니가 되는 것과 같이 삼천대천세계 백억 사천하 염부제 중에도 남김없이 다 또한 이와 같다. 그러나 나의 이 몸은 본래 둘이 없으며, 한곳에 머물지 않으며, 많은 곳에 머물지 않는다. 왜냐하면, 보살의 대원지환 장엄 해탈문을 닦는 까닭이다."

"선남자여! 내가 지금 세존에게 어머니가 되는 것과 같이 옛적에 계시던 헤아릴 수 없는 모든 부처님에게도 남김없이 다 또한 이와 같은 어머니가 되었다."

善男子 如此四天下閻浮提中菩薩受生 我爲其母 三千大千世界百億四天下閻浮提中 悉亦如是 然我此身本來無二 非一處住 非多處住 何以故 以修菩薩大願智幻 莊嚴解脫門故 善男子 如今世尊我爲其母 往昔所有無量諸佛 悉亦如是 而爲其母

"선남자여! 내가 옛적에 연화지(蓮華池) 신이 되었을 때, 보살이 연꽃 송이에서 홀연히 변하여 나시는 것을 내가 곧바로 받들어 모시고 보호하고 양육하였다. 모든 세간 사람들이 나를 보살의 어머니라 불렀고 그렇게 보살의 어머니가 되었다."

"선남자여! 또 내가 옛적에 보리도량의 신이 되었을 때, 보살이 나의 품에서 홀연히 변하여 나셨고 세상에서 나를 부르길 보살의 어머니라고 하였다."

"선남자여! 최후의 몸을 받는 헤아릴 수 없는 보살들이 이 세계에서 가지가지의 방편으로 태어남을 나타내 보일 때 나는 빠짐없이 다 그들의 어머니가 되었다."

善男子 我昔曾作蓮華池神 時 有菩薩 於蓮華藏 忽然化生 我卽捧持 瞻侍養育 一切世間 皆共號我 爲菩薩母 又我昔爲菩提場神 時 有菩薩 於我懷中 忽然化生 世亦號我 爲菩薩母 又我昔爲菩提道場 時有菩薩 於我懷中 忽然化生 世亦號我 爲菩薩母 善男子 有無量最後身菩薩 於此世界 種種方便 示現受生 我皆爲母

"선남자여! 이 세계의 현겁에서와 같이 지난 과거 세상의 구류손불과 구나함모니불과 가섭불과 또한 지금의 세존 석가모니 부처님이 태어남을 보이실 때 내가 그 어머니가 되었고 미래 세상에 미륵보살이 도솔천에서 내려오실 때 큰 광명을 놓아 법계에 두루 비추며, 모든 보살 대중이 태어나는 신통 변화를 나타내어 인간이 큰 가문에 태어나 중생을 조복시킬 때도 나는 그들의 어머니가 되었다."

"이와 같은 차례를 따라 사자불, 법당불, 선안불, 정화불, 화덕불, 제사불, 불사부, 선의불, 금강불, 이구불, 월광불, 지거불, 명칭불, 긍강순불, 청정의불, 감신불, 도피안불, 보염산불, 지거불, 연화덕불, 명칭불, 무량공덕불, 최승등불, 장엄신불, 선위의불, 자덕불, 무주불, 대위광불, 무변음불, 승원적불, 이의혹불, 청정불, 대광불, 정심불, 운덕불, 장엄정계불, 수왕불, 보당불, 해혜불, 묘보불, 화관불, 만원불, 대자재불, 묘덕왕불, 최존승불, 전단운불, 감안불, 승혜불, 관찰혜불, 치성왕불, 견고혜불, 자재명불, 사자왕불, 자재불, 최승정불, 금강지산불, 묘덕장불, 보망엄신불, 선혜불, 자재천불, 대천왕불, 무의덕불, 선시불, 염혜불, 수천불, 득상미불, 출생무상공덕불, 선인시위불, 수세어언불, 공덕자재당불, 광당불, 관신불, 묘신불, 향염불, 금강보엄불, 희안불, 이욕불, 고대신불, 재천불, 무상천불, 순적멸불, 지각불, 멸탐불, 대염왕불, 적제유불, 비사겁천불, 금강산불, 지염덕불, 안은불, 사자출현불, 원만청정불, 청정현불, 제일의불, 백광명불, 최증상불, 심자재불, 대지왕불, 장엄왕불, 해탈불, 묘음불, 수승불, 자재불, 무상의왕불, 공덕월불, 무애광불, 공덕취불, 월현불, 일천불, 출제유불, 용맹명칭불, 광명문불, 사라왕불, 최승불, 약왕불, 보승불, 금강혜불, 무능승불, 무능영폐불, 중회왕불, 대명칭불, 민지불, 무량광불, 대원광불, 법자재불허불, 불퇴지불, 정천불, 선천불, 견고고행불, 일체선우불, 해탈음불, 유희왕불, 멸사곡불, 담복정광불, 구중덕불, 최승월불, 집명거불, 수묘신불, 불가설불, 최청정불, 우안중생불, 무량광불, 무외음불, 수천덕불, 부동혜광불, 화승불, 월염불, 불퇴혜불, 이애불, 무차혜불, 집공덕온불, 멸악취불, 보산화불, 사자후불, 제일의불, 무애견불, 파타군불, 불착상불, 이분별해불, 단엄해불, 수미산불, 무착지불, 무변좌불, 청정주불, 수사행불, 최상시불, 상월불, 요익왕불, 부동취불, 보섭수불, 요익혜불, 지수불, 무멸불, 구족명칭불, 대위력불, 종종색상불, 무상혜불, 부동천불, 묘덕난사불, 만월불, 해탈월불, 무상왕불, 희유신불, 범공양불, 불순불, 순선고불, 최상업불, 순법지불, 무승천불, 부사의공덕광불, 수법행불, 무량현불, 보수순자재불, 최존천불과 이와 같은 누지 여래에 이르기까지 현겁 동안 이 삼천대천세계에서 부처님이 되실 분들의 어머니가 되었다."

"이 삼천대천세계처럼 이와 같은 세계 바다에 있는 시방의 헤아릴 수 없는 모든 세계와 모든 겁 가운데 보현의 행과 원을 닦아 일체 모든 중생을 가르치고 바른길로 이끌려는 이들에게 나는 스스로 몸을 보여서 남김없이 다 그들의 어머니가 되었다."

善男子 如此世界賢劫之中 過去世時 拘留孫佛 拘那含牟尼佛 迦葉佛及今世尊釋迦牟尼佛現受生時 我爲其母 未來世中 彌勒菩薩從兜率天 將降神時 放大光明 普照法界 示現一切諸菩薩衆受生神變 乃於人間 生大族家 調伏衆生 我於彼時 亦爲其母 如是次第 有師子佛 法幢佛 善眼佛 淨華佛 華德佛 提舍佛 弗沙佛 善意佛 金剛佛 離垢佛 月光佛 持炬佛 名稱佛 金剛楯佛 淸淨義佛 紺身佛 到彼岸佛 寶焰山佛 持炬佛 蓮華德佛 名稱佛 無量功德佛 最勝燈佛 莊嚴身佛 善威儀佛 慈德佛 無住佛 大威

光佛 無邊音佛 勝怨敵佛 離疑惑佛 清淨佛 大光佛 淨心佛 雲德佛 莊嚴頂髻佛 樹王佛 寶瑠佛 海慧佛 妙寶佛 華冠佛 滿願佛 大自在佛 妙德王佛 最尊勝佛 栴檀雲佛 紺眼佛 勝慧佛 觀察慧佛 熾盛王佛 堅固慧佛 自在名佛 師子王佛 自在佛 最勝頂佛 金剛智山佛 妙德藏佛 寶網嚴身佛 善慧佛 自在天佛 大天王佛 無依德佛 善施佛 焰慧佛 水天佛 得上味佛 出生無上功德佛 仙人侍衛佛 隨世語言佛 功德自在幢佛 光幢佛 觀身佛 妙身佛 香焰佛 金剛寶嚴佛 喜眼佛 離欲佛 高大身佛 財天佛 無上天佛 順寂滅佛 智覺佛 滅貪佛 大焰王佛 寂諸有佛 毘舍佉天佛 金剛山佛 智焰德佛 安隱佛 師子出現佛 圓滿淸淨佛 淸淨賢佛 第一義佛 百光明佛 最增上佛 深自在佛 大地王佛 莊嚴王佛 解脫佛 妙音佛 殊勝佛 自在佛 無上醫王佛 功德月佛 無礙光佛 功德聚佛 月現佛 日天佛 出諸有佛 勇猛名稱佛 光明門佛 娑羅王佛 最勝佛 藥王佛 寶勝佛 金剛慧佛 無能勝佛 無能映蔽佛 衆會王佛 大名稱佛 敏持佛 無量光佛 大願光佛 法自在不虛佛 不退地佛 淨天佛 善天佛 堅固苦行佛 一切善友佛 解脫音佛 遊戲王佛 滅邪曲佛 薝蔔淨光佛 具衆德佛 最勝月佛 執明炬佛 殊妙身佛 不可說佛 最淸淨佛 友安衆生佛 無量光佛 無畏音佛 水天德佛 不動慧光佛 華勝佛 月焰佛 不退慧佛 離愛佛 無著慧佛 集功德蘊佛 滅惡趣佛 普散華佛 師子吼佛 第一義佛 無礙見佛 破他軍佛 不著相佛 離分別海佛 端嚴海佛 須彌山佛 無著智佛 無邊座佛 淸淨住佛 隨師行佛 最上施佛 常月佛 饒益王佛 不動聚佛 普攝受佛 饒益慧佛 持壽佛 無滅佛 具足名稱佛 大威力佛 種種色相佛 無相慧佛 不動天佛 妙德難思佛 滿月佛 解脫月佛 無上王佛 希有身佛 梵供養佛 不瞬佛 順先古佛 最上業佛 順法智佛 無勝天佛 不思議功德光佛 隨法行佛 無量賢佛 普隨順自在佛 最尊天佛 如是乃至樓至如來 在賢劫中 於此三千大千世界 當成佛者 悉爲其母 如於此三千大千世界 如是於此世界海十方無量世界一切劫中 諸有修行普賢行願 爲化一切諸衆生者 我自見身 悉爲其母

이때 선재 동자가 마야부인에게 물어 말했다.

"대성이시여! 이 해탈을 얻은 지는 얼마나 오래되었습니까?"

마야부인이 답했다.

"선남자여! 지난 옛적 세상에 최후에 몸을 받으신 보살의 신통한 도안(道眼)으로도 헤아려 알 수 없는 겁의 수를 지나 겁이 있었으니, 이름이 '정광'이며, 세계 이름은 '수미덕'이었다. 비록 모든 산과 다섯 부류의 중생들이 섞여서 살았지만, 그 국토가 많은 보배로 이루어졌으며, 청정하게 장엄하여 모든 더러움과 나쁜 것이 없었다."

"1천억 사천하가 있었고 그 가운데 있는 사천하 하나가 이름이 '사자당기'이며, 그 가운데 80억의 왕성이 있으며, 왕성 하나의 이름이 '자재당'이었으며, 그 왕성에 전륜왕이 있었으니, 이름이 '대위덕'이었다. 그 왕성 북쪽에 도량이 하나 있으니, 이름이 '만월광명'이며, 그 도량을 맡은 신의 이름은 '자덕'이라 불렀다."

"그 시기에 보살이 있었으니, 이름이 '이구당'이며, 도량에 앉아서 바른 깨우침을 이루려고 할 때, 악마가 하나 있었고 이름이 '금색광'이었다. 헤아릴 수 없는 권속과 더불어 대중과 함께 보살의 처소에 이르렀다. 그러나 그 대위덕 전륜왕은 이미 보살의 신통과 자재함을 얻었기에 오히려 병사의 무리를 갑절이나 더 많이 만들어 도량을 둘러쌓았다. 이를 본 모든 마가 남김없이 두려움에 황급하게 물러갔고 이러한 까닭으로 그 보살은 아뇩다라삼먁삼보리를 이루었다."

이때 도량을 맡은 신이 이러한 일을 보고는 헤아릴 수 없이 기뻐하면서 전륜왕에게 자식과 같은 생각을 내고 부처님 발에 머리를 숙여 깊이 예를 올리고는 이 같은 원을 세웠다.

"이 전륜왕이 곳곳에 태어날 때마다 또 마침내 부처를 이룰 때마다 내가 항상 그의 어머니가 될 것이다."

이렇게 원을 세우고는 이 도량에서 차례를 좇아(復) 10 나유타 부처님께 공양하였다.

爾時 善財童子白摩耶夫人言 大聖 得此解脫 經今幾時 答言 善男子 乃往古世 過不可思議 非最後身菩薩神通道眼所知劫數 爾時 有劫名淨光 世界名須彌德 雖有諸山 五趣雜居 然其國土衆寶所成 淸淨莊嚴 無諸穢惡 有千億四天下 有一四天下 名師子幢 於中有八十億王城 有一王城 名自在幢 有轉輪王 名大威德 彼王城北 有一道場 名滿月光明 其道場神 名曰慈德 時 有菩薩名離垢幢 坐於道場 將成正覺 有一惡魔 名金色光 與其眷屬無量衆俱 至菩薩所 彼大威德轉輪聖王 已得菩薩神通自在 化作兵衆 其數倍多 圍遶道場 諸魔惶怖 悉自奔散故 彼菩薩得成阿耨多羅三藐三菩提 時 道場神見是事已 歡喜無量 便於彼王 而生子想 頂禮佛足 作是願言 此轉輪王 在在生處 乃至成佛 願我常得與其爲母 作是願已 於此道場 復曾供養十那由他佛

"선남자여! 그대의 생각은 어떠한가? 그때 도량을 맡은 신은 다른 사람이 아니라 곧 나의 몸이며, 전륜왕은 지금의 세존이신 비로자나 부처님이시다."

"나는 그때 부처님을 좇아 원을 일으킨 후로 이 부처님 세존께서 시방세계의 일체 모든 부류 처처에 태어나시면서 모든 선근을 심고 보살행을 닦아서 모든 중생을 가르치고 바른길로 이끌어서 성취하게 할 뿐만 아니라 마지막 최후의 몸에 머무름을 나타내 보이며,

생각과 생각마다 모든 세계에서 보살로 태어남을 받는 신통 변화를 나타내 보이면 늘 나의 아들이 되고 나는 늘 어머니가 되었다."

"선남자여! 과거와 현재 시방세계의 헤아릴 수 없는 모든 부처님이 장차 부처를 이루려 할 때, 빠짐없이 배꼽 가운데 큰 광명을 놓아 내 몸과 내가 있는 궁전을 비추었으며, 마지막으로 태어날 때까지 모두 나는 그의 어머니가 되었다."

善男子 於汝意云何 彼道場神 豈異人乎 我身是也 轉輪王者 今世尊毘盧遮那是 我從於彼 發願已來 次佛世尊 於十方刹一切諸趣 處處受牲 種諸善根 修菩薩行 敎化成就一切衆生 乃至示現住最後身 念念普於一切世界 示現菩薩受牲神變 常爲我子 我常爲母 善男子 過去 現在十方世界無量諸佛 將成佛時 皆於臍中 放大光明 來照我 身及我所住宮殿 屋宅 彼最後生 我悉爲母

"선남자여! 나는 단지 이 보살의 대원지환해탈문을 알 뿐이다. 저 보살마하살들이 크게 가엾이 여기는 마음의 장을 갖추고 중생을 가르치고 바른길로 이끄는 일에 만족할 줄 모르는 일과 자재한 힘으로 하나하나의 털구멍마다 헤아릴 수 없는 모든 부처님의 신통 변화를 나타내는 일을 내가 어떻게 알겠으며, 그 공덕의 행을 말할 수 있겠는가."

善男子 我唯知此菩薩大願智幻解脫門 如諸菩薩摩訶薩 具大悲藏 敎化衆生 常無厭足 以自在力 一一毛孔 示現無量諸佛神變 我今云何能知能說彼功德行

"선남자여! 이 세계 삼십 삼천에 왕이 있으니, 이름이 '정념'이며, 이 왕에게 딸이 있으니, 이름이 '천주광'이다. 그대는 그에게 가서 보살이 어떻게 보살의 행을 배우며, 보살의 도를 닦는 것이냐고 물어라."

善男子 於此世界三十三天 有王名正念 其王有女 名天主光 汝詣彼 問菩薩云何學菩薩行 修菩薩道

때맞추어 선재 동자는 가르침을 공손하게 받들고 머리를 숙여 예를 올리고는 수 없이 돌고는 우러러보면서 물러났다.

時 善財童子 敬受其敎 頭面作禮 遶無數帀 戀慕瞻仰 卻行而退

(43) 천주광녀

선재 동자가 천궁에 이르러 천주광녀를 보고는 머리 숙여 절하고 주위를 돌다가 합장하고 서서 물어 말했다.

"성자여! 저는 이미 아뇩다라삼먁삼보리심을 일으켰지만, 보살이 어떻게 보살의 행을 배우는 것이며, 어떻게 보살의 도를 닦는지 알지 못합니다. 제가 듣기로는 성자께서 선근으로 능히 가르친다 하니, 원하건대 저를 위해 설해주십시오."

爾時 善財 遂往天宮 見彼天女 禮足圍遶 合掌前住 白言 聖者 我已先發阿耨多羅三藐三菩提心 而未知菩薩云何學菩薩行 云何修菩薩道 我聞聖者 善能誘誨 願爲我說

무애념청정(無礙念淸淨) 해탈

천주광녀가 답해 말했다.

"선남자여! 나는 보살의 해탈을 얻었고 이름은 '무애념청정장엄'이다."

"선남자여! 나는 이 해탈의 힘으로 과거를 잊지 않고 기억해서 생각한다. 과거에 가장 뛰어나 겁이 있었으니, 이름이 '청련화'였다. 나는 그 겁 동안에 항하의 모래알과 같은 수의 모든 부처님 여래를 공양하였고 그 모든 여래가 처음 출가할 때부터 내가 빠짐없이 우러러 받들어 지키고 보호하며, 공양하여 절을 짓고 모든 살림 도구를 마련하고 갖추었다."

"또 그 모든 부처님이 보살로서 어머니의 태에 머물 때와 탄생할 때와 일곱 걸음을 걸을 때와 크게 사자 후를 할 때와 동자의 지위에 머물면서 궁중에 계실 때와 보리수를 향해 바른 깨우침을 이루실 때와 바른 법륜을 굴리고 부처님의 신통 변화를 나타내어 가르치고 바른길로 이끌어 중생을 조복(調伏)시킬 때와 이와 같은 일체 모든 일을 처음 마음을 일으켜 법이 다할 때까지 내가 빠짐없이 다 밝게 기억하여 잊은 것이 없으며, 항상 앞에 나타나 있고 지니어 생각하고는 잊지 않는다."

"또 기억을 해보니, 과거에 겁이 있었고 이름은 '선지(善地)'였으며, 나는 그 겁에서 10 항하의 모래알 수와 같은 모든 부처님 여래께 공양하였다. 또 과거에 겁이 있었고 이름은 '묘덕'이며, 나는 그때 한 부처 세계의 티끌 수와 같은 부처님 여래께 공양하였다. 또 겁이 있었으니, 이름은 '무소득'이었으며, 나는 그때 84억 백천 나유타 부처님 여래께 공양하였다. 또 겁이 있었으니, 이름은 '선광'이었으며, 나는 그때 염부제의 티끌 수와 같은 부처님 여래께 공양하였다. 또 겁이 있었으니, 이름이 '무량광'이었으며, 나는 그때 20 항하의 모래알 수와 같은 부처님 여래께 공양하였다. 또 겁이 있었으니, 이름이 '최승덕'이었으며, 나는 그때 한 항하의 모래알 수와 같은 부처님 여래께 공양하였다. 또 겁이 있었으니, 이름이 '선비(善悲)'이며, 나는 그때 80 항하의 모래알 수와 같은 부처님 여래께 공양하였다. 또 겁이 있었으니, 이름이 '승유'이며, 나는 그때 60 항하의 모래알 수와 같은 부처님 여래께 공양하였다. 또 겁이 있었으니, 이름이 '묘월'이며, 나는 그때 70 항하의 모래알 수와 같은 부처님 여래께 공양하였다."

　　天女答言 善男子 我得菩薩解脫 名無礙念淸淨莊嚴 善男子 我以此解脫力 憶念過去 有最勝劫 名靑蓮華 我於彼劫中 供養恒河沙數諸佛如來 彼諸如來從初出家 我皆瞻奉 守護供養 造僧伽藍 營辨什物 又彼諸佛從爲菩薩 住母胎時 誕生之時 行七步時 大師子吼時 住童子位 在宮中時 向菩提樹 成正覺時 轉正法輪 現佛神變 敎化調伏衆生之時 如是一切諸所作事 從初發心 乃至法盡 我皆明憶 無有遺餘 常現在前 念持不忘 又憶過去劫 名善地 我於彼供養十恒河沙數諸佛如來 又過去劫名爲妙德 我於彼供養一佛世界微塵數諸佛如來 又劫名無所得 我於彼供養八十四億百千那由他諸佛如來 又劫名善光 我於彼供養閻浮提微塵數諸佛如來 又劫名無量光 我於彼供養二十恒河沙數諸佛如來 又劫名最勝德 我於彼供養一恒河沙數諸佛如來 又劫名善悲 我於彼供養八十恒河沙數諸佛如來 又劫名勝遊 我於彼供養六十恒河沙數諸佛如來 又劫名妙月 我於彼供養七十恒河沙數諸佛如來

"선남자여! 이와 같은 항하의 모래알 수와 같은 겁을 잊지 않고 기억해 생각하니, 내가 모든 부처님 여래, 응공, 정등각을 늘 버리지 않았으며, 일체 모든 여래의 처소에서 막힘이나 걸림 없는 염청정장엄보살해탈을 듣고 받아 지니고는 수행하여 항상 잊지 않고 잃지 않았다."

"이와 같은 앞선 겁에 나시었던 여래가 처음 보살에서부터 법이 다할 때까지 하시던 모든 일을 내가 청정한 장엄 해탈의 힘으로 모두 잊지 않고 기억하여 분명하게 깨우쳐 알고 앞에 나타내며, 이를 지니고 행하면서 잠깐이라도 게으르거나 그만두지 않았다."

　　善男子 如是憶念恒河沙劫 我常不捨諸佛如來應正等覺 從彼一切諸如來所 聞此無礙念淸淨莊嚴菩薩解脫 受持修行 恒不忘失 如是先劫所有如來 從初菩薩 乃至法盡 一切所作 我以淨嚴解脫之力 皆隨憶念 明了現前 持而順行 曾無懈廢

"선남자여! 나는 단지 무애념청정해탈만을 알 뿐이다. 모든 보살마하살은 생사의 어둠에 태어나서도 분명하고 밝게 통달하며, 깊숙한 어리석음에서 영원히 벗어나 잠깐이라도 혼란스럽거나 맹하지 않으며, 마음을 덮는 모든 덮개가 없기에 몸이 가볍고 편안하며, 모든 법의 성품으로서 청정한 깨우침을 깨달아 알고 열 가지 힘을 성취하여 중생을 열어 깨우치게 한다. 이러한 보살마하살의 일을 내가 어떻게 알 것이며, 그 공덕의 행을 말할 수 있겠는가."

善男子 我唯知此無礙念淸淨解脫 如諸菩薩摩訶薩 出生死夜 朗然明徹 永離癡冥 未嘗悟寐 心無諸蓋 身行輕安 於諸法性 淸淨覺了 成就十力 開悟群生 而我云何能知能說彼功德行

"선남자여! 가비라성에 동자 스승이 있으니, 이름이 '변우'이다. 그대는 그에게 가서 보살은 어떻게 보살의 행을 배우는 것이며, 어떻게 보살의 도를 배우는 것이냐고 물어라."

善男子 迦毘羅城 有童子師 名曰徧友 汝詣彼 問菩薩云何學菩薩行 修菩薩道

때맞춰 선재 동자는 법을 들은 까닭으로 기쁘게 뛰면서 생각으로 헤아려 알 수 없는 선근이 자연스럽게 더해지고 늘어났다. 그리고는 그의 발에 엎드려 절하고 수없이 돌다가 일을 마치고 물러갔다.

時 善財童子 以聞法故 歡喜踊躍 不思議善根自然增廣 頂禮其足 遶無數帀 辭退而去

(44) 동자 스승 변우

천궁에서 내려와 가비라성을 찾아갔고 변우의 앞에 나아가 발에 예를 올리고는 두루 돌아서 합장하고는 공손히 섬기며, 한 곁에 서서 물어 말했다.

"성자여! 저는 이미 아뇩다라삼먁삼보리심을 일으켰지만, 보살이 어떻게 보살의 행을 배우는 것이며, 어떻게 보살의 도를 닦는 것인지 알지 못합니다. 제가 듣기로는 성자께서 선근으로 능히 가르친다 하니, 바라건대 저를 위해 설해주십시오."

從天宮下 漸向彼城 至徧友所 禮足圍遶 合掌恭敬 於一面立 白言 聖者 我已先發阿耨多羅三藐三菩提心 而未知菩薩云何學菩薩行 云何修菩薩道 我聞聖者 善能誘誨 願爲我說

변우가 답했다.

"선남자여! 여기에 동자가 있으니, 이름이 '선지중예'이며, 보살의 글자 지혜를 배웠다. 그대는 가서 물어라. 당연히 그대에게 설할 것이다."

徧友答言 善男子 此有童子 名善知衆藝 學菩薩字智 汝可問之 當爲汝說

(45) 선지중예 동자

그때 선재 동자가 곧 그 처소에 이르러 머리를 숙여 공손하게 예를 올리고 한편에 물러서서 말했다.

"성자여! 저는 이미 아뇩다라삼먁삼보리심을 일으켰지만, 보살이 어떻게 보살의 행을 배우는 것이며, 어떻게 보살의 도를 닦는 것인지 알지 못합니다. 제가 듣기로는 성자께서 선근으로 능히 가르친다 하니, 원하건대 저를 위해 설해주십시오."

爾時 善財卽至其所 頭頂禮敬 於一面立 白言 聖者 我已先發阿耨多羅三藐三菩提心 而未知菩薩云何學菩薩行 云何修菩薩道 我聞聖者 善能誘誨 願爲我說

선지중예보살해탈(善知衆藝菩薩解脫)

때마침 동자가 선재에게 가르침을 주고자 말했다.

"선남자여! 나는 보살의 해탈을 얻었으니, 이름이 '선지중예'이다. 나는 항상 음절의 근본이 되는 글자를 불러 지닌다."

"아阿자를 부를 때 반야바라밀의 문에 들어가니, 보살의 강력한 힘으로 차별이 없는 경계에 들어가게 하는 이름이다."

"다多자를 부를 때 반야바라밀의 문에 들어가니, 끝없이 차별하는 문의 이름이다."

"파波자를 부를 때 반야바라밀의 문에 들어가니, 법계를 두루 비추는 이름이다."

"자者자를 부를 때 반야바라밀의 문에 들어가니, 바퀴의 두루두루 함으로 차별을 끊은 이름이다."

"나那자를 부를 때 반야바라밀의 문에 들어가니, 의지할 것 없고 위가 없음을 얻는 이름이다."

"라邏자를 부를 때 반야바라밀의 문에 들어가니, 의지할 것을 벗어나 허물이 없는 이름이다." "이侘자를 부를 때 반야바라밀의 문에 들어가니, 물러서지 않는 방편의 이름이다."

"파婆자를 부를 때 반야바라밀의 문에 들어가니, 금강도량의 이름이다."

"다茶자를 부를 때 반야바라밀의 문에 들어가니, 두루두루 한 바퀴의 이름이다."

"사沙자를 부를 때 반야바라밀의 문에 들어가니, 바다의 장 이름이다."

"전縛자를 부를 때 반야바라밀의 문에 들어가니, 두루 태어나 편안하게 머무는 이름이다."

"치哆자를 부를 때 반야바라밀의 문에 들어가니, 원만한 빛의 이름이다."

"야也자를 부를 때 반야바라밀의 문에 들어가니, 차별을 모아 쌓은 이름이다."

"슬타瑟吒자를 부를 때 반야바라밀의 문에 들어가니, 두루 한 광명으로 번뇌를 쉬게 하는 이름이다."

"가迦자를 부를 때 반야바라밀의 문에 들어가니, 차별이 없는 구름의 이름이다."

"사娑자를 부를 때 반야바라밀의 문에 들어가니, 큰비를 내리는 이름이다."

"마麼자를 부를 때 반야바라밀의 문에 들어가니, 큰물이 굽이쳐 흐르고 많은 봉우리가 가지런하게 나타나는 이름이다."

"가伽자를 부를 때 반야바라밀의 문에 들어가니, 두루두루 편안하게 이루어지는 이름이다."

"타他자를 부를 때 반야바라밀의 문에 들어가니, 진여의 평등한 장 이름이다."

"사社자를 부를 때 반야바라밀의 문에 들어가니, 세간 바다의 청정함에 들어가는 이름이다."

"쇄鎖자를 부를 때 반야바라밀의 문에 들어가니, 모든 부처님의 장엄을 생각하는 이름이다."

"이侘자를 부를 때 반야바라밀의 문에 들어가니, 자세히 살펴서 들어다보아 모든 법의 덩어리를 가려내는 이름이다."

"사奢자를 부를 때 반야바라밀의 문에 들어가니, 모든 부처님의 가르침, 이 가르침의 바퀴를 거스르지 않고 따르면서 광명을 굴리는 이름이다."

"거佉자를 부를 때 반야바라밀의 문에 들어가니, 지위의 인연을 닦는 지혜의 장 이름이다."

"차叉자를 부를 때 반야바라밀의 문에 들어가니, 모든 업 바다의 장을 쉬게 하는 이름이다."

"사다娑多자를 부를 때 반야바라밀의 문에 들어가니, 모든 번뇌로 막힘이나 걸림이 됨을 버리고 청정한 광명을 활짝 여는 이름이다."

"양壤자를 부를 때 반야바라밀의 문에 들어가니, 세간의 지혜로운 문을 짓은 이름이다."

"갈라다羯羅多자를 부를 때 반야바라밀의 문에 들어가니, 생사의 경계에 대한 지혜로운 바퀴를 나게 하는 이름이다."

"파婆자를 부를 때 반야바라밀의 문에 들어가니, 모든 지혜의 궁전을 원만하게 장엄하는 이름이다."

"거車자를 부를 때 반야바라밀의 문에 들어가니, 수행하는 방편 장이 제각기 원만한 이름이다."

"사마娑麽자를 부를 때 반야바라밀의 문에 들어가니, 시방을 따라 모든 부처님을 나타내어 보는 이름이다."

"가파訶婆자를 부를 때 반야바라밀의 문에 들어가니, 모든 인연이 없는 중생을 자세히 살펴서 들여다보고 방편으로 거두어주어 막힘이나 걸림 없는 힘을 내게 하는 이름이다."

"차縒자를 부를 때 반야바라밀의 문에 들어가니, 행을 닦아서 모든 공덕 바다에 들어가는 이름이다."

"가伽자를 부를 때 반야바라밀의 문에 들어가니, 모든 법 구름을 가진 견고한 바다의 장 이름이다."

"타吒자를 부를 때 반야바라밀의 문에 들어가니, 원을 따라 시방의 모든 부처님을 두루 보는 이름이다."

"나拏자를 부를 때 반야바라밀의 문에 들어가니, 글자 바퀴는 다함이 없기에 잊지 않고 기억하여 있는 글자를 자세히 살펴서 들여다보는 이름이다."

"사파娑頗자를 부를 때 반야바라밀의 문에 들어가니, 중생을 가르치고 바른길로 이끌어서 마지막까지 간 곳의 이름이다."

"사가娑迦자를 부를 때 반야바라밀의 문에 들어가니, 광대한 장의 막힘이나 걸림 없는 광명 바퀴가 두루 비추는 이름이다."

"야사也娑자를 부를 때 반야바라밀의 문에 들어가니, 모든 부처님의 경계를 설하여 베푸는 이름이다."

"실자室者자를 부를 때 반야바라밀의 문에 들어가니, 모든 중생계의 법의 뇌성이 두루 부르짖은 이름이다."

"차侘자를 부를 때 반야바라밀의 문에 들어가니, 내가 없는 법으로 중생을 밝게 열어 환하게 깨우치게 하는 이름이다."

"타陀자를 부를 때 반야바라밀의 문에 들어가니, 모든 법 바퀴를 차별하는 장 이름이다."

"선남자여! 이와 같은 음절의 근본이 되는 글자를 부를 때 이 42 반야바라밀의 문을 으

뜻으로 삼아 헤아릴 수 없고 수 없는 반야바라밀의 문에 들어간다."

時 彼童子告善財言 善男子 我得菩薩解脫 名善知衆藝 我恒唱持此之字母 唱阿字時 入般若波羅蜜門 名以菩薩威力入無差別境界 唱多字時 入般若波羅蜜門 名無邊差別門 唱波字時 入般若波羅蜜門 名普照法界 唱者字時 入般若波羅蜜門 名普輪斷差別 唱那字時 入般若波羅蜜門 名得無依無上 唱邏字時 入般若波羅蜜門 名離依止無垢 唱柂字時 入般若波羅蜜門 名不退轉方便 唱婆字時 入般若波羅蜜門 名金剛場 唱茶字時 入般若波羅蜜門 名曰普輪 唱沙字時 入般若波羅蜜門 名爲海藏 唱縛字時 入般若波羅蜜門 名普生安住 唱哆字時 入般若波羅蜜門 名圓滿光 唱也字時 入般若波羅蜜門 名差別積聚 唱瑟咤字時 入般若波羅蜜門 名普光明息煩惱 唱迦字時 入般若波羅蜜門 名無差別雲 唱娑字時 入般若波羅蜜門 名降霆大雨 唱麽字時 入般若波羅蜜門 名大流湍激衆峯齊峙 唱伽字時 入般若波羅蜜門 名普安立 唱他字時 入般若波羅蜜門 名眞如平等藏 唱社字時 入般若波羅蜜門 名入世間海清淨 唱鎖字時 入般若波羅蜜門 名念一切佛莊嚴 唱柂字時 入般若波羅蜜門 名觀察揀擇一切法聚 唱奢字時 入般若波羅蜜門 名隨順一切佛敎輪光明 唱佉字時 入般若波羅蜜門 名修因地智慧藏 唱叉字時 入般若波羅蜜門 名息諸業海藏 唱娑多字時 入般若波羅蜜門 名蠲諸惑障開淨光明 唱壤字時 入般若波羅蜜門 名作世間智慧門 唱曷羅多字時 入般若波羅蜜門 名生死境界智慧輪 唱婆字時 入般若波羅蜜門 名一切智宮殿圓滿莊嚴 唱車字時 入般若波羅蜜門 名修行方便藏各別圓滿 唱娑麽字時 入般若波羅蜜門 名隨十方現見諸佛 唱訶婆字時 入般若波羅蜜門 名觀察一切無緣衆生方便攝受令出生無礙力 唱縒字時 入般若波羅蜜門 名修行趣入一切功德海 唱伽字時 入般若波羅蜜門 名持一切法雲堅固海藏 唱咤字時 入般若波羅蜜門 名隨願普見十方諸佛 唱拏字時 入般若波羅蜜門 名觀察字輪有無盡諸億字 唱娑頗字時 入般若波羅蜜門 名化衆生究竟處 唱娑迦字時 入般若波羅蜜門 名廣大藏無礙辯光明輪徧照 唱也娑字時 入般若波羅蜜門 名宣說一切佛法境界 唱室者字時 入般若波羅蜜門 名於一切衆生界法雷徧吼 唱侘字時 入般若波羅蜜門 名以無我法開曉衆生 唱陀字時 入般若波羅蜜門 名一切法輪差別藏 善男子 我唱如是字母時 此四十二般若波羅蜜門爲首 入無量無數般若波羅蜜門

"선남자여! 나는 단지 선지중예보살해탈만을 알 뿐이다. 저 보살마하살은 모든 세간과 출세간을 섬세하고 능숙한 선근의 법 지혜로 통달하여 저 언덕에 이르고 다른 방처의 결정한 해탈을 모두 모아서 남음이 없게 하고 문자와 산수를 속속들이 깊게 이해하고 의학과 주술로 많은 병을 치료하고 중생이 귀신에 들렸거나 가지고 있는 원수의 저주나 나쁜 별자리의 괴이한 변화와 죽은 몸에 쫓기거나 간질이나 목마름 등 가지가지의 모든 질병을 구원하여 쾌차하게 한다."

"또 금, 옥, 진주 등 보배 패물과 산호, 유리, 마니, 자거, 계살라 등의 보배가 나오는 곳과 종류가 같지 않음과 값이 얼마나 나가는지 등을 잘 분별하여 알고 마을이나 시골이나 성이나, 크고 작은 도성과 궁전, 정원, 바위, 샘물, 숲, 습지 등 모든 사람이 사는 곳을 보살이 모든 방처를 따라 다 거두어주고 보호한다."

"또 천문, 지리와 사람의 모양이나 상태에 따른 길흉과 새와 짐승의 음성을 자세히 살펴서 들여다보고 구름과 안개의 기후를 보고 풍작, 흉작과 국토의 편안함과 위태함을 자세히 살펴보고 이와 같은 세간의 모든 기술을 배워 빠짐없이 알고 그 근본을 다하며, 또 세간을 뛰어넘어 나가는 법을 분별하고 이름을 바르게 알고 이치를 풀어서 본체와 모양이나 상태를 자세히 살펴서 거스르지 않고 따라 수행하고 지혜로 그 가운데 들어가 의심도 없고 막힘이나 걸림도 없고 어리석지도 않고 고집스럽지도 않고 근심과 괴로움도 없고 침체도 없고 증득함을 나타낸다. 이러한 보살하마살의 일을 내가 어떻게 알며, 그 공덕의 행을 어떻게 말할 수 있겠는가."

善男子 我唯知此善知衆藝菩薩解脫 如諸菩薩摩訶薩 能於一切世出世間善巧之法 以智通達 到於彼岸 殊方異藝 咸綜無遺 文字籌數 蘊其深解 醫方呪術善療衆病 有諸衆生 鬼魅所持 怨憎呪詛 惡星變怪 死屍奔逐 癲癎羸瘦 種種諸病 咸能救之 使得痊愈 又善別知金玉 珠貝 珊瑚 瑠璃 摩尼 硨磲 雞薩羅等一切寶藏 出生之處品類不同 價值多少 村營鄉邑 大小都城 宮殿苑園 巖泉藪澤 凡是一切人衆所居 菩薩咸能隨方攝護 又善觀察天文地理 人相吉凶 鳥獸音聲 雲霞氣候 年穀豊儉 國土安危 如是世間所有技藝 莫不該練盡其源本 又能分別出世之法 正名辨義 觀察體相 隨順修行 智入其中 無疑無礙 無愚暗無頑鈍 無憂惱無沈沒 無不現證 而我云何能知能說彼功德行

"선남자여! 마갈제국에 취락이 하나 있고 그곳에 성이 있으니, 이름이 '바다나'이며, 그 성에 우바이가 있으니, 이름이 '현승'이다. 그대는 그에게 가서 보살이 어떻게 보살의 행을 배우며, 어떻게 보살의 도를 닦느냐고 물어라."

善男子 此摩竭提國 有一聚落 彼中有城 名婆呾那 有優婆夷 號曰賢勝 汝詣彼 問菩薩云何學菩薩行 修菩薩道

이때 선재 동자는 선지중에 동자의 발에 머리 숙여 예를 올리고는 수 없이 돌다가 우러러보면서 일을 마치고 물러갔다.

時 善財童子 頭面敬禮 知藝之足 遶無數帀 戀仰辭去

(46) 현승 우바이

취락성을 향하여 현승 우바이에게 이르러 발에 절하고 두루 돌고는 합장하고 공손히 섬기면서 한편에 서서 물어 말했다.

"성자여! 저는 이미 아뇩다라삼먁삼보리심을 일으켰지만, 보살이 어떻게 보살의 행을 배우는 것이며, 어떻게 보살의 도를 닦는 것인지 알지 못합니다. 제가 듣기로는 성자께서 선근으로 능히 가르친다 하니, 원하건대 저를 위해 설해주십시오."

向聚落城 至賢勝所 禮足圍遶 合掌恭敬 於一面立 白言 聖者 我已先發阿耨多羅三藐三菩提心 而未知菩薩云何學菩薩行 云何修菩薩道 我聞聖者 善能誘誨 願爲我說

무의처도량해탈(無依處道場解脫)

현승이 답했다.

"선남자여! 나는 보살의 해탈을 얻었으니, 이름이 무의처도량이며, 이미 스스로 깨우쳐 통달하고 차례를 좇아(復) 사람에게 설한다. 또 다함이 없는 삼매를 얻었기에 저 삼매의 법이 다함이 있고 다함이 없는 것이 아니나, 능히 모든 지혜의 성품(如來地性.二乘地性)으로서 눈을 출생하는 것이 다함이 없는 까닭이며, 또 능히 모든 지혜의 성품으로서 귀를 출생하는 것이 다함이 없는 까닭이며, 또 능히 모든 지혜의 성품으로서 코를 출생하는 것이 다함이 없는 까닭이며, 또 능히 모든 지혜의 성품으로서 혀를 출생하는 것이 다함이 없는 까닭이며, 또 능히 모든 지혜의 성품으로서 몸을 출생하는 것이 다함이 없는 까닭이며, 또 능히 모든 지혜의 성품으로서 뜻을 출생하는 것이 다함이 없는 까닭이며, 또 능히 모든 지혜의 성품으로서 공덕 파도를 출생하는 것이 다함이 없는 까닭이며, 또 능히 모든 지혜의 성품으로서 지혜 광명을 출생하는 것이 다함이 없는 까닭이며, 또 능히 모든 지혜의 성품으로서 빠른 신통을 출생하는 것이 다함이 없는 까닭이다."

賢勝答言 善男子 我得菩薩解脫 名無依處道場 旣自開解 復爲人說 又得無盡三昧

非彼三昧法有盡無盡 以能出生一切智性眼無盡故 又能出生一切智性耳無盡故 又能出生一切智性鼻無盡故 又能出生一切智性舌無盡故 又能出生一切智性身無盡故 又能出生一切智性意無盡故 又能出生一切智性功德波濤無盡故 又能出生一切智性智慧光明無盡故 又能出生一切智性速疾神通無盡故

"선남자여! 나는 단지 무의처도량해탈만을 알 뿐이다. 저 보살마하살들이 모든 것에 집착이 없는 공덕의 행을 내가 어떻게 다 알고 말할 수 있겠는가."

"선남자여! 남쪽에 섬이 하나 있으니, 이름이 '옥전(沃田)'이며, 그곳에 장자가 있으니, 이름이 '견고해탈'이다. 그대는 그에게 가서 보살이 어떻게 보살의 행을 배우는 것이며, 어떻게 보살의 도를 배우는 것이냐고 물어라."

善男子 我唯知此無依處道場解脫 如諸菩薩摩訶薩 一切無著功德行 而我云何盡能知說 善男子 南方有城 名爲沃田 彼有長者 名堅固解脫 汝可往 問菩薩云何學菩薩行 修菩薩道

이때 선재 동자는 현승의 발에 절하고 수없이 돌고는 우러러보면서 물러나 남쪽으로 떠났다.

爾時 善財禮賢勝足 遶無數帀 戀慕瞻仰 辭退南行

(47) 견고해탈 장자

선재 동자가 그 성에 이르러서는 장자에게 나아가 발에 예를 올리고 두루 돌고는 합장하고 공손히 섬기면서 한편에 서서 물어 말했다.

"성자여! 저는 이미 아뇩다라삼먁삼보리심을 일으켰지만, 보살이 어떻게 보살의 행을 배우는 것이며, 어떻게 보살의 도를 닦는 것인지 알지 못합니다. 제가 듣기로는 성자께서 선근으로 능히 가르친다 하니, 원하건대 저를 위해 설해주십시오."

到於彼城 詣長者所 禮足圍遶 合掌恭敬 於一面立 白言 聖者 我已先發阿耨多羅三藐三菩提心 而未知菩薩云何學菩薩行 云何修菩薩道 我聞聖者 善能誘誨 願爲我說

무착념청정장엄해탈(無著念淨莊嚴解脫)

견고해탈 장자가 대답했다.

"선남자여! 나는 보살의 해탈을 얻었으니, 이름이 '무착념청정장엄'이다. 나는 이 해탈을 얻고 난 후부터는 시방의 부처님이 계신 곳에서 바른 법을 구하여 쉬지 않았다."

"선남자여! 나는 단지 이 무착념청정장엄해탈만을 알 뿐이다. 보살마하살은 두려워할 것이 없음을 얻어 크게 사자 후를 하고 광대한 복과 지혜의 무더기에 편안하게 머문다. 이를 내가 어떻게 알 것이며, 그 공덕의 행을 말할 수 있겠는가."

長者答言 善男子 我得菩薩解脫 名無著念淸淨莊嚴 我自得是解脫已來 於十方佛所 勤求正法 無有休息 善男子 我唯知此無著念淨莊嚴解脫 如諸菩薩摩訶薩 獲無所畏大師子吼 安住廣大福智之聚 而我云何能知能說彼功德行

"선남자여! 이 성 중에 장자가 한 명 있으니, 이름이 '묘월'이며, 그 장자의 집에서는 늘 광명이 있다. 그대는 그에게 가서 보살이 어떻게 보살의 행을 배우며, 어떻게 보살의 도를 닦느냐고 물어라."

때맞춰 선재 동자는 견고 장자의 발에 절하고 수없이 돌다가 일을 마치고 물러갔다.

善男子 卽此城中 有一長者 名爲妙月 其長者宅 常有光明 汝可往 問菩薩云何學菩薩行 修菩薩道 時 善財童子 禮堅固足 遶無數帀 辭退而行

(48) 묘월 장자

묘월 장자의 처소에 이르러 발에 예를 올리고 두루 둘러싸고 돌고는 합장하고 공손히 섬기면서 한편에 서서 물어 말했다.

"성자여! 저는 이미 아뇩다라삼먁삼보리심을 일으켰지만, 보살이 어떻게 보살의 행을 배우는 것이며, 어떻게 보살의 도를 닦는 것인지 알지 못합니다. 제가 듣기로는 성자께서 선근으로 능히 가르친다 하니, 원하건대 저를 위해 설해주십시오."

向妙月所 禮足圍遶 合掌恭敬 於一面立 白言 聖者 我已先發阿耨多羅三藐三菩提心 而未知菩薩云何學菩薩行 云何修菩薩道 我聞聖者 善能誘誨 願爲我說

지광해탈(智光解脫)

묘월 장자가 답해 말했다.

"선남자여! 나는 보살의 해탈을 얻었으니, 이름이 '정지광명'이다."

"선남자여! 나는 단지 이 헤아릴 수 없는 지광해탈만을 알 뿐이다. 저 보살마하살이 헤아릴 수 없는 해탈의 법문을 증득한 것을 내가 어떻게 알 것이며, 그 공덕의 행을 말할 수 있겠는가."

"선남자여! 이 남쪽에 성이 있으니, 이름이 '출생'이며, 그곳에 장자가 있으니, 이름은 '무승군'이다. 그대는 그에게 가서 보살이 어떻게 보살의 행을 배우며, 어떻게 보살의 도를 닦느냐고 물어라."

이때 선재 동자는 묘월 장자의 발에 머리 숙여 예를 올리고는 수없이 돌다가 우러러보면서 일을 마치고 물러갔다.

妙月答言 善男子 我得菩薩解脫 名淨智光明 善男子 我唯知此智光解脫 如諸菩薩摩訶薩 證得無量解脫法門 而我云何能知能說彼功德行 善男子 於此南方 有城名出生 彼有長者 名無勝軍 汝詣彼 問菩薩云何學菩薩行 修菩薩道 是時 善財禮妙月足 遶無數帀 戀仰辭去

(49) 무승군 장자

그 성에 점차 이르러서는 무승군 장자가 있는 곳에 가서 발에 예를 올리고 둘러싸고 두루 돌다가 합장하고 공손히 섬기면서 한편에 서서 물어 말했다.

"성자여! 저는 이미 아뇩다라삼먁삼보리심을 일으켰지만, 보살이 어떻게 보살의 행을 배우는 것이며, 어떻게 보살의 도를 닦는 것인지 알지 못합니다. 제가 듣기로는 성자께서 선근으로 능히 가르친다 하니, 원하건대 저를 위해 설해주십시오."

漸向彼城 至長者所 禮足圍遶 合掌恭敬 於一面立 白言 聖者 我已先發阿耨多羅三藐三菩提心 而未知菩薩云何學菩薩行 云何修菩薩道 我聞聖者 善能誘誨 願爲我說

무진상해탈(無盡相解脫)

무승군 장자가 답해 말했다

"선남자여! 나는 보살의 해탈을 얻었으니, 이름이 '무진상'이며, 나는 이 보살의 해탈을 증득하여 헤아릴 수 없는 부처님을 뵙고 무진장을 얻었다."

"선남자여! 나는 단지 이 다함이 없는 무진상 해탈만을 알 뿐이다. 저 언덕의 보살마하살들는 헤아릴 수 없는 지혜와 막힘이나 걸림이 없는 지혜를 얻는다. 이러한 보살마하살의 일을 내가 어떻게 알며, 그 공덕의 행을 말할 수 있겠는가."

長者答言 善男子 我得菩薩解脫 名無盡相 我以證此菩薩解脫 見無量佛 得無盡藏 善男子 我唯知此無盡相解脫 如諸菩薩摩訶薩 得無限智 無礙辯才 而我云何能知能說彼功德行

"선남자여! 이 성 남쪽에 촌락이 하나 있으니, 이름이 '법'이며, 그 촌락에 바라문이 있으니, 이름이 '최적정'이다. 그대는 그에게 가서 보살이 어떻게 보살의 행을 배우며, 어떻게 보살의 도를 닦느냐고 물어라."

이때 선재 동자는 무승군 장자의 발에 머리 숙여 예를 올리고는 수없이 돌다가 우러러 보면서 일을 마치고 물러갔다.

善男子 於此城南 有一聚落 名之爲法 彼聚落中 有波羅門 汝詣彼 問菩薩云何學菩薩行 修菩薩道 時 善財童子 禮無勝軍足 遶無數帀 戀仰辭去

(50) 최적정 바라문

점차 남쪽으로 가다가 그 촌락에 이르렀고 최적정 바라문을 보고는 발에 예를 올리고 둘러싸고 돌다가 합장하고 공손히 섬기면서 한편에 서서 물어 말했다.

"성자여! 저는 이미 아뇩다라삼먁삼보리심을 일으켰지만, 보살이 어떻게 보살의 행을 배우는 것이며, 어떻게 보살의 도를 닦는 것인지 알지 못합니다. 제가 듣기로는 성자께서 선근으로 능히 가르친다 하니, 원하건대 저를 위해 설해주십시오."

漸次南行 詣彼聚落 見最寂靜 禮足圍遶 合掌恭敬 於一面立 白言 聖者 我已先發 阿耨多羅三藐三菩提心 而未知菩薩云何學菩薩行 云何修菩薩道 我聞聖者 善能誘

誨 願爲我說

성어해탈(誠語解脫)

최적정 바라문이 답해 말했다.
"선남자여! 나는 보살의 해탈을 얻었으니, 이름이 '성원어'이다. 과거, 현재, 미래의 보살이 이 말로 인하여 아뇩다라삼먁삼보리에서 물러나지 않으며, 이미 물러난 적도 없고 지금 물러남도 없고 장차 물러남도 없다."
"선남자여! 내가 성원어에 머무는 까닭으로 뜻으로 지어가는 것을 만족하게 이룬다."
"선남자여! 나는 단지 이 성어해탈 만을 알 뿐이다. 모든 보살마하살은 진실하게 원하는 말과 더불어 행함이 어그러지지 않으며, 말이 반드시 진실하기에 허망하지 않아서 헤아릴 수 없는 공덕이 이로부터 출생한다. 이러한 일을 내가 어떻게 알며, 어떻게 말할 수 있겠는가."

波羅門答言 善男子 我得菩薩解脫 名誠願語 過去 現在 未來菩薩 以是語故 乃至於阿耨多羅三藐三菩提 無有退轉 無已退 無現退 無當退 善男子 我以住於誠願語故 隨意所作 莫不成滿 善男子 我唯知此誠語解脫 如諸菩薩摩訶薩 與誠願語 行止無違 言必以誠 未曾虛妄 無量功德因之出生 而我云何能知能說

"선남자여! 이 남쪽에 성이 있으니, 이름이 '묘의화문'이며, 그곳에 동자가 있으니, 이름이 '덕생'이고 차례를 좇아(復) 동녀가 있으니, 이름이 '유덕'이다. 그대는 그에게 가서 보살이 어떻게 보살의 행을 배우며, 어떻게 보살의 도를 닦느냐고 물어라."

善男子 於此南方 有城名妙意華門 彼有童子 名曰德生 復有童女 名爲有德 汝詣彼 問菩薩云何學菩薩行 修菩薩道

이때 선재 동자는 법을 존중하면서 바라문의 발에 예를 올리고 수없이 돌다가 우러러 보면서 조용히 물러갔다.

時 善財童子 於法尊重 禮波羅門足 遶無數帀 戀仰而去

대방광불화엄경 제77권

39. 입법계품(18)
入法界品第三十九之十八

(51) 덕생 동자와 유덕 동녀

이때 선재 동자가 점차 남쪽으로 가다가 묘의화문성에 이르렀고 덕생 동자와 유덕 동녀를 보고는 그 발에 머리 숙여 예를 올리고 오른쪽으로 돌다가 앞에 서서 합장하고 공손하게 말했다.
"성자여! 저는 이미 아뇩다라삼먁삼보리심을 일으켰지만, 보살이 어떻게 보살의 행을 배우는 것이며, 어떻게 보살의 도를 닦는 것인지 알지 못합니다. 원하건대 불쌍하고 가엾이 여기어 저에게 설해주십시오."
爾時 善財童子 漸次南行 至妙意華門城 見德生 童子有德 童女頂禮 其足右遶畢已 於前合掌 而作是言 聖者 我已先發阿耨多羅三藐三菩提心 而未知菩薩云何學菩薩行 云何修菩薩道 唯願慈哀 願爲我說

이때 동자와 동녀가 선재에게 말했다.
"선남자여! 우리는 보살의 해탈을 증득하였으니, 이름이 '환주(幻住)'이다. 이 해탈을 얻은 까닭으로 모든 세계가 빠짐없이 다 허깨비처럼 머무는 것임을 아니, 이는 인연으로 생한 까닭이며, 모든 중생이 빠짐없이 다 허깨비처럼 머무는 것이니, 이는 업과 번뇌로 일어난 까닭이며, 모든 세간이 빠짐없이 다 허깨비처럼 머무는 것이니, 이는 무명과 있음과 사랑 등의 따위가 서로 인연이 되어 생기는 까닭이며, 모든 법이란 빠짐없이 다 허깨비처럼 머무는 것이니, 이는 '나'의 소견이라는 가지가지의 허깨비와 같은 인연으로 생기는 까닭이며, 모든 삼세가 빠짐없이 다 허깨비처럼 머무는 것이니, 이는 '나'라는 소견 따위의 거꾸로 뒤바뀐 지혜로 생기는 까닭이며, 모든 중생이 생기고 없어지는 나고 늙고 병들고 죽고 근심하고 슬퍼하고 괴로운 것이 빠짐없이 다 허깨비처럼 머무는 것이니, 이는 허망한 분별로 생기는 까닭이며, 모든 국토가 빠짐없이 다 허깨비처럼 머무는 것이니, 이는 생각이 뒤바뀌고 마음이 뒤바뀌고 소견이 뒤바뀌어 무명으로 나타나는 까닭이다."

"모든 성문과 벽지불이 빠짐없이 다 허깨비처럼 머무는 것이니, 이는 지혜로 분별하여 끊어내고 이루는 까닭이며, 모든 보살이 빠짐없이 다 허깨비처럼 머무는 것이니, 이는 스스로 조복시켜 중생을 가르쳐서 바른길로 이끄는 모든 행과 원으로 이루어지는 까닭이며, 모든 보살 대중의 모임이 변화와 조복과 모든 베푸는 일들이 빠짐없이 다 허깨비처럼 머무는 것이니, 이는 원과 지혜의 허깨비로 이루어진 까닭이다."

"선남자여! 허깨비와 같은 경계의 성품은 사람의 생각으로는 헤아려 알 수 없다."

時 童子 童女告善財言 善男子 我等證得菩薩解脫 名爲幻住 得此解脫故 見一切世界皆幻住 因緣所生故 一切衆生 皆幻住 業煩惱所起故 一切世間 皆幻住 無明有愛等展轉緣生故 一切法 皆幻住 我見等種種幻緣所生故 一切三世 皆幻住 我見等顚倒智所生故 一切衆生生滅生老病死憂悲苦惱 皆幻住 虛妄分別所生故 一切國土 皆幻住 想倒心倒見倒無明所現故 一切聲聞辟支佛 皆幻住 智斷分別所成故 一切菩薩 皆幻住 能自調伏敎化衆生諸行願法之所成故 一切菩薩衆會變化調伏諸所施爲皆幻住 願智幻所成故 善男子 幻境自性不可思議

"선남자여! 우리 두 사람은 단지 이 환주해탈 만을 알 뿐이다. 저 언덕의 모든 보살마하살은 끝없는 모든 일의 허깨비와 같은 그물의 선근(般若智.不生不滅.不垢不淨.不增不減.則阿耨多羅三藐三菩提)으로 들어간다. 이 공덕의 행을 우리가 어떻게 알며, 어떻게 말할 수 있겠는가."

善男子 我等二人 但能知此幻住解脫 如諸菩薩摩訶薩 善入無邊諸事幻網 彼功德行 我等云何能知能說

이때 동자와 동녀는 자기의 해탈을 말하고는 생각으로 헤아려 알 수 없는 모든 선근의 힘으로 선재 동자의 몸을 부드럽고 빛이 나게 하고 윤택하게 하고는 말했다.

"선남자여! 여기서 남쪽으로 해안이라는 나라가 있고 그곳에 대장엄 동산이 있으며, 그 안에 광대한 누각이 있으니, 이름이 '비로자나 장엄장'이다. 보살의 선근 과보를 좇아 생겼으며, 보살이 생각하는 힘, 원하는 힘, 자재한 힘, 신통한 힘으로 생겼으며, 보살의 섬세하고 능숙한 선근 방편으로 생겼으며, 보살의 복덕과 지혜로 생겼다."

時 童子童女 說自解脫 已以不思議諸善根力 令善財身 柔軟光澤 而告之言 善男子

於此南方 有國名海岸 有園名大莊嚴 其中有一廣大樓閣 名毘盧遮那莊嚴藏 從菩薩善根果報生 從菩薩念力 願力 自在力 神通力生 從菩薩善巧方便生 從菩薩福德智慧生

"선남자여! 생각으로 헤아려 알 수 없는 해탈에 머무는 보살은 크게 가엾이 여기는 마음으로 모든 중생을 위하여 이와 같은 경계를 나타내며, 이와 같은 장엄을 모으는 것이다."

"미륵보살마하살이 그 가운데 편안히 자리를 잡고 있으니, 이는 본래 태어났던 부모 권속과 모든 백성을 거두어주어 성숙하게 하고자 하는 까닭이며, 또 함께 태어남을 받고 수행하던 중생들을 저 대승 가운데서 견고함을 얻게 하고자 하는 까닭이며, 또 저 모든 중생이 머무는 지위를 따르고 선근을 따라서 모두 성취하게 하려는 까닭이며, 또 그대를 위하여 보살의 해탈문을 나타내 보이고자 하는 까닭이다."

"보살이 모든 곳에 두루두루 태어남을 받는 자재함을 나타내 보이려는 까닭이며, 보살이 가지가지의 몸으로 모든 중생 앞에 두루 나타나서 늘 가르치고 바른길로 이끄는 것을 나타내 보이려는 까닭이며, 보살이 크게 가엾이 여기는 힘으로 모든 세간의 재물을 널리 거두어주면서 싫어하지 않음을 보이려는 까닭이며, 보살이 모든 행을 갖추어 닦으면서도 모든 행이 모든 모양이나 상태에서 벗어남을 나타내 보이려는 까닭이며, 보살이 곳곳에서 태어남을 나타내 보이지만 모든 태어남이 모양이나 상태가 없는 것임을 분명하게 깨우쳐 아는 것을 나타내 보이려는 까닭이다."

"그대는 그에게 가서 보살이 어떻게 보살의 행을 행하는 것이며, 어떻게 보살의 도를 닦은 것이며, 어떻게 보살의 계율을 배우는 것이며, 어떻게 보살의 마음을 깨끗이 하는 것이며, 어떻게 보살의 원을 일으키는 것이며, 어떻게 보살의 도를 돕는 기구를 모으는 것이며, 어떻게 보살이 머무는 지위에 들어가는 것이며, 어떻게 보살의 바라밀을 만족하게 하는 것이며, 어떻게 보살의 남이 없는 법의 지혜(無生忍)를 얻는 것이며, 어떻게 보살의 공덕 법을 갖추는 것이며, 어떻게 보살로서 선지식을 섬기는지 물어라."

善男子 住不思議解脫菩薩 以大悲心 爲諸衆生 現如是境界 集如是莊嚴 彌勒菩薩摩訶薩 安處其中 爲欲攝受本所生處 父母 眷屬及諸人民 令成熟故 又欲令彼同受生同修行衆生 於大乘中 得堅固故 又欲令彼一切衆生 隨住地 隨善根 皆成就故 又欲爲汝 顯示菩薩解脫門故 顯示菩薩徧一切處 受生自在故 顯示菩薩以種種身 普現一切衆生之前 常教化故 顯示菩薩以大悲力 普攝一切世間自在 而不厭故 顯示菩薩具修諸行 知一切行離諸相故 顯示菩薩處處受生 了一切生皆無相故 汝詣彼 問菩薩云何行菩薩行 云何修菩薩道 云何學菩薩戒 云何淨菩薩心 云何發菩薩願 云何集菩薩

助道具 云何入菩薩所住地 云何滿菩薩波羅蜜 云何獲菩薩無生忍 云何具菩薩功德法 云何事菩薩善知識

"무슨 까닭인가 하면, 선남자여! 저 언덕의 보살마하살은 모든 보살의 행을 통달하였고 모든 중생의 마음을 분명하게 깨우쳐 알기에 그 앞에 나타나 가르치고 바른길로 이끌어서 조복하고 저 보살마하살은 모든 바라밀을 이미 만족하였고 모든 보살의 지위에 이미 머물고 있으며, 모든 보살의 지혜(忍)를 결정하고 이미 증득하였으며, 모든 보살의 지위에 이미 들어갔으며, 온전하게 갖춘 수기를 이미 받았고 모든 보살의 경계에 이미 이르렀으며, 모든 부처님의 신통한 힘을 얻었으며, 모든 여래가 일체 지혜의 감로 법수로 그 정수리에 물 부음을 받았다."

"선남자여! 저 언덕의 선지식은 능히 그대의 선근을 윤택하게 하고 능히 그대의 보리심을 거듭 더하고 늘리며, 능히 그대의 뜻을 견고하게 하고 능히 그대의 선근을 넉넉하게 보태고 능히 그대의 보살이 되는 뿌리를 자라게 하고 능히 그대에게 막힘이나 걸림 없는 법을 보이고 능히 그대가 보현의 지위에 들어가게 하며, 능히 그대를 위해 보살의 원을 설하고 능히 그대를 위해 보현의 행을 설하며, 능히 그대를 위하여 모든 보살의 행과 원으로 이룬 공덕을 설할 것이다."

何以故 善男子 彼菩薩摩訶薩 通達一切菩薩行 了知一切衆生心 常現其前 教化調伏 彼菩薩已滿一切波羅蜜 已住一切菩薩地 已證一切菩薩忍 已入一切菩薩位 已蒙授與具足記 已遊一切菩薩境 已得一切佛神力 已蒙一切如來以一切智甘露法水 而灌其頂 善男子 彼善知識 能潤澤汝諸善根 能增長汝菩提心 能見汝志 能益汝善 能長汝菩薩根 能示汝無礙法 能令汝入普賢地 能爲汝說菩薩願 能爲汝說普賢行 能爲汝說一切菩薩行願所成功德

"선남자여! 그대는 당연히 하나의 선근을 닦고 한 가지의 법을 비추고 한 가지의 행을 행하고 하나의 원을 일으키고 하나의 수기를 얻고 하나의 인(忍)에 머물면서 마지막까지 이르렀다는 생각을 내지 말고 한정된 분량의 마음으로 육도를 행하면서 십지에 머물러 부처님의 국토를 청정하게 하거나 선지식을 섬기지 말아야 한다."

"무슨 까닭인가 하면, 선남자여! 보살마하살은 당연히 헤아릴 수 없는 선근을 심어야 하고 당연히 헤아릴 수 없는 보리의 도구를 갖추어야 하고 당연히 헤아릴 수 없는 보리의 일을 닦아야 하고 당연히 헤아릴 수 없는 능숙한 회향을 배워야 하기 때문이다."

"당연히 헤아릴 수 없는 중생 세계를 가르치고 바른길로 이끌어야 하고 당연히 헤아릴 수 없는 중생의 마음을 알아야 하고 당연히 헤아릴 수 없는 중생의 근을 알아야 하고 당연히 헤아릴 수 없는 이해하는 식(識)을 알아야 하고 당연히 헤아릴 수 없는 중생의 행을 자세히 살펴보아야 하고 당연히 헤아릴 수 없는 중생을 조복시켜야 한다."

"당연히 헤아릴 수 없는 번뇌를 끊어야 하고 당연히 헤아릴 수 없는 업의 버릇을 깨끗이 해야 하고 당연히 헤아릴 수 없는 삿된 견해를 없애야 하고 당연히 헤아릴 수 없는 물든 마음을 제거해야 하고 당연히 헤아릴 수 없는 청정한 마음을 일으켜야 하고 당연히 헤아릴 수 없는 고통과 독화살을 빼내야 하고 당연히 헤아릴 수 없는 애욕의 바다를 마르게 해야 하고 당연히 헤아릴 수 없는 무명의 어둠을 깨트려야 하고 당연히 헤아릴 수 없는 '나'라는 교만한 산을 꺾어야 하고 당연히 헤아릴 수 없는 생사의 얽힘을 끊어야 하고 당연히 헤아릴 수 없는 모든 있음의 흐름, '나'라는 강을 건너야 하고 당연히 헤아릴 수 없는 태어남의 바다를 말려야 한다."

"당연히 헤아릴 수 없는 중생들이 오욕의 진흙탕에서 나오게 해야 하고 당연히 헤아릴 수 없는 중생들이 삼계의 감옥에서 벗어나게 해야 하고 당연히 헤아릴 수 없는 중생을 성스러운 길 가운데 두어야 한다."

"당연히 헤아릴 수 없는 탐욕의 행을 없애버려야 하고 당연히 헤아릴 수 없는 성내는 행을 청정하게 다스려야 하고 당연히 헤아릴 수 없는 어리석은 행을 꺾어서 깨트려야 하고 당연히 헤아릴 수 없는 마의 그물을 뛰어넘어야 하고 당연히 보살의 헤아릴 수 없는 욕망과 즐거움을 다스려야 하고 당연히 보살의 헤아릴 수 없는 방편을 더하고 늘려야 하며, 당연히 보살의 헤아릴 수 없는 거듭 위로 향하는 근을 출생하게 해야 하고 당연히 보살의 헤아릴 수 없는 결정하고 이해한 것을 밝고 깨끗이 해야 하고 당연히 보살의 헤아릴 수 없는 평등을 향해 들어가야 하고 당연히 보살의 헤아릴 수 없는 공덕을 청정하게 해야 하고 당연히 보살의 헤아릴 수 없는 모든 행을 닦아 다스려야 하고 당연히 보살의 헤아릴 수 없는 세간을 거스르지 않고 따르는 행을 나타내어 보여야 한다."

"당연히 헤아릴 수 없는 청정한 믿음의 힘을 나게 해야 하고 당연히 헤아릴 수 없는 정진의 힘에 머물게 해야 하고 당연히 헤아릴 수 없는 바르게 생각하는 힘을 청정히 해야 하고 당연히 헤아릴 수 없는 삼매의 힘을 원만히 해야 하고 당연히 헤아릴 수 없는 청정한 지혜의 힘을 일으켜야 하고 당연히 헤아릴 수 없는 뛰어난 이해의 힘을 견고히 해야 하고 당연히 헤아릴 수 없는 복덕의 힘을 모아야 하고 당연히 헤아릴 수 없는 지혜의 힘을 길러야 하고 당연히 헤아릴 수 없는 보살의 힘을 일으켜야 하고 당연히 헤아릴 수 없는 여래의 힘을 원만하게 해야 한다."

"당연히 헤아릴 수 없는 법문을 분별해야 하고 당연히 헤아릴 수 없는 법문을 청정히 해야 하고 당연히 헤아릴 수 없는 법의 광명을 낳게 해야 하고 당연히 헤아릴 수 없는 법을 비추어 밝게 해야 하고 당연히 헤아릴 수 없는 종류의 근을 비추어야 하고 당연히 헤아릴 수 없는 번뇌의 병을 알아야 하고 당연히 헤아릴 수 없는 빼어난 법의 약을 모아야 하고 당연히 헤아릴 수 없는 중생의 병을 치료해야 한다."

"당연히 헤아릴 수 없는 감로의 공양을 장엄하여 갖추어야 하고 당연히 헤아릴 수 없는 부처님 국토에 나아가야 하고 당연히 헤아릴 수 없는 모든 여래에게 공양해야 하고 당연히 헤아릴 수 없는 보살의 모임에 들어가야 하고 당연히 헤아릴 수 없는 모든 부처님의 가르침을 받아야 하고 당연히 헤아릴 수 없는 중생의 죄를 알아야 하고 당연히 헤아릴 수 없는 악도의 어려움을 없애야 하고 당연히 헤아릴 수 없는 중생을 선근의 도에 나게 해야 하고 당연히 사섭으로 헤아릴 수 없는 중생을 거두어야 한다."

"당연히 헤아릴 수 없는 총지문을 닦아야 하고 당연히 헤아릴 수 없는 큰 원의 문을 출생해야 하고 당연히 헤아릴 수 없는 큰 사랑과 큰 원의 힘을 닦아야 하고 당연히 부지런하게 헤아릴 수 없는 법을 구하는 일에 늘 쉼이 없어야 하고 당연히 헤아릴 수 없는 사유의 힘을 일으켜야 하고 당연히 헤아릴 수 없는 신통한 일을 일으켜야 하고 당연히 헤아릴 수 없는 지혜 광명을 청정히 해야 하고 당연히 헤아릴 수 없는 중생의 부류에 나아가야 하고 당연히 헤아릴 수 없는 제유, 곧 중생의 생을 받아야 하고 당연히 헤아릴 수 없는 차별의 몸을 나타내야 하고 당연히 헤아릴 수 없는 언사의 법을 알아야 한다."

"당연히 헤아릴 수 없이 차별하는 마음에 들어가야 하고 당연히 보살의 대 경계를 알아야 하고 당연히 보살의 큰 궁전에 머물러야 하고 당연히 보살의 깊고 깊은 빼어난 법을 자세히 살펴보아야 하고 당연히 보살의 알기 어려운 경계를 알아야 하고 당연히 보살의 행하기 어려운 모든 행을 행해야 하고 당연히 보살의 존중과 위덕을 갖추어야 하고 당연히 보살의 들어가기 어려운 바른 자리를 밟아야 하고 당연히 보살의 가지가지 모든 행을 알아야 하고 당연히 보살의 두루 한 신통의 힘을 나타내야 하고 당연히 보살의 평등한 법 구름을 받아들여야 하고 당연히 보살의 끝없는 행의 그물을 넓혀야 하고 당연히 보살의 끝없는 모든 바라밀을 원만히 해야 하고 당연히 보살의 헤아릴 수 없는 나누어진 수기를 받아들여야 하고 당연히 보살의 헤아릴 수 없는 인(忍)의 문에 들어가야 하고 당연히 보살의 헤아릴 수 없는 모든 지위를 다스려야 하고 당연히 보살의 헤아릴 수 없는 법문을 청정히 해야 하고 당연히 한 가지로 모든 보살이 끝없는 겁에 편안히 머물게 하여 헤아릴 수 없는 부처님께 공양하고 말할 수 없는 부처님 국토를 장엄하여 청정하게 해야 하고 말할 수 없는 보살의 원을 출생해야 한다."

"선남자여! 긴요한 점을 들어 말하면, 당연히 모든 보살의 행을 두루 닦아야 하고 당연히 모든 중생계를 두루 가르치고 바른길로 이끌어야 하고 당연히 모든 겁에 두루 들어가야 하고 당연히 모든 곳에 두루 생하여야 하고 당연히 모든 삼세를 두루 알아야 하고 당연히 모든 법을 두루 행하여야 하고 당연히 모든 세계를 두루 청정히 해야 하고 당연히 모든 원을 두루 원만히 해야 하고 당연히 모든 부처님께 두루 공양해야 하고 당연히 모든 보살의 원과 두루 함께하여야 하고 당연히 일체 모든 선지식을 두루 섬겨야 한다."

善男子 汝不應修一善 照一法 行一行 發一願 得一記 住一忍 生究竟想 不應以限量心 行於六度 住於十地 淨佛國土 事善知識 何以故 善男子 菩薩摩訶薩 應種無量諸善根 應集無量菩提具 應修無量菩提因 應學無量巧迴向 應化無量衆生界 應知無量衆生心 應知無量衆生根 應識無量衆生解 應觀無量衆生行 應調伏無量衆生 應斷無量煩惱 應淨無量業習 應滅無量邪見 應除無量雜染心 應發無量淸淨心 應發無量苦毒箭 應涸無量愛欲海 應破無量無明暗 應摧無量我慢山 應斷無量生死縛 應度無量諸有流 應竭無量受生海 應令無量衆生 出五欲淤泥 應使無量衆生 離三界牢獄 應置無量衆生 於聖道中 應消滅無量貪欲行 應淨治無量瞋恚行 應摧破無量愚癡行 應超無量魔網 應離無量魔業 應淨治菩薩無量欲樂 應增長菩薩無量方便 應出生菩薩無量增上根 應明潔菩薩無量決定解 應趣入菩薩無量平等 應淸淨菩薩無量功德 應修治菩薩無量諸行 應示現菩薩無量隨順世間行 應生無量淨信力 應住無量精進力 應淨無量正念力 應滿無量三昧力 應起無量淨慧力 應見無量勝解力 應集無量福德力 應長無量智慧力 應發起無量菩薩力 應圓滿無量如來力 應分別無量法門 應了知無量法門 應淸淨無量法門 應生無量法光明 應作無量法照耀 應照無量品類根 應知無量煩惱病 應集無量妙法藥 應療無量衆生疾 應嚴辨無量甘露供 應往詣無量佛國土 應供養無量諸如來 應入無量菩薩會 應受無量諸佛敎 應忍無量衆生罪 應滅無量惡道難 應令無量衆生生善道 應以四攝攝無量衆生 應修無量摠持門 應生無量大願門 應修無量大慈大願力 應勤求無量法 常無休息 應起無量思惟力 應起無量神通事 應淨無量智光明 應往無量衆生趣 應受無量諸有生 應現無量差別身 應知無量言辭法 應入無量差別心 應知菩薩大境界 應住菩薩大宮殿 應觀菩薩甚深妙法 應知菩薩難知境界 應行菩薩難行諸行 應具菩薩尊重威德 應踐菩薩難入正位 應知菩薩種種諸行 應現菩薩普徧神力 應受菩薩平等法雲 應廣菩薩無邊行網 應滿菩薩無邊諸度 應受菩薩無量記別 應入菩薩無量忍門 應治菩薩無量諸地 應淨菩薩無量法門 應同諸菩薩 安住無邊劫 供養無量佛 嚴淨不可說佛國土 出生不可說菩薩願 善男子 擧要

言之 應普修一切菩薩行 應普化一切衆生界 應普入一切劫 應普生一切處 應普知一切世 應普行一切法 應普淨一切刹 應普滿一切願 應普供一切佛 應普同一切菩薩願 應普事一切善知識

"선남자여! 그대는 선지식 구하기를 피곤해하거나 게을리하지 말아야 하고 선지식을 보는 일에 싫어하거나 만족함을 내지 말아야 하고 선지식에게 묻고 듣는 일에 노고를 아끼지 말아야 하고 선지식을 친근히 하는 일에 물러갈 생각을 내지 말아야 하고 선지식에게 공양하기를 쉬지 말아야 하고 선지식의 가르침을 받고 위아래가 바뀌지 말아야 하고 선지식의 행을 배우지만 의심하지 말아야 하고 선지식이 벗어나 나아가는 문을 널리 펴서 설함을 듣고 망설이지 말아야 하고 선지식의 번뇌를 따르는 행을 보고 의심하거나 불평을 내지 말아야 하고 선지식을 믿고 존경하는 마음을 내어 당연히 변하거나 바뀌지 말아야 한다."

"무슨 까닭인가 하면, 선남자여! 보살은 선지식으로 인하여 모든 보살의 모든 행을 듣고 모든 보살의 공덕을 성취하고 모든 보살의 큰 원을 출생하고 모든 보살의 선근을 이끌어 일으키고 모든 보살의 도를 돕는 일을 모으고 모든 보살의 법 광명을 열어서 밝히고 모든 보살의 벗어나 나아가는 문을 드러내 보이고 모든 보살의 청정한 계율을 닦고 모든 보살의 공덕 법에 머물고 모든 보살의 광대한 뜻을 청정하게 하고 모든 보살의 견고한 마음을 거듭 더하고 늘려야 한다."

"모든 보살의 다라니와 변재의 문을 온전하게 갖추고 모든 보살의 청정한 장을 얻고 모든 보살의 선정 광명을 내고 모든 보살의 특히 뛰어난 원을 얻고 모든 보살의 동일한 원에 머물고 모든 보살의 특히 뛰어난 법을 듣고 모든 보살이 비밀스러운 처를 얻고 모든 보살의 법 보배 섬에 이르고 모든 보살의 선근 싹을 거듭 늘게 하고 모든 보살의 지혜로운 몸을 자라게 하고 모든 보살의 깊고 비밀스러운 장을 보호하고 모든 보살의 복덕 덩어리를 가져야 한다."

"모든 보살이 태어나는 길을 청정하게 하고 모든 보살의 바른 법 구름을 받고 모든 보살의 큰 원의 길에 들어가고 모든 여래의 보리 과에 나아가고 모든 보살의 빼어난 행을 거두어 의지하게 하고 모든 보살의 공덕을 열어 보이고 모든 방처에 나아가 빼어난 법을 듣고 받아들이며, 모든 보살의 광대한 위덕을 찬탄하고 모든 보살의 큰 자비의 힘을 내고 모든 보살의 뛰어난 자재의 힘을 거두고 모든 보살의 보리 분법을 내고 모든 보살의 이익되는 일을 지어야 한다."

善男子 汝求善知識 不應彼倦 見善知識 勿生厭足 請問善知識 勿憚勞苦 親近善知識 勿懷退轉 供養善知識 不應休息 受善知識教 不應倒錯 學善知識行 不應疑惑 聞善知識演說出離門 不應猶豫 見善知識隨順煩惱行 勿生嫌怪 於善知識所 生深信尊敬心 不應變改 何以故 善男子 菩薩因善知識 聽聞一切菩薩諸行 成就一切菩薩功德 出生一切菩薩大願 引發一切菩薩善根 積集一切菩薩助道 開發一切菩薩法光明 顯示一切菩薩出離門 修學一切菩薩淸淨戒 安住一切菩薩功德法 淸淨一切菩薩廣大志 增長一切菩薩堅固心 具足一切菩薩陀羅尼辯才門 得一切菩薩淸淨藏 生一切菩薩定光明 得一切菩薩殊勝願 與一切菩薩同一願 聞一切菩薩殊勝法 得一切菩薩秘密處 至一切菩薩法寶洲 證一切菩薩善根芽 長一切菩薩智慧身 護一切菩薩深密藏 持一切菩薩福德聚 淨一切菩薩受生道 受一切菩薩正法雲 入一切菩薩大願路 趣一切如來菩提果 攝取一切菩薩妙行 開示一切菩薩功德 往一切方聽受妙法 讚一切菩薩廣大威德 生一切菩薩大慈悲力 攝一切菩薩勝自在力 生一切菩薩菩提分 作一切菩薩利益事

"선남자여! 보살은 선지식을 유지함으로 인하여 악의 부류에 떨어지지 않고 선지식을 거두어 받아들임으로 인하여 대승에서 물러서지 않고 선지식이 보호하려는 생각으로 인하여 보살이 계율을 범하지 않고 선지식이 지키고 보호함으로 인하여 악지식을 쫓아 따르지 않고 선지식이 보살피고 자라게 하는 것으로 인하여 보살의 법을 이지러지거나 상하게 하지 않고 선지식이 거두어 의지하게 하는 까닭으로 범부지를 초월하고 선지식의 가르침으로 인하여 이승지를 초월한다."

"선지식이 인도하는 까닭으로 세간에서 벗어나 나아감을 얻고 선지식이 길러 줌으로 인하여 세상의 법에 물들지 않고 선지식을 섬김으로 인하여 모든 보살의 행을 닦고 선지식께 공양하는 까닭으로 모든 도를 돕는 법을 갖추고 선지식을 친근히 하는 까닭으로 업과 번뇌에 좌절하지 않고 선지식을 믿는 까닭으로 세력이 견고하여 모든 마를 무서워하지 않고 선지식을 의지하는 까닭으로 모든 보리 분법(阿耨多羅三藐三菩提心 發現)을 거듭 더하고 늘린다."

"무슨 까닭인가 하면, 선남자여! 선지식은 능히 모든 막힘이나 걸림을 청정하게 하고 능히 모든 죄를 없애게 하고 능히 모든 어려움을 제거하게 하고 능히 모든 악한 짓을 멈추게 하고 능히 무명의 어둠을 깨트리게 하고 능히 모든 견해의 견고한 감옥을 무너트리게 하고 능히 생사의 성에서 나오게 하고 세속의 집을 버리게 하고 마의 그물을 찢어 버리게 하고 고통의 화살을 뽑아내게 하고 무지하고 험난한 곳에서 벗어나게 하고 삿된 소견의 큰 광야에서 나오게 하고 모든 흐름이 있는 곳을 건너게 하고 모든 삿된 길에서 벗어나게 한다."

"보리의 길을 보여주고 보살의 행에 편안히 머물게 하고 모든 지혜를 향해 나아가게 하고 지혜의 눈을 청정하게 하고 보리의 마음을 자라게 하고 크게 가엾이 여김을 내게 하고 빼어난 행을 널리 펴서 설하게 하고 바라밀을 말하게 하고 악지식을 물리치게 하고 모든 지위에 머물게 하고 모든 인(忍)을 얻게 하고 모든 선근을 닦아서 익히게 하고 모든 도 닦는 도구를 갖추게 하고 모든 큰 공덕을 베풀게 하고 모든 지혜의 자리, 일체 종지의 자리에 이르게 한다."

"기쁨과 즐거움으로 공덕을 모으게 하고 뛸 듯이 기뻐하면서 모든 행을 닦게 하고 깊고 깊은 이치에 들어가게 하고 벗어나 나아가는 문을 열어 보이게 하고 모든 악도의 길을 끊고 막아버리게 하고 법의 광명으로 비추게 하고 법 비로 윤택하게 하고 모든 의혹을 사라져 없어지게 하고 모든 소견을 버리게 하고 모든 부처님의 지혜를 자라게 하고 모든 부처님의 법문에 편안히 머물게 한다."

善男子 菩薩由善知識任持 不墮惡趣 由善知識攝受 不退大乘 由善知識護念 不毀犯菩薩戒 由善知識守護 不隨逐惡知識 由善知識養育 不缺減菩薩法 由善知識攝取 超越凡夫地 由善知識敎誨 超越二乘地 由善知識示導 得出離世間 由善知識長養 能不染世法 由承事善知識 修一切菩薩行 由供養善知識 具一切助道法 由親近善知識 不爲業惑之所摧伏 由恃怙善知識 勢力堅固 不怖諸魔 由依止善知識 增長一切菩提分法 何以故 善男子 善知識者 能淨諸障 能滅諸罪 能除諸難 能止諸惡 能破無明長夜黑暗 能壞諸見堅固牢獄 能出生死城 能捨世俗家 能截諸魔網 能拔衆苦箭 能離無智險難處 能出邪見大曠野 能度諸有流 能離諸邪道 能示菩提路 能敎菩薩法 能令安住菩薩行 能令趣向一切智 能淨智慧眼 能長菩提心 能生大悲 能演妙行 能說波羅蜜 能擯惡知識 能令住諸地 能令獲諸忍 能令修習一切善根 能令成辨一切道具 能施與一切大功德 能令到一切種智位 能令歡喜集功德 能令踊躍修諸行 能令趣入甚深義 能令開示出離門 能令杜絶諸惡道 能令以法光照耀 能令以法雨潤澤 能令消滅一切惑 能令捨離一切見 能令增長一切佛智慧 能令安住一切佛法門

"선남자여! 선지식은 자비로운 어머니와 같으니, 이는 부처의 종자를 출생하는 까닭이며, 자비로운 아버지와 같으니, 이는 광대하고 이익이 되게 하는 까닭이며, 유모와 같으니, 이는 지키고 보호하여 나쁜 짓을 짓지 않게 하는 까닭이며, 스승과 같으니, 이는 보살이 배워야 할 것을 보여주는 까닭이며, 선근으로 인도하는 것과 같으니, 이는 바라밀의 길을 보여주는 까닭이며, 좋은 의사와 같으니, 이는 능히 번뇌의 모든 병을 다스리는 까닭이며, 설산과 같으니, 이는 모든 지혜로운 약을 더하고 자라게 하는 까닭이며, 용맹한 장군과 같으니, 이는 모든 두려움을 제거하는 까닭이며, 강을 건네주는 손님과 같으니, 이는 생사의 거센 물줄기에서 나오게 하는 까닭이며, 뱃사공과 같으니, 이는 지혜로운 보배 섬에 이르게 하는 까닭이다."

"선남자여! 항상 이와 같은 바른 생각으로 당연히 모든 선지식을 사유해야 한다."

善男子 善知識者 如慈母 出生佛種故 如慈父 廣大利益故 如乳母 守護不令作惡故 如敎師 示其菩薩所學故 如善道 能示波羅蜜道故 如良醫 能治煩惱諸病故 如雪山 增長一切智藥故 如勇將 殄除一切怖畏故 如濟客 令出生死暴流故 如船師 令到智慧寶洲故 善男子 常當如是正念 思惟諸善知識

"차례를 따라(復次) 선남자여! 그대는 선지식을 받들어 섬김에 대지와 같은 마음을 일으켜야 하니, 이는 무거운 것을 짊어지지만 피로하거나 게으름이 없는 까닭이며, 당연히 금강과 같은 마음을 일으켜야 하니, 이는 뜻과 원이 견고하여 무너지지 않는 까닭이며, 당연히 철위산과 같은 마음을 일으켜야 하니, 이는 일체 모든 괴로움에 능히 움직임이 없는 까닭이며, 당연히 시중드는 마음과 같은 마음을 일으켜야 하니, 이는 가르친 모든 것을 거스르지 않고 따르는 까닭이며, 당연히 제자와 같은 마음을 일으켜야 하니, 이는 가르치는 일을 어기지 않은 까닭이며, 당연히 하인과 같은 마음을 일으켜야 하니, 이는 일체 모든 일을 싫어하지 않는 까닭이며, 당연히 자식을 기르는 어머니와 같은 마음을 일으켜야 하니, 이는 모든 괴로움을 받지만 괴롭다고 말하지 않는 까닭이며, 당연히 돈 받고 일하는 사람과 같은 마음을 일으켜야 하니, 이는 가르친 것을 따라 어기지 않는 까닭이며, 당연히 오물을 치우는 사람과 같은 마음을 일으켜야 하니, 이는 교만함을 벗어나는 까닭이며, 당연히 익은 곡식과 같은 마음을 일으켜야 하니, 이는 능히 스스로 낮추는 까닭이며, 당연히 순한 말과 같은 마음을 일으켜야 하니, 이는 악한 성품을 벗어나는 까닭이며, 당연히 큰 수레와 같은 마음을 일으켜야 하니, 이는 능히 무거운 짐을 옮기는 까닭이다."

"당연히 조화롭고 순하게 따르는 코끼리 같은 마음을 일으켜야 하니, 이는 늘 항복 받고 순하게 따르는 까닭이며, 당연히 수미산과 같은 마음을 일으켜야 하니, 이는 마음이 움직이거나 기울지 않는 까닭이며, 당연히 순한 개와 같은 마음을 일으켜야 하니, 이는 주인을 해하지 않는 까닭이며, 당연히 전다라, 천인과 같은 마음을 일으켜야 하니, 이는 교만함을 벗어난 까닭이며, 당연히 거세한 소와 같은 마음을 일으켜야 하니, 이는 성내는 일이 없는 까닭이며, 당연히 배와 같은 마음을 일으켜야 하니, 이는 가고 오는 일에 게으르지 않은 까닭이며, 당연히 교량, 다리와 같은 마음을 일으켜야 하니, 이는 건네주면서도 피곤한 줄을 모르는 까닭이며, 당연히 효자와 같은 마음을 일으켜야 하니, 이는 얼굴색을 받들어 순하게 따르는 까닭이며, 당연히 왕자와 같은 마음을 일으켜야 하니, 가르침의 명을 따라 행하는 까닭이다."

復次 善男子 汝承事一切善知識 應發如大地心 荷負重任 無疲倦故 應發如金剛心 志願堅固 不可壞故 應發如鐵圍山心 一切諸苦 無能動故 應發如給侍心 所有敎令皆隨順故 應發如如弟子心 所有訓誨無違逆故 應發如僮僕心 不厭一切諸作務故 應發如養母心 受諸勤苦不告勞故 應發如傭作心隨所受敎無違逆故 應發如除糞人心 離憍慢故 應發如已熟稼心 能低下故 應發如良馬心 離惡性故 應發如大車心 能運重故 應發如調順象心 恒伏從故 應發如須彌山故 不傾動故 應發如良犬心 不害主故 應發如旃茶羅心 離憍慢故 應發如犗牛心 無威怒故 應發如舟船心 往來不倦故 應發如橋梁心 濟渡忘疲故 應發如孝子心 承順顔色故 應發如王子心 遵行敎命故

"차례를 따라(復次) 선남자여! 그대는 당연히 내 몸이 병난 것과 같이 생각하고 선지식은 의사와 같다는 생각을 내고 말씀하는 법은 약과 같다는 생각을 하고 닦고 행함은 병을 제거한다는 생각을 내야 한다."

"또 자신의 몸은 당연히 멀리 간다는 생각을 내고 선지식은 길을 인도하는 스승이라는 생각을 내고 설한 법에 바른길이란 생각을 내고 닦는 행을 두고는 멀리 통달하는 생각을 내야 한다."

"또 당연히 자기의 몸은 건넘을 구한다는 생각을 내고 선지식는 뱃사공이라는 생각을 내고 설한 법은 배의 노라는 생각을 내고 닦고 행함은 언덕에 이른다는 생각을 내야 한다."

"또 당연히 자신의 몸은 곡식의 모종이란 생각을 내고 선지식은 용왕이라는 생각을 내고 설한 법은 때맞춰 내린 비라는 생각을 내고 닦고 행함은 성숙하다는 생각을 내야 한다."

"또 당연히 자기의 몸은 가난하다는 생각을 내고 선지식은 비사문의 왕이라는 생각을 내고 설한 법은 재보라는 생각을 내고 닦고 행함은 부자의 넉넉함이라는 생각을 내야 한다."

"또 당연히 자기의 몸은 제자라는 생각을 내고 선지식은 어질게 만들어 주는 장인이라는 생각을 내고 설한 법은 재주나 솜씨라는 생각을 내고 닦고 행함은 분명하게 깨우쳐 아는 것이라는 생각을 내야 한다."

"또 자기의 몸은 두려운 것이라는 생각을 내고 선지식은 용맹하다는 생각을 내고 설한 법은 무기라는 생각을 내고 닦고 행함은 원수를 깨트린다는 생각을 내야 한다."

"또 자기의 몸은 장사꾼이라는 생각을 내고 선지식은 길잡이라는 생각을 내고 설한 법은 보배라는 생각을 내고 닦고 행함은 주워 모은다는 생각을 내야 한다."

"또 자기의 몸은 아들이라 생각하고 선지식은 부모라 생각하고 설한 법은 살림살이라 생각하고 닦고 행함은 살림을 한다는 생각을 해야 한다."

"또 자기의 몸은 왕자라는 생각을 하고 선지식은 대신이라는 생각을 하고 설한 법은 왕의 명령이라 생각하고 닦고 행함은 왕관을 쓰는 것이라 생각을 하고 왕의 옷을 입는 것이라 생각을 하고 왕의 비단 띠를 매단다는 생각을 하고 왕의 궁전에 앉았다는 생각을 내야 한다."

復次 善男子 汝應於自身 生病苦想 於善知識 生醫王想 於所說法 生良藥想 於所修行 生除病想 又應於自身 生遠行想 於善知識 生導師想 於所說法 生正道想 於所修行 生遠達想 又應於自身 生求度想 於善知識 生船師想 於所說法 生舟楫想 於所修行 生到岸想 又應於自身 生苗稼想 於善知識 生龍王想 於所說法 生時雨想 於所修行 生成熟想 又應於自身 生貧窮想 於善知識 生毘沙門王想 於所說法 生財寶想 於所修行 生富饒想 又應於自身 生弟子想 於善知識 生良工想 於所說法 生技藝想 於所修行 生了知想 又應於自身 生恐怖想 於善知識 生勇健想 於所說法 生器仗想 於所修行 生破怨想 又應於自身 生商人想 於善知識 生導師想 於所說法 生珍寶想 於所修行 生捃拾想 又應於自身 生兒子想 於善知識 生父母想 於所說法 生家業想 於所修行 生紹繼想 又應於自身 生王子想 於善知識 生大臣想 於所說法 生王教想 於所修行 生冠王冠想 服王服想 繫王繒想 坐王殿想

"선남자여! 그대는 당연히 이와 같은 마음을 일으켜야 하며, 이와 같은 뜻을 지어 선지식을 친근히 해야 한다. 무슨 까닭이냐 하면, 이와 같은 마음으로 선지식을 가까이하면 그 뜻과 원이 영원히 청정함을 얻기 때문이다."

善男子 汝應發如是心 作如是意 近善知識 何以故 以如是心 近善知識 令其志願 永得清淨

"차례를 따라(復次) 선남자여! 선지식은 모든 선근을 자라게 하니, 비유하면 설산이 모든 약초를 자라게 하는 것과 같고 선지식은 부처님의 법 그릇이니, 비유하면 큰 바다가 많은 강물을 받아들이는 것과 같고 선지식은 공덕의 처이니, 비유하면 큰 바다에서 많은 보배가 나는 것과 같고 선지식은 보리심을 청정하게 하니, 비유하면 맹렬하게 타오르는 불이 진금을 불리는 것과 같다."

"선지식은 세간의 법을 초월해 나오는 것이니, 비유하면 수미산이 큰 바다에서 솟아나는 것과 같고 선지식은 세상의 법에 물들지 않으니, 비유하면 연꽃에 물이 묻지 않는 것과 같고 선지식은 모든 악을 받지 않으니, 비유하면 큰 바다가 시체를 잠기지 않게 하는 것과 같고 선지식은 흰 법을 거듭 더하고 키우니, 비유하면 보름달의 광명이 원만한 것과 같고 선지식은 법계를 밝게 비추니, 비유하면 밝은 해가 사천하를 비추는 것과 같고 선지식은 보살의 몸을 자라게 하니, 비유하면 부모가 아이를 기르는 것과 같다."

復次 善男子 善知識者 長諸善根 譬如雪山長諸藥草 善知識者 是佛法器 譬如大海吞納衆流 善知識者 是功德處 譬如大海出生衆寶 善知識者 淨菩提心 譬如猛火能鍊眞金 善知識者 出過世法 如須彌山出於大海 善知識者 不染世法 譬如蓮華不著於水 善知識者 不受諸惡 譬如大海不宿死屍 善知識者 增長白法 譬如白月光色圓滿 善知識者 照明法界 譬如盛日照四天下 善知識者 長菩薩身 譬如父母養育兒子

"선남자여! 요점을 말하면, 보살마하살이 그와 같이 선지식의 가르침을 따르면 열 가지 말할 수 없는 백천 억 나유타 공덕을 얻으며, 열 가지 말할 수 없는 백천 억 나유타 깊은 마음을 청정하게 하며, 열 가지 말할 수 없는 백천 억 나유타 보살의 선근을 자라게 하며, 열 가지 말할 수 없는 백천 억 나유타 보살의 힘을 청정하게 하며, 열 가지 말할 수 없는 백천 억 아승기의 막힘이나 걸림을 끊으며, 열 가지 말할 수 없는 백천 억 아승기 마의 경계를 초월하며, 열 가지 말할 수 없는 백천 억 아승기 법문에 들어가며, 열 가지 말할 수 없는 백천 억 아승기 도를 돕는 일을 만족하며, 열 가지 말할 수 없는 백천 억 아승기 빼어난 행을 닦으며, 열 가지 말할 수 없는 백천 억 아승기 큰 원을 일으키게 된다."

善男子 以要言之 菩薩摩訶薩 若能隨順善知識教 得十不可說百千億那由他功德 淨十不可說百千億那由他深心 長十不可說百千億那由他菩薩根 淨十不可說百千億那由他菩薩力 斷十不可說百千億阿僧祇障 超十不可說百千億阿僧祇魔境 入十不可說百千億阿僧祇法門 滿十不可說百千億阿僧祇助道 修十不可說百千億阿僧祇妙行 發十不可說百千億阿僧祇大願

"선남자여! 내가 차례를 좇아(復) 간략하게 모든 보살의 행과 모든 보살의 바라밀과 모든 보살의 지위와 모든 보살의 인과 모든 보살의 총지문과 모든 보살의 삼매 문과 모든 보살의 신통 지혜와 모든 보살의 회향과 모든 보살의 원과 모든 보살이 부처님 법을 성취하는 것이 모두 선지식의 힘으로 인한 것이니, 선지식을 근본으로 삼으며, 선지식을 의지하여 생하며, 선지식을 의지하여 나오며, 선지식을 의지하여 기르며, 선지식을 의지하여 머무르며, 선지식으로 인연이 되며, 선지식으로 능히 일으키고 일어난다."

善男子 我復略說 一切菩薩行 一切菩薩波羅蜜 一切菩薩地 一切菩薩忍 一切菩薩總持門 一切菩薩三昧門 一切菩薩神通智 一切菩薩迴向 一切菩薩願 一切菩薩成就佛法 皆由善知識力 以善知識 而爲根本 依善知識生 依善知識出 依善知識長 依善知識住 善知識爲因緣 善知識能發起

때맞추어 선재 동자는 선지식의 이와 같은 공덕이 헤아릴 수 없는 보살의 빼어난 행을 열어 보이고 헤아릴 수 없이 광대한 부처님의 법을 성취함을 듣고 기쁨에 뛰면서 덕생 동자와 유덕 동녀의 발에 머리 숙여 예를 올리고는 수 없이 돌다가 은근하게 우러러보면서 일을 마치고 물러갔다.

時 善財童子 聞善知識如是功德 能開示無量菩薩妙行 能成就無量廣大佛法 踊躍歡喜 頂禮德生及有德足 遶無量帀 慇勤瞻仰 辭退而去

(52) 미륵보살을 만남

이때 선재 동자는 선지식의 가르침으로 그 마음이 윤택해지고 바른 생각으로 모든 보살의 행을 사유하면서 해안국으로 향했다. 지난 세상에 부처님 앞에 예배하는 것을 닦지 않았음을 기억하고 곧바로 뜻을 일으켜 부지런히 행하였다.

차례를 좇아(復) 지난 세상에 몸과 마음이 청정하지 못했던 것을 기억하고 곧바로 뜻을 일으켜 스스로 깨끗하게 다스렸고 차례를 좇아(復) 지난 세상에 모든 나쁜 업을 지었던 것을 기억하고 곧바로 뜻을 일으켜 스스로 끊어내었고 차례를 좇아(復) 지난 세상에 모든 허망한 생각을 일으킨 것을 기억하고 곧바로 뜻을 일으켜 항상 바르게 사유하고 차례를 좇아(復) 지난 세상에 닦는 행이 단지 자신만을 위한 것임을 기억하고 곧바로 뜻을 일으켜 마음을 광대하게 하여 중생에게 두루 미치게 하고 차례를 좇아(復) 지난 세상에 욕심의 경계를 따라서 구하여 항상 스스로 써서 닳아 없어지고 좋은 맛이 없었음을 기억하고 곧바로 뜻을 일으켜 부처님 법을 수행하여 모든 근을 기르고 스스로 편안하게 하였다.

차례를 좇아(復) 지난 세상에 삿된 생각을 일으켜 거꾸로 뒤바뀌어 응하던 일을 기억하고 곧바로 뜻을 일으켜 바르게 보는 마음을 내어 보살의 원을 일으켰다.

차례를 좇아(復) 지난 세상에 밤낮으로 힘써서 모든 악한 일 지었음을 기억하고 곧바로 뜻을 일으켜 큰 정진을 내서 부처님 법을 성취하였다.

차례를 좇아(復) 지난 세상에 오취의 생을 받아 자신이나 남에게 이익이 없었음을 기억하고 곧바로 뜻을 일으켜 그 몸으로 중생에게 이익이 되도록 하고 부처님의 법을 성취하게 하며, 일체 모든 선지식을 받들어 섬기면서 이와 같음을 사유하고 큰 환희를 내게 하였다.

차례를 좇아(復) 이 몸이 생, 노, 병, 사라는 많은 괴로움의 집인 것임을 보고 미래의 겁이 다하도록 보살 도를 닦아서 중생을 가르쳐서 바른길로 이끌고 모든 여래를 보아서 부처님의 법을 성취하고 모든 부처님의 세계에 즐겁게 다니고 모든 법 스승을 받들어 섬기고 모든 부처님의 가르침에 머무르고 모든 법의 도반을 구하고 모든 선지식을 보고 일체 모든 불법을 모으고 모든 보살의 원과 지혜의 몸과 더불어 인연 짓기를 원하였다.

爾時 善財童子 善知識敎 潤澤其心 正念思惟諸菩薩行 向海岸國 自憶往世不修禮敬 卽時發意 勤力而行 復憶往世身心不淨 卽時發意 專自治潔 復憶往世作諸惡業 卽時發意 專自防斷 復憶往世起諸妄想 卽時發意 恒正思惟 復憶往世所修諸行 但爲自身 卽時發意 令心廣大 普及含識 復憶往世追求欲境 常自損耗 無有滋味 卽時發意 修行佛法 長養諸根 以自安隱 復憶往世起邪思念 顚倒相應 卽時發意 生正見心 起菩薩願 復憶往世日夜劬勞 作諸惡事 卽時發意 起大精進 成就佛法 復憶往世受五趣生 於自他身 皆無利益 卽時發意 願以其身 饒益衆生 成就佛法 承事一切諸善知識 如是思惟 生大歡喜 復觀此身 是生老病死衆苦之宅 願盡未來劫 修菩薩道 敎化衆生 見諸如來 成就佛法遊行一切佛刹 承事一切法師住持一切佛敎 尋求一切法侶 見一切善知識 集一切諸佛法 與一切菩薩願智身 而作因緣

이러한 생각을 할 때 생각으로 헤아려 알 수 없는 선근이 자라서 모든 보살을 믿고 존중하며, 희유하다는 생각을 내고 큰 스승이라는 생각을 내었으며, 모든 근이 청정해지고 선근의 법을 더하여 넉넉하게 하고 모든 보살에게 공경하고 공양함을 일으키고 모든 보살에게 허리를 굽혀 합장하고 모든 보살이 두루 보는 세간의 눈을 내어 모든 보살이 중생을 생각하는 두루 한 생각을 일으키고 모든 보살의 헤아릴 수 없는 원의 화신을 나타내고 모든 보살의 청정함을 찬탄하는 음성의 생각을 내었다.

과거, 현재의 일체 모든 부처님과 또한 모든 보살이 모든 곳에서 나타내 보임으로 도를 이루고 신통 변화를 보일 뿐만 아니라 한 털끝만 한 곳에도 두루두루 함을 보이고 또 청정한 지혜 광명의 눈을 얻어 모든 보살이 행하던 경계를 보고 그 마음은 시방세계의 그물에 들어가고 그 원은 허공 법계에 널리 두루 하여 삼세가 평등하고 쉬지 않았다. 이와 같은 모든 것이 다 선지식의 가르침을 들어서 믿고 받아들였기 때문이었다.

作是念時 長不思議無量善根 卽於一切菩薩 深信尊重 生希有想 生大師想 諸根淸淨 善法增益 起一切菩薩恭敬供養 作一切菩薩曲躬合掌 生一切菩薩普見世間眼 起一切菩薩普念衆生想 現一切菩薩無量願化身 出一切菩薩淸淨讚說音 想見過現一切諸佛及諸菩薩 於一切處 示現成道 神通 變化 乃至無有一毛端處 而不周徧 又得淸淨智光明眼 見一切菩薩所行境界 其心普入十方刹網 其願普徧虛空法界 三世平等 無有休息 如是一切 皆以信受善知識敎之所致耳

선재 동자가 이와 같은 존중과 이와 같은 공양과 이와 같은 칭찬과 이와 같은 자세하게 들여다보는 것과 이와 같은 원의 힘과 이와 같은 생각과 이와 같은 헤아릴 수 없는 지혜 경계로 비로자나 장엄 장의 큰 누각 앞에 오체를 투지하고 잠깐 사이에 생각을 거두어 사유로서 자세히 살펴서 들여다보고 깊은 믿음과 이해와 큰 원의 힘을 쓰는 까닭으로 모든 곳에 두루두루 한 지혜의 몸이 평등한 문에 들어갔다. 그리고는 그 몸을 두루 나타내어 모든 여래의 앞과 모든 보살의 앞과 모든 선지식의 앞과 모든 여래의 탑 앞과 모든 여래의 형상 앞과 모든 부처님과 보살이 계시는 처소의 앞과 모든 법보의 앞과 모든 성문, 벽지불 및 그들 탑묘의 앞과 모든 성스러운 대중의 복 밭 앞과 모든 부모와 존장의 앞과 모든 시방의 중생 앞에 있으면서 위에서 말한 것과 같이 존중하고 공손히 섬기어 예를 올리고 찬탄하면서 미래의 경계가 다 하도록 쉬지 않았다.

허공과 평등하기에 끝과 양이 없는 까닭이며, 법계와 같기에 막힘이나 걸림이 없는 까닭이며, 실상의 본바탕과 같기에 모든 곳에 두루두루 한 까닭이며, 여래와 평등하기에 분별이 없는 까닭이며, 마치 그림자와 같이 지혜를 따라 나타나는 까닭이며, 마치 꿈과 같이 생각을 좇아 일어나는 까닭이며, 마치 영상과 같이 모든 것을 보이는 까닭이며, 마치 메아리와 같이 인연으로 생기는 까닭이며, 생하는 일이 없으니, 서로 일어나고 없어짐을 반복하는 까닭이며, 성품이 없기에 인연을 따라 변하는 까닭이었다.

善財童子 以如是尊重 如是供養 如是偁讚 如是觀察 如是願力 如是想念 如是無量智慧境界 於毘盧遮那莊嚴藏大樓閣前 五體投地 暫時斂念 思惟觀察 以深信解 大願力故 入徧一切處智慧身平等門 普現其身 在於一切如來前 一切菩薩前 一切善知識前 一切如來塔廟前 一切如來形像前 一切諸佛諸菩薩住處前 一切法寶前 一切聲聞辟支佛及其塔廟前 一切聖衆福田前 一切父母尊者前 一切十方衆生前 皆如上說 尊重禮讚 盡未來際 無有休息 等虛空 無邊量故 等法界 無障礙故 等實際 徧一切故 等如來 無分別故 猶如影 隨智現故 猶如夢 從思起故 猶如像 示一切故 猶如響 緣所發故 無有生 遞興謝故 無有性 隨緣轉故

또 일체 모든 과보를 결정짓고 아는 일은 빠짐없이 업을 좇아 일어나고 일체 모든 결과는 빠짐없이 인을 좇아 일어나고 일체 모든 업은 빠짐없이 배워 익힌 기운을 좇아 일어나고 모든 부처님이 나시는 것은 믿음에서 일어나고 모든 변하여 나타나는 공양하는 일은 남김없이 다 결정한 깨우침을 좇아 일어나고 모든 부처님의 법은 선근을 좇아 일어나고 모든 변화한 몸은 방편을 좇아 일어나고 모든 불사는 큰 원을 좇아 일어나고 모든 보살이 닦는 모든 행은 회향을 좇아 일어났다.

모든 법계의 광대한 장엄은 모든 지혜의 경계를 좇아 일어나기에 견해를 끊어내고 벗어나니, 이는 회향을 아는 까닭이며, 항상 하다는 견해를 벗어나니, 이는 생하는 것이 없음을 아는 까닭이며, 인이 없다는 견해를 벗어나니, 이는 바른 인을 아는 까닭이며, 거꾸로 뒤바뀐 견해를 벗어나니, 이는 실상의 본바탕이 되는 이치를 아는 까닭이며, 자재한 견해를 벗어나니, 이는 타인을 말미암지 않는 것을 아는 까닭이며, '나'와 '남'이라는 견해를 벗어나니, 이는 원인과 결과로 일어나는 것을 아는 까닭이며, 가장자리가 있다는 견해를 벗어나니, 이는 법계가 끝없음을 아는 까닭이며, 오고 감의 견해를 벗어나니, 이는 영상과 같음을 아는 까닭이며, 있다 와 없다는 견해를 벗어나니, 이는 나지도 멸하지도 않음을 아는 까닭이며, 모든 법이라는 견해를 벗어나니, 이는 텅 비어 생함이 없음을 아는 까닭이며, 자재하지 않음을 아는 까닭이며, 원의 힘을 따라 출생하는 것임을 아는 까닭이며, 모든 모양이나 상태라는 견해를 벗어나니, 이는 모양이나 상태가 없는 경계에 들어간 까닭이다.

모든 법이란 종자가 싹을 내는 것과 같음을 아는 까닭이며, 인(印)은 글자를 내는 것과 같은 까닭이며, 바탕이 영상과 같음을 아는 까닭이며, 소리가 메아리와 같음을 아는 까닭이며, 큰 경계는 꿈과 같음을 아는 까닭이며, 업이란 허깨비 같음을 아는 까닭이며, 세상이 마음으로 나타냄을 분명하게 깨우쳐 아는 까닭이며, 결과와 원인으로 일어남을 분명하게 깨우쳐 아는 까닭이며, 과보란 업을 모은 것임을 분명하게 깨우쳐 아는 까닭이며, 일체 모든 공덕의 법이란 다 보살의 섬세하고 능숙한 선근 방편을 좇아 흘러나온 것임을 깨달아 아는 까닭이다.

又決定知一切諸報 皆從業起 一切諸果皆從因起 一切諸業皆從習起 一切佛興皆從信起 一切化現諸供養事 皆悉從於決定解起 一切化佛從敬心起 一切佛法從善根起 一切化身從方便起 一切佛事從大願起 一切菩薩所修諸行 從迴向起 一切法界廣大莊嚴 從一切智境界而起 離於斷見 知迴向故 離於常見 知無生故 離無因見 知正因故 離顚倒見 知如實理故 離自在見 知不由他故 離自他見 知從緣起故 離邊執見 知法界無邊故 離往來見 知如影像故 離有無見 知不生滅故 離一切法見 知空無生故 知不自在故 知願力出生故 離一切相見 入無相際故 知一切法如種生芽故 如印生文故 知質如像故 知聲如響故 知境如夢故 知業如幻故 了世心現故 了果因起故 了報業集故 了知一切諸功德法 皆從菩薩善巧方便 所流出故

선재 동자가 이와 같은 지혜에 들어가 단정한 마음과 청정한 생각으로 누각 앞에 온몸을 엎드려 은근하게 예를 올리니, 생각으로 헤아려 알 수 없는 선근이 몸과 마음에 흘러 들어와 상쾌해지고 기쁨에 가득 찼다.

땅에서 일어나 한결같은 마음으로 우러러보면서 잠깐이라도 한눈팔지 않고 합장을 하고는 헤아릴 수 없이 돌고 이 같은 생각을 하고 말했다.

"이 큰 누각은 텅 비고 모양이나 상태가 없으며, 원 없음을 아는 이가 머무는 곳이다. 모든 법에 분별이 없는 이가 머무는 곳이며, 법계가 차별이 없음을 깨우쳐 아는 이가 머무는 곳이며, 모든 중생이란 얻을 수 없음을 아는 이가 머무는 곳이며, 모든 법이란 남이 없음을 아는 이가 머무는 곳이며, 모든 세간에 집착하지 않는 이가 머무는 곳이며, 모든 굴택에 집착하지 않는 이가 머무는 곳이며, 모든 모이고 흩어짐을 좋아하지 않는 이가 머무는 곳이며, 모든 경계에 의지하지 않는 이가 머무는 곳이며, 모든 생각을 벗어난 이가 머무는 곳이며, 모든 법의 자성이 없음을 아는 이가 머무는 곳이며, 모든 분별의 업을 끊는 이가 머무는 곳이다."

"모든 생각과 마음과 뜻과 식을 벗어난 이가 머무는 곳이며, 모든 도에 들어가지도 않고 나가지도 않는 이가 머무는 곳이며, 모든 깊고 깊은 반야바라밀에 들어간 이가 머무는 곳이며, 능히 방편으로 보문 법계에 머무른 이가 머무는 곳이며, 모든 번뇌의 불을 없애고 쉬는 이가 머무는 곳이며, 위로 더하는 지혜로 모든 견해, 사랑, 교만함을 끊은 이가 머무는 곳이며, 모든 선정과 해탈과 삼매와 신통과 밝음을 내어 즐겁게 노니는 이가 머무는 곳이며, 모든 보살의 삼매 경계를 자세히 들여다보는 이가 머무는 곳이며, 모든 여래의 처소에 편안히 머무르는 이가 머무는 곳이며, 한 겁을 모든 겁에 들어가고 모든 겁으로 한 겁에 들어가지만, 그 모양이나 상태를 무너트리지 않는 이가 머무는 곳이며, 하나의 세계로 모든 세계에 들어가고 모든 세계를 하나의 세계에 들어가지만, 그 모양이나 상태를 무너트리지 않는 이가 머무는 곳이며, 하나의 법으로 모든 법에 들어가고 모든 법으로 하나의 법에 들어가지만, 그 모양이나 상태를 무너트리지 않는 이가 머무는 곳이다."

"한 명의 중생이 모든 중생에 들어가고 모든 중생으로 한 명의 중생에 들어가지만, 그 모양이나 상태를 무너트리지 않는 이가 머무는 곳이며, 한 분의 부처님이 모든 부처님으로 들어가고 모든 부처님이 한 분의 부처님에게 들어가지만, 그 모양이나 상태를 무너트리지 않는 이가 머무는 곳이며, 한 번의 생각 가운데 모든 삼세를 아는 이가 머무는 곳이며, 한 번의 생각 가운데 모든 국토에 나아가는 이가 머무는 곳이며, 모든 중생 앞에 남김없이 그 몸을 나타내는 이가 머무는 곳이며, 마음이 항상 모든 세간에 이익을 주는 이가 머무는 곳이며, 능히 일체 처에 두루 이르는 이가 머무는 곳이며, 비록 이미 모든 세간에서 나왔지만, 중생을 가르쳐 바른길로 이끌기 위한 까닭으로 항상 그 가운데 몸을 나타내는 이가 머무는 곳이다."

"모든 세계에 집착하지 않지만, 모든 부처님께 공양하기 위한 까닭으로 모든 세계에 즐겁게 노니는 이가 머무는 곳이며, 본처에서 움직이지 않고 모든 부처님 세계에 두루 나아가 장엄하는 이가 머무는 곳이며, 모든 부처님을 친근히 하지만, 부처님이라는 생각을 일으키지 않는 이가 머무는 곳이며, 모든 선지식을 익지하지만, 선지식이라는 생각을 일으키지 않는 이가 머무는 곳이며, 모든 마의 궁전에 머물지만, 욕의 경계에 집착하지 않는 이가 머무는 곳이며, 모든 마음의 생각에서 영원히 벗어난 이가 머무는 곳이며, 모든 중생 가운데 그 몸을 나타내지만, 나와 남이라는 두 가지 생각을 내지 않는 이가 머무는 곳이다."

"모든 세계에 두루 들어가지만, 법계에 대하여 차별된 생각이 없는 이가 머무는 곳이며, 원으로 미래의 모든 겁에 머물지만, 모든 겁이 길고 짧다는 생각이 없는 이가 머무는 곳이며, 하나의 털끝만 한 곳도 벗어나지 않으면서 모든 세계에 몸을 나타내는 이가 머무는 곳이며, 만나기 어려운 법을 능히 널리 펴서 설하는 이가 머무는 곳이다."

"알기 어려운 법과 매우 깊은 법과 둘이 없는 법과 모양이나 상태가 없는 법과 상대하여 다스릴 것이 없는 법과 얻을 것이 없는 법과 장엄 거리가 없는 법에 능히 머무는 이가 머무는 곳이며, 대자와 대비에 머무른 이가 머무는 곳이다."

"모든 이승의 지혜를 건넜으며, 모든 마의 경계를 초월하였고 세상 법에 물들지 않고 보살들이 이르는 언덕에 이르렀으며, 여래가 머무시는 곳에 머무른 이가 머무는 곳이며, 모든 형상을 벗어나지만, 또한 성문의 바른 지위에 들어가지 않고 비록 모든 법이 생이 없음을 분명하게 깨우쳐 알지만, 또한 무생의 법성에 머물지 않는 이가 머무는 곳이며, 비록 청정하지 않음을 자세히 보지만, 탐욕을 벗어난 법을 증득하지 않고 또한 탐욕과 더불어 하지 않으며, 비록 원인과 결과를 자세히 보지만, 어리석음을 벗어난 법을 증득하지 않고 또한 어리석음과 함께 하지 않는 이가 머무는 곳이다."

"비록 사선정에 머물지만, 선정을 따라 생하지 않고 비록 네 가지 헤아릴 수 없는 마음을 행하지만, 중생을 가르치고 바른길로 이끌기 위해 색계에 태어나지 않고 비록 사무색정을 닦지만, 크게 가엾이 여김으로 무색계에 머물지 않는 이가 머무는 곳이며, 비록 지관(止觀), 선정과 지혜를 닦지만, 중생을 가르치고 바른길로 이끌기 의한 까닭으로 밝은 해탈을 증득하지 않고 비록 버리는 일(마음에 집착이 없는 상태)을 행하지만, 중생을 가르쳐 바른길로 이끄는 일을 벗어나지 않는 이가 머무는 곳이며, 텅 빔을 자세히 들여다보면서도 텅 빈 견해를 내지 않고 모양이나 상태가 없음을 행하면서도 모양이나 상태에 집착하는 중생을 가르치고 바른길로 이끌고 원이 없음을 행하지만, 보리의 행과 원을 버리지 않는 이가 머무는 곳이다."

"모든 업과 번뇌로부터 자재하면서도 중생을 가르치고 바른길로 이끌기 위해 업과 번뇌를 거스르지 않고 따르며, 비록 생사가 없지만, 중생을 가르치고 바른길로 이끌기 위해 생사를 받으며, 비록 모든 부류에서 벗어났지만, 중생을 가르치고 바른길로 이끌기 위한 까닭으로 모든 부류에 들어가는 이가 머무는 곳이며, 비록 사랑을 행하지만, 모든 중생에게 이렇다 할 미련이 없으며, 비록 가엾이 여김을 행하지만, 모든 중생에게 집착이 없으며, 비록 기쁨을 행하지만, 괴로워하는 중생을 보면 항상 불쌍히 여기며, 버림을 행하지만, 다른 이에게 이익이 되게 하는 일을 막지 않는 이가 머무는 곳이다."

"비록 구계의 차례를 따른 선정을 하지만, 욕계에 태어남을 싫어하지도 않고 버리지도 않으며, 비록 모든 법이 나지도 않고 멸하지도 않음을 알지만, 실상의 본바탕이 되는 경계를 구하지 않고 비록 삼매 해탈문에 들었어도 성문의 해탈을 의지하지 않고 비록 사성제를 자세히 살펴서 들여다보고 있지만, 소승의 성스러운 결과에 머물지 않고 비록 깊고 깊은 원인과 결과를 자세히 들여다보지만, 마지막까지 적멸에 머물지 않고 비록 팔성도를 닦지만, 영원히 세간에서 벗어남을 구하지 않고 비록 범부의 지위를 초월하지만, 성문과 벽지불의 지위에 떨어지지 않고 비록 오온을 취해 자세히 살펴서 들여다보지만, 영원히 모든 온을 없애지 않고 비록 네 가지 마를 초월하지만, 모든 마를 분별하지 않고 비록 육처에 집착하지 않지만, 영원히 육처를 없애지 않고 비록 진여에 편안히 머물지만, 실상의 본바탕에 떨어지지 않고 비록 모든 승을 설하지만, 대승(大乘)을 버리지 않으니, 이 큰 누각은 이와 같은 모든 공덕에 머무르는 이가 머무는 곳이다."

　善財童子 入如是智 端心潔念 於樓觀前 擧體投地 慇懃丁隷 不思議善根流注身心 淸涼悅澤 從地而起 一心瞻仰 目不暫捨 合掌圍遶 經無量帀 作是念言 此大樓閣 是解空 無相 無願者之所住處 是於一切法 無分別者之所住處 是了法界差別者之所住處 是知一切衆生不可得者之所住處 是一切法無生者之所住處 是不著一切世間者之所住處 是不著一切窟宅者之所住處 是不樂一切聚落者之所住處 是不依一切境界者之所住處 是離一切想者之所住處 是知一切法無自性者之所住處 是斷一切分別業者之所住處 是離一切想心意識者之所住處 是不入不出一切道者之所住處 是入一切甚深般若波羅蜜者之所住處 是能以方便 住普門法界者之所住處 是息滅一切煩惱火者之所住處 是以增上慧 除斷一切見愛慢者之所住處 是出生一切諸禪解脫三昧通明而遊戲者之所住處 是觀察一切菩薩三昧境界者之所住處 是安住一切如來所之所住處 是以一劫 入一切劫 以一切劫 入一劫 而不壞其相者之所住處 是以一刹 入一切刹 以一切刹 入一刹 而不壞其相者之所住處 是以一法 入一切法 以一切法 入一法 而不壞其相者之所住處 是以一衆生 入一切衆生 以一切衆生 入一衆生 而不壞其相者之所住處 是以一佛 入一切佛 以一切佛 入一佛 而不壞其相者之所住處 是於一念中 而知一切三世者之所住處 是於一念中 往詣一切國土者之所住處 是於一切衆生前 悉現其身者之所住處 是心常利益一切世間者之所住處 是能徧至一切處者之所住處 是雖已出一切世間 爲化衆生故 而恒於中 現身者之所住處 是不著一切刹 爲供養諸佛故 而遊一切刹者之所住處 是不動本處 能普詣一切佛刹 而莊嚴者之所住處 是親近一切佛 而不起佛想者之所住處 是依止一切善知識 而不起善知識想者之所住處 是住一切魔宮 而不耽著欲境界者之所住處 是永離一切心想者之所住處 是雖於一切衆生中 而現其身 然於自他 不生二想者之所住處 是能普入一切世界 而於法界無差別想者之所住處 是願住未來一切劫 而於諸劫無長短想者之所住處 是不離一毛端處 而普現身一切世界者之所住處 是能演說難遭遇法者之所住處 是能住難知法 甚深法 無二法 無相法 無對治法 無所得法 無戲論法者之所住處 是住大慈大悲者之所住處 是已度一切二乘智 已超一切魔境界 已於世法無所染 已到菩薩所到岸 已住如來所住處者之所住處 是雖離一切諸相 而亦不入聲聞正位 雖了一切法無生 而亦

不住無生法性者之所住處 是雖觀不淨 而不證離貪法 亦不與貪欲俱 雖修於慈 而不
證離瞋法 亦不與瞋垢俱 雖觀緣起 而不證離癡法 亦不與癡惑俱者之所住處 是雖住
四禪 而不隨禪生 雖行四無量 爲化衆生故 而不生色界 雖修四無色定 以大悲故 而
不住無色界者之所住處 是雖勤修止觀 爲化衆生故 而不證明脫 雖行於捨 而不捨化
衆生事者之所住處 是雖觀於空 而不起空見 雖行無相 而常化著相衆生 雖行無願 而
不捨菩提行願者之所住處 是雖於一切業煩惱中 而得自在 爲化衆生故 而現隨順諸
業煩惱 雖無生死 爲化衆生故 示受生死 雖已離一切趣 爲化衆生故 示入諸趣者之所
住處 是雖行於慈 而於諸衆生 無所愛戀 雖行於悲 而於諸衆生 無所取著 雖行於喜
而觀苦衆生 心常哀愍 雖行於捨 而不廢捨利益他事者之所住處 是雖行九次第定 而
不厭離欲界受生 雖知一切法無生無滅 而不於實際作證 雖入三解脫門 而不取聲聞
解脫 雖觀四聖諦 而不住小乘聖果 雖觀甚深緣起 而不住究竟寂滅 雖修八聖道 而不
求永出世間 雖超凡夫地 而不墮聲聞 辟支佛地 雖觀五取蘊 而不永滅諸蘊 雖超出四
魔 而不分別諸魔 雖不著六處 而不永滅六處 雖安住眞如 而不墮實際 雖說一切乘
而不捨大乘 此大樓閣 是住如是等一切諸功德者之所住處

이때 선재 동자가 게송으로 말했다.
爾時 善財童子 而說頌言

此是大悲淸淨智 가엾이 여기는 큰마음의 청정한 지혜로
利益世間慈氏尊 자씨 존께서 세간에 이익이 되게 하고
灌頂地中佛長子 관정의 지위 가운데 부처님의 장자가
入如來境之住處 여래의 경계에 들어가 머무는 곳이라네.

一切名聞諸佛子 일체에서 이름을 들을 수 있는 모든 불자가
已入大乘解脫門 이미 대승이라는 해탈문에 들어가
遊行法界心無著 법계를 노닐며 다녀도 마음에 집착이 없기에
此無等者之住處 이 이상 더 할 수 없는 이가 머무는 곳이라네.

施戒忍進禪智慧 보시, 지계, 인욕, 정진, 선정, 지혜와
方便願力及神通 방편과 원의 힘 및 신통에 이르기까지

如是大乘諸度法 이와 같은 대승의 모든 바라밀 법은
悉具足者之住處 남김없이 다 온전하게 갖춘 이가 머무는 곳이라네.

智慧廣大如虛空 지혜가 광대하기는 허공과 같고
普知三世一切法 삼세의 모든 법을 두루 알며
無礙無依無所取 막힘이나 걸림 없고 의지할 것도 없고 취할 것도 없으나
了知有者之住處 있음을 깨달아 아는 이가 머무는 곳이라네.

善能解了一切法 선근으로 능히 모든 법이란 성품이 없고 생함이 없으며
無性無生無所依 의지할 것이 없다는 깨우침을 깨달아 알고
如鳥飛空得自在 허공에 새가 날 듯 자재한 것과 같이
此大智者之住處 큰 지혜 있는 이가 머무는 곳이라네.

了知三毒眞實性 세 가지 독의 진실한 성품과
分別因緣虛妄起 분별의 인연으로 허망함이 일어남을 깨달아 알고
亦不厭彼而求出 또한 구하여 나아가 저 언덕을 싫어하지 않는
此寂靜人之住處 적정의 사람이 머무는 곳이라네.

三解脫門八聖道 삼 해탈문과 팔성도와
諸蘊處界及緣起 모든 오온, 십이처, 십팔계와 모든 원인과 결과를
悉能觀察不趣寂 남김없이 다 들여다보고도 적정에 나가지 않는
此善巧人之住處 섬세하고 능숙한 선근의 사람이 머무는 곳이라네.

十方國土及衆生 시방의 국토 및 중생을
以無礙智咸觀察 막힘이나 걸림 없는 지혜로 모두 자세히 살펴서 들여다보고
了性皆空不分別 성품이 모두 텅 비어 분별이 없음을 분명하게 깨우쳐 아는
此寂滅人之住處 적멸의 사람이 머무는 곳이라네.

普行法界悉無礙 법계에 두루 행함에 모두 막힘이나 걸림이 없으나
而求行性不可得 행하는 성품을 구하려 해도 얻을 수 없으니
如風行空無所行 바람이 허공을 행함에 행하는 것이 없는 것과 같이

此無依者之住處 의지할 것이 없는 이가 머무는 곳이라네.

普見惡道群生類 악한 길 군생의 무리가
受諸楚毒無所歸 모든 독의 고통을 받고 돌아갈 곳이 없음을 두루 보고는
放大慈光悉除滅 큰 자비의 빛을 놓아 남김없이 제거해 없애니
此哀愍者之住處 가엾이 여기는 이가 머무는 곳이라네.

見諸衆生失正道 모든 중생이 바른길을 잃어버린 것이
譬如生盲踐畏途 비유하면 소경이 위험한 길을 가는 것과 같음을 보고
引其令入解脫城 그를 인도하여 해탈의 성에 들어가게 하는
此大導師之住處 대 도사가 머무는 곳이라네.

見諸衆生入魔網 모든 중생이 마의 그물에 들어가
生老病死常逼迫 생, 노, 병, 사에 늘 핍박받는 것을 보고
令其解脫得慰安 그들을 해탈시켜 위안을 얻게 하니
此勇健人之住處 용맹하고 튼튼한 사람이 머무는 곳이라네.

見諸衆生嬰惑病 모든 중생이 번뇌의 병에 얽매인 것을 보고
而興廣大悲愍心 가엾이 여기고 불쌍히 여기는 광대한 마음을 일으켜
以智慧藥悉除滅 지혜의 약으로 남김없이 다 제거해 없애주니
此大醫王之住處 큰 의사가 머무는 곳이라네.

見諸群生沒有海 모든 중생이 죽음의 바다에 빠져
沈淪憂迫受衆苦 근심과 핍박에 빠져들어 헤어나오지 못하고 많은 고통 받음을 보고
悉以法船而救之 남김없이 법의 배로 구원하니
此善度者之住處 선근으로 건네주는 이가 머무는 곳이라네.

見諸衆生在惑海 모든 중생이 의심의 바다에 있음을 보고
能發菩提妙寶心 보리의 빼어난 보배 마음을 일으켜
悉入其中而濟拔 그 가운데 들어가 어려움에서 남김없이 다 건지시니
此善漁人之住處 선근으로 물고기를 잡은 사람이 머무는 곳이라네.

恒以大願慈悲眼 늘 큰 원의 자비로운 눈으로
普觀一切諸衆生 일체 모든 중생을 두루 살펴보고
從諸有海而拔出 모든 있음의 바다에서 건져 내니
此金翅王之住處 금시조 왕이 머무는 곳이라네.

譬如日月在虛空 비유하면 해와 달이 허공에 있으면서
一切世間靡不燭 모든 세간을 비추는 것과 같이
智慧光明亦如是 지혜의 광명 또한 이와 같기에
此照世者之住處 세상을 비추는 이가 머무는 곳이라네.

菩薩爲化一衆生 보살이 한 명의 중생을 가르쳐 바른길로 이끌려고
普盡未來無量劫 미래의 헤아릴 수 없는 겁을 다하듯
如爲一人一切爾 한 사람을 위함과 같이 모두에게도 그러하니
此救世者之住處 세상을 구원하는 이가 머무는 곳이라네.

於一國土化衆生 한 국토의 중생을 바른길로 이끌려고
盡未來劫無休息 미래의 겁이 다하도록 휴식이 없듯이
一一國土咸如是 하나하나의 국토에도 이와 같으니
此堅固意之住處 견고한 뜻을 가진 이가 머무는 곳이라네.

十方諸佛所說法 시방의 모든 부처님이 설하시는 법을
一座普受咸令盡 한 자리에서 두루 받아 모든 정성을 들이듯
盡未來劫恒悉然 미래의 겁이 다하도록 늘 남김없이 다 그러하니
此智海人之住處 지혜로운 바다의 사람이 머무는 곳이라네.

徧遊一切世界海 모든 세계의 바다에 두루 노닐고
普入一切道場海 모든 도량의 바다에 두루 들어가
供養一切如來海 모든 여래의 바다에 공양하니
此修行者之住處 수행하는 이가 머무는 곳이라네.

修行一切妙行海 빼어난 모든 행의 바다를 수행하고

發起無邊大願海 끝없는 큰 원의 바다를 일으켜
如是經於衆劫海 이와 같은 많은 겁의 바다를 보내시니
此功德者之住處 공덕을 지닌 이가 머무는 곳이라네.

一毛端處無量刹 하나의 털끝에 헤아릴 수 없는 세계가 있고
佛衆生劫不可說 말할 수 없는 부처님과 중생의 겁이
如是明見靡不周 이와 같음을 분명하게 두루두루 보니
此無礙眼之住處 막힘이나 걸림 없는 눈을 지닌 이가 머무는 곳이라네.

一念普攝無邊劫 한 생각에 끝없는 겁을 두루 거두어
國土諸佛及衆生 국토와 모든 부처님 및 중생을
智慧無礙悉正知 막힘이나 걸림 없는 지혜로 남김없이 바르게 아니
此具德人之住處 덕을 갖춘 사람이 머무는 곳이라네.

十方國土碎爲塵 시방의 국토를 부수어 티끌로 만들고
一切大海以毛滴 모든 큰 바다가 털끝의 물방울처럼
菩薩發願數如是 보살이 일으킨 원의 수도 이와 같으니
此無礙者之住處 막힘이나 걸림 없는 이가 머무는 곳이라네.

成就摠持三昧門 총지와 삼매의 문과
大願諸禪及解脫 큰 원과 모든 선정 및 해탈을 성취하여
一一皆住無邊劫 하나하나 빠짐없이 다 끝없는 겁에 머무니
此眞佛子之住處 진실한 불자가 머무는 곳이라네.

無量無邊諸佛子 헤아릴 수 없고 끝없는 모든 불자가
種種說法度衆生 가지가지로 법을 설하여 중생을 건지고
亦說世間衆技術 또한 세간의 많은 기술을 말하니
此修行者之住處 수행하는 이가 머무는 곳이라네.

成就神通方便智 신통과 방편의 지혜를 성취하고
修行如幻妙法門 허깨비와 같은 빼어난 법문을 닦아 행하며

十方五趣悉現生 시방의 다섯 부류에 남김없이 태어나니
此無礙者之住處 막힘이나 걸림 없는 이가 머무는 곳이라네.

菩薩始從初發心 보살이 비로소 초발심을 좇아
具足修行一切行 모든 행을 온전하게 갖추고 수행하면서
化身無量徧法界 화신이 헤아릴 수 없는 법계에 두루 하니
此神力者之住處 신통의 힘을 지닌 이가 머무는 곳이라네.

一念成就菩提道 한 생각에 보리의 도를 성취하고
普作無邊智慧業 끝없는 지혜의 업을 두루 지으며
世情思慮悉發狂 세상의 정으로 사리 분별 모르고 일으킨 모든 것을 깊게 생각하니
此難量者之住處 헤아리기 어려운 이가 머무는 곳이라네.

成就神通無障礙 신통으로 막힘이나 걸림이 없음을 성취하고
遊行法界靡不周 노닐며 행함이 법계에 두루두루 하지만
其心未嘗有所得 그 마음은 일찍이 얻을 것이 없으니
此淨慧者之住處 청정한 지혜를 지닌 이가 머무는 곳이라네.

菩薩修行無礙慧 보살이 막힘이나 걸림 없는 지혜를 수행하고
入諸國土無所著 모든 국토에 들어가도 집착이 없으며
以無二智普照明 둘이 없는 지혜로 밝게 두루 비추니
此無我者之住處 내가 없는 이가 머무는 곳이라네.

了知諸法無依止 모든 법이란 의지할 것이 없고
本性寂滅同虛空 본래의 성품은 적멸하여 허공과 같음을 깨달아 알고
常行如是境界中 늘 이와 같은 경계 가운데를 행하니
此離垢人之住處 허물을 벗어난 이가 머무는 곳이라네.

普見群生受諸苦 중생이 모든 괴로움을 받는 것을 두루 보고
發大仁慈智慧心 크게 인자함과 지혜의 마음을 일으켜
願常利益諸世間 늘 모든 세간의 이익만을 원하니

此悲愍者之住處 불쌍하고 가엾이 여기는 이가 머무는 곳이라네.

佛子住於此 불자가 이곳에 머물면서
普現衆生前 중생 앞에 두루 나타남은
猶如日月輪 마치 해와 달의 바퀴와 같기에
徧除生死暗 생사의 어둠을 두루 제거한다네.

佛子住於此 불자가 이곳에 머물면서
普順衆生心 중생의 마음을 거스르지 않고 두루 따르며
變現無量身 헤아릴 수 없는 몸을 변화하여 나타내니
充滿十方刹 시방세계에 충만하다네.

佛子住於此 불자가 이곳에 머물면서
徧遊諸世界 모든 세계에
一切如來所 일체 여래가 계신 곳에 두루 노닐기를
無量無數劫 헤아릴 수 없고 수 없는 겁이라네.

佛子住於此 불자가 이곳에 머물면서
思量諸佛法 모든 부처님 법을 깊이 생각하여 헤아리기를
無量無數劫 헤아릴 수 없고 수 없는 겁이지만
其心無厭倦 그 마음은 싫어하거나 피곤함이 없다네.

佛子住於此 불자가 이곳에 머물면서
念念入三昧 생각과 생각마다 삼매에 들어가
一一三昧門 하나하나의 삼매 문에서
闡明諸佛境 모든 부처님의 경계를 열어 밝게 한다네.

佛子住於此 불자가 이곳에 머물면서
悉知一切刹 일체 세계의
無量無數劫 헤아릴 수 없고 수 없는 겁의
衆生佛名號 중생과 부처님의 이름을 남김없이 다 안다네.

佛子住於此 불자가 이곳에 머물면서
一念攝諸劫 한 생각에 모든 겁을 거두지만
但隨衆生心 단지 중생의 마음을 따를 뿐이며
而無分別想 분별하려는 생각은 없다네.

佛子住於此 불자가 이곳에 머물면서
修習諸三昧 모든 삼매를 닦고 익히며
一一心念中 하나하나의 마음속마다
了知三世法 삼세의 법을 깨달아 안다네.

佛子住於此 불자가 이곳에 머물면서
結跏身不動 결가부좌하고 앉아 몸을 움직이지 않고
普現一切刹 모든 세계와
一切諸趣中 일체 모든 부류 가운데 두루 나타낸다네.

佛子住於此 불자가 이곳에 머물면서
飮諸佛法海 모든 부처님의 법 바다를 마시고
深入智慧海 깊은 지혜의 바다에 들어가며
具足功德海 공덕의 바다를 온전하게 갖춘다네.

佛子住於此 불자가 이곳에 머물면서
悉知諸刹數 모든 부처 세계의 수와
世數衆生數 세상의 수와 중생의 수를 남김없이 다 아니
佛名數亦然 부처님의 이름 수도 또한 그렇다네.

佛子住於此 불자가 이곳에 머물면서
一念悉能了 한 생각에
一切三世中 모든 삼세 가운데의
國土之成壞 국토가 이루어지고 무너지는 것을 남김없이 다 분명하게 깨우쳐 안다네.

佛子住於此 불자가 이곳에 머물면서

普知佛行願 부처님의 행과 원과
菩薩所修行 보살이 수행하는 것과
衆生根性欲 중생의 근과 성품과 욕망을 두루 안다네.

佛子住於此 불자가 이곳에 머물면서
見一微塵中 하나의 아주 작은 티끌 가운데 있는
無量刹道場 헤아릴 수 없는 세계의 도량과
衆生及諸劫 중생 및 모든 겁을 본다네.

如一微塵內 하나의 작은 티끌 속과 같이
一切塵亦然 모든 티끌 또한 그러하기에
種種咸具足 가지가지를 다 온전하게 갖추고
處處皆無礙 처처마다 막힘이나 걸림이 없다네.

佛子住於此 불자가 이곳에 머물면서
普觀一切法 모든 법과
衆生刹及世 중생과 찰나의 시간 및 세상이
無起無所有 일어남이 없고 있는 것이 없음을 두루 들여다본다네.

觀察衆生等 중생이든
法等如來等 법이든 여래든
刹等諸願等 찰나의 시간이든 모든 원이든
三世悉平等 삼세는 남김없이 다 평등하다네.

佛子住於此 불자가 이곳에 머물면서
敎化諸群生 모든 중생을 가르치고 바른길로 이끌며
供養諸如來 모든 여래께 공양하고
思惟諸法性 모든 법의 성품을 실질적으로 두루 생각한다네.

無量千萬劫 헤아릴 수 없는 천만 겁 동안
所修願智行 닦는 원과 지혜의 행은

廣大不可量 광대하기에 헤아릴 수 없고
偁揚莫能盡 칭찬으로도 다 할 수 없다네.

彼諸大勇猛 저 모든 큰 용맹함은
所行無障礙 행하는 일에 막힘이나 걸림 없고
安住於此中 이 가운데 편안히 머무시기에
我合掌敬禮 나는 합장하고 공경하게 예를 올린다네.

諸佛之長子 모든 부처님의 장자인
聖德慈氏尊 성덕의 자씨존(미륵보살)이여
我今恭敬禮 내 이제 공손히 섬기어 예를 올리니
願垂顧念我 원하건대 저를 돌아보고 베풀어 주십시오.

이때 선재 동자가 이와 같은 모든 보살이 헤아릴 수 없이 칭찬하고 찬탄하는 법과 같이 비로자나 장엄 장 큰 누각에 계시는 모든 보살을 찬탄하고는 허리를 굽혀 합장하고 공손히 예를 올리며, 일심으로 미륵보살을 친근히 하고 공양하기를 원했다. 보니 미륵보살마하살이 다른 곳에서 오심을 좇아 헤아릴 수 없는 하늘, 용, 야차, 건달바, 아수라, 가루라, 긴나라, 마후라가 왕과 제석천왕, 범천왕, 사천왕과 본래 태어난 곳에 있던 헤아릴 수 없는 권속과 바라문과 수 없는 백천 중생들이 앞뒤로 둘러싸고 와서 장엄장 누각으로 향하는 것을 선재 동자가 보고는 기쁨에 뛰면서 땅에 엎드려 절했다.

爾時 善財童子 以如是等一切菩薩無量偁揚讚歎法 而讚毘盧遮那莊嚴藏大樓閣中諸菩薩已 曲躬合掌 恭敬頂禮 一心願見彌勒菩薩 親近供養 乃見彌勒菩薩摩訶薩 從別處來 無量天 龍 夜叉 乾闥婆 阿修羅 迦樓羅 緊那羅 摩睺羅伽 釋梵護世及本生處 無量眷屬婆羅門衆及餘無數百千衆生 前後圍遶 而共來 向莊嚴藏大樓觀所 善財見已 歡喜踊躍 五體投地

이때 미륵보살이 선재를 자세히 보고는 대중에게 가리켜 보이며 공덕을 찬탄하고 게송을 말했다.

時 彌勒菩薩 觀察善財 指示大衆 歎其功德 而說頌言

汝等觀善財 그대들은 선재를 보라.
智慧心淸淨 청정한 지혜의 마음으로
爲求菩提行 보리의 행을 구하기 위해
而來至我所 내가 있는 곳에 이르렀다네.

善來圓滿慈 선근으로 온 원만한 사랑과
善來淸淨悲 선근으로 온 가엾이 여기는 청정함과
善來寂滅眼 선근으로 온 적멸의 눈으로
修行無懈倦 수행하는 일에 게으르지 않다네.

善來淸淨意 선근으로 온 청정한 뜻과
善來廣大心 선근으로 온 광대한 마음과
善來不退根 선근으로 온 물러서지 않는 근으로
修行無懈倦 수행하는 일에 게으르지 않다네.

善來不動行 선근으로 온 동하지 않는 행으로
常求善知識 늘 선지식을 구하여
了達一切法 모든 법을 분명하게 깨우쳐 통달하고
調伏諸群生 모든 중생을 조복시킨다네.

善來行妙道 선근으로 온 빼어난 도의 행과
善來住功德 선근으로 온 공덕에 머무름과
善來趣佛果 선근으로 부처님의 과위에 나아가
未曾有疲倦 조금도 게으르지 않다네.

善來德爲體 선근으로 온 덕으로 체가 되고
善來法所滋 선근으로 온 법으로 더욱 번성하며
善來無邊行 선근으로 온 끝없는 행으로
世間難可見 세간에서는 보기 어렵다네.

善來離迷惑 선근으로 와서 미혹함을 벗어나고

世法不能染 세상의 법에 물들지 않으며
利衰毁譽等 이롭거나 쇠하거나 헐뜯거나 칭찬 등에
一切無分別 일체 분별이 없다네.

善來施安樂 선근으로 와서 편안한 즐거움을 베풀고
調柔堪受化 부드럽게 어울리며 바른 가르침을 받아
諂誑瞋慢心 아첨과 속임과 성냄과 교만한 마음
一切悉除滅 일체를 남김없이 제거해 없앤다네.

善來眞佛子 선근으로 온 진실한 불자는
普詣於十方 시방에 두루 이르고
增長諸功德 모든 공덕을 거듭 더하고 기르며
調柔無懈倦 부드럽게 화합하여 게으름이 없다네.

善來三世智 선근으로 온 삼세의 지혜는
徧知一切法 모든 법을 두루 알고
普生功德藏 공덕의 장을 두루 내어
修行不疲厭 수행하는 일에 피곤해하거나 싫어함이 없다네.

文殊德雲等 문수보살과 덕운 비구 등
一切諸佛子 일체 모든 불자가
令汝至我所 그대를 나에게 이르게 하였으니
示汝無礙處 그대에게 막힘이나 걸림 없는 처를 보인다네.

具修菩薩行 보살의 행을 갖추어 닦고
普攝諸群生 모든 중생을 두루 거두어주는
如是廣大人 이와 같은 광대한 사람이
今來至我所 지금 나에게 와 이르렀다네.

爲求諸如來 모든 여래의
淸淨之境界 청정한 경계를 구하기 위해

問諸廣大願 광대한 모든 원을 물으며
而來至我所 나의 처소로 와 이르렀다네.

去來現在佛 과거, 미래, 현재에 계신 부처님이
所成諸行業 이루신 모든 행과 업을
汝欲皆修學 그대가 빠짐없이 닦고 배우고자
而來至我所 나의 처소로 와 이르렀다네.

汝於善知識 그대는 선지식으로부터
欲求微妙法 섬세하고 빼어난 법을 구하고자
欲受菩薩行 보살의 행을 받고자
而來至我所 나의 처소로 와 이르렀다네.

汝念善知識 그대는 생각하길 선지식이
諸佛所俙歎 모든 부처님을 칭찬하고
令汝成菩提 그대가 보리를 이루도록 하기에
而來至我所 나의 처소로 와 이르렀다네.

汝念善知識 그대는 선지식이
生我如父母 부모와 같이 나를 낳고
養我如乳母 유모와 같이 나를 기르고
增我菩提分 나의 보리 분법을 늘게 하며
如醫療衆病 의사와 같이 많은 병을 치료하며
如天灑甘露 하늘에서 감로를 내림과 같으며
如日示正道 해와 같이 바른길을 보여주며
如月轉淨輪 달과 같이 청정한 바퀴를 굴리며
如山不動搖 산과 같이 동요하지 않으며
如海無增減 바다와 같이 늘고 줄지도 않으며
如船師濟渡 뱃사공과 같이 건네준다 생각하고
而來至我所 나의 처소로 와 이르렀다네.

汝觀善知識 그대가 선지식을 보면
猶如大猛將 마치 크게 용맹한 장수와 같고
亦如大商主 또한 큰 상주와 같고
又如大導師 또 대도사와 같음을 자세히 본다네.

能建正法幢 능히 바른 법 당기를 세우고
能示佛功德 능히 부처님 공덕을 보이고
能滅諸惡道 능히 모든 악도를 없애고
能開善趣門 능히 선근으로 가는 문을 열어주고
能顯諸佛身 능히 모든 부처님의 몸을 나타내고
能守諸佛藏 능히 모든 부처님의 장을 지키고
能持諸佛法 능히 모든 부처님의 법을 유지하기에
是故願瞻奉 이러한 까닭으로 원하건대 우러러 받든다네.

欲滿淸淨智 청정한 지혜를 가득하게 하고자
欲具端正身 단정한 몸을 갖추고자
欲生尊貴家 존귀한 집안에 태어나고자
而來至我所 나의 처소로 와 이르렀다네.

汝等觀此人 그대들은 이 사람을 자세히 보라.
親近善知識 선지식을 친근히 하고
隨其所修學 그들이 닦고 배운 것을 따라
一切應順行 모든 것에 응하고 거스르지 않고 따라 행한다네.

以昔福因緣 옛날 복의 인연으로
文殊令發心 문수보살이 마음을 일으키게 하여
隨順無違逆 거스르지 않고 따라 행하며 어기지 않고
修行不懈倦 수행에 게으르지 않았다네.

父母與親屬 부모와 친한 권속과
宮殿及財産 궁전 및 재산을

一切皆捨離 일체 모든 것을 다 버리고 벗어나
謙下求知識 겸손하게 낮추고 지식을 구한다네.

淨治如是意 이와 같은 뜻을 청정하게 다스리고
永離世間身 세간의 몸에서 영원히 벗어나
當生佛國土 당연히 부처님의 국토에 태어나
受諸勝果報 모든 뛰어난 과보를 받을 것이라네.

善財見衆生 선재 동자는 중생들이
生老病死苦 나고 늙고 병들고 죽는 고통을 보고
爲發大悲意 가엾이 여기는 큰마음을 일으켜
勤修無上道 위 없는 도를 부지런히 닦는다네.

善財見衆生 선재 동자는 중생들이
五趣常流轉 오취에 늘 돌고 돌아 흐르는 것을 보고
爲求金剛智 금강 지혜를 구하여
破彼諸苦輪 저 모든 고통의 바퀴를 깨트린다네.

善財見衆生 선재 동자는 중생들의
心田甚荒穢 마음 밭이 심하게 황폐하고 더러운 것을 보고
爲除三毒刺 삼독의 가시를 제거하기 위해
專求利智犂 오로지 이로운 지혜의 쟁기를 구한다네.

衆生處癡暗 중생이 어리석은 어둠에 처하고
盲冥失正道 눈이 어두워 바른길을 잃기에
善財爲導師 선재 동자가 길잡이가 되어
示其安隱處 편안하게 위로받는 곳을 보인다네.

忍鎧解脫乘 인욕이라는 갑옷과 해탈의 수레와
智慧爲利劍 지혜를 날카로운 검으로 삼아
能於三有內 삼계에 존재하는

破諸煩惱賊 모든 번뇌의 적을 깨트린다네.

善財法船師 선재는 법의 뱃사공으로
普濟諸含識 모든 중생을 두루 구제하여
令過爾焰海 불타오르는 바다를 지나서
疾至淨寶洲 빨리 청정한 보배 섬에 이르게 한다네.

善財正覺日 선재 동자는 바른 깨우침의 해이기에
智光大願輪 지혜의 광명과 큰 원의 바퀴로
周行法界空 텅 빈 법계를 두루 다니면서
普照群迷宅 중생의 미혹한 집(五蘊)을 두루 비춘다네.

善財正覺月 선재 동자는 바른 깨우침의 달이기에
白法悉圓滿 흰 법(不立五蘊中不離證得中)을 남김없이 다 원만하게 하고
慈定淸涼光 자비와 선정과 청량한 광명으로
等照衆生心 중생의 마음을 평등하게 비춘다네.

善財勝智海 선재 동자의 뛰어난 지혜의 바다는
依於直心住 곧은 마음에 머물러 의지하기에
菩提行漸深 보리의 행이 점점 깊어져서
出生衆法寶 많은 법 보배를 내어놓는 것이라네.

善財大心龍 선재 동자 마음의 큰 용이
昇於法界空 법계의 텅 빔에 올라가
興雲霔甘澤 구름을 일으키고 상쾌하고 단비를 내려
生成一切果 모든 열매를 이루어 낸다네.

善財然法燈 선재 동자가 법의 등불을 밝히니
信炷慈悲油 믿음의 심지와 자비의 기름과
念器功德光 생각의 그릇과 공덕의 빛으로
滅除三毒暗 삼독의 어둠을 제거해 없앤다네.

覺心迦羅邏 깨우침의 마음인 가라라(처음 태에 듦)와
悲胞慈爲肉 가엾이 여기는 태 주머니와 사랑의 살과
菩提分肢節 보리 분법인 팔다리는
長於如來藏 여래의 장에서 자라난다네.

增長福德藏 복덕의 장을 거듭 더하고 키우며
淸淨智慧藏 지혜의 장을 청정하게 하고
開顯方便藏 방편의 장은 열어서 드러내고
出生大願藏 큰 서원의 장을 출생한다네.

如是大莊嚴 이와 같은 큰 장엄으로
救護諸群生 모든 중생을 구원하고 보호하니
一切天人中 모든 하늘 사람 가운데서는
難聞難可見 듣기도 어렵고 보기도 어렵다네.

如是智慧樹 이와 같은 지혜의 나무는
根深不可動 뿌리가 깊기에 움직이지 않고
衆行漸增長 많은 행을 점차로 거듭 더하고 늘려서
普蔭諸群生 모든 중생을 두루 가려준다네.

欲生一切德 모든 덕을 내어놓고자
欲聞一切法 모든 법을 듣고자
欲斷一切疑 모든 의심을 끊고자 하여
專求善知識 오로지 선지식을 구한다네.

欲破諸惑魔 모든 의혹의 마군을 깨트리고자
欲除諸見垢 모든 견해의 허물을 제거하고자
欲解衆生縛 중생의 속박을 풀어주고자 하여
專求善知識 오로지 선지식을 구한다네.

當滅諸惡道 당연히 악한 도를 없애고
當示人天路 당연히 인간과 하늘의 길을 보이려고
令修功德行 공덕의 행을 닦아서
疾入涅槃城 열반의 성에 빨리 들어간다네.

當度諸見難 당연히 모든 견해의 어려움을 건너기 위해
當截諸見網 당연히 모든 견해의 그물을 끊어버리기 위해
當枯愛欲水 당연히 애욕의 물을 말리기 위해
當示三有道 당연히 삼유의 도를 보이기 위해
當爲世依怙 당연히 세간의 의지가 되고 믿음이 되기 위해
當作世光明 당연히 세간의 광명이 되기 위해
當成三界師 당연히 삼계의 스승을 이루어
示其解脫處 그 해탈한 처를 보인다네.

亦當令世間 또한 당연히 세간의
普離諸想著 모든 생각에서 두루 벗어나 집착하지 않고
普覺煩惱睡 번뇌의 잠에서 두루 깨어나
普出愛欲泥 애욕의 진흙에서 두루 나오게 한다네.

當了種種法 당연히 가지가지의 법을 분명하게 깨우쳐 알고
當淨種種剎 당연히 가지가지의 세계를 청정하게 하며
一切咸究竟 모든 것이 다 마지막까지 이르면
其心大歡喜 그 마음이 크게 즐겁고 기쁠 것이라네.

汝行極調柔 그대의 행이 매우 조화롭고 부드러우며
汝心甚淸淨 그대의 마음이 매우 청정하니
所欲修功德 닦고자 하는 공덕은
一切當圓滿 모든 것이 당연히 원만할 것이라네.

不久見諸佛 오래지 않아 모든 부처님을 뵙고
了達一切法 일체 법을 분명하게 깨우쳐 알며

嚴淨衆刹海 많은 세계 바다를 청정하게 장엄하여
成就大菩提 대 보리를 성취할 것이라네.

當滿諸行海 당연히 모든 행의 바다를 넉넉하게 하고
當知諸法海 당연히 모든 법의 바다를 알며
當度衆生海 당연히 중생의 바다를 건너기 위해
如是修諸行 이와 같은 모든 행을 닦는다네.

當到功德岸 당연히 공덕의 언덕에 이르고
當生諸善品 당연히 모든 선근을 내어
當與佛子等 당연히 불자들과 더불어 평등하기에
如是心決定 이와 같은 마음을 결정한다네.

當斷一切惑 당연히 모든 의심을 끊고
當淨一切業 당연히 모든 업을 청정하게 하여
當伏一切魔 당연히 모든 마를 항복 받고
滿足如是願 이와 같은 원을 만족하게 한다네.

當生妙智道 당연히 빼어난 지혜의 도를 내고
當開正法道 당연히 바른 법의 도를 열어
不久當捨離 오래지 않아 당연히
惑業諸苦道 의심의 업과 모든 고통의 길을 버리고 벗어난다네.

一切衆生輪 모든 중생의 바퀴가
沈迷諸有輪 미혹함에 잠겨 제유의 바퀴가 되니
汝當轉法輪 그대는 당연히 법의 바퀴를 굴려서
令其斷苦輪 그들이 고통의 바퀴를 끊게 해야 한다네.

汝當持佛種 그대는 당연히 부처님의 종자를 지니고
汝當淨法種 그대는 당연히 법의 종자를 청정하게 하며
汝能集僧種 그대는 능히 승가의 종자를 모아

三世悉周徧 삼세에 남김없이 두루두루 할 것이라네.

當斷衆愛網 당연히 많은 애욕의 그물을 끊고
當裂衆見網 당연히 많은 견해의 그물을 찢으며
當救衆苦網 당연히 많은 그물의 괴로움에서 구원하여
當成此願網 당연히 이 원의 그물을 이룬다네.

當度衆生界 당연히 중생의 세계를 제도하고
當淨國土界 당연히 국토의 세계를 청정히 하며
當集智慧界 당연히 지혜의 세계를 모아서
當成此心界 당연히 이 마음의 세계를 이룬다네.

當令衆生喜 당연히 중생을 기쁘게 하고
當令菩薩喜 당연히 보살을 기쁘게 하며
當令諸佛喜 당연히 모든 부처님을 기쁘게 하여
當成此歡喜 이 즐거움과 기쁨을 이룬다네.

當見一切趣 당연히 모든 부류를 보고
當見一切刹 당연히 모든 세계를 보며
當見一切法 당연히 모든 법을 보아서
當成此佛見 당연히 부처님 봄을 이룬다네.

當放破暗光 당연히 어둠을 깨트리는 광명을 놓고
當放息熱光 당연히 뜨거움을 쉬게 하는 광명을 놓으며
當放滅惡光 당연히 악함을 없애는 광명을 놓아서
滌除三有苦 삼유의 고통을 씻어서 제거한다네.

當開天趣門 당연히 하늘 부류의 문을 열고
當開佛道門 당연히 부처님 도의 문을 열며
當示解脫門 당연히 해탈문을 보여서
普使衆生入 중생들이 두루 들어가게 한다네.

當示於正道 당연히 바른 도를 보이고
當絶於邪道 당연히 삿된 도를 끊으며
如是勤修行 이와 같음을 부지런히 수행하면
成就菩提道 보리의 도를 성취한다네.

當修功德海 당연히 공덕의 바다를 닦고
當度三有海 당연히 삼유의 바다를 건너서
普使群生海 두루 중생의 바다를 좇아
出於衆苦海 많은 고통의 바다에서 나온다네.

當於衆生海 당연히 중생의 바다에서
消竭煩惱海 번뇌의 바다를 말려버리고
令修諸行海 모든 행의 바다를 닦아
疾入大智海 빨리 큰 지혜의 바다에 들어간다네.

汝當增智海 그대는 당연히 지혜의 바다를 거듭 더하고
汝當修行海 그대는 당연히 행의 바다를 닦아서
諸佛大願海 모든 부처님의 큰 원의 바다를
汝當咸滿足 그대가 당연히 다 만족한다네.

汝當入刹海 그대는 당연히 세계 바다에 들어가고
汝當觀衆海 그대는 당연히 중생 바다를 자세히 들여다보고
汝當以智力 그대는 당연히 지혜의 힘으로
普飮諸法海 모든 법 바다를 마신다네.

當覲諸佛雲 당연히 모든 부처님의 구름을 만나고
當起供養雲 당연히 공양 구름을 일으키며
當聽妙法雲 당연히 빼어난 법 구름을 듣고
當興此願雲 당연히 이 원의 구름을 일으킨다네.

普遊三有室 삼유의 집에서 두루 노닐고

普壞衆惑室 많은 의심의 집을 두루 무너뜨리고
普入如來室 여래의 집에 두루 들어가
當行如是道 당연히 이와 같은 도를 행한다네.

普入三昧門 삼매의 문에 두루 들어가고
普遊解脫門 해탈의 문에 두루 노닐며
普住神通門 신통한 문에 두루 머물면서
周行於法界 법계에 두루두루 행한다네.

普現衆生前 중생 앞에 두루 나타나고
普對諸佛前 모든 부처님 앞에 두루 마주하며
譬如日月光 비유하면 해와 달의 광명과 같이
當成如是力 당연히 이와 같은 힘을 이룬다네.

所行無動亂 행하는 일이 움직이거나 혼란스럽지 않고
所行無染著 행하는 일이 물들거나 집착이 없으며
如鳥行虛空 새가 허공에 날 듯이
當成此妙用 당연히 빼어난 쓰임새를 이룬다네.

譬如因陀網 비유하면 인타라 그물과 같이
刹網如是住 세계 그물은 이와 같음에 머무니
汝當悉往詣 그대는 당연히 남김없이 가 이르더라도
如風無所礙 바람과 같이 막힘이나 걸림이 없다네.

汝當入法界 그대는 당연히 법계에 들어가
徧往諸世界 모든 세계에 두루 가서
普見三世佛 삼세 부처님을 두루 뵙고
心生大歡喜 마음에 큰 즐거움과 기쁨을 낸다네.

汝於諸法門 그대는 모든 법의 문을
已得及當得 이미 얻었거나 당연히 얻을 것이니

應生大喜躍 응당 크게 뛸 듯한 기쁨을 내지만
無貪亦無厭 탐냄도 없고 또한 싫어함도 없다네.

汝是功德器 그대는 공덕의 그릇으로
能隨諸佛敎 능히 모든 부처님의 가르침을 따르고
能修菩薩行 능히 보살의 행을 닦은
得見此奇特 이러한 기특한 일을 볼 것이라네

如是諸佛子 이와 같은 불자는
億劫難可遇 억겁에라도 만나기 어려운 것을
況見其功德 하물며 그러한 공덕과
所修諸妙道 수행한 빼어난 모든 도를 볼 수 있겠는가.

汝生於人中 그대는 사람 가운데 태어나
大獲諸善利 모든 선근 이익을 크게 얻었기에
得見文殊等 문수보살 같은 이의
無量諸功德 헤아릴 수 없는 모든 공덕을 보는 것이라네.

已離諸惡道 이미 모든 악도에서 벗어났고
已出諸難處 이미 모든 어려운 곳에서 나왔으며
已超衆苦患 이미 많은 고통과 근심을 뛰어넘었으니
善哉勿懈怠 선근이로다. 게으르지 말아야 한다네.

已離凡夫地 이미 범부의 지위를 벗어났고
已住菩薩地 이미 보살의 지위에 머물렀으니
當滿智慧地 당연히 지혜의 지위를 만족하게 하고
速入如來地 빨리 여래의 지위에 들어가라.

菩薩行如海 보살의 행은 바다와 같고
佛智同虛空 부처님의 지혜는 허공과 같은 것을
汝願亦復然 그대의 원 역시 차례를 좇아 그러하니

應生大欣慶 응당 크게 기뻐하라.

諸根不懈倦 모든 근을 게을리하지 않고
志願恒決定 원하는 마음을 항상 결정하면서
親近善知識 선지식을 친근히 하면
不久悉成滿 오래지 않아 남김없이 다 넉넉하게 이룬다네.

菩薩種種行 보살의 가지가지 행은
皆爲調衆生 빠짐없이 다 중생을 조복시키는 것이니
普行諸法門 모든 법의 문을 두루 행하여
愼勿生疑惑 행여 의심과 미혹함을 내지 마라.

汝具難思福 그대는 생각하기 어려운 복과
及以眞實信 또 진실한 믿음을 갖추었으니
是故於今日 이러한 까닭으로 오늘 같은 날
得見諸佛子 모든 불자를 보는 것이라네.

汝見諸佛子 그대는 모든 불자가
悉獲廣大利 남김없이 광대한 이익을 얻고
一一諸大願 하나하나의 큰 원을
一切咸信受 모두 다 믿고 받아들임을 보라.

汝於三有中 그대는 삼유 가운데서
能修菩薩行 능히 보살의 행을 닦았기에
是故諸佛子 이러한 까닭으로 모든 불자가
示汝解脫門 그대에게 해탈문을 보이는 것이라네.

非是法器人 법 그릇이 아닌 사람은
與佛子同住 불자와 함께 같은 곳에 머물면서
設經無量劫 헤아릴 수 없는 겁을 지내더라도
莫知其境界 그 경계를 알지 못한다네.

汝見諸菩薩 그대가 모든 보살을 보고
得聞如是法 이와 같은 법을 들은 것은
世間甚難有 세간에서는 매우 어려운 일이니
應生大喜慶 응당 크게 기뻐하고 경사로 여겨라.

諸佛護念汝 모든 부처님이 그대를 보호해 생각하고
菩薩攝受汝 보살이 그대를 거두어주며
能順其敎行 능히 거스르지 않고 그 가르침을 따르니
善哉住壽命 선근이로다. 오래도록 머물 것이라네.

已生菩薩家 이미 보살의 집에 태어났고
已具菩薩德 이미 보살의 덕을 갖추었으며
已長如來種 이미 여래의 종자가 자랐으니
當昇灌頂位 당연히 관정의 지위에 오를 것이라네.

不久汝當得 오래지 않아 그대는 당연히 얻고
與諸佛子等 모든 불자와 같이 되어서
見苦惱衆生 고통받는 중생을 보고는
悉置安隱處 남김없이 편안하게 위로받는 곳에 둘 것이라네.

如下如是種 이와 같은 종자를 심으면
必獲如是果 반드시 이와 같은 열매를 거두니
我今慶慰汝 나는 지금 그대에게 기쁨과 위로를 하니
汝應大欣悅 그대는 응당 기쁘고 기뻐해라.

無量諸菩薩 헤아릴 수 없는 모든 보살이
無量劫行道 헤아릴 수 없는 겁 동안 도를 행하지만
未能成此行 능히 이 행을 이루지 못하는 것을
今汝皆獲得 그대는 지금 빠짐없이 다 얻었다네.

信樂堅進力 믿고 좋아하고 견고한 정진의 힘으로

善財成此行 선재 동자는 이러한 행을 이루었으니
若有敬慕心 그와 같은 공경과 사모하는 마음이 있다면
亦當如是學 또한 당연히 이와 같음을 배워야 한다네.

一切功德行 모든 공덕의 행은
皆從願欲生 빠짐없이 다 원하고 하고자 함을 좇아 생기는 것을
善財已了知 선재 동자가 이미 깨달아 알고
常樂勤修習 항상 즐겁게 부지런히 닦고 익힌다네.

如龍布密雲 용왕이 빽빽한 구름을 베푸는 것과 같이
必當霔大雨 반드시 당연히 큰 비를 내릴 것이니
菩薩起願智 보살이 소원과 지혜를 일으키면
決定修諸行 결정할 모든 행을 닦는다네

若有善知識 그와 같은 선지식이
示汝普賢行 그대에게 보현행을 보이거든
汝當好承事 그대는 당연히 기쁘게 받들어 섬기고
愼勿生疑惑 행여나 의심을 내지 마라.

汝於無量劫 그대는 헤아릴 수 없는 겁에
爲欲妄捨身 욕망을 위해 허망하게 몸을 버리더니
今爲求菩提 지금 보리를 구하기 위해
此捨方爲善 이렇게 버리는 것이 선근 방편이라네.

汝於無量劫 그대가 헤아릴 수 없는 겁 동안
具受生死苦 나고 죽은 고통을 갖추어 받느라고
不曾事諸佛 모든 부처님을 섬기어 받들지도 못하고
未聞如是行 이와 같은 행을 듣지 못했다네.

汝今得人身 그대는 지금 사람의 몸이 되어
値佛善知識 부처님과 선지식을 만나

聽受菩提行 보리의 행을 듣고 받아들였으니
云何不歡喜 어찌 즐겁고 기쁘지 않겠는가.

雖遇佛興世 비록 부처님이 세상에 나오심을 만나고
亦値善知識 역시 선지식을 만나더라도
其心不淸淨 그 마음이 청정하지 않으면
不聞如是法 이와 같은 법을 듣지 못한다네.

若於善知識 그와 같은 선지식을
信樂心尊重 믿고 좋아하며 마음으로 존중하고
離疑不疲厭 의심을 벗어나 싫어하거나 피로가 없어야지만
乃聞如是法 이와 같은 법을 듣는다네.

若有聞此法 그와 같은 법을 듣고
而興誓願心 서원의 마음을 일으키면
當知如是人 당연히 이와 같은 사람은
已獲廣大利 이미 광대한 이익을 얻는 것이라네.

如是心淸淨 이와 같은 마음이 청정하고
常得近諸佛 항상 모든 부처님을 가까이하며
亦近諸菩薩 또한 모든 보살을 가까이하면
決定成菩提 보리를 이루고 결정한다네.

若入此法門 그와 같이 이 법의 문에 들어가면
則具諸功德 곧 모든 공덕을 갖추고
永離衆惡趣 많은 악의 부류에서 영원히 벗어나
不受一切苦 모든 괴로움을 받지 않는다네.

不久捨此身 오래지 않아 이 몸을 버리고
往生佛國土 부처님의 국토에 태어나서
常見十方佛 항상 시방의 부처님과

及以諸菩薩 모든 보살을 볼 것이라네.

往因今淨解 지난 원인을 이제 청정하게 이해하고
及事善友力 또 선지식을 받든 일의 힘으로
增長諸功德 모든 공덕을 거듭 더하고 늘리는 일이
如水生蓮華 물 위에 연꽃이 나는 것과 같다네.

樂事善知識 선지식을 받들어 섬기기를 좋아하고
勤供一切佛 모든 부처님을 부지런히 공양하며
專心聽聞法 마음을 오로지하여 법을 듣고
常行勿懈倦 항상 행하면서 게으르지 마라.

汝是眞法器 그대는 참된 법의 그릇이기에
當具一切法 당연히 모든 법을 갖추고
當修一切道 당연히 모든 도를 닦으며
當滿一切願 당연히 모든 원을 넉넉하게 한다네.

汝以信解心 그대는 믿음과 이해의 마음으로
而來禮敬我 내게 와서 예를 올리고
不久當普入 오래지 않아 당연히
一切諸佛會 일체 모든 부처님의 모임에 들어갈 것이라네.

善哉眞佛子 선근이로다. 참 불자여!
恭敬一切佛 모든 부처님을 공경하니
不久具諸行 오래지 않아 모든 행을 갖추고
到佛功德岸 부처님의 공덕인 저 언덕에 이를 것이라네.

汝當往大智 그대는 당연히 큰 지혜가 있는
文殊師利所 문수사리의 처소로 가라.
彼當令汝得 그는 당연히 그대가
普賢深妙行 보현의 깊고 빼어난 행을 얻게 할 것이라네.

이때 미륵보살마하살이 모든 대중 앞에서 선재 동자의 큰 공덕 장을 칭찬하였다.

선재 동자는 이 게송을 듣고 기뻐 뛰면서 털이 곤두서고 슬피 울면서 흐느끼고 일어서서는 합장하고 공손히 섬기어 우러러보며, 헤아릴 수 없이 돌았다. 문수사리가 마음으로 생각하는 힘을 쓰는 까닭에 많은 꽃과 영락과 가지가지의 빼어난 보배가 알지 못하는 사이에 그 손에 가득하였다. 선재 동자가 환희하며, 미륵보살마하살 위에 받들어 흩뿌렸다.

爾時 彌勒菩薩摩訶薩 在衆會前 偁讚善財大功德藏 善財聞已 歡喜踊躍 身毛皆竪 悲泣哽噎 起立合掌 恭敬瞻仰 遶無量帀 以文殊師利心念力故 衆華瓔珞 種種妙寶 不覺忽然 自盈其手 善財歡喜 卽以奉散彌勒菩薩摩訶薩上

때맞추어 미륵보살이 선재 동자의 정수리를 만지며, 게송을 말했다.
時 彌勒菩薩 摩善財頂 爲說頌言

善哉善哉眞佛子 선근이로다. 선근이로다. 참 불자여!
普策諸根無懈倦 모든 근을 채찍질하여 게으름이 없으니
不久當具諸功德 오래지 않아 당연히 모든 공덕을 갖추고
猶如文殊及與我 문수가 나와 더불어 같을 것이라네.

때맞춰 선재 동자가 게송으로 답했다.
時 善財童子 以頌答曰

我念善知識 내 생각하니 선지식은
億劫難値遇 억겁을 보내도 만나기 어려운 것을
今得咸親近 이제 모두 친근함을 얻었기에
而來詣尊所 부처님의 처소에 이제야 이르렀다네.

我以文殊故 내가 문수보살과의 인연으로
見諸難見者 모든 보기 어려운 이를 보았으니
彼大功德尊 그 큰 공덕의 존을
願速還瞻覲 빨리 우러러 뵙고자 원합니다.

대방광불화엄경 제78권

39. 입법계품(19)
   入法界品第三十九之十九

이때 선재 동자가 합장 공경하고 미륵보살에게 거듭해서 물었다.

"대성이시여! 저는 이미 아뇩다라삼먁삼보리심을 일으켰으나, 보살이 어떻게 보살의 행을 배우는 것이며, 어떻게 보살의 도를 닦는지 알지 못합니다."

"대성이시여! 모든 여래께서 존자에게 수기를 주시면서 일생에 아뇩다라삼먁삼보리를 얻을 것이라고 하였습니다. 그와 같이 당연히 일생에 위 없는 보리를 얻는 것이라면, 이미 모든 보살이 머무는 곳을 초월하는 것이며, 보살이 생사를 벗어난 지위를 이미 지났으며, 모든 바라밀을 이미 원만하게 하고 일체 모든 인욕의 문에 이미 들어간 것이며, 모든 보살의 지위를 이미 온전하게 갖추고 모든 해탈의 문에서 즐거이 노니는 것이며, 모든 삼매의 법을 이미 성취하였으며, 보살의 행을 이미 통달하였겠습니다."

"모든 다라니 변재를 이미 증득하였으며, 모든 보살의 자재함 가운데 자재를 이미 얻었으며, 모든 보살의 도를 돕는 법을 이미 쌓아서 모았으며, 지혜와 방편으로 이미 즐거이 노닐었으며, 큰 신통의 지혜를 이미 내었으며, 모든 배워야 할 곳을 이미 성취하였으며, 모든 빼어난 행을 이미 원만하게 하였으며, 모든 큰 원을 이미 만족하였으며, 모든 부처님의 수기를 이미 받았으며, 모든 승의 문을 이미 알았으며, 모든 여래가 보호하며, 생각하심을 이미 받아들였으며, 모든 부처님의 보리를 이미 거두었겠습니다."

"모든 부처님의 법장을 이미 가졌으며, 모든 부처님과 보살의 비밀의 장을 이미 가졌으며, 모든 보살 대중 가운데서 이미 우두머리가 되었으며, 번뇌의 마군을 깨트리는 이미 큰 용장이 되었으며, 생사의 광야에서 나오는 대 도사가 이미 되었으며, 번뇌의 무거운 병을 다스리는 큰 의사가 이미 되었으며, 모든 중생 가운데서 가장 뛰어나게 되었으며, 모든 세간의 왕 가운데서 이미 자재함을 얻었겠습니다."

"모든 성인 가운데서 이미 가장 제일이 되었으며, 모든 성문과 독각 가운데서 이미 가장 높아졌으며, 생사의 바다 가운데서 이미 최고의 뱃사공이 되었으며, 모든 중생을 조복시키는 그물을 이미 폈으며, 모든 중생의 근기를 이미 자세히 살펴서 들여다보았으며, 모든 중생 세계를 이미 거두어주었으며, 모든 보살 대중을 이미 지키고 보호했으며, 모든 보살의 일을 이미 의논하였으며, 모든 여래의 처소에 이미 나아갔으며, 모든 여래의 모임에 이미 머물렀겠습니다."

"모든 중생의 앞에 이미 몸을 나타냈으며, 모든 세상의 법에 물들 것이 없으며, 모든 마의 경계를 이미 초월했으며, 모든 부처님의 경계에 이미 머물렀으며, 모든 보살의 막힘이나 걸림 없는 경지에 이미 이르렀으며, 일체 모든 부처님께 이미 부지런히 공양하였으며, 일체 모든 부처님의 법과 성품이 이미 같았으며, 부처님께서 정수리에 물 부어 주심을 이미 받았으며, 모든 지혜에 이미 머물렀으며, 모든 부처님 법을 이미 널리 내었으며, 모든 지혜의 지위에 빨리 나아갔겠습니다."

爾時 善財童子 合掌恭敬 重白彌勒菩薩摩訶薩言 大聖 我已先發阿耨多羅三藐三菩提心 而我未知菩薩云何學菩薩行 云何修菩薩道 大聖 一切如來授尊者記 一生當得阿耨多羅三藐三菩提 若一生當得無上菩提 則已超越一切菩薩所住處 則已出過一切菩薩離生位 則已圓滿一切波羅蜜 則已深入一切諸忍門 則已具足一切菩薩地 則已遊戲一切解脫門 則已成就一切三昧法 則已通達一切菩薩行 則已證得一切陀羅尼辯才 則已於一切菩薩自在中 而得自在 則已積集一切菩薩助道法 則已遊戲智慧方便 則已出生大神通智 則已成就一切學處 則已圓滿一切妙行 則已滿足一切大願 則已領受一切佛所記 則已了知一切諸乘門 則已堪受一切如來所護念 則已能攝一切佛菩提 則已能持一切佛法藏 則已能持一切諸佛菩薩秘密藏 則已能於一切菩薩衆中爲上首 則已能爲破煩惱魔軍大勇將 則已能作生死曠野大導師 則已能作治諸惑重病大醫王 則已能於一切衆生中爲最勝 則已能於一切世主中得自在 則已能於一切聖人中最第一 則已能於一切聲聞獨覺中最增上 則已能於生死海中爲船師 則已能布調伏一切衆生網 則已能觀一切衆生根 則已能攝一切衆生界 則已能守護一切菩薩衆 則已能談議一切菩薩事 則已能往詣一切如來所 則已能住止一切如來會 則已能現身一切衆生前 則已能於一切世法無所染 則已能超越一切魔境界 則已能安住一切佛境界 則已能到一切菩薩無礙境 則已能精勤供養一切佛 則已與一切諸佛法同體性 已繫妙法繒 已受佛灌頂 已住一切智 已能普生一切佛法 已能速踐一切智位

"대성이시여! 보살이 어떻게 보살의 행을 배우며, 어떻게 보살의 도를 닦아야 배우고 닦는 바를 따라 모든 부처님의 법을 빨리 온전하게 갖출 수 있는 것이며, 염려하는 중생들을 능히 제도할 수 있는 것이며, 세운 원을 두루 성취할 수 있는 것이며, 일으킨 행을 두루 끝낼 수 있는 것이며, 모든 사람과 하늘을 널리 위로할 수 있는 것이며, 저에 몸을 버리지 않으면서 삼보를 끊어지지 않게 하는 것이며, 모든 부처님과 보살의 종자를 헛되지 않게 하는 것이며, 모든 부처님의 법에 눈을 가질 수 있는 것인지, 이와 같은 등등의 일들을 빠짐없이 다 설해주십시오."

　　大聖 菩薩云何學菩薩行 云何修菩薩道 隨所修學 疾得具足一切佛法 悉能度脫所念衆生 普能成滿所發大願 普能究竟所起諸行 普能安慰一切天 人 不負自身 不斷三寶 不虛一切佛菩薩種 能持一切諸佛法眼 如是等事 願皆爲說

　　이때 미륵보살마하살이 도량에 모인 모든 대중을 자세히 살펴 들여다보고는 선재 동자를 가리키면서 말했다.
　　"모든 어진 자들이여! 그대들은 이 장자의 아들이 나에게 보살의 행과 공덕 묻는 것을 보고 있는가?"
　　"모든 어진 이들이여! 이 장자의 아들은 용맹하게 정진하고 뜻과 원은 혼잡스럽지 않으며, 깊은 마음이 견고하기에 늘 물러서지 않으며, 뛰어난 희망을 갖추어 머리에 붙은 불을 끄듯이 만족하지 않으며, 선지식을 좋아하여 친근히 하고 공양하며, 곳곳에서 찾고 구하여 받들어 섬기고 법을 청한다."
　　"모든 어진 이들이여! 이 장자의 아들은 옛적에 복성에서 문수보살의 가르침을 받고 점차 남쪽으로 오면서 선지식을 찾았으며, 1백 1십의 선지식을 만난 뒤에 나의 처소에 이르렀으며, 일찍이 잠깐이라도 게으른 생각을 내지 않았다."

　　爾時 彌勒菩薩摩訶薩 觀察一切道場衆會 指示善財 而作是言 諸仁者 汝等見此長者子 今於我所 問菩薩行諸功德不 諸仁者 此長者子 勇猛精進 志願無雜 深心堅固 恒不退轉 具勝希望 如救頭然 無有厭足 樂善知識 親近供養 處處尋求承事請法 諸仁者 此長者子 曩於福城 受文殊敎 展轉南行 求善知識 經由一百一十善知識已 然後而來 至於我所 未曾暫起一念疲懈

　　"모든 어진 이들이여! 이 장자의 아들은 매우 드무니, 대승을 향해 나아가고 큰 지혜를 타고 큰 용맹을 일으키며, 가엾이 여기는 큰마음으로 중생을 구원하고 보호하며, 큰 정진 바라밀 행을 일으키며, 큰 장사의 주인이 되어 중생들을 보호하고 큰 법의 배가 되어 모든 있음의 바다를 건너게 해주며, 큰 도에 머무르면서 큰 법보를 모으고 모든 광대한 도를 돕는 법을 닦으니, 이와 같은 사람은 듣기도 어렵고 보기도 어렵고 친근하기도 어렵고 함께 살고 함께 행하기가 어렵다."

"왜 그런가 하면, 이 장자의 아들은 모든 중생을 구원하고 보호하려는 마음을 일으키어, 모든 중생이 모든 괴로움에서 해탈하게 하며, 모든 악의 부류을 뛰어넘게 하며, 모든 험난함에서 벗어나게 하며, 무명의 어둠을 깨트리게 하며, 생사의 광야에서 벗어나게 하며, 모든 윤회에서 벗어나 쉬게 하며, 마의 경계를 건너게 하며, 세간의 법에 집착하지 않게 하고 욕심의 수렁에서 헤어나오게 하며, 탐욕의 굴레를 끊게 하며, 소견의 속박을 풀게 하고 생각의 굴택을 헐게 하고 아득한 길을 끊게 하고 교만함의 당기를 꺾게 하고 의혹의 화살을 빼버리게 하고 졸음의 뚜껑을 벗겨 버리고 애욕의 그물을 찢고 무명을 없애며, 생사의 강을 건너게 하며, 아첨의 허깨비를 벗어나게 하고 마음의 허물을 청정하게 하고 어리석은 번뇌를 끊고 생사에서 벗어나게 한다."

諸仁者 此長者子 甚爲難有 趣向大乘 乘於大慧 發大勇猛 擐大悲甲 以大慈心 救護衆生 起大精進波羅蜜行 作大商主 護諸衆生 爲大法船 度諸有海 住於大道 集大法寶 修諸廣大助道之法 如是之人 難可得聞 難可得見 難得親近 同居共行 何以故 發心救護一切衆生 令一切衆生 解脫諸苦 超諸惡趣 離諸險難 破無明闇 出生死野 息諸趣輪 度魔境界 不著世法 出欲淤泥 斷貪鞅 解見縛 壞想宅 絶迷道 摧慢幢 拔惑箭 撤睡蓋 裂愛網 滅無明 度有流 離諂幻 淨心垢 斷癡惑 出生死

"모든 어진 이들이여! 이 장자의 아들은 네 개의 강에 정처 없이 헤매 도는 이를 위해 큰 법이라는 배를 만들고 소견의 수렁에 빠진 이를 위해서는 법이라는 다리를 놓고 밤에 헤매는 어리석은 이를 위해서는 지혜의 등불을 켜고 생사의 광야에 다니는 이를 위해서는 성스러운 길을 가리켜 보이고 어리석은 번뇌 중병에 든 자를 위해서는 법이 야을 조화롭게 만들고 나고 늙고 죽음에 고통을 받는 이를 위해서는 감로수를 먹여 편안하게 하고 탐욕과 성냄과 어리석은 불길에 들어간 이들을 위해서는 선정의 물을 부어 맑고 서늘하게 하고 근심 걱정이 많은 이에게는 위로하여 편안하게 하고 감옥에 있는 죄수에게는 밝게 가르쳐서 나오게 하고 견해의 그물에 빠진 이에게는 지혜의 검으로 열어주고 삼계의 성에 머무는 이에게는 모든 해탈의 문을 보여주고 험난한 곳에 있는 이에게는 편안하게 위로받을 수 있는 곳으로 이끌고 묶임을 두려워하는 도둑에게는 두려움 없는 법을 내주고 악의 부류에 떨어진 이에게는 자비의 손을 내주고 오온의 이롭지 못함을 품은 이에게는 열반의 성을 보여주고 18계의 뱀에 얽히고설킨 이에게는 성인의 길을 이해하게 하고 육처에 대한 집착으로 텅 빔에 떨어진 이는 지혜의 빛으로 이끌어 나오게 하고 삿된 구원에 머무는 이에게는 바른 구원에 들어가게 하고 악한 벗을 가까이하는 이에게는 선한 벗을 보여주고 범부를 좋아하는 이에게는 성인의 법을 가르치고 생사에 집착하는 이에게는 모든 지혜의 성에 들어가게 한다."

諸仁者 此長者子 爲被四流漂泊者 造大法船 爲被見泥沒溺者 立大法橋 爲被癡暗昏迷者 然大智燈 爲行生死曠野者 皆是聖道 爲嬰煩惱衆病者 調和法藥 爲遭生老死苦者 飮以甘露 令其安隱 爲入貪恚癡火者 沃以定水 使得淸涼 多憂惱者 慰諭使安 繫有獄者 曉誨令出 入見網者 開以智劍 住界城者 示諸脫門 在險難者 導安隱處 懼結賊者 與無畏法 墮惡趣者 授慈悲手 拘害蘊者 示涅槃城 界蛇所纏 解以聖道 著於六處空聚落者 以智慧光 引之令出 住邪濟者 令入正濟 近惡友者 示其善友 樂凡法者 誨以聖法 著生死者 令其趣入一切智城

"모든 어진 이들이여! 이 장자의 아들은 늘 이러한 행으로 중생을 구원하고 보호하며, 보리심을 일으켜 쉬지 않으며, 대승의 길을 구하는 일에 게으르지 않고 모든 법의 물을 마심에 싫어하거나 만족해하지 않으며, 도를 돕는 행을 늘 부지런히 쌓아 모으고 모든 법의 문을 청정하게 하길 좋아하고 보살의 행을 닦아 정진을 버리지 않고 모든 원과 선근 행의 방편을 원만하게 이루고 선지식을 보는 일에 만족해할 줄 모르고 선지식을 섬기기에 몸이 피곤한 줄을 모르고 선지식의 가르침을 듣고 늘 즐겁게 거스르지 않고 행하면서 하나라도 어긴 적이 없다."

諸仁者 此長者子 恒以此行 救護衆生 發菩提心 未嘗休息 求大乘道 曾無懈倦 飮諸法水 不生厭足 恒勤積集助道之行 常樂淸淨一切法門 修菩薩行 不捨精進 成滿諸願 善行方便 見善知識 情無厭足 事善知識 身不疲懈 聞善知識 所有教誨 常樂順行 未曾違逆

"모든 어진 이들이여! 그와 같은 중생이 아뇩다라삼먁삼보리심을 일으키면 이는 매우 드문 일이고 그와 같은 마음을 일으키고 또 능히 이와 같은 정진과 방편으로 모든 부처님의 법을 익히면, 이는 곱절이나 드문 일이다. 또 이와 같은 보살의 도를 구하고 또 이와 같은 보살의 행을 청정하게 하고 또 이와 같은 선지식을 섬기고 또 이와 같은 머리가 불타는 것을 구원하고 또 이와 같은 선지식의 가르침을 거스르지 않고 따르며, 또 이와 같은 견고한 행을 닦고 또 이와 같은 보리 분법을 모으고 또 이와 같은 모든 명성과 이로움을 구하지 않고 또 이와 같은 다른 것이 섞이지 않은 순수한 보살의 마음을 버리지 않고 또 이와 같은 가택을 좋아하지 않고 즐기고자 함에 집착하지 않고 부모나 친척, 아는 사람들을 그리워하지 않고 단지 보살의 짝이 되는 동무를 구하며, 또 이와 같은 몸과 목숨을 돌아보지 않고 단지 모든 지혜의 길을 부지런히 닦길 원한다면, 이는 당연히 몇 곱절이나 더 어려운 일인 것임을 알아야 한다."

 諸仁者 若有衆生 能發阿耨多羅三藐三菩提心 是爲希有 若發心已 又能如是精進方便 集諸佛法 培爲希有 又能如是求菩薩道 又能如是淨菩薩行 又能如是事善知識 又能如是如救頭然 又能如是順善知識 又能如是堅固修行 又能如是集菩提分 又能如是不求一切名聞利養 又能如是不捨菩薩純一之心 又能如是不樂家宅 不著欲樂 不戀父母親戚知識 但樂追求菩薩伴侶 又能如是不顧身命 唯願勤修一切智道 應知展轉培更難得

"모든 어진 이들이여! 모든 보살은 헤아릴 수 없는 백천 억 나유타 겁을 지내고서야 비로소 보살의 원과 행을 만족하게 이루며, 능히 부처님의 보리와 친근해진다. 그러나 이 장자의 아들은 한 번의 삶에 부처님의 세계를 청정하게 하고 중생을 가르쳐서 바른길로 이끌고 지혜로 법계에 깊이 들어가 모든 바라밀을 성취하고 일체 모든 행을 거듭 더하고 광대하게 하며, 모든 큰 원을 원만하게 하고 모든 마의 업을 뛰어넘고 모든 선근의 벗을 받들어 섬기고 모든 보살의 도를 청정히 하고 보현의 모든 행을 온전하게 갖춘다."

 諸仁者 餘諸菩薩 經於無量百千萬億那由他劫 乃能滿足菩薩願行 乃能親近諸佛菩提 此長者子 於一生內 則能淨佛刹 則能化衆生 則能以智慧 心入法界 則能成就諸波羅蜜 則能增廣一切諸行 則能圓滿一切大願 則能超出一切魔業 則能承事一切善友 則能淸淨諸菩薩道 則能具足普賢諸行

이때 미륵보살마하살은 이와 같은 선재 동자의 가지가지 공덕을 칭찬하고 헤아릴 수 없는 백천 중생들이 보리심을 일으키게 하고는 선재 동자에게 말했다.

"선근이로다. 선근이로다. 그대는 모든 세간을 넉넉하게 이익이 되게 하고 모든 중생을 구원하고 보호하며, 모든 부처님 법을 구하기 위한 까닭으로 아뇩다라삼먁삼보리심을 일으켰구나."

 爾時 彌勒菩薩摩訶薩 如是儞歎善財童子種種功德 令無量百千衆生 發菩提心已

告善財言 善哉 善哉 善男子 汝爲饒益一切世間 汝爲救護一切衆生 汝爲勤求一切佛法故 發阿耨多羅三藐三菩提心

"선남자여! 그대는 선근의 이익을 얻었으며, 그대는 선근의 몸을 얻었으며, 그대는 선근으로 수명에 머물며, 그대는 선근으로 여래가 나심을 만났으며, 그대는 선근으로 문수사리 큰 선지식을 보았으며, 그대의 몸은 선근의 그릇이며, 모든 선근으로 윤택하게 되었고 그대는 흰 법(不立五蘊不離證得)을 재물로 가지게 되었고 이해하고자 한 것을 남김없이 다 청정하게 하였으며, 이미 모든 부처님이 보호하고자 생각을 하시며, 이미 선근의 벗이 함께 거두어줌이 되었다."

善男子 汝獲善利 汝善得人身 汝善住壽命 汝善値如來出現 汝善見文殊師利大善知識 汝身是善器 爲諸善根之所潤澤 汝爲白法之所資持 所有解欲悉已淸淨 已爲諸佛 共所護念 已爲善友 共所攝受

"무슨 까닭인가 하면, 보리심 자는 마치 종자와 같으니, 이는 일체 모든 부처님의 법을 내는 까닭이며, 보리심 자는 마치 좋은 밭과 같으니, 이는 중생들의 흰 법(不立五蘊不離證得)을 자라게 하는 까닭이며, 보리심 자는 마치 대지와 같으니, 이는 일체 모든 세간을 유지하는 까닭이다."

"보리심 자는 마치 청정한 물과 같으니, 이는 모든 번뇌의 더러움을 씻어내는 까닭이며, 보리심 자는 마치 큰 바람과 같으니, 이는 세간에 막힘이나 걸림 없이 두루두루 한 까닭이며, 보리심 자는 마치 맹렬하게 타오르는 불길과 같으니, 이는 일체 모든 견해의 마른 잡초를 태워버리는 까닭이며, 보리심 자는 마치 맑은 해와 같으니, 이는 일체 모든 세간을 두루 비추는 까닭이며, 보리심 자는 마치 보름달과 같으니, 이는 모든 희고 맑은 법을 남김없이 다 원만하게 하는 까닭이며, 보리심 자는 마치 밝은 등불과 같으니, 이는 가지가지 법의 광명을 내는 까닭이다."

"보리심 자는 마치 청정한 눈과 같으니, 이는 편안하고 위태로운 모든 곳을 두루 보는 까닭이며, 보리심 자는 큰길과 같으니, 이는 모두가 큰 지혜의 성에 들어가게 하려는 까닭이며, 보리심 자는 마치 바르게 건네주는 것과 같으니, 이는 모든 삿된 법에서 벗어나게 하려는 까닭이며, 보리심 자는 마치 큰 수레와 같으니, 이는 능히 모든 보살을 두루 실어 나르는 까닭이며, 보리심 자는 마치 집을 드나드는 문과 같으니, 이는 모든 보살의 행을 열어 보이는 까닭이며, 보리심 자는 마치 궁전과 같으니, 이는 편안히 머물면서 삼매의 법을 닦고 익히는 까닭이며, 보리심 자는 마치 동산과 같으니, 이는 그 안에서 즐겁게 노닐며 법의 즐거움을 받는 까닭이며, 보리심 자는 마치 사는 집과 같으니, 이는 모든 중생을 편안하게 하는 까닭이다."

"보리심 자는 마치 돌아오고 돌아갈 곳이니, 이는 모든 세간에 이익이 되게 하는 까닭이며, 보리심 자는 마치 의지할 바가 됨이니, 이는 모든 보살의 행이 의지하는 곳인 까닭이며, 보리심 자는 마치 아버지와 같으니, 이는 모든 보살을 가르쳐서 이끄는 까닭이며, 보리심 자는 어머니와 같으니, 이는 모든 보살을 낳아 기르는 까닭이며, 보리심 자는 마치 유모와 같으니, 이는 모든 보살을 보살펴 자라게 하는 까닭이며, 보리심 자는 선근의 벗과 같으니, 이는 일체 모든 보살이 넉넉한 이익을 이루도록 하는 까닭이며, 보리심 자는 마치 임금과 같으니, 이는 모든 이승(二乘)의 사람들보다 뛰어난 까닭이며, 보리심 자는 마치 제왕과 같으니, 이는 모든 원 가운데서 자재함을 얻는 까닭이다."

"보리심 자는 마치 큰 바다와 같으니, 이는 모든 공덕이 남김없이 다 그 가운데 들어가는 까닭이며, 보리심 자는 마치 수미산과 같으니, 이는 모든 중생에게 마음이 평등한 까닭이며, 보리심 자는 마치 철위산과 같으니, 이는 일체 모든 세간을 거두어 지니는 까닭이며, 보리심 자는 마치 설산과 같으니, 이는 모든 지혜의 약을 늘리고 기르는 까닭이며, 보리심 자는 마치 향산과 같으니, 이는 모든 공덕의 행을 내어놓은 까닭이며, 보리심 자는 마치 허공과 같으니, 이는 빼어난 모든 공덕이 광대하고 끝없는 까닭이며, 보리심 자는 마치 연꽃과 같으니, 이는 모든 세간의 법에 물들지 않는 까닭이다."

"보리심 자는 마치 조복 받는 지혜로운 코끼리와 같으니, 이는 그 마음이 선하고 난폭하지 않은 까닭이며, 보리심 자는 착하고 좋은 말과 같으니, 이는 일체 모든 악한 성품으로부터 멀리 벗어나는 까닭이며, 보리심 자는 마치 주어사와 같으니, 이는 대승이 모든 법을 지키고 보호하는 까닭이며, 보리심 자는 마치 좋은 약과 같으니, 번뇌의 모든 병을 다스리는 까닭이며, 보리심 자는 마치 구덩이와 같으니, 모든 악한 법을 묻어버리는 까닭이며, 보리심 자는 금강과 같으니, 능히 모든 법을 환하게 뚫어버리는 까닭이며, 보리심 자는 마치 향을 담는 상자와 같으니, 이는 모든 공덕의 향을 담는 까닭이며, 보리심 자는 빼어난 꽃과 같으니, 이는 모든 세간이 즐겁게 보는 까닭이며, 보리심 자는 백전단과 같으니, 이는 욕심의 뜨거운 열을 제거하여 청량하게 하는 까닭이며, 보리심 자는 검은 침향과 같으니, 법계에 남김없이 다 풍기는 까닭이다."

"보리심 자는 선근으로 보는 약왕과 같으니, 이는 모든 번뇌의 병을 없애는 까닭이며, 보리심 자는 마치 비급마 약과 같으니, 이는 모든 의혹의 화살을 뽑아버리는 까닭이며,

"보리심 자는 마치 제석과 같으니, 이는 임금 가운데 가장 높은 까닭이며, 보리심 자는 마치 비사문과 같으니, 이는 가난한 모든 고통을 끊어버리는 까닭이며, 보리심 자는 마치 공덕의 하늘과 같으니, 이는 모든 공덕으로 장엄하는 까닭이며, 보리심 자는 장엄 기물과 같으니, 이는 모든 보살을 장엄하는 까닭이며, 보리심 자는 마치 겁을 태우는 불과 같으니, 이는 인위적으로 꾸며진 모든 것을 태우는 까닭이며, 보리심 자는 마치 생이 없는 약과 같으니, 이는 모든 부처님 법을 늘리고 키우는 까닭이며, 보리심 자는 마치 용의 구슬과 같으니, 이는 모든 번뇌의 독을 능히 녹여버리는 까닭이며, 보리심 자는 마치 물을 맑게 하는 구슬과 같으니, 이는 모든 번뇌의 탁함을 능히 청정하게 하는 까닭이다."

"보리심 자는 여의주와 같으니, 이는 일체 모든 가난한 자들에게 나누어주는 까닭이며, 보리심 자는 마치 공덕을 담는 병과 같으니, 이는 모든 중생의 마음을 만족하게 하는 까닭이며, 보리심 자는 마치 여의 나무와 같으니, 이는 모든 장엄 기물을 내려주는 까닭이며, 보리심 자는 거위 깃의 옷과 같으니, 이는 모든 생사의 더러움이 묻지 않는 까닭이며, 보리심 자는 마치 하얀 털실과 같으니, 본래부터 성품이 청정한 까닭이다."

"보리심 자는 마치 땅을 가는 기구와 같으니, 이는 모든 중생의 밭을 가는 까닭이며, 보리심 자는 마치 나라연과 같으니, 이는 '나라고 하는 소견을 가진 큰 적군을 능히 꺾어버리는 까닭이며, 보리심 자는 마치 날카로운 화살과 같으니, 이는 모든 괴로움의 과녁을 깨트리는 까닭이며, 보리심 자는 마치 날카로운 창과 같으니, 이는 모든 번뇌의 갑옷을 뚫어버리는 까닭이며, 보리심 자는 마치 견고한 갑옷과 같으니, 이는 이치와 같은 모든 마음을 보호하는 까닭이다."

"보리심 자는 마치 날카로운 칼과 같으니, 이는 모든 번뇌의 머리를 베어버리는 까닭이며, 보리심 자는 마치 날카로운 검과 같으니, 이는 모든 교만함의 갑옷을 끊어버리는 까닭이며, 보리심 자는 마치 용장의 깃발과 같으니, 이는 일체 모든 마를 굴복시키는 까닭이며, 보리심 자는 마치 날카로운 톱과 같으니, 이는 모든 무명의 나무를 잘라버리는 까닭이며, 보리심 자는 마치 날카로운 도끼와 같으니, 이는 모든 고통의 나무를 잘라버리는 까닭이다."

"보리심 자는 병장기와 같으니, 일체 모든 고난을 막아버리는 까닭이며, 보리심 자는 선근의 손과 같으니, 이는 모든 바라밀을 행하는 몸, 이 몸을 위험으로부터 막아주고 지켜주는 까닭이며, 보리심 자는 마치 좋은 발과 같으니, 이는 일체 모든 공덕을 편안하게 세우는 까닭이며, 보리심 자는 마치 안약과 같으니, 이는 모든 무명의 그늘을 제거하는 까닭이며, 보리심 자는 마치 족집게 칼과 같으니, 이는 모든 몸이란 견해의 가시를 뽑아버리는 까닭이다."

"보리심 자는 마치 이불과 같으니, 이는 생사의 모든 수고로움과 괴로움을 남김없이 제거해 주는 까닭이며, 보리심 자는 마치 선지식과 같으니, 이는 모든 생사의 속박을 풀어주는 까닭이며, 보리심 자는 마치 보물과 같으니, 이는 모든 가난하고 궁색함을 제거하는 까닭이며, 보리심 자는 마치 대 도사와 같으니, 이는 보살이 벗어날 요긴한 길을 선근으로 아는 까닭이며, 보리심 자는 마치 숨겨져 있는 장과 같으니, 이는 공덕의 재물을 내어 주어도 궁핍함이 없는 까닭이다."

"보리심 자는 마치 샘이 솟는 것과 같으니, 이는 지혜의 물이 다함이 없는 까닭이며, 보리심 자는 마치 맑은 거울과 같으니, 이는 모든 법의 문 그림자를 나타내는 까닭이며, 보리심 자는 마치 연꽃과 같으니, 이는 일체 모든 죄의 더러움에 물들지 않는 까닭이며, 보리심 자는 마치 큰 강과 같으니, 이는 모든 건네주는 법을 거두어 흐르게 이끄는 까닭이며, 보리심 자는 마치 큰 용왕과 같으니, 이는 빼어난 모든 법을 내려주는 까닭이다."

"보리심 자는 마치 목숨과 같으니, 이는 보살이 가엾이 여기는 몸을 유지하는 까닭이며, 보리심 자는 마치 단 이슬과 같으니, 이는 죽지 않는 세계에 편안히 머물게 하는 까닭이며, 보리심 자는 마치 큰 그물과 같으니, 이는 모든 중생을 두루 거두어주는 까닭이며, 보리심 자는 마치 오랏줄과 같으니, 이는 가르치고 바른길로 이끌 모든 중생을 거두어 끌어당기는 까닭이며, 보리심 자는 마치 갈고리와 같으니, 이는 연못 속에 사는 자를 끌어내는 까닭이다."

"보리심 자는 마치 아가다 약과 같으니, 이는 병 없이 오래도록 편안하게 하는 까닭이며, 보리심 자는 마치 독을 제거하는 약과 같으니, 이는 탐애의 독을 남김없이 다 없애는 까닭이며, 보리심 자는 마치 선근의 주문을 가진 것과 같으니, 이는 거꾸로 뒤바뀐 모든 독을 제거하는 까닭이며, 보리심 자는 마치 빠른 바람과 같으니, 이는 모든 막힘이나 걸림의 안개를 걷어버리는 까닭이며, 보리심 자는 마치 부배 섬과 같으니, 모든 깨우친 부분의 보배를 내는 까닭이다."

"보리심 자는 마치 좋은 성품의 종자 같으니, 이는 모든 희고 청정한 법을 나게 하는 까닭이며, 보리심 자는 마치 주택과 같으니, 모든 공덕이 의지하는 곳인 까닭이며, 보리심 자는 마치 시장과 같으니, 이는 상인 보살이 장사하는 곳인 까닭이며, 보리심 자는 마치 금을 제련하는 약과 같으니, 이는 모든 번뇌의 허물을 없애는 까닭이다."

"보리심 자는 꿀과 같으니, 모든 공덕의 맛을 원만하게 하는 까닭이며, 보리심 자는 마치 바른길과 같으니, 이는 보살들을 지혜의 성에 들어가게 하는 까닭이며, 보리심 자는 마치 좋은 그릇과 같으니, 이는 모든 희고 청정한 법을 가지는 까닭이며, 보리심 자는 마치 가물 때 내리는 비와 같으니, 이는 모든 번뇌의 티끌을 없애버리는 까닭이며, 보리심 자는 곧 머무는 곳이 되니, 이는 모든 보살이 머무는 까닭이며, 보리심 자는 곧 수명을 위해 행하는 것이니, 이는 성문의 해탈 과를 취하지 않는 까닭이다."

"보리심 자는 청정한 유리와 같으니, 이는 성품이 맑고 청정하여 모든 허물이 없는 까닭이며, 보리심 자는 제석천 왕의 푸른 보배와 같으니, 이는 세간과 이승의 지혜보다 뛰어난 까닭이며, 보리심 자는 시간을 알리는 북과 같으니, 이는 중생을 번뇌의 수면에서 깨어나게 하는 까닭이며, 보리심 자는 청정한 물과 같으니, 이는 성품이 본래 청정하여 허물로 탁함이 없는 까닭이며, 보리심 자는 염부금과 같으니, 이는 모든 것을 비추어 인위적으로 꾸민 선근을 없애는 까닭이다."

"보리심 자는 큰 산 왕과 같으니, 이는 일체 모든 세간을 뛰어넘는 까닭이며, 보리심 자는 곧 돌아갈 것이니, 이는 일체 모든 오는 이들을 거절하지 않는 까닭이며, 보리심 자는 곧 의리가 되니, 이는 모든 쇠하고 번거로운 일을 제거하는 까닭이며, 보리심 자는 곧 빼어난 보배가 되니, 이는 모두를 마음으로 환희하게 하는 까닭이며, 보리심 자는 크게 베푸는 장소가 됨이니, 이는 모든 중생의 마음을 충만하게 하는 까닭이며, 보리심 자는 귀하고 뛰어난 것이니, 이는 중생의 마음으로는 같을 수가 없는 까닭이며, 보리심 자는 마치 감추어 놓은 장과 같으니, 이는 일체 모든 부처님 법을 거두는 까닭이며, 보리심 자는 인타라 그물과 같으니, 이는 번뇌의 아수라를 조복시키는 까닭이며, 보리심 자는 파루나 바람과 같으니, 이는 모든 것에 응하여 가르쳐 이끌 것을 움직이게 하는 까닭이며, 보리심 자는 인다라 불과 같으니, 이는 모든 의혹으로서 배워 익힌 기운을 태우는 까닭이며, 보리심 자는 부처님의 탑과 같으니, 이는 모든 세간이 당연히 공양하는 까닭이다."

何以故 善男子 菩提心者 猶如種子 能生一切諸佛法故 菩提心者 猶如良田 能長眾生白淨法故 菩提心者 猶如大地 能持一切諸世間故 菩提心者 猶如淨水 能洗一切煩惱垢故 菩提心者 猶如大風 普於世間 無所礙故 菩提心者 猶如盛火 能燒一切諸見薪故 菩提心者 猶如淨日 普照一切諸世間故 菩提心者 猶如盛月 諸白淨法 悉圓滿故 菩提心者 猶如明燈 能放種種法光明故 菩提心者 猶如淨目 普見一切安危處故 菩提心者 猶如大道 普令得入大智城故 菩提心者 猶如正濟 令其得離諸邪法故 菩提心者 猶如大車 普能運載諸菩薩故 菩提心者 猶如門戶 開示一切菩薩行故 菩提心者 猶如宮殿 安住修習三昧法故 菩提心者 猶如園苑 於中有戲 受法樂故 菩提心者 猶如舍宅 安隱一切諸眾生故 菩提心者 則爲所歸 利益一切諸世間故 菩提心者 則爲所依 諸菩薩行所依處故 菩提心者 猶如慈父 訓導一切諸菩薩故 菩提心者 猶如慈母 生長一切諸菩薩故 菩提心者 猶如乳母 養育一切諸菩薩故 菩提心者 猶如善友 成益一切諸菩薩故 菩提心者 猶如君主 勝出一切二乘人故 菩提心者 猶如帝王 一切願中

得自在故 菩提心者 猶如大海 一切功德悉入中故 菩提心者 如須彌山 於諸衆生 心平等故 菩提心者 如鐵圍山 攝持一切諸世間故 菩提心者 猶如雪山 長養一切智慧藥故 菩提心者 猶如香山 出生一切功德香故 菩提心者 猶如虛空 諸妙功德 廣無邊故 菩提心者 猶如蓮華 不染一切世間法故 菩提心者 如調慧象 其心善順不獷戾故 菩提心者 如良善馬 遠離一切諸惡性故 菩提心者 如調御師 守護大乘一切法故 菩提心者 猶如良藥 能治一切煩惱病故 菩提心者 猶如坑穽陷沒一切諸惡法故 菩提心者 猶如金剛 悉能穿徹一切法故 菩提心者 猶如香篋 能貯一切功德香故 菩提心者 猶如妙華 一切世間所樂見故 菩提心者 如白栴檀 除衆欲熱使淸涼故 菩提心者 如黑沈香 能熏法界 悉周徧故 菩提心者 如善見藥王 能破一切煩惱病故 菩提心者 如毘笈摩藥 能拔一切諸惑箭故 菩提心者 猶如帝釋 一切主中 最爲尊故 菩提心者 如毘沙門 能斷一切貧窮苦故 菩提心者 如功德天 一切功德所莊嚴故 菩提心者 如莊嚴具 莊嚴一切諸菩薩故 菩提心者 如劫燒火 能燒一切諸有爲故 菩提心者 如無生根藥 長養一切諸佛法故 菩提心者 猶如龍珠 能消一切煩惱毒故 菩提心者 如水淸珠 能淸一切煩惱濁故 菩提心者 如如意珠 周給一切諸貧乏故 菩提心者 如功德瓶 滿足一切衆生心故 菩提心者 如如意樹 能雨一切莊嚴具故 菩提心者 如鵝羽衣 不受一切生死垢故 菩提心者 如白㲲線 從本已來 性淸淨故 菩提心者 如快利犁 能治一切衆生田故 菩提心者 如那羅延 能摧一切我見敵故 菩提心者 猶如快箭 能破一切諸苦的故 菩提心者 猶如利矛 能穿一切煩惱甲故 菩提心者 猶如堅甲 能護一切如理心故 菩提心者 猶如利刀 能斬一切煩惱首故 菩提心者 猶如利劍 能斷一切憍慢鎧故 菩提心者 如勇將幢 能伏一切諸魔軍故 菩提心者 猶如離鋸 能截一切無明樹故 菩提心者 猶如利斧 能伐一切諸苦樹故 菩提心者 猶如兵仗 能防一切諸苦難故 菩提心者 猶如善手 防護一切諸度身故 菩提心者 猶如好足 安立一切諸功德故 菩提心者 猶如眼藥 滅除一切無明翳故 菩提心者 猶如鉗鑷 能拔一切身見刺故 菩提心者 猶如臥具 息除生死諸勞苦故 菩提心者 如善知識 能解一切生死縛故 菩提心者 如好珍財 能除一切貧窮事故 菩提心者 如大導師 善知菩薩出要道故 菩提心者 猶如伏藏 出功德財 無匱乏故 菩提心者 猶如涌泉 生智慧水 無窮盡故 菩提心者 猶如明鏡 普現一切法門像故 菩提心者 猶如蓮華 不染一切諸罪垢故 菩提心者 猶如大河流 引一切度攝法故 菩提心者 如大龍王 能雨一切妙法雨故 菩提心者 猶如命根 任持菩薩大悲身故 菩提心者 猶如甘露 能令安住不死界故 菩提心者 猶如大網 普攝一切諸衆生故 菩提心者 猶如羂索 攝取一切所應化故 菩提心者 猶如鉤餌 出有淵中所居者故 菩提心者 如阿伽陀藥 能令無病 永安隱故 菩提心者 如除毒藥 悉能消歇貪愛毒故 菩提心者 如善持呪 能除一切

顚倒毒故 菩提心者 猶如疾風 能卷一切諸障霧故 菩提心者 如大寶洲 出生一切覺分寶故 菩提心者 如好種性 出生一切白淨法故 菩提心者 猶如住宅 諸功德法所依處故 菩提心者 猶如市肆 菩薩商人貿易處故 菩提心者 如鍊金藥 能治一切煩惱垢故 菩提心者 猶如好蜜 圓滿一切功德味故 菩提心者 猶如正道 令諸菩薩 入智城故 菩提心者 猶如好器 能持一切白淨法故 菩提心者 猶如時雨 能滅一切煩惱塵故 菩提心者 則爲住處 一切菩薩所住處故 菩提心者 則爲壽行 不取聲聞解脫果故 菩提心者 如淨瑠璃 自性明潔 無諸垢故 菩提心者 如帝靑寶 出過世間二乘智故 菩提心者 如更漏故 覺諸衆生煩惱睡故 菩提心者 如淸淨水 性本澄潔 無垢濁故 菩提心者 如閻浮金 映奪一切有爲善故 菩提心者 如大山王 超出一切諸世間故 菩提心者 則爲所歸 不拒一切諸來者故 菩提心者 則爲義利 能除一切衰惱事故 菩提心者 則爲妙寶 能令一切心歡喜故 菩提心者 如大施會 充滿一切衆生心故 菩提心者 則爲尊勝 諸衆生心無與等故 菩提心者 猶如伏藏 能攝一切諸佛法故 菩提心者 如因陀羅網 能伏煩惱阿修羅故 菩提心者 如婆樓那風 能動一切所應化故 菩提心者 如因陀羅華 能燒一切諸惑習故 菩提心者 如佛支提 一切世間應供養故

"선남자여! 보리심 자는 이와 같은 헤아릴 수 없는 공덕을 성취하니, 요점을 들어 말하면 모든 부처님 법의 모든 공덕과 남김없이 다 평등한 것임을 당연히 알아야 한다. 무슨 까닭인가 하면, 보리심으로 인하여 일체 모든 보살의 행을 내며, 삼세 여래가 보리심을 좇아 출생하시는 까닭이다."

"선남자여! 이러한 까닭으로 그와 같은 아뇩다라삼먁삼보리심을 일으키는 자는 이미 헤아릴 수 없는 공덕을 내었기에 모든 지혜의 길을 두루 거두어 취한다."

善男子 菩提心者 成就如是無量功德 擧要言之 應知悉與一切佛法諸功德等 何以故 因菩提心 出生一切諸菩薩行 三世如來從菩提心 而出生故 是故善男子 若有發阿耨多羅三藐三菩提心者 則已出生無量功德 普能攝取一切智道

"선남자여! 비유하면 사람이 두려움 없는 약을 얻으면 다섯 가지 공포에서 벗어나니, 무엇이 다섯인가 하면, 이른바 불에 타지 않고 독에 당하지 않고 칼에 상하지 않고 물에 빠지지 않고 연기에 그을리지 않는다. 보살마하살도 역시 차례를 좇아(復) 이와 같기에 모든 지혜로서 보리심이라는 약을 얻으면 탐욕의 불에 타지 않고 성냄의 독에 당하지 않고 의혹의 칼에 상하지 않고 생사의 흐름에 빠지지 않고 모든 깨우쳐 보는 연기가 해롭게 하지 않는다."

善男子 譬如有人得無畏藥 離五恐怖 何等爲五 所謂火不能燒 毒不能中 刀不能傷 水不能漂 煙不能熏 菩薩摩訶薩 亦復如是 得一切智菩提心藥 貪火不燒 瞋毒不中 惑刀不傷 有流不漂 諸覺觀煙 不能熏害

"선남자여! 비유하면 사람이 해탈의 약을 얻으면, 마침내 횡액이 없는 것과 같이 보살마하살도 역시 차례를 좇아 이와 같기에 보리심의 해탈하는 지혜로운 약을 얻으면 모든 생사의 횡액에서 벗어난다."

善男子 譬如有人得解脫藥 終無橫難 菩薩摩訶薩 亦復如是 得菩提心解脫智藥 永離一切生死橫難

"선남자여! 비유하면 사람이 마하응가의 약을 가지면 독사가 냄새를 맡고 멀리 도망하는 것과 같이 보살마하살도 역시 차례를 좇아(復) 이와 같기에 보리심의 큰 응가약을 가지면 모든 번뇌의 악한 독사가 그 냄새를 맡고는 남김없이 다 흩어져 없어진다."

善男子 譬如有人持摩訶應伽藥 毒蛇聞氣 卽皆遠去 菩薩摩訶薩 亦復如是 持菩提心大應伽藥 一切煩惱諸惡毒蛇聞其氣者 悉皆散滅

"선남자여! 비유하면 사람이 이보다 뛰어날 수 없는 약을 가지면, 모든 원수아 저이 이기지 못하는 것과 같이 보살마하살도 역시 차례를 좇아 보리심의 이 뛰어날 수 없는 약을 가지면 모든 마군을 항복 받는다."

善男子 譬如有人持無勝藥 一切怨敵無能勝者 菩薩摩訶薩 亦復如是 持菩提心無能勝藥 悉能降伏一切魔軍

"선남자여! 비유하면 사람이 비급마 약을 가지면 독화살이 자연스럽게 떨어지는 것과 같이 보살마하살도 역시 차례를 좇아(復) 보리심의 비급마 약을 가지면 탐욕, 성냄, 어리석음, 삿된 소견의 화살이 자연스럽게 떨어진다."

善男子 譬如有人持毘笈摩藥 能令毒箭 自然墮落 菩薩摩訶薩 亦復如是 持菩提心毘笈摩藥 令貪恚癡諸邪見箭 自然墮落

"선남자여! 비유하면 사람이 선근으로 보는 약을 가지면 모든 병을 제거해 없애는 것과 같이 보살마하살도 역시 차례를 좇아(復) 보리심의 선근으로 보는 약을 가지면 모든 가지고 있는 병을 제거하는 것과 같이 보살마하살도 역시 차례를 좇아(復) 보리심의 선근으로 보는 약을 가지면 모든 번뇌의 병을 남김없이 다 제거한다."

善男子 譬如有人持善見藥 能除一切所有諸病 菩薩摩訶薩 亦復如是 持菩提心善見藥王 悉除一切諸煩惱病

"선남자여! 약 나무가 있으니, 이름이 '산타나'이며, 그 껍질을 벗겨서 부스럼에 붙이면 부스럼을 없애주고 그 나무껍질은 벗기는 대로 곧 재생하여 다하지 않는 것과 같이 보살마하살의 보리심에서 생기는 나무도 역시 차례를 좇아(復) 이와 같기에 그와 같이 보고 믿음을 얻으면 번뇌의 업이라는 부스럼이 곧 없어지고 모든 지혜의 나무는 조금도 손상되는 것이 없다."

善男子 如有藥樹 名珊陀那 有取其皮 以塗瘡者 瘡卽除愈 然其樹皮 隨取隨生 終不可盡 菩薩摩訶薩從菩提心 生一切智樹 亦復如是 若有得見 而生信者 煩惱業瘡 悉得消滅 一切智樹初無所損

"선남자여! 약 나무가 있으니, 이름이 '무생근'이며, 그 힘으로 모든 염부제의 나무를 자라게 한다. 보살마하살의 보리심 나무도 역시 차례를 좇아(復) 이와 같기에 그 힘으로 모든 배워야 할 이들과 배울 것이 없는 이들과 보살들의 선근 법을 거듭 더하고 늘린다."

善男子 如有藥樹 名無生根 以其力故 增長一切閻浮提樹 菩薩摩訶薩菩提心樹 亦復如是 以其力故 增長一切學與無學及諸菩薩所有善法

"선남자여! 비유하면 약이 있으니, 이름이 '아람바'이며, 이것을 몸에 바르면 몸과 마음에 힘이 나니, 보살마하살의 보리심 아람바 약도 역시 차례를 좇아(復) 이와 같기에 몸과 마음과 선근의 법을 더욱 더하고 늘린다."

善男子 譬如有藥 名阿藍婆 若用塗身 身之與心 咸有堪能 菩薩摩訶薩得菩提心阿藍婆藥 亦復如是 令其身心 增長善法

"선남자여! 비유하면 사람이 생각하는 힘의 약을 얻으면 들은 일을 기억하고 잊지 않으니, 보살마하살이 보리심을 기억하는 힘의 약을 얻으면 역시 차례를 좇아(復) 이와 같기에 모든 부처님의 법을 듣고 잊어버리지 않는다."

善男子 譬如有人得 念力藥 凡所聞事 憶持不忘 菩薩摩訶薩得菩提心念力妙藥 悉能聞持一切佛法 皆無忘失

"선남자여! 비유하면 약이 있으니, 이름이 '대련화'이며, 이 약을 먹으면 한 겁을 사는 것과 같이 보살마하살의 보리심 대연화 약을 먹는 것도 역시 차례를 좇아(復) 이와 같기에 수 없는 겁을 두고 목숨이 자재하다."

善男子 譬如有藥 名大蓮華 其有服者 住壽一劫 菩薩摩訶薩服菩提心大蓮華藥 亦復如是 於無數劫 壽命自在

"선남자여! 비유하면 사람이 자신의 몸을 보이지 않게 하는 약을 가지면 사람과 사람 아닌 이들이 보지 못하는 것과 같이 보살마하살도 보리심의 몸을 보이지 않게 하는 빼어난 약을 가지면 역시 차례를 좇아(復) 일체 모든 마가 능히 보지 못한다."

善男子 譬如有人執翳形藥 人與非人悉不能見 菩薩摩訶薩執菩提心翳形妙藥 一切諸魔 不能得見

"선남자여! 바다에 구슬이 있으니, 이름이 '보집중보'이며, 이 구슬이 있기만 하면 설령 겁의 불이 세간을 태우더라도 이 바다의 물 한 방울도 덜 수가 없다. 보살마하살의 보리심 구슬도 역시 차례를 좇아(復) 이와 같기에 보살의 원 바다에 머무르면서 늘 기억해 지니고 물러서지 않으면 보살의 선근 하나라도 무너뜨릴 수 없다. 그와 같은 그 마음이 물러서면 모든 선근의 법이 곧 흩어져 없어진다."

善男子 如海有珠 名普集衆寶 此珠若在 假使劫火焚燒世間 能令此海 減於一滴 無有是處 菩薩摩訶薩菩提心珠 亦復如是 住於菩薩大願海中 若常憶持 不令退失 能壞菩薩一善根者 終無是處 若退其心 一切善法 卽皆散滅

"선남자여! 마니가 있으니, 이름이 '대광명'이며, 이 마니구슬로 몸을 장엄하여 꾸미면 모든 보배 장엄 기물을 가려서 광명이 나타나지 못하니, 보살마하살의 보리심 보배도 역시 차례를 좇아(復) 이와 같기에 그 몸을 구슬 목걸이로 꾸미면 모든 이승심의 보배 장엄 기물을 모두 가려서 남김없이 다 광채가 없어진다."
善男子 如有摩尼 名大光明 有以此珠 瓔珞身者 映蔽一切寶莊嚴具所有光明 悉皆不現 菩薩摩訶薩菩提心寶 亦復如是 瓔珞其身 映蔽一切二乘心寶諸莊嚴具 悉無光彩

"선남자여! 물을 맑게 하는 구슬이 흐린 물을 능히 맑게 하듯이 보살마하살의 보리심 구슬도 역시 차례를 좇아(復) 이와 같기에 모든 번뇌의 허물과 탁함을 청정하게 한다."
善男子 如水淸珠 能淸濁水 菩薩摩訶薩菩提心珠 亦復如是 能淸一切煩惱垢濁

"선남자여! 비유하면 사람이 물에 머무는 보배를 얻어 이를 몸에 매달고 큰 바다에 들어가도 물이 해롭게 하지 못하는 것과 같이, 보살마하살도 역시 차례를 좇아 이와 같기에 보리심의 물에 머무는 빼어난 보배를 얻으면 모든 생사의 바다에 들어가도 가라앉지 않는다."
善男子 譬如有人得住水寶 繫其身上 入大海中 不爲水害 菩薩摩訶薩 亦復如是 得菩提心 住水妙寶 入於一切生死海中 終不沈沒

"선남자여! 비유하면 사람이 용의 보배 구슬을 얻어 용궁에 들어가면 모든 용이나 뱀들이 해롭게 하지 못하니, 보살마하살도 역시 차례를 좇아(復) 이와 같기에 보리심의 큰 용 구슬을 얻어서 욕심 세계에 들어가더라도 번뇌의 용과 뱀이 해롭게 하지 못한다."
善男子 譬如有人得龍寶珠 持入龍宮 一切龍蛇不能爲害 菩薩摩訶薩 亦復如是 得

菩提心大龍寶珠 入欲界中 煩惱龍蛇不能爲害

"선남자여! 비유하면 제석천 왕이 마니관을 쓰면 다른 하늘의 무리가 빛을 잃어버리는 것과 같이 보살마하살도 역시 차례를 좇아(復) 이와 같기에 보리심의 큰 원 보배 관을 쓰면 모든 삼계의 중생들을 초월해 뛰어넘는다."

善男子 譬如帝釋著摩尼冠 映蔽一切諸餘天衆 菩薩摩訶薩 亦復如是 著菩提心大願寶冠 超過一切三界衆生

"선남자여! 비유하면 사람이 여의주를 얻으면 모든 가난하고 궁핍한 괴로움을 없애는 것과 같이 보살마하살도 역시 차례를 좇아(復) 이와 같기에 보리심 여의주 보배를 얻으면 모든 삿된 목숨의 두려움에서 멀리 벗어난다."

善男子 譬如有人得如意珠 除滅一切貧窮之苦 菩薩摩訶薩 亦復如是 得菩提心如意寶珠 遠離一切邪命怖畏

"선남자여! 비유하면 사람이 일정주를 얻어서 햇빛을 가지고 불을 생하는 것과 같이 보살마하살도 역시 차례를 좇아(復) 이와 같기에 보리심 지혜의 일정주를 얻어 지혜의 광명으로 지혜의 불을 낸다."

善男子 譬如有人得日精珠 持向日光 而生於火 菩薩摩訶薩 亦復如是 得菩提心智日寶珠 持向智光 而生智火

"선남자여! 비유하면 사람이 월정주를 얻어 달빛으로 물을 생하는 것과 같이 보살마하살도 역시 차례를 좇아(復) 이와 같기에 보리심의 월정주를 얻어 그 마음 구슬로 회향하는 광염을 비추면 모든 선근과 원의 물을 생하게 한다."

善男子 譬如有人得月精珠 持向月光 而生於水 菩薩摩訶薩 亦復如是 得菩提心月精寶珠 持此心珠 鑑迴向光 而生一切善根願水

"선남자여! 비유하면 용왕이 머리에 여의 마니보배 관을 쓰면 모든 원수와 적의 두려움으로부터 멀리 벗어나듯이 보살마하살도 역시 차례를 좇아(復) 이와 같기에 보리심의 크게 가엾이 여기는 보배 관을 쓰면 모든 나쁜 길의 어려움에서 멀리 벗어난다."

善男子 譬如龍王首戴如意摩尼寶冠 遠離一切怨敵怖畏 菩薩摩訶薩 亦復如是 著菩提心大悲寶冠 遠離一切惡道諸難

"선남자여! 보배 구슬이 있으니, 이름이 '일체세간장엄장'이며, 얻기만 하여도 하고자 하는 모든 것을 만족하게 하지만, 이 보배 구슬은 손상되거나 감하는 것이 없으니, 보리심의 보배도 역시 차례를 좇아(復) 이와 같기에 그와 같이 얻음이 있으면 그 원하는 것을 남김없이 다 만족하고 보리심은 조금이라도 손상이 있거나 감하지 않는다."

善男子 如有寶珠 名一切世間莊嚴藏 若有得者 令其所欲 悉得充滿 而此寶珠無所損減 菩提心寶 亦復如是 若有得者 令其所願 悉得滿足 而菩提心無有損減

"선남자여! 전륜왕이 가지고 있는 마니보배를 궁중에 놓으면 큰 광명을 내어 모든 어둠을 깨트리는 것과 같이 보살마하살도 역시 차례를 좇아(復) 이와 같기에 보리심의 큰 마니보배를 욕심 세계에 두면 큰 지혜의 빛을 놓아 모든 부류의 무명과 어두움을 남김없이 다 깨트린다."

善男子 如轉輪王 有摩尼寶 置於宮中 放大光明 破一切暗 菩薩摩訶薩 亦復如是 以菩提心大摩尼寶 住於欲界 放大智光 悉破諸趣無明黑暗

"선남자여! 비유하면 제석천 왕의 큰 마니보배 광명에 닿은 이가 있으면 그 빛과 같아지니, 보살마하살의 보리심 보배도 역시 차례를 좇아(復) 이와 같기에 모든 법을 자세히 살펴서 들여다보고 선근으로 회향하면 보리심의 빛과 같아진다."

善男子 譬如帝青大摩尼寶 若有爲此光明所觸 即同其色 菩薩摩訶薩大摩尼寶 亦復如是 觀察諸法 迴向善根靡不 即同菩提心色

"선남자여! 유리 보배는 백천 년을 청정하지 않은 곳에 있어도 더러움에 물들지 않으니,

성품이 본래 청정한 까닭이다. 보살마하살의 보리심 보배도 역시 차례를 좇아(復) 이와 같기에 백천 겁을 욕심 세계의 지나친 근심 가운데 머물게 하여도 물들지 않는 것이 마치 법계와 같다. 이는 성품이 청정한 까닭이다."

善男子 如瑠璃寶於百千歲 處不淨中 不爲臭穢之所染著 性本淨故 菩薩摩訶薩菩提心寶 亦復如是 於百千劫 住欲界中 不爲欲界過患所染 猶如法界 性淸淨故

"선남자여! 비유하면 보배가 있으니, 이름이 '정광명'이며, 능히 모든 보배의 색을 가리는 것과 같이 보살마하살의 보리심 보배도 역시 차례를 좇아(復) 이와 같기에 모든 범부와 이승의 공덕을 모두 가려버린다."

善男子 譬如有寶 名淨光明 悉能映蔽一切寶色 菩薩摩訶薩菩提心寶 亦復如是 悉能映蔽一切凡夫二乘功德

"선남자여! 비유하면 보배가 있으니, 이름이 '화염'이며, 모든 어둠을 남김없이 다 제거하고 없애는 것과 같이 보살마하살의 보리심 보배도 역시 차례를 좇아(復) 이와 같기에 모든 무지의 어둠을 없애버린다."

善男子 譬如有寶 名爲火焰 悉能除滅一切暗冥 菩薩摩訶薩菩提心寶 亦復如是 能滅一切無知暗冥

"선남자여! 비유하면 바다 가운데 값으로 매길 수 없는 보배가 있고 장사꾼들이 바다에 나아가 이것들을 따서 배에 싣고 성에 들어가면 나머지 다른 마니구슬은 백천 만 종류라도 광택과 값으로 비교할 수가 없듯이, 보리심 보배도 역시 차례를 좇아(復) 이와 같기에 생사의 바닷속에 있지만, 보살마하살이 큰 원의 배를 타고 깊은 마음으로 그대로 이어받아 해탈 성으로 들어가면 이승의 공덕으로는 미칠 수가 없다."

善男子 譬如海中 有無價寶 商人採得 船載入城 諸餘摩尼百千萬種光色價直 無與等者 菩提心寶 亦復如是 住於生死大海之中 菩薩摩訶薩 乘大願船 深心相續載之來入解脫城中

"선남자여! 보배 구슬이 있고 이름이 '자재왕'이다. 염부주에 처하여 해와 달과의 거리가 4만 유순이지만, 일궁과 월궁에 가운데 있는 장엄이 그 구슬에 그림자를 나타내어 온전하게 다 갖추는 것과 같이 보살마하살의 보리심을 일으킨 청정한 공덕의 보배도 역시 차례를 좇아(復) 이와 같기에 생사 가운데 머물며, 법계의 텅 빔과 부처님 지혜의 해와 달을 비추면 모든 공덕이 남김없이 그 가운데 나타난다."

善男子 如有寶珠 名自在王 處閻浮洲 去日月輪四萬由旬 日月宮中所有莊嚴 其珠影現 悉皆具足 菩薩摩訶薩菩提心淨功德寶 亦復如是 住生死中 照法界空 佛智日月 一切功德 悉於中現

"선남자여! 보배 구슬이 있으니, 이름이 '자재왕'이며, 해와 달의 광명이 비추는 곳에 있는 모든 재물과 보배와 의복 따위의 값으로는 미칠 수가 없는 것과 같이 보살마하살의 보리심을 일으킨 자재왕 보배도 역시 차례를 좇아(復) 이와 같기에 모든 지혜의 광명이 비추는 곳에 있는 삼세의 천상과 인간과 이승과 유루와 무루의 선근과 모든 공덕으로는 미칠 수가 없다."

善男子 如有寶珠 名自在王 日月光明所照之處 一切財寶衣服等物 所有價直 悉不能及 菩薩摩訶薩菩提心自在王寶 亦復如是 一切智光所照之處 三世所有 天人二乘漏 無漏善一切功德 皆不能及

"선남자여! 바다 안에 보배가 있고 이름이 '해장'이며, 바다 안에 있는 모든 장엄하는 일을 두루 나타내니, 보살마하살의 보리심 보배도 역시 차례를 좇아(復) 이와 같기에 모든 지혜 바다의 모든 장엄한 일을 두루 나타낸다."

善男子 海中有寶 名曰海藏 普現海中諸莊嚴事 菩薩摩訶薩菩提心寶 亦復如是 普能顯現一切智海諸莊嚴事

"선남자여! 비유하면 천상에 염부단금이 있으니, 오직 심왕 대 마니보배를 제외하고 나머지는 미칠 수가 없는 것과 같이 보살마하살의 보리심을 일으킨 염부단금도 역시 차례를 좇아(復) 이와 같기에 모든 지혜의 심왕 대 보배를 제외하고는 다른 것으로는 미칠 수가 없다."

善男子 譬如天上閻浮檀金 唯除心王大摩尼寶 餘無及者 菩薩摩訶薩菩提心閻浮檀金 亦復如是 除一切智心王大寶 餘無及者

"선남자여! 비유하면 사람이 선근으로 용의 법을 조복시키고 용 가운데 자재함을 얻는 것과 같이 보살마하살도 역시 차례를 좇아(復) 이와 같기에 보리심의 선근으로 용의 법을 조복시키고 모든 번뇌의 용 가운데서 자재하게 된다."

善男子 譬如有人善調龍法 於諸龍中 而得自在 菩薩摩訶薩 亦復如是 得菩提心善調龍法 於諸一切煩惱龍中 而得自在

"선남자여! 비유하면 용사가 갑옷을 입고 무기를 잡으면 모든 원수와 적이 굴복시킬 수 없는 것과 같이 보살마하살도 역시 차례를 좇아(復) 이와 같기에 보리심의 갑옷을 입고 무기를 잡으면 모든 업과 나쁜 큰 적이 굴복시킬 수 없다."

善男子 譬如勇士被執鎧仗 一切怨敵 無能降伏 菩薩摩訶薩 亦復如是 被執菩提大心鎧仗 一切業惑 諸惡 怨敵無能屈伏

"선남자여! 비유하면 천상에 있는 흑전단 향을 1냥에 24분의 1만 태워도 그 향기가 소천세계에 풍겨서 삼천대천세계에 가득한 보배의 값으로도 미치지 못하는 것과 같이 보살마하살의 보리심 향도 역시 차례를 좇아(復) 이와 같기에 잠깐의 공덕이 법계에 두루 풍겨도 성문과 연각의 공덕으로는 모두 미치지 못한다."

善男子 譬如天上黑栴檀香 若燒一銖 其香普熏小千世界 三千世界滿中珍寶所有價直 皆不能及 菩薩摩訶薩菩提心香 亦復如是 一念功德普熏法界 聲聞 緣覺一切功德 皆所不及

"선남자여! 백전단을 그와 같이 몸에 바르면 모든 뜨거운 번뇌를 남김없이 다 제거하여 없애고 몸과 마음을 청량하게 하는 것과 같이 보살마하살의 보리심 향도 역시 차례를 좇아(復) 이와 같기에 허망하게 분별하는 모든 탐욕과 성냄과 어리석은 번뇌 모든 뜨거운 괴로움을 제거하고 지혜의 청량함을 온전하게 갖춘다."

善男子 如白栴檀 若以塗身 悉能除滅一切熱惱 令其身心 普得淸涼 菩薩摩訶薩菩
提心香 亦復如是 能除一切虛妄分別 貪恚癡等諸惑熱惱 令其具足智慧淸涼

"선남자여! 그와 같이 수미산에 가까이 있으면 그 색과 같아지는 것과 같이 보살마하살
의 보리심 산도 역시 차례를 좇아(復) 이와 같기에 가까이하면 그 모든 지혜의 색과 같아
진다."
　善男子 如須彌山若有近者 卽同其色 菩薩摩訶薩菩提心山 亦復如是 若有近者 悉
得同其一切智色

"선남자여! 비유하면 파리질다 나무껍질의 향기는 염부제에 있는 바사가 꽃과 첨복가
꽃과 소마나 꽃들의 향기로는 미칠 수가 없는 것과 같이 보살마하살의 보리심 나무도 역
시 차례를 좇아(復) 이와 같기에 큰 서원을 세운 공덕의 향기는 모든 이승의 무루와 계율,
선정, 지혜, 해탈, 해탈지견의 공덕 향으로는 미치지 못한다."
　善男子 譬如波利質多羅樹其皮香氣 閻浮提中 若婆師迦 若薝蔔迦 若蘇摩那 如是
等華所有香氣 皆不能及 菩薩摩訶薩菩提心樹 亦復如是 所發大願功德之香 一切二
乘無漏戒 定 智慧 解脫 解脫知見諸功德香 悉不能及

"선남자여! 비유하면 파리질다 나무가 비록 꽃은 피우지 않지만, 헤아릴 수 없는 모든
꽃이 출생하는 곳을 당연히 아는 것과 같이 보살마하살의 보리심 나무도 역시 차례를
좇아(復) 이와 같기에 비록 모든 지혜의 꽃이 피지 않더라도 당연히 그 힘으로 수 없는
하늘과 사람 가운데 보리의 꽃을 피운 곳임을 알아야 한다."
　善男子 譬如波利質多羅樹 雖未開華 應知卽是無量諸華出生之處 菩薩摩訶薩菩提
心樹 亦復如是 雖未開發一切智華 應知卽是無數天人衆菩提華所生之處

"선남자여! 파리질다 꽃으로 하루 동안 옷에 풍긴 향기는 첨복가 꽃과 바리사가 꽃과
소마나 꽃으로는 천 년 동안 풍기더라도 미칠 수 없는 것과 같이 보살마하살의 보리심 꽃
도 역시 차례를 좇아(復) 이와 같기에 한평생 풍긴 공덕의 향은 시방의 모든 부처님이 계

신 곳에 두루 통하여 모든 이승의 무루 공덕으로는 백천 겁을 스며들게 해도 미치지 못한다."

善男子 譬如波利質多羅華 一日熏衣 簷蔔迦華 婆利師華 蘇摩那華 雖千歲熏 亦不能及 菩薩摩訶薩菩提心華 亦復如是 一生所熏諸功德香 普徹十方一切佛所 一切二乘無漏功德 百千劫熏 所不能及

"선남자여! 바다의 섬 가운데 야자수가 있으니, 뿌리, 줄기, 가지, 잎, 꽃, 과실을 중생들이 늘 가져다 쓰면서 잠깐도 쉼이 없는 것과 같이 보살마하살의 보리심 나무도 역시 차례를 좇아(復) 이와 같기에 자비와 원의 마음을 일으킬 때뿐만 아니라 부처를 이루어 바른 법이 세상에 머물러 있을 때까지 모든 세간에 이익이 되게 하면서 쉬지 않았다."

善男子 如海島中 生椰子樹 根莖枝葉及以華果 一切衆生恒取受用 無時暫歇 菩薩摩訶薩菩提心樹 亦復如是 始從發起悲願之心 乃至成佛 正法住世 常時利益一切世間 無有間歇

"선남자여! 약즙이 있으니, 이름이 '하택가'이며, 이 약물을 사람이 얻으면 한 냥으로 천 냥의 구리를 변하게 하여 다 진금으로 만들지만, 천 량의 구리는 약을 변하게 할 수 없는 것과 같이 보살마하살도 역시 차례를 좇아(復) 이와 같기에 보리심으로 회향하는 지혜의 약으로 모든 업과 번뇌를 변화시켜 모든 지혜로 만들 수는 있어도 업과 번뇌로는 그 마음을 변화시킬 수는 없다."

善男子 如有藥汁 名訶宅迦 人或得之 以其一兩 變千兩銅 悉成眞金 非千兩銅 能變此藥 菩薩摩訶薩 亦復如是 以菩提心迴向智藥 普變一切業惑等法 悉使成於一切智相 非業惑等能變其心

"선남자여! 비유하면 작은 불이 타면서 불꽃이 점점 커지는 것과 같이 보살마하살의 보리심도 역시 차례를 좇아(復) 이와 같기에 속된 인연에 끌리는 대로 지혜의 불꽃이 거듭 더해지고 커진다."

善男子 譬如小火隨所焚燒 其焰轉熾 菩薩摩訶薩菩提心火 亦復如是 隨所攀緣智焰增長

"선남자여! 비유하면 하나의 등불이 백천의 등을 켜도 본래 등불은 줄지도 않고 다하지도 않는 것과 같이 보살마하살의 보리심 등불도 역시 차례를 좇아(復) 이와 같기에 삼세 부처님들의 지혜 등을 두루 켜도 그 마음의 등불은 줄지도 않고 다하지도 않는다."

善男子 譬如一燈 然百千燈 基本一燈無減無盡 菩薩摩訶薩菩提心燈 亦復如是 普然三世諸佛智燈 而其心燈 無減無盡

"선남자여! 비유하면 하나의 등불이 어두운 방에 들어가면 백천 년 묵은 어둠이 남김없이 모두 없어지는 것과 같이 보살마하살의 보리심 등불도 역시 차례를 좇아(復) 이와 같기에 중생의 마음 방에 들어가면 백천 만억 말할 수 없는 겁 동안의 묵은 업과 번뇌의 가지가지 어두운 막힘이나 걸림을 남김없이 다 제거하여 다하게 한다."

善男子 譬如一燈 入於闇室 百千年闇 悉能破盡 菩薩摩訶薩菩提心燈 亦復如是 入於衆生心室之內 百千萬億不可說劫諸業煩惱種種暗障 悉能除盡

"선남자여! 비유하면 등잔의 심지가 크고 작은 것을 따라 광명을 일으킬 때 기름을 더 부으면 밝은 광명이 끝까지 꺼지지 않는 것과 같이 보살마하살의 보리심 등불도 역시 차례를 좇아(復) 이와 같기에 큰 원을 심지로 삼고 광명을 법계에 비추며, 크게 가엾이 여기는 마음에 기름을 더하여 중생을 가르치고 바른 길로 이끌고 국토를 장엄하고 불사를 베풀어 지어가면서 쉬지 않는다."

善男子 譬如燈炷隨其大小 而發光明 若益膏油 明終不絶 菩薩摩訶薩菩提心燈 亦復如是 大願爲炷 光照法界 益大悲油 敎化衆生 莊嚴國土 施作佛事 無有休息

"선남자여! 비유하면 타화자재천왕이 염부단의 진금으로 만든 하늘의 관을 쓰면 욕심세계 천자들의 장엄 기물로는 미치지 못하는 것과 같이 보살마하살도 역시 차례를 좇아(復) 이와 같기에 보리심 큰 원의 하늘 관을 쓰면 모든 범부와 이승의 공덕으로는 미치지 못한다."

善男子 譬如他化自在天王冠閻浮檀眞金天冠 欲界天子諸莊嚴具 皆不能及 菩薩摩訶薩 亦復如是 冠菩提心大願天冠 一切凡夫二乘功德 皆不能及

"선남자여! 사자 왕이 포효하는 소리를 사자 새끼가 들으면 용맹이 거듭 더해지고 커지지만, 다른 짐승은 듣고 숨어버리는 것과 같이 부처님 사자 왕의 보리심 포효도 역시 차례를 좇아(復) 이와 같기에 보살들이 들으면 공덕이 거듭 더해지고 커지는 것을 당연히 알아야 하며, 얻은 것이 있는 자는 듣고 물러나 흩어진다."

善男子 如師子王哮吼之時 師子兒聞 皆增勇健 餘獸聞之 卽皆竄伏 佛師子王菩提心吼 應知亦爾 諸菩薩聞 增長功德 有所得者 聞皆退散

"선남자여! 비유하면 사람이 사자의 힘줄로 악기의 줄을 만들어 음을 연주하면 다른 악기의 줄들이 모두 끊어지는 것과 같이 보살마하살도 역시 차례를 좇아(復) 이와 같기에 여래사자 바라밀 몸의 보리심 힘줄로 법의 즐거움을 줄로 삼아 음을 연주하면 모든 오욕과 이승의 공덕 줄이 남김없이 다 끊어진다."

善男子 譬如有人以師子筋 而爲樂絃 其音旣奏 餘絃悉絶 菩薩摩訶薩 亦復如是 以如來師子波羅蜜身菩提心筋 而爲樂絃 其音旣奏 一切五慾及以二乘諸功德絃 悉皆斷滅

"선남자여! 사람이 소나 양 등의 가지가지 모든 젖을 모아서 가령 바다를 만들었더라도 사자 젖 한 방울을 그 가운데 넣으면 모두 변하여 막힘이나 걸림 없이 통과하는 것과 같이 보살마하살도 역시 차례를 좇아(復) 이와 같기에 사자 보리심 젖으로 헤아릴 수 없는 겁의 업과 번뇌를 젖 바다 가운데 던지면 모두 변하여 남김없이 무너지고 없어져 바로 지나가 버리고 막힘이나 걸림이 없어서 마침내 이승 해탈에 머물지 않는다."

善男子 譬如有人以牛羊等種種諸乳 假使積集 盈於大海 以師子乳一滴投中 悉令變壞 直過無礙 菩薩摩訶薩 亦復如是 以如來師子菩提心乳 著無量劫業惱乳大海之中 悉令壞滅 直過無礙 終不住於二乘解脫

"선남자여! 비유하면 가릉빈가 새는 알 속에 있을 때도 큰 세력이 있어서 다른 새들이 미치지 못하는 것과 같이 보살마하살도 역시 차례를 좇아(復) 이와 같기에 생사의 알 속에서 보리심을 내면 가엾이 여기는 그 공덕의 세력을 성문이나 연각으로는 미치지 못한다."

善男子 譬如迦陵頻伽鳥在卵殼中 有大勢力 一切諸鳥所不能及 菩薩摩訶薩 亦復

如是 於生死殼 發菩提心 所有大悲功德勢力聲聞 緣覺 無能及者

"선남자여! 금시조 왕의 새끼가 처음 태어날 때 눈이 밝고 예리하며, 빠르게 날기에 다른 새들이 오랫동안 자랐더라도 미치지 못하는 것과 같이 보살마하살도 역시 차례를 좇아(復) 이와 같기에 보리심을 일으켜 부처님의 자식이 되면 지혜가 청정해지고 가엾이 여기는 마음이 용맹하여 모든 이승이 백천 겁을 두고 도의 행을 닦더라도 미칠 수 있는 것이 아니다."

善男子 如金翅鳥王子初始生時 目則明利 飛則勁捷 一切諸鳥 雖久成長 無能及者 菩薩摩訶薩 亦復如是 發菩提心 爲佛王子 智慧淸淨 大悲勇猛 一切二乘 雖百千劫 久修道行 所不能及

"선남자여! 장부가 손에 날카로운 창을 잡고 견고한 갑옷을 찌르면 막힘이나 걸림 없이 없는 것과 같이 보살마하살도 역시 차례를 좇아(復) 이와 같기에 보리심의 날카로운 창을 잡고 모든 삿된 소견과 번뇌의 견고한 갑옷을 찌르면 남김없이 모두 뚫고 지나가서 막힘이나 걸림이 없다."

善男子 如有壯夫 手執利矛 刺堅密甲 直過無礙 菩薩摩訶薩 亦復如是 執菩提心銛利快矛 刺諸邪見隨眠密甲 悉能穿徹 無有障礙

"선남자여! 비유하면 마하나가의 용맹한 장사가 화를 내면 그 이마에 부스럼이 생기고 부스럼이 아물기 전에는 염부제의 모든 사람으로는 제어해서 굴복시킬 수 없는 것과 같이 보살마하살도 역시 차례를 좇아(復) 이와 같기에 가엾이 여기는 마음을 내면 반드시 보리심을 내고 보리심을 버리기 전에는 모든 세간의 마와 마의 백성들이 해롭게 하지 못한다."

善男子 譬如摩訶那伽大力勇士 若奮威怒 於其額上 必生瘡疱 閻浮提中一切人民 無能制伏 菩薩摩訶薩 亦復如是 若起大悲 必定發於菩提之心 心未捨來 一切世間魔 及魔民 不能爲害

"선남자여! 비유하면 활을 잘 쏘는 스승의 제자는 비록 그 스승처럼 기술을 익히지 못했더라도 그 지혜와 방편과 섬세하고 능숙한 선근은 다른 사람들이 미치지 못하는 것과 같이 보살마하살이 처음 비로소 마음을 일으킴도 역시 차례를 좇아(復) 이와 같기에 비록 모든 지혜와 행이 능숙하지는 않지만, 그 있는 원과 지혜와 이해하고자 함은 모든 세간의 범부나 이승으로는 모두 미칠 수가 없다."

善男子 譬如射師有諸弟子 雖未慣習其師技藝 然其智慧方便善巧 餘一切人 所不能及 菩薩摩訶薩 亦復如是 雖未慣習一切智行 然其所有願智解欲 一切世間凡夫二乘 悉不能及

"선남자여! 사람이 활 쏘는 법을 배울 때 먼저 발을 편안히 디디고 쏘는 법을 익히는 것과 같이 보살마하살도 역시 차례를 좇아(復) 이와 같기에 여래의 모든 도를 배우기 위해서는 먼저 보리심에 편안히 머무른 뒤에 모든 부처님의 법을 닦아 행한다."

善男子 如人學射 先安其足 後習其法 菩薩摩訶薩 亦復如是 欲學如來一切智道 先當安住菩提之心 然後修行一切佛法

"선남자여! 비유하면 요술쟁이가 장차 허깨비를 만들려 한다면 먼저 마음을 일으켜 허깨비의 법을 기억한 후에 허깨비를 만들어서 성취하는 것과 같이 보살마하살도 역시 차례를 좇아(復) 이와 같기에 모든 부처님과 보살의 신통으로서 허깨비를 일으키려면 먼저 뜻을 내어 보리심을 일으킨 후에야 모든 일이 성취된다."

善男子 譬如幻師將作幻事 先當起意 憶持幻法 然後所作 悉得成就 菩薩摩訶薩 亦復如是 將起一切諸佛菩薩神通幻事 先當起意 發菩提心 然後一切悉得成就

"선남자여! 비유하면 허깨비의 기술은 색이 없는 데서 색을 나타내는 것과 같이 보살마하살의 보리심 모양이나 상태도 역시 차례를 좇아(復) 이와 같기에 비록 형상이 없어서 볼 수 없으나, 시방 법계에서 가지가지의 공덕 장엄을 두루 나타내 보인다."

善男子 譬如幻術無色現色 菩薩摩訶薩菩提心相 亦復如是 雖無有色 不可睹見 然能普於十方法界 示現種種功德莊嚴

"선남자여! 비유하면 고양이가 잠시 쥐를 보지만 쥐는 구멍에 들어가 나오지를 못하는 것과 같이 보살마하살이 보리심을 일으키는 것도 역시 차례를 좇아(復) 이와 같기에 지혜의 눈으로 번뇌와 업을 잠깐만 보아도 모두 숨어서는 차례를 좇아 출생하지 않는다."

善男子 譬如貓貍纔見於鼠 鼠卽入穴 不敢復出 菩薩摩訶薩發菩提心 亦復如是 暫以慧眼 觀諸惑業 皆卽竄匿 不復出生

"선남자여! 비유하면 사람이 염부단금으로 만든 장엄 기물로 붙이면 모든 것을 가려버리고 먹 덩어리가 되는 것과 같이 보살마하살도 역시 차례를 좇아(復) 보리심 장엄 기물을 붙이면 모든 범부와 이승의 공덕 장엄을 가려버려서 빛 색이 남김없이 다 없어진다."

善男子 譬如有人著閻浮金莊嚴之具 映蔽一切 皆如聚墨 菩薩摩訶薩 亦復如是 著菩提心莊嚴之具 映蔽一切凡夫二乘功德莊嚴 悉無光色

"선남자여! 좋은 자석은 아주 작은 힘으로도 모든 철로 된 사슬과 고리를 빨아들이는 것과 같이 보살마하살이 보리심을 내는 것도 역시 차례를 좇아(復) 이와 같기에 한 생각을 일으키면 모든 소견과 욕망과 무명의 사슬과 고리를 없애버린다."

善男子 如好磁石少分之力 卽能吸壞諸鐵鉤鎖 菩薩摩訶薩發菩提心 亦復如是 若起一念 悉能壞滅一切見欲無明鉤鎖

"선남자여! 자석이 있고 철과 마주 보게 되면 곧 흩어지고 남는 것이 없는 것과 같이 보살마하살이 보리심을 일으키는 것도 역시 차례를 좇아(復) 이와 같기에 업과 번뇌와 이승의 해탈이 잠깐이라도 서로 마주치면 모두 흩어져 없어지고 또한 머무름도 없다."

善男子 如有磁石 鐵若見之 卽皆散去 無留住者 菩薩摩訶薩發菩提心 亦復如是 諸業煩惱二乘解脫 若暫見之 卽皆散滅 亦無住者

"선남자여! 비유하면 사람이 선근으로 바다에 들어가면 물에 사는 모든 족속이 해하지 못하고 고래의 입에 들어가도 씹거나 삼키지 못하는 것과 같이 보살마하살도 역시 차례를 좇아(復) 이와 같기에 보리심을 일으키고 생사의 바다에 들어가면 업과 번뇌가 해롭게 하지 못하고 성문이나 연각의 실질적인 법 경계에 들어가더라도 또한 머물기에 어려움이 되지 않는다."

善男子 譬如有人善入大海 一切水族無能爲害 假使入於摩竭魚口 亦不爲彼之所吞噬 菩薩摩訶薩 亦復如是 發菩提心 入生死海 諸業煩惱不能爲害 假使入於聲聞 緣覺實際法中 亦不爲其之所留難

"선남자여! 비유하면 사람이 감로 미음을 마시면 모든 물건이 해침이 되지 않는 것과 같이 보살마하살도 역시 차례를 좇아(復) 이와 같기에 보리심 감로 법의 미음을 마시면 성문과 벽지불의 지위에 떨어지지 않으니, 그 광대한 자비와 원의 힘이 있는 까닭이다."

善男子 譬如有人飮甘露漿 一切諸物不能爲害 菩薩摩訶薩 亦復如是 飮菩提心甘露法漿 不墮聲聞 辟支佛地 以具廣大悲願力故

"선남자여! 비유하면 사람이 안선나 약을 얻어 눈에 바르면 비록 사람 속을 다녀도 사람이 보지 못하는 것과 같이 보살마하살도 역시 차례를 좇아(復) 이와 같기에 보리심 안선나 약을 얻으면 방편으로 마의 경계에 들어가도 모든 마가 보지 못한다."

善男子 譬如有人得安繕那藥 以塗其目 雖行人間 人所不見 菩薩摩訶薩 亦復如是 得菩提心安繕那藥 能以方便 入魔境界 一切衆魔所不能見

"선남자여! 비유하면 사람이 왕에게 의지해 붙으면 다른 이들을 두려워하지 않는 것과 같이 보살마하살도 역시 차례를 좇아(復) 이와 같기에 보리심의 세력이 있는 왕에게 의지해 붙으면 막힘이나 걸림과 악도의 어려움을 두려워하지 않는다."

善男子 譬如有人依附於王 不畏餘人 菩薩摩訶薩 亦復如是 依菩提心大勢力王 不畏障蓋惡道之難

"선남자여! 비유하면 사람이 물 가운데 머물러 있으면, 불에 타는 것을 두려워하지 않듯이 보살마하살도 역시 차례를 좇아(復) 이와 같기에 보리심 선근의 물 가운데 머물면 이승과 해탈 지혜의 불을 두려워하지 않는다."

善男子 譬如有人住於水中 不畏火焚 菩薩摩訶薩 亦復如是 住菩提心善根水中 不畏二乘解脫智火

"선남자여! 비유하면 사람이 용맹한 장수에게 의지하면 모든 원한이 있는 적을 두려워하지 않는 것과 같이 보살마하살도 역시 차례를 좇아(復) 이와 같기에 보리심의 용맹한 대장을 의지하면 모든 악행과 원한 있는 적을 두려워하지 않는다."
善男子 譬如有人依倚猛將 即不怖畏一切怨敵 菩薩摩訶薩 亦復如是 住菩提心勇猛大將 不畏一切惡行怨敵

"선남자여! 제석천 왕이 금강저를 들면 모든 아수라의 무리가 굴복하듯이 보살마하살도 역시 차례를 좇아(復) 이와 같기에 보리심의 금강저를 들면 모든 마와 외도가 굴복한다."
善男子 如釋天王執金剛杵 摧伏一切阿修羅衆 菩薩摩訶薩 亦復如是 持菩提心金剛之杵 摧伏一切諸魔 外道

"선남자여! 비유하면 사람이 오래 사는 약을 먹으면 건강하여 늙지도 야위지도 않듯이 보살마하살도 역시 차례를 좇아(復) 이와 같기에 보리심의 오래 사는 약을 먹으면 수 없는 겁 동안 보살의 행을 닦아도 마음에 피로함이 없고 또한 물들지도 않는다."
善男子 譬如有人服延齡藥 長得充健 不老不瘦 菩薩摩訶薩 亦復如是 服菩提心延齡之藥 於無數劫 修菩薩行 心無疲厭 亦無染著

"선남자여! 비유하면 사람이 약즙을 내려면 당연히 먼저 청정한 물이 있어야 하듯이, 보살마하살도 역시 차례를 좇아(復) 이와 같기에 보살의 행과 원을 닦으려면 당연히 먼저 보리심을 일으켜야 한다."
善男子 譬如有人調和藥汁 必當先取好清淨水 菩薩摩訶薩 亦復如是 欲修菩薩一切行願 先當發起菩提之心

"선남자여! 사람이 몸을 보호하려면 먼저 목숨의 뿌리, 곧 생명을 먼저 보호해야 하듯이, 보살마하살도 역시 차례를 좇아(復) 이와 같기에 부처님의 법을 보호하고 유지하려면 먼저 보리심을 보호해야 한다."

善男子 如人護身 先護命根 菩薩摩訶薩 亦復如是 護持佛法 亦當先護菩提之心

"선남자여! 비유하면 사람이 명줄이 끊어지면 부모와 친척들에게 이익이 되지 못하듯, 보살마하살도 역시 차례를 좇아(復) 이와 같기에 보리심을 버리고서는 모든 중생에게 이익이 되지 못하고 부처님의 공덕을 성취하지 못한다."

善男子 譬如有人命根若斷 不能利益父母宗親 菩薩摩訶薩 亦復如是 捨菩提心 不能利益一切衆生 不能成就諸佛功德

"선남자여! 비유하면 큰 바다는 무너뜨릴 수 없듯이, 보리심의 바다도 역시 차례를 좇아(復) 이와 같기에 업과 번뇌와 이승의 마음으로는 무너트리지 못한다."

善男子 譬如大海無能壞者 菩提心海 亦復如是 諸業煩惱二乘之心 所不能壞

"선남자여! 비유하면 햇빛을 별빛으로는 가릴 수 없듯이, 보리심의 햇빛도 역시 차례를 좇아(復) 이와 같기에 모든 이승의 새지 않는 지혜의 빛으로는 가릴 수 없다."

善男子 譬如日光星宿光明 不能映蔽菩提心日 亦復如是 一切二乘無漏智光 所不能蔽

"선남자여! 왕자가 처음 태어나도 대신들로부터 존중을 받으니, 이는 종성으로 받는 것이 자재한 까닭이듯, 보살마하살도 역시 차례를 좇아(復) 이와 같기에 부처님의 법으로 보리심을 내면 곧 고승의 범행을 오래도록 닦은 성문이나 연각들과 함께 존중을 받으니, 이는 크게 가엾이 여기는 마음을 자재하게 쓰는 까닭이다."

善男子 如王子初生 卽爲大臣之所尊重 以種性自在故 菩薩摩訶薩 亦復如是 於佛法中 發菩提心 卽爲耆宿 久修梵行 聲聞 緣覺所共尊重 以大悲自在力

"선남자여! 비유하면 왕자가 비록 나이는 어려도 모든 대신이 공손하게 섬기어 예를 올리듯, 보살마하살도 역시 차례를 좇아(復) 이와 같기에 비록 처음 마음을 일으켜 보살의 행을 닦아도 이승의 고승들이 빠짐없이 다 당연히 공손하게 인사하는 것과 같다."

善男子 譬如王子年雖幼稚 一切大臣 皆悉敬禮 菩薩摩訶薩 亦復如是 雖初發心 修菩薩行 二乘耆舊 皆應敬禮

"선남자여! 비유하면 왕자가 비록 모든 신하의 자리 가운데서 자재하지 못하지만, 이미 왕으로서의 모양이나 상태를 갖추어 모든 신하와 평등하지 않으니, 태어난 곳이 높은 까닭이다. 보살마하살도 역시 차례를 좇아(復) 이와 같기에 모든 업과 번뇌 가운데서 자재하지 못하지만, 이미 보리의 모양이나 상태를 온전하게 갖추어 모든 이승과는 같지 않으니, 이는 종자의 성품이 제일인 까닭이다."

善男子 譬如王子雖於一切臣佐之中 未得自在 已具王相 不與一切諸臣佐等 以生處尊勝故 菩薩摩訶薩 亦復如是 雖於一切業煩惱中 未得自在 然已具足菩提之相 不與一切二乘齊等 以種性第一故

"선남자여! 비유하면 청정한 마니보배라도 눈에 병이 있으면 깨끗하지 않은 것으로 보듯이, 보살마하살의 보리심 보배도 역시 차례를 좇아(復) 이와 같기에 지혜가 없어 믿지 않으면 이른바 청정하지 못하다고 한다."

善男子 譬如淸淨摩尼妙寶 眼有瞖故 見爲不淨 菩薩摩訶薩菩提心寶 亦復如是 無智不信 謂爲不淨

"선남자여! 비유하면 약이 주문의 힘을 가지고 있어서 만일 중생이 보고 듣고 함께하면 모든 병이 빠짐없이 다 사라져 없어지듯이, 보살마하살의 보리심이라는 약도 역시 차례를 좇아(復) 이와 같기에 모든 선근과 지혜와 방편과 보살의 서원과 지혜를 함께 거두어 가지고 있는 것을 만일 중생이 보고 듣고 함께 있으면서 잊지 않고 기억하여 생각하면 모든 번뇌의 병을 남김없이 다 제거해 없앤다."

善男子 譬如有藥 爲呪所持 若有衆生 見聞同住 一切諸病 皆得消滅 菩薩摩訶薩菩提心藥 亦復如是 一切善根 智慧 方便 菩薩願智 共所攝持 若有衆生 見聞同住 憶念

之者 諸煩惱病 悉得除滅

"선남자여! 비유하면 사람이 늘 감로를 가지고 있으면 그 몸이 끝까지 변하지 않고 무너지지 않듯이 보살마하살도 역시 차례를 좇아(復) 이와 같기에 보리심의 감로를 항상 생각해 가지고 있으면 원과 지혜의 몸이 마지막까지 무너지지 않는다."

善男子 譬如有人常持甘露 其身畢竟 不變不壞 菩薩摩訶薩 亦復如是 若常憶持菩提心露 令願智身 畢竟不壞

"선남자여! 비유하면 목각 인형이 만일 연결 고리가 없으면 몸이 곧 흩어지고 움직일 수 없듯이, 보살마하살도 역시 차례를 좇아(復) 이와 같기에 보리심이 없으면 수행이 흩어져서 부처님의 모든 법을 성취하지 못한다."

善男子 如機關木人 若無有楔 身卽離散 不能運動 菩薩摩訶薩 亦復如是 無菩提心 行卽分散 不能成就一切佛法

"선남자여! 전륜왕에게 침향이라는 보배가 있으니, 이름을 '상장'이라 한다. 이 향을 사르면 왕의 4가지 군대가 남김없이 다 허공으로 올라가듯이, 보살마하살의 보리심 향도 역시 차례를 좇아(復) 이와 같기에 그와 같이 뜻을 일으키면 모든 보살의 모든 선근이 영원히 삼계에서 벗어나 여래 지혜의 인위적이거나 꾸밈이 없는 공 가운데로 행한다."

善男子 如轉輪王有沈香寶 名曰象藏 若燒此香 王四種兵悉騰虛空 菩薩摩訶薩菩提心香 亦復如是 若發此意 卽令菩薩一切善根 永出三界 行如來智 無爲空中

"선남자여! 비유하면 금강은 오직 금강이 금강의 처와 금강이 나는 곳에서만 나는 것이고 다른 보배가 나는 곳에서는 나지가 않듯이 보살마하살의 보리심 금강도 역시 차례를 좇아(復) 이와 같기에 오직 가엾이 여기는 큰마음으로 중생을 구원하고 보호하는 금강의 처와 모든 지혜의 지혜로서 뛰어난 경계인 금이 나는 곳에서만 나고 나머지 다른 중생의 선근 처에서는 나지 않는다."

善男子 譬如金剛唯從金剛處及金處生 非餘寶處生 菩薩摩訶薩菩提心金剛 亦復如

是 唯從大悲 救護衆生 金剛處 一切智智殊勝境界金處而生 非餘衆生善根處生

"선남자여! 비유하면 나무가 있으니, 이름이 '무근'으로 뿌리를 좇아 나지 않지만, 가지와 잎과 꽃과 열매가 남김없이 다 무성하듯이, 보살마하살의 보리심도 역시 차례를 좇아(復) 이와 같기에 뿌리를 찾아볼 수 없지만, 모든 지혜와 지혜의 신통한 큰 원으로서 가지와 잎과 꽃과 열매를 기르고 키워서 무성한 그늘이 세간을 두루 덮는다."
　善男子 譬如有樹 名曰無根 不從根生 而枝葉華果 悉皆繁茂 菩薩摩訶薩菩提心樹 亦復如是 無根可得 而能長養一切智智神通大願 枝葉華果 枝疏蔭映 普覆世間

"선남자여! 금강은 열악한 그릇과 깨지는 그릇으로는 담을 수 없지만, 오직 완전하게 갖춘 빼어난 그릇은 제외하듯이, 보리심 금강도 역시 차례를 좇아(復) 못난 중생의 인색하고 질투하고 파괴하고 게으르고 허망한 생각과 지혜가 없는 그릇에는 담을 수 없지만, 오직 보살의 깊은 마음으로서의 보배 그릇은 제외한다."
　善男子 譬如金剛非劣惡器及以破器 所能容持 唯除全具上妙之器 菩提心金剛 亦復如是 非下劣衆生慳嫉破戒 懈怠妄念 無智器中 所能容持 亦非退失殊勝志願 散亂惡覺 衆生器中 所能容持 唯除報償深心寶器

"선남자여! 비유하면 금강이 모든 보배를 뚫어버리듯이, 보리심 금강도 역시 차례를 좇아(復) 이와 같기에 모든 법이라는 보배를 능히 뚫어버린다."
　善男子 譬如金剛能穿衆寶 菩提心金剛 亦復如是 悉能穿徹一切法寶

"선남자여! 비유하면 금강이 모든 산을 무너트리듯이, 보리심 금강도 역시 차례를 좇아(復) 이와 같기에 삿된 소견의 산들을 능히 무너트린다."
　善男子 譬如金剛能壞衆山 菩提心金剛 亦復如是 悉能摧壞諸邪見山

"선남자여! 비유하면 금강이 깨져서 비록 완전하지 않더라도 모든 많은 보배가 미치지 못하듯이, 보리심 금강도 역시 차례를 좇아(復) 이와 같기에 비록 뜻이 적고 조금은 이지러지고 모자라도 오히려 모든 이승의 공덕보다 뛰어나다."
　善男子 譬如金剛雖破不全一切衆寶 猶不能及 菩提心金剛 亦復如是 雖復志劣 少有虧損 猶勝一切二乘功德

"선남자여! 비유하면 금강이 비록 결함이 있지만, 모든 가난으로 생활이 어려운 것을 제거해 없애듯이, 보리심 금강도 역시 차례를 좇아(復) 이와 같기에 비록 잃거나 결함이 있어서 모든 행에 나아가지 못하지만, 오히려 모든 생사를 벗어나 버린다."
　善男子 譬如金剛雖有損缺 猶能除滅一切貧窮 菩提心金剛 亦復如是 雖有損缺 不進諸行 猶能捨離一切生死

"선남자여! 아주 적은 금강이라도 일체 모든 물건을 깨트리고 무너트리듯이 보리심 금강도 역시 차례를 좇아(復) 이와 같기에 아주 적은 경계에 들어가서 곧바로 무지한 일체 모든 의혹을 깨트린다."
　善男子 如小金剛 悉能破壞一切諸物 菩提心金剛 亦復如是 入少境界 卽破一切無知諸惑

"선남자여! 비유하면 금강은 보통 사람으로서는 얻을 수 없듯이, 보리심 금강도 역시 차례를 좇아(復) 이와 같기에 뜻이 못난 중생으로서는 얻을 수 없다."
　善男子 譬如金剛非凡人所得 菩提心金剛 亦復如是 非劣意衆生之所能得

"선남자여! 비유하면 금강이 보배인 것을 알지 못하는 사람은 그 능함을 알지 못하고 그 쓰임새도 얻을 수 없듯이, 보리심 금강도 역시 차례를 좇아(復) 이와 같기에 법을 알지 못하는 사람은 그 능함을 분명하게 깨우쳐 알지 못하고 그 쓰임새도 얻지 못한다."
　善男子 譬如金剛不識寶人 不知其能 不得其用 菩提心金剛 亦復如是 不知法人 不了其能 不得其用

"선남자여! 비유하면 금강은 없앨 수 없듯이, 보리심 금강도 역시 차례를 좇아(復) 이와 같기에 일체 모든 법이 없앨 수 없다."

善男子 譬如金剛無能銷滅 菩提心金剛 亦復如是 一切諸法無能銷滅

"선남자여! 금강저는 모든 큰 힘을 가진 사람이라도 집어 들거나 가질 수 있는 것이 아니지만, 큰 나라연의 힘을 가진 자는 제외하듯이, 보리심도 역시 차례를 좇아(復) 이와 같기에 모든 이승은 유지하지 못하지만, 오직 보살의 광대한 인연과 견고한 선근의 힘은 제외한다."

善男子 如金剛杵諸大力人 皆不能持 唯除有大那羅延力 菩提之心 亦復如是 一切二乘皆不能持 唯除菩薩廣大因緣 堅固善力

"선남자여! 비유하면 금강은 일체 모든 물건으로도 무너트릴 수 없지만, 금강은 모든 물건을 두루 무너트리고 그 체성은 손상을 입지 않듯이, 보리심도 역시 차례를 좇아(復) 이와 같기에 삼세의 수 없는 겁 가운데 중생을 가르치고 바른길로 이끌며, 고행으로 수행하는 성문과 연각으로는 할 수 없는 것을 능히 지어가지만, 마지막까지 피로하거나 싫어함이 없고 잃거나 무너짐도 없다."

善男子 譬如金剛一切諸物 無能壞者 而能普壞一切諸物 然其體性無所損減 菩提之心 亦復如是 普於三世無數劫中 敎化衆生 修行苦行 聲聞 緣覺所不能者 咸能作之 然其畢竟無有疲厭 亦無損壞

"선남자여! 비유하면 금강은 나머지는 가질 수 없지만, 오직 금강의 지위는 능히 가지듯이, 보리심도 역시 차례를 좇아(復) 이와 같기에 성문과 연각은 가지지 못하고 오직 살바야로 나아가는 자는 제외한다."

善男子 譬如金剛餘不能持 唯金剛地之所能持 菩提之心 亦復如是 聲聞 緣覺皆不能持 唯除趣向薩婆若者

"선남자여! 금강 그릇은 흠이나 깨진 틈이 없어서 물을 담으면 영원히 새지 않고 땅으로 들어가듯이, 보리심의 금강 그릇도 역시 차례를 좇아(復) 이와 같기에 선근의 물을 가득 채우면 영원히 새지 않고 모든 부류에 들어가지 않는다."

善男子 如金剛器無有瑕缺 用盛於水 永不滲漏 而入於地 菩提心金剛器 亦復如是 盛善根水 永不滲漏 令入諸趣

"선남자여! 금강의 경계는 대지를 유지하고 무너져 가라앉지 않게 하듯이, 보리심도 역시 차례를 좇아(復) 이와 같기에 보살의 모든 행과 원을 유지하고 삼계에 떨어져 가라앉지 않게 한다."

善男子 如金剛際能持大地 不令墜沒 菩提之心 亦復如是 能持菩薩一切行願 不令墜沒 入於三界

"선남자여! 비유하면 금강은 물속에 오래 있어도 무르지 않고 습하지도 않듯이, 보리심도 역시 차례를 좇아(復) 이와 같기에 생사의 업과 의혹이라는 물속에 있어도 무너지지도 않고 변함도 없다."

善男子 譬如金剛久處水中 不爛不濕 菩提之心 亦復如是 於一切劫 處在生死業惑水中 無壞無變

"선남자여! 비유하면 금강은 일체 모든 불로도 태우지 못하고 뜨겁게 하지 못하듯이, 보리심도 역시 차례를 좇아(復) 이와 같기에 생사 번뇌의 불들이 태우지도 못하고 뜨겁게 하지도 못한다."

善男子 譬如金剛一切諸火 不能燒然 不能令熱 菩提之心 亦復如是 一切生死諸煩惱火 不能燒然 不能令熱

"선남자여! 비유하면 삼천대천세계 중에서 금강의 자리 위에 계신 모든 부처님이 도량에 앉아서 마군을 항복 받고 등정각을 이루어 유지하는 것이며, 다른 자리로는 유지할 수 없듯이, 보리심의 자리도 역시 차례를 좇아(復) 이와 같기에 모든 보살의 원과 행과 바라밀과 모든 인과 모든 지위와 회향과 수기와 보리의 도를 돕는 법을 닦아 익히고 모든 부처님께 공양하고 법을 듣고 행을 받아 지니는 것이며, 모든 나머지 마음으로는 유지하지 못한다."

善男子 譬如三千世界之中金剛座上 能持諸佛 坐於道場 降伏諸魔 成等正覺 非是餘座之所能持 菩提心座 亦復如是 能持菩薩一切願行 諸波羅蜜 諸忍 諸地 迴向 受記 修集菩提助道之法 供養諸佛 聞法修行 一切餘心所不能持

"선남자여! 보리심 자는 이와 같은 헤아릴 수 없고 끝이 없고 말할 수 없이 말로 할 수 없는 공덕을 성취한다. 그와 같은 중생이 아뇩다라삼먁삼보리심을 일으키면 곧 이와 같은 뛰어난 공덕의 법을 얻는다."

"이러한 까닭으로 선남자여! 그대는 선근의 이익을 얻었으니, 그대가 아뇩다라삼먁삼보리심을 일으키고 보살의 행을 구하여 이미 이와 같은 큰 공덕을 얻은 까닭이다."

善男子 菩提心者 成就如是無量無邊乃至不可說不可說殊勝功德 若有衆生 發阿耨多羅三藐三菩提心 則獲如是勝功德法 是故善男子 汝獲善利 汝發阿耨多羅三藐三菩提心 求菩薩行已 得如是大功德故

"선남자여! 그대가 묻기를 보살이 어떻게 보살의 행을 배우며, 보살의 도를 닦는 것이냐고 하였다."

"선남자여! 그대는 이 비로자나 장엄 장 큰 누각에 들어가서 자제하게 두루 들여다보라. 곧 보살의 행을 분명하게 깨우쳐 알고 배워서 마치면 헤아릴 수 없는 공덕을 성취할 것이다."

善男子 如汝所問菩薩云何學菩薩行 修菩薩道 善男子 汝可入此毘盧遮那莊嚴藏大樓閣中 周徧觀察 則能了知學菩薩行 學已成就無量功德

대방광불화엄경 제79권

39. 입법계품(20)
　　入法界品第三十九之二十

　그때 선재 동자는 공손히 섬기어 미륵보살마하살을 오른쪽으로 돌기를 마치고는 말했다.
"대 성인께서는 이 누각의 문을 열어서 제가 들어가게 해주십시오."
　爾時 善財童子 恭敬右遶彌勒菩薩摩訶薩已 而白之言 唯願大聖 開樓閣門 令我得入

　이때 미륵보살이 누각 앞으로 나아가 손가락을 튕겨 소리를 내었고 곧 문이 열리고 선재에게 들어가라고 하니, 선재 동자는 들어갔으며, 문이 곧 닫혔다.
　時 彌勒菩薩前詣樓閣 彈指出聲 其門卽開 命善財入 善財心喜 入已還閉

　누각을 보니, 크고 넓은 것이 헤아릴 수 없어 허공과 같고 아승기 보배로 땅이 되고 아승기 궁전, 아승기 문, 아승기 창호, 아승기 섬돌, 아승기 난간, 아승기 길이 모두 칠보로 되어있고 아승기 번기, 아승기 당기, 아승기 일산이 사이사이에 벌려있고 아승기 영락, 아승기 진주 영락, 아승기 적진주 영락, 아승기 사자진주 영락들이 곳곳에 드리워져 있고 아승기 반다, 아승기 비단 띠, 아승기 보배 그물로 장엄하였고 아승기 보배 풍경이 바람에 흔들려 소리를 내고 아승기 하늘 꽃을 흩뿌리고 아승기 하늘 보배로 된 꽃 머리 장식 띠를 달고 아승기 보배 향로를 장엄하고 아승기 금가루를 내리고 아승기 보배 거울을 달고 아승기 보배 등불을 켜고 아승기 보배 옷을 폈다.
　아승기 보배 휘장을 치고 아승기 보배 자리를 깔고 아승기 비단을 자리 위에 펴고 아승기 염부단금 동녀 형상과 아승기 보배 형상과 아승기 빼어난 보배로 된 보살 형상이 가는 곳마다 가득 찼으며, 아승기 파두마 꽃과 아승기 보배 구물두 꽃과 아승기 보배 분타리 꽃으로 장엄하고 아승기 보배 나무는 차례로 줄을 지었고 아승기 마니보배가 큰 광명을 놓아 이와 같음을 헤아릴 수 없는 아승기 모든 장엄 기물로 장엄하였다.

見其樓閣 廣博無量 同於虛空 阿僧祇寶 以爲其地 阿僧祇宮殿 阿僧祇門闥 阿僧祇 窓牖 阿僧祇階陛 阿僧祇欄楯 阿僧祇道路 皆七寶成 阿僧祇幡 阿僧祇幢 阿僧祇蓋 周迴間列 阿僧祇衆寶瓔珞 阿僧祇眞珠瓔珞 阿僧祇赤眞珠瓔珞 阿僧祇師子珠瓔珞 處處垂下 阿僧祇半月 阿僧祇繒帶 阿僧祇寶網 阿僧祇嚴飾 阿僧祇寶鐸風動成音 散 阿僧祇天諸雜華 懸阿僧祇天寶鬘帶 嚴阿僧祇衆寶香爐 雨阿僧祇細末金屑 懸阿僧 祇寶鏡 然阿僧祇寶燈 布阿僧祇寶衣 列阿僧祇寶帳 設阿僧祇寶座 阿僧祇寶繒 以敷 座上 阿僧祇閻浮檀金童女像 阿僧祇雜寶諸形像 阿僧祇妙寶菩薩像 處處充徧 阿僧 祇衆鳥出和雅音 阿僧祇寶優鉢羅華 阿僧祇寶波頭摩華 阿僧祇寶拘物頭華 阿僧祇 寶芬陀利華 以爲莊嚴 阿僧祇寶樹次第行列 阿僧祇摩尼寶放大光明 如是等無量阿 僧祇諸莊嚴具 以爲莊嚴

또 그 가운데 헤아릴 수 없는 백천의 누각이 있고 하나하나 장엄하여 꾸민 것이 위에서 말한 것과 같고 크고 넓고 화려하기가 허공과 같아서 서로 막힘이나 걸림이 되지 않고 서로 섞여 혼란스럽지 않았다. 선재 동자가 한 곳에서 모든 곳을 보고 일체 모든 곳에서 남김없이 다 이와 같음을 보았다.

又見其中有無量百千諸妙樓閣 一一嚴飾 悉如上說 廣博嚴麗 皆同虛空 不相障礙 亦無雜亂 善財童子 於一處中 見一切處 一切諸處 悉如是見

이때 선재 동자가 비로자나 장엄 장 누각이 이와 같게 가지가지의 헤아릴 수 없는 자재한 경계를 보고 매우 환희하고 기쁨에 뛰면서 몸과 마음이 부드러워지고 모든 의혹을 없애고 본 것은 잊지 않고 들은 것은 기억하고 생각이 혼란스럽지 않기에 막힘이나 걸림 없는 해탈문에 들어가서 마음을 두루 돌리면서 모든 것을 두루 보고 두루 인사를 올렸다.

그렇게 잠시 머리를 놓아두니, 미륵보살의 신통한 힘으로 말미암아 자기의 몸이 모든 누각 속에 두루두루 있음을 보았고 또 사람의 생각으로는 헤아릴 수 없고 알 수 없는 가지가지의 자재한 경계를 보았다.

爾時 善財童子 見毘盧遮那莊嚴藏樓閣如是種種不可思議自在境界 生大歡喜 踊躍 無量 身心柔軟 離一切想 除一切障 滅一切惑 所見不忘 所聞能憶 所思不亂 入於無 礙解脫之門 普運其心 普見一切 普申敬禮 纔始稽首 以彌勒菩薩威神之力 自見其身 徧在一切諸樓閣中 具見種種不可思議自在境界

이른바 미륵보살이 처음 위 없는 보리심을 일으킬 때 이와 같은 이름과 이와 같은 종족과 이와 같은 선근의 벗으로 깨우침을 깨닫고 이와 같은 선근의 종자를 심고 이와 같은 수명에 머물고 이와 같은 겁에 있고 이와 같은 부처님을 만나서 이와 같은 장엄한 세계 국토에 처하고 이와 같은 행을 닦고 이와 같은 원을 일으켰으며, 저 여래의 이와 같은 대중의 모임에서 이와 같은 수명으로 이와 같은 세월을 지내면서 친근하게 공양하던 모습을 분명하게 남김없이 다 보았다.

所謂或見彌勒菩薩初發無上菩提心時 如是名字 如是種族 如是善友之所開悟 令其種植如是善根 住如是壽 在如是劫 値如是佛 處於如是莊嚴刹土 修如是行 發如是願 彼諸如來 如是衆會 如是壽命 經爾許時 親近供養 悉皆明見

늘 미륵보살이 처음에 자심 삼매를 증득하고 그 후로 이름을 좇아 자씨가 되는 것을 보았고 미륵보살이 모든 빼어난 행을 닦아서 일체 모든 바라밀을 이루어 원만하게 하는 것을 보았고 늘 인(忍)의 지혜 얻음을 보았고 늘 지위에 머무는 것을 보았고 늘 청정한 국토를 성취하는 것을 보았고 늘 여래의 바른 가르침을 보호해 지니고 큰 법사가 되어 무생인을 얻고 어느 때, 어느 곳에서 어느 여래에게서 위 없는 아뇩다라삼먁삼보리의 수기를 받는 것을 보았다.

或見彌勒最初證得慈心三昧 從是已來 號爲慈氏 或見彌勒修諸妙行 成滿一切諸波羅蜜 或見得忍 或見住地 或見成就淸淨國土 或見護持如來正敎 爲大法師 得無生忍 某時某處某如來所 受於無上菩提之記

미륵보살이 전륜왕이 되어 중생들에게 권하여 열 가지 선근의 도에 머물게 하고 세상을 보호하여 중생들에게 이익이 되게 하고 제석천 왕이 되어 오욕을 꾸짖고 염마천 왕이 되어 제멋대로 하지 않음을 칭찬하고 도솔천 왕이 되어 일생 보살의 공덕을 칭찬하고 화락천 왕이 되어 하늘의 모든 대중을 위해 모든 보살의 변화하는 장엄을 나타내고 타화자재천 왕이 되어 모든 하늘의 대중을 위해 일체 모든 부처님의 법을 널리 펴서 설하고 마왕이 되어 모든 법이 남김없이 다 항상 함이 없다고 말하고 늘 범천왕이 되어 모든 선정의 헤아릴 수 없는 기쁨과 즐거움을 설하고 아수라왕이 되어 큰 지혜의 바다에 들어가 법이 허깨비와 같음을 분명하게 깨우쳐 알고 모인 대중을 위해 항상 법을 널리 펴서 설하여 모든 교만함과 취함과 거만함을 끊어 제거하는 것을 보았다.

或見彌勒爲轉輪王 勸諸衆生 住十善道 或爲護世 饒益衆生 或爲釋天 訶責五欲 或爲焰摩天王 讚不放逸 或爲兜率天王 偁歎一生菩薩功德 或爲化樂天王 爲諸天衆 現諸菩薩變化莊嚴 或爲他化自在天王 爲諸天衆 演說一切諸佛之法 或作魔王 說一切法 皆悉無常 或爲梵王 說諸禪定無量喜樂 或爲阿修羅王 入大智海 了法如幻 爲其衆會 常演說法 斷除一切憍慢醉傲

늘 차례를 좇아(復) 염부계에 처하여 큰 광명을 놓아 지옥의 괴로움에서 구원하는 것을 보고 아귀의 처에 있으면서 모든 음식을 베풀어 굶주리고 목마름에서 구원하는 것을 보고 늘 축생의 길에 있어서 가지가지의 방편으로 중생을 조복시키는 것을 보고 늘 차례를 좇아(復) 호세천 왕이 많은 대중을 위해 법을 설함을 보고 늘 차례를 좇아(復) 도리천 왕이 많은 대중을 위해 법을 설함을 보고 늘 차례를 좇아(復) 염마천 왕이 많은 대중을 위해 법을 설함을 보고 늘 차례를 좇아(復) 도솔천 왕이 많은 대중을 위해 법을 설함을 보고 늘 차례를 좇아(復) 화락천 왕이 많은 대중을 위해 법을 설함을 보고 늘 차례를 좇아(復) 타화자재천 왕이 많은 대중을 위해 법을 설함을 보고 늘 차례를 좇아(復) 대범천 왕이 많은 대중을 위해 법을 설함을 보았다.

늘 차례를 좇아(復) 용왕이 많은 대중을 위해 법을 설함을 보고 늘 차례를 좇아(復) 야차, 나찰 왕이 많은 대중을 위해 법을 설함을 보고 늘 차례를 좇아(復) 건달바, 긴나라왕이 많은 대중을 위해 법을 설함을 보고 늘 차례를 좇아(復) 아수라, 타나바 왕이 많은 대중을 위해 법을 설함을 보고 늘 차례를 좇아(復) 가루라, 마후라가 왕이 많은 대중을 위해 법을 설함을 보고 늘 차례를 좇아(復) 그 나머지 모든 사람과 사람이 아닌 듯한 이들을 위해 대중 모임에서 법을 설함을 보았다.

늘 차례를 좇아(復) 성문 대중을 위해 법을 설함을 보고 늘 차례를 좇아(復) 연각의 많은 대중을 위해 법을 설함을 보고 늘 차례를 좇아(復) 초발심뿐만 아니라 일생보처로 정수리에 물을 붓는 보살들을 위해 법을 설함을 보고 늘 차례를 좇아(復) 처음의 지위뿐만 아니라 십지에 계신 보살의 공덕을 찬탄하고 설함을 보았다.

或復見其處閻羅界 放大光明 救地獄苦 或見在於餓鬼之處 施諸飮食 濟彼飢渴 或見在於畜生之道 種種方便 調伏衆生 或復見爲護世天王 衆會說法 或復見爲忉利天王 衆會說法 或復見爲焰摩天王 衆會說法 或復見爲兜率天王 衆會說法 或復見爲化樂天王 衆會說法 或復見爲他化自在天王 衆會說法 或復見爲大梵王 衆會說法 或復見爲龍王 衆會說法 或復見爲夜叉羅刹王 衆會說法 或復見爲乾闥婆緊那羅王 衆會

說法 或復見爲阿脩羅陀那婆王 衆會說法 或復見爲迦樓羅摩睺羅伽王 衆會說法 或復見爲其餘一切非人人等 衆會說法 或復見爲聲聞 衆會說法 或復見爲緣覺 衆會說法 或復見爲初發心乃至一生所繫已 灌頂者諸菩薩衆 而演說法 或見讚說初地乃至十地所有功德

늘 일체 모든 바라밀이 만족했음을 찬탄하여 설함을 보고 모든 인의 문에 들어감을 찬탄하여 설함을 보고 모든 큰 삼매 문을 찬탄하여 설함을 보며, 깊고 깊은 해탈문을 찬탄하여 설함을 보고 늘 모든 선 삼매의 신통한 경계를 찬탄하여 설함을 보고 늘 모든 보살의 행을 찬탄하여 설함을 보고 늘 모든 큰 서원을 찬탄하여 설함을 보고 모든 동행 보살과 더불어 세간의 삶을 돕는 섬세하고 능숙한 가지가지의 방편으로 중생에게 이익이 됨을 찬탄하여 설함을 보고 모든 일생 보살과 더불어 모든 부처님의 관정문을 찬탄하여 설함을 보고 늘 미륵이 백천 년을 움직여 행하고 독송하고 읽고 쓰고 부지런히 들여다보아 대중을 위해 법을 설하고 늘 모든 선정과 사무량심에 들어가고 모든 처에 두루 하고 모든 해탈에 들고 삼매에 들어서 방편의 힘으로 모든 신통 변화를 나타냄을 보았다.

或見讚說滿足一切諸波羅蜜 或見讚說入諸忍門 或見讚說諸大三昧門 或見讚說甚深解脫門 或見讚說諸禪三昧神通境界 或見讚說諸菩薩行 或見讚說諸大誓願 或見與諸同行菩薩 讚說世間資生工巧 種種方便 利衆生事 或見與諸一生菩薩 讚說一切佛灌頂門 或見彌勒於百千年 經行讀誦 書寫經卷 勤求觀察 爲衆說法 或入諸禪四無量心 或入徧處及諸解脫 或入三昧 以方便力 現諸神變

늘 보살이 변화 삼매에 들어가 각각 그 몸 하나하나의 털구멍으로 모든 변화하는 몸 구름을 내는 것도 보고 늘 하늘 대중이 몸 구름을 내는 것도 보며, 용 대중이 몸 구름을 내는 것도 보고 야차, 건달바, 긴나라, 아수라, 가루라, 마후라가, 제석, 범왕, 사천왕, 전륜왕, 작은 왕, 왕자, 대신, 벼슬아치, 장자, 거사의 몸 구름을 내는 것도 보고 성문, 연각, 보살, 여래가 몸 구름을 내는 것도 보고 모든 중생이 몸 구름을 내는 것도 보았다.

或見諸菩薩入變化三昧 各於其身一一毛孔 出於一切變化身雲 或見出天衆身雲 或見出龍衆身雲或見出夜叉 乾闥婆 緊那羅 阿修羅 迦樓羅 摩睺羅伽 釋 梵 護世 轉輪聖王 小王 王子 大臣 官屬 長者 居士身雲 或見出聲聞 緣覺及諸菩薩 如來身雲 或見出一切衆生身雲

늘 빼어난 음성을 내어 모든 보살의 가지가지 법문을 찬탄하는 것을 보았으니, 이른바 보리심의 공덕 문을 찬탄하여 설하고 단 바라밀뿐만 아니라 지혜 바라밀의 공덕 문을 찬탄하여 설하고 모든 거두어주는 법과 선정과 헤아릴 수 없는 마음과 삼매와 삼마발저와 통함과 밝음과 다라니와 변재와 찬된 진지, 지혜, 멈추어 들여다봄과 슬기, 해탈, 인연, 의지와 법문 말함을 찬탄하여 설하고 모든 사념처, 사정근, 사여의족, 칠보리분, 팔성도, 모든 성문승, 모든 독각승, 모든 보살승, 모든 지위, 모든 인, 모든 행, 모든 원 따위의 이와 같은 모든 공덕 문을 찬탄하여 설함을 보았다.

或見出妙音 讚諸菩薩種種法門 所謂讚說菩提心功德文 讚說檀波羅蜜乃至智波羅蜜功德門 讚說諸攝 諸禪 諸無量心及諸三昧 三摩鉢底 諸通 諸明 摠持 辯才 諸諦 諸智 止觀 解脫 諸緣 諸依 諸說法門 讚說念處 正勤 神足 根力 七菩提分 八聖道分 諸聲聞乘 諸獨覺乘 諸菩薩乘 諸地 諸忍 諸行 諸願 如是等一切諸功德門

늘 차례를 좇아(復) 그 가운데 모든 여래 대중을 둘러싸고 있음을 보았고 그 부처님이 나신 곳과 가문, 몸의 모양이나 상태, 수명과 세계의 겁과 이름과 법을 설하는 이익과 가르침의 머무름이 오래 머무는 것과 가까움뿐만 아니라 대중이 가지가지로 같지 않은 것을 남김없이 다 분명하게 보았다.

或復於中 見諸如來大衆圍遶 亦見其佛生處 種姓 身形 壽命 刹劫 名號 說法 利益 敎住久近乃至所有道場衆會種種不同 悉皆明見

또 차례를 좇아(復) 저 장엄 장 안에 있는 모든 누각 가운데를 보니, 높고 넓게 또 훌륭하게 꾸며 장엄한 것이 가장 좋아서 아주 뛰어나 비할 데가 없고 그 가운데 삼천대천세계의 백억 사천하가 있고 백억 도솔타천 한 분 한 분의 미륵보살이 있다가 신으로 내려와 탄생하는 것을 제석과 범천왕이 받들어 정수리에 이고 일곱 걸음을 두루 노닐며 다니다 시방을 살펴보고 크게 사자 후하는 것을 보았고 동자로서 궁전에 거처하고 정원에서 즐거이 노니는 것과 일체 지혜를 얻기 위해 출가하고 고행을 하며, 우유 죽을 받고 도량에 나아가 마군을 항복 받고 등정각을 이루며, 보리수 아래서 자세히 살펴서 들여다보다가 범왕이 권하고 청함으로 법륜을 굴리고 천궁에 올라가 법을 널리 펴서 설하는 일과 겁의 수명과 대중 모임의 장엄과 국토를 청정하게 하고 행과 언을 닦음과 중생을 가르치고 바른길로 이끌어 성숙하게 하는 방편과 경전을 나누어 널리 퍼트림과 가르침의 법을 머물러 유지하는 것이 모두 다 같지 않음을 보았다.

 又復於彼莊嚴藏內諸樓閣中 見一樓閣高廣 嚴飾最上無比 於中悉見三千世界 百億四天下 百億兜率陀天 一一皆有彌勒菩薩 降神誕生 釋梵天王捧持頂戴 遊行七步 觀察十方 大師子吼 現爲童子 居處宮殿 遊戲園苑 爲一切智 出家苦行 示受乳糜 往詣道場 降伏諸魔 成等正覺 觀菩堤樹 梵王勸請 轉正法輪 昇天宮殿 而演說法 劫數 壽量 衆會莊嚴 所淨國土 所修行願 敎化成熟衆生方便 分布舍利 住持敎法 皆悉不同

 그때 선재 동자는 자기의 몸이 모든 여래의 처소에 있는 것을 보았고 또한 모든 대중의 모든 불사를 보고 기억하고는 잊지 않았으며, 통달하여 걸림이 없었다. 또 모든 누각 안에 있는 보배 그물과 풍경과 모든 악기에서 사람의 생각으로는 헤아려 알 수 없는 섬세하고 빼어난 법의 음성을 널리 펴서 가지가지의 법을 설하니, 이른바 보살이 보리심 일으키는 것을 설하고 바라밀 닦는 것을 설하고 모든 원을 설하고 모든 지위를 설하고 여래께 공경하고 공양함을 설하고 부처님의 국토를 장엄하는 것을 설하고 모든 부처님이 설하는 법을 차별하는 것을 설하니, 위와 같이 설한 모든 부처님의 법을 설하는 그 소리를 듣고 이를 열어 널리 펴서는 밝게 판단해서 분명하게 깨우쳐 알았다.

 爾時 善財自見其身 在彼一切諸如來所 亦見於彼一切衆會一切佛事 憶持不忘 通達無礙 復聞一切諸樓閣內 寶網鈴鐸及諸樂器 皆悉演暢不可思議微妙法音 說種種法 所謂或說菩薩發菩提心 或說修行波羅蜜行 或說諸願 或說諸地 或說恭敬供養如來 或說莊嚴諸佛國土 或說諸佛說法差別 如上所說 一切佛法 悉聞其音 敷暢辨了

 또 들었으니, 어느 처에 어느 보살이 누구의 법문을 듣고 어느 선지식이 권하여 인도하므로 보리심을 일으켰으며, 어느 겁과 어느 세계에서 어느 여래의 대중 모임에 있으면서 어느 부처님의 이와 같은 공덕을 들었고 이와 같은 마음을 내고 이와 같은 원을 일으키고 이와 같은 광대한 선근을 심었으며, 약간의 겁이 지나도록 보살의 행을 닦았고 어느 정도 오랜 뒤에 정각을 이루고 이와 같은 이름과 이와 같은 수명과 이와 같은 국토를 이루었고 이와 같음을 온전하게 갖추어 장엄하였고 이와 같은 서원을 원만하게 하여 이와 같은 대중과 이와 같은 성문과 보살을 가르치고 바른길로 이끌었으며, 열반한 뒤에는 바른 법이 세상에 머물러 있기에 몇 겁을 지내면서 이와 같은 헤아릴 수 없는 중생들이 이익을 얻게 하였다는 말을 들었다."

又聞某處有某菩薩 聞某法門 某善知識之所勸導 發菩提心 於某劫 某刹 某如來所 某大衆中 聞於某佛如是功德 發如是心 起如是願 種於如是廣大善根 經若干劫 修菩薩行 於爾許時 當成正覺 如是名號 如是壽量 如是國土具足莊嚴 滿如是願 化如是衆 如是聲聞 菩薩衆會 般涅槃後正法住世 經爾許劫 利益如是無量衆生

늘 어느 곳에는 모 보살이 있어서 보시, 지계, 인욕, 정진, 선정, 지혜를 이와 같음으로 모든 바라밀을 닦고 익혔으며, 어느 곳에는 모 보살이 있어서 법을 구하기 위해 국왕의 지위와 모든 보배와 처자와 권속과 손, 발, 머리, 눈, 등등의 일체 모든 몸을 아끼지 않았다는 말을 들었다.

늘 어느 곳에는 모 보살이 있어서 여래가 말씀하신 바른 법을 지키고 보호하여 큰 법사가 되었으며, 법 보시를 널리 행하면서 법 당기를 세우고 법 소라를 불고 법 북을 치고 법 비를 내리며, 부처님의 탑을 조성하고 부처님 동상을 조성하며, 중생에게 모든 즐거운 도구를 보시한다는 말을 들었다.

또 어느 곳에는 모 여래가 아무 겁에 등정각을 이루었고 이와 같은 국토와 이와 같은 대중 모임과 이와 같은 수명과 이와 같은 법을 설하고 이와 같은 원을 만족하게 하였고 이와 같은 헤아릴 수 없는 중생을 가르쳐서 바른길로 이끌었다는 말을 들었다.

或聞某處有某菩薩 布施 持戒 忍辱 精進 禪定 智慧修習如是諸波羅蜜 或聞某處有某菩薩 爲求法故 棄捨王位及諸珍寶 妻子 眷屬 手足 頭目一切身分 皆無所吝 或聞某處有某菩薩 守護如來所說正法 爲大法師 廣行法施 建法幢 吹法螺 擊法鼓 雨法雨 造佛塔廟 作佛形像 施諸衆生一切樂具 或聞某處有某菩薩 於某劫中 成等正覺 如是國土 如是衆會 如是壽命 說如是法 滿如是願 敎化如是無量衆生

선재 동자는 사람의 생각으로는 헤아려 알 수 없는 이와 같은 섬세하고 빼어난 음성을 듣고 몸과 마음이 즐겁고 기뻐지고 부드럽게 되어 곧 헤아릴 수 없는 총지문과 변재문과 모든 선정과 법 지혜와 성원과 바라밀과 모든 통함과 모든 밝음과 모든 해탈과 모든 삼매의 문을 들었다.

善財童子 聞如是等不可思議微妙法音 身心歡喜 柔軟悅澤 卽得無量諸摠持門 諸辯才門 諸禪 諸忍 諸願 諸度 諸通 諸明及諸解脫 諸三昧門

또 일체 모든 보배 거울 가운데서 가지가지의 형상을 보았으니, 이른바 부처님 대중이 모인 도량을 보고 보살 대중이 모인 도량을 보고 성문 대중이 모인 도량을 보고 연각 대중이 모인 도량을 보았으며, 늘 깨끗한 세계를 보고 늘 청정하지 못한 세계를 보고 깨끗하면서 깨끗하지 못한 세계를 보고 깨끗하지 않은 청정한 세계를 보고 부처님이 있는 세계를 보고 부처님이 없는 세계를 보고 소세계를 보고 중 세계를 보고 대 세계를 보고 인타라 그물 세계를 보고 엎어진 세계를 보고 우러르는 세계를 보고 평탄한 세계를 보고 지옥, 축생, 아귀가 머무는 세계를 보고 하늘과 사람이 가득한 세계를 보았다.

이와 같은 등의 모든 세계 가운데 있는 수 없는 큰 보살 대중이 있으니, 행하고 앉아서 모든 사업을 지어가는 것을 보고 크게 가엾이 여김을 일으켜서 중생을 불쌍히 여기기도 하고 논서를 지어 세간에 이익이 되도록 하면서 받고 지니며, 쓰고 외우며, 묻고 답하여 아침, 점심, 저녁에 참회하고 회향하여 원 일으키는 것을 보았다.

又見一切諸寶鏡中種種形像 所謂或見諸佛衆會道場 或見菩薩衆會道場 或見聲聞衆會道場 或見緣覺衆會道場 或見淨世界 或見不淨世界 或見淨不淨世界 或見不淨淨世界 或見有佛世界 或見無佛世界 或見小世界 或見中世界 或見大世界 或見因陀羅網世界 或見覆世界 或見仰世界 或見平坦世界 或見地獄 畜生 餓鬼所住世界 或見天人充滿世界 於如是等諸世界中 見有無數大菩薩衆 或行或坐 作諸事業 或起大悲 憐愍衆生 或造諸論 利益世間 或受或持 或書或誦 或問或答 三時懺悔 迴向發願

또 일체 모든 보배 기둥에서 마니왕 큰 광명 그물을 놓으니, 푸르고 누르고 붉고 희고 또 파려색, 주정색, 제청색과 염부단금 색과 일체 모든 광명을 짓는 색을 보았다.

又見一切諸寶柱中 放摩尼王大光明網 或青或黃 或赤或白 或玻瓈色 或水精色 或帝青色 或虹霓色 或閻浮檀金色 或作一切諸光明色

또 염부단금으로 만든 동녀와 많은 보배의 형상이 있으니, 손으로 꽃구름을 잡고 옷구름을 잡고 당기, 번기도 잡고 꽃 머리 장식과 일산도 잡고 가지가지의 바르는 향과 가루 향도 지니고 가장 빼어난 마니 보배 그물을 지니고 금 사슬을 드리우고 영락을 걸고 팔을 들어 공양 거리를 받들고 머리를 숙여 마니 관을 드리우고 허리를 굽혀 우러러보면서 잠깐이라도 한눈팔지 않는 것을 보았다.

又見彼閻浮檀金童女及中寶像 或以其手 而執華雲 或執衣雲 或執幢幡 或執鬘蓋

或持種種塗香 末香 或持上妙摩尼寶網 或垂金鎖 或挂瓔珞 或擧其臂 捧莊嚴具 或低其首 垂摩尼冠 曲躬瞻仰 目不暫捨

  또 그 진주 영락에서 항상 향수가 나와 팔 공덕을 갖추고 유리 영락의 백천 광명이 동시에 비추고 빛나며, 당기, 번기, 그물, 일산 따위의 이와 같은 물건이 일체를 다 빠짐없이 마노 보배로 장엄하는 것을 보았다.
  又見彼眞珠瓔珞 常出香水 具八功德 瑠璃瓔珞百千光明同時照耀 幢幡網蓋如是等物一切 皆以衆寶莊嚴

  또 차례를 좇아(復) 그 우발라 꽃과 파두마 꽃과 구물두 꽃과 분타리 꽃이 각각 헤아릴 수 없는 꽃을 피우는 것을 보았다. 어떤 것은 손바닥만 하고 어떤 것은 팔뚝같이 길고 차례를 좇아(復) 가로 세로가 마치 수레바퀴와 같고 하나하나의 꽃 가운데서 가지가지의 색상을 나타내어 장엄하고 꾸몄으니, 이른바 남색의 형상과 여색의 형상과 동남색의 형상과 동녀색의 형상과 제석과 범천과 사천왕과 하늘과 용과 야차와 건달바와 아수라와 가루라, 긴나라, 마후라가, 성문, 연각, 보살과 같은 모든 중생의 형상들이 모두 합장하고 몸을 구부려 예를 올리고 또 여래가 결가부좌 하시니, 삼십이상으로 그 몸을 장엄하는 것을 보았다.
  又復見彼優鉢羅華 波頭摩華 拘物頭華 芬陀利華 各各生於無量諸華 或大一手 或長一肘 或復縱廣 猶如車輪 一一華中 皆悉示現種種色像 以爲嚴飾 所謂男色像 女色像 童男色像 童女色像 釋 梵 護世 天 龍 夜叉 乾闥婆 阿修羅 迦樓羅 緊那羅 摩睺羅伽 聲聞 緣覺及諸菩薩 如是一切衆生色像 皆悉合掌 曲躬禮敬 亦見如來結跏趺坐 三十二相 莊嚴其身

  또 차례를 좇아(復) 그 청정한 비유리로 된 땅 하나하나의 걸음 사이마다 생각으로 헤아려 알 수 없는 가지가지의 형상을 나타내니, 이른바 세계의 색상과 보살의 형상과 여래의 형상과 누각으로 장엄한 형상들을 보았다.
  又復見彼淨瑠璃地一一步間 現不思議種種色像 所謂世界色像 菩薩色像 如來色像 及諸樓閣莊嚴色償

또 그 보배 나무에서 가지, 잎, 꽃, 열매마다 가지가지의 반신 색상을 보게 되니, 이른바 보살 반신상, 하늘, 용, 야차뿐만 아니라 사천왕, 전륜왕, 작은 왕, 왕자, 대신, 관장과 사부대중의 반신상이며, 그 반신상들은 꽃 머리 장식을 들고 모든 장엄 기물을 들기도 하였고 누구는 허리를 굽혀 예를 올리고 일심으로 우러르면서 한눈을 팔지 않고 때론 찬탄하고 삼매에 드는 것을 보았다.

그 몸을 남김없이 다 좋은 모양이나 상태로 장엄하였고 가지가지의 색 광명을 두루 놓으니, 이른바 금색 광명, 은색 광명, 산호색 광명, 도사라 색 광명, 제청 색 광명, 비로자나 보배 색 광명, 모든 보배 색 광명, 첨파가 꽃 색 광명들이었다.

又於寶樹枝葉華果一一事中 悉見種種半身色像 所謂佛半身色像 菩薩半身色像 天 龍 夜叉乃至護世 轉輪聖王 小王 王子 大臣 官長及以四衆半身色像 其諸色像 或執華鬘 或執瓔珞 或持一切諸莊嚴具 或有曲躬 合掌禮敬 一心瞻仰 目不暫捨 或有讚歎 或入三昧 其身悉以相好莊嚴 普放種種諸色光明 所謂金色光明 銀色光明 珊瑚色光明 兜沙羅色光明 帝青色光明 毘盧遮那寶色光明 一切衆寶色光明 瞻波迦華色光明

또 모든 누각의 반월상 가운데 아승기 일월성숙이 가지가지의 광명을 내어 시방에 두루 비추는 것을 보았다.

又見諸樓閣半月像中出阿僧祇日月星宿種種光明 普照十方

또 모든 누각의 사방을 둘러싼 벽에는 한 걸음 한 걸음마다 모든 보배로 장엄하였고 하나하나의 보배에서 미륵보살이 지난 옛적 보살의 도를 수행하던 일을 나타냈으니, 머리를 보시하고 손과 발을 보시하고 입술과 혀, 어금니와 치아, 귀와 코, 피, 살, 가죽, 뼈, 골수를 보시할 뿐만 아니라 손톱과 머리카락까지 보시하고 아내, 첩, 아들, 딸, 도성, 마을, 국토, 임금의 지위를 달라는 대로 베풀어 주고 옥에 갇힌 자는 나오게 하고 결박된 자는 풀어주고 병난 자는 치료해주고 길을 잘못 든 자에게는 바른길을 가르쳐 주는 것을 보았다.

뱃사공이 되어 큰 바다를 건네주고 말이 되어 나쁘고 어려움을 구원하고 보호하며, 신선이 되어 선근으로 모든 논을 설하고 전륜왕이 되어 열 가지 선근을 닦게 권하고 의사가 되어 병을 치료하고 부모에게 효도하고 선지식을 친근히 하고 성문이 되고 연각이 되고 보살이 되고 여래가 되어 모든 중생을 가르치고 바른길로 이끌고 조복시키며, 법사가 되어 부처님의 가르침 법을 받들어 행하고 배우고 읽고 외고 이치를 생각하고 부처님의 탑을 세우고 부처님의 형상을 지어가고 그와 같이 스스로 공양하고 다른 이에게 권하여 향을 바르고 꽃을 흩뿌려서 공경하고 예를 올리는 이와 같은 등의 일을 상속하여 끊어지지 않게 하는 것을 보았다.

사자좌에 앉아 법을 널리 펴서 설하고 중생들에게 권하여 열 가지 선근에 머물게 하고 한결같은 마음으로 불, 법, 승에 귀의하게 하여 오계와 팔재계를 받아 지니게 하고 출가하여 법을 듣고는 배우고 읽고 외며 이치대로 수행하는 것을 보았을 뿐만 아니라 미륵보살이 백천 억 나유타 아승기 겁 동안에 모든 바라밀을 수행하는 모든 색상을 보았다.

又見諸樓閣周迴四壁 一一步內 一切衆寶 以爲莊嚴 一一寶中 皆現彌勒曩劫 修行菩薩道時 或施頭目 或施手足 唇舌 牙齒 耳鼻 血肉 皮膚 骨髓乃至爪髮如是一切 悉皆能捨 妻妾男女 城邑聚落 國土王位 隨其所須 盡皆施與 處牢獄者 令得出離 被繫縛者 使其解脫 有疾病者 爲其救療 入邪徑者 示其正道 或爲船師 令度大海 或爲馬王 救護惡難 或爲大仙 善說諸論 或爲輪王 勸修十善 或爲醫王 善療衆病 或孝順父母 或親近善友 或作聲聞 或作緣覺 或作菩薩 或作如來 教化調伏一切衆生 或爲法師 奉行佛教 受持讀誦 如理思惟 立佛支提 作佛形像 若自供養 若勸於他 塗香散華 恭敬禮拜 如是等事 相續不絶 或見坐於師子之座 廣演說法 勸諸衆生 安住十善 一心歸向佛 法 僧寶 受持五戒及八齋戒 出家聽法 受持讀誦 如理修行 乃至見於彌勒菩薩百千億那由他阿僧祇劫 修行諸度 一切色像

또 미륵보살이 예전에 섬기던 모든 선지식을 남김없이 다 모든 공덕으로 장엄하는 것을 보았으며, 또 미륵보살이 그 하나하나 선지식의 처소에서 친근히 공양하고 그 가르침을 수행할 뿐만 아니라 관정의 지위에 머무름을 보았다. 그때 선지식들이 선재에게 말했다.
"선근으로 왔구나. 동자여! 너는 이 보살의 생각으로 헤아릴 수 없는 일을 보고는 피곤해하거나 싫어하는 마음을 내지 말라."고 하는 것을 보았다.

又見彌勒曾所承事 諸善知識 悉以一切功德莊嚴 亦見彌勒在彼一一善知識所 親近供養 受行其教 乃至住於灌頂之地 時 諸知識告善財言 善來 童子 汝觀此菩薩不思議事 莫生疲厭

이때 선재 동자는 잊지 않고 기억하는 힘을 얻은 까닭과 시방을 보는 청정한 눈을 얻은 까닭과 선근으로 자세히 살펴서 들여다보는 막힘이나 걸림 없는 지혜를 얻은 까닭과 보살들의 자재한 지혜를 얻은 까닭과 보살들이 지혜의 지위에 들어간 광대한 이해를 얻은 까닭으로 모든 누각의 하나하나 물건 가운데 이와 같음과 또 헤아릴 수 없이 가히 사람의 생각으로는 헤아려 알 수 없는 자재한 경계와 모든 장엄하는 일을 보았다.

爾時 善財童子得不忘失憶念力故 得見十方淸淨眼故 得善觀察無礙智故 得諸菩薩自在智故 得諸菩薩已入智地 廣大解故 於一切樓閣一一物中 悉見如是及餘無量不可思議自在境界諸莊嚴事

비유하면 사람이 꿈을 꾸면서 가지가지의 물건을 보는 것과 같으니, 이른바 도시나 마을, 궁전과 정원, 산, 숲, 강, 못, 의복, 음식뿐만 아니라 모든 살림살이에 필요한 도구를 보고 자기의 몸과 부모 형제와 안팎의 친척을 보고 바다와 수미산과 하늘의 궁전과 염부제 등 사천하의 일을 보고 그 몸이 커서 광대하기에 백천 유순이지만 집과 의복이 남김없이 다 서로 맞고 이른바 낮 동안 같이 헤아릴 수 없는 시간을 지나도록 잠자지 않고 쉬지도 않지만 모든 편안함과 즐거움을 받고 깨어나서는 꿈인 것을 알지만 보던 일을 분명하게 기억하였다.

선재 동자도 역시 차례를 좇아(復) 이와 같음은 미륵보살의 힘을 입는 까닭이며, 삼계의 법이 모두 꿈과 같은 것임을 아는 까닭이며, 중생으로서의 좁은 생각을 없앤 까닭이며, 막힘이나 걸림이 없는 광대한 지혜를 얻은 까닭이며, 보살들의 가장 뛰어난 경계에 들어간 까닭으로 이와 같은 자재한 경계를 능히 보았다.

譬如有人於睡夢中 見種種物 所謂城邑聚落 宮殿園苑 山林河池 衣服飮食乃至一切資生之具 或見自身父母兄弟 內外親屬 或見大海 須彌山王乃至一切諸天宮殿 閻浮提等四天下事 或見其身形量廣大百千由旬 房舍衣服 悉皆相稱 謂於晝日 經無量時 不眠不寢 受諸安樂 從睡覺已 乃至是夢 而能明記所見之事 善財童子 亦復如是 以彌勒菩薩力所持故 知三界法皆如夢故 滅諸衆生狹劣想故 得無障礙廣大解故 住諸菩薩勝境界故 入不思議方便智故 能見如是自在境界

비유하면 사람이 죽으려 할 때 지은 업을 따라 과보의 모양이나 상태를 보니, 나쁜 업을 지은 이는 지옥, 아귀, 축생들이 받는 모든 많은 경계를 보고 옥졸이 손에 병장기를 들고서는 성을 내면서 꾸짖고 잡아다 가두는 것을 보고 부르짖고 슬피 탄식하는 소리를 듣고 잿물이 흐르는 강을 보고 끓은 가마를 보고 칼산을 보고 검의 숲을 보고 가지가지의 핍박으로 온갖 고통을 받고 선근의 업을 지은 자는 모든 하늘의 궁전과 헤아릴 수 없는 하늘 대중과 하늘의 채녀들이 가지가지 의복으로 장엄하는 것과 궁전과 동산과 숲이 아름답고 빼어난 것을 본다. 아직 죽지는 않았기에 업의 힘으로 이와 같은 일을 보는 것과 같이 선재 동자도 역시 차례를 좇아(復) 이와 같기에 보살 업으로서 생각으로는 헤아려 알 수 없는 모든 장엄한 경계를 보았다.

譬如有人將欲命終 見隨其業 所受報相 行惡業者見 於地獄 畜生 餓鬼所有一切衆苦境界 或見獄卒手持兵仗 或瞋或罵 囚執將去 亦聞號叫悲歎之聲 或見灰河 或見鑊湯 或見刀山 或見劍樹 種種逼迫 受諸苦惱 作善業者 卽見一切諸天宮殿 無量天衆 天諸采女種種衣服 具足莊嚴 宮殿園林盡皆妙好 身雖未死 而由業力 見如是事 善財童子 亦復如是 以菩薩業不思議力 得見一切莊嚴境界

비유하면 사람이 귀신에게 잡히면 가지가지의 일을 보고 묻는 대로 대답하는 것과 같이 선재 동자도 역시 차례를 좇아(復) 이와 같기에 보살의 지혜를 가진 까닭으로 일체 모든 장엄하는 일을 보고 그와 같이 묻는 자가 있으면 능히 답했다.

譬如有人爲鬼所持 見種種事 隨其所問 悉皆能答 善財童子 亦復如是 菩薩智慧之所持故 見彼一切諸莊嚴事 若有問者 靡不能答

비유하면 사람이 용에게 잡히면 스스로 용이라 하며 용궁에 들어가 잠시지만 몇 해 몇 달을 보낸 줄 아는 것과 같이 선재 동자도 역시 차례를 좇아(復) 이와 같기에 보살의 지혜에 머물렀다는 생각과 미륵보살의 도움이 있는 까닭으로 잠깐 사이에 헤아릴 수 없는 겁을 지냈다고 말한다.

譬如有人爲龍所持 自謂是龍 入於龍宮 於少時間 自謂已經日月年載 善財童子 亦復如是 以住菩薩智慧想故 彌勒菩薩所加持故 於少時間 謂無量劫

비유하면 범천 궁전의 이름이 장엄 장이니, 그 속에서는 삼천세계의 모든 물건을 보지만, 서로 섞이거나 혼란스럽지 않은 것과 같이 선재 동자도 역시 차례를 좇아(復) 이와 같기에 이 누각 가운데 일체 장엄 경계를 두루 보지만, 가지가지의 차별이 서로 섞이거나 혼잡스럽지 않았다.

　譬如梵宮 名莊嚴藏 於中悉見三千世界 一切諸物不相雜亂 善財童子 亦復如是 於樓觀中 普見一切莊嚴境界 種種差別不相雜亂

비유하면 비구가 십변처정에 들어가면 행하고 머물고 앉고 눕거나 들어가는 선정을 따라 경계가 앞에 나타나는 것과 같이 선재 동자도 역시 차례를 좇아(復) 이와 같기에 누각에 들어가면 모든 경계를 분명하게 남김없이 다 깨우쳐 알았다.

　譬如比丘入徧處定 若行若住 若坐若臥 隨所入定 境界現前 善財童子 亦復如是 入於樓觀 一切境界悉皆明了

비유하면 사람이 저 허공 가운데서 건달바 성의 온전하게 갖춘 장엄을 보지만, 남김없이 다 분별하여 아는 것과 같이 막힘이나 걸림이 없고 비유하면 야차의 궁전이 사람의 궁전과 더불어 한곳에 있지만, 서로 섞이지 않고 각각 업을 따라 보는 것이 같지 않고 비유하면 큰 바다 가운데 모든 삼천세계의 모든 색상을 보는 것과 같고 비유하면 요술쟁이가 허깨비의 힘을 쓰는 까닭으로 모든 허깨비와 같은 일을 나타내어 가지가지로 업을 짓는 것과 같이 선재 동자도 역시 차례를 좇아(復) 이와 같은 미륵보살의 위신력을 쓰는 까닭이며, 생각으로 헤아려 알 수 없는 허깨비 같은 지혜를 쓰는 까닭이며, 허깨비와 같은 지혜로 모든 법을 아는 까닭이며, 보살들의 자재한 힘을 얻은 까닭으로 이 누각 안에서 모든 장엄과 자재한 경계를 보았다.

　譬如有人於虛空中 見乾闥婆城具足莊嚴 悉分別知 無有障礙 譬如夜叉宮殿與人宮殿 同在一處 以不相雜 各隨其業 所見不同 譬如大海於中 悉見三千世界一切色像 譬如幻師以幻力故 現諸幻事種種作業 善財童子 亦復如是 以彌勒菩薩威神力故 及不思議幻智力故 能以幻智 知諸法故 得諸菩薩自在力故 見樓閣中一切莊嚴自在境界

그때 미륵보살마하살이 곧 신통한 힘을 거두시고 누각으로 들어가 손가락을 튕겨 소리를 내고 선재 동자에게 말했다.

"선남자여! 법성은 이와 같게 일어나는 것이니, 이는 보살이 모든 법을 아는 지혜의 인연이 모여서 나타나는 모양이나 상태이다. 이와 같은 자성은 허깨비와 같고 꿈과 같고 그림자와 같고 본뜬 모양이나 상태와 같기에 남김없이 다 성취할 수 있는 것이 아니다."

이때 선재 동자는 손가락 튕기는 소리를 듣고 삼매를 좇아 일어났다.

爾時 彌勒菩薩摩訶薩 卽攝神力 入樓閣中 彈指作聲 告善財言 善男子 起法性如是 此是菩薩知諸法智 因緣聚集所現之相 如是自性 如幻如夢 如影如像 悉不成就 爾時 善財聞彈指聲 從三昧起

미륵보살이 가르침을 주기 위해 말했다.

"선남자여! 그대가 사람의 생각으로 헤아려 알 수 없는 보살의 자재 해탈에 머물러 모든 보살의 삼매에 대한 기쁨과 즐거움을 받았기에 보살의 신통한 힘을 입고 도를 돕는 곳에서 흐르는 원과 지혜로 나타난 가지가지의 가장 빼어나게 장엄한 궁전을 보았으며, 보살의 행을 보고 보살의 법을 듣고 보살의 덕을 알고 여래의 원을 분명하게 깨우쳐 알고 마쳤다."

彌勒告言 善男子 汝住菩薩不可思議自在解脫 受諸菩薩三昧喜樂 能見菩薩神力所持 助道所流 願智所現 種種上妙莊嚴宮殿 見菩薩行 聞菩薩法 知菩薩德 了如來願

선재 동자가 말했다.

"그렇습니다. 성자시여! 선지식의 힘과 도움으로 잊지 않고 기억하는 위덕과 신통의 힘입니다."

"성자시여! 이 해탈문의 이름은 무엇입니까?"

善財白言 唯然 聖者 是善知識加被憶念 威神之力 聖者 此解脫門其名何等

미륵보살이 가르침을 주기 위해 말했다.

"선남자여! 이 해탈문의 이름은 '삼세의 일체 모든 경계에 들어가 잊지 않고 생각하는 지혜의 장엄 장'이다. 선남자여! 이 해탈문 가운데 말할 수 없이 말로는 할 수 없는 해탈문이 있으니, 일생 보살만이 얻을 수 있다."

彌勒告言 善男子 此解脫門 名入三世一切境界不忘念智莊嚴藏 善男子 此解脫門

中 有不可說不可說解脫門 一生菩薩之所能得

선재 동자가 물었다.
"이렇게 장엄하였던 일은 어디 갔습니까?"
미륵보살이 답했다.
"온 곳으로 갔다."
선재가 말했다.
"어느 곳을 좇아 왔습니까?"
善財問言 此莊嚴事 何處去耶 彌勒答言 於來處去 曰 從何處來

미륵보살이 말했다.
"보살 지혜의 신통한 힘을 좇아 와서 보살 지혜의 신통한 힘을 의지하여 머무는 것이며, 가는 곳이 없고 또한 머무는 곳도 없으며, 모이지도 않고 항상 한 것도 아니어서 모든 것에서 멀리 벗어났다."
"선남자여! 용왕이 비를 내리는 것은 몸에서 나오는 것이 아니고 마음에서 나오는 것도 아니고 모으는 일도 없지만, 보지 못하는 것은 아니다. 단지 용왕이 생각하는 마음의 힘으로 비가 내려서 천하에 두루두루 한 것이며, 이와 같은 경계는 사람의 생각으로는 헤아려 알 수 없다."
"선남자여! 그렇게 장엄하는 일도 역시 차례를 좇아(復) 이와 같기에 안에 머무는 것도 아니고 밖에 머무는 것도 아니지만, 보지 못하는 것은 아니다. 단지 보살의 위덕과 신통의 힘과 그대 선근의 힘으로 이와 같은 일을 보는 것이다."
"선남자여! 비유하면 요술쟁이가 모든 허깨비와 같은 일을 지어갈 때 좇아온 바가 없으며, 가는 바도 없기에 오고 가는 일이 없지만, 사람의 생각으로 헤아려 알 수 없는 배워 익힌 허깨비와 같은 지혜의 힘과 지난 옛적 큰 원의 힘으로 이와 같음(般若智)이 명백하게 나타난다."
曰 從菩薩智慧神力中來 依菩薩智慧神力而住 無有去處 亦無住處 非集非常 遠離一切 善男子 如龍王降雨 不從身出 不從心出 無有積集 而非不見 但以龍王心念力故 霈然洪霔 周徧天下 如是境界 不可思議 善男子 彼莊嚴事 亦復如是 不住於內 亦不住外 而非不見 但由菩薩威神之力 汝善根力 見如是事 善男子 譬如幻師作諸幻事

無所從來 無所至去 雖無來去 以幻力故 分明可見 彼莊嚴事 亦復如是 無所從來 亦無所去 雖無來去 然以慣習不可思議幻智力故 及由往昔大願力故 如是顯現

선재 동자가 말했다.
"큰 성인이시여! 어느 곳을 좇아오셨습니까?"
善財童子言 大聖 從何處來

미륵보살이 말했다.
"선남자여! 모든 보살은 오는 일도 없으며, 가는 일도 없다. 이와 같게 왔고 행도 없고 머무름도 없다. 이와 같게 오고 처함도 없고 집착도 없으며, 없어지지도 않고 나지도 않고 머물지도 않고 옮기지도 않고 동하지도 않고 일어나지도 않으며, 그리움도 없고 집착도 없으며, 업도 없고 보도 없고 생기지도 않고 멸하지도 않고 끊어지는 것도 아니고 항상 함도 아니지만, 이와 같게 온다."
"선남자여! 보살은 크게 가엾이 여기는 곳을 좇아오니, 이는 중생을 조복시키고자 하는 까닭이며, 크게 인자한 곳에서 오니, 이는 중생을 구원하고 보호하고자 하는 까닭이며, 청정한 세계를 좇아서 오니, 이는 좋아하는 것을 따라 생을 받는 까닭이며, 큰 원을 좇아서 오니, 이는 지난 옛날 원의 힘을 유지하는 까닭이며, 신통한 곳을 좇아서 오니, 이는 모든 곳에 좋아하는 대로 나타나는 까닭이며, 동요함이 없는 곳을 좇아서 오니, 이는 모든 부처님을 늘 떠나지 않는 까닭이며, 취하고 버리는 것이 없는 곳을 좇아서 오니, 이는 몸과 마음을 부리지 않고 가고 오는 까닭이며, 지혜의 방편 처를 좇아서 오니, 이는 일체 모든 중생을 거스르지 않고 따르는 까닭이며, 변화하는 곳을 나타내어 보이고 이것을 좇아서 오니, 이는 마치 그림자와 형상이 변화해서 나타나는 까닭이다."
彌勒言 善男子 諸菩薩無來無去 如是而來 無行無住 如是而來 無處無著 不沒不生 不住不遷 不動不起 無戀無著 無業無報 無起無滅 不斷不常 如是而來 善男子 菩薩 從大悲處來 爲欲調伏諸衆生故 從大慈處來 爲欲救護諸衆生故 從淨戒處來 隨其所樂 而受生故 從大願處來 往昔願力之所持故 從神通處來 於一切處 隨樂現故 從無動搖處來 恒不捨離一切佛故 從無取捨處來 不役身心使往來故 從智慧方便處來 隨順一切諸衆生故 從示現變化處來 猶如影像 而化現故

"선남자여! 그대가 묻기를 내가 어디서 왔느냐고 하였다. 선남자여! 내가 태어난 곳인 마라제국에서 여기에 왔다."

"선남자여! 그곳에 마을이 있으니, 이름이 '방사'이며, 그 마을에 장자가 있으니, 이름이 '구파라'다. 그 사람을 가르치고 바른길로 이끌어 부처님 법에 들게 하려고 그 마을에 머물러 있었으며, 또 태어난 곳의 모든 사람을 위해 당연히 가르치고 바른길로 이끌 바를 따라 법을 설하고 또한 부모 및 모든 권속과 바라문 등을 위해 대승을 널리 펴서 설하여 그 대승에 들어가게 하느냐고 그 마을에 있다가 여기 왔다."

然善男子 汝問於我從何處來者 善男子 我從生處摩羅提國 而來於此 善男子 彼有聚落 名爲房舍 有長者子 名瞿波羅 爲化其人 令入佛法 而住於彼 又爲生處一切人民 隨所應化 而爲說法 亦爲父母及諸眷屬波羅門等 演說大乘 令其趣入 故住於彼 而從彼來

선재 동자가 말했다.
"성자여! 어디가 보살이 태어나는 곳입니까?"
善財童子言 聖者 何者是菩薩生處

미륵보살이 답했다.
"선남자여! 보살은 열 가지 태어나는 곳이 있으니, 무엇이 열인가 하면, 선남자여! 보살은 보리심에서 태어나는 것이니, 이는 보살의 가문에 나는 까닭이며, 보살은 깊은 마음에서 태어나는 것이니, 이는 선지식의 가문에 나는 까닭이며, 보살은 모든 지위에서 태어나는 것이니, 이는 바라밀의 가문에 나는 까닭이며, 보살은 큰 원에서 태어나는 것이니, 이는 빼어난 행의 가문에 나는 까닭이며, 보살은 크게 가엾이 여기는 곳에서 태어나는 것이니, 이는 네 가지 거두어주는 가문에 나는 까닭이며, 보살은 이치와 같이 자세히 살펴서 들여다보는 것에서 태어나는 것이니, 이는 반야바라밀의 가문에 나는 까닭이며, 보살은 대승에서 태어나는 것이니, 이는 섬세하고 능숙한 선근 방편의 가문에 나는 까닭이며, 보살은 중생을 가르치고 바른길로 이끄는 것에서 태어나는 것이니, 이는 부처님의 가문에 나는 까닭이며, 보살은 지혜와 방편에서 태어나는 것이니, 이는 무생법인의 가문에 나는 까닭이며, 보살은 모든 법을 수행하는 것에서 태어나는 것이니, 이는 과거, 현재, 미래의 모든 여래의 가문에 태어나는 까닭이다."

答言 善男子 菩薩有十種生處 何者爲十 善男子 菩提心是菩薩生處 生菩薩家故 深心是菩薩生處 生善知識家故 諸地是菩薩生處 生波羅蜜家故 大願是菩薩生處 生妙行家故 大悲是菩薩生處 生四攝家故 如理觀察是菩薩生處 生般若波羅蜜家故 大乘是菩薩生處 生方便善巧家故 敎化衆生是菩薩生處 生佛家故 智慧方便是菩薩生處 生無生法忍家故 修行一切法是菩薩生處 生過 現 未來一切如來家故

"선남자여! 보살마하살은 반야바라밀을 어머니로 삼고 섬세하고 능숙한 선근 방편을 아버지로 삼고 단바라밀은 유모로 삼고 지계바라밀은 양모로 삼고 인욕바라밀은 장엄 기물로 삼고 정진바라밀은 양육하는 자로 삼고 선정바라밀은 씻어주는 사람으로 삼고 선지식은 가르치는 스승으로 삼고 모든 보리분(37助道品)은 짝이 되는 동무로 삼고 모든 선근의 법은 권속으로 삼고 모든 보살은 형제로 삼고 보리심은 집으로 삼고 이치와 같이 수행하는 것은 집안의 법으로 삼고 모든 지위는 집안이 처할 바로 삼고 모든 인(忍)은 가족으로 삼고 큰 원은 집안의 가르침으로 삼고 모든 행을 만족함으로 집안의 법을 거스르지 않고 따르게 하며, 대승의 마음을 일으키게 하여 집안의 업을 잇게 하고 법의 물로 정수리에 물 부음을 받아 일생보처가 되는 보살은 왕의 태자로 삼고 보리를 성취하여 청정한 가족으로 삼는다."

善男子 菩薩摩訶薩 以般若波羅蜜爲母 方便善巧爲父 檀波羅蜜爲乳母 尸波羅蜜爲養母 忍波羅蜜爲莊嚴具 勤波羅蜜爲養育者 禪波羅蜜爲澣濯人 善知識爲敎授師 一切菩提分爲伴侶 一切善法爲眷屬 一切菩薩爲兄弟 菩提心爲家 如理修行爲家法 諸地爲家處 諸忍爲家族 大願爲家敎 滿足諸行 爲順家法 勸發大乘 爲紹家業 法水灌頂 一生所繫菩薩 爲王太子 成就菩提 爲能淨家族

"선남자여! 보살은 이와 같음에 범부를 뛰어넘어 보살의 지위에 들어가고 여래의 가문에 태어나 부처님의 종자에 머물고 모든 행을 닦아서 삼보를 끊어지지 않게 하고 보살의 종족을 선근으로 지키고 보호하여 보살의 종자를 청정하게 하고 태어나 곳이 높기에 허물이 없으므로 모든 세간의 하늘, 사람, 마, 범천, 사문, 바라문들이 공경하고 찬탄한다."

善男子 菩薩如是超凡夫地 入菩薩位 生如來家 住佛種性 能修諸行 不斷三寶 善能守護菩薩種族 淨菩薩種 生處尊勝 無諸過惡 一切世間天 人 魔 梵 沙門 婆羅門 恭敬讚歎

"선남자여! 보살마하살은 이와 같은 높고 뛰어난 가문에 태어나서 모든 법이란 형상을 따른 그림자와 같음을 아는 까닭으로 모든 세간에 대하여 악하고 천한 바가 없으며, 모든 법의 변화와 같음을 아는 까닭으로 모든 있음의 부류에 물들거나 집착하지 않고 모든 법이 '내(我)'가 없음을 아는 까닭으로 중생을 가르치고 바른길로 이끄는 일에 마음이 고달프지 않고 큰 자비를 체와 성품으로 삼는 까닭에 중생을 거두어주지만, 힘들고 괴로움을 느끼지 않고 나고 죽은 일이 마치 꿈과 같음을 분명하게 깨우쳐 아는 까닭으로 모든 겁을 지내도 두려움이 없고 모든 온이 빠짐없이 다 허깨비와 같음을 분명하게 깨우쳐 아는 까닭으로 태어남을 나타내 보이지만, 싫어하거나 피곤하지 않고 모든 계와 처가 법계와 같음을 아는 까닭으로 모든 경계에 무너지고 없어질 것이 없고 모든 생각이 아지랑이와 같음을 아는 까닭으로 모든 부류에 들어가도 의혹에 넘어지는 일이 없고 모든 법이 빠짐없이 다 허깨비와 같음을 통달한 까닭으로 마의 경계에 들어가지만, 물들거나 집착하지 않고 법의 몸을 아는 까닭으로 모든 번뇌에 속지 않고 자재함을 얻는 까닭으로 모든 부류에 통달하고 막힘이나 걸림이 없다."

善男子 菩薩摩訶薩 生於如是尊勝家已 知一切法如影像故 於諸世間 無所惡賤 知一切法如變化故 於諸有趣 無所染著 知一切法無有我故 敎化衆生 心無疲厭 以大慈悲 爲體性故 攝受衆生 不覺勞苦 了達生死猶如夢故 經一切劫 而無怖畏 了知諸蘊 皆如幻故 示現受生 而無憂厭 知諸界處同法界故 於諸境界 無所壞滅 知一切想如陽焰故 入於諸趣 不生倒惑 達一切法皆如幻故 入魔境界 不起染著 知法身故 一切煩惱不能欺誑 得自在故 於一切趣 通達無礙

"선남자여! 내 몸은 모든 법계에 두루 나기에 모든 중생의 차별 색상과 같고 모든 중생의 가지가지로 다른 음성과 같고 모든 중생의 가지가지 이름과 같고 모든 중생이 좋아하는 거동과 같기에 세간을 따라 가르치고 조복시킴이 같고 모든 청정한 중생이 태어남을 나타내 보이는 것과 같고 모든 범부 중생이 지어간 일과 업이 같고 모든 중생의 생각과 같고 모든 보살의 원과 같기에 몸을 나타내어 법계에 가득하다."

善男子 我身普生一切法界 等一切衆生差別色相 等一切衆生殊異言音 等一切衆生種種名號 等一切衆生所樂威儀 隨順世間 敎化調伏 等一切淸淨衆生 示現受生 等一切凡夫衆生所作事業 等一切衆生想 等一切菩薩願 而現其身 充滿法界

"선남자여! 나는 나와 함께 옛적에 수행하다가 지금은 보리심에서 물러나고 잃어버린 자를 가르치고 바른길로 이끌기 위함이며, 또한 부모와 권속들을 가르치고 바른길로 이끌기 위함이며, 또한 모든 바라문을 가르치고 바른길로 이끌어서 종족의 교만함에서 벗어나게 하고 여래의 종자가 되는 성품에 태어나 이 염부제의 마라제국 구타 마을 바라문의 집에 태어났다."

"선남자여! 나는 이 큰 누각에 있으면서 모든 중생이 마음으로 좋아하는 것을 따라 가지가지의 방편으로 가르치고 바른길로 이끌어서 조복시킨다."

"선남자여! 이 모든 것은 내가 중생의 마음을 거스르지 않고 따라주기 위한 까닭이며, 내가 도솔천에서 함께 수행하던 하늘을 성숙하게 하기 위한 까닭이며, 내가 보살의 복과 지혜와 변화와 장엄이 일체 모든 욕계를 뛰어넘은 것임을 나타내 보이기 위한 까닭이며, 그들 모두가 모든 욕락을 버리게 하기 위한 까닭이며, 인위적이고 꾸민 유위의 법이 다 항상 함이 없음을 알게 하기 위한 까닭이며, 모든 천인도 성하면 반드시 쇠하는 것임을 알게 하기 위한 까닭이며, 장차 내려와 태어날 때 큰 지혜의 법문을 일생보처 보살과 함께 토론하기 위한 까닭이며, 함께 수행하는 동행을 거두어 가르치고 바른길로 이끌기 위한 까닭이며, 석가여래께서 남겨놓은 것을 남김없이 열어서 깨닫게 하고자 하는 까닭으로 이 목숨을 마치고 도솔천에 태어난다."

"선남자여! 나의 원을 만족하게 하여 모든 지혜를 이루어 보리를 얻을 때 그대가 문수보살과 함께 나를 보게 될 것이다."

善男子 我爲化度與我往昔同修諸行 今時退失菩提心者 亦爲敎化父母親屬 亦爲敎化諸波羅門 令其離於種族憍慢 得生如來種性之中 而生於此閻浮提界摩羅提國拘咤聚落波羅門家 善男子 我住於此大樓閣中 隨諸衆生心之所樂 種種方便 敎化調伏 善男子 我爲隨順衆生心故 我爲成熟兜率天中同行天故 我爲示現菩薩福智變化莊嚴 超過一切諸欲界故 令其捨離諸欲樂故 令知有爲皆無常故 令知諸天盛必衰故 爲欲示現將降生時 大智法門 與一生菩薩 共談論故 爲欲攝化諸同行故 爲欲敎化釋迦如來所遣來者 令如蓮華悉開悟故 於此命終 生兜率天 善男子 我願滿足 成一切智 得菩提時 汝及文殊俱得見我

"선남자여! 그대는 문수사리 선지식에게 보살은 어떻게 보살의 행을 배우며, 어떻게 보현의 수행하는 문에 들어가며, 어떻게 성취하며, 어떻게 광대하게 하며, 어떻게 따르며, 어떻게 청정하게 하며, 어떻게 원만하게 하는 것이냐고 물었다."

"선남자여! 그는 그대에게 분별하여 널리 펴서 설할 것이다. 무슨 까닭인가 하면, 문수사리가 가지고 있는 큰 원을 나머지 헤아릴 수 없는 백천 억 나유타 보살은 가지고 있지 못하기 때문이다."

"선남자여! 문수사리 동자는 그 행함이 광대하고 그 원이 끝이 없기에 모든 보살의 공덕을 내기 때문에 쉼이 없다."

善男子 汝當往詣文殊師利善知識所 而問之言 菩薩云何學菩薩行 云何而入普賢行門 云何成就 云何廣大 云何隨順 云何淸淨 云何圓滿 善男子 彼當爲汝 分別演說 何以故 文殊師利所有大願 非餘無量百千億那由他菩薩之所能有 善男子 文殊師利童子 其行廣大 其願無邊 出生一切菩薩功德 無有休息

"선남자여! 문수사리는 항상 헤아릴 수 없는 백천 억 나유타 부처님의 어머니가 되고 헤아릴 수 없는 백천 억 나유타 보살의 스승이 되고 모든 중생을 가르쳐서 바른길로 이끌고 성숙시키기에 시방세계에 이름이 퍼졌으며, 일체 모든 부처님의 대중 가운데서 항상 법을 설하는 법사가 되어 모든 여래가 찬탄하며, 깊고 깊은 지혜에 머물러 있기에 모든 법을 실상의 본바탕 그대로 보고 모든 해탈의 경계를 통달하였고 보현의 행하는 모든 행을 마지막까지 원만하게 성취하였다."

善男子 文殊師利常爲無量百千億那由他諸佛母 常爲無量百千億那由他菩薩師 敎化成熟一切衆生 名稱普聞十方世界 常於一切諸佛衆中 爲說法師 一切如來之所讚歎 住甚深智 能如實見一切諸法 通達一切解脫境界 究竟普賢所行諸行

"선남자여! 문수사리 동자는 그대의 선지식이니, 그대를 여래의 가문에 나게 하였고 모든 선근을 자라게 하였고 모든 도를 돕는 법을 일으키게 하였고 진실한 선지식을 만나게 하였고 그대가 모든 공덕을 닦게 하였으며, 모든 원의 그물에 들어가게 하였고 모든 원에 머물게 하였으며, 그대를 위해 모든 보살의 비밀스러운 법을 말하였고 모든 보살의 생각으로 헤아려 알 수 없는 행을 나타내었으며, 그대와 함께 옛적에 나고 함께 행하였다."

善男子 文殊師利童子 是汝善知識 令汝得生 如來家 長養一切諸善根 發起一切助道法 値遇眞實善知識 令汝修一切功德 入一切願網 住一切大願 爲汝說一切菩薩秘密法 現一切菩薩難思行 與汝往昔同生同行

"선남자여! 이러한 까닭으로 그대는 당연히 문수사리의 처소에 가야 하니, 피곤하다는 생각을 하지 마라. 문수사리는 그대에게 모든 공덕을 말할 것이니, 무슨 까닭인가 하면, 그대가 먼저 본 모든 선지식에서 보살의 행을 듣고 해탈문에 들어가 큰 원을 만족하는 것이 다 문수의 위덕과 신통의 힘이기 때문이다. 문수사리는 저 모든 곳에서 마지막까지 얻게 한다."

是故善男子 汝應往詣文殊之所 莫生疲厭 文殊師利 當爲汝說一切功德 何以故 汝先所見諸善知識 聞菩薩行 入解脫門 滿足大願 皆是文殊威神之力 文殊師利於一切處 咸得究竟

때맞추어 선재 동자는 그의 발에 머리 숙여 예를 올리고는 헤아릴 수 없이 돌다가 은근히 우러러보면서 물러났다.

時 善財童子 頂禮其足 遶無量帀 慇懃瞻仰 辭退而去

대방광불화엄경 제80권

39. 입법계품(21)
　　入法界品第三十九之二十一

(53) 문수보살을 만남

　이때 선재 동자는 미륵보살마하살의 가르침에 의지하면서 점차 행하여 나아가 110여 성을 지나서 보문국의 소마나 성에 이르렀다. 문에 머물러 있으면서 문수사리를 사유하고 거스르지 않고 따라 자세히 살펴서 들여다보고 두루두루 찾아뵙고자 하였다.
　爾時 善財童子 依彌勒菩薩摩訶薩敎 漸次而行 經由一百一十餘城已 到普門國蘇摩那城 住其門所 思惟文殊師利 隨順觀察 周旋求覓 希欲奉覲

　이때 문수사리가 멀리서 오른손을 펴고는 110 유순을 지나 선재의 정수리를 만지면서 말했다.
　"선근이로다. 선근이로다. 선남자여! 만일 믿음의 뿌리를 벗어났으면 마음이 못나고 근심에 후회하여 공부의 행을 갖추지 못하고 부지런히 공부하는 마음을 잃고 물러나며, 선근 하나에 머물러 집착하고 적은 공덕에 만족해하고 섬세하고 능숙한 선근으로 행과 원을 일으키지 못하고 선지식이 거두어주고 보호해줌을 받지 못하고 이와 같은 법의 성품과 이와 같은 이치로 향함과 이와 같은 법의 문과 이와 같은 행함과 이와 같은 경계를 분명하게 깨달아 알지 못하고 그와 같이 두루두루 아는 것과 그와 같이 가지가지로 아는 것과 그와 같은 근원까지 다함과 그와 같이 분명하게 이해하고 깨우쳐 아는 것과 그와 같이 들어가는 것과 그와 같은 해탈과 그와 같은 분별과 그와 같이 증득하여 아는 것과 그와 같이 얻는 것을 다 할 수 없다."
　是時 文殊師利 遙申右手 過一百一十由旬 按善財頂 作如是言 善哉 善哉 善男子 若離信根 心劣憂悔 功行不具 退失精勤 於一善根 心生住著 於少功德 便以爲足 不能善巧 發起行願 不爲善知識之所攝護 不爲如來之所憶念 不能了知如是法性 如是理趣 如是法門 如是所行 如是境界 若周徧知 若種種知 若盡源底 若解了 若趣入 若

解脫 若分別 若證知 若獲得 皆悉不能

  이때 문수사리는 이 법을 설하여 보여주고 가르치고 이롭게 하고 기쁘게 하고 선재 동자가 아승기 법문을 성취하고 헤아릴 수 없는 큰 지혜의 광명을 온전하게 갖추고 보살의 끝없는 경계의 다라니와 끝없는 경계의 원과 끝없는 경계의 삼매와 끝없는 경계의 신통과 끝없는 경계의 지혜를 얻게 하고 보현의 도량에 들어가게 하고 또한 선재를 스스로 머무는 처에 두고 문수사리가 거두어줌을 돌이켜 나타내지 않았다.
  是時 文殊師利 宣說此法 示 敎 利 喜 令善財童子 成就阿僧祇法門 具足無量大智光明 令得菩薩無邊際陀羅尼 無邊際願 無邊際三昧 無邊際神通 無邊際智 令入普賢行道場 及置善財自所住處 文殊師利 還攝不現

  이에 선재 동자가 사유하고 자세히 살펴서 들여다보면서 일심으로 문수사리 보기를 원했다. 또 삼천대천세계의 티끌 수와 같은 선지식을 보고 모두 친근히 하면서 공경하고 받들어 섬기며, 그들의 가르침을 거스르지 않고 행하였다.
  모든 지혜에 나아가 구하고 거듭 더하고 늘리며, 광대한 대비의 마음을 거듭 더하고 늘리며, 대자의 구름을 넉넉하게 하고 중생을 두루 살펴보고 크게 환희를 내고 보살의 적정 법문에 편안히 머물고 모든 광대한 경계와 두루 인연을 맺고 모든 부처님의 공덕을 배우고 모든 부처님이 결정하신 알고 보는 일에 들어가고 모든 지혜와 도를 돕는 법을 거듭 더하고 늘리며, 선근으로 모든 보살의 깊은 마음을 닦고 삼세 부처님이 일어나 나오시는 차례를 알고 모든 법의 바다에 들어가고 모든 법륜을 굴리고 모든 세간에 태어나고 모든 보살의 원 바다에 들어가고 모든 겁에 머물면서 보살의 행을 닦아 모든 여래의 경계를 비추어 밝히고 모든 보살의 모든 근을 기르고 키우며, 모든 지혜의 청정한 광명을 얻어 시방을 두루 비추어 모든 어둠의 막힘이나 걸림을 제거하고 지혜가 법계에 두루 하고 모든 부처님 세계와 모든 있음, 중생계에 두루 그 몸을 나타내어 두루두루 하고 모든 막힘이나 걸림을 꺾고 막힘이나 걸림 없는 법에 들어가서 법계의 평등한 지위에 머물며, 보현의 해탈 경계를 자세히 살펴서 들여다보았다.
  곧바로 보현보살마하살의 이름과 행과 원과 도를 돕는 것과 바른 도와 모든 지위와 지위의 방편과 지위에 들어가는 것과 지위의 뛰어남으로 나아감과 지위에 머무름과 지위를 닦아 익힘과 지위의 경계와 지위의 위력과 지위에 함께 머무는 자리에 들었다.

於是 善財思惟觀察 一心願見文殊師利 及見三千大千世界微塵數諸善知識 悉皆親近 恭敬承事 受行其敎 無有違逆 增長趣求一切智慧 廣大悲海 益大慈雲 普觀衆生 生大歡喜 安住菩薩寂靜法門 普緣一切廣大境界 學一切佛廣大功德 入一切佛決定知見 增一切智助道之法 善修一切菩薩深心 知三世佛出興次第 入一切法海 轉一切法輪 生一切世間 入於一切菩薩願海 住一切劫 修菩薩行 照明一切如來境界 長養一切菩薩諸根 獲一切智淸淨光明 普照十方 除諸暗障 智周法界 於一切佛刹一切諸有 普現其身 靡不周徧 摧一切障 入無礙法 住於法界平等之地 觀察普賢解脫境界 卽聞普賢菩薩摩訶薩名字 行願 助道 正道 諸地 地方便地 入地 勝進地 住地 修習地 境界地 威力地同住

　목마르게 사모하는 마음으로 보현보살을 보고자 하니, 곧바로 금강 장 보리도량 비로자나 여래의 사자좌 앞에 모든 보배 연화장 자리 위에 앉아서 허공과 같은 광대한 마음과 모든 세계를 버리고 모든 집착을 벗어난 막힘이나 걸림 없는 마음과 모든 막힘이나 걸림 없는 법을 두루 행하는 무애의 마음과 모든 시방의 바다에 두루 들어가는 막힘이나 걸림 없는 마음과 모든 지혜의 경계에 두루 들어가는 청정한 마음과 도량의 장엄을 자세히 살피는 분명하게 깨우쳐 아는 마음과 모든 부처님의 법 바다에 들어가는 광대한 마음과 모든 중생계를 가르치고 바른길로 이끄는 두루두루 한 주변의 마음과 모든 국토를 청정하게 하는 헤아릴 수 없는 마음과 모든 겁에 머무는 다함이 없는 마음과 여래의 십력에 나아가는 마지막까지의 마음을 일으켰다.
　渴仰欲見普賢菩薩 卽於此金剛藏菩提場 毘盧遮那如來師子座前 一切寶蓮華藏座上 起等虛空界廣大心 捨一切刹 離一切著無礙心 普行一切無礙法 無礙心 徧入一切十方海無礙心 普入一切智境界淸淨心 觀道場莊嚴明了心 入一切佛法海廣大心 化一切衆生界周徧心 淨一切國土無量心 住一切劫無盡心 趣如來十力究竟心

　선재 동자가 이와 같은 마음을 일으킬 때 자기 선근의 힘과 모든 여래가 힘을 실어주는 도움과 보현보살과 같은 선근의 힘으로 말미암은 까닭에 열 가지 상서로운 모양이나 상태를 보았다. 무엇이 열인가 하면, 이른바 모든 부처님의 세계가 청정하기에 모든 여래가 정등각 이루는 것을 보고 모든 부처님의 세계가 청정하기에 나쁜 길이 없음을 보고 모든 부처님의 세계가 청정하기에 많은 연꽃으로 장엄하고 꾸미는 것을 보고 모든 부처님의 세계가 청정하기에 모든 중생의 몸과 마음이 청정한 것을 보고 모든 부처님의 세계가 청정하기에 가지가지의 보배로 장엄하는 것을 보고 모든 부처님의 세계가 청정하기에 모든 중생이 모든 모양이나 상태로 몸을 장엄하는 것을 보고 모든 부처님의 세계가 청정하기에 모든 장엄의 구름이 그 위를 덮는 것을 보고 모든 부처님의 세계가 청정하기에 모든 중생이 서로 자비심을 일으켜 서로에게 이익이 되게 하여 해롭게 하는 것이 없음을 보고 모든 부처님의 세계가 청정하기에 도량을 장엄하는 것을 보고 모든 부처님의 세계가 청정하기에 모든 중생이 마음으로 부처님을 늘 생각하는 것을 보았다. 이것이 열이다.

善財童子 起如是心時 由自善根力 一切如來所加被力 普賢菩薩同善根力故 見十種瑞相 何等爲十 所謂見一切佛刹淸淨 一切如來成正等覺 見一切佛刹淸淨 無諸惡道 見一切佛刹淸淨 衆妙蓮華 以爲嚴飾 見一切佛刹淸淨 一切衆生身心淸淨 見一切佛刹淸淨 種種衆寶之所莊嚴 見一切佛刹淸淨 一切衆生諸相嚴身 見一切佛刹淸淨 諸莊嚴雲 以覆其上 見一切佛刹淸淨 一切衆生互起慈心 遞相利益 不爲惱害 見一切佛刹淸淨 道場莊嚴 見一切佛刹淸淨 一切衆生心常念佛 是爲十

또 열 가지 모양이나 상태의 광명을 보았으니, 무엇이 열인가 하면, 이른바 모든 세계에 있는 하나하나의 티끌 가운데 일체 세계의 티끌 수와 같은 부처님이 광명 구름을 내어 두루두루 비추어 빛나는 것을 보았다.

하나하나의 티끌 가운데 일체 세계의 티끌 수와 같은 부처님이 광명 바퀴 구름을 내어 가지가지의 색상이 법계에 두루두루 한 것을 보았다.

하나하나의 티끌 가운데 일체 세계의 티끌 수와 같은 부처님이 형상 보배 구름을 내어 법계에 두루두루 한 것을 보았다.

하나하나의 티끌 가운데 일체 세계의 티끌 수와 같은 부처님이 불꽃 바퀴 구름을 내어 법계에 두루두루 한 것을 보았다.

하나하나의 티끌 가운데 일체 세계의 티끌 수와 같은 빼어난 향 구름을 내어 시방에 두루 하여 보현의 행과 원과 큰 공덕 바다를 칭찬하는 것을 보았다.

하나하나의 티끌 가운데 일체 세계의 티끌 수와 같은 일월성신이 구름을 내어 모두 보현보살의 광명을 놓아 법계에 두루 비치는 것을 보았다.

하나하나의 티끌 가운데 일체 세계의 티끌 수와 같은 중생들이 색상 구름을 내어 부처님의 광명을 놓아 법계에 두루 비치는 것을 보았다.

하나하나의 티끌 가운데 일체 세계의 티끌 수와 같은 모든 부처님이 색상 마니구름을 내어 법계에 가득함을 보았다.

하나하나의 티끌 가운데 일체 세계의 티끌 수와 같은 보살이 색상 구름을 내어 법계에 가득하고 중생들이 모두 다 벗어남을 얻어 원하는 것을 만족하게 하는 것을 보았다.

하나하나의 티끌 가운데 일체 세계의 티끌 수와 같은 여래가 색상 구름을 내어 모든 부처님의 광대한 서원을 설하여 법계에 두루 함을 보았다. 이것이 열이다.

又見十種光明相 何等爲十 所謂見一切世界所有微塵 一一塵中 出一切世界微塵數佛光明網雲 周徧照耀 一一塵中 出一切世界微塵數佛光明輪雲 種種色相 周徧法界 一一塵中 出一切世界微塵數佛色像寶雲 周徧法界 一一塵中 出一切世界微塵數佛光焰輪雲 周徧法界 一一塵中 出一切世界微塵數衆妙香雲 周徧十方 偁讚普賢一切行願大功德海 一一塵中 出一切世界微塵數日月星宿雲 皆放普賢菩薩光明 徧照法界 一一塵中 出一切世界微塵數一切衆生身色像雲 放佛光明 徧照法界 一一塵中 出一切世界微塵數一切佛色像摩尼雲 周徧法界 一一塵中 出一切世界微塵數菩薩身色像雲 充滿法界 令一切衆生 皆得出離 所願滿足 一一塵中 出一切世界微塵數如來身色像雲 說一切佛廣大誓願 周徧法界 是爲十

(54) 보현보살을 만남

이때 선재 동자는 이 열 가지 광명의 모양이나 상태를 보고 이렇게 생각했다.

"나는 반드시 보현보살을 보고 선근을 거듭 더하여 넉넉하게 할 것이며, 모든 부처님을 보고 모든 보살의 광대한 경계를 두고 결정한 지혜를 내어 일체 지혜를 얻을 것이다."

時 善財童子 見此十種光明相已 卽作是念 我今必見普賢菩薩 增益善根 見一切佛 於諸菩薩廣大境界 生決定解 得一切智

이때 선재 동자는 모든 근을 거두어 일심으로 보현보살 보기를 원하면서 큰 정진을 일으켜 마음에서 물러섬이 없고 넓은 눈으로 시방의 일체 모든 부처님과 모든 보살 대중이 보는 경계를 자세히 들여다보고 보이는 것마다 보현보살을 보려는 생각을 짓고 지혜의 눈으로 보현의 도를 보니, 그 마음이 광대하기가 마치 허공과 같고 가엾이 여기는 마음의 견고함이 마치 금강과 같고 원하기를 미래가 다하도록 늘 보현보살을 따라 다니면서 생각과 생각마다 거스르지 않고 따라 보현행을 닦으려 하였고 지혜를 성취하여 여래의 경지에 들어가 보현의 지위에 머물려고 하였다.

　於時 善財普攝諸根 一心求見普賢菩薩 起大精進 心無退轉 即以普眼 觀察十方一切諸佛 諸菩薩衆 所見境界 皆作得見普賢之想 以智慧眼 觀普賢道 其心廣大 猶如虛空 大悲堅固 猶如金剛 願盡未來 常得隨逐普賢菩薩 念念隨順 修普賢行 成就智慧 入如來境 住普賢地

　때맞추어 선재 동자가 보현보살을 보니, 여래 앞 대중의 모임 가운데 있는 보배 연꽃 사자좌에 앉았고 모든 보살 대중이 함께 둘러싸고 있으며, 가장 특별하게 뛰어나기에 세간에서는 짝할 자가 없으며, 지혜의 경계는 헤아릴 수 없고 끝없으며, 생각으로 헤아려 알기 어렵기에 삼세 부처님과 평등하여 모든 보살이 능히 자세히 볼 수 없었다.

　보현보살의 몸에 있는 하나하나의 털구멍에서 모든 세계의 티끌 수와 같은 광명 구름을 내어 법계와 허공계(虛空界)의 모든 경계에 두루 하고 모든 중생의 괴로움과 근심을 제거하여 없애고 보살들이 크게 기뻐하고 즐거움을 내게 하는 것을 보았다.

　하나하나의 털구멍에서 모든 부처 세계의 티끌 수와 같은 가지가지의 색 향 불꽃 구름을 내어 법계와 허공계에 있는 일체 모든 부처님의 대중이 모인 도량에 두루 하여 널리 풍기는 것을 보았다.

　하나하나의 털구멍에서 모든 부처 세계의 티끌 수와 같이 섞인 여러 가지 꽃구름을 내어 법계와 허공계에 있는 일체 모든 부처님의 대중이 모인 도량에 두루 하여 빼어난 꽃들이 내리는 것을 보았다.

　하나하나의 털구멍에서 모든 부처 세계의 티끌 수와 같은 향수의 구름을 내어 법계와 허공계에 있는 일체 모든 부처님의 대중이 모인 도량에 두루 하여 빼어난 많은 향이 내리는 것을 보았다.

　하나하나의 털구멍에서 모든 부처 세계의 티끌 수와 같은 빼어난 옷의 구름을 내어 법계와 허공계에 있는 일체 모든 부처님의 대중이 모인 도량에 두루 하여 빼어난 많은 옷이 내리는 것을 보았다.

　하나하나의 털구멍에서 모든 부처 세계의 티끌 수와 같은 보배 나무 구름을 내어 법계와 허공계에 있는 일체 모든 부처님의 대중이 모인 도량에 두루 하여 마니보배가 내리는 것을 보았다.

　하나하나의 털구멍에서 모든 부처 세계의 티끌 수와 같은 색계 천신의 구름을 내어 법계에 충만하여 보리심을 찬탄하는 것을 보았다.

하나하나의 털구멍에서 모든 부처 세계의 티끌 수와 같은 범천의 몸 구름을 내어 모든 여래에게 권하여 빼어난 법륜을 굴리는 것을 보았다.

하나하나의 털구멍에서 모든 부처 세계의 티끌 수와 같은 욕계 천주의 몸 구름을 내어 모든 여래의 법륜을 보호해 지님을 보았다.

하나하나의 털구멍에서 생각과 생각마다 모든 부처 세계의 티끌 수와 같은 삼세 부처 세계의 구름을 내어 법계와 허공계에 두루 하여 모든 중생 가운데 돌아갈 곳이 없는 자에게 돌아갈 곳을 지어주고 덮어주고 보호할 것이 없는 자에게 보호할 것을 지어주고 의지가 없는 자에게는 의지할 곳을 지어줌을 보았다.

하나하나의 털구멍에서 생각과 생각마다 모든 부처 세계의 티끌 수와 같은 청정한 부처 세계의 구름을 내어 법계와 허공계에 두루 하여 일체 모든 부처가 그 가운데 세간에 나가시자 보살 대중의 모임이 충만함을 보았다.

하나하나의 털구멍에서 생각과 생각마다 모든 부처 세계의 티끌 수와 같은 청정하고 청정하지 못한 부처 세계의 구름을 내어 법계와 허공계에 두루 하여 물들고 섞인 중생들이 모두 청정함을 얻게 하는 것을 보았다.

하나하나의 털구멍에서 생각과 생각마다 모든 부처 세계의 티끌 수와 같은 청정하지 못한 부처 세계의 구름을 내어 법계와 허공계에 두루 하여 물들고 섞인 중생들이 모두 청정함을 얻게 하는 것을 보았다.

하나하나의 털구멍에서 생각과 생각마다 모든 부처 세계의 티끌 수와 같은 청정하지 못한 부처 세계의 구름을 내어 법계와 허공계에 두루 하여 순하게 물든 삼악도의 중생들이 다 청정함을 얻게 하는 것을 보았다.

하나하나의 털구멍에서 생각과 생각마다 모든 부처 세계의 티끌 수와 같은 중생의 몸 구름을 내어 법계와 허공계에 두루 하여 가르침을 받을 중생들을 따라 다 아뇩다라삼먁삼보리심을 일으키게 하는 것을 보았다.

하나하나의 털구멍에서 생각과 생각마다 모든 부처 세계의 티끌 수와 같은 보살의 몸 구름을 내어 법계와 허공계에 두루 하여 가지가지의 모든 부처님 이름을 칭찬하고 모든 중생이 선근을 거듭 더하고 늘리게 하는 것을 보았다.

하나하나의 털구멍에서 생각과 생각마다 모든 부처 세계의 티끌 수와 같은 보살의 몸 구름을 내어 법계와 허공계에 두루 하여 모든 부처 세계 하나하나의 세계 가운데 모든 보살의 원 바다와 또한 보현보살의 청정한 빼어난 행을 두루 드날리는 것을 보았다.

하나하나의 털구멍에서 생각과 생각마다 보현보살 행의 구름을 내어 모든 중생이 마음에 만족함을 얻어 온전하게 갖추고 모든 지혜의 도를 닦고 익히는 것을 보았다.

하나하나의 털구멍에서 생각과 생각마다 모든 부처 세계의 티끌 수와 같은 바르게 깨우친 몸 구름을 내어 모든 부처 세계에 바른 깨우침 이룸을 나타내어 모든 보살이 큰 법을 거듭 더하고 키우며, 일체 지혜를 이루게 하는 것을 보았다.

時 善財童子 卽見普賢菩薩 在如來前衆會之中 坐寶蓮華師子之座 諸菩薩衆所共圍遶 最爲殊特 世無與等 智慧境界無量無邊 難測難思 等三世佛 一切菩薩無能觀察 見普賢身一一毛孔 出一切世界微塵數光明雲 徧法界 虛空界 一切世界 除滅一切衆生苦患 令諸菩薩 生大歡喜 見一一毛孔 出一切佛刹微塵數種種色香焰雲 徧法界 虛空界 一切諸佛衆會道場 而以普熏 見一一毛孔 出一切佛刹微塵數雜華雲 徧法界 虛空界 一切諸佛衆會道場 雨衆妙華 見一一毛孔 出一切佛刹微塵數香樹雲 徧法界 虛空界 一切諸佛衆會道場 雨衆妙香 見一一毛孔 出一切佛刹微塵數妙衣雲 徧法界 虛空界 一切諸佛衆會道場 雨衆妙衣 見一一毛孔 出一切佛刹微塵數寶樹雲 徧法界 虛空界 一切諸佛衆會道場 雨摩尼寶 見一一毛孔 出一切佛刹微塵數色界天身雲 充滿法界 歎菩提心 見一一毛孔 出一切佛刹微塵數梵天身雲 勸諸如來轉妙法輪 見一一毛孔 出一切佛刹微塵數欲界天主身雲 護持一切如來法輪 見一一毛孔 念念中出一切佛刹微塵數三世佛刹雲 徧法界 虛空界 爲諸衆生 無歸趣者爲作歸趣 無覆護者爲作覆護 無依止者爲作依止 見一一毛孔 念念中出一切佛刹微塵數淸淨佛刹雲 徧法界 虛空界 一切諸佛於中 出世菩薩衆會 悉皆充滿 見一一毛孔 念念中出一切佛刹微塵數淨不淨佛刹雲 徧法界 虛空界 令雜染衆生 皆得淸淨 見一一毛孔 念念中出一切佛刹微塵數不淨淨佛刹雲 徧法界 虛空界 令雜染衆生 皆得淸淨 見一一毛孔 念念中出一切佛刹微塵數不淨佛刹雲 徧法界 虛空界 令純染衆生 皆得淸淨 見一一毛孔 念念中出一切佛刹微塵數衆生身雲 徧法界 虛空界 隨其所應 敎化衆生 皆令發阿耨多羅三藐三菩提心 見一一毛孔 念念中出一切佛刹微塵數菩薩身雲 徧法界 虛空界 偁揚種種諸佛名號 令諸衆生 增長善根 見一一毛孔 念念中出一切佛刹微塵數菩薩身雲 徧法界 虛空界一切佛刹 宣揚一切諸佛菩薩從初發意 所生善根 見一一毛孔 念念中出一切佛刹微塵數菩薩身雲 徧法界 虛空界 於一切佛刹一一刹中 宣揚一切菩薩願海及普賢菩薩淸淨妙行 見一一毛孔 念念中出普賢菩薩行雲 令一切衆生 心得滿足 具足修集一切智道 見一一毛孔 出一切佛刹微塵數正覺身雲 於一切佛刹 現成正覺 令諸菩薩 增長大法 成一切智

이때 선재 동자는 보현보살의 이와 같은 자재한 신통의 경계를 보고 두루 기뻐하면서 헤아릴 수 없이 몸과 마음이 뛰놀았다.

보현의 하나하나 깨우침에 대한 지위(十信.十住.十行)와 하나하나의 털구멍에 삼천대천 세계의 풍륜과 수륜과 지륜과 화륜과 바다와 강 및 모든 보배산으로 수미산, 철위산과 모든 지옥, 아귀, 축생과 염라왕계와 천룡팔부와 사람과 사람이 아닌 것과 욕계, 색계, 무색계 처와 해, 달, 별, 바람, 구름, 천둥, 번개 등이 있음을 거듭해서 자세히 들여다보고 낮과 밤과 달과 시간 및 년과 겁과 모든 부처님이 세상에 나심과 보살 대중의 모임과 도량을 장엄하는 이와 같은 등등의 일을 남김없이 다 분명하게 보았다.

이러한 세계를 보는 것과 같이 시방에 있는 모든 세계를 남김없이 다 이와 같음을 보고 현재 시방의 세계를 보는 것과 같이 이전의 경계와 이후의 경계에 대한 모든 세계도 또한 이와 같음을 보면서 각각 차별되게 보지만 서로 섞이거나 혼란스럽지 않았다.

이 비로자나 처소에서 이와 같은 신통한 힘을 나타내 보이는 것과 같이 동방 연화덕 세계의 현수 부처님 처소에서의 신통한 힘도 역시 차례를 좇아(復) 이와 같으며, 현수 부처님의 처소와 같이 이와 같은 동방의 모든 세계와 동방과 같은 남서, 북방 사유, 상하 모든 세계의 모든 여래의 처소에서 나타낸 신통한 힘도 당연히 남김없이 다 그러한 것을 알았다.

시방의 모든 세계와 같이 시방의 모든 부처님 세계의 하나하나 티끌 속에도 모든 법계의 모든 부처님 대중이 있고 하나하나의 부처님 처소에서 보현보살이 보배 연꽃 사자좌 위에 앉아서 신통한 힘을 나타내는 것도 남김없이 다 역시 이와 같았으며, 하나하나의 보현보살 몸에서는 삼세의 모든 경계와 모든 부처님의 세계와 모든 중생과 모든 부처님이 나타나 나오심과 모든 보살 대중이 나타났으며, 또 모든 중생의 음성과 모든 부처님의 음성과 모든 여래가 굴리는 법륜과 모든 보살이 이루는 모든 행과 모든 여래가 즐겁게 놀이하는 신통함을 들었다.

爾時 善財童子 見普賢菩薩如是自在神通境界 身心徧喜 踊躍無量 重觀普賢 ——身分 ——毛孔 悉有三千大千世界 風輪 水輪 地輪 火輪 大海 江河及諸寶山 須彌 鐵圍 村營 城邑 宮殿 園苑 一切地獄 餓鬼 畜生 閻羅王界 天 龍 八部 人與非人 欲界 色界 無色界處 日月星宿 風雲雷電 晝夜月時及以年劫 諸佛出世 菩薩衆會道場 莊嚴 如是等事 悉皆明見 如見此世界 十方所有一切世界 悉如是見 如見現在十方世界 前際 後際一切世界 亦如是見 各各差別 不相雜亂 如於此毘盧遮那如來所 示現 如是神通之力 於東方蓮華德世界賢首佛所 現神通力 亦復如是 如賢首佛所 如是東方一切世界 如東方 南西北方 四維上下一切世界諸如來所 現神通力 當知悉爾 如十方一切世界 如是十方一切佛刹——塵中 皆有法界諸佛衆會 ——佛所 普賢菩薩 坐寶蓮華師子之座上 現神通力 亦復如是 彼——普賢身中 皆現三世一切境界 一切佛

刹 一切衆生 一切佛出 現一切菩薩及聞一切衆生言音 一切佛言音 一切如來所轉法輪 一切菩薩所成諸行 一切如來遊戲神通

　　선재 동자는 보현보살의 이와 같은 헤아릴 수 없고 사람의 생각으로 헤아려 알 수 없는 큰 신통의 힘을 보고 곧바로 열 가지 지혜 바라밀을 얻었다. 이른바 생각과 생각마다 모든 부처 세계에 두루두루 한 지혜 바라밀과 생각과 생각마다 모든 부처님 처소에 나아가는 지혜 바라밀과 생각과 생각마다 모든 여래께 공양하는 지혜 바라밀과 생각과 생각마다 모든 여래가 계신 곳에서 법을 듣고 받아 지니는 지혜 바라밀과 생각과 생각마다 모든 여래의 법륜을 사유하는 지혜 바라밀과 생각과 생각마다 모든 부처님의 생각으로 헤아려 알 수 없는 큰 신통한 일을 아는 지혜 바라밀과 생각과 생각마다 모든 한 구절의 법을 설하여 미래의 경계가 끝나도록 변재가 다하지 않는 지혜 바라밀과 생각과 생각마다 모두 깊은 반야로 모든 법을 자세히 살펴서 들여다보는 지혜 바라밀과 생각과 생각마다 모든 법계와 실질적인 모양이나 상태의 바다에 들어가는 지혜 바라밀과 생각과 생각마다 모든 중생의 마음을 아는 지혜 바라밀과 생각과 생각마다 보현보살의 모든 지혜와 행이 모두 앞에 나타나는 지혜 바라밀이다.

善財童子 見普賢菩薩如是無量不可思議神通力 卽得十種智波羅蜜 何等爲十 所謂 於念念中 悉能周徧一切佛刹 智波羅蜜 於念念中 悉能往詣一切佛所 智波羅蜜 於念念中 悉能供養一切如來 智波羅蜜 於念念中 普於一切諸如來所 聞法受持 智波羅蜜 於念念中 思惟一切如來法輪 智波羅蜜 於念念中 知一切佛不可思議大神通事 智波羅蜜 於念念中 說一句法 盡未來際 辯才無盡 智波羅蜜 於念念中 以深般若 觀一切法 智波羅蜜 於念念中 入一切法界實相海 智波羅蜜 於念念中 知一切衆生心 智波羅蜜 於念念中普賢慧行 皆現在前 智波羅蜜

　　선재 동자가 이를 얻은 후에 보현보살이 곧 오른손을 펴서 선재의 정수리를 만지며, 정수리를 만진 다음에는 곧 모든 부처 세계의 티끌 수와 같은 삼매의 문을 얻었으며, 각각 모든 세계의 티끌 수와 같은 삼매를 권속으로 삼았다.
　　하나하나의 삼매에서 옛날에 보지 못하던 모든 부처 세계의 티끌 수와 같은 부처님의 큰 바다를 보았으며, 모든 부처 세계의 티끌 수와 같은 모든 지혜의 도를 돕는 기물을 모았으며, 모든 부처 세계의 티끌 수와 같은 모든 지혜의 가장 빼어난 법을 내었으며, 모든 부처 세계의 티끌 수와 같은 모든 지혜의 큰 서원을 일으켰으며, 모든 부처 세계의 티끌 수와 같은 큰 원의 바다에 들어갔으며, 모든 부처 세계의 티끌 수와 같은 모든 지혜의 중요한 길에 머물렀으며, 모든 부처 세계의 티끌 수와 같은 보살들이 닦는 행을 닦았으며, 모든 부처 세계의 티끌 수와 같은 모든 지혜의 큰 정진을 일으켰으며, 모든 부처 세계의 티끌 수와 같은 모든 지혜의 청정한 광명을 얻었다.

이 사바세계의 비로자나 부처님 처소에서 보현보살이 선재 동자의 정수리를 만진 것처럼 이와 같은 시방에 있는 세계 및 그 세계 하나하나의 티끌 가운데 있는 모든 세계의 모든 부처님 처소에 있는 보현보살도 남김없이 또한 이와 같게 선재 동자의 정수리를 만졌고 얻은 법문도 또한 같았다.

善財童子旣得是已 普賢菩薩 卽申右手 摩觸其頂 旣摩頂已 善財卽得一切佛刹微塵數三昧門 各以一切佛刹微塵數三昧 而爲眷屬 一一三昧 悉見昔所未見 一切佛刹微塵數佛大海 集一切佛刹微塵數一切智助道具 生一切佛刹微塵數一切智上妙法 發一切佛刹微塵數一切智大誓願 入一切佛刹微塵數大願海 住一切佛刹微塵數一切智出要道 修一切佛刹微塵數諸菩薩所修行 起一切佛刹微塵數一切智大精進 得一切佛刹微塵數一切智淨光明 如此娑婆世界毘盧遮那佛所普賢菩薩 摩善財頂 如是十方所有世界及彼世界一一塵中一切世界一切佛所 普賢菩薩 悉亦如是 摩善財頂 所得法門 亦皆同等

이때 보현보살마하살이 선재 동자에게 가르침을 주고자 말했다.

"선남자여! 그대는 나의 이러한 신통한 힘을 보았는가?"

"그렇게 보았습니다. 대성이시여! 생각으로 헤아려 알 수 없는 크게 신통한 이 일은 오직 여래께서만 아실 겁니다."

爾時 普賢菩薩摩訶薩告善財言 善男子 汝見我此神通力不 唯然 已見 大聖 此不思議大神通事 唯是如來之所能知

보현이 가르침을 주고자 말했다.

"선남자여! 나는 과거에 말할 수 없이 말로 할 수 없는 부처 세계의 티끌 수와 같은 겁에 보살의 행을 행하면서 모든 지혜를 구했으며, 하나하나의 겁 동안에 보리심을 청정하게 하려고 말할 수 없이 말로 할 수 없는 부처 세계의 티끌 수와 같은 부처님을 받들어 섬겼으며, 하나하나의 겁 동안에 모든 지혜와 복덕의 기물을 모으려고 말할 수 없이 말로 할 수 없는 부처 세계의 티끌 수와 같이 보시하고 베푸는 곳을 두루 마련하였으며, 모든 세간이 다 듣고 알게 하여 무릇 구하는 것이 있으면 남김없이 다 만족하게 하였다."

"하나하나의 겁 동안에 모든 지혜의 법을 구하려고 말할 수 없이 말로 할 수 없는 부처 세계의 티끌 수와 같은 재물을 보시하였으며, 하나하나의 겁 동안에 부처님의 지혜를 구하려고 말할 수 없이 말로 할 수 없는 부처 세계의 티끌 수와 같은 도시와 마을과 국토와 왕위와 처자, 권속과 눈, 귀, 코, 혀, 몸, 살, 손, 발과 목숨까지도 보시하였으며, 하나하나의 겁 동안에 모든 지혜의 으뜸이 됨을 구하기 이한 까닭으로 말할 수 없이 말로 할 수 없는 부처 세계의 티끌 수와 같은 머리로 보시하였다."

"하나하나의 겁 동안에 모든 지혜를 구하려고 말할 수 없이 말로 할 수 없는 부처 세계의 티끌 수와 같은 여래가 계신 곳에서 공경하고 존중하고 받들어 섬기어 공양하고 의복, 방석, 음식, 탕약 등 필요한 모든 것을 보시하였으며, 그 법 가운데서 출가하여 도를 배우고 부처님 법을 수행하고 바른 가르침의 법을 보호해 지녔다."

　普賢告言 善男子 我於過去不可說不可說佛刹微塵數劫 修菩薩行 求一切智 一一劫中 爲欲淸淨菩提心故 承事不可說不可說佛刹微塵數佛 一一劫中 爲集一切智福德具故 設不可說不可說佛刹微塵數廣大施會 一切世間 咸使聞知 凡所有求 悉令充滿 一一劫中 爲求一切智法故 以不可說不可說佛刹微塵數財物布施 一一劫中 爲求佛智故 以不可說不可說佛刹微塵數城邑 聚落 國土 王位 妻子 眷屬 眼耳 鼻舌 身肉 手足乃至身命而爲布施 一一劫中 爲求一切智首故 以不可說不可說佛刹微塵數頭而爲布施 一一劫中 爲求一切智故 於不可說不可說佛刹微塵數諸如來所 恭敬尊重 承事供養 衣服 臥具 飮食 湯藥一切所須 悉皆奉施 於其法中 出家學道 修行佛法 護持正敎

"선남자여! 내가 기억하여 생각해보니, 그러한 겁 바다에서 한순간도 부처님의 가르침 법을 거스르지 않았고 한순간도 성내는 마음과 '나'와 '내 것'이라는 마음과 '나'와 '남'을 차별하는 마음과 보리를 벗어나는 마음을 내지 않았으며, 생사 가운데서 고달파하는 마음과 게으른 마음과 막힘이나 걸림이 되는 마음과 미혹한 마음을 일으키지 않았으며, 단지 위 없으면서 무너트릴 수 없는 모든 지혜의 도를 돕는 법을 모으는 큰 보리심에 머물렀다."

　善男子 我於爾所劫海中自憶 未曾於一念間 不順佛敎 於一念間 生瞋恚心 我 我所

心 自他差別心 遠離菩提心 於生死中 起疲厭心 懶惰心 障礙心 迷惑心 唯住無上不可沮壞 集一切智助道之法 大菩提心

"선남자여! 나는 부처님의 국토를 장엄하면서 가엾이 여기는 큰마음으로 중생을 구원해 보호하고 가르쳐서 바른길로 이끌어 성취하게 하였으며, 부처님께 공양하고 선지식을 섬기며, 바른 법을 구하여 두루 알리고 보호해 지니면서 유지하기 위해 모든 안팎을 모두 버리고 목숨을 아끼지 않았으며, 모든 겁 바다에서 인연을 말하였으나, 겁 바다는 다할지언정 이 일은 다 함이 없었다."

善男子 我莊嚴佛土 以大悲心 救護衆生 教化成熟 供養諸佛 事善知識 爲求正法 弘宣護持 一切內外 悉皆能捨 乃至身命 亦無所吝 一切劫海 說其因緣 劫海可盡 此無有盡

"선남자여! 나는 법 바다 가운데서 한 문장과 한 글귀라도 전륜왕의 지위를 버리고 베풀어서 구하였고 모든 가지고 있는 것을 버리고 베풀어서 얻었다."

善男子 我法海中 無有一文 無有一句 非是捨施轉輪王位 而求得者 非是捨施一切所有 而求得者

"선남자여! 내가 법을 구하는 것은 모든 중생을 구원하여 보호하기 위한 것이며, 한결같은 마음으로 사유하면서 모든 중생이 이 법을 듣길 원하며, 지혜의 광명으로 세간(五蘊)을 두루 비추길 원하며, 출세간(不立五蘊)의 지혜를 열어 보이기를 원하며, 중생이 남김없이 다 편안함과 즐거움을 얻길 원하며, 일체 모든 부처님이 가지고 있는 공덕을 두루 칭찬하길 원하는 것이니, 내가 이와 같은 등의 옛적 인연은 말할 수 없고 말로 할 수 없는 부처 세계의 티끌 수와 같은 겁 바다를 두고 말해고 다할 수 없다."

善男子 我所求法 皆爲救護一切衆生 一心思惟 願諸衆生得聞是法 願以智光 普照世間 願爲開示出世間智 願令衆生 悉得安樂 願普俻讚一切諸佛所有功德 我如是等 往昔因緣 於不可說不可說佛刹微塵數劫海 說不可盡

"선남자여! 이러한 까닭으로 내가 이와 같은 도를 돕는 법의 힘과 모든 선근의 힘과 큰 뜻으로 좋아하는 힘과 공덕을 닦는 힘과 실상의 본바탕을 사유하는 모든 법의 힘과 지혜로운 눈의 힘과 부처님의 위신력과 크게 자비한 힘과 청정한 신통의 힘과 선지식의 힘을 쓰는 까닭에 마지막까지 삼세 평등한 청정 법신을 얻었으며, 차례를 좇아(復) 위 없는 청정한 색신을 얻어서 세간을 초월하고 중생이 좋아하는 마음을 따라 형상을 나타내고 모든 세계에 들어가 모든 곳에 두루 하고 모든 세계에 두루 신통을 나타내어 보는 자들을 기쁘고 즐겁게 하였다."

"선남자여! 그대는 나의 이 색신을 자세히 보라. 나의 이 색신은 끝없는 겁 바다에서 성취한 것이며, 헤아릴 수 없는 천억 나유타 겁을 두고도 보기 어렵고 듣기 어렵다."

是故善男子 我以如是助道法力 諸善根力 大志樂力 修功德力 如實思惟一切法力 智慧眼力 佛威神力 大慈悲力 淨神通力 善知識力故 得此究竟三世平等淸淨法身 復得淸淨無上色身 超諸世間 隨諸衆生心之所樂 而爲現形 入一切刹 徧一切處 於諸世界 廣現神通 令其見者 靡不欣樂 善男子 汝且觀我如是色身 我此色身 無邊劫海之所成就 無量千億那由他劫 難見難聞

"선남자여! 그와 같은 중생이 선근을 심지 못하거나 선근을 적게 심은 성문이나 보살들은 나의 이름을 듣지도 못한다. 하물며 어찌 나의 몸을 볼 수 있겠는가?"

"선남자여! 그와 같은 중생이 내 이름을 듣기만 해도 아뇩다라삼먁삼보리에서 물러서지 않을 것이며, 그와 같이 나를 보거나 접촉하거나 맞이하거나 보내거나 잠깐이라도 따라다니거나 뿐만 아니라 꿈 가운데서 나를 보거나 듣는 이들도 또한 빠짐없이 다 이와 같다."

"중생이 낮과 밤 하루 동안 나를 기억해 생각하고 성숙하는 이도 있을 것이며, 7일 낮, 7일 밤, 보름, 한 달, 반년, 일 년, 백 년, 천 년, 한 겁, 백 겁뿐만 아니라 말할 수 없이 말로 할 수 없는 부처 세계의 티끌 수와 같은 겁 동안 나를 기억하여 생각하고 성숙하는 이도 있을 것이며, 내가 광명을 놓은 것을 보거나 내가 세계를 진동시키는 것을 보고 무서워하거나 즐거워한 이들도 모두 성숙함을 얻을 것이다."

"선남자여! 내가 이와 같은 부처 세계의 티끌 수와 같은 방편의 문으로 모든 중생을 아뇩다라삼먁삼보리에서 물러서지 않게 한다."

善男子 若有衆生 未種善根及種少善根 聲聞菩薩 猶尙不得聞我名字 況見我身 善男子 若有衆生 得聞我名 於阿耨多羅三藐三菩提 不復退轉 若見若觸 若迎若送 若

暫隨逐乃至夢中 見聞我者 皆亦如是 或有衆生 一日一夜 憶念於我 卽得成熟 或七日七夜 半月一月半年一年 百年千年 一劫百劫乃至不可說不可說佛刹微塵數劫 憶念於我 而成熟者 或一生 或百生乃至不可說不可說佛刹微塵數生 憶念於我 而成熟者 或見我放大光明 或見我震動佛刹 或生怖畏 或生歡喜 皆得成熟 善男子 我以如是等佛刹微塵數方便門 令諸衆生 於阿耨多羅三藐三菩提 復不退轉

"선남자여! 그와 같은 중생이 나의 청정한 세계를 보고 또 들은 자들은 반드시 이 청정한 세계에 날 것이며, 그와 같은 중생이 나의 청정한 몸을 보고 들은 자들은 반드시 나의 청정한 몸 가운데 날 것이다."

"선남자여! 그대는 당연히 나의 청정한 몸을 자세히 들여다보아야 한다."

善男子 若有衆生 見聞於我 淸淨刹者 必得生此淸淨刹中 若有衆生 見聞於我 淸淨身者 必得生我淸淨身中 善男子 汝應觀我此淸淨身

이때 선재 동자가 보현보살의 몸을 보니, 좋은 모양이나 상태와 팔다리 골절 하나하나의 털구멍에 말할 수 없이 말로 할 수 없는 부처님의 세계 바다가 있고 하나하나의 세계 바다에 부처님께서 세상에 나시고 큰 보살 대중이 둘러싸서 모셨다.

또 차례를 좇아(復) 그 일체 모든 세계 바다가 만들어 세워져 있고 가지가지의 형상에 가지가지로 장엄하였고 가지가지의 큰 산이 두루 둘러쌓으며, 가지가지의 색 구름이 허공을 가득히 덮었으며, 가지가지의 부처님이 나시어 가지가지의 법을 널리 펴서 설하는 일들이 각각 같지 않았다.

또 보현보살이 하나하나의 세계 바다에서 모든 부처 세계의 티끌 수와 같이 나타낸 몸 구름을 내어 시방의 모든 세계에 가득하고 중생들을 가르치고 바른길로 이끌어서 아뇩다라삼먁삼보리로 향하게 하는 것을 보았다. 이때 선재 동자는 또 자기의 몸이 보현보살의 몸속에 있는 시방의 모든 세계에 있으면서 중생을 가르치고 바른길로 이끄는 것을 보았다.

爾時 善財童子 觀普賢菩薩身 相好肢節 一一毛孔中 皆有不可說不可說佛刹海 一一刹海 皆有諸佛 出興于世 大菩薩衆所共圍遶 又復見彼一切刹海 種種建立 種種形狀 種種莊嚴 種種大山 周帀圍遶 種種色雲 彌覆虛空 種種佛興 演種種法 如是等事 各各不同 又見普賢一一世界海中 出一切佛刹微塵數佛化身雲 周徧十方一切世

界 敎化衆生 令向阿耨多羅三藐三菩提 時 善財童子 又見自身在普賢身內十方一切
諸世界中 敎化衆生

　또 선재 동자가 세계의 티끌 수와 같은 선지식을 친근히 하여 얻은 선근의 지혜 광명은 보현보살이 얻은 선근에 비하면, 백 분의 일에도 미치지 못하고 백천 분의 일에도 미치지 못하였고 백천 억 분의 일뿐만 아니라 그 어떠한 계산(算數)의 비유로도 미치지 못하였다.
　선재 동자가 처음 마음을 일으킬 때부터 보현보살을 볼 때까지 그 중간에 들어갔던 모든 부처님의 세계 바다는 지금 보현보살의 털구멍 하나 속에서 한순간 들어갔던 부처님 세계 바다가 앞의 세계 바다보다 말할 수 없이 말로 할 수 없는 부처 세계의 티끌 수와 같은 수를 곱절이나 지나가고 이 하나의 털구멍과 같이 이 모든 털구멍도 남김없이 다 또한 이와 같았다.

　又善財童子 親近佛刹微塵數諸善知識 所得善根智慧光明 此見普賢菩薩所得善根 百分不及一 千分不及一 百千分不及一 百千億分乃至筭數譬諭 亦不能及是 善財童子 從初發心 乃至得見普賢菩薩 於其中間 所入一切諸佛刹海 今於普賢一毛孔中 一念所入諸佛刹海 過前不可說不可說佛刹微塵數倍 如一毛孔 一切毛孔 悉亦如是

　선재 동자가 보현보살의 털구멍 가운데 있는 세계에서 한 걸음을 걸을 때 말할 수 없이 말로 할 수 없는 부처 세계의 티끌 수와 같은 세계를 지나가며, 이와 같음을 걸어서 미래의 경계가 다 하도록 걸어가도 오히려 하나의 털구멍 속에 있는 세계 바다의 차례와 세계 바다의 장과 세계 바다의 차별과 세계 바다에 두루 들어가는 것과 세계 바다가 이루어지는 것과 세계 바다가 무너지는 것과 세계 바다의 장엄 등이 가지고 있는 그 끝이 되는 경계를 알지 못했다.
　또 부처님 바다의 차례와 부처님 바다의 장과 부처님 바다의 차별과 부처님 바다에 두루 들어가는 것과 부처님 바다가 생하는 것과 부처님 바다가 없어지는 그 끝이 되는 경계를 알지 못했다.
　또 보살 대중 바다의 차례와 보살 대중 바다의 장과 보살 대중 바다의 차별과 보살 대중 바다에 두루 들어가는 것과 보살 대중 바다의 모임과 보살 대중 바다의 흩어지는 그 끝이 되는 경계를 알지 못했다.
　또 중생 세계에 들어가 중생의 근성을 아는 일과 중생을 가르치고 이끄는 일과 조복시키는 지혜와 보살이 머무르는 자재함의 깊음과 보살이 들어가는 모든 지위와 도와 이와 같은 바다의 그 끝이 되는 경계를 알지 못했다.

　善財童子 於普賢菩薩毛孔刹中 行一步 過不可說不可說佛刹微塵數世界 如是而行 盡未來劫 猶不能知一毛孔中刹海次第 刹海藏 刹海差別 刹海普入 刹海成 刹海壞 刹海莊嚴所有邊際 亦不能知佛海次第 佛海藏 佛海差別 佛海普入 佛海生 佛海滅所有邊際 亦不能知菩薩衆海次第 菩薩衆海藏 菩薩衆海差別 菩薩衆海普入 菩薩衆海集 菩薩衆海散所有邊際 亦不能知入衆生界 知衆生根 敎化調伏諸衆生智 菩薩所住甚深自在 菩薩所入諸地諸道 如是等海所有邊際

　선재 동자가 보현보살의 털구멍 세계 가운데 하나의 세계에서 한 걸음이 지나도록 이와 같음을 행할 뿐만 아니라 말할 수 없이 말로 할 수 없는 세계의 티끌 수와 같은 겁이 지나도록 이와 같음을 행하고 또 이 세계가 없어지고 저 세계가 나타나지도 않으면서 생각과 생각마다 끝없는 세계 바다에 두루두루 하여 중생들을 가르치고 바른길로 이끌어서 아뇩다라삼먁삼보리로 향하게 하였다.

　善財童子 於普賢菩薩毛孔刹中 或於一刹 經於一劫 如是而行 乃至或有經不可說不可說佛刹微塵數劫 如是而行 亦不於此刹沒 於彼刹現 念念周徧無邊刹海 敎化衆生 令向阿耨多羅三藐三菩提

　당연히 이때 선재 동자는 차례로 보현보살의 모든 행과 원의 바다를 얻어 보현과 더불어 평등하고 모든 부처님과 더불어 평등하고 하나의 몸이 모든 세계에 충만하기에 세계가 평등하고 행이 평등하고 바른 깨우침이 평등하고 신통이 평등하고 법륜이 평등하고 변재가 평등하고 언사가 평등하고 음성이 평등하고 십력과 사무소외가 평등하고 부처님과 머무는 것이 평등하고 대 자비가 평등하고 헤아릴 수 없는 해탈 자재가 남김없이 다 한 가지로 평등하였다.

　當是之時 善財童子 則次第得普賢菩薩諸行願海 與普賢等 與諸佛等 一身充滿一切世界 刹等 行等 正覺等 神通等 法輪等 辯才等 言辭等 音聲等 力無畏等 佛所住等 大慈悲等 不可思議解脫自在 悉皆同等

이때 보현보살마하살이 게송을 말했다.
爾時 普賢菩薩摩訶薩 卽說頌言

汝等應除諸惑垢 그대들은 당연히 모든 의혹의 허물을 제거하고
一心不亂而諦聽 일심으로 정신을 차리고 자세하게 들어라.
我說如來具諸度 내가 여래께서 갖추신 모든 바라밀과
一切解脫眞實道 모든 해탈의 진실한 길을 설할 것이라네.

出世調柔勝丈夫 세상에 나온 조화롭고 부드러우며 뛰어난 장부는
其心淸淨如虛空 그 마음이 청정하기가 허공과 같고
恒放智日大光明 늘 지혜로운 태양의 큰 광명을 놓아
普使群生滅癡暗 중생의 어리석은 어둠을 두루 없앤다네.

如來難可得見聞 여래는 보기도 어렵고 듣기도 어렵지만
無量億劫今乃値 헤아릴 수 없는 억겁에 이제야 만나니
如優曇華時一現 우담바라 꽃이 어쩌다 한 번 피는 것과 같다네.
是故應聽佛功德 이러한 까닭으로 당연히 부처님의 공덕을 들어야 한다네.

隨順世間諸所作 세간을 거스르지 않고 따라 지어가는 모든 것은
譬如幻士現衆業 비유하면 요술쟁이가 많은 업을 나타내는 것과 같지만
但爲悅可衆生心 단지 중생의 마음을 기쁘게 할지언정
未曾分別起想念 분별을 따라 마음속에 여러 가지 생각을 일으키지 마라

이때 모든 보살이 이 게송을 듣고 일심으로 목마르게 우러르며, 여래 세존의 진실한 공덕 듣기를 원하기에 이러한 생각을 하였다.
"보현보살은 모든 행을 갖추어 닦으시고 성품이 청정하며, 하시는 말씀이 헛되지 않으니, 모든 여래께서 칭찬하신다."
이러한 생각을 하면서 목마름에 우러르는 마음이 더욱 간절하였다.
爾時 諸菩薩聞此說已 一心渴仰 唯願得聞如來世尊眞實功德 咸作是念 普賢菩薩 具修諸行 體性淸淨 所有言說 皆悉不虛 一切如來共所偁歎 作是念已 深生渴仰

이때 보현보살이 공덕과 지혜를 온전하게 갖추어 장엄하니, 마치 연꽃이 삼계의 모든 허물에 더럽혀지지 않기에 모든 보살에게 말했다.

"그대들은 자세히 들어라. 내가 이제 부처님 공덕 바다의 한 방울만 설하고자 한다."

곧 게송을 말했다.

爾時 普賢菩薩 功德智慧 具足莊嚴 猶如蓮華不著三界一切塵垢 告諸菩薩言 汝等諦聽 我今欲說佛功德海一滴之相 卽說頌言

佛智廣大同虛空 부처님의 지혜는 광대하고 크기가 허공과 같기에
普徧一切衆生心 모든 중생의 마음에 두루두루 하며
悉了世間諸妄想 세간의 모든 헛된 생각을 남김없이 다 알지만
不起種種異分別 가지가지의 다른 분별을 내지 않는다네.

一念悉知三世法 한 생각에 삼세의 법을 남김없이 다 알고
亦了一切衆生根 또 모든 중생의 근을 분명하게 알며
譬如善巧大幻師 비유하면 섬세하고 능숙한 선근의 큰 요술쟁이가
念念示現無邊事 생각과 생각마다 끝없는 일을 나타내 보이는 것이라네.

隨衆生心種種行 중생의 마음과 가지가지의 행과
往昔諸業誓願力 지난 옛날에 지은 업과 소원을 따라
令其所見各不同 그들이 보는 바가 각각 다르지만
而佛本來無動念 부처님은 본래 생각에서 움직임이 없다네.

或有處處見佛坐 늘 곳곳에 부처님이 앉아 계심과
充滿十方諸世界 시방의 모든 세계에 충만한 것을 보지만
或有其心不淸淨 그 마음이 청정하지 않으면
無量劫中不見佛 헤아릴 수 없는 겁을 두고도 부처님을 보지 못한다네.

或有信解離憍慢 늘 믿고 이해하고 교만함을 벗어나
發意卽得見如來 마음을 일으키면 곧 여래를 늘 보지만
或有諂誑不淨心 아첨하고 속이고 청정하지 않으면
億劫尋求莫値遇 억겁을 찾아 구해도 만나지 못한다네.

或一切處聞佛音 늘 모든 곳에서 부처님의 음성을 듣고
其音美妙令心悅 그 음성이 아름답고 빼어나기에 마음이 기쁘지만
或有百千萬億劫 백천 만억 겁을 지내도
心不淨故不聞者 마음이 청정하지 못한 까닭으로 듣지 못하는 이가 있다네.

或見淸淨大菩薩 늘 청정한 큰 보살들이
充滿三千大千界 삼천대천세계에 충만함을 보고
皆已具足普賢行 빠짐없이 다 보현의 행을 온전하게 갖추기에
如來於中儼然坐 여래께서 그 가운데 의젓하게 앉아 계심을 본다네.

或見此界妙無比 늘 이 세계가 빼어나고 아주 뛰어나 비할 데가 없고
佛無量劫所嚴淨 부처님이 헤아릴 수 없는 겁 동안 장엄하여 청정하게 한 것이기에
毘盧遮那最勝尊 비로자나 가장 뛰어난 귀한 분이
於中覺悟成菩提 이 안에서 깨우침을 깨달아 보리를 이루신다네.

或見蓮華勝妙刹 늘 뛰어나고 빼어난 연꽃 세계에
賢首如來住在中 현수 여래가 그 가운데 머무시고
無量菩薩衆圍遶 헤아릴 수 없는 보살 대중이 둘러 모여
皆悉勤修普賢行 남김없이 다 보현의 행을 부지런히 닦는다네.

或有見佛無量壽 늘 무량수불이 계시는 곳에
觀自在等所圍遶 관자재보살들이 둘러 모시고
悉已住於灌頂地 모두 관정의 지위에 머물러 계시며
充滿十方諸世界 시방의 모든 세계에 충만하시다네.

或有見此三千界 언제나 삼천대천의 세계가
種種莊嚴如妙喜 가지가지로 장엄한 묘희세계와 같고
阿閦如來住在中 아촉 여래가 그 가운데 앉아 계시며
及如香象諸菩薩 향상과 같은 모든 보살을 본다네.

或見月覺大名稱 늘 크게 이름이 높은 월각 부처님이

與金剛幢菩薩等 금강당 보살과 더불어 하시고
住如圓鏡妙莊嚴 거울과 같은 빼어난 장엄에 머물러 계시면서
普徧十方淸淨刹 청정한 시방세계에 두루두루 함을 본다네.

或見日藏世所尊 늘 일장 세존 부처님이
住善光明淸淨土 선근의 광명과 청정한 국토에 머무시고
及與灌頂諸菩薩 관정 위의 모든 보살과 함께
充徧十方而說法 시방에 충만하게 법을 설하신다네.

或見金剛大焰佛 언제나 금강 불꽃 큰 부처님이
而與智幢菩薩俱 지혜 당기 보살과 함께 계시며
周行一切廣大刹 모든 광대한 세계를 두루 행하시면서
說法除滅衆生翳 법을 설하여 중생의 눈가리개를 제거해 없앤다네.

一一毛端不可說 하나하나의 털끝마다 말할 수 없는
諸佛具相三十二 모든 부처님이 32상을 갖추시고
菩薩眷屬共圍遶 보살과 권속들에게 함께 둘러싸여서
種種說法度衆生 가지가지의 법을 설하여 중생을 제도한다네.

或有觀見一毛孔 늘 하나의 털구멍을 보니
具足莊嚴廣大刹 장엄으로 온전하게 갖춘 광대한 세계에
無量如來悉在中 헤아릴 수 없는 여래가 모두 그곳에 계시고
淸淨佛子皆充滿 청정한 불자들이 빠짐없이 충만하다네.

或有見一微塵內 늘 하나의 티끌 속을 보니
具有恒沙佛國土 항하의 모래알 수와 같은 국토가 있고
無量菩薩悉充滿 헤아릴 수 없는 보살이 충만하며
不可說劫修諸行 말할 수 없는 겁을 두고 모든 행을 닦는다네.

或有見一毛端處 늘 하나의 털끝만 한 곳을 보니
無量塵沙諸刹海 헤아릴 수 없는 티끌과 모래알 같은 모든 세계 바다에

種種業起各差別 가지가지의 업을 일으켜 각각 차별하면서
毘盧遮那轉法輪 비로자나 부처님이 법륜을 굴리신다네.

或見世界不淸淨 늘 세계가 청정하지 않음을 보고
或見淸淨寶所成 늘 세계가 청정한 보배로 이루어짐을 보며
如來住壽無量時 여래가 머무는 수명의 헤아릴 수 없는 시간과
乃至涅槃諸所現 뿐만 아니라 열반에 이르기까지 모두 나타낸다네.

普徧十方諸世界 시방의 모든 세계에 두루 하고
種種示現不思議 가지가지의 생각으로 헤아려 알 수 없는 것을 나타내 보이며
隨諸衆生心智業 모든 중생의 마음과 지혜와 업을 따라
靡不化度令淸淨 가르치고 이끌어서 청정하게 한다네.

如是無上大導師 이와 같은 위 없는 대 도사가
充滿十方諸國土 시방의 모든 국토에 충만하고
示現種種神通力 가지가지의 신통한 힘을 나타내 보이시니
我說少分汝當聽 내가 조금만 말할 것이니, 그대는 당연히 들어라.

或見釋迦成佛道 늘 석가께서 불도를 이루시는 것이
已經不可思議劫 이미 사람의 생각으로는 헤아려 알 수 없는 겁을 지나고
或見今始爲菩薩 언제나 지금 비로소 보살이 되어
十方利益諸衆生 시방의 모든 중생에게 이익을 줌을 본다네.

或有見此釋師子 늘 석가모니 사자를 보니
供養諸佛修行道 모든 부처님께 수행의 도로 공양하고
或見人中最勝尊 언제나 사람 가운데 가장 뛰어난 귀한 분으로
現種種力神通事 가지가지의 힘과 신통한 일을 나타낸다네.

或見布施或持戒 늘 보시와 계율을 지님과
或忍或進或諸禪 늘 인욕과 정진과 모든 선정과
般若方便願力智 반야와 방편과 원과 힘과 지혜로

隨衆生心皆示現 중생의 마음을 따라 빠짐없이 나타내 보인다네.

或見究竟波羅蜜 늘 마지막까지 바라밀을 보고
或見安住於諸地 늘 모든 지위에 편안히 머무름을 보며
摠持三昧神通智 총지와 삼매와 신통과 지혜 등
如是悉現無不盡 이와 같음을 남김없이 나타내어 다함이 없다네.

或現修行無量劫 늘 헤아릴 수 없는 겁을 두고 수행함을 나타내고
住於菩薩堪忍位 보살의 인정하고 참아내는 지위에 머무르며
或現住於不退地 늘 물러서지 않는 지위에 머무름을 나타내며
或現法水灌其頂 늘 정수리에 물 붓는 법을 나타낸다네.

或現梵釋護世身 범천, 제석, 사천왕의 몸을 나타내고
或現刹利婆羅門 늘 사원과 바라문을 나타내어
種種色相所莊嚴 가지가지의 색상으로 장엄하는 일이란
猶如幻師現衆像 마치 요술쟁이가 많은 형상을 나타내는 것과 같다네.

或現兜率始降神 늘 도솔천에서 처음 내려오고
或見宮中受嬪御 궁중에서 부인의 시중도 받으며
或見棄捨諸榮樂 늘 모든 영락을 버리고 버려서
出家離俗行學道 출가하여 세속을 벗어나 도를 배워 행함을 본다네.

或見始生或見滅 늘 비로소 태어나고 늘 없어짐을 보며
或見出家學異行 출가하여 다른 행을 보고 배워
或見坐於菩提樹 늘 보리수에 앉아
降伏魔軍成正覺 마군을 항복 받고 바른 깨우침을 이룬다네.

或有見佛始涅槃 부처님이 비로소 열반하심을 보고
或見起塔徧世間 늘 탑을 일으켜 세간에 두루 하며
或見塔中立佛像 늘 탑 가운데 불상을 세우니
以知時故如是現 때를 아는 까닭으로 이와 같음을 나타낸다네.

或見如來無量壽 늘 무량수 여래가
與諸菩薩授尊記 모든 보살에게 수기 줌을 보니
而成無上大導師 위 없는 대 도사를 이루어
次補住於安樂刹 다음에 편안하고 즐거운 세계에 머물게 할 것이라네.

或見無量億千劫 헤아릴 수 없는 억천 겁을 보니
作佛事已入涅槃 부처님이 일을 지으시고 열반에 들어감을 보며
或見今始成菩提 늘 이제 비로소 보리 이루는 것을 보고
或見正修諸妙行 늘 모든 빼어난 행을 바르게 닦음을 본다네.

或見如來淸淨月 여래의 청정한 달을 늘 보니
在於梵世及魔宮 범천 세계와 마궁과
自在天宮化樂宮 자재천궁과 화락천에 있으면서
示現種種諸神變 가지가지의 모든 신통 변화를 나타내 보임을 본다네.

或見在於兜率宮 늘 도솔궁에 있음을 보니
無量諸天共圍遶 헤아릴 수 없는 모든 하늘이 함께 둘러싸 모시고
爲彼說法令歡喜 그들에게 법을 설하여 환희하게 하며
悉共發心供養佛 마음을 일으켜 부처님께 공양함을 본다네.

或見住在夜摩天 늘 야마천과
忉利護世龍神處 도리천과 사천왕과 용신의 궁전 등
如是一切諸宮殿 이와 같은 일체 모든 궁전에 머물러 있음을 보니
莫不於中現其像 그 안에서 형상 나타냄을 본다네.

於彼然燈世尊所 연등불 세존께서
散華布髮爲供養 꽃을 흩뿌리며 머리카락을 펴서 공양하시고
從是了知深妙法 이를 따라 깊고 빼어난 법을 깨달아 알아서
恒以此道化群生 항상 이 길로 중생을 가르치고 바른길로 이끈다네.

或有見佛久涅槃 오래전 열반하신 부처님을 늘 보고

或見初始成菩提 처음 비로소 보리 이루는 것을 보며
或有住於無量劫 늘 헤아릴 수 없는 겁에 머물고
或見須臾卽滅度 늘 잠깐 사이에 멸도하는 것을 본다네.

身相光明與壽命 몸 모양이나 상태의 광명과 수명과
智慧菩提及涅槃 지혜와 보리와 열반하는 일과
衆會所化威儀聲 대중의 모임이나 가르침을 받는 위의와 음성과
如是一一皆無數 이와 같은 하나하나가 수 없다네.

或現其身極廣大 그 몸이 극히 광대함을 나타내고
譬如須彌大寶山 비유하면 큰 보배 수미산과 같으며
或見跏趺不動搖 결가부좌하고 동요하지 않으니
充滿無邊諸世界 끝없는 모든 세계가 충만하다네.

或見圓光一尋量 늘 둥근 빛이 일심(初發心)의 양인 것을 보고
或見千萬億由旬 천만 억 유순이 되는 것을 보며
或見照於無量土 헤아릴 수 없는 국토를 비추는 것을 보고
或見充滿一切刹 모든 세계에 충만함을 본다네.

或見佛壽八十年 부처님이 80년을 사셨던 것을 보고
或壽百千萬億歲 백천 만억의 세월을 살며
或住不可思議劫 늘 헤아릴 수 없는 겁을 살기도 하면서
如是展轉倍過此 이와 같은 몇 갑 절을 더 지내기도 하는 것을 본다네.

佛智通達淨無礙 부처님의 지혜는 청정하고 막힘이나 걸림이 없어
一念普知三世法 한순간에 삼세의 법과 두루 알고
皆從心識因緣起 모든 것이 마음의 식견을 따른 인연으로 말미암아 일어났음을 두루 알고
生滅無常無自性 생멸이 항상 함이 없으며 제 성품이 없음을 본다네.

於一刹中成正覺 하나의 세계 가운데서 바른 깨우침을 이루고
一切刹處悉亦成 모든 세계 곳곳마다 남김없이 또한 이루며

一切入一一亦爾 모든 것에 하나로 들어가고 하나 또한 그러하기에
隨衆生心皆示現 중생의 마음을 따라 빠짐없이 나타내 보인다네.

如來住於無上道 여래는 위 없는 도에 머무시기에
成就十方四無畏 시방의 네 가지 두려움 없음을 성취하시고
具足智慧無所礙 지혜를 온전하게 갖추어 막힘이나 걸림이 없으시니
轉於十二行法輪 12가지 법륜을 굴리신다네.

了知苦集及滅道 고집멸도를 깨달아 알고
分別十二因緣法 12가지 인연의 법을 분별하며
法義樂說辭無礙 법과 뜻과 좋은 말과 막힘이나 걸림이 없는 말
以是四辯廣開演 이 4가지 변재로 널리 열어서 설한다네.

諸法無我無有相 모든 법이란 내가 없고 모양이나 상태도 없으며
業性不起亦無失 업의 성품이란 일어남도 아니고 또한 잃어버리는 것이 없기에
一切遠離如虛空 모든 것을 멀리 벗어나 허공과 같지만
佛以方便而分別 부처님은 방편으로 분별하신다네.

如來如是轉法輪 여래가 이와 같은 법륜을 굴려서
普震十方諸國土 시방의 모든 국토를 두루 진동시키니
宮殿山河悉搖動 궁전과 산과 강이 흔들리지만
不使衆生有驚怖 중생들은 조금도 두려워하지 않는다네

如來普演廣大音 여래가 광대한 음성으로 두루 설하니
隨其根欲皆令解 근성과 욕심을 따라 이해하게 하고
悉使發心除惑垢 남김없이 마음을 일으켜 의혹과 허물을 제거하시니
而佛未始生心念 이는 부처님이 비로소 처음으로 마음을 낸 것은 아니라네.

或聞施戒忍精進 보시와 계행과 참음과 정진과
禪定般若方便智 선정과 반야와 방편과 지혜
或聞慈悲及喜捨 대자와 대비와 희와 사를 늘 들으며

種種音辭各差別 가지가지의 음성 표현이 각각 차별됨을 듣는다네.

或聞四念四正勤 늘 4가지 생각과 4가지 정근과
神足根力及覺道 신통과 오근과 십력과 깨닫는 길과
諸念神通止觀等 모든 생각과 신통과 선정과 지혜의
無量方便諸法門 헤아릴 수 없는 방편 법문을 듣는다네.

龍神八部人非人 용신과 팔부신중과 사람과 사람이 아님과
梵釋護世諸天衆 범천, 제석, 사천왕의 모든 하늘 대중에게
佛以一音爲說法 부처님이 한 음성으로 법을 설하여
隨其品類皆令解 그들의 품성을 따라 모두 이해하게 한다네.

若有貪欲瞋恚癡 그와 같은 탐욕과 성냄과 어리석음과
忿覆慳嫉及憍諂 분함과 바뀜과 인색함과 질투 및 교만과 아첨과
八萬四千煩惱異 팔만 사천 번뇌가 각각 다르더라도
皆令聞說彼治法 그 다스리는 법을 빠짐없이 설하여 듣게 한다네.

若未具修白淨法 그와 같은 백정 법을 갖추어 닦지 않으면
令其聞說十戒行 10가지 계행을 설하여 듣게 하고
已能布施調伏人 이미 보시로 사람을 조복시키면
令聞寂滅涅槃音 적멸과 열반의 소리를 듣게 한다네.

若人志劣無慈愍 그와 같이 사람의 뜻이 못나고 사랑과 불쌍히 여기는 마음이 없으면서
厭惡生死自求離 악을 싫어하고 생사에서 스스로 벗어나기를 구하면
令其聞說三脫門 그에게 삼 해탈문을 설하여 듣게 하고
使得出苦涅槃樂 괴로움에서 나와 열반의 즐거움을 얻게 한다네.

若有自性少諸欲 그와 같이 자성에 대한 욕심이 적고
厭背三有求寂靜 삼유를 등지고 적정을 구하면
令其聞說諸緣起 그에게 모든 인연이 일어남을 설하여 듣게 하고
依獨覺乘而出離 독각승을 의지하여 벗어나 나아가게 한다네.

若有淸淨廣大心 그와 같은 청정한 광대한 마음으로
具足施戒諸功德 보시와 지계의 모든 공덕을 온전하게 갖추고
親近如來具慈愍 여래를 친근히 하여 사랑과 불쌍히 여기는 마음을 갖추면
令其聞說大乘音 그에게 대승의 소리를 설하여 듣게 한다네.

若有國土聞一乘 그와 같이 국토에서 일승을 듣고
或二或三或四五 이승과 삼승, 사승과 오승과
如是乃至無有量 이와 같을 뿐만 아니라 헤아릴 수 없음이니
悉是如來方便力 이는 남김없이 다 여래 방편의 힘이라네.

涅槃寂靜未曾異 열반과 적정은 다르지 않지만
智行勝劣有差別 지혜와 행이 뛰어나고 못남을 따라 차별이 있으니
譬如虛空體性一 비유하면 허공의 체성은 하나지만
鳥飛遠近各不同 날아가는 새가 멀고 짧음이 같지 않은 것과 같다네.

佛體音聲亦如是 부처님의 체와 음성도 역시 이와 같기에
普徧一切虛空界 모든 허공계에 두루두루 하지만
隨諸衆生心智殊 모든 중생의 마음과 지혜가 다름을 따라
所聞所見各差別 듣는 것과 보는 것이 각각 차별이 있다네.

佛以過去修諸行 부처님이 과거의 모든 행을 닦고
能隨所樂演妙音 좋아하는 마음을 따라 빼어난 법을 널리 펴지만
無心計念此與彼 이것이니 저것이니 하는 마음이 없으니
我爲誰說誰不說 내가 누구에게는 말하고 누구에게는 말하지 않겠는가.

如來面門放大光 여래가 얼굴에서 큰 광명을 놓아
具足八萬四千數 팔만 사천 가지를 온전하게 갖추니
所說法門亦如是 설하시는 법문도 역시 이와 같기에
普照世間除煩惱 세간에 두루 비추어 번뇌를 제거한다네.

具足淸淨功德智 청정한 지혜의 공덕을 온전하게 갖추고

而常隨順三世間 늘 삼세를 거스르지 않고 따르지만
譬如虛空無染著 비유하면 허공에 물들지 않고 집착하지 않듯이
爲衆生故而出現 중생을 위하는 까닭으로 출현하신다네.

示有生老病死苦 나고 늙고 병들고 죽는 괴로움을 보이며
亦示住壽處於世 세상에 머무르면서 처하는 것을 보이시지만
雖順世間如是現 비록 세간을 거스르지 않고 따라 이와 같음을 보이시니
體性淸淨同虛空 체성은 청정하여 허공과 같다네.

一切國土無有邊 모든 국토는 끝이 없고
衆生根欲亦無量 중생의 근과 또 욕망은 헤아릴 수 없으나
如來智眼皆明見 여래의 지혜로운 눈은 빠짐없이 다 분명하게 보고
隨所應化示佛道 당연히 응하고 변화할 수 있음을 따라 부처의 길을 보인다네.

究竟虛空十方界 마지막까지 허공과 시방의 세계가
所有人天大衆中 가지고 있는 사람, 하늘의 대중은 끝이 없고
隨其形相各不同 그 모양이나 상태는 각각 같지 않음을 따르는 것처럼
佛現其身亦如是 부처님이 그 몸을 나타냄도 역시 이와 같다네.

若在沙門大衆會 그와 같은 사문의 대중 모임에 있으면서
剃除鬚髮服袈裟 머리와 수염을 깎고 가사를 입고
執持衣鉢護諸根 옷과 발우를 손에 가지고 모든 근을 보호하면서
令其歡喜息煩惱 그들이 환희하고 번뇌를 쉬게 한다네.

若時親近婆羅門 그와 같이 바라문을 친근히 할 때
卽爲示現羸瘦身 곧 쇠하고 야윈 몸을 보이며
執杖持甁恒潔淨 지팡이와 병을 들고 항상 청정함을 나타내 보여서
具足智慧巧談說 지혜를 온전하게 갖추고 능숙함을 설한다네.

吐故納新自充飽 옛것은 토하고 새것을 받아들이는 것에 스스로 배가 부르며
吸風飮露無異食 바람을 마시고 이슬을 마시면서 다른 음식은 없고

若坐若立不動搖 그와 같이 앉고 그와 같이 서서 동요하지 않으니
現斯苦行摧異道 이러한 고행을 나타내어 다른 도를 꺾는다네.

或持彼戒爲世師 늘 그 계를 지녀 세간의 스승이 되고
善達醫方等諸論 선근으로 의학 등 모든 논의를 통달하여
書數天文地衆相 글과 수와 천문과 지리와 많은 모양이나 상태와
及身休咎無不了 또 몸이 좋고 나쁨을 분명하게 깨우쳐 안다네.

深入諸禪及解脫 모든 선정과 해탈의 문에 깊이 들어갔고
三昧神通智慧行 삼매와 신통과 변화의 지혜를 행하며
言談諷詠共嬉戲 말 잘하고 글도 잘하고 놀기도 잘하기에
方便皆令住佛道 방편으로 부처님 도에 빠짐없이 머물게 한다네.

或現上服以嚴身 가장 좋은 옷으로 몸을 장엄하고
首戴華冠蔭高蓋 머리에 꽃 관을 쓰고 높은 덮개를 받으며
四兵前後共圍遶 사병이 앞뒤로 둘러싸 감싸고
誓衆宣威伏小王 서원의 대중이 위의를 펴서 작은 왕을 조복시킴을 편다네.

或爲聽訟斷獄官 늘 송사를 듣고 옥의 관리로서
善解世間諸法務 선근으로 세간의 모든 법에 대한 일을 이해하고
所有與奪皆明審 주고 빼앗음을 빠짐없이 분명하게 살펴서
令其一切悉欣伏 그 모든 것을 남김없이 기쁜 마음으로 조복시키게 한다네.

或作大臣專弼輔 대신이 되어 오로지 윗사람을 위해 도움이 되고
善用諸王治政法 선근을 모든 왕이 바른 법으로 쓰게 하니
十方利益皆周徧 시방에 이익이 됨이 두루두루 하지만
一切衆生莫了知 모든 중생이 깨달아 알지 못한다네.

或爲粟散諸小王 늘 작은 나라의 모든 작은 왕이 되고
或作飛行轉輪帝 날아서 다니는 전륜왕이 되어
令諸王子采女衆 모든 왕자와 시녀와 많은 권속이

悉皆授化無能測 남김없이 변화함을 받지만 헤아리지 못한다네.

或作護世四天王 세상을 보호하는 사천왕이 되어
統領諸龍夜叉等 모든 용과 야차왕 등을 통솔하고
爲其衆會而說法 그들의 모임에서 법을 설하여
一切皆令大欣慶 모두 다 크게 기뻐하고 경사스럽게 한다네.

或爲忉利大天王 늘 도리천의 큰 천왕이 되어
住善法堂歡喜園 선근 법당의 환희 동산에 머무르면서
首戴華冠說妙法 머리에 꽃관을 쓰고 빼어난 법을 설하시니
諸天覲仰莫能測 모든 하늘이 우러러보는 마음을 헤아릴 수 없다네.

或住夜摩兜率天 늘 야마천과 도솔천과
化樂自在魔王所 화락천과 자재천과 마왕의 처소에 머무시면서
居處摩尼寶宮殿 마니보배 궁전에 처하고
說眞實行令調伏 진실한 행을 설하여 조복시킨다네.

或至梵天衆會中 범천의 대중 모임 가운데 가기도 하고
說四無量諸禪道 헤아릴 수 없는 모든 선정의 도를 설하며
普令歡喜便捨去 두루 환희하게 하고 버리고 가지만
而莫知其往來相 오고 가는 모양이나 상태를 알려고 하지 마라.

或至阿迦尼咤天 늘 아가타 하늘에 이르러서는
爲說覺分諸寶華 깨우침의 부분인 보배 꽃과
及餘無量聖功德 나머지 헤아릴 수 없는 성스러운 공덕을 설하고
然後捨去無知者 버리고 가지만 아는 자가 없다네.

如來無礙智所見 여래의 막힘이나 걸림이 없는 지혜로 보고
其中一切諸衆生 그 가운데 일체 모든 중생이
悉以無邊方便門 남김없이 다 끝없는 방편의 문으로
種種敎化令成熟 가지가지의 가르침과 바른길로 성취하게 한다네.

譬如幻師善幻術 비유하면 요술쟁이가 선근의 허깨비와 같은 기술로
現作種種諸幻事 가지가지의 모든 허깨비와 같은 일을 만들어 나타내듯이
佛化衆生亦如是 부처님이 중생을 가르쳐 이끄는 일도 역시 이와 같아서
爲其示現種種身 가지가지의 몸을 나타내 보인다네.

譬如淨月在虛空 비유하면 청정한 달이 허공에 있기에
令世衆生見增減 세상의 중생들이 달이 늘고 줄어드는 것을 보게 하듯이
一切河池現影像 모든 강과 연못에 비친 그림자를 나타내면
所有星宿奪光色 별이 가지고 있는 광색을 빼앗는 것과 같다네.

如來智月出世間 여래 지혜의 달이 세간에 나오면
亦以方便示增減 또한 방편으로 늘어나고 줄어드는 것을 보이고
菩薩心水現其影 보살 마음의 물에 그 그림자가 나타나듯이
聲聞星宿無光色 성문의 별들은 광색이 없는 것과 같다네.

譬如大海寶充滿 비유하면 큰 바다에 보배가 충만하면
淸淨無濁無有量 청정하고 탁함이 없고 헤아릴 수가 없듯이
四洲所有諸衆生 네 개의 대륙 모든 중생과 있는 모든 것이
一切於中現其像 그 그림자 가운데 나타난다네.

佛身功德海亦爾 부처님 몸의 공덕 바다는 역시 그와 같기에
無垢無濁無邊際 허물이 없고 탁함이 없고 경계가 끝이 없으며
乃至法界諸衆生 뿐만 아니라 법계의 모든 중생은
靡不於中現其影 그 그림자 가운데 나타난다네.

譬如淨日放千光 비유하면 청정한 해가 천 개의 광명을 놓으면
不動本處照十方 본처는 움직이지 않고 시방을 비추는 것과 같이
佛日光明亦如是 부처님의 해 광명도 또한 이와 같기에
無來無去除世暗 가고 옴이 없어도 세간의 어둠을 제거한다네.

譬如龍王降大雨 비유하면 용왕이 큰비를 내릴 때

不從身出及心出 몸도 아니고 마음에서 나지도 않지만
而能霑洽悉周徧 넓은 땅을 두루 적셔서 남김없이 두루두루 하고
滌除炎熱使淸涼 찌는 듯한 더위를 씻어서 서늘하게 한다네.

如來法雨亦復然 여래의 법 비도 역시 차례를 좇아 그와 같기에
不從於佛身心出 부처의 몸과 마음에서 나오지 않지만
而能開悟一切衆 모든 중생이 깨우침을 깨달아 알게 하고
普使滅除三毒火 세 가지 독한 불을 제거해 두루 없앤다네.

如來淸淨妙法身 여래의 청정하고 빼어난 법의 몸은
一切三界無倫匹 모든 삼세에서 짝이 없으며
以出世間言語道 세간의 말과 도로서는 내놓지 못하니
其性非有非無故 그 성품이 있지도 않고 없지도 않은 까닭이라네.

雖無所依無不住 비록 의지할 것이 없지만 어디든 머물고 있고
雖無不至而不去 비록 이르지 못할 곳이 없지만 가지 않으니
如空中畫夢所見 텅 빈 가운데 그림과 꿈을 보듯이
當於佛體如是觀 당연히 부처님의 체도 이와 같음을 들여다보라.

三界有無一切法 삼계에 있고 없는 모든 법은
不能與佛爲譬諭 부처님과 빗대어 비유로 삼을 순 없는 것이니
譬如山林鳥獸等 비유하면 산림 속에 살고 있는 새와 짐승들이
無有依空而住者 허공을 의지하지 않지만 머무는 것과 같다네.

大海摩尼無量色 큰 바다의 마니는 헤아릴 수 없는 색이며
佛身差別亦復然 부처님의 몸을 차별하는 것도 역시 차례를 좇아 그러하기에
如來非色非非色 여래는 색이 아니고 색이 아닌 것도 아니지만
隨應而現無所住 응함을 따라 머무는 바 없이 나타낸다네.

虛空眞如及實際 허공이나 진여 및 실상의 본바탕인 경계이거나
涅槃法性寂滅等 열반과 법의 성품과 적멸 등

唯有如是眞實法 오로지 이와 같은 진실한 법이어야만
可以顯示於如來 여래를 드러내어 보일 수 있다네.

刹塵心念可數知 세계의 티끌 같은 마음의 생각 수를 알고
大海中水可飮盡 큰 바다의 물을 마셔서 다하며
虛空可量風可繫 허공을 헤아리고 바람을 매단다 해도
無能盡說佛功德 부처님의 공덕은 말로서는 다할 수 없다네.

若有聞斯功德海 그와 같은 공덕의 바다를 누군가는 듣고서
而生歡喜信解心 기뻐하면서 믿고 이해하는 마음을 내면
如所偁揚悉當獲 위에서 말한 공덕을 남김없이 다 얻게 될 것이니
愼勿於此懷疑念 이 자리에서 의심하는 생각을 품지 말라.

대방광불화엄경 번역 간행 서원문
大方廣佛華嚴經 飜譯 刊行 誓願文

過去 現在 未來의 不可量 不可數 不可稱 不可說 不可思 佛刹微塵數世界가 平安하고 和解롭기를 誓願하며, 온 世界 각각의 나라가 서로 和合하고 함께 나아가길 誓願하며, 이 나라 一切 모든 國民이 서로가 서로에게 配慮하면서 依支하고 더불어 다 함께 勝하기를 誓願하며, 작게는 온 나라 一切 大地, 人등 각각 모든 처할 바 바른 이치를 바탕으로 이루어지고 또 東西南北 四維 上下가 막힘이나 걸림이 없이 환하게 열려 이 나라, 나아가서는 온 세상의 棟梁이 되기를 誓願합니다.

以此因緣功德 地藏大聖 加護之妙力 不踏冥路 卽往極樂世界 上品上生之大願 靈駕爲主 上世先亡 師尊父母 累世宗親弟兄叔伯 一切親族等 各列位靈駕 此道場內外 洞上洞下 有主無主 沈魂滯魄 一切哀魂 佛子等 各列位列名靈駕 至於鐵圍山間 五無間獄 一日一夜 萬死萬生 受苦含靈等 各列位列名靈駕 兼及法界 四生七趣 三途八難 四恩三有 有情無情 一切孤魂 佛子等 各列名靈駕 咸脫三界之苦惱 超生九品之樂邦 獲蒙諸佛 甘露灌頂 般若郞智 豁然開悟 得無上法 忍之大願 抑願今日 至誠齋者 及時會合 院等保體 各其心中 所求所願 如意圓滿 成就之大願 然後願 恒沙法界 無量佛子 同遊華藏莊嚴海 同入菩提大道場 常逢華嚴佛菩薩 仰蒙諸佛大光明 消滅無量衆罪障 獲得無量大智慧 頓成無上最正覺 廣度法界諸衆生 以報諸佛莫大恩 世世常行菩薩道 究竟圓成薩婆耶 摩訶般若波羅蜜

善男子:　　　一竅　　김홍규
先善男子:
先善女人:　　壬申生　최돈녀

世　主:　　　正覺　　김남영
先善男子:　　壬申生　김덕기

先善女人:	丙子生	김춘자

世　主:	智眼	박철근
先善男子:	乙丑生	박주환
先善女人:	庚辰生	최금선

世　主:	一有	최길인
先善男子:	壬申生	최찬성
先善女人:	戊寅生	최명자

世　主:	一雨	장종원
先善男子:	甲申生	장건수
先善女人:	壬午生	박화자

世　主:		김학기
先善男子:	壬午生	김진섭
先善女人:	壬午生	김상연

世　主:		한광현
先善男子:	甲子生	한귀봉
先善女人:	癸酉生	홍묘선

世　主:	일야	이귀민
先善男子:	壬申生	이용휘
先善女人:	癸酉生	김영순

世　主:		
先善男子:	生	
先善女人:	生	부모님 올리세요

仰蒙三寶大聖尊 加護之妙力 以此因緣功德 一切苦難 永爲消滅 四大强健 六根淸淨 子孫昌盛 壽命長壽 萬事如意 圓滿亨通之大願

今此至極至誠 獻供發願齋者 各各等保體 各其東西四方 出入往還 常逢吉慶 不逢災害 官災口舌 三災八難 四百四病 一時消滅 四大强健 六根淸淨 福德具足 心中所求 如意圓滿 亨通之發願

今此至極至誠 獻供發願齋者 各各等保體 各其子孫昌盛 富貴榮華 安過太平 壽命長壽 萬事如意 歡喜圓滿 成就之大願 然後願

恒沙法界 無量佛子 同遊華藏莊嚴海 同入菩提大道場 常逢華嚴佛菩薩 仰蒙諸佛大光明 消滅無量衆罪障 獲得無量大智慧 頓成無上最正覺 廣度法界諸衆生 以報諸佛莫大恩 世世常行菩薩道 究竟圓成薩婆耶 摩訶般若波羅蜜

善男子:	辛丑生 一籔	김홍규 生			
善女人:	癸卯生	김은희 生			
善男子:	壬寅生 正覺	김남영 生			
善女人:	壬寅生	김순묵 生			
善男子:	丙午生 智眼	박철근	乙亥生	박용소	
善女人:	己酉生	김리현 生			
善男子:	戊申生 一有	최길인	己卯生	최세현	
善女人:	庚戌生	송기정	乙亥生	최진영	
善男子:	甲辰生 一雨	장종원	庚辰生	장영락	壬午生 장승표
善女人:	戊申生	김은주 生			
善男子:	戊申生	김학기	己卯生	김남형	
善女人:	戊申生	박은조	丙子生	김세린	
善男子:	庚子生	조규대	庚午生	조성현	辛未生 조제현
善女人:	生		生		

善男子:	壬寅生	한광현	甲戌生	한창수
善女人:	丙午生	김미희	生	
善男子:	壬辰生	최길수	丁巳生	최영오
善女人:	甲午生	김정민	生	
善男子:	生		生	
善女人:	癸卯生	조연수	生	
善男子:	乙未生	하종대	生	
善女人:	甲午生	한명순	庚申生	하미정
善男子:	生		生	
善女人:	生		生	부부와 자식 올리세요

양평居 도반 윤성 스님 고맙습니다. 더욱 정진해 나갑시다.

후기

은사 一休 스님 감사드립니다.
이제 마쳤습니다.
더욱 분발 노력하겠습니다.

제자 一智 올림.